JN045076

令和五年改正

知的財産権法文集

令和六年四月一日施行版

発明推進協会

はじめに

本書は、政令や省令を省略して知的財産権に係る法律（附則は省略）および条約を記載して、携帯に便利が良いようにしたものです。本書の掲載条文以外に、政令や省令の法令を詳細に調べる場合には、当協会から発行している『工業所有権（産業財産権）法令集』等を参照していただければ幸いです。

本書の発行にあたり、以下の改正情報等を掲載しています。「不正競争防止法等の一部を改正する法律」（令和五年法律第五一号　令和六年四月一日等から施行）、「著作権法の一部を改正する法律」（令和五年法律第三三号　公布の日（令和五年五月二六日）から起算して三年を超えない範囲内において政令で定める日等から施行）、「民事関係手続等における情報通信技術の活用等の図るための関係法律の整備に関する法律」（令和五年法律第五三号　（公布の日（令和五年六月一四日）から起算して五年を超えない範囲内において政令で定める日から施行）、「経済施策を一体的に講ずることによる安全保障の確保の推進に関する法律」（令和四年法律第四三号　令和六年五月一日等から施行）、「刑事訴訟法等の一部を改正する法律」（令和五年法律第二八号　令和六年二月一日等から施行）、「刑法等の一部を改正する法律の施行に伴う関係法律の整理等に関する法律」（令和四年法律第六八号　令和七年六月一日等から施行）、「民事訴訟法等の一部を改正する法律」（令和四年法律第四八号　公布の日（令和四年五月二五日）から起算して四年を超えない範囲内で政令で定める日等から施行）、等です。

本書においては、令和六年四月一日に施行されている改正条文を本文中に組み入れ、未施行あるいは施行日が不確定の改正条文は、参考情報として当該条文の後に点線で囲んでその改正内容を表示しています。

令和六年二月

一般社団法人発明推進協会

本書のご利用にあたって

一　本書は、令和六年四月一日に施行されている条文等を掲載しております。よって令和六年四月一日に未施行（以下「未施行条文」）もしくは施行日が未定の条文は、点線で囲んでその旨を表示しています。また、当該法律等の全てが未施行等の場合は、名称の後にその旨を示しています。

二　本書の編集上の体裁等については、「工業所有権（産業財産権）法令集」に準じており、法令中（同前）の見出しは、編集者が共通見出しであることを示すためにつけました。

　また条文が二項以上からなるときは、二項以下の各項の頭に2、3……とつけて項数を示しました。

三　各条文の冒頭にある最終改正とは、本則が最後に施行された法律番号を示しております。

四　法律条文は、原則「官報」で公布されたものを基に掲載しています。一部条文については、読者のことを配慮して見出しや項番号等を編集者が付したものがあります。

五　本書は、軽量化等を図るため、本文用紙に辞書用紙（ビューコロナＳ　ＡＹ二〇・九ＫＧ）を使用しています。よってマーカー等は裏面に顔料が染みることがございますので、ご注意下さい。

目次

《工業所有権（産業財産権）等に関する法律条文》

《工業所有権（産業財産権）以外の知的財産権に関する法律等条文》

工業所有権（産業財産権）等に関する法律条文

特許法（昭和三四年四月一三日法律第一二一号）

最終改正　令和五法五一

目次

第一章　総　則

（目的）
第一条　この法律は、発明の保護及び利用を図ることにより、発明を奨励し、もつて産業の発達に寄与することを目的とする。

（定義）
第二条　この法律で「発明」とは、自然法則を利用した技術的思想の創作のうち高度のものをいう。

2　この法律で「特許発明」とは、特許を受けている発明をいう。

3　この法律で発明について「実施」とは、次に掲げる行為をいう。

一　物（プログラム等を含む。以下同じ。）の発明にあつては、その物の生産、使用、譲渡等（譲渡及び貸渡しをいい、その物がプログラム等である場合には、電気通信回線を通じた提供を含む。以下同じ。）、輸出若しくは輸入又は譲渡等の申出（譲渡等のための展示を含む。以下同じ。）をする行為

二　方法の発明にあつては、その方法の使用をする行為

三　物を生産する方法の発明にあつては、前号に掲げるもののほか、その方法により生産した物の使用、譲渡等、輸出若しくは輸入又は譲渡等の申出をする行為

4　この法律で「プログラム等」とは、プログラム（電子計算機に対する指令であつて、一の結果を得ることができるように組み合わされたものをいう。以下この項において同じ。）その他電子計算機による処理の用に供する情報であつてプログラムに準ずるものをいう。

（期間の計算）
第三条　この法律又はこの法律に基く命令の規定による期間の計算は、次の規定による。

一　期間の初日は、算入しない。ただし、その期間が午前零時から始まるときは、この限りでない。

二　期間を定めるのに月又は年をもつてしたときは、暦に従う。月又は年の始から期間を起算しないときは、その期間は、最後の月又は年においてその起算日に応当する日の前日に満了する。ただし、最後の月に応当する日がないときは、その月の末日に満了する。

2　特許出願、請求その他特許に関する手続（以下単に「手続」という。）についての期間の末日が行政機関の休日に関する法律（昭和六十三年法律第九十一号）第一条第一項各号に掲げる日に当たるときは、その日の翌日をもつてその期間の末日とする。

（期間の延長等）

第四条　特許庁長官は、遠隔又は交通不便の地にある者のため、請求により又は職権で、第四十六条の二第一項第三号、第百八条第一項、第百二十一条第一項又は第百七十三条第一項に規定する期間を延長することができる。

（同前）

第五条　特許庁長官、審判長又は審査官は、この法律の規定により手続をすべき期間を指定したときは、請求により又は職権で、その期間を延長することができる。

2　審判長は、この法律の規定により期日を指定したときは、請求により又は職権で、その期日を変更することができる。

3　第一項の規定による期間の延長（経済産業省令で定める期間に係るものに限る。）は、その期間が経過した後であつても、経済産業省令で定める期間内に限り、請求することができる。

（法人でない社団等の手続をする能力）

第六条　法人でない社団又は財団であつて、代表者又は管理人の定めがあるものは、その名において次に掲げる手続をすることができる。

一　出願審査の請求をすること。

二　特許異議の申立てをすること。

三　特許無効審判又は延長登録無効審判を請求すること。

四　第百七十一条第一項の規定により特許無効審判又は延長登録無効審判の確定審決に対す

る再審を請求すること。

2　法人でない社団又は財団であつて、代表者又は管理人の定めがあるものは、その名において特許無効審判又は延長登録無効審判の確定審決に対する再審を請求されることができる。

（未成年者、成年被後見人等の手続をする能力）

第七条　未成年者及び成年被後見人は、法定代理人によらなければ、手続をすることができない。ただし、未成年者が独立して法律行為をすることができるときは、この限りでない。

2　被保佐人が手続をするには、保佐人の同意を得なければならない。

3　法定代理人が手続をするには、後見監督人があるときは、その同意を得なければならない。

4　被保佐人又は法定代理人が、その特許権に係る特許異議の申立て又は相手方が請求した審判若しくは再審について手続をするときは、前二項の規定は、適用しない。

（在外者の特許管理人）

第八条　日本国内に住所又は居所（法人にあつては、営業所）を有しない者（以下「在外者」という。）は、政令で定める場合を除き、その者の特許に関する代理人であつて日本国内に住所又は居所を有するもの（以下「特許管理人」という。）によらなければ、手続をし、又はこの法律若しくはこの法律に基づく命令の規定により行政庁がした処分を不服として訴えを提起することができない。

2　特許管理人は、一切の手続及びこの法律又はこの法律に基づく命令の規定により行政庁がした処分を不服とする訴訟について本人を代理する。ただし、在外者が特許管理人の代理権の範囲を制限したときは、この限りでない。

（代理権の範囲）

第九条　日本国内に住所又は居所（法人にあつては、営業所）を有する者であつて手続をするものの委任による代理人は、特別の授権を得なければ、特許出願の変更、放棄若しくは取下げ、特許権の存続期間の延長登録の出願の取下げ、請求、申請若しくは申立ての取下げ、第四十一条第一項の優先権の主張若しくはその取下げ、第四十六条の二第一項の規定による実用新案登録に基づく特許出願、出願公開の請求、拒絶査定不服審判の請求、特許権の放棄又は復代理人の選任をすることができない。

第一〇条　削除

（代理権の不消滅）

第一一条　手続をする者の委任による代理人の代理権は、本人の死亡若しくは本人である法人の合併による消滅、本人である受託者の信託に関する任務の終了又は法定代理人の死亡若しくはその代理権の変更若しくは消滅によつては、消滅しない。

（代理人の個別代理）

第一二条　手続をする者の代理人が二人以上あるときは、特許庁に対しては、各人が本人を代理する。

（代理人の改任等）

第一三条　特許庁長官又は審判長は、手続をする者がその手続をするのに適当でないと認めるときは、代理人により手続をすべきことを命ずることができる。

2　特許庁長官又は審判長は、手続をする者の代理人がその手続をするのに適当でないと認めるときは、その改任を命ずることができる。

3　特許庁長官又は審判長は、前二項の場合において、弁理士を代理人とすべきことを命ずることができる。

4　特許庁長官又は審判長は、第一項又は第二項の規定による命令をした後に第一項の手続をする者又は第二項の代理人が特許庁に対してした手続を却下することができる。

（複数当事者の相互代表）

第一四条　二人以上が共同して手続をしたときは、特許出願の変更、放棄及び取下げ、特許権の存続期間の延長登録の出願の取下げ、請求、申請又は申立ての取下げ、第四十一条第一項の優先権の主張及びその取下げ、出願公開の請求並びに拒絶査定不服審判の請求以外の手続については、各人が全員を代表するものとする。ただし、代表者を定めて特許庁に届け出たときは、この限りでない。

（在外者の裁判籍）

第一五条　在外者の特許権その他特許に関する権利については、特許管理人があるときはその住所又は居所をもつて、特許管理人がないときは特許庁の所在地をもつて民事訴訟法（平成八年法律第百九号）第五条第四号の財産の所在地とみなす。

（手続をする能力がない場合の追認）

第一六条　未成年者（独立して法律行為をすることができる者を除く。）又は成年被後見人がした手続は、法定代理人（本人が手続をする能力を取得したときは、本人）が追認することができる。

2　代理権がない者がした手続は、手続をする能力がある本人又は法定代理人が追認することができる。

3　被保佐人が保佐人の同意を得ないでした手続は、被保佐人が保佐人の同意を得て追認することができる。

4　後見監督人がある場合において法定代理人がその同意を得ないでした手続は、後見監督人の同意を得た法定代理人又は手続をする能力を取得した本人が追認することができる。

（手続の補正）

第一七条　手続をした者は、事件が特許庁に係属している場合に限り、その補正をすることができる。ただし、次条から第十七条の五までの規定により補正をすることができる場合を除き、願書に添付した明細書、特許請求の範囲、図面若しくは要約書、第四十一条第四項若しくは第四十三条第一項（第四十三条の二第二項（第四十三条の三第三項において準用する場合を含む。）及び第四十三条の三第三項において準用する場合を含む。）に規定する書面又は第百二十条の五第二項若しくは第百三十四条の二第一項の訂正若しくは訂正審判の請求書に添付した訂正した明細書、特許請求の範囲若しくは図面について補正をすることができない。

2 第三十六条の二第二項の外国語書面出願の出願人は、前項本文の規定にかかわらず、同条第一項の外国語書面及び外国語要約書面について補正をすることができない。

3 特許庁長官は、次に掲げる場合は、相当の期間を指定して、手続の補正をすべきことを命ずることができる。

一 手続が第七条第一項から第三項まで又は第九条の規定に違反しているとき。

二 手続がこの法律又はこの法律に基づく命令で定める方式に違反しているとき。

三 手続について第百九十五条第一項から第三項までの規定により納付すべき手数料を納付しないとき。

4 手続の補正（手数料の納付を除く。）をするには、次条第二項に規定する場合を除き、手続補正書を提出しなければならない。

（願書に添付した明細書、特許請求の範囲又は図面の補正）

第一七条の二 特許出願人は、特許をすべき旨の査定の謄本の送達前においては、願書に添付した明細書、特許請求の範囲又は図面について補正をすることができる。ただし、第五十条の規定による通知を受けた後は、次に掲げる場合に限り、補正をすることができる。

一 第五十条（第百五十九条第二項（第百七十四条第二項において準用する場合を含む。）及び第百六十三条第二項において準用する場合を含む。以下この項において同じ。）の規定による通知（以下この条において「拒絶理由通知」という。）を最初に受けた場合において、第五十条の規定により指定された期間内にするとき。

二 拒絶理由通知を受けた後第四十八条の七の規定による通知を受けた場合において、同条の規定により指定された期間内にするとき。

三 拒絶理由通知を受けた後更に拒絶理由通知を受けた場合において、最後に受けた拒絶理由通知に係る第五十条の規定により指定された期間内にするとき。

四　拒絶査定不服審判を請求する場合において、その審判の請求と同時にするとき。

2　第三十六条の二第二項の外国語書面出願の出願人が、誤訳の訂正を目的として、前項の規定により明細書、特許請求の範囲又は図面について補正をするときは、その理由を記載した誤訳訂正書を提出しなければならない。

3　第一項の規定により明細書、特許請求の範囲又は図面について補正をするときは、誤訳訂正書を提出してする場合を除き、願書に最初に添付した明細書、特許請求の範囲又は図面（第三十六条の二第二項の外国語書面出願にあつては、同条第八項の規定により明細書、特許請求の範囲及び図面とみなされた同条第二項に規定する外国語書面の翻訳文（誤訳訂正書を提出して明細書、特許請求の範囲又は図面について補正をした場合にあつては、翻訳文又は当該補正後の明細書、特許請求の範囲若しくは図面）。第三十四条の二第一項及び第三十四条の三第一項において同じ。）に記載した事項の範囲内においてしなければならない。

4　前項に規定するもののほか、第一項各号に掲げる場合において特許請求の範囲について補正をするときは、その補正前に受けた拒絶理由通知において特許をすることができないものか否かについての判断が示された発明と、その補正後の特許請求の範囲に記載される事項により特定される発明とが、第三十七条の発明の単一性の要件を満たす一群の発明に該当するものとなるようにしなければならない。

5　前二項に規定するもののほか、第一項第一号、第三号及び第四号に掲げる場合（同項第一号に掲げる場合にあつては、拒絶理由通知と併せて第五十条の二の規定による通知を受けた場合に限る。）において特許請求の範囲についてする補正は、次に掲げる事項を目的とするものに限る。

一　第三十六条第五項に規定する請求項の削除

二　特許請求の範囲の減縮（第三十六条第五項の規定により請求項に記載した発明を特定す

るために必要な事項を限定するものであつて、その補正前の当該請求項に記載された発明とその補正後の当該請求項に記載される発明の産業上の利用分野及び解決しようとする課題が同一であるものに限る。）

三　誤記の訂正

四　明りようでない記載の釈明（拒絶理由通知に係る拒絶の理由に示す事項についてするものに限る。）

6　第百二十六条第七項の規定は、前項第二号の場合に準用する。

（要約書の補正）

第一七条の三　特許出願人は、経済産業省令で定める期間内に限り、願書に添付した要約書について補正をすることができる。

（優先権主張書面の補正）

第一七条の四　第四十一条第一項又は第四十三条第一項、第四十三条の二第一項（第四十三条の三第三項において準用する場合を含む。）若しくは第四十三条の三第一項若しくは第二項の規定による優先権の主張をした者は、経済産業省令で定める期間内に限り、第四十一条第四項又は第四十三条第一項（第四十三条の二第二項（第四十三条の三第三項において準用する場合を含む。）及び第四十三条の三第三項において準用する場合を含む。）に規定する書面について補正をすることができる。

（訂正に係る明細書、特許請求の範囲又は図面の補正）

第一七条の五　特許権者は、第百二十条の五第一項又は第六項の規定により指定された期間内に限り、同条第二項の訂正の請求書に添付した訂正した明細書、特許請求の範囲又は図面について補正をすることができる。

2　特許無効審判の被請求人は、第百三十四条第一項若しくは第二項、第百三十四条の二第五項、第百三十四条の三、第百五十三条第二項又は第百六十四条の二第二項の規定により指定された期間内に限り、第百三十四条の二第一項の訂正の請求書に添付した訂正した明細書、特許請求の範囲又は図面について補正をすることができる。

3　訂正審判の請求人は、第百五十六条第一項の規定による通知がある前（同条第三項の規定による審理の再開がされた場合にあつては、その後更に同条第一項の規定による通知がある前）に限り、訂正審判の請求書に添付した訂正した明細書、特許請求の範囲又は図面について補正をすることができる。

（手続の却下）

第一八条　特許庁長官は、第十七条第三項の規定により手続の補正をすべきことを命じた者が同項の規定により指定した期間内にその補正をしないとき、又は特許権の設定の登録を受ける者が第百八条第一項に規定する期間内に特許料を納付しないときは、その手続を却下することができる。

2　特許庁長官は、第十七条第三項の規定により第百九十五条第三項の規定による手数料の納付をすべきことを命じた特許出願人が第十七条第三項の規定により指定した期間内にその手数料の納付をしないときは、当該特許出願を却下することができる。

（不適法な手続の却下）

第一八条の二　特許庁長官は、不適法な手続であつて、その補正をすることができないものについては、その手続を却下するものとする。ただし、第三十八条の二第一項各号に該当する場合は、この限りでない。

2　前項の規定により却下しようとするときは、手続をした者に対し、その理由を通知し、相当の期間を指定して、弁明を記載した書面（以下「弁明書」という。）を提出する機会を与えなければならない。

（願書等の提出の効力発生時期）

第一九条　願書又はこの法律若しくはこの法律に基づく命令の規定により特許庁に提出する書類その他の物件であつてその提出の期間が定められているものを郵便又は民間事業者による信書の送達に関する法律（平成十四年法律第九十九

号。以下この条において「信書便法」という。）第二条第六項に規定する一般信書便事業者若しくは同条第九項に規定する特定信書便事業者の提供する同条第二項に規定する信書便（以下「信書便」という。）の役務であつて経済産業省令で定めるものにより提出した場合において、その願書又は物件を日本郵便株式会社の営業所（郵便の業務を行うものに限る。）に差し出した日時を郵便物の受領証により証明したときはその日時に、その郵便物又は信書便法第二条第三項に規定する信書便物（以下この条において「信書便物」という。）の通信日付印により表示された日時が明瞭であるときはその日時に、その郵便物又は信書便物の通信日付印により表示された日時のうち日のみが明瞭であつて時刻が明瞭でないときは表示された日の午後十二時に、その願書又は物件は、特許庁に到達したものとみなす。

（手続の効力の承継）

第二〇条　特許権その他特許に関する権利についてした手続の効力は、その特許権その他特許に関する権利の承継人にも、及ぶものとする。

（手続の続行）

第二一条　特許庁長官又は審判長は、特許庁に事件が係属している場合において、特許権その他特許に関する権利の移転があつたときは、特許権その他特許に関する権利の承継人に対し、その事件に関する手続を続行することができる。

（手続の中断又は中止）

第二二条　特許庁長官又は審判官は、決定、査定又は審決の謄本の送達後に中断した手続の受継の申立について、受継を許すかどうかの決定をしなければならない。

2　前項の決定は、文書をもつて行い、かつ、理由を附さなければならない。

（同前）

第二三条　特許庁長官又は審判官は、中断した審査、特許異議の申立てについての審理及び決定、審判又は再審の手続を受け継ぐべき者が受継を怠つたときは、申立てにより又は職権で、相当の期間を指定して、受継を命じなければならない。

2　特許庁長官又は審判官は、前項の規定により指定した期間内に受継がないときは、その期間の経過の日に受継があつたものとみなすことができる。

3　特許庁長官又は審判長は、前項の規定により受継があつたものとみなしたときは、その旨を当事者に通知しなければならない。

（同前）

第二四条　民事訴訟法第百二十四条（第一項第六号を除く。）、第百二十六条、第百二十七条、第百二十八条第一項、第百三十条、第百三十一条及び第百三十二条第二項（訴訟手続の中断及び中止）の規定は、審査、特許異議の申立てについての審理及び決定、審判又は再審の手続に準用する。この場合において、同法第百二十四条第二項中「訴訟代理人」とあるのは「審査、特許異議の申立てについての審理及び決定、審判又は再審の委任による代理人」と、同法第百二十七条中「裁判所」とあるのは「特許庁長官又は審判長」と、同法第百二十八条第一項及び第百三十一条中「裁判所」とあるのは「特許庁長官又は審判官」と、同法第百三十条中「裁判所」とあるのは「特許庁」と読み替えるものとする。

（外国人の権利の享有）

第二五条　日本国内に住所又は居所（法人にあつては、営業所）を有しない外国人は、次の各号の一に該当する場合を除き、特許権その他特許に関する権利を享有することができない。

一　その者の属する国において、日本国民に対しその国民と同一の条件により特許権その他特許に関する権利の享有を認めているとき。

二　その者の属する国において、日本国がその国民に対し特許権その他特許に関する権利の享有を認める場合には日本国民に対しその国民と同一の条件により特許権その他特許に関する権利の享有を認めることとしているとき。

三　条約に別段の定があるとき。

（条約の効力）

第二十六条　特許に関し条約に別段の定があるときは、その規定による。

（特許原簿への登録）

第二十七条　次に掲げる事項は、特許庁に備える特許原簿に登録する。

一　特許権の設定、存続期間の延長、移転、信託による変更、消滅、回復又は処分の制限

二　専用実施権の設定、保存、移転、変更、消滅又は処分の制限

三　特許権又は専用実施権を目的とする質権の設定、移転、変更、消滅又は処分の制限

四　仮専用実施権の設定、保存、移転、変更、消滅又は処分の制限

2　特許原簿は、その全部又は一部を磁気テープ（これに準ずる方法により一定の事項を確実に記録して置くことができる物を含む。以下同じ。）をもつて調製することができる。

3　この法律に規定するもののほか、登録に関して必要な事項は、政令で定める。

（特許証の交付）

第二十八条　特許庁長官は、特許権の設定の登録があつたとき、第七十四条第一項の規定による請求に基づく特許権の移転の登録があつたとき、又は願書に添付した明細書、特許請求の範囲若しくは図面の訂正をすべき旨の決定若しくは審決が確定した場合において、その登録があつたときは、特許権者に対し、特許証を交付する。

2　特許証の再交付については、経済産業省令で定める。

第二章　特許及び特許出願

（特許の要件）

第二九条　産業上利用することができる発明をした者は、次に掲げる発明を除き、その発明について特許を受けることができる。

一　特許出願前に日本国内又は外国において公然知られた発明

二　特許出願前に日本国内又は外国において公然実施をされた発明

三　特許出願前に日本国内又は外国において、頒布された刊行物に記載された発明又は電気通信回線を通じて公衆に利用可能となつた発明

2　特許出願前にその発明の属する技術の分野における通常の知識を有する者が前項各号に掲げる発明に基いて容易に発明をすることができたときは、その発明については、同項の規定にかかわらず、特許を受けることができない。

（同前）

第二九条の二　特許出願に係る発明が当該特許出願の日前の他の特許出願又は実用新案登録出願であつて当該特許出願後に第六十六条第三項の規定により同項各号に掲げる事項を掲載した特許公報（以下「特許掲載公報」という。）の発行若しくは出願公開又は実用新案法（昭和三十四年法律第百二十三号）第十四条第三項の規定により同項各号に掲げる事項を掲載した実用新案公報（以下「実用新案掲載公報」という。）の発行がされたものの願書に最初に添付した明細書、特許請求の範囲若しくは実用新案登録請求の範囲又は図面（第三十六条の二第二項の外国語書面出願にあつては、同条第一項の外国語書面）に記載された発明又は考案（その発明又は考案をした者が当該特許出願に係る発明の発明者と同一の者である場合におけるその発明又は考案を除く。）と同一であるときは、その発明については、前条第一項の規定にかかわらず、特許を受けることができない。ただし、当該特許出願

の時にその出願人と当該他の特許出願又は実用新案登録出願の出願人とが同一の者であるときは、この限りでない。

（発明の新規性の喪失の例外）

第三〇条 特許を受ける権利を有する者の意に反して第二十九条第一項各号のいずれかに該当するに至つた発明は、その該当するに至つた日から一年以内にその者がした特許出願に係る発明についての同項及び同条第二項の規定の適用については、同条第一項各号のいずれかに該当するに至らなかつたものとみなす。

2 特許を受ける権利を有する者の行為に起因して第二十九条第一項各号のいずれかに該当するに至つた発明（発明、実用新案、意匠又は商標に関する公報に掲載されたことにより同項各号のいずれかに該当するに至つたものを除く。）も、その該当するに至つた日から一年以内にその者がした特許出願に係る発明についての同項及び同条第二項の規定の適用については、前項と同様とする。

3 前項の規定の適用を受けようとする者は、その旨を記載した書面を特許出願と同時に特許庁長官に提出し、かつ、第二十九条第一項各号のいずれかに該当するに至つた発明が前項の規定の適用を受けることができる発明であることを証明する書面（次項において「証明書」という。）を特許出願の日から三十日以内に特許庁長官に提出しなければならない。

4 証明書を提出する者がその責めに帰することができない理由により前項に規定する期間内に証明書を提出することができないときは、同項の規定にかかわらず、その理由がなくなつた日から十四日（在外者にあつては、二月）以内でその期間の経過後六月以内にその証明書を特許庁長官に提出することができる。

第三一条 削除

（特許を受けることができない発明）

第三二条 公の秩序、善良の風俗又は公衆の衛生を害するおそれがある発明については、第二十九条の規定にかかわらず、特許を受けることができない。

（特許を受ける権利）
第三三条　特許を受ける権利は、移転することができる。
2　特許を受ける権利は、質権の目的とすることができない。
3　特許を受ける権利が共有に係るときは、各共有者は、他の共有者の同意を得なければ、その持分を譲渡することができない。
4　特許を受ける権利が共有に係るときは、各共有者は、他の共有者の同意を得なければ、その特許を受ける権利に基づいて取得すべき特許権について、仮専用実施権を設定し、又は他人に仮通常実施権を許諾することができない。

（同前）
第三四条　特許出願前における特許を受ける権利の承継は、その承継人が特許出願をしなければ、第三者に対抗することができない。
2　同一の者から承継した同一の特許を受ける権利について同日に二以上の特許出願があつたときは、特許出願人の協議により定めた者以外の者の承継は、第三者に対抗することができない。
3　同一の者から承継した同一の発明及び考案についての特許を受ける権利及び実用新案登録を受ける権利について同日に特許出願及び実用新案登録出願があつたときも、前項と同様とする。
4　特許出願後における特許を受ける権利の承継は、相続その他の一般承継の場合を除き、特許庁長官に届け出なければ、その効力を生じない。
5　特許を受ける権利の相続その他の一般承継があつたときは、承継人は、遅滞なく、その旨を特許庁長官に届け出なければならない。
6　同一の者から承継した同一の特許を受ける権利の承継について同日に二以上の届出があつたときは、届出をした者の協議により定めた者以外の者の届出は、その効力を生じない。
7　第三十九条第六項及び第七項の規定は、第二項、第三項及び前項の場合に準用する。

（仮専用実施権）
第三四条の二　特許を受ける権利を有する者は、

その特許を受ける権利に基づいて取得すべき特許権について、その特許出願の願書に最初に添付した明細書、特許請求の範囲又は図面に記載した事項の範囲内において、仮専用実施権を設定することができる。

2　仮専用実施権に係る特許出願について特許権の設定の登録があつたときは、その特許権について、当該仮専用実施権の設定行為で定めた範囲内において、専用実施権が設定されたものとみなす。

3　仮専用実施権は、その特許出願に係る発明の実施の事業とともにする場合、特許を受ける権利を有する者の承諾を得た場合及び相続その他の一般承継の場合に限り、移転することができる。

4　仮専用実施権者は、特許を受ける権利を有する者の承諾を得た場合に限り、その仮専用実施権に基づいて取得すべき専用実施権について、他人に仮通常実施権を許諾することができる。

5　仮専用実施権に係る特許出願について、第四十四条第一項の規定による特許出願の分割があつたときは、当該特許出願の分割に係る新たな特許出願に係る特許を受ける権利に基づいて取得すべき特許権について、当該仮専用実施権の設定行為で定めた範囲内において、仮専用実施権が設定されたものとみなす。ただし、当該設定行為に別段の定めがあるときは、この限りでない。

6　仮専用実施権は、その特許出願について特許権の設定の登録があつたとき、その特許出願が放棄され、取り下げられ、若しくは却下されたとき又はその特許出願について拒絶をすべき旨の査定若しくは審決が確定したときは、消滅する。

7　仮専用実施権者は、第四項又は次条第七項本文の規定による仮通常実施権者があるときは、これらの者の承諾を得た場合に限り、その仮専用実施権を放棄することができる。

8　第三十三条第二項から第四項までの規定は、仮専用実施権に準用する。

（仮通常実施権）

第三四条の三　特許を受ける権利を有する者は、その特許を受ける権利に基づいて取得すべき特許権について、その特許出願の願書に最初に添付した明細書、特許請求の範囲又は図面に記載した事項の範囲内において、他人に仮通常実施権を許諾することができる。

2　前項の規定による仮通常実施権に係る特許出願について特許権の設定の登録があつたときは、当該仮通常実施権を有する者に対し、その特許権について、当該仮通常実施権の設定行為で定めた範囲内において、通常実施権が許諾されたものとみなす。

3　前条第二項の規定により、同条第四項の規定による仮通常実施権に係る仮専用実施権について専用実施権が設定されたものとみなされたときは、当該仮通常実施権を有する者に対し、その専用実施権について、当該仮通常実施権の設定行為で定めた範囲内において、通常実施権が許諾されたものとみなす。

4　仮通常実施権は、その特許出願に係る発明の実施の事業とともにする場合、特許を受ける権利を有する者（仮専用実施権に基づいて取得すべき専用実施権についての仮通常実施権にあつては、特許を受ける権利を有する者及び仮専用実施権者）の承諾を得た場合及び相続その他の一般承継の場合に限り、移転することができる。

5　第一項若しくは前条第四項又は実用新案法第四条の二第一項の規定による仮通常実施権に係る第四十一条第一項の先の出願の願書に最初に添付した明細書、特許請求の範囲若しくは実用新案登録請求の範囲又は図面（当該先の出願が第三十六条の二第二項の外国語書面出願である場合にあつては、同条第一項の外国語書面）に記載された発明に基づいて第四十一条第一項の規定による優先権の主張があつたときは、当該仮通常実施権を有する者に対し、当該優先権の主張を伴う特許出願に係る特許を受ける権利に基づいて取得すべき特許権について、当該仮通常実施権の設定行為で定めた範囲内において、仮通常実施権が許諾されたものとみなす。ただし、当該設定行為に別段の定めがあるときは、この限りでない。

6　仮通常実施権に係る特許出願について、第四十四条第一項の規定による特許出願の分割があつたときは、当該仮通常実施権を有する者に対し、当該特許出願の分割に係る新たな特許出願に係る特許を受ける権利に基づいて取得すべき特許権について、当該仮通常実施権の設定行為で定めた範囲内において、仮通常実施権が許諾されたものとみなす。ただし、当該設定行為に別段の定めがあるときは、この限りでない。

7　前条第五項本文の規定により、同項に規定する新たな特許出願に係る特許を受ける権利に基づいて取得すべき特許権についての仮専用実施権（以下この項において「新たな特許出願に係る仮専用実施権」という。）が設定されたものとみなされたときは、当該新たな特許出願に係るもとの特許出願に係る特許を受ける権利に基づいて取得すべき特許権についての仮専用実施権に基づいて取得すべき専用実施権についての仮通常実施権を有する者に対し、当該新たな特許出願に係る仮専用実施権に基づいて取得すべき専用実施権について、当該仮通常実施権の設定行為で定めた範囲内において、仮通常実施権が許諾されたものとみなす。ただし、当該設定行為に別段の定めがあるときは、この限りでない。

8　実用新案法第四条の二第一項の規定による仮通常実施権に係る実用新案登録出願について、第四十六条第一項の規定による出願の変更があつたときは、当該仮通常実施権を有する者に対し、当該出願の変更に係る特許出願に係る特許を受ける権利に基づいて取得すべき特許権について、当該仮通常実施権の設定行為で定めた範囲内において、仮通常実施権が許諾されたものとみなす。ただし、当該設定行為に別段の定めがあるときは、この限りでない。

9　意匠法（昭和三十四年法律第百二十五号）第五条の二第一項の規定による仮通常実施権に係る意匠登録出願について、第四十六条第二項の規定による出願の変更があつたときは、当該仮通常実施権を有する者に対し、当該出願の変更に係る特許出願に係る特許を受ける権利に基づいて取得すべき特許権について、当該仮通常実施権の設定行為で定めた範囲内において、仮通常実施権が許諾されたものとみなす。ただし、当該設定行為に別段の定めがあるときは、この限りでない。

10　仮通常実施権は、その特許出願について特許権の設定の登録があつたとき、その特許出願が放棄され、取り下げられ、若しくは却下されたとき又はその特許出願について拒絶をすべき旨の査定若しくは審決が確定したときは、消滅する。

11　前項に定める場合のほか、前条第四項の規定又は第七項本文の規定による仮通常実施権は、その仮専用実施権が消滅したときは、消滅する。

12　第三十三条第二項及び第三項の規定は、仮通常実施権に準用する。

（登録の効果）

第三四条の四　仮専用実施権の設定、移転（相続その他の一般承継によるものを除く。）、変更、消滅（混同又は第三十四条の二第六項の規定によるものを除く。）又は処分の制限は、登録しなければ、その効力を生じない。

2　前項の相続その他の一般承継の場合は、遅滞なく、その旨を特許庁長官に届け出なければならない。

（仮通常実施権の対抗力）

第三四条の五　仮通常実施権は、その許諾後に当該仮通常実施権に係る特許を受ける権利若しくは仮専用実施権又は当該仮通常実施権に係る特許を受ける権利に関する仮専用実施権を取得した者に対しても、その効力を有する。

（職務発明）

第三五条　使用者、法人、国又は地方公共団体（以下「使用者等」という。）は、従業者、法人の役員、国家公務員又は地方公務員（以下「従業者等」という。）がその性質上当該使用者等の業務範囲に属し、かつ、その発明をするに至つた行為がその使用者等における従業者等の現在又は過去の職務に属する発明（以下「職務発明」という。）について特許を受けたとき、又は職務発明について特許を受ける権利を承継した者がその発明について特許を受けたときは、その特許権について通常実施権を有する。

2　従業者等がした発明については、その発明が職務発明である場合を除き、あらかじめ、使用者等に特許を受ける権利を取得させ、使用者等に特許権を承継させ、又は使用者等のため仮専用実施権若しくは専用実施権を設定することを定めた契約、勤務規則その他の定めの条項は、無効とする。

3　従業者等がした職務発明については、契約、勤務規則その他の定めにおいてあらかじめ使用者等に特許を受ける権利を取得させることを定めたときは、その特許を受ける権利は、その発生した時から当該使用者等に帰属する。

4　従業者等は、契約、勤務規則その他の定めにより職務発明について使用者等に特許を受ける権利を取得させ、使用者等に特許権を承継させ、若しくは使用者等のため専用実施権を設定したとき、又は契約、勤務規則その他の定めにより職務発明について使用者等のため仮専用実施権を設定した場合において、第三十四条の二第二項の規定により専用実施権が設定されたものとみなされたときは、相当の金銭その他の経済上の利益（次項及び第七項において「相当の利益」という。）を受ける権利を有する。

5　契約、勤務規則その他の定めにおいて相当の利益について定める場合には、相当の利益の内容を決定するための基準の策定に際して使用者等と従業者等との間で行われる協議の状況、策定された当該基準の開示の状況、相当の利益の内容の決定について行われる従業者等からの意見の聴取の状況等を考慮して、その定めたところにより相当の利益を与えることが不合理であると認められるものであつてはならない。

6　経済産業大臣は、発明を奨励するため、産業構造審議会の意見を聴いて、前項の規定により考慮すべき状況等に関する事項について指針を定め、これを公表するものとする。
7　相当の利益についての定めがない場合又はその定めたところにより相当の利益を与えることが第五項の規定により不合理であると認められる場合には、第四項の規定により受けるべき相当の利益の内容は、その発明により使用者等が受けるべき利益の額、その発明に関連して使用者等が行う負担、貢献及び従業者等の処遇その他の事情を考慮して定めなければならない。

（特許出願）

第三六条　特許を受けようとする者は、次に掲げる事項を記載した願書を特許庁長官に提出しなければならない。
一　特許出願人の氏名又は名称及び住所又は居所
二　発明者の氏名及び住所又は居所
2　願書には、明細書、特許請求の範囲、必要な図面及び要約書を添付しなければならない。
3　前項の明細書には、次に掲げる事項を記載しなければならない。
一　発明の名称
二　図面の簡単な説明
三　発明の詳細な説明
4　前項第三号の発明の詳細な説明の記載は、次の各号に適合するものでなければならない。
一　経済産業省令で定めるところにより、その発明の属する技術の分野における通常の知識を有する者がその実施をすることができる程度に明確かつ十分に記載したものであること。
二　その発明に関連する文献公知発明（第二十九条第一項第三号に掲げる発明をいう。以下この号において同じ。）のうち、特許を受けようとする者が特許出願の時に知つているものがあるときは、その文献公知発明が記載された刊行物の名称その他のその文献公知発明に関する情報の所在を記載したものであること。
5　第二項の特許請求の範囲には、請求項に区分して、各請求項ごとに特許出願人が特許を受けようとする発明を特定するために必要と認める事項のすべてを記載しなければならない。この場合において、一の請求項に係る発明と他の請求項に係る発明とが同一である記載となることを妨げない。

6　第二項の特許請求の範囲の記載は、次の各号に適合するものでなければならない。

一　特許を受けようとする発明が発明の詳細な説明に記載したものであること。

二　特許を受けようとする発明が明確であること。

三　請求項ごとの記載が簡潔であること。

四　その他経済産業省令で定めるところにより記載されていること。

7　第二項の要約書には、明細書、特許請求の範囲又は図面に記載した発明の概要その他経済産業省令で定める事項を記載しなければならない。

（同前）

第三六条の二　特許を受けようとする者は、前条第二項の明細書、特許請求の範囲、必要な図面及び要約書に代えて、同条第三項から第六項までの規定により明細書又は特許請求の範囲に記載すべきものとされる事項を経済産業省令で定める外国語で記載した書面及び必要な図面でこれに含まれる説明をその外国語で記載したもの（以下「外国語書面」という。）並びに同条第七項の規定により要約書に記載すべきものとされる事項をその外国語で記載した書面（以下「外国語要約書面」という。）を願書に添付することができる。

2　前項の規定により外国語書面及び外国語要約書面を願書に添付した特許出願（以下「外国語書面出願」という。）の出願人は、その特許出願の日（第四十一条第一項の規定による優先権の主張を伴う特許出願にあつては、同項に規定する先の出願の日、第四十三条第一項、第四十三条の二第一項（第四十三条の三第三項において準用する場合を含む。）又は第四十三条の三第一項若しくは第二項の規定による優先権の主張を伴う特許出願にあつては、最初の出願若しくはパリ条約（千九百年十二月十四日にブラッセルで、千九百十一年六月二日にワシントンで、千九百二十五年十一月六日にヘーグで、千九百三十四年六月二日にロンドンで、千九百五十八年十月三十一日にリスボンで及び千九百六十七年七月十四日にストックホルムで改正された工業所有権の保護に関する千八百八十三年三月二十日のパリ条約をいう。以下同じ。）第四条C(4)の規定により最初の出願とみなされた出願又は同条A(2)の規定により最初の出願と認められた出願の日、第四十一条第一項、第四十三条第一項、第四十三条の二第一項（第四十三条の三第三項において準用する場合を含む。）又は第四十三条の三第一項若しくは第二項の規定による二以上の優先権の主張を伴う特許出願にあつては、当該優先権の主張の基礎とした出願の日のうち最先の日。第六十四条第一項において同じ。）から一年四月以内に外国語書面及び外国語要約書面の日本語による翻訳文を、特許庁長官に提出しなければならない。ただし、当該外国語書面出願が第四十四条第一項の規定による特許出願の分割に係る新たな特許出願、第四十六条第一項若しくは第二項の規定による出願の変更に係る特許出願又は第四十六条の二第一項の規定による実用新案登録に基づく特許出願である場合にあつては、本文の期間の経過後であつても、その特許出願の分割、出願の変更又は実用新案登録に基づく特許出願の日から二月以内に限り、外国語書面及び外国語要約書面の日本語による翻訳文を提出することができる。

3　特許庁長官は、前項本文に規定する期間（同項ただし書の規定により外国語書面及び外国語要約書面の翻訳文を提出することができるときは、同項ただし書に規定する期間。以下この条において同じ。）内に同項に規定する外国語書面及び外国語要約書面の翻訳文の提出がなかつたときは、外国語書面出願の出願人に対し、その旨を通知しなければならない。

4　前項の規定による通知を受けた者は、経済産業省令で定める期間内に限り、第二項に規定する外国語書面及び外国語要約書面の翻訳文を特許庁長官に提出することができる。

5　前項に規定する期間内に外国語書面（図面を除く。）の第二項に規定する翻訳文の提出がなかつたときは、その特許出願は、同項本文に規定する期間の経過の時に取り下げられたものとみなす。

6　前項の規定により取り下げられたものとみなされた特許出願の出願人は、経済産業省令で定める期間内に限り、経済産業省令で定めるところにより、第二項に規定する外国語書面及び外国語要約書面の翻訳文を特許庁長官に提出することができる。ただし、故意に、第四項に規定する期間内に前項に規定する翻訳文を提出しなかつたと認められる場合は、この限りでない。

7　第四項又は前項の規定により提出された翻訳文は、第二項本文に規定する期間が満了する時に特許庁長官に提出されたものとみなす。

8　第二項に規定する外国語書面の翻訳文は前条第二項の規定により願書に添付して提出した明細書、特許請求の範囲及び図面と、第二項に規定する外国語要約書面の翻訳文は同条第二項の規定により願書に添付して提出した要約書とみなす。

（同前）

第三七条　二以上の発明については、経済産業省令で定める技術的関係を有することにより発明の単一性の要件を満たす一群の発明に該当するときは、一の願書で特許出願をすることができる。

（共同出願）

第三八条　特許を受ける権利が共有に係るときは、各共有者は、他の共有者と共同でなければ、特許出願をすることができない。

（特許出願の日の認定）

第三八条の二　特許庁長官は、特許出願が次の各号のいずれかに該当する場合を除き、特許出願に係る願書を提出した日を特許出願の日として認定しなければならない。

一　特許を受けようとする旨の表示が明確でないと認められるとき。

二　特許出願人の氏名若しくは名称の記載がな

く、又はその記載が特許出願人を特定できる程度に明確でないと認められるとき。

三　明細書（外国語書面出願にあつては、明細書に記載すべきものとされる事項を第三十六条の二第一項の経済産業省令で定める外国語で記載した書面。以下この条において同じ。）が添付されていないとき（次条第一項に規定する方法により特許出願をするときを除く。）。

2　特許庁長官は、特許出願が前項各号のいずれかに該当するときは、特許を受けようとする者に対し、特許出願について補完をすることができる旨を通知しなければならない。

3　前項の規定による通知を受けた者は、経済産業省令で定める期間内に限り、その補完をすることができる。

4　前項の規定により補完をするには、経済産業省令で定めるところにより、手続の補完に係る書面（以下「手続補完書」という。）を提出しなければならない。ただし、同項の規定により明細書について補完をする場合には、手続補完書の提出と同時に明細書を提出しなければならない。

5　第三項の規定により明細書について補完をする場合には、手続補完書の提出と同時に第三十六条第二項の必要な図面（外国語書面出願にあつては、必要な図面でこれに含まれる説明を第三十六条の二第一項の経済産業省令で定める外国語で記載したもの。以下この条において同じ。）を提出することができる。

6　第二項の規定による通知を受けた者が第三項に規定する期間内にその補完をしたときは、その特許出願は、手続補完書を提出した時にしたものとみなす。この場合において、特許庁長官は、手続補完書を提出した日を特許出願の日として認定するものとする。

7　第四項ただし書の規定により提出された明細書は願書に添付して提出したものと、第五項の規定により提出された図面は願書に添付して提出したものとみなす。

8　特許庁長官は、第二項の規定による通知を受けた者が第三項に規定する期間内にその補完をしないときは、その特許出願を却下することができる。

9　特許を受けようとする者が第二項の規定による通知を受ける前に、その通知を受けた場合に執るべき手続を執つたときは、経済産業省令で定める場合を除き、当該手続は、その通知を受けたことにより執つた手続とみなす。

（先の特許出願を参照すべき旨を主張する方法による特許出願）

第三八条の三　特許を受けようとする者は、外国語書面出願をする場合を除き、第三十六条第二項の規定にかかわらず、願書に明細書及び必要な図面を添付することなく、その者がした特許出願（外国においてしたものを含む。以下この条において「先の特許出願」という。）を参照すべき旨を主張する方法により、特許出願をすることができる。ただし、その特許出願が前条第一項第一号又は第二号に該当する場合は、この限りでない。

2　前項に規定する方法により特許出願をしようとする者は、その旨及び先の特許出願に関し経済産業省令で定める事項を記載した書面を当該特許出願と同時に特許庁長官に提出しなければならない。

3　第一項に規定する方法により特許出願をした者は、経済産業省令で定める期間内に、当該特許出願に係る願書に添付して提出すべき明細書及び必要な図面並びに同項に規定する方法における主張に係る先の特許出願に関し経済産業省令で定める書類を提出しなければならない。

4　前項の規定により提出された明細書及び図面に記載した事項が、第一項に規定する方法における主張に係る先の特許出願の願書に添付した明細書、特許請求の範囲又は図面（当該先の特許出願が、外国語書面出願である場合にあつては外国語書面、外国においてしたものである場合にあつてはその出願に際し提出した書類であつて明細書、特許請求の範囲又は図面に相当するもの）に記載した事項の範囲内にない場合は、その特許出願は、前条第一項の規定にかかわらず、前項の規定により明細書及び図面を提出した時にしたものとみなす。
5　第三項の規定により提出された明細書及び図面は、願書に添付して提出したものとみなす。
6　前各項の規定は、第四十四条第一項の規定による特許出願の分割に係る新たな特許出願、第四十六条第一項又は第二項の規定による出願の変更に係る特許出願及び第四十六条の二第一項の規定による実用新案登録に基づく特許出願については、適用しない。

（明細書又は図面の一部の記載が欠けている場合の通知等）

第三八条の四　特許庁長官は、特許出願の日の認定に際して、願書に添付されている明細書又は図面（外国語書面出願にあつては、明細書に記載すべきものとされる事項を第三十六条の二第一項の経済産業省令で定める外国語で記載した書面又は必要な図面でこれに含まれる説明を同項の経済産業省令で定める外国語で記載したもの。以下この条において同じ。）について、その一部の記載が欠けていることを発見したときは、その旨を特許出願人に通知しなければならない。
2　前項の規定による通知を受けた者は、経済産業省令で定める期間内に限り、明細書又は図面について補完をすることができる。
3　前項の規定によりその補完をするには、経済産業省令で定めるところにより、明細書又は図面の補完に係る書面（以下この条及び第六十七条第三項第六号において「明細書等補完書」という。）を提出しなければならない。
4　第一項の規定による通知を受けた者が第二項に規定する期間内にその補完をしたときは、その特許出願は、第三十八条の二第一項又は第六項の規定にかかわらず、明細書等補完書を提出した時にしたものとみなす。ただし、その補完が第四十一条第一項の規定による優先権の主張又は第四十三条第一項、第四十三条の二第一項（第四十三条の三第三項において準用する場合を含む。）若しくは第四十三条の三第一項若しくは第二項の規定による優先権の主張を伴う特許出願に係るものであつて、かつ、前項の規定により提出した明細書等補完書に記載した内容が経済産業省令で定める範囲内にあるときは、この限りでない。

5　第二項の補完をした特許出願が、第三十八条の二第一項第一号又は第二号に該当する場合であつて、その補完に係る手続補完書を第三項の規定により明細書等補完書を提出した後に提出したときは、その特許出願は、前項の規定にかかわらず、当該手続補完書を提出した時にしたものとみなす。

6　第二項の規定によりその補完をした明細書又は図面は、願書に添付して提出したものとみなす。

7　第二項の補完をした者は、経済産業省令で定める期間内に限り、第三項の規定により提出した明細書等補完書を取り下げることができる。

8　前項の規定による明細書等補完書の取下げがあつたときは、その補完は、されなかつたものとみなす。

9　第三十八条の二第九項の規定は、第一項の規定による通知を受ける前に執つた手続に準用する。

10　前各項の規定は、第四十四条第一項の規定による特許出願の分割に係る新たな特許出願、第四十六条第一項又は第二項の規定による出願の変更に係る特許出願及び第四十六条の二第一項の規定による実用新案登録に基づく特許出願については、適用しない。

（特許出願の放棄又は取下げ）

第三十八条の五　特許出願人は、その特許出願について仮専用実施権を有する者があるときは、その承諾を得た場合に限り、その特許出願を放棄し、又は取り下げることができる。

（先願）

第三十九条　同一の発明について異なつた日に二以上の特許出願があつたときは、最先の特許出願人のみがその発明について特許を受けることができる。

2　同一の発明について同日に二以上の特許出願があつたときは、特許出願人の協議により定めた一の特許出願人のみがその発明について特許を受けることができる。協議が成立せず、又は協議をすることができないときは、いずれも、その発明について特許を受けることができない。

3　特許出願に係る発明と実用新案登録出願に係る考案とが同一である場合において、その特許出願及び実用新案登録出願が異なつた日にされたものであるときは、特許出願人は、実用新案登録出願人より先に出願をした場合にのみその発明について特許を受けることができる。

4　特許出願に係る発明と実用新案登録出願に係る考案とが同一である場合（第四十六条の二第一項の規定による実用新案登録に基づく特許出願（第四十四条第二項（第四十六条第六項において準用する場合を含む。）の規定により当該特許出願の時にしたものとみなされるものを含む。）に係る発明とその実用新案登録に係る考案とが同一である場合を除く。）において、その特許出願及び実用新案登録出願が同日にされたものであるときは、出願人の協議により定めた一の出願人のみが特許又は実用新案登録を受けることができる。協議が成立せず、又は協議をすることができないときは、特許出願人は、その発明について特許を受けることができない。

5　特許出願若しくは実用新案登録出願が放棄され、取り下げられ、若しくは却下されたとき、又は特許出願について拒絶をすべき旨の査定若しくは審決が確定したときは、その特許出願又は実用新案登録出願は、第一項から前項までの規定の適用については、初めからなかつたものとみなす。ただし、その特許出願について第二項後段又は前項後段の規定に該当することにより拒絶をすべき旨の査定又は審決が確定したときは、この限りでない。

6　特許庁長官は、第二項又は第四項の場合は、相当の期間を指定して、第二項又は第四項の協議をしてその結果を届け出るべき旨を出願人に命じなければならない。

7　特許庁長官は、前項の規定により指定した期間内に同項の規定による届出がないときは、第二項又は第四項の協議が成立しなかつたものとみなすことができる。

第四〇条　削除

（特許出願等に基づく優先権主張）

第四一条　特許を受けようとする者は、次に掲げる場合を除き、その特許出願に係る発明について、その者が特許又は実用新案登録を受ける権利を有する特許出願又は実用新案登録出願であつて先にされたもの（以下「先の出願」という。）の願書に最初に添付した明細書、特許請求の範囲若しくは実用新案登録請求の範囲又は図面（先の出願が外国語書面出願である場合にあつては、外国語書面）に記載された発明に基づいて優先権を主張することができる。ただし、先の出願について仮専用実施権を有する者があるときは、その特許出願の際に、その承諾を得ている場合に限る。

一　その特許出願が先の出願の日から一年以内にされたものでない場合（その特許出願が故意に先の出願の日から一年以内にされなかつたものでないと認められる場合であつて、かつ、その特許出願が経済産業省令で定める期間内に経済産業省令で定めるところによりされたものである場合を除く。）

二　先の出願が第四十四条第一項の規定による特許出願の分割に係る新たな特許出願、第四十六条第一項若しくは第二項の規定による出願の変更に係る特許出願若しくは第四十六条の二第一項の規定による実用新案登録に基づく特許出願又は実用新案法第十一条第一項において準用するこの法律第四十四条第一項の規定による実用新案登録出願の分割に係る新たな実用新案登録出願若しくは実用新案法第十条第一項若しくは第二項の規定による出願の変更に係る実用新案登録出願である場合

三　先の出願が、その特許出願の際に、放棄され、取り下げられ、又は却下されている場合

四　先の出願について、その特許出願の際に、

査定又は審決が確定している場合

五　先の出願について、その特許出願の際に、実用新案法第十四条第二項に規定する設定の登録がされている場合

2　前項の規定による優先権の主張を伴う特許出願に係る発明のうち、当該優先権の主張の基礎とされた先の出願の願書に最初に添付した明細書、特許請求の範囲若しくは実用新案登録請求の範囲又は図面（当該先の出願が外国語書面出願である場合にあつては、外国語書面）に記載された発明（当該先の出願が同項若しくは実用新案法第八条第一項の規定による優先権の主張又は第四十三条第一項、第四十三条の二第一項（第四十三条の三第三項において準用する場合を含む。）若しくは第四十三条の三第一項若しくは第二項（これらの規定を同法第十一条第一項において準用する場合を含む。）の規定による優先権の主張を伴う出願である場合には、当該先の出願についての優先権の主張の基礎とされた出願に係る出願の際の書類（明細書、特許請求の範囲若しくは実用新案登録請求の範囲又は図面に相当するものに限る。）に記載された発明を除く。）についての第二十九条、第二十九条の二本文、第三十条第一項及び第二項、第三十九条第一項から第四項まで、第六十九条第二項第二号、第七十二条、第七十九条、第八十一条、第八十二条第一項、第百四条（第六十五条第六項（第百八十四条の十第二項において準用する場合を含む。）において準用する場合を含む。）並びに第百二十六条第七項（第十七条の二第六項、第百二十条の五第九項及び第百三十四条の二第九項において準用する場合を含む。）、同法第七条第三項及び第十七条、意匠法第二十六条、第三十一条第二項及び第三十二条第二項並びに商標法（昭和三十四年法律第百二十七号）第二十九条並びに第三十三条の二第一項及び第三十三条の三第一項（これらの規定を同法第六十八条第三項において準用する場合を含む。）の規定の適用については、当該特許出願は、当該先の出願の時にされたものとみなす。

3　第一項の規定による優先権の主張を伴う特許出願の願書に最初に添付した明細書、特許請求の範囲又は図面（外国語書面出願にあつては、外国語書面）に記載された発明のうち、当該優先権の主張の基礎とされた先の出願の願書に最初に添付した明細書、特許請求の範囲若しくは実用新案登録請求の範囲又は図面（当該先の出願が外国語書面出願である場合にあつては、外国語書面）に記載された発明（当該先の出願が同項若しくは実用新案法第八条第一項の規定による優先権の主張又は第四十三条第一項、第四十三条の二第一項（第四十三条の三第三項において準用する場合を含む。）若しくは第四十三条の三第一項若しくは第二項（これらの規定を同法第十一条第一項において準用する場合を含む。）の規定による優先権の主張を伴う出願である場合には、当該先の出願についての優先権の主張の基礎とされた出願に係る出願の際の書類（明細書、特許請求の範囲若しくは実用新案登録請求の範囲又は図面に相当するものに限る。）に記載された発明を除く。）については、当該特許出願について特許掲載公報の発行又は出願公開がされた時に当該先の出願について出願公開又は実用新案掲載公報の発行がされたものとみなして、第二十九条の二本文又は同法第三条の二本文の規定を適用する。

4　第一項の規定による優先権を主張しようとする者は、その旨及び先の出願の表示を記載した書面を経済産業省令で定める期間内に特許庁長官に提出しなければならない。

（先の出願の取下げ等）

第四二条　前条第一項の規定による優先権の主張の基礎とされた先の出願は、その出願の日から経済産業省令で定める期間を経過した時に取り下げたものとみなす。ただし、当該先の出願が放棄され、取り下げられ、若しくは却下されている場合、当該先の出願について査定若しくは審決が確定している場合、当該先の出願について実用新案法第十四条第二項に規定する設定の登録がされている場合又は当該先の出願に基づく全ての優先権の主張が取り下げられている場合には、この限りでない。

2　前条第一項の規定による優先権の主張を伴う特許出願の出願人は、先の出願の日から経済産業省令で定める期間を経過した後は、その主張を取り下げることができない。

3　前条第一項の規定による優先権の主張を伴う特許出願が先の出願の日から経済産業省令で定める期間内に取り下げられたときは、同時に当該優先権の主張が取り下げられたものとみなす。

（パリ条約による優先権主張の手続）

第四三条　パリ条約第四条D⑴の規定により特許出願について優先権を主張しようとする者は、その旨並びに最初に出願をし若しくは同条C⑷の規定により最初の出願とみなされた出願をし又は同条A⑵の規定により最初に出願をしたものと認められたパリ条約の同盟国の国名及び出願の年月日を記載した書面を経済産業省令で定める期間内に特許庁長官に提出しなければならない。

2　前項の規定による優先権の主張をした者は、最初に出願をし、若しくはパリ条約第四条C⑷の規定により最初の出願とみなされた出願をし、若しくは同条A⑵の規定により最初に出願をしたものと認められたパリ条約の同盟国の認証がある出願の年月日を記載した書面、その出願の際の書類で明細書、特許請求の範囲若しくは実用新案登録請求の範囲及び図面に相当するものの謄本若しくはこれらと同様の内容を有する公報若しくは証明書であつてその同盟国の政府が発行したものを（電磁的方法（電子的方法、磁気的方法その他人の知覚によつては認識することができない方法をいう。第五項及び第四十四条第四項において同じ。）により提供されたものを含む。）又はこれらの写し（以下この条において「優先権証明書類等」という。）次の各号に掲げる日のうち最先の日から一年四月以内に特許庁長官に提出しなければならない。

一　当該最初の出願若しくはパリ条約第四条C⑷の規定により当該最初の出願とみなされた

出願又は同条A(2)の規定により当該最初の出願と認められた出願の日
二　その特許出願が第四十一条第一項の規定による優先権の主張を伴う場合における当該優先権の主張の基礎とした出願の日
三　その特許出願が前項、次条第一項（第四十三条の三第三項において準用する場合を含む。）又は第四十三条の三第一項若しくは第二項の規定による他の優先権の主張を伴う場合における当該優先権の主張の基礎とした出願の日

3　第一項の規定による優先権の主張をした者は、最初の出願若しくはパリ条約第四条C(4)の規定により最初の出願とみなされた出願又は同条A(2)の規定により最初の出願と認められた出願の番号を記載した書面を優先権証明書類等とともに特許庁長官に提出しなければならない。ただし、優先権証明書類等の提出前にその番号を知ることができないときは、当該書面に代えてその理由を記載した書面を提出し、かつ、その番号を知つたときは、遅滞なく、その番号を記載した書面を提出しなければならない。

4　第一項の規定による優先権の主張をした者が第二項に規定する期間内に優先権証明書類等を提出しないときは、当該優先権の主張は、その効力を失う。

5　優先権証明書類等に記載されている事項を電磁的方法によりパリ条約の同盟国の政府又は工業所有権に関する国際機関との間で交換することができる場合として経済産業省令で定める場合において、第一項の規定による優先権の主張をした者が、第二項に規定する期間内に、出願の番号その他の当該事項を交換するために必要な事項として経済産業省令で定める事項を記載した書面を特許庁長官に提出したときは、前二項の規定の適用については、優先権証明書類等を提出したものとみなす。

6　特許庁長官は、第二項に規定する期間内に優先権証明書類等又は前項に規定する書面の提出がなかつたときは、第一項の規定による優先権

の主張をした者に対し、その旨を通知しなければならない。

7　前項の規定による通知を受けた者は、経済産業省令で定める期間内に限り、優先権証明書類等又は第五項に規定する書面を特許庁長官に提出することができる。

8　第六項の規定による通知を受けた者がその責めに帰することができない理由により前項に規定する期間内に優先権証明書類等又は第五項に規定する書面を提出することができないときは、前項の規定にかかわらず、経済産業省令で定める期間内に、その優先権証明書類等又は書面を特許庁長官に提出することができる。

9　第七項又は前項の規定により優先権証明書類等又は第五項に規定する書面の提出があつたときは、第四項の規定は、適用しない。

（パリ条約の例による優先権主張）

第四三条の二　パリ条約第四条D(1)の規定により特許出願について優先権を主張しようとしたにもかかわらず、同条C(1)に規定する優先期間（以下この項において「優先期間」という。）内に優先権の主張を伴う特許出願をすることができなかつた者は、経済産業省令で定めるところによりその特許出願をしたときは、優先期間の経過後であつても、同条の規定の例により、その特許出願について優先権を主張することができる。ただし、故意に、優先期間内にその特許出願をしなかつたと認められる場合は、この限りでない。

2　前条の規定は、前項の規定により優先権を主張する場合に準用する。

（同前）

第四三条の三　次の表の上欄に掲げる者が同表の下欄に掲げる国においてした出願に基づく優先権は、パリ条約第四条の規定の例により、特許出願について、これを主張することができる。

日本国民又はパリ条約の同盟国の国民（パリ条約第三条の規定により同盟国の国民とみなされる者を	世界貿易機関の加盟国

含む。次項において同じ。）	
世界貿易機関の加盟国の国民（世界貿易機関を設立するマラケシュ協定附属書一C第一条3に規定する加盟国の国民をいう。次項において同じ。）	パリ条約の同盟国又は世界貿易機関の加盟国

2　パリ条約の同盟国又は世界貿易機関の加盟国のいずれにも該当しない国（日本国民に対し、日本国と同一の条件により優先権の主張を認めることとしているものであつて、特許庁長官が指定するものに限る。以下この項において「特定国」という。）の国民がその特定国においてした出願に基づく優先権及び日本国民又はパリ条約の同盟国の国民若しくは世界貿易機関の加盟国の国民が特定国においてした出願に基づく優先権は、パリ条約第四条の規定の例により、特許出願について、これを主張することができる。

3　前二条の規定は、前二項の規定により優先権を主張する場合に準用する。

（特許出願の分割）

第四四条　特許出願人は、次に掲げる場合に限り、二以上の発明を包含する特許出願の一部を一又は二以上の新たな特許出願とすることができる。

一　願書に添付した明細書、特許請求の範囲又は図面について補正をすることができる時又は期間内にするとき。

二　特許をすべき旨の査定（第百六十三条第三項において準用する第五十一条の規定による特許をすべき旨の査定及び第百六十条第一項に規定する審査に付された特許出願についての特許をすべき旨の査定を除く。）の謄本の送達があつた日から三十日以内にするとき。

三　拒絶をすべき旨の最初の査定の謄本の送達があつた日から三月以内にするとき。

2　前項の場合は、新たな特許出願は、もとの特許出願の時にしたものとみなす。ただし、新たな特許出願が第二十九条の二に規定する他の特許出願又は実用新案法第三条の二に規定する特許出願に該当する場合におけるこれらの規定の適用及び第三十条第三項の規定の適用については、この限りでない。

3　第一項に規定する新たな特許出願をする場合における第四十三条第二項（第四十三条の二第二項（前条第三項において準用する場合を含む。）及び前条第三項において準用する場合を含む。）の規定の適用については、第四十三条第二項中「最先の日から一年四月以内」とあるのは、「最先の日から一年四月又は新たな特許出願の日から三月のいずれか遅い日まで」とする。

4　第一項に規定する新たな特許出願をする場合には、もとの特許出願について提出された書面又は書類（第四十三条第二項（第四十三条の二第二項（前条第三項において準用する場合を含む。以下この項において同じ。）及び前条第三項において準用する場合を含む。）の規定により提出された場合には、電磁的方法により提供されたものを含む。）であつて、新たな特許出願について第三十条第三項、第四十一条第四項又は第四十三条第一項及び第二項（これらの規定を第四十三条の二第二項及び前条第三項において準用する場合を含む。）の規定により提出しなければならないものは、当該新たな特許出願と同時に特許庁長官に提出されたものとみなす。

5　第一項第二号に規定する三十日の期間は、第四条又は第百八条第三項の規定により同条第一項に規定する期間が延長されたときは、その延長された期間を限り、延長されたものとみなす。

6　第一項第三号に規定する三月の期間は、第四条の規定により第百二十一条第一項に規定する期間が延長されたときは、その延長された期間を限り、延長されたものとみなす。

7　第一項に規定する新たな特許出願をする者がその責めに帰することができない理由により同項第二号又は第三号に規定する期間内にその新たな特許出願をすることができないときは、これらの規定にかかわらず、その理由がなくなつた日から十四日（在外者にあつては、二月）以内でこれらの規定に規定する期間の経過後六月以内にその新たな特許出願をすることができる。

第四五条　削除

（出願の変更）

第四六条　実用新案登録出願人は、その実用新案登録出願を特許出願に変更することができる。ただし、その実用新案登録出願の日から三年を経過した後は、この限りでない。

2　意匠登録出願人は、その意匠登録出願を特許出願に変更することができる。ただし、その意匠登録出願について拒絶をすべき旨の最初の査定の謄本の送達があつた日から三月を経過した後又はその意匠登録出願の日から三年を経過した後（その意匠登録出願について拒絶をすべき旨の最初の査定の謄本の送達があつた日から三月以内の期間を除く。）は、この限りでない。

3　前項ただし書に規定する三月の期間は、意匠法第六十八条第一項において準用するこの法律第四条の規定により意匠法第四十六条第一項に規定する期間が延長されたときは、その延長された期間を限り、延長されたものとみなす。

4　第一項又は第二項の規定による出願の変更があつたときは、もとの出願は、取り下げたものとみなす。

5　第一項の規定による出願の変更をする者がその責めに帰することができない理由により同項ただし書に規定する期間内にその出願の変更をすることができないとき、又は第二項の規定による出願の変更をする者がその責めに帰することができない理由により同項ただし書に規定する三年の期間内にその出願の変更をすることができないときは、これらの規定にかかわらず、その理由がなくなつた日から十四日（在外者にあつては、二月）以内でこれらの規定に規定する期間の経過後六月以内にその出願の変更をすることができる。

6　第四十四条第二項から第四項までの規定は、第一項又は第二項の規定による出願の変更の場合に準用する。

（実用新案登録に基づく特許出願）

第四六条の二　実用新案権者は、次に掲げる場合を除き、経済産業省令で定めるところにより、自己の実用新案登録に基づいて特許出願をすることができる。この場合においては、その実用新案権を放棄しなければならない。

一　その実用新案登録に係る実用新案登録出願の日から三年を経過したとき。

二　その実用新案登録に係る実用新案登録出願又はその実用新案登録について、実用新案登録出願人又は実用新案権者から実用新案法第十二条第一項に規定する実用新案技術評価（次号において単に「実用新案技術評価」という。）の請求があつたとき。

三　その実用新案登録に係る実用新案登録出願又はその実用新案登録について、実用新案登録出願人又は実用新案権者でない者がした実用新案技術評価の請求に係る実用新案法第十三条第二項の規定による最初の通知を受けた日から三十日を経過したとき。

四　その実用新案登録について請求された実用新案法第三十七条第一項の実用新案登録無効審判について、同法第三十九条第一項の規定により最初に指定された期間を経過したとき。

2　前項の規定による特許出願は、その願書に添付した明細書、特許請求の範囲又は図面に記載した事項が当該特許出願の基礎とされた実用新案登録の願書に添付した明細書、実用新案登録請求の範囲又は図面に記載した事項の範囲内にあるものに限り、その実用新案登録に係る実用新案登録出願の時にしたものとみなす。ただし、その特許出願が第二十九条の二に規定する他の特許出願又は実用新案法第三条の二に規定する特許出願に該当する場合におけるこれらの規定の適用並びに第三十条第三項、第三十六条の二第二項ただし書及び第四十八条の三第二項の規定の適用については、この限りでない。

3　第一項の規定による特許出願をする者がその責めに帰することができない理由により同項第一号又は第三号に規定する期間を経過するまでにその特許出願をすることができないときは、これらの規定にかかわらず、その理由がなくなつた日から十四日（在外者にあつては、二月）

以内でこれらの規定に規定する期間の経過後六月以内にその特許出願をすることができる。

4　実用新案権者は、専用実施権者、質権者又は実用新案法第十一条第三項において準用するこの法律第三十五条第一項、実用新案法第十八条第三項において準用するこの法律第七十七条第四項若しくは実用新案法第十九条第一項の規定による通常実施権者があるときは、これらの者の承諾を得た場合に限り、第一項の規定による特許出願をすることができる。

5　第四十四条第三項及び第四項の規定は、第一項の規定による特許出願をする場合に準用する。

第三章　審　査

（審査官による審査）

第四七条　特許庁長官は、審査官に特許出願を審査させなければならない。

2　審査官の資格は、政令で定める。

（審査官の除斥）

第四八条　第百三十九条（第六号及び第七号を除く。）の規定は、審査官について準用する。

（特許出願の審査）

第四八条の二　特許出願の審査は、その特許出願についての出願審査の請求をまつて行なう。

（出願審査の請求）

第四八条の三　特許出願があつたときは、何人も、その日から三年以内に、特許庁長官にその特許出願について出願審査の請求をすることができる。

2　第四十四条第一項の規定による特許出願の分割に係る新たな特許出願、第四十六条第一項若しくは第二項の規定による出願の変更に係る特許出願又は第四十六条の二第一項の規定による実用新案登録に基づく特許出願については、前項の期間の経過後であつても、その特許出願の分割、出願の変更又は実用新案登録に基づく特許出願の日から三十日以内に限り、出願審査の請求をすることができる。

3　出願審査の請求は、取り下げることができない。

4　第一項の規定により出願審査の請求をすることができる期間内に出願審査の請求がなかつたときは、この特許出願は、取り下げたものとみなす。

5　前項の規定により取り下げられたものとみなされた特許出願の出願人は、経済産業省令で定める期間内に限り、経済産業省令で定めるところにより、出願審査の請求をすることができる。ただし、故意に、第一項に規定する期間にその特許出願について出願審査の請求をしなかつたと認められる場合は、この限りでない。

6　前項の規定によりされた出願審査の請求は、第一項に規定する期間が満了する時に特許庁長官にされたものとみなす。

7　前三項の規定は、第二項に規定する期間内に出願審査の請求がなかつた場合に準用する。

8　第五項（前項において準用する場合を含む。以下この項において同じ。）の規定により特許出願について出願審査の請求をした場合において、その特許出願について特許権の設定の登録があつたときは、その特許出願が第四項（前項において準用する場合を含む。）の規定により取り下げられたものとみなされた旨が掲載された特許公報の発行後その特許出願について第五項の規定による出願審査の請求があつた旨が掲載された特許公報の発行前に善意に日本国内において当該発明の実施である事業をしている者又はその事業の準備をしている者は、その実施又は準備をしている発明及び事業の目的の範囲内において、その特許権について通常実施権を有する。

（同前）

第四八条の四　出願審査の請求をしようとする者は、次に掲げる事項を記載した請求書を特許庁長官に提出しなければならない。

一　請求人の氏名又は名称及び住所又は居所

二　出願審査の請求に係る特許出願の表示

（同前）

第四八条の五　特許庁長官は、出願公開前に出願審査の請求があつたときは出願公開の際又はその後遅滞なく、出願公開後に出願審査の請求があつたときはその後遅滞なく、その旨を特許公報に掲載しなければならない。

2　特許庁長官は、特許出願人でない者から出願審査の請求があつたときは、その旨を特許出願人に通知しなければならない。

（優先審査）

第四八条の六　特許庁長官は、出願公開後に特許出願人でない者が業として特許出願に係る発明を実施していると認める場合において必要があるときは、審査官にその特許出願を他の特許出願に優先して審査させることができる。

（文献公知発明に係る情報の記載についての通知）

第四八条の七　審査官は、特許出願が第三十六条第四項第二号に規定する要件を満たしていないと認めるときは、特許出願人に対し、その旨を通知し、相当の期間を指定して、意見書を提出する機会を与えることができる。

（拒絶の査定）

第四九条　審査官は、特許出願が次の各号のいずれかに該当するときは、その特許出願について拒絶をすべき旨の査定をしなければならない。

一　その特許出願の願書に添付した明細書、特許請求の範囲又は図面についてした補正が第十七条の二第三項又は第四項に規定する要件を満たしていないとき。

二　その特許出願に係る発明が第二十五条、第二十九条、第二十九条の二、第三十二条、第三十八条又は第三十九条第一項から第四項までの規定により特許をすることができないものであるとき。

三　その特許出願に係る発明が条約の規定により特許をすることができないものであるとき。

四　その特許出願が第三十六条第四項第一号若しくは第六項又は第三十七条に規定する要件を満たしていないとき。

五　前条の規定による通知をした場合であつて、その特許出願が明細書についての補正又は意見書の提出によつてもなお第三十六条第四項第二号に規定する要件を満たすこととならないとき。

六　その特許出願が外国語書面出願である場合において、当該特許出願の願書に添付した明細書、特許請求の範囲又は図面に記載した事項が外国語書面に記載した事項の範囲内にないとき。

七　その特許出願人がその発明について特許を受ける権利を有していないとき。

（拒絶理由の通知）

第五〇条　審査官は、拒絶をすべき旨の査定をしようとするときは、特許出願人に対し、拒絶の理由を通知し、相当の期間を指定して、意見書を提出する機会を与えなければならない。ただし、第十七条の二第一項第一号又は第三号に掲げる場合（同項第一号に掲げる場合にあつては、拒絶の理由の通知と併せて次条の規定による通知をした場合に限る。）において、第五十三条第一項の規定による却下の決定をするときは、この限りでない。

（既に通知された拒絶理由と同一である旨の通知）

第五〇条の二　審査官は、前条の規定により特許出願について拒絶の理由を通知しようとする場合において、当該拒絶の理由が、他の特許出願（当該特許出願と当該他の特許出願の少なくともいずれか一方に第四十四条第二項の規定が適用されたことにより当該特許出願と同時にされたこととなつているものに限る。）についての前条（第百五十九条第二項（第百七十四条第二項において準用する場合を含む。）及び第百六十三条第二項において準用する場合を含む。）の規定による通知（当該特許出願についての出願審査の請求前に当該特許出願の出願人がその内容を知り得る状態になかつたものを除く。）に係る拒絶の理由と同一であるときは、その旨を併せて通知しなければならない。

（特許査定）

第五一条　審査官は、特許出願について拒絶の理由を発見しないときは、特許をすべき旨の査定をしなければならない。

（査定の方式）

第五二条　査定は、文書をもつて行い、かつ、理由を付さなければならない。

2　特許庁長官は、査定があつたときは、査定の謄本を特許出願人に送達しなければならない。

（補正の却下）

第五三条　第十七条の二第一項第一号又は第三号に掲げる場合（同項第一号に掲げる場合にあつては、拒絶の理由の通知と併せて第五十条の二の規定による通知をした場合に限る。）において、願書に添付した明細書、特許請求の範囲又は図面についてした補正が第十七条の二第三項から第六項までの規定に違反しているものと特許をすべき旨の査定の謄本の送達前に認められたときは、審査官は、決定をもつてその補正を却下しなければならない。

2　前項の規定による却下の決定は、文書をもつて行い、かつ、理由を付さなければならない。

3　第一項の規定による却下の決定に対しては、不服を申し立てることができない。ただし、拒絶査定不服審判を請求した場合における審判においては、この限りでない。

（訴訟との関係）

第五四条　審査において必要があると認めるときは、特許異議の申立てについての決定若しくは審決が確定し、又は訴訟手続が完結するまでその手続を中止することができる。

2　訴えの提起又は仮差押命令若しくは仮処分命令の申立てがあつた場合において、必要があると認めるときは、裁判所は、査定が確定するまでその訴訟手続を中止することができる。

第五五条から第六三条まで 削除

第三章の二 出願公開

（出願公開）

第六四条 特許庁長官は、特許出願の日から一年六月を経過したときは、特許掲載公報の発行をしたものを除き、その特許出願について出願公開をしなければならない。次条第一項に規定する出願公開の請求があつたときも、同様とする。

2 出願公開は、次に掲げる事項を特許公報に掲載することにより行う。ただし、第四号から第六号までに掲げる事項については、当該事項を特許公報に掲載することが公の秩序又は善良の風俗を害するおそれがあると特許庁長官が認めるときは、この限りでない。

一 特許出願人の氏名又は名称及び住所又は居所

二 特許出願の番号及び年月日

三 発明者の氏名及び住所又は居所

四 願書に添付した明細書及び特許請求の範囲

に記載した事項並びに図面の内容

五　願書に添付した要約書に記載した事項

六　外国語書面出願にあつては、外国語書面及び外国語要約書面に記載した事項

七　出願公開の番号及び年月日

八　前各号に掲げるもののほか、必要な事項

3　特許庁長官は、願書に添付した要約書の記載が第三十六条第七項の規定に適合しないときその他必要があると認めるときは、前項第五号の要約書に記載した事項に代えて、自ら作成した事項を特許公報に掲載することができる。

（出願公開の請求）

第六四条の二　特許出願人は、次に掲げる場合を除き、特許庁長官に、その特許出願について出願公開の請求をすることができる。

一　その特許出願が出願公開されている場合

二　その特許出願が第四十三条第一項、第四十三条の二第一項（第四十三条の三第三項において準用する場合を含む。）又は第四十三条の三第一項若しくは第二項の規定による優先権の主張を伴う特許出願であつて、第四十三条第二項（第四十三条の二第二項（第四十三条の三第三項において準用する場合を含む。）及び第四十三条の三第三項において準用する場合を含む。）に規定する優先権証明書類等及び第四十三条第五項（第四十三条の二第二項（第四十三条の三第三項において準用する場合を含む。）及び第四十三条の三第三項において準用する場合を含む。）に規定する書面が特許庁長官に提出されていないものである場合

三　その特許出願が外国語書面出願であつて第三十六条の二第二項に規定する外国語書面の翻訳文が特許庁長官に提出されていないものである場合

2　出願公開の請求は、取り下げることができない。

（同前）

第六四条の三　出願公開の請求をしようとする特許出願人は、次に掲げる事項を記載した請求書

を特許庁長官に提出しなければならない。

一　請求人の氏名又は名称及び住所又は居所

二　出願公開の請求に係る特許出願の表示

（出願公開の効果等）

第六五条　特許出願人は、出願公開があつた後に特許出願に係る発明の内容を記載した書面を提示して警告をしたときは、その警告後特許権の設定の登録前に業としてその発明を実施した者に対し、その発明が特許発明である場合にその実施に対し受けるべき金銭の額に相当する額の補償金の支払を請求することができる。当該警告をしない場合においても、出願公開がされた特許出願に係る発明であることを知つて特許権の設定の登録前に業としてその発明を実施した者に対しては、同様とする。

2　前項の規定による請求権は、特許権の設定の登録があつた後でなければ、行使することができない。

3　特許出願人は、その仮専用実施権者又は仮通常実施権者が、その設定行為で定めた範囲内において当該特許出願に係る発明を実施した場合については、第一項に規定する補償金の支払を請求することができない。

4　第一項の規定による請求権の行使は、特許権の行使を妨げない。

5　出願公開後に特許出願が放棄され、取り下げられ、若しくは却下されたとき、特許出願について拒絶をすべき旨の査定若しくは審決が確定したとき、第百十二条第六項の規定により特許権が初めから存在しなかつたものとみなされたとき（更に第百十二条の二第二項の規定により特許権が初めから存在していたものとみなされたときを除く。）、第百十四条第二項の取消決定が確定したとき、又は第百二十五条ただし書の場合を除き特許を無効にすべき旨の審決が確定したときは、第一項の請求権は、初めから生じなかつたものとみなす。

6　第百一条、第百四条から第百四条の三まで、第百五条から第百五条の二の十二まで、第百五条の四から第百五条の七まで及び第百六十八条第三項から第六項まで並びに民法（明治二十九年法律第八十九号）第七百十九条及び第七百二十四条（不法行為）の規定は、第一項の規定による請求権を行使する場合に準用する。この場合において、当該請求権を有する者が特許権の設定の登録前に当該特許出願に係る発明の実施の事実及びその実施をした者を知つたときは、同条第一号中「被害者又はその法定代理人が損害及び加害者を知った時」とあるのは、「特許権の設定の登録の日」と読み替えるものとする。

第四章　特許権

第一節　特許権

（特許権の設定の登録）

第六六条　特許権は、設定の登録により発生する。

2　第百七条第一項の規定による第一年から第三年までの各年分の特許料の納付又はその納付の免除若しくは猶予があつたときは、特許権の設定の登録をする。

3　前項の登録があつたときは、次に掲げる事項を特許公報に掲載しなければならない。ただし、第五号に掲げる事項については、その特許出願について出願公開がされているときは、この限りでない。

一　特許権者の氏名又は名称及び住所又は居所

二　特許出願の番号及び年月日

三　発明者の氏名及び住所又は居所

四　願書に添付した明細書及び特許請求の範囲

に記載した事項並びに図面の内容
五　願書に添付した要約書に記載した事項
六　特許番号及び設定の登録の年月日
七　前各号に掲げるもののほか、必要な事項
4　第六十四条第三項の規定は、前項の規定により同項第五号の要約書に記載した事項を特許公報に掲載する場合に準用する。

（存続期間）

第六七条　特許権の存続期間は、特許出願の日から二十年をもつて終了する。
2　前項に規定する存続期間は、特許権の設定の登録が特許出願の日から起算して五年を経過した日又は出願審査の請求があつた日から起算して三年を経過した日のいずれか遅い日（以下「基準日」という。）以後にされたときは、延長登録の出願により延長することができる。
3　前項の規定により延長することができる期間は、基準日から特許権の設定の登録の日までの期間に相当する期間から、次の各号に掲げる期間を合算した期間（これらの期間のうち重複する期間がある場合には、当該重複する期間を合算した期間を除いた期間）に相当する期間を控除した期間（以下「延長可能期間」という。）を超えない範囲内の期間とする。
一　その特許出願に係るこの法律（第三十九条第六項及び第五十条を除く。）、実用新案法若しくは工業所有権に関する手続等の特例に関する法律（平成二年法律第三十号）又はこれらの法律に基づく命令の規定による通知又は命令（特許庁長官又は審査官が行うものに限る。）があつた場合において当該通知又は命令を受けた場合に執るべき手続が執られたときにおける当該通知又は命令があつた日から当該執るべき手続が執られた日までの期間
二　その特許出願に係るこの法律又はこの法律に基づく命令（次号、第五号及び第十号において「特許法令」という。）の規定による手続を執るべき期間の延長があつた場合における当該手続を執るべき期間が経過した日から当該手続をした日までの期間

三　その特許出願に係る特許法令の規定による手続であつて当該手続を執るべき期間の定めがあるものについて特許法令の規定により出願人が当該手続を執るべき期間の経過後であつても当該手続を執ることができる場合において当該手続をしたときにおける当該手続を執るべき期間が経過した日から当該手続をした日までの期間

四　その特許出願に係るこの法律若しくは工業所有権に関する手続等の特例に関する法律又はこれらの法律に基づく命令（第八号及び第九号において「特許法関係法令」という。）の規定による処分又は通知について出願人の申出その他の行為により当該処分又は通知を保留した場合における当該申出その他の行為があつた日から当該処分又は通知を保留する理由がなくなつた日までの期間

五　その特許出願に係る特許法令の規定による特許料又は手数料の納付について当該特許料又は手数料の軽減若しくは免除又は納付の猶予の決定があつた場合における当該軽減若しくは免除又は納付の猶予に係る申請があつた日から当該決定があつた日までの期間

六　その特許出願に係る第三十八条の四第七項の規定による明細書等補完書の取下げがあつた場合における当該明細書等補完書が同条第三項の規定により提出された日から同条第七項の規定により当該明細書等補完書が取り下げられた日までの期間

七　その特許出願に係る拒絶査定不服審判の請求があつた場合における次のイからハまでに掲げる区分に応じて当該イからハまでに定める期間

イ　第百五十九条第三項（第百七十四条第二項において準用する場合を含む。）において準用する第五十一条の規定による特許をすべき旨の審決があつた場合　拒絶をすべき旨の査定の謄本の送達があつた日から当該審決の謄本の送達があつた日までの期間

ロ　第百六十条第一項（第百七十四条第二項

において準用する場合を含む。）の規定による更に審査に付すべき旨の審決があつた場合　拒絶をすべき旨の査定の謄本の送達があつた日から当該審決の謄本の送達があつた日までの期間

ハ　第百六十三条第三項において準用する第五十一条の規定による特許をすべき旨の査定があつた場合　拒絶をすべき旨の査定の謄本の送達があつた日から当該特許をすべき旨の査定の謄本の送達があつた日までの期間

八　その特許出願に係る特許法関係法令の規定による処分について行政不服審査法（平成二十六年法律第六十八号）の規定による審査請求に対する裁決が確定した場合における当該審査請求の日から当該裁決の謄本の送達があつた日までの期間

九　その特許出願に係る特許法関係法令の規定による処分について行政事件訴訟法（昭和三十七年法律第百三十九号）の規定による訴えの判決が確定した場合における当該訴えの提起の日から当該訴えの判決が確定した日までの期間

十　その特許出願に係る特許法令の規定による手続が中断し、又は中止した場合における当該手続が中断し、又は中止した期間

4　第一項に規定する存続期間（第二項の規定により延長されたときは、その延長の期間を加えたもの。第六十七条の五第三項ただし書、第六十八条の二及び第百七条第一項において同じ。）は、その特許発明の実施について安全性の確保等を目的とする法律の規定による許可その他の処分であつて当該処分の目的、手続等からみて当該処分を的確に行うには相当の期間を要するものとして政令で定めるものを受けることが必要であるために、その特許発明の実施をすることができない期間があつたときは、五年を限度として、延長登録の出願により延長することができる。

（存続期間の延長登録）

第六七条の二　前条第二項の延長登録の出願をしようとする者は、次に掲げる事項を記載した願書を特許庁長官に提出しなければならない。

一　出願人の氏名又は名称及び住所又は居所

二　特許番号

三　延長を求める期間

四　特許出願の番号及び年月日

五　出願審査の請求があつた年月日

2　前項の願書には、経済産業省令で定めるところにより、同項第三号に掲げる期間の算定の根拠を記載した書面を添付しなければならない。

3　前条第二項の延長登録の出願は、特許権の設定の登録の日から三月（出願をする者がその責めに帰することができない理由により当該期間内に出願をすることができないときは、その理由がなくなつた日から十四日（在外者にあつては、二月）を経過する日までの期間（当該期間が九月を超えるときは、九月））以内にしなければならない。ただし、同条第一項に規定する存続期間の満了後は、することができない。

4　特許権が共有に係るときは、各共有者は、他の共有者と共同でなければ、前条第二項の延長登録の出願をすることができない。

5　前条第二項の延長登録の出願があつたときは、同条第一項に規定する存続期間は、延長されたものとみなす。ただし、その出願について拒絶をすべき旨の査定が確定し、又は次条第三項の延長登録があつたときは、この限りでない。

6　前条第二項の延長登録の出願があつたときは、第一項各号に掲げる事項を特許公報に掲載しなければならない。

（同前）

第六七条の三　審査官は、第六十七条第二項の延長登録の出願が次の各号のいずれかに該当するときは、その出願について拒絶をすべき旨の査定をしなければならない。

一　その特許権の設定の登録が基準日以後にされていないとき。

二　その延長を求める期間がその特許権の存続期間に係る延長可能期間を超えているとき。

三　その出願をした者が当該特許権者でないとき。
四　その出願が前条第四項に規定する要件を満たしていないとき。
2　審査官は、第六十七条第二項の延長登録の出願について拒絶の理由を発見しないときは、延長登録をすべき旨の査定をしなければならない。
3　前項の査定があつたときは、延長登録をする。
4　前項の延長登録があつたときは、次に掲げる事項を特許公報に掲載しなければならない。
一　特許権者の氏名又は名称及び住所又は居所
二　特許番号
三　第六十七条第二項の延長登録の出願の番号及び年月日
四　延長登録の年月日
五　延長の期間
六　特許出願の番号及び年月日
七　出願審査の請求があつた年月日

（同前）

第六七条の四　第四十七条第一項、第五十条、第五十二条及び第百三十九条（第七号を除く。）の規定は、第六十七条第二項の延長登録の出願の審査について準用する。この場合において、第百三十九条第六号中「不服を申し立てられた」とあるのは、「第六十七条第二項の延長登録の出願があつた特許権に係る特許出願の」と読み替えるものとする。

（同前）

第六七条の五　第六十七条第四項の延長登録の出願をしようとする者は、次に掲げる事項を記載した願書を特許庁長官に提出しなければならない。
一　出願人の氏名又は名称及び住所又は居所
二　特許番号
三　延長を求める期間（五年以下の期間に限る。）
四　第六十七条第四項の政令で定める処分の内容
2　前項の願書には、経済産業省令で定めるところにより、延長の理由を記載した資料を添付しなければならない。

3　第六十七条第四項の延長登録の出願は、同項の政令で定める処分を受けた日から政令で定める期間内にしなければならない。ただし、同条第一項に規定する存続期間の満了後は、することができない。

4　第六十七条の二第四項から第六項までの規定は、第六十七条第四項の延長登録の出願について準用する。この場合において、第六十七条の二第五項ただし書中「次条第三項」とあるのは「第六十七条の七第三項」と、同条第六項中「第一項各号」とあるのは「第六十七条の五第一項各号」と読み替えるものとする。

（同前）

第六七条の六　第六十七条第四項の延長登録の出願をしようとする者は、同条第一項に規定する存続期間の満了前六月の前日までに同条第四項の政令で定める処分を受けることができないと見込まれるときは、次に掲げる事項を記載した書面をその日までに特許庁長官に提出しなければならない。

一　出願をしようとする者の氏名又は名称及び住所又は居所

二　特許番号

三　第六十七条第四項の政令で定める処分

2　前項の規定により提出すべき書面を提出しないときは、第六十七条第一項に規定する存続期間の満了前六月以後に同条第四項の延長登録の出願をすることができない。

3　第一項に規定する書面が提出されたときは、同項各号に掲げる事項を特許公報に掲載しなければならない。

4　第一項の規定により同項に規定する書面を提出する者がその責めに帰することができない理由により同項に規定する日までにその書面を提出することができないときは、同項の規定にかかわらず、その理由がなくなつた日から十四日（在外者にあつては、一月）以内で同項に規定する日の後二月以内にその書面を特許庁長官に提出することができる。

（同前）

第六七条の七　審査官は、第六十七条第四項の延長登録の出願が次の各号のいずれかに該当するときは、その出願について拒絶をすべき旨の査定をしなければならない。

一　その特許発明の実施に第六十七条第四項の政令で定める処分を受けることが必要であつたとは認められないとき。

二　その特許権者又はその特許権についての専用実施権若しくは通常実施権を有する者が第六十七条第四項の政令で定める処分を受けていないとき。

三　その延長を求める期間がその特許発明の実施をすることができなかつた期間を超えているとき。

四　その出願をした者が当該特許権者でないとき。

五　その出願が第六十七条の五第四項において準用する第六十七条の二第四項に規定する要件を満たしていないとき。

2　審査官は、第六十七条第四項の延長登録の出願について拒絶の理由を発見しないときは、延長登録をすべき旨の査定をしなければならない。

3　前項の査定があつたときは、延長登録をする。

4　前項の延長登録があつたときは、次に掲げる事項を特許公報に掲載しなければならない。

一　特許権者の氏名又は名称及び住所又は居所

二　特許番号

三　第六十七条第四項の延長登録の出願の番号及び年月日

四　延長登録の年月日

五　延長の期間

六　第六十七条第四項の政令で定める処分の内容

（同前）

第六七条の八　第六十七条の四前段の規定は、第六十七条第四項の延長登録の出願の審査について準用する。この場合において、第六十七条の四前段中「第七号」とあるのは、「第六号及び第七号」と読み替えるものとする。

（特許権の効力）

第六八条　特許権者は、業として特許発明の実施をする権利を専有する。ただし、その特許権について専用実施権を設定したときは、専用実施権者がその特許発明の実施をする権利を専有する範囲については、この限りでない。

（第六十七条第四項の規定により存続期間が延長された場合の特許権の効力）

第六八条の二　第六十七条第四項の規定により同条第一項に規定する存続期間が延長された場合（第六十七条の五第四項において準用する第六十七条の二第五項本文の規定により延長されたものとみなされた場合を含む。）の当該特許権の効力は、その延長登録の理由となつた第六十七条第四項の政令で定める処分の対象となつた物（その処分においてその物の使用される特定の用途が定められている場合にあつては、当該用途に使用されるその物）についての当該特許発明の実施以外の行為には、及ばない。

（特許権の効力が及ばない範囲）

第六九条　特許権の効力は、試験又は研究のためにする特許発明の実施には、及ばない。

2　特許権の効力は、次に掲げる物には、及ばない。

一　単に日本国内を通過するに過ぎない船舶若しくは航空機又はこれらに使用する機械、器具、装置その他の物

二　特許出願の時から日本国内にある物

3　二以上の医薬（人の病気の診断、治療、処置又は予防のため使用する物をいう。以下この項において同じ。）を混合することにより製造されるべき医薬の発明又は二以上の医薬を混合して医薬を製造する方法の発明に係る特許権の効力は、医師又は歯科医師の処方せんにより調剤する行為及び医師又は歯科医師の処方せんにより調剤する医薬には、及ばない。

（特許発明の技術的範囲）

第七〇条　特許発明の技術的範囲は、願書に添付した特許請求の範囲の記載に基づいて定めなければならない。

2　前項の場合においては、願書に添付した明細

書の記載及び図面を考慮して、特許請求の範囲に記載された用語の意義を解釈するものとする。

3　前二項の場合においては、願書に添付した要約書の記載を考慮してはならない。

（同前）

第七一条　特許発明の技術的範囲については、特許庁に対し、判定を求めることができる。

2　特許庁長官は、前項の規定による求があつたときは、三名の審判官を指定して、その判定をさせなければならない。

3　第百三十一条第一項、第百三十一条の二第一項本文、第百三十二条第一項及び第二項、第百三十三条、第百三十三条の二、第百三十四条第一項、第三項及び第四項、第百三十五条、第百三十六条第一項及び第二項、第百三十七条第二項、第百三十八条、第百三十九条（第六号及び第七号を除く。）、第百四十条から第百四十四条まで、第百四十四条の二第一項及び第三項から第五項まで、第百四十五条第二項から第七項まで、第百四十六条、第百四十七条第一項及び第二項、第百五十条第一項から第五項まで、第百五十一条から第百五十四条まで、第百五十五条第一項、第百五十七条並びに第百六十九条第三項、第四項及び第六項の規定は、第一項の判定について準用する。この場合において、第百三十五条中「審決」とあるのは「決定」と、第百四十五条第二項中「前項に規定する審判以外の審判」とあるのは「判定の審理」と、同条第五項ただし書中「公の秩序又は善良の風俗を害するおそれがあるとき」とあるのは「審判長が必要があると認めるとき」と、第百五十一条中「第百四十七条」とあるのは「第百四十七条第一項及び第二項」と、第百五十五条第一項中「審決が確定するまで」とあるのは「判定の謄本が送達されるまで」と読み替えるものとする。

4　前項において読み替えて準用する第百三十五条の規定による決定に対しては、不服を申し立てることができない。

第七一条第三項を次のように改める。

第七一条　（略）

2　（略）

3　第百三十一条第一項、第百三十一条の二第一項本文、第百三十二条第一項及び第二項、第百三十三条、第百三十三条の二、第百三十四条第一項、第三項及び第四項、第百三十五条、第百三十六条第一項及び第二項、第百三十七条第二項、第百三十八条、第百三十九条（第六号及び第七号を除く。）、第百四十条から第百四十四条まで、第百四十四条の二第一項及び第三項から第五項まで、第百四十五条第二項から第八項まで、第百四十六条、第百四十七条第一項、第二項及び第三項（民事訴訟法第百六十条の二第一項の規定の準用に係る部分に限る。）、第百五十条第一項から第五項まで、第百五十一条から第百五十四条まで、第百五十五条第一項、第百五十七条並びに第百六十九条第三項、第四項及び第六項の規定は、第一項の判定について準用する。この場合において、第百三十五条中「審決」とあるのは「決定」と、第百四十五条第二項中「前項に規定する審判以外の審判」とあるのは「判定の審理」と、同条第六項ただし書中「公の秩序又は善良の風俗を害するおそれがあるとき」とあるのは「審判長が必要があると認めるとき」と、第百五十一条中「第百四十七条」とあるのは「第百四十七条第一項、第二項及び第三項（民事訴訟法第百六十条の二第一項の規定の準用に係る部分に限る。）」と、第百五十五条第一項中「審決が確定するまで」とあるのは「判定の謄本が送達されるまで」と読み替えるものとする。

4　（略）

（公布の日から起算して四年を超えない範囲内において政令で定める日から施行　令和四法四八）

（同前）

第七一条の二　特許庁長官は、裁判所から特許発明の技術的範囲について鑑定の嘱託があったときは、三名の審判官を指定して、その鑑定をさせなければならない。

2　第百三十六条第一項及び第二項、第百三十七条第二項並びに第百三十八条の規定は、前項の鑑定の嘱託に準用する。

（他人の特許発明等との関係）

第七二条　特許権者、専用実施権者又は通常実施権者は、その特許発明がその特許出願の日前の出願に係る他人の特許発明、登録実用新案若しくは登録意匠若しくはこれに類似する意匠を利用するものであるとき、又はその特許権がその特許出願の日前の出願に係る他人の意匠権若しくは商標権と抵触するときは、業としてその特許発明の実施をすることができない。

（共有に係る特許権）

第七三条　特許権が共有に係るときは、各共有者は、他の共有者の同意を得なければ、その持分を譲渡し、又はその持分を目的として質権を設定することができない。

2　特許権が共有に係るときは、各共有者は、契約で別段の定をした場合を除き、他の共有者の同意を得ないでその特許発明の実施をすることができる。

3　特許権が共有に係るときは、各共有者は、他の共有者の同意を得なければ、その特許権について専用実施権を設定し、又は他人に通常実施権を許諾することができない。

（特許権の移転の特例）

第七四条　特許が第百二十三条第一項第二号に規定する要件に該当するとき（その特許が第三十八条の規定に違反してされたときに限る。）又は同項第六号に規定する要件に該当するときは、当該特許に係る発明について特許を受ける権利を有する者は、経済産業省令で定めるところにより、その特許権者に対し、当該特許権の移転を請求することができる。

2　前項の規定による請求に基づく特許権の移転の登録があつたときは、その特許権は、初めから当該登録を受けた者に帰属していたものとみなす。当該特許権に係る発明についての第六十五条第一項又は第百八十四条の十第一項の規定による請求権についても、同様とする。

3　共有に係る特許権について第一項の規定による請求に基づきその持分を移転する場合においては、前条第一項の規定は、適用しない。

第七五条　削除

（相続人がない場合の特許権の消滅）

第七六条　特許権は、民法第九百五十二条第二項の期間内に相続人である権利を主張する者がないときは、消滅する。

（専用実施権）

第七七条　特許権者は、その特許権について専用実施権を設定することができる。

2　専用実施権者は、設定行為で定めた範囲内において、業としてその特許発明の実施をする権利を専有する。

3　専用実施権は、実施の事業とともにする場合、特許権者の承諾を得た場合及び相続その他の一般承継の場合に限り、移転することができる。

4　専用実施権者は、特許権者の承諾を得た場合に限り、その専用実施権について質権を設定し、又は他人に通常実施権を許諾することができる。

5　第七十三条の規定は、専用実施権に準用する。

（通常実施権）

第七八条　特許権者は、その特許権について他人に通常実施権を許諾することができる。

2　通常実施権者は、この法律の規定により又は設定行為で定めた範囲内において、業としてその特許発明の実施をする権利を有する。

（先使用による通常実施権）

第七九条　特許出願に係る発明の内容を知らないで自らその発明をし、又は特許出願に係る発明の内容を知らないでその発明をした者から知得して、特許出願の際現に日本国内においてその発明の実施である事業をしている者又はその事業の準備をしている者は、その実施又は準備をしている発明及び事業の目的の範囲内において、その特許出願に係る特許権について通常実施権を有する。

（特許権の移転の登録前の実施による通常実施権）

第七九条の二　第七十四条第一項の規定による請求に基づく特許権の移転の登録の際現にその特許権、その特許権についての専用実施権又はその特許権若しくは専用実施権についての通常実施権を有していた者であつて、その特許権の移転の登録前に、特許が第百二十三条第一項第二号に規定する要件に該当すること（その特許が第三十八条の規定に違反してされたときに限る。）又は同項第六号に規定する要件に該当することを知らないで、日本国内において当該発明の実施である事業をしているもの又はその事業の準備をしているものは、その実施又は準備をしている発明及び事業の目的の範囲内において、その特許権について通常実施権を有する。

2　当該特許権者は、前項の規定により通常実施権を有する者から相当の対価を受ける権利を有する。

（無効審判の請求登録前の実施による通常実施権）

第八〇条　次の各号のいずれかに該当する者であつて、特許無効審判の請求の登録前に、特許が第百二十三条第一項各号のいずれかに規定する要件に該当することを知らないで、日本国内において当該発明の実施である事業をしているもの又はその事業の準備をしているものは、その実施又は準備をしている発明及び事業の目的の範囲内において、その特許を無効にした場合における特許権又はその際現に存する専用実施権について通常実施権を有する。

一　同一の発明についての二以上の特許のうち、その一を無効にした場合における原特許権者

二　特許を無効にして同一の発明について正当権利者に特許をした場合における原特許権者

三　前二号に掲げる場合において、特許無効審判の請求の登録の際現にその無効にした特許に係る特許権についての専用実施権又はその特許権若しくは専用実施権についての通常実施権を有する者

2　当該特許権者又は専用実施権者は、前項の規定により通常実施権を有する者から相当の対価

を受ける権利を有する。

（意匠権の存続期間満了後の通常実施権）

第八一条　特許出願の日前又はこれと同日の意匠登録出願に係る意匠権がその特許出願に係る特許権と抵触する場合において、その意匠権の存続期間が満了したときは、その原意匠権者は、原意匠権の範囲内において、当該特許権又はその意匠権の存続期間の満了の際現に存する専用実施権について通常実施権を有する。

（同前）

第八二条　特許出願の日前又はこれと同日の意匠登録出願に係る意匠権がその特許出願に係る特許権と抵触する場合において、その意匠権の存続期間が満了したときは、その満了の際現にその意匠権についての専用実施権又はその意匠権若しくは専用実施権についての通常実施権を有する者は、原権利の範囲内において、当該特許権又はその意匠権の存続期間の満了の際現に存する専用実施権について通常実施権を有する。

2　当該特許権者又は専用実施権者は、前項の規定により通常実施権を有する者から相当の対価を受ける権利を有する。

（不実施の場合の通常実施権の設定の裁定）

第八三条　特許発明の実施が継続して三年以上日本国内において適当にされていないときは、その特許発明の実施をしようとする者は、特許権者又は専用実施権者に対し通常実施権の許諾について協議を求めることができる。ただし、その特許発明に係る特許出願の日から四年を経過していないときは、この限りでない。

2　前項の協議が成立せず、又は協議をすることができないときは、その特許発明の実施をしようとする者は、特許庁長官の裁定を請求することができる。

（答弁書の提出）

第八四条　特許庁長官は、前条第二項の裁定の請求があつたときは、請求書の副本をその請求に係る特許権者又は専用実施権者その他その特許に関し登録した権利を有する者に送達し、相当の期間を指定して、答弁書を提出する機会を与えなければならない。

（通常実施権者の意見の陳述）

第八四条の二　第八十三条第二項の裁定の請求があつたときは、その特許に関し通常実施権を有する者は、前条に規定する期間内に限り、その裁定の請求について意見を述べることができる。

（審議会の意見の聴取等）

第八五条　特許庁長官は、第八十三条第二項の裁定をしようとするときは、審議会等（国家行政組織法（昭和二十三年法律第百二十号）第八条に規定する機関をいう。）で政令で定めるものの意見を聴かなければならない。

2　特許庁長官は、その特許発明の実施が適当にされていないことについて正当な理由があるときは、通常実施権を設定すべき旨の裁定をすることができない。

（裁定の方式）

第八六条　第八十三条第二項の裁定は、文書をもつて行い、かつ、理由を附さなければならない。

2　通常実施権を設定すべき旨の裁定においては、次に掲げる事項を定めなければならない。

一　通常実施権を設定すべき範囲

二　対価の額並びにその支払の方法及び時期

（裁定の謄本の送達）

第八七条　特許庁長官は、第八十三条第二項の裁定をしたときは、裁定の謄本を当事者、当事者以外の者であつてその特許に関し登録した権利を有するもの及び第八十四条の二の規定により意見を述べた通常実施権者に送達しなければならない。

2　当事者に対し前項の規定により通常実施権を設定すべき旨の裁定の謄本の送達があつたときは、裁定で定めるところにより、当事者間に協議が成立したものとみなす。

（対価の供託）

第八八条　第八十六条第二項第二号の対価を支払うべき者は、次に掲げる場合は、その対価を供託しなければならない。

一　対価の弁済の提供をした場合において、その対価を受けるべき者がその受領を拒んだとき。

二　その対価を受けるべき者がこれを受領することができないとき。

三　その対価について第百八十三条第一項の訴えの提起があつたとき。

四　当該特許権又は専用実施権を目的とする質権が設定されているとき。ただし、質権者の承諾を得たときは、この限りでない。

（裁定の失効）

第八九条　通常実施権の設定を受けようとする者が第八十三条第二項の裁定で定める支払の時期までに対価（対価を定期に又は分割して支払うべきときは、その最初に支払うべき分）の支払又は供託をしないときは、通常実施権を設定すべき旨の裁定は、その効力を失う。

（裁定の取消し）

第九〇条　特許庁長官は、第八十三条第二項の規定により通常実施権を設定すべき旨の裁定をした後に、裁定の理由の消滅その他の事由により当該裁定を維持することが適当でなくなつたとき、又は通常実施権の設定を受けた者が適当にその特許発明の実施をしないときは、利害関係人の請求により又は職権で、裁定を取り消すことができる。

2　第八十四条、第八十四条の二、第八十五条第一項、第八十六条第一項及び第八十七条第一項の規定は前項の規定による裁定の取消しに、第八十五条第二項の規定は通常実施権の設定を受けた者が適当にその特許発明の実施をしない場合の前項の規定による裁定の取消しに準用する。

（同前）

第九一条　前条第一項の規定による裁定の取消があつたときは、通常実施権は、その後消滅する。

（裁定についての不服の理由の制限）

第九一条の二　第八十三条第二項の規定による裁定についての行政不服審査法の規定による審査請求においては、その裁定で定める対価についての不服をその裁定についての不服の理由とすることができない。

（自己の特許発明の実施をするための通常実施

権の設定の裁定）

第九二条　特許権者又は専用実施権者は、その特許発明が第七十二条に規定する場合に該当するときは、同条の他人に対しその特許発明の実施をするための通常実施権又は実用新案権若しくは意匠権についての通常実施権の許諾について協議を求めることができる。

2　前項の協議を求められた第七十二条の他人は、その協議を求めた特許権者又は専用実施権者に対し、これらの者がその協議により通常実施権又は実用新案権若しくは意匠権についての通常実施権の許諾を受けて実施をしようとする特許発明の範囲内において、通常実施権の許諾について協議を求めることができる。

3　第一項の協議が成立せず、又は協議をすることができないときは、特許権者又は専用実施権者は、特許庁長官の裁定を請求することができる。

4　第二項の協議が成立せず、又は協議をすることができない場合において、前項の裁定の請求があつたときは、第七十二条の他人は、第七項において準用する第八十四条の規定によりその者が答弁書を提出すべき期間として特許庁長官が指定した期間内に限り、特許庁長官の裁定を請求することができる。

5　特許庁長官は、第三項又は前項の場合において、当該通常実施権を設定することが第七十二条の他人又は特許権者若しくは専用実施権者の利益を不当に害することとなるときは、当該通常実施権を設定すべき旨の裁定をすることができない。

6　特許庁長官は、前項に規定する場合のほか、第四項の場合において、第三項の裁定の請求について通常実施権を設定すべき旨の裁定をしないときは、当該通常実施権を設定すべき旨の裁定をすることができない。

7　第八十四条、第八十四条の二、第八十五条第一項及び第八十六条から前条までの規定は、第三項又は第四項の裁定に準用する。

（公共の利益のための通常実施権の設定の裁定）

第九三条　特許発明の実施が公共の利益のため特

に必要であるときは、その特許発明の実施をしようとする者は、特許権者又は専用実施権者に対し通常実施権の許諾について協議を求めることができる。

2 前項の協議が成立せず、又は協議をすることができないときは、その特許発明の実施をしようとする者は、経済産業大臣の裁定を請求することができる。

3 第八十四条、第八十四条の二、第八十五条第一項及び第八十六条から第九十一条の二までの規定は、前項の裁定に準用する。

(通常実施権の移転等)

第九四条 通常実施権は、第八十三条第二項、第九十二条第三項若しくは第四項若しくは前条第二項、実用新案法第二十二条第三項又は意匠法第三十三条第三項の裁定による通常実施権を除き、実施の事業とともにする場合、特許権者(専用実施権についての通常実施権にあつては、特許権者及び専用実施権者)の承諾を得た場合及び相続その他の一般承継の場合に限り、移転することができる。

2 通常実施権者は、第八十三条第二項、第九十二条第三項若しくは第四項若しくは前条第二項、実用新案法第二十二条第三項又は意匠法第三十三条第三項の裁定による通常実施権を除き、特許権者(専用実施権についての通常実施権にあつては、特許権者及び専用実施権者)の承諾を得た場合に限り、その通常実施権について質権を設定することができる。

3 第八十三条第二項又は前条第二項の裁定による通常実施権は、実施の事業とともにする場合に限り、移転することができる。

4 第九十二条第三項、実用新案法第二十二条第三項又は意匠法第三十三条第三項の裁定による通常実施権は、その通常実施権者の当該特許権、実用新案権又は意匠権が実施の事業とともに移転したときはこれらに従つて移転し、その特許権、実用新案権又は意匠権が実施の事業と分離して移転したとき、又は消滅したときは消滅する。

5 第九十二条第四項の裁定による通常実施権は、

その通常実施権者の当該特許権、実用新案権又は意匠権に従つて移転し、その特許権、実用新案権又は意匠権が消滅したときは消滅する。

6　第七十三条第一項の規定は、通常実施権に準用する。

（質権）

第九五条　特許権、専用実施権又は通常実施権を目的として質権を設定したときは、質権者は、契約で別段の定をした場合を除き、当該特許発明の実施をすることができない。

（同前）

第九六条　特許権、専用実施権又は通常実施権を目的とする質権は、特許権、専用実施権若しくは通常実施権の対価又は特許発明の実施に対しその特許権者若しくは専用実施権者が受けるべき金銭その他の物に対しても、行うことができる。ただし、その払渡又は引渡前に差押をしなければならない。

（特許権等の放棄）

第九七条　特許権者は、専用実施権者又は質権者があるときは、これらの者の承諾を得た場合に限り、その特許権を放棄することができる。

2　専用実施権者は、質権者又は第七十七条第四項の規定による通常実施権者があるときは、これらの者の承諾を得た場合に限り、その専用実施権を放棄することができる。

3　通常実施権者は、質権者があるときは、その承諾を得た場合に限り、その通常実施権を放棄することができる。

（登録の効果）

第九八条　次に掲げる事項は、登録しなければ、その効力を生じない。

一　特許権の移転（相続その他の一般承継によるものを除く。）、信託による変更、放棄による消滅又は処分の制限

二　専用実施権の設定、移転（相続その他の一般承継によるものを除く。）、変更、消滅（混同又は特許権の消滅によるものを除く。）又は処分の制限

三　特許権又は専用実施権を目的とする質権の

設定、移転（相続その他の一般承継によるものを除く。）、変更、消滅（混同又は担保する債権の消滅によるものを除く。）又は処分の制限

2 前項各号の相続その他の一般承継の場合は、遅滞なく、その旨を特許庁長官に届け出なければならない。

（通常実施権の対抗力）

第九九条 通常実施権は、その発生後にその特許権若しくは専用実施権又はその特許権についての専用実施権を取得した者に対しても、その効力を有する。

第二節　権利侵害

（差止請求権）

第一〇〇条 特許権者又は専用実施権者は、自己の特許権又は専用実施権を侵害する者又は侵害するおそれがある者に対し、その侵害の停止又は予防を請求することができる。

2 特許権者又は専用実施権者は、前項の規定による請求をするに際し、侵害の行為を組成した物（物を生産する方法の特許発明にあつては、侵害の行為により生じた物を含む。第百二条第一項において同じ。）の廃棄、侵害の行為に供した設備の除却その他の侵害の予防に必要な行為を請求することができる。

（侵害とみなす行為）

第一〇一条 次に掲げる行為は、当該特許権又は専用実施権を侵害するものとみなす。

一 特許が物の発明についてされている場合において、業として、その物の生産にのみ用いる物の生産、譲渡等若しくは輸入又は譲渡等の申出をする行為

二 特許が物の発明についてされている場合において、その物の生産に用いる物（日本国内において広く一般に流通しているものを除く。）であつてその発明による課題の解決に不可欠なものにつき、その発明が特許発明であること及びその物がその発明の実施に用いられることを知りながら、業として、その生

産、譲渡等若しくは輸入又は譲渡等の申出をする行為

三　特許が物の発明についてされている場合において、その物を業としての譲渡等又は輸出のために所持する行為

四　特許が方法の発明についてされている場合において、業として、その方法の使用にのみ用いる物の生産、譲渡等若しくは輸入又は譲渡等の申出をする行為

五　特許が方法の発明についてされている場合において、その方法の使用に用いる物（日本国内において広く一般に流通しているものを除く。）であつてその発明による課題の解決に不可欠なものにつき、その発明が特許発明であること及びその物がその発明の実施に用いられることを知りながら、業として、その生産、譲渡等若しくは輸入又は譲渡等の申出をする行為

六　特許が物を生産する方法の発明についてされている場合において、その方法により生産した物を業としての譲渡等又は輸出のために所持する行為

（損害の額の推定等）

第一〇二条　特許権者又は専用実施権者が故意又は過失により自己の特許権又は専用実施権を侵害した者に対しその侵害により自己が受けた損害の賠償を請求する場合において、その者がその侵害の行為を組成した物を譲渡したときは、次の各号に掲げる額の合計額を、特許権者又は専用実施権者が受けた損害の額とすることができる。

一　特許権者又は専用実施権者がその侵害の行為がなければ販売することができた物の単位数量当たりの利益の額に、自己の特許権又は専用実施権を侵害した者が譲渡した物の数量（次号において「譲渡数量」という。）のうち当該特許権者又は専用実施権者の実施の能力に応じた数量（同号において「実施相応数量」という。）を超えない部分（その全部又は一部に相当する数量を当該特許権者又は専用実施

権者が販売することができないとする事情があるときは、当該事情に相当する数量（同号において「特定数量」という。）を控除した数量）を乗じて得た額

二　譲渡数量のうち実施相応数量を超える数量又は特定数量がある場合（特許権者又は専用実施権者が、当該特許権者の特許権についての専用実施権の設定若しくは通常実施権の許諾又は当該専用実施権者の専用実施権についての通常実施権の許諾をし得たと認められない場合を除く。）におけるこれらの数量に応じた当該特許権又は専用実施権に係る特許発明の実施に対し受けるべき金銭の額に相当する額

2　特許権者又は専用実施権者が故意又は過失により自己の特許権又は専用実施権を侵害した者に対しその侵害により自己が受けた損害の賠償を請求する場合において、その者がその侵害の行為により利益を受けているときは、その利益の額は、特許権者又は専用実施権者が受けた損害の額と推定する。

3　特許権者又は専用実施権者は、故意又は過失により自己の特許権又は専用実施権を侵害した者に対し、その特許発明の実施に対し受けるべき金銭の額に相当する額の金銭を、自己が受けた損害の額としてその賠償を請求することができる。

4　裁判所は、第一項第二号及び前項に規定する特許発明の実施に対し受けるべき金銭の額に相当する額を認定するに当たつては、特許権者又は専用実施権者が、自己の特許権又は専用実施権に係る特許発明の実施の対価について、当該特許権又は専用実施権の侵害があつたことを前提として当該特許権又は専用実施権を侵害した者との間で合意をするとしたならば、当該特許権者又は専用実施権者が得ることとなるその対価を考慮することができる。

5　第三項の規定は、同項に規定する金額を超える損害の賠償の請求を妨げない。この場合において、特許権又は専用実施権を侵害した者に故意又は重大な過失がなかつたときは、裁判所は、

損害の賠償の額を定めるについて、これを参酌することができる。

（過失の推定）

第一〇三条　他人の特許権又は専用実施権を侵害した者は、その侵害の行為について過失があつたものと推定する。

（生産方法の推定）

第一〇四条　物を生産する方法の発明について特許がされている場合において、その物が特許出願前に日本国内において公然知られた物でないときは、その物と同一の物は、その方法により生産したものと推定する。

（具体的態様の明示義務）

第一〇四条の二　特許権又は専用実施権の侵害に係る訴訟において、特許権者又は専用実施権者が侵害の行為を組成したものとして主張する物又は方法の具体的態様を否認するときは、相手方は、自己の行為の具体的態様を明らかにしなければならない。ただし、相手方において明らかにすることができない相当の理由があるときは、この限りでない。

（特許権者等の権利行使の制限）

第一〇四条の三　特許権又は専用実施権の侵害に係る訴訟において、当該特許が特許無効審判により又は当該特許権の存続期間の延長登録が延長登録無効審判により無効にされるべきものと認められるときは、特許権者又は専用実施権者は、相手方に対しその権利を行使することができない。

2　前項の規定による攻撃又は防御の方法については、これが審理を不当に遅延させることを目的として提出されたものと認められるときは、裁判所は、申立てにより又は職権で、却下の決定をすることができる。

3　第百二十三条第二項の規定は、当該特許に係る発明について特許無効審判を請求することができる者以外の者が第一項の規定による攻撃又は防御の方法を提出することを妨げない。

（主張の制限）

第一〇四条の四　特許権若しくは専用実施権の侵

害又は第六十五条第一項若しくは第百八十四条の十第一項に規定する補償金の支払の請求に係る訴訟の終局判決が確定した後に、次に掲げる決定又は審決が確定したときは、当該訴訟の当事者であつた者は、当該終局判決に対する再審の訴え（当該訴訟を本案とする仮差押命令事件の債権者に対する損害賠償の請求を目的とする訴え並びに当該訴訟を本案とする仮処分命令事件の債権者に対する損害賠償及び不当利得返還の請求を目的とする訴えを含む。）において、当該決定又は審決が確定したことを主張することができない。

一　当該特許を取り消すべき旨の決定又は無効にすべき旨の審決

二　当該特許権の存続期間の延長登録を無効にすべき旨の審決

三　当該特許の願書に添付した明細書、特許請求の範囲又は図面の訂正をすべき旨の決定又は審決であつて政令で定めるもの

（書類の提出等）

第一〇五条　裁判所は、特許権又は専用実施権の侵害に係る訴訟においては、当事者の申立てにより、当事者に対し、当該侵害行為について立証するため、又は当該侵害の行為による損害の計算をするため必要な書類の提出を命ずることができる。ただし、その書類の所持者においてその提出を拒むことについて正当な理由があるときは、この限りでない。

2　裁判所は、前項本文の申立てに係る書類が同項本文の書類に該当するかどうか又は同項ただし書に規定する正当な理由があるかどうかの判断をするため必要があると認めるときは、書類の所持者にその提示をさせることができる。この場合においては、何人も、その提示された書類の開示を求めることができない。

3　裁判所は、前項の場合において、第一項本文の申立てに係る書類が同項本文の書類に該当するかどうか又は同項ただし書に規定する正当な理由があるかどうかについて前項後段の書類を開示してその意見を聴くことが必要であると認

めるときは、当事者等（当事者（法人である場合にあつては、その代表者）又は当事者の代理人（訴訟代理人及び補佐人を除く。）、使用人その他の従業者をいう。以下同じ。）、訴訟代理人又は補佐人に対し、当該書類を開示することができる。

4　裁判所は、第二項の場合において、同項後段の書類を開示して専門的な知見に基づく説明を聴くことが必要であると認めるときは、当事者の同意を得て、専門委員（民事訴訟法第一編第五章第二節第一款に規定する専門委員をいう。第百五条の二の六第四項において同じ。）に対し、当該書類を開示することができる。

5　前各項の規定は、特許権又は専用実施権の侵害に係る訴訟における当該侵害行為について立証するため必要な検証の目的の提示について準用する。

第一〇五条を次のように改める。

第一〇五条　裁判所は、特許権又は専用実施権の侵害に係る訴訟においては、当事者の申立てにより、当事者に対し、当該侵害行為について立証するため、又は当該侵害の行為による損害の計算をするため必要な書類又は電磁的記録（電子的方式、磁気的方式その他人の知覚によつては認識することができない方式で作られる記録であつて、電子計算機による情報処理の用に供されるものをいう。以下同じ。）の提出を命ずることができる。ただし、その書類の所持者又はその電磁的記録を利用する権限を有する者においてその提出を拒むことについて正当な理由があるときは、この限りでない。

2　裁判所は、前項本文の申立てに係る書類若しくは電磁的記録が同項本文の書類若しくは電磁的記録に該当するかどうか又は同項ただし書に規定する正当な理由があるかどうかの判断をするため必要があると認めるときは、書類の所持者又は電磁的記録を利用する権限を有する者にその提示をさせることができる。

この場合においては、何人も、その提示された書類又は電磁的記録の開示を求めることができない。

3　裁判所は、前項の場合において、第一項本文の申立てに係る書類若しくは電磁的記録が同項本文の書類若しくは電磁的記録に該当するかどうか又は同項ただし書に規定する正当な理由があるかどうかについて前項後段の書類又は電磁的記録を開示してその意見を聴くことが必要であると認めるときは、当事者等（当事者（法人である場合にあつては、その代表者）又は当事者の代理人（訴訟代理人及び補佐人を除く。）、使用人その他の従業者をいう。以下同じ。）、訴訟代理人又は補佐人に対し、当該書類又は当該電磁的記録を開示することができる。

4　裁判所は、第二項の場合において、同項後段の書類又は電磁的記録を開示して専門的な知見に基づく説明を聴くことが必要であると認めるときは、当事者の同意を得て、専門委員（民事訴訟法第一編第五章第二節第一款に規定する専門委員をいう。第百五条の二の六第四項において同じ。）に対し、当該書類又は当該電磁的記録を開示することができる。

5　（略）

（公布の日から起算して四年を超えない範囲内において政令で定める日から施行　令和四法四八）

（査証人に対する査証の命令）

第一〇五条の二　裁判所は、特許権又は専用実施権の侵害に係る訴訟においては、当事者の申立てにより、立証されるべき事実の有無を判断するため、相手方が所持し、又は管理する書類又は装置その他の物（以下「書類等」という。）について、確認、作動、計測、実験その他の措置をとることによる証拠の収集が必要であると認められる場合において、特許権又は専用実施権を相手方が侵害したことを疑うに足りる相当な理由があると認められ、かつ、申立人が自ら又は他の手段によつては、当該証拠の収集を行うことができないと見込まれるときは、相手方の意見を聴いて、査証人に対し、査証を命ずることができる。ただし、当該証拠の収集に要すべき時間又は査証を受けるべき当事者の負担が不相当なものとなることその他の事情により、相当でないと認めるときは、この限りでない。

2　査証の申立ては、次に掲げる事項を記載した書面でしなければならない。

一　特許権又は専用実施権を相手方が侵害したことを疑うに足りる相当な理由があると認められるべき事由

二　査証の対象とすべき書類等を特定するに足りる事項及び書類等の所在地

三　立証されるべき事実及びこれと査証により得られる証拠との関係

四　申立人が自ら又は他の手段によつては、前号に規定する証拠の収集を行うことができない理由

五　第百五条の二の四第二項の裁判所の許可を受けようとする場合にあつては、当該許可に係る措置及びその必要性

3　裁判所は、第一項の規定による命令をした後において、同項ただし書に規定する事情により査証をすることが相当でないと認められるに至つたときは、その命令を取り消すことができる。

4　査証の命令の申立てについての決定に対しては、即時抗告をすることができる。

（査証人の指定等）

第一〇五条の二の二　査証は、査証人がする。

2　査証人は、裁判所が指定する。

3　裁判所は、円滑に査証をするために必要と認められるときは、当事者の申立てにより、執行官に対し、査証人が査証をするに際して必要な援助をすることを命ずることができる。

（忌避）

第一〇五条の二の三　査証人について誠実に査証をすることを妨げるべき事情があるときは、当事者は、その査証人が査証をする前に、これを忌避することができる。査証人が査証をした場合であつても、その後に、忌避の原因が生じ、

又は当事者がその原因があることを知つたときは、同様とする。

2　民事訴訟法第二百十四条第二項から第四項までの規定は、前項の忌避の申立て及びこれに対する決定について準用する。この場合において、同条第二項中「受訴裁判所、受命裁判官又は受託裁判官」とあるのは、「裁判所」と読み替えるものとする。

（査証）

第一〇五条の二の四　査証人は、第百五条の二第一項の規定による命令が発せられたときは、査証をし、その結果についての報告書（以下「査証報告書」という。）を作成し、これを裁判所に提出しなければならない。

2　査証人は、査証をするに際し、査証の対象とすべき書類等が所在する査証を受ける当事者の工場、事務所その他の場所（次項及び次条において「工場等」という。）に立ち入り、又は査証を受ける当事者に対し、質問をし、若しくは書類等の提示を求めることができるほか、装置の作動、計測、実験その他査証のために必要な措置として裁判所の許可を受けた措置をとることができる。

3　執行官は、第百五条の二の二第三項の必要な援助をするに際し、査証の対象とすべき書類等が所在する査証を受ける当事者の工場等に立ち入り、又は査証を受ける当事者に対し、査証人を補助するため、質問をし、若しくは書類等の提示を求めることができる。

4　前二項の場合において、査証を受ける当事者は、査証人及び執行官に対し、査証に必要な協力をしなければならない。

第一〇五条の二の四に次の一項を加える。

5　第一項の規定により裁判所に提出された査証報告書については、民事訴訟法第百三十二条の十三の規定は、適用しない。

（公布の日から起算して四年を超えない範囲内において政令で定める日から施行　令和四法四八）

（査証を受ける当事者が工場等への立入りを拒む場合等の効果）

第一〇五条の二の五　査証を受ける当事者が前条第二項の規定による査証人の工場等への立入りの要求若しくは質問若しくは書類等の提示の要求又は装置の作動、計測、実験その他査証のために必要な措置として裁判所の許可を受けた措置の要求に対し、正当な理由なくこれらに応じないときは、裁判所は、立証されるべき事実に関する申立人の主張を真実と認めることができる。

（査証報告書の写しの送達等）

第一〇五条の二の六　裁判所は、査証報告書が提出されたときは、その写しを、査証を受けた当事者に送達しなければならない。

2　査証を受けた当事者は、査証報告書の写しの送達を受けた日から二週間以内に、査証報告書の全部又は一部を申立人に開示しないことを申し立てることができる。

3　裁判所は、前項の規定による申立てがあつた場合において、正当な理由があると認めるときは、決定で、査証報告書の全部又は一部を申立人に開示しないこととすることができる。

4　裁判所は、前項に規定する正当な理由があるかどうかについて査証報告書の全部又は一部を開示してその意見を聴くことが必要であると認めるときは、当事者等、訴訟代理人、補佐人又は専門委員に対し、査証報告書の全部又は一部を開示することができる。ただし、当事者等、補佐人又は専門委員に対し、査証報告書の全部又は一部を開示するときは、あらかじめ査証を受けた当事者の同意を得なければならない。

5　第二項の規定による申立てを却下する決定及び第三項の査証報告書の全部又は一部を開示しないこととする決定に対しては、即時抗告をすることができる。

（査証報告書の閲覧等）

第一〇五条の二の七　申立人及び査証を受けた当事者は、前条第二項に規定する期間内に査証を受けた当事者の申立てがなかつたとき、又は同項の規定による申立てについての裁判が確定したときは、裁判所書記官に対し、同条第三項の規定により全部を開示しないこととされた場合を除き、査証報告書（同項の規定により一部を開示しないこととされた場合にあつては、当該一部の記載を除く。）の閲覧若しくは謄写又はその正本、謄本若しくは抄本の交付を請求することができる。

2　前項に規定する場合のほか、何人も、その提出された査証報告書の閲覧若しくは謄写、その正本、謄本若しくは抄本の交付又はその複製を求めることができない。

3　民事訴訟法第九十一条第四項及び第五項の規定は、第一項に規定する査証報告書について準用する。この場合において、同条第四項中「前項」とあるのは「特許法第百五条の二の七第一項」と、「当事者又は利害関係を疎明した第三者」とあるのは「申立人又は査証を受けた当事者」と読み替えるものとする。

（査証人の証言拒絶権）

第一〇五条の二の八　査証人又は査証人であつた者が査証に関して知得した秘密に関する事項について証人として尋問を受ける場合には、その証言を拒むことができる。

2　民事訴訟法第百九十七条第二項の規定は、前項の場合に準用する。

（査証人の旅費等）

第一〇五条の二の九　査証人に関する旅費、日当及び宿泊料並びに査証料及び査証に必要な費用については、その性質に反しない限り、民事訴訟費用等に関する法律（昭和四十六年法律第四十号）中これらに関する規定の例による。

（最高裁判所規則への委任）

第一〇五条の二の一〇　この法律に定めるもののほか、第百五条の二から前条までの規定の実施に関し必要な事項は、最高裁判所規則で定める。

（第三者の意見）

第一〇五条の二の一一　民事訴訟法第六条第一項各号に定める裁判所は、特許権又は専用実施権の侵害に係る訴訟の第一審において、当事者の申立てにより、必要があると認めるときは、他の当事者の意見を聴いて、広く一般に対し、当該事件に関するこの法律の適用その他の必要な事項について、相当の期間を定めて、意見を記載した書面の提出を求めることができる。

2　民事訴訟法第六条第一項各号に定める裁判所が第一審としてした特許権又は専用実施権の侵害に係る訴訟についての終局判決に対する控訴が提起された東京高等裁判所は、当該控訴に係る訴訟において、当事者の申立てにより、必要があると認めるときは、他の当事者の意見を聴いて、広く一般に対し、当該事件に関するこの法律の適用その他の必要な事項について、相当の期間を定めて、意見を記載した書面の提出を求めることができる。

3　当事者は、裁判所書記官に対し、前二項の規定により提出された書面の閲覧若しくは謄写又はその正本、謄本若しくは抄本の交付を請求することができる。

4　民事訴訟法第九十一条第五項の規定は、第一項及び第二項の規定により提出された書面の閲覧及び謄写について準用する。

第一〇五条の二の一一を次のように改める。

第一〇五条の二の一一　民事訴訟法第六条第一項各号に定める裁判所は、特許権又は専用実施権の侵害に係る訴訟の第一審において、当事者の申立てにより、必要があると認めるときは、他の当事者の意見を聴いて、広く一般に対し、当該事件に関するこの法律の適用その他の必要な事項について、相当の期間を定めて、その者の選択により書面又は電磁的方法（民事訴訟法第百三十二条の二第一項に規定する電磁的方法をいう。以下この条において同じ。）のいずれかにより意見を提出することを求めることができる。

2　民事訴訟法第六条第一項各号に定める裁判所が第一審としてした特許権又は専用実施権の侵害に係る訴訟についての終局判決に対する控訴が提起された東京高等裁判所は、当該控訴に係る訴訟において、当事者の申立てにより、必要があると認めるときは、他の当事者の意見を聴いて、広く一般に対し、当該事件に関するこの法律の適用その他の必要な事項について、相当の期間を定めて、その者の選択により書面又は電磁的方法のいずれかにより意見を提出することを求めることができる。

3　当事者は、裁判所書記官に対し、前二項の規定により提出された書面の閲覧若しくは謄写若しくはその正本、謄本若しくは抄本の交付又はこれらの規定により電磁的方法によつて提出された意見に係る電磁的記録の閲覧若しくは複写若しくはその内容の全部若しくは一部を証明した書面の交付若しくはその内容の全部若しくは一部を証明した電磁的記録の提供を請求することができる。

4　民事訴訟法第九十一条第五項（同法第九十一条の二第四項において準用する場合を含む。）の規定は、第一項及び第二項の規定により提出された書面の閲覧及び謄写並びにこれらの規定により電磁的方法によつて提出された意見に係る電磁的記録の閲覧及び複写について準用する。

5　第一項及び第二項の規定により裁判所に提出された書面及び電磁的記録を記録した記録媒体については、民事訴訟法第百三十二条の十三の規定は、適用しない。

（公布の日から起算して四年を超えない範囲内において政令で定める日から施行　令和四法四八）

（損害計算のための鑑定）

第一〇五条の二の一二　特許権又は専用実施権の侵害に係る訴訟において、当事者の申立てにより、裁判所が当該侵害の行為による損害の計算をするため必要な事項について鑑定を命じたときは、当事者は、鑑定人に対し、当該鑑定をするため必要な事項について説明しなければならない。

（相当な損害額の認定）

第一〇五条の三　特許権又は専用実施権の侵害に

係る訴訟において、損害が生じたことが認められる場合において、損害額を立証するために必要な事実を立証することが当該事実の性質上極めて困難であるときは、裁判所は、口頭弁論の全趣旨及び証拠調べの結果に基づき、相当な損害額を認定することができる。

（秘密保持命令）

第一〇五条の四　裁判所は、特許権又は専用実施権の侵害に係る訴訟において、その当事者が保有する営業秘密（不正競争防止法（平成五年法律第四十七号）第二条第六項に規定する営業秘密をいう。以下同じ。）について、次に掲げる事由のいずれにも該当することにつき疎明があった場合には、当事者の申立てにより、決定で、当事者等、訴訟代理人又は補佐人に対し、当該営業秘密を当該訴訟の追行の目的以外の目的で使用し、又は当該営業秘密に係るこの項の規定による命令を受けた者以外の者に開示してはならない旨を命ずることができる。ただし、その申立ての時までに当事者等、訴訟代理人又は補佐人が第一号に規定する準備書面の閲読又は同号に規定する証拠の取調べ若しくは開示以外の方法により当該営業秘密を取得し、又は保有していた場合は、この限りでない。

一　既に提出され若しくは提出されるべき準備書面に当事者の保有する営業秘密が記載され、又は既に取り調べられ若しくは取り調べられるべき証拠（第百五条第三項の規定により開示された書類、第百五条の二の四第一項の規定により提出された査証報告書の全部若しくは一部又は第百五条の七第四項の規定により開示された書面を含む。）の内容に当事者の保有する営業秘密が含まれること。

二　前号の営業秘密が当該訴訟の追行の目的以外の目的で使用され、又は当該営業秘密が開示されることにより、当該営業秘密に基づく当事者の事業活動に支障を生ずるおそれがあり、これを防止するため当該営業秘密の使用又は開示を制限する必要があること。

2　前項の規定による命令（以下「秘密保持命令」

という。）の申立ては、次に掲げる事項を記載した書面でしなければならない。

一　秘密保持命令を受けるべき者

二　秘密保持命令の対象となるべき営業秘密を特定するに足りる事実

三　前項各号に掲げる事由に該当する事実

3　秘密保持命令が発せられた場合には、その決定書を秘密保持命令を受けた者に送達しなければならない。

4　秘密保持命令は、秘密保持命令を受けた者に対する決定書の送達がされた時から、効力を生ずる。

5　秘密保持命令の申立てを却下した裁判に対しては、即時抗告をすることができる。

第一〇五条の四を次のように改める。

第一〇五条の四　裁判所は、特許権又は専用実施権の侵害に係る訴訟において、その当事者が保有する営業秘密（不正競争防止法（平成五年法律第四十七号）第二条第六項に規定する営業秘密をいう。以下同じ。）について、次に掲げる事由のいずれにも該当することにつき疎明があつた場合には、当事者の申立てにより、決定で、当事者等、訴訟代理人又は補佐人に対し、当該営業秘密を当該訴訟の追行の目的以外の目的で使用し、又は当該営業秘密に係るこの項の規定による命令を受けた者以外の者に開示してはならない旨を命ずることができる。ただし、その申立ての時までに当事者等、訴訟代理人又は補佐人が第一号に規定する準備書面の閲読又は同号に規定する証拠の取調べ若しくは開示以外の方法により当該営業秘密を取得し、又は保有していた場合は、この限りでない。

一　既に提出され若しくは提出されるべき準備書面に当事者の保有する営業秘密が記載され、又は既に取り調べられ若しくは取り調べられるべき証拠（第百五条第三項の規定により開示された書類若しくは電磁的記録、第百五条の二の四第一項の規定により提出された査証報告書の全部若しくは一部又は第百五条の七第四項の規定により開示された書面若しくは電磁的記録を含む。）の内容に当事者の保有する営業秘密が含まれること。

二　（略）

2　（略）

3　秘密保持命令が発せられた場合には、その電子決定書（民事訴訟法第百二十二条において準用する同法第二百五十二条第一項の規定により作成された電磁的記録（同法第百二十二条において準用する同法第二百五十三条第二項の規定により裁判所の使用に係る電子計算機（入出力装置を含む。）に備えられたファイルに記録されたものに限る。）をいう。次項及び次条第二項において同じ。）を秘密保持命令を受けた者に送達しなければならない。

4　秘密保持命令は、秘密保持命令を受けた者に対する電子決定書の送達がされた時から、効力を生ずる。

5　（略）

（公布の日から起算して四年を超えない範囲内において政令で定める日から施行　令和四法四八）

（秘密保持命令の取消し）

第一〇五条の五　秘密保持命令の申立てをした者又は秘密保持命令を受けた者は、訴訟記録の存する裁判所（訴訟記録の存する裁判所がない場合にあつては、秘密保持命令を発した裁判所）に対し、前条第一項に規定する要件を欠くこと又はこれを欠くに至つたことを理由として、秘密保持命令の取消しの申立てをすることができる。

2　秘密保持命令の取消しの申立てについての裁判があつた場合には、その決定書をその申立てをした者及び相手方に送達しなければならない。

3　秘密保持命令の取消しの申立てについての裁判に対しては、即時抗告をすることができる。

4　秘密保持命令を取り消す裁判は、確定しなければその効力を生じない。

5　裁判所は、秘密保持命令を取り消す裁判をした場合において、秘密保持命令の取消しの申立てをした者又は相手方以外に当該秘密保持命令が発せられた訴訟において当該営業秘密に係る秘密保持命令を受けている者があるときは、その者に対し、直ちに、秘密保持命令を取り消す裁判をした旨を通知しなければならない。

第一〇五条の五第二項を次のように改める。

第一〇五条の五　（略）

2　秘密保持命令の取消しの申立てについての裁判があつた場合には、その電子決定書をその申立てをした者及び相手方に送達しなければならない。

3～5　（略）

（公布の日から起算して四年を超えない範囲内において政令で定める日から施行　令和四法四八）

（訴訟記録の閲覧等の請求の通知等）

第一〇五条の六　秘密保持命令が発せられた訴訟（すべての秘密保持命令が取り消された訴訟を除く。）に係る訴訟記録につき、民事訴訟法第九十二条第一項の決定があつた場合において、当事者から同項に規定する秘密記載部分の閲覧等の請求があり、かつ、その請求の手続を行つた者が当該訴訟において秘密保持命令を受けていない者であるときは、裁判所書記官は、同項の申立てをした当事者（その請求をした者を除く。第三項において同じ。）に対し、その請求後直ちに、その請求があつた旨を通知しなければならない。

2　前項の場合において、裁判所書記官は、同項の請求があつた日から二週間を経過する日までの間（その請求の手続を行つた者に対する秘密保持命令の申立てがその日までにされた場合にあつては、その申立てについての裁判が確定するまでの間）、その請求の手続を行つた者に同項の秘密記載部分の閲覧等をさせてはならない。

3　前二項の規定は、第一項の請求をした者に同項の秘密記載部分の閲覧等をさせることについて民事訴訟法第九十二条第一項の申立てをした当事者のすべての同意があるときは、適用しない。

（当事者尋問等の公開停止）

第一〇五条の七　特許権又は専用実施権の侵害に係る訴訟における当事者等が、その侵害の有無についての判断の基礎となる事項であつて当事者の保有する営業秘密に該当するものについて、当事者本人若しくは法定代理人又は証人として尋問を受ける場合においては、裁判所は、裁判官の全員一致により、その当事者等が公開の法廷で当該事項について陳述をすることにより当該営業秘密に基づく当事者の事業活動に著しい支障を生ずることが明らかであることから当該事項について十分な陳述をすることができず、かつ、当該陳述を欠くことにより他の証拠のみによつては当該事項を判断の基礎とすべき特許権又は専用実施権の侵害の有無についての適正な裁判をすることができないと認めるときは、決定で、当該事項の尋問を公開しないで行うことができる。

2　裁判所は、前項の決定をするに当たつては、あらかじめ、当事者等の意見を聴かなければならない。

3　裁判所は、前項の場合において、必要があると認めるときは、当事者等にその陳述すべき事項の要領を記載した書面の提示をさせることができる。この場合においては、何人も、その提示された書面の開示を求めることができない。

4　裁判所は、前項後段の書面を開示してその意見を聴くことが必要であると認めるときは、当事者等、訴訟代理人又は補佐人に対し、当該書面を開示することができる。

5　裁判所は、第一項の規定により当該事項の尋問を公開しないで行うときは、公衆を退廷させる前に、その旨を理由とともに言い渡さなければならない。当該事項の尋問が終了したときは、再び公衆を入廷させなければならない。

第一〇五条の七を次のように改める。

第一〇五条の七　（略）

2　（略）

3　裁判所は、前項の場合において、必要があると認めるときは、当事者等にその陳述すべき事項の要領を記載した書面又はこれに記載すべき事項を記録した電磁的記録の提示をさせることができる。この場合においては、何人も、その提示された書面又は電磁的記録の開示を求めることができない。

4　裁判所は、前項後段の書面又は電磁的記録を開示してその意見を聴くことが必要であると認めるときは、当事者等、訴訟代理人又は補佐人に対し、当該書面又は当該電磁的記録を開示することができる。

5　（略）

（公布の日から起算して四年を超えない範囲内において政令で定める日から施行　令和四法四八）

（信用回復の措置）

第一〇六条　故意又は過失により特許権又は専用実施権を侵害したことにより特許権者又は専用実施権者の業務上の信用を害した者に対しては、裁判所は、特許権者又は専用実施権者の請求により、損害の賠償に代え、又は損害の賠償とともに、特許権者又は専用実施権者の業務上の信用を回復するのに必要な措置を命ずることができる。

第三節　特許料

（特許料）

第一〇七条　特許権の設定の登録を受ける者又は特許権者は、特許料として、特許権の設定の登録の日から第六十七条第一項に規定する存続期間（同条第四項の規定により延長されたときは、その延長の期間を加えたもの）の満了までの各年について、一件ごとに、六万千六百円を超えない範囲内で政令で定める額に一請求項に四千八百円を超えない範囲内で政令で定める額を加えた額を納付しなければならない。

2　前項の規定は、国に属する特許権には、適用しない。

3　第一項の特許料は、特許権が国又は第百九条若しくは第百九条の二の規定若しくは他の法令の規定による特許料の軽減若しくは免除（以下この項において「減免」という。）を受ける者を含む者の共有に係る場合であつて持分の定めがあるときは、第一項の規定にかかわらず、国以外の各共有者ごとに同項に規定する特許料の金額（減免を受ける者にあつては、その減免後の金額）にその持分の割合を乗じて得た額を合算して得た額とし、国以外の者がその額を納付しなければならない。

4　前項の規定により算定した特許料の金額に十円未満の端数があるときは、その端数は、切り捨てる。

5　第一項の特許料の納付は、経済産業省令で定めるところにより、特許印紙をもつてしなければならない。ただし、経済産業省令で定める場合には、経済産業省令で定めるところにより、現金をもつて納めることができる。

（特許料の納付期限）

第一〇八条　前条第一項の規定による第一年から第三年までの各年分の特許料は、特許をすべき旨の査定又は審決の謄本の送達があつた日から三十日以内に一時に納付しなければならない。

2　前条第一項の規定による第四年以後の各年分の特許料は、前年以前に納付しなければならない。ただし、特許権の存続期間の延長登録をすべき旨の査定又は審決の謄本の送達があつた日（以下この項において「謄本送達日」という。）がその延長登録がないとした場合における特許権の存続期間の満了の日の属する年の末日から起算して前三十日目に当たる日以後であるときは、その年の次の年から謄本送達日の属する年（謄本送達日から謄本送達日の属する年の末日までの日数が三十日に満たないときは、謄本送達日の属する年の次の年）までの各年分の特許料は、謄本送達日から三十日以内に一時に納付しなければならない。

3　特許庁長官は、特許料を納付すべき者の請求により、三十日以内を限り、第一項に規定する期間を延長することができる。

4　特許料を納付する者がその責めに帰することができない理由により第一項に規定する期間（前項の規定による期間の延長があつたときは、延長後の期間）内にその特許料を納付することができないときは、第一項の規定にかかわらず、その理由がなくなつた日から十四日（在外者にあつては、二月）以内でその期間の経過後六月以内にその特許料を納付することができる。

（特許料の減免又は猶予）

第一〇九条　特許庁長官は、特許権の設定の登録を受ける者又は特許権者であつて資力を考慮して政令で定める要件に該当する者が、特許料を納付することが困難であると認めるときは、政令で定めるところにより、第百七条第一項の規定により納付すべき特許料を軽減し若しくは免除し、又はその納付を猶予することができる。

（同前）

第一〇九条の二　特許庁長官は、特許権の設定の登録を受ける者又は特許権者であつて、中小企業者、試験研究機関等その他の資力、研究開発及び技術開発を行う能力、産業の発達に対する寄与の程度等を総合的に考慮して政令で定める者に対しては、政令で定めるところにより、第百七条第一項の規定により納付すべき特許料を軽減し若しくは免除し、又はその納付を猶予することができる。

2　前項の「中小企業者」とは、次の各号のいずれかに該当する者をいう。

一　資本金の額又は出資の総額が三億円以下の会社並びに常時使用する従業員の数が三百人以下の会社及び個人であつて、製造業、建設業、運輸業その他の業種（次号から第四号までに掲げる業種及び第五号の政令で定める業種を除く。）に属する事業を主たる事業として営むもの

二　資本金の額又は出資の総額が一億円以下の会社並びに常時使用する従業員の数が百人以下の会社及び個人であつて、卸売業（第五号

の政令で定める業種を除く。）に属する事業を主たる事業として営むもの

三　資本金の額又は出資の総額が五千万円以下の会社並びに常時使用する従業員の数が百人以下の会社及び個人であつて、サービス業（第五号の政令で定める業種を除く。）に属する事業を主たる事業として営むもの

四　資本金の額又は出資の総額が五千万円以下の会社並びに常時使用する従業員の数が五十人以下の会社及び個人であつて、小売業（次号の政令で定める業種を除く。）に属する事業を主たる事業として営むもの

五　資本金の額又は出資の総額がその業種ごとに政令で定める金額以下の会社並びに常時使用する従業員の数がその業種ごとに政令で定める数以下の会社及び個人であつて、その政令で定める業種に属する事業を主たる事業として営むもの

六　企業組合

七　協業組合

八　事業協同組合、事業協同小組合、商工組合、協同組合連合会その他の特別の法律により設立された組合及びその連合会であつて、政令で定めるもの

九　特定非営利活動法人（特定非営利活動促進法（平成十年法律第七号）第二条第二項に規定する特定非営利活動法人をいう。）であつて、常時使用する従業員の数が三百人（小売業を主たる事業とする事業者については五十人、卸売業又はサービス業を主たる事業とする事業者については百人）以下のもの

3　第一項の「試験研究機関等」とは、次の各号のいずれかに該当する者をいう。

一　学校教育法（昭和二十二年法律第二十六号）第一条に規定する大学（次号において「大学」という。）の学長、副学長、学部長、教授、准教授、助教、講師、助手若しくはその他の職員のうち専ら研究に従事する者、同条に規定する高等専門学校（同号及び第四号において「高等専門学校」という。）の校長、教授、准

教授、助教、講師、助手若しくはその他の職員のうち専ら研究に従事する者又は国立大学法人法（平成十五年法律第百十二号）第二条第三項に規定する大学共同利用機関法人（次号において「大学共同利用機関法人」という。）の長若しくはその職員のうち専ら研究に従事する者

二　大学若しくは高等専門学校を設置する者又は大学共同利用機関法人

三　大学等における技術に関する研究成果の民間事業者への移転の促進に関する法律（平成十年法律第五十二号）第五条第二項に規定する承認事業者

四　独立行政法人（独立行政法人通則法（平成十一年法律第百三号）第二条第一項に規定する独立行政法人をいう。）であつて、試験研究に関する業務を行うもの（次号において「試験研究独立行政法人」という。）のうち高等専門学校を設置する者以外のものとして政令で定めるもの

五　試験研究独立行政法人であつて政令で定めるもの（以下この号において「特定試験研究独立行政法人」という。）における技術に関する研究成果について、当該研究成果に係る特定試験研究独立行政法人が保有する特許権又は特許を受ける権利の譲渡を受け、当該特許権又は当該特許を受ける権利に基づいて取得した特許権についての譲渡、専用実施権の設定その他の行為により、当該研究成果の活用を行おうとする民間事業者に対し移転する事業を行う者

六　公設試験研究機関（地方公共団体に置かれる試験所、研究所その他の機関（学校教育法第二条第二項に規定する公立学校を除く。）であつて、試験研究に関する業務を行うものをいう。）を設置する者

七　試験研究地方独立行政法人（地方独立行政法人法（平成十五年法律第百十八号）第二条第一項に規定する地方独立行政法人をいう。）のうち同法第六十八条

第一項に規定する公立大学法人以外のものであつて、試験研究に関する業務を行うものをいう。）

（特許料を納付すべき者以外の者による特許料の納付）

第一一〇条　利害関係人その他の特許料を納付すべき者以外の者は、納付すべき者の意に反しても、特許料を納付することができる。

2　前項の規定により特許料を納付した者は、納付すべき者が現に利益を受ける限度においてその費用の償還を請求することができる。

（既納の特許料の返還）

第一一一条　既納の特許料は、次に掲げるものに限り、納付した者の請求により返還する。

一　過誤納の特許料

二　第百十四条第二項の取消決定又は特許を無効にすべき旨の審決が確定した年の翌年以後の各年分の特許料

三　特許権の存続期間の延長登録を無効にすべき旨の審決が確定した年の翌年以後の各年分の特許料（当該延長登録がないとした場合における存続期間の満了の日の属する年の翌年以後のものに限る。）

2　前項の規定による特許料の返還は、同項第一号の特許料については納付した日から一年、同項第二号及び第三号の特許料については第百十四条第二項の取消決定又は審決が確定した日から六月を経過した後は、請求することができない。

3　第一項の規定による特許料の返還を請求する者がその責めに帰することができない理由により前項に規定する期間内にその請求をすることができないときは、同項の規定にかかわらず、その理由がなくなつた日から十四日（在外者にあつては、二月）以内でその期間の経過後六月以内にその請求をすることができる。

（特許料の追納）

第一一二条　特許権者は、第百八条第二項に規定する期間又は第百九条若しくは第百九条の二の規定による納付の猶予後の期間内に特許料を納付することができないときは、その期間が経過した後であつても、その期間の経過後六月以内にその特許料を追納することができる。

2　前項の規定により特許料を追納する特許権者は、第百七条第一項の規定により納付すべき特許料のほか、その特許料と同額の割増特許料を納付しなければならない。ただし、当該特許権者がその責めに帰することができない理由により第百八条第二項に規定する期間又は第百九条若しくは第百九条の二の規定による納付の猶予後の期間内にその特許料を納付することができないときは、その割増特許料を納付することを要しない。

3　前項の割増特許料の納付は、経済産業省令で定めるところにより、特許印紙をもつてしなければならない。ただし、経済産業省令で定める場合には、経済産業省令で定めるところにより、現金をもつて納めることができる。

4　特許権者が第一項の規定により特許料を追納することができる期間内に、第百八条第二項本文に規定する期間内に納付すべきであつた特許料及び第二項の規定により納付すべき割増特許料を納付しないときは、その特許権は、同条第二項本文に規定する期間の経過の時に遡つて消滅したものとみなす。

5　特許権者が第一項の規定により特許料を追納することができる期間内に第百八条第二項ただし書に規定する特許料及び第二項の規定により納付すべきの割増特許料を納付しないときは、その特許権は、当該延長登録がないとした場合における特許権の存続期間の満了の日の属する年の経過の時に遡つて消滅したものとみなす。

6　特許権者が第一項の規定により特許料を追納することができる期間内に第百九条又は第百九条の二の規定により納付が猶予された特許料及び第二項の規定により納付すべき割増特許料を納付しないときは、その特許権は、初めから存在しなかつたものとみなす。

（特許料の追納による特許権の回復）

第一一二条の二　前条第四項若しくは第五項の規

定により消滅したものとみなされた特許権又は同条第六項の規定により初めから存在しなかつたものとみなされた特許権の原特許権者は、経済産業省令で定める期間内に限り、経済産業省令で定めるところにより、同条第四項から第六項までに規定する特許料及び割増特許料を追納することができる。ただし、故意に、同条第一項の規定により特許料を追納することができる期間内にその特許料及び割増特許料を納付しなかつたと認められる場合は、この限りでない。

2　前項の規定による特許料及び割増特許料の追納があつたときは、その特許権は、第百八条第二項本文に規定する期間の経過の時若しくは存続期間の満了の日の属する年の経過の時にさかのぼつて存続していたもの又は初めから存在していたものとみなす。

（回復した特許権の効力の制限）

第一一二条の三　前条第二項の規定により特許権が回復した場合において、その特許が物の発明についてされているときは、その特許権の効力は、第百十二条第一項の規定により特許料を追納することができる期間の経過後特許権の回復の登録前に輸入し、又は日本国内において生産し、若しくは取得した当該物には、及ばない。

2　前条第二項の規定により回復した特許権の効力は、第百十二条第一項の規定により特許料を追納することができる期間の経過後特許権の回復の登録前における次に掲げる行為には、及ばない。

一　当該発明の実施

二　特許が物の発明についてされている場合において、その物の生産に用いる物の生産、譲渡等若しくは輸入又は譲渡等の申出をした行為

三　特許が物の発明についてされている場合において、その物を譲渡等又は輸出のために所持した行為

四　特許が方法の発明についてされている場合において、その方法の使用に用いる物の生産、

譲渡等若しくは輸入又は譲渡等の申出をした行為

五　特許が物を生産する方法の発明についてされている場合において、その方法により生産した物を譲渡等又は輸出のために所持した行為

第五章　特許異議の申立て

（特許異議の申立て）

第一一三条　何人も、特許掲載公報の発行の日から六月以内に限り、特許庁長官に、特許が次の各号のいずれかに該当することを理由として特許異議の申立てをすることができる。この場合において、二以上の請求項に係る特許については、請求項ごとに特許異議の申立てをすることができる。

一　その特許が第十七条の二第三項に規定する要件を満たしていない補正をした特許出願（外国語書面出願を除く。）に対してされたこと。

二　その特許が第二十五条、第二十九条、第二十九条の二、第三十二条又は第三十九条第一項から第四項までの規定に違反してされたこと。

三　その特許が条約に違反してされたこと。

四　その特許が第三十六条第四項第一号又は第六項（第四号を除く。）に規定する要件を満たしていない特許出願に対してされたこと。

五　外国語書面出願に係る特許の願書に添付した明細書、特許請求の範囲又は図面に記載した事項が外国語書面に記載した事項の範囲内にないこと。

（決定）

第一一四条　特許異議の申立てについての審理及び決定は、三人又は五人の審判官の合議体が行う。

2　審判官は、特許異議の申立てに係る特許が前条各号のいずれかに該当すると認めるときは、その特許を取り消すべき旨の決定（以下「取消決定」という。）をしなければならない。

3　取消決定が確定したときは、その特許権は、初めから存在しなかつたものとみなす。

4　審判官は、特許異議の申立てに係る特許が前条各号のいずれかに該当すると認めないときは、その特許を維持すべき旨の決定をしなければならない。

5　前項の決定に対しては、不服を申し立てることができない。

（申立ての方式等）

第一一五条　特許異議の申立てをする者は、次に掲げる事項を記載した特許異議申立書を特許庁長官に提出しなければならない。

一　特許異議申立人及び代理人の氏名又は名称及び住所又は居所

二　特許異議の申立てに係る特許の表示

三　特許異議の申立ての理由及び必要な証拠の表示

2　前項の規定により提出した特許異議申立書の補正は、その要旨を変更するものであつてはならない。ただし、第百十三条に規定する期間が経過する時又は第百二十条の五第一項の規定による通知がある時のいずれか早い時までにした前項第三号に掲げる事項についてする補正は、この限りでない。

3　審判長は、特許異議申立書の副本を特許権者に送付しなければならない。

4　第百二十三条第四項の規定は、特許異議の申立てがあつた場合に準用する。

（審判官の指定等）

第一一六条　第百三十六条第二項及び第百三十七条から第百四十四条までの規定は、第百十四条第一項の合議体及びこれを構成する審判官に準用する。

（審判書記官）

第一一七条　特許庁長官は、各特許異議申立事件について審判書記官を指定しなければならない。

2　第百四十四条の二第三項から第五項までの規定は、前項の審判書記官に準用する。

（審理の方式等）

第一一八条　特許異議の申立てについての審理は、書面審理による。

2　共有に係る特許権の特許権者の一人について、特許異議の申立てについての審理及び決定の手続の中断又は中止の原因があるときは、その中断又は中止は、共有者全員についてその効力を生ずる。

（参加）

第一一九条　特許権についての権利を有する者その他特許権に関し利害関係を有する者は、特許異議の申立てについての決定があるまでは、特許権者を補助するため、その審理に参加することができる。

2　第百四十八条第四項及び第五項並びに第百四十九条の規定は、前項の規定による参加人に準用する。

（証拠調べ及び証拠保全）

第一二〇条　第百五十条及び第百五十一条の規定は、特許異議の申立てについての審理における証拠調べ及び証拠保全に準用する。

（職権による審理）

第一二〇条の二　特許異議の申立てについての審理においては、特許権者、特許異議申立人又は参加人が申し立てない理由についても、審理することができる。

2　特許異議の申立てについての審理においては、

特許異議の申立てがされていない請求項については、審理することができない。

（申立ての併合又は分離）

第一二〇条の三　同一の特許権に係る二以上の特許異議の申立てについては、その審理は、特別の事情がある場合を除き、併合するものとする。

2　前項の規定により審理を併合したときは、更にその審理の分離をすることができる。

（申立ての取下げ）

第一二〇条の四　特許異議の申立ては、次条第一項の規定による通知があつた後は、取り下げることができない。

2　第百五十五条第三項の規定は、特許異議の申立ての取下げに準用する。

（意見書の提出等）

第一二〇条の五　審判長は、取消決定をしようとするときは、特許権者及び参加人に対し、特許の取消しの理由を通知し、相当の期間を指定して、意見書を提出する機会を与えなければならない。

2　特許権者は、前項の規定により指定された期間内に限り、願書に添付した明細書、特許請求の範囲又は図面の訂正を請求することができる。ただし、その訂正は、次に掲げる事項を目的とするものに限る。

一　特許請求の範囲の減縮

二　誤記又は誤訳の訂正

三　明瞭でない記載の釈明

四　他の請求項の記載を引用する請求項の記載を当該他の請求項の記載を引用しないものとすること。

3　二以上の請求項に係る願書に添付した特許請求の範囲の訂正をする場合には、請求項ごとに前項の訂正の請求をすることができる。ただし、特許異議の申立てが請求項ごとにされた場合にあつては、請求項ごとに同項の訂正の請求をしなければならない。

4　前項の場合において、当該請求項の中に一の請求項の記載を他の請求項が引用する関係その他経済産業省令で定める関係を有する一群の請求項（以下「一群の請求項」という。）があるときは、当該一群の請求項ごとに当該請求をしなければならない。

5　審判長は、第一項の規定により指定した期間内に第二項の訂正の請求があつたときは、第一項の規定により通知した特許の取消しの理由を記載した書面並びに訂正の請求書及びこれに添付された訂正した明細書、特許請求の範囲又は図面の副本を特許異議申立人に送付し、相当の期間を指定して、意見書を提出する機会を与えなければならない。ただし、特許異議申立人から意見書の提出を希望しない旨の申出があるとき、又は特許異議申立人に意見書を提出する機会を与える必要がないと認められる特別の事情があるときは、この限りでない。

6　審判長は、第二項の訂正の請求が同項ただし書各号に掲げる事項を目的とせず、又は第九項において読み替えて準用する第百二十六条第五項から第七項までの規定に適合しないときは、特許権者及び参加人にその理由を通知し、相当の期間を指定して、意見書を提出する機会を与えなければならない。

7　第二項の訂正の請求がされた場合において、その特許異議申立事件において先にした訂正の請求があるときは、当該先の請求は、取り下げられたものとみなす。

8　第二項の訂正の請求は、同項の訂正の請求書に添付された訂正した明細書、特許請求の範囲又は図面について第十七条の五第一項の補正をすることができる期間内に限り、取り下げることができる。この場合において、第二項の訂正の請求を第三項又は第四項の規定により請求項ごとに又は一群の請求項ごとにしたときは、その全ての請求を取り下げなければならない。

9　第百二十六条第四項から第七項まで、第百二十七条、第百二十八条、第百三十一条第一項、第百三十一条の二第一項、第百三十二条第三項及び第四項並びに第百三十三条第一項、第三項及び第四項の規定は、第二項の場合に準用する。この場合において、第百二十六条第七項中「第一項ただし書第一号又は第二号」とあるのは、「特許異議の申立てがされていない請求項に係る第一項ただし書第一号又は第二号」と読み替えるものとする。

（決定の方式）

第一二〇条の六　特許異議の申立てについての決定は、次に掲げる事項を記載した文書をもつて行わなければならない。

一　特許異議申立事件の番号
二　特許権者、特許異議申立人及び参加人並びに代理人の氏名又は名称及び住所又は居所
三　決定に係る特許の表示
四　決定の結論及び理由
五　決定の年月日

2　特許庁長官は、決定があつたときは、決定の謄本を特許権者、特許異議申立人、参加人及び特許異議の申立てについての審理に参加を申請してその申請を拒否された者に送達しなければならない。

（決定の確定範囲）

第一二〇条の七　特許異議の申立てについての決定は、特許異議申立事件ごとに確定する。ただし、次の各号に掲げる場合には、それぞれ当該各号に定めるところにより確定する。

一　請求項ごとに特許異議の申立てがされた場合であつて、一群の請求項ごとに第百二十条の五第二項の訂正の請求がされた場合　当該一群の請求項ごと
二　請求項ごとに特許異議の申立てがされた場合であつて、前号に掲げる場合以外の場合　当該請求項ごと

（審判の規定等の準用）

第一二〇条の八　第百三十三条、第百三十三条の二、第百三十四条第四項、第百三十五条、第百五十二条、第百六十八条、第百六十九条第三項から第六項まで及び第百七十条の規定は、特許異議の申立てについての審理及び決定に準用する。

2　第百十四条第五項の規定は、前項において準用する第百三十五条の規定による決定に準用する。

第六章　審　判

（拒絶査定不服審判）

第一二一条　拒絶をすべき旨の査定を受けた者は、その査定に不服があるときは、その査定の謄本の送達があつた日から三月以内に拒絶査定不服審判を請求することができる。

2　拒絶査定不服審判を請求する者がその責めに帰することができない理由により前項に規定する期間内にその請求をすることができないときは、同項の規定にかかわらず、その理由がなくなつた日から十四日（在外者にあつては、二月）以内でその期間の経過後六月以内にその請求をすることができる。

第一二二条　削除

（特許無効審判）

第一二三条　特許が次の各号のいずれかに該当するときは、その特許を無効にすることについて特許無効審判を請求することができる。この場合において、二以上の請求項に係るものについては、請求項ごとに請求することができる。

一　その特許が第十七条の二第三項に規定する要件を満たしていない補正をした特許出願（外国語書面出願を除く。）に対してされたとき。

二　その特許が第二十五条、第二十九条、第二十九条の二、第三十二条、第三十八条又は第三十九条第一項から第四項までの規定に違反してされたとき（その特許が第三十八条の規定に違反してされた場合にあつては、第七十四条第一項の規定による請求に基づき、その特許に係る特許権の移転の登録があつたときを除く。）。

三　その特許が条約に違反してされたとき。

四　その特許が第三十六条第四項第一号又は第六項（第四号を除く。）に規定する要件を満たしていない特許出願に対してされたとき。

五　外国語書面出願に係る特許の願書に添付した明細書、特許請求の範囲又は図面に記載しにないとき。
六　その特許がその発明について特許を受ける権利を有しない者の特許出願に対してされたとき（第七十四条第一項の規定による請求に基づき、その特許に係る特許権の移転の登録があつたときを除く。）。
七　特許がされた後において、その特許権者が第二十五条の規定により特許権を享有することができない者になつたとき、又はその特許が条約に違反することとなつたとき。
八　その特許の願書に添付した明細書、特許請求の範囲又は図面の訂正が第百二十六条第一項ただし書若しくは第五項から第七項まで（第百二十条の五第九項又は第百三十四条の二第九項において準用する場合を含む。）、第百二十条の五第二項ただし書又は第百三十四条の二第一項ただし書の規定に違反してされたとき。
2　特許無効審判は、利害関係人（前項第二号（特許が第三十八条の規定に違反してされたときに限る。）又は同項第六号に該当することを理由として特許無効審判を請求する場合にあつては、特許を受ける権利を有する者）に限り請求することができる。
3　特許無効審判は、特許権の消滅後においても、請求することができる。
4　審判長は、特許無効審判の請求があつたときは、その旨を当該特許権についての専用実施権者その他その特許に関し登録した権利を有する者に通知しなければならない。

第百二十四条　削除

（同前）

第百二十五条　特許を無効にすべき旨の審決が確定したときは、特許権は、初めから存在しなかつたものとみなす。ただし、特許が第百二十三条第一項第七号に該当する場合において、その特許を無効にすべき旨の審決が確定したときは、特許権は、その特許が同号に該当するに至つた時から存在しなかつたものとみなす。

（延長登録無効審判）
第一二五条の二　第六十七条の三第三項の延長登録が次の各号のいずれかに該当するときは、その延長登録を無効にすることについて延長登録無効審判を請求することができる。
一　その延長登録が基準日以後にされていない場合の出願に対してされたとき。
二　その延長登録により延長された期間がその特許権の存続期間に係る延長可能期間を超えているとき。
三　その延長登録が当該特許権者でない者の出願に対してされたとき。
四　その延長登録が第六十七条の二第四項に規定する要件を満たしていない出願に対してされたとき。
2　前項の延長登録無効審判は、利害関係人に限り請求することができる。
3　第百二十三条第三項及び第四項の規定は、第一項の規定による延長登録無効審判の請求について準用する。
4　第六十七条の三第三項の延長登録を無効にすべき旨の審決が確定したときは、その延長登録による特許権の存続期間の延長は、初めからされなかつたものとみなす。ただし、延長登録が第一項第二号に該当する場合において、その特許権の存続期間に係る延長可能期間を超える期間の延長登録を無効にすべき旨の審決が確定したときは、当該超える期間について、その延長がされなかつたものとみなす。
5　前項本文の規定により初めからされなかつたものとみなされた延長登録による特許権の存続期間の延長に係る当該延長の期間又は同項ただし書の規定により延長がされなかつたものとみなされた期間内にされた第六十七条第四項の延長登録の出願が特許庁に係属しているときは、当該出願は、取り下げられたものとみなす。
6　第四項本文の規定により初めからされなかつたものとみなされた延長登録による特許権の存続期間の延長に係る当該延長の期間又は同項ただし書の規定により延長がされなかつたものと

みなされた期間内にされた第六十七条第四項の延長登録の出願に係る第六十七条の七第三項の延長登録がされているときは、当該延長登録による特許権の存続期間の延長は、初めからされなかつたものとみなす。

（同前）

第一二五条の三　第六十七条の七第三項の延長登録が次の各号のいずれかに該当するときは、その延長登録を無効にすることについて延長登録無効審判を請求することができる。

一　その延長登録がその特許発明の実施に第六十七条第四項の政令で定める処分を受けることが必要であつたとは認められない場合の出願に対してされたとき。

二　その延長登録が、その特許権者又はその特許権についての専用実施権若しくは通常実施権を有する者が第六十七条第四項の政令で定める処分を受けていない場合の出願に対してされたとき。

三　その延長登録により延長された期間がその特許発明の実施をすることができなかつた期間を超えているとき。

四　その延長登録が当該特許権者でない者の出願に対してされたとき。

五　その延長登録が第六十七条の五第四項において準用する第六十七条の二第四項に規定する要件を満たしていない出願に対してされたとき。

2　前条第二項及び第三項の規定は、前項の規定による延長登録無効審判の請求について準用する。

3　第六十七条の七第三項の延長登録を無効にすべき旨の審決が確定したときは、その延長登録による特許権の存続期間の延長は、初めからされなかつたものとみなす。ただし、延長登録が第一項第三号に該当する場合において、その特許発明の実施をすることができなかつた期間を超える期間の延長登録を無効にすべき旨の審決が確定したときは、当該超える期間について、その延長がされなかつたものとみなす。

（訂正審判）

第一二六条　特許権者は、願書に添付した明細書、特許請求の範囲又は図面の訂正をすることについて訂正審判を請求することができる。ただし、その訂正は、次に掲げる事項を目的とするものに限る。

一　特許請求の範囲の減縮

二　誤記又は誤訳の訂正

三　明瞭でない記載の釈明

四　他の請求項の記載を引用する請求項の記載を当該他の請求項の記載を引用しないものとすること。

2　訂正審判は、特許異議の申立て又は特許無効審判が特許庁に係属した時からその決定又は審決（請求項ごとに申立て又は請求がされた場合にあつては、その全ての決定又は審決）が確定するまでの間は、請求することができない。

3　二以上の請求項に係る願書に添付した特許請求の範囲の訂正をする場合には、請求項ごとに第一項の規定による請求をすることができる。この場合において、当該請求項の中に一群の請求項があるときは、当該一群の請求項ごとに当該請求をしなければならない。

4　願書に添付した明細書又は図面の訂正をする場合であつて、請求項ごとに第一項の規定による請求をしようとするときは、当該明細書又は図面の訂正に係る請求項の全て（前項後段の規定により一群の請求項ごとに第一項の規定による請求をする場合にあつては、当該明細書又は図面の訂正に係る請求項を含む一群の請求項の全て）について行わなければならない。

5　第一項の明細書、特許請求の範囲又は図面の訂正は、願書に添付した明細書、特許請求の範囲又は図面（同項ただし書第二号に掲げる事項を目的とする訂正の場合にあつては、願書に最初に添付した明細書、特許請求の範囲又は図面（外国語書面出願に係る特許にあつては、外国語書面））に記載した事項の範囲内においてしなければならない。

6　第一項の明細書、特許請求の範囲又は図面の訂正は、実質上特許請求の範囲を拡張し、又は変更するものであつてはならない。

7　第一項ただし書第一号又は第二号に掲げる事項を目的とする訂正は、訂正後における特許請求の範囲に記載されている事項により特定される発明が特許出願の際独立して特許を受けることができるものでなければならない。

8　訂正審判は、特許権の消滅後においても、請求することができる。ただし、特許が取消決定により取り消され、又は特許無効審判により無効にされた後は、この限りでない。

（同前）

第一二七条　特許権者は、専用実施権者又は質権者があるときは、これらの者の承諾を得た場合に限り、訂正審判を請求することができる。

（同前）

第一二八条　願書に添付した明細書、特許請求の範囲又は図面の訂正をすべき旨の審決が確定したときは、その訂正後における明細書、特許請求の範囲又は図面により特許出願、出願公開、特許をすべき旨の査定又は審決及び特許権の設定の登録がされたものとみなす。

第一二九条及び第一三〇条　削除

（審判請求の方式）

第一三一条　審判を請求する者は、次に掲げる事項を記載した請求書を特許庁長官に提出しなければならない。

一　当事者及び代理人の氏名又は名称及び住所又は居所

二　審判事件の表示

三　請求の趣旨及びその理由

2　特許無効審判を請求する場合における前項第三号に掲げる請求の理由は、特許を無効にする根拠となる事実を具体的に特定し、かつ、立証を要する事実ごとに証拠との関係を記載したものでなければならない。

3　訂正審判を請求する場合における第一項第三号に掲げる請求の趣旨及びその理由は、経済産業省令で定めるところにより記載したものでなければならない。

4　訂正審判を請求するときは、請求書に訂正した明細書、特許請求の範囲又は図面を添付しなければならない。

（審判請求書の補正）

第一三一条の二　前条第一項の規定により提出した請求書の補正は、その要旨を変更するものであつてはならない。ただし、当該補正が次の各号のいずれかに該当するときは、この限りでない。

一　特許無効審判以外の審判を請求する場合における前条第一項第三号に掲げる請求の理由についてされるとき。

二　次項の規定による審判長の許可があつたものであるとき。

三　第百三十三条第一項（第百二十条の五第九項及び第百三十四条の二第九項において準用する場合を含む。）の規定により、当該請求書について補正をすべきことを命じられた場合において、当該命じられた事項についてされるとき。

2　審判長は、特許無効審判を請求する場合における前条第一項第三号に掲げる請求の理由の補正がその要旨を変更するものである場合において、当該補正が審理を不当に遅延させるおそれがないことが明らかなものであり、かつ、次の各号のいずれかに該当する事由があると認めるときは、決定をもつて、当該補正を許可することができる。

一　当該特許無効審判において第百三十四条の二第一項の訂正の請求があり、その訂正の請求により請求の理由を補正する必要が生じたこと。

二　前号に掲げるもののほか当該補正に係る請求の理由を審判請求時の請求書に記載しなかつたことにつき合理的な理由があり、被請求人が当該補正に同意したこと。

3　前項の補正の許可は、その補正に係る手続補正書が第百三十四条第一項の規定による請求書の副本の送達の前に提出されたときは、これをすることができない。

4　第二項の決定又はその不作為に対しては、不服を申し立てることができない。

（共同審判）

第一三二条　同一の特許権について特許無効審判又は延長登録無効審判を請求する者が二人以上あるときは、これらの者は、共同して審判を請求することができる。

2　共有に係る特許権について特許権者に対し審判を請求するときは、共有者の全員を被請求人として請求しなければならない。

3　特許権又は特許を受ける権利の共有者がその共有に係る権利について審判を請求するときは、共有者の全員が共同して請求しなければならない。

4　第一項若しくは前項の規定により審判を請求した者又は第二項の規定により審判を請求された者の一人について、審判手続の中断又は中止の原因があるときは、その中断又は中止は、全員についてその効力を生ずる。

（方式に違反した場合の決定による却下）

第一三三条　審判長は、請求書が第百三十一条の規定に違反しているときは、請求人に対し、相当の期間を指定して、請求書について補正をすべきことを命じなければならない。

2　審判長は、前項に規定する場合を除き、審判事件に係る手続について、次の各号の一に該当するときは、相当の期間を指定して、その補正をすべきことを命ずることができる。

一　手続が第七条第一項から第三項まで又は第九条の規定に違反しているとき。

二　手続がこの法律又はこの法律に基づく命令で定める方式に違反しているとき。

三　手続について第百九十五条第一項又は第二項の規定により納付すべき手数料を納付しないとき。

3　審判長は、前二項の規定により、審判事件に係る手続について、その補正をすべきことを命じた者がこれらの規定により指定した期間内にその補正をしないとき、又はその補正が第百三十一条の二第一項の規定に違反するときは、決定をもつてその手続を却下することができる。

4　前項の決定は、文書をもつて行い、かつ、理由を付さなければならない。

（不適法な手続の却下）

第百三十三条の二　審判長は、審判事件に係る手続（審判の請求を除く。）において、不適法な手続であつてその補正をすることができないものについては、決定をもつてその手続を却下することができる。

2　前項の規定により却下しようとするときは、手続をした者に対し、その理由を通知し、相当の期間を指定して、弁明書を提出する機会を与えなければならない。

3　第一項の決定は、文書をもつて行い、かつ、理由を付さなければならない。

（答弁書の提出等）

第百三十四条　審判長は、審判の請求があつたときは、請求書の副本を被請求人に送達し、相当の期間を指定して、答弁書を提出する機会を与えなければならない。

2　審判長は、第百三十一条の二第二項の規定により請求書の補正を許可するときは、その補正に係る手続補正書の副本を被請求人に送達し、相当の期間を指定して、答弁書を提出する機会を与えなければならない。ただし、被請求人に答弁書を提出する機会を与える必要がないと認められる特別の事情があるときは、この限りでない。

3　審判長は、第一項又は前項本文の答弁書を受理したときは、その副本を請求人に送達しなければならない。

4　審判長は、審判に関し、当事者及び参加人を審尋することができる。

（特許無効審判における訂正の請求）

第百三十四条の二　特許無効審判の被請求人は、前条第一項若しくは第二項、次条、第百五十三条第二項又は第百六十四条の二第二項の規定により指定された期間内に限り、願書に添付した明細書、特許請求の範囲又は図面の訂正を請求することができる。ただし、その訂正は、次に掲げる事項を目的とするものに限る。
一　特許請求の範囲の減縮
二　誤記又は誤訳の訂正
三　明瞭でない記載の釈明
四　他の請求項の記載を引用する請求項の記載を当該他の請求項の記載を引用しないものとすること。
2　二以上の請求項に係る願書に添付した特許請求の範囲の訂正をする場合には、請求項ごとに前項の訂正の請求をすることができる。ただし、特許無効審判が請求項ごとに請求された場合にあつては、請求項ごとに同項の訂正の請求をしなければならない。
3　前項の場合において、当該請求項の中に一群の請求項があるときは、当該一群の請求項ごとに当該請求をしなければならない。
4　審判長は、第一項の訂正の請求書及びこれに添付された訂正した明細書、特許請求の範囲又は図面を受理したときは、これらの副本を請求人に送達しなければならない。
5　審判官は、第一項の訂正の請求が同項ただし書各号に掲げる事項を目的とせず、又は第九項において読み替えて準用する第百二十六条第五項から第七項までの規定に適合しないことについて、当事者又は参加人が申し立てない理由についても、審理することができる。この場合において、当該理由により訂正の請求を認めないときは、審判長は、審理の結果を当事者及び参加人に通知し、相当の期間を指定して、意見を申し立てる機会を与えなければならない。
6　第一項の訂正の請求がされた場合において、その審判事件において先にした訂正の請求があるときは、当該先の請求は、取り下げられたものとみなす。
7　第一項の訂正の請求は、同項の訂正の請求書に添付された訂正した明細書、特許請求の範囲又は図面について第十七条の五第二項の補正をすることができる期間内に限り、取り下げることができる。この場合において、第一項の訂正の請求を第二項又は第三項の規定により請求項ごとに又は一群の請求項ごとにしたときは、その全ての請求を取り下げなければならない。

8　第百五十五条第三項の規定により特許無効審判の請求が請求項ごとに取り下げられたときは、第一項の訂正の請求は、当該請求項ごとに取り下げられたものとみなし、特許無効審判の審判事件に係る全ての請求が取り下げられたときは、当該審判事件に係る同項の訂正の請求は、全て取り下げられたものとみなす。

9　第百二十六条第四項から第八項まで、第百二十七条、第百二十八条、第百三十一条第一項、第三項及び第四項、第百三十一条の二第一項、第百三十二条第三項及び第四項並びに第百三十三条第一項、第三項及び第四項の規定は、第一項の場合に準用する。この場合において、第百二十六条第七項中「第一項ただし書第一号又は第二号」とあるのは、「特許無効審判の請求がされていない請求項に係る第一項ただし書第一号又は第二号」と読み替えるものとする。

（取消しの判決があつた場合における訂正の請求）

第一三四条の三　審判長は、特許無効審判の審決（審判の請求に理由がないとするものに限る。）に対する第百八十一条第一項の規定による取消しの判決が確定し、同条第二項の規定により審理を開始するときは、その判決の確定の日から一週間以内に被請求人から申立てがあつた場合に限り、被請求人に対し、願書に添付した明細書、特許請求の範囲又は図面の訂正を請求するための相当の期間を指定することができる。

（不適法な審判請求の審決による却下）

第一三五条　不適法な審判の請求であつて、その補正をすることができないものについては、被請求人に答弁書を提出する機会を与えないで、審決をもつてこれを却下することができる。

（審判の合議制）

第一三六条　審判は、三人又は五人の審判官の合議体が行う。

2　前項の合議体の合議は、過半数により決する。

3　審判官の資格は、政令で定める。

（審判官の指定）

第一三七条 特許庁長官は、各審判事件（第百六十二条の規定により審査官がその請求を審査する審判事件にあつては、第百六十四条第三項の規定による報告があつたものに限る。）について前条第一項の合議体を構成すべき審判官を指定しなければならない。

2 特許庁長官は、前項の規定により指定した審判官のうち審判に関与することに故障がある者があるときは、その指定を解いて他の審判官をもつてこれを補充しなければならない。

（審判長）

第一三八条 特許庁長官は、前条第一項の規定により指定した審判官のうち一人を審判長として指定しなければならない。

2 審判長は、その審判事件に関する事務を総理する。

（審判官の除斥）

第一三九条 審判官は、次の各号のいずれかに該当するときは、その職務の執行から除斥される。

一 審判官又はその配偶者若しくは配偶者であつた者が事件の当事者、参加人若しくは特許異議申立人であるとき、又はあつたとき。

二 審判官が事件の当事者、参加人若しくは特許異議申立人の四親等内の血族、三親等内の姻族若しくは同居の親族であるとき、又はあつたとき。

三 審判官が事件の当事者、参加人又は特許異議申立人の後見人、後見監督人、保佐人、保佐監督人、補助人又は補助監督人であるとき。

四 審判官が事件について証人又は鑑定人となつたとき。

五 審判官が事件について当事者、参加人若しくは特許異議申立人の代理人であるとき、又はあつたとき。

六 審判官が事件について不服を申し立てられた査定に審査官として関与したとき。

七 審判官が第六十七条第二項の延長登録の出願に係る事件についてその特許権に係る特許出願の審査においてその査定に審査官として

関与したとき。

八　審判官が事件について直接の利害関係を有するとき。

（同前）

第一四〇条　前条に規定する除斥の原因があるときは、当事者又は参加人は、除斥の申立をすることができる。

（審判官の忌避）

第一四一条　審判官について審判の公正を妨げるべき事情があるときは、当事者又は参加人は、これを忌避することができる。

2　当事者又は参加人は、事件について審判官に対し書面又は口頭をもつて陳述をした後は、審判官を忌避することができない。ただし、忌避の原因があることを知らなかつたとき、又は忌避の原因がその後に生じたときは、この限りでない。

（除斥又は忌避の申立の方式）

第一四二条　除斥又は忌避の申立をする者は、その原因を記載した書面を特許庁長官に提出しなければならない。ただし、口頭審理においては、口頭をもつてすることができる。

2　除斥又は忌避の原因は、前項の申立をした日から三日以内に疎明しなければならない。前条第二項ただし書の事実も、同様とする。

（除斥又は忌避の申立についての決定）

第一四三条　除斥又は忌避の申立があつたときは、その申立に係る審判官以外の審判官が審判により決定をする。ただし、その申立に係る審判官は、意見を述べることができる。

2　前項の決定は、文書をもつて行い、かつ、理由を附さなければならない。

3　第一項の決定又はその不作為に対しては、不服を申し立てることができない。

（同前）

第一四四条　除斥又は忌避の申立があつたときは、その申立についての決定があるまで審判手続を中止しなければならない。ただし、急速を要する行為については、この限りでない。

（審判書記官）

第一四四条の二 特許庁長官は、各審判事件（第百六十二条の規定により審査官がその請求を審査する審判事件にあつては、第百六十四条第三項の規定による報告があつたものに限る。）について審判書記官を指定しなければならない。

2 審判書記官の資格は、政令で定める。

3 特許庁長官は、第一項の規定により指定した審判書記官が審判に関与することに故障があるときは、その指定を解いて他の審判書記官を指定しなければならない。

4 審判書記官は、審判事件に関し、調書の作成及び送達に関する事務を行うほか、審判長の命を受けて、その他の事務を行う。

5 第百三十九条（第六号及び第七号を除く。）及び第百四十条から前条までの規定は、審判書記官について準用する。この場合において、除斥又は忌避の申立てに係る審判書記官は、除斥又は忌避についての審判に関与することができない。

（審判における審理の方式）

第一四五条 特許無効審判及び延長登録無効審判は、口頭審理による。ただし、審判長は、当事者若しくは参加人の申立てにより又は職権で、書面審理によるものとすることができる。

2 前項に規定する審判以外の審判は、書面審理による。ただし、審判長は、当事者の申立により又は職権で、口頭審理によるものとすることができる。

3 審判長は、第一項又は前項ただし書の規定により口頭審理による審判をするときは、その期日及び場所を定め、当事者及び参加人に対し、期日の呼出しを行わなければならない。

4 民事訴訟法第九十四条（期日の呼出し）の規定は、前項の期日の呼出しに準用する。

5 第一項又は第二項ただし書の規定による口頭審理は、公開して行う。ただし、公の秩序又は善良の風俗を害するおそれがあるときは、この限りでない。

6 審判長は、当事者若しくは参加人の申立てにより又は職権で、経済産業省令で定めるところににより、審判官及び審判書記官並びに当事者及び参加人が映像と音声の送受信により相手の状態を相互に認識しながら通話をすることができる方法によつて、第三項の期日における手続を行うことができる。

7　第三項の期日に出頭しないで前項の手続に関与した当事者及び参加人は、その期日に出頭したものとみなす。

第一四五条を次のように改める。

第一四五条　（略）

2～3　（略）

4　前項の期日の呼出しは、呼出状の送達、当該事件について出頭した者に対する期日の告知その他相当と認める方法によつてする。

5　呼出状の送達及び当該事件について出頭した者に対する期日の告知以外の方法により第三項の期日の呼出しをしたときは、期日に出頭しない当事者若しくは参加人、証人又は鑑定人に対し、法律上の制裁その他期日の不遵守による不利益を帰することができない。ただし、これらの者が期日の呼出しを受けた旨を記載した書面を提出したときは、この限りでない。

6～8　（略）

（公布の日から起算して四年を超えない範囲内において政令で定める日から施行　令和四法四八）

（同前）

第一四六条　民事訴訟法第百五十四条（通訳人の立会い等）の規定は、審判に準用する。

第一四六条を次のように改める。

第一四六条　民事訴訟法第百五十四条（通訳人の立会い等）の規定は、審判に準用する。この場合において、同条第二項中「最高裁判所規則」とあるのは「経済産業省令」と、「裁判所及び当事者双方」とあるのは「審判官及び審判書記官並びに当事者及び参加人」と読み替えるものとする。

（公布の日から起算して四年を超えない範囲内において政令で定める日から施行　令和四法四八）

（調書）

第一四七条　第百四十五条第一項又は第二項ただし書の規定による口頭審理による審判については、審判書記官は、期日ごとに審理の要旨その他必要な事項を記載した調書を作成しなければならない。

2　審判書記官は、前項の調書の作成又は変更に関して審判長の命令を受けた場合において、その作成又は変更を正当でないと認めるときは、自己の意見を書き添えることができる。

3　民事訴訟法第百六十条第二項及び第三項（口頭弁論調書）の規定は、第一項の調書に準用する。

第一四七条第三項を次のように改める。

第一四七条　（略）

2　（略）

3　民事訴訟法第百六十条第三項及び第四項（口頭弁論調書）並びに第百六十条の二第一項（調書の更正）の規定は、第一項の調書に準用する。この場合において、同法第百六十条第三項中「最高裁判所規則」とあるのは、「経済産業省令」と読み替えるものとする。

（公布の日から起算して四年を超えない範囲内において政令で定める日から施行　令和四法四八）

（参加）

第一四八条　第百三十二条第一項の規定により審判を請求することができる者は、審理の終結に至るまでは、請求人としてその審判に参加することができる。

2　前項の規定による参加人は、被参加人がその審判の請求を取り下げた後においても、審判手続を続行することができる。

3　審判の結果について利害関係を有する者は、審理の終結に至るまでは、当事者の一方を補助するためその審判に参加することができる。

4　前項の規定による参加人は、一切の審判手続をすることができる。

5　第一項又は第三項の規定による参加人について審判手続の中断又は中止の原因があるときは、その中断又は中止は、被参加人についても、その効力を生ずる。

（同前）

第一四九条　参加を申請する者は、参加申請書を審判長に提出しなければならない。

2　審判長は、参加の申請があつたときは、参加申請書の副本を当事者及び参加人に送達し、相当の期間を指定して、意見を述べる機会を与えなければならない。

3　参加の申請があつたときは、その申請をした者が参加しようとする審判の審判官が審判により決定をする。

4　前項の決定は、文書をもつて行い、かつ、理由を附さなければならない。

5　第三項の決定又はその不作為に対しては、不服を申し立てることができない。

（証拠調及び証拠保全）

第一五〇条　審判に関しては、当事者若しくは参加人の申立により又は職権で、証拠調をすることができる。

2　審判に関しては、審判請求前は利害関係人の申立により、審判の係属中は当事者若しくは参加人の申立により又は職権で、証拠保全をすることができる。

3　前項の規定による審判請求前の申立は、特許庁長官に対してしなければならない。

4　特許庁長官は、第二項の規定による審判請求前の申立てがあつたときは、証拠保全に関与すべき審判官及び審判書記官を指定する。

5　審判長は、第一項又は第二項の規定により職権で証拠調又は証拠保全をしたときは、その結果を当事者及び参加人に通知し、相当の期間を指定して、意見を申し立てる機会を与えなければならない。

6　第一項又は第二項の証拠調又は証拠保全は、当該事務を取り扱うべき地の地方裁判所又は簡易裁判所に嘱託することができる。

（同前）

第一五一条　第百四十五条第六項及び第七項並びに第百四十七条並びに民事訴訟法第九十三条第一項（期日の指定）、第九十四条（期日の呼出し）、第百七十九条から第百八十一条まで、第百八十三条から第百八十六条まで、第百八十八条、第百九十条、第百九十一条、第百九十五条から第百九十八条まで、第百九十九条第一項、第二百一条から第二百四条まで、第二百六条、第二百七条、第二百十条から第二百十三条まで、第二百十四条第一項から第三項まで、第二百十五条から第二百二十二条まで、第二百二十三条第一項から第六項まで、第二百二十六条から第二百二十八条まで、第二百二十九条第一項から第三項まで、第二百三十一条、第二百三十二条第一項、第二百三十三条、第二百三十四条、第二百三十六条から第二百三十八条まで、第二百四十条から第二百四十二条まで（証拠）及び第二百七十八条（尋問等に代わる書面の提出）の規定は、前条の規定による証拠調べ又は証拠保全に準用する。この場合において、同法第百七十九条中「裁判所において当事者が自白した事実及び顕著な事実」とあるのは「顕著な事実」と、同法第二百四条及び第二百十五条の三中「最高裁判所規則」とあるのは「経済産業省令」と読み替えるものとする。

第一五一条を次のように改める。

第一五一条　第百四十五条第三項から第五項まで、第七項及び第八項並びに第百四十七条並びに民事訴訟法第九十三条第一項（期日の指定）、第百七十九条から第百八十一条まで、第百八十三条、第百八十四条、第百八十五条第一項及び第二項、第百八十六条第一項、第百八十八条、第百九十条、第百九十一条、第百九十五条から第百九十八条まで、第百九十九条第一項、第二百一条から第二百四条まで、第二百六条、第二百七条、第二百十条から第二百十三条まで、第二百十四条第一項から第三項まで、第二百十五条第一項及び第三項、第二百十五条の二から第二百十七条まで、第二百十八条第一項及び第二項、第二百十九条から第二百二十二条まで、第二百二十三条第一項から第六項まで、第二百二十六条、第二百二十七条第一項、第二百二十八条、第二百二十九条第一項から第三項まで、第二百三十一条、第二百三十一条の二、第二百三十一条の三第一項（同法第二百二十条から第二百二十二条まで、第二百二十三条第一項から第六項まで、第二百二十六条、第二百二十七条第一項及び第二百二十八条（第四項を除く。）の規定の準用に係る部分に限る。）及び第二項」を加え、「及び第二百七十八条」を「並びに第二百七十八条第一項」に改め、「場合において」の下に「、同法第九十三条第一項中「期日の指定及び変更」とあるのは「期日の指定」と、第二百三十二条第一項、第二百三十三条、第二百三十四条、第二百三十六条から第二百三十八条まで、第二百四十条から第二百四十二条まで（証拠）及び第二百七十八条（尋問等に代わる書面の提出）の規定は、前条の規定による証拠調べ又は証拠保全に準用する。この場合において、同法第九十三条第一項中「期日の指定及び変更」とあるのは「期日の指定」と、同法第百七十九条中「裁判所において当事者が自白した事実及び顕著な事実」とあるのは「顕著な事実」と、同法第二百四条及び第二百十五条の三中「最高裁判所規則」とあるのは「経済産業省令」と、同法第二百十八条第二項中「鑑定の結果を記載し、又は記録した書面又は電磁的記録」とあるのは「鑑定書」と、同法第二百三十一条の二第二項及び第二百三十一条の三第二項中「、最高裁判所規則」とあるのは「、経済産業省令」と、同法第二百三十一条の二第二項中「又は最高裁判所規則で定める電子情報処理組織を使用する方法により」とあるのは「により」と、同法第二百三十一条の三第二項中「若しくは送付し、又は最高裁判所規則で定める電子情報処理組織を使用する方法」とあるのは「又は送付する方法」と読み替えるものとする。

（公布の日から起算して四年を超えない範囲内において政令で定める日から施行　令和四法四八）

（職権による審理）

第一五二条　審判長は、当事者又は参加人が法定若しくは指定の期間内に手続をせず、又は第百四十五条第三項の規定により定めるところに従つて出頭しないときであつても、審判手続を進行することができる。

（同前）

第一五三条　審判においては、当事者又は参加人が申し立てない理由についても、審理することができる。

2　審判長は、前項の規定により当事者又は参加人が申し立てない理由について審理したときは、その審理の結果を当事者及び参加人に通知し、相当の期間を指定して、意見を申し立てる機会を与えなければならない。

3　審判においては、請求人が申し立てない請求の趣旨については、審理することができない。

（審理の併合又は分離）

第一五四条　当事者の双方又は一方が同一である二以上の審判については、その審理の併合をすることができる。

2　前項の規定により審理の併合をしたときは、さらにその審理の分離をすることができる。

（審判の請求の取下げ）

第一五五条　審判の請求は、審決が確定するまでは、取り下げることができる。

2　審判の請求は、第百三十四条第一項の答弁書の提出があつた後は、相手方の承諾を得なければ、取り下げることができない。

3　二以上の請求項に係る特許の二以上の請求項について特許無効審判を請求したときは、その請求は、請求項ごとに取り下げることができる。

4　請求項ごとに又は一群の請求項ごとに訂正審判を請求したときは、その請求の取下げは、その全ての請求について行わなければならない。

（審理の終結の通知）

第一五六条　審判長は、特許無効審判以外の審判においては、事件が審決をするのに熟したときは、審理の終結を当事者及び参加人に通知しなければならない。

2　審判長は、特許無効審判においては、事件が審決をするのに熟した場合であつて第百六十四条の二第一項の審決の予告をしないとき、又は同項の審決の予告をした場合であつて同条第二項の規定により指定した期間内に被請求人が第百三十四条の二第一項の訂正の請求若しくは第十七条の五第二項の補正をしないときは、審理の終結を当事者及び参加人に通知しなければならない。

3　審判長は、必要があるときは、前二項の規定による通知をした後であつても、当事者若しくは参加人の申立てにより又は職権で、審理の再開をすることができる。

4　審決は、第一項又は第二項の規定による通知を発した日から二十日以内にしなければならない。ただし、事件が複雑であるとき、その他やむを得ない理由があるときは、この限りでない。

（審決）

第一五七条　審決があつたときは、審判は、終了する。

2　審決は、次に掲げる事項を記載した文書をもつて行わなければならない。

一　審判の番号

二　当事者及び参加人並びに代理人の氏名又は名称及び住所又は居所

三　審判事件の表示

四　審決の結論及び理由

五　審決の年月日

3　特許庁長官は、審決があつたときは、審決の謄本を当事者、参加人及び審判に参加を申請してその申請を拒否された者に送達しなければならない。

（拒絶査定不服審判における特則）

第一五八条　審査においてした手続は、拒絶査定不服審判においても、その効力を有する。

（同前）

第一五九条 第五十三条の規定は、拒絶査定不服審判に準用する。この場合において、第五十三条第一項中「第十七条の二第一項第一号又は第三号」とあるのは「第十七条の二第一項第一号、第三号又は第四号」と、「補正が」とあるのは「補正（同項第一号又は第三号に掲げる場合にあつては、拒絶査定不服審判の請求前にしたものを除く。）が」と読み替えるものとする。

2 第五十条及び第五十条の二の規定は、拒絶査定不服審判において査定の理由と異なる拒絶の理由を発見した場合に準用する。この場合において、第五十条ただし書中「第十七条の二第一項第一号又は第三号に掲げる場合（同項第一号に掲げる場合にあつては、拒絶の理由の通知と併せて次条の規定による通知をした場合に限る。）」とあるのは、「第十七条の二第一項第一号（拒絶の理由の通知と併せて次条の規定による通知をした場合に限るものとし、拒絶査定不服審判の請求前に補正をしたときを除く。）、第三号（拒絶査定不服審判の請求前に補正をしたときを除く。）又は第四号に掲げる場合」と読み替えるものとする。

3 第五十一条、第六十七条の三第二項から第四項まで及び第六十七条の七第二項から第四項までの規定は、拒絶査定不服審判の請求を理由があるとする場合における当該審判について準用する。

（同前）

第一六〇条 拒絶査定不服審判において査定を取り消すときは、さらに審査に付すべき旨の審決をすることができる。

2 前項の審決があつた場合における判断は、その事件について審査官を拘束する。

3 第一項の審決をするときは、前条第三項の規定は、適用しない。

（同前）

第一六一条 第百三十四条第一項から第三項まで、第百三十四条の二、第百三十四条の三、第百四十八条及び第百四十九条の規定は、拒絶査定不服審判には、適用しない。

（同前）

第一六二条 特許庁長官は、拒絶査定不服審判の請求があつた場合において、その請求と同時にその請求に係る特許出願の願書に添付した明細書、特許請求の範囲又は図面について補正があつたときは、審査官にその請求を審査させなければならない。

（同前）

第一六三条 第四十八条、第五十三条及び第五十四条の規定は、前条の規定による審査に準用する。この場合において、第五十三条第一項中「第十七条の二第一項第一号又は第三号」とあるのは「第十七条の二第一項第一号、第三号又は第四号」と、「補正が」とあるのは「補正（同項第一号又は第三号に掲げる場合にあつては、拒絶査定不服審判の請求前にしたものを除く。）が」と読み替えるものとする。

2　第五十条及び第五十条の二の規定は、前条の規定による審査において審判の請求に係る査定の理由と異なる拒絶の理由を発見した場合に準用する。この場合において、第五十条ただし書中「第十七条の二第一項第一号又は第三号に掲げる場合（同項第一号に掲げる場合にあつては、拒絶の理由の通知と併せて次条の規定による通知をした場合に限る。）」とあるのは、「第十七条の二第一項第一号（拒絶の理由の通知と併せて次条の規定による通知をした場合に限るものとし、拒絶査定不服審判の請求前に補正をしたときを除く。）、第三号（拒絶査定不服審判の請求前に補正をしたときを除く。）又は第四号に掲げる場合」と読み替えるものとする。

3　第五十一条及び第五十二条の規定は、前条の規定による審査において審判の請求を理由があるとする場合に準用する。

（同前）

第一六四条 審査官は、第百六十二条の規定による審査において特許をすべき旨の査定をするときは、審判の請求に係る拒絶をすべき旨の査定を取り消さなければならない。

2　審査官は、前項に規定する場合を除き、前条第一項において準用する第五十三条第一項の規定による却下の決定をしてはならない。
3　審査官は、第一項に規定する場合を除き、当該審判の請求について査定をすることなくその審査の結果を特許庁長官に報告しなければならない。

（特許無効審判における特則）

第一六四条の二　審判長は、特許無効審判の事件が審決をするのに熟した場合において、審判の請求に理由があると認めるときその他の経済産業省令で定めるときは、審決の予告を当事者及び参加人にしなければならない。
2　審判長は、前項の審決の予告をするときは、被請求人に対し、願書に添付した明細書、特許請求の範囲又は図面の訂正を請求するための相当の期間を指定しなければならない。
3　第百五十七条第二項の規定は、第一項の審決の予告に準用する。

（訂正審判における特則）

第一六五条　審判長は、訂正審判の請求が第百二十六条第一項ただし書各号に掲げる事項を目的とせず、又は同条第五項から第七項までの規定に適合しないときは、請求人にその理由を通知し、相当の期間を指定して、意見書を提出する機会を与えなければならない。

（同前）

第一六六条　第百三十四条第一項から第三項まで、第百三十四条の二、第百三十四条の三、第百四十八条及び第百四十九条の規定は、訂正審判には、適用しない。

（審決の効力）

第一六七条　特許無効審判又は延長登録無効審判の審決が確定したときは、当事者及び参加人は、同一の事実及び同一の証拠に基づいてその審判を請求することができない。

（審決の確定範囲）

第一六七条の二　審決は、審判事件ごとに確定する。ただし、次の各号に掲げる場合には、それぞれ当該各号に定めるところにより確定する。

一　請求項ごとに特許無効審判の請求がされた場合であつて、一群の請求項ごとに第百三十四条の二第一項の訂正の請求がされた場合　当該一群の請求項ごと
二　一群の請求項ごとに訂正審判の請求がされた場合　当該一群の請求項ごと
三　請求項ごとに審判の請求がされた場合であつて、第一号に掲げる場合以外の場合　当該請求項ごと

（訴訟との関係）

第一六八条　審判において必要があると認めるときは、特許異議の申立てについての決定若しくは他の審判の審決が確定し、又は訴訟手続が完結するまでその手続を中止することができる。

2　訴えの提起又は仮差押命令若しくは仮処分命令の申立てがあつた場合において、必要があると認めるときは、裁判所は、審決が確定するまでその訴訟手続を中止することができる。

3　裁判所は、特許権又は専用実施権の侵害に関する訴えの提起があつたときは、その旨を特許庁長官に通知するものとする。その訴訟手続が完結したときも、また同様とする。

4　特許庁長官は、前項に規定する通知を受けたときは、その特許権についての審判の請求の有無を裁判所に通知するものとする。その審判の請求書の却下の決定、審決又は請求の取下げがあつたときも、また同様とする。

5　裁判所は、前項の規定によりその特許権についての審判の請求があつた旨の通知を受けた場合において、当該訴訟において第百四条の三第一項の規定による攻撃又は防御の方法を記載した書面がその通知前に既に提出され、又はその通知後に最初に提出されたときは、その旨を特許庁長官に通知するものとする。

6　特許庁長官は、前項に規定する通知を受けたときは、裁判所に対し、当該訴訟の訴訟記録のうちその審判において審判官が必要と認める書面の写しの送付を求めることができる。

第一六八条第六項を次のように改める。

第一六八条　（略）

2～5　（略）

6　特許庁長官は、前項に規定する通知を受けたときは、裁判所に対し、当該訴訟の訴訟記録のうちその審判において審判官が必要と認める書面の写し又は当該訴訟の電磁的訴訟記録（民事訴訟法第九十一条の二第一項に規定する電磁的訴訟記録をいう。）に記録されている事項のうちその審判において審判官が必要と認めるものを出力した書面の送付を求めることができる。

（公布の日から起算して四年を超えない範囲内において政令で定める日から施行　令和四法四八）

（審判における費用の負担）

第一六九条　特許無効審判及び延長登録無効審判に関する費用の負担は、審判が審決により終了するときはその審決をもつて、審判が審決によらないで終了するときは審判による決定をもつて、職権で、定めなければならない。

2　民事訴訟法第六十一条から第六十六条まで、第六十九条第一項及び第二項、第七十条並びに第七十一条第二項（訴訟費用の負担）の規定は、前項に規定する審判に関する費用に準用する。この場合において、同法第七十一条第二項中「最高裁判所規則」とあるのは、「経済産業省令」と読み替えるものとする。

3　拒絶査定不服審判及び訂正審判に関する費用は、請求人の負担とする。

4　民事訴訟法第六十五条（共同訴訟の場合の負担）の規定は、前項の規定により請求人が負担する費用に準用する。

5　審判に関する費用の額は、請求により、審決又は決定が確定した後に特許庁長官が決定をする。

6　審判に関する費用の範囲、額及び納付並びに審判における手続上の行為をするために必要な給付については、その性質に反しない限り、民事訴訟費用等に関する法律中これらに関する規定（第二章第一節及び第三節に定める部分を除く。）の例による。

第一六九条第二項を次のように改める。

第一六九条　（略）

2　民事訴訟法第六十一条から第六十六条まで、第六十九条第一項及び第二項、第七十条並びに第七十一条第三項（訴訟費用の負担）の規定は、前項に規定する審判に関する費用に準用する。この場合において、同条第三項中「最高裁判所規則」とあるのは、「経済産業省令」と読み替えるものとする。

3〜6　（略）

（公布の日から起算して四年を超えない範囲内において政令で定める日から施行　令和四法四八）

（費用の額の決定の執行力）

第一七〇条　審判に関する費用の額についての確定した決定は、執行力のある債務名義と同一の効力を有する。

第七章　再審

（再審の請求）

第一七一条　確定した取消決定及び確定審決に対しては、当事者又は参加人は、再審を請求することができる。

2　民事訴訟法第三百三十八条第一項及び第二項並びに第三百三十九条（再審の事由）の規定は、前項の再審の請求に準用する。

（同前）

第一七二条　審判の請求人及び被請求人が共謀して第三者の権利又は利益を害する目的をもつて審決をさせたときは、その第三者は、その確定審決に対し再審を請求することができる。

2　前項の再審は、その請求人及び被請求人を共同被請求人として請求しなければならない。

（再審の請求期間）

第一七三条　再審は、請求人が取消決定又は審決が確定した後再審の理由を知つた日から三十日以内に請求しなければならない。

2　再審を請求する者がその責めに帰することができない理由により前項に規定する期間内にその請求をすることができないときは、同項の規定にかかわらず、その理由がなくなつた日から十四日（在外者にあつては、二月）以内でその期間の経過後六月以内にその請求をすることができる。

3　請求人が法律の規定に従つて代理されなかつたことを理由として再審を請求するときは、第一項に規定する期間は、請求人又はその法定代理人が送達により取消決定又は審決があつたことを知つた日の翌日から起算する。

4　取消決定又は審決が確定した日から三年を経過した後は、再審を請求することができない。

5　再審の理由が取消決定又は審決が確定した後に生じたときは、前項に規定する期間は、その理由が発生した日の翌日から起算する。

6　第一項及び第四項の規定は、当該審決が前にされた確定審決と抵触することを理由とする再審の請求には、適用しない。

（審判の規定等の準用）

第一七四条　第百十四条、第百十六条から第百二十条の二まで、第百二十条の五から第百二十条の八まで、第百三十一条第一項、第百三十一条の二第一項本文、第百三十二条第三項、第百三十四条、第百五十五条第一項及び第三項並びに第百五十六条第一項、第三項及び第四項の規定は、確定した取消決定に対する再審に準用する。

2　第百三十一条第一項、第百三十一条の二第一項本文、第百三十二条第三項及び第四項、第百三十三条、第百三十三条の二、第百三十四条第四項、第百三十五条から第百四十七条まで、第百五十条から第百五十二条まで、第百五十五条第一項、第百五十六条第一項、第三項及び第四項、第百五十七条から第百六十条まで、第百六十七条の二本文、第百六十八条、第百六十九条第三項から第六項まで並びに第百七十条の規定は、拒絶査定不服審判の確定審決に対する再審に準用する。

3　第百三十一条第一項、第百三十一条の二第一項本文、第百三十二条第一項、第二項及び第四項、第百三十三条、第百三十三条の二、第百三十四条第一項、第三項及び第四項、第百三十五条から第百五十二条まで、第百五十四条、第百五十五条第一項から第三項まで、第百五十六条第一項、第三項及び第四項、第百五十七条、第百六十七条から第百六十八条まで、第百六十九条第一項、第二項、第五項及び第六項並びに第百七十条の規定は、特許無効審判又は延長登録無効審判の確定審決に対する再審に準用する。

4　第百三十一条第一項及び第四項、第百三十一条の二第一項本文、第百三十二条第三項及び第四項、第百三十三条、第百三十三条の二、第百三十四条第四項、第百三十五条から第百四十七条まで、第百五十条から第百五十二条まで、第百五十五条第一項及び第四項、第百五十六条第一項、第三項及び第四項、第百五十七条、第百六十五条、第百六十七条の二、第百六十八条、第百六十九条第三項から第六項まで並びに第百七十条の規定は、訂正審判の確定審決に対する再審に準用する。

5　民事訴訟法第三百四十八条第一項（審理の範囲）の規定は、再審に準用する。

（再審により回復した特許権の効力の制限）

第一七五条　取り消し、若しくは無効にした特許に係る特許権若しくは無効にした存続期間の延長登録に係る特許権が再審により回復した場合又は拒絶をすべき旨の審決があつた特許出願若しくは特許権の存続期間の延長登録の出願について再審により特許権の設定の登録若しくは特許権の存続期間を延長した旨の登録があつた場合において、その特許が物の発明についてされているときは、特許権の効力は、当該取消決定又は審決が確定した後再審の請求の登録前に善意に輸入し、又は日本国内において生産し、若しくは取得した当該物には、及ばない。

2　取り消し、若しくは無効にした特許に係る特許権若しくは無効にした存続期間の延長登録に係る特許権が再審により回復したとき、又は拒絶をすべき旨の審決があつた特許出願若しくは特許権の存続期間の延長登録の出願について再審により特許権の設定の登録若しくは特許権の存続期間を延長した旨の登録があつたときは、特許権の効力は、当該取消決定又は審決が確定した後再審の請求の登録前における次に掲げる行為には、及ばない。

一　当該発明の善意の実施

二　特許が物の発明についてされている場合において、善意に、その物の生産に用いる物の生産、譲渡等若しくは輸入又は譲渡等の申出をした行為

三　特許が物の発明についてされている場合において、善意に、その物を譲渡等又は輸出のために所持した行為

四　特許が方法の発明についてされている場合において、善意に、その方法の使用に用いる物の生産、譲渡等若しくは輸入又は譲渡等の申出をした行為

五　特許が物を生産する方法の発明についてされている場合において、善意に、その方法により生産した物を譲渡等又は輸出のために所持した行為

（同前）

第一七六条　取り消し、若しくは無効にした特許に係る特許権若しくは無効にした存続期間の延長登録に係る特許権が再審により回復したとき、又は拒絶をすべき旨の審決があつた特許出願若しくは特許権の存続期間の延長登録の出願について再審により特許権の設定の登録若しくは特許権の存続期間を延長した旨の登録があつたときは、当該取消決定又は審決が確定した後再審の請求の登録前に善意に日本国内において当該発明の実施である事業をしている者又はその事業の準備をしている者は、その実施又は準備をしている発明及び事業の目的の範囲内において、その特許権について通常実施権を有する。

第一七七条　削除

第八章　訴訟

（審決等に対する訴え）

第一七八条　取消決定又は審決に対する訴え及び特許異議申立書、審判若しくは再審の請求書又は第百二十条の五第二項若しくは第百三十四条の二第一項の訂正の請求書の却下の決定に対する訴えは、東京高等裁判所の専属管轄とする。

2　前項の訴えは、当事者、参加人又は当該特許異議の申立てについての審理、審判若しくは再審に参加を申請してその申請を拒否された者に限り、提起することができる。

3　第一項の訴えは、審決又は決定の謄本の送達があつた日から三十日を経過した後は、提起することができない。

4　前項の期間は、不変期間とする。

5　審判長は、遠隔又は交通不便の地にある者のため、職権で、前項の不変期間については附加期間を定めることができる。

6　審判を請求することができる事項に関する訴えは、審決に対するものでなければ、提起することができない。

（被告適格）

第一七九条　前条第一項の訴えにおいては、特許庁長官を被告としなければならない。ただし、特許無効審判若しくは延長登録無効審判又はこれらの審判の確定審決に対する第百七十一条第一項の再審の審決に対するものにあつては、その審判又は再審の請求人又は被請求人を被告としなければならない。

（出訴の通知等）

第一八〇条　裁判所は、前条ただし書に規定する訴えの提起があつたときは、遅滞なく、その旨を特許庁長官に通知しなければならない。

2　裁判所は、前項の場合において、訴えが請求項ごとに請求された特許無効審判又はその審判の確定審決に対する再審の審決に対するものであるときは、当該訴えに係る請求項を特定するために必要な書類を特許庁長官に送付しなければならない。

（審決取消訴訟における特許庁長官の意見）

第一八〇条の二　裁判所は、第百七十九条ただし書に規定する訴えの提起があつたときは、特許庁長官に対し、当該事件に関するこの法律の適用その他の必要な事項について、意見を求めることができる。

2　特許庁長官は、第百七十九条ただし書に規定する訴えの提起があつたときは、裁判所の許可を得て、裁判所に対し、当該事件に関するこの法律の適用その他の必要な事項について、意見を述べることができる。

3　特許庁長官は、特許庁の職員でその指定する者に前二項の意見を述べさせることができる。

（審決又は決定の取消し）

第一八一条　裁判所は、第百七十八条第一項の訴えの提起があつた場合において、当該請求を理由があると認めるときは、当該審決又は決定を取り消さなければならない。

2　審判官は、前項の規定による審決又は決定の取消しの判決が確定したときは、更に審理を行い、審決又は決定をしなければならない。この場合において、審決又は決定の取消しの判決が、第百二十条の五第二項又は第百三十四条の二第一項の訂正の請求がされた一群の請求項のうち一部の請求項について確定したときは、審判官は、審理を行うに際し、当該一群の請求項のうちその他の請求項についての審決又は決定を取り消さなければならない。

（裁判の正本等の送付）

第一八二条　裁判所は、第百七十九条ただし書に規定する訴えについて次の各号に掲げる場合には、遅滞なく、それぞれ当該各号に定める書類を特許庁長官に送付しなければならない。

一　裁判により訴訟手続が完結した場合　各審級の裁判の正本

二　裁判によらないで訴訟手続が完結した場合　訴訟手続が完結した訴えに係る請求項を特定するために必要な書類

第一八二条第一号を次のように改める。

第一八二条　裁判所は、第百七十九条ただし書に規定する訴えについて次の各号に掲げる場合には、遅滞なく、それぞれ当該各号に定める書類を特許庁長官に送付しなければならない。

一　裁判により訴訟手続が完結した場合　各審級の裁判の正本又は当該裁判の内容を記載した書面であつて裁判所書記官が当該書面の内容が当該裁判の内容と同一であることを証明したもの

二　（略）

（公布の日から起算して四年を超えない範囲内において政令で定める日から施行　令和四法四八）

（合議体の構成）

第一八二条の二　第百七十八条第一項の訴えに係る事件については、五人の裁判官の合議体で審理及び裁判をする旨の決定をその合議体ですることができる。

（対価の額についての訴え）

第一八三条　第八十三条第二項、第九十二条第三項若しくは第四項又は第九十三条第二項の裁定を受けた者は、その裁定で定める対価の額について不服があるときは、訴えを提起してその額の増減を求めることができる。

2　前項の訴えは、裁定の謄本の送達があつた日から六月を経過した後は、提起することができない。

（被告適格）

第一八四条　前条第一項の訴えにおいては、次に掲げる者を被告としなければならない。

一　第八十三条第二項、第九十二条第四項又は第九十三条第二項の裁定については、通常実施権者又は特許権者若しくは専用実施権者

二　第九十二条第三項の裁定については、通常実施権者又は第七十二条の他人

第一八四条の二　削除

第九章　特許協力条約に基づく国際出願に係る特例

（国際出願による特許出願）

第一八四条の三　千九百七十年六月十九日にワシントンで作成された特許協力条約（以下この章において「条約」という。）第十一条(1)若しくは(2)(b)又は第十四条(2)の規定に基づく国際出願日が認められた国際出願であつて、条約第四条(1)(ii)の指定国に日本国を含むもの（特許出願に係るものに限る。）は、その国際出願日にされた特許出願とみなす。

2　前項の規定により特許出願とみなされた国際出願（以下「国際特許出願」という。）については、第四十三条（第四十三条の二第二項（第四十三条の三第三項において準用する場合を含む。）及び第四十三条の三第三項において準用する場合を含む。）の規定は、適用しない。

（外国語でされた国際特許出願の翻訳文）

第一八四条の四　外国語でされた国際特許出願（以下「外国語特許出願」という。）の出願人は、条約第二条(xi)の優先日（以下「優先日」という。）から二年六月（以下「国内書面提出期間」という。）以内に、前条第一項に規定する国際出願日（以下「国際出願日」という。）における条約第三条(2)に規定する明細書、請求の範囲、図面（図面の中の説明に限る。以下この条において同じ。）及び要約の日本語による翻訳文を、特許庁長官に提出しなければならない。ただし、国内書面提出期間の満了前二月から満了の日までの間に次条第一項に規定する書面を提出した外国語特許出願（当該書面の提出の日以前に当該翻訳文を提出したものを除く。）にあつては、当該書面の提出の日から二月（以下「翻訳文提出特例期間」という。）以内に、当該翻訳文を提出することができる。

2　前項の場合において、外国語特許出願の出願人が条約第十九条(1)の規定に基づく補正をしたときは、同項に規定する請求の範囲の翻訳文に代えて、当該補正後の請求の範囲の翻訳文を提出することができる。

3　国内書面提出期間（第一項ただし書の外国語特許出願にあつては、翻訳文提出特例期間。以下この条において同じ。）内に第一項に規定する明細書の翻訳文及び前二項に規定する請求の範囲の翻訳文（以下「明細書等翻訳文」という。）の提出がなかつたときは、その国際特許出願は、取り下げられたものとみなす。

4　前項の規定により取り下げられたものとみなされた国際特許出願の出願人は、経済産業省令で定める期間内に限り、経済産業省令で定めるところにより、明細書等翻訳文並びに第一項に規定する図面及び要約の翻訳文を特許庁長官に提出することができる。ただし、故意に、国内書面提出期間内に当該明細書等翻訳文を提出しなかつたと認められる場合は、この限りでない。

5　前項の規定により提出された翻訳文は、国内書面提出期間が満了する時に特許庁長官に提出されたものとみなす。

6　第一項に規定する請求の範囲の翻訳文を提出した出願人は、条約第十九条(1)の規定に基づく補正をしたときは、国内書面提出期間が満了する時（国内書面提出期間内に出願人が出願審査の請求をするときは、その請求の時。以下「国内処理基準時」という。）の属する日までに限り、当該補正後の請求の範囲の日本語による翻訳文を更に提出することができる。

7　第百八十四条の七第三項本文の規定は、第二項又は前項に規定する翻訳文が提出されなかつた場合に準用する。

（書面の提出及び補正命令）

第一八四条の五　国際特許出願の出願人は、国内書面提出期間内に、次に掲げる事項を記載した書面を特許庁長官に提出しなければならない。

一　出願人の氏名又は名称及び住所又は居所

二　発明者の氏名及び住所又は居所

三　国際出願番号その他の経済産業省令で定める事項

2　特許庁長官は、次に掲げる場合は、相当の期間を指定して、手続の補正をすべきことを命ずることができる。
一　前項の規定により提出すべき書面を、国内書面提出期間内に提出しないとき。
二　前項の規定による手続が第七条第一項から第三項まで又は第九条の規定に違反しているとき。
三　前項の規定による手続が経済産業省令で定める方式に違反しているとき。
四　前条第一項の規定により提出すべき要約の翻訳文を、国内書面提出期間（前条第一項ただし書の外国語特許出願にあつては、翻訳文提出特例期間）内に提出しないとき。
五　第百九十五条第二項の規定により納付すべき手数料を国内書面提出期間内に納付しないとき。
3　特許庁長官は、前項の規定により手続の補正をすべきことを命じた者が同項の規定により指定した期間内にその補正をしないときは、当該国際特許出願を却下することができる。

（国際出願に係る願書、明細書等の効力等）

第一八四条の六　国際特許出願に係る国際出願日における願書は、第三十六条第一項の規定により提出した願書とみなす。
2　日本語でされた国際特許出願（以下「日本語特許出願」という。）に係る国際出願日における明細書及び外国語特許出願に係る国際出願日における明細書の翻訳文は第三十六条第二項の規定により願書に添付して提出した明細書と、日本語特許出願に係る国際出願日における請求の範囲及び外国語特許出願に係る国際出願日における請求の範囲の翻訳文は同項の規定により願書に添付して提出した特許請求の範囲と、日本語特許出願に係る国際出願日における図面並びに外国語特許出願に係る国際出願日における図面（図面の中の説明を除く。）及び図面の中の説明の翻訳文は同項の規定により願書に添付して提出した図面と、日本語特許出願に係る要約及び外国語特許出願に係る要約の翻訳文は同項の規定により願書に添付して提出した要約書とみなす。

3　第百八十四条の四第二項又は第六項の規定により条約第十九条(1)の規定に基づく補正後の請求の範囲の翻訳文が提出された場合は、前項の規定にかかわらず、当該補正後の請求の範囲の翻訳文を第三十六条第二項の規定により願書に添付して提出した特許請求の範囲とみなす。

（日本語特許出願に係る条約第十九条に基づく補正）

第一八四条の七　日本語特許出願の出願人は、条約第十九条(1)の規定に基づく補正をしたときは、国内処理基準時の属する日までに、同条(1)の規定に基づき提出された補正書の写しを特許庁長官に提出しなければならない。

2　前項の規定により補正書の写しが提出されたときは、その補正書の写しにより、願書に添付した特許請求の範囲について第十七条の二第一項の規定による補正がされたものとみなす。ただし、条約第二十条の規定に基づき前項に規定する期間内に補正書が特許庁に送達されたときは、その補正書により、補正がされたものとみなす。

3　第一項に規定する期間内に日本語特許出願の出願人により同項に規定する手続がされなかつたときは、条約第十九条(1)の規定に基づく補正は、されなかつたものとみなす。ただし、前項ただし書に規定するときは、この限りでない。

（条約第三十四条に基づく補正）

第一八四条の八　国際特許出願の出願人は、条約第三十四条(2)(b)の規定に基づく補正をしたときは、国内処理基準時の属する日までに、日本語特許出願に係る補正にあつては同条(2)(b)の規定に基づき提出された補正書の写しを、外国語特許出願に係る補正にあつては当該補正書の日本語による翻訳文を、特許庁長官に提出しなければならない。

2　前項の規定により補正書の写し又は補正書の翻訳文が提出されたときは、その補正書の写し又は補正書の翻訳文により、願書に添付した明細書、特許請求の範囲又は図面について第十七条の二第一項の規定による補正がされたものとみなす。ただし、日本語特許出願に係る補正につき条約第三十六条(3)(a)の規定に基づき前項に規定する期間内に補正書が特許庁に送達されたときは、その補正書により、補正がされたものとみなす。

3　第一項に規定する期間内に国際特許出願の出願人により同項に規定する手続がされなかつたときは、条約第三十四条(2)(b)の規定に基づく補正は、されなかつたものとみなす。ただし、前項ただし書に規定するときは、この限りでない。

4　第二項の規定により外国語特許出願に係る願書に添付した明細書、特許請求の範囲又は図面について第十七条の二第一項の規定による補正がされたものとみなされたときは、その補正は同条第二項の誤訳訂正書を提出してされたものとみなす。

（国内公表等）

第一八四条の九　特許庁長官は、第百八十四条の四第一項又は第四項の規定により翻訳文が提出された外国語特許出願について、特許掲載公報の発行をしたものを除き、国内書面提出期間（同条第一項ただし書の外国語特許出願にあつては、翻訳文提出特例期間。以下この項において同じ。）の経過後（国内書面提出期間内に出願人から出願審査の請求があつた国際特許出願であつて条約第二十一条に規定する国際公開（以下「国際公開」という。）がされているものについては出願審査の請求の後、第百八十四条の四第四項の規定により明細書等翻訳文が提出された外国語特許出願については当該明細書等翻訳文の提出の後）、遅滞なく、国内公表をしなければならない。

2　国内公表は、次に掲げる事項を特許公報に掲載することにより行う。

一　出願人の氏名又は名称及び住所又は居所
二　特許出願の番号
三　国際出願日
四　発明者の氏名及び住所又は居所
五　第百八十四条の四第一項に規定する明細書

及び図面の中の説明の翻訳文に記載した事項、同項に規定する請求の範囲の翻訳文（同条第二項に規定する翻訳文が提出された場合にあつては、当該翻訳文）及び同条第六項に規定する翻訳文に記載した事項、図面（図面の中の説明を除く。）の内容並びに要約の翻訳文に記載した事項（特許公報に掲載することが公の秩序又は善良の風俗を害するおそれがあると特許庁長官が認めるものを除く。）

六　国内公表の番号及び年月日

七　前各号に掲げるもののほか、必要な事項

3　第六十四条第三項の規定は、前項の規定により同項第五号の要約の翻訳文に記載した事項を特許公報に掲載する場合に準用する。

4　第六十四条の規定は、国際特許出願には、適用しない。

5　国際特許出願については、第四十八条の五第一項、第四十八条の六、第六十六条第三項ただし書、第百二十八条、第百八十六条第一項第一号及び第四号並びに第百九十三条第二項第一号、第二号、第七号及び第十号中「出願公開」とあるのは、日本語特許出願にあつては「第百八十四条の九第一項の国際公開」と、外国語特許出願にあつては「第百八十四条の九第一項の国内公表」とする。

6　外国語特許出願に係る証明等の請求については、第百八十六条第一項第一号中「又は第六十七条の五第二項の資料」とあるのは「又は千九百七十年六月十九日にワシントンで作成された特許協力条約第三条⑵に規定する国際出願の願書、明細書、請求の範囲、図面若しくは要約（特許権の設定の登録がされた国際特許出願に係るもの又は国際公開がされたものを除く。）」とする。

7　国際特許出願に関し特許公報に掲載すべき事項については、第百九十三条第二項第三号中「出願公開後における」とあるのは、「国際公開がされた国際特許出願に係る」とする。

（国際公開及び国内公表の効果等）

第一八四条の一〇　国際特許出願の出願人は、日

本語特許出願については国際公開があつた後に、外国語特許出願については国内公表があつた後に、国際特許出願に係る発明の内容を記載した書面を提示して警告をしたときは、その警告後特許権の設定の登録前に業としてその発明を実施した者に対し、その発明が特許発明である場合にその実施に対し受けるべき金銭の額に相当する額の補償金の支払を請求することができる。当該警告をしない場合においても、日本語特許出願については国際公開がされた国際特許出願に係る発明であることを知つて特許権の設定の登録前に、外国語特許出願については国内公表がされた国際特許出願に係る発明であることを知つて特許権の設定の登録前に、業としてその発明を実施した者に対しては、同様とする。

2　第六十五条第二項から第六項までの規定は、前項の規定により請求権を行使する場合に準用する。

（在外者の特許管理人の特例）

第一八四条の一一　在外者である国際特許出願の出願人は、国内処理基準時までは、第八条第一項の規定にかかわらず、特許管理人によらないで手続をすることができる。

2　前項に規定する者は、国内処理基準時の属する日後経済産業省令で定める期間内に、特許管理人を選任して特許庁長官に届け出なければならない。

3　特許庁長官は、前項に規定する期間内に特許管理人の選任の届出がなかつたときは、第一項に規定する者に対し、その旨を通知しなければならない。

4　前項の規定による通知を受けた者は、経済産業省令で定める期間内に限り、特許管理人を選任して特許庁長官に届け出ることができる。

5　前項に規定する期間内に特許管理人の選任の届出がなかつたときは、その国際特許出願は、取り下げたものとみなす。

6　前項の規定により取り下げたものとみなされた国際特許出願の出願人は、経済産業省令で定める期間内に限り、経済産業省令で定めるところにより、特許管理人を選任して特許庁長官に届け出ることができる。ただし、故意に、第四項に規定する期間内に特許管理人の選任の届出をしなかつたと認められる場合は、この限りでない。

7　第四項又は前項の規定によりされた届出は、第二項に規定する期間が満了する時にされた届出とみなす。

8　第一項に規定する者が、特許管理人により第百八十四条の四第四項の規定による手続をしたときは、第二項から前項までの規定は、適用しない。

（補正の特例）

第一八四条の一二　日本語特許出願については第百八十四条の五第一項の規定による手続をし、かつ、第百九十五条第二項の規定により納付すべき手数料を納付した後、外国語特許出願については第百八十四条の四第一項又は第四項及び第百八十四条の五第一項の規定による手続をし、かつ、第百九十五条第二項の規定により納付すべき手数料を納付した後であつて国内処理基準時を経過した後でなければ、第十七条第一項本文の規定にかかわらず、手続の補正（第百八十四条の七第二項及び第百八十四条の八第二項に規定する補正を除く。）をすることができない。

2　外国語特許出願に係る明細書、特許請求の範囲又は図面について補正ができる範囲については、第十七条の二第二項中「第三十六条の二第二項の外国語書面出願」とあるのは「第百八十四条の四第一項の外国語特許出願」と、同条第三項中「願書に最初に添付した明細書、特許請求の範囲又は図面（第三十六条の二第二項の外国語書面出願にあつては、同条第八項の規定により明細書、特許請求の範囲及び図面とみなされた同条第二項に規定する外国語書面の翻訳文（誤訳訂正書を提出して明細書、特許請求の範囲又は図面について補正をした場合にあつては、翻訳文又は当該補正後の明細書、特許請求の範囲若しくは図面）。第三十四条の二第一項及び第三十四条の三第一項において同じ。）」とあるのは「第百八十四条の四第一項の国際出願日（以下この項において「国際出願日」という。）における第百八十四条の三第二項の国際特許出願（以下この項において「国際特許出願」という。）の明細書若しくは図面（図面の中の説明に限る。）の第百八十四条の四第一項の翻訳文、国際出願日における国際特許出願の請求の範囲の同項の翻訳文（同条第二項又は第六項の規定により千九百七十年六月十九日にワシントンで作成された特許協力条約第十九条(1)の規定に基づく補正後の請求の範囲の翻訳文が提出された場合にあつては、当該翻訳文）又は国際出願日における国際特許出願の図面（図面の中の説明を除く。）（以下この項において「翻訳文等」という。）（誤訳訂正書を提出して明細書、特許請求の範囲又は図面について補正をした場合にあつては、翻訳文等又は当該補正後の明細書、特許請求の範囲若しくは図面）」とする。

（特許原簿への登録の特例）

第一八四条の一二の二　日本語特許出願については第百八十四条の五第一項の規定による手続をし、かつ、第百九十五条第二項の規定により納付すべき手数料を納付した後、外国語特許出願については第百八十四条の四第一項又は第四項及び第百八十四条の五第一項の規定による手続をし、かつ、第百九十五条第二項の規定により納付すべき手数料を納付した後であつて国内処理基準時を経過した後でなければ、第二十七条第一項第四号の規定にかかわらず、仮専用実施権の登録を受けることができない。

（特許要件の特例）

第一八四条の一三　第二十九条の二に規定する他の特許出願又は実用新案登録出願が国際特許出願又は実用新案法第四十八条の三第二項の国際実用新案登録出願である場合における第二十九条の二の規定の適用については、同条中「他の特許出願又は実用新案登録出願であつて」とあるのは「他の特許出願又は実用新案登録出願（第百八十四条の四第三項又は実用新案法第四十八条の四第三項の規定により取り下げられたものとみなされた第百八十四条の四第一項の外国語特許出願又は同法第四十八条の四第一項の外国語実用新案登録出願を除く。）であつて」と、「出願公開又は」とあるのは「出願公開、」と、「発行が」とあるのは「発行又は千九百七十年六月十九日にワシントンで作成された特許協力条約第二十一条に規定する国際公開が」と、「願書に最初に添付した明細書、特許請求の範囲若しくは実用新案登録請求の範囲又は図面」とあるのは「第百八十四条の四第一項又は実用新案法第四十八条の四第一項の国際出願日における国際出願の明細書、請求の範囲又は図面」とする。

（発明の新規性の喪失の例外の特例）

第一八四条の一四　第三十条第二項の規定の適用を受けようとする国際特許出願の出願人は、その旨を記載した書面及び第二十九条第一項各号のいずれかに該当するに至つた発明が第三十条第二項の規定の適用を受けることができる発明であることを証明する書面を、同条第三項の規定にかかわらず、国内処理基準時の属する日後経済産業省令で定める期間内に特許庁長官に提出することができる。

（特許出願等に基づく優先権主張の特例）

第一八四条の一五　国際特許出願については、第四十一条第一項ただし書及び第四項並びに第四十二条第二項の規定は、適用しない。

2　日本語特許出願についての第四十一条第三項の規定の適用については、同項中「又は出願公開」とあるのは、「又は千九百七十年六月十九日にワシントンで作成された特許協力条約第二十一条に規定する国際公開」とする。

3　外国語特許出願についての第四十一条第三項の規定の適用については、同項中「特許出願の願書に最初に添付した明細書、特許請求の範囲又は図面」とあるのは「第百八十四条の四第一項の国際出願日における国際出願の明細書、請求の範囲又は図面」と、「又は出願公開」とあるのは「又は千九百七十年六月十九日にワシントンで作成された特許協力条約第二十一条に規定する国際公開」とする。

4　第四十一条第一項の先の出願が国際特許出願又は実用新案法第四十八条の三第二項の国際実用新案登録出願である場合における第四十一条第一項から第三項まで及び第四十二条第一項の規定の適用については、第四十一条第一項及び第二項中「願書に最初に添付した明細書、特許請求の範囲若しくは実用新案登録請求の範囲又は図面」とあるのは「第百八十四条の四第一項又は実用新案法第四十八条の四第一項の国際出願日における国際出願の明細書、請求の範囲又は図面」と、同項中「同項」とあるのは「前項」と、同条第三項中「先の出願の願書に最初に添付した明細書、特許請求の範囲若しくは実用新案登録請求の範囲又は図面」とあるのは「先の出願の第百八十四条の四第一項又は実用新案法第四十八条の四第一項の国際出願日における国際出願の明細書、請求の範囲又は図面」と、「同項」とあるのは「第一項」と、「について出願公開」とあるのは「について千九百七十年六月十九日にワシントンで作成された特許協力条約第二十一条に規定する国際公開」と、第四十二条第一項中「その出願の日から経済産業省令で定める期間を経過した時」とあるのは「第百八十四条の四第六項若しくは実用新案法第四十八条の四第六項の国内処理基準時又は第百八十四条の四第一項若しくは同法第四十八条の四第一項の国際出願日から経済産業省令で定める期間を経過した時のいずれか遅い時」とする。

（出願の変更の特例）

第一八四条の一六　実用新案法第四十八条の三第一項又は第四十八条の十六第四項の規定により実用新案登録出願とみなされた国際出願の特許出願への変更については、同法第四十八条の五第四項の日本語実用新案登録出願にあつては同条第一項、同法第四十八条の四第一項の外国語実用新案登録出願にあつては同項又は同条第四項及び同法第四十八条の五第一項の規定による手続をし、かつ、同法第五十四条第二項の規定により納付すべき手数料を納付した後（同法第四十八条の十六第四項の規定により実用新案登録出願とみなされた国際出願については、同項に規定する決定の後）でなければすることができない。

（出願審査の請求の時期の制限）

第一八四条の一七　国際特許出願の出願人は、日本語特許出願にあつては第百八十四条の五第一項、外国語特許出願にあつては第百八十四条の四第一項又は第四項及び第百八十四条の五第一項の規定による手続をし、かつ、第百九十五条第二項の規定により納付すべき手数料を納付した後、国際特許出願の出願人以外の者は、国内書面提出期間（第百八十四条の四第一項ただし書の外国語特許出願にあつては、翻訳文提出特例期間）の経過後でなければ、国際特許出願についての出願審査の請求をすることができない。

（拒絶理由等の特例）

第一八四条の一八　外国語特許出願に係る拒絶の査定、特許異議の申立て及び特許無効審判については、第四十九条第六号、第百十三条第一号及び第五号並びに第百二十三条第一項第一号及び第五号中「外国語書面出願」とあるのは「第百八十四条の四第一項の外国語特許出願」と、第四十九条第六号、第百十三条第五号及び第百二十三条第一項第五号中「外国語書面に」とあるのは「第百八十四条の四第一項の国際出願日における国際出願の明細書、請求の範囲又は図面に」とする。

（訂正の特例）

第一八四条の一九　外国語特許出願に係る第百二十条の五第二項及び第百三十四条の二第一項の規定による訂正及び訂正審判の請求については、第百二十六条第五項中「外国語書面出願」とあるのは「第百八十四条の四第一項の外国語特許出願」と、「外国語書面」とあるのは「第百八十四条の四第一項の国際出願日における国際出願の明細書、請求の範囲又は図面」とする。

（決定により特許出願とみなされる国際出願）

第一八四条の二〇　条約第二条(viii)の国際出願の出願人は、条約第四条(1)(ii)の指定国に日本国を含む国際出願（特許出願に係るものに限る。）

につき条約第二条(xv)の受理官庁により条約第二十五条(1)(a)に規定する拒否若しくは同条(1)(a)若しくは(b)に規定する宣言がされ、又は条約第二条(xix)の国際事務局により条約第二十五条(1)(a)に規定する認定がされたときは、経済産業省令で定める期間内に、経済産業省令で定めるところにより、特許庁長官に同条(2)(a)に規定する決定をすべき旨の申出をすることができる。

2　外国語でされた国際出願につき前項の申出をする者は、申出に際し、明細書、請求の範囲、図面（図面の中の説明に限る。）、要約その他の経済産業省令で定める国際出願に関する書類の日本語による翻訳文を特許庁長官に提出しなければならない。

3　特許庁長官は、第一項の申出があつたときは、その申出に係る拒否、宣言又は認定が条約及び特許協力条約に基づく規則の規定に照らして正当であるか否かの決定をしなければならない。

4　前項の規定により特許庁長官が同項の拒否、宣言又は認定が条約及び特許協力条約に基づく規則の規定に照らして正当でない旨の決定をしたときは、その決定に係る国際出願は、その国際出願につきその拒否、宣言又は認定がなかつたものとした場合において国際出願日となつたものと認められる日にされた特許出願とみなす。

5　前項の規定により特許出願とみなされた国際出願についての出願公開については、第六十四条第一項中「特許出願の日」とあるのは「第百八十四条の四第一項の優先日」と、同条第二項第六号中「外国語書面出願」とあるのは「外国語でされた国際出願」と、「外国語書面及び外国語要約書面」とあるのは「第百八十四条の二十第四項に規定する国際出願日となつたものと認められる日における国際出願の明細書、請求の範囲、図面及び要約」とする。

6　第百八十四条の三第二項、第百八十四条の六第一項及び第二項、第百八十四条の九第六項、第百八十四条の十二から第百八十四条の十四まで、第百八十四条の十五第一項、第三項及び第四項並びに第百八十四条の十七から前条までの規定は、第四項の規定により特許出願とみなされた国際出願に準用する。この場合において、これらの規定の準用に関し必要な技術的読替えは、政令で定める。

第一〇章　雑　　則

（二以上の請求項に係る特許又は特許権についての特則）

第一八五条　二以上の請求項に係る特許又は特許権についての第二十七条第一項第一号、第六十五条第五項（第百八十四条の十第二項において準用する場合を含む。）、第八十条第一項、第九十七条第一項、第九十八条第一項第一号、第百十一条第一項第二号、第百十四条第三項（第百七十四条第一項において準用する場合を含む。）、第百二十三条第三項、第百二十五条、第百二十六条第八項（第百三十四条の二第九項において準用する場合を含む。）、第百二十八条（第百二十条の五第九項及び第百三十四条の二第九項において準用する場合を含む。）、第百三十二条第一項（第百七十四条第三項において準用する場合を含む。）、第百七十五条、第百七十六条若しくは第百九十三条第二項第五号又は実用新案法第二十条第一項の規定の適用については、請求項ごとに特許がされ、又は特許権があるものとみなす。

（証明等の請求）

第一八六条　何人も、特許庁長官に対し、特許に関し、証明、書類の謄本若しくは抄本の交付、書類の閲覧若しくは謄写又は特許原簿のうち磁気テープをもつて調製した部分に記録されている事項を記載した書類の交付を請求することができる。ただし、次に掲げる書類については、特許庁長官が秘密を保持する必要があると認めるときは、この限りでない。

一　願書、願書に添付した明細書、特許請求の範囲、図面若しくは要約書若しくは外国語書面若しくは外国語要約書面若しくは特許出願の審査に係る書類（特許権の設定の登録又は出願公開がされたものを除く。）又は第六十七条の五第二項の資料

二　判定に係る書類であつて、当事者から当該当事者の保有する営業秘密が記載された旨の申出があつたもの

三　裁定に係る書類であつて、当事者、当事者以外の者であつてその特許に関し登録した権利を有するもの又は第八十四条の二の規定により意見を述べた通常実施権者からこれらの者の保有する営業秘密が記載された旨の申出があつたもの

四　拒絶査定不服審判に係る書類（当該事件に係る特許出願について特許権の設定の登録又は出願公開がされたものを除く。）

五　特許無効審判若しくは延長登録無効審判又はこれらの審判の確定審決に対する再審に係る書類であつて、当事者又は参加人から当該当事者又は参加人の保有する営業秘密が記載された旨の申出があつたもの

六　個人の名誉又は生活の平穏を害するおそれがあるもの

七　公の秩序又は善良の風俗を害するおそれがあるもの

2　特許庁長官は、前項第一号から第六号までに掲げる書類について、同項本文の請求を認める

ときは、当該書類を提出した者に対し、その旨及びその理由を通知しなければならない。

3 特許に関する書類及び特許原簿のうち磁気テープをもつて調製した部分については、行政機関の保有する情報の公開に関する法律（平成十一年法律第四十二号）の規定は、適用しない。

4 特許に関する書類及び特許原簿のうち磁気テープをもつて調製した部分に記録されている保有個人情報（個人情報の保護に関する法律（平成十五年法律第五十七号）第六十条第一項に規定する保有個人情報をいう。）については、同法第五章第四節の規定は、適用しない。

（特許表示）

第一八七条 特許権者、専用実施権者又は通常実施権者は、経済産業省令で定めるところにより、物の特許発明におけるその物若しくは物を生産する方法の特許発明におけるその方法により生産した物（以下「特許に係る物」という。）又はその物の包装にその物又は方法の発明が特許に係る旨の表示（以下「特許表示」という。）を附するように努めなければならない。

（虚偽表示の禁止）

第一八八条 何人も、次に掲げる行為をしてはならない。

一 特許に係る物以外の物又はその物の包装に特許表示又はこれと紛らわしい表示を付する行為

二 特許に係る物以外の物であつて、その物又はその物の包装に特許表示又はこれと紛らわしい表示を付したものの譲渡等又は譲渡等のための展示をする行為

三 特許に係る物以外の物の生産若しくは使用をさせるため、又は譲渡等をするため、広告にその物の発明が特許に係る旨を表示し、又はこれと紛らわしい表示をする行為

四 方法の特許発明におけるその方法以外の方法を使用させるため、又は譲渡し若しくは貸し渡すため、広告にその方法の発明が特許に係る旨を表示し、又はこれと紛らわしい表示をする行為

（送達）

第一八九条 送達する書類は、この法律に規定するもののほか、経済産業省令で定める。

（同前）

第一九〇条 民事訴訟法第九十八条第二項、第九十九条から第百三条まで、第百五条、第百六条、第百七条第一項（第二号及び第三号を除く。）及び第三項並びに第百九条（送達）の規定は、この法律又は前条の経済産業省令で定める書類の送達に準用する。この場合において、同法第九十八条第二項及び第百条中「裁判所書記官」とあるのは「特許庁長官の指定する職員又は審判書記官」と、同法第九十九条第一項中「郵便又は執行官」とあるのは「郵便」と、同法第百七条第一項中「場合には、裁判所書記官」とあるのは「場合及び審査に関する書類を送達すべき場合には、特許庁長官の指定する職員又は審判書記官」と、「最高裁判所規則」とあるのは「経済産業省令」と読み替えるものとする。

第一九〇条を次のように改める。

第一九〇条 民事訴訟法第九十八条第二項、第九十九条、第百条第一項、第百一条から第百三条まで、第百五条、第百六条並びに第百七条第一項（第二号及び第三号を除く。）及び第三項（送達）の規定は、この法律又は前条の経済産業省令で定める書類の送達に準用する。この場合において、同法第九十八条第二項及び第百二条中「裁判所書記官」とあるのは「特許庁長官の指定する職員又は審判書記官」と、同法第百一条第一項中「郵便又は執行官」とあるのは「郵便」と、同法第百七条第一項中「場合（第百九条の二の規定により送達をすることができる場合を除く。）には、裁判所書記官」とあるのは「場合及び審査に関する書類を送達すべき場合には、特許庁長官の指定する職員又は審判書記官」と、「最高裁判所規則」とあるのは「経済産業省令」と読み替えるものとする。

（公布の日から起算して四年を超えない範囲内において政令で定める日から施行　令和四法四八）

（同前）

第一九一条　特許庁長官の指定する職員又は審判書記官は、次に掲げる場合には、公示送達をすることができる。

一　送達を受けるべき者の住所、居所その他送達をすべき場所が知れない場合

二　前条において準用する民事訴訟法第百七条第一項（第二号及び第三号を除く。）の規定により送達をすることができない場合

三　次条第二項の規定により書類を発送することが困難な状況が六月間継続した場合

2　公示送達は、送達する書類を送達を受けるべき者に何時でも交付すべき旨を官報及び特許公報に掲載するとともに、その旨を特許庁の掲示場に掲示し、又は特許庁の事務所に設置した電子計算機の映像面に表示したものの閲覧をすることができる状態に置くことにより行う。

3　公示送達は、官報に掲載した日から二十日を経過することにより、その効力を生ずる。

（同前）

第一九二条　在外者に特許管理人があるときは、その特許管理人に送達しなければならない。

2　在外者に特許管理人がないときは、書類を航空扱いとした書留郵便等（書留郵便又は信書便の役務のうち書留郵便に準ずるものとして経済産業省令で定めるものをいう。次項において同じ。）に付して発送することができる。

3　前項の規定により書類を書留郵便等に付して発送したときは、発送の時に送達があつたものとみなす。

（特許公報）

第一九三条　特許庁は、特許公報を発行する。

2　特許公報には、この法律に規定するもののほか、次に掲げる事項を掲載しなければならない。

一　出願公開後における拒絶をすべき旨の査定若しくは特許出願の放棄、取下げ若しくは却下又は特許権の存続期間の延長登録の出願の

取下げ

二　出願公開後における特許を受ける権利の承継

三　出願公開後における第十七条の二第一項の規定による願書に添付した明細書、特許請求の範囲又は図面の補正（同項ただし書各号の規定によりしたものにあつては、誤訳訂正書の提出によるものに限る。）

四　第四十八条の三第五項（同条第七項において準用する場合を含む。）の規定による出願審査の請求

五　特許権の消滅（存続期間の満了によるもの及び第百十二条第四項又は第五項の規定によるものを除く。）又は回復（第百十二条の二第二項の規定によるものに限る。）

六　特許異議の申立て若しくは審判若しくは再審の請求又はこれらの取下げ

七　特許異議の申立てについての確定した決定、審判の確定審決又は再審の確定した決定若しくは確定審決（特許権の設定の登録又は出願公開がされたものに限る。）

八　訂正した明細書及び特許請求の範囲に記載した事項並びに図面の内容（訂正をすべき旨の確定した決定又は確定審決があつたものに限る。）

九　裁定の請求若しくはその取下げ又は裁定

十　第百七十八条第一項の訴えについての確定判決（特許権の設定の登録又は出願公開がされたものに限る。）

（書類の提出等）

第一九四条　特許庁長官又は審査官は、当事者に対し、特許異議の申立て、審判又は再審に関する手続以外の手続を処理するため必要な書類その他の物件の提出を求めることができる。

2　特許庁長官又は審査官は、関係行政機関又は学校その他の団体に対して審査に必要な調査を依頼することができる。

（同前）

第一九五条　次に掲げる者は、実費を勘案して政令で定める額の手数料を納付しなければならな

い。
一　第四条、第五条第一項若しくは第百八条第三項の規定による期間の延長又は第五条第二項の規定による期日の変更を請求する者
二　特許証の再交付を請求する者
三　第三十四条第四項の規定により承継の届出をする者
四　第百八十六条第一項の規定により証明を請求する者
五　第百八十六条第一項の規定により書類の謄本又は抄本の交付を請求する者
六　第百八十六条第一項の規定により書類の閲覧又は謄写を請求する者
七　第百八十六条第一項の規定により特許原簿のうち磁気テープをもつて調製した部分に記録されている事項を記載した書類の交付を請求する者

2　別表の中欄に掲げる者は、それぞれ同表の下欄に掲げる金額の範囲内において政令で定める額の手数料を納付しなければならない。

3　特許出願人でない者が出願審査の請求をした後において、当該特許出願の願書に添付した特許請求の範囲についてした補正により請求項の数が増加したときは、その増加した請求項について前項の規定により納付すべき出願審査の請求の手数料は、同項の規定にかかわらず、特許出願人が納付しなければならない。

4　前三項の規定は、これらの規定により手数料を納付すべき者が国であるときは、適用しない。

5　特許権又は特許を受ける権利が国と国以外の者との共有に係る場合であつて持分の定めがあるときは、国と国以外の者が自己の特許権又は特許を受ける権利について第一項又は第二項の規定により納付すべき手数料（出願審査の請求の手数料以外の政令で定める手数料に限る。）は、これらの規定にかかわらず、これらの規定に規定する手数料の金額に国以外の者の持分の割合を乗じて得た額とし、国以外の者がその額を納付しなければならない。

6　特許を受ける権利が国又は次条若しくは第百

九十五条の二の二の規定若しくは他の法令の規定による出願審査の請求の手数料の軽減若しくは免除（以下この項において「減免」という。）を受ける者を含む者の共有に係る場合であつて持分の定めがあるときは、これらの者が自己の特許を受ける権利について第二項の規定により納付すべき出願審査の請求の手数料は、同項の規定にかかわらず、国以外の各共有者ごとに同項に規定する出願審査の請求の手数料の金額（減免を受ける者にあつては、その減免後の金額）にその持分の割合を乗じて得た額を合算して得た額とし、国以外の者がその額を納付しなければならない。

7　前二項の規定により算定した手数料の金額に十円未満の端数があるときは、その端数は、切り捨てる。

8　第一項から第三項までの手数料の納付は、経済産業省令で定めるところにより、特許印紙をもつてしなければならない。ただし、経済産業省令で定める場合には、経済産業省令で定めるところにより、現金をもつて納めることができる。

9　出願審査の請求をした後において、次に掲げる命令、通知又は査定の謄本の送達のいずれかがあるまでの間にその特許出願が放棄され、又は取り下げられたときは、第二項の規定により納付すべき出願審査の請求の手数料を納付した者の請求により政令で定める額を返還する。

一　第三十九条第六項の規定による命令
二　第四十八条の七の規定による通知
三　第五十条の規定による通知
四　第五十二条第二項の規定による査定の謄本の送達

10　前項の規定による手数料の返還は、特許出願が放棄され、又は取り下げられた日から六月を経過した後は、請求することができない。

11　過誤納の手数料は、納付した者の請求により返還する。

12　前項の規定による手数料の返還は、納付した日から一年を経過した後は、請求することができない。

13 第九項又は第十一項の規定による手数料の返還を請求する者がその責めに帰することができない理由により、第十項又は前項に規定する期間内にその請求をすることができないときは、これらの規定にかかわらず、その理由がなくなつた日から十四日（在外者にあつては、二月）以内でこれらの規定に規定する期間の経過後六月以内にその請求をすることができる。

（出願審査の請求の手数料の減免）

第一九五条の二 特許庁長官は、自己の特許出願について出願審査の請求をする者であつて資力を考慮して政令で定める要件に該当する者が、出願審査の請求の手数料を納付することが困難であると認めるときは、政令で定めるところにより、前条第二項の規定により納付すべき出願審査の請求の手数料を軽減し、又は免除することができる。ただし、当該者のうち経済的困難その他の事由により出願審査の請求の手数料を納付することが特に困難であると認められる者として政令で定める者以外の者に対しては、政令で定める件数を限度とする。

（同前）

第一九五条の二の二 特許庁長官は、自己の特許出願について出願審査の請求をする者であつて、第百九条の二第一項の政令で定める者に対しては、政令で定めるところにより、第百九十五条第二項の規定により納付すべき出願審査の請求の手数料を軽減し、又は免除することができる。ただし、当該者のうち第百九条の二第三項に規定する試験研究機関等その他の研究開発及び技術開発を行う能力又は産業の発達に対する寄与の程度が特に高いと認められる者として政令で定める者以外の者に対しては、政令で定める件数を限度とする。

（行政手続法の適用除外）

第一九五条の三 この法律又はこの法律に基づく命令の規定による処分については、行政手続法（平成五年法律第八十八号）第二章及び第三章の規定は、適用しない。

（行政不服審査法の規定による審査請求の制限）
第一九五条の四　査定、取消決定若しくは審決及び特許異議申立書、審判若しくは再審の請求書若しくは第百二十条の五第二項若しくは第百三十四条の二第一項の訂正の請求書の却下の決定並びにこの法律の規定により不服を申し立てることができないこととされている処分又はこれらの不作為については、行政不服審査法の規定による審査請求をすることができない。

第一一章　罰則

（侵害の罪）
第一九六条　特許権又は専用実施権を侵害した者（第百一条の規定により特許権又は専用実施権を侵害する行為とみなされる行為を行つた者を除く。）は、十年以下の懲役若しくは千万円以下の罰金に処し、又はこれを併科する。

第一九六条を次のように改める。
第一九六条　特許権又は専用実施権を侵害した者（第百一条の規定により特許権又は専用実施権を侵害する行為とみなされる行為を行つた者を除く。）は、十年以下の拘禁刑若しくは千万円以下の罰金に処し、又はこれを併科する。
（令和七年六月一日から施行　令和四法六八）

（同前）
第一九六条の二　第百一条の規定により特許権又

は専用実施権を侵害する行為とみなされる行為を行つた者は、五年以下の懲役若しくは五百万円以下の罰金に処し、又はこれを併科する。

第一九六条の二を次のように改める。

第一九六条の二　第百一条の規定により特許権又は専用実施権を侵害する行為とみなされる行為を行つた者は、五年以下の拘禁刑若しくは五百万円以下の罰金に処し、又はこれを併科する。

（令和七年六月一日から施行　令和四法六八）

（詐欺の行為の罪）

第一九七条　詐欺の行為により特許、特許権の存続期間の延長登録、特許異議の申立てについての決定又は審決を受けた者は、三年以下の懲役又は三百万円以下の罰金に処する。

第一九七条を次のように改める。

第一九七条　詐欺の行為により特許、特許権の存続期間の延長登録、特許異議の申立てについての決定又は審決を受けた者は、三年以下の拘禁刑又は三百万円以下の罰金に処する。

（令和七年六月一日から施行　令和四法六八）

（虚偽表示の罪）

第一九八条　第百八十八条の規定に違反した者は、三年以下の懲役又は三百万円以下の罰金に処する。

第一九八条を次のように改める。

第一九八条　第百八十八条の規定に違反した者は、三年以下の拘禁刑又は三百万円以下の罰金に処する。

（令和七年六月一日から施行　令和四法六八）

（偽証等の罪）

第一九九条　この法律の規定により宣誓した証人、

鑑定人又は通訳人が特許庁又はその嘱託を受けた裁判所に対し虚偽の陳述、鑑定又は通訳をしたときは、三月以上十年以下の懲役に処する。

2　前項の罪を犯した者が事件の判定の謄本が送達され、又は特許異議の申立てについての決定若しくは審決が確定する前に自白したときは、その刑を減軽し、又は免除することができる。

第一九九条第一項を次のように改める。

第一九九条　この法律の規定により宣誓した証人、鑑定人又は通訳人が特許庁又はその嘱託を受けた裁判所に対し虚偽の陳述、鑑定又は通訳をしたときは、三月以上十年以下の拘禁刑に処する。

2　（略）

（令和七年六月一日から施行　令和四法六八）

（秘密を漏らした罪）

第二〇〇条　特許庁の職員又はその職にあった者がその職務に関して知得した特許出願中の発明に関する秘密を漏らし、又は盗用したときは、一年以下の懲役又は五十万円以下の罰金に処する。

第二〇〇条を次のように改める。

第二〇〇条　特許庁の職員又はその職にあった者がその職務に関して知得した特許出願中の発明に関する秘密を漏らし、又は盗用したときは、一年以下の拘禁刑又は五十万円以下の罰金に処する。

（令和七年六月一日から施行　令和四法六八）

（同前）

第二〇〇条の二　査証人又は査証人であった者が査証に関して知得した秘密を漏らし、又は盗用したときは、一年以下の懲役又は五十万円以下の罰金に処する。

第二〇〇条の二を次のように改める。

第二〇〇条の二　査証人又は査証人であった者が査証に関して知得した秘密を漏らし、又は盗用したときは、一年以下の拘禁刑又は五十万円以下の罰金に処する。

（令和七年四月一日から施行　令和四法六八）

（秘密保持命令違反の罪）

第二〇〇条の三　秘密保持命令に違反した者は、五年以下の懲役若しくは五百万円以下の罰金に処し、又はこれを併科する。

2　前項の罪は、告訴がなければ公訴を提起することができない。

3　第一項の罪は、日本国外において同項の罪を犯した者にも適用する。

第二〇〇条の三第一項を次のように改める。

第二〇〇条の三　五年以下の拘禁刑若しくは五百万円以下の罰金に処し、これを併科する。秘密保持命令に違反した者は、

2・3　（略）

（令和七年四月一日から施行　令和四法六八）

（両罰規定）

第二〇一条　法人の代表者又は法人若しくは人の代理人、使用人その他の従業者が、その法人又は人の業務に関し、次の各号に掲げる規定の違反行為をしたときは、行為者を罰するほか、その法人に対して当該各号で定める罰金刑を、その人に対して各本条の罰金刑を科する。

一　第百九十六条、第百九十六条の二又は前条第一項　三億円以下の罰金刑

二　第百九十七条又は第百九十八条　一億円以下の罰金刑

2　前項の場合において、当該行為者に対してした前条第二項の告訴は、その法人又は人に対しても効力を生じ、その法人又は人に対してした告訴は、当該行為者に対しても効力を生ずるものとする。

3　第一項の規定により第百九十六条、第百九十六条の二又は前条第一項の違反行為につき法人又は人に罰金刑を科する場合における時効の期間は、これらの規定の罪についての時効の期間

による。

（過料）

第二〇二条　第百五十一条（第七十一条第三項、第百二十条（第百七十四条第一項において準用する場合を含む。）及び第百七十四条第二項から第四項までにおいて準用する場合を含む。）において準用する民事訴訟法第二百七条第一項の規定により宣誓した者が特許庁又はその嘱託を受けた裁判所に対し虚偽の陳述をしたときは、十万円以下の過料に処する。

（同前）

第二〇三条　この法律の規定により特許庁又はその嘱託を受けた裁判所から呼出しを受けた者が、正当な理由がないのに出頭せず、又は宣誓、陳述、証言、鑑定若しくは通訳を拒んだときは、十万円以下の過料に処する。

（同前）

第二〇四条　証拠調又は証拠保全に関し、この法律の規定により特許庁又はその嘱託を受けた裁判所から書類その他の物件の提出又は提示を命じられた者が正当な理由がないのにその命令に従わなかつたときは、十万円以下の過料に処する。

第二〇四条を次のように改める。

第二〇四条　証拠調べ又は証拠保全に関し、この法律の規定により特許庁又はその嘱託を受けた裁判所から書類その他の物件又は電磁的記録の提出又は提示を命じられた者が正当な理由がないのにその命令に従わなかつたときは、十万円以下の過料に処する。

（公布の日から起算して四年を超えない範囲内において政令で定める日から施行　令和四法四八）

別表（第一九五条関係）

	納付しなければならない者	金額
一	特許出願（次号に掲げるものを除く。）をする者	一件につき一万六千円
二	外国語書面出願をする者	一件につき二万六千円
三	第三十八条の三第三項の規定により手続をすべき者	一件につき一万六千円
四	第百八十四条の五第一項の規定により手続をすべき者	一件につき一万六千円
五	第百八十四条の二十第一項の規定により申出をする者	一件につき一万六千円
六	特許権の存続期間の延長登録の出願をする者 イ　第六十七条第二項の延長登録の出願をする場合 ロ　第六十七条第四項の延長登録の出願をする場合	 一件につき四万三千六百円 一件につき七万四千円
七	第五条第三項の規定による期間の延長（第五十条の規定により指定された期間に係るものを除く。）を請求する者	一件につき四千二百円
八	第五条第三項の規定による期間の延長（第五十条の規定により指定された期間に係るものに限る。）を請求する者	一件につき六万八千円
九	出願審査の請求をする者	一件につき十六万八千六百円に一請求項につき四千円を加えた額

十	誤訳訂正書を提出して明細書、特許請求の範囲又は図面について補正をする者	一件につき一万九千円
十一	第三十六条の二第六項、第四十一条第一項第一号括弧書、第四十三条の二第一項（第四十三条の三第三項において準用する場合を含む。）、第四十八条の三第五項（同条第七項において準用する場合を含む。）、第百十二条の二第一項、第百八十四条の四第四項又は第百八十四条の十一第六項の規定により手続をする者（その責めに帰することができない理由によりこれらの規定による手続をすることとなつた者を除く。）	一件につき二十九万七千円
十二	第七十一条第一項の規定により判定を求める者	一件につき四万円
十三	裁定を請求する者	一件につき五万五千円
十四	裁定の取消しを請求する者	一件につき二万七千五百円
十五	特許異議の申立てをする者	一件につき一万六千五百円に一請求項につき二千四百円を加えた額
十六	特許異議の申立てについての審理への参加を申請する者	一件につき一万千円
十七	審判又は再審（次号に掲げるものを除く。）を請求する者	一件につき四万九千五百円に一請求項につき五千五百円を加えた額

十八	特許権の存続期間の延長登録の拒絶査定若しくは無効に係る審判又はこれらの審判の確定審決に対する再審を請求する者	一件につき五万五千円
十九	明細書、特許請求の範囲又は図面の訂正の請求をする者	一件につき四万九千五百円に一請求項につき五千五百円を加えた額
二十	審判又は再審への参加を申請する者	一件につき五万五千円

〔次頁を参照願います。〕

手数料について

特許法別表（195条関係）では、各手数料の上限を定めており、実際に納付すべき手数料は特許法等関係手数料令にて規定されています。特許法別表と特許法等関係手数料令の金額が異なる主な項目について、以下のとおり抜粋しましたのでご案内申し上げます。詳しくは特許法等関係手数料令をご覧下さい。

	特許法別表	特許法等関係手数料令
特許出願	16,000円	14,000円
外国語書面出願	26,000円	22,000円
38条の3第3項の規定による手続き	16,000円	14,000円
184条の5第1項による手続	16,000円	14,000円
184条の20第1項による申出	16,000円	14,000円
5条3項の規定による期間延長（50条の規定により指定したものに限る）	68,000円	51,000円
審査請求	1件につき168,600円に1請求項につき4,000円を加えた額	1件につき138,000円に1請求項につき4,000円を加えた額（特許庁が1970年6月19日にワシントンで作成された特許協力条約（以下「条約」という。）第18条(1)に規定する国際調査報告（以下「国際調査報告」という。）を作成した国際特許出願にあつては1件につき83,000円に1請求項につき2,400円を加えた額、工業所有権に関する手続等の特例に関する法律第39条の3に規定する特定登録調査機関が交付する同法第39条の2の調査報告（以下「調査報告」という。）を

		提示して出願審査の請求をした特許出願であつて特許庁が国際調査報告を作成しなかつたものにあつては１件につき110,000円に１請求項につき3,200円を加えた額、特許庁以外の条約に規定する国際調査機関が国際調査報告を作成した国際特許出願であつて調査報告を提示しないで出願審査の請求をしたものにあつては１件につき124,000円に１請求項につき3,600円を加えた額）
36条の２第６項、41条１項１号かっこ書き、43条の２第１項（43条の３第３項において準用する場合を含む。）、48条の３第５項（同条７項において準用する場合を含む。）、112条の２第１項、184条の４第４項又は184条の11第６項の規定により手続をする者（その責めに帰することができない理由によりこれらの規定による手続をすることとなった者を除く。）	297,000円	212,100円
特許異議の申立てについての審理への参加を申請する者	11,000円	3,300円

審判又は再審への参加を申請する者	55,000円	特許法第148条第１項（同法第174条第３項において準用する場合を含む。）の規定により参加を申請する者　55,000円 特許法第148条第３項（同法第174条第３項において準用する場合を含む。）又は同法第174条第１項において準用する同法第119条第１項の規定により参加を申請する者　16,500円

特許料について

特許法第107条第１項では、特許料の上限を定めており、実際は以下のとおりに規定されています。　（特許法施行令第８条の２）

各年の区分	金　　額
第１年から第３年まで	毎年　　4,300円＋請求項×300円
第４年から第６年まで	毎年　10,300円＋請求項×800円
第７年から第９年まで	毎年　24,800円＋請求項×1,900円
第10年から第25年まで	毎年　59,400円＋請求項×4,600円

（令和６年２月10日現在）

実用新案法（昭和三四年四月一三日法律第一二三号）

最終改正　令和五法五一

目次

第一章　総　則

（目的）

第一条　この法律は、物品の形状、構造又は組合せに係る考案の保護及び利用を図ることにより、その考案を奨励し、もつて産業の発達に寄与することを目的とする。

（定義）

第二条　この法律で「考案」とは、自然法則を利用した技術的思想の創作をいう。

2　この法律で「登録実用新案」とは、実用新案登録を受けている考案をいう。

3　この法律で考案について「実施」とは、考案に係る物品を製造し、使用し、譲渡し、貸し渡し、輸出し、若しくは輸入し、又はその譲渡若しくは貸渡しの申出（譲渡又は貸渡しのための展示を含む。以下同じ。）をする行為をいう。

（手続の補正）

第二条の二　実用新案登録出願、請求その他実用新案登録に関する手続（以下単に「手続」という。）をした者は、事件が特許庁に係属している場合に限り、その補正をすることができる。ただし、経済産業省令で定める期間を経過した後は、願書に添付した明細書、実用新案登録請求の範囲、図面若しくは要約書又は第八条第四項若しくは第十一条第一項において準用する特許法（昭和三十四年法律第百二十一号）第四十三条第一項（第十一条第一項において準用する同法第四十三条の二第二項（第十一条第一項において準用する同法第四十三条の三第三項において準用する場合を含む。）及び第四十三条の三第三項において準用する場合を含む。）に規定する書面について補正をすることができない。

2　前項本文の規定により明細書、実用新案登録請求の範囲又は図面について補正をするときは、願書に最初に添付した明細書、実用新案登録請求の範囲又は図面に記載した事項の範囲内においてしなければならない。

3　第一項の規定にかかわらず、第十四条の二第一項の訂正に係る訂正書に添付した訂正した明細書、実用新案登録請求の範囲又は図面については、その補正をすることができない。

4 特許庁長官は、次に掲げる場合は、相当の期間を指定して、手続の補正をすべきことを命ずることができる。

一 手続が第二条の五第二項において準用する特許法第七条第一項から第三項まで又は第九条の規定に違反しているとき。

二 手続がこの法律又はこの法律に基づく命令で定める方式に違反しているとき。

三 手続について第三十二条第一項の規定により納付すべき登録料を納付しないとき。

四 手続について第五十四条第一項又は第二項の規定により納付すべき手数料を納付しないとき。

5 手続の補正（登録料及び手数料の納付を除く。）をするには、手続補正書を提出しなければならない。

（手続の却下）

第二条の三 特許庁長官は、前条第四項、第六条の二又は第十四条の三の規定により手続の補正をすべきことを命じた者がこれらの規定により指定した期間内にその補正をしないときは、その手続を却下することができる。

（法人でない社団等の手続をする能力）

第二条の四 法人でない社団又は財団であつて、代表者又は管理人の定めがあるものは、その名において次に掲げる手続をすることができる。

一 第十二条第一項に規定する実用新案技術評価の請求をすること。

二 審判を請求すること。

三 審判の確定審決に対する再審を請求すること。

2 法人でない社団又は財団であつて、代表者又は管理人の定めがあるものは、その名において審判の確定審決に対する再審を請求されることができる。

（特許法の準用）

第二条の五 特許法第三条及び第五条の規定は、

この法律に規定する期間及び期日に準用する。

2　特許法第七条から第九条まで、第十一条から第十六条まで及び第十八条の二から第二十四条までの規定は、手続に準用する。

3　特許法第二十五条の規定は、実用新案権その他実用新案登録に関する権利に準用する。

4　特許法第二十六条の規定は、実用新案登録に準用する。

第二章　実用新案登録及び実用新案登録出願

（実用新案登録の要件）

第三条　産業上利用することができる考案であつて物品の形状、構造又は組合せに係るものをした者は、次に掲げる考案を除き、その考案について実用新案登録を受けることができる。

一　実用新案登録出願前に日本国内又は外国において公然知られた考案

二　実用新案登録出願前に日本国内又は外国において公然実施をされた考案

三　実用新案登録出願前に日本国内又は外国において、頒布された刊行物に記載された考案又は電気通信回線を通じて公衆に利用可能となつた考案

2　実用新案登録出願前にその考案の属する技術の分野における通常の知識を有する者が前項各号に掲げる考案に基いてきわめて容易に考案を

することができたときは、その考案については、同項の規定にかかわらず、実用新案登録を受けることができない。

（同前）

第三条の二　実用新案登録出願に係る考案が当該実用新案登録出願の日前の他の実用新案登録出願又は特許出願であつて当該実用新案登録出願後に第十四条第三項の規定により同項各号に掲げる事項を掲載した実用新案公報（以下「実用新案掲載公報」という。）の発行又は特許法第六十六条第三項の規定により同項各号に掲げる事項を掲載した特許公報の発行若しくは出願公開がされたものの願書に最初に添付した明細書、実用新案登録請求の範囲若しくは特許請求の範囲又は図面（同法第三十六条の二第二項の外国語書面出願にあつては、同条第一項の外国語書面）に記載された考案又は発明（その考案又は発明をした者が当該実用新案登録出願に係る考案の考案者と同一の者である場合におけるその考案又は発明を除く。）と同一であるときは、その考案については、前条第一項の規定にかかわらず、実用新案登録を受けることができない。ただし、当該実用新案登録出願の時にその出願人と当該他の実用新案登録出願又は特許出願の出願人とが同一の者であるときは、この限りでない。

（実用新案登録を受けることができない考案）

第四条　公の秩序、善良の風俗又は公衆の衛生を害するおそれがある考案については、第三条第一項の規定にかかわらず、実用新案登録を受けることができない。

（仮通常実施権）

第四条の二　実用新案登録を受ける権利を有する者は、その実用新案登録を受ける権利に基づいて取得すべき実用新案権について、その実用新案登録出願の願書に最初に添付した明細書、実用新案登録請求の範囲又は図面に記載した事項の範囲内において、他人に仮通常実施権を許諾することができる。

2　前項の規定による仮通常実施権に係る実用新

案登録出願について実用新案権の設定の登録があつたときは、当該仮通常実施権を有する者に対し、その実用新案権について、当該仮通常実施権の設定行為で定めた範囲内において、通常実施権が許諾されたものとみなす。

3　特許法第三十三条第二項及び第三項、第三十四条の三第四項から第六項まで及び第八項から第十項まで並びに第三十四条の五の規定は、仮通常実施権に準用する。この場合において、同法第三十四条の三第八項中「実用新案法第四条の二第一項の規定による仮通常実施権に係る実用新案登録出願について、第四十六条第一項」とあるのは「第一項又は前条第四項の規定による仮通常実施権に係る特許出願について、実用新案法第十条第一項」と、同条第九項中「第四十六条第二項」とあるのは「実用新案法第十条第二項」と読み替えるものとする。

（実用新案登録出願）

第五条　実用新案登録を受けようとする者は、次に掲げる事項を記載した願書を特許庁長官に提出しなければならない。

一　実用新案登録出願人の氏名又は名称及び住所又は居所

二　考案者の氏名及び住所又は居所

2　願書には、明細書、実用新案登録請求の範囲、図面及び要約書を添付しなければならない。

3　前項の明細書には、次に掲げる事項を記載しなければならない。

一　考案の名称

二　図面の簡単な説明

三　考案の詳細な説明

4　前項第三号の考案の詳細な説明は、経済産業省令で定めるところにより、その考案の属する技術の分野における通常の知識を有する者がその実施をすることができる程度に明確かつ十分に、記載しなければならない。

5　第二項の実用新案登録請求の範囲には、請求項に区分して、各請求項ごとに実用新案登録出願人が実用新案登録を受けようとする考案を特定するために必要と認める事項のすべてを記載しなければならない。この場合において、一の請求項に係る考案と他の請求項に係る考案とが同一である記載となることを妨げない。

6 第二項の実用新案登録請求の範囲の記載は、次の各号に適合するものでなければならない。

一 実用新案登録を受けようとする考案が考案の詳細な説明に記載したものであること。

二 実用新案登録を受けようとする考案が明確であること。

三 請求項ごとの記載が簡潔であること。

四 その他経済産業省令で定めるところにより記載されていること。

7 第二項の要約書には、明細書、実用新案登録請求の範囲又は図面に記載した考案の概要その他経済産業省令で定める事項を記載しなければならない。

（同前）

第六条 二以上の考案については、経済産業省令で定める技術的関係を有することにより考案の単一性の要件を満たす一群の考案に該当するときは、一の願書で実用新案登録出願をすることができる。

（補正命令）

第六条の二 特許庁長官は、実用新案登録出願が次の各号の一に該当するときは、相当の期間を指定して、願書に添付した明細書、実用新案登録請求の範囲又は図面について補正をすべきことを命ずることができる。

一 その実用新案登録出願に係る考案が物品の形状、構造又は組合せに係るものでないとき。

二 その実用新案登録出願に係る考案が第四条の規定により実用新案登録をすることができないものであるとき。

三 その実用新案登録出願が第五条第六項第四号又は前条に規定する要件を満たしていないとき。

四 その実用新案登録出願の願書に添付した明細書、実用新案登録請求の範囲若しくは図面に必要な事項が記載されておらず、又はその記載が著しく不明確であるとき。

（先願）

第七条　同一の考案について異なつた日に二以上の実用新案登録出願があつたときは、最先の実用新案登録出願人のみがその考案について実用新案登録を受けることができる。

2　同一の考案について同日に二以上の実用新案登録出願があつたときは、いずれも、その考案について実用新案登録を受けることができない。

3　実用新案登録出願に係る考案と特許出願に係る発明とが同一である場合において、その実用新案登録出願及び特許出願が異なつた日にされたものであるときは、実用新案登録出願人は、特許出願人より先に出願をした場合にのみその考案について実用新案登録を受けることができる。

4　実用新案登録出願又は特許出願が放棄され、取り下げられ、又は却下されたときは、その実用新案登録出願又は特許出願は、前三項の規定の適用については、初めからなかつたものとみなす。

5　特許出願について拒絶をすべき旨の査定又は審決が確定したときは、その特許出願は、第三項の規定の適用については、初めからなかつたものとみなす。ただし、その特許出願について特許法第三十九条第二項後段の規定に該当することにより拒絶をすべき旨の査定又は審決が確定したときは、この限りでない。

6　特許法第三十九条第四項の協議が成立せず、又は協議をすることができないときは、実用新案登録出願人は、その考案について実用新案登録を受けることができない。

（実用新案登録出願等に基づく優先権主張）

第八条　実用新案登録を受けようとする者は、次に掲げる場合を除き、その者が実用新案登録又は特許を受ける権利を有する実用新案登録出願又は特許出願であつて先にされたもの（以下「先の出願」という。）の願書に最初に添付した明細書、実用新案登録請求の範囲若しくは特許請求の範囲又は図面（先の出願が特許法第三十六条の二第二項の外国語書面出願である場合にあつては、同条第一項の外国語書面）に記載された考案に基づいて優先権を主張することができる。ただし、先の出願について仮専用実施権を有する者があるときは、その実用新案登録出願の際に、その承諾を得ている場合に限る。

一　その実用新案登録出願が先の出願の日から一年以内にされたものでない場合（その実用新案登録出願が故意に先の出願の日から一年以内にされなかつたものでないと認められる場合であつて、かつ、その実用新案登録出願が経済産業省令で定める期間内に経済産業省令で定めるところによりされたものである場合を除く。）

二　先の出願が第十一条第一項において準用する特許法第四十四条第一項の規定による実用新案登録出願の分割に係る新たな実用新案登録出願若しくは第十条第一項若しくは第二項の規定による出願の変更に係る実用新案登録出願又は同法第四十四条第一項の規定による特許出願の分割に係る新たな特許出願、同法第四十六条第一項若しくは第二項の規定による出願の変更に係る特許出願若しくは同法第四十六条の二第一項の規定による実用新案登録に基づく特許出願である場合

三　先の出願が、その実用新案登録出願の際に、放棄され、取り下げられ、又は却下されている場合

四　先の出願について、その実用新案登録出願の際に、査定又は審決が確定している場合

五　先の出願について、その実用新案登録出願の際に、第十四条第二項に規定する設定の登録がされている場合

2　前項の規定による優先権の主張を伴う実用新案登録出願に係る考案のうち、当該優先権の主張の基礎とされた先の出願の願書に最初に添付した明細書、実用新案登録請求の範囲若しくは特許請求の範囲又は図面（当該先の出願が特許法第三十六条の二第二項の外国語書面出願である場合にあつては、同条第一項の外国語書面）に記載された考案（当該先の出願が前項若しくは同法第四十一条第一項の規定による優先権の

主張又は同法第四十三条第一項、第四十三条の二第一項（同法第四十三条の三第三項において準用する場合を含む。）若しくは第四十三条の三第一項若しくは第二項（これらの規定を第十一条第一項において準用する場合を含む。）の規定による優先権の主張を伴う出願である場合には、当該先の出願についての優先権の主張の基礎とされた出願に係る出願の際の書類（明細書、実用新案登録請求の範囲若しくは特許請求の範囲又は図面に相当するものに限る。）に記載された考案を除く。）についての第三条、第三条の二本文、前条第一項から第三項まで、第十一条第一項において準用する同法第三十条第一項及び第二項、第十七条、第二十六条において準用する同法第六十九条第二項第二号、同法第七十九条、同法第八十一条及び同法第八十二条第一項並びに同法第三十九条第三項及び第四項並びに第七十二条、意匠法（昭和三十四年法律第百二十五号）第二十六条、第三十一条第二項及び第三十二条第二項並びに商標法（昭和三十四年法律第百二十七号）第二十九条並びに第三十三条の二第三項及び第三十三条の三第三項（これらの規定を同法第六十八条第三項において準用する場合を含む。）の規定の適用については、当該実用新案登録出願は、当該先の出願の時にされたものとみなす。

3　第一項の規定による優先権の主張を伴う実用新案登録出願の願書に最初に添付した明細書、実用新案登録請求の範囲又は図面に記載された考案のうち、当該優先権の主張の基礎とされた先の出願の願書に最初に添付した明細書、実用新案登録請求の範囲若しくは特許請求の範囲又は図面（当該先の出願が特許法第三十六条の二第二項の外国語書面出願である場合にあつては、同条第一項の外国語書面）に記載された考案（当該先の出願が第一項若しくは同法第四十一条第一項の規定による優先権の主張又は同法第四十三条第一項、第四十三条の二第一項（同法第四十三条の三第三項において準用する場合を含む。）若しくは第四十三条の三第一項若しくは第二項（これらの規定を第十一条第一項において準用する場合を含む。）の規定による優先権の主張を伴う出願である場合には、当該先の出願についての優先権の主張の基礎とされた出願に係る出願の際の書類（明細書、実用新案登録請求の範囲若しくは特許請求の範囲又は図面に相当するものに限る。）に記載された考案を除く。）については、当該実用新案登録出願について実用新案掲載公報の発行がされた時に当該先の出願について実用新案掲載公報の発行又は出願公開がされたものとみなして、第三条の二本文又は同法第二十九条の二本文の規定を適用する。

4　第一項の規定による優先権を主張しようとする者は、その旨及び先の出願の表示を記載した書面を経済産業省令で定める期間内に特許庁長官に提出しなければならない。

（先の出願の取下げ等）

第九条　前条第一項の規定による優先権の主張の基礎とされた先の出願は、その出願の日から経済産業省令で定める期間を経過した時に取り下げたものとみなす。ただし、当該先の出願が放棄され、取り下げられ、若しくは却下されている場合、当該先の出願について査定若しくは審決が確定している場合、当該先の出願について第十四条第二項に規定する設定の登録がされている場合又は当該先の出願に基づく全ての優先権の主張が取り下げられている場合には、この限りでない。

2　前条第一項の規定による優先権の主張を伴う実用新案登録出願の出願人は、先の出願の日から経済産業省令で定める期間を経過した後は、その主張を取り下げることができない。

3　前条第一項の規定による優先権の主張を伴う実用新案登録出願が先の出願の日から経済産業省令で定める期間内に取り下げられたときは、同時に当該優先権の主張が取り下げられたものとみなす。

（出願の変更）

第一〇条　特許出願人は、その特許出願（特許法

第四十六条の二第一項の規定による実用新案登録に基づく特許出願（同法第四十四条第二項（同法第四十六条第六項において準用する場合を含む。）の規定により当該特許出願の時にしたものとみなされるものを含む。）を除く。）を実用新案登録出願に変更することができる。ただし、その特許出願について拒絶をすべき旨の最初の査定の謄本の送達があつた日から三月を経過した後又はその特許出願の日から九年六月を経過した後は、この限りでない。

2　意匠登録出願人は、その意匠登録出願（意匠法第十三条第六項において準用する同法第十条の二第二項の規定により特許法第四十六条の二第一項の規定による実用新案登録に基づく特許出願の時にしたものとみなされる意匠登録出願（意匠法第十条の二第二項の規定により当該意匠登録出願の時にしたものとみなされるものを含む。）を除く。）を実用新案登録出願に変更することができる。ただし、その意匠登録出願について拒絶をすべき旨の最初の査定の謄本の送達があつた日から三月を経過した後又はその意匠登録出願の日から九年六月を経過した後は、この限りでない。

3　前二項の規定による出願の変更があつたときは、その実用新案登録出願は、その特許出願又は意匠登録出願の時にしたものとみなす。ただし、その実用新案登録出願が第三条の二に規定する他の実用新案登録出願又は特許法第二十九条の二に規定する実用新案登録出願に該当する場合におけるこれらの規定の適用及び次条第一項において準用する同法第三十条第三項の規定の適用については、この限りでない。

4　第一項又は第二項の規定による出願の変更をする場合における次条第一項において準用する特許法第四十三条第二項（次条第一項において準用する同法第四十三条の二第二項（次条第一項において準用する同法第四十三条の三第三項において準用する場合を含む。）及び第四十三条の三第三項において準用する場合を含む。）の規定の適用については、同法第四十三条第二項中「最先の日から一年四月以内」とあるのは、「最先の日から一年四月又は実用新案法第十条第一項若しくは第二項の規定による出願の変更に係る実用新案登録出願の日から三月のいずれか遅い日まで」とする。

5　第一項又は第二項の規定による出願の変更があつたときは、その特許出願又は意匠登録出願は、取り下げたものとみなす。

6　第一項ただし書に規定する三月の期間は、特許法第四条の規定により同法第百二十一条第一項に規定する期間が延長されたときは、その延長された期間を限り、延長されたものとみなす。

7　第二項ただし書に規定する三月の期間は、意匠法第六十八条第一項において準用する特許法第四条の規定により意匠法第四十六条第一項に規定する期間が延長されたときは、その延長された期間を限り、延長されたものとみなす。

8　第一項に規定する出願の変更をする場合には、もとの特許出願について提出された書面又は書類（次条第一項において準用する特許法第四十三条第二項（次条第一項において準用する同法第四十三条の二第二項（次条第一項において準用する同法第四十三条の三第三項において準用する場合を含む。以下この項において同じ。）及び第四十三条の三第三項において準用する場合を含む。）の規定により提出された場合には、電磁的方法（電子的方法、磁気的方法その他人の知覚によつては認識することができない方法をいう。）により提供されたものを含む。）であつて、新たな実用新案登録出願について第八条第四項又は次条第一項において準用する同法第三十条第三項若しくは第四十三条第一項及び第二項（これらの規定を次条第一項において準用する同法第四十三条の二第二項及び第四十三条の三第三項において準用する場合を含む。）の規定により提出しなければならないものは、当該新たな実用新案登録出願と同時に特許庁長官に提出されたものとみなす。

9　特許出願人は、その特許出願について仮専用実施権を有する者があるときは、その承諾を得た場合に限り、第一項の規定による出願の変更をすることができる。
10　第八項の規定は、第二項の規定による出願の変更の場合に準用する。

（特許法の準用）
第一一条　特許法第三十条（発明の新規性の喪失の例外）、第三十八条（共同出願）、第四十三条から第四十四条まで（パリ条約による優先権主張の手続等及び特許出願の分割）の規定は、実用新案登録出願に準用する。
2　特許法第三十三条並びに第三十四条第一項、第二項及び第四項から第七項まで（特許を受ける権利）の規定は、実用新案登録を受ける権利に準用する。
3　特許法第三十五条（仮専用実施権に係る部分を除く。）（職務発明）の規定は、従業者、法人の役員又は国家公務員若しくは地方公務員がした考案に準用する。

第三章　実用新案技術評価

（実用新案技術評価の請求）
第一二条　実用新案登録出願又は実用新案登録については、何人も、特許庁長官に、その実用新案登録出願に係る考案又は登録実用新案に関する技術的な評価であつて、第三条第一項第三号及び第二項（同号に掲げる考案に係るものに限る。）、第三条の二並びに第七条第一項から第三項まで及び第六項の規定に係るもの（以下「実用新案技術評価」という。）を請求することができる。この場合において、二以上の請求項に係る実用新案登録出願又は実用新案登録については、請求項ごとに請求することができる。
2　前項の規定による請求は、実用新案権の消滅後においても、することができる。ただし、実用新案登録無効審判により無効にされた後は、この限りでない。
3　前二項の規定にかかわらず、第一項の規定による請求は、その実用新案登録に基づいて特許法第四十六条の二第一項の規定による特許出願がされた後は、することができない。

4　特許庁長官は、第一項の規定による請求があつたときは、審査官にその請求に係る実用新案技術評価の報告書（以下「実用新案技術評価書」という。）を作成させなければならない。

5　特許法第四十七条第二項の規定は、実用新案技術評価書の作成に準用する。

6　第一項の規定による請求は、取り下げることができない。

7　実用新案登録出願人又は実用新案権者でない者から第一項の規定による請求があつた後に、その請求に係る実用新案登録（実用新案登録出願について同項の規定による請求があつた場合におけるその実用新案登録出願に係る実用新案登録を含む。）に基づいて特許法第四十六条の二第一項の規定による特許出願がされたときは、その請求は、されなかつたものとみなす。この場合において、特許庁長官は、その旨を請求人に通知しなければならない。

（同前）

第一三条　特許庁長官は、実用新案掲載公報の発行前に実用新案技術評価の請求があつたときは当該実用新案掲載公報の発行の際又はその後遅滞なく、実用新案掲載公報の発行後に実用新案技術評価の請求があつたときはその後遅滞なく、その旨を実用新案公報に掲載しなければならない。

2　特許庁長官は、実用新案登録出願人又は実用新案権者でない者から実用新案技術評価の請求があつたときは、その旨を実用新案登録出願人又は実用新案権者に通知しなければならない。

3　特許庁長官は、実用新案技術評価書の作成がされたときは、その謄本を、請求人が実用新案登録出願人又は実用新案権者であるときは請求人に、請求人が実用新案登録出願人又は実用新案権者でないときは請求人及び実用新案登録出願人又は実用新案権者に送達しなければならない。

第四章　実用新案権

第一節　実用新案権

（実用新案権の設定の登録）

第一四条　実用新案権は、設定の登録により発生する。

2　実用新案登録出願があつたときは、その実用新案登録出願が放棄され、取り下げられ、又は却下された場合を除き、実用新案権の設定の登録をする。

3　前項の登録があつたときは、次に掲げる事項を実用新案公報に掲載しなければならない。

一　実用新案権者の氏名又は名称及び住所又は居所

二　実用新案登録出願の番号及び年月日

三　考案者の氏名及び住所又は居所

四　願書に添付した明細書及び実用新案登録請求の範囲に記載した事項並びに図面の内容

五　願書に添付した要約書に記載した事項

六　登録番号及び設定の登録の年月日

七　前各号に掲げるもののほか、必要な事項

4　特許法第六十四条第三項の規定は、前項の規定により同項第五号の要約書に記載した事項を実用新案公報に掲載する場合に準用する。

（明細書、実用新案登録請求の範囲又は図面の訂正）

第一四条の二　実用新案権者は、次に掲げる場合を除き、願書に添付した明細書、実用新案登録請求の範囲又は図面の訂正を一回に限りすることができる。

一　第十三条第三項の規定による最初の実用新案技術評価書の謄本の送達があつた日から二月を経過したとき。

二　実用新案登録無効審判について、第三十九条第一項の規定により最初に指定された期間を経過したとき。

2　前項の訂正は、次に掲げる事項を目的とするものに限る。

一　実用新案登録請求の範囲の減縮
二　誤記の訂正
三　明瞭でない記載の釈明
四　他の請求項の記載を引用する請求項の記載を当該他の請求項の記載を引用しないものとすること。

3　第一項の訂正は、願書に添付した明細書、実用新案登録請求の範囲又は図面（前項第二号に掲げる事項を目的とする訂正の場合にあつては、願書に最初に添付した明細書、実用新案登録請求の範囲又は図面）に記載した事項の範囲内においてしなければならない。

4　第一項の訂正は、実質上実用新案登録請求の範囲を拡張し、又は変更するものであつてはならない。

5　特許法第四条の規定は、第一項第一号に規定する期間に準用する。

6　第一項の訂正をする者がその責めに帰することができない理由により同項第一号に規定する期間を経過するまでにその訂正をすることができないときは、同号の規定にかかわらず、その理由がなくなつた日から十四日（在外者にあつては、二月）以内でその期間の経過後六月以内にその訂正をすることができる。

7　実用新案権者は、第一項の訂正をする場合のほか、請求項の削除を目的とするものに限り、願書に添付した明細書、実用新案登録請求の範囲又は図面の訂正をすることができる。ただし、実用新案登録無効審判が特許庁に係属している場合において第四十一条において準用する特許法第百五十六条第一項の規定による通知があつた後（同条第三項の規定による審理の再開がされた場合にあつては、その後更に同条第一項の規定による通知があつた後）は、願書に添付した明細書、実用新案登録請求の範囲又は図面の訂正をすることができない。

8　第一項及び前項の訂正は、実用新案権の消滅後においても、することができる。ただし、実用新案登録無効審判により無効にされた後は、この限りでない。

9　第一項又は第七項の訂正をするには、訂正書を提出しなければならない。

10　第一項の訂正をするときは、訂正書に訂正した明細書、実用新案登録請求の範囲又は図面を添付しなければならない。

11　第一項又は第七項の訂正があつたときは、その訂正後における明細書、実用新案登録請求の範囲又は図面により実用新案登録出願及び実用新案権の設定の登録がされたものとみなす。

12　第一項又は第七項の訂正があつたときは、第一項の訂正にあつては訂正した明細書及び実用新案登録請求の範囲に記載した事項並びに図面の内容を、第七項の訂正にあつてはその旨を、実用新案公報に掲載しなければならない。

13　特許法第百二十七条及び第百三十二条第三項の規定は、第一項及び第七項の場合に準用する。

（訂正に係る補正命令）

第一四条の三　特許庁長官は、訂正書（前条第一項の訂正に係るものに限る。）の提出があつた場合において、その訂正書に添付した訂正した明細書、実用新案登録請求の範囲又は図面の記載が次の各号のいずれかに該当するときは、相当の期間を指定して、その訂正書に添付した訂正した明細書、実用新案登録請求の範囲又は図面について補正をすべきことを命ずることができる。

一　その訂正書に添付した訂正した実用新案登録請求の範囲に記載されている事項により特定される考案が物品の形状、構造又は組合せに係るものでないとき。

二　その訂正書に添付した訂正した実用新案登録請求の範囲に記載されている事項により特定される考案が第四条の規定により実用新案登録をすることができないものであるとき。

三　その訂正書に添付した訂正した明細書、実用新案登録請求の範囲又は図面の記載が第五条第六項第四号又は第六条に規定する要件を満たしていないとき。

四　その訂正書に添付した訂正した明細書、実用新案登録請求の範囲若しくは図面に必要な事項が記載されておらず、又はその記載が著しく不明確であるとき。

（存続期間）

第一五条　実用新案権の存続期間は、実用新案登録出願の日から十年をもつて終了する。

（実用新案権の効力）

第一六条　実用新案権者は、業として登録実用新案の実施をする権利を専有する。ただし、その実用新案権について専用実施権を設定したときは、専用実施権者がその登録実用新案の実施をする権利を専有する範囲については、この限りでない。

（他人の登録実用新案等との関係）

第一七条　実用新案権者、専用実施権者又は通常実施権者は、その登録実用新案がその実用新案登録出願の日前の出願に係る他人の登録実用新案、特許発明若しくは登録意匠若しくはこれに類似する意匠を利用するものであるとき、又はその実用新案権がその実用新案登録出願の日前の出願に係る他人の意匠権若しくは商標権と抵触するときは、業としてその登録実用新案の実施をすることができない。

（実用新案権の移転の特例）

第一七条の二　実用新案登録が第三十七条第一項第二号に規定する要件に該当するとき（その実用新案登録が第十一条第一項において準用する特許法第三十八条の規定に違反してされたときに限る。）又は第三十七条第一項第五号に規定する要件に該当するときは、当該実用新案登録に係る考案について実用新案登録を受ける権利を有する者は、経済産業省令で定めるところにより、その実用新案権者に対し、当該実用新案権の移転を請求することができる。

2　前項の規定による請求に基づく実用新案権の移転の登録があつたときは、その実用新案権は、初めから当該登録を受けた者に帰属していたものとみなす。

3　共有に係る実用新案権について第一項の規定による請求に基づきその持分を移転する場合においては、第二十六条において準用する特許法

第七十三条第一項の規定は、適用しない。

（専用実施権）

第一八条 実用新案権者は、その実用新案権について専用実施権を設定することができる。

2 専用実施権者は、設定行為で定めた範囲内において、業としてその登録実用新案の実施をする権利を専有する。

3 特許法第七十七条第三項から第五項まで（移転等）、第九十七条第二項（放棄）並びに第九十八条第一項第二号及び第二項（登録の効果）の規定は、専用実施権に準用する。

（通常実施権）

第一九条 実用新案権者は、その実用新案権について他人に通常実施権を許諾することができる。

2 通常実施権者は、この法律の規定により又は設定行為で定めた範囲内において、業としてその登録実用新案の実施をする権利を有する。

3 特許法第七十三条第一項（共有）、第九十七条第三項（放棄）及び第九十九条（通常実施権の対抗力）の規定は、通常実施権に準用する。

（無効審判の請求登録前の実施による通常実施権）

第二〇条 次の各号のいずれかに該当する者であつて、特許法第百二十三条第一項の特許無効審判（以下この項において単に「特許無効審判」という。）の請求の登録前に、特許が同条第一項各号のいずれかに規定する要件に該当することを知らないで、日本国内において当該発明の実施である事業をしているもの又はその事業の準備をしているものは、その実施又は準備をしている発明及び事業の目的の範囲内において、その特許を無効にした場合における実用新案権又はその際現に存する専用実施権について通常実施権を有する。

一 実用新案登録に係る考案と特許に係る発明とが同一である場合において、特許を無効にした場合における原特許権者

二 特許を無効にしてその発明と同一の考案について正当権利者に実用新案登録をした場合における原特許権者

三　前二号に掲げる場合において、特許無効審判の請求の登録の際現にその無効にした特許に係る特許権についての専用実施権又はその特許権若しくは専用実施権についての通常実施権を有する者

2　当該実用新案権者又は専用実施権者は、前項の規定により通常実施権を有する者から相当の対価を受ける権利を有する。

（不実施の場合の通常実施権の設定の裁定）

第二一条　登録実用新案の実施が継続して三年以上日本国内において適当にされていないときは、その登録実用新案の実施をしようとする者は、実用新案権者又は専用実施権者に対し通常実施権の許諾について協議を求めることができる。ただし、その登録実用新案に係る実用新案登録出願の日から四年を経過していないときは、この限りでない。

2　前項の協議が成立せず、又は協議をすることができないときは、その登録実用新案の実施をしようとする者は、特許庁長官の裁定を請求することができる。

3　特許法第八十四条から第九十一条の二まで（裁定の手続等）の規定は、前項の裁定に準用する。

（自己の登録実用新案の実施をするための通常実施権の設定の裁定）

第二二条　実用新案権者又は専用実施権者は、その登録実用新案が第十七条に規定する場合に該当するときは、同条の他人に対しその登録実用新案の実施をするための通常実施権又は特許権若しくは意匠権についての通常実施権の許諾について協議を求めることができる。

2　前項の協議を求められた第十七条の他人は、その協議を求めた実用新案権者又は専用実施権者に対し、これらの者がその協議により通常実施権又は特許権若しくは意匠権についての通常実施権の許諾を受けて実施をしようとする登録実用新案の範囲内において、通常実施権の許諾について協議を求めることができる。

3　第一項の協議が成立せず、又は協議をするこ

とができないときは、実用新案権者又は専用実施権者は、特許庁長官の裁定を請求することができる。
4　第二項の協議が成立せず、又は協議をすることができない場合において、前項の裁定の請求があつたときは、第十七条の他人は、第七項において準用する特許法第八十四条の規定によりその者が答弁書を提出すべき期間として特許庁長官が指定した期間内に限り、特許庁長官の裁定を請求することができる。
5　特許庁長官は、第三項又は前項の場合において、当該通常実施権を設定することが第十七条の他人又は実用新案権者若しくは専用実施権者の利益を不当に害することとなるときは、当該通常実施権を設定すべき旨の裁定をすることができない。
6　特許庁長官は、前項に規定する場合のほか、第四項の場合において、第三項の裁定の請求について通常実施権を設定すべき旨の裁定をしないときは、当該通常実施権を設定すべき旨の裁定をすることができない。
7　特許法第八十四条、第八十四条の二、第八十五条第一項及び第八十六条から第九十一条の二まで（裁定の手続等）の規定は、第三項又は第四項の裁定に準用する。

（公共の利益のための通常実施権の設定の裁定）

第二三条　登録実用新案の実施が公共の利益のため特に必要であるときは、その登録実用新案の実施をしようとする者は、実用新案権者又は専用実施権者に対し通常実施権の許諾について協議を求めることができる。
2　前項の協議が成立せず、又は協議をすることができないときは、その登録実用新案の実施をしようとする者は、経済産業大臣の裁定を請求することができる。
3　特許法第八十四条、第八十四条の二、第八十五条第一項及び第八十六条から第九十一条の二まで（裁定の手続等）の規定は、前項の裁定に準用する。

（通常実施権の移転等）

第二四条　通常実施権は、第二十一条第二項、第二十二条第三項若しくは第四項若しくは前条第二項、特許法第九十二条第三項又は意匠法第三十三条第三項の裁定による通常実施権を除き、実施の事業とともにする場合、実用新案権者（専用実施権についての通常実施権にあつては、実用新案権者及び専用実施権者）の承諾を得た場合及び相続その他の一般承継の場合に限り、移転することができる。

2　通常実施権者は、第二十一条第二項、第二十二条第三項若しくは第四項若しくは前条第二項、特許法第九十二条第三項又は意匠法第三十三条第三項の裁定による通常実施権を除き、実用新案権者（専用実施権についての通常実施権にあつては、実用新案権者及び専用実施権者）の承諾を得た場合に限り、その通常実施権について質権を設定することができる。

3　第二十一条第二項又は前条第二項の裁定による通常実施権は、実施の事業とともにする場合に限り、移転することができる。

4　第二十二条第三項、特許法第九十二条第三項又は意匠法第三十三条第三項の裁定による通常実施権は、その通常実施権者の当該実用新案権、特許権又は意匠権が実施の事業とともに移転したときはこれらに従つて移転し、その実用新案権、特許権又は意匠権が実施の事業と分離して移転したとき、又は消滅したときは消滅する。

5　第二十二条第四項の裁定による通常実施権は、その通常実施権者の当該実用新案権、特許権又は意匠権に従つて移転し、その実用新案権、特許権又は意匠権が消滅したときは消滅する。

（質権）

第二五条　実用新案権、専用実施権又は通常実施権を目的として質権を設定したときは、質権者は、契約で別段の定をした場合を除き、当該登録実用新案の実施をすることができない。

2　特許法第九十六条（物上代位）の規定は、実用新案権、専用実施権又は通常実施権を目的とする質権に準用する。

3　特許法第九十八条第一項第三号及び第二項

（登録の効果）の規定は、実用新案権又は専用実施権を目的とする質権に準用する。

（特許法の準用）

第二六条　特許法第六十九条第一項及び第二項、第七十条から第七十一条の二まで（特許権の効力が及ばない範囲及び特許発明の技術的範囲）、第七十三条（共有）、第七十六条（相続人がない場合の特許権の消滅）、第七十九条（先使用による通常実施権）、第七十九条の二（特許権の移転の登録前の実施による通常実施権）、第八十一条、第八十二条（意匠権の存続期間満了後の通常実施権）、第九十七条第一項（放棄）並びに第九十八条第一項第一号及び第二項（登録の効果）の規定は、実用新案権に準用する。

第二節　権利侵害

（差止請求権）

第二七条　実用新案権者又は専用実施権者は、自己の実用新案権又は専用実施権を侵害する者又は侵害するおそれがある者（以下「侵害者等」という。）に対し、その侵害の停止又は予防を請求することができる。

2　実用新案権者又は専用実施権者は、前項の規定による請求をするに際し、侵害の行為を組成した物（プログラム等（特許法第二条第四項に規定するプログラム等をいう。次条において同じ。）を含む。以下同じ。）の廃棄、侵害の行為に供した設備の除却その他の侵害の予防に必要な行為を請求することができる。

（侵害とみなす行為）

第二八条　次に掲げる行為は、当該実用新案権又は専用実施権を侵害するものとみなす。

一　業として、登録実用新案に係る物品の製造にのみ用いる物の生産、譲渡等（譲渡及び貸渡しをいい、その物がプログラム等である場合には、電気通信回線を通じた提供を含む。以下同じ。）若しくは輸入又は譲渡等の申出（譲渡等のための展示を含む。以下同じ。）をする行為

二　登録実用新案に係る物品の製造に用いる物

（日本国内において広く一般に流通しているものを除く。）であつてその考案による課題の解決に不可欠なものにつき、その考案が登録実用新案であること及びその物がその考案の実施に用いられることを知りながら、業として、その生産、譲渡等若しくは輸入又は譲渡等の申出をする行為

三　登録実用新案に係る物品を業としての譲渡、貸渡し又は輸出のために所持する行為

（損害の額の推定等）

第二九条　実用新案権者又は専用実施権者が故意又は過失により自己の実用新案権又は専用実施権を侵害した者に対しその侵害により自己が受けた損害の賠償を請求する場合において、その者がその侵害の行為を組成した物品を譲渡したときは次の各号に掲げる額の合計額を、実用新案権者又は専用実施権者が受けた損害の額とすることができる。

一　実用新案権者又は専用実施権者がその侵害の行為がなければ販売することができた物品の単位数量当たりの利益の額に、自己の実用新案権又は専用実施権を侵害した者が譲渡した物品の数量（次号において「譲渡数量」という。）のうち当該実用新案権者又は専用実施権者の実施の能力に応じた数量（同号において「実施相応数量」という。）を超えない部分（その全部又は一部に相当する数量を当該実用新案権者又は専用実施権者が販売することができないとする事情があるときは、当該事情に相当する数量（同号において「特定数量」という。）を控除した数量）を乗じて得た額

二　譲渡数量のうち実施相応数量を超える数量又は特定数量がある場合（実用新案権者又は専用実施権者が、当該実用新案権者の実用新案権についての専用実施権の設定若しくは通常実施権の許諾又は当該専用実施権者の専用実施権についての通常実施権の許諾をし得たと認められない場合を除く。）におけるこれらの数量に応じた当該実用新案権又は専用実

施権に係る登録実用新案の実施に対し受けるべき金銭の額に相当する額

2　実用新案権者又は専用実施権者が故意又は過失により自己の実用新案権又は専用実施権を侵害した者に対しその侵害により自己が受けた損害の賠償を請求する場合において、その者がその侵害の行為により利益を受けているときは、その利益の額は、実用新案権者又は専用実施権者が受けた損害の額と推定する。

3　実用新案権者又は専用実施権者は、故意又は過失により自己の実用新案権又は専用実施権を侵害した者に対し、その登録実用新案の実施に対し受けるべき金銭の額に相当する額の金銭を、自己が受けた損害の額としてその賠償を請求することができる。

4　裁判所は、第一項第二号及び前項に規定する登録実用新案の実施に対し受けるべき金銭の額に相当する額を認定するに当たつては、実用新案権者又は専用実施権者が、自己の実用新案権又は専用実施権に係る登録実用新案の実施の対価について、当該実用新案権又は専用実施権の侵害があつたことを前提として当該実用新案権又は専用実施権を侵害した者との間で合意をするとしたならば、当該実用新案権者又は専用実施権者が得ることとなるその対価を考慮することができる。

5　第三項の規定は、同項に規定する金額を超える損害の賠償の請求を妨げない。この場合において、実用新案権又は専用実施権を侵害した者に故意又は重大な過失がなかつたときは、裁判所は、損害の賠償の額を定めるについて、これを参酌することができる。

（実用新案技術評価書の提示）

第二九条の二　実用新案権者又は専用実施権者は、その登録実用新案に係る実用新案技術評価書を提示して警告をした後でなければ、自己の実用新案権又は専用実施権の侵害者等に対し、その権利を行使することができない。

（実用新案権者等の責任）

第二九条の三　実用新案権者又は専用実施権者が

侵害者等に対しその権利を行使し、又はその警告をした場合において、実用新案登録を無効にすべき旨の審決（第三十七条第一項第六号に掲げる理由によるものを除く。）が確定したときは、その者は、その権利の行使又はその警告により相手方に与えた損害を賠償する責めに任ずる。ただし、実用新案技術評価書の実用新案技術評価（当該実用新案登録出願に係る考案又は登録実用新案が第三条第一項第三号及び第二項（同号に掲げる考案に係るものに限る。）、第三条の二並びに第七条第一項から第三項まで及び第六項の規定により実用新案登録をすることができない旨の評価を受けたものを除く。）に基づきその権利を行使し、又はその警告をしたとき、その他相当の注意をもつてその権利を行使し、又はその警告をしたときは、この限りでない。

2　前項の規定は、実用新案登録出願の願書に添付した明細書、実用新案登録請求の範囲又は図面についてした第十四条の二第一項又は第七項の訂正により実用新案権の設定の登録の際における実用新案登録請求の範囲に記載された考案の範囲に含まれないこととなつた考案についてその権利を行使し、又はその警告をした場合に準用する。

（特許法の準用）

第三〇条　特許法第百四条の二から第百五条まで（具体的態様の明示義務、特許権者等の権利行使の制限、主張の制限及び書類の提出等）及び第百五条の二の十一から第百六条まで（損害計算のための鑑定、相当な損害額の認定、秘密保持命令、秘密保持命令の取消し、訴訟記録の閲覧等の請求の通知等、当事者尋問等の公開停止及び信用回復の措置）の規定は、実用新案権又は専用実施権の侵害に準用する。この場合において、同法第百四条の四中「次に掲げる決定又は審決が確定した」とあるのは「第一号に掲げる審決が確定した又は第三号に掲げる訂正があつた」と、「当該決定又は審決が確定した」とあるのは「当該審決が確定した又は訂正があつた」と、同条第三号中「訂正をすべき旨の決定又は審決」とあるのは「実用新案法第十四条の二第一項又は第七項の訂正」と読み替えるものとする。

第三節　登録料

（登録料）

第三一条　実用新案権の設定の登録を受ける者又は実用新案権者は、登録料として、実用新案権の設定の登録の日から第十五条に規定する存続期間の満了の日までの各年について、一件ごとに、一万八千百円を超えない範囲内で政令で定める額に一請求項につき九百円を超えない範囲内で政令で定める額を加えた額を納付しなければならない。

2　前項の規定は、国に属する実用新案権には、適用しない。

3　第一項の登録料は、実用新案権が国又は第三十二条の二の規定若しくは他の法令の規定による登録料の軽減若しくは免除（以下この項において「減免」という。）を受ける者を含む者の共有に係る場合であつて持分の定めがあるときは、第一項の規定にかかわらず、国以外の各共有者ごとに同項に規定する登録料の金額（減免を受ける者にあつては、その減免後の金額）にその持分の割合を乗じて得た額を合算して得た額とし、国以外の者がその額を納付しなければならない。

4　前項の規定により算定した登録料の金額に十円未満の端数があるときは、その端数は、切り捨てる。

5　第一項の登録料の納付は、経済産業省令で定めるところにより、特許印紙をもつてしなければならない。ただし、経済産業省令で定める場合には、経済産業省令で定めるところにより、現金をもつて納めることができる。

（登録料の納付期限）

第三二条　前条第一項の規定による第一年から第三年までの各年分の登録料は、実用新案登録出願と同時に（第十条第一項若しくは第二項の規定による出願の変更又は第十一条第一項において準用する特許法第四十四条第一項の規定による出願の分割があつた場合にあつては、その出願の変更又は出願の分割と同時に）一時に納付しなければならない。

2 前条第一項の規定による第四年以後の各年分の登録料は、前年以前に納付しなければならない。

3 特許庁長官は、登録料を納付すべき者の請求により、三十日以内を限り、第一項に規定する期間を延長することができる。

4 登録料を納付する者がその責めに帰することができない理由により前項の規定により延長された期間内にその登録料を納付することができないときは、第一項及び前項の規定にかかわらず、その理由がなくなつた日から十四日（在外者にあつては、二月）以内でその期間の経過後六月以内にその登録料を納付することができる。

（登録料の減免又は猶予）

第三十二条の二 特許庁長官は、第三十一条第一項の規定により登録料を納付すべき者がその実用新案登録出願に係る考案の考案者又はその相続人である場合において貧困により登録料を納付する資力がないと認めるときは、政令で定めるところにより、登録料を軽減し若しくは免除し、又はその納付を猶予することができる。

（登録料の追納）

第三十三条 実用新案権者は、第三十二条第二項に規定する期間又は前条の規定による納付の猶予後の期間内に登録料を納付することができないときは、その期間が経過した後であつても、その期間の経過後六月以内にその登録料を追納することができる。

2 前項の規定により登録料を追納する実用新案権者は、第三十一条第一項の規定により納付すべき登録料のほか、その登録料と同額の割増登録料を納付しなければならない。ただし、当該実用新案権者がその責めに帰することができない理由により第三十二条第二項に規定する期間又は前条の規定による納付の猶予後の期間内にその登録料を納付することができないときは、その割増登録料を納付することを要しない。

3　前項の割増登録料の納付は、経済産業省令で定めるところにより、特許印紙をもつてしなければならない。ただし、経済産業省令で定める場合には、経済産業省令で定めるところにより、現金をもつて納めることができる。

4　実用新案権者が第一項の規定により登録料を追納することができる期間内に第三十一条第一項の規定による第四年以後の各年分の登録料及び第二項の規定により納付すべき割増登録料を納付しないときは、その実用新案権は、第三十二条第二項に規定する期間の経過の時に遡つて消滅したものとみなす。

5　実用新案権者が第一項の規定により登録料を追納することができる期間内に前条の規定により納付が猶予された登録料及び第二項の規定により納付すべき割増登録料を納付しないときは、その実用新案権は、初めから存在しなかつたものとみなす。

（登録料の追納による実用新案権の回復）

第三三条の二　前条第四項の規定により消滅したものとみなされた実用新案権又は同条第五項の規定により初めから存在しなかつたものとみなされた実用新案権の原実用新案権者は、同条第四項又は第五項に規定する登録料及び割増登録料を納付することができるようになつた日から二月以内で同条第一項の規定により登録料を追納することができる期間の経過後一年以内に限り、経済産業省令で定めるところにより、その登録料及び割増登録料を追納することができる。ただし、故意に、同項の規定により登録料を追納することができる期間内にその登録料及び割増登録料を納付しなかつたと認められる場合は、この限りでない。

2　前項の規定による登録料及び割増登録料の追納があつたときは、その実用新案権は、第三十二条第二項に規定する期間の経過の時にさかのぼつて存続していたもの又は初めから存在していたものとみなす。

（回復した実用新案権の効力の制限）

第三三条の三　前条第二項の規定により実用新案権が回復したときは、その実用新案権の効力は、第三十三条第一項の規定により登録料を追納することができる期間の経過後実用新案権の回復の登録前に輸入し、又は日本国内において製造し、若しくは取得した当該登録実用新案に係る物品には、及ばない。

2　前条第二項の規定により回復した実用新案権の効力は、第三十三条第一項の規定により登録料を追納することができる期間の経過後実用新案権の回復の登録前における次に掲げる行為には、及ばない。

一　当該考案の実施

二　当該登録実用新案に係る物品の製造に用いる物の生産、譲渡等若しくは輸入又は譲渡等の申出をした行為

三　当該登録実用新案に係る物品を譲渡、貸渡し又は輸出のために所持した行為

（既納の登録料の返還）

第三四条　既納の登録料は、次に掲げるものに限り、納付した者の請求により返還する。

一　過誤納の登録料

二　実用新案登録出願を却下すべき旨の処分が確定した場合の登録料

三　実用新案登録を無効にすべき旨の審決が確定した年の翌年以後の各年分の登録料

四　実用新案権の存続期間の満了の日の属する年の翌年以後の各年分の登録料

2　前項の規定による登録料の返還は、同項第一号の登録料については納付した日から一年、同項第二号又は第三号の登録料についてはそれぞれ処分又は審決が確定した日から六月、同項第四号の登録料については実用新案権の設定の登録があつた日から一年を経過した後は、請求することができない。

3　第一項の規定による登録料の返還を請求する者がその責めに帰することができない理由により前項に規定する期間内にその請求をすることができないときは、同項の規定にかかわらず、その理由がなくなつた日から十四日（在外者に

あつては、二月）以内でその期間の経過後六月以内にその請求をすることができる。

第三五条 削除

（特許法の準用）

第三六条 特許法第百十条（特許料を納付すべき者以外の者による特許料の納付）の規定は、登録料について準用する。

第五章　審　判

（実用新案登録無効審判）

第三七条 実用新案登録が次の各号のいずれかに該当するときは、その実用新案登録を無効にすることについて実用新案登録無効審判を請求することができる。この場合において、二以上の請求項に係るものについては、請求項ごとに請求することができる。

一　その実用新案登録が第二条の二第二項に規定する要件を満たしていない補正をした実用新案登録出願に対してされたとき。

二　その実用新案登録が第二条の五第三項において準用する特許法第二十五条、第三条、第三条の二、第四条、第七条第一項から第三項まで若しくは第六項又は第十一条第一項において準用する同法第三十八条の規定に違反してされたとき（その実用新案登録が同項において準用する同法第三十八条の規定に違反してされた場合にあつては、第十七条の二第一項の規定による請求に基づき、その実用新案登録に係る実用新案権の移転の登録があつたときを除く。）。

三　その実用新案登録が条約に違反してされたとき。

四　その実用新案登録が第五条第四項又は第六項（第四号を除く。）に規定する要件を満たしていない実用新案登録出願に対してされたとき。

五　その実用新案登録がその考案について実用新案登録を受ける権利を有しない者の実用新案登録出願に対してされたとき（第十七条の二第一項の規定による請求に基づき、その実用新案登録に係る実用新案権の移転の登録があつたときを除く。）。

六　実用新案登録がされた後において、その実用新案権者が第二条の五第三項において準用する特許法第二十五条の規定により実用新案権を享有することができない者になつたとき、又はその実用新案登録が条約に違反することとなつたとき。

七　その実用新案登録の願書に添付した明細書、実用新案登録請求の範囲又は図面の訂正が第十四条の二第二項から第四項までの規定に違反してされたとき。

2　実用新案登録無効審判は、何人も請求することができる。ただし、実用新案登録が前項第二号に該当すること（その実用新案登録が第十一条第一項において準用する特許法第三十八条の規定に違反してされたときに限る。）又は前項第五号に該当することを理由とするものは、当該実用新案登録に係る考案について実用新案登録を受ける権利を有する者に限り請求することができる。

3　実用新案登録無効審判は、実用新案権の消滅後においても、請求することができる。

4　審判長は、実用新案登録無効審判の請求があつたときは、その旨を当該実用新案権についての専用実施権者その他その実用新案登録に関し登録した権利を有する者に通知しなければならない。

（審判請求の方式）

第三八条　審判を請求する者は、次に掲げる事項を記載した請求書を特許庁長官に提出しなければならない。

一　当事者及び代理人の氏名又は名称及び住所又は居所

二　審判事件の表示

三　請求の趣旨及びその理由

2　前項第三号に掲げる請求の理由は、実用新案登録を無効にする根拠となる事実を具体的に特定し、かつ、立証を要する事実ごとに証拠との関係を記載したものでなければならない。

（審判請求書の補正）

第三八条の二　前条第一項の規定により提出した請求書の補正は、その要旨を変更するものであつてはならない。ただし、次項の規定による審判長の許可があつたときは、この限りでない。

2　審判長は、前条第一項第三号に掲げる請求の理由の補正がその要旨を変更するものである場合において、当該補正が審理を不当に遅延させるおそれがないことが明らかなものであり、かつ、次の各号のいずれかに該当する事由があると認めるときは、決定をもつて、当該補正を許可することができる。

一　第十四条の二第一項の訂正があり、その訂正により請求の理由を補正する必要が生じたこと。

二　前号に掲げるもののほか当該補正に係る請求の理由を審判請求時の請求書に記載しなかつたことにつき合理的な理由があり、被請求人が当該補正に同意したこと。

3　前項の補正の許可は、その補正に係る手続補正書が次条第一項の規定による請求書の副本の送達の前に提出されたときは、これをすることができない。

4　第二項の決定又はその不作為に対しては、不服を申し立てることができない。

（答弁書の提出等）

第三九条　審判長は、審判の請求があつたときは、請求書の副本を被請求人に送達し、相当の期間を指定して、答弁書を提出する機会を与えなければならない。

2　審判長は、前条第二項の規定により請求書の補正を許可するときは、その補正に係る手続補正書の副本を被請求人に送達し、相当の期間を指定して、答弁書を提出する機会を与えなければならない。ただし、被請求人に答弁書を提出する機会を与える必要がないと認められる特別の事情があるときは、この限りでない。

3　審判長は、第一項若しくは前項本文の答弁書を受理したとき、又は実用新案登録無効審判が特許庁に係属している場合において第十四条の二第一項若しくは第七項の訂正があつたときは、その副本を請求人に送達しなければならない。

4　審判長は、審判に関し、当事者及び参加人を審尋することができる。

5　審判長は、実用新案登録無効審判の請求があつた場合において、その請求後にその実用新案登録に基づいて特許法第四十六条の二第一項の規定による特許出願がされたときは、その旨を請求人及び参加人に通知しなければならない。

（審判の請求の取下げ）

第三九条の二　審判の請求は、審決が確定するまでは、取り下げることができる。

2　審判の請求は、前条第一項の答弁書の提出があつた後は、相手方の承諾を得なければ、取り下げることができない。

3　審判の請求人が前条第五項の規定による通知を受けたときは、前項の規定にかかわらず、その通知を受けた日から三十日以内に限り、その審判の請求を取り下げることができる。

4　特許法第四条の規定は、前項に規定する期間に準用する。この場合において、同条中「特許庁長官」とあるのは、「審判長」と読み替えるものとする。

5　審判の請求人がその責めに帰することができない理由により第三項に規定する期間内にその請求を取り下げることができないときは、同項の規定にかかわらず、その理由がなくなつた日から十四日（在外者にあつては、二月）以内でその期間の経過後六月以内にその請求を取り下げることができる。

6　二以上の請求項に係る実用新案登録の二以上の請求項について実用新案登録無効審判を請求したときは、その請求は、請求項ごとに取り下げることができる。

（訴訟との関係）

第四〇条　審判において必要があると認めるときは、他の審判の審決が確定し、又は訴訟手続が完結するまでその手続を中止することができる。

2　訴えの提起又は仮差押命令若しくは仮処分命令の申立てがあつた場合において、必要があると認めるときは、裁判所は、審決が確定するまでその訴訟手続を中止することができる。

3　裁判所は、実用新案権又は専用実施権の侵害に関する訴えの提起があつたときは、その旨を特許庁長官に通知するものとする。その訴訟手続が完結したときも、また同様とする。

4　特許庁長官は、前項に規定する通知を受けたときは、その実用新案権についての審判の請求の有無を裁判所に通知するものとする。その審判の請求書の却下の決定、審決又は請求の取下げがあつたときも、また同様とする。

5　裁判所は、前項の規定によりその実用新案権についての審判の請求があつた旨の通知を受けた場合において、当該訴訟において第三十条において準用する特許法第百四条の三第一項の規定による攻撃又は防御の方法を記載した書面がその通知前に既に提出され、又はその通知後に最初に提出されたときは、その旨を特許庁長官に通知するものとする。

6　特許庁長官は、前項に規定する通知を受けたときは、裁判所に対し、当該訴訟の訴訟記録のうちその審判において審判官が必要と認める書面の写しの送付を求めることができる。

第四〇条第六項を次のように改める。

第四〇条　（略）

２～５　（略）

６　特許庁長官は、前項に規定する通知を受けたときは、裁判所に対し、当該訴訟の訴訟記録のうちその審判において審判官が必要と認める書面の写し又は当該訴訟の電磁的訴訟記録（民事訴訟法（平成八年法律第百九号）第九十一条の二第一項に規定する電磁的訴訟記録をいう。）に記録されている事項のうちその審判において審判官が必要と認めるものを出力した書面の送付を求めることができる。

（公布の日から起算して四年を超えない範囲内において政令で定める日から施行　令和四法四八）

（特許法の準用）

第四一条　特許法第百二十五条、第百三十二条から第百三十三条の二まで、第百三十五条から第百五十四条まで、第百五十六条第一項、第三項及び第四項、第百五十七条、第百六十七条、第百六十七条の二、第百六十九条第一項、第二項、第五項及び第六項並びに第百七十条の規定は、審判に準用する。この場合において、同法第百五十六条第一項中「特許無効審判以外の審判においては、事件が」とあるのは、「事件が」と読み替えるものとする。

第六章　再審及び訴訟

（再審の請求）

第四二条　確定審決に対しては、当事者又は参加人は、再審を請求することができる。

2　民事訴訟法（平成八年法律第百九号）第三百三十八条第一項及び第二項並びに第三百三十九条（再審の事由）の規定は、前項の再審の請求に準用する。

第四二条第二項を次のように改める。

第四二条　（略）

2　民事訴訟法第三百三十八条第一項及び第二項並びに第三百三十九条（再審の事由）の規定は、前項の再審の請求に準用する。

（公布の日から起算して四年を超えない範囲内において政令で定める日から施行　令和四法四八）

（同前）

第四三条　審判の請求人及び被請求人が共謀して第三者の権利又は利益を害する目的をもつて審決をさせたときは、その第三者は、その確定審決に対し再審を請求することができる。

2　前項の再審は、その請求人及び被請求人を共同被請求人として請求しなければならない。

（再審により回復した実用新案権の効力の制限）

第四四条　無効にした実用新案登録に係る実用新案権が再審により回復したときは、実用新案権の効力は、当該審決が確定した後再審の請求の登録前に善意に輸入し、又は日本国内において製造し、若しくは取得した当該登録実用新案に係る物品には、及ばない。

2　無効にした実用新案登録に係る実用新案権が再審により回復したときは、実用新案権の効力は、当該審決が確定した後再審の請求の登録前における次に掲げる行為には、及ばない。

一　当該考案の善意の実施

二　善意に、当該登録実用新案に係る物品の製造に用いる物の生産、譲渡等若しくは輸入又

は譲渡等の申出をした行為

三　善意に、当該登録実用新案に係る物品を譲渡、貸渡し又は輸出のために所持した行為

（特許法の準用）

第四五条　特許法第百七十三条（再審の請求期間）、第百七十四条第三項及び第五項（審判の規定等の準用）並びに第百七十六条（再審の請求登録前の実施による通常実施権）の規定は、再審に準用する。この場合において、同法第百七十四条第三項中「第百三十一条第一項、第百三十一条の二第一項本文」とあるのは「実用新案法第三十八条第一項、同法第三十八条の二第一項本文」と、「第百三十四条第一項、第三項及び第四項」とあるのは「同法第三十九条第一項、第三項及び第四項」と、「から第百六十八条まで」とあるのは「、第百六十七条の二、同法第四十条」と読み替えるものとする。

2　特許法第四条の規定は、前項において準用する同法第百七十三条第一項に規定する期間に準用する。

第四六条　削除

（審決等に対する訴え）

第四七条　審決に対する訴え及び審判又は再審の請求書の却下の決定に対する訴えは、東京高等裁判所の専属管轄とする。

2　特許法第百七十八条第二項から第六項まで（出訴期間等）及び第百七十九条から第百八十二条の二まで（被告適格、出訴の通知等、審決取消訴訟における特許庁長官の意見、審決又は決定の取消し、裁判の正本等の送付及び合議体の構成）の規定は、前項の訴えに準用する。

（対価の額についての訴え）

第四八条　第二十一条第二項、第二十二条第三項若しくは第四項又は第二十三条第二項の裁定を受けた者は、その裁定で定める対価の額について不服があるときは、訴えを提起してその額の増減を求めることができる。

2　特許法第百八十三条第二項（出訴期間）及び第百八十四条（被告適格）の規定は、前項の訴えに準用する。

第四八条の二　削除

第七章　特許協力条約に基づく国際出願に係る特例

（国際出願による実用新案登録出願）

第四八条の三　千九百七十年六月十九日にワシントンで作成された特許協力条約（以下この章において「条約」という。）第十一条(1)若しくは(2)(b)又は第十四条(2)の規定に基づく国際出願日が認められた国際出願であつて、条約第四条(1)(ii)の指定国に日本国を含むもの（実用新案登録出願に係るものに限る。）は、その国際出願日にされた実用新案登録出願とみなす。

2　特許法第百八十四条の三第二項（国際出願による特許出願）の規定は、前項の規定により実用新案登録出願とみなされた国際出願（以下「国際実用新案登録出願」という。）に準用する。

（外国語でされた国際実用新案登録出願の翻訳文）

第四八条の四　外国語でされた国際実用新案登録

出願（以下「外国語実用新案登録出願」という。）の出願人は、条約第二条(xi)の優先日（以下「優先日」という。）から二年六月（以下「国内書面提出期間」という。）以内に、前条第一項に規定する国際出願日（以下「国際出願日」という。）における条約第三条(2)に規定する明細書、請求の範囲、図面（図面の中の説明に限る。以下この条において同じ。）及び要約の日本語による翻訳文を、特許庁長官に提出しなければならない。ただし、国内書面提出期間の満了前二月から満了の日までの間に次条第一項に規定する書面を提出した外国語実用新案登録出願（当該書面の提出の日以前に当該翻訳文を提出したものを除く。）にあつては、当該書面の提出の日から二月（以下「翻訳文提出特例期間」という。）以内に、当該翻訳文を提出することができる。

2　前項の場合において、外国語実用新案登録出願の出願人が条約第十九条(1)の規定に基づく補正をしたときは、同項に規定する請求の範囲の翻訳文に代えて、当該補正後の請求の範囲の翻訳文を提出することができる。

3　国内書面提出期間（第一項ただし書の外国語実用新案登録出願にあつては、翻訳文提出特例期間。以下この条において同じ。）内に第一項に規定する明細書の翻訳文及び前二項に規定する請求の範囲の翻訳文（以下「明細書等翻訳文」という。）の提出がなかつたときは、その国際実用新案登録出願は、取り下げられたものとみなす。

4　前項の規定により取り下げられたものとみなされた国際実用新案登録出願の出願人は、当該明細書等翻訳文を提出することができるようになつた日から二月以内で国内書面提出期間の経過後一年以内に限り、経済産業省令で定めるところにより、明細書等翻訳文並びに第一項に規定する図面及び要約の翻訳文を特許庁長官に提出することができる。ただし、故意に、国内書面提出期間内に当該明細書等翻訳文を提出しなかつたと認められる場合は、この限りでない。

5　前項の規定により提出された翻訳文は、国内書面提出期間が満了する時に特許庁長官に提出されたものとみなす。

6　第一項に規定する請求の範囲の翻訳文を提出した出願人は、条約第十九条(1)の規定に基づく補正をしたときは、国内書面提出期間が満了する時（国内書面提出期間内に出願人が条約第二十三条(2)又は第四十条(2)の規定による請求（以下「国内処理の請求」という。）をするときは、その国内処理の請求の時。以下「国内処理基準時」という。）の属する日までに限り、当該補正後の請求の範囲の日本語による翻訳文を更に提出することができる。

7　特許法第百八十四条の七第三項本文の規定は、第二項又は前項に規定する翻訳文が提出されなかつた場合に準用する。

第四八条の五　**（書面の提出及び補正命令等）**　国際実用新案登録出願の出願人は、国内書面提出期間内に、次に掲げる事項を記載した書面を特許庁長官に提出しなければならない。

一　出願人の氏名又は名称及び住所又は居所

二　考案者の氏名及び住所又は居所

三　国際出願番号その他の経済産業省令で定める事項

2　特許庁長官は、次に掲げる場合は、相当の期間を指定して、手続の補正をすべきことを命ずることができる。

一　前項の規定により提出すべき書面を、国内書面提出期間内に提出しないとき。

二　前項の規定による手続が第二条の五第二項において準用する特許法第七条第一項から第三項まで又は第九条の規定に違反しているとき。

三　前項の規定による手続が経済産業省令で定める方式に違反しているとき。

四　前条第一項の規定により提出すべき要約の翻訳文を、国内書面提出期間（前条第一項ただし書の外国語実用新案登録出願にあつては、翻訳文提出特例期間）内に提出しないとき。

五　第三十二条第一項の規定により納付すべき

登録料を国内書面提出期間内に納付しないとき。

六　第五十四条第二項の規定により納付すべき手数料を国内書面提出期間内に納付しないとき。

3　特許法第百八十四条の五第三項の規定は、前項の規定による命令に基づく補正に準用する。

4　国際実用新案登録出願の出願人は、日本語でされた国際実用新案登録出願（以下「日本語実用新案登録出願」という。）にあつては第一項、外国語実用新案登録出願にあつては同項及び前条第一項の規定による手続をし、かつ、第三十二条第一項の規定により納付すべき登録料及び第五十四条第二項の規定により納付すべき手数料を納付した後でなければ、国内処理の請求をすることができない。

（国際出願に係る願書、明細書等の効力等）

第四八条の六　国際実用新案登録出願に係る国際出願日における願書は、第五条第一項の規定により提出した願書とみなす。

2　日本語実用新案登録出願に係る国際出願日における明細書及び外国語実用新案登録出願に係る国際出願日における明細書の翻訳文は第五条第二項の規定により願書に添付して提出した明細書と、日本語実用新案登録出願に係る国際出願日における請求の範囲及び外国語実用新案登録出願に係る国際出願日における請求の範囲の翻訳文は同項の規定により願書に添付して提出した実用新案登録請求の範囲と、日本語実用新案登録出願に係る国際出願日における図面並びに外国語実用新案登録出願に係る国際出願日における図面の中の説明の翻訳文は同項の規定により願書に添付して提出した図面と、日本語実用新案登録出願に係る要約及び外国語実用新案登録出願に係る要約の翻訳文は同項の規定により願書に添付して提出した要約書とみなす。

3　第四十八条の四第二項又は第六項の規定により条約第十九条(1)の規定に基づく補正後の請求の範囲の翻訳文が提出された場合は、前項の規定にかかわらず、当該補正後の請求の範囲の翻訳文を第五条第二項の規定により願書に添付して提出した実用新案登録請求の範囲とみなす。

（図面の提出）

第四八条の七　国際実用新案登録出願の出願人は、国際出願が国際出願日において図面を含んでいないものであるときは、国内処理基準時の属する日までに、図面を特許庁長官に提出しなければならない。

2　特許庁長官は、国内処理基準時の属する日までに前項の規定による図面の提出がないときは、国際実用新案登録出願の出願人に対し、相当の期間を指定して、図面の提出をすべきことを命ずることができる。

3　特許庁長官は、前項の規定により図面の提出をすべきことを命じた者が同項の規定により指定した期間内にその提出をしないときは、当該国際実用新案登録出願を却下することができる。

4　第一項の規定により又は第二項の規定による命令に基づいてされた図面の提出（図面に添えて当該図面の簡単な説明を提出したときは、当該図面及び当該説明の提出）は、第二条の二第一項の規定による手続の補正とみなす。この場合において、同項ただし書の規定は、適用しない。

（補正の特例）

第四八条の八　第四十八条の十五第一項において準用する特許法第百八十四条の七第二項及び第百八十四条の八第二項の規定により第二条の二第一項の規定によるものとみなされた補正については、同項ただし書の規定は、適用しない。

2　国際実用新案登録出願についてする条約第二十八条(1)又は第四十一条(1)の規定に基づく補正については、第二条の二第一項ただし書の規定は、適用しない。

3　外国語実用新案登録出願に係る明細書、実用新案登録請求の範囲又は図面について補正ができる範囲については、第二条の二第二項中「願書に最初に添付した明細書、実用新案登録請求の範囲又は図面」とあるのは、「第四十八条の四第一項の国際出願日における国際出願の明細書、請求の範囲又は図面」とする。

4　特許法第百八十四条の十二第一項の規定は、国際実用新案登録出願についてする第二条の二第一項本文又は条約第二十八条(1)若しくは第四十一条(1)の規定に基づく補正に準用する。この場合において、同法第百八十四条の十二第一項中「第百九十五条第二項」とあるのは「実用新案法第三十二条第一項の規定により納付すべき登録料及び同法第五十四条第二項」と、「納付した後であつて国内処理基準時を経過した後」とあるのは「納付した後」と読み替えるものとする。

（実用新案登録要件の特例）

第四八条の九　第三条の二に規定する他の実用新案登録出願又は特許出願が国際実用新案登録出願又は特許法第百八十四条の三第二項の国際特許出願である場合における第三条の二の規定の適用については、同条中「他の実用新案登録出願又は特許出願であつて」とあるのは「他の実用新案登録出願又は特許出願（第四十八条の四第三項又は特許法第百八十四条の四第三項の規定により取り下げられたものとみなされた第四十八条の四第一項の外国語実用新案登録出願又は同法第百八十四条の四第一項の外国語特許出願を除く。）であつて」と、「発行又は」とあるのは「発行、」と、「若しくは出願公開」とあるのは「若しくは出願公開又は千九百七十年六月十九日にワシントンで作成された特許協力条約第二十一条に規定する国際公開」と、「願書に最初に添付した明細書、実用新案登録請求の範囲若しくは特許請求の範囲又は図面」とあるのは「第四十八条の四第一項又は同法第百八十四条の四第一項の国際出願日における国際出願の明細書、請求の範囲又は図面」とする。

（実用新案登録出願等に基づく優先権主張の特例）

第四八条の一〇　国際実用新案登録出願については、第八条第一項ただし書及び第四項並びに第九条第二項の規定は、適用しない。

2　日本語実用新案登録出願についての第八条第三項の規定の適用については、同項中「実用新案掲載公報の発行が」とあるのは、「実用新案掲載公報の発行又は千九百七十年六月十九日にワシントンで作成された特許協力条約第二十一条に規定する国際公開が」とする。

3　外国語実用新案登録出願についての第八条第三項の規定の適用については、同項中「実用新案登録出願の願書に最初に添付した明細書、実用新案登録請求の範囲又は図面」とあるのは「第四十八条の四第一項の国際出願日における国際出願の明細書、請求の範囲又は図面」と、「実用新案掲載公報の発行が」とあるのは「実用新案掲載公報の発行又は千九百七十年六月十九日にワシントンで作成された特許協力条約第二十一条に規定する国際公開が」とする。

4　第八条第一項の先の出願が国際実用新案登録出願又は特許法第百八十四条の三第二項の国際特許出願である場合における第八条第一項から第三項まで及び第九条第一項の規定の適用については、第八条第一項及び第二項中「願書に最初に添付した明細書、実用新案登録請求の範囲又は図面」とあるのは「第四十八条の四第一項又は特許法第百八十四条の四第一項の国際出願日における国際出願の明細書、同条第三項中「先の出願の願書に最初に添付した明細書、実用新案登録請求の範囲若しくは特許請求の範囲又は図面」とあるのは「先の出願の第四十八条の四第一項又は特許法第百八十四条の四第一項の国際出願日における国際出願の明細書、請求の範囲又は図面」と、「出願公開」とあるのは「千九百七十年六月十九日にワシントンで作成された特許協力条約第二十一条に規定する国際公開」と、第九条第一項中「その出願の日から経済産業省令で定める期間を経過した時」とあるのは「第四十八条の四第六項若しくは特許法第百八十四条の四第六項の国内処理基準時又は第四十八条の四第一項若しくは同法第百八十四条の四第一項の国際出願日から経済産業省令で定める期間を経過した時のいずれか遅い時」とする。

（出願の変更の特例）

第四八条の一一　特許法第百八十四条の三第一項又は第百八十四条の二十第四項の規定により特許出願とみなされた国際出願の実用新案登録出願への変更については、同法第百八十四条の六第二項の日本語特許出願にあつては同法第百八十四条の五第一項、同法第百八十四条の四第一項の外国語特許出願にあつては同項又は同条第四項及び同法第百八十四条の五第一項の規定による手続をし、かつ、同法第百九十五条第二項の規定により納付すべき手数料を納付した後（同法第百八十四条の二十第四項の規定により特許出願とみなされた国際出願については、同項に規定する決定の後）でなければすることができない。

（登録料の納付期限の特例）

第四八条の一二　国際実用新案登録出願の第一年から第三年までの各年分の登録料の納付については、第三十二条第一項中「実用新案登録出願と同時」とあるのは、「第四十八条の四第一項に規定する国内書面提出期間内（同条第六項に規定する国内処理の請求をした場合にあつては、その国内処理の請求の時まで）」とする。

（実用新案技術評価の請求の時期の制限）

第四八条の一三　国際実用新案登録出願に係る実用新案技術評価の請求については、第十二条第一項中「何人も」とあるのは、「第四十八条の四第六項に規定する国内処理基準時を経過した後、何人も」とする。

（訂正の特例）

第四八条の一三の二　外国語実用新案登録出願に係る第十四条の二第一項の規定による訂正については、同条第三項中「願書に最初に添付した明細書、実用新案登録請求の範囲又は図面」とあるのは、「第四十八条の四第一項の国際出願日における国際出願の明細書、請求の範囲又は図面」とする。

（無効理由の特例）

第四八条の一四　外国語実用新案登録出願に係る実用新案登録無効審判については、第三十七条第一項第一号中「その実用新案登録が第二条の二第二項に規定する要件を満たしていない補正をした実用新案登録出願に対してされたとき」とあるのは、「第四十八条の四第一項の外国語実用新案登録出願に係る実用新案登録の願書に添付した明細書、実用新案登録請求の範囲又は図面に記載した事項が同項の国際出願日における国際出願の明細書、請求の範囲又は図面に記載した事項の範囲内にないとき」とする。

（特許法の準用）

第四八条の一五　特許法第百八十四条の七（日本語特許出願に係る条約第十九条に基づく補正）及び第百八十四条の八第一項から第三項まで（条約第三十四条に基づく補正）の規定は、国際実用新案登録出願の条約に基づく補正に準用する。この場合において、同法第百八十四条の七第二項及び第百八十四条の八第二項中「第十七条の二第一項」とあるのは、「実用新案法第二条の二第一項」と読み替えるものとする。

2　特許法第百八十四条の十一（在外者の特許管理人の特例）の規定は、国際実用新案登録出願に関する手続に準用する。

3　特許法第百八十四条の九第六項及び第百八十四条の十四の規定は、国際実用新案登録出願に準用する。

（決定により実用新案登録出願とみなされる国際出願）

第四八条の一六　条約第二条(vii)の国際出願の出願人は、条約第四条(1)(ii)の指定国に日本国を含む国際出願（実用新案登録出願に係るものに限る。）につき条約第二条(xv)の受理官庁により条約第二十五条(1)(a)に規定する拒否若しくは同条(1)(a)若しくは(b)に規定する宣言がされ、又は条約第二条(xix)の国際事務局により条約第二十五条(1)(a)に規定する認定がされたときは、経済産業省令で定める期間内に、経済産業省令で定めるところにより、特許庁長官に同条(2)(a)に規定する決定をすべき旨の申出をすることができる。

2　外国語でされた国際出願につき前項の申出をする者は、申出に際し、明細書、請求の範囲、図面（図面の中の説明に限る。）、要約その他の経済産業省令で定める国際出願に関する書類の日本語による翻訳文を特許庁長官に提出しなければならない。

3　特許庁長官は、第一項の申出があつたときは、その申出に係る拒否、宣言又は認定が条約及び特許協力条約に基づく規則の規定に照らして正当であるか否かの決定をしなければならない。

4　前項の規定により特許庁長官が同項の拒否、宣言又は認定が条約及び特許協力条約に基づく規則の規定に照らして正当でない旨の決定をしたときは、その決定に係る国際出願は、その国際出願につきその拒否、宣言又は認定がなかつたものとした場合において国際出願日となつたものと認められる日にされた実用新案登録出願とみなす。

5　第四十八条の六第一項及び第二項、第四十八条の七、第四十八条の八第三項、第四十八条の九、第四十八条の十第一項、第三項及び第四項、第四十八条の十二から第四十八条の十四まで並びに特許法第百八十四条の三第二項、第百八十四条の九第六項、第百八十四条の十二第一項及び第百八十四条の十四の規定は、前項の規定により実用新案登録出願とみなされた国際出願に準用する。この場合において、これらの規定の準用に関し必要な技術的読替えは、政令で定める。

第八章　雑　則

（実用新案原簿への登録）

第四九条　次に掲げる事項は、特許庁に備える実用新案原簿に登録する。

一　実用新案権の設定、移転、信託による変更、消滅、回復又は処分の制限

二　専用実施権の設定、保存、移転、変更、消滅又は処分の制限

三　実用新案権又は専用実施権を目的とする質権の設定、移転、変更、消滅又は処分の制限

2　実用新案原簿は、その全部又は一部を磁気テープ（これに準ずる方法により一定の事項を確実に記録して置くことができる物を含む。以下同じ。）をもつて調製することができる。

3　この法律に規定するもののほか、登録に関して必要な事項は、政令で定める。

（実用新案登録証の交付）

第五〇条　特許庁長官は、実用新案権の設定の登録、第十四条の二第一項の訂正又は第十七条の二第一項の規定による請求に基づく実用新案権の移転の登録があつたときは、実用新案権者に対し、実用新案登録証を交付する。

2　実用新案登録証の再交付については、経済産業省令で定める。

（二以上の請求項に係る実用新案登録又は実用新案権についての特則）

第五〇条の二　二以上の請求項に係る実用新案登録又は実用新案権についての第十二条第二項、第十四条の二第八項、第二十六条において準用する特許法第九十七条第一項若しくは第九十八条第一項第一号、第三十四条第一項第三号、第三十七条第三項、第四十一条において準用する同法第百二十五条、第四十一条において、若しくは第四十五条第一項において準用する同法第百七十四条第三項において、それぞれ準用する同法第百三十二条第一項、第四十四条、第四十五条第一項において準用する同法第百七十六条、第四十九条第一項第一号又は第五十三条第二項

において準用する同法第百九十三条第二項第五号の規定の適用については、請求項ごとに実用新案登録がされ、又は実用新案権があるものとみなす。

（実用新案登録表示）

第五一条 実用新案権者、専用実施権者又は通常実施権者は、経済産業省令で定めるところにより、登録実用新案に係る物品又はその物品の包装にその物品が登録実用新案に係る旨の表示（以下「実用新案登録表示」という。）を附するように努めなければならない。

（虚偽表示の禁止）

第五二条 何人も、次に掲げる行為をしてはならない。

一　登録実用新案に係る物品以外の物品又はその物品の包装に実用新案登録表示又はこれと紛らわしい表示を附する行為

二　登録実用新案に係る物品以外の物品であつて、その物品又はその物品の包装に実用新案登録表示又はこれと紛らわしい表示を附したものを譲渡し、貸し渡し、又は譲渡若しくは貸渡のために展示する行為

三　登録実用新案に係る物品以外の物品を製造させ若しくは使用させるため、又は譲渡し若しくは貸し渡すため、広告にその物品が登録実用新案に係る旨を表示し、又はこれと紛らわしい表示をする行為

（実用新案公報）

第五三条 特許庁は、実用新案公報を発行する。

2　特許法第百九十三条第二項（第五号から第七号まで、第九号及び第十号に係る部分に限る。）の規定は、実用新案公報に準用する。

（手数料）

第五四条 次に掲げる者は、実費を勘案して政令で定める額の手数料を納付しなければならない。

一　第二条の五第一項において準用する特許法第五条第一項の規定、第三十二条第三項の規定若しくは第十四条の二第五項、第三十九条の二第四項、第四十五条第二項若しくは次条第五項において準用する同法第四条の規定に

よる期間の延長又は第二条の五第一項において準用する同法第五条第二項の規定による期日の変更を請求する者

二　第十一条第二項において準用する特許法第三十四条第四項の規定により承継の届出をする者

三　実用新案登録証の再交付を請求する者

四　第五十五条第一項において準用する特許法第百八十六条第一項の規定により証明を請求する者

五　第五十五条第一項において準用する特許法第百八十六条第一項の規定により書類の謄本又は抄本の交付を請求する者

六　第五十五条第一項において準用する特許法第百八十六条第一項の規定により書類の閲覧又は謄写を請求する者

七　第五十五条第一項において準用する特許法第百八十六条第一項の規定により実用新案原簿のうち磁気テープをもつて調製した部分に記録されている事項を記載した書類の交付を請求する者

2　別表の中欄に掲げる者は、それぞれ同表の下欄に掲げる金額の範囲内において政令で定める額の手数料を納付しなければならない。

3　前二項の規定は、これらの規定により手数料を納付すべき者が国であるときは、適用しない。

4　実用新案権又は実用新案登録を受ける権利が国と国以外の者との共有に係る場合であつて持分の定めがあるときは、国と国以外の者が自己の実用新案権又は実用新案登録を受ける権利について第一項又は第二項の規定により納付すべき手数料（実用新案技術評価の請求の手数料以外の政令で定める手数料に限る。）は、これらの規定にかかわらず、これらの規定に規定する手数料の金額に国以外の者の持分の割合を乗じて得た額とし、国以外の者がその額を納付しなければならない。

5　実用新案権又は実用新案登録を受ける権利が国又は第八項の規定若しくは他の法令の規定による実用新案技術評価の請求の手数料の軽減若

しくは免除（以下この項において「減免」という。）を受ける者を含む者の共有に係る場合であつて持分の定めがあるときは、これらの者が自己の実用新案権又は実用新案登録を受ける権利について第二項の規定により納付すべき実用新案技術評価の請求の手数料は、同項の規定にかかわらず、国以外の各共有者ごとに同項に規定する実用新案技術評価の請求の手数料の金額（減免を受ける者にあつては、その減免後の金額）にその持分の割合を乗じて得た額を合算して得た額とし、国以外の者がその額を納付しなければならない。

6　前二項の規定により算定した手数料の金額に十円未満の端数があるときは、その端数は、切り捨てる。

7　第一項及び第二項の手数料の納付は、経済産業省令で定めるところにより、特許印紙をもつてしなければならない。ただし、経済産業省令で定める場合には、経済産業省令で定めるところにより、現金をもつて納めることができる。

8　特許庁長官は、自己の実用新案に係る考案又は登録実用新案について実用新案技術評価の請求をする者がその実用新案登録出願に係る考案若しくは登録実用新案の考案者又はその相続人である場合において、貧困により第二項の規定により納付すべき実用新案技術評価の請求の手数料を納付する資力がないと認めるときは、政令で定めるところにより、その手数料を軽減し、又は免除することができる。

（手数料の返還）

第五四条の二　実用新案技術評価の請求があつた後に第十二条第七項の規定によりその請求がされなかつたものとみなされたときは、その請求人が前条第二項の規定により納付した実用新案技術評価の請求の手数料は、その者に返還する。

2　第三十九条の二第三項又は第五項に規定する期間（同条第三項に規定する期間が同条第四項において準用する特許法第四条の規定により延長されたときは、その延長後の期間）内に実用新案登録無効審判の請求が取り下げられたときは、その請求人が前条第二項の規定により納付した審判の請求の手数料は、その者の請求により返還する。

3　前項の規定による手数料の返還は、実用新案登録無効審判の請求が取り下げられた日から六月を経過した後は、請求することができない。

4　実用新案登録無効審判の参加人が第三十九条第五項の規定による通知を受けた日から三十日以内にその参加の申請を取り下げたときは、その参加人が前条第二項の規定により納付した参加の申請の手数料は、その者の請求により返還する。

5　特許法第四条の規定は、前項に規定する期間に準用する。この場合において、同条中「特許庁長官」とあるのは、「審判長」と読み替えるものとする。

6　実用新案登録無効審判の参加人がその責めに帰することができない理由により第四項に規定する期間内にその参加の申請を取り下げることができない場合において、その理由がなくなつた日から十四日（在外者にあつては、二月）以内でその期間の経過後六月以内にその申請を取り下げたときは、同項の規定にかかわらず、その参加人が前条第二項の規定により納付した参加の申請の手数料は、その者の請求により返還する。

7　第四項及び前項の規定による手数料の返還は、参加の申請が取り下げられた日から六月を経過した後は、請求することができない。

8　実用新案登録無効審判の参加人がその参加の申請を取り下げていない場合において、第四項又は第六項に規定する期間（第四項に規定する期間が第五項において準用する特許法第四条の規定により延長されたときは、その延長後の期間）内に実用新案登録無効審判の請求が取り下げられたときは、その参加人が前条第二項の規定により納付した参加の申請の手数料は、その者の請求により返還する。ただし、第四十一条において準用する同法第百四十八条第二項の規定により審判手続を続行したときは、この限りでない。

9　前項の規定による手数料の返還は、実用新案登録無効審判の請求が取り下げられた日から一年を経過した後は、請求することができない。

10　過誤納の手数料は、納付した者の請求により返還する。

11　前項の規定による手数料の返還は、納付した日から一年を経過した後は、請求することができない。

12　第二項、第四項若しくは第六項、第八項又は第十項の規定による手数料の返還を請求する者がその責めに帰することができない理由により、第三項、第七項、第九項又は前項に規定する期間内にその請求をすることができないときは、これらの規定にかかわらず、その理由がなくなつた日から十四日（在外者にあつては、二月）以内でこれらの規定に規定する期間の経過後六月以内にその請求をすることができる。

（特許法の準用）

第五五条　特許法第百八十六条（証明等の請求）の規定は、実用新案登録に準用する。この場合において、同条第一項第三号中「第八十四条の二」とあるのは、「実用新案法第二十一条第三項、第二十二条第七項若しくは第二十三条第三項において準用する第八十四条の二」と読み替えるものとする。

2　特許法第百八十九条から第百九十二条まで（送達）の規定は、この法律の規定による送達に準用する。

3　特許法第百九十四条の規定は、手続に準用する。この場合において、同条第二項中「審査」とあるのは、「実用新案法第十二条第一項に規定する実用新案技術評価」と読み替えるものとする。

4　特許法第百九十五条の三の規定は、この法律又はこの法律に基づく命令の規定による処分に準用する。

5　特許法第百九十五条の四（行政不服審査法の規定による審査請求の制限）の規定は、この法律の規定による審決及び審判若しくは再審の請求書の却下の決定並びにこの法律の規定により不服を申し立てることができないこととされている処分又はこれらの不作為に準用する。

第九章　罰　則

（侵害の罪）

第五六条　実用新案権又は専用実施権を侵害した者は、五年以下の懲役若しくは五百万円以下の罰金に処し、又はこれを併科する。

第五六条を次のように改める。

第五六条　実用新案権又は専用実施権を侵害した者は、五年以下の拘禁刑若しくは五百万円以下の罰金に処し、又はこれを併科する。

（令和七年六月一日から施行　令和四法六八）

（詐欺の行為の罪）

第五七条　詐欺の行為により実用新案登録又は審決を受けた者は、一年以下の懲役又は百万円以下の罰金に処する。

第五七条を次のように改める。

第五七条　詐欺の行為により実用新案登録又は審決を受けた者は、一年以下の拘禁刑又は百万円以下の罰金に処する。

（令和七年六月一日から施行　令和四法六八）

（虚偽表示の罪）

第五八条　第五十二条の規定に違反した者は、一年以下の懲役又は百万円以下の罰金に処する。

第五八条を次のように改める。

第五八条　第五十二条〔虚偽表示の禁止〕の規定に違反した者は、一年以下の拘禁刑又は百万円以下の罰金に処する。

（令和七年六月一日から施行　令和四法六八）

（偽証等の罪）

第五九条　この法律の規定により宣誓した証人、鑑定人又は通訳人が特許庁又はその嘱託を受けた裁判所に対し虚偽の陳述、鑑定又は通訳をしたときは、三月以上十年以下の懲役に処する。

2　前項の罪を犯した者が事件の判定の謄本が送達され、又は審決が確定する前に自白したときは、その刑を減軽し、又は免除することができる。

第五九条第一項を次のように改める。

第五九条　この法律の規定により宣誓した証人、鑑定人又は通訳人が特許庁又はその嘱託を受けた裁判所に対し虚偽の陳述、鑑定又は通訳をしたときは、三月以上十年以下の拘禁刑に処する。

2　（略）

（令和七年六月一日から施行　令和四法六八）

（秘密を漏らした罪）

第六〇条　特許庁の職員又はその職にあつた者がその職務に関して知得した実用新案登録出願中の考案に関する秘密を漏らし、又は盗用したときは、一年以下の懲役又は五十万円以下の罰金に処する。

> 第六〇条を次のように改める。
> **第六〇条**　特許庁の職員又はその職にあつた者がその職務に関して知得した実用新案登録出願中の考案に関する秘密を漏らし、又は盗用したときは、一年以下の拘禁刑又は五十万円以下の罰金に処する。
> （令和七年六月一日から施行　令和四法六八）

（秘密保持命令違反の罪）

第六〇条の二　第三十条において準用する特許法第百五条の四第一項の規定による命令に違反した者は、五年以下の懲役若しくは五百万円以下の罰金に処し、又はこれを併科する。

2　前項の罪は、告訴がなければ公訴を提起することができない。

3　第一項の罪は、日本国外において同項の罪を犯した者にも適用する。

> 第六〇条の二第一項を次のように改める。
> **第六〇条の二**　第三十条において準用する特許法第百五条の四第一項の規定による命令に違反した者は、五年以下の拘禁刑若しくは五百万円以下の罰金に処し、又はこれを併科する。
> 2・3　（略）
> （令和七年六月一日から施行　令和四法六八）

（両罰規定）

第六一条　法人の代表者又は法人若しくは人の代理人、使用人その他の従業者が、その法人又は人の業務に関し、次の各号に掲げる規定の違反行為をしたときは、行為者を罰するほか、その法人に対して当該各号で定める罰金刑を、その人に対して各本条の罰金刑を科する。

一　第五十六条又は前条第一項　三億円以下の罰金刑

二　第五十七条又は第五十八条　三千万円以下の罰金刑

2　前項の場合において、当該行為者に対してした前条第二項の告訴は、その法人又は人に対しても効力を生じ、その法人又は人に対してした告訴は、当該行為者に対しても効力を生ずるものとする。

3　第一項の規定により第五十六条又は前条第一項の違反行為につき法人又は人に罰金刑を科する場合における時効の期間は、これらの規定の罪についての時効の期間による。

（過料）

第六十二条　第二十六条において準用する特許法第七十一条第三項において、第四十一条において、又は第四十五条第一項において準用する同法第百七十四条第三項において、それぞれ準用する同法第百五十一条において準用する民事訴訟法第二百七条第一項の規定により宣誓した者が特許庁又はその嘱託を受けた裁判所に対し虚偽の陳述をしたときは、十万円以下の過料に処する。

（同前）

第六十三条　この法律の規定により特許庁又はその嘱託を受けた裁判所から呼出しを受けた者が、正当な理由がないのに出頭せず、又は宣誓、陳述、証言、鑑定若しくは通訳を拒んだときは、十万円以下の過料に処する。

（同前）

第六十四条　証拠調又は証拠保全に関し、この法律の規定により特許庁又はその嘱託を受けた裁判所から書類その他の物件の提出又は提示を命じられた者が正当な理由がないのにその命令に従わなかつたときは、十万円以下の過料に処する。

第六十四条を次のように改める。

第六十四条　証拠調べ又は証拠保全に関し、この法律の規定により特許庁又はその嘱託を受けた裁判所から書類その他の物件又は電磁的記録（電子的方式、磁気的方式その他人の知覚によつては認識することができない方式で作られる記録であつて、電子計算機による情報処理の用に供されるものをいう。）の提出又は提示を命じられた者が正当な理由がないのにその命令に従わなかつたときは、十万円以下の過料に処する。

（公布の日から起算して四年を超えない範囲内において政令で定める日から施行　令和四法四八）

別表（第五四条関係）

	納付しなければならない者	金額
一	実用新案登録出願をする者	一件につき一万四千円
二	第四十八条の五第一項の規定により手続をすべき者	一件につき一万四千円
三	第四十八条の十六第一項の規定により申出をする者	一件につき一万四千円
四	第二条の五第一項において準用する特許法第五条第三項の規定による期間の延長を請求する者	一件につき四千二百円
五	実用新案技術評価の請求をする者	一件につき四万二千円に一請求項につき千円を加えた額
六	明細書、実用新案登録請求の範囲又は図面の訂正をする者	一件につき千四百円
七	第八条第一項第一号括弧書、第十一条第一項において準用する特許法第四十三条の二第一項（第十一条第一項において準用する同法第四十三条の三第三項において準用する場合を含む。）、第三十三条の二第一項、第四十八条の四第四項又は第四十八条の十五第二項において準用する同法第百八十四条の十一第六項の規定により手続をする者（その責めに帰することができない理由によりこれらの規定による手続をすることとなつた者を除く。）	一件につき五万円

八	第二十六条において準用する特許法第七十一条第一項の規定により判定を求める者	一件につき四万円
九	裁定を請求する者	一件につき五万五千円
十	裁定の取消しを請求する者	一件につき二万七千五百円
十一	審判又は再審を請求する者	一件につき四万九千五百円に一請求項につき五千五百円を加えた額
十二	審判又は再審への参加を申請する者	一件につき五万五千円

〔次頁を参照願います。〕

手数料について

実用新案法別表（54条関係）では、各手数料の上限を定めており、実際に納付すべき手数料は特許法等関係手数料令にて規定されています。

別表と特許法等関係手数料令の金額が異なる主な項目について、次のとおり抜粋いたしましたのでご案内申し上げます。詳しくは特許法等関係手数料令をご覧下さい。

	実用新案法別表	特許法等関係手数料令
実用新案法８条１項１号かっこ書、11条１項において準用する特許法43条の２第１項（実用新案法11条１項において準用する特許法43条の３第３項において準用する場合を含む。）、実用新案法33条の２第１項若しくは48条の４第４項又は同法48条の15第２項において準用する特許法184条の11第６項の規定により手続をする者（その責めに帰することができない理由によりこれらの規定による手続をすることとなった者を除く。）	50,000円	21,800円

実用新案技術評価の請求をする者	42,000円に一請求項につき1,000円を加えた額	42,000円に一請求項につき1,000円を加えた額（特許庁が国際調査報告を作成した国際実用新案登録出願にあつては一件につき8,400円に一請求項につき200円を加えた額、特許庁以外の条約に規定する国際調査機関が国際調査報告を作成した国際実用新案登録出願にあつては一件につき33,600円に一請求項につき800円を加えた額）
審判又は再審への参加を申請する者	55,000円	実用新案法第41条において準用する特許法第148条第１項（実用新案法第45条第１項において準用する特許法第174条第３項において準用する場合を含む。）の規定により参加を申請する者　１件につき55,000円 実用新案法第41条において準用する特許法第148条第３項（実用新案法第45条第１項において準用する特許法第174条第３項において準用する場合を含む。）の規定により参加を申請する者　１件につき16,500円

登録料について

実用新案法第31条第１項では、登録料の上限を定めており、実際は以下のとおりに規定されています。

各年の区分	金　　額
第１年から第３年まで	毎年　2,100円＋請求項×100円
第４年から第６年まで	毎年　6,100円＋請求項×300円
第７年から第10年まで	毎年　18,100円＋請求項×900円

（実用新案法施行令第１条）

（令和６年２月10日現在）

意匠法（昭和三四年四月一三日法律第一二五号）

最終改正　令和五法五一

目次

第一章　総則

（目的）

第一条　この法律は、意匠の保護及び利用を図ることにより、意匠の創作を奨励し、もつて産業の発達に寄与することを目的とする。

（定義等）

第二条　この法律で「意匠」とは、物品（物品の部分を含む。以下同じ。）の形状、模様若しくは色彩若しくはこれらの結合（以下「形状等」という。）、建築物（建築物の部分を含む。以下同じ。）の形状等又は画像（機器の操作の用に供されるもの又は機器がその機能を発揮した結果として表示されるものに限り、画像の部分を含む。次条第二項、第三十七条第二項、第三十八条第七号及び第八号、第四十四条の三第二項第六号並びに第五十五条第二項第六号を除き、以下同じ。）であつて、視覚を通じて美感を起こさせるものをいう。

2　この法律で意匠について「実施」とは、次に掲げる行為をいう。

一　意匠に係る物品の製造、使用、譲渡、貸渡し、輸出若しくは輸入（外国にある者が外国から日本国内に他人をして持ち込ませる行為を含む。以下同じ。）又は譲渡若しくは貸渡しの申出（譲渡又は貸渡しのための展示を含む。以下同じ。）をする行為

二　意匠に係る建築物の建築、使用、譲渡若しくは貸渡し又は譲渡若しくは貸渡しの申出をする行為

三　意匠に係る画像（その画像を表示する機能を有するプログラム等（特許法（昭和三十四年法律第百二十一号）第二条第四項に規定するプログラム等をいう。以下同じ。）を含む。以下この号において同じ。）について行う次のいずれかに該当する行為

イ　意匠に係る画像の作成、使用又は電気通信回線を通じた提供若しくはその申出（提供のための展示を含む。以下同じ。）をする行為

ロ　意匠に係る画像を記録した記録媒体又は内蔵する機器（以下「画像記録媒体等」という。）の譲渡、貸渡し、輸出若しくは輸入又は譲渡若しくは貸渡しの申出をする行為

3　この法律で「登録意匠」とは、意匠登録を受けている意匠をいう。

第二章　意匠登録及び意匠登録出願

（意匠登録の要件）

第三条　工業上利用することができる意匠の創作をした者は、次に掲げる意匠を除き、その意匠について意匠登録を受けることができる。

一　意匠登録出願前に日本国内又は外国において公然知られた意匠

二　意匠登録出願前に日本国内又は外国において、頒布された刊行物に記載された意匠又は電気通信回線を通じて公衆に利用可能となつた意匠

三　前二号に掲げる意匠に類似する意匠

2　意匠登録出願前にその意匠の属する分野における通常の知識を有する者が日本国内又は外国において公然知られ、頒布された刊行物に記載され、又は電気通信回線を通じて公衆に利用可能となつた形状等又は画像に基づいて容易に意

匠の創作をすることができたときは、その意匠（前項各号に掲げるものを除く。）については、同項の規定にかかわらず、意匠登録を受けることができない。

（同前）

第三条の二　意匠登録出願に係る意匠が、当該意匠登録出願の日前の他の意匠登録出願であつて当該意匠登録出願後に第二十条第三項又は第六十六条第三項の規定により意匠公報に掲載されたもの（以下この条において「先の意匠登録出願」という。）の願書の記載及び願書に添付した図面、写真、ひな形又は見本に現された意匠の一部と同一又は類似であるときは、その意匠については、前条第一項の規定にかかわらず、意匠登録を受けることができない。ただし、当該意匠登録出願の出願人と先の意匠登録出願の出願人とが同一の者であつて、第二十条第三項の規定により先の意匠登録出願が掲載された意匠公報（同条第四項の規定により同条第三項第四号に掲げる事項が掲載されたものを除く。）の発行の日前に当該意匠登録出願があつたときは、この限りでない。

（意匠の新規性の喪失の例外）

第四条　意匠登録を受ける権利を有する者の意に反して第三条第一項第一号又は第二号に該当するに至つた意匠は、その該当するに至つた日から一年以内にその者がした意匠登録出願に係る意匠についての同項及び同条第二項の規定の適用については、同条第一項第一号又は第二号に該当するに至らなかつたものとみなす。

2　意匠登録を受ける権利を有する者の行為に起因して第三条第一項第一号又は第二号に該当するに至つた意匠（発明、実用新案、意匠又は商標に関する公報に掲載されたことにより同項第一号又は第二号に該当するに至つたものを除く。）も、その該当するに至つた日から一年以内にその者がした意匠登録出願に係る意匠についての同項及び同条第二項の規定の適用については、前項と同様とする。

3　前項の規定の適用を受けようとする者は、その旨を記載した書面を意匠登録出願と同時に特許庁長官に提出し、かつ、第三条第一項第一号又は第二号に該当するに至つた意匠が前項の規定の適用を受けることができる意匠であることを証明する書面（以下この条及び第六十条の七において「証明書」という。）を意匠登録出願の日から三十日以内に特許庁長官に提出しなければならない。ただし、同一又は類似の意匠について第三条第一項第一号又は第二号に該当するに至る起因となつた意匠登録を受ける権利を有する者の二以上の行為があつたときは、その証明書の提出は、当該二以上の行為のうち、最先の日に行われたものの一の行為についてすれば足りる。

4　証明書を提出する者がその責めに帰することができない理由により前項に規定する期間内に証明書を提出することができないときは、同項の規定にかかわらず、その理由がなくなつた日から十四日（在外者にあつては、二月）以内でその期間の経過後六月以内にその証明書を特許庁長官に提出することができる。

（意匠登録を受けることができない意匠）

第五条　次に掲げる意匠については、第三条の規定にかかわらず、意匠登録を受けることができない。

一　公の秩序又は善良の風俗を害するおそれがある意匠

二　他人の業務に係る物品、建築物又は画像と混同を生ずるおそれがある意匠

三　物品の機能を確保するために不可欠な形状若しくは建築物の用途にとつて不可欠な形状のみからなる意匠又は画像の用途にとつて不可欠な表示のみからなる意匠

（仮通常実施権）

第五条の二　意匠登録を受ける権利を有する者は、その意匠登録を受ける権利に基づいて取得すべき意匠権について、その意匠登録出願の願書の記載及び願書に添付した図面、写真、ひな形又は見本に現された意匠又はこれに類似する意匠の範囲内において、他人に仮通常実施権を許諾

することができる。
2　前項の規定による仮通常実施権に係る意匠登録出願について意匠権の設定の登録があつたときは、当該仮通常実施権を有する者に対し、その意匠権について、当該仮通常実施権の設定行為で定めた範囲内において、通常実施権が許諾されたものとみなす。
3　特許法第三十三条第二項及び第三項、第三十四条の三第四項、第六項及び第八項から第十項まで並びに第三十四条の五の規定は、仮通常実施権に準用する。この場合において、同法第三十四条の三第八項中「第四十六条第一項」とあるのは「意匠法第十三条第二項」と、同条第九項中「意匠法（昭和三十四年法律第百二十五号）第五条の二第一項の規定による仮通常実施権に係る意匠登録出願について、第四十六条第二項」とあるのは「第一項又は前条第四項の規定による仮通常実施権に係る特許出願について、意匠法第十三条第一項」と読み替えるものとする。

（意匠登録出願）

第六条　意匠登録を受けようとする者は、次に掲げる事項を記載した願書に意匠登録を受けようとする意匠を記載した図面を添付して特許庁長官に提出しなければならない。
一　意匠登録出願人の氏名又は名称及び住所又は居所
二　意匠の創作をした者の氏名及び住所又は居所
三　意匠に係る物品又は意匠に係る建築物若しくは画像の用途
2　経済産業省令で定める場合は、前項の図面に代えて、意匠登録を受けようとする意匠を現わした写真、ひな形又は見本を提出することができる。この場合は、写真、ひな形又は見本の別を願書に記載しなければならない。
3　第一項第三号の意匠に係る物品若しくは意匠に係る建築物の用途の記載又は願書に添付した図面、写真若しくはひな形によつてはその意匠の属する分野における通常の知識を有する者がその意匠に係る物品又は建築物の材質又は大きさを理解することができないためその意匠を認識することができないときは、その意匠に係る物品又は建築物の材質又は大きさを願書に記載しなければならない。

4　意匠に係る物品の形状、模様若しくは色彩、建築物の形状、模様若しくは色彩又は画像がその物品、建築物又は画像の有する機能に基づいて変化する場合において、その変化の前後にわたるその物品の形状等、建築物の形状等又は画像について意匠登録を受けようとするときは、その旨及びその物品、建築物又は画像の当該機能の説明を願書に記載しなければならない。

5　第一項又は第二項の規定により提出する図面、写真又はひな形にその意匠の色彩を付するときは、白色又は黒色のうち一色については、彩色を省略することができる。

6　前項の規定により彩色を省略するときは、その旨を願書に記載しなければならない。

7　第一項の規定により提出する図面に意匠を記載し、又は第二項の規定により提出する写真若しくはひな形に意匠を現す場合において、その意匠に係る物品、建築物又は画像の全部又は一部が透明であるときは、その旨を願書に記載しなければならない。

（一意匠一出願）

第七条　意匠登録出願は、経済産業省令で定めるところにより、意匠ごとにしなければならない。

（組物の意匠）

第八条　同時に使用される二以上の物品、建築物又は画像であつて経済産業省令で定めるもの（以下「組物」という。）を構成する物品、建築物又は画像に係る意匠は、組物全体として統一があるときは、一意匠として出願をし、意匠登録を受けることができる。

（内装の意匠）

第八条の二　店舗、事務所その他の施設の内部の設備及び装飾（以下「内装」という。）を構成する物品、建築物又は画像に係る意匠は、内装全体として統一的な美感を起こさせるときは、一意匠として出願をし、意匠登録を受けることができる。

（先願）

第九条　同一又は類似の意匠について異なつた日に二以上の意匠登録出願があつたときは、最先の意匠登録出願人のみがその意匠について意匠登録を受けることができる。

2　同一又は類似の意匠について同日に二以上の意匠登録出願があつたときは、意匠登録出願人の協議により定めた一の意匠登録出願人のみがその意匠について意匠登録を受けることができる。協議が成立せず、又は協議をすることができないときは、いずれも、その意匠について意匠登録を受けることができない。

3　意匠登録出願が放棄され、取り下げられ、若しくは却下されたとき、又は意匠登録出願について拒絶をすべき旨の査定若しくは審決が確定したときは、その意匠登録出願は、前二項の規定の適用については、初めからなかつたものとみなす。ただし、その意匠登録出願について前項後段の規定に該当することにより拒絶をすべき旨の査定又は審決が確定したときは、この限りでない。

4　特許庁長官は、第二項の場合は、相当の期間を指定して、同項の協議をしてその結果を届け出るべき旨を意匠登録出願人に命じなければならない。

5　特許庁長官は、前項の規定により指定した期間内に同項の規定による届出がないときは、第二項の協議が成立しなかつたものとみなすことができる。

（願書の記載又は図面等の補正と要旨変更）

第九条の二　願書の記載（第六条第一項第一号及び第二号に掲げる事項並びに同条第二項の規定により記載した事項を除く。第十七条の二第一項及び第二十四条第一項において同じ。）又は願書に添付した図面、写真、ひな形若しくは見本についてした補正がこれらの要旨を変更するものと意匠権の設定の登録があつた後に認められたときは、その意匠登録出願は、その補正について手続補正書を提出した時にしたものとみなす。

（関連意匠）

第一〇条　意匠登録出願人は、自己の意匠登録出願に係る意匠又は自己の登録意匠のうちから選択した一の意匠（以下「本意匠」という。）に類似する意匠（以下「関連意匠」という。）については、当該関連意匠の意匠登録出願の日（第十五条第一項において準用する特許法第四十三条第一項、第四十三条の二第一項又は第四十三条の三第一項若しくは第二項の規定による優先権の主張を伴う意匠登録出願にあつては、最初の出願若しくは千九百年十二月十四日にブラッセルで、千九百十一年六月二日にワシントンで、千九百二十五年十一月六日にヘーグで、千九百三十四年六月二日にロンドンで、千九百五十八年十月三十一日にリスボンで及び千九百六十七年七月十四日にストックホルムで改正された工業所有権の保護に関する千八百八十三年三月二十日のパリ条約第四条C⑷の規定により最初の出願とみなされた出願又は同条A⑵の規定により最初の出願と認められた出願の日。以下この項において同じ。）がその本意匠の意匠登録出願の日以後であつて、当該本意匠の意匠登録出願の日から十年を経過する日前である場合に限り、第九条第一項又は第二項の規定にかかわらず、意匠登録を受けることができる。ただし、当該関連意匠の意匠権の設定の登録の際に、その本意匠の意匠権が第四十四条第四項の規定により消滅しているとき、無効にすべき旨の審決が確定しているとき、又は放棄されているときは、この限りでない。

2　第三条第一項第一号又は第二号に該当するに至つた自己の意匠のうち前項の規定により意匠登録を受けようとする意匠の本意匠と同一又は類似のものは、当該意匠登録を受けようとする意匠についての同条第一項及び第二項の規定の適用については、同条第一項第一号又は第二号に該当するに至らなかつたものとみなす。

3　第一項の規定により意匠登録を受けようとする意匠についての第三条の二ただし書の規定の

適用については、同条ただし書中「同条第四項の規定により同条第三項第四号に掲げる事項が掲載されたものを除く。）」とあるのは、「当該先の意匠登録出願について第十四条第一項の規定により秘密にすることを請求したときは、第二十条第四項の規定により同条第三項第四号に掲げる事項が掲載されたものに限る。）」とする。

4 第一項の規定により意匠登録を受ける関連意匠にのみ類似する意匠については、当該関連意匠を本意匠とみなして、同項の規定により意匠登録を受けることができるものとする。当該意匠登録を受けることができるものとされた関連意匠にのみ類似する意匠及び当該関連意匠に連鎖する段階的な関連意匠にのみ類似する意匠についても、同様とする。

5 前項の場合における第一項の規定の適用については、同項中「当該本意匠」とあるのは、「当該関連意匠に係る最初に選択した一の意匠」とする。

6 本意匠の意匠権について専用実施権が設定されているときは、その本意匠に係る関連意匠についても、意匠登録を受けることができない。

7 関連意匠の意匠登録出願があつた場合において、当該意匠登録出願が基礎意匠（当該関連意匠に係る最初に選択した一の意匠をいう。以下同じ。）に係る関連意匠（当該基礎意匠の関連意匠及び当該関連意匠に連鎖する段階的な関連意匠をいう。以下同じ。）にそれぞれ該当する二以上の意匠の意匠登録出願であつたときは、これらの意匠については、第九条第一項又は第二項の規定は、適用しない。

8 前項に規定する場合において、第三条第一項第一号又は第二号に該当するに至つた自己の意匠のうち当該基礎意匠に係る関連意匠（当該関連意匠の意匠登録出願が放棄され、取り下げられ、若しくは却下されたとき、若しくは当該関連意匠の意匠登録出願について拒絶をすべき旨の査定若しくは審決が確定したとき、又は当該関連意匠の意匠権が第四十四条第四項の規定により消滅したとき、無効にすべき旨の審決が確定したとき、若しくは放棄されたときを除く。）と同一又は類似のものは、第一項の規定により意匠登録を受けようとする意匠についての第三条第一項及び第二項の規定の適用については、同条第一項第一号又は第二号に該当するに至らなかつたものとみなす。

（意匠登録出願の分割）

第一〇条の二　意匠登録出願人は、意匠登録出願が審査、審判又は再審に係属している場合に限り、二以上の意匠を包含する意匠登録出願の一部を一又は二以上の新たな意匠登録出願とすることができる。

2　前項の規定による意匠登録出願の分割があつたときは、新たな意匠登録出願は、もとの意匠登録出願の時にしたものとみなす。ただし、第四条第三項並びに第十五条第一項において準用する特許法第四十三条第一項及び第二項（これらの規定を第十五条第一項において準用する同法第四十三条の二第二項（第十五条第一項において準用する同法第四十三条の三第三項において準用する場合を含む。）及び第四十三条の三第三項において準用する場合を含む。）の規定の適用については、この限りでない。

3　第一項に規定する新たな意匠登録出願をする場合には、もとの意匠登録出願について提出された書面又は書類（第十五条第一項において準用する特許法第四十三条第一項（第十五条第一項において準用する同法第四十三条の二第二項（第十五条第一項において準用する同法第四十三条の三第三項において準用する場合を含む。以下この項において同じ。）及び第四十三条の三第三項において準用する場合を含む。）の規定により提出された場合には、電磁的方法（電子的方法、磁気的方法その他人の知覚によつては認識することができない方法をいう。）により提供されたものを含む。）であつて、新たな意匠登録出願について第四条第三項又は第十五条第一項において準用する特許法第四十三条第一項及び第二項（これらの規定を第十五条第一項において準用する同法第四十三条の二第二項

（第十五条第一項において準用する同法第四十三条の三第三項において準用する場合を含む。）及び第四十三条の三第三項において準用する場合を含む。）の規定により提出しなければならないものは、当該新たな意匠登録出願と同時に特許庁長官に提出されたものとみなす。

第一一条及び第一二条　削除

（出願の変更）

第一三条　特許出願人は、その特許出願を意匠登録出願に変更することができる。ただし、その特許出願について拒絶をすべき旨の最初の査定の謄本の送達があつた日から三月を経過した後は、この限りでない。

2　実用新案登録出願人は、その実用新案登録出願を意匠登録出願に変更することができる。

3　第一項ただし書に規定する期間は、特許法第四条の規定により同法第百二十一条第一項に規定する期間が延長されたときは、その延長された期間を限り、延長されたものとみなす。

4　第一項又は第二項の規定による出願の変更があつたときは、もとの出願は、取り下げたものとみなす。

5　特許出願人は、その特許出願について仮専用実施権を有する者があるときは、その承諾を得た場合に限り、第一項の規定による出願の変更をすることができる。

6　第十条の二第二項及び第三項の規定は、第一項又は第二項の規定による出願の変更の場合に準用する。

（特許協力条約に基づく国際出願に係る出願の変更の特例）

第一三条の二　特許法第百八十四条の三第一項又は第百八十四条の二十第四項の規定により特許出願とみなされた国際出願の意匠登録出願への変更については、同法第百八十四条の六第二項の日本語特許出願にあつては同法第百八十四条の五第一項、同法第百八十四条の四第一項の外国語特許出願にあつては同項又は同条第四項及び同法第百八十四条の五第一項の規定による手続をし、かつ、同法第百九十五条第二項の規定により納付すべき手数料を納付した後（同法第百八十四条の二十第四項の規定により特許出願とみなされた国際出願については、同項に規定する決定の後）でなければすることができない。

2　実用新案法（昭和三十四年法律第百二十三号）第四十八条の三第一項又は第四十八条の十六第四項の規定により実用新案登録出願とみなされた国際出願の意匠登録出願への変更については、同法第四十八条の五第四項の日本語実用新案登録出願にあつては同条第一項、同法第四十八条の四第一項の外国語実用新案登録出願にあつては同項又は同条第四項及び同法第四十八条の五第一項の規定による手続をし、かつ、同法第五十四条第二項の規定により納付すべき手数料を納付した後（同法第四十八条の十六第四項の規定により実用新案登録出願とみなされた国際出願については、同項に規定する決定の後）でなければすることができない。

（秘密意匠）

第一四条　意匠登録出願人は、意匠権の設定の登録の日から三年以内の期間を指定して、その期間その意匠を秘密にすることを請求することができる。

2　前項の規定による請求をしようとする者は、次に掲げる事項を記載した書面を意匠登録出願と同時に、又は第四十二条第一項の規定による第一年分の登録料の納付と同時に特許庁長官に提出しなければならない。

一　意匠登録出願人の氏名又は名称及び住所又は居所

二　秘密にすることを請求する期間

3　意匠登録出願人又は意匠権者は、第一項の規定により秘密にすることを請求した期間を延長し又は短縮することを請求することができる。

4　特許庁長官は、次の各号の一に該当するときは、第一項の規定により秘密にすることを請求した意匠を意匠権者以外の者に示さなければならない。

一　意匠権者の承諾を得たとき。

二　その意匠又はその意匠と同一若しくは類似

の意匠に関する審査、審判、再審又は訴訟の当事者又は参加人から請求があつたとき。

三　裁判所から請求があつたとき。

四　利害関係人が意匠権者の氏名又は名称及び登録番号を記載した書面その他経済産業省令で定める書面を特許庁長官に提出して請求したとき。

（特許法の準用）

第一五条　特許法第三十八条（共同出願）及び第四十三条から第四十三条の三まで（パリ条約による優先権主張の手続及びパリ条約の例による優先権主張）の規定は、意匠登録出願に準用する。この場合において、同法第四十三条第一項中「経済産業省令で定める期間内」とあるのは「意匠登録出願と同時」と、同条第二項中「次の各号に掲げる日のうち最先の日から一年四月」とあるのは「意匠登録出願の日から三月」と読み替えるものとする。

2　特許法第三十三条並びに第三十四条第一項、第二項及び第四項から第七項まで（特許を受ける権利）の規定は、意匠登録を受ける権利に準用する。

3　特許法第三十五条（仮専用実施権に係る部分を除く。）（職務発明）の規定は、従業者、法人の役員又は国家公務員若しくは地方公務員がした意匠の創作に準用する。

第三章　審　　査

（審査官による審査）

第一六条　特許庁長官は、審査官に意匠登録出願を審査させなければならない。

（拒絶の査定）

第一七条　審査官は、意匠登録出願が次の各号のいずれかに該当するときは、その意匠登録出願について拒絶をすべき旨の査定をしなければならない。

一　その意匠登録出願に係る意匠が第三条、第三条の二、第五条、第八条、第八条の二、第九条第一項若しくは第二項、第十条第一項、第四項若しくは第六項、第十五条第一項において準用する特許法第三十八条又は第六十八条第三項において準用する同法第二十五条の規定により意匠登録をすることができないものであるとき。

二　その意匠登録出願に係る意匠が条約の規定により意匠登録をすることができないものであるとき。

三　その意匠登録出願が第七条に規定する要件を満たしていないとき。

四　その意匠登録出願人がその意匠について意匠登録を受ける権利を有していないとき。

（補正の却下）

第一七条の二　願書の記載又は願書に添付した図面、写真、ひな形若しくは見本についてした補正がこれらの要旨を変更するものであるときは、審査官は、決定をもつてその補正を却下しなければならない。

2　前項の規定による却下の決定は、文書をもつて行い、かつ、理由を付さなければならない。

3　第一項の規定による却下の決定があつたときは、決定の謄本の送達があつた日から三月を経過するまでは、当該意匠登録出願について査定をしてはならない。

4　審査官は、意匠登録出願人が第一項の規定による却下の決定に対し補正却下決定不服審判を請求したときは、その審判の審決が確定するまでその意匠登録出願の審査を中止しなければならない。

（補正後の意匠についての新出願）

第一七条の三　意匠登録出願人が前条第一項の規定による却下の決定の謄本の送達があつた日から三月以内にその補正後の意匠について新たな意匠登録出願をしたときは、その意匠登録出願は、その補正について手続補正書を提出した時にしたものとみなす。

2　前項に規定する新たな意匠登録出願があつたときは、もとの意匠登録出願は、取り下げたものとみなす。

3　前二項の規定は、意匠登録出願人が第一項に規定する新たな意匠登録出願について同項の規定の適用を受けたい旨を記載した書面をその意匠登録出願と同時に特許庁長官に提出した場合に限り、適用があるものとする。

（同前）

第一七条の四　特許庁長官は、遠隔又は交通不便の地にある者のため、請求により又は職権で、前条第一項に規定する期間を延長することができる。

2　審判長は、遠隔又は交通不便の地にある者のため、請求により又は職権で、第五十条第一項（第五十七条第一項において準用する場合を含む。）において準用する前条第一項に規定する期間を延長することができる。

（意匠登録の査定）

第一八条　審査官は、意匠登録出願について拒絶の理由を発見しないときは、意匠登録をすべき旨の査定をしなければならない。

（特許法の準用）

第一九条　特許法第四十七条第二項（審査官の資格）、第四十八条（審査官の除斥）、第五十条（拒絶理由の通知）、第五十二条（査定の方式）及び第五十四条（訴訟との関係）の規定は、意匠登録出願の審査に準用する。

第四章　意匠権

第一節　意匠権

（意匠権の設定の登録）

第二〇条　意匠権は、設定の登録により発生する。

2　第四十二条第一項の規定による第一年分の登録料の納付があつたときは、意匠権の設定の登録をする。

3　前項の登録があつたときは、次に掲げる事項を意匠公報に掲載しなければならない。

一　意匠権者の氏名又は名称及び住所又は居所

二　意匠登録出願の番号及び年月日

三　登録番号及び設定の登録の年月日

四　願書及び願書に添付した図面、写真、ひな形又は見本の内容

五　前各号に掲げるもののほか、必要な事項

4　第十四条第一項の規定により秘密にすることを請求した意匠に関する前項第四号に掲げる事項は、同項の規定にかかわらず、第十四条第一項の規定により指定した期間の経過後遅滞なく掲載するものとする。

（存続期間）

第二一条　意匠権（関連意匠の意匠権を除く。）の存続期間は、意匠登録出願の日から二十五年をもつて終了する。

2　関連意匠の意匠権の存続期間は、その基礎意匠の意匠登録出願の日から二十五年をもつて終了する。

（関連意匠の意匠権の移転）

第二二条　基礎意匠及びその関連意匠の意匠権は、分離して移転することができない。

2　基礎意匠の意匠権が第四十四条第四項の規定により消滅したとき、無効にすべき旨の審決が確定したとき、又は放棄されたときは、当該基礎意匠に係る関連意匠の意匠権は、分離して移転することができない。

（意匠権の効力）

第二三条　意匠権者は、業として登録意匠及びこ

れに類似する意匠の実施をする権利を専有する。ただし、その意匠権について専用実施権を設定したときは、専用実施権者がその登録意匠及びこれに類似する意匠の実施をする権利を専有する範囲については、この限りでない。

（登録意匠の範囲等）

第二四条　登録意匠の範囲は、願書の記載及び願書に添附した図面に記載され又は願書に添附した写真、ひな形若しくは見本により現わされた意匠に基いて定めなければならない。

2　登録意匠とそれ以外の意匠が類似であるか否かの判断は、需要者の視覚を通じて起こさせる美感に基づいて行うものとする。

（同前）

第二五条　登録意匠及びこれに類似する意匠の範囲については、特許庁に対し、判定を求めることができる。

2　特許庁長官は、前項の規定による求があつたときは、三名の審判官を指定して、その判定をさせなければならない。

3　特許法第七十一条第三項及び第四項の規定は、第一項の判定に準用する。

（同前）

第二五条の二　特許庁長官は、裁判所から登録意匠及びこれに類似する意匠の範囲について鑑定の嘱託があつたときは、三名の審判官を指定して、その鑑定をさせなければならない。

2　特許法第七十一条の二第二項の規定は、前項の鑑定の嘱託に準用する。

（他人の登録意匠等との関係）

第二六条　意匠権者、専用実施権者又は通常実施権者は、その登録意匠がその意匠登録出願の日前の出願に係る他人の登録意匠若しくはこれに類似する意匠、特許発明若しくは登録実用新案を利用するものであるとき、又はその意匠権のうち登録意匠に係る部分がその意匠登録出願の日前の出願に係る他人の特許権、実用新案権若しくは商標権若しくはその意匠登録出願の日前に生じた他人の著作権と抵触するときは、業としてその登録意匠の実施をすることができない。

2　意匠権者、専用実施権者又は通常実施権者は、その登録意匠に類似する意匠がその意匠登録出願の日前の出願に係る他人の登録意匠若しくはこれに類似する意匠、特許発明若しくは登録実用新案を利用するものであるとき、又はその意匠権のうち登録意匠に類似する意匠に係る部分がその意匠登録出願の日前の出願に係る他人の意匠権、特許権、実用新案権若しくは商標権若しくはその意匠登録出願の日前に生じた他人の著作権と抵触するときは、業としてその登録意匠に類似する意匠の実施をすることができない。

（意匠権の移転の特例）

第二十六条の二　意匠登録が第四十八条第一項第一号に規定する要件に該当するとき（その意匠登録が第十五条第一項において準用する特許法第三十八条の規定に違反してされたときに限る。）又は第四十八条第一項第三号に規定する要件に該当するときは、当該意匠登録に係る意匠について意匠登録を受ける権利を有する者は、経済産業省令で定めるところにより、その意匠権者に対し、当該意匠権の移転を請求することができる。

2　基礎意匠又は関連意匠の意匠権についての前項の規定による請求は、基礎意匠又は関連意匠の意匠権のいずれかの消滅後は、当該消滅した意匠権が第四十九条の規定により初めから存在しなかつたものとみなされたときを除き、することができない。

3　第一項の規定による請求に基づく意匠権の移転の登録があつたときは、その意匠権は、初めから当該登録を受けた者に帰属していたものとみなす。当該意匠権に係る意匠についての第六十条の十二第一項の規定による請求権についても、同様とする。

4　共有に係る意匠権について第一項の規定による請求に基づきその持分を移転する場合においては、第三十六条において準用する特許法第七十三条第一項の規定は、適用しない。

（専用実施権）

第二十七条　意匠権者は、その意匠権について専用実施権を設定することができる。ただし、基礎意匠又は関連意匠の意匠権についての専用実施権は、基礎意匠及び全ての関連意匠の意匠権について、同一の者に対して同時に設定する場合に限り、設定することができる。

2　専用実施権者は、設定行為で定めた範囲内において、業としてその登録意匠又はこれに類似する意匠の実施をする権利を専有する。

3　基礎意匠の意匠権が第四十四条第四項の規定により消滅したとき、無効にすべき旨の審決が確定したとき、又は放棄されたときは、当該基礎意匠に係る関連意匠の意匠権についての専用実施権は、全ての関連意匠の意匠権について同一の者に対して同時に設定する場合に限り、設定することができる。

4　特許法第七十七条第三項から第五項まで（移転等）、第九十七条第二項（放棄）並びに第九十八条第一項第二号及び第二項（登録の効果）の規定は、専用実施権に準用する。

（通常実施権）

第二八条　意匠権者は、その意匠権について他人に通常実施権を許諾することができる。

2　通常実施権者は、この法律の規定により又は設定行為で定めた範囲内において、業としてその登録意匠又はこれに類似する意匠の実施をする権利を有する。

3　特許法第七十三条第一項（共有）、第九十七条第三項（放棄）及び第九十九条（通常実施権の対抗力）の規定は、通常実施権に準用する。

（先使用による通常実施権）

第二九条　意匠登録出願に係る意匠を知らないで自らその意匠若しくはこれに類似する意匠の創作をし、又は意匠登録出願に係る意匠を知らないでその意匠若しくはこれに類似する意匠の創作をした者から知得して、意匠登録出願の際（第九条の二の規定により、又は第十七条の三第一項（第五十条第一項（第五十七条第一項において準用する場合を含む。）において準用する場合を含む。）の規定により、その意匠登録出願が手続補正書を提出した時にしたものとみなされたときは、もとの意匠登録出願の際又は手続補正書を提出した際）現に日本国内においてその意匠又はこれに類似する意匠の実施である事業をしている者又はその事業の準備をしている者は、その実施又は準備をしている意匠及び事業の目的の範囲内において、その意匠登録出願に係る意匠権について通常実施権を有する。

（先出願による通常実施権）

第二九条の二　意匠登録出願に係る意匠を知らないで自らその意匠若しくはこれに類似する意匠の創作をし、又は意匠登録出願に係る意匠を知らないでその意匠若しくはこれに類似する意匠の創作をした者から知得して、意匠権の設定の登録の際現に日本国内においてその意匠又はこれに類似する意匠の実施である事業をしている者又はその事業の準備をしている者（前条に該当する者を除く。）は、次の各号のいずれにも該当する場合に限り、その実施又は準備をしている意匠及び事業の目的の範囲内において、その意匠登録出願に係る意匠権について通常実施権を有する。

一　その意匠登録出願の日前に、自らその意匠又はこれに類似する意匠について意匠登録出願をし、当該意匠登録出願に係る意匠の実施である事業をしている者又はその事業の準備をしている者であること。

二　前号の自らした意匠登録出願について、その意匠登録出願に係る意匠が第三条第一項各号の一に該当し、拒絶をすべき旨の査定又は審決が確定した者であること。

（意匠権の移転の登録前の実施による通常実施権）

第二九条の三　第二十六条の二第一項の規定による請求に基づく意匠権の移転の登録の際現にその意匠権、その意匠権についての専用実施権又はその意匠権若しくは専用実施権についての通常実施権を有していた者であつて、その意匠権の移転の登録前に、意匠登録が第四十八条第一項第一号に規定する要件に該当すること（その意匠登録が第十五条第一項において準用する特許法第三十八条の規定に違反してされたときに限る。）又は第四十八条第一項第三号に規定する要件に該当することを知らないで、日本国内において当該意匠又はこれに類似する意匠の実施である事業をしているもの又はその事業の準備をしているものは、その実施又は準備をしている意匠及び事業の目的の範囲内において、その意匠権について通常実施権を有する。

2　当該意匠権者は、前項の規定により通常実施権を有する者から相当の対価を受ける権利を有する。

（無効審判の請求登録前の実施による通常実施権）

第三〇条　次の各号のいずれかに該当する者であつて、意匠登録無効審判の請求の登録前に、意匠登録が第四十八条第一項各号のいずれかに該当することを知らないで、日本国内において当該意匠又はこれに類似する意匠の実施である事業をしているもの又はその事業の準備をしているものは、その実施又は準備をしている意匠及び事業の目的の範囲内において、当該意匠権又はその意匠登録を無効にした際現に存する専用実施権について通常実施権を有する。

一　同一又は類似の意匠についての二以上の意匠登録のうち、その一を無効にした場合における原意匠権者

二　意匠登録を無効にして同一又は類似の意匠について正当権利者に意匠登録をした場合における原意匠権者

三　前二号に掲げる場合において、意匠登録無効審判の請求の登録の際現にその無効にした意匠登録に係る意匠権についての専用実施権又はその意匠権若しくは専用実施権についての通常実施権を有する者

2　当該意匠権者又は専用実施権者は、前項の規定により通常実施権を有する者から相当の対価を受ける権利を有する。

（意匠権等の存続期間満了後の通常実施権）

第三一条　意匠登録出願の日前又はこれと同日の意匠登録出願に係る意匠権のうち登録意匠に類

似する意匠に係る部分がその意匠登録出願に係る意匠権と抵触する場合において、その意匠権の存続期間が満了したときは、その原意匠権者は、原意匠権の範囲内において、当該意匠権又はその意匠権の存続期間の満了の際現に存する専用実施権について通常実施権を有する。

2　前項の規定は、意匠登録出願の日前又はこれと同日の出願に係る特許権又は実用新案権がその意匠登録出願に係る意匠権と抵触する場合において、その特許権又は実用新案権の存続期間が満了したときに準用する。

（同前）

第三二条　意匠登録出願の日前又はこれと同日の意匠登録出願に係る意匠権のうち登録意匠に類似する意匠に係る部分がその意匠登録出願に係る意匠権と抵触する場合において、その意匠権の存続期間が満了したときは、その満了の際現にその存続期間が満了した意匠権についての専用実施権又はその意匠権若しくは専用実施権についての通常実施権を有する者は、原権利の範囲内において、当該意匠権又はその意匠権の存続期間の満了の際現に存する専用実施権について通常実施権を有する。

2　前項の規定は、意匠登録出願の日前又はこれと同日の出願に係る特許権又は実用新案権がその意匠登録出願に係る意匠権と抵触する場合において、その特許権又は実用新案権の存続期間が満了したときに準用する。

3　当該意匠権者又は専用実施権者は、前二項の規定により通常実施権を有する者から相当の対価を受ける権利を有する。

（通常実施権の設定の裁定）

第三三条　意匠権者又は専用実施権者は、その登録意匠又はこれに類似する意匠が第二十六条に規定する場合に該当するときは、同条の他人に対しその登録意匠又はこれに類似する意匠の実施をするための通常実施権又は特許権若しくは実用新案権についての通常実施権の許諾について協議を求めることができる。

2　前項の協議を求められた第二十六条の他人は、

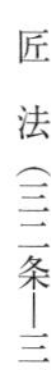

その協議を求めた意匠権者又は専用実施権者に対し、これらの者がその協議により通常実施権又は特許権若しくは実用新案権についての通常実施権の許諾を受けて実施をしようとする登録意匠又はこれに類似する意匠の範囲内において、通常実施権の許諾について協議を求めることができる。

3　第一項の協議が成立せず、又は協議をすることができないときは、意匠権者又は専用実施権者は、特許庁長官の裁定を請求することができる。

4　第二項の協議が成立せず、又は協議をすることができない場合において、前項の裁定の請求があつたときは、第二十六条の他人は、第七項において準用する特許法第八十四条の規定によりその者が答弁書を提出すべき期間として特許庁長官が指定した期間内に限り、特許庁長官の裁定を請求することができる。

5　特許庁長官は、第三項又は前項の場合において、当該通常実施権を設定することが第二十六条の他人又は意匠権者若しくは専用実施権者の利益を不当に害することとなるときは、当該通常実施権を設定すべき旨の裁定をすることができない。

6　特許庁長官は、前項に規定する場合のほか、第四項の場合において、第三項の裁定の請求について通常実施権を設定すべき旨の裁定をしないときは、当該通常実施権を設定すべき旨の裁定をすることができない。

7　特許法第八十四条、第八十四条の二、第八十五条第一項及び第八十六条から第九十一条の二まで（裁定の手続等）の規定は、第三項又は第四項の裁定に準用する。

（通常実施権の移転等）

第三四条　通常実施権は、前条第三項若しくは第四項、特許法第九十二条第三項又は実用新案法第二十二条第三項の裁定による通常実施権を除き、実施の事業とともにする場合、意匠権者（専用実施権についての通常実施権にあつては、意匠権者及び専用実施権者）の承諾を得た場合及び相続その他の一般承継の場合に限り、移転することができる。

2　通常実施権者は、前条第三項若しくは第四項、特許法第九十二条第三項又は実用新案法第二十二条第三項の裁定による通常実施権を除き、意匠権者（専用実施権についての通常実施権にあつては、意匠権者及び専用実施権者）の承諾を得た場合に限り、その通常実施権について質権を設定することができる。

3　前条第三項、特許法第九十二条第三項又は実用新案法第二十二条第三項の裁定による通常実施権は、その通常実施権者の当該意匠権、特許権又は実用新案権が実施の事業とともに移転したときはこれらに従つて移転し、その意匠権、特許権又は実用新案権が実施の事業と分離して移転したとき、又は消滅したときは消滅する。

4　前条第四項の裁定による通常実施権は、その通常実施権者の当該意匠権、特許権又は実用新案権に従つて移転し、その意匠権、特許権又は実用新案権が消滅したときは消滅する。

（質権）

第三五条　意匠権、専用実施権又は通常実施権を目的として質権を設定したときは、質権者は、契約で別段の定をした場合を除き、当該登録意匠又はこれに類似する意匠の実施をすることができない。

2　特許法第九十六条（物上代位）の規定は、意匠権、専用実施権又は通常実施権を目的とする質権に準用する。

3　特許法第九十八条第一項第三号及び第二項（登録の効果）の規定は、意匠権又は専用実施権を目的とする質権に準用する。

（特許法の準用）

第三六条　特許法第六十九条第一項及び第二項（特許権の効力が及ばない範囲）、第七十三条（共有）、第七十六条（相続人がない場合の特許権の消滅）、第九十七条第一項（放棄）並びに第九十八条第一項第一号及び第二項（登録の効果）の規定は、意匠権に準用する。

第二節　権利侵害

（差止請求権）

第三十七条　意匠権者又は専用実施権者は、自己の意匠権又は専用実施権を侵害する者又は侵害するおそれがある者に対し、その侵害の停止又は予防を請求することができる。

2　意匠権者又は専用実施権者は、前項の規定による請求をするに際し、侵害の行為を組成した物品、建築物若しくは画像（その画像を表示する機能を有するプログラム等を含む。第六十四条及び第六十五条第一号を除き、以下同じ。）若しくは画像を記録した記録媒体若しくは内蔵する機器（以下「一般画像記録媒体等」という。）又はプログラム等（画像を表示する機能を有するプログラム等を除く。以下同じ。）若しくはプログラム等を記録した記録媒体若しくは記憶した機器（以下「プログラム等記録媒体等」という。）の廃棄、侵害の行為に供した設備の除却その他の侵害の予防に必要な行為を請求することができる。

3　第十四条第一項の規定により秘密にすることを請求した意匠に係る意匠権者又は専用実施権者は、その意匠に関し第二十条第三項各号に掲げる事項を記載した書面であつて特許庁長官の証明を受けたものを提示して警告した後でなければ、第一項の規定による請求をすることができない。

（侵害とみなす行為）

第三十八条　次に掲げる行為は、当該意匠権又は専用実施権を侵害するものとみなす。

一　登録意匠又はこれに類似する意匠に係る物品の製造にのみ用いる物品又はプログラム等若しくはプログラム等記録媒体等について業として行う次のいずれかに該当する行為

イ　当該製造にのみ用いる物品又はプログラム等記録媒体等の製造、譲渡、貸渡し若しくは輸入又は譲渡若しくは貸渡しの申出をする行為

ロ　当該製造にのみ用いるプログラム等の作

成又は電気通信回線を通じた提供若しくはその申出をする行為

二　登録意匠又はこれに類似する意匠に係る物品の製造に用いる物品又はプログラム等若しくはプログラム等記録媒体等（これらが日本国内において広く一般に流通しているものである場合を除く。）であつて当該登録意匠又はこれに類似する意匠の視覚を通じた美感の創出に不可欠なものにつき、その意匠が登録意匠又はこれに類似する意匠であること及びその物品又はプログラム等若しくはプログラム等記録媒体等がその意匠の実施に用いられることを知りながら、業として行う次のいずれかに該当する行為

イ　当該製造に用いる物品又はプログラム等記録媒体等の製造、譲渡、貸渡し若しくは輸入又は譲渡若しくは貸渡しの申出をする行為

ロ　当該製造に用いるプログラム等の作成又は電気通信回線を通じた提供若しくはその申出をする行為

三　登録意匠又はこれに類似する意匠に係る物品を業としての譲渡、貸渡し又は輸出のために所持する行為

四　登録意匠又はこれに類似する意匠に係る建築物の建築にのみ用いる物品又はプログラム等若しくはプログラム等記録媒体等について業として行う次のいずれかに該当する行為

イ　当該建築にのみ用いる物品又はプログラム等記録媒体等の製造、譲渡、貸渡し若しくは輸入又は譲渡若しくは貸渡しの申出をする行為

ロ　当該建築にのみ用いるプログラム等の作成又は電気通信回線を通じた提供若しくはその申出をする行為

五　登録意匠又はこれに類似する意匠に係る建築物の建築に用いる物品又はプログラム等若しくはプログラム等記録媒体等（これらが日本国内において広く一般に流通しているものである場合を除く。）であつて当該登録意匠

又はこれに類似する意匠の視覚を通じた美感の創出に不可欠なものにつき、その意匠が登録意匠又はこれに類似する意匠であること及びその物品又はプログラム等若しくはプログラム等記録媒体等がその意匠の実施に用いられることを知りながら、業として行う次のいずれかに該当する行為

イ　当該建築に用いる物品又はプログラム等記録媒体等の製造、譲渡、貸渡し若しくは輸入又は譲渡若しくは貸渡しの申出をする行為

ロ　当該建築に用いるプログラム等の作成又は電気通信回線を通じた提供若しくはその申出をする行為

六　登録意匠又はこれに類似する意匠に係る建築物を業としての譲渡又は貸渡しのために所有する行為

七　登録意匠又はこれに類似する意匠に係る画像の作成にのみ用いる物品若しくは画像若しくは一般画像記録媒体等又はプログラム等若しくはプログラム等記録媒体等について業として行う次のいずれかに該当する行為

イ　当該作成にのみ用いる物品若しくは一般画像記録媒体等又はプログラム等記録媒体等の製造、譲渡、貸渡し若しくは輸入又は譲渡若しくは貸渡しの申出をする行為

ロ　当該作成にのみ用いる画像又はプログラム等の作成又は電気通信回線を通じた提供若しくはその申出をする行為

八　登録意匠又はこれに類似する意匠に係る画像の作成に用いる物品若しくは画像若しくは一般画像記録媒体等又はプログラム等若しくはプログラム等記録媒体等（これらが日本国内において広く一般に流通しているものである場合を除く。）であつて当該登録意匠又はこれに類似する意匠の視覚を通じた美感の創出に不可欠なものにつき、その意匠が登録意匠又はこれに類似する意匠であること及びその物品若しくは画像若しくは一般画像記録媒体等又はプログラム等若しくはプログラム等

記録媒体等がその意匠の実施に用いられることを知りながら、業として行う次のいずれかに該当する行為

イ　当該作成に用いる物品若しくは一般画像記録媒体等又はプログラム等記録媒体等の製造、譲渡、貸渡し若しくは輸入又は譲渡若しくは貸渡しの申出をする行為

ロ　当該作成に用いる画像又はプログラム等の作成又は電気通信回線を通じた提供若しくはその申出をする行為

九　登録意匠若しくはこれに類似する意匠に係る画像を業としての電気通信回線を通じた提供のために保有する行為又は登録意匠若しくはこれに類似する意匠に係る画像記録媒体等を業としての譲渡、貸渡し若しくは輸出のために所持する行為

（損害の額の推定等）

第三九条　意匠権者又は専用実施権者が故意又は過失により自己の意匠権又は専用実施権を侵害した者に対しその侵害により自己が受けた損害の賠償を請求する場合において、その者がその侵害の行為を組成した物品を譲渡したときは、次の各号に掲げる額の合計額を、意匠権者又は専用実施権者が受けた損害の額とすることができる。

一　意匠権者又は専用実施権者がその侵害の行為がなければ販売することができた物品の単位数量当たりの利益の額に、自己の意匠権又は専用実施権を侵害した者が譲渡した物品の数量（次号において「譲渡数量」という。）のうち当該意匠権者又は専用実施権者の実施の能力に応じた数量（同号において「実施相応数量」という。）を超えない部分（その全部又は一部に相当する数量を当該意匠権者又は専用実施権者が販売することができないとする事情があるときは、当該事情に相当する数量（同号において「特定数量」という。）を控除した数量）を乗じて得た額

二　譲渡数量のうち実施相応数量を超える数量又は特定数量がある場合（意匠権者又は専用

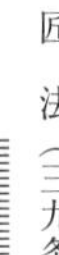

実施権者が、当該意匠権者の意匠権についての専用実施権の設定若しくは通常実施権の許諾又は当該専用実施権者の専用実施権についての通常実施権の許諾をし得たと認められない場合を除く。）におけるこれらの数量に応じた当該意匠権又は専用実施権に係る登録意匠の実施に対し受けるべき金銭の額に相当する額

2　意匠権者又は専用実施権者が故意又は過失により自己の意匠権又は専用実施権を侵害した者に対しその侵害により自己が受けた損害の賠償を請求する場合において、その者がその侵害の行為により利益を受けているときは、その利益の額は、意匠権者又は専用実施権者が受けた損害の額と推定する。

3　意匠権者又は専用実施権者は、故意又は過失により自己の意匠権又は専用実施権を侵害した者に対し、その登録意匠又はこれに類似する意匠の実施に対し受けるべき金銭の額に相当する額の金銭を、自己が受けた損害の額としてその賠償を請求することができる。

4　裁判所は、第一項第二号及び前項に規定する登録意匠の実施に対し受けるべき金銭の額に相当する額を認定するに当たつては、意匠権者又は専用実施権者が、自己の意匠権又は専用実施権に係る登録意匠の実施の対価について、当該意匠権又は専用実施権の侵害があつたことを前提として当該意匠権又は専用実施権を侵害した者との間で合意をするとしたならば、当該意匠権者又は専用実施権者が得ることとなるその対価を考慮することができる。

5　第三項の規定は、同項に規定する金額を超える損害の賠償の請求を妨げない。この場合において、意匠権又は専用実施権を侵害した者に故意又は重大な過失がなかつたときは、裁判所は、損害の賠償の額を定めるについて、これを参酌することができる。

（過失の推定）

第四〇条　他人の意匠権又は専用実施権を侵害した者は、その侵害の行為について過失があつた

ものと推定する。ただし、第十四条第一項の規定により秘密にすることを請求した意匠に係る意匠権又は専用実施権の侵害については、この限りでない。

（特許法の準用）

第四一条　特許法第百四条の二から第百五条まで（具体的態様の明示義務、特許権者等の権利行使の制限、主張の制限及び書類の提出等）、第百五条の二の十二から第百五条の六まで（損害計算のための鑑定、相当な損害額の認定、秘密保持命令、秘密保持命令の取消し及び訴訟記録の閲覧等の請求の通知等）及び第百六条（信用回復の措置）の規定は、意匠権又は専用実施権の侵害に準用する。

第三節　登　録　料

（登録料）

第四二条　意匠権の設定の登録を受ける者又は意匠権者は、登録料として、第二十一条に規定する存続期間の満了までの各年について、一件ごとに、一万六千九百円超えない範囲内で政令で定める額を納付しなければならない。

2　前項の規定は、国に属する意匠権には、適用しない。

3　第一項の登録料は、意匠権が国と国以外の者との共有に係る場合であつて持分の定めがあるときは、同項の規定にかかわらず、同項に規定する登録料の金額に国以外の者の持分の割合を乗じて得た額とし、国以外の者がその額を納付しなければならない。

4　前項の規定により算定した登録料の金額に十円未満の端数があるときは、その端数は、切り捨てる。

5　第一項の登録料の納付は、経済産業省令で定めるところにより、特許印紙をもつてしなければならない。ただし、経済産業省令で定める場合には、経済産業省令で定めるところにより、現金をもつて納めることができる。

（登録料の納付期限）

第四三条　前条第一項の規定による第一年分の登

録料は、意匠登録をすべき旨の査定又は審決の謄本の送達があつた日から三十日以内に納付しなければならない。

2　前条第一項の規定による第二年以後の各年分の登録料は、前年以前に納付しなければならない。

3　特許庁長官は、登録料を納付すべき者の請求により、三十日以内を限り、第一項に規定する期間を延長することができる。

4　登録料を納付する者がその責めに帰することができない理由により第一項に規定する期間（前項の規定による期間の延長があつたときは、延長後の期間）内にその登録料を納付することができないときは、第一項の規定にかかわらず、その理由がなくなつた日から十四日（在外者にあつては、二月）以内でその期間の経過後六月以内にその登録料を納付することができる。

（利害関係人による登録料の納付）

第四三条の二　利害関係人は、納付すべき者の意に反しても、登録料を納付することができる。

2　前項の規定により登録料を納付した利害関係人は、納付すべき者が現に利益を受ける限度においてその費用の償還を請求することができる。

（登録料の追納）

第四四条　意匠権者は、第四十三条第二項に規定する期間内に登録料を納付することができないときは、その期間が経過した後であつても、その期間の経過後六月以内にその登録料を追納することができる。

2　前項の規定により登録料を追納する意匠権者は、第四十二条第一項の規定により納付すべき登録料のほか、その登録料と同額の割増登録料を納付しなければならない。ただし、当該意匠権者がその責めに帰することができない理由により第四十三条第二項に規定する期間内にその登録料を納付することができないときは、その割増登録料を納付することを要しない。

3　前項の割増登録料の納付は、経済産業省令で定めるところにより、特許印紙をもつてしなければならない。ただし、経済産業省令で定める場合には、経済産業省令で定めるところにより、現金をもつて納めることができる。

4　意匠権者が第一項の規定により登録料を追納することができる期間内にその登録料及び第二項の規定により納付すべき割増登録料を納付しないときは、その意匠権は、第四十三条第二項に規定する期間の経過の時に遡つて消滅したものとみなす。

（登録料の追納による意匠権の回復）

第四四条の二　前条第四項の規定により消滅したものとみなされた意匠権の原意匠権者は、同項に規定する登録料及び割増登録料を納付することができるようになつた日から二月以内で同条第一項の規定により登録料を追納することができるの期間の経過後一年以内に限り、経済産業省令で定めるところにより、その登録料及び割増登録料を追納することができる。ただし、故意に、同項の規定により登録料を追納することができる期間内にその登録料及び割増登録料を納付しなかつたと認められる場合は、この限りでない。

2　前項の規定による登録料及び割増登録料の追納があつたときは、その意匠権は、第四十三条第二項に規定する期間の経過の時にさかのぼつて存続していたものとみなす。

（回復した意匠権の効力の制限）

第四四条の三　前条第二項の規定により意匠権が回復したときは、その意匠権の効力は、第四十四条第一項の規定により登録料を追納することができる期間の経過後意匠権の回復の登録前に、輸入をし、若しくは日本国内において製造若しくは取得をした当該登録意匠若しくはこれに類似する意匠に係る物品若しくは画像記録媒体等、日本国内において建築若しくは取得をした当該登録意匠若しくはこれに類似する意匠に係る建築物又は日本国内において作成若しくは取得をした当該登録意匠若しくはこれに類似する意匠に係る画像には、及ばない。

2　前条第二項の規定により回復した意匠権の効力は、第四十四条第一項の規定により登録料を追納することができる期間の経過後意匠権の回

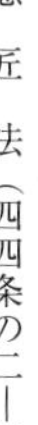

復の登録前における次に掲げる行為には、及ばない。

一　当該意匠又はこれに類似する意匠の実施

二　当該登録意匠又はこれに類似する意匠に係る物品の製造に用いる物品又はプログラム等若しくはプログラム等記録媒体等について行つた次のいずれかに該当する行為

イ　当該製造に用いる物品又はプログラム等記録媒体等の製造、譲渡、貸渡し若しくは輸入又は譲渡若しくは貸渡しの申出をした行為

ロ　当該製造に用いるプログラム等の作成又は電気通信回線を通じた提供若しくはその申出をした行為

三　当該登録意匠又はこれに類似する意匠に係る物品を譲渡、貸渡し又は輸出のために所持した行為

四　当該登録意匠又はこれに類似する意匠に係る建築物の建築に用いる物品又はプログラム等若しくはプログラム等記録媒体等について行つた次のいずれかに該当する行為

イ　当該建築に用いる物品又はプログラム等記録媒体等の製造、譲渡、貸渡し若しくは輸入又は譲渡若しくは貸渡しの申出をした行為

ロ　当該建築に用いるプログラム等の作成又は電気通信回線を通じた提供若しくはその申出をした行為

五　当該登録意匠又はこれに類似する意匠に係る建築物を譲渡又は貸渡しのために所有した行為

六　当該登録意匠又はこれに類似する意匠に係る画像の作成に用いる物品若しくは画像若しくは一般画像記録媒体等又はプログラム等若しくはプログラム等記録媒体等について行つた次のいずれかに該当する行為

イ　当該作成に用いる物品若しくは一般画像記録媒体等又はプログラム等記録媒体等の製造、譲渡、貸渡し若しくは輸入又は譲渡若しくは貸渡しの申出をした行為

ロ　当該作成に用いる画像又はプログラム等の作成又は電気通信回線を通じた提供若しくはその申出をした行為

七　当該登録意匠若しくはこれに類似する意匠に係る画像を電気通信回線を通じた提供のために保有した行為又は当該登録意匠若しくはこれに類似する意匠に係る画像記録媒体等を譲渡、貸渡し若しくは輸出のために所持した行為

（特許法の準用）

第四五条　特許法第百十一条第一項（第三号を除く。）から第三項まで（既納の特許料の返還）の規定は、登録料に準用する。

第五章　審　判

（拒絶査定不服審判）

第四六条　拒絶をすべき旨の査定を受けた者は、その査定に不服があるときは、その査定の謄本の送達があつた日から三月以内に拒絶査定不服審判を請求することができる。

２　拒絶査定不服審判を請求する者がその責めに帰することができない理由により前項に規定する期間内にその請求をすることができないときは、同項の規定にかかわらず、その理由がなくなつた日から十四日（在外者にあつては、二月）以内でその期間の経過後六月以内にその請求をすることができる。

（補正却下決定不服審判）

第四七条　第十七条の二第一項の規定による却下の決定を受けた者は、その決定に不服があるときは、その決定の謄本の送達があつた日から三月以内に補正却下決定不服審判を請求すること

ができる。ただし、第十七条の三第一項に規定する新たな意匠登録出願をしたときは、この限りでない。

2　前条第二項の規定は、補正却下決定不服審判の請求に準用する。

（意匠登録無効審判）

第四八条　意匠登録が次の各号のいずれかに該当するときは、その意匠登録を無効にすることについて意匠登録無効審判を請求することができる。

一　その意匠登録が第三条、第三条の二、第五条、第九条第一項若しくは第二項、第十条第六項、第十五条第一項において準用する特許法第三十八条又は第六十八条第三項において準用する同法第二十五条の規定に違反してされたとき（その意匠登録が第十五条第一項において準用する同法第三十八条の規定に違反してされた場合にあつては、第二十六条の二第一項の規定による請求に基づき、その意匠登録に係る意匠権の移転の登録があつたときを除く。）。

二　その意匠登録が条約に違反してされたとき。

三　その意匠登録がその意匠について意匠登録を受ける権利を有しない者の意匠登録出願に対してされたとき（第二十六条の二第一項の規定による請求に基づき、その意匠登録に係る意匠権の移転の登録があつたときを除く。）。

四　意匠登録がされた後において、その意匠権者が第六十八条第三項において準用する特許法第二十五条の規定により意匠権を享有することができない者になつたとき、又はその意匠登録が条約に違反することとなつたとき。

2　意匠登録無効審判は、何人も請求することができる。ただし、意匠登録が前項第一号に該当すること（その意匠登録が第十五条第一項において準用する特許法第三十八条の規定に違反してされたときに限る。）又は前項第三号に該当することを理由とするものは、当該意匠登録に係る意匠について意匠登録を受ける権利を有する者に限り請求することができる。

3　意匠登録無効審判は、意匠権の消滅後においても、請求することができる。

4　審判長は、意匠登録無効審判の請求があつたときは、その旨を当該意匠権についての専用実施権者その他その意匠登録に関し登録した権利を有する者に通知しなければならない。

（同前）

第四九条　意匠登録を無効にすべき旨の審決が確定したときは、意匠権は、初めから存在しなかつたものとみなす。ただし、意匠登録が前条第一項第四号に該当する場合において、その意匠登録を無効にすべき旨の審決が確定したときは、意匠権は、その意匠登録が同号に該当するに至つた時から存在しなかつたものとみなす。

（審査に関する規定の準用）

第五〇条　第十七条の二及び第十七条の三の規定は、拒絶査定不服審判に準用する。この場合において、第十七条の二第三項及び第十七条の三第一項中「三月」とあるのは「三十日」と、第十七条の二第四項中「補正却下決定不服審判を請求したとき」とあるのは「第五十九条第一項の訴えを提起したとき」と読み替えるものとする。

2　第十八条の規定は、拒絶査定不服審判の請求を理由があるとする場合に準用する。ただし、第五十二条において準用する特許法第百六十条第一項の規定によりさらに審査に付すべき旨の審決をするときは、この限りでない。

3　特許法第五十条（拒絶理由の通知）の規定は、拒絶査定不服審判において査定の理由と異なる拒絶の理由を発見した場合に準用する。

（補正却下決定不服審判の特則）

第五一条　補正却下決定不服審判において決定を取り消すべき旨の審決があつた場合における判断は、その事件について審査官を拘束する。

（特許法の準用）

第五二条　特許法第百三十一条第一項及び第二項、第百三十一条の二（第一項第三号及び第二項第一号を除く。）から第百三十四条まで、第百三十五条から第百五十四条まで、第百五十五条第一

項及び第二項、第百五十六条第一項、第三項及び第四項、第百五十七条、第百五十八条、第百六十条第一項及び第二項、第百六十一条並びに第百六十七条から第百七十条まで（審判の請求、審判官、審判の手続、訴訟との関係及び審判における費用）の規定は、審判に準用する。この場合において、同法第百五十六条第一項中「特許無効審判以外の審判においては、事件が」とあるのは「事件が」と、同法第百六十一条中「拒絶査定不服審判」とあり、及び同法第百六十九条第三項中「拒絶査定不服審判及び訂正審判」とあるのは「拒絶査定不服審判及び補正却下決定不服審判」と読み替えるものとする。

第六章　再審及び訴訟

（再審の請求）

第五三条　確定審決に対しては、当事者又は参加人は、再審を請求することができる。

2　民事訴訟法（平成八年法律第百九号）第三百三十八条第一項及び第二項並びに第三百三十九条（再審の事由）の規定は、前項の再審の請求に準用する。

（同前）

第五四条　審判の請求人及び被請求人が共謀して第三者の権利又は利益を害する目的をもつて審決をさせたときは、その第三者は、その確定審決に対し再審を請求することができる。

2　前項の再審は、その請求人及び被請求人を共同被請求人として請求しなければならない。

（再審により回復した意匠権の効力の制限）

第五五条　無効にした意匠登録に係る意匠権が再審により回復したときは、意匠権の効力は、当

該審決が確定した後再審の請求の登録前に、善意に輸入をし、若しくは日本国内において製造若しくは取得をした当該登録意匠若しくはこれに類似する意匠に係る物品若しくは画像記録媒体等、善意に日本国内において建築若しくは取得をした当該登録意匠若しくはこれに類似する意匠に係る建築物又は善意に日本国内において作成若しくは取得をした当該登録意匠若しくはこれに類似する意匠に係る画像には、及ばない。

2　無効にした意匠登録に係る意匠権が再審により回復したときは、意匠権の効力は、当該審決が確定した後再審の請求の登録前における次に掲げる行為には、及ばない。

一　当該意匠又はこれに類似する意匠の善意の実施

二　善意に、当該登録意匠又はこれに類似する意匠に係る物品の製造に用いる物品又はプログラム等若しくはプログラム等記録媒体等について行つた次のいずれかに該当する行為

イ　当該製造に用いる物品又はプログラム等記録媒体等の製造、譲渡、貸渡し若しくは輸入又は譲渡若しくは貸渡しの申出をした行為

ロ　当該製造に用いるプログラム等の作成又は電気通信回線を通じた提供若しくはその申出をした行為

三　善意に、当該登録意匠又はこれに類似する意匠に係る物品を譲渡、貸渡し又は輸出のために所持した行為

四　善意に、当該登録意匠又はこれに類似する意匠に係る建築物の建築に用いる物品又はプログラム等若しくはプログラム等記録媒体等について行つた次のいずれかに該当する行為

イ　当該建築に用いる物品又はプログラム等記録媒体等の製造、譲渡、貸渡し若しくは輸入又は譲渡若しくは貸渡しの申出をした行為

ロ　当該建築に用いるプログラム等の作成又は電気通信回線を通じた提供若しくはその申出をした行為

五　善意に、当該登録意匠又はこれに類似する意匠に係る建築物を譲渡又は貸渡しのために所有した行為

六　善意に、当該登録意匠又はこれに類似する意匠に係る画像の作成に用いる物品若しくは画像若しくは一般画像記録媒体等又はプログラム等若しくはプログラム等記録媒体等について行つた次のいずれかに該当する行為

イ　当該作成に用いる物品若しくは一般画像記録媒体等又はプログラム等記録媒体等の製造、譲渡、貸渡し若しくは輸入又は譲渡若しくは貸渡しの申出をした行為

ロ　当該作成に用いる画像又はプログラム等の作成又は電気通信回線を通じた提供若しくはその申出をした行為

七　善意に、当該登録意匠若しくはこれに類似する意匠に係る画像を電気通信回線を通じた提供のために保有した行為又は当該登録意匠若しくはこれに類似する意匠に係る画像記録媒体等を譲渡、貸渡し若しくは輸出のために所持した行為

（同前）

第五六条　無効にした意匠登録に係る意匠権が再審により回復したとき、又は拒絶をすべき旨の審決があつた意匠登録出願について再審により意匠権の設定の登録があつたときは、当該審決が確定した後再審の請求の登録前に善意に日本国内において当該意匠又はこれに類似する意匠の実施である事業をしている者又はその事業の準備をしている者は、その実施又は準備をしている意匠及び事業の目的の範囲内において、その意匠権について通常実施権を有する。

（審判の規定の準用）

第五七条　第五十条第一項及び第三項の規定は、拒絶査定不服審判の確定審決に対する再審に準用する。

2　第五十一条の規定は、補正却下決定不服審判の確定審決に対する再審に準用する。

（特許法の準用）

第五八条　特許法第百七十三条及び第百七十四条

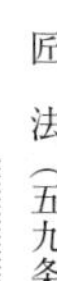

第五項の規定は、再審に準用する。

2　特許法第百三十一条の二第一項本文、第百三十二条第三項及び第四項、第百三十三条、第百三十三条の二、第百三十四条第四項、第百三十五条から第百四十七条まで、第百五十条から第百五十二条まで、第百五十五条第一項、第百五十六条第一項、第三項及び第四項、第百五十七条、第百五十八条、第百六十条、第百六十七条の二本文、第百六十八条、第百六十九条第三項から第六項まで並びに第百七十条の規定は、拒絶査定不服審判の確定審決に対する再審に準用する。この場合において、同法第百六十九条第三項中「拒絶査定不服審判及び訂正審判」とあるのは、「拒絶査定不服審判」と読み替えるものとする。

3　特許法第百三十一条第一項、第百三十一条の二第一項本文、第百三十二条第三項及び第四項、第百三十三条、第百三十三条の二、第百三十四条第四項、第百三十五条から第百四十七条まで、第百五十条から第百五十二条まで、第百五十五条第一項、第百五十六条第一項、第三項及び第四項、第百五十七条、第百六十七条の二本文、第百六十八条、第百六十九条第三項から第六項まで並びに第百七十条の規定は、補正却下決定不服審判の確定審決に対する再審に準用する。この場合において、同法第百六十九条第三項中「拒絶査定不服審判及び訂正審判」とあるのは、「補正却下決定不服審判」と読み替えるものとする。

4　特許法第百七十四条第三項の規定は、意匠登録無効審判の確定審決に対する再審に準用する。

（審決等に対する訴え）

第五九条　審決に対する訴え、第五十条第一項（第五十七条第一項において準用する場合を含む。）において準用する第十七条の二第一項の規定による却下の決定に対する訴え及び審判又は再審の請求書の却下の決定に対する訴えは、東京高等裁判所の専属管轄とする。

2　特許法第百七十八条第二項から第六項まで（出訴期間等）、第百七十九条（被告適格）、第百八十条第一項（出訴の通知等）及び第百八十条の二から第百八十二条まで（審決取消訴訟における特許庁長官の意見、審決又は決定の取消し及び裁判の正本等の送付）の規定は、前項の訴えに準用する。この場合において、同条第二号中「訴えに係る請求項を特定するために必要な」とあるのは、「旨を記載した」と読み替えるものとする。

（対価の額についての訴え）

第六〇条　第三十三条第三項又は第四項の裁定を受けた者は、その裁定で定める対価の額について不服があるときは、訴えを提起してその額の増減を求めることができる。

2　特許法第百八十三条第二項（出訴期間）及び第百八十四条（被告適格）の規定は、前項の訴えに準用する。

第六〇条の二　削除

第六章の二　ジュネーブ改正協定に基づく特例

第一節　国際登録出願

（国際登録出願）

第六〇条の三　日本国民又は日本国内に住所若しくは居所（法人にあつては、営業所）を有する外国人は、特許庁長官に意匠の国際登録に関するハーグ協定のジュネーブ改正協定（以下「ジュネーブ改正協定」という。）第一条(vii)に規定する国際出願（以下「国際出願」という。）をすることができる。この場合において、経済産業省令で定める要件に該当するときは、二人以上が共同して国際出願をすることができる。

2　前項の規定による国際出願（以下「国際登録出願」という。）をしようとする者は、経済産業省令で定めるところにより外国語で作成した願書及び必要な物件を提出しなければならない。

（意匠登録出願に関する規定の準用）

第六〇条の四　第六十八条第二項において準用する特許法第十七条第三項（第三号に係る部分に限る。）及び第十八条第一項の規定は、国際登録出願に準用する。

（経済産業省令への委任）

第六〇条の五　前二条に定めるもののほか、国際登録出願に関しジュネーブ改正協定及びジュネーブ改正協定に基づく規則を実施するため必要な事項の細目は、経済産業省令で定める。

第二節　国際意匠登録出願に係る特例

（国際出願による意匠登録出願）

第六〇条の六　日本国をジュネーブ改正協定第一条(xix)に規定する指定締約国とする国際出願であつて、その国際出願に係るジュネーブ改正協定第一条(vi)に規定する国際登録（以下「国際登録」という。）についてジュネーブ改正協定第十条(3)(a)の規定による公表（以下「国際公表」という。）がされたものは、経済産業省令で定めるところにより、ジュネーブ改正協定第十条(2)に規定する国際登録の日にされた意匠登録出願とみなす。

2　二以上の意匠を包含する国際出願についての前項の規定の適用については、同項中「された意匠登録出願」とあるのは、「国際登録の対象である意匠ごとにされた意匠登録出願」とする。

3　第一項（前項の規定により読み替えて適用する場合を含む。）の規定により意匠登録出願とみなされた国際出願（以下「国際意匠登録出願」という。）に係るジュネーブ改正協定第一条(viii)に規定する国際登録簿（以下「国際登録簿」という。）に記録された次の表の上欄に掲げる事項は、第六条第一項の規定により提出した願書に記載された同表の下欄に掲げる事項とみなす。

国際登録の名義人の氏名又は名称及びその住所	意匠登録出願人の氏名又は名称及び住所又は居所

国際登録の対象である意匠の創作をした者の氏名及びその住所	意匠の創作をした者の氏名及び住所又は居所
国際登録の対象である意匠を構成する一若しくは二以上の製品又は国際登録の対象である意匠が使用されることとなる一若しくは二以上の製品	意匠に係る物品又は意匠に係る建築物若しくは画像の用途（上欄に掲げる製品が建築物又は画像である場合において、当該製品に係る国際登録簿に記録された事項から当該建築物又は画像の用途を認識することができるときに限る。）

4　国際意匠登録出願に係る国際登録簿に記録された意匠は、第六条第一項の規定により提出した図面に記載された意匠登録を受けようとする意匠とみなす。

（意匠の新規性の喪失の例外の特例）

第六〇条の七　第四条第二項の規定の適用を受けようとする国際意匠登録出願の出願人は、その旨を記載した書面及び証明書を、同条第三項本文の規定にかかわらず、国際公表があつた日後経済産業省令で定める期間内に特許庁長官に提出することができる。この場合においては、同項ただし書の規定を準用する。

2　前項に規定する出願人が、その国際出願と同時に証明書をジュネーブ改正協定第一条(xxviii)に規定する国際事務局（以下「国際事務局」という。）に提出したときは、証明書をジュネーブ改正協定第十条(2)に規定する国際登録の日に特許庁長官に提出したものとみなす。

（関連意匠の登録の特例）

第六〇条の八　本意匠の意匠登録出願と関連意匠の意匠登録出願の少なくともいずれか一方が国際意匠登録出願である場合における第十条第一項（同条第五項の規定により読み替えて適用す

る場合を含む。以下この項及び次項において同じ。）の規定の適用については、同条第一項中「又は第四十三条の三第一項若しくは第二項の規定による」とあるのは、「若しくは第四十三条の三第一項若しくは第二項又はジュネーブ改正協定第六条(1)(a)の規定による」とする。

2　本意匠の意匠権が第六十条の十四第二項に規定する国際登録を基礎とした意匠権である場合における第十条第一項ただし書の規定の適用については、同項ただし書中「第四十四条第四項」とあるのは、「第六十条の十四第二項」とする。

3　基礎意匠に係る一又は二以上の関連意匠の意匠権が第六十条の十四第二項に規定する国際登録を基礎とした意匠権である場合における第十条第八項の規定の適用については、同項中「第四十四条第四項」とあるのは、「第四十四条第四項若しくは第六十条の十四第二項」とする。

（秘密意匠の特例）

第六〇条の九　国際意匠登録出願の出願人については、第十四条の規定は、適用しない。

（パリ条約等による優先権主張の手続の特例）

第六〇条の一〇　国際意匠登録出願については、第十五条第一項において読み替えて準用する特許法第四十三条（同項第一項において準用する同法第四十三条の二第二項（第十五条第一項において準用する同法第四十三条の三第三項において準用する場合を含む。）及び第四十三条の三第三項において準用する場合を含む。）並びに第十五条第一項において準用する同法第四十三条の二第一項（第十五条第一項において準用する同法第四十三条の三第三項において準用する場合を含む。）及び第四十三条の三第二項の規定は、適用しない。

2　特許法第四十三条第二項から第九項までの規定は、ジュネーブ改正協定第六条(1)(a)の規定による優先権の主張をした者に準用する。この場合において、同法第四十三条第二項中「次の各号に掲げる日のうち最先の日から一年四月以内」とあるのは、「経済産業省令で定める期間内」と読み替えるものとする。

（意匠登録を受ける権利の特例）

第六〇条の一一　国際意匠登録出願についての第十五条第二項において準用する特許法第三十四条第四項の規定の適用については、同項中「相続その他の一般承継の場合を除き、特許庁長官」とあるのは、「意匠法第六十条の七第二項に規定する国際事務局」とする。

2　国際意匠登録出願については、第十五条第二項において準用する特許法第三十四条第五項及び第六項の規定は、適用しない。

（国際公表の効果等）

第六〇条の一二　国際意匠登録出願の出願人は、国際公表があつた後に国際意匠登録出願に係る意匠を記載した書面を提示して警告をしたときは、その警告後意匠権の設定の登録前に業としてその国際意匠登録出願に係る意匠又はこれに類似する意匠を実施した者に対し、その国際意匠登録出願に係る意匠が登録意匠又はこれに類似する意匠である場合にその登録意匠又はこれに類似する意匠の実施に対し受けるべき金銭の額に相当する額の補償金の支払を請求することができる。当該警告をしない場合においても、国際公表がされた国際意匠登録出願に係る意匠であることを知つて意匠権の設定の登録前に業としてその国際公表がされた国際意匠登録出願に係る意匠又はこれに類似する意匠を実施した者に対しては、同様とする。

2　特許法第六十五条第二項から第六項までの規定は、前項の規定により請求権を行使する場合に準用する。この場合において、同条第五項中「出願公開後」とあるのは「国際公表後」と、同条第六項中「第百一条、第百四条から第百四条の三まで、第百五条から第百五条の二の十二まで、第百五条の四から第百五条の七まで及び」とあるのは「意匠法第三十八条、同法第四十一条において準用する特許法第百四条の二から第百五条まで、第百五条の二の十二及び第百五条の四から第百五条の六まで並びに意匠法第五十二条において準用する特許法」と読み替えるものとする。

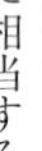

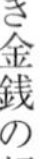

（意匠登録の査定の方式の特例）

第六〇条の一二の二　国際意匠登録出願についての第十九条において準用する特許法第五十二条第二項の規定の適用については、特許庁長官は、査定（第十八条の規定による意匠登録をすべき旨の査定に限る。）に記載されている事項を、経済産業省令で定めるところにより、国際事務局を経由して国際登録の名義人に通知することをもつて、第十九条において準用する同項の規定による当該査定の謄本の送達に代えることができる。

2　前項の場合において、同項の規定による通知が国際登録簿に記録された時に、同項に規定する送達があつたものとみなす。

（意匠権の設定の登録の特例）

第六〇条の一三　国際意匠登録出願についての第二十条第二項の規定の適用については、同項中「第四十二条第一項の規定による第一年分の登録料の納付」とあるのは、「意匠登録をすべき旨の査定又は審決」とする。

（国際登録の消滅による効果）

第六〇条の一四　国際意匠登録出願は、その基礎とした国際登録が消滅したときは、取り下げられたものとみなす。

2　前条の規定により読み替えて適用する第二十条第二項の規定により設定の登録を受けた意匠権（以下「国際登録を基礎とした意匠権」という。）は、その基礎とした国際登録が消滅したときは、消滅したものとみなす。

3　前二項の効果は、国際登録簿から当該国際登録が消滅した日から生ずる。

（関連意匠の意匠権の移転の特例）

第六〇条の一五　基礎意匠の意匠権が国際登録を基礎とした意匠権である場合における第二十二条第二項の規定の適用については、同項中「第四十四条第四項」とあるのは、「第六十条の十四第二項」とする。

（関連意匠の意匠権についての専用実施権の設定の特例）

第六〇条の一六　基礎意匠の意匠権が国際登録を

基礎とした意匠権である場合における第二十七条第三項の規定の適用については、同項中「第四十四条第四項」とあるのは、「第六十条の十四第二項」とする。

（意匠権の放棄の特例）

第六〇条の一七 国際登録を基礎とした意匠権を有する者は、その意匠権を放棄することができる。

2 国際登録を基礎とした意匠権については、第三十六条において準用する特許法第九十七条第一項の規定は、適用しない。

（意匠権の登録の効果の特例）

第六〇条の一八 国際登録を基礎とした意匠権の移転、信託による変更、放棄による消滅又は処分の制限は、登録しなければ、その効力を生じない。

2 国際登録を基礎とした意匠権については、第三十六条において準用する特許法第九十八条第一項第一号及び第二項の規定は、適用しない。

（意匠原簿への登録の特例）

第六〇条の一九 国際登録を基礎とした意匠権についての第六十一条第一項第一号の規定の適用については、同号中「意匠権の設定、移転、信託による変更、消滅、回復又は処分の制限」とあるのは、「意匠権の設定、信託による変更、消滅（存続期間の満了によるものに限る。）又は処分の制限」とする。

2 国際登録を基礎とした意匠権の移転又は消滅（存続期間の満了によるものを除く。）は、国際登録簿に登録されたところによる。

（意匠公報の特例）

第六〇条の二〇 国際登録を基礎とした意匠権についての第六十六条第二項第一号の規定の適用については、同号中「第四十四条第四項の規定によるものを除く。）又は回復（第四十四条の二第二項の規定によるものに限る。）」とあるのは、「第六十条の十四第二項の規定によるもの（ジュネーブ改正協定第十七条(2)の更新がなかつたことによるものに限る。）を除く。）」とする。

（国際意匠登録出願の個別指定手数料）

第六〇条の二一　国際意匠登録出願をしようとする者は、ジュネーブ改正協定第七条(2)の個別の指定手数料（以下「個別指定手数料」という。）として、一件ごとに、十万五百円を超えない範囲内で政令で定める額に相当する額を国際事務局に納付しなければならない。

2　国際意匠登録出願又は国際登録を基礎とした意匠権が基礎とした国際登録についてジュネーブ改正協定第十七条(2)の更新をする者は、個別指定手数料として、一件ごとに、八万四千五百円を超えない範囲内で政令で定める額に相当する額を国際事務局に納付しなければならない。

3　国際意匠登録出願及び国際登録を基礎とした意匠権については、第四十二条から第四十五条まで及び第六十七条第二項（別表第一号に掲げる部分に限る。）の規定は、適用しない。

（個別指定手数料の返還）

第六〇条の二二　国際意匠登録出願が取り下げられ、又は国際意匠登録出願について拒絶をすべき旨の査定若しくは審決が確定したときは、前条第一項又は第二項の規定により納付すべき個別指定手数料を納付した者の請求により政令で定める額を返還する。

2　前項の規定による個別指定手数料の返還は、国際意匠登録出願が取り下げられ、又は国際意匠登録出願について拒絶をすべき旨の査定若しくは審決が確定した日から六月を経過した後は、請求することができない。

3　第一項の規定による個別指定手数料の返還を請求する者がその責めに帰することができない理由により前項に規定する期間内にその請求をすることができないときは、同項の規定にかかわらず、その理由がなくなつた日から十四日（在外者にあつては、二月）以内でその期間の経過後六月以内にその請求をすることができる。

（経済産業省令への委任）

第六〇条の二三　第六十条の六から前条までに定めるもののほか、ジュネーブ改正協定及びジュネーブ改正協定に基づく規則を実施するため必要な事項の細目は、経済産業省令で定める。

第七章　雑　則

（手続の補正）

第六〇条の二四　意匠登録出願、請求その他意匠登録に関する手続をした者は、事件が審査、審判又は再審に係属している場合に限り、その補正をすることができる。

（意匠原簿への登録）

第六一条　次に掲げる事項は、特許庁に備える意匠原簿に登録する。

一　意匠権の設定、移転、信託による変更、消滅、回復又は処分の制限

二　専用実施権の設定、保存、移転、変更、消滅又は処分の制限

三　意匠権又は専用実施権を目的とする質権の設定、移転、変更、消滅又は処分の制限

2　意匠原簿は、その全部又は一部を磁気テープ（これに準ずる方法により一定の事項を確実に記録して置くことができる物を含む。以下同じ。）をもつて調製することができる。

3　この法律に規定するもののほか、登録に関して必要な事項は、政令で定める。

（意匠登録証の交付）

第六二条　特許庁長官は、意匠権の設定の登録又は第二十六条の二第一項の規定による請求に基づく意匠権の移転の登録があつたときは、意匠権者に対し、意匠登録証を交付する。

2　意匠登録証の再交付については、経済産業省令で定める。

（証明等の請求）

第六三条　何人も、特許庁長官に対し、意匠登録に関し、証明、書類の謄本若しくは抄本の交付、書類、ひな形若しくは見本の閲覧若しくは謄写又は意匠原簿のうち磁気テープをもつて調製した部分に記録されている事項を記載した書類の交付を請求することができる。ただし、次に掲げる書類、ひな形又は見本については、特許庁長官が秘密を保持する必要があると認めるときは、この限りでない。

一　願書、願書に添付した図面、写真、ひな形若しくは見本又は意匠登録出願の審査に係る書類であつて、意匠登録がされていないものの見本

二　第十四条第一項の規定により秘密にすることを請求した意匠に関する書類、ひな形又は見本

三　判定に係る書類であつて、当事者から当該当事者の保有する営業秘密（不正競争防止法（平成五年法律第四十七号）第二条第六項に規定する営業秘密をいう。次号及び第六号において同じ。）が記載された旨の申出があつたもの

四　裁定に係る書類であつて、当事者、当事者以外の者であつてその意匠登録に関し登録した権利を有するもの又は第三十三条第七項において準用する特許法第八十四条の二の規定により意見を述べた通常実施権者からこれらの者の保有する営業秘密が記載された旨の申出があつたもの

五　拒絶査定不服審判又は補正却下決定不服審判に係る書類であつて、当該事件に係る意匠登録出願について意匠登録がされていないもの

六　意匠登録無効審判又はその審判の確定審決に対する再審に係る書類であつて、当事者又は参加人から当該当事者又は参加人の保有する営業秘密（不正競争防止法（平成五年法律第四十七号）第二条第六項に規定する営業秘密をいう。）が記載された旨の申出があつたもの

七　個人の名誉又は生活の平穏を害するおそれがあるもの

八　公の秩序又は善良の風俗を害するおそれがあるもの

2　特許庁長官は、前項第一号から第七号までに掲げる書類、ひな形又は見本について、同項本文の請求を認めるときは、当該書類、ひな形又は見本を提出した者に対し、その旨及びその理由を通知しなければならない。

3　意匠登録に関する書類及び意匠原簿のうち磁

気テープをもつて調製した部分については、行政機関の保有する情報の公開に関する法律（平成十一年法律第四十二号）の規定は、適用しない。

4　意匠登録に関する書類及び意匠原簿のうち磁気テープをもつて調製した部分に記録されている保有個人情報（個人情報の保護に関する法律（平成十五年法律第五十七号）第六十条第一項に規定する保有個人情報をいう。）については、同法第五章第四節の規定は、適用しない。

（意匠登録表示）

第六四条　意匠権者、専用実施権者又は通常実施権者は、経済産業省令で定めるところにより、登録意匠若しくはこれに類似する意匠に係る物品若しくはその包装、建築物又は画像若しくは画像記録媒体等若しくはその包装に当該物品、建築物又は画像が登録意匠又はこれに類似する意匠に係る旨の表示（以下「意匠登録表示」という。）を付するように努めなければならない。

（虚偽表示の禁止）

第六五条　何人も、次に掲げる行為をしてはならない。

一　登録意匠若しくはこれに類似する意匠に係る物品、建築物又は画像若しくは画像記録媒体等以外の物品若しくはその包装、建築物又は画像若しくは画像記録媒体等若しくはその包装に意匠登録表示又はこれと紛らわしい表示を付する行為

二　登録意匠又はこれに類似する意匠に係る物品、建築物又は画像若しくは画像記録媒体等以外の物品、建築物又は画像若しくは画像記録媒体等であつて、当該物品若しくはその包装、建築物又は画像若しくは画像記録媒体等若しくはその包装に意匠登録表示又はこれと紛らわしい表示を付したものについて行う次のいずれかに該当する行為

イ　当該物品、建築物又は画像記録媒体等の譲渡、貸渡し又は譲渡若しくは貸渡しのための展示をする行為

ロ　当該画像の電気通信回線を通じた提供又

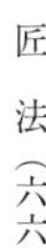

はそのための展示をする行為

三　登録意匠又はこれに類似する意匠に係る物品、建築物又は画像若しくは画像記録媒体等以外の物品、建築物又は画像若しくは画像記録媒体等について行う次のいずれかに該当する行為

イ　当該物品又は画像記録媒体等の製造若しくは使用をさせるため、又は譲渡若しくは貸渡しをするため、広告に当該物品又は画像記録媒体等が登録意匠若しくはこれに類似する意匠に係る旨を表示し、又はこれと紛らわしい表示をする行為

ロ　当該建築物の建築若しくは使用をさせるため、又は譲渡若しくは貸渡しをするため、広告に当該建築物が登録意匠若しくはこれに類似する意匠に係る旨を表示し、又はこれと紛らわしい表示をする行為

ハ　当該画像の作成若しくは使用をさせるため、又は電気通信回線を通じた提供をするため、広告に当該画像が登録意匠若しくはこれに類似する意匠に係る旨を表示し、又はこれと紛らわしい表示をする行為

（意匠公報）

第六六条　特許庁は、意匠公報を発行する。

2　意匠公報には、この法律に規定するもののほか、次に掲げる事項を掲載しなければならない。

一　意匠権の消滅（存続期間の満了によるもの及び第四十四条第四項の規定によるものを除く。）又は回復（第四十四条の二第二項の規定によるものに限る。）

二　審判若しくは再審の請求若しくはその取下げ又は審判若しくは再審の確定審決（意匠権の設定の登録がされたものに限る。）

三　裁定の請求若しくはその取下げ又は裁定

四　第五十九条第一項の訴えについての確定判決（意匠権の設定の登録がされたものに限る。）

3　前項に規定するもののほか、第九条第二項後段の規定に該当することにより意匠登録出願について拒絶をすべき旨の査定又は審決が確定したときは、その意匠登録出願について、次に掲げる事項を意匠公報に掲載しなければならない。この場合において、その意匠登録出願の中に第十四条第一項の規定により秘密にすることを請求した意匠登録出願があるときは、全ての意匠登録出願に関する第三号に掲げる事項は、拒絶をすべき旨の査定又は審決が確定した日から同項の規定により指定した期間（秘密にすることを請求した意匠登録出願が二以上ある場合には、そのうち最も長い期間）の経過後遅滞なく掲載するものとする。

一　意匠登録出願人の氏名又は名称及び住所又は居所

二　意匠登録出願の番号及び年月日

三　願書及び願書に添付した図面、写真、ひな形又は見本の内容

四　前三号に掲げるもののほか、必要な事項

（手数料）

第六七条　次に掲げる者は、実費を勘案して政令で定める額の手数料を納付しなければならない。

一　第十四条第四項の規定により意匠を示すべきことを求める者

二　第十五条第二項において準用する特許法第三十四条第四項の規定により承継の届出をする者

三　第十七条の四、第四十三条第三項若しくは次条第一項において準用する特許法第四条若しくは第五条第一項の規定による期間の延長又は次条第一項において準用する同法第五条第二項の規定による期日の変更を請求する者

四　国際登録出願をする者

五　意匠登録証の再交付を請求する者

六　第六十三条第一項の規定により証明を請求する者

七　第六十三条第一項の規定により書類の謄本又は抄本の交付を請求する者

八　第六十三条第一項の規定により書類、ひな形又は見本の閲覧又は謄写を請求する者

九　第六十三条第一項の規定により意匠原簿のうち磁気テープをもつて調製した部分に記録

されている事項を記載した書類の交付を請求する者

2　別表の中欄に掲げる者は、それぞれ同表の下欄に掲げる金額の範囲内において政令で定める額の手数料を納付しなければならない。

3　前二項の規定は、これらの規定により手数料を納付すべき者が国であるときは、適用しない。

4　意匠権又は意匠登録を受ける権利が国と国以外の者との共有に係る場合であつて持分の定めがあるときは、国と国以外の者が自己の意匠権又は意匠登録を受ける権利について第一項又は第二項の規定により納付すべき手数料（政令で定めるものに限る。）は、これらの規定にかかわらず、これらの規定に規定する手数料の金額に国以外の者の持分の割合を乗じて得た額とし、国以外の者がその額を納付しなければならない。

5　前項の規定により算定した手数料の金額に十円未満の端数があるときは、その端数は、切り捨てる。

6　第一項又は第二項の手数料の納付は、経済産業省令で定めるところにより、特許印紙をもつてしなければならない。ただし、経済産業省令で定める場合には、経済産業省令で定めるところにより、現金をもつて納めることができる。

7　過誤納の手数料は、納付した者の請求により返還する。

8　前項の規定による手数料の返還は、納付した日から一年を経過した後は、請求することができない。

9　第七項の規定による手数料の返還を請求する者がその責めに帰することができない理由により前項に規定する期間内にその請求をすることができないときは、同項の規定にかかわらず、その理由がなくなつた日から十四日（在外者にあつては、二月）以内でその期間の経過後六月以内にその請求をすることができる。

（特許法の準用）

第六八条　特許法第三条から第五条まで（期間及び期日）の規定は、この法律に規定する期間及び期日に準用する。この場合において、同法第

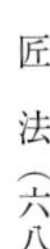

四条中「第四十六条の二第一項第三号、第百八条第一項、第百二十一条第一項又は第百七十三条第一項」とあるのは、「意匠法第四十三条第一項、第四十六条第一項若しくは第四十七条第一項又は同法第五十八条第一項において準用する第百七十三条第一項」と読み替えるものとする。

2　特許法第六条から第九条まで、第十一条から第十六条まで、第十七条第三項及び第四項、第十八条から第二十四条まで並びに第百九十四条（手続）の規定は、意匠登録出願、請求その他意匠登録に関する手続に準用する。この場合において、同法第九条中「拒絶査定不服審判」とあるのは「拒絶査定不服審判若しくは補正却下決定不服審判」と、同法第十四条中「拒絶査定不服審判」とあるのは「拒絶査定不服審判又は補正却下決定不服審判」と読み替えるものとする。

3　特許法第二十五条（外国人の権利の享有）の規定は、意匠権その他意匠登録に関する権利に準用する。

4　特許法第二十六条（条約の効力）の規定は、意匠登録に準用する。

5　特許法第百八十九条から第百九十二条まで（送達）の規定は、この法律の規定による送達に準用する。

6　特許法第百九十五条の三の規定は、この法律又はこの法律に基づく命令の規定による処分に準用する。

7　特許法第百九十五条の四（行政不服審査法の規定による審査請求の制限）の規定は、この法律の規定による補正の却下の決定、査定、審決及び審判若しくは再審の請求書の却下の決定並びにこの法律の規定により不服を申し立てることができないこととされている処分又はこれらの不作為に準用する。

第八章　罰　則

（侵害の罪）

第六九条　意匠権又は専用実施権を侵害した者（第三十八条の規定により意匠権又は専用実施権を侵害する行為とみなされる行為を行つた者を除く。）は、十年以下の懲役若しくは千万円以下の罰金に処し、又はこれを併科する。

第六九条を次のように改める。

第六九条　意匠権又は専用実施権を侵害した者（第三十八条の規定により意匠権又は専用実施権を侵害する行為とみなされる行為を行つた者を除く。）は、十年以下の拘禁刑若しくは千万円以下の罰金に処し、又はこれを併科する。

（令和七年六月一日から施行　令和四法六八）

（同前）

第六九条の二　第三十八条の規定により意匠権又は専用実施権を侵害する行為とみなされる行為を行つた者は、五年以下の懲役若しくは五百万円以下の罰金に処し、又はこれを併科する。

第六九条の二を次のように改める。

第六九条の二　第三十八条の規定により意匠権又は専用実施権を侵害する行為とみなされる行為を行つた者は、五年以下の拘禁刑若しくは五百万円以下の罰金に処し、又はこれを併科する。

（令和七年六月一日から施行　令和四法六八）

（詐欺の行為の罪）

第七〇条　詐欺の行為により意匠登録又は審決を受けた者は、一年以下の懲役又は百万円以下の罰金に処する。

第七〇条を次のように改める。

第七〇条　詐欺の行為により意匠登録又は審決を受けた者は、一年以下の拘禁刑又は百万円以下の罰金に処する。
（令和七年六月一日から施行　令和四法六八）

（虚偽表示の罪）

第七一条　第六十五条の規定に違反した者は、一年以下の懲役又は百万円以下の罰金に処する。

第七一条を次のように改める。

第七一条　第六十五条の規定に違反した者は、一年以下の拘禁刑又は百万円以下の罰金に処する。
（令和七年六月一日から施行　令和四法六八）

（偽証等の罪）

第七二条　この法律の規定により宣誓した証人、鑑定人又は通訳人が特許庁又はその嘱託を受けた裁判所に対し虚偽の陳述、鑑定又は通訳をしたときは、三月以上十年以下の懲役に処する。

2　前項の罪を犯した者が事件の判定の謄本が送達され、又は査定若しくは審決が確定する前に自白したときは、その刑を減軽し、又は免除することができる。

第七二条第一項を次のように改める。

第七二条　この法律の規定により宣誓した証人、鑑定人又は通訳人が特許庁又はその嘱託を受けた裁判所に対し虚偽の陳述、鑑定又は通訳をしたときは、三月以上十年以下の拘禁刑に処する。

2　（略）
（令和七年六月一日から施行　令和四法六八）

（秘密を漏らした罪）

第七三条　特許庁の職員又はその職にあつた者がその職務に関して知得した意匠登録出願中の意匠に関する秘密を漏らし、又は盗用したときは、一年以下の懲役又は五十万円以下の罰金に処する。

第七三条を次のように改める。

第七三条　特許庁の職員又はその職にあつた者がその職務に関して知得した意匠登録出願中の意匠に関する秘密を漏らし、又は盗用したときは、一年以下の拘禁刑又は五十万円以下の罰金に処する。

（令和七年六月一日から施行　令和四法六八）

（秘密保持命令違反の罪）

第七三条の二　第四十一条において準用する特許法第百五条の四第一項（第六十条の十二第二項において読み替えて準用する同法第六十五条第六項において準用する場合を含む。）の規定による命令に違反した者は、五年以下の懲役若しくは五百万円以下の罰金に処し、又はこれを併科する。

2　前項の罪は、告訴がなければ公訴を提起することができない。

3　第一項の罪は、日本国外において同項の罪を犯した者にも適用する。

第七三条の二第一項を次のように改める。

第七三条の二　第四十一条において準用する特許法第百五条の四第一項（第六十条の十二第二項において読み替えて準用する同法第六十五条第六項において準用する場合を含む。）の規定による命令に違反した者は、五年以下の拘禁刑若しくは五百万円以下の罰金に処し、又はこれを併科する。

2・3　（略）

（令和七年六月一日から施行　令和四法六八）

（両罰規定）

第七四条　法人の代表者又は法人若しくは人の代理人、使用人その他の従業者が、その法人又は人の業務に関し、次の各号に掲げる規定の違反行為をしたときは、行為者を罰するほか、その法人に対して当該各号で定める罰金刑を、その人に対して各本条の罰金刑を科する。

一　第六十九条、第六十九条の二又は前条第一

項　三億円以下の罰金刑

二　第七十条又は第七十一条　三千万円以下の罰金刑

2　前項の場合において、当該行為者に対してした前条第二項の告訴は、その法人又は人に対しても効力を生じ、その法人又は人に対してした告訴は、当該行為者に対しても効力を生ずるものとする。

3　第一項の規定により第六十九条、第六十九条の二又は前条第一項の違反行為につき法人又は人に罰金刑を科する場合における時効の期間は、これらの規定の罪についての時効の期間による。

（過料）

第七五条　第二十五条第三項において準用する特許法第七十一条第三項において、第五十二条において、第五十八条第二項若しくは第三項において、又は同条第四項において準用する同法第百七十四条第三項において、それぞれ準用する同法第百五十一条において準用する民事訴訟法第二百七条第一項の規定により宣誓した者が特許庁又はその嘱託を受けた裁判所に対し虚偽の陳述をしたときは、十万円以下の過料に処する。

（同前）

第七六条　この法律の規定により特許庁又はその嘱託を受けた裁判所から呼出しを受けた者が、正当な理由がないのに出頭せず、又は宣誓、陳述、証言、鑑定若しくは通訳を拒んだときは、十万円以下の過料に処する。

（同前）

第七七条　証拠調又は証拠保全に関し、この法律の規定により特許庁又はその嘱託を受けた裁判所から書類その他の物件の提出又は提示を命じられた者が正当な理由がないのにその命令に従わなかつたときは、十万円以下の過料に処する。

第七七条を次のように改める。

第七七条　証拠調べ又は証拠保全に関し、この法律の規定により特許庁又はその嘱託を受けた裁判所から書類その他の物件又は電磁的記録（電子的方式、磁気的方式その他人の知覚

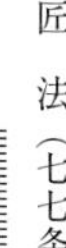

によつては認識することができない方式で作られる記録であつて、電子計算機による情報処理の用に供されるものをいう。）の提出又は提示を命じられた者が正当な理由がないのにその命令に従わなかつたときは、十万円以下の過料に処する。

（公布の日から起算して四年を超えない範囲内において政令で定める日から施行　令和四法四八）

別表（第六七条関係）

	納付しなければならない者	金額
一	意匠登録出願をする者	一件につき一万六千円
二	第十四条第一項の規定により意匠を秘密にすることを請求する者	一件につき五千百円
三	第十五条第一項において準用する特許法第四十三条の二第一項（第十五条第一項において準用する同法第四十三条の三第三項において準用する場合を含む。）の規定又は第四十四条の二第一項の規定により手続をする者（その責めに帰することができない理由によりこれらの規定による手続をすることとなつた者を除く。）	一件につき二万五千円
四	第二十五条第一項の規定により判定を求める者	一件につき四万円
五	第六十八条第一項において準用する特許法第五条第三項の規定による期間の延長（第十九条において準用する同法第五十条の規定により指定された期間に係るものを除く。）を請求する者	一件につき四千二百円
六	第六十八条第一項において準用する特許法第五条第三項の規定による期間の延長（第十九条において準用する同法第五十条の規定により指定された期間に係るものに限る。）を請求する者	一件につき七千二百円
七	裁定を請求する者	一件につき五万五千円

八	裁定の取消しを請求する者	一件につき二万七千五百円
九	審判又は再審を請求する者	一件につき五万五千円
十	審判又は再審への参加を申請する者	一件につき五万五千円

〔次頁を参照願います。〕

手数料について

意匠法別表（67条関係）では、各手数料の上限を定めており、実際に納付すべき手数料は特許法等関係手数料令にて規定されています。

別表と特許法等関係手数料令の金額が異なる主な項目について、次のとおり抜粋いたしましたのでご案内申し上げます。詳しくは特許法等関係手数料令をご覧下さい。

	意匠法別表	特許法等関係手数料令
意匠法15条12項において準用する特許法43条の２第12項（意匠法15条１項において準用する特許法43条の３第３項において準用する場合を含む。）又は意匠法44条の２第12項の規定により手続をする者（その責めに帰することができない理由により手続をすることとなった者を除く。）	25,000円	24,500円
審判又は再審への参加を申請する者	55,000円	意匠法第52条において準用する特許法第148条第１項（意匠法第58条第４項において準用する特許法第174条第３項において準用する場合を含む。）の規定により参加を申請する者　55,000円 意匠法第52条において準用する特許法第148条第３項（意匠法第58条第４項において準用する特許法第174条第３項において準用する場合を含む。）の規定により参加を申請する者　16,500円

登録料等について

意匠法第42条第１項では、登録料の上限を定めており、実際は以下のとおりに規定されています。

第１年から第３年まで　毎年8,500円

第４年から第25年まで　毎年16,900円

（意匠法施行令１条）

国際意匠登録出願の個別指定手数料について

意匠法第60条の21では、個別指定手数料の上限を定めており、実際は以下のとおり規定されております。

ジュネーブ改正協定第７条(2)の個別の指定手数料　74,600円

ジュネーブ改正協定第７条(2)の更新の個別指定手数料　84,500円

（特許法等関係手数料令２条の３）

（令和６年２月10日現在）

商標法

（昭和三四年四月一三日法律第一二七号）

最終改正　令和五法五一

目次

第一章　総則

（目的）

第一条　この法律は、商標を保護することにより、商標の使用をする者の業務上の信用の維持を図り、もつて産業の発達に寄与し、あわせて需要者の利益を保護することを目的とする。

（定義等）

第二条　この法律で「商標」とは、人の知覚によつて認識することができるもののうち、文字、図形、記号、立体的形状若しくは色彩又はこれらの結合、音その他政令で定めるもの（以下「標章」という。）であつて、次に掲げるものをいう。

一　業として商品を生産し、証明し、又は譲渡する者がその商品について使用をするもの

二　業として役務を提供し、又は証明する者がその役務について使用をするもの（前号に掲げるものを除く。）

2　前項第二号の役務には、小売及び卸売の業務において行われる顧客に対する便益の提供が含まれるものとする。

3　この法律で標章について「使用」とは、次に掲げる行為をいう。

一　商品又は商品の包装に標章を付する行為

二　商品又は商品の包装に標章を付したものを譲渡し、引き渡し、譲渡若しくは引渡しのために展示し、輸出し、輸入し、又は電気通信回線を通じて提供する行為

三　役務の提供に当たりその提供を受ける者の利用に供する物（譲渡し、又は貸し渡す物を含む。以下同じ。）に標章を付する行為

四　役務の提供に当たりその提供を受ける者の利用に供する物に標章を付したものを用いて役務を提供する行為

五　役務の提供の用に供する物（役務の提供に当たりその提供を受ける者の利用に供する物を含む。以下同じ。）に標章を付したものを役務の提供のために展示する行為

六　役務の提供に当たりその提供を受ける者の

当該役務の提供に係る物に標章を付する行為

七　電磁的方法（電子的方法、磁気的方法その他人の知覚によつては認識することができない方法をいう。以下同じ。）により行う映像面を介した役務の提供に当たりその映像面に標章を表示して役務を提供する行為

八　商品若しくは役務に関する広告、価格表若しくは取引書類に標章を付して展示し、若しくは頒布し、又はこれらを内容とする情報に標章を付して電磁的方法により提供する行為

九　音の標章にあつては、前各号に掲げるもののほか、商品の譲渡若しくは引渡し又は役務の提供のために音の標章を発する行為

十　前各号に掲げるもののほか、政令で定める行為

4　前項において、商品その他の物に標章を付することには、次の各号に掲げる各標章については、それぞれ当該各号に掲げることが含まれるものとする。

一　文字、図形、記号若しくは立体的形状若しくはこれらの結合又はこれらと色彩との結合の標章　商品若しくは商品の包装、役務の提供の用に供する物又は商品若しくは役務に関する広告を標章の形状とすること。

二　音の標章　商品、役務の提供の用に供する物又は商品若しくは役務に関する広告に記録媒体が取り付けられている場合（商品、役務の提供の用に供する物又は商品若しくは役務に関する広告自体が記録媒体である場合を含む。）において、当該記録媒体に標章を記録すること。

5　この法律で「登録商標」とは、商標登録を受けている商標をいう。

6　この法律において、商品に類似するものの範囲には役務が含まれることがあるものとし、役務に類似するものの範囲には商品が含まれることがあるものとする。

7　この法律において、輸入する行為には、外国にある者が外国から日本国内に他人をして持ち込ませる行為が含まれるものとする。

第二章　商標登録及び商標登録出願

（商標登録の要件）

第三条　自己の業務に係る商品又は役務について使用をする商標については、次に掲げる商標を除き、商標登録を受けることができる。

一　その商品又は役務の普通名称を普通に用いられる方法で表示する標章のみからなる商標

二　その商品又は役務について慣用されている商標

三　その商品の産地、販売地、品質、原材料、効能、用途、形状（包装の形状を含む。第二十六条第一項第二号及び第三号において同じ。）、生産若しくは使用の方法若しくは時期その他の特徴、数量若しくは価格又はその役務の提供の場所、質、提供の用に供する物、効能、用途、態様、提供の方法若しくは時期その他の特徴、数量若しくは価格を普通に用いられる方法で表示する標章のみからなる商標

四　ありふれた氏又は名称を普通に用いられる方法で表示する標章のみからなる商標

五　極めて簡単で、かつ、ありふれた標章のみからなる商標

六　前各号に掲げるもののほか、需要者が何人かの業務に係る商品又は役務であることを認識することができない商標

2　前項第三号から第五号までに該当する商標であつても、使用をされた結果需要者が何人かの業務に係る商品又は役務であることを認識することができるものについては、同項の規定にかかわらず、商標登録を受けることができる。

（商標登録を受けることができない商標）

第四条　次に掲げる商標については、前条の規定にかかわらず、商標登録を受けることができない。

一　国旗、菊花紋章、勲章、褒章又は外国の国旗と同一又は類似の商標

二　パリ条約（千九百年十二月十四日にブラッセルで、千九百十一年六月二日にワシントンで、千九百二十五年十一月六日にヘーグで、千九百三十四年六月二日にロンドンで、千九百五十八年十月三十一日にリスボンで及び千九百六十七年七月十四日にストックホルムで改正された工業所有権の保護に関する千八百八十三年三月二十日のパリ条約（昭和五〇年三月条約第二号）をいう。以下同じ。）の同盟国、世界貿易機関の加盟国又は商標法条約の締約国の国の紋章その他の記章（パリ条約の同盟国、世界貿易機関の加盟国又は商標法条約の締約国の国旗を除く。）であつて、経済産業大臣が指定するものと同一又は類似の商標

三　国際連合その他の国際機関（ロにおいて「国際機関」という。）を表示する標章であつて経済産業大臣が指定するものと同一又は類似の商標（次に掲げるものを除く。）

イ　自己の業務に係る商品若しくは役務を表示するものとして需要者の間に広く認識されている商標又はこれに類似するものであつて、その商品若しくは役務又はこれらに類似する商品若しくは役務について使用をするもの

ロ　国際機関の略称を表示する標章と同一又は類似の標章からなる商標であつて、その国際機関と関係があるとの誤認を生ずるおそれがない商品又は役務について使用をするもの

四　赤十字の標章及び名称等の使用の制限に関する法律（昭和二十二年法律第百五十九号）第一条の標章若しくは名称又は武力攻撃事態等における国民の保護のための措置に関する法律（平成十六年法律第百十二号）第百五十八条第一項の特殊標章と同一又は類似の商標

五　日本国又はパリ条約の同盟国、世界貿易機関の加盟国若しくは商標法条約の締約国の政府又は地方公共団体の監督用又は証明用の印章又は記号のうち経済産業大臣が指定するものと同一又は類似の標章を有する商標であつ

て、その印章又は記号が用いられている商品又は役務と同一又は類似の商品又は役務について使用をするもの

六　国若しくは地方公共団体若しくはこれらの機関、公益に関する団体であつて営利を目的としないもの又は公益に関する事業であつて営利を目的としないものを表示する標章であつて著名なものと同一又は類似の商標

七　公の秩序又は善良の風俗を害するおそれがある商標

八　他人の肖像若しくは他人の氏名（商標の使用をする商品又は役務の分野において需要者の間に広く認識されている氏名に限る。）若しくは名称若しくは著名な雅号、芸名若しくは筆名若しくはこれらの著名な略称を含む商標（その他人の承諾を得ているものを除く。）又は他人の氏名を含む商標であつて、政令で定める要件に該当しないもの

九　政府若しくは地方公共団体（以下「政府等」という。）が開設する博覧会若しくは政府等以外の者が開設する博覧会であつて特許庁長官の定める基準に適合するもの又は外国でその政府等若しくはその許可を受けた者が開設する国際的な博覧会の賞と同一又は類似の標章を有する商標（その賞を受けた者が商標の一部としてその標章の使用をするものを除く。）

十　他人の業務に係る商品若しくは役務を表示するものとして需要者の間に広く認識されている商標又はこれに類似する商標であつて、その商品若しくは役務又はこれらに類似する商品若しくは役務について使用をするもの

十一　当該商標登録出願の日前の商標登録出願に係る他人の登録商標又はこれに類似する商標であつて、その商標登録に係る指定商品若しくは指定役務（第六条第一項（第六十八条第一項において準用する場合を含む。）の規定により指定した商品又は役務をいう。以下同じ。）又はこれらに類似する商品若しくは役務について使用をするもの

十二　他人の登録防護標章（防護標章登録を受けている標章をいう。以下同じ。）と同一の商標であつて、その防護標章登録に係る指定商品又は指定役務について使用をするもの
十三　削除
十四　種苗法（平成十年法律第八十三号）第十八条第一項の規定による品種登録を受けた品種の名称と同一又は類似の商標であつて、その品種の種苗又はこれに類似する商品若しくは役務について使用をするもの
十五　他人の業務に係る商品又は役務と混同を生ずるおそれがある商標（第十号から前号までに掲げるものを除く。）
十六　商品の品質又は役務の質の誤認を生ずるおそれがある商標
十七　日本国のぶどう酒若しくは蒸留酒の産地のうち特許庁長官が指定するものを表示する標章又は世界貿易機関の加盟国のぶどう酒若しくは蒸留酒の産地を表示する標章のうち当該加盟国において当該産地以外の地域を産地とするぶどう酒若しくは蒸留酒について使用をすることが禁止されているものを有する商標であつて、当該産地以外の地域を産地とするぶどう酒又は蒸留酒について使用をするもの
十八　商品等（商品若しくは商品の包装又は役務をいう。第二十六条第一項第五号において同じ。）が当然に備える特徴のうち政令で定めるもののみからなる商標
十九　他人の業務に係る商品又は役務を表示するものとして日本国内又は外国における需要者の間に広く認識されている商標と同一又は類似の商標であつて、不正の目的（不正の利益を得る目的、他人に損害を加える目的その他の不正の目的をいう。以下同じ。）をもつて使用をするもの（前各号に掲げるものを除く。）

2　国若しくは地方公共団体若しくはこれらの機関、公益に関する団体であつて営利を目的としないもの又は公益に関する事業であつて営利を

目的としないものを行つている者が前項第六号の商標について商標登録出願をするときは、同号の規定は、適用しない。

3　第一項第八号、第十号、第十五号、第十七号又は第十九号に該当する商標であつても、商標登録出願の時に当該各号に該当しないものについては、これらの規定は、適用しない。

4　第一項第十一号に該当する商標であつても、その商標登録出願人が、商標登録を受けることについて同号の他人の承諾を得ており、かつ、当該商標の使用をする商品又は役務と同号の他人の登録商標に係る商標権者、専用使用権者又は通常使用権者の業務に係る商品又は役務との間で混同を生ずるおそれがないものについては、同号の規定は、適用しない。

（商標登録出願）

第五条　商標登録を受けようとする者は、次に掲げる事項を記載した願書に必要な書面を添付して特許庁長官に提出しなければならない。

一　商標登録出願人の氏名又は名称及び住所又は居所

二　商標登録を受けようとする商標

三　指定商品又は指定役務並びに第六条第二項の政令で定める商品及び役務の区分

2　次に掲げる商標について商標登録を受けようとするときは、その旨を願書に記載しなければならない。

一　商標に係る文字、図形、記号、立体的形状又は色彩が変化するものであつて、その変化の前後にわたるその文字、図形、記号、立体的形状若しくは色彩又はこれらの結合からなる商標

二　立体的形状（文字、図形、記号若しくは色彩又はこれらの結合との結合を含む。）からなる商標（前号に掲げるものを除く。）

三　色彩のみからなる商標（第一号に掲げるものを除く。）

四　音からなる商標

五　前各号に掲げるもののほか、経済産業省令で定める商標

3　商標登録を受けようとする商標について、特許庁長官の指定する文字（以下「標準文字」という。）のみによつて商標登録を受けようとするときは、その旨を願書に記載しなければならない。

4　経済産業省令で定める商標について商標登録を受けようとするときは、経済産業省令で定めるところにより、その商標の詳細な説明を願書に記載し、又は経済産業省令で定める物件を願書に添付しなければならない。

5　前項の記載及び物件は、商標登録を受けようとする商標を特定するものでなければならない。

6　商標登録を受けようとする商標を記載した部分のうち商標登録を受けようとする商標を記載する欄の色彩と同一の色彩である部分は、その商標の一部でないものとみなす。ただし、色彩を付すべき範囲を明らかにしてその欄の色彩と同一の色彩を付すべき旨を表示した部分については、この限りでない。

（出願の日の認定等）

第五条の二　特許庁長官は、商標登録出願が次の各号の一に該当する場合を除き、商標登録出願に係る願書を提出した日を商標登録出願の日として認定しなければならない。

一　商標登録を受けようとする旨の表示が明確でないと認められるとき。

二　商標登録出願人の氏名若しくは名称の記載がなく、又はその記載が商標登録出願人を特定できる程度に明確でないと認められるとき。

三　願書に商標登録を受けようとする商標の記載がないとき。

四　指定商品又は指定役務の記載がないとき。

2　特許庁長官は、商標登録出願が前項各号の一に該当するときは、商標登録を受けようとする者に対し、相当の期間を指定して、商標登録出願について補完をすべきことを命じなければならない。

3　商標登録出願について補完をするには、手続の補完に係る書面（以下「手続補完書」という。）を提出しなければならない。

4　特許庁長官は、第二項の規定により商標登録出願について補完をすべきことを命じた者が同項の規定により指定された期間内にその補完をしたときは、手続補完書を提出した日を商標登録出願の日として認定しなければならない。

5　特許庁長官は、第二項の規定により商標登録出願について補完をすべきことを命じた者が同項の規定により指定された期間内にその補完をしないときは、当該商標登録出願を却下することができる。

（一商標一出願）

第六条　商標登録出願は、商標の使用をする一又は二以上の商品又は役務を指定して、商標ごとにしなければならない。

2　前項の指定は、政令で定める商品及び役務の区分に従つてしなければならない。

3　前項の商品及び役務の区分は、商品又は役務の類似の範囲を定めるものではない。

（団体商標）

第七条　一般社団法人その他の社団（法人格を有しないもの及び会社を除く。）若しくは事業協同組合その他の特別の法律により設立された組合（法人格を有しないものを除く。）又はこれらに相当する外国の法人は、その構成員に使用をさせる商標について、団体商標の商標登録を受けることができる。

2　前項の場合における第三条第一項の規定の適用については、同項中「自己の」とあるのは、「自己又はその構成員の」とする。

3　第一項の規定により団体商標の商標登録を受けようとする者は、第五条第一項の商標登録出願において、商標登録出願人が第一項に規定する法人であることを証明する書面を特許庁長官に提出しなければならない。

（地域団体商標）

第七条の二　事業協同組合その他の特別の法律により設立された組合（法人格を有しないものを除き、当該特別の法律において、正当な理由がないのに、構成員たる資格を有する者の加入を拒み、又はその加入につき現在の構成員が加入の際に付されたよりも困難な条件を付してはならない旨の定めのあるものに限る。）、商工会、商工会議所若しくは特定非営利活動促進法（平成十年法律第七号）第二条第二項に規定する特定非営利活動法人又はこれらに相当する外国の法人（以下「組合等」という。）は、その構成員に使用をさせる商標であつて、次の各号のいずれかに該当するものについて、その商標が使用をされた結果自己又はその構成員の業務に係る商品又は役務を表示するものとして需要者の間に広く認識されているときは、第三条の規定（同条第一項第一号又は第二号に係る場合を除く。）にかかわらず、地域団体商標の商標登録を受けることができる。

一　地域の名称及び自己又はその構成員の業務に係る商品又は役務の普通名称を普通に用いられる方法で表示する文字のみからなる商標

二　地域の名称及び自己又はその構成員の業務に係る商品又は役務を表示するものとして慣用されている名称を普通に用いられる方法で表示する文字のみからなる商標

三　地域の名称及び自己若しくはその構成員の業務に係る商品若しくは役務の普通名称又はこれらを表示するものとして慣用されている名称を普通に用いられる方法で表示する文字並びに商品の産地又は役務の提供の場所を表示する際に付される文字として慣用されている文字であつて、普通に用いられる方法で表示するもののみからなる商標

2　前項において「地域の名称」とは、自己若しくはその構成員が商標登録出願前から当該出願に係る商標の使用をしている商品の産地若しくは役務の提供の場所その他これらに準ずる程度に当該商品若しくは当該役務と密接な関連性を有すると認められる地域の名称又はその略称をいう。

3　第一項の場合における第三条第一項（第一号及び第二号に係る部分に限る。）の規定の適用については、同項中「自己の」とあるのは、「自己又はその構成員の」とする。

4　第一項の規定により地域団体商標の商標登録を受けようとする者は、第五条第一項の商標登録出願において、商標登録出願人が組合等であることを証明する書面及びその商標登録出願に係る商標が第二項に規定する地域の名称を含むものであることを証明するため必要な書類を特許庁長官に提出しなければならない。

（先願）

第八条　同一又は類似の商品又は役務について使用をする同一又は類似の商標について異なつた日に二以上の商標登録出願があつたときは、最先の商標登録出願人のみがその商標について商標登録を受けることができる。ただし、後の日に商標登録出願をした商標登録出願人（以下この項において「後出願人」という。）が、商標登録を受けることについて先の日に商標登録出願をした商標登録出願人（当該商標登録出願人が複数あるときは、当該複数の商標登録出願人。以下この項及び第六項において「先出願人」という。）の承諾を得ており、かつ、当該後出願人がその商標の使用をする商品又は役務と当該先出願人がその商標の使用をする商品又は役務（当該商標が商標登録された場合においては、その登録商標に係る商標権者、専用使用権者又は通常使用権者の業務に係る商品又は役務）との間で混同を生ずるおそれがないときは、当該後出願人もその商標について商標登録を受けることができる。

2　同一又は類似の商品又は役務について使用をする同一又は類似の商標について同日に二以上の商標登録出願があつたときは、商標登録出願人の協議により定めた一の商標登録出願人のみがその商標について商標登録を受けることができる。ただし、全ての商標登録出願人が、商標登録を受けることについて相互に承諾しており、かつ、それぞれの商標の使用をする商品又は役務との間で混同を生ずるおそれがないときは、当該全ての商標登録出願人がそれぞれの商標について商標登録を受けることができる。

3　商標登録出願が放棄され取り下げられ若しく

は却下されたとき、又は商標登録出願について査定若しくは審決が確定したときは、その商標登録出願は、前二項の規定の適用については、初めからなかつたものとみなす。

4　特許庁長官は、第二項本文の場合は、相当の期間を指定して、同項本文の協議をしてその結果を届け出るべき旨を商標登録出願人に命じなければならない。

5　第二項本文の協議が成立せず、又は前項の規定により指定した期間内に同項の規定による届出がないとき（第二項ただし書に規定するときを除く。）は、特許庁長官が行う公正な方法によるくじにより定めた順位における最先の商標登録出願人のみが商標登録を受けることができる。ただし、当該くじにより定めた順位における後順位の商標登録出願人（以下この項において「後順位出願人」という。）が、商標登録を受けることについて先順位の商標登録出願人（当該商標登録出願人が複数あるときは、当該複数の商標登録出願人。以下この項及び次項において「先順位出願人」という。）の承諾を得ており、かつ、当該後順位出願人がその商標の使用をする商品又は役務と当該先順位出願人がその商標の使用をする商品又は役務（当該商標が商標登録された場合においては、その登録商標に係る商標権者、専用使用権者又は通常使用権者の業務に係る商品又は役務）との間で混同を生ずるおそれがないときは、当該後順位出願人もその商標について商標登録を受けることができる。

6　第一項ただし書又は前項ただし書の場合において、先出願人又は先順位出願人の商標が商標登録され、その登録商標に係る商標権が移転されたときは、その登録商標に係る商標権者を先出願人又は先順位出願人とみなして、これらの規定を適用する。

（出願時の特例）

第九条　政府等が開設する博覧会若しくは政府等以外の者が開設する博覧会であつて特許庁長官の定める基準に適合するものに、パリ条約の同盟国、世界貿易機関の加盟国若しくは商標法条約の締約国の領域内でその政府等若しくはその許可を受けた者が開設する国際的な博覧会に、又はパリ条約の同盟国、世界貿易機関の加盟国若しくは商標法条約の締約国のいずれにも該当しない国の領域内でその政府等若しくはその許可を受けた者が開設する国際的な博覧会であつて特許庁長官の定める基準に適合するものに出品した商品又は出展した役務について使用をした商標について、その商標の使用をした商品を出品した者又は役務を出展した者がその出品又は出展の日から六月以内にその商品又は役務を指定商品又は指定役務として商標登録出願をしたときは、その商標登録出願は、その出品又は出展の時にしたものとみなす。

2　商標登録出願に係る商標について前項の規定の適用を受けようとする者は、その旨を記載した書面を商標登録出願と同時に特許庁長官に提出し、かつ、その商標登録出願に係る商標及び商品又は役務が同項に規定する商標及び商品又は役務であることを証明する書面（次項及び第四項において「証明書」という。）を商標登録出願の日から三十日以内に特許庁長官に提出しなければならない。

3　証明書を提出する者が前項に規定する期間内に証明書を提出することができないときは、その期間が経過した後であつても、経済産業省令で定める期間内に限り、経済産業省令で定めるところにより、その証明書を特許庁長官に提出することができる。

4　証明書を提出する者がその責めに帰することができない理由により、前項の規定により証明書を提出することができる期間内に証明書を提出することができないときは、同項の規定にかかわらず、その理由がなくなつた日から十四日（在外者にあつては、二月）以内でその期間の経過後六月以内にその証明書を特許庁長官に提出することができる。

（パリ条約の例による優先権主張）

第九条の二　パリ条約の同盟国でされた商標（第二条第一項第二号に規定する商標に相当するも

のに限る。）の登録の出願に基づく優先権は、同項第一号に規定する商標に相当する商標の登録の出願に基づく優先権についてパリ条約第四条に定める例により、これを主張することができる。

（同前）

第九条の三　次の表の上欄に掲げる者が同表の下欄に掲げる国においてした出願に基づく優先権は、パリ条約第四条の規定の例により、商標登録出願について、これを主張することができる。

日本国民又はパリ条約の同盟国の国民（パリ条約第三条の規定により同盟国の国民とみなされる者を含む。）	世界貿易機関の加盟国又は商標法条約の締約国
世界貿易機関の加盟国の国民（世界貿易機関を設立するマラケシュ協定附属書一C第一条3に規定する加盟国の国民をいう。）又は商標法条約の締約国の国民	パリ条約の同盟国、世界貿易機関の加盟国又は商標法条約の締約国

（指定商品等又は商標登録を受けようとする商標の補正と要旨変更）

第九条の四　願書に記載した指定商品若しくは指定役務又は商標登録を受けようとする商標についてした補正がこれらの要旨を変更するものと商標権の設定の登録があつた後に認められたときは、その商標登録出願は、その補正について手続補正書を提出した時にしたものとみなす。

（商標登録出願の分割）

第一〇条　商標登録出願人は、商標登録出願が審査、審判若しくは再審に係属している場合又は商標登録出願についての拒絶をすべき旨の審決に対する訴えが裁判所に係属している場合であつて、かつ、当該商標登録出願について第七十六条第二項の規定により納付すべき手数料を納付している場合に限り、二以上の商品又は役務を指定商品又は指定役務とする商標登録出願の一部を一又は二以上の新たな商標登録出願とすることができる。

2　前項の場合は、新たな商標登録出願は、もとの商標登録出願の時にしたものとみなす。ただし、第九条第二項並びに第十三条第一項において準用する特許法（昭和三十四年法律第百二十一号）第四十三条第一項及び第二項（これらの規定を第十三条第一項において準用する同法第四十三条の三第三項において準用する場合を含む。）の規定の適用については、この限りでない。

3　第一項に規定する新たな商標登録出願をする場合には、もとの商標登録出願について提出された書面又は書類（第十三条第一項において準用する特許法第四十三条第二項（第十三条第一項において準用する同法第四十三条の三第三項において準用する場合を含む。）の規定により提出された場合には、電磁的方法により提供されたものを含む。）であつて、新たな商標登録出願について第九条第二項又は第十三条第一項において準用する同法第四十三条第一項及び第二項（これらの規定を第十三条第一項において準用する同法第四十三条の三第三項において準用する場合を含む。）の規定により提出しなければならないものは、当該新たな商標登録出願と同時に特許庁長官に提出されたものとみなす。

（出願の変更）

第一一条　商標登録出願人は、団体商標の商標登録出願を通常の商標登録出願（団体商標の商標登録出願及び地域団体商標の商標登録出願以外の商標登録出願をいう。以下同じ。）又は地域団体商標の商標登録出願に変更することができる。

2　商標登録出願人は、地域団体商標の商標登録出願を通常の商標登録出願又は団体商標の商標登録出願に変更することができる。

3　商標登録出願人は、通常の商標登録出願を団体商標の商標登録出願又は地域団体商標の商標登録出願に変更することができる。

4　前三項の規定による商標登録出願の変更は、商標登録出願について査定又は審決が確定した後は、することができない。

5　第一項から第三項までの規定による商標登録出願の変更があつたときは、もとの商標登録出願は、取り下げたものとみなす。

6　前条第二項及び第三項の規定は、第一項から第三項までの規定による商標登録出願の変更の場合に準用する。

（同前）

第十二条　防護標章登録出願人は、その防護標章登録出願を商標登録出願に変更することができる。

2　前項の規定による出願の変更は、防護標章登録出願について査定又は審決が確定した後は、することができない。

3　第十条第二項及び第三項並びに前条第五項の規定は、第一項の規定による出願の変更の場合に準用する。

（出願公開）

第十二条の二　特許庁長官は、商標登録出願があつたときは、出願公開をしなければならない。

2　出願公開は、次に掲げる事項を商標公報に掲載することにより行う。ただし、第三号及び第四号に掲げる事項については、当該事項を商標公報に掲載することが公の秩序又は善良の風俗を害するおそれがあると特許庁長官が認めるときは、この限りでない。

一　商標登録出願人の氏名又は名称及び住所又は居所

二　商標登録出願の番号及び年月日

三　願書に記載した商標（第五条第三項に規定する場合にあつては標準文字により現したもの。以下同じ。）

四　指定商品又は指定役務

五　前各号に掲げるもののほか、必要な事項

（特許法の準用）

第十三条　特許法第四十三条第一項から第四項まで及び第七項から第九項まで並びに第四十三条の三第二項及び第三項の規定は、商標登録出願に準用する。この場合において、同法第四十三条第一項中「経済産業省令で定める期間内」と

あるのは「商標登録出願と同時」と、同条第二項中「明細書、特許請求の範囲若しくは実用新案登録請求の範囲及び図面」とあるのは「商標登録を受けようとする商標及び指定商品又は指定役務を記載したもの」と、「次の各号に掲げる日のうち最先の日から一年四月」とあるのは「商標登録出願の日から三月」と、同条第七項月」とあるのは「商標登録出願の日から三月」と、同条第七項中「前項の規定による通知を受けた者は」とあるのは「優先権証明書類等を提出する者は、第二項に規定する期間内に優先権証明書類等を提出することができないときは、その期間が経過した後であつても」と、「優先権証明書類等又は第五項に規定する書面」とあるのは「経済産業省令で定めるところにより、優先権証明書類等」と、同条第八項中「第六項の規定による通知を受けた者」とあるのは「優先権証明書類等を提出する者」と、「前項に規定する期間内に優先権証明書類等又は第五項に規定する書面」とあるのは「前項の経済産業省令で定める期間内に優先権証明書類等」と、「、前項」とあるのは「、同項」と、「その優先権証明書類等又は書面」とあるのは「その優先権証明書類等」と、同条第九項中「優先権証明書類等又は第五項に規定する書面」とあるのは「優先権証明書類等」と、同法第四十三条の三第二項中「又は世界貿易機関の加盟国」とあるのは「、世界貿易機関の加盟国又は商標法条約の締約国」と、「若しくは世界貿易機関の加盟国の国民」とあるのは「、世界貿易機関の加盟国の国民若しくは商標法条約の締約国の国民」と、同条第三項中「前二条」とあるのは「第四十三条」と、「前二項」とあるのは「前項」と読み替えるものとする。

（設定の登録前の金銭的請求権等）

第一三条の二　商標登録出願人は、商標登録出願をした後に当該出願に係る内容を記載した書面を提示して警告をしたときは、その警告後商標権の設定の登録前に当該出願に係る指定商品又は指定役務について当該出願に係る商標の使用をした者に対し、当該使用により生じた業務上の損失に相当する額の金銭の支払を請求することができる。

2　前項の規定による請求権は、商標権の設定の登録があつた後でなければ、行使することができない。

3　第一項の規定による請求権の行使は、商標権の行使を妨げない。

4　商標登録出願が放棄され、取り下げられ、若しくは却下されたとき、商標登録出願について拒絶をすべき旨の査定若しくは審決が確定したとき、第四十三条の三第二項の取消決定が確定したとき、又は第四十六条の二第一項ただし書の場合を除き商標登録を無効にすべき旨の審決が確定したときは、第一項の請求権は、初めから生じなかつたものとみなす。

5　第二十七条、第三十七条、第三十九条において準用する特許法第百四条の三第一項及び第二項、第百五条、第百五条の二の十二、第百五条の四から第百五条の六まで及び第百六条、第五十六条第一項において準用する同法第百六十八条第三項から第六項まで並びに民法（明治二十九年法律第八十九号）第七百十九条及び第七百二十四条（不法行為）の規定は、第一項の規定による請求権を行使する場合に準用する。この場合において、当該請求権を有する者が商標権の設定の登録前に当該商標登録出願に係る商標の使用の事実及びその使用をした者を知つたときは、同条第一号中「被害者又はその法定代理人が損害及び加害者を知った時」とあるのは、「商標権の設定の登録の日」と読み替えるものとする。

第三章　審　　査

（審査官による審査）

第一四条　特許庁長官は、審査官に商標登録出願を審査させなければならない。

（拒絶の査定）

第一五条　審査官は、商標登録出願が次の各号のいずれかに該当するときは、その商標登録出願について拒絶をすべき旨の査定をしなければならない。

一　その商標登録出願に係る商標が第三条、第四条第一項、第七条の二第一項、第八条第二項若しくは第五項、第五十一条第二項（第五十二条の二第二項において準用する場合を含む。）、第五十三条第二項又は第七十七条第三項において準用する特許法第二十五条の規定により商標登録をすることができないものであるとき。

二　その商標登録出願に係る商標が条約の規定により商標登録をすることができないものであるとき。

三　その商標登録出願が第五条第五項又は第六条第一項若しくは第二項に規定する要件を満たしていないとき。

（拒絶理由の通知）

第一五条の二　審査官は、拒絶をすべき旨の査定をしようとするときは、商標登録出願人に対し、拒絶の理由を通知し、相当の期間を指定して、意見書を提出する機会を与えなければならない。

（同前）

第一五条の三　審査官は、商標登録出願に係る商標が、当該商標登録出願の日前の商標登録出願に係る他人の商標又はこれに類似する商標であつて、その商標に係る指定商品若しくは指定役務又はこれらに類似する商品若しくは役務について使用をするものであるときは、商標登録出願人に対し、当該他人の商標が商標登録されることにより当該商標登録出願が第十五条第一号に該当することとなる旨を通知し、相当の期間を指定して、意見書を提出する機会を与えることができる。

2　前項の通知が既にされている場合であつて、当該他人の商標が商標登録されたときは、前条の通知をすることを要しない。

（商標登録の査定）

第一六条　審査官は、政令で定める期間内に商標登録出願について拒絶の理由を発見しないときは、商標登録をすべき旨の査定をしなければならない。

（補正の却下）

第一六条の二　願書に記載した指定役務又は商標登録を受けようとする商標についてした補正がこれらの要旨を変更するものであるときは、審査官は、決定をもつてその補正を却下しなければならない。

2　前項の規定による却下の決定は、文書をもつて行い、かつ、理由を付さなければならない。

3　第一項の規定による却下の決定があつたときは、決定の謄本の送達があつた日から三月を経過するまでは、当該商標登録出願について査定をしてはならない。

4　審査官は、商標登録出願人が第一項の規定による却下の決定に対し第四十五条第一項の審判を請求したときは、その審判の審決が確定するまでその商標登録出願の審査を中止しなければならない。

（特許法の準用）

第一七条　特許法第四十七条第二項（審査官の資格）、第四十八条（審査官の除斥）、第五十二条（査定の方式）及び第五十四条（訴訟との関係）の規定は、商標登録出願の審査に準用する。

（意匠法の準用）

第一七条の二　意匠法（昭和三十四年法律第百二十五号）第十七条の三（補正後の意匠についての新出願）の規定は、第十六条の二第一項の規定により、決定をもつて補正が却下された場合に準用する。

2　意匠法第十七条の四の規定は、前項又は第五十五条の二第三項（第六十条の二第二項において準用する場合を含む。）において準用する同法第十七条の三第一項に規定する期間を延長する場合に準用する。

第四章　商標権

第一節　商標権

（商標権の設定の登録）

第一八条　商標権は、設定の登録により発生する。

2　第四十条第一項の規定による登録料又は第四十一条の二第一項の規定により商標登録をすべき旨の査定若しくは審決の謄本の送達があつた日から三十日以内に納付すべき登録料の納付があつたときは、商標権の設定の登録をする。

3　前項の登録があつたときは、次に掲げる事項を商標公報に掲載しなければならない。

一　商標権者の氏名又は名称及び住所又は居所

二　商標登録出願の番号及び年月日

三　願書に記載した商標

四　指定商品又は指定役務

五　登録番号及び設定の登録の年月日

六　前各号に掲げるもののほか、必要な事項

4　特許庁長官は、前項の規定により同項各号に掲げる事項を掲載した商標公報（以下「商標掲載公報」という。）の発行の日から二月間、特許庁において出願書類及びその附属物件を公衆の縦覧に供しなければならない。ただし、個人の名誉又は生活の平穏を害するおそれがある書類又は物件及び公の秩序又は善良の風俗を害するおそれがある書類又は物件であつて、特許庁長官が秘密を保持する必要があると認めるものについては、この限りでない。

5　特許庁長官は、個人の名誉又は生活の平穏を害するおそれがある書類又は物件であつて、前項ただし書の規定により特許庁長官が秘密を保持する必要があると認めるもの以外のものを縦覧に供しようとするときは、当該書類又は物件を提出した者に対し、その旨及びその理由を通知しなければならない。

（存続期間）

第一九条　商標権の存続期間は、設定の登録の日から十年をもつて終了する。

2　商標権の存続期間は、商標権者の更新登録の申請により更新することができる。

3　商標権の存続期間を更新した旨の登録があつたときは、存続期間は、その満了の時に更新されるものとする。

（存続期間の更新登録の申請）

第二〇条　商標権の存続期間の更新登録の申請をする者は、次に掲げる事項を記載した申請書を特許庁長官に提出しなければならない。

一　申請人の氏名又は名称及び住所又は居所

二　商標登録の登録番号

三　前二号に掲げるもののほか、経済産業省令で定める事項

2　更新登録の申請は、商標権の存続期間の満了前六月から満了の日までの間にしなければならない。

3　商標権者は、前項に規定する期間内に更新登録の申請をすることができないときは、その期間が経過した後であつても、経済産業省令で定める期間内にその申請をすることができる。

4　商標権者が前項の規定により更新登録の申請をすることができる期間内に、その申請をしないときは、その商標権は、存続期間の満了の時にさかのぼつて消滅したものとみなす。

（商標権の回復）

第二一条　前条第四項の規定により消滅したものとみなされた商標権の原商標権者は、経済産業省令で定める期間内に限り、経済産業省令で定めるところにより、その申請をすることができる。ただし、故意に、同条第三項の規定により更新登録の申請をすることができる期間内にその申請をしなかつたと認められる場合は、この限りでない。

2　前項の規定による更新登録の申請があつたときは、存続期間は、その満了の時にさかのぼつて更新されたものとみなす。

（回復した商標権の効力の制限）

第二二条　前条第二項の規定により回復した商標権の効力は、第二十条第三項に規定する更新登録の申請をすることができる期間の経過後前条第一項の申請により商標権の存続期間を更新した旨の登録がされる前における次に掲げる行為には、及ばない。

一　当該指定商品又は指定役務についての当該登録商標の使用

二　第三十七条各号に掲げる行為

（存続期間の更新の登録）

第二三条　第四十条第二項の規定による登録料又は第四十一条の二第七項の規定により更新登録の申請と同時に納付すべき登録料の納付があつたときは、商標権の存続期間を更新した旨の登録をする。

2　第二十条第三項又は第二十一条第一項の規定により更新登録の申請をする場合は、前項の規定にかかわらず、第四十条第二項の規定による登録料及び第四十三条第一項の規定による割増登録料又は第四十一条の二第七項の規定により更新登録の申請と同時に納付すべき登録料及び第四十三条第二項の規定による割増登録料の納付があつたときに、商標権の存続期間を更新した旨の登録をする。

3　前二項の登録があつたときは、次に掲げる事項を商標公報に掲載しなければならない。

一　商標権者の氏名又は名称及び住所又は居所

二　登録番号及び更新登録の年月日

三　前二号に掲げるもののほか、必要な事項

（商標権の分割）

第二四条　商標権の分割は、その指定商品又は指定役務が二以上あるときは、指定商品又は指定役務ごとにすることができる。

2　前項の分割は、商標権の消滅後においても、第四十六条第三項の審判の請求があつたときは、その事件が審判、再審又は訴訟に係属している場合に限り、することができる。

（商標権の移転）

第二四条の二　商標権の移転は、その指定商品又は指定役務が二以上あるときは、指定商品又は指定役務ごとに分割してすることができる。

2　国若しくは地方公共団体若しくはこれらの機関又は公益に関する団体であつて営利を目的としないものの商標登録出願であつて、第四条第二項に規定するものに係る商標権は、譲渡することができない。

3　公益に関する事業であつて営利を目的としないものを行つている者の商標登録出願であつて、第四条第二項に規定するものに係る商標権は、その事業とともにする場合を除き、移転することができない。

4　地域団体商標に係る商標権は、譲渡することができない。

（団体商標に係る商標権の移転）

第二四条の三　団体商標に係る商標権が移転されたときは、次項に規定する場合を除き、その商標権は、通常の商標権に変更されたものとみなす。

2　団体商標に係る商標権を団体商標に係る商標権として移転しようとするときは、その旨を記載した書面及び第七条第三項に規定する書面を移転の登録の申請と同時に特許庁長官に提出しなければならない。

（商標権の移転等に係る混同防止表示請求）

第二四条の四　次に掲げる事由により、同一の商品若しくは役務について使用をする類似の登録商標又は類似の商品若しくは役務について使用をする同一若しくは類似の登録商標に係る商標権が異なつた商標権者に属することとなつた場合において、その一の登録商標に係る商標権者、専用使用権者又は通常使用権者の指定商品又は指定役務についての登録商標の使用により他の登録商標に係る商標権者又は専用使用権者の業務上の利益（当該他の登録商標の使用をしている指定商品又は指定役務に係るものに限る。）が害されるおそれのあるときは、当該他の登録商標に係る商標権者又は専用使用権者は、当該一の登録商標に係る商標権者、専用使用権者又は通常使用権者に対し、当該使用について、その者の業務に係る商品又は役務と自己の業務に係る商品又は役務との混同を防ぐのに適当な表示を付すべきことを請求することができる。

一　第四条第四項の規定により商標登録がされたこと。

二　第八条第一項ただし書、第二項ただし書又は第五項ただし書の規定により商標登録がされたこと。

三　商標登録をすべき旨の査定又は審決の謄本の送達があつた日以後に商標登録出願により生じた権利が承継されたこと。

四　商標権が移転されたこと。

（商標権の効力）

第二五条　商標権者は、指定商品又は指定役務について登録商標の使用をする権利を専有する。ただし、その商標権について専用使用権を設定したときは、専用使用権者がその登録商標の使用をする権利を専有する範囲については、この限りでない。

（商標権の効力が及ばない範囲）

第二六条　商標権の効力は、次に掲げる商標（他の商標の一部となつているものを含む。）には、及ばない。

一　自己の肖像又は自己の氏名若しくは名称若

しくは著名な雅号、芸名若しくは筆名若しくはこれらの著名な略称を普通に用いられる方法で表示する商標

二　当該指定商品若しくはこれに類似する商品の普通名称、産地、販売地、品質、原材料、効能、用途、形状、生産若しくは使用の方法若しくは時期その他の特徴、数量若しくは価格又は当該指定商品に類似する役務の普通名称、提供の場所、質、提供の用に供する物、効能、用途、態様、提供の方法若しくは時期その他の特徴、数量若しくは価格を普通に用いられる方法で表示する商標

三　当該指定役務若しくはこれに類似する役務の普通名称、提供の場所、質、提供の用に供する物、効能、用途、態様、提供の方法若しくは時期その他の特徴、数量若しくは価格又は当該指定役務に類似する商品の普通名称、産地、販売地、品質、原材料、効能、用途、形状、生産若しくは使用の方法若しくは時期その他の特徴、数量若しくは価格を普通に用いられる方法で表示する商標

四　当該指定商品若しくは指定役務又はこれらに類似する商品若しくは役務について慣用されている商標

五　商品等が当然に備える特徴のうち政令で定めるもののみからなる商標

六　前各号に掲げるもののほか、需要者が何人かの業務に係る商品又は役務であることを認識することができる態様により使用されていない商標

2　前項第一号の規定は、商標権の設定の登録があつた後、不正競争の目的で、自己の肖像又は自己の氏名若しくは名称若しくは著名な雅号、芸名若しくは筆名若しくはこれらの著名な略称を用いた場合は、適用しない。

3　商標権の効力は、次に掲げる行為には、及ばない。ただし、その行為が不正競争の目的でされない場合に限る。

一　特定農林水産物等の名称の保護に関する法律（平成二十六年法律第八十四号。以下この

項において「特定農林水産物等名称保護法」という。）第三条第一項（特定農林水産物等名称保護法第三十条において読み替えて適用する場合を含む。次号及び第三号において同じ。）の規定により特定農林水産物等名称保護法第六条の登録に係る特定農林水産物等名称保護法第二条第二項に規定する特定農林水産物等（当該登録に係る特定農林水産物等を主な原料又は材料として製造され、又は加工された同条第一項に規定する農林水産物等を含む。次号及び第三号において「登録に係る特定農林水産物等」という。）又はその包装に同条第三項に規定する地理的表示（次号及び第三号において「地理的表示」という。）を付する行為

二　特定農林水産物等名称保護法第三条第一項の規定により登録に係る特定農林水産物等又はその包装に地理的表示を付したものを譲渡し、引き渡し、譲渡若しくは引渡しのために展示し、輸出し、又は輸入する行為

三　特定農林水産物等名称保護法第三条第一項の規定により登録に係る特定農林水産物等に関する広告、価格表若しくは取引書類に地理的表示を付して展示し、若しくは頒布し、又はこれらを内容とする情報に地理的表示を付して電磁的方法により提供する行為

（登録商標等の範囲）

第二十七条　登録商標の範囲は、願書に記載した商標に基づいて定めなければならない。

2　指定商品又は指定役務の範囲は、願書の記載に基づいて定めなければならない。

3　第一項の場合においては、第五条第四項の記載及び物件を考慮して、願書に記載した商標の記載の意義を解釈するものとする。

（同前）

第二十八条　商標権の効力については、特許庁に対し、判定を求めることができる。

2　特許庁長官は、前項の規定による求があつたときは、三名の審判官を指定して、その判定をさせなければならない。

3　特許法第七十一条第三項及び第四項の規定は、第一項の判定に準用する。

（同前）

第二八条の二　特許庁長官は、裁判所から商標権の効力について鑑定の嘱託があつたときは、三名の審判官を指定して、その鑑定をさせなければならない。

2　特許法第七十一条の二第二項の規定は、前項の鑑定の嘱託に準用する。

（他人の特許権等との関係）

第二九条　商標権者、専用使用権者又は通常使用権者は、指定商品又は指定役務についての登録商標の使用がその使用の態様によりその商標登録出願の日前の出願に係る他人の特許権、実用新案権若しくは意匠権又はその商標登録出願の日前に生じた他人の著作権若しくは著作隣接権と抵触するときは、指定商品又は指定役務のうち抵触する部分についてその態様により登録商標の使用をすることができない。

（専用使用権）

第三〇条　商標権者は、その商標権について専用使用権を設定することができる。ただし、第四条第二項に規定する商標登録出願に係る商標権及び地域団体商標に係る商標権については、この限りでない。

2　専用使用権者は、設定行為で定めた範囲内において、指定商品又は指定役務について登録商標の使用をする権利を専有する。

3　専用使用権は、商標権者の承諾を得た場合及び相続その他の一般承継の場合に限り、移転することができる。

4　特許法第七十七条第四項及び第五項（質権の設定等）、第九十七条第二項（放棄）並びに第九十八条第一項第二号及び第二項（登録の効果）の規定は、専用使用権に準用する。

（通常使用権）

第三一条　商標権者は、その商標権について他人に通常使用権を許諾することができる。

2　通常使用権者は、設定行為で定めた範囲内において、指定商品又は指定役務について登録商標の使用をする権利を有する。

3　通常使用権は、商標権者（専用使用権についての通常使用権にあつては、商標権者及び専用使用権者）の承諾を得た場合及び相続その他の一般承継の場合に限り、移転することができる。

4　通常使用権は、その登録をしたときは、その商標権若しくは専用使用権又はその商標権についての専用使用権をその後に取得した者に対しても、その効力を生ずる。

5　通常使用権の移転、変更、消滅又は処分の制限は、登録しなければ、第三者に対抗することができない。

6　特許法第七十三条第一項（共有）、第九十四条第二項（質権の設定）及び第九十七条第三項（放棄）の規定は、通常使用権に準用する。

（団体構成員等の権利）

第三一条の二　団体商標に係る商標権を有する第七条第一項に規定する法人の構成員（以下「団体構成員」という。）又は地域団体商標に係る商標権を有する組合等の構成員（以下「地域団体構成員」という。）は、当該法人又は当該組合等の定めるところにより、指定商品又は指定役務について団体商標又は地域団体商標に係る登録商標の使用をする権利を有する。ただし、その商標権（団体商標に係る商標権に限る。）について専用使用権が設定されたときは、専用使用権者がその登録商標の使用をする権利を専有する範囲については、この限りでない。

2　前項本文の権利は、移転することができない。

3　団体構成員又は地域団体構成員は、第二十四条の四、第二十九条、第五十条、第五十二条の二、第五十三条及び第七十三条の規定の適用については、通常使用権者とみなす。

4　団体商標又は地域団体商標に係る登録商標についての第三十三条第一項第三号の規定の適用については、同号中「又はその商標権若しくは専用使用権についての第三十一条第四項の効力を有する通常使用権を有する者」とあるのは、「若しくはその商標権若しくは専用使用権についての第三十一条第四項の効力を有する通常使用権を有する者又はその商標の使用をする権利を有する団体構成員若しくは地域団体構成員」とする。

(先使用による商標の使用をする権利)

第三十二条 他人の商標登録出願前から日本国内において不正競争の目的でなくその商標登録出願に係る指定商品若しくは指定役務又はこれらに類似する商品若しくは役務についてその商標又はこれに類似する商標の使用をしていた結果、その商標登録出願の際(第九条の四の規定により、又は第十七条の二第一項若しくは第五十五条の二第三項(第六十条の二第二項において準用する場合を含む。)において準用する意匠法第十七条の三第一項の規定により、その商標登録出願が手続補正書を提出した時にしたものとみなされたときは、もとの商標登録出願の際又は手続補正書を提出した際)現にその商標が自己の業務に係る商品又は役務を表示するものとして需要者の間に広く認識されているときは、その者は、継続してその商品又は役務についてその商標の使用をする場合は、その商品又は役務についてその商標の使用をする権利を有する。当該業務を承継した者についても、同様とする。

2 当該商標権者又は専用使用権者は、前項の規定により商標の使用をする権利を有する者に対し、その者の業務に係る商品又は役務と自己の業務に係る商品又は役務との混同を防ぐのに適当な表示を付すべきことを請求することができる。

(同前)

第三十二条の二 他人の地域団体商標の商標登録出願前から日本国内において不正競争の目的でなくその商標登録出願に係る指定商品若しくは指定役務又はこれらに類似する商品若しくは役務についてその商標又はこれに類似する商標の使用をしていた者は、継続してその商品又は役務についてその商標の使用をする場合は、その商品又は役務についてその商標の使用をする権利を有する。当該業務を承継した者についても、同様とする。

2　当該商標権者は、前項の規定により商標の使用をする権利を有する者に対し、その者の業務に係る商品又は役務と自己又はその構成員の業務に係る商品又は役務との混同を防ぐのに適当な表示を付すべきことを請求することができる。

（無効審判の請求登録前の使用による商標の使用をする権利）

第三三条　次の各号のいずれかに該当する者が第四十六条第一項の審判の請求の登録前に商標登録が同項各号のいずれかに該当することを知らないで日本国内において指定商品若しくは指定役務又はこれらに類似する商品若しくは役務について当該登録商標又はこれに類似する商標の使用をし、その商標が自己の業務に係る商品又は役務を表示するものとして需要者の間に広く認識されていたときは、その者は、継続してその商品又は役務についてその商標の使用をする場合は、その商品又は役務についてその商標の使用をする権利を有する。当該業務を承継した者についても、同様とする。

一　同一又は類似の指定商品又は指定役務について使用をする同一又は類似の商標についての二以上の商標登録のうち、その一を無効にした場合における原商標権者

二　商標登録を無効にして同一又は類似の指定商品又は指定役務について使用をする同一又は類似の商標について正当権利者に商標登録をした場合における原商標権者

三　前二号に掲げる場合において、第四十六条第一項の審判の請求の登録の際現にその無効にした商標登録に係る商標権についての専用使用権又はその商標権若しくは専用使用権についての第三十一条第四項の効力を有する通常使用権を有する者

2　当該商標権者又は専用使用権者は、前項の規定により商標の使用をする権利を有する者から相当の対価を受ける権利を有する。

3　第三十二条第二項の規定は、第一項の場合に準用する。

（特許権等の存続期間満了後の商標の使用をす

る権利）

第三三条の二　商標登録出願の日前又はこれと同日の特許出願に係る特許権がその商標登録出願に係る商標権と抵触する場合において、その特許権の存続期間が満了したときは、その原特許権者は、原特許権の範囲内において、その商標登録出願に係る指定商品若しくは指定役務又はこれらに類似する商品若しくは役務についてその登録商標又はこれに類似する商標の使用をする権利を有する。ただし、その使用が不正競争の目的でされない場合に限る。

2　第三十二条第二項の規定は、前項の場合に準用する。

3　前二項の規定は、商標登録出願の日前又はこれと同日の出願に係る実用新案権又は意匠権がその商標登録出願に係る商標権と抵触する場合において、その実用新案権又は意匠権の存続期間が満了したときに準用する。

（同前）

第三三条の三　商標登録出願の日前又はこれと同日の特許出願に係る特許権がその商標登録出願に係る商標権と抵触する場合において、その特許権の存続期間が満了したときは、その満了の際現にその特許権についての専用実施権又はその特許権若しくは専用実施権についての通常実施権を有する者は、原権利の範囲内において、その商標登録出願に係る指定商品若しくは指定役務又はこれらに類似する商品若しくは役務についてその登録商標又はこれに類似する商標の使用をする権利を有する。ただし、その使用が不正競争の目的でされない場合に限る。

2　第三十二条第二項及び第三十三条第二項の規定は、前項の場合に準用する。

3　前二項の規定は、商標登録出願の日前又はこれと同日の出願に係る実用新案権又は意匠権がその商標登録出願に係る商標権と抵触する場合において、その実用新案権又は意匠権の存続期間が満了したときに準用する。

（質権）

第三四条　商標権、専用使用権又は通常使用権を

目的として質権を設定したときは、質権者は、契約で別段の定めをした場合を除き、当該指定商品又は指定役務について当該登録商標の使用をすることができない。

2　通常使用権を目的とする質権の設定、移転、変更、消滅又は処分の制限は、登録しなければ、第三者に対抗することができない。

3　特許法第九十六条（物上代位）の規定は、商標権、専用使用権又は通常使用権を目的とする質権に準用する。

4　特許法第九十八条第一項第三号及び第二項（登録の効果）の規定は、商標権又は専用使用権を目的とする質権に準用する。

（商標権の放棄）

第三四条の二　商標権者は、専用使用権者、質権者又は通常使用権者があるときは、これらの者の承諾を得た場合に限り、その商標権を放棄することができる。

（特許法の準用）

第三五条　特許法第七十三条（共有）、第七十六条（相続人がない場合の特許権の消滅）並びに第九十八条第一項第一号及び第二項（登録の効果）の規定は、商標権に準用する。この場合において、同号中「移転（相続その他の一般承継によるものを除く。）」とあるのは、「分割、移転（相続その他の一般承継によるものを除く。）」と読み替えるものとする。

第二節　権利侵害

（差止請求権）

第三六条　商標権者又は専用使用権者は、自己の商標権又は専用使用権を侵害する者又は侵害するおそれがある者に対し、その侵害の停止又は予防を請求することができる。

2　商標権者又は専用使用権者は、前項の規定による請求をするに際し、侵害の行為を組成した物の廃棄、侵害の行為に供した設備の除却その他の侵害の予防に必要な行為を請求することができる。

（侵害とみなす行為）

第三七条 次に掲げる行為は、当該商標権又は専用使用権を侵害するものとみなす。

一 指定商品若しくは指定役務についての登録商標に類似する商標の使用又は指定商品若しくは指定役務に類似する商品若しくは役務についての登録商標若しくはこれに類似する商標の使用

二 指定商品又は指定商品若しくは指定役務に類似する商品であつて、その商品又はその商品の包装に登録商標又はこれに類似する商標を付したものを譲渡、引渡し又は輸出のために所持する行為

三 指定役務又は指定役務若しくは指定商品に類似する役務の提供に当たりその提供を受ける者の利用に供する物に登録商標又はこれに類似する商標を付したものを、これを用いて当該役務を提供するために所持し、又は輸入する行為

四 指定役務又は指定役務若しくは指定商品に類似する役務の提供に当たりその提供を受ける者の利用に供する物に登録商標又はこれに類似する商標を付したものを、これを用いて当該役務を提供させるために譲渡し、引き渡し、又は譲渡若しくは引渡しのために所持し、若しくは輸入する行為

五 指定商品若しくは指定役務又はこれらに類似する商品若しくは役務について登録商標又はこれに類似する商標の使用をするために登録商標又はこれに類似する商標を表示する物を所持する行為

六 指定商品若しくは指定役務又はこれらに類似する商品若しくは役務について登録商標又はこれに類似する商標の使用をさせるために登録商標又はこれに類似する商標を表示する物を譲渡し、引き渡し、又は譲渡若しくは引渡しのために所持する行為

七 指定商品若しくは指定役務又はこれらに類似する商品若しくは役務について登録商標又はこれに類似する商標の使用をし、又は使用をさせるために登録商標又はこれに類似する

商標を表示する物を製造し、又は輸入する行為

八　登録商標又はこれに類似する商標を表示する物を製造するためにのみ用いる物を業として製造し、譲渡し、引き渡し、又は輸入する行為

（損害の額の推定等）

第三八条　商標権者又は専用使用権者が故意又は過失により自己の商標権又は専用使用権を侵害した者に対しその侵害により自己が受けた損害の賠償を請求する場合において、その者がその侵害の行為を組成した商品を譲渡したときは、次の各号に掲げる額の合計額を、商標権者又は専用使用権者が受けた損害の額とすることができる。

一　商標権者又は専用使用権者がその侵害の行為がなければ販売することができた商品の単位数量当たりの利益の額に、自己の商標権又は専用使用権を侵害した者が譲渡した商品の数量（次号において「譲渡数量」という。）のうち当該商標権者又は専用使用権者の使用の能力に応じた数量（同号において「使用相応数量」という。）を超えない部分（その全部又は一部に相当する数量を当該商標権者又は専用使用権者が販売することができないとする事情があるときは、当該事情に相当する数量（同号において「特定数量」という。）を控除した数量）を乗じて得た額

二　譲渡数量のうち使用相応数量を超える数量又は特定数量がある場合（商標権者又は専用使用権者が、当該商標権者の商標権についての専用使用権の設定若しくは通常使用権の許諾又は当該専用使用権者の専用使用権についての通常使用権の許諾をし得たと認められない場合を除く。）におけるこれらの数量に応じた当該商標権又は専用使用権に係る登録商標の使用に対し受けるべき金銭の額に相当する額

2　商標権者又は専用使用権者が故意又は過失により自己の商標権又は専用使用権を侵害した者

に対しその侵害により自己が受けた損害の賠償を請求する場合において、その者がその侵害の行為により利益を受けているときは、その利益の額は、商標権者又は専用使用権者が受けた損害の額と推定する。

3　商標権者又は専用使用権者は、故意又は過失により自己の商標権又は専用使用権を侵害した者に対し、その登録商標の使用に対し受けるべき金銭の額に相当する額の金銭を、自己が受けた損害の額としてその賠償を請求することができる。

4　裁判所は、第一項第二号及び前項に規定する登録商標の使用に対し受けるべき金銭の額に相当する額を認定するに当たつては、商標権者又は専用使用権者が、自己の商標権又は専用使用権に係る登録商標の使用の対価について、当該商標権又は専用使用権の侵害があつたことを前提として当該商標権又は専用使用権を侵害した者との間で合意をするとしたならば、当該商標権者又は専用使用権者が得ることとなるその対価を考慮することができる。

5　商標権者又は専用使用権者が故意又は過失により自己の商標権又は専用使用権を侵害した者に対しその侵害により自己が受けた損害の賠償を請求する場合において、その侵害が指定商品又は指定役務についての登録商標（書体のみに変更を加えた同一の文字からなる商標、平仮名、片仮名及びローマ字の文字の表示を相互に変更するものであつて同一の称呼及び観念を生ずる商標、外観において同視される図形からなる商標その他の当該登録商標と社会通念上同一と認められる商標を含む。第五十条において同じ。）の使用によるものであるときは、その商標権の取得及び維持に通常要する費用に相当する額を、商標権者又は専用使用権者が受けた損害の額とすることができる。

6　第三項及び前項の規定は、これらの規定に規定する金額を超える損害の賠償の請求を妨げない。この場合において、商標権又は専用使用権を侵害した者に故意又は重大な過失がなかつたときは、裁判所は、損害の賠償の額を定めるについて、これを参酌することができる。

（主張の制限）

第三八条の二 商標権若しくは専用使用権の侵害又は第十三条の二第一項（第六十八条第一項において準用する場合を含む。）に規定する金銭の支払の請求に係る訴訟の終局判決が確定した後に、次に掲げる審決又は決定が確定したときは、当該訴訟の当事者であつた者は、当該終局判決に対する再審の訴え（当該訴訟を本案とする仮差押命令事件の債権者に対する損害賠償の請求を目的とする訴え並びに当該訴訟を本案とする仮処分命令事件の債権者に対する損害賠償及び不当利得返還の請求を目的とする訴えを含む。）においては、当該審決又は決定が確定したことを主張することができない。

一 当該商標登録を無効にすべき旨の審決

二 当該商標登録を取り消すべき旨の決定

（特許法の準用）

第三九条 特許法第百三条（過失の推定）、第百四条の二（具体的態様の明示義務）、第百四条の三第一項及び第二項（特許権者等の権利行使の制限）、第百五条（書類の提出等）、第百五条の二の十二から第百五条の六まで（損害計算のための鑑定、相当な損害額の認定、秘密保持命令、秘密保持命令の取消し及び訴訟記録の閲覧等の請求の通知等）並びに第百六条（信用回復の措置）の規定は、商標権又は専用使用権の侵害に準用する。

第三節 登録料

（登録料）

第四〇条 商標権の設定の登録を受ける者は、登録料として、一件ごとに、三万二千九百円を超えない範囲内で政令で定める額に区分（指定商品又は指定役務が属する第六条第二項の政令で定める商品及び役務の区分をいう。以下同じ。）の数を乗じて得た額を納付しなければならない。

2 商標権の存続期間の更新登録の申請をする者は、登録料として、一件ごとに、四万三千六百円を超えない範囲内で政令で定める額に区分の数を乗じて得た額を納付しなければならない。

3　前二項の規定は、国に属する商標権には、適用しない。

4　第一項又は第二項の登録料は、商標権が国と国以外の者との共有に係る場合であつて持分の定めがあるときは、第一項又は第二項の規定にかかわらず、これらの規定に規定する登録料の金額に国以外の者の持分の割合を乗じた得た額とし、国以外の者がその額を納付しなければならない。

5　前項の規定により算定した登録料の金額に十円未満の端数があるときは、その端数は、切り捨てる。

6　第一項又は第二項の登録料の納付は、経済産業省令で定めるところにより、特許印紙をもつてしなければならない。ただし、経済産業省令で定める場合には、経済産業省令で定めるところにより、現金をもつて納めることができる。

（登録料の納付期限）

第四一条　前条第一項の規定による登録料は、商標登録をすべき旨の査定又は審決の謄本の送達があつた日から三十日以内に納付しなければならない。

2　特許庁長官は、登録料を納付すべき者の請求により、三十日以内を限り、前項に規定する期間を延長することができる。

3　登録料を納付すべき者は、第一項に規定する期間（前項の規定による期間の延長があつたときは、延長後の期間）内にその登録料を納付することができないときは、その期間が経過した後であつても、経済産業省令で定める期間内に限り、経済産業省令で定めるところにより、その登録料を納付することができる。

4　登録料を納付すべき者がその責めに帰することができない理由により、前項の規定により登録料を納付することができる期間内にその登録料を納付することができないときは、同項の規定にかかわらず、その理由がなくなつた日から十四日（在外者にあつては、二月）以内でその期間の経過後六月以内にその登録料を納付することができる。

5　前条第二項の規定による登録料は、更新登録の申請と同時に納付しなければならない。

（登録料の分割納付）

第四十一条の二　商標権の設定の登録を受ける者は、第四十条第一項の規定にかかわらず、登録料を分割して納付することができる。この場合においては、商標登録をすべき旨の査定又は審決の謄本の送達があつた日から三十日以内に、一件ごとに、一万九千百円を超えない範囲内で政令で定める額に区分の数を乗じて得た額を納付するとともに、商標権の存続期間の満了前五年までに、一件ごとに、一万九千百円を超えない範囲内で政令で定める額に区分の数を乗じて得た額を納付しなければならない。

2　特許庁長官は、前項の規定により商標登録をすべき旨の査定又は審決の謄本の送達があつた日から三十日以内に納付すべき登録料（以下「前期分割登録料」という。）を納付すべき者の請求により、三十日以内を限り、同項に規定する期間を延長することができる。

3　前期分割登録料を納付すべき者は、前期分割登録料を納付すべき期間（前項の規定による期間の延長があつたときは、延長後の期間）内に前期分割登録料を納付することができないときは、その期間が経過した後であつても、経済産業省令で定める期間内に限り、経済産業省令で定めるところにより、前期分割登録料を納付することができる。

4　前期分割登録料を納付すべき者がその責めに帰することができない理由により、前項の規定により前期分割登録料を納付することができる期間内に前期分割登録料を納付することができないときは、同項の規定にかかわらず、その理由がなくなつた日から十四日（在外者にあつては、二月）以内でその期間の経過後六月以内にその登録料を納付することができる。

5　第一項の規定により商標権の存続期間の満了前五年までに納付すべき登録料（以下「後期分

割登録料」という。）を納付すべき者は、後期分割登録料を納付すべき期間内に後期分割登録料を納付することができないときは、その期間が経過した後であつても、その期間の経過後六月以内に後期分割登録料を追納することができる。

6　前項の規定により後期分割登録料を追納することができる期間内に後期分割登録料及び第四十三条第三項の規定により納付すべき割増登録料の納付がなかつたときは、その商標権は、存続期間の満了前五年の日に遡つて消滅したものとみなす。

7　商標権の存続期間の更新登録の申請をする者は、第四十条第二項の規定にかかわらず、登録料を分割して納付することができる。この場合においては、更新登録の申請と同時に、一件ごとに、二万五千四百円を超えない範囲内で政令で定める額に区分の数を乗じて得た額を納付するとともに、商標権の存続期間の満了前五年までに、一件ごとに、二万五千四百円を超えない範囲内で政令で定める額に区分の数を乗じて得た額を納付しなければならない。

8　第五項及び第六項の規定は、前項の規定により商標権の存続期間の満了前五年までに納付すべき登録料を追納する場合に準用する。この場合において、第五項中「第一項」とあるのは、「第七項」と読み替えるものとする。

9　第四十条第三項から第五項までの規定は、第一項及び第七項の場合に準用する。

（後期分割登録料等の追納による商標権の回復）

第四一条の三　前条第六項の規定により消滅したものとみなされた商標権の原商標権者は、経済産業省令で定める期間内に限り、経済産業省令で定めるところにより、後期分割登録料及び第四十三条第三項の割増登録料を追納することができる。ただし、故意に、前条第三項の規定により後期分割登録料を追納することができる期間内にその後期分割登録料及び割増登録料を納付しなかつたと認められる場合は、この限りでない。

2　前項の規定による後期分割登録料及び第四十

三条第三項の割増登録料の追納があったときは、その商標権は、存続期間の満了前五年の日の前日の経過の時に遡つて存続していたものとみなす。

3　前二項の規定は、前条第七項の規定により商標権の存続期間の満了前五年までに納付すべき登録料及び第四十三条第三項の割増登録料を追納する場合に準用する。

（後期分割登録料等の追納により回復した商標権の効力の制限）

第四一条の四　前条第二項の規定により回復した商標権の効力は、第四十一条の二第五項の規定により後期分割登録料を追納することができる期間の経過後前条第二項の規定により商標権が存続していたものとみなされた旨の登録がされる前における次に掲げる行為には、及ばない。

一　当該指定商品又は指定役務についての当該登録商標の使用

二　第三十七条各号に掲げる行為

2　前項の規定は、前条第三項において準用する同条第二項の規定により回復した商標権の効力について準用する。

（利害関係人による登録料の納付）

第四一条の五　利害関係人は、納付すべき者の意に反しても、登録料（更新登録の申請と同時に納付すべき登録料を除く。）を納付することができる。

2　前項の規定により登録料を納付した利害関係人は、納付すべき者が現に利益を受ける限度においてその費用の償還を請求することができる。

（既納の登録料の返還）

第四二条　既納の登録料は、次に掲げるものに限り、納付した者の請求により返還する。

一　過誤納の登録料

二　第四十一条の二第一項又は第七項の規定により商標権の存続期間の満了前五年までに納付すべき登録料（商標権の存続期間の満了前五年までに第四十三条の三第二項の取消決定又は商標登録を無効にすべき旨の審決が確定した場合に限る。）

2　前項の規定による登録料の返還は、同項第一号の登録料については納付した日から一年、同項第二号の登録料については第四十三条の三第二項の取消決定又は審決が確定した日から六月を経過した後は、請求することができない。

3　第一項の規定による登録料の返還を請求する者がその責めに帰することができない理由により前項に規定する期間内にその請求をすることができないときは、同項の規定にかかわらず、その理由がなくなつた日から十四日（在外者にあつては、二月）以内でその期間の経過後六月以内にその請求をすることができる。

（割増登録料）

第四三条　第二十条第三項又は第二十一条第一項の規定により更新登録の申請をする者は、第四十条第二項の規定により納付すべき登録料のほか、その登録料と同額の割増登録料を納付しなければならない。ただし、当該更新登録の申請をする者がその責めに帰することができない理由により第二十条第二項に規定する期間内にその登録料を納付することができないときは、その割増登録料を納付することを要しない。

2　第四十一条の二第七項の場合においては、前項に規定する者は、同条第七項の規定により更新登録の申請と同時に納付すべき登録料のほか、その登録料と同額の割増登録料を納付しなければならない。ただし、当該者がその責めに帰することができない理由により第二十条第二項に規定する期間内にその登録料を納付することができないときは、その割増登録料を納付することを要しない。

3　第四十一条の二第五項（同条第八項において準用する場合を含む。以下この項において同じ。）の場合においては、商標権者は、同条第一項又は第七項の規定により商標権の存続期間の満了前五年までに納付すべき登録料のほか、その登録料と同額の割増登録料を納付しなければならない。ただし、当該商標権者がその責めに帰することができない理由により同条第五項に規定する後期分割登録料を納付すべき期間内にその登録料を納付することができないときは、その割増登録料を納付することを要しない。

4　前三項の割増登録料の納付は、経済産業省令で定めるところにより、特許印紙をもつてしなければならない。ただし、経済産業省令で定める場合には、経済産業省令で定めるところにより、現金をもつて納めることができる。

第四章の二　登録異議の申立て

（登録異議の申立て）

第四三条の二　何人も、商標掲載公報の発行の日から二月以内に限り、特許庁長官に、商標登録が次の各号のいずれかに該当することを理由として登録異議の申立てをすることができる。この場合において、二以上の指定商品又は指定役務に係る商標登録については、指定商品又は指定役務ごとに登録異議の申立てをすることができる。

一　その商標登録が第三条、第四条第一項、第七条の二第一項、第八条第一項、第二項若しくは第五項、第五十一条第二項（第五十二条の二第二項において準用する場合を含む。）、第五十三条第二項又は第七十七条第三項において準用する特許法第二十五条の規定に違反してされたこと。

二　その商標登録が条約に違反してされたこと。

三　その商標登録が第五条第五項に規定する要件を満たしていない商標登録出願に対してされたこと。

（決定）

第四三条の三　登録異議の申立てについての審理及び決定は、三人又は五人の審判官の合議体が行う。

2　審判官は、登録異議の申立てに係る商標登録が前条各号の一に該当すると認めるときは、その商標登録を取り消すべき旨の決定（以下「取消決定」という。）をしなければならない。

3　取消決定が確定したときは、その商標権は、初めから存在しなかつたものとみなす。

4　審判官は、登録異議の申立てに係る商標登録が前条各号の一に該当すると認めないときは、その商標登録を維持すべき旨の決定をしなければならない。

5　前項の決定に対しては、不服を申し立てることができない。

（申立ての方式等）

第四三条の四　登録異議の申立てをする者は、次に掲げる事項を記載した登録異議申立書を特許庁長官に提出しなければならない。

一　登録異議申立人及び代理人の氏名又は名称及び住所又は居所

二　登録異議の申立てに係る商標登録の表示

三　登録異議の申立ての理由及び必要な証拠の表示

2　前項の規定により提出した登録異議申立書の補正は、その要旨を変更するものであつてはならない。ただし、第四十三条の二に規定する期間の経過後三十日を経過するまでに前項第三号に掲げる事項についてする補正については、この限りでない。

3　特許庁長官は、遠隔又は交通不便の地にある者のため、請求により又は職権で、前項に規定する期間を延長することができる。

4　審判長は、登録異議申立書の副本を商標権者に送付しなければならない。

5　第四十六条第四項の規定は、登録異議の申立てがあつた場合に準用する。

（審判官の指定等）

第四三条の五　第五十六条第一項において準用する特許法第百三十六条第二項及び第百三十七条から第百四十四条までの規定は、第四十三条の三第一項の合議体及びこれを構成する審判官に準用する。

（審判書記官）

第四三条の五の二　特許庁長官は、各登録異議申立事件について審判書記官を指定しなければならない。

2　第五十六条第一項において準用する特許法第百四十四条の二第三項から第五項までの規定は、前項の審判書記官に準用する。

（審理の方式等）

第四三条の六　登録異議の申立てについての審理は、書面審理による。ただし、審判長は、商標権者、登録異議申立人若しくは参加人の申立てにより、又は職権で、口頭審理によるものとすることができる。

2　第五十六条第一項において準用する特許法第百四十五条第三項から第七項まで、第百四十六条及び第百四十七条の規定は、前項ただし書の規定による口頭審理に準用する。

3　共有に係る商標権の商標権者の一人について、登録異議の申立てについての審理及び決定の手続の中断又は中止の原因があるときは、その中断又は中止は、共有者全員についてその効力を生ずる。

第四三条の六第二項を次のように改める。

第四三条の六　（略）

2　第五十六条第一項において準用する特許法第百四十五条第三項から第八項まで、第百四十六条及び第百四十七条の規定は、前項ただし書の規定による口頭審理に準用する。

3　（略）

（公布の日から起算して四年を超えない範囲内において政令で定める日から施行　令和四法四八）

（参加）

第四三条の七　商標権についての権利を有する者その他商標権に関し利害関係を有する者は、登録異議の申立てについての決定があるまでは、商標権者を補助するため、その審理に参加することができる。

2　第五十六条第一項において準用する特許法第百四十八条第四項及び第五項並びに第百四十九条の規定は、前項の規定による参加人に準用する。

（証拠調べ及び証拠保全）

第四三条の八　第五十六条第一項において準用する特許法第百五十条及び第百五十一条の規定は、登録異議の申立てについての審理における証拠調べ及び証拠保全に準用する。

（職権による審理）

第四三条の九　登録異議の申立てについての審理においては、商標権者、登録異議申立人又は参加人が申し立てない理由についても、審理することができる。

2　登録異議の申立てについての審理においては、登録異議の申立てがされていない指定商品又は指定役務については、審理することができない。

（申立ての併合又は分離）

第四三条の一〇　同一の商標権に係る二以上の登録異議の申立てについては、その審理は、特別の事情がある場合を除き、併合するものとする。

2　前項の規定により審理を併合したときは、更にその審理の分離をすることができる。

（申立ての取下げ）

第四三条の一一　登録異議の申立ては、次条の規定による通知があつた後は、取り下げることができない。

2　第五十六条第二項において準用する特許法第百五十五条第三項の規定は、登録異議の申立ての取下げに準用する。

（取消理由の通知）

第四三条の一二　審判長は、取消決定をしようとするときは、商標権者及び参加人に対し、商標登録の取消しの理由を通知し、相当の期間を指定して、意見書を提出する機会を与えなければならない。

（決定の方式）

第四三条の一三 登録異議の申立てについての決定は、次に掲げる事項を記載した文書をもつて行わなければならない。

一 登録異議申立事件の番号

二 商標権者、登録異議申立人及び参加人並びに代理人の氏名又は名称及び住所又は居所

三 決定に係る商標登録の表示

四 決定の結論及び理由

五 決定の年月日

2 特許庁長官は、決定があつたときは、決定の謄本を商標権者、登録異議申立人、参加人及び登録異議の申立てについての審理に参加を申請してその申請を拒否された者に送達しなければならない。

（決定の確定範囲）

第四三条の一四 登録異議の申立てについての決定は、登録異議申立事件ごとに確定する。ただし、指定商品又は指定役務ごとに申し立てられた登録異議の申立てについての決定は、指定商品又は指定役務ごとに確定する。

（審判の規定の準用）

第四三条の一五 第五十六条第一項において準用する特許法第百三十三条、第百三十三条の二、第百三十四条第四項、第百三十五条、第百五十二条、第百六十八条、第百六十九条第三項から第六項まで及び第百七十条の規定は、登録異議の申立てについての審理及び決定に準用する。

2 第四十三条の三第五項の規定は、前項において準用する特許法第百三十五条の規定による決定に準用する。

第五章　審　　判

（拒絶査定に対する審判）

第四四条　拒絶をすべき旨の査定を受けた者は、その査定に不服があるときは、その査定の謄本の送達があつた日から三月以内に審判を請求することができる。

2　前項の審判を請求する者がその責めに帰することができない理由により同項に規定する期間内にその請求をすることができないときは、同項の規定にかかわらず、その理由がなくなつた日から十四日（在外者にあつては、二月）以内でその期間の経過後六月以内にその請求をすることができる。

（補正の却下の決定に対する審判）

第四五条　第十六条の二第一項の規定による却下の決定を受けた者は、その決定に不服があるときは、その決定の謄本の送達があつた日から三月以内に審判を請求することができる。ただし、第十七条の二第一項において準用する意匠法第十七条の三第一項に規定する新たな商標登録出願をしたときは、この限りでない。

2　前条第二項の規定は、前項の審判の請求に準用する。

（商標登録の無効の審判）

第四六条　商標登録が次の各号のいずれかに該当するときは、その商標登録を無効にすることについて審判を請求することができる。この場合において、商標登録に係る指定商品又は指定役務が二以上のものについては、指定商品又は指定役務ごとに請求することができる。

一　その商標登録が第三条、第四条第一項、第七条の二第一項、第八条第一項、第二項若しくは第五項、第五十一条第二項（第五十二条の二第二項において準用する場合を含む。）、第五十三条第二項又は第七十七条第三項において準用する特許法第二十五条の規定に違反してされたとき。

二　その商標登録が条約に違反してされたとき。

三　その商標登録が第五条第五項に規定する要件を満たしていない商標登録出願に対してされたとき。
四　その商標登録がその商標登録出願により生じた権利を承継しない者の商標登録出願に対してされたとき。
五　商標登録がされた後において、その商標権者が第七十七条第三項において準用する特許法第二十五条の規定により商標権を享有することができない者になつたとき、又はその商標登録が条約に違反することとなつたとき。
六　商標登録がされた後において、その登録商標が第四条第一項第一号から第三号まで、第五号、第七号又は第十六号に掲げる商標に該当するものとなつているとき。
七　地域団体商標の商標登録がされた後において、その商標権者が組合等に該当しなくなつたとき、又はその登録商標が商標権者若しくはその構成員の業務に係る商品若しくは役務を表示するものとして需要者の間に広く認識されているもの若しくは第七条の二第一項各号に該当するものでなくなつているとき。
2　前項の審判は、利害関係人に限り請求することができる。
3　第一項の審判は、商標権の消滅後においても、請求することができる。
4　審判長は、第一項の審判の請求があつたときは、その旨を当該商標権についての専用使用権者その他その商標登録に関し登録した権利を有する者に通知しなければならない。

（同前）

第四六条の二　商標登録を無効にすべき旨の審決が確定したときは、商標権は、初めから存在しなかつたものとみなす。ただし、商標登録が前条第一項第五号から第七号までに該当する場合において、その商標登録を無効にすべき旨の審決が確定したときは、商標権は、その商標登録が同項第五号から第七号までに該当するに至つた時から存在しなかつたものとみなす。
2　前項ただし書の場合において、商標登録が前条第一項第五号から第七号までに該当するに至つた時を特定できないときは、商標権は、その商標登録を無効にすべき旨の審判の請求の登録の日から存在しなかつたものとみなす。

(同前)

第四七条　商標登録が第三条、第四条第一項第八号若しくは第十一号から第十四号まで若しくは第八条第一項、第二項若しくは第五項の規定に違反してされたとき、商標登録が第四条第一項第十号若しくは第十七号の規定に違反してされたとき（不正競争の目的で商標登録を受けた場合を除く。）、商標登録が同項第十五号の規定に違反してされたとき（不正の目的で商標登録を受けた場合を除く。）又は商標登録が第四十六条第一項第四号に該当するときは、その商標登録についての同項の審判は、商標権の設定の登録の日から五年を経過した後は、請求することができない。

2　商標登録が第七条の二第一項の規定に違反してされた場合（商標が使用をされた結果商標登録出願人又はその構成員の業務に係る商品又は役務を表示するものとして需要者の間に広く認識されているものでなかつた場合に限る。）であつて、商標権の設定の登録の日から五年を経過し、かつ、その登録商標が商標権者又はその構成員の業務に係る商品又は役務を表示するものとして需要者の間に広く認識されているときは、その商標登録についての第四十六条第一項の審判は、請求することができない。

第四八条及び第四九条　削除

(商標登録の取消しの審判)

第五〇条　継続して三年以上日本国内において商標権者、専用使用権者又は通常使用権者のいずれもが各指定商品又は指定役務についての登録商標の使用をしていないときは、何人も、その指定商品又は指定役務に係る商標登録を取り消すことについて審判を請求することができる。

2　前項の審判の請求があつた場合においては、その審判の請求の登録前三年以内に日本国内において商標権者、専用使用権者又は通常使用権者のいずれかがその請求に係る指定商品又は指定役務のいずれかについての登録商標の使用をしていることを被請求人が証明しない限り、商標権者は、その指定商品又は指定役務に係る商標登録の取消しを免れない。ただし、その指定商品又は指定役務についてその登録商標の使用をしていないことについて正当な理由があることを被請求人が明らかにしたときは、この限りでない。

3　第一項の審判の請求前三月からその審判の請求の登録の日までの間に、日本国内において商標権者、専用使用権者又は通常使用権者のいずれかがその請求に係る指定商品又は指定役務についての登録商標の使用をした場合であつて、その登録商標の使用がその審判の請求がされることを知つた後であることを請求人が証明したときは、その登録商標の使用は第一項に規定する登録商標の使用に該当しないものとする。ただし、その登録商標の使用をしたことについて正当な理由があることを被請求人が明らかにしたときは、この限りでない。

（同前）

第五一条　商標権者が故意に指定商品若しくは指定役務についての登録商標に類似する商標の使用又は指定商品若しくは指定役務に類似する商品若しくは役務についての登録商標若しくはこれに類似する商標の使用であつて商品の品質若しくは役務の質の誤認又は他人の業務に係る商品若しくは役務と混同を生ずるものをしたときは、何人も、その商標登録を取り消すことについて審判を請求することができる。

2　商標権者であつた者は、前項の規定により商標登録を取り消すべき旨の審決が確定した日から五年を経過した後でなければ、その商標登録に係る指定商品若しくは指定役務又はこれらに類似する商品若しくは役務について、その登録商標又はこれに類似する商標についての商標登録を受けることができない。

（同前）

第五二条　前条第一項の審判は、商標権者の同項に規定する商標の使用の事実がなくなつた日から五年を経過した後は、請求することができない。

（同前）

第五二条の二　第二十四条の四各号に掲げる事由により、同一の商品若しくは役務について使用をする類似の登録商標又は類似の商品若しくは役務について使用をする同一若しくは類似の登録商標に係る商標権が異なつた商標権者に属することとなつた場合において、その一の登録商標に係る商標権者が不正競争の目的で指定商品又は指定役務についての登録商標の使用であつて他の登録商標に係る商標権者、専用使用権者又は通常使用権者の業務に係る商品又は役務と混同を生ずるものをしたときは、何人も、その商標登録を取り消すことについて審判を請求することができる。

2　第五十一条第二項及び前条の規定は、前項の審判に準用する。

（同前）

第五三条　専用使用権者又は通常使用権者が指定商品若しくは指定役務又はこれらに類似する商品若しくは役務についての登録商標又はこれに類似する商標の使用であつて商品の品質若しくは役務の質の誤認又は他人の業務に係る商品若しくは役務と混同を生ずるものをしたときは、何人も、当該商標登録を取り消すことについて審判を請求することができる。ただし、当該商標権者がその事実を知らなかつた場合において、相当の注意をしていたときは、この限りでない。

2　当該商標権者であつた者又は専用使用権者若しくは通常使用権者であつた者であつて前項に規定する使用をしたものは、同項の規定により商標登録を取り消すべき旨の審決が確定した日から五年を経過した後でなければ、その商標登録に係る指定商品若しくは指定役務又はこれらに類似する商品若しくは役務について、その登録商標又はこれに類似する商標についての商標登録を受けることができない。

3　第五十二条の規定は、第一項の審判に準用する。

（同前）

第五三条の二　登録商標がパリ条約の同盟国、世界貿易機関の加盟国若しくは商標法条約の締約国において商標に関する権利（商標権に相当する権利に限る。）を有する者の当該権利に係る商標又はこれに類似する商標であつて当該権利に係る商品若しくは役務又はこれらに類似する商品若しくは役務を指定商品又は指定役務とするものであり、かつ、その商標登録出願が、正当な理由がないのに、その商標に関する権利を有する者の承諾を得ないでその代理人若しくは代表者又は当該商標登録出願の日前一年以内に代理人若しくは代表者であつた者によつてされたものであるときは、その商標に関する権利を有する者は、当該商標登録を取り消すことについて審判を請求することができる。

（同前）

第五三条の三　前条の審判は、商標権の設定の登録の日から五年を経過した後は、請求することができない。

（同前）

第五四条　商標登録を取り消すべき旨の審決が確定したときは、商標権は、その後消滅する。

2　前項の規定にかかわらず、第五十条第一項の審判により商標登録を取り消すべき旨の審決が確定したときは、商標権は、同項の審判の請求の登録の日に消滅したものとみなす。

（同前）

第五五条　第四十六条第四項の規定は、第五十条第一項、第五十一条第一項、第五十二条の二第一項、第五十三条第一項又は第五十三条の二の審判の請求があつた場合に準用する。

（拒絶査定に対する審判における特則）

第五五条の二　第十五条の二及び第十五条の三の規定は、第四十四条第一項の審判において査定の理由と異なる拒絶の理由を発見した場合に準用する。

2　第十六条の規定は、第四十四条第一項の審判の請求を理由があるとする場合に準用する。ただし、第五十六条第一項において準用する特許法第百六十条第一項の規定によりさらに審査に付すべき旨の審決をするときは、この限りでない。

3　第十六条の二及び意匠法第十七条の三の規定は、第四十四条第一項の審判に準用する。この場合において、第十六条の二第三項及び同法第十七条の三第一項中「三月」とあるのは「三十日」と、第十六条の二第四項中「第四十五条第一項の審判を請求したとき」とあるのは「第六十三条第一項の訴えを提起したとき」と読み替えるものとする。

（審決の確定範囲）

第五五条の三　審決は、審判事件ごとに確定する。ただし、指定商品又は指定役務ごとに請求された第四十六条第一項の審判の審決は、指定商品又は指定役務ごとに確定する。

（特許法の準用）

第五六条　特許法第百三十一条第一項、第百三十一条の二第一項（第二号及び第三号を除く。）、第百三十二条から第百三十三条の二まで、第百三十四条第一項、第三項及び第四項、第百三十五条から第百五十四条まで、第百五十五条第一項及び第二項、第百五十六条第一項、第三項及び第四項、第百五十七条、第百五十八条、第百六十条第一項及び第二項、第百六十一条、第百六十七条並びに第百六十八条から第百七十条まで（審決の効果、審判の請求、審判官、審判の手続、訴訟との関係及び審判における費用）の規定は、審判に準用する。この場合において、同法第百三十一条の二第一項第一号中「特許無効審判以外の審判を請求する場合における前条第一項第三号に掲げる請求の理由」とあるのは「商標法第四十六条第一項の審判以外の審判を請求する場合における同法第五十六条第一項において準用する特許法第百三十一条第一項第三号に掲げる請求の理由」と、同法第百三十二条第一項及び第百六十七条中「特許無効審判又は延長登録無効審判」とあり、並びに同法第百四十五条第一項及び第百六十九条第一項中「特許無効審判及び延長登録無効審判」とあるのは「商標法第四十六条第一項、第五十条第一項、第五十一条第一項、第五十二条の二第一項、第五十三条第一項又は第五十三条の二の審判」と、同法第百五十六条第一項中「特許無効審判以外の審判においては、事件が」とあるのは「事件が」と、同法第百六十一条中「拒絶査定不服審判」とあり、及び同法第百六十九条第三項中「拒絶査定不服審判及び訂正審判」とあるのは「商標法第四十四条第一項又は第四十五条第一項の審判」と読み替えるものとする。

2　特許法第百五十五条第三項（審判の請求の取下げ）の規定は、第四十六条第一項の審判に準用する。

（意匠法の準用）

第五六条の二　意匠法第五十一条の規定は、第四十五条第一項の審判に準用する。

第六章　再審及び訴訟

（再審の請求）

第五七条　確定した取消決定及び確定審決に対しては、当事者又は参加人は、再審を請求することができる。

2　民事訴訟法（平成八年法律第百九号）第三百三十八条第一項及び第二項並びに第三百三十九条（再審の事由）の規定は、前項の再審の請求に準用する。

（同前）

第五八条　審判の請求人及び被請求人が共謀して第三者の権利又は利益を害する目的をもつて審決をさせたときは、その第三者は、その確定審決に対し再審を請求することができる。

2　前項の再審は、その請求人及び被請求人を共同被請求人として請求しなければならない。

（再審により回復した商標権の効力の制限）

第五九条　取り消し、若しくは無効にした商標登録に係る商標権が再審により回復したときは、商標権の効力は、次に掲げる行為には、及ばない。

一　当該取消決定又は審決が確定した後再審の請求の登録前における当該指定商品又は指定役務についての当該登録商標の善意の使用

二　当該取消決定又は審決が確定した後再審の請求の登録前に善意にした第三十七条各号に掲げる行為

（同前）

第六〇条　取り消し、若しくは無効にした商標登録に係る商標権が再審により回復した場合、又は拒絶をすべき旨の審決があつた商標登録出願について再審により商標権の設定の登録があつた場合において、当該取消決定又は審決が確定した後再審の請求の登録前に善意に日本国内において当該指定商品若しくは指定役務又はこれらに類似する商品若しくは役務について当該登録商標又はこれに類似する商標の使用をした結果、再審の請求の登録の際現にその商標が自己の業務に係る商品又は役務を表示するものとして需要者の間に広く認識されているときは、その者は、継続してその商品又は役務についてその商標の使用をする場合は、その商品又は役務についてその商標の使用をする権利を有する。当該業務を承継した者についても、同様とする。

2　第三十二条第二項の規定は、前項の場合に準用する。

（審判の規定の準用）

第六〇条の二　第四十三条の三、第四十三条の五から第四十三条の九まで、第四十三条の十二から第四十三条の十五まで、第五十六条第一項において準用する特許法第百三十一条第一項、第百三十一条の二第一項本文、第百三十二条第三項、第百五十四条、第百五十五条第一項並びに第百五十六条第一項、第三項及び第四項並びに第五十六条第二項において準用する同法第百五十五条第三項の規定は、確定した取消決定に対する再審に準用する。

2　第五十五条の二及び第五十五条の三の規定は、第四十四条第一項の審判の確定審決に対する再審に準用する。

3　第五十五条の三及び第五十六条の二の規定は、第四十五条第一項の審判の確定審決に対する再審に準用する。

4　第五十五条の三の規定は、第四十六条第一項、第五十条第一項、第五十一条第一項、第五十二条の二第一項、第五十三条第一項又は第五十三条の二の審判の確定審決に対する再審に準用する。

（特許法の準用）

第六一条　特許法第百七十三条（再審の請求期間）並びに第百七十四条第三項及び第五項（審判の規定等の準用）の規定は、再審に準用する。この場合において、同条第三項中「第百六十七条から第百六十八条まで」とあるのは「第百六十七条、第百六十八条」と、「特許無効審判又は延長登録無効審判」とあるのは「商標法第四十六条第一項、第五十条第一項、第五十一条第一項、第五十二条の二第一項、第五十三条第一項又は第五十三条の二の審判」と読み替えるものとする。

（意匠法の準用）

第六二条　意匠法第五十八条第二項（審判の規定の準用）の規定は、第四十四条第一項の審判の確定審決に対する再審に準用する。この場合において、同法第五十八条第二項中「第百六十七条の二本文、第百六十八条」とあるのは、「第百六十八条」と読み替えるものとする。

2　意匠法第五十八条第三項の規定は、第四十五条第一項の審判の確定審決に対する再審に準用する。この場合において、同法第五十八条第三項中「第百六十七条の二本文、第百六十八条」とあるのは、「第百六十八条」と読み替えるものとする。

（審決等に対する訴え）

第六三条　取消決定又は審決に対する訴え、第五十五条の二第三項（第六十条の二第二項において準用する場合を含む。）において準用する第十六条の二第一項の規定による却下の決定に対する訴え及び登録異議申立書又は審判若しくは再審の請求書の却下の決定に対する訴えは、東京高等裁判所の専属管轄とする。

2　特許法第百七十八条第二項から第六項まで（出訴期間等）及び第百七十九条から第百八十二条まで（被告適格、出訴の通知等、審決取消訴訟における特許庁長官の意見、審決又は決定の取消し及び裁判の正本等の送付）の規定は、前項の訴えに準用する。この場合において、同法第百七十九条中「特許無効審判若しくは延長登録無効審判」とあるのは、「商標法第四十六条第一項、第五十条第一項、第五十一条第一項、第五十二条の二第一項、第五十三条第一項若しくは第五十三条の二の審判」と読み替えるものとする。

第七章　防護標章

（防護標章登録の要件）

第六四条　商標権者は、商品に係る登録商標が自己の業務に係る指定商品を表示するものとして需要者の間に広く認識されている場合において、その登録商標に係る指定商品及びこれに類似する商品以外の商品又は指定商品に類似する役務以外の役務について他人が登録商標の使用をすることによりその商品又は役務と自己の業務に係る指定商品とが混同を生ずるおそれがあるときは、そのおそれがある商品又は役務について、その登録商標と同一の標章についての防護標章登録を受けることができる。

2　商標権者は、役務に係る登録商標が自己の業務に係る指定役務を表示するものとして需要者の間に広く認識されている場合において、その登録商標に係る指定役務及びこれに類似する役務以外の役務又は指定役務に類似する商品以外の商品について他人が登録商標の使用をすることによりその役務又は商品と自己の業務に係る指定役務とが混同を生ずるおそれがあるときは、そのおそれがある役務又は商品について、その登録商標と同一の標章についての防護標章登録を受けることができる。

3　地域団体商標に係る商標権に係る防護標章登録についての前二項の規定の適用については、これらの規定中「自己の」とあるのは、「自己又はその構成員の」とする。

（出願の変更）

第六五条　商標登録出願人は、その商標登録出願を防護標章登録出願に変更することができる。

2　前項の規定による出願の変更は、商標登録出願について査定又は審決が確定した後は、することができない。

3　第十条第二項及び第三項並びに第十一条第五項の規定は、第一項の規定による出願の変更の場合に準用する。

（防護標章登録に基づく権利の存続期間）

第六五条の二　防護標章登録に基づく権利の存続期間は、設定の登録の日から十年をもつて終了する。

2　防護標章登録に基づく権利の存続期間は、更新登録の出願により更新することができる。ただし、その登録防護標章が第六十四条の規定により防護標章登録を受けることができるものでなくなつたときは、この限りでない。

（防護標章登録に基づく権利の存続期間の更新登録）

第六五条の三　防護標章登録に基づく権利の存続期間の更新登録の出願をする者は、次に掲げる事項を記載した願書を特許庁長官に提出しなければならない。

一　出願人の氏名又は名称及び住所又は居所

二　防護標章登録の登録番号

三　前二号に掲げるもののほか、経済産業省令で定める事項

2　更新登録の出願は、防護標章登録に基づく権利の存続期間の満了前六月から満了の日までの

間にしなければならない。

3　防護標章登録に基づく権利の存続期間の更新登録の出願をする者は、前項の規定により更新登録の出願をすることができる期間内にその出願ができなかつたときは、経済産業省令で定める期間内に限り、経済産業省令で定めるところにより、その出願をすることができる。ただし、故意に、同項の規定により更新登録の出願することができる期間内にその出願をしなかつたと認められる場合は、この限りでない。

4　防護標章登録に基づく権利の存続期間の更新登録の出願があつたときは、存続期間は、その満了の時（前項の規定による出願があつたときは、その出願の時）に更新されたものとみなす。ただし、その出願について拒絶をすべき旨の査定若しくは審決が確定し、又は防護標章登録に基づく権利の存続期間を更新した旨の登録があつたときは、この限りでない。

（同前）

第六五条の四　審査官は、防護標章登録に基づく権利の存続期間の更新登録の出願が次の各号の一に該当するときは、その出願について拒絶をすべき旨の査定をしなければならない。

一　その出願に係る登録防護標章が第六十四条の規定により防護標章登録を受けることができるものでなくなつたとき。

二　その出願をした者が当該防護標章登録に基づく権利を有する者でないとき。

2　審査官は、防護標章登録に基づく権利の存続期間の更新登録の出願について拒絶の理由を発見しないときは、更新登録をすべき旨の査定をしなければならない。

（同前）

第六五条の五　第十四条及び第十五条の二並びに特許法第四十八条（審査官の除斥）及び第五十二条（査定の方式）の規定は、防護標章登録に基づく権利の存続期間の更新登録の出願の審査に準用する。

（防護標章登録に基づく権利の存続期間の更新の登録）

第六五条の六　次条第二項の規定による登録料の納付があつたときは、防護標章登録に基づく権利の存続期間を更新した旨の登録をする。

2　前項の登録があつたときは、次に掲げる事項を商標公報に掲載しなければならない。

一　防護標章登録に基づく権利を有する者の氏名又は名称及び住所又は居所

二　登録番号及び更新登録の年月日

三　前二号に掲げるもののほか、必要な事項

（登録料）

第六五条の七　防護標章登録に基づく権利の設定の登録を受ける者は、登録料として、一件ごとに、三万二千九百円を超えない範囲内で政令で定める額に区分の数を乗じて得た額を納付しなければならない。

2　防護標章登録に基づく権利の存続期間を更新した旨の登録を受ける者は、登録料として、一件ごとに、三万七千五百円を超えない範囲内で政令で定める額に区分の数を乗じて得た額を納付しなければならない。

3　第四十条第三項から第五項までの規定は、前二項の場合に準用する。

（登録料の納付期限）

第六五条の八　前条第一項の規定による登録料は、防護標章登録をすべき旨の査定又は審決の謄本の送達があつた日から三十日以内に納付しなければならない。

2　前条第二項の規定による登録料は、防護標章登録に基づく権利の存続期間の更新登録をすべき旨の査定又は審決の謄本の送達があつた日（防護標章登録に基づく権利の存続期間の満了前にその送達があつたときは、存続期間の満了の日）から三十日以内に納付しなければならない。

3　特許庁長官は、登録料を納付すべき者の請求により、三十日以内を限り、前二項に規定する期間を延長することができる。

4　登録料を納付すべき者が第一項又は第二項に規定する期間（前項の規定による期間の延長があつたときは、延長後の期間）内にその登録料を納付することができないときは、その期間が

経過した後であつても、経済産業省令で定める期間内に限り、その登録料を納付することができる。

5　登録料を納付する者がその責めに帰することができない理由により、前項の規定により登録料を納付することができる期間内にその登録料を納付することができないときは、同項の規定にかかわらず、その理由がなくなつた日から十四日（在外者にあつては、二月）以内でその期間の経過後六月以内にその登録料を納付することができる。

（利害関係人による登録料の納付）

第六五条の九　利害関係人は、納付すべき者の意に反しても、第六十五条の七第一項又は第二項の規定による登録料を納付することができる。

2　前項の規定により登録料を納付した利害関係人は、納付すべき者が現に利益を受ける限度においてその費用の償還を請求することができる。

（過誤納の登録料の返還）

第六五条の一〇　過誤納に係る第六十五条の七第一項又は第二項の規定による登録料は、納付した者の請求により返還する。

2　前項の規定による登録料の返還は、納付した日から一年を経過した後は、請求することができない。

3　第一項の規定による登録料の返還を請求する者がその責めに帰することができない理由により前項に規定する期間内にその請求をすることができないときは、同項の規定にかかわらず、その理由がなくなつた日から十四日（在外者にあつては、二月）以内でその期間の経過後六月以内にその請求をすることができる。

（防護標章登録に基づく権利の附随性）

第六六条　防護標章登録に基づく権利は、当該商標権を分割したときは、消滅する。

2　防護標章登録に基づく権利は、当該商標権を移転したときは、その商標権に従つて移転する。

3　防護標章登録に基づく権利は、当該商標権が消滅したときは、消滅する。

4　第二十条第四項の規定により商標権が消滅し

たものとみなされた場合において、第二十一条第二項の規定により回復した当該商標権に係る防護標章登録に基づく権利の効力は、第二十条第三項に規定する更新登録の申請をすることができる期間の経過後第二十一条第一項の申請により商標権の存続期間を更新した旨の登録がされる前における次条各号に掲げる行為には、及ばない。

5　第四十一条の二第六項の規定により商標権が消滅したものとみなされた場合において、第四十一条の三第二項の規定により回復した当該商標権に係る防護標章登録に基づく権利の効力は、第四十一条の二第五項の規定により後期分割登録料を追納することができる期間の経過後第四十一条の三第二項の規定により商標権が存続していたものとみなされた旨の登録がされる前における次条各号に掲げる行為には、及ばない。

6　前項の規定は、第四十一条の三第三項において準用する同条第二項の規定により回復した商標権に係る防護標章登録に基づく権利の効力について準用する。

（侵害とみなす行為）

第六七条　次に掲げる行為は、当該商標権又は専用使用権を侵害するものとみなす。

一　指定商品又は指定役務についての登録防護標章の使用

二　指定商品であつて、その商品又はその商品の包装に登録防護標章を付したものを譲渡、引渡し又は輸出のために所持する行為

三　指定役務の提供に当たりその提供を受ける者の利用に供する物に登録防護標章を付したものを、これを用いて当該指定役務を提供するために所持し、又は輸入する行為

四　指定役務の提供に当たりその提供を受ける者の利用に供する物に登録防護標章を付したものを、これを用いて当該指定役務を提供させるために譲渡し、引き渡し、又は譲渡若しくは引渡しのために所持し、若しくは輸入する行為

五　指定商品又は指定役務について登録防護標

章の使用をするために登録防護標章を表示する物を所持する行為

六　指定商品又は指定役務について登録防護標章の使用をさせるために登録防護標章を表示する物を譲渡し、引き渡し、又は譲渡若しくは引渡しのために所持する行為

七　指定商品又は指定役務について登録防護標章の使用をし、又は使用をさせるために登録防護標章を表示する物を製造し、又は輸入する行為

（商標に関する規定の準用）

第六八条　第五条、第五条の二、第六条第一項及び第二項、第九条の二から第十条まで、第十二条の二、第十三条第一項並びに第十三条の二の規定は、防護標章登録出願に準用する。この場合において、第五条第一項中「三　指定商品又は指定役務並びに第六条第二項の政令で定める商品及び役務の区分」とあるのは「三　指定商品又は指定役務並びに第六条第二項の政令で定める商品及び役務の区分／四　防護標章登録出願に係る商標登録の登録番号」と、第五条の二第一項中「四　指定商品又は指定役務の記載がないとき。」とあるのは「四　指定商品又は指定役務の記載がないとき。／五　防護標章登録出願に係る商標登録の登録番号の記載がないとき。」と、第十三条の二第五項中「第三十七条」とあるのは「第六十七条（第一号に係る部分を除く。）」と読み替えるものとする。

2　第十四条から第十五条の二まで及び第十六条から第十七条の二までの規定は、防護標章登録出願の審査に準用する。この場合において、第十五条第一号中「第三条、第四条第一項、第七条の二第一項、第八条第二項若しくは第五項、第五十一条第二項（第五十二条の二第二項において準用する場合を含む。）、第五十三条第二項」とあるのは「第六十四条」と、同条第三号中「第五条第五項又は第六条第一項若しくは第二項」とあるのは「第六条第一項又は第二項」と読み替えるものとする。

3　第十八条、第二十六条から第二十八条の二ま

で、第三十二条から第三十三条の三まで、第三十五条、第三十八条の二、第三十九条において準用する特許法第百四条の三第一項及び第二項並びに第六十九条の規定は、防護標章登録に基づく権利に準用する。この場合において、第十八条第二項中「第四十条第一項の規定による登録料又は第四十一条の二第一項の規定により商標登録をすべき旨の査定若しくは審決の謄本の送達があつた日から三十日以内に納付すべき登録料」とあるのは、「第六十五条の七第一項の規定による登録料」と読み替えるものとする。

4　第四十三条の二（第三号を除く。）から第四十五条まで、第四十六条（第一項第三号及び第七号を除く。）、第四十六条の二、第五十三条の二、第五十三条の三、第五十四条第一項及び第五十五条の二から第五十六条の二までの規定は、防護標章登録に係る登録異議の申立て及び審判に準用する。この場合において、第四十三条の二第一号及び第四十六条第一項第一号中「第三条、第四条第一項、第七条の二第一項、第八条第一項、第二項若しくは第五項、第五十一条第二項（第五十二条の二第二項において準用する場合を含む。）、第五十三条第二項」とあるのは「第六十四条」と、同項第六号中「その登録商標が第四条第一項第一号から第三号まで、第五号、第七号又は第十六号に掲げる商標に該当するものとなつているとき」とあるのは「その商標登録が第六十四条の規定に違反することとなつたとき」と読み替えるものとする。

5　前章の規定は、防護標章登録に係る再審及び訴訟に準用する。この場合において、第五十九条第二号中「第三十七条各号」とあるのは「第六十七条第二号から第七号まで」と、第六十条中「商標登録に係る商標権」とあるのは「防護標章登録に係る防護標章登録に基づく権利」と、「商標登録出願」とあるのは「防護標章登録出願若しくは防護標章登録に基づく権利の存続期間の更新登録の出願」と、「商標権の設定の登録」とあるのは「防護標章登録に基づく権利の設定の登録若しくは防護標章登録に基づく権利の存続期間を更新した旨の登録」と、「又はこれらに類似する商品若しくは役務について当該登録商標又はこれに類似する商標」とあるのは「について当該登録防護標章と同一の商標」と読み替えるものとする。

第七章の二　マドリッド協定の議定書に基づく特例

第一節　国際登録出願

（国際登録出願）

第六八条の二　日本国民又は日本国内に住所若しくは居所（法人にあつては、営業所）を有する外国人であつて標章の国際登録に関するマドリッド協定の千九百八十九年六月二十七日にマドリッドで採択された議定書（以下「議定書」という。）第二条⑴に規定する国際登録（以下「国際登録」という。）を受けようとする者は、特許庁長官に次の各号のいずれかを基礎とした議定書第二条⑵に規定する出願（以下「国際登録出願」という。）をしなければならない。この場合において、経済産業省令で定める要件に該当するときには、二人以上が共同して国際登録出願をすることができる。

一　特許庁に係属している自己の商標登録出願又は防護標章登録出願（以下「商標登録出願等」という。）

二　自己の商標登録又は防護標章登録（以下「商標登録等」という。）

2　国際登録出願をしようとする者は、経済産業省令で定めるところにより外国語で作成した願書及び必要な書面を提出しなければならない。

3　願書には、次に掲げる事項を記載しなければならない。

一　国際登録出願に係る商標の保護を求める議定書の締約国の国名

二　国際登録出願に係る商標の保護を求める商品又は役務並びに第六条第二項の政令で定める商品及び役務の区分

4　国際登録出願に係る商標又は標章について議定書第三条(3)の規定の適用を受けようとする者は、その旨及び付した色彩又はその組合せを願書に記載し、かつ、その色彩を付した商標登録出願等に係る商標若しくは標章又は登録商標若しくは登録防護標章の写しを願書に添付しなければならない。

5　国際登録出願を電磁的方法（政令で定めるものを除く。）によりしようとする者は、実費を勘案して政令で定める額に相当する額を議定書第二条(1)に規定する国際事務局（以下「国際事務局」という。）に納付しなければならない。

(同前)

第六八条の三　特許庁長官は、国際登録出願の願書及び必要な書面を国際事務局に送付しなければならない。

2　特許庁長官は前項の場合において、願書の記載事項とその基礎とした商標登録出願等又は商標登録等の記載事項が一致するときは、その旨及び国際登録出願の受理の日を願書に記載しなければならない。

3　第一項の場合において、特許庁長官は国際事務局に送付した国際登録出願の願書の写しを当該国際登録出願の出願人に対して送付する。

(事後指定)

第六八条の四　国際登録の名義人は、経済産業省令で定めるところにより、議定書第三条の三に規定する領域指定（以下「領域指定」という。）であつて国際登録後のもの（以下「事後指定」という。）を特許庁長官にすることができる。

（国際登録の存続期間の更新の申請）

第六八条の五　国際登録の名義人は、経済産業省令で定めるところにより、議定書第七条(1)に規定する国際登録の存続期間の更新（以下「国際登録の存続期間の更新」という。）の申請を特許庁長官にすることができる。

（国際登録の名義人の変更の記録の請求）

第六八条の六　国際登録の名義人又はその譲受人は、経済産業省令で定めるところにより、議定書第九条に規定する国際登録の名義人の変更（以下「国際登録の名義人の変更」という。）の記録の請求を特許庁長官にすることができる。

2　前項に規定する請求は、国際登録において指定された商品若しくは役務ごと又は国際登録が効力を有する締約国ごとにすることができる。

（商標登録出願に関する規定の準用）

第六八条の七　第七十七条第二項にお いて準用する特許法第十七条第三項（第三号に係る部分に限る。）及び第十八条第一項の規定は、国際登録出願、事後指定、国際登録の存続期間の更新の申請及び国際登録の名義人の変更の記録の請求に準用する。

（経済産業省令への委任）

第六八条の八　第六十八条の二から前条までに定めるもののほか、国際登録出願、事後指定、国際登録の存続期間の更新の申請及び国際登録の名義人の変更の記録の請求に関し議定書及び議定書に基づく規則を実施するため必要な事項の細目は、経済産業省令で定める。

第二節　国際商標登録出願に係る特例

（領域指定による商標登録出願）

第六八条の九　日本国を指定する領域指定は、議定書第三条(4)に規定する国際登録の日（以下「国際登録の日」という。）にされた商標登録出願とみなす。ただし、事後指定の場合は、議定書第三条の三(2)の規定により国際登録に係る事後指定が議定書第二条(1)に規定する国際事務局の登録簿（以下「国際登録簿」という。）に記録された日（以下「事後指定の日」という。）にされた商標登録出願とみなす。

2　日本国を指定する国際登録に係る国際登録簿における次の表の上欄に掲げる事項は、第五条第一項の規定により提出した願書に記載された同表の下欄に掲げる事項とみなす。

国際登録の名義人の氏名又は名称及びその住所	商標登録出願人の氏名又は名称及び住所又は居所
国際登録の対象である商標	商標登録を受けようとする商標
国際登録において指定された商品又は役務及び当該商品又は役務の類	指定商品又は指定役務並びに第六条第二項の政令で定める商品及び役務の区分
国際登録簿に記載されている事項のうち国際登録の対象である商標の記載の意義を解釈するために必要な事項として経済産業省令で定めるもの	商標の詳細な説明

（国際商標登録出願の出願時の特例）

第六八条の一〇　前条第一項の規定により商標登録出願とみなされた領域指定（以下この章において「国際商標登録出願」という。）に係る登録商標（以下この条において「国際登録に基づく登録商標」という。）がその商標登録前の登録商標（国際登録に基づく登録商標を除く。以下この条において「国内登録に基づく登録商標」という。）と同一であり、かつ、国際登録に基づく登録商標に係る指定商品又は指定役務が国内登録に基づく登録商標に係る指定商品又は指定役務と重複している場合であつて、国際登録に基づく登録商標に係る商標権者と国内登録に基づく登録商標に係る商標権者が同一であるときは、国際商標登録出願はその重複している範囲については、国内登録に基づく登録商標に係る商標登録出願の日にされていたものとみなす。

2　第六十八条の三十二第三項及び第四項の規定は、前項の国際商標登録出願に準用する。

（出願時の特例）

第六八条の一一　国際商標登録出願についての第九条第二項の規定の適用については、同項中「商標登録出願と同時」とあるのは、「国際商標登録出願の日から三十日以内」とする。

（出願の分割の特例）

第六八条の一二　国際商標登録出願については、第十条の規定は、適用しない。

（出願の変更の特例）

第六八条の一三　国際商標登録出願については、第十一条及び第六十五条の規定は、適用しない。

（出願公開に係る商標公報の掲載事項の特例）

第六八条の一四　国際商標登録出願についての第十二条の二第二項の規定の適用については、同項第二号中「商標登録出願の番号及び年月日」とあるのは、「国際登録の番号及び国際登録の日（事後指定に係る国際商標登録出願の場合は事後指定の日）」とする。

（パリ条約等による優先権主張の手続の特例）

第六八条の一五　国際商標登録出願については、第十三条第一項において読み替えて準用する特許法第四十三条第一項から第四項まで及び第七項から第九項までの規定は、適用しない。

2　国際商標登録出願についての第十三条第一項において読み替えて準用する特許法第四十三条の三第三項において準用する同法第四十三条第一項の規定の適用については、同項中「経済産業省令で定める期間内」とあるのは、「国際商標登録出願の日から三十日以内」とする。

（商標登録出願により生じた権利の特例）

第六八条の一六　国際商標登録出願についての第

十三条第二項において準用する特許法第三十四条第四項の規定の適用については、同項中「相続その他の一般承継の場合を除き、特許庁長官」とあるのは、「商標法第六十八条の二第五項に規定する国際事務局」とする。

2　国際商標登録出願については、第十三条第二項において準用する特許法第三十四条第五項から第七項までの規定は、適用しない。

（国際登録の名義人の変更に伴う国際商標登録出願の取扱い）

第六八条の一七　国際登録の名義人の変更により国際登録において指定された商品又は役務の全部又は一部が分割して移転されたときは、国際商標登録出願は、変更後の名義人についてのそれぞれの商標登録出願になつたものとみなす。

（補正後の商標についての新出願の特例）

第六八条の一八　国際商標登録出願については、第十七条の二第一項又は第五十五条の二第三項（第六十条の二第二項において準用する場合を含む。）において準用する意匠法第十七条の三の規定は、適用しない。

2　国際商標登録出願については、第十七条の二第二項において準用する意匠法第十七条の四の規定は、適用しない。

（商標登録の査定の方式の特例）

第六八条の一八の二　国際商標登録出願についての第十七条において準用する特許法第五十二条第二項の規定の適用については、特許庁長官は、査定（第十六条の規定による商標登録をすべき旨の査定に限る。）に記載されている事項を、経済産業省令で定めるところにより、国際事務局を経由して国際登録の名義人に通知することをもつて、第十七条において準用する同項の規定による当該査定の謄本の送達に代えることができる。

2　前項の場合において、同項の規定による通知が国際登録簿に記録された時に、同項に規定する送達があつたものとみなす。

（商標権の設定の登録の特例）

第六八条の一九　国際商標登録出願についての第

十八条第二項の規定の適用については、同項中「第四十条第一項の規定による登録料又は第四十一条の二第一項の規定により商標登録をすべき旨の査定若しくは審決の謄本の送達があつた日から三十日以内に納付すべき登録料の納付があつたときは」とあるのは、「商標登録をすべき旨の査定又は審決があつたときは」とする。

2　国際商標登録出願についての第十八条第三項の規定の適用については、同項第二号中「商標登録出願の番号及び年月日」とあるのは「国際登録の番号及び国際登録の日（事後指定に係る国際商標登録出願の場合は事後指定の日）」と、同項第五号中「登録番号及び設定の登録の年月日」とあるのは「国際登録の番号及び設定の登録の年月日」とする。

（国際登録の消滅による効果）

第六八条の二〇　国際商標登録出願は、その基礎とした国際登録が全部又は一部について消滅したときは、その消滅した範囲で指定商品又は指定役務の全部又は一部について取り下げられたものとみなす。

2　前条第一項の規定により読み替えて適用する第十八条第二項の規定により設定の登録を受けた商標権（以下「国際登録に基づく商標権」という。）は、その基礎とした国際登録が全部又は一部について消滅したときは、その消滅した範囲で指定商品又は指定役務の全部又は一部について消滅したものとみなす。

3　前二項の効果は、国際登録簿から当該国際登録が消滅した日から生ずる。

（国際登録に基づく商標権の存続期間）

第六八条の二一　国際登録に基づく商標権の存続期間は、その国際登録の日（その商標権の設定の登録前に国際登録の存続期間の更新がされているときは、直近の更新の日）から十年をもつて終了する。

2　国際登録に基づく商標権の存続期間は、国際登録の存続期間の更新により更新することができる。

3　国際登録の存続期間の更新があつたときは、

その国際登録に基づく商標権の存続期間は、その満了の時に更新されるものとする。

4　国際登録の存続期間の更新がなかつたときは、その国際登録に基づく商標権は、その存続期間の満了の時にさかのぼつて消滅したものとみなす。

（存続期間の更新登録の特例）

第六八条の二二　国際登録に基づく商標権については、第十九条から第二十二条まで並びに第二十三条第一項及び第二項の規定は、適用しない。

2　国際登録に基づく商標権についての第二十三条第三項の規定の適用については、同項中「前二項の登録」とあるのは「国際登録の存続期間の更新」と、同項第二号中「登録番号及び更新登録の年月日」とあるのは「国際登録の番号及び国際登録の存続期間の更新の日」とする。

（商標権の分割の特例）

第六八条の二三　国際登録に基づく商標権については、第二十四条の規定は、適用しない。

（団体商標に係る商標権の移転の特例）

第六八条の二四　国際登録に基づく団体商標に係る商標権は、第七条第三項に規定する書面を提出する場合を除き、移転することができない。

2　国際登録に基づく商標権については、第二十四条の三の規定は、適用しない。

（商標権の放棄の特例）

第六八条の二五　国際登録に基づく商標権者は、その商標権を放棄することができる。

2　国際登録に基づく商標権については、第三十四条の二の規定は、適用しない。

（商標権の登録の効果の特例）

第六八条の二六　国際登録に基づく商標権の移転、信託による変更、放棄による消滅又は処分の制限は、登録しなければ、その効力を生じない。

2　国際登録に基づく商標権については、第三十五条において読み替えて準用する特許法第九十八条第一項第一号及び第二項の規定は、適用しない。

（商標原簿への登録の特例）

第六八条の二七　国際登録に基づく商標権につい

ての第七十一条第一項第一号の規定の適用については、同号中「商標権の設定、存続期間の更新、分割、移転、変更、消滅、回復又は処分の制限」とあるのは、「商標権の設定、信託による変更又は処分の制限」とする。

2　国際登録に基づく商標権の存続期間の更新、移転、変更（信託によるものを除く。）又は消滅は、国際登録簿に登録されたところによる。

（手続の補正の特例）

第六八条の二八　国際商標登録出願については、第十五条の二（第五十五条の二第一項（第六十条の二第二項において準用する場合を含む。）において準用する場合を含む。）又は第十五条の三（第五十五条の二第一項（第六十条の二第二項において準用する場合を含む。）において準用する場合を含む。）の規定による通知を受けた後は、事件が審査、審判又は再審に係属している場合に限り、願書に記載した指定商品又は指定役務について補正をすることができる。

2　国際商標登録出願については、第六十八条の九第二項の規定により商標の詳細な説明とみなされた事項を除き、第六十八条の四十の規定は、適用しない。

（指定商品又は指定役務が二以上の商標権についての特則の特例）

第六八条の二九　国際登録に基づく商標権についての第六十九条の規定の適用については、同条中「第二十条第四項、第三十三条第一項、第三十四条の二、第三十五条において準用する特許法第九十八条第一項第一号」とあるのは「第三十三条第一項、第六十八条の二十五第一項若しくは第六十八条の二十六第一項」と、「第七十一条第一項第一号」とあるのは「第六十八条の二十七第一項において読み替えて適用する第七十一条第一項第一号、第六十八条の二十七第二項」とする。

（国際登録に基づく商標権の個別手数料）

第六八条の三〇　国際登録に基づく商標権の設定の登録を受けようとする者は、議定書第八条(7)(a)に規定する個別の手数料（以下「個別手数料」

という。）として、一件ごとに、六千円を超えない範囲内で政令で定める額に一の区分につき四万七千九百円を超えない範囲内で政令で定める額を加えた額に相当する額を国際登録前に国際事務局に納付しなければならない。

2　国際登録に基づく商標権の存続期間の更新をする者は、個別手数料として、一件ごとに、四万三千六百円を超えない範囲内で政令で定める額に区分の数を乗じて得た額に相当する額を国際事務局に納付しなければならない。

3　国際商標登録出願及び国際登録に基づく商標権については、第四十条から第四十三条まで及び第七十六条第二項（別表第一号に掲げる部分に限る。）の規定は、適用しない。

（経済産業省令への委任）

第六八条の三一　第六十八条の九から前条までに定めるもののほか、議定書及び議定書に基づく規則を実施するため必要な事項の細目は、経済産業省令で定める。

第三節　商標登録出願等の特例

（国際登録の取消し後の商標登録出願の特例）

第六八条の三二　議定書第六条(4)の規定により日本国を指定する国際登録の対象であった商標について、当該国際登録において指定されていた商品又は役務の全部又は一部について当該国際登録が取り消されたときは、当該国際登録の名義人であった者は、当該商品又は役務の全部又は一部について商標登録出願をすることができる。

2　前項の規定による商標登録出願は、次の各号のいずれにも該当するときは、同項の国際登録の国際登録の日（同項の国際登録が事後指定に係るものである場合は当該国際登録に係る事後指定の日）にされたものとみなす。

一　前項の商標登録出願が同項の国際登録が取り消された日から三月以内にされたものであること。

二　商標登録を受けようとする商標が前項の国際登録の対象であつた商標と同一であること。
三　前項の商標登録出願に係る指定商品又は指定役務が同項の国際登録において指定されていた商品又は役務の範囲に含まれていること。

3　第一項の国際登録に係る国際商標登録出願についてパリ条約第四条の規定による優先権が認められていたときは、同項の規定による商標登録出願に当該優先権が認められる。

4　第一項の国際登録に係る国際商標登録出願について第九条の三又は第十三条第一項において読み替えて準用する特許法第四十三条の三第二項の規定による優先権が認められていたときも、前項と同様とする。

5　第一項の規定による商標登録出願についての第十条第一項の規定の適用については、同項中「商標登録出願の一部」とあるのは、「商標登録出願の一部（第六十八条の三十二第一項の国際登録において指定されていた商品又は役務の範囲に含まれているものに限る。）」とする。

6　第一項の規定による商標登録出願をする者がその責めに帰することができない理由により第二項第一号に規定する期間内にその出願をすることができないときは、同号の規定にかかわらず、その理由がなくなつた日から十四日（在外者にあつては、二月）以内でその期間の経過後六月以内にその出願をすることができる。

7　前項の規定によりされた商標登録出願は、第二項第一号に規定する期間が満了する時にされたものとみなす。

（議定書の廃棄後の商標登録出願の特例）

第六八条の三三　議定書第十五条(5)(b)の規定により、日本国を指定する国際登録の名義人が議定書第二条(1)の規定に基づく国際出願をする資格を有する者でなくなつたときは、当該国際登録の名義人であつた者は、当該国際登録において指定されていた商品又は役務について商標登録出願をすることができる。

2　前条第二項から第七項までの規定は、前項の規定による商標登録出願に準用する。この場合において、同条第二項第一号中「同項の国際登録が取り消された日から三月以内」とあるのは、「議定書第十五条(3)の規定による廃棄の効力が生じた日から二年以内」と読み替えるものとする。

（拒絶理由の特例）

第六八条の三四　第六十八条の三十二第一項又は前条第一項の規定による商標登録出願については、同条中「次の各号のいずれかに該当するとき」とあるのは、「次の各号のいずれかに該当するとき又は第六十八条の三十二第一項若しくは第六十八条の三十三第一項の規定による商標登録出願が第六十八条の三十二第一項若しくは第六十八条の三十三第一項若しくは第六十八条の三十三第二項各号（第六十八条の三十三第二項において読み替えて準用する場合を含む。）に規定する要件を満たしていないとき」とする。

2　国際登録に係る商標権であつたものについての第六十八条の三十二第一項又は前条第一項の規定による商標登録出願（第六十八条の三十七及び第六十八条の三十九において「旧国際登録に係る商標権の再出願」という。）については、第十五条（第一号及び第二号に係る部分に限る。）の規定は、適用しない。

（商標権の設定の登録の特例）

第六八条の三五　第六十八条の三十二第一項又は第六十八条の三十三第一項の規定による商標登録出願については、当該出願に係る国際登録の国際登録の日（国際登録の存続期間の更新がされているときは、直近の更新の日）から十年以内に商標登録をすべき旨の査定又は審決があつたときは、第十八条第二項の規定にかかわらず、商標権の設定の登録をする。

（存続期間の特例）

第六八条の三六　前条に規定する商標権の存続期間は、当該出願に係る国際登録の国際登録の日（当該国際登録の存続期間の更新がされているときは、直近の更新の日）から十年をもつて終了する。

2　前項に規定する商標権の存続期間については、第十九条第一項の規定は、適用しない。

（登録異議の申立ての特例）

第六八条の三七　旧国際登録に係る商標権の再出願に係る商標登録についての第四十三条の二の規定の適用については、同条中「、商標登録」とあるのは、「、商標登録（旧国際登録に係る商標権の再出願に係る商標登録にあつては、もとの国際登録に係る商標登録について登録異議の申立てがされることなくこの条に規定する期間を経過したものを除く。）」とする。

（商標登録の無効の審判の特例）

第六八条の三八　第六十八条の三十二第一項又は第六十八条の三十三第一項の規定による商標登録出願に係る商標登録についての第四十六条第一項の審判については、同項中「次の各号のいずれかに該当するとき」とあるのは、「次の各号のいずれかに該当するとき又は第六十八条の三十二第一項若しくは第六十八条の三十三第一項若しくは第六十八条の三十二第二項各号（第六十八条の三十三第二項において読み替えて準用する場合を含む。）の規定に違反してされたとき」とする。

（同前）

第六八条の三九　旧国際登録に係る商標権の再出願に係る商標登録についての第四十七条の規定の適用については、同条中「請求することができない。」とあるのは、「請求することができない。商標権の設定の登録の日から五年を経過する前であつても、旧国際登録に係る商標権の再出願に係る商標登録については、もとの国際登録に係る商標登録について本条の規定により第四十六条第一項の審判の請求ができなくなつているときも、同様とする。」とする。

第八章　雑則

（手続の補正）

第六八条の四〇　商標登録出願、防護標章登録出願、請求その他商標登録又は防護標章登録に関する手続をした者は、事件が審査、登録異議の申立てについての審理、審判又は再審に係属している場合に限り、その補正をすることができる。

2　商標登録出願をした者は、前項の規定にかかわらず、第四十条第一項又は第四十一条の二第一項の規定による登録料の納付と同時に、商標登録出願に係る区分の数を減ずる補正をすることができる。

（指定商品又は指定役務が二以上の商標権についての特則）

第六九条　指定商品又は指定役務が二以上の商標登録又は商標権についての第十三条の二第四項（第六十八条第一項において準用する場合を含む。）、第二十条第四項、第三十三条第一項、第三十四条の二、第三十五条において準用する特許法第九十八条第一項第一号、第四十三条の三第三項、第四十六条第三項、第四十六条の二、第五十四条、第五十六条第一項において若しくは第六十一条において準用する同法第百三十二条第一項、第五十九条、第六十条、第七十一条第一項第一号又は第七十五条第二項第四号の規定の適用については、指定商品又は指定役務ごとに商標登録がされ、又は商標権があるものとみなす。

（登録商標に類似する商標等についての特則）

第七〇条　第二十五条、第二十九条、第三十条第二項、第三十一条第二項、第三十一条の二第一項、第三十四条第一項、第三十八条第一項第二号若しくは第三項から第五項まで、第五十条、第五十二条の二第一項、第五十九条第一号、第六十四条、第七十三条又は第七十四条における「登録商標」には、その登録商標に類似する商標であつて、色彩を登録商標と同一にするものとすれば登録商標と同一の商標であると認められるものを含むものとする。

2　第四条第一項第十二号又は第六十七条における「登録防護標章」には、その登録防護標章に類似する標章であつて、色彩を登録防護標章と同一にするものとすれば登録防護標章と同一の標章であると認められるものを含むものとする。

3　第三十七条第一号又は第五十一条第一項における「登録商標に類似する商標」には、その登録商標に類似する商標であつて、色彩を登録商標と同一にするものとすれば登録商標と同一の商標であると認められるものを含まないものとする。

4　前三項の規定は、色彩のみからなる登録商標については、適用しない。

（商標原簿への登録）

第七一条　次に掲げる事項は、特許庁に備える商標原簿に登録する。

一　商標権の設定、存続期間の更新、分割、移転、変更、消滅、回復又は処分の制限

二　防護標章登録に基づく権利の設定、存続期間の更新、移転又は消滅

三　専用使用権又は通常使用権の設定、保存、移転、変更、消滅又は処分の制限

四　商標権、専用使用権又は通常使用権を目的とする質権の設定、移転、変更、消滅又は処分の制限

2　商標原簿は、その全部又は一部を磁気テープ（これに準ずる方法により一定の事項を確実に記録して置くことができる物を含む。以下同じ。）をもつて調製することができる。

3　この法律に規定するもののほか、登録に関して必要な事項は、政令で定める。

（商標登録証等の交付）

第七一条の二　特許庁長官は、商標権の設定の登録があつたとき、又は防護標章登録に基づく権利の設定の登録があつたときは、商標権者に対し、商標登録証又は防護標章登録証を交付する。

2　商標登録証又は防護標章登録証の再交付については、経済産業省令で定める。

（証明等の請求）

第七二条　何人も、特許庁長官に対し、商標登録又は防護標章登録に関し、証明、書類の謄本若しくは抄本の交付、書類若しくは第五条第四項の物件の閲覧若しくは謄写又は商標原簿のうち磁気テープをもつて調製した部分に記録されている事項を記載した書類の交付を請求することができる。ただし、次に掲げる書類又は同項の物件については、特許庁長官が秘密を保持する必要があると認めるときは、この限りでない。

一　第四十六条第一項（第六十八条第四項において準用する場合を含む。）、第五十条第一項、第五十一条第一項、第五十二条の二第一項、第五十三条第一項若しくは第五十三条の二（第六十八条第四項において準用する場合を含む。）の審判又はこれらの審判の確定審決に対する再審に係る書類であつて、当事者又は参加人から当該当事者又は参加人の保有する営業秘密（不正競争防止法（平成五年法律第四十七号）第二条第六項に規定する営業秘密をいう。次号において同じ。）が記載された旨の申出があつたもの

二　判定に係る書類であつて、当事者から当該当事者の保有する営業秘密が記載された旨の申出があつたもの

三　個人の名誉又は生活の平穏を害するおそれがあるもの

四　公の秩序又は善良の風俗を害するおそれがあるもの

2　特許庁長官は、前項第一号から第三号までに掲げる書類について、同項本文の請求を認めるときは、当該書類を提出した者に対し、その旨及びその理由を通知しなければならない。

3　商標登録又は防護標章登録に関する書類及び商標原簿のうち磁気テープをもつて調製した部分については、行政機関の保有する情報の公開に関する法律（平成十一年法律第四十二号）の規定は、適用しない。

4　商標登録又は防護標章登録に関する書類及び商標原簿のうち磁気テープをもつて調製した部

分に記録されている保有個人情報（個人情報の保護に関する法律（平成十五年法律第五十七号）第六十条第一項に規定する保有個人情報をいう。）については、同法第五章第四節の規定は、適用しない。

（商標登録表示）

第七三条　商標権者、専用使用権者又は通常使用権者は、経済産業省令で定めるところにより、指定商品若しくは指定商品の包装若しくは指定役務の提供の用に供する物に登録商標を付するとき、又は指定役務の提供に当たりその提供を受ける者の当該指定役務の提供に係る物に登録商標を付するときは、その商標にその商標が登録商標である旨の表示（以下「商標登録表示」という。）を付するように努めなければならない。

（虚偽表示の禁止）

第七四条　何人も、次に掲げる行為をしてはならない。

一　登録商標以外の商標の使用をする場合において、その商標に商標登録表示又はこれと紛らわしい表示を付する行為

二　指定商品又は指定役務以外の商品又は役務について登録商標の使用をする場合において、その商標に商標登録表示又はこれと紛らわしい表示を付する行為

三　商品若しくはその商品の包装に登録商標以外の商標を付したもの、指定商品以外の商品若しくはその商品の包装に商品に係る登録商標を付したもの又は商品若しくはその商品の包装に役務に係る登録商標を付したものであつて、その商標に商標登録表示又はこれと紛らわしい表示を付したものを譲渡又は引渡しのために所持する行為

四　役務の提供に当たりその提供を受ける者の利用に供する物に登録商標以外の商標を付したもの、指定役務以外の役務の提供に当たりその提供を受ける者の利用に供する物に役務に係る登録商標を付したもの又は役務の提供に当たりその提供を受ける者の利用に供する物に商品に係る登録商標を付したものであつ

て、その商標に商標登録表示又はこれと紛らわしい表示を付したもの（次号において「役務に係る虚偽商標登録表示物」という。）を、これを用いて当該役務を提供するために所持し、又は輸入する行為

五　役務に係る虚偽商標登録表示物を、これを用いて当該役務を提供させるために譲渡し、引き渡し、又は譲渡若しくは引渡しのために所持し、若しくは輸入する行為

（商標公報）

第七五条　特許庁は、商標公報を発行する。

2　商標公報には、この法律に規定するもののほか、次に掲げる事項を掲載しなければならない。

一　出願公開後における拒絶をすべき旨の査定又は商標登録出願若しくは防護標章登録出願の放棄、取下げ若しくは却下

二　出願公開後における商標登録出願により生じた権利の承継

三　出願公開後における願書に記載した指定商品若しくは指定役務又は商標登録を受けようとする商標若しくは防護標章登録を受けようとする標章についてした補正

四　商標権の消滅（存続期間の満了によるもの及び第四十一条の二第六項（同条第八項において準用する場合を含む。）の規定によるものを除く。）

五　登録異議の申立て若しくは審判若しくは再審の請求又はこれらの取下げ

六　登録異議の申立てについての確定した決定、審判の確定審決又は再審の確定した決定若しくは確定審決

七　第六十三条第一項の訴えについての確定判決

（手数料）

第七六条　次に掲げる者は、実費を勘案して政令で定める額の手数料を納付しなければならない。

一　第十三条第二項において準用する特許法第三十四条第四項の規定により承継の届出をする者

二　第十七条の二第二項（第六十八条第二項に

おいて準用する場合を含む。）において準用する意匠法第十七条の四、第四十一条第二項、第四十一条の二第二項、第四十三条の四第三項（第六十八条第四項において準用する場合を含む。）、第六十五条の八第三項若しくは次条第一項において準用する特許法第四条若しくは第五条第一項の規定による期間の延長又は次条第一項において準用する同法第五条第二項の規定による期日の変更を請求する者

三　第六十八条の二（第五項を除く。）の規定により特許庁長官に国際登録出願をする者

四　第六十八条の四の規定により特許庁長官に事後指定をする者

五　第六十八条の五の規定により特許庁長官に国際登録の存続期間の更新の申請をする者

六　第六十八条の六の規定により特許庁長官に国際登録の名義人の変更の記録の請求をする者

七　商標登録証又は防護標章登録証の再交付を請求する者

八　第七十二条第一項の規定により証明を請求する者

九　第七十二条第一項の規定により書類の謄本又は抄本の交付を請求する者

十　第七十二条第一項の規定により書類又は第五条第四項の物件の閲覧又は謄写を請求する者

十一　第七十二条第一項の規定により商標原簿のうち磁気テープをもつて調製した部分に記録されている事項を記載した書類の交付を請求する者

2　別表の中欄に掲げる者は、それぞれ同表の下欄に掲げる金額の範囲内において政令で定める額の手数料を納付しなければならない。

3　前二項の規定は、これらの規定により手数料を納付すべき者が国であるときは、適用しない。

4　商標権、商標登録出願により生じた権利又は防護標章登録に基づく権利が国と国以外の者との共有に係る場合であつて持分の定めがあるときは、国と国以外の者が自己の商標権、商標登

録出願により生じた権利又は防護標章登録に基づく権利について第一項又は第二項の規定により納付すべき手数料（政令で定めるものに限る。）は、これらの規定にかかわらず、これらの規定に規定する手数料の金額に国以外の者の持分の割合を乗じて得た額とし、国以外の者がその額を納付しなければならない。

5　前項の規定により算定した手数料の金額に十円未満の端数があるときは、その端数は、切り捨てる。

6　第一項又は第二項の手数料の納付は、経済産業省令で定めるところにより、特許印紙をもつてしなければならない。ただし、経済産業省令で定める場合には、経済産業省令で定めるところにより、現金をもつて納めることができる。

7　過誤納の手数料は、納付した者の請求により返還する。

8　前項の規定による手数料の返還は、納付した日から一年を経過した後は、請求することができない。

9　第七項の規定による手数料の返還を請求する者がその責めに帰することができない理由により前項に規定する期間内にその請求をすることができないときは、同項の規定にかかわらず、その理由がなくなつた日から十四日（在外者にあつては、二月）以内でその期間の経過後六月以内にその請求をすることができる。

（特許法の準用）

第七七条　特許法第三条から第五条まで（期間及び期日）の規定は、この法律に規定する期間及び期日に準用する。この場合において、同法第四条中「第百二十一条第一項」とあるのは、「商標法第四十四条第一項若しくは第四十五条第一項」と読み替えるものとする。

2　特許法第六条から第九条まで、第十一条から第十六条まで、第十七条第三項及び第四項、第十八条から第二十四条まで並びに第百九十四条（手続）の規定は、商標登録出願、防護標章登録出願、請求その他商標登録又は防護標章登録に関する手続に準用する。この場合において、同法第九条中「拒絶査定不服審判」とあるのは「商標法第四十四条第一項若しくは第四十五条第一項の審判」と、同法第十四条中「拒絶査定不服審判」とあるのは「商標法第四十四条第一項又は第四十五条第一項の審判」と、同法第十七条第三項中「二　手続がこの法律又はこの法律に基づく命令で定める方式に違反しているとき。」とあるのは「二　手続がこの法律又はこの法律に基づく命令で定める方式に違反しているとき。／二の二　手続について商標法第四十条第二項の規定による登録料又は同法第四十一条の二第七項の規定により更新登録の申請と同時に納付すべき登録料（商標法第四十三条第一項又は第二項の規定により納付すべき割増登録料を含む。）を納付しないとき。」と、同法第十八条の二第一項中「第三十八条の二第一項各号」とあるのは「商標法第五条の二第一項各号（同法第六十八条第一項において準用する場合を含む。）」と読み替えるものとする。

3　特許法第二十五条（外国人の権利の享有）の規定は、商標権その他商標登録に関する権利に準用する。

4　特許法第二十六条（条約の効力）の規定は、商標登録及び防護標章登録に準用する。

5　特許法第百八十九条から第百九十二条まで（送達）の規定は、この法律の規定による送達に準用する。

6　特許法第百九十五条の三の規定は、この法律又はこの法律に基づく命令の規定による処分に準用する。

7　特許法第百九十五条の四（行政不服審査法の規定による審査請求の制限）の規定は、この法律の規定による査定、補正の却下の決定、取消決定若しくは審決及び登録異議申立書若しくは審判若しくは再審の請求書の却下の決定並びにこの法律の規定により不服を申し立てることができないこととされている処分又はこれらの不作為に準用する。

（経過措置）

第七七条の二　この法律の規定に基づき命令を制

定し、又は改廃する場合においては、その命令で、その制定又は改廃に伴い合理的に必要と判断される範囲内において、所要の経過措置（罰則に関する経過措置を含む。）を定めることができる。

第九章　罰則

（侵害の罪）

第七八条　商標権又は専用使用権を侵害した者（第三十七条又は第六十七条の規定により商標権又は専用使用権を侵害する行為とみなされる行為を行つた者を除く。）は、十年以下の懲役若しくは千万円以下の罰金に処し、又はこれを併科する。

第七八条を次のように改める。

第七八条　商標権又は専用使用権を侵害した者（第三十七条又は第六十七条の規定により商標権又は専用使用権を侵害する行為とみなされる行為を行つた者を除く。）は、十年以下の拘禁刑若しくは千万円以下の罰金に処し、又はこれを併科する。

（令和七年六月一日から施行　令和四法六八）

（同前）

第七八条の二　第三十七条又は第六十七条の規定により商標権又は専用使用権を侵害する行為とみなされる行為を行つた者は、五年以下の懲役若しくは五百万円以下の罰金に処し、又はこれを併科する。

第七八条の二を次のように改める。

第七八条の二　第三十七条又は第六十七条の規定により商標権又は専用使用権を侵害する行為とみなされる行為を行つた者は、五年以下の拘禁刑若しくは五百万円以下の罰金に処し、又はこれを併科する。

（令和七年六月一日から施行　令和四法六八）

（詐欺の行為の罪）
第七九条　詐欺の行為により商標登録、防護標章登録、商標権若しくは防護標章登録に基づく権利の存続期間の更新登録、登録異議の申立てについての決定又は審決を受けた者は、三年以下の懲役又は三百万円以下の罰金に処する。

第七九条を次のように改める。

第七九条　詐欺の行為により商標登録、防護標章登録、商標権若しくは防護標章登録に基づく権利の存続期間の更新登録、登録異議の申立てについての決定又は審決を受けた者は、三年以下の拘禁刑又は三百万円以下の罰金に処する。

（令和七年六月一日から施行　令和四法六八）

（虚偽表示の罪）
第八〇条　第七十四条の規定に違反した者は、三年以下の懲役又は三百万円以下の罰金に処する。

第八〇条を次のように改める。

第八〇条　第七十四条の規定に違反した者は、三年以下の拘禁刑又は三百万円以下の罰金に処する。

（令和七年六月一日から施行　令和四法六八）

（偽証等の罪）

第八一条 この法律の規定により宣誓した証人、鑑定人又は通訳人が特許庁又はその嘱託を受けた裁判所に対し虚偽の陳述、鑑定又は通訳をしたときは、三月以上十年以下の懲役に処する。

2 前項の罪を犯した者が事件の判定の謄本が送達され、又は登録異議の申立てについての決定若しくは審決が確定する前に自白したときは、その刑を減軽し、又は免除することができる。

第八一条第一項を次のように改める。

第八一条 この法律の規定により宣誓した証人、鑑定人又は通訳人が特許庁又はその嘱託を受けた裁判所に対し虚偽の陳述、鑑定又は通訳をしたときは、三月以上十年以下の拘禁刑に処する。

2 （略）

（令和七年六月一日から施行　令和四法六八）

（秘密保持命令違反の罪）

第八一条の二 第三十九条において準用する特許法第百五条の四第一項の規定（第十三条の二第五項において準用する場合を含む。）による命令に違反した者は、五年以下の懲役若しくは五百万円以下の罰金に処し、又はこれを併科する。

2 前項の罪は、告訴がなければ公訴を提起することができない。

3 第一項の罪は、日本国外において同項の罪を犯した者にも適用する。

第八一条の二第一項を次のように改める。

第八一条の二 第三十九条において準用する特許法第百五条の四第一項の規定（第十三条の二第五項において準用する場合を含む。）による命令に違反した者は、五年以下の拘禁刑若しくは五百万円以下の罰金に処し、又はこれを併科する。

2・3 （略）

（令和七年六月一日から施行　令和四法六八）

（両罰規定）

第八二条　法人の代表者又は法人若しくは人の代理人、使用人その他の従業者が、その法人又は人の業務に関し、次の各号に掲げる規定の違反行為をしたときは、行為者を罰するほか、その法人に対して当該各号で定める罰金刑を、その人に対して各本条の罰金刑を科する。

一　第七十八条、第七十八条の二又は前条第一項　三億円以下の罰金刑

二　第七十九条又は第八十条　一億円以下の罰金刑

2　前項の場合において、当該行為者に対してした前条第二項の告訴は、その法人又は人に対しても効力を生じ、その法人又は人に対してした告訴は、当該行為者に対しても効力を生ずるものとする。

3　第一項の規定により第七十八条、第七十八条の二又は前条第一項の違反行為につき法人又は人に罰金刑を科する場合における時効の期間は、これらの規定の罪についての時効の期間による。

（過料）

第八三条　第二十八条第三項（第六十八条第三項において準用する場合を含む。）において準用する特許法第七十一条第三項において、第四十三条の八（第六十条の二第一項及び第六十八条第四項において準用する場合を含む。）若しくは第五十六条第一項（第六十八条第四項において準用する場合を含む。）において、第六十一条（第六十八条第五項において準用する場合を含む。）において準用する同法第百七十四条第三項において、第六十二条第一項（第六十八条第五項において準用する場合を含む。）において準用する意匠法第五十八条第二項において準用する場合を含む。）において、又は第六十二条第二項（第六十八条第五項において準用する同法第五十八条第三項において、それぞれ準用する特許法第百五十一条において準用する民事訴訟法第二百七条第一項の規定により宣誓した者が特許庁又はその嘱託を受けた裁判所に対し虚偽の陳述をしたときは、十万円以下の過料に処する。

（同前）

第八四条　この法律の規定により特許庁又はその嘱託を受けた裁判所から呼出しを受けた者が正当な理由がないのに出頭せず、又は宣誓、陳述、証言、鑑定若しくは通訳を拒んだときは、十万円以下の過料に処する。

（同前）

第八五条　証拠調又は証拠保全に関し、この法律の規定により特許庁又はその嘱託を受けた裁判所から書類その他の物件の提出又は提示を命じられた者が正当な理由がないのにその命令に従わなかつたときは、十万円以下の過料に処する。

第八五条を次のように改める。

第八五条　証拠調べ又は証拠保全に関し、この法律の規定により特許庁又はその嘱託を受けた裁判所から書類その他の物件又は電磁的記録（電子的方式、磁気的方式その他人の知覚によつては認識することができない方式で作られる記録であつて、電子計算機による情報処理の用に供されるものをいう。）の提出又は提示を命じられた者が正当な理由がないのにその命令に従わなかつたときは、十万円以下の過料に処する。

（公布の日から起算して四年を超えない範囲内において政令で定める日から施行　令和四法四八）

別表（第七六条関係）

	納付しなければならない者	金額
一	商標登録出願をする者	一件につき六千円に一の区分につき一万五千円を加えた額
二	防護標章登録出願又は防護標章登録に基づく権利の存続期間の更新登録の出願をする者	一件につき一万二千円に一の区分につき三万円を加えた額
三	第九条第三項、第十三条第一項において準用する特許法第四十三条第七項、第四十一条第三項、第四十一条の二第三項、第六十五条の八第四項又は第七十七条第一項において準用する同法第五条第三項の規定により手続をする者	一件につき四千二百円
四	商標権の分割を申請する者	一件につき三万円
五	第二十一条第一項、第四十一条の三第一項、第六十五条の三第三項又は附則第三条第三項の規定により手続をする者（その責めに帰することができない理由によりこれらの規定による手続をすることとなつた者を除く。）	一件につき十万二千円
六	第二十八条第一項（第六十八条第三項において準用する場合を含む。）の規定により判定を求める者	一件につき四万円
七	登録異議の申立てをする者	一件につき三千円に一の区分につき八千円を加えた額

八	登録異議の申立てについての審理への参加を申請する者	一件につき一万千円
九	審判又は再審を請求する者	一件につき一万五千円に一の区分につき四万円を加えた額
十	審判又は再審への参加を申請する者	一件につき五万五千円

〔次頁を参照願います。〕

手数料について

商標法別表（76条関係）では、各手数料の上限を定めており、実際に納付すべき手数料は特許法等関係手数料令にて規定されています。商標法別表と特許法等関係手数料令の金額が異なる主な項目について、以下のとおり抜粋しましたのでご案内申し上げます。詳しくは特許法等関係手数料令をご覧下さい。

	商標法別表	特許法等関係手数料令
商標登録出願	6,000円に1の区分につき15,000円を加えた額	3,400円に1の区分につき8,600円を加えた額
防護標章登録（更新登録）出願	12,000円に1の区分につき30,000円を加えた額	6,800円に1の区分につき17,200円を加えた額
商標法21条1項、41条の3第1項において準用する特許法43条7項、商標法41条3項、41条の2第3項若しくは65条の8第4項又は同法77条1項において準用する特許法5条3項の規定により手続をする者	102,000円	86,400円
登録異議の申立てについての審理への参加申請	11,000円	3,300円
審判又は再審への参加を申請する者	55,000円	商標法第56条第1項において準用する特許法第184条第1項（商標法第61条において準用する特許法第174条第3項において準用する場合を含む。）の規定により参加を申請する者 55,000円 商標法第56条第1項において準用する特許法第148条第3項（商標法第61条において準用する特許法第174条第

		３項において準用する場合を含む。）又は商標法第60条の２第１項において準用する同法第43条の７第１項の規定により参加を申請する者 16,500円

登録料等について

商標法第40条第１項（設定の登録）及び第２項（更新登録）では、登録料の上限を定めており、実際は以下のとおりに規定されています。

設定の登録料　32,900円×商品及び役務の区分
更新登録料　　43,600円×商品及び役務の区分

商標法第41条の２第１項（設定の登録の分割納付）及び第７項（更新登録の分割納付）では、登録料の上限を定めており、実際は以下のとおりに規定されています。

設定の登録の分割納付　17,200円×商品及び役務の区分
更新登録の分割納付　　22,800円×商品及び役務の区分

商標法第65条の７第１項（防護商標の設定の登録）及び第２項（防護商標の更新登録）では、登録料の上限を定めており、実際は以下のとおりに規定されています。

防護商標の設定の登録　2,900円×商品及び役務の区分
防護商標の更新登録　　37,500円×商品及び役務の区分

（商標法施行令４条―６条）

商標法第68条の30では、個別手数料の上限を定めており、実際は以下のとおり規定されております。

議定書第8条(7)(a)に規定する自国を指定する国際登録
2,700円＋商品及び役務の区分数×8,600円

（特許法等関係手数料令３条の２）

（令和６年２月10日現在）

工業所有権に関する手続等の特例に関する法律

（平成二年六月一三日法律第三〇号）

最終改正　令和五法五一

目次

第一章　総　則

（趣旨）

第一条　この法律は、電子情報処理組織の使用等により、工業所有権に関する手続の円滑な処理及び工業所有権に関する情報の利用の促進を図るため、特許法（昭和三十四年法律第百二十一号）、実用新案法（昭和三十四年法律第百二十三号）、意匠法（昭和三十四年法律第百二十五号）、商標法（昭和三十四年法律第百二十七号）及び特許協力条約に基づく国際出願等に関する法律（昭和五十三年法律第三十号。以下「国際出願法」という。）の特例を定めるものとする。

（定義）

第二条　この法律において「電子情報処理組織」とは、特許庁の使用に係る電子計算機（入出力装置を含む。以下同じ。）と、特許出願その他の工業所有権に関する手続（以下単に「手続」という。）をする者又はその者の代理人の使用に係る電子計算機とを電気通信回線で接続した電子情報処理組織をいう。ただし、第十三条第二項及び第三項においては、特許庁の使用に係る電子計算機と、同条第二項に規定する情報の提供を受けようとする者の使用に係る電子計算機とを電気通信回線で接続した電子情報処理組織をいう。

2　この法律において「特許等関係法令」とは、特許法、実用新案法、意匠法、商標法、国際出願法若しくはこの法律又はこれらの法律に基づく命令をいう。

3　この法律において「審判長」、「審判官」、「審査官」又は「審判書記官」とは、それぞれ特許法（実用新案法、意匠法、商標法又は国際出願法において準用する場合を含む。）、意匠法（商標法において準用する場合を含む。）、実用新案法、商標法又は国際出願法に規定する審判長、審判官、審査官又は審判書記官をいう。

第二章　電子情報処理組織による手続等

（電子情報処理組織による特定手続）

第三条　手続をする者は、経済産業大臣、特許庁長官、審判長又は審査官に対する特許等関係法令の規定による手続であって経済産業省令で定めるもの（以下「特定手続」という。）については、経済産業省令で定めるところにより、電子情報処理組織を使用して行うことができる。

2　前項の規定により行われた特定手続は、前条第一項の特許庁の使用に係る電子計算機に備えられたファイル（第五条第三項並びに第十三条第二項及び第三項を除き、以下単に「ファイル」という。）への記録がされた時に特許庁に到達したものとみなす。

3　第一項の規定により行われた特定手続については、当該特定手続を書面の提出により行うものとして規定した特許等関係法令の規定に規定する書面の提出により行われたものとみなして、特許等関係法令の規定を適用する。

（電子情報処理組織による特定処分等）

第四条　経済産業大臣、特許庁長官、審判長、審判官、審査官又は審判書記官は、特許等関係法令の規定による処分若しくは判定又は審判に関する記録その他の特許等関係法令の規定により文書をもって行うものとされている行為であって経済産業省令で定めるもの（以下「特定処分等」という。）については、経済産業省令で定めるところにより、電子情報処理組織を使用して行うことができる。

2　前項の規定により行われた特定処分等については、当該特定処分等を文書をもって行うものとして規定した特許等関係法令の規定に規定する文書をもって行われたものとみなして、特許等関係法令の規定を適用する。

（電子情報処理組織による特定通知等）

第五条　経済産業大臣、特許庁長官、審判長又は審査官は、特許等関係法令の規定による通知又は命令であって経済産業省令で定めるもの（以下「特定通知等」という。）については、経済産業省令で定めるところにより、電子情報処理組織を使用して行うことができる。ただし、特許等関係法令の規定によりその特定通知等を書類の送達により行うものとされている場合において、当該特定通知等の相手方が、送達を受ける旨の経済産業省令で定める方式による表示をしないときは、この限りでない。

2　前項ただし書に規定する場合において、当該特定通知等に関する事務を電子情報処理組織を使用して行うときは、当該事務は特許庁長官が指定する職員又は審判書記官が取り扱うものとする。

3　第一項の規定により行われた特定通知等は、第二条第一項の手続をする者又はその者の代理人の使用に係る電子計算機（特許庁の使用に係るものを除く。）に備えられたファイルへの記録がされた時に当該特定通知等の相手方に到達したものとみなす。

4　第一項の規定により行われた特定通知等については、当該特定通知等を手続に係る書面の副本、処分に係る文書の謄本その他の書類の送達等（送達又は送付をいう。以下同じ。）により行うものとして規定した特許等関係法令の規定に規定する書類の送達等により行われたものとみなして、特許等関係法令の規定を適用する。

5　第二項に規定する特許庁長官が指定する職員又は審判書記官が特定通知等に関する事務を電子情報処理組織を使用して行ったときは、特許法第百九十条（実用新案法第五十五条第二項、意匠法第六十八条第五項又は商標法第七十七条第五項において準用する場合を含む。）において準用する民事訴訟法（平成八年法律第百九号）第百九条の規定による送達に関する事項を記載した書面の作成及び提出に代えて、当該事項を電子情報処理組織を使用してファイルに記録しなければならない。

第五条第五項を次のように改める。

第五条　（略）

2～4　（略）

5　第二項に規定する特許庁長官が指定する職員又は審判書記官が特定通知等に関する事務を電子情報処理組織を使用して行ったときは、特許法第百九十条（実用新案法第五十五条第二項、意匠法第六十八条第五項又は商標法第七十七条第五項において準用する場合を含む。）において準用する民事訴訟法（平成八年法律第百九号）第百条第一項の規定による送達に関する事項を記載した書面の作成及び提出に代えて、当該事項を電子情報処理組織を使用してファイルに記録しなければならない。

（公布の日から起算して四年を超えない範囲内において政令で定める日から施行　令和四法四八）

第五条を次のとおり改める。

第五条　経済産業大臣、特許庁長官、審判長又は審査官は、特許等関係法令の規定による通知又は命令であって経済産業省令で定めるもの（以下「特定通知等」という。）については、経済産業省令で定めるところにより、電子情報処理組織を使用して行うことができる。ただし、特定通知等の相手方が電子情報処理組織を使用する方法により特定通知等を受ける旨の経済産業省令で定める方式による届出をしている場合に限る。

2　前項の場合において、当該特定通知等に関する事務を電子情報処理組織を使用して行うときは、当該事務は特許庁長官が指定する職員又は審判書記官が取り扱うものとする。

3　第一項の規定により行われた特定通知等は、次に掲げる時のいずれか早い時に、当該特定通知等の相手方に到達したものとみなす。

一　特定通知等の相手方が当該特定通知等についてその使用に係る電子計算機（特許庁の使用に係るものを除く。）に備えられたファイルへの記録をした時

二　特許庁が、前号の記録をすることができる措置をとった日から十日を経過した時

4　特定通知等の相手方がその責めに帰するこ

とができない事由によって前項第一号の記録をすることができない期間は、同項第二号の期間に算入しない。

5・6 （略）

（公布の日から起算して三年を超えない範囲内において政令で定める日から施行　令和五法五一）

第五条の次に次の一条を加える。

（電子情報処理組織による特定通知等を受ける旨の届出の特例）

第五条の二　前条第一項ただし書の規定にかかわらず、手続について委任を受けた代理人（代理を業として行う者に限る。）に対する特定通知等は、その者が同項ただし書の届出をしていない場合であっても電子情報処理組織を使用して行うことができる。

（公布の日から起算して三年を超えない範囲内において政令で定める日から施行　令和五法五一）

（電子情報処理組織による特定手続の特例）

第六条　電子情報処理組織を使用して特定手続を行う者は、電気通信回線の故障その他の事由により当該特定手続を行うことができない場合において、特許庁長官が必要があると認めるときは、電子情報処理組織の使用に代えて、経済産業省令で定めるところにより、磁気ディスク（これに準ずる方法により一定の事項を確実に記録しておくことができる物を含む。以下同じ。）の提出によりその特定手続を行うことができる。

2　第三条第三項の規定は、前項の規定により行われた特定手続に準用する。

3　特許庁長官は、第一項の規定により特定手続が磁気ディスクの提出により行われたときは、当該磁気ディスクに記録された事項を、経済産業省令で定めるところにより、ファイルに記録しなければならない。

（書面の提出による手続等）

第七条　特定手続のうち特許出願その他の経済産業省令で定めるもの（以下「指定特定手続」という。）を書面の提出により行った者は、特許庁長官に対し、その手続に係る書面に記載された事項を磁気ディスクに記録すべきことを、当該手続をした日から経済産業省令で定める期間内に、経済産業省令で定めるところにより、求めなければならない。

2　特許庁長官は、指定特定手続が前項の規定による方式に違反しているとき又はその手続について第四十条第一項第一号の規定により納付すべき手数料を納付しないときは、相当の期間を指定して、当該手続の補正をすべきことを命ずることができる。

3　特許庁長官は、前項の規定により手続の補正をすべきことを命じた者が同項の規定により指定した期間内にその補正をしないときは、当該手続を却下することができる。

（書面に記載された事項のファイルへの記録等）

第八条　特許庁長官は、指定特定手続その他経済産業大臣、特許庁長官、審判長又は審査官に対する手続であって経済産業省令で定めるもの（以下「指定特定手続等」という。）が書面又は電子情報処理組織を使用する方法であって経済産業省令で定めるものにより提供された電磁的記録（電子的方式、磁気的方式その他人の知覚によっては認識することができない方式で作られる記録であって、電子計算機による情報処理の用に供されるものをいう。以下この条及び第二十四条において同じ。）により行われたときは、指定特定手続にあっては前条第一項の磁気ディスクに記録された事項を、それ以外の指定特定手続等にあっては当該書面に記載され、又は当該電磁的に記録された事項を、経済産業省令で定めるところにより、それぞれファイルに記録しなければならない。

2　書面又は電磁的記録により行われた指定特定手続等について前項の規定によりファイルに記録された事項は、当該書面に記載され、又は当該電磁的に記録された事項と同一であると推定する。

3　特許庁長官は、前項のファイルに記録された事項が同項の書面に記載され、又は同項の電磁的記録に記録された事項と同一でないことを知ったときは、直ちに当該ファイルに記録された事項を訂正しなければならない。

4　何人も、前項のファイルに記録された事項が同項の書面に記載され、又は同項の電磁的記録に記録された事項と同一でないことを知ったときは、特許庁長官に対し、その旨を申し出ることができる。

5　特許庁長官は、特定処分等が文書をもって行われたときは、当該文書に記載された事項を、経済産業省令で定めるところにより、ファイルに記録しなければならない。

（登録情報処理機関）

第九条　特許庁長官は、その登録を受けた者（以下「登録情報処理機関」という。）に、第六条第三項若しくは前条第一項の規定によるファイルへの記録、第七条第一項の規定による磁気ディスクへの記録又はこれらの記録に必要な情報の入力（入力のための準備作業を含む。）、編集若しくはこれらに類する処理（以下「情報処理業務」という。）の全部又は一部を行わせることができる。

2　特許庁長官は、前項の規定により登録情報処理機関に情報処理業務を行わせることとしたときは、当該情報処理業務を行わないものとする。

3　第一項の規定により、登録情報処理機関が第七条第一項の規定による磁気ディスクへの記録を行う場合における同項の規定の適用については、同項中「特許庁長官に対し」とあるのは、「登録情報処理機関に対し」とする。

（ファイルに記録されている事項を記載した書類の送達等）

第一〇条　特許庁長官、審判長又は審査官が手続に係る書面の副本又は処分に係る文書の謄本の送達等を行うものとして規定した特許等関係法令の規定の適用については、その手続又はその処分についてファイルに記録されている事項を記載した書類は、当該書面の副本又は当該文書の謄本とみなす。

2　特許庁長官又は審判長は、手続に係る書面の副本の送達等に代えて、当該手続をする者の承諾を得て、当該書面の副本に記載すべき事項を電磁的方法（電子的方法、磁気的方法その他人の知覚によっては認識することができない方法であって、経済産業省令で定めるものをいう。第二十四条第二項第四号において同じ。）により提供することができる。この場合において、特許庁長官又は審判長は、当該書面の副本の送達等を行ったものとみなす。

（ファイルに記録されている事項等の縦覧）

第一一条　特許庁長官は、経済産業省令で定めるところにより、商標法第十八条第四項（同法第六十八条第三項において準用する場合を含む。）の規定により公衆の縦覧に供しなければならないものとされている書類に代えて、当該書類についてファイルに記録されている事項又は当該事項を記載した書類を公衆の縦覧に供することができる。

（ファイルに記録されている事項の閲覧等の請求）

第一二条　何人も、特許庁長官に対し、次に掲げる事項について、経済産業省令で定めるところにより電子情報処理組織を使用して行う閲覧を請求することができる。ただし、国際出願（国際出願法第二条に規定する国際出願をいう。以下同じ。）に係る事項については、この限りでない。

一　ファイルに記録されている事項（経済産業省令で定める手続に係る事項に限る。）

二　特許法第二十七条第一項の特許原簿、実用新案法第四十九条第一項の実用新案原簿、意匠法第六十一条第一項（同法第六十条の十九において読み替えて適用する場合を含む。）の意匠原簿又は商標法第七十一条第一項（同法第六十八条の二十七において読み替えて適用する場合を含む。）の商標原簿のうち磁気テープ（これに準ずる方法により一定の事項を確実に記録しておくことができる物を含む。）をもって調製された部分に記録されている事項であって経済産業省令で定めるもの

2　何人も、特許庁長官に対し、ファイルに記録

されている事項を記載した書類の交付を請求することができる。ただし、国際出願に係る事項については、この限りでない。

3　特許法第百八十六条第一項ただし書及び第二項（これらの規定を実用新案法第五十五条第一項において準用する場合を含む。）、意匠法第六十三条第一項ただし書及び第二項並びに商標法第七十二条第一項ただし書及び第二項の規定は、前二項の規定による閲覧又は書類の交付に準用する。

4　ファイルについては、行政機関の保有する情報の公開に関する法律（平成十一年法律第四十二号）の規定は、適用しない。

5　ファイルに記録されている保有個人情報（個人情報の保護に関する法律（平成十五年法律第五十七号）第六十条第一項に規定する保有個人情報をいう。）については、同法第五章第四節の規定は、適用しない。

（磁気ディスク等による公報の発行）

第一三条　特許法第百九十三条の特許公報、実用新案法第五十三条の実用新案公報、意匠法第六十六条の意匠公報又は商標法第七十五条の商標公報（以下この条において「特許公報等」という。）は、経済産業省令で定めるところにより、磁気ディスクをもって発行することができる。

2　特許公報等の発行は、特許公報等に掲載すべき事項であって特許庁の使用に係る電子計算機に備えられたファイルに記録された情報を、経済産業省令で定めるところにより、電子情報処理組織を使用して送信し、これを当該情報の提供を受けようとする者の使用に係る電子計算機に備えられたファイルに記録する方法によりすることができる。

3　前項に規定する方法による特許公報等の発行は、特許公報等に掲載すべき事項を特許庁の使用に係る電子計算機に備えられたファイルに入力し、当該ファイルに記録された情報の提供を受けようとする者の求めに応じてその使用に係る電子計算機から送信し得る状態となった時に行われたものとする。

第三章　予納による納付、口座振替による納付及び指定立替納付者による納付

（予納による納付）

第一四条　特許法第百七条第一項の特許料若しくは同法第百十二条第二項の割増特許料その他工業所有権に関する登録料若しくは割増登録料（以下「特許料等」という。）又は第四十条第一項、特許法第百九十五条第一項から第三項まで、実用新案法第五十四条第一項若しくは第二項、意匠法第六十七条第一項若しくは第二項、商標法第七十六条第一項若しくは第二項若しくは国際出願法第八条第四項、第十二条第三項若しくは第十八条第一項若しくは第二項の手数料（経済産業省令で定める手続について納付すべきものに限る。以下この章において同じ。）を納付しようとする者は、経済産業省令で定めるところによりあらかじめ特許庁長官に届け出た場合に限り、当該特許料等又は手数料を予納することができる。

2　前項の規定による予納は、経済産業省令で定めるところにより、現金をもってしなければならない。

3　第一項の規定による届出（以下「予納届」という。）をした者が同項の規定による予納又は次条第一項若しくは第二項の規定による申出をしない期間が継続して四年に達したときは、当該予納届は、その効力を失う。

4　予納届をした者について相続又は合併があった場合におけるその者のこの章の規定による地位の承継については、第四十一条第二項において準用する特許法第二十条の規定にかかわらず、政令で定めるところによる。

（同前）

第一五条　前条第一項の規定により予納をした者（以下「予納者」という。）が、経済産業大臣、

特許庁長官、審判長又は審査官に対する特許等関係法令の規定による手続に際し、経済産業省令で定めるところにより申出をしたときは、その予納者に係る予納額（同項の規定により予納した額からこの項の規定により納付されたものとみなされた特許料等若しくは手数料の額を控除し、又は次項の規定による返還すべき額に相当する金額を加算したときは、当該控除又は加算をした後の額。以下この条において同じ。）の範囲内において、当該手続に係る特許料等又は手数料が納付されたものとみなす。ただし、当該予納者のした予納届がその効力を失った後は、この限りでない。

2　特許庁長官は、前項の規定により手続に係る申出をした者（以下「申出者」という。）が、特許等関係法令の規定による当該特許料等又は手数料の返還の請求に際し、経済産業省令で定めるところにより申出をしたときは、その申出者が予納した予納額に、返還すべき額に相当する金額を加算することをもって当該返還に代えるものとする。

3　予納者が予納した予納額に残余に相当する額があるときは、当該残余に相当する額は、当該予納者の請求により返還する。

4　前項の規定による残余に相当する額の返還は、特許庁長官から当該予納者のした予納届がその効力を失った旨の通知を受けた日から六月を経過した後は、請求することができない。

（口座振替による納付）

第一五条の二　特許料等又は手数料を現金をもって納めることができる場合において、特許庁長官は、当該特許料等又は手数料を納付しようとする者から、預金又は貯金の払出しとその払い出した金銭による納付をその預金口座又は貯金口座のある金融機関に委託して行うこと（次項及び第十六条において「口座振替による納付」という。）を希望する旨の申出（電子情報処理組織を使用して行うものに限る。）があった場合には、その申出を受けることが特許料等又は手数料の収納上有利と認められるときに限り、その申出を受けることができる。

2　前項に定めるもののほか、口座振替による納付の手続その他必要な事項は、経済産業省令で定める。

（指定立替納付者による納付）

第一五条の三　特許料等又は手数料を現金をもって納めることができる場合において、特許庁長官は、当該特許料等又は手数料を納付しようとする者から、当該特許料等又は手数料を立て替えて納付する事務を適正かつ確実に遂行するに足りる財産的基礎を有することその他の経済産業省令で定める要件に該当する者として特許庁長官が指定するもの（次項及び次条において「指定立替納付者」という。）をして当該特許料等又は手数料を立て替えて納付させることを希望する旨の申出があった場合には、その申出を受けることが特許料等又は手数料の収納上有利と認められるときに限り、その申出を受けることができる。

2　前項に定めるもののほか、指定立替納付者による納付の手続その他必要な事項は、経済産業省令で定める。

（代理人への準用）

第一六条　第十四条から前条までの規定は、特許料等又は手数料の納付をする者の委任による代理をしようとする者がその委任事務を処理するために自己の名においてする予納、口座振替による納付又は指定立替納付者による納付に準用する。この場合において、第十五条第一項中「予納をした者」とあるのは「予納をした代理人であって本人のために申出をする者」と、同条第二項中「申出をした者（以下「申出者」という。）が」とあるのは「申出をした者（以下「申出者」という。）が本人のために手続に係る申出をした代理人である場合において、本人が」と、第十五条の二第一項及び前条第一項中「当該特許料等又は手数料を納付しようとする者から」とあるのは「代理人であって本人のために当該特許料等又は手数料を納付しようとする者から」と読み替えるものとする。

第四章　登録情報処理機関等

第一節　登録情報処理機関

（登録）

第一七条　第九条第一項の登録は、経済産業省令で定めるところにより、情報処理業務を行おうとする者の申請により行う。

（欠格条項）

第一八条　次の各号のいずれかに該当する者は、第九条第一項の登録を受けることができない。

一　特許等関係法令の規定に違反し、罰金以上の刑に処せられ、その執行を終わり、又は執行を受けることがなくなった日から二年を経過しない者

二　第三十条の規定により登録を取り消され、その取消しの日から二年を経過しない者

三　法人であって、その業務を行う役員のうちに前二号のいずれかに該当する者があるもの

（登録の基準）

第一九条　特許庁長官は、第十七条の規定により登録の申請をした者（以下この条において「情報処理機関登録申請者」という。）が次に掲げる要件のすべてに適合しているときは、その登録をしなければならない。この場合において、登録に関して必要な手続は、経済産業省令で定める。

一　電子計算機及び情報処理業務に必要なプログラム（電子計算機に対する指令であって、一の結果を得ることができるように組み合わされたものをいう。第三十七条第一項第二号において同じ。）を有すること。

二　情報処理機関登録申請者が、特定の者に支配されているものとして次のいずれかに該当するものでないこと。

イ　情報処理機関登録申請者が他の株式会社の子会社（当該他の株式会社がその総株主（株主総会において決議をすることができる事項の全部につき議決権を行使すること

がでない株主を除き、会社法（平成十七年法律第八十六号）第八百七十九条第三項の規定により議決権を有するものとみなされる株主を含む。）の議決権の過半数を有する株式会社をいう。第三十七条第一項第三号イにおいて同じ。）であること。

ロ　情報処理機関登録申請者の役員（持分会社（会社法第五百七十五条第一項に規定する持分会社をいう。第三十七条第一項第三号ロにおいて同じ。）にあっては、業務を執行する社員）に占める同一の者の役員又は職員（過去二年間にその同一の者の役員又は職員であった者を含む。）の割合が二分の一を超えていること。

2　第九条第一項の登録は、情報処理機関登録簿に次に掲げる事項を記載してするものとする。

一　登録年月日及び登録番号

二　登録を受けた者の氏名又は名称及び住所並びに法人にあっては、その代表者の氏名

三　登録を受けた者が情報処理業務を行う事業所の名称及び所在地

（登録の更新）

第一九条の二　第九条第一項の登録は、三年を下らない政令で定める期間ごとにその更新を受けなければ、その期間の経過によって、その効力を失う。

2　前三条の規定は、前項の登録の更新に準用する。

（情報処理業務の実施義務）

第二〇条　登録情報処理機関は、特許庁長官から情報処理業務を行うべきことを求められたときは、正当な理由がある場合を除き、遅滞なく、その情報処理業務を行わなければならない。

（変更の届出）

第二一条　登録情報処理機関は、その名称又は情報処理業務を行う事務所の所在地を変更しようとするときは、変更しようとする日の二週間前までに、特許庁長官に届け出なければならない。

（業務規程）

第二二条　登録情報処理機関は、情報処理業務に

関する規程（以下「業務規程」という。）を定め、特許庁長官の認可を受けなければならない。これを変更しようとするときも、同様とする。

2　業務規程で定めるべき事項は、経済産業省令で定める。

3　特許庁長官は、第一項の認可をした業務規程が情報処理業務の公正な遂行上不適当となったと認めるときは、登録情報処理機関に対し、業務規程を変更すべきことを命ずることができる。

（業務の休廃止）

第二三条　登録情報処理機関は、特許庁長官の許可を受けなければ、情報処理業務の全部又は一部を休止し、又は廃止してはならない。

（財務諸表等の備置き及び閲覧等）

第二四条　登録情報処理機関は、毎事業年度経過後三月以内に、その事業年度の財産目録、貸借対照表及び損益計算書又は収支計算書並びに事業報告書（これらのものが電磁的記録で作成され、又はその作成に代えて電磁的記録の作成がされている場合における当該電磁的記録を含む。次項及び第四十五条において「財務諸表等」という。）を作成し、五年間事業所に備え置かなければならない。

2　指定特定手続等を行った者その他の利害関係人は、登録情報処理機関の業務時間内は、いつでも、次に掲げる請求をすることができる。ただし、第二号又は第四号の請求をするには、登録情報処理機関の定めた費用を支払わなければならない。

一　財務諸表等が書面をもって作成されているときは、当該書面の閲覧又は謄写の請求

二　前号の書面の謄本又は抄本の請求

三　財務諸表等が電磁的記録をもって作成されているときは、当該電磁的記録に記録された事項を経済産業省令で定める方法により表示したものの閲覧又は謄写の請求

四　前号の電磁的記録に記録された事項を電磁的方法により提供することの請求又は当該事項を記載した書面の交付の請求

（役員の選任及び解任）

第二五条　登録情報処理機関は、役員を選任し、又は解任したときは、遅滞なく、その旨を特許庁長官に届け出なければならない。

（秘密保持義務等）

第二六条　登録情報処理機関の役員若しくは職員又はこれらの職にあった者は、情報処理業務に関して知り得た秘密を漏らし、又は盗用してはならない。

2　情報処理業務に従事する登録情報処理機関の役員又は職員は、刑法（明治四十年法律第四十五号）その他の罰則の適用については、法令により公務に従事する職員とみなす。

（報告及び立入検査）

第二七条　特許庁長官は、この法律の施行に必要な限度において、登録情報処理機関に対し、その業務若しくは経理の状況に関し報告をさせ、又はその職員に、登録情報処理機関の事務所に立ち入り、業務の状況若しくは帳簿、書類その他の物件を検査させ、若しくは関係者に質問させることができる。

2　前項の規定により職員が立ち入るときは、その身分を示す証明書を携帯し、関係者に提示しなければならない。

3　第一項に規定する立入検査の権限は、犯罪捜査のために認められたものと解してはならない。

（適合命令）

第二八条　特許庁長官は、登録情報処理機関が第十九条第一項各号に適合しなくなったと認めるときは、その登録情報処理機関に対し、これらの規定に適合するため必要な措置をとるべきことを命ずることができる。

（改善命令）

第二九条　特許庁長官は、登録情報処理機関が第二十条の規定に違反していると認めるとき、その他情報処理業務の適正な実施を確保するため必要があると認めるときは、その登録情報処理機関に対し、情報処理業務を行うべきこと又は情報処理業務の実施の方法その他の業務の方法の改善に関し必要な措置をとるべきことを命ずることができる。

（登録の取消し等）

第三〇条 特許庁長官は、登録情報処理機関が次の各号のいずれかに該当するときは、その登録を取り消し、又は期間を定めて情報処理業務の全部若しくは一部の停止を命ずることができる。

一 この節の規定に違反したとき。

二 第十八条第一号又は第三号に該当するに至ったとき。

三 第二十二条第一項の認可を受けた業務規程によらないで情報処理業務を行ったとき。

四 第二十二条第三項又は前二条の規定による命令に違反したとき。

五 不正の手段により登録を受けたとき。

（帳簿の記載）

第三一条 登録情報処理機関は、帳簿を備え、情報処理業務に関し経済産業省令で定める事項を記載しなければならない。

2 前項の帳簿は、経済産業省令で定めるところにより、保存しなければならない。

（聴聞の方法の特例）

第三二条 第三十条の規定による処分に係る聴聞の期日における審理は、公開により行わなければならない。

2 前項の聴聞の主宰者は、行政手続法（平成五年法律第八十八号）第十七条第一項の規定により当該処分に係る利害関係人が当該聴聞に関する手続に参加することを求めたときは、これを許可しなければならない。

（特許庁長官による情報処理業務）

第三三条 特許庁長官は、登録情報処理機関が第二十三条の許可を受けて情報処理業務の全部若しくは一部を休止したとき、第三十条の規定により登録情報処理機関に対し情報処理業務の全部若しくは一部の停止を命じたとき、又は登録情報処理機関が天災その他の事由により情報処理業務の全部若しくは一部を実施することが困難となった場合において必要があると認めるときは、当該情報処理業務の全部又は一部を自ら行うものとする。

2 特許庁長官が前項の規定により情報処理業務

の全部若しくは一部を自ら行う場合、登録情報処理機関が第二十三条の許可を受けて情報処理業務の全部若しくは一部を廃止する場合又は第三十条の規定により特許庁長官が登録情報処理機関の登録を取り消した場合における情報処理業務の引継ぎその他の必要な事項については、経済産業省令で定める。

（公示）

第三四条　特許庁長官は、次の場合には、その旨を官報に公示しなければならない。

一　第九条第一項の登録をしたとき。

二　第二十一条の規定による届出があったとき。

三　第二十三条の許可をしたとき。

四　第三十条の規定により登録を取り消し、又は情報処理業務の全部若しくは一部の停止を命じたとき。

五　前条第一項の規定により特許庁長官が情報処理業務の全部若しくは一部を自ら行うこととするとき、又は自ら行っていた情報処理業務の全部若しくは一部を行わないこととするとき。

（同前）

第三五条　この節に規定するもののほか、登録情報処理機関の行う情報処理業務に関し必要な事項は、政令で定める。

第二節　登録調査機関

（登録調査機関の登録等）

第三六条　特許庁長官は、その登録を受けた者（以下「登録調査機関」という。）に、特許出願の審査に必要な調査のうちその特許出願に係る発明と同一の技術の分野に属する発明又は考案に関するものであって政令で定めるもの及び出願公開の際に必要な調査のうち願書に添付した要約書の記載が特許法第三十六条第七項の規定に適合しているかどうかについてのもの（以下「調査業務」という。）を行わせることができる。

2　前項の登録は、経済産業省令で定めるところにより、経済産業省令で定める区分ごとに、調査業務を行おうとする者の申請により行う。

（登録の基準）

第三七条 特許庁長官は、前条第二項の規定により登録の申請をした者（以下この条において「調査機関登録申請者」という。）が次に掲げる要件の全てに適合しているときは、その登録をしなければならない。この場合において、登録に関して必要な手続は、経済産業省令で定める。

一 次のいずれかに該当する者が調査業務を実施し、その人数が前条第二項の区分ごとに十名以上であること。

イ 学校教育法（昭和二十二年法律第二十六号）に基づく大学（短期大学を除く。）又は旧大学令（大正七年勅令第三百八十八号）に基づく大学を卒業した者であって、科学技術に関する事務（研究を含む。ロにおいて同じ。）に通算して四年以上従事した経験を有し、かつ、独立行政法人工業所有権情報・研修館が行う研修を修了したもの

ロ 学校教育法に基づく短期大学（同法に基づく専門職大学の前期課程を含む。）若しくは高等専門学校又は旧専門学校令（明治三十六年勅令第六十一号）に基づく専門学校を卒業した者（同法に基づく専門職大学の前期課程にあっては、修了した者）であって、科学技術に関する事務に通算して六年以上従事した経験を有し、かつ、イの研修を修了したもの

ハ イ及びロに掲げる者と同等以上の知識及び経験を有する者

二 電子計算機及び調査業務に必要なプログラムを有すること。

三 調査機関登録申請者が、特定の者に支配されているものとして次のいずれかに該当するものでないこと。

イ 調査機関登録申請者が他の株式会社の子会社であること。

ロ 調査機関登録申請者の役員（持分会社にあっては、業務を執行する社員）に占める同一の者の役員又は職員（過去二年間にその同一の者の役員又は職員であった者を含

む。）の割合が二分の一を超えていること。

2　前条第二項の登録は、調査機関登録簿に次に掲げる事項を記載してするものとする。

一　登録年月日及び登録番号

二　登録を受けた者の氏名又は名称及び住所並びに法人にあっては、その代表者の氏名

三　登録を受けた者が調査業務を行う区分

四　登録を受けた者が調査業務を行う事業所の名称及び所在地

（調査業務の実施義務等）

第三八条　登録調査機関は、特許庁長官から調査業務を行うべきことを求められたときは、正当な理由がある場合を除き、遅滞なく、その調査業務を行わなければならない。

2　登録調査機関は、調査業務を行うときは、前条第一項第一号に規定する者（以下「調査業務実施者」という。）に実施させなければならない。

（準用）

第三九条　第十八条、第十九条の二、第二十一条から第三十二条まで、第三十四条（第五号を除く。）及び第三十五条の規定は、登録調査機関に準用する。この場合において、第十八条中「特許等関係法令」とあるのは「特許法、実用新案法若しくはこの法律又はこれらの法律に基づく命令」と、第十九条の二第二項中「前三条」とあるのは「第三十六条第二項、第三十七条及び第三十九条において準用する第十八条」と、第二十一条、第二十二条第一項及び第三項、第二十三条、第二十六条、第二十九条、第三十条、第三十一条第一項、第三十四条並びに第三十五条中「情報処理業務」とあるのは「調査業務」と、第二十四条第二項中「指定特定手続等を行った者」とあるのは「特許出願人」と、第二十五条中「役員」とあるのは「役員又は調査業務実施者」と、第二十八条中「第十九条第一項各号」とあるのは「第三十七条第一項各号」と読み替えるものとする。

第三節　特定登録調査機関

（先行技術調査業務）

第三九条の二　登録調査機関は、特許庁長官から特に登録を受けて、特許出願人その他の者の求めに応じ、特許出願に係る発明と同一の技術の分野に属する発明又は考案に関する調査であって政令で定めるものを行い、その結果を経済産業省令で定めるところにより記載した調査報告をその者に交付する業務（以下「先行技術調査業務」という。）を行うことができる。

（手数料の特例）

第三九条の三　特許庁長官は、特許出願について出願審査の請求をする者が、前条の登録を受けた者（以下「特定登録調査機関」という。）が交付する同条の調査報告を提示してその請求をしたときは、政令で定めるところにより、特許法第百九十五条第二項の規定により納付すべき出願審査の請求の手数料を軽減することができる。

（登録）

第三九条の四　第三十九条の二の登録は、経済産業省令で定めるところにより、経済産業省令で定める区分ごとに、先行技術調査業務を行おうとする者の申請により行う。

（登録の基準）

第三九条の五　特許庁長官は、前条の規定により登録の申請をした者がその申請に係る区分について登録調査機関の登録を受けている者であるときは、第三十九条の二の登録をしなければならない。この場合において、同条の登録に関して必要な手続は、経済産業省令で定める。

2　第三十九条の二の登録は、特定登録調査機関登録簿に次に掲げる事項を記載してするものとする。

一　登録年月日及び登録番号

二　登録を受けた者の氏名又は名称及び住所並びに法人にあっては、その代表者の氏名

三　登録を受けた者が先行技術調査業務を行う区分

四　登録を受けた者が先行技術調査業務を行う事業所の名称及び所在地

（先行技術調査業務の実施義務等）

第三九条の六　特定登録調査機関は、先行技術調

査業務を行うべきことを求められたときは、正当な理由がある場合を除き、遅滞なく、その先行技術調査業務を行わなければならない。

2　特定登録調査機関は、先行技術調査業務を行うときは、調査業務実施者に実施させなければならない。

（先行技術調査業務規程）

第三九条の七　特定登録調査機関は、先行技術調査業務に関する規程（以下「先行技術調査業務規程」という。）を定め、先行技術調査業務の開始前に、特許庁長官に届け出なければならない。これを変更しようとするときも、同様とする。

2　先行技術調査業務規程で定めるべき事項は、経済産業省令で定める。

（業務の休廃止の届出）

第三九条の八　特定登録調査機関は、先行技術調査業務の全部若しくは一部を休止し、又は廃止しようとするときは、経済産業省令で定めるところにより、あらかじめ、その旨を特許庁長官に届け出なければならない。

（登録の取消し等）

第三九条の九　特許庁長官は、特定登録調査機関が第三十九条の二の登録を受けた区分について第三十九条において準用する第三十条の規定により登録調査機関の登録を取り消されたときは、その第三十九条の二の登録を取り消さなければならない。

2　特許庁長官は、特定登録調査機関が次の各号のいずれかに該当するときは、その第三十九条の二の登録を取り消し、又は期間を定めて先行技術調査業務の全部若しくは一部の停止を命ずることができる。

一　この節の規定に違反したとき。

二　第三十九条の十一において準用する第十八条第三号に該当するに至ったとき。

三　第三十九条の十一において準用する第二十九条の規定による命令に違反したとき。

四　不正の手段により第三十九条の二の登録を受けたとき。

（公示）

第三九条の一〇　特許庁長官は、次の場合には、その旨を官報に公示しなければならない。
一　第三十九条の二の登録をしたとき。
二　第三十九条の八の規定又は次条において準用する第二十一条の規定による届出があったとき。
三　前条第一項若しくは第二項の規定により第三十九条の二の登録を取り消し、又は同項の規定により先行技術調査業務の全部若しくは一部の停止を命じたとき。

（準用）

第三九条の一一　第十八条（第一号を除く。）、第十九条の二、第二十一条、第二十七条、第二十九条、第三十一条、第三十二条及び第三十五条の規定は、特定登録調査機関について準用する。この場合において、第十八条第三号中「前二号のいずれか」とあるのは「前号」と、第十九条の二第二項中「前三条」とあるのは「第三十九条の四、第三十九条の五及び第三十九条の十一において準用する第十八条（第一号を除く。）」と、第二十一条、第二十九条、第三十一条第一項及び第三十五条中「情報処理業務」とあるのは「先行技術調査業務」と読み替えるものとする。

第五章　雑　則

（手数料）

第四〇条　次に掲げる者は、政令で定める場合を除くほか、実費を勘案して政令で定める額の手数料を納付しなければならない。

一　第七条第一項の規定により磁気ディスクへの記録を求める者

二　第十二条第一項の規定により同項第一号に掲げる事項について閲覧を請求する者

三　第十二条第一項の規定により同項第二号に掲げる事項について閲覧を請求する者

四　第十二条第二項の規定により書類の交付を請求する者

2　前項の手数料は、登録情報処理機関に対し磁気ディスクへの記録を求める者の納めるものについては、当該登録情報処理機関の収入とする。

3　第一項の規定は、手数料を納付すべき者が国であるときは、適用しない。ただし、登録情報処理機関に対し磁気ディスクへの記録を求める場合は、この限りでない。

4　特許権、実用新案権、意匠権若しくは商標権、特許、実用新案登録若しくは意匠登録を受ける権利、商標登録出願により生じた権利又は防護標章登録に基づく権利（以下この項において「権利」という。）が国と国以外の者との共有に係る場合であって持分の定めがあるときは、国と国以外の者が自己の権利について第一項第一号の規定により納付すべき手数料（政令で定めるものに限る。）は、第一項の規定にかかわらず、同項に規定する手数料の金額に国以外の者の持分の割合を乗じて得た額とし、国以外の者がその額を納付しなければならない。ただし、登録情報処理機関に対し磁気ディスクへの記録を求める場合は、この限りでない。

5　前項の規定により算定した手数料の金額に十円未満の端数があるときは、その端数は、切り捨てる。

6　第一項の規定による手数料の納付は、登録情報処理機関に納める場合を除き、経済産業省令で定めるところにより、特許印紙をもってしなければならない。ただし、経済産業省令で定める場合には、経済産業省令で定めるところにより、現金をもって納めることができる。

7　特許法第百九十五条第十一項及び第十二項の規定は、第一項の規定により国に納付した手数料に準用する。

（特許法の準用等）

第四一条　特許法第三条の規定は、この法律又はこの法律に基づく命令に規定する手続についての期間に準用する。

2　特許法第七条、第八条、第十一条から第十四条まで、第十六条、第十七条第三項（第三号を除く。）及び第四項、第十八条第一項、第十八条の二から第二十一条まで並びに第二十六条の規定は、この法律又はこの法律に基づく命令の規定による手続に準用する。

3　特許法第百九十五条の三の規定は、この法律の規定による処分（第四章の規定による処分を除く。）に準用する。

4　この法律又はこの法律に基づく命令に規定する手続であって特許、実用新案登録、意匠登録、商標登録又は防護標章登録に関するものについての期間は、特許法第二十四条（実用新案法第二条の五第二項、意匠法第六十八条第二項、商標法第七十七条第二項又は同法附則第二十七条第二項において準用する場合を含む。）の規定により、当該手続が中断し、若しくは中止した時にその進行を停止し、又は当該手続についての期間の進行が開始した時にその進行を開始するものとする。

第六章　罰　則

第四二条　第二十六条第一項（第三十九条において準用する場合を含む。）の規定に違反した者は、一年以下の懲役又は五十万円以下の罰金に処する。

第四二条を次のように改める。
第四二条　第二十六条第一項（第三十九条において準用する場合を含む。）の規定に違反した者は、一年以下の拘禁刑又は五十万円以下の罰金に処する。
（令和七年六月一日から施行　令和四法六八）

第四三条　第三十条（第三十九条において準用する場合を含む。）の規定による情報処理業務若しくは調査業務の停止の命令又は第三十九条の九第二項の規定による先行技術調査業務の停止の命令に違反したときは、その違反行為をした登録情報処理機関、登録調査機関又は特定登録調査機関の役員又は職員は、一年以下の懲役又は五十万円以下の罰金に処する。

第四三条を次のように改める。
第四三条　第三十条（第三十九条において準用する場合を含む。）の規定による情報処理業務若しくは調査業務の停止の命令又は第三十九条の九第二項の規定による先行技術調査業務の停止の命令に違反したときは、その違反行為をした登録情報処理機関、登録調査機関又は特定登録調査機関の役員又は職員は、一年以下の拘禁刑又は五十万円以下の罰金に処する。
（令和七年六月一日から施行　令和四法六八）

第四四条　次の各号のいずれかに該当するときは、その違反行為をした登録情報処理機関、登録調査機関又は特定登録調査機関の役員又は職員は、二十万円以下の罰金に処する。

一　第二十三条（第三十九条において準用する場合を含む。）の許可を受けないで情報処理業務又は調査業務の全部を廃止したとき。

二　第二十七条第一項（第三十九条又は第三十九条の十一において準用する場合を含む。以下この号において同じ。）の規定による報告をせず、若しくは虚偽の報告をし、又は同項の規定による検査を拒み、妨げ、若しくは忌避し、若しくは同項の規定による質問に対して陳述をせず、若しくは虚偽の陳述をしたとき。

三　第三十一条第一項（第三十九条又は第三十九条の十一において準用する場合を含む。）の規定に違反して帳簿を備えず、帳簿に記載せず、若しくは帳簿に虚偽の記載をし、又は第三十一条第二項（第三十九条又は第三十九条の十一において準用する場合を含む。）の規定に違反して帳簿を保存しなかったとき。

四　第三十九条の八の規定による届出をせず、又は虚偽の届出をしたとき。

第四五条　第二十四条第一項（第三十九条において準用する場合を含む。）の規定に違反して財務諸表等を備えて置かず、財務諸表等に記載すべき事項を記載せず、若しくは虚偽の記載をし、又は正当な理由がないのに第二十四条第二項各号（第三十九条において準用する場合を含む。）の規定による請求を拒んだ者は、二十万円以下の過料に処する。

特許協力条約に基づく国際出願等に関する法律

（昭和五三年四月二六日法律第三〇号）

最終改正　令和三法四二

目次

第一章　総　　則

（趣旨）

第一条　この法律は、千九百七十年六月十九日にワシントンで作成された特許協力条約（以下「条約」という。）に基づく国際出願、国際調査及び国際予備審査に関し、特許庁と出願人との間における手続を定めるものとする。

第二章　国際出願

（国際出願）

第二条　日本国民又は日本国内に住所若しくは居所（法人にあつては、営業所）を有する外国人（以下「日本国民等」という。）は、特許庁長官に条約第二条(vii)の国際出願（以下「国際出願」という。）をすることができる。日本国民等と日本国民等以外の者が共同して国際出願をするときも、同様とする。

（願書等）

第三条　国際出願をしようとする者は、日本語又は経済産業省令で定める外国語で作成した願書、明細書、請求の範囲、必要な図面及び要約書を特許庁長官に提出しなければならない。

2　願書には、次に掲げる事項を記載しなければならない。

一　当該出願を条約に従つて処理すべき旨の申立て

二　出願人の氏名又は名称並びにその国籍及び住所又は居所（出願人が二人以上ある場合にあつては、日本国民等である出願人のうち少なくとも一人の国籍及び住所又は居所）

三　発明の名称

四　前各号に掲げるもののほか、経済産業省令で定める事項

3　明細書、請求の範囲、図面及び要約書に記載すべき事項その他これらの書類に関し必要な事項は、経済産業省令で定める。

（国際出願日の認定等）

第四条　特許庁長官は、国際出願が次の各号のいずれかに該当する場合を除き、国際出願が特許庁に到達した日を国際出願日として認定しなければならない。

一　出願人が第二条に規定する要件を満たしていないとき。

二　前条第二項第一号に掲げる事項の記載がないとき。

三　出願人の氏名若しくは名称の記載がなく、

又はその記載が出願人を特定できる程度に明確でないと認められるとき。
四　明細書又は請求の範囲が含まれていないとき。
五　明細書及び請求の範囲が日本語又は前条第一項の経済産業省令で定める外国語で作成されていないとき。
2　特許庁長官は、国際出願が前項各号のいずれかに該当するときは、相当の期間を指定して、書面により手続の補完をすべきことを命じなければならない。
3　特許庁長官は、前項の規定により手続の補完をすべきことを命じられた者が同項の規定により指定された期間内に手続の補完をしたときは、手続の補完に係る書面の到達の日を国際出願日として認定しなければならない。

（同前）

第五条　特許庁長官は、国際出願において、その国際出願に含まれていない図面についての記載がされているときは、その旨を出願人に通知しなければならない。
2　特許庁長官は、前項の規定による通知を受けた者が経済産業省令で定める期間内に同項の記載に係る図面を提出したときは、その図面の到達の日を国際出願日として認定しなければならない。

（補正命令）

第六条　特許庁長官は、国際出願が次の各号の一に該当するときは、相当の期間を指定して、書面により手続の補正をすべきことを命じなければならない。
一　願書が日本語又は第三条第一項の経済産業省令で定める外国語で作成されていないとき。
二　発明の名称の記載がないとき。
三　図面（図面の中の説明に限る。）及び要約書が明細書及び請求の範囲と同一の言語で作成されていないとき。
四　要約書が含まれていないとき。
五　第十六条第三項の規定又は第十九条第一項前段において準用する特許法（昭和三十四年

法律第百二十一号）第七条第一項から第三項までの規定（第十九条第一項後段の政令でこれらの規定の特例を定めたときは、当該特例に係る当該政令の規定）に違反しているとき。

六　経済産業省令で定める方式に違反しているとき。

（取り下げられたものとみなす旨の決定）

第七条　特許庁長官は、国際出願が次の各号のいずれかに該当するときは、その国際出願が取り下げられたものとみなす旨の決定をしなければならない。

一　前条の規定により手続の補正をすべきことを命じられた者が同条の規定により指定された期間内に手続の補正をしなかつたとき。

二　第十八条第二項（同項の表三の項に掲げる部分を除く。）の規定により納付すべき手数料が経済産業省令で定める期間内に納付されなかつたとき。

三　第四条第一項若しくは第三項又は第五条第二項の規定による認定をした国際出願につき、経済産業省令で定める期間内に、当該国際出願が第四条第一項各号のいずれかに該当することを発見したとき。

第三章　国際調査

（国際調査報告）

第八条　特許庁長官は、第四条第一項若しくは第三項又は第五条第二項の規定による認定をした国際出願（条約に規定する他の国際調査機関が条約第十五条に規定する国際調査（以下「国際調査」という。）をするものを除く。この章及び次章において同じ。）につき、審査官に条約第十八条(1)に規定する国際調査報告（以下「国際調査報告」という。）を作成させなければならない。

2　審査官は、国際出願がその全部の請求の範囲につき次の各号の一に該当するときは、前項の規定にかかわらず、国際調査報告を作成しない旨の決定をしなければならない。

一　国際調査をすることを要しないものとして経済産業省令で定める事項を内容とするものであるとき。

二　明細書、請求の範囲若しくは図面に必要な事項が記載されておらず、又はその記載が著しく不明確であるため、これらの書類に基づいて有効な国際調査をすることができないとき。

3　審査官は、国際出願がその一部の請求の範囲につき前項各号の一に該当するときは、その旨及び当該一部の請求の範囲以外の請求の範囲のみについてした国際調査の結果を、国際調査報告に記載するものとする。

4　特許庁長官は、国際出願が条約第十七条(3)(a)の発明の単一性の要件を満たしていないときは、出願人に対し、相当の期間を指定して、次の各号に掲げる場合に応じ当該各号に定める金額に請求の範囲に記載されている発明の数から一を減じて得た数を乗じて得た金額の範囲内において政令で定める金額の手数料を追加して納付すべきことを命じなければならない。

一　明細書及び請求の範囲が日本語で作成されている場合　十万五千円

二　明細書及び請求の範囲が第三条第一項の経

済産業省令で定める外国語で作成されている場合　十六万八千円

5　審査官は、前項の規定により手数料を追加して納付すべきことを命じられた出願人が同項の規定により指定された期間内にその命じられた金額の手数料を追加して納付しないときは、経済産業省令で定めるところにより、その国際出願を手数料の納付があつた発明に係る部分とその他の発明に係る部分とに区分し、手数料の納付があつた発明に係る部分については当該発明に係る部分についてした国際調査の結果を、その他の発明に係る部分についてはその旨を、国際調査報告に記載するものとする。

（文献の写しの請求）

第九条　出願人は、その国際出願に係る国際調査報告にその国際出願と関連する技術に関する文献の記載があるときは、特許庁長官に対し、経済産業省令で定める期間内に、その文献の写しの送付を請求することができる。

第四章　国際予備審査

（国際予備審査の請求）

第一〇条　第四条第一項若しくは第三項又は第五条第二項の規定による認定を受けた国際出願の出願人は、経済産業省令で定める期間内に、その国際出願について、特許庁長官に条約第三十三条に規定する国際予備審査（以下「国際予備審査」という。）の請求をすることができる。ただし、出願人が条約第三十一条⑵の規定により国際予備審査の請求をすることができることとされている者以外の者である場合その他経済産業省令で定める場合は、この限りでない。

2　前項の請求をしようとする者は、経済産業省令で定める事項を日本語又は経済産業省令で定める外国語により記載した請求書を、特許庁長官に提出しなければならない。

（国際予備審査の請求に伴う補正）

第一一条　国際予備審査の請求をした出願人は、

経済産業省令で定める期間内に限り、当該請求に係る国際出願の出願時における明細書、請求の範囲又は図面に記載した事項の範囲内において、明細書、請求の範囲又は図面について補正をすることができる。

(国際予備審査報告)

第一二条 特許庁長官は、国際予備審査の請求があつたときは、当該請求に係る国際出願につき、審査官に条約第三十五条に規定する国際予備審査報告(以下「国際予備審査報告」という。)を作成させなければならない。

2 審査官は、国際予備審査の請求に係る国際出願がその全部の請求の範囲につき次の各号の一に該当するときはその旨を、国際予備審査の請求に係る国際出願がその一部の請求の範囲につき次の各号の一に該当するときはその旨及び当該一部の請求の範囲以外の請求の範囲のみについてした国際予備審査の結果を、国際予備審査報告に記載するものとする。

一 国際予備審査をすることを要しないものとして経済産業省令で定める事項を内容とするものであるとき。

二 明細書、請求の範囲若しくは図面における記載が不明確であり、又は請求の範囲が明細書による十分な裏付けを欠いているため、請求の範囲に記載されている発明につき、条約第三十三条(2)、(3)又は(4)に規定する新規性、進歩性又は産業上の利用可能性についての同条(1)に規定する見解を示すことができないとき。

3 特許庁長官は、国際予備審査の請求に係る国際出願が条約第三十四条(3)(a)の発明の単一性の要件を満たしていないときは、出願人に対し、相当の期間を指定して、国際予備審査を受けようとする請求の範囲を減縮し、又は次の各号に掲げる場合に応じ当該各号に定める金額に当該請求の範囲に記載されている発明の数から一を減じて得た数を乗じて得た金額の範囲内において政令で定める金額の手数料を追加して納付すべきことを命じなければならない。

一　明細書及び請求の範囲が日本語で作成されている場合　二万八千円
二　明細書及び請求の範囲が第三条第一項の経済産業省令で定める外国語で作成されている場合　四万五千円

4　審査官は、前項の規定により国際予備審査を受けようとする請求の範囲を減縮し又は手数料を追加して納付すべきことを命じられた出願人が同項の規定により指定された期間内にその請求の範囲を減縮せず又はその命じられた金額の手数料を追加して納付しないときは、経済産業省令で定めるところにより、その国際出願を手数料の納付があつた発明に係る部分とその他の発明に係る部分とに区分し、手数料の納付があつた発明に係る部分については当該発明に係る部分についてした国際予備審査の結果を、その他の発明に係る部分についてはその旨を、国際予備審査報告に記載するものとする。

（答弁書の提出）

第一三条　審査官は、国際予備審査の請求に係る国際出願が次の各号の一に該当するときは、国際予備審査報告の作成前に、出願人に対しその旨及びその理由を通知し、相当の期間を指定して、答弁書を提出する機会を与えなければならない。

一　請求の範囲に記載されている発明に、条約第三十三条(2)、(3)又は(4)に規定する新規性、進歩性又は産業上の利用可能性がないとき。
二　国際予備審査報告において条約第三十五条(2)に規定する意見を述べる必要があるときその他経済産業省令で定めるとき。

（国際予備審査の請求の手続の不備等）

第一四条　国際予備審査の請求につき、第十八条第二項（同項の表三の項に掲げる部分に限る。）の規定により納付すべき手数料が納付されていないことその他経済産業省令で定める事由がある場合において特許庁長官又は出願人が執るべき手続及びその効果については、政令で定める。

（準用）

第一五条　第九条の規定は、出願人が国際予備審査の請求をした場合に準用する。

第五章　雑　則

（代表者等）

第一六条　二人以上が共同して国際出願をした場合におけるこの法律の規定に基づく手続については、経済産業省令で定める場合を除き、出願人の代表者がこれを行い、又はその代表者に対してこれを行うことができる。

2　特許庁長官は、二人以上が共同して国際出願をした場合において出願人が代表者を定めていないときは、経済産業省令で定めるところにより、出願人の代表者を指定することができる。

3　代理人によりこの法律の規定に基づく手続をしようとする者は、第十九条第一項前段において準用する特許法第七条第一項本文の規定により法定代理人により手続をしようとする場合その他政令で定める場合を除き、弁理士又は弁護士を代理人としなければならない。

（手続の補完等の特例）

第一七条 出願人が第四条第二項の規定による命令又は第五条第一項の規定による通知を受ける前に、その命令又は通知を受けた場合に執るべき手続を執つたときは、経済産業省令で定める場合を除き、当該手続は、その命令又は通知を受けたことにより執つた手続とみなす。

（手数料）

第一八条 第九条（第十五条において準用する場合を含む。）の規定による請求をする者は、実費を勘案して政令で定める金額の手数料を納付しなければならない。

2 次の表の第二欄に掲げる者は、それぞれ同表の第三欄に掲げる金額の範囲内において政令で定める金額に同表の第四欄に掲げる金額を合算して得た額の手数料を納付しなければならない。

一	特許庁が国際調査をする国際出願をする者	イ 明細書及び請求の範囲が日本語で作成されている場合	一件につき十七万円	条約第三条(4)(iv)の手数料のうち、国際事務局（条約第二条(xix)の国際事務局をいう。以下同じ。）に係るものの金額として政令で定める金額
		ロ 明細書及び請求の範囲が第三条第一項の経済産業省令で定める外国語で作成されている場合	一件につき二十四万九千円	
二	特許庁以外		一件につき	条約第三条(4)

	の条約に規定する国際調査機関が国際調査をする国際出願をする者	一万八千円	(iv)の手数料のうち、特許庁以外の条約に規定する国際調査機関及び国際事務局に係るものの金額として政令で定める金額
三	国際予備審査の請求をする者 イ　一の項第二欄イに掲げる場合 ロ　一の項第二欄ロに掲げる	一件につき四万八千円 一件につき七万七千円	条約第三十一条(5)の手数料のうち、国際事務局に係るものの金額として政令で定める金額

場合

3　特許法第百九十五条第四項、第五項、第七項、第八項及び第十一項から第十三項までの規定は第一項及び前項の規定により納付すべき手数料（同項の表の第四欄に掲げる金額に係る部分を除く。）並びに第八条第四項又は第十二条第三項の規定により追加して納付すべきことを命じられた手数料について、同法第百九十五条第六項の規定は前項の規定により納付すべき手数料（同項の表の第四欄に掲げる金額に係る部分を除く。）について、同条第八項及び第十一項から第十三項までの規定は前項の規定により納付すべき手数料（同項の表の第三欄に掲げる金額の範囲内において同項の政令で定める金額に係る部分を除く。）について、それぞれ準用する。

（手数料の減免）

第一八条の二　特許庁長官は、日本語でされた国際出願をする者であつて、中小企業者（特許法第百九条の二第二項に規定する中小企業者をいう。）、試験研究機関等（同条第三項に規定する試験研究機関等をいう。）その他の資力、研究開発及び技術開発を行う能力、産業の発達に対する寄与の程度等を総合的に考慮して政令で定める者に対しては、政令で定めるところにより、前条第二項の規定により納付すべき手数料（同項の表の第三欄に掲げる金額の範囲内において同項の政令で定める金額に係る部分に限る。）を軽減し、又は免除することができる。

（特許法の準用）

第一九条　特許法第七条第一項から第三項まで、第八条、第十一条、第十三条第一項及び第四項、第十六条、第二十条並びに第二十一条の規定は、この法律の規定に基づく手続に準用する。この場合において、条約又は特許協力条約に基づく規則（以下「規則」という。）に別段の定めがあるときは、その定めを実施するため、政令でこれらの規定の特例を定めることができる。

2　特許法第四十七条第二項の規定は、国際調査及び国際予備審査に準用する。

3　特許法第百九十五条の三の規定は、この法律又はこの法律に基づく命令の規定による処分に準用する。

（経済産業省令への委任）

第二〇条　第二条から前条までに定めるもののほか、国際出願、国際調査及び国際予備審査に関し条約及び規則を実施するため必要な事項の細目は、経済産業省令で定める。

（条約に基づく機関としての事務）

第二一条　この法律の規定は、工業所有権に関する国際協力の見地から必要がある場合において、条約若しくは規則又はこれらに基づいて締結された取決めに従つて、特許庁がこの法律及び特許法その他の法律の規定に基づいて行うべき事務の円滑な遂行に支障のない範囲内において、この法律の規定の適用を受ける者以外の者に関し条約に規定する受理官庁、国際調査機関又は国際予備審査機関としての事務を行うことを妨げるものではない。

工業所有権（産業財産権）以外の知的財産権に関する法律等条文

知的財産基本法（平成一四年一二月四日法律第一二二号）

最終改正　令和三法三六

目次

第一章　総則

（目的）

第一条　この法律は、内外の社会経済情勢の変化に伴い、我が国産業の国際競争力の強化を図ることの必要性が増大している状況にかんがみ、新たな知的財産の創造及びその効果的な活用による付加価値の創出を基軸とする活力ある経済社会を実現するため、知的財産の創造、保護及び活用に関し、基本理念及びその実現を図るために基本となる事項を定め、国、地方公共団体、大学等及び事業者の責務を明らかにし、並びに知的財産の創造、保護及び活用に関する推進計画の作成について定めるとともに、知的財産戦略本部を設置することにより、知的財産の創造、保護及び活用に関する施策を集中的かつ計画的に推進することを目的とする。

（定義）

第二条　この法律で「知的財産」とは、発明、考案、植物の新品種、意匠、著作物その他の人間の創造的活動により生み出されるもの（発見又は解明がされた自然の法則又は現象であって、産業上の利用可能性があるものを含む。）、商標、商号その他事業活動に用いられる商品又は役務を表示するもの及び営業秘密その他の事業活動に有用な技術上又は営業上の情報をいう。

2　この法律で「知的財産権」とは、特許権、実用新案権、育成者権、意匠権、著作権、商標権その他の知的財産に関して法令により定められた権利又は法律上保護される利益に係る権利をいう。

3　この法律で「大学等」とは、大学及び高等専門学校（学校教育法（昭和二十二年法律第二十六号）第一条に規定する大学及び高等専門学校をいう。第七条第三項において同じ。）、大学共同利用機関（国立大学法人法（平成十五年法律第百十二号）第二条第四項に規定する大学共同利用機関をいう。第七条第三項において同じ。）、独立行政法人（独立行政法人通則法（平成十一年法律第百三号）第二条第一項に規定する独立行政法人をいう。第三十条第一項において同じ。）及び地方独立行政法人（地方独立行政法人法（平成十五年法律第百十八号）第二条第一項に規定する地方独立行政法人をいう。第三十条第一項において同じ。）であって試験研究に関する業務を行うもの、特殊法人（法律により直接に設立された法人又は特別の法律により特別の設立行為をもって設立された法人であって、総務省設置法（平成十一年法律第九十一号）第四条第一項第八号の規定の適用を受けるものをいう。第三十条第一項において同じ。）であって研究開発を目的とするもの並びに国及び地方公共団体の試験研究機関をいう。

（国民経済の健全な発展及び豊かな文化の創造）

第三条　知的財産の創造、保護及び活用に関する施策の推進は、創造力の豊かな人材が育成され、その創造力が十分に発揮され、技術革新の進展にも対応した知的財産の国内及び国外における迅速かつ適正な保護が図られ、並びに経済社会において知的財産が積極的に活用されつつ、その価値が最大限に発揮されるために必要な環境の整備を行うことにより、広く国民が知的財産の恵沢を享受できる社会を実現するとともに、将来にわたり新たな知的財産の創造がなされる基盤を確立し、もって国民経済の健全な発展及び豊かな文化の創造に寄与するものとなることを旨として、行われなければならない。

（我が国産業の国際競争力の強化及び持続的な発展）

第四条　知的財産の創造、保護及び活用に関する施策の推進は、創造性のある研究及び開発の成果の円滑な企業化を図り、知的財産を基軸とする新たな事業分野の開拓並びに経営の革新及び創業を促進することにより、我が国産業の技術力の強化及び活力の再生、地域における経済の活性化、並びに就業機会の増大をもたらし、もって我が国産業の国際競争力の強化及び内外の経済的環境の変化に的確に対応した我が国産業の持続的な発展に寄与するものとなることを旨として、行われなければならない。

（国の責務）

第五条　国は、前二条に規定する知的財産の創造、保護及び活用に関する基本理念（以下「基本理念」という。）にのっとり、知的財産の創造、保護及び活用に関する施策を策定し、及び実施する責務を有する。

（地方公共団体の責務）

第六条　地方公共団体は、基本理念にのっとり、知的財産の創造、保護及び活用に関し、国との適切な役割分担を踏まえて、その地方公共団体の区域の特性を生かした自主的な施策を策定し、及び実施する責務を有する。

（大学等の責務等）

第七条　大学等は、その活動が社会全体における知的財産の創造に資するものであることにかんがみ、人材の育成並びに研究及びその成果の普及に自主的かつ積極的に努めるものとする。

2　大学等は、研究者及び技術者の職務及び職場環境がその重要性にふさわしい魅力あるものとなるよう、研究者及び技術者の適切な処遇の確保並びに研究施設の整備及び充実に努めるものとする。

3　国及び地方公共団体は、知的財産の創造、保護及び活用に関する施策であって、大学及び高等専門学校並びに大学共同利用機関に係るものを策定し、並びにこれを実施するに当たっては、研究者の自主性の尊重その他大学及び高等専門学校並びに大学共同利用機関における研究の特性に配慮しなければならない。

（事業者の責務）

第八条　事業者は、我が国産業の発展において知的財産が果たす役割の重要性にかんがみ、基本理念にのっとり、活力ある事業活動を通じた生産性の向上、事業基盤の強化等を図ることができるよう、当該事業者若しくは他の事業者が創造した知的財産又は大学等で創造された知的財産の積極的な活用を図るとともに、当該事業者が有する知的財産の適切な管理に努めるものとする。

2　事業者は、発明者その他の創造的活動を行う者の職務がその重要性にふさわしい魅力あるものとなるよう、発明者その他の創造的活動を行う者の適切な処遇の確保に努めるものとする。

（連携の強化）

第九条　国は、国、地方公共団体、大学等及び事業者が相互に連携を図りながら協力することにより、知的財産の創造、保護及び活用の効果的な実施が図られることにかんがみ、これらの者の間の連携の強化に必要な施策を講ずるものとする。

（競争促進への配慮）

第一〇条　知的財産の保護及び活用に関する施策を推進するに当たっては、その公正な利用及び公共の利益の確保に留意するとともに、公正かつ自由な競争の促進が図られるよう配慮するものとする。

（法制上の措置等）

第一一条　政府は、知的財産の創造、保護及び活用に関する施策を実施するため必要な法制上又は財政上の措置その他の措置を講じなければならない。

第二章　基本的施策

（研究開発の推進）

第一二条　国は、大学等における付加価値の高い知的財産の創造が我が国の経済社会の持続的な発展の源泉であることに鑑み、科学技術・イノベーション基本法（平成七年法律第百三十号）第二条に規定する科学技術・イノベーション創出の振興に関する方針に配慮しつつ、創造力の豊かな研究者の確保及び養成、研究施設等の整備並びに研究開発に係る資金の効果的な使用その他研究開発の推進に必要な施策を講ずるものとする。

（研究成果の移転の促進等）

第一三条　国は、大学等における研究成果が新たな事業分野の開拓及び産業の技術の向上等に有用であることにかんがみ、大学等において当該研究成果の適切な管理及び事業者への円滑な移転が行われるよう、大学等における知的財産に関する専門的知識を有する人材を活用した体制の整備、知的財産権に係る設定の登録その他の手続の改善、市場等に関する調査研究及び情報提供その他必要な施策を講ずるものとする。

（権利の付与の迅速化等）

第一四条 国は、発明、植物の新品種、意匠、商標その他の国の登録により権利が発生する知的財産について、早期に権利を確定することにより事業者が事業活動の円滑な実施を図ることができるよう、所要の手続の迅速かつ的確な実施を可能とする審査体制の整備その他必要な施策を講ずるものとする。

2 前項の施策を講ずるに当たり、その実効的な遂行を確保する観点から、事業者の理解と協力を得るよう努めるものとする。

（訴訟手続の充実及び迅速化等）

第一五条 国は、経済社会における知的財産の活用の進展に伴い、知的財産権の保護に関し司法の果たすべき役割がより重要となることにかんがみ、知的財産権に関する事件について、訴訟手続の一層の充実及び迅速化、裁判所の専門的な処理体制の整備並びに裁判外における紛争処理制度の拡充を図るために必要な施策を講ずるものとする。

（権利侵害への措置等）

第一六条 国は、国内市場における知的財産権の侵害及び知的財産権を侵害する物品の輸入について、事業者又は事業者団体その他関係団体との緊密な連携協力体制の下、知的財産権を侵害する事犯の取締り、権利を侵害する物品の没収その他必要な措置を講ずるものとする。

2 国は、本邦の法令に基づいて設立された法人その他の団体又は日本の国籍を有する者（「本邦法人等」という。次条において同じ。）の有する知的財産が外国において適正に保護されない場合には、当該外国政府、国際機関及び関係団体と状況に応じて連携を図りつつ、知的財産に関する条約に定める権利の的確な行使その他必要な措置を講ずるものとする。

（国際的な制度の構築等）

第一七条　国は、知的財産に関する国際機関その他の国際的な枠組みへの協力を通じて、各国政府と共同して国際的に整合のとれた知的財産に係る制度の構築に努めるとともに、知的財産の保護に関する制度の整備が十分に行われていない国又は地域において、本邦法人等が迅速かつ確実に知的財産権の取得又は行使をすることができる環境が整備されるよう必要な施策を講ずるものとする。

（新分野における知的財産の保護等）

第一八条　国は、生命科学その他技術革新の進展が著しい分野における研究開発の有用な成果を知的財産権として迅速かつ適正に保護することにより、活発な起業化等を通じて新たな事業の創出が期待されることにかんがみ、適正に保護すべき権利の範囲に関する検討の結果を踏まえつつ、法制上の措置その他必要な措置を講ずるものとする。

2　国は、インターネットの普及その他社会経済情勢の変化に伴う知的財産の利用方法の多様化に的確に対応した知的財産権の適正な保護が図られるよう、権利の内容の見直し、事業者の技術的保護手段の開発及び利用に対する支援その他必要な施策を講ずるものとする。

（事業者が知的財産を有効かつ適正に活用することができる環境の整備）

第一九条　国は、事業者が知的財産を活用した新たな事業の創出及び当該事業の円滑な実施を図ることができるよう、知的財産の適正な評価方法の確立、事業者に参考となるべき経営上の指針の策定その他事業者が知的財産を有効かつ適正に活用することができる環境の整備に必要な施策を講ずるものとする。

2　前項の施策を講ずるに当たっては、中小企業が我が国経済の活力の維持及び強化に果たすべき重要な使命を有するものであることにかんがみ、個人による創業及び事業意欲のある中小企業者による新事業の開拓に対する特別の配慮がなされなければならない。

（情報の提供）

第二〇条　国は、知的財産に関する内外の動向の調査及び分析を行い、必要な統計その他の資料の作成を行うとともに、知的財産に関するデータベースの整備を図り、事業者、大学等その他の関係者にインターネットその他の高度情報通信ネットワークの利用を通じて迅速に情報を提供できるよう必要な施策を講ずるものとする。

（教育の振興等）

第二一条　国は、国民が広く知的財産に対する理解と関心を深めることにより、知的財産権が尊重される社会を実現できるよう、知的財産に関する教育及び学習の振興並びに広報活動等を通じた知的財産に関する知識の普及のために必要な施策を講ずるものとする。

（人材の確保等）

第二二条　国は、知的財産の創造、保護及び活用を促進するため、大学等及び事業者と緊密な連携協力を図りながら、知的財産に関する専門的知識を有する人材の確保、養成及び資質の向上に必要な施策を講ずるものとする。

第三章　知的財産の創造、保護及び活用に関する推進計画

第二三条　知的財産戦略本部は、この章の定めるところにより、知的財産の創造、保護及び活用に関する推進計画（以下「推進計画」という。）を作成しなければならない。

2　推進計画は、次に掲げる事項について定めるものとする。

一　知的財産の創造、保護及び活用のために政府が集中的かつ計画的に実施すべき施策に関する基本的な方針

二　知的財産の創造、保護及び活用に関し政府が集中的かつ計画的に講ずべき施策

三　知的財産に関する教育の振興及び人材の確保等に関し政府が集中的かつ計画的に講ずべき施策

四　前各号に定めるもののほか、知的財産の創造、保護及び活用に関する施策を政府が集中

的かつ計画的に推進するために必要な事項

3　推進計画に定める施策については、原則として、当該施策の具体的な目標及びその達成の時期を定めるものとする。

4　知的財産戦略本部は、第一項の規定により推進計画を作成したときは、遅滞なく、これをインターネットの利用その他適切な方法により公表しなければならない。

5　知的財産戦略本部は、適時に、第三項の規定により定める目標の達成状況を調査し、その結果をインターネットの利用その他適切な方法により公表しなければならない。

6　知的財産戦略本部は、知的財産を取り巻く状況の変化を勘案し、並びに知的財産の創造、保護及び活用に関する施策の効果に関する評価を踏まえ、少なくとも毎年度一回、推進計画に検討を加え、必要があると認めるときには、これを変更しなければならない。

7　第四項の規定は、推進計画の変更について準用する。

第四章　知的財産戦略本部

（設置）

第二四条　知的財産の創造、保護及び活用に関する施策を集中的かつ計画的に推進するため、内閣に、知的財産戦略本部（以下「本部」という。）を置く。

（所掌事務）

第二五条　本部は、次に掲げる事務をつかさどる。

一　推進計画を作成し、並びにその実施を推進すること。

二　前号に掲げるもののほか、知的財産の創造、保護及び活用に関する施策で重要なものの企画に関する調査審議、その施策の実施の推進並びに総合調整に関すること。

（組織）

第二六条　本部は、知的財産戦略本部長、知的財産戦略副本部長及び知的財産戦略本部員をもって組織する。

（知的財産戦略本部長）

第二七条　本部の長は、知的財産戦略本部長（以下「本部長」という。）とし、内閣総理大臣をもって充てる。

2　本部長は、本部の事務を総括し、所部の職員を指揮監督する。

（知的財産戦略副本部長）

第二八条　本部に、知的財産戦略副本部長（以下「副本部長」という。）を置き、国務大臣をもって充てる。

2　副本部長は、本部長の職務を助ける。

（知的財産戦略本部員）

第二九条　本部に、知的財産戦略本部員（以下「本部員」という。）を置く。

2　本部員は、次に掲げる者をもって充てる。

一　本部長及び副本部長以外のすべての国務大臣

二　知的財産の創造、保護及び活用に関し優れた識見を有する者のうちから、内閣総理大臣が任命する者

（資料の提出その他の協力）

第三〇条　本部は、その所掌事務を遂行するため必要があると認めるときは、関係行政機関、地方公共団体、独立行政法人及び地方独立行政法人の長並びに特殊法人の代表者に対して、資料の提出、意見の表明、説明その他必要な協力を求めることができる。

2　本部は、その所掌事務を遂行するために特に必要があると認めるときは、前項に規定する者以外の者に対しても、必要な協力を依頼することができる。

（事務）

第三一条　本部に関する事務は、内閣府において処理する。

（主任の大臣）

第三二条　本部に係る事項については、内閣法（昭和二十二年法律第五号）にいう主任の大臣は、内閣総理大臣とする。

（政令への委任）

第三三条　この法律に定めるもののほか、本部に関し必要な事項は、政令で定める。

不正競争防止法（平成五年五月一九日 法律第四七号）

最終改正　平二九法四五

目次

第一章　総　則

（目的）

第一条　この法律は、事業者間の公正な競争及びこれに関する国際約束の的確な実施を確保するため、不正競争の防止及び不正競争に係る損害賠償に関する措置等を講じ、もって国民経済の健全な発展に寄与することを目的とする。

（定義）

第二条　この法律において「不正競争」とは、次に掲げるものをいう。

一　他人の商品等表示（人の業務に係る氏名、商号、商標、標章、商品の容器若しくは包装その他の商品又は営業を表示するものをいう。以下同じ。）として需要者の間に広く認識されているものと同一若しくは類似の商品等表示を使用し、又はその商品等表示を使用した商品を譲渡し、引き渡し、譲渡若しくは引渡しのために展示し、輸出し、輸入し、若しくは電気通信回線を通じて提供して、他人の商品又は営業と混同を生じさせる行為

二　自己の商品等表示として他人の著名な商品等表示と同一若しくは類似のものを使用し、又はその商品等表示を使用した商品を譲渡し、引き渡し、譲渡若しくは引渡しのために展示し、輸出し、輸入し、若しくは電気通信回線を通じて提供する行為

三　他人の商品の形態（当該商品の機能を確保するために不可欠な形態を除く。）を模倣した商品を譲渡し、貸し渡し、譲渡若しくは貸渡しのために展示し、輸出し、輸入し、又は電気通信回線を通じて提供する行為

四　窃取、詐欺、強迫その他の不正の手段により営業秘密を取得する行為（以下「営業秘密不正取得行為」という。）又は営業秘密不正取得行為により取得した営業秘密を使用し、若しくは開示する行為（秘密を保持しつつ特定の者に示すことを含む。次号から第九号まで、第十九条第一項第七号、第二十一条及び附則

第四条第一号において同じ。）

五　その営業秘密について営業秘密不正取得行為が介在したことを知って、若しくは重大な過失により知らないで営業秘密を取得し、又はその取得した営業秘密を使用し、若しくは開示する行為

六　その取得した後にその営業秘密について営業秘密不正取得行為が介在したことを知って、又は重大な過失により知らないでその取得した営業秘密を使用し、又は開示する行為

七　営業秘密を保有する事業者（以下「営業秘密保有者」という。）からその営業秘密を示された場合において、不正の利益を得る目的で、又はその営業秘密保有者に損害を加える目的で、その営業秘密を使用し、又は開示する行為

八　その営業秘密について営業秘密不正開示行為（前号に規定する場合において同号に規定する目的でその営業秘密を開示する行為又は秘密を守る法律上の義務に違反してその営業秘密を開示する行為をいう。以下同じ。）であること若しくはその営業秘密不正開示行為が介在したことを知って、若しくは重大な過失により知らないで営業秘密を取得し、又はその取得した営業秘密を使用し、若しくは開示する行為

九　その取得した後にその営業秘密について営業秘密不正開示行為があったこと若しくはその営業秘密について営業秘密不正開示行為が介在したことを知って、又は重大な過失により知らないでその取得した営業秘密を使用し、又は開示する行為

十　第四号から前号までに掲げる行為（技術上の秘密（営業秘密のうち、技術上の情報であるものをいう。以下同じ。）を使用する行為に限る。以下この号において「不正使用行為」という。）により生じた物を譲渡し、引き渡し、譲渡若しくは引渡しのために展示し、輸出し、輸入し、又は電気通信回線を通じて提供する行為（当該物を譲り受けた者（その譲り受けた時に当該物が不正使用行為により生じた物

であることを知らず、かつ、知らないことにつき重大な過失がない者に限る。）が当該物を譲渡し、引き渡し、譲渡若しくは引渡しのために展示し、輸出し、輸入し、又は電気通信回線を通じて提供する行為を除く。）

十一　窃取、詐欺、強迫その他の不正の手段により限定提供データを取得する行為（以下「限定提供データ不正取得行為」という。）又は限定提供データ不正取得行為により取得した限定提供データを使用し、若しくは開示する行為

十二　その限定提供データについて限定提供データ不正取得行為が介在したことを知って限定提供データを取得し、又はその取得した限定提供データを使用し、若しくは開示する行為

十三　その取得した後にその限定提供データについて限定提供データ不正取得行為が介在したことを知ってその取得した限定提供データを開示する行為

十四　限定提供データを保有する事業者（以下「限定提供データ保有者」という。）からその限定提供データを示された場合において、不正の利益を得る目的で、又はその限定提供データ保有者に損害を加える目的で、その限定提供データを使用する行為（その限定提供データの管理に係る任務に違反して行うものに限る。）又は開示する行為

十五　その限定提供データについて限定提供データ不正開示行為（前号に規定する場合において同号に規定する目的でその限定提供データを開示する行為をいう。以下同じ。）であること若しくはその限定提供データについて限定提供データ不正開示行為が介在したことを知って限定提供データを取得し、又はその取得した限定提供データを使用し、若しくは開示する行為

十六　その取得した後にその限定提供データについて限定提供データ不正開示行為があったこと又はその限定提供データについて限定提

供データ不正開示行為が介在したことを知ってその取得した限定提供データを開示する行為

十七　営業上用いられている技術的制限手段（他人が特定の者以外の者に影像若しくは音の視聴、プログラムの実行若しくは情報（電磁的記録（電子的方式、磁気的方式その他人の知覚によっては認識することができない方式で作られる記録であって、電子計算機による情報処理の用に供されるものをいう。以下同じ。）に記録されたものに限る。以下この号、次号及び第八項において同じ。）の処理又は影像、音、プログラムその他の情報の記録をさせないために用いているものを除く。）により制限されている影像若しくは音の視聴、プログラムの実行若しくは情報の処理又は影像、音、プログラムその他の情報の記録（以下この号において「影像の視聴等」という。）を当該技術的制限手段の効果を妨げることにより可能とする機能を有する装置（当該装置を組み込んだ機器及び当該装置の部品一式であって容易に組み立てることができるものを含む。）、当該機能を有するプログラム（当該プログラムが他のプログラムと組み合わされたものを含む。）若しくは指令符号（電子計算機に対する指令であって、当該指令のみによって一の結果を得ることができるものをいう。次号において同じ。）を記録した記録媒体若しくは記憶した機器を譲渡し、引き渡し、譲渡若しくは引渡しのために展示し、輸出し、若しくは輸入し、若しくは当該機能を有するプログラム若しくは指令符号を電気通信回線を通じて提供する行為（当該装置又は当該プログラムが当該機能以外の機能を併せて有する場合にあっては、影像の視聴等を当該技術的制限手段の効果を妨げることにより可能とする用途に供するために行うものに限る。）又は影像の視聴等を当該技術的制限手段の効果を妨げることにより可能とする役務を提供する行為

十八　他人が特定の者以外の者に影像若しくは音の視聴、プログラムの実行若しくは情報の処理又は影像、音、プログラムその他の情報の記録をさせないために営業上用いている技術的制限手段により制限されている影像若しくは音の視聴、プログラムの実行若しくは情報の処理又は影像、音、プログラムその他の情報の記録（以下この号において「影像の視聴等」という。）を当該技術的制限手段の効果を妨げることにより可能とする機能を有する装置（当該装置を組み込んだ機器及び当該装置の部品一式であって容易に組み立てることができるものを含む。）、当該機能を有するプログラム（当該プログラムが他のプログラムと組み合わされたものを含む。）若しくは指令符号を記録した記録媒体若しくは記憶した機器を当該特定の者以外の者に譲渡し、引き渡し、譲渡若しくは引渡しのために展示し、輸出し、若しくは輸入し、若しくは当該機能を有するプログラム若しくは指令符号を電気通信回線を通じて提供する行為（当該装置又は当該プログラムが当該機能以外の機能を併せて有する場合にあっては、影像の視聴等を当該技術的制限手段の効果を妨げることにより可能とする用途に供するために行うものに限る。）又は影像の視聴等を当該技術的制限手段の効果を妨げることにより可能とする役務を提供する行為

十九　不正の利益を得る目的で、又は他人に損害を加える目的で、他人の特定商品等表示（人の業務に係る氏名、商号、商標、標章その他の商品又は役務を表示するものをいう。）と同一若しくは類似のドメイン名を使用する権利を取得し、若しくは保有し、又はそのドメイン名を使用する行為

二十　商品若しくは役務若しくはその広告若しくは取引に用いる書類若しくは通信にその商品の原産地、品質、内容、製造方法、用途若しくは数量若しくはその役務の質、内容、用途若しくは数量について誤認させるような表

示をし、又はその表示をした商品を譲渡し、引き渡し、譲渡若しくは引渡しのために展示し、輸出し、輸入し、若しくは電気通信回線を通じて提供し、若しくはその表示をして役務を提供する行為

二十一　競争関係にある他人の営業上の信用を害する虚偽の事実を告知し、又は流布する行為

二十二　パリ条約（商標法（昭和三十四年法律第百二十七号）第四条第一項第二号に規定するパリ条約をいう。）の同盟国、世界貿易機関の加盟国又は商標法条約の締約国において商標に関する権利（商標権に相当する権利に限る。以下この号において単に「権利」という。）を有する者の代理人若しくは代表者又はその行為の日前一年以内に代理人若しくは代表者であった者が、正当な理由がないのに、その権利を有する者の承諾を得ないでその権利に係る商標と同一若しくは類似の商標をその権利に係る商品若しくは役務と同一若しくは類似の商品若しくは役務に使用し、又は当該商標を使用したその権利に係る商品と同一若しくは類似の商品を譲渡し、引き渡し、譲渡若しくは引渡しのために展示し、輸出し、輸入し、若しくは電気通信回線を通じて提供し、若しくは当該商標を使用してその権利に係る役務と同一若しくは類似の役務を提供する行為

2　この法律において「商標」とは、商標法第二条第一項に規定する商標をいう。

3　この法律において「標章」とは、商標法第二条第一項に規定する標章をいう。

4　この法律において「商品の形態」とは、需要者が通常の用法に従った使用に際して知覚によって認識することができる商品の外部及び内部の形状並びにその形状に結合した模様、色彩、光沢及び質感をいう。

5　この法律において「模倣する」とは、他人の商品の形態に依拠して、これと実質的に同一の形態の商品を作り出すことをいう。

6　この法律において「営業秘密」とは、秘密として管理されている生産方法、販売方法その他の事業活動に有用な技術上又は営業上の情報であって、公然と知られていないものをいう。

7　この法律において「限定提供データ」とは、業として特定の者に提供する情報として電磁的方法（電子的方法、磁気的方法その他人の知覚によっては認識することができない方法をいう。次項において同じ。）により相当量蓄積され、及び管理されている技術上又は営業上の情報（営業秘密を除く。）をいう。

8　この法律において「技術的制限手段」とは、電磁的方法により影像若しくは音の視聴、プログラムの実行若しくは情報の処理又は影像、音、プログラムその他の情報の記録を制限する手段であって、視聴等機器（影像若しくは音の視聴、プログラムの実行若しくは情報の処理又は影像、音、プログラムその他の情報の記録のために用いられる機器をいう。以下この項において同じ。）が特定の反応をする信号を記録媒体に記録し、若しくは送信する方式又は視聴等機器が特定の変換を必要とするよう影像、音、プログラムその他の情報を変換して記録媒体に記録し、若しくは送信する方式によるものをいう。

9　この法律において「プログラム」とは、電子計算機に対する指令であって、一の結果を得ることができるように組み合わされたものをいう。

10　この法律において「ドメイン名」とは、インターネットにおいて、個々の電子計算機を識別するために割り当てられる番号、記号又は文字の組合せに対応する文字、番号、記号その他の符号又はこれらの結合をいう。

11　この法律にいう「物」には、プログラムを含むものとする。

第二章　差止請求、損害賠償等

（差止請求権）

第三条　不正競争によって営業上の利益を侵害され、又は侵害されるおそれがある者は、その営業上の利益を侵害する者又は侵害するおそれがある者に対し、その侵害の停止又は予防を請求することができる。

2　不正競争によって営業上の利益を侵害され、又は侵害されるおそれがある者は、前項の規定による請求をするに際し、侵害の行為を組成した物（侵害の行為により生じた物を含む。）の廃棄、侵害の行為に供した設備の除却その他の侵害の停止又は予防に必要な行為を請求することができる。

（損害賠償）

第四条　故意又は過失により不正競争を行って他人の営業上の利益を侵害した者は、これによって生じた損害を賠償する責めに任ずる。ただし、第十五条の規定により同条に規定する権利が消滅した後にその営業秘密又は限定提供データを使用する行為によって生じた損害については、この限りでない。

（損害の額の推定等）

第五条　第二条第一項第一号から第十六号まで又は第二十二号に掲げる不正競争によって営業上の利益を侵害された者（以下この項において「被侵害者」という。）が故意又は過失により自己の営業上の利益を侵害した者（以下この項において「侵害者」という。）に対しその侵害により自己が受けた損害の賠償を請求する場合において、侵害者がその侵害の行為を組成した物（電磁的記録を含む。以下この項において同じ。）を譲渡したとき（侵害行為により生じた物を譲渡したときを含む。）、又はその侵害の行為により生じた役務を提供したときは、次に掲げる額の合計額を被侵害者が受けた損害の額とすることができる。

一　被侵害者がその侵害の行為がなければ販売

することができた物又は提供することができた役務の単位数量当たりの利益の額に、侵害者が譲渡した当該物又は提供した当該役務の数量（次号において「譲渡等数量」という。）のうち被侵害者の販売又は提供の能力に応じた数量（同号において「販売等能力相応数量」という。）を超えない部分（その全部又は一部に相当する数量を被侵害者が販売又は提供をすることができないとする事情があるときは、当該事情に相当する数量（同号において「特定数量」という。）を控除した数量）を乗じて得た額

二　譲渡等数量のうち販売等能力相応数量を超える数量又は特定数量がある場合におけるこれらの数量に応じた次のイからホまでに掲げる不正競争の区分に応じて当該イからホまでに定める行為に対し受けるべき金銭の額に相当する額（被侵害者が、次のイからホまでに掲げる不正競争の区分に応じて当該イからホまでに定める行為の許諾をし得たと認められない場合を除く。）

イ　第二条第一項第一号又は第二号に掲げる不正競争　当該侵害に係る商品等表示の使用

ロ　第二条第一項第三号に掲げる不正競争　当該侵害に係る商品の形態の使用

ハ　第二条第一項第四号から第九号までに掲げる不正競争　当該侵害に係る営業秘密の使用

ニ　第二条第一項第十一号から第十六号までに掲げる不正競争　当該侵害に係る限定提供データの使用

ホ　第二条第一項第二十二号に掲げる不正競争　当該侵害に係る商標の使用

2　不正競争によって営業上の利益を侵害された者が故意又は過失により自己の営業上の利益を侵害した者に対しその侵害により自己が受けた損害の賠償を請求する場合において、その者がその侵害の行為により利益を受けているときは、その利益の額は、その営業上の利益を侵害され

た者が受けた損害の額と推定する。

3　第二条第一項第一号から第九号まで、第十一号から第十六号まで、第十九号又は第二十二号に掲げる不正競争によって営業上の利益を侵害された者は、故意又は過失により自己の営業上の利益を侵害した者に対し、次の各号に掲げる不正競争の区分に応じて当該各号に定める行為に対し受けるべき金銭の額に相当する額の金銭を、自己が受けた損害の額としてその賠償を請求することができる。

一　第二条第一項第一号又は第二号に掲げる不正競争　当該侵害に係る商品等表示の使用

二　第二条第一項第三号に掲げる不正競争　当該侵害に係る商品の形態の使用

三　第二条第一項第四号から第九号までに掲げる不正競争　当該侵害に係る営業秘密の使用

四　第二条第一項第十一号から第十六号までに掲げる不正競争　当該侵害に係る限定提供データの使用

五　第二条第一項第十九号に掲げる不正競争　当該侵害に係るドメイン名の使用

六　第二条第一項第二十二号に掲げる不正競争　当該侵害に係る商標の使用

4　裁判所は、第一項第二号イからホまで及び前項各号に定める行為に対し受けるべき金銭の額を認定するに当たっては、営業上の利益を侵害された者が、当該行為の対価について、不正競争があったことを前提として当該不正競争をした者との間で合意をするとしたならば、当該営業上の利益を侵害された者が得ることとなるその対価を考慮することができる。

5　第三項の規定は、同項に規定する金額を超える損害の賠償の請求を妨げない。この場合において、その営業上の利益を侵害した者に故意又は重大な過失がなかったときは、裁判所は、損害の賠償の額を定めるについて、これを参酌することができる。

（技術上の秘密を取得した者の当該技術上の秘密を使用する行為等の推定）

第五条の二　技術上の秘密（生産方法その他政令

で定める情報に係るものに限る。以下この条において同じ。）について第二条第一項第四号、第五号又は第八号に掲げる不正競争（営業秘密を取得する行為に限る。）があった場合において、その行為をした者が当該技術上の秘密を使用する行為により生ずる物の生産その他技術上の秘密を使用したことが明らかな行為として政令で定める行為（以下この条において「生産等」という。）をしたときは、その者は、それぞれ当該各号に掲げる不正競争（営業秘密を使用する行為に限る。）として生産等をしたものと推定する。

2　技術上の秘密を取得した後にその技術上の秘密について営業秘密不正取得行為が介在したことを知って、又は重大な過失により知らないで、その技術上の秘密に係る技術秘密記録媒体等（技術上の秘密が記載され、又は記録された文書、図画又は記録媒体をいう。以下この条において同じ。）、その技術上の秘密が化体された物件又は当該技術秘密記録媒体等に係る送信元識別符号（自動公衆送信（公衆によって直接受信されることを目的として公衆からの求めに応じ自動的に送信を行うことをいい、放送又は有線放送に該当するものを除く。）の送信元を識別するための文字、番号、記号その他の符号をいう。第四項において同じ。）を保有する行為があった場合において、その行為をした者が生産等をしたときは、その者は、第二条第一項第六号に掲げる不正競争（営業秘密を使用する行為に限る。）として生産等をしたものと推定する。

3　技術上の秘密をその保有者から示された後に、不正の利益を得る目的で、又は当該技術上の秘密の保有者に損害を加える目的で、当該技術上の秘密の管理に係る任務に違反して、次に掲げる方法でその技術上の秘密を領得する行為があった場合において、その行為をした者が生産等をしたときは、その者は、第二条第一項第七号に掲げる不正競争（営業秘密を使用する行為に限る。）として生産等をしたものと推定する。

一　技術秘密記録媒体等又は技術上の秘密が化体された物件を横領すること。

二　技術秘密記録媒体等の記載若しくは記録について、又は技術上の秘密が化体された物件について、その複製を作成すること。

三　技術秘密記録媒体等の記載又は記録であって、消去すべきものを消去せず、かつ、当該記載又は記録を消去したように仮装すること。

4　技術上の秘密を取得した後にその技術上の秘密について営業秘密不正開示行為があったこと若しくは営業秘密不正開示行為が介在したことを知って、又は重大な過失により知らないで、その技術上の秘密に係る技術秘密記録媒体等、その技術上の秘密が化体された物件又は当該技術秘密記録媒体等に係る送信元識別符号を保有する行為があった場合において、その行為をした者が生産等をしたときは、その者は、第二条第一項第九号に掲げる不正競争（営業秘密を使用する行為に限る。）として生産等をしたものと推定する。

（具体的態様の明示義務）

第六条　不正競争による営業上の利益の侵害に係る訴訟において、不正競争によって営業上の利益を侵害され、又は侵害されるおそれがあると主張する者が侵害の行為を組成したものとして主張する物又は方法の具体的態様を否認するときは、相手方は、自己の行為の具体的態様を明らかにしなければならない。ただし、相手方において明らかにすることができない相当の理由があるときは、この限りでない。

（書類の提出等）

第七条　裁判所は、不正競争による営業上の利益の侵害に係る訴訟においては、当事者の申立てにより、当事者に対し、当該侵害行為について立証するため、又は当該侵害の行為による損害の計算をするため必要な書類の提出を命ずることができる。ただし、その書類の所持者においてその提出を拒むことについて正当な理由があるときは、この限りでない。

2　裁判所は、前項本文の申立てに係る書類が同項本文の書類に該当するかどうか又は同項ただし書に規定する正当な理由があるかどうかの判断をするため必要があると認めるときは、書類の所持者にその提示をさせることができる。この場合においては、何人も、その提示された書類の開示を求めることができない。

3　裁判所は、前項の場合において、第一項本文の申立てに係る書類が同項本文の書類に該当するかどうか又は同項ただし書に規定する正当な理由があるかどうかについて前項後段の書類を開示してその意見を聴くことが必要であると認めるときは、当事者等（当事者（法人である場合にあっては、その代表者）又は当事者の代理人（訴訟代理人及び補佐人を除く。）、使用人その他の従業者をいう。以下同じ。）、訴訟代理人又は補佐人に対し、当該書類を開示することができる。

4　裁判所は、第二項の場合において、同項後段の書類を開示して専門的な知見に基づく説明を聴くことが必要であると認めるときは、当事者の同意を得て、民事訴訟法（平成八年法律第百九号）第一編第五章第二節第一款に規定する専門委員に対し、当該書類を開示することができる。

5　前各項の規定は、不正競争による営業上の利益の侵害に係る訴訟における当該侵害行為について立証するため必要な検証の目的の提示について準用する。

第七条を次のように改める。

第七条　裁判所は、不正競争による営業上の利益の侵害に係る訴訟においては、当事者の申立てにより、当事者に対し、当該侵害行為について立証するため、又は当該侵害の行為による損害の計算をするため必要な書類又は電磁的記録の提出を命ずることができる。ただし、その書類の所持者又はその電磁的記録を利用する権限を有する者においてその提出を拒むことについて正当な理由があるときは、この限りでない。

2　裁判所は、前項本文の申立てに係る書類若しくは電磁的記録が同項本文の書類若しくは電磁的記録に該当するかどうか又は同項ただし書に規定する正当な理由があるかどうかの判断をするため必要があると認めるときは、書類の所持者又は電磁的記録を利用する権限を有する者にその提示をさせることができる。この場合においては、何人も、その提示された書類又は電磁的記録の開示を求めることができない。

3　裁判所は、前項の場合において、第一項本文の申立てに係る書類若しくは電磁的記録が同項本文の書類若しくは電磁的記録に該当するかどうか又は同項ただし書に規定する正当な理由があるかどうかについて前項後段の書類又は電磁的記録を開示してその意見を聴くことが必要であると認めるときは、当事者等（当事者（法人である場合にあっては、その代表者）又は当事者の代理人（訴訟代理人及び補佐人を除く。）、使用人その他の従業者をいう。以下同じ。）、訴訟代理人又は補佐人に対し、当該書類又は当該電磁的記録を開示することができる。

4　裁判所は、第二項の場合において、同項後段の書類又は電磁的記録を開示して専門的な知見に基づく説明を聴くことが必要であると認めるときは、当事者の同意を得て、民事訴訟法（平成八年法律第百九号）第一編第五章第二節第一款に規定する専門委員に対し、当該書類又は当該電磁的記録を開示することができる。

5　（略）

（公布の日から起算して四年を超えない範囲内において政令で定める日から施行　令和四法四八）

（損害計算のための鑑定）

第八条　不正競争による営業上の利益の侵害に係る訴訟において、当事者の申立てにより、裁判所が当該侵害の行為による損害の計算をするため必要な事項について鑑定を命じたときは、当事者は、鑑定人に対し、当該鑑定をするため必要な事項について説明しなければならない。

（相当な損害額の認定）

第九条　不正競争による営業上の利益の侵害に係る訴訟において、損害が生じたことが認められる場合において、損害額を立証するために必要な事実を立証することが当該事実の性質上極めて困難であるときは、裁判所は、口頭弁論の全趣旨及び証拠調べの結果に基づき、相当な損害額を認定することができる。

（秘密保持命令）

第一〇条　裁判所は、不正競争による営業上の利益の侵害に係る訴訟において、その当事者が保有する営業秘密について、次に掲げる事由のいずれにも該当することにつき疎明があった場合には、当事者の申立てにより、決定で、当事者等、訴訟代理人又は補佐人に対し、当該営業秘密を当該訴訟の追行の目的以外の目的で使用し、又は当該営業秘密に係るこの項の規定による命令を受けた者以外の者に開示してはならない旨を命ずることができる。ただし、その申立ての時までに当事者等、訴訟代理人又は補佐人が第一号に規定する準備書面の閲読又は同号に規定する証拠の取調べ若しくは開示以外の方法により当該営業秘密を取得し、又は保有していた場合は、この限りでない。

一　既に提出され若しくは提出されるべき準備書面に当事者の保有する営業秘密が記載され、又は既に取り調べられ若しくは取り調べられるべき証拠（第七条第三項の規定により開示された書類又は第十三条第四項の規定により開示された書面を含む。）の内容に当事者の保有する営業秘密が含まれること。

二　前号の営業秘密が当該訴訟の追行の目的以外の目的で使用され、又は当該営業秘密が開示されることにより、当該営業秘密に基づく当事者の事業活動に支障を生ずるおそれがあり、これを防止するため当該営業秘密の使用又は開示を制限する必要があること。

2　前項の規定による命令（以下「秘密保持命令」という。）の申立ては、次に掲げる事項を記載した書面でしなければならない。

一　秘密保持命令を受けるべき者
二　秘密保持命令の対象となるべき営業秘密を特定するに足りる事実
三　前項各号に掲げる事由に該当する事実

3　秘密保持命令が発せられた場合には、その決定書を秘密保持命令を受けた者に送達しなければならない。

4　秘密保持命令は、秘密保持命令を受けた者に対する決定書の送達がされた時から、効力を生ずる。

5　秘密保持命令の申立てを却下した裁判に対しては、即時抗告をすることができる。

第一〇条を次のように改める。

第一〇条　裁判所は、不正競争による営業上の利益の侵害に係る訴訟において、その当事者が保有する営業秘密について、次に掲げる事由のいずれにも該当することにつき疎明があった場合には、当事者の申立てにより、決定で、当事者等、訴訟代理人又は補佐人に対し、当該営業秘密を当該訴訟の追行の目的以外の目的で使用し、又は当該営業秘密に係るこの項の規定による命令を受けた者以外の者に開示してはならない旨を命ずることができる。ただし、その申立ての時までに当事者等、訴訟代理人又は補佐人が第一号に規定する準備書面の閲読又は同号に規定する証拠の取調べ若しくは開示以外の方法により当該営業秘密を取得し、又は保有していた場合は、この限りでない。

一　既に提出され若しくは提出されるべき準備書面に当事者の保有する営業秘密が記載され、又は既に取り調べられ若しくは取り調べられるべき証拠（第七条第三項の規定により開示された書類若しくは電磁的記録又は第十三条第四項の規定により開示された書面若しくは電磁的記録をを含む。）の内容に当事者の保有する営業秘密が含まれること。
二　（略）

2　（略）
3　秘密保持命令が発せられた場合には、その電子決定書（民事訴訟法第百二十二条において準用する同法第二百五十二条第一項の規定により作成された電磁的記録（同法第百二十二条において準用する同法第二百五十三条第二項の規定により裁判所の使用に係る電子計算機（入出力装置を含む。）に備えられたファイルに記録されたものに限る。）をいう。次項及び次条第二項において同じ。）を秘密保持命令を受けた者に送達しなければならない。
4　秘密保持命令は、秘密保持命令を受けた者に対する電子決定書の送達がされた時から、効力を生ずる。
5　（略）
（公布の日から起算して四年を超えない範囲内において政令で定める日から施行　令和四法四八）

（秘密保持命令の取消し）
第一一条　秘密保持命令の申立てをした者又は秘密保持命令を受けた者は、訴訟記録の存する裁判所（訴訟記録の存する裁判所がない場合にあっては、秘密保持命令を発した裁判所）に対し、前条第一項に規定する要件を欠くこと又はこれを欠くに至ったことを理由として、秘密保持命令の取消しの申立てをすることができる。
2　秘密保持命令の取消しの申立てについての裁判があった場合には、その決定書をその申立てをした者及び相手方に送達しなければならない。
3　秘密保持命令の取消しの申立てについての裁判に対しては、即時抗告をすることができる。
4　秘密保持命令を取り消す裁判は、確定しなければその効力を生じない。
5　裁判所は、秘密保持命令を取り消す裁判をした場合において、秘密保持命令の取消しの申立てをした者又は相手方以外に当該秘密保持命令が発せられた訴訟において当該営業秘密に係る秘密保持命令を受けている者があるときは、その者に対し、直ちに、秘密保持命令を取り消す裁判をした旨を通知しなければならない。

第一一条第二項を次のように改める。

第一一条　（略）

2　秘密保持命令の取消しの申立てについての裁判があった場合には、その電子決定書をその申立てをした者及び相手方に送達しなければならない。

3～5　（略）

（公布の日から起算して四年を超えない範囲内において政令で定める日から施行　令和四法四八）

（訴訟記録の閲覧等の請求の通知等）

第一二条　秘密保持命令が発せられた訴訟（全ての秘密保持命令が取り消された訴訟を除く。）に係る訴訟記録につき、民事訴訟法第九十二条第一項の決定があった場合において、当事者から同項に規定する秘密記載部分の閲覧等の請求があり、かつ、その請求の手続を行った者が当該訴訟において秘密保持命令を受けていない者であるときは、裁判所書記官は、同項の申立てをした当事者（その請求をした者を除く。第三項において同じ。）に対し、その請求後直ちに、その請求があった旨を通知しなければならない。

2　前項の場合において、裁判所書記官は、同項の請求があった日から二週間を経過する日までの間（その請求の手続を行った者に対する秘密保持命令の申立てがその日までにされた場合にあっては、その申立てについての裁判が確定するまでの間）、その請求の手続を行った者に同項の秘密記載部分の閲覧等をさせてはならない。

3　前二項の規定は、第一項の請求をした者に同項の秘密記載部分の閲覧等をさせることについて民事訴訟法第九十二条第一項の申立てをした当事者の全ての同意があるときは、適用しない。

（当事者尋問等の公開停止）

第一三条　不正競争による営業上の利益の侵害に係る訴訟における当事者等が、その侵害の有無についての判断の基礎となる事項であって当事者の保有する営業秘密に該当するものについて、当事者本人若しくは法定代理人又は証人として尋問を受ける場合においては、裁判所は、裁判官の全員一致により、その当事者等が公開の法廷で当該事項について陳述をすることにより当該営業秘密に基づく当事者の事業活動に著しい支障を生ずることが明らかであることから当該事項について十分な陳述をすることができず、かつ、当該陳述を欠くことにより他の証拠のみによっては当該事項を判断の基礎とすべき不正競争による営業上の利益の侵害の有無についての適正な裁判をすることができないと認めるときは、決定で、当該事項の尋問を公開しないで行うことができる。

2　裁判所は、前項の決定をするに当たっては、あらかじめ、当事者等の意見を聴かなければならない。

3　裁判所は、前項の場合において、必要があると認めるときは、当事者等にその陳述すべき事項の要領を記載した書面の提示をさせることができる。この場合においては、何人も、その提示された書面の開示を求めることができない。

4　裁判所は、前項後段の書面を開示してその意見を聴くことが必要であると認めるときは、当事者等、訴訟代理人又は補佐人に対し、当該書面を開示することができる。

5　裁判所は、第一項の規定により当該事項の尋問を公開しないで行うときは、公衆を退廷させる前に、その旨を理由とともに言い渡さなければならない。当該事項の尋問が終了したときは、再び公衆を入廷させなければならない。

第一三条を次のように改める。

第一三条　（略）

2　（略）

3　裁判所は、前項の場合において、必要があると認めるときは、当事者等にその陳述すべき事項の要領を記載した書面又はこれに記載すべき事項を記録した電磁的記録の提示をさせることができる。この場合においては、何人も、その提示された書面又は電磁的記録の開示を求めることができない。

4　裁判所は、前項後段の書面又は電磁的記録を開示してその意見を聴くことが必要であると認めるときは、当事者等、訴訟代理人又は補佐人に対し、当該書面又は当該電磁的記録を開示することができる。

5　（略）

（公布の日から起算して四年を超えない範囲内において政令で定める日から施行　令和四法四八）

（信用回復の措置）

第一四条　故意又は過失により不正競争を行って他人の営業上の信用を害した者に対しては、裁判所は、その営業上の信用を害された者の請求により、損害の賠償に代え、又は損害の賠償とともに、その者の営業上の信用を回復するのに必要な措置を命ずることができる。

（消滅時効）

第一五条　第二条第一項第四号から第九号までに掲げる不正競争のうち、営業秘密を使用する行為に対する第三条第一項の規定による侵害の停止又は予防を請求する権利は、次に掲げる場合には、時効によって消滅する。

一　その行為を行う者がその行為を継続する場合において、その行為により営業上の利益を侵害され、又は侵害されるおそれがある営業秘密保有者がその事実及びその行為を行う者を知った時から三年間行わないとき。

二　その行為の開始の時から二十年を経過したとき。

2　前項の規定は、第二条第一項第十一号から第十六号までに掲げる不正競争のうち、限定提供データを使用する行為に対する第三条第一項の規定による侵害の停止又は予防を請求する権利について準用する。この場合において、前項第一号中「営業秘密保有者」とあるのは、「限定提供データ保有者」と読み替えるものとする。

第三章　国際約束に基づく禁止行為

（外国の国旗等の商業上の使用禁止）

第一六条　何人も、外国の国旗若しくは国の紋章その他の記章であって経済産業省令で定めるもの（以下「外国国旗等」という。）と同一若しくは類似のもの（以下「外国国旗等類似記章」という。）を商標として使用し、又は外国国旗等類似記章を商標として使用した商品を譲渡し、引き渡し、譲渡若しくは引渡しのために展示し、輸出し、輸入し、若しくは電気通信回線を通じて提供し、若しくは外国国旗等類似記章を商標として使用して役務を提供してはならない。ただし、その外国国旗等の使用の許可（許可に類する行政処分を含む。以下同じ。）を行う権限を有する外国の官庁の許可を受けたときは、この限りでない。

2　前項に規定するもののほか、何人も、商品の原産地を誤認させるような方法で、同項の経済産業省令で定める外国の国の紋章（以下「外国紋章」という。）を使用し、又は外国紋章を使用した商品を譲渡し、引き渡し、譲渡若しくは引渡しのために展示し、輸出し、輸入し、若しくは電気通信回線を通じて提供し、若しくは外国紋章を使用して役務を提供してはならない。ただし、その外国紋章の使用の許可を行う権限を有する外国の官庁の許可を受けたときは、この限りでない。

3　何人も、外国の政府若しくは地方公共団体の監督用若しくは証明用の印章若しくは記号であって経済産業省令で定めるもの（以下「外国政府等記号」という。）と同一若しくは類似のもの（以下「外国政府等類似記号」という。）をその外国政府等記号が用いられている商品若しくは役務と同一若しくは類似の商品若しくは役務の商標として使用し、又は外国政府等類似記号を当該商標として使用した商品を譲渡し、引き渡し、譲渡若しくは引渡しのために展示し、輸出し、輸入し、若しくは電気通信回線を通じて提供し、若しくは外国政府等類似記号を当該商標として使用して役務を提供してはならない。ただし、その外国政府等記号の使用の許可を行う権限を有する外国の官庁の許可を受けたときは、この限りでない。

（国際機関の標章の商業上の使用禁止）

第一七条　何人も、その国際機関（政府間の国際機関及びこれに準ずるものとして経済産業省令で定める国際機関をいう。以下この条において同じ。）と関係があると誤認させるような方法で、国際機関を表示する標章であって経済産業省令で定めるものと同一若しくは類似のもの（以下「国際機関類似標章」という。）を商標として使用し、又は国際機関類似標章を商標として使用した商品を譲渡し、引き渡し、譲渡若しくは引渡しのために展示し、輸出し、輸入し、若しくは電気通信回線を通じて提供し、若しくは国際機関類似標章を商標として使用して役務を提供してはならない。ただし、この国際機関の許可を受けたときは、この限りでない。

（外国公務員等に対する不正の利益の供与等の禁止）

第一八条　何人も、外国公務員等に対し、国際的な商取引に関して営業上の不正の利益を得るために、その外国公務員等に、その職務に関する行為をさせ若しくはさせないこと、又はその地位を利用して他の外国公務員等にその職務に関する行為をさせ若しくはさせないようにあっせんをさせることを目的として、金銭その他の利益を供与し、又はその申込み若しくは約束をしてはならない。

2　前項において「外国公務員等」とは、次に掲げる者をいう。

一　外国の政府又は地方公共団体の公務に従事する者

二　公共の利益に関する特定の事務を行うために外国の特別の法令により設立されたものの事務に従事する者

三　一又は二以上の外国の政府又は地方公共団体

体により、発行済株式のうち議決権のある株式の総数若しくは出資の金額の総額の百分の五十を超える当該株式の数若しくは出資の金額を直接に所有され、又は役員（取締役、監査役、理事、監事及び清算人並びにこれら以外の者で事業の経営に従事しているものをいう。）の過半数を任命され若しくは指名されている事業者であって、その事業の遂行に当たり、外国の政府又は地方公共団体から特に権益を付与されているものの事務に従事する者その他これに準ずる者として政令で定める者

四　国際機関（政府又は政府間の国際機関によって構成される国際機関をいう。次号において同じ。）の公務に従事する者

五　外国の政府若しくは地方公共団体又は国際機関の権限に属する事務であって、これらの機関から委任されたものに従事する者

第四章　雑　則

（適用除外等）

第一九条　第三条から第十五条まで、第二十一条及び第二十二条の規定は、次の各号に掲げる不正競争の区分に応じて当該各号に定める行為については、適用しない。

一　第二条第一項第一号、第二号、第二十号及び第二十二号に掲げる不正競争　商品若しくは営業の普通名称（ぶどうを原料又は材料とする物の原産地の名称であって、普通名称となったものを除く。）若しくは同一若しくは類似の商品若しくは営業について慣用されている商品等表示（以下「普通名称等」と総称する。）を普通に用いられる方法で使用し、若しくは表示をし、又は普通名称等を普通に用いられる方法で使用し、若しくは表示をした商品を譲渡し、引き渡し、譲渡若しくは引渡しのために展示し、輸出し、輸入し、若しく

は電気通信回線を通じて提供する行為（同項第二十号及び第二十二号に掲げる不正競争の場合にあっては、普通名称等を普通に用いられる方法で表示をし、又は使用して役務を提供する行為を含む。）

二　第二条第一項第一号、第二号及び第二十二号に掲げる不正競争　自己の氏名を不正の目的（不正の利益を得る目的、他人に損害を加える目的その他の不正の目的をいう。以下同じ。）でなく使用し、又は自己の氏名を不正の目的でなく使用した商品を譲渡し、引き渡し、譲渡若しくは引渡しのために展示し、輸出し、輸入し、若しくは電気通信回線を通じて提供する行為（同号に掲げる不正競争の場合にあっては、自己の氏名を不正の目的でなく使用して役務を提供する行為を含む。）

三　第二条第一項第一号及び第二号に掲げる不正競争　商標法第四条第四項に規定する場合において商標登録がされた結果又は同法第八条第一項ただし書、第二項ただし書若しくは第五項ただし書の規定により商標登録がされた結果、同一の商品若しくは役務について使用（同法第二条第三項に規定する使用をいう。以下この号において同じ。）をする類似の登録商標（同法第二条第五項に規定する登録商標をいう。以下この号及び次項第二号において同じ。）又は類似の商品若しくは役務について使用をする同一若しくは類似の登録商標に係る商標権が異なった商標権者に属することとなった場合において、その一の登録商標に係る商標権者、専用使用権者又は通常使用権者が不正の目的でなく当該登録商標の使用をする行為

四　第二条第一項第一号に掲げる不正競争　他人の商品等表示が需要者の間に広く認識される前からその商品等表示と同一若しくは類似の商品等表示を使用する者又はその商品等表示に係る業務を承継した者がその商品等表示を不正の目的でなく使用し、又はその商品等表示を不正の目的でなく使用した商品を譲渡

し、引き渡し、譲渡若しくは引渡しのために展示し、輸出し、輸入し、若しくは電気通信回線を通じて提供する行為

五　第二条第一項第二号に掲げる不正競争　他人の商品等表示が著名になる前からその商品等表示と同一若しくは類似の商品等表示を使用する者又はその商品等表示に係る業務を承継した者がその商品等表示を不正の目的でなく使用し、又はその商品等表示を不正の目的でなく使用した商品を譲渡し、引き渡し、譲渡若しくは引渡しのために展示し、輸出し、輸入し、若しくは電気通信回線を通じて提供する行為

六　第二条第一項第三号に掲げる不正競争　次のいずれかに掲げる行為

イ　日本国内において最初に販売された日から起算して三年を経過した商品について、その商品の形態を模倣した商品を譲渡し、貸し渡し、譲渡若しくは貸渡しのために展示し、輸出し、輸入し、又は電気通信回線を通じて提供する行為

ロ　他人の商品の形態を模倣した商品を譲り受けた者（その譲り受けた時にその商品が他人の商品の形態を模倣した商品であることを知らず、かつ、知らないことにつき重大な過失がない者に限る。）がその商品を譲渡し、貸し渡し、譲渡若しくは貸渡しのために展示し、輸出し、輸入し、又は電気通信回線を通じて提供する行為

七　第二条第一項第四号から第九号までに掲げる不正競争　取引によって営業秘密を取得した者（その取得した時にその営業秘密について営業秘密不正開示行為であること又はその営業秘密について営業秘密不正取得行為若しくは営業秘密不正開示行為が介在したことを知らず、かつ、知らないことにつき重大な過失がない者に限る。）がその取引によって取得した権原の範囲内においてその営業秘密を使用し、又は開示する行為

八　第二条第一項第十号に掲げる不正競争　第

十五条第一項の規定により同項に規定する権利が消滅した後にその営業秘密を使用する行為により生じた物を譲渡し、引き渡し、譲渡若しくは引渡しのために展示し、輸出し、輸入し、又は電気通信回線を通じて提供する行為

九　第二条第一項第十一号から第十六号までに掲げる不正競争　次のいずれかに掲げる行為

イ　取引によって限定提供データを取得した者（その取得した時にその限定提供データについて限定提供データ不正開示行為であること又はその限定提供データについて限定提供データ不正取得行為若しくは限定提供データ不正開示行為が介在したことを知らない者に限る。）がその取引によって取得した権原の範囲内においてその限定提供データを開示する行為

ロ　その相当量蓄積されている情報が無償で公衆に利用可能となっている情報と同一の限定提供データを取得し、又はその取得した限定提供データを使用し、若しくは開示する行為

十　第二条第一項第十七号及び第十八号に掲げる不正競争　技術的制限手段の試験又は研究のために用いられる同項第十七号及び第十八号に規定する装置、これらの号に規定するプログラム若しくは指令符号を記録した記録媒体若しくは記憶した機器を譲渡し、引き渡し、譲渡若しくは引渡しのために展示し、輸出し、若しくは輸入し、若しくは当該プログラム若しくは指令符号を電気通信回線を通じて提供する行為又は技術的制限手段の試験又は研究のために行われるこれらの号に規定する役務を提供する行為

2　前項第二号から第四号に定める行為によって営業上の利益を侵害され、又は侵害されるおそれがある者は、次の各号に掲げる行為の区分に応じて当該各号に定める者に対し、自己の商品又は営業との混同を防ぐのに適当な表示を付すべきことを請求することができる。

一　前項第二号に定める行為　自己の氏名を使用する者（自己の氏名を使用した商品を自ら譲渡し、引き渡し、譲渡若しくは引渡しのために展示し、輸出し、輸入し、又は電気通信回線を通じて提供する者を含む。）

二　前項第三号に定める行為　同号の一の登録商標に係る商標権者、専用使用権者及び通常使用権者

三　前項第四号に定める行為　他人の商品等表示と同一又は類似の商品等表示を使用する者及びその商品等表示に係る業務を承継した者（その商品等表示を使用した商品を自ら譲渡し、引き渡し、譲渡若しくは引渡しのために展示し、輸出し、輸入し、又は電気通信回線を通じて提供する者を含む。）

（営業秘密に関する訴えの管轄権）

第一九条の二　日本国内において事業を行う営業秘密保有者の営業秘密であって、日本国内において管理されているものに関する第二条第一項第四号、第五号、第七号又は第八号に掲げる不正競争を行った者に対する訴えは、日本の裁判所に提起することができる。ただし、当該営業秘密が専ら日本国外において事業の用に供されるものである場合は、この限りでない。

2　民事訴訟法第十条の二の規定は、前項の規定により日本の裁判所が管轄権を有する訴えについて準用する。この場合において、同条中「前節」とあるのは、「不正競争防止法第十九条の二第一項」と読み替えるものとする。

（適用範囲）

第一九条の三　第一章、第二章及びこの章の規定は、日本国内において事業を行う営業秘密保有者の営業秘密であって、日本国内において管理されているものに関し、日本国外において第二条第一項第四号、第五号、第七号又は第八号に掲げる不正競争を行う場合についても、適用する。ただし、当該営業秘密が専ら日本国外において事業の用に供されるものである場合は、この限りでない。

（政令等への委任）

第一九条の四　この法律に定めるもののほか、没収保全と滞納処分との手続の調整について必要な事項で、滞納処分に関するものは、政令で定める。

2　この法律に定めるもののほか、第三十二条の規定による第三者の参加及び裁判に関する手続、第八章に規定する没収保全及び追徴保全に関する手続並びに第九章に規定する国際共助手続について必要な事項（前項に規定する事項を除く。）は、最高裁判所規則で定める。

（経過措置）

第二〇条　この法律の規定に基づき政令又は経済産業省令を制定し、又は改廃する場合においては、その政令又は経済産業省令で、その制定又は改廃に伴い合理的に必要と判断される範囲内において、所要の経過措置（罰則に関する経過措置を含む。）を定めることができる。

第五章　罰　則

（罰則）

第二一条　次の各号のいずれかに該当する場合には、当該違反行為をした者は、十年以下の懲役若しくは二千万円以下の罰金に処し、又はこれを併科する。

一　不正の利益を得る目的で、又はその営業秘密保有者に損害を加える目的で、詐欺等行為（人を欺き、人に暴行を加え、又は人を脅迫する行為をいう。次号において同じ。）又は管理侵害行為（財物の窃取、施設への侵入、不正アクセス行為（不正アクセス行為の禁止等に関する法律（平成十一年法律第百二十八号）第二条第四項に規定する不正アクセス行為をいう。）その他の営業秘密保有者の管理を害する行為をいう。次号において同じ。）により、営業秘密を取得したとき。

二　詐欺等行為又は管理侵害行為により取得し

た営業秘密を、不正の利益を得る目的で、又はその営業秘密保有者に損害を加える目的で、使用し、又は開示したとき。

三　不正の利益を得る目的で、又はその営業秘密保有者に損害を加える目的で、前号若しくは次項第二号から第四号までの罪、第四項第二号の罪（前号の罪に当たる開示に係る部分に限る。）又は第五項第二号の罪に当たる開示によって営業秘密を取得して、その営業秘密を使用し、又は開示したとき。

四　不正の利益を得る目的で、又はその営業秘密保有者に損害を加える目的で、前二号若しくは次項第二号から第四号までの罪、第四項第二号の罪（前二号及び第四号から前号までの罪に当たる開示に係る部分に限る。）又は第五項第二号の罪に当たる開示が介在したことを知って営業秘密を取得して、その営業秘密を使用し、又は開示したとき。

五　不正の利益を得る目的で、又はその営業秘密保有者に損害を加える目的で、自己又は他人の第二号から前号まで又は第四項第三号の罪に当たる行為（技術上の秘密を使用する行為に限る。以下この号において「違法使用行為」という。）により生じた物を譲渡し、引き渡し、譲渡若しくは引渡しのために展示し、輸出し、輸入し、又は電気通信回線を通じて提供したとき（当該物が違法使用行為により生じた物であることの情を知らないで譲り受け、当該物を譲渡し、引き渡し、譲渡若しくは引渡しのために展示し、輸出し、輸入し、又は電気通信回線を通じて提供した場合を除く。）

2　次の各号のいずれかに該当する者は、十年以下の拘禁刑若しくは二千万円以下の罰金に処し、又はこれを併科する。

一　営業秘密を営業秘密保有者から示された者であって、不正の利益を得る目的で、又はその営業秘密保有者に損害を加える目的で、その営業秘密の管理に係る任務に背き、次のいずれかに掲げる方法でその営業秘密を領得し

たもの

イ　営業秘密記録媒体等（営業秘密が記載され、又は記録された文書、図画又は記録媒体をいう。以下この号において同じ。）又は営業秘密が化体された物件を横領すること。

ロ　営業秘密記録媒体等の記載若しくは記録について、又は営業秘密が化体された物件について、その複製を作成すること。

ハ　営業秘密記録媒体等の記載又は記録であって、消去すべきものを消去せず、かつ、当該記載又は記録を消去したように仮装すること。

二　営業秘密を営業秘密保有者から示された者であって、その営業秘密の管理に係る任務に背いて前号イからハまでに掲げる方法により領得した営業秘密を、不正の利益を得る目的で、又はその営業秘密保有者に損害を加える目的で、その営業秘密の管理に係る任務に背き、使用し、又は開示したもの

三　営業秘密を営業秘密保有者から示されたその役員（理事、取締役、執行役、業務を執行する社員、監事若しくは監査役又はこれらに準ずる者をいう。次号において同じ。）又は従業者であって、不正の利益を得る目的で、又はその営業秘密保有者に損害を加える目的で、その営業秘密の管理に係る任務に背き、その営業秘密を使用し、又は開示したもの（前号に掲げる者を除く。）

四　営業秘密を営業秘密保有者から示されたその役員又は従業者であった者であって、不正の利益を得る目的で、又はその営業秘密保有者に損害を加える目的で、その在職中に、その営業秘密の管理に係る任務に背いてその営業秘密の開示の申込みをし、又はその営業秘密の使用若しくは開示について請託を受けて、その営業秘密をその職を退いた後に使用し、又は開示したもの（第二号に掲げる者を除く。）

五　不正の利益を得る目的で、又はその営業秘

密保有者に損害を加える目的で、自己又は他人の第二号から前号まで又は第五項第三号の罪に当たる行為（技術上の秘密を使用する行為に限る。以下この号において「従業者等違法使用行為」という。）により生じた物を譲渡し、引き渡し、譲渡若しくは引渡しのために展示し、輸出し、輸入し、又は電気通信回線を通じて提供した者（当該物が従業者等違法使用行為により生じた物であることの情を知らないで譲り受け、当該物を譲渡し、引き渡し、譲渡若しくは引渡しのために展示し、輸出し、輸入し、又は電気通信回線を通じて提供した者を除く。）

3　次の各号のいずれかに該当する場合には、当該違反行為をした者は、五年以下の懲役若しくは五百万円以下の罰金に処し、又はこれを併科する。

一　不正の目的をもって第二条第一項第一号又は第二十号に掲げる不正競争を行ったとき。

二　他人の著名な商品等表示に係る信用若しくは名声を利用して不正の利益を得る目的で、又は当該信用若しくは名声を害する目的で第二条第一項第二号に掲げる不正競争を行ったとき。

三　不正の利益を得る目的で第二条第一項第三号に掲げる不正競争を行ったとき。

四　不正の利益を得る目的で、又は営業上技術的制限手段を用いている者に損害を加える目的で、第二条第一項第十七号又は第十八号に掲げる不正競争を行ったとき。

五　商品若しくは役務若しくはその広告若しくは取引に用いる書類若しくは通信にその商品の原産地、品質、内容、製造方法、用途若しくは数量又はその役務の質、内容、用途若しくは数量について誤認させるような虚偽の表示をしたとき（第一号に掲げる場合を除く。）。

六　秘密保持命令に違反したとき。

七　第十六条、第十七条又は第十八条第一項の規定に違反したとき。

4　次の各号のいずれかに該当する場合には、当該違反行為をした者は、十年以下の懲役若しくは三千万円以下の罰金に処し、又はこれを併科する。

一　日本国外において使用する目的で、第一項第一号又は第三号の罪を犯したとき。

二　相手方に日本国外において第一項第二号から第四号までの罪に当たる使用をする目的があることの情を知って、これらの罪に当たる開示をしたとき。

三　日本国内において事業を行う営業秘密保有者の営業秘密について、日本国外において第一項第二号から第四号までの罪に当たる使用をしたとき。

四　第十八条第一項の規定に違反したとき。

5　次の各号のいずれかに該当する者は、十年以下の拘禁刑若しくは三千万円以下の罰金に処し、又はこれを併科する。

一　日本国外において使用する目的で、第二項第一号の罪を犯した者

二　相手方に日本国外において第二項第二号から第四号までの罪に当たる使用をする目的があることの情を知って、これらの罪に当たる開示をした者

三　日本国内において事業を行う営業秘密保有者の営業秘密について、日本国外において第二項第二号から第四号までの罪に当たる使用をした者

6　第一項、第二項（第一号を除く。）、第四項（第四号を除く。）及び前項（第一号を除く。）の罪の未遂は、罰する。

7　第三項第六号の罪は、告訴がなければ公訴を提起することができない。

8　第一項各号（第五号を除く。）、第二項各号（第五号を除く。）、第四項第一号若しくは第二号、第五項第一号若しくは第二号又は第六項（第一項第五号又は第二項第五号に係る部分を除く。）の罪は、日本国内において事業を行う営業秘密保有者の営業秘密について、日本国外においてこれらの罪を犯した者にも適用する。

9　第三項第六号の罪は、日本国外において同号

の罪を犯した者にも適用する。

10　第四項第四号の罪は、刑法（明治四十年法律第四十五号）第三条の例に従う。

11　第四項第四号の罪は、日本国内に主たる事務所を有する法人の代表者、代理人、使用人その他の従業者であって、その法人の業務に関し、日本国外において同号の罪を犯した日本国民以外の者にも適用する。

12　第一項から第六項までの規定は、刑法その他の罰則の適用を妨げない。

13　次に掲げる財産は、これを没収することができる。

一　第一項、第二項、第四項（第四号を除く。）、第五項及び第六項の罪の犯罪行為により生じ、若しくは当該犯罪行為により得た財産又は当該犯罪行為の報酬として得た財産

二　前号に掲げる財産の果実として得た財産、同号に掲げる財産の対価として得た財産、これらの財産の対価として得た財産その他同号に掲げる財産の保有又は処分に基づき得た財産

14　組織的な犯罪の処罰及び犯罪収益の規制等に関する法律（平成十一年法律第百三十六号。以下「組織的犯罪処罰法」という。）第十四条及び第十五条の規定は、前項の規定による没収について準用する。この場合において、組織的犯罪処罰法第十四条中「前条第一項各号又は第四項各号」とあるのは、「不正競争防止法第二十一条第十三項各号」と読み替えるものとする。

15　第十三項各号に掲げる財産を没収することができないとき、又は当該財産の性質、その使用の状況、当該財産に関する犯人以外の者の権利の有無その他の事情からこれを没収することが相当でないと認められるときは、その価額を犯人から追徴することができる。

第二一条を次のとおり改める。

第二一条　次の各号のいずれかに該当する場合には、当該違反行為をした者は、十年以下の拘束刑若しくは二千万円以下の罰金に処し、

又はこれを併科する。

一〜五　（略）

2　（略）

3　次の各号のいずれかに該当する場合には、当該違反行為をした者は、五年以下の拘束刑若しくは五百万円以下の罰金に処し、又はこれを併科する。

一〜七　（略）

4　次の各号のいずれかに該当する場合には、当該違反行為をした者は、十年以下の拘束刑若しくは三千万円以下の罰金に処し、又はこれを併科する。

一〜四　（略）

5〜15　（略）

（令和七年六月一日　令和四法六八）

（同前）

第二二二条　法人の代表者又は法人若しくは人の代理人、使用人その他の従業者が、その法人又は人の業務に関し、次の各号に掲げる規定の違反行為をしたときは、行為者を罰するほか、その法人に対して当該各号に定める罰金刑を、その人に対して各本条の罰金刑を科する。

一　前条第四項又は第六項（同条第四項に係る部分に限る。）　十億円以下の罰金刑

二　前条第一項又は第六項（同条第一項に係る部分に限る。）　五億円以下の罰金刑

三　前条第三項　三億円以下の罰金刑

2　前項の場合において、当該行為者に対してした前条第三項第六号の罪に係る同条第七項の告訴は、その法人又は人に対しても効力を生じ、その法人又は人に対してした告訴は、当該行為者に対しても効力を生ずるものとする。

3　第一項の規定により前条第一項、第三項、第四項又は第六項（同条第一項又は第四項に係る部分に限る。）の違反行為につき法人又は人に罰金刑を科する場合における時効の期間は、これらの規定の罪についての時効の期間による。

第六章　刑事訴訟手続の特例

（営業秘密の秘匿決定等）

第二三条　裁判所は、第二十一条第一項、第二項、第四項（第四号を除く。）、第五項若しくは第六項の罪又は前条第一項（第三号を除く。）の罪に係る事件を取り扱う場合において、当該事件の被害者若しくは当該被害者の法定代理人又はこれらの者から委託を受けた弁護士から、当該事件に係る営業秘密を構成する情報の全部又は一部を特定させることとなる事項を公開の法廷で明らかにされたくない旨の申出があるときは、被告人又は弁護人の意見を聴き、相当と認めるときは、その範囲を定めて、当該事項を公開の法廷で明らかにしない旨の決定をすることができる。

2　前項の申出は、あらかじめ、検察官にしなければならない。この場合において、検察官は、意見を付して、これを裁判所に通知するものとする。

3　裁判所は、第一項に規定する事件を取り扱う場合において、検察官又は被告人若しくは弁護人から、被告人その他の者の保有する営業秘密を構成する情報の全部又は一部を特定させることとなる事項を公開の法廷で明らかにされたくない旨の申出があるときは、相手方の意見を聴き、当該事項が犯罪の証明又は被告人の防御のために不可欠であり、かつ、当該事項が公開の法廷で明らかにされることにより当該営業秘密に基づく被告人その他の者の事業活動に著しい支障を生ずるおそれがあると認める場合であって、相当と認めるときは、その範囲を定めて、当該事項を公開の法廷で明らかにしない旨の決定をすることができる。

4　裁判所は、第一項又は前項の決定（以下「秘匿決定」という。）をした場合において、必要があると認めるときは、検察官及び被告人又は弁護人の意見を聴き、決定で、営業秘密構成情報特定事項（秘匿決定により公開の法廷で明らかにしないこととされた営業秘密を構成する情報の全部又は一部を特定させることとなる事項をいう。以下同じ。）に係る名称その他の表現に代わる呼称その他の表現を定めることができる。

5　裁判所は、秘匿決定をした事件について、営業秘密構成情報特定事項を公開の法廷で明らかにしないことが相当でないと認めるに至ったとき、又は刑事訴訟法（昭和二十三年法律第百三十一号）第三百十二条の規定により罰条が撤回若しくは変更されたため第一項に規定する事件に該当しなくなったときは、決定で、秘匿決定の全部又は一部及び当該秘匿決定に係る前項の決定（以下「呼称等の決定」という。）の全部又は一部を取り消さなければならない。

（起訴状の朗読方法の特例）

第二四条　秘匿決定があったときは、刑事訴訟法第二百九十一条第一項の起訴状の朗読は、営業秘密構成情報特定事項を明らかにしない方法でこれを行うものとする。この場合においては、検察官は、被告人に起訴状を示さなければならない。

2　刑事訴訟法第二百七十一条の二第四項の規定による措置がとられた場合（当該措置に係る個人特定事項（同法第二百一条の二第一項に規定する個人特定事項をいう。以下この項において同じ。）の全部について同法第二百七十一条の五第一項の決定があった場合を除く。）における前項後段の規定の適用については、同項後段中「起訴状」とあるのは、当該措置に係る個人特定事項の一部について同法第二百七十一条の五第一項の決定があった場合にあっては「起訴状抄本等（同法第二百七十一条の二第二項に規定する起訴状抄本等をいう。）及び同法第二百七十一条の五第四項に規定する書面」と、それ以外の場合にあっては「起訴状抄本等（同法第二百七十一条の二第二項に規定する起訴状抄本等をいう。）」とする。

（尋問等の制限）

第二五条　裁判長は、秘匿決定があった場合において、訴訟関係人のする尋問又は陳述が営業秘密構成情報特定事項にわたるときは、これを制限することにより、犯罪の証明に重大な支障を生ずるおそれがある場合又は被告人の防御に実質的な不利益を生ずるおそれがある場合を除き、当該尋問又は陳述を制限することができる。訴訟関係人の被告人に対する供述を求める行為についても、同様とする。

2　刑事訴訟法第二百九十五条第四項及び第五項の規定は、前項の規定による命令を受けた検察官又は弁護士である弁護人がこれに従わなかった場合について準用する。

（公判期日外の証人尋問等）

第二六条　裁判所は、秘匿決定をした場合において、証人、鑑定人、通訳人若しくは翻訳人を尋問するとき、又は被告人が任意に供述をするときは、検察官及び被告人又は弁護人の意見を聴き、証人、鑑定人、通訳人若しくは翻訳人の尋問若しくは供述又は被告人に対する供述を求める行為若しくは被告人の供述が営業秘密構成情報特定事項にわたり、かつ、これが公開の法廷で明らかにされることにより当該営業秘密に基づく被害者、被告人その他の者の事業活動に著しい支障を生ずるおそれがあり、これを防止するためやむを得ないと認めるときは、公判期日外において当該尋問又は刑事訴訟法第三百十一条第二項及び第三項に規定する被告人の供述を求める手続をすることができる。

2　刑事訴訟法第百五十七条第一項及び第二項、第百五十八条第二項及び第三項、第百五十九条第一項、第二百七十三条第二項、第二百七十四条並びに第三百三条の規定は、前項の規定による被告人の供述を求める手続について準用する。この場合において、同法第百五十七条第一項、第百五十八条第三項及び第百五十九条第一項中「被告人又は弁護人」とあるのは「弁護人、共同被告人又はその弁護人」と、同法第百五十八条第二項中「被告人及び弁護人」とあるのは「弁護人、共同被告人及びその弁護人」と、同法第二百七十三条第二項中「公判期日」とあるのは「不正競争防止法第二十六条第一項の規定による被告人の供述を求める手続の期日」と、同法第二百七十四条中「公判期日」とあるのは「不正競争防止法第二十六条第一項の規定による被告人の供述を求める手続の日時及び場所」と、同法第三百三条中「証人その他の者の尋問、検証、押収及び捜索の結果を記載した書面並びに押収した物」とあるのは「不正競争防止法第二十六条第一項の規定による被告人の供述を求める手続の結果を記載した書面」と、「証拠書類又は証拠物」とあるのは「証拠書類」と読み替えるものとする。

（尋問等に係る事項の要領を記載した書面の提示命令）

第二七条　裁判所は、呼称等の決定をし、又は前条第一項の規定により尋問若しくは被告人の供述を求める手続を公判期日外においてする旨を定めるに当たり、必要があると認めるときは、検察官及び被告人又は弁護人に対し、訴訟関係人のすべき尋問若しくは陳述又は被告人に対する供述を求める行為に係る事項の要領を記載した書面の提示を命ずることができる。

（証拠書類の朗読方法の特例）

第二八条　秘匿決定があったときは、刑事訴訟法第三百五条第一項又は第二項の規定による証拠書類の朗読は、営業秘密構成情報特定事項を明らかにしない方法でこれを行うものとする。

（公判前整理手続等における決定）

第二九条　次に掲げる事項は、公判前整理手続及び期日間整理手続において行うことができる。

一　秘匿決定若しくは呼称等の決定又はこれらの決定を取り消す決定をすること。

二　第二十六条第一項の規定により尋問又は被告人の供述を求める手続を公判期日外においてする旨を定めること。

（証拠開示の際の営業秘密の秘匿要請）

第三〇条　検察官又は弁護人は、第二十三条第一項に規定する事件について、刑事訴訟法第二百九十九条第一項の規定により証拠書類又は証拠物を閲覧する機会を与えるに当たり、第二十三条第一項又は第三項に規定する営業秘密を構成

する情報の全部又は一部を特定させることとなる事項が明らかにされることにより当該営業秘密に基づく被害者、被告人その他の者の事業活動に著しい支障を生ずるおそれがあると認めるときは、相手方に対し、その旨を告げ、当該事項が、犯罪の証明若しくは犯罪の捜査又は被告人の防御に関し必要がある場合を除き、関係者（被告人を含む。）に知られないようにすることを求めることができる。ただし、被告人に知られないようにすることを求めることについては、当該事項のうち起訴状に記載された事項以外のものに限る。

2 前項の規定は、検察官又は弁護人が刑事訴訟法第二編第三章第二節第一款第二目（同法第三百十六条の二十八第二項において準用する場合を含む。）の規定による証拠の開示をする場合について準用する。

（最高裁判所規則への委任）

第三一条 この法律に定めるもののほか、第二十三条から前条までの規定の実施に関し必要な事項は、最高裁判所規則で定める。

第七章　没収に関する手続等の特例

（第三者の財産の没収手続等）

第三二条　第二十一条第十三項各号に掲げる財産である債権等（不動産及び動産以外の財産をいう。第三十四条において同じ。）が被告人以外の者（以下この条において「第三者」という。）に帰属する場合において、当該第三者が被告事件の手続への参加を許されていないときは、没収の裁判をすることができない。

2　第二十一条第十三項の規定により、地上権、抵当権その他の第三者の権利がその上に存在する財産を没収しようとする場合において、当該第三者が被告事件の手続への参加を許されていないときも、前項と同様とする。

3　組織的犯罪処罰法第十八条第三項から第五項までの規定は、地上権、抵当権その他の第三者の権利がその上に存在する財産を没収する場合において、第二十一条第十四項において準用する組織的犯罪処罰法第十五条第二項の規定により当該権利を存続させるべきときについて準用する。

4　第一項及び第二項に規定する財産の没収に関する手続については、この法律に特別の定めがあるもののほか、刑事事件における第三者所有物の没収手続に関する応急措置法（昭和三十八年法律第百三十八号）の規定を準用する。

（没収された債権等の処分等）

第三三条　組織的犯罪処罰法第十九条の規定は第二十一条第十三項の規定による没収について、組織的犯罪処罰法第二十条の規定は権利の移転について登記又は登録を要する財産を没収する裁判に基づき権利の移転の登記又は登録を関係機関に嘱託する場合について準用する。この場合において、同条中「次章第一節」とあるのは、「不正競争防止法第八章」と読み替えるものとする。

（刑事補償の特例）

第三四条　債権等の没収の執行に対する刑事補償法（昭和二十五年法律第一号）による補償の内容については、同法第四条第六項の規定を準用する。

第八章　保全手続

（没収保全命令）

第三五条　裁判所は、第二十一条第一項、第二項、第四項（第四号を除く。）、第五項及び第六項の罪に係る被告事件に関し、同条第十三項の規定により没収することができる財産に当たると思料するに足りる相当な理由があり、かつ、当該財産を没収するため必要があると認めるときは、検察官の請求により、又は職権で、没収保全命令を発して、当該財産につき、その処分を禁止することができる。

2　裁判所は、地上権、抵当権その他の権利がその上に存在する財産について没収保全命令を発した場合又は発しようとする場合において、当該権利が没収により消滅すると思料するに足りる相当な理由がある場合であって当該財産を没収するため必要があると認めるとき、又は当該権利が仮装のものであると思料するに足りる相当の理由があると認めるときは、検察官の請求により、又は職権で、附帯保全命令を別に発して、当該権利の処分を禁止することができる。

3　裁判官は、前二項に規定する理由及び必要があると認めるときは、公訴が提起される前であっても、検察官又は司法警察員（警察官たる司法警察員については、国家公安委員会又は都道府県公安委員会が指定する警部以上の者に限る。）の請求により、前二項に規定する処分をすることができる。

4　前三項に定めるもののほか、これらの規定による処分については、組織的犯罪処罰法第四章第一節及び第三節の規定による没収保全命令及び附帯保全命令による処分の禁止の例による。

（追徴保全命令）

第三十六条　裁判所は、第二十一条第一項、第二項、第三項（第四号を除く。）、第五項及び第六項の罪に係る被告事件に関し、同条第十五項の規定により追徴すべき場合に当たると思料するに足りる相当な理由がある場合において、追徴の裁判の執行をすることができなくなるおそれがあり、又はその執行をするのに著しい困難を生ずるおそれがあると認めるときは、検察官の請求により、又は職権で、追徴保全命令を発して、被告人に対し、その財産の処分を禁止することができる。

2　裁判官は、前項に規定する理由及び必要があると認めるときは、公訴が提起される前であっても、検察官の請求により、同項に規定する処分をすることができる。

3　前二項に定めるもののほか、これらの規定による処分については、組織的犯罪処罰法第四章第二節及び第三節の規定による追徴保全命令による処分の禁止の例による。

第九章　没収及び追徴の裁判の執行及び保全についての国際共助手続等

（共助の実施）

第三七条　外国の刑事事件（当該事件において犯されたとされている犯罪に係る行為が日本国内において行われたとした場合において、当該行為が第二十一条第一項、第二項、第四項（第四号を除く。）、第五項又は第六項の罪に当たる場合に限る。）に関して、当該外国から、没収若しくは追徴の確定裁判の執行又は没収若しくは追徴のための財産の保全の共助の要請があったときは、次の各号のいずれかに該当する場合を除き、当該要請に係る共助をすることができる。

一　共助犯罪（共助の要請において犯されたとされている犯罪をいう。以下この項において同じ。）に係る行為が日本国内において行われたとした場合において、日本国の法令によればこれについて刑罰を科すことができないと認められるとき。

二　共助犯罪に係る事件が日本国の裁判所に係属するとき、又はその事件について日本国の裁判所において確定判決を経たとき。

三　没収の確定裁判の執行の共助又は没収のための保全の共助については、共助犯罪に係る行為が日本国内において行われたとした場合において、要請に係る財産が日本国の法令によれば共助犯罪について没収の裁判をし、又は没収保全をすることができる財産に当たるものでないとき。

四　追徴の確定裁判の執行の共助又は追徴のための保全の共助については、共助犯罪に係る行為が日本国内において行われたとした場合において、日本国の法令によれば共助犯罪について追徴の裁判をし、又は追徴保全をすることができる場合に当たるものでないとき。

五　没収の確定裁判の執行の共助については要請に係る財産を有し又はその財産の上に地上

権、抵当権その他の権利を有すると思料するに足りる相当な理由のある者が、追徴の確定裁判の執行の共助については当該裁判を受けた者が、自己の責めに帰することのできない理由により、当該裁判に係る手続において自己の権利を主張することができなかったと認められるとき。

六　没収又は追徴のための保全の共助については、要請国の裁判所若しくは裁判官のした没収若しくは追徴のための保全の裁判に基づく要請である場合又は没収若しくは追徴の裁判の確定後の要請である場合を除き、共助犯罪に係る行為が行われたと疑うに足りる相当な理由がないとき、又は当該行為が日本国内で行われたとした場合において第三十五条第一項又は前条第一項に規定する理由がないと認められるとき。

2　地上権、抵当権その他の権利がその上に存在する財産に係る没収の確定裁判の執行の共助をするに際し、日本国の法令により当該財産を没収するとすれば当該権利を存続させるべき場合に当たるときは、これを存続させるものとする。

（追徴とみなす没収）

第三八条　第二十一条第十三項各号に掲げる財産に代えて、その価額が当該財産の価額に相当する財産であって当該裁判を受けた者が有するものを没収する確定裁判の執行に係る共助の要請にあっては、当該確定裁判は、この法律による共助の実施については、その者から当該財産の価額を追徴する確定裁判とみなす。

2　前項の規定は、第二十一条第十三項各号に掲げる財産に代えて、その価額が当該財産の価額に相当する財産を没収するための保全に係る共助の要請について準用する。

（要請国への共助の実施に係る財産等の譲与）

第三九条　第三十七条第一項に規定する没収又は追徴の確定裁判の執行の共助の要請をした外国から、当該共助の実施に係る財産又はその価額に相当する金銭の譲与の要請があったときは、その全部又は一部を譲与することができる。

（組織的犯罪処罰法による共助等の例）

第四〇条　前三条に定めるもののほか、第三十七条の規定による共助及び前条の規定による譲与については、組織的犯罪処罰法第六章の規定による共助及び譲与の例による。

弁理士法（平成一二年四月二六日 法律第四九号）

最終改正　令和五法五一

目次

第一章　総則

（弁理士の使命）

第一条　弁理士は、知的財産（知的財産基本法（平成十四年法律第百二十二号）第二条第一項に規定する知的財産をいう。以下この条において同じ。）に関する専門家として、知的財産権（同条第二項に規定する知的財産権をいう。）の適正な保護及び利用の促進その他の知的財産に係る制度の適正な運用に寄与し、もって経済及び産業の発展に資することを使命とする。

（定義）

第二条　この法律で「国際出願」とは、特許協力条約に基づく国際出願等に関する法律（昭和五十三年法律第三十号）第二条に規定する国際出願をいう。

2　この法律で「意匠に係る国際登録出願」とは、意匠法（昭和三十四年法律第百二十五号）第六十条の三第二項に規定する国際登録出願をいう。

3　この法律で「商標に係る国際登録出願」とは、商標法（昭和三十四年法律第百二十七号）第六十八条の二第一項に規定する国際登録出願をいう。

4　この法律で「回路配置」とは、半導体集積回路の回路配置に関する法律（昭和六十年法律第四十三号）第二条第二項に規定する回路配置をいう。

5　この法律で「特定不正競争」とは、不正競争防止法（平成五年法律第四十七号）第二条第一項に規定する不正競争であって、同項第一号から第十六号まで及び第十九号から第二十二号までに掲げるもの（同項第四号から第九号までに掲げるものにあっては技術上の秘密（同条第六項に規定する営業秘密のうち、技術上の情報であるものをいう。以下同じ。）に関するものに限り、同条第一項第十一号から第十六号までに掲げるものにあっては技術上のデータ（同条第七項に規定する限定提供データのうち、技術上の情報であるものをいう。以下同じ。）に関するものに限り、同条第一項第二十号に掲げるものにあっては商標に関するものに限り、同項第二十一号に掲げるものにあっては特許、実用新案、意匠、商標若しくは回路配置に関する権利又は技術上の秘密若しくは技術上のデータについての虚偽の事実に関するものに限る。）をいう。

6　この法律で「特定侵害訴訟」とは、特許、実用新案、意匠、商標若しくは回路配置に関する権利の侵害又は特定不正競争による営業上の利益の侵害に係る訴訟をいう。

7　この法律で「弁理士法人」とは、第四条第一項の業務を行うことを目的として、この法律の定めるところにより、弁理士が設立した法人をいう。

（職責）

第三条　弁理士は、常に品位を保持し、業務に関する法令及び実務に精通して、公正かつ誠実にその業務を行わなければならない。

（業務）

第四条　弁理士は、他人の求めに応じ、特許、実

用新案、意匠若しくは商標又は国際出願、意匠に係る国際登録出願若しくは商標に係る国際登録出願に関する特許庁における手続及び特許、実用新案、意匠又は商標に関する行政不服審査法（平成二十六年法律第六十八号）の規定による審査請求又は裁定に関する経済産業大臣に対する手続についての代理並びにこれらの手続に係る事項に関する鑑定その他の事務を行うことを業とする。

2　弁理士は、前項に規定する業務のほか、他人の求めに応じ、次に掲げる事務を行うことを業とすることができる。

一　関税法（昭和二十九年法律第六十一号）第六十九条の三第一項及び第六十九条の十二第一項に規定する認定手続に関する税関長に対する手続並びに同法第六十九条の四第一項及び第六十九条の十三第一項の規定による申立て並びに当該申立てをした者及び当該申立てに係る貨物を輸出し、又は輸入しようとする者が行う当該申立てに関する税関長又は財務大臣に対する手続についての代理

二　特許、実用新案、意匠、商標、回路配置若しくは特定不正競争に関する事件又は著作物（著作権法（昭和四十五年法律第四十八号）第二条第一項第一号に規定する著作物をいう。以下同じ。）に関する権利に関する事件の裁判外紛争解決手続（裁判外紛争解決手続の利用の促進に関する法律（平成十六年法律第百五十一号）第一条に規定する裁判外紛争解決手続をいう。以下この号において同じ。）であって、これらの事件の裁判外紛争解決手続の業務を公正かつ適確に行うことができると認められる団体として経済産業大臣が指定するものが行うものについての代理

三　前二号に掲げる事務についての相談

四　特許法（昭和三十四年法律第百二十一号）第百五条の二の十一第一項及び第二項（同法第六十五条第六項及び実用新案法（昭和三十四年法律第百二十三号）第三十条において準用する場合を含む。）に規定する意見を記載

した書面を提出しようとする者からの当該意見の内容（特許法及び実用新案法の適用に関するものに限る。）に関する相談

3　弁理士は、前二項に規定する業務のほか、弁理士の名称を用いて、他人の求めに応じ、次に掲げる事務を行うことを業とすることができる。ただし、他の法律においてその業務を行うことが制限されている事項については、この限りでない。

一　特許、実用新案、意匠、商標、回路配置若しくは著作物に関する権利若しくは技術上の秘密若しくは技術上のデータの売買契約、通常実施権の許諾に関する契約その他の契約の締結の代理若しくは媒介を行い、又はこれらに関する相談に応ずること。

二　外国の行政官庁又はこれに準ずる機関に対する特許、実用新案、意匠、商標、植物の新品種又は地理的表示（ある商品に関し、その確立した品質、社会的評価その他の特性が当該商品の地理的原産地に主として帰せられる場合において、当該商品が特定の場所、地域又は国を原産地とするものであることを特定する表示をいう。次号において同じ。）に関する権利に関する手続（日本国内に住所又は居所（法人にあっては、営業所）を有する者が行うものに限る。）に関する資料の作成その他の事務を行うこと。

三　発明、考案、意匠若しくは商標（これらに関する権利に関する手続であって既に特許庁に係属しているものに係るものを除く。）、回路配置（既に経済産業大臣に対して提出された回路配置利用権の設定登録の申請に係るものを除く。）、植物の新品種、事業活動に有用な技術上の情報（技術上の秘密及び技術上のデータを除く。）又は地理的表示の保護に関する相談に応ずること。

四　特許、実用新案、意匠、商標若しくは回路配置に関する権利若しくは技術上の秘密若しくは技術上のデータの利用の機会の拡大に資する日本産業規格その他の規格の案の作成に

関与し、又はこれに関する相談に応ずること。

第四条第二項第四号を次のように改める。

第四条 （略）

2　弁理士は、前項に規定する業務のほか、他人の求めに応じ、次に掲げる事務を行うことを業とすることができる。

一～三　（略）

四　特許法（昭和三十四年法律第百二十一号）第百五条の二の十一第一項及び第二項（同法第六十五条第六項及び実用新案法（昭和三十四年法律第百二十三号）第三十条において準用する場合を含む。）に規定する意見を記載し、又は記録した書面又は電磁的記録（電子的方式、磁気的方式その他人の知覚によっては認識することができない方式で作られる記録であって、電子計算機による情報処理の用に供されるものをいう。第七十五条において同じ。）を提出しようとする者からの当該意見の内容（特許法及び実用新案法の適用に関するものに限る。）に関する相談

3　（略）

（公布の日から起算して四年を超えない範囲内において政令で定める日から施行　令和四法四八）

（同前）

第五条　弁理士は、特許、実用新案、意匠若しくは商標、国際出願、意匠に係る国際登録出願若しくは商標に係る国際登録出願、回路配置又は特定不正競争に関する事項について、裁判所において、補佐人として、当事者又は訴訟代理人とともに出頭し、陳述又は尋問をすることができる。

2　前項の陳述及び尋問は、当事者又は訴訟代理人が自らしたものとみなす。ただし、当事者又は訴訟代理人が同項の陳述を直ちに取り消し、又は更正したときは、この限りでない。

（同前）

第六条　弁理士は、特許法第百七十八条第一項、

実用新案法第四十七条第一項、意匠法第五十九条第一項又は商標法第六十三条第一項に規定する訴訟に関して訴訟代理人となることができる。

（同前）

第六条の二　弁理士は、第十五条の二第一項に規定する特定侵害訴訟代理業務試験に合格し、かつ、第二十七条の三第一項の規定によりその旨の付記を受けたときは、特定侵害訴訟に関して、弁護士が同一の依頼者から受任している事件に限り、その訴訟代理人となることができる。

2　前項の規定により訴訟代理人となった弁理士が期日に出頭するときは、弁護士とともに出頭しなければならない。

3　前項の規定にかかわらず、弁理士は、裁判所が相当と認めるときは、単独で出頭することができる。

（資格）

第七条　次の各号のいずれかに該当する者であって、第十六条の二第一項の実務修習を修了したものは、弁理士となる資格を有する。

一　弁理士試験に合格した者

二　弁護士となる資格を有する者

三　特許庁において審判官又は審査官として審判又は審査の事務に従事した期間が通算して七年以上になる者

（欠格事由）

第八条　次の各号のいずれかに該当する者は、前条の規定にかかわらず、弁理士となる資格を有しない。

一　禁錮以上の刑に処せられた者

二　前号に該当する者を除くほか、第七十八条から第八十一条まで若しくは第八十一条の三の罪、特許法第百九十六条から第百九十八条まで若しくは第二百条の罪、実用新案法第五十六条から第五十八条まで若しくは第六十条の罪、意匠法第六十九条から第七十一条まで若しくは第七十三条の罪又は商標法第七十八条から第八十条まで若しくは同法附則第二十八条の罪を犯し、罰金の刑に処せられ、その刑の執行を終わり、又はその刑の執行を受ける

ことがなくなった日から五年を経過しない者

三　前二号に該当する者を除くほか、関税法第百八条の四第二項（同法第六十九条の二第一項第三号及び第四号に係る部分に限る。以下この号において同じ。）、第三項（同法第百八条の四第二項に係る部分に限る。）若しくは第五項（同法第六十九条の二第一項第三号及び第四号に係る部分に限る。）、第百九条第二項（同法第六十九条の十一第一項第九号及び第十号に係る部分に限る。以下この号において同じ。）、第三項（同法第百九条第二項に係る部分に限る。）若しくは第五項（同法第六十九条の十一第一項第九号及び第十号に係る部分に限る。）若しくは第百十二条第一項（同法第百八条の四第二項及び第百九条第二項に係る部分に限る。）の罪、著作権法第百十九条から第百二十二条までの罪、半導体集積回路の回路配置に関する法律第五十一条第一項若しくは第五十二条の罪、不正競争防止法第二十一条第一項から第六項まで（第三項第六号及び第四項第四号を除く。）の罪、種苗法（平成十年法律第八十三号）第六十七条から第六十九条まで若しくは第七十一条の罪又は特定農林水産物等の名称の保護に関する法律（平成二十六年法律第八十四号）第三十九条若しくは第四十条の罪を犯し、罰金の刑に処せられ、その刑の執行を終わり、又はその刑の執行を受けることがなくなった日から三年を経過しない者

四　公務員で懲戒免職の処分を受け、その処分の日から三年を経過しない者

五　第二十三条第一項の規定により登録の取消しの処分を受け、その処分の日から三年を経過しない者

六　第三十二条の規定により業務の禁止の処分を受け、その処分の日から三年を経過しない者

七　弁護士法（昭和二十四年法律第二百五号）若しくは外国弁護士による法律事務の取扱い等に関する法律（昭和六十一年法律第六十六

号）、公認会計士法（昭和二十三年法律第百三号）又は税理士法（昭和二十六年法律第二百三十七号）の規定による懲戒処分により、弁護士会からの除名、公認会計士の登録の抹消又は税理士の業務の禁止の処分を受けた者でこれらの処分の日から三年を経過しないもの
八　税理士第四十八条第一項の規定により同法第四十四条第三号掲げる処分を受けるべきであったことについて決定を受けた者で当該決定を受けた日から三年を経過しないもの
九　第三十二条の規定により業務の停止の処分を受け、当該業務の停止の期間中にその登録が抹消され、当該期間を経過しない者
十　未成年者
十一　破産手続開始の決定を受けて復権を得ないもの

第八条第一号を次のように改める。

第八条　次の各号のいずれかに該当する者は、前条の規定にかかわらず、弁理士となる資格を有しない。
一　拘禁刑以上の刑に処せられた者
二〜十一　（略）
（令和七年六月一日から施行　令和四法六八）

第八条第三号中「第百二十一条まで」を「第百二十一条の二まで若しくは第百二十二条」に改める。
（公布のから起算して三年を超えない範囲内において政令で定める日から施行　令和五法五三）

第二章　弁理士試験等

（試験の目的及び方法）

第九条　弁理士試験は、弁理士となろうとする者に必要な学識及びその応用能力を有するかどうかを判定することをもってその目的とし、次条に定めるところによって、短答式（択一式を含む。以下同じ。）及び論文式による筆記並びに口述の方法により行う。

（試験の内容）

第一〇条　短答式による試験は、次に掲げる科目について行う。

一　特許、実用新案、意匠及び商標（以下この条並びに次条第四号及び第五号において「工業所有権」という。）に関する法令

二　工業所有権に関する条約

三　前二号に掲げるもののほか、弁理士の業務を行うのに必要な法令であって、経済産業省令で定めるもの

2　論文式による試験は、短答式による試験に合格した者につき、次に掲げる科目について行う。

一　工業所有権に関する法令

二　経済産業省令で定める技術又は法律に関する科目のうち受験者のあらかじめ選択する一科目

3　口述試験は、筆記試験に合格した者につき、工業所有権に関する法令について行う。

（試験の免除）

第一一条　次の各号のいずれかに該当する者に対しては、その申請により、それぞれ当該各号に掲げる試験を免除する。

一　短答式による試験に合格した者　当該短答式による試験に係る合格発表の日から起算して二年を経過する日までに行う短答式による試験

二　論文式による試験において、前条第二項第一号に掲げる科目について審議会等（国家行政組織法（昭和二十三年法律第百二十号）第八条に規定する機関をいう。）で政令で定め

るもの（以下「審議会」という。）が相当と認める成績を得た者　当該論文式による試験に係る合格発表の日から起算して二年を経過する日までに当該科目について行う論文式による試験

三　論文式による試験において、前条第二項第二号に掲げる科目について審議会が相当と認める成績を得た者　その後に当該科目について行う論文式による試験

四　学校教育法（昭和二十二年法律第二十六号）に基づく大学院の課程を修了した者であって、当該大学院において経済産業省令で定める工業所有権に関する科目の単位を修得したもの　当該課程を修了した日から起算して二年を経過する日までに前条第一項第一号及び第二号に掲げる科目について行う短答式による試験

五　特許庁において審判又は審査の事務に従事した期間が通算して五年以上になる者　工業所有権に関する法令及び条約について行う試験

六　前条第二項第二号の受験者が選択する科目について筆記試験に合格した者と同等以上の学識を有する者として経済産業省令で定める者　当該科目について行う論文式による試験

（試験の執行）

第一二条　弁理士試験は、審議会が行う。

2　弁理士試験は、毎年一回以上、これを行う。

（合格証書）

第一三条　弁理士試験に合格した者には、当該試験に合格したことを証する証書を授与する。

（合格の取消し等）

第一四条　審議会は、不正の手段によって弁理士試験を受け、又は受けようとした者に対しては、合格の決定を取り消し、又はその試験を受けることを禁止することができる。

2　審議会は、前項の規定による処分を受けた者に対し、情状により三年以内の期間を定めて弁理士試験を受けることができないものとすることができる。

（受験手数料）

第一五条　弁理士試験を受けようとする者は、実費を勘案して政令で定める額の受験手数料を納付しなければならない。

2　前項の規定により納付した受験手数料は、弁理士試験を受けなかった場合においても返還しない。

（特定侵害訴訟代理業務試験）

第一五条の二　特定侵害訴訟代理業務試験は、特定侵害訴訟に関する訴訟代理人となるのに必要な学識及び実務能力に関する研修であって経済産業省令で定めるものを修了した弁理士に対し、当該学識及び実務能力を有するかどうかを判定するため、論文式による筆記の方法により行う。

2　第十二条から前条までの規定は、特定侵害訴訟代理業務試験について準用する。

（試験の細目）

第一六条　この法律に定めるもののほか、弁理士試験及び特定侵害訴訟代理業務試験に関し必要な事項は、経済産業省令で定める。

第二章の二　実務修習

（実務修習）

第一六条の二　実務修習は、第七条各号に掲げる者に対して、弁理士となるのに必要な技能及び高等の専門的応用能力を修得させるため、経済産業大臣が行う。

2　実務修習は、次に掲げるところにより、行うものとする。

一　毎年一回以上行うこと。

二　弁理士の業務に関する法令及び実務について行うこと。

三　実務修習の講師及び指導者は、弁理士であって、その実務に通算して七年以上従事した経験を有するものであること。

（指定修習機関の指定）

第一六条の三　経済産業大臣は、その指定する者（以下「指定修習機関」という。）に、講義及び演習の実施その他の実務修習の実施に関する事務（経済産業省令で定めるものを除く。以下「実務修習事務」という。）を行わせることができる。

2　指定修習機関の指定は、経済産業省令で定めるところにより、実務修習事務を行おうとする者の申請により行う。

3　経済産業大臣は、指定修習機関の指定をしたときは、実務修習事務を行わないものとする。

4　経済産業大臣は、第二項の申請が次の各号のいずれにも適合していると認めるときでなければ、指定修習機関の指定をしてはならない。

一　職員、設備、実務修習事務の実施の方法その他の事項についての実務修習事務の実施に関する計画が実務修習事務の適正かつ確実な実施のために適切なものであること。

二　前号の実務修習事務の実施に関する計画の適正かつ確実な実施に必要な経理的及び技術的な基礎を有する法人であること。

三　実務修習事務以外の業務を行っている場合には、その業務を行うことによって実務修習事務が不公正になるおそれがないこと。

四　その指定をすることによって実務修習事務の適正かつ確実な実施を阻害することとならないこと。

5　経済産業大臣は、第二項の申請をした者が、次の各号のいずれかに該当するときは、指定修習機関の指定をしてはならない。

一　第十六条の十二第一項又は第二項の規定により指定を取り消され、その取消しの日から二年を経過しない者であること。

二　その役員のうちに、この法律に規定する罪を犯し、刑に処せられ、その刑の執行を終わり、又はその刑の執行を受けることがなくなった日から二年を経過しない者があること。

（指定の公示等）

第一六条の四　経済産業大臣は、指定修習機関の指定をしたときは、指定修習機関の名称及び住所、実務修習事務を行う事務所の所在地並びに実務修習事務の開始の日を公示しなければならない。

2　指定修習機関は、その名称若しくは住所又は実務修習事務を行う事務所の所在地を変更しようとするときは、変更しようとする日の二週間前までに、その旨を経済産業大臣に届け出なければならない。

3　経済産業大臣は、前項の規定による届出があったときは、その旨を公示しなければならない。

（秘密保持義務等）

第一六条の五　指定修習機関の役員若しくは職員（実務修習の講師及び指導者を含む。次項において同じ。）又はこれらの職にあった者は、実務修習事務に関して知り得た秘密を漏らしてはならない。

2　実務修習事務に従事する指定修習機関の役員及び職員は、刑法（明治四十年法律第四十五号）その他の罰則の適用については、法令により公務に従事する職員とみなす。

（修習事務規程）

第一六条の六　指定修習機関は、実務修習事務の開始前に、実務修習事務の実施に関する規程（以下「修習事務規程」という。）を定め、経済産業大臣の認可を受けなければならない。これを変更しようとするときも、同様とする。

2　修習事務規程で定めるべき事項は、経済産業省令で定める。

3　経済産業大臣は、第一項の認可をした修習事務規程が実務修習事務の適正かつ確実な実施をする上で不適当なものとなったと認めるときは、指定修習機関に対し、これを変更すべきことを命ずることができる。

4　第一項の認可の基準については、経済産業省令で定める。

（事業計画等）

第一六条の七　指定修習機関は、毎事業年度、事業計画書及び収支予算書を作成し、当該事業年度の開始前に（指定を受けた日の属する事業年度にあっては、その指定を受けた後遅滞なく）、経済産業大臣に提出しなければならない。これを変更しようとするときも、同様とする。

2　指定修習機関は、毎事業年度、事業報告書及び収支決算書を作成し、当該事業年度の終了後三月以内に経済産業大臣に提出しなければならない。

（帳簿の備置き等）

第一六条の八　指定修習機関は、経済産業省令で定めるところにより、実務修習事務に関する事項で経済産業省令で定めるものを記載した帳簿を備え置き、これを保存しなければならない。

（監督命令）

第一六条の九　経済産業大臣は、実務修習事務の適正かつ確実な実施を確保するため必要があると認めるときは、指定修習機関に対し、実務修習事務に関し監督上必要な命令をすることができる。

（報告及び立入検査）

第一六条の一〇　経済産業大臣は、実務修習事務の適正かつ確実な実施を確保するため必要があると認めるときは、指定修習機関に対し、実務修習事務の状況に関し報告若しくは資料の提出を求め、又は当該職員に指定修習機関の事務所に立ち入り、実務修習事務の状況若しくは帳簿その他の物件を検査させることができる。

2　前項の規定により立入検査をしようとする職員は、その身分を示す証明書を携帯し、関係人の請求があったときは、これを提示しなければならない。

3　第一項の規定による立入検査の権限は、犯罪捜査のために認められたものと解してはならない。

（実務修習事務の休廃止）

第一六条の一一　指定修習機関は、経済産業大臣の許可を受けなければ、実務修習事務の全部又は一部を休止し、又は廃止してはならない。

2　経済産業大臣は、前項の許可をしたときは、その旨を公示しなければならない。

（指定の取消し等）

第一六条の一二　経済産業大臣は、指定修習機関が第十六条の三第五項第二号に該当するに至ったときは、その指定を取り消さなければならない。

2　経済産業大臣は、指定修習機関が次の各号のいずれかに該当するときは、その指定を取り消し、又は期間を定めて実務修習事務の全部若しくは一部の停止を命ずることができる。

一 第十六条の三第四項第一号から第三号までのいずれかに適合しなくなったと認められるとき。

二 第十六条の四第二項、第十六条の六第一項、第十六条の七、第十六条の八又は前条第一項の規定に違反したとき。

三 第十六条の六第一項の規定により認可を受けた修習事務規程によらないで実務修習事務を行ったとき。

四 第十六条の六第三項又は第十六条の九の規定による命令に違反したとき。

五 偽りその他不正の手段により指定を受けたとき。

3 経済産業大臣は、第一項若しくは前項の規定により指定を取り消し、又は同項の規定により実務修習事務の全部若しくは一部の停止を命じたときは、その旨を公示しなければならない。

（経済産業大臣による実務修習の実施）

第一六条の一三 経済産業大臣は、指定修習機関が第十六条の十一第一項の規定により実務修習事務の全部若しくは一部を休止したとき、前条第二項の規定により指定修習機関に対し実務修習事務の全部若しくは一部の停止を命じたとき、又は指定修習機関が天災その他の事由により実務修習事務の全部若しくは一部を実施することが困難となった場合において必要があると認めるときは、第十六条の三第三項の規定にかかわらず、実務修習事務の全部又は一部を自ら行うものとする。

2 経済産業大臣は、前項の規定により実務修習事務を行うこととし、又は同項の規定により行っている実務修習事務を行わないこととするときは、あらかじめその旨を公示しなければならない。

3 経済産業大臣が、第一項の規定により実務修習事務を行うこととし、第十六条の十一第一項の規定により実務修習事務の廃止を許可し、又は前条第一項若しくは第二項の規定により指定を取り消した場合における実務修習事務の引継ぎその他の必要な事項は、経済産業省令で定める。

（手数料）

第一六条の一四　実務修習を受けようとする者は、次項に規定する場合を除き、実費を勘案して政令で定める額の手数料を国に納付しなければならない。

2　指定修習機関が実務修習事務を行う場合において、実務修習を受けようとする者は、政令で定めるところにより指定修習機関が経済産業大臣の認可を受けて定める額の手数料を当該指定修習機関に納付しなければならない。

3　前項の規定により指定修習機関に納付された手数料は、当該指定修習機関の収入とする。

（実務修習の細目）

第一六条の一五　この法律に定めるもののほか、実務修習に関し必要な事項は、経済産業省令で定める。

第三章　登　録

（登録）

第一七条　弁理士となる資格を有する者が、弁理士となるには、日本弁理士会に備える弁理士登録簿に、氏名、生年月日、事務所の所在地その他経済産業省令で定める事項の登録を受けなければならない。

2　弁理士登録簿の登録は、日本弁理士会が行う。

（登録の申請）

第一八条　前条第一項の登録を受けようとする者は、日本弁理士会に登録申請書を提出しなければならない。

2　前項の登録申請書には、氏名、生年月日、事務所の所在地その他経済産業省令で定める事項を記載し、弁理士となる資格を有することを証する書類を添付しなければならない。

（登録の拒否）

第一九条　日本弁理士会は、前条第一項の規定による登録の申請をした者が弁理士となる資格を有せず、又は次の各号のいずれかに該当すると認めたときは、その登録を拒否しなければならない。この場合において、当該申請者が次の各号のいずれかに該当することを理由にその登録を拒否しようとするときは、第七十条に規定する登録審査会の議決に基づいてしなければならない。

一　心身の故障により弁理士の業務を行わせることがその適正を欠くおそれがあるとき。

二　弁理士の信用を害するおそれがあるとき。

2　日本弁理士会は、当該申請者が前項各号に該当することを理由にその登録を拒否しようとするときは、あらかじめ、当該申請者にその旨を通知して、相当の期間内に自ら又はその代理人を通じて弁明する機会を与えなければならない。

（登録に関する通知）

第二〇条　日本弁理士会は、第十八条第一項の規定による登録の申請を受けた場合において、登録をしたとき、又は登録を拒否したときは、その旨を当該申請者に書面により通知しなければならない。

（登録を拒否された場合の行政不服審査法の規定による審査請求）

第二一条　第十九条第一項の規定により登録を拒否された者は、当該処分に不服があるときは、経済産業大臣に対して行政不服審査法の規定による審査請求をすることができる。

2　第十八条第一項の規定による登録の申請をした者は、その申請の日から三月を経過しても当該申請に対して何らの処分がされないときは、当該登録を拒否されたものとして、経済産業大臣に対して前項の審査請求をすることができる。

3　前二項の場合において、経済産業大臣は、行政不服審査法第二十五条第二項及び第三項並びに第四十六条第二項の規定の適用については、日本弁理士会の上級行政庁とみなす。

（登録事項の変更の届出）

第二二条　弁理士は、弁理士登録簿に登録を受けた事項に変更が生じたときは、遅滞なく、日本弁理士会にその旨を届け出なければならない。

（登録の取消し）

第二三条　日本弁理士会は、弁理士の登録を受けた者が、偽りその他不正の手段により当該登録を受けたことが判明したときは、当該登録を取り消さなければならない。

2　日本弁理士会は、前項の規定により登録を取り消したときは、その旨を当該処分を受ける者に書面により通知しなければならない。

3　第十九条第一項後段並びに第二十一条第一項及び第三項の規定は、第一項の登録の取消しについて準用する。この場合において、同条第三項中「第四十六条第二項」とあるのは、「第四十六条第一項」と読み替えるものとする。

（登録の抹消）

第二四条　弁理士が次の各号のいずれかに該当する場合には、日本弁理士会は、その登録を抹消しなければならない。

一　その業務を廃止したとき。

二　死亡したとき。

三　第八条各号（第五号を除く。）のいずれかに該当するに至ったとき。

四　前条第一項の規定による登録の取消しの処分を受けたとき。

五　第六十一条の規定による退会の処分を受けたとき。

2　弁理士が前項第一号から第三号までの規定のいずれかに該当することとなったときは、その者又はその法定代理人若しくは相続人は、遅滞なく、日本弁理士会にその旨を届け出なければならない。

3　日本弁理士会は、第一項第一号、第三号又は第五号の規定により登録を抹消したときは、その旨を当該弁理士に書面により通知しなければならない。

（同前）

第二五条　弁理士が心身の故障により弁理士の業務を行わせることがその適正を欠くおそれがあるときは、日本弁理士会は、その登録を抹消することができる。

2　第十九条第一項後段及び前条第三項の規定は、前項の規定による登録の抹消について準用する。

（登録拒否に関する規定の準用）

第二六条　第二十一条第一項及び第三項の規定は、第二十四条第一項第一号、第三号若しくは第五号又は前条第一項の規定による登録の抹消について準用する。この場合において、第二十一条第三項中「第四十六条第二項」とあるのは、「第四十六条第一項」と読み替えるものとする。

（登録及び登録の抹消の公告）

第二七条　日本弁理士会は、弁理士の登録をしたとき、及びその登録の抹消をしたときは、遅滞なく、その旨を官報をもって公告しなければならない。

（特定侵害訴訟代理業務の付記の申請）

第二七条の二　弁理士は、その登録に第十五条の二第一項に規定する特定侵害訴訟代理業務試験に合格した旨の付記（以下「特定侵害訴訟代理業務の付記」という。）を受けようとするときは、日本弁理士会に付記申請書を提出しなければならない。

2　前項の付記申請書には、氏名その他経済産業省令で定める事項を記載し、特定侵害訴訟代理業務試験に合格したことを証する証書を添付しなければならない。

（特定侵害訴訟代理業務の付記）

第二七条の三　日本弁理士会は、前条の規定による申請を受けたときは、速やかに、当該弁理士の登録に特定侵害訴訟代理業務の付記をしなければならない。

2　第二十条の規定は、前項の規定による付記をした場合について準用する。

（特定侵害訴訟代理業務の付記の抹消）

第二七条の四　日本弁理士会は、特定侵害訴訟代理業務の付記を受けた者が、偽りその他不正の手段により当該付記を受けたことが判明したときは、当該付記を抹消しなければならない。

2　第二十三条第二項の規定は、前項の規定による付記の抹消について準用する。

（特定侵害訴訟代理業務の付記等の公告）

第二七条の五　第二十七条の規定は、特定侵害訴訟代理業務の付記及びその付記の抹消について準用する。

（登録の細目）

第二八条　この法律に定めるもののほか、弁理士の登録に関して必要な事項は、経済産業省令で定める。

第四章　弁理士の義務

（信用失墜行為の禁止）

第二九条　弁理士は、弁理士の信用又は品位を害するような行為をしてはならない。

（秘密を守る義務）

第三〇条　弁理士又は弁理士であった者は、正当な理由がなく、その業務上取り扱ったことについて知り得た秘密を漏らし、又は盗用してはならない。

（業務を行い得ない事件）

第三一条　弁理士は、次の各号のいずれかに該当する事件については、その業務を行ってはならない。ただし、第三号に該当する事件については、受任している事件の依頼者が同意した場合は、この限りでない。

一　相手方の協議を受けて賛助し、又はその依頼を承諾した事件

二　相手方の協議を受けた事件で、その協議の

程度及び方法が信頼関係に基づくと認められるもの

三　受任している事件の相手方からの依頼による他の事件

四　公務員として職務上取り扱った事件

五　仲裁手続により仲裁人として取り扱った事件

六　社員又は使用人である弁理士として弁理士法人の業務に従事していた期間内に、その弁理士法人が相手方の協議を受けて賛助し、又はその依頼を承諾した事件であって、自らこれに関与したもの

七　社員又は使用人である弁理士として弁理士法人の業務に従事していた期間内に、その弁理士法人が相手方の協議を受けた事件で、その協議の程度及び方法が信頼関係に基づくと認められるものであって、自らこれに関与したもの

（研修）

第三一条の二　弁理士は、経済産業省令で定めるところにより、日本弁理士会が行う資質の向上を図るための研修を受けなければならない。

（非弁理士に対する名義貸しの禁止）

第三一条の三　弁理士は、第七十五条又は第七十六条の規定に違反する者に自己の名義を利用させてはならない。

第五章　弁理士の責任

（懲戒の種類）

第三二条　弁理士がこの法律若しくはこの法律に基づく命令に違反したとき、又は弁理士たるにふさわしくない重大な非行があつたときは、経済産業大臣は、次に掲げる処分をすることができる。

一　戒告
二　二年以内の業務の全部又は一部の停止
三　業務の禁止

（懲戒の手続）

第三三条　何人も、弁理士に前条に該当する事実があると思料するときは、経済産業大臣に対し、その事実を報告し、適当な措置をとるべきことを求めることができる。

2　前項に規定する報告があつたときは、経済産業大臣は、事件について必要な調査をしなければならない。

3　経済産業大臣は、弁理士に前条に該当する事実があると思料するときは、職権をもつて、必要な調査をすることができる。

4　経済産業大臣は、前条の規定により戒告又は二年以内の業務の停止の処分をしようとするときは、行政手続法（平成五年法律第八十八号）第十三条第一項の規定による意見陳述のための手続の区分にかかわらず、聴聞を行わなければならない。

5　前条の規定による懲戒の処分は、聴聞を行つた後、相当な証拠により同条に該当する事実があると認めた場合において、審議会の意見を聴いて行う。

（調査のための権限）

第三四条　経済産業大臣は、前条第二項（第六十九条第二項において準用する場合を含む。）又は第三項の規定により事件について必要な調査をするため、当該弁理士に対し、その業務に関し必要な報告を命じ、又は帳簿書類その他の物件の提出を命ずることができる。

（登録抹消の制限）

第三五条　日本弁理士会は、弁理士が懲戒の手続に付された場合においては、その手続が結了するまでは、第二十四条第一項第一号若しくは第五号又は第二十五条第一項の規定による当該弁理士の登録の抹消をすることができない。

（懲戒処分の公告）

第三六条　経済産業大臣は、第三十二条の規定により懲戒の処分をしたときは、その旨を官報をもって公告しなければならない。

第六章　弁理士法人

（設立等）

第三七条　弁理士は、この章の定めるところにより、弁理士法人を設立することができる。

2　第一条及び第三条の規定は、弁理士法人について準用する。

（名称）

第三八条　弁理士法人は、その名称中に特許業務法人という文字を使用しなければならない。

（社員の資格）

第三九条　弁理士法人の社員は、弁理士でなければならない。

2　次に掲げる者は、社員となることができない。

一　第三十二条の規定により業務の停止の処分を受け、当該業務の停止の期間を経過しない者

二　第五十四条の規定により弁理士法人が解散又は業務の停止を命ぜられた場合において、

その処分の日以前三十日内にその社員であった者でその処分の日から三年（業務の停止を命ぜられた場合にあっては、当該業務の停止の期間）を経過しないもの

（業務の範囲）

第四〇条　弁理士法人は、第四条第一項の業務を行うほか、定款で定めるところにより、同条第二項及び第三項の業務の全部又は一部を行うことができる。

（同前）

第四一条　前条に規定するもののほか、弁理士法人は、第五条から第六条の二までの規定により弁理士が処理することができる事務を当該弁理士法人の社員又は使用人である弁理士（第六条の二に規定する事務に関しては、特定侵害訴訟代理業務の付記を受けた弁理士に限る。以下「社員等」という。）に行わせる事務の委託を受けることができる。この場合において、当該弁理士法人は、委託者に、当該弁理士法人の社員等のうちからその補佐人又は訴訟代理人を選任させなければならない。

（登記）

第四二条　弁理士法人は、政令で定めるところにより、登記をしなければならない。

2　前項の規定により登記しなければならない事項は、登記の後でなければ、これをもって第三者に対抗することができない。

（設立の手続）

第四三条　弁理士法人を設立するには、その社員になろうとする弁理士が、定款を定めなければならない。

2　定款には、少なくとも次に掲げる事項を記載しなければならない。

一　目的
二　名称
三　事務所の所在地
四　社員の氏名及び住所
五　社員の出資に関する事項
六　業務の執行に関する事項

3　会社法（平成十七年法律第八十六号）第三十

条第一項の規定は、弁理士法人の定款について準用する。

（成立の時期）

第四四条　弁理士法人は、その主たる事務所の所在地において設立の登記をすることによって成立する。

（成立の届出）

第四五条　弁理士法人は、成立したときは、成立の日から二週間以内に、登記事項証明書及び定款を添えて、その旨を経済産業大臣に届け出なければならない。

（業務を執行する権限）

第四六条　弁理士法人の社員は、全て業務を執行する権利を有し、義務を負う。

（定款の変更）

第四七条　弁理士法人は、定款に別段の定めがある場合を除き、総社員の同意によって、定款の変更をすることができる。

2　弁理士法人は、定款を変更したときは、変更の日から二週間以内に、変更に係る事項を経済産業大臣に届け出なければならない。

（法人の代表）

第四七条の二　弁理士法人の社員は、各自弁理士法人を代表する。

2　前項の規定は、定款又は総社員の同意によって、社員のうち特に弁理士法人を代表すべき社員を定めることを妨げない。

3　弁理士法人を代表する社員は、弁理士法人の業務に関する一切の裁判上又は裁判外の行為をする権限を有する。

4　前項の権限に加えた制限は、善意の第三者に対抗することができない。

5　弁理士法人を代表する社員は、定款によって禁止されていないときに限り、特定の行為の代理を他人に委任することができる。

（指定社員）

第四七条の三　弁理士法人は、特定の事件について、一人又は数人の業務を担当する社員を指定することができる。

2　前項の規定による指定がされた事件（以下「指

定事件」という。）については、指定を受けた社員（以下「指定社員」という。）のみが業務を執行する権利を有し、義務を負う。

3　指定事件については、前条の規定にかかわらず、指定社員のみが弁理士法人を代表する。

4　弁理士法人は、第一項の規定による指定をしたときは、指定事件の依頼者に対し、その旨を書面により通知しなければならない。

5　依頼者は、その依頼に係る事件について、弁理士法人に対して、相当の期間を定め、その期間内に第一項の規定による指定をするかどうかを明らかにすることを求めることができる。この場合において、弁理士法人が、その期間内に前項の規定による通知をしないときは、特許業務法人はその後において、指定をすることができない。ただし、依頼者の同意を得て指定をすることを妨げない。

6　指定事件について、当該事件に係る業務の結了前に指定社員が欠けたときは、弁理士法人は、新たな指定をしなければならない。その指定がされなかったときは、全社員を指定したものとみなす。

7　社員が一人の弁理士法人が、事件の依頼を受けたときは、その社員を指定したものとみなす。

（社員の責任）

第四七条の四　弁理士法人の財産をもってその債務を完済することができないときは、各社員は、連帯してその弁済の責めに任ずる。

2　弁理士法人の財産に対する強制執行がその効を奏しなかったときも、前項と同様とする。

3　前項の規定は、社員が弁理士法人に資力があり、かつ、執行が容易であることを証明したときは、適用しない。

4　前条第一項の規定による指定がされ、同条第四項の規定による通知がされている場合（同条第六項の規定により指定したものとみなされる場合を含む。次項及び第六項において同じ。）において、指定事件に関し依頼者に対して負担することとなった弁理士法人の債務をその弁理士法人の財産をもって完済することができない

ときは、第一項の規定にかかわらず、指定社員（指定社員であった者を含む。以下この条において同じ。）が、連帯してその弁済の責めに任ずる。ただし、脱退した指定社員が脱退後の事由により生じた債務であることを証明した場合は、この限りでない。

5　前条第一項の規定による指定がされ、同条第四項の規定による通知がされている場合において、指定事件に関し依頼者に生じた債権に基づく弁理士法人の財産に対する強制執行がその効を奏しなかったときは、指定社員が、弁理士法人に資力があり、かつ、執行が容易であることを証明した場合を除き、前項と同様とする。

6　前条第一項の規定による指定がされ、同条第四項の規定による通知がされている場合において、指定を受けていない社員が指定の前後を問わず指定事件に係る業務に関与したときは、当該社員は、その関与に当たり注意を怠らなかったことを証明した場合を除き、指定社員が前二項の規定により負う責任と同一の責任を負う。

弁理士法人を脱退した後も同様とする。

7　会社法第六百十二条の規定は、弁理士法人の社員の脱退について準用する。ただし、第四項の場合において、指定事件に関し依頼者に対して負担することとなった弁理士法人の債務については、この限りでない。

（社員であると誤認させる行為をした者の責任）

第四七条の五　社員でない者が自己を社員であると誤認させる行為をしたときは、当該社員でない者は、その誤認に基づいて弁理士法人と取引をした者に対し、社員と同一の責任を負う。

（特定の事件についての業務の制限）

第四八条　弁理士法人は、次の各号のいずれかに該当する事件については、その業務を行ってはならない。ただし、第三号に規定する事件については、受任している事件の依頼者が同意した場合は、この限りでない。

一　相手方の協議を受けて賛助し、又はその依頼を承諾した事件

二　相手方の協議を受けた事件で、その協議の

程度及び方法が信頼関係に基づくと認められるもの
三　受任している事件の相手方からの依頼による他の事件
四　第三項各号に掲げる事件として弁理士法人の社員の半数以上の者が関与してはならない事件
2　弁理士法人の社員等は、前項各号に掲げる事件については、自己又は第三者のためにその業務を行ってはならない。
3　弁理士法人の社員等は、当該弁理士法人が行う業務であって、次の各号のいずれかに該当する事件に係るものには関与してはならない。
一　社員等が当該弁理士法人の社員等となる前に相手方の協議を受けて賛助し、又はその依頼を承諾した事件
二　社員等が当該弁理士法人の社員等となる前に相手方の協議を受けた事件で、その協議の程度及び方法が信頼関係に基づくと認められるもの
三　社員等が公務員として職務上取り扱った事件
四　社員等が仲裁手続により仲裁人として取り扱った事件
五　社員等が当該弁理士法人の社員等となる前に他の弁理士法人の社員等としてその業務に従事していた期間内に、その弁理士法人が相手方の協議を受けて賛助し、又はその依頼を承諾した事件であって、自らこれに関与したもの
六　社員等が当該弁理士法人の社員等となる前に他の弁理士法人の社員等としてその業務に従事していた期間内に、その弁理士法人が相手方の協議を受けた事件で、その協議の程度及び方法が信頼関係に基づくと認められるものであって、自らこれに関与したもの

（業務の執行方法）

第四九条　弁理士法人は、弁理士でない者にその業務を行わせてはならない。

（弁理士の義務に関する規定の準用）

第五〇条　第二十九条及び第三十一条の三の規定は、弁理士法人について準用する。

（法定脱退）

第五一条　弁理士法人の社員は、次に掲げる理由によって脱退する。

一　弁理士の登録の抹消

二　定款に定める理由の発生

三　総社員の同意

四　除名

（解散）

第五二条　弁理士法人は、次に掲げる理由によって解散する。

一　定款に定める理由の発生

二　総社員の同意

三　他の弁理士法人との合併

四　破産手続開始の決定

五　解散を命ずる裁判

六　第五十四条の規定による解散の命令

七　社員の欠亡

2　弁理士法人は、前項第三号及び第六号の事由以外の事由により解散したときは、解散の日から二週間以内に、その旨を経済産業大臣に届け出なければならない。

（弁理士法人の継続）

第五二条の二　弁理士法人の清算人は、社員の死亡により前条第一項第七号に該当するに至った場合に限り、当該社員の相続人（第五十五条第二項において準用する会社法第六百七十五条において準用する同法第六百八条第五項の規定により社員の権利を行使する者が定められている場合には、その者）の同意を得て、新たに社員を加入させて弁理士法人を継続することができる。

（裁判所による監督）

第五二条の三　弁理士法人の解散及び清算は、裁判所の監督に属する。

2　裁判所は、職権で、いつでも前項の監督に必要な検査をすることができる。

3　弁理士法人の解散及び清算を監督する裁判所は、経済産業大臣に対し、意見を求め、又は調

査を嘱託することができる。

4　経済産業大臣は、前項に規定する裁判所に対し、意見を述べることができる。

（清算結了の届出）

第五二条の四　清算が結了したときは、清算人は、その旨を経済産業大臣に届け出なければならない。

（解散及び清算の監督に関する事件の管轄）

第五二条の五　弁理士法人の解散及び清算の監督に関する事件は、その主たる事務所の所在地を管轄する地方裁判所の管轄に属する。

（検査役の選任）

第五二条の六　裁判所は、弁理士法人の解散及び清算の監督に必要な調査をさせるため、検査役を選任することができる。

2　前項の検査役の選任の裁判に対しては、不服を申し立てることができない。

3　裁判所は、第一項の検査役を選任した場合には、弁理士法人が当該検査役に対して支払う報酬の額を定めることができる。この場合においては、裁判所は、当該弁理士法人及び検査役の陳述を聴かなければならない。

（合併）

第五三条　弁理士法人は、総社員の同意があるときは、他の弁理士法人と合併することができる。

2　合併は、合併後存続する弁理士法人又は合併により設立する弁理士法人が、その主たる事務所の所在地において登記することによって、その効力を生ずる。

3　弁理士法人は、合併したときは、合併の日から二週間以内に、登記事項証明書（合併により設立する弁理士法人にあっては、登記事項証明書及び定款）を添えて、その旨を経済産業大臣に届け出なければならない。

4　合併後存続する弁理士法人又は合併により設立する弁理士法人は、当該合併により消滅する弁理士法人の権利義務を承継する。

（債権者の異議等）

第五三条の二　合併をする弁理士法人の債権者は、当該弁理士法人に対し、合併について異議を述

べることができる。

2　合併をする弁理士法人は、次に掲げる事項を官報に公告し、かつ、知れている債権者には、各別にこれを催告しなければならない。ただし、第三号の期間は、一月を下ることができない。

一　合併をする旨

二　合併により消滅する弁理士法人及び合併後存続する弁理士法人又は合併により設立する弁理士法人の名称及び主たる事務所の所在地

三　債権者が一定の期間内に異議を述べることができる旨

3　前項の規定にかかわらず、合併をする弁理士法人が同項の規定による公告を、官報のほか、第六項において準用する会社法第九百三十九条第一項の規定による定款の定めに従い、同項第二号又は第三号に掲げる方法によりするときは、前項の規定による各別の催告は、することを要しない。

4　債権者が第二項第三号の期間内に異議を述べなかったときは、当該債権者は、当該合併について承認をしたものとみなす。

5　債権者が第二項第三号の期間内に異議を述べたときは、合併をする弁理士法人は、当該債権者に対し、弁済し、若しくは相当の担保を提供し、又は当該債権者に弁済を受けさせることを目的として信託会社等（信託会社及び信託業務を営む金融機関（金融機関の信託業務の兼営等に関する法律（昭和十八年法律第四十三号）第一条第一項の認可を受けた金融機関をいう。）をいう。）に相当の財産を信託しなければならない。ただし、当該合併をしても当該債権者を害するおそれがないときは、この限りでない。

6　会社法第九百三十九条第一項（第二号及び第三号に係る部分に限る。）及び第三項、第九百四十条第一項（第三号に係る部分に限る。）及び第三項、第九百四十一条、第九百四十六条、第九百四十七条、第九百五十一条第二項、第九百五十三条並びに第九百五十五条の規定は、弁理士法人が第二項の規定による公告をする場合について準用する。この場合において、同法第九百三十九条第一項及び第三項中「公告方法」とあるのは「合併の公告の方法」と、同法第九百四十六条第三項中「商号」とあるのは「名称」と読み替えるものとする。

（合併の無効の訴え）

第五三条の三　会社法第八百二十八条第一項（第七号及び第八号に係る部分に限る。）及び第二項（第七号及び第八号に係る部分に限る。）、第八百三十四条（第七号及び第八号に係る部分に限る。）、第八百三十五条第一項、第八百三十六条第二項及び第三項、第八百三十七条から第八百三十九条まで、第八百四十三条（第一項第三号及び第四号並びに第二項ただし書を除く。）並びに第八百四十六条の規定は弁理士法人の合併の無効の訴えについて、同法第八百六十八条第六項、第八百七十条第二項（第六号に係る部分に限る。）、第八百七十条の二、第八百七十一条本文、第八百七十二条（第五号に係る部分に限る。）、第八百七十二条の二、第八百七十三条本文、第八百七十五条及び第八百七十六条の規定はこの条において準用する同法第八百四十三条第四項の申立てについて、それぞれ準用する。

（違法行為等についての処分）

第五四条　経済産業大臣は、弁理士法人がこの法律若しくはこの法律に基づく命令に違反し、又は運営が著しく不当と認められるときは、その弁理士法人に対し、戒告し、若しくは二年以内の期間を定めて業務の全部若しくは一部の停止を命じ、又は解散を命ずることができる。

2　第三十三条、第三十四条及び第三十六条の規定は、前項の処分について準用する。

3　第一項の規定は、同項の規定により弁理士法人を処分する場合において、当該弁理士法人の社員等につき第三十二条に該当する事実があるときは、その社員等である弁理士に対し、懲戒の処分を併せて行うことを妨げるものと解してはならない。

（一般社団法人及び一般財団法人に関する法律及び会社法の準用等）

第五五条　一般社団法人及び一般財団法人に関す

る法律（平成十八年法律第四十八号）第四条並びに会社法第六百条、第六百十四条から第六百十九条まで、第六百二十一条及び第六百二十二条の規定は弁理士法人について、同法第五百八十一条、第五百八十二条、第五百八十五条第一項及び第四項、第五百八十六条、第五百九十三条から第五百九十六条まで、第六百一条、第六百五条、第六百六条、第六百九条第一項及び第二項、第六百十一条（第一項ただし書を除く。）並びに第六百十三条の規定は弁理士法人の社員について、同法第八百五十九条から第八百六十二条までの規定は弁理士法人の社員の除名並びに業務を執行する権利及び代表権の消滅の訴えについて、それぞれ準用する。この場合において、同法第六百十三条中「商号」とあるのは「名称」と、同法第六百十五条第一項、第六百十七条第一項及び第二項並びに第六百十八条第一項第二号中「法務省令」とあるのは「経済産業省令」と、同法第六百十七条第三項中「電磁的記録」とあるのは「電磁的記録（弁理士法第七十五条に規定する電磁的記録をいう。次条第一項第二号において同じ。）」と読み替えるものとする。

2　会社法第六百四十四条（第三号を除く。）、第六百四十五条から第六百四十九条まで、第六百五十条第一項及び第二項、第六百五十一条第一項及び第二項（同法第五百九十四条の準用に係る部分を除く。）、第六百五十二条、第六百五十三条、第六百五十五条から第六百五十九条まで、第六百六十二条から第六百六十四条まで、第六百六十六条から第六百七十三条まで、第六百七十五条、第八百六十三条、第八百六十四条、第八百六十八条第一項、第八百六十九条、第八百七十条第一項（第一号及び第二号に係る部分に限る。）、第八百七十一条、第八百七十二条（第四号に係る部分に限る。）、第八百七十四条（第一号及び第四号に係る部分に限る。）、第八百七十五条並びに第八百七十六条の規定は、弁理士法人の解散及び清算について準用する。この場合において、同法第六百四十四条第一号中「第六百四十一条第五号」とあるのは「弁理士法第五十二条第一項第三号」と、同法第六百四十七条第三項中「第六百四十一条第四号又は第七号」とあるのは「弁理士法第五十二条第一項第五号から第七号まで」と、同法第六百五十八条第一項及び第六百六十九条中「法務省令」とあるのは「経済産業省令」と、同法第六百六十八条第一項及び第六百六十九条中「第六百四十一条第一号から第三号まで」とあるのは「弁理士法第五十二条第一項第一号又は第二号」と、同法第六百七十条第三項中「第九百三十九条第一項」とあるのは「弁理士法第五十三条の二第六項において準用する第九百三十九条第一項」と、同法第六百七十三条第一項中「第五百八十条」とあるのは「弁理士法第四十七条の四」と読み替えるものとする。

3　会社法第八百二十四条、第八百二十六条、第八百六十八条第一項、第八百七十条第一項（第十号に係る部分に限る。）、第八百七十一条本文、第八百七十二条（第四号に係る部分に限る。）、第八百七十三条本文、第八百七十五条、第八百七十六条、第九百四条及び第九百三十七条第一項（第三号ロに係る部分に限る。）の規定は弁理士法人の解散の命令について、同法第八百二十五条、第八百六十八条第一項、第八百七十条第一項（第一号に係る部分に限る。）、第八百七十一条、第八百七十二条（第一号及び第四号に係る部分に限る。）、第八百七十三条、第八百七十四条（第二号及び第三号に係る部分に限る。）、第八百七十五条、第八百七十六条、第九百五条及び第九百六条の規定はこの項において準用する同法第八百二十四条第一項の申立てがあった場合における弁理士法人の財産の保全について、それぞれ準用する。

4　会社法第八百二十八条第一項（第一号に係る部分に限る。）及び第二項（第一号に係る部分に限る。）、第八百三十四条（第一号に係る部分に限る。）、第八百三十五条第一項、第八百三十七条から第八百三十九条まで並びに第八百四十六条の規定は、弁理士法人の設立の無効の訴えについて準用する。

5　会社法第八百三十三条第二項、第八百三十四条（第二十一号に係る部分に限る。）、第八百三十五条第一項、第八百三十七条、第八百三十八条、第八百四十六条及び第九百三十七条第一項（第一号リに係る部分に限る。）の規定は、弁理士法人の解散の訴えについて準用する。

6　破産法（平成十六年法律第七十五号）第十六条の規定の適用については、弁理士法人は、合名会社とみなす。

第五五条第一項を次のように改める。

第五五条　一般社団法人及び一般財団法人に関する法律（平成十八年法律第四十八号）第四条並びに会社法第六百条、第六百十四条から第六百十九条まで、第六百二十一条及び第六百二十二条の規定は弁理士法人について、同法第五百八十一条、第五百八十二条、第五百八十五条第一項及び第四項、第五百八十六条、第五百九十三条から第五百九十六条まで、第六百一条、第六百五条、第六百六条、第六百九条第一項及び第二項、第六百十一条（第一項ただし書を除く。）並びに第六百十三条の規定は弁理士法人の社員について、同法第八百五十九条から第八百六十二条までの規定は弁理士法人の社員の除名並びに業務を執行する権利及び代表権の消滅の訴えについて、それぞれ準用する。この場合において、同法第六百十三条中「商号」とあるのは「名称」と、同法第六百十五条第一項、第六百十七条第一項及び第二項並びに第六百十八条第一項第二号中「法務省令」とあるのは「経済産業省令」と、同法第六百十七条第三項中「電磁的記録」とあるのは「電磁的記録（弁理士法第四条第二項第四号に規定する電磁的記録をいう。次条第一項第二号において同じ。）」と読み替えるものとする。

2～6　（略）

（公布の日から起算して四年を超えない範囲内において政令で定める日から施行　令和四法四八）

第五五条第三項を次のとおり改める。

第五五条（略）

2　（略）

3　会社法第八百二十四条、第八百二十六条、第八百六十八条第一項、第八百七十条第一項（第十号に係る部分に限る。）、第八百七十一条本文、第八百七十二条（第四号に係る部分に限る。）、第八百七十三条本文、第八百七十五条、第八百七十六条、第九百四条及び第九百三十七条第一項（第三号ロに係る部分に限る。）の規定は弁理士法人の解散の命令について、同法第八百二十五条、第八百六十八条第一項、第八百七十条第一項（第一号に係る部分に限る。）、第八百七十一条、第八百七十二条（第一号及び第四号に係る部分に限る。）、第八百七十三条、第八百七十四条（第二号及び第三号に係る部分に限る。）、第八百七十五条、第八百七十六条及び第九百五条から第九百六条の二までの規定はこの項において準用する同法第八百二十四条第一項の申立てがあった場合における弁理士法人の財産の保全について、それぞれ準用する。

4〜6　（略）

（公布の日から起算して五年を超えない範囲内において政令で定める日　令和五法五三）

第七章　日本弁理士会

（設立、目的及び法人格）

第五六条　弁理士は、この法律の定めるところにより、全国を通じて一個の日本弁理士会（以下この章において「弁理士会」という。）を設立しなければならない。

2　弁理士会は、弁理士及び弁理士法人の使命及び職責に鑑み、その品位を保持し、弁理士及び弁理士法人の業務の改善進歩を図るため、会員の指導、連絡及び監督に関する事務を行い、並びに弁理士の登録に関する事務を行うことを目的とする。

3　弁理士会は、法人とする。

（会則）

第五七条　弁理士会は、会則を定め、これに次に掲げる事項を記載しなければならない。

一　名称及び事務所の所在地

二　入会及び退会に関する規定

三　会員の種別及びその権利義務に関する規定

四　役員に関する規定

五　会議に関する規定

六　支部に関する規定

七　弁理士の登録に関する規定

八　登録審査会に関する規定

九　会員の品位保持に関する規定

十　会員の研修に関する規定

十一　実務修習に関する規定

十二　会員の業務に関する紛議の調停に関する規定

十三　弁理士会及び会員に関する情報の提供に関する規定

十四　会費に関する規定

十五　会計及び資産に関する規定

十六　事務局に関する規定

十七　その他弁理士会の目的を達成するために必要な規定

2　会則の制定又は変更（政令で定める重要な事項に係る変更に限る。）は、経済産業大臣の認可を受けなければ、その効力を生じない。

（支部）

第五八条 弁理士会は、その目的を達成するため必要があるときは、支部を設けることができる。

（登記）

第五九条 弁理士会は、政令で定めるところにより、登記をしなければならない。

2 前項の規定により登記をしなければならない事項は、登記の後でなければ、これをもって第三者に対抗することができない。

（入会及び退会）

第六〇条 弁理士及び弁理士法人は、当然、弁理士会の会員となり、弁理士がその登録を抹消されたとき及び弁理士法人が解散したときは、当然、弁理士会を退会する。

（弁理士会の退会処分）

第六一条 弁理士会は、経済産業大臣の認可を受けて、弁理士会の秩序又は信用を害するおそれのある会員を退会させることができる。

（会則を守る義務）

第六二条 会員は、弁理士会の会則を守らなければならない。

（役員）

第六三条 弁理士会に、会長、副会長その他会則で定める役員を置く。

2 会長は、弁理士会を代表し、その会務を総理する。

3 副会長は、会長の定めるところにより、会長を補佐し、会長に事故があるときはその職務を代理し、会長が欠員のときはその職務を行う。

4 役員は、会則又は総会の決議によって禁止されていないときに限り、特定の行為の代理を他人に委任することができる。

（総会）

第六四条 弁理士会は、毎年、定期総会を開かなければならない。

2 弁理士会は、必要と認める場合には、臨時総会を開くことができる。

（総会の決議を必要とする事項）

第六五条 弁理士会の会則の変更、予算及び決算

は、総会の決議を経なければならない。

（総会の決議等の報告）

第六六条　弁理士会は、総会の決議並びに役員の就任及び退任を特許庁長官に報告しなければならない。

（紛議の調停）

第六七条　弁理士会は、会員の業務に関する紛議について、会員又は当事者その他関係人の請求により調停をすることができる。

（建議及び答申）

第六八条　弁理士会は、弁理士に係る業務又は制度について、経済産業大臣又は特許庁長官に建議し、又はその諮問に答申することができる。

（懲戒事由に該当する事実の報告）

第六九条　弁理士会は、その会員に第三十二条又は第五十四条の規定に該当する事実があると認めたときは、経済産業大臣に対し、その事実を報告するものとする。

2　第三十三条第二項の規定は、前項の報告があった場合について準用する。

（登録審査会）

第七〇条　弁理士会に、登録審査会を置く。

2　登録審査会は、弁理士会の請求により、第十九条第一項の規定による登録の拒否、第二十三条第一項の規定による登録の取消し又は第二十五条第一項の規定による登録の抹消について必要な審査を行うものとする。

3　登録審査会は、会長及び委員四人をもって組織する。

4　会長は、弁理士会の会長をもってこれに充てる。

5　委員は、会長が、経済産業大臣の承認を受けて、弁理士、弁理士に係る行政事務に従事する経済産業省の職員及び学識経験者のうちから委嘱する。

6　委員の任期は、二年とする。ただし、欠員が生じた場合の補欠の委員の任期は、前任者の残任期間とする。

7　前各項に規定するもののほか、登録審査会の組織及び運営に関し必要な事項は、政令で定め

る。

（報告及び検査）

第七一条　経済産業大臣は、弁理士会の適正な運営を確保するため必要があると認めるときは、弁理士会に対し、報告若しくは資料の提出を求め、又は当該職員に弁理士会の事務所に立ち入り、帳簿書類その他の物件を検査させることができる。

2　前項の規定により立入検査をしようとする職員は、その身分を示す証明書を携帯し、関係人の請求があったときは、これを提示しなければならない。

3　第一項の規定による立入検査の権限は、犯罪捜査のために認められたものと解してはならない。

（総会の決議の取消し）

第七二条　経済産業大臣は、弁理士会の総会の決議が法令又は弁理士会の会則に違反し、その他公益を害するときは、総会の決議の取消しを命ずることができる。

（一般社団法人及び一般財団法人に関する法律の準用）

第七三条　一般社団法人及び一般財団法人に関する法律第四条及び第七十八条の規定は、弁理士会について準用する。

（経済産業省令への委任）

第七四条　この法律に定めるもののほか、弁理士会に関し必要な事項は、経済産業省令で定める。

第八章　雑　則

（弁理士又は弁理士法人でない者の業務の制限）

第七五条　弁理士又は弁理士法人でない者は、他人の求めに応じ報酬を得て、特許、実用新案、意匠若しくは商標若しくは国際出願、意匠に係る国際登録出願若しくは商標に係る国際登録出願に関する特許庁における手続若しくは特許、実用新案、意匠若しくは商標に関する行政不服審査法の規定による審査請求若しくは裁定に関する経済産業大臣に対する手続についての代理（特許料の納付手続についての代理、特許原簿への登録の申請手続についての代理その他の政令で定めるものを除く。）又はこれらの手続に係る事項に関する鑑定若しくは政令で定める書類若しくは電磁的記録（電子的方式、磁気的方式その他の人の知覚によっては認識することができない方式で作られる記録であって、電子計算機による情報処理の用に供されるものをいう。）の作成を業とすることができない。

第七五条を次のように改める。

第七五条　弁理士又は弁理士法人でない者は、他人の求めに応じ報酬を得て、特許、実用新案、意匠若しくは商標若しくは国際出願、意匠に係る国際登録出願若しくは商標に係る国際登録出願に関する特許庁における手続若しくは特許、実用新案、意匠若しくは商標に関する行政不服審査法の規定による審査請求若しくは裁定に関する経済産業大臣に対する手続についての代理（特許料の納付手続についての代理、特許原簿への登録の申請手続についての代理その他の政令で定めるものを除く。）又はこれらの手続に係る事項に関する鑑定若しくは政令で定める書類若しくは電磁的記録の作成を業とすることができない。

（公布の日から起算して四年を超えない範囲内において政令で定める日から施行　令和四法四八）

（名称の使用制限）

第七六条　弁理士又は弁理士法人でない者は、弁理士若しくは特許事務所又はこれらに類似する名称を用いてはならない。

2　弁理士法人でない者は、弁理士法人又はこれに類似する名称を用いてはならない。

3　日本弁理士会でない団体は、日本弁理士会又はこれに類似する名称を用いてはならない。

（弁理士の使用人等の秘密を守る義務）

第七七条　弁理士若しくは弁理士法人の使用人その他の従業者又はこれらの者であった者は、正当な理由がなく、第四条から第六条の二までの業務を補助したことについて知り得た秘密を漏らし、又は盗用してはならない。

（弁理士に関する情報の公表）

第七七条の二　経済産業大臣及び日本弁理士会は、それぞれの保有する弁理士に関する情報のうち、弁理士に事務を依頼しようとする者がその選択を適切に行うために特に必要なものとして弁理士の個人情報の保護の必要性を考慮して経済産業省令で定めるものについて、公表するものとする。

2　前項の公表の方法及び手続については、経済産業省令で定める。

3　弁理士は、弁理士に事務を依頼しようとする者に対し、その適切な選択に資する情報を提供するよう努めなければならない。

第九章　罰　則

第七八条　弁理士となる資格を有しない者が、日本弁理士会に対し、その資格につき虚偽の申請をして弁理士登録簿に登録させたときは、一年以下の懲役又は百万円以下の罰金に処する。

> 第七八条を次のように改める。
>
> **第七八条**　弁理士となる資格を有しない者が、日本弁理士会に対し、その資格につき虚偽の申請をして弁理士登録簿に登録させたときは、一年以下の拘禁刑又は百万円以下の罰金に処する。
>
> （令和七年六月一日から施行　令和四法六八）

第七九条　次の各号のいずれかに該当する者は、一年以下の懲役又は百万円以下の罰金に処する。

一　第三十一条の三（第五十条において準用する場合を含む。）の規定に違反した者

二　第三十二条又は第五十四条第一項の規定による業務の停止の処分に違反した者

三　第七十五条の規定に違反した者

> 第七九条を次のように改める。
>
> **第七九条**　次の各号のいずれかに該当する者は、一年以下の拘禁刑又は百万円以下の罰金に処する。
>
> 一～三　（略）
>
> （令和七年六月一日から施行　令和四法六八）

第八〇条　第十六条の五第一項、第三十条又は第七十七条の規定に違反した者は、六月以下の懲役又は五十万円以下の罰金に処する。

2　前項の罪は、告訴がなければ公訴を提起することができない。

> 第八〇条第一項を次のように改める。
>
> **第八〇条**　第十六条の五第一項、第三十条又は第七十七条の規定に違反した者は、六月以下

の拘禁刑又は五十万円以下の罰金に処する。

2　（略）

（令和七年六月一日から施行　令和四法六八）

第八〇条の二　第十六条の十二第二項の規定による実務修習事務の停止の命令に違反したときは、その違反行為をした指定修習機関の役員又は職員は、六月以下の懲役又は五十万円以下の罰金に処する。

第八〇条の二を次のように改める。

第八〇条の二　第十六条の十二第二項の規定による実務修習事務の停止の命令に違反したときは、その違反行為をした指定修習機関の役員又は職員は、六月以下の拘禁刑又は五十万円以下の罰金に処する。

（令和七年六月一日から施行　令和四法六八）

第八一条　次の各号のいずれかに該当する者は、百万円以下の罰金に処する。

一　第七十一条第一項の規定による報告若しくは資料の提出をせず、若しくは虚偽の報告若しくは資料の提出をし、又は同項の規定による立入検査を拒み、妨げ、若しくは忌避した者

二　第七十六条の規定に違反した者

第八一条の二　第五十三条の二第六項において準用する会社法第九百五十五条第一項の規定に違反して、同項に規定する調査記録簿等に同項に規定する電子公告調査に関し法務省令で定めるものを記載せず、若しくは記録せず、若しくは虚偽の記載若しくは記録をし、又は当該調査記録簿等を保存しなかった者は、三十万円以下の罰金に処する。

第八一条の三　次の各号のいずれかに該当するときは、その違反行為をした指定修習機関の役員又は職員は、三十万円以下の罰金に処する。

一　第十六条の八の規定に違反して帳簿を備え置かず、帳簿に記載せず、若しくは帳簿に虚偽の記載をし、又は帳簿を保存しなかったと

き。

二　第十六条の十第一項の規定による報告若しくは資料の提出をせず、若しくは虚偽の報告若しくは資料の提出をし、又は同項の規定による立入検査を拒み、妨げ、若しくは忌避したとき。

三　第十六条の十一第一項の許可を受けないで、実務修習事務の全部を廃止したとき。

第八二条　法人の代表者又は法人若しくは人の代理人、使用人その他の従業者が、その法人又は人の業務に関して、第七十九条第一号（第五十条において準用する第三十一条の三に係る部分に限る。）、第二号（第五十四条第一項に係る部分に限る。）若しくは第三号、第八十一条又は第八十一条の二の違反行為をしたときは、その行為者を罰するほか、その法人又は人に対し、各本条の罰金刑を科する。

第八三条　第三十四条の規定（第五十四条第二項において準用する場合を含む。）による報告をせず、若しくは虚偽の報告をし、又は帳簿書類その他の物件の提出をしなかった者は、三十万円以下の過料に処する。

第八四条　次の各号のいずれかに該当する者は、百万円以下の過料に処する。

一　第五十三条の二第六項において準用する会社法第九百四十六条第三項の規定に違反して、報告をせず、又は虚偽の報告をした者

二　正当な理由がないのに、第五十三条の二第六項において準用する会社法第九百五十一条第二項各号又は第九百五十五条第二項各号に掲げる請求を拒んだ者

第八五条　次の各号のいずれかに該当する場合には、弁理士法人の社員若しくは清算人又は日本弁理士会の役員は、三十万円以下の過料に処する。

一　この法律に基づく政令の規定に違反して登記をすることを怠ったとき。

二　第五十三条の二第二項又は第五項の規定に違反して合併をしたとき。

三　第五十三条の二第六項において準用する会

社法第九百四十一条の規定に違反して同条の調査を求めなかったとき。

四　定款又は第五十五条第一項において準用する会社法第六百十五条第一項の会計帳簿若しくは第五十五条第一項において準用する同法第六百十七条第一項若しくは第二項の貸借対照表に記載し、若しくは記録すべき事項を記載せず、若しくは記録せず、又は虚偽の記載若しくは記録をしたとき。

五　第五十五条第二項において準用する会社法第六百五十六条第一項の規定に違反して破産手続開始の申立てを怠ったとき。

六　第五十五条第二項において準用する会社法第六百六十四条の規定に違反して財産を分配したとき。

七　第五十五条第二項において準用する会社法第六百七十条第二項又は第五項の規定に違反して財産を処分したとき。

経済施策を一体的に講ずることによる安全保障の確保の推進に関する法律（抄）

〔令和四年五月一八日
法律第四三号〕

第一章　総則

（目的）

第一条　この法律は、国際情勢の複雑化、社会経済構造の変化等に伴い、安全保障を確保するためには、経済活動に関して行われる国家及び国民の安全を害する行為を未然に防止する重要性が増大していることに鑑み、経済施策を一体的に講ずることによる安全保障の確保の推進に関する基本的な方針を策定するとともに、安全保障の確保に関する経済施策として、特定重要物資の安定的な供給の確保及び特定社会基盤役務の安定的な提供の確保に関する制度並びに特定重要技術の開発支援及び特許出願の非公開に関する制度を創設することにより、安全保障の確保に関する経済施策を総合的かつ効果的に推進することを目的とする。

（基本方針）

第二条　政府は、経済施策を一体的に講ずることによる安全保障の確保の推進に関する基本的な方針（以下「基本方針」という。）を定めなければならない。

2　基本方針においては、次に掲げる事項を定めるものとする。

一　経済施策を一体的に講ずることによる安全保障の確保の推進に関する基本的な事項

二　特定重要物資（第七条に規定する特定重要物資をいう。第六条において同じ。）の安定的な供給の確保及び特定社会基盤役務（第五十条第一項に規定する特定社会基盤役務をいう。第四十九条において同じ。）の安定的な提供の確保並びに特定重要技術（第六十一条に規定する特定重要技術をいう。第六十条において同じ。）の開発支援及び特許出願の非

公開（第六十五条第一項に規定する特許出願の非公開をいう。）に関する経済施策の一体的な実施に関する基本的な事項

三　安全保障の確保に関し、総合的かつ効果的に推進すべき経済施策（前号に掲げるものを除く。）に関する基本的な事項

四　前三号に掲げるもののほか、経済施策を一体的に講ずることによる安全保障の確保の推進に関し必要な事項

3　内閣総理大臣は、基本方針の案を作成し、閣議の決定を求めなければならない。

4　内閣総理大臣は、前項の規定による閣議の決定があったときは、遅滞なく、基本方針を公表しなければならない。

5　前二項の規定は、基本方針の変更について準用する。

（内閣総理大臣の勧告等）

第三条　内閣総理大臣は、安全保障の確保に関する経済施策の総合的かつ効果的な推進のため必要があると認めるときは、関係行政機関の長に対し、必要な資料又は情報の提供、説明、意見の表明その他必要な協力を求めることができる。

2　内閣総理大臣は、安全保障の確保に関する経済施策の総合的かつ効果的な推進のため特に必要があると認めるときは、関係行政機関の長に対し、必要な勧告をし、又はその勧告の結果とられた措置について報告を求めることができる。

3　内閣総理大臣は、安全保障の確保に関する経済施策の総合的かつ効果的な推進のため必要があると認めるときは、関係行政機関の長に対し、安全保障の確保に関する経済施策に資する情報を提供することができる。

（国の責務）

第四条　国は、基本方針に即して、安全保障の確保に関する経済施策を総合的かつ効果的に推進する責務を有する。

2　国の関係行政機関は、安全保障の確保に関する経済施策の実施に関し、相互に協力しなければならない。

3　国は、安全保障の確保に関する経済施策を総

合的かつ効果的に推進するために必要な資金の確保その他の措置を講ずるよう努めるものとする。

（この法律の規定による規制措置の実施に当たっての留意事項）

第五条　この法律の規定による規制措置は、経済活動に与える影響を考慮し、安全保障を確保するため合理的に必要と認められる限度において行わなければならない。

第五章　特許出願の非公開

（特許出願非公開基本指針）

第六五条　政府は、基本方針に基づき、特許法（昭和三十四年法律第百二十一号）の出願公開の特例に関する措置、同法第三十六条第一項の規定による特許出願に係る明細書、特許請求の範囲又は図面（以下この章において「明細書等」という。）に記載された発明に係る情報の適正管理その他公にすることにより外部から行われる行為によって国家及び国民の安全を損なう事態を生ずるおそれが大きい発明に係る情報の流出を防止するための措置（以下この条において「特許出願の非公開」という。）に関する基本指針（以下この条において「特許出願非公開基本指針」という。）を定めるものとする。

2　特許出願非公開基本指針においては、次に掲げる事項を定めるものとする。

一　特許出願の非公開に関する基本的な方向に

関する事項

二　次条第一項の規定に基づき政令で定める技術の分野に関する基本的な事項

三　保全指定（第七十条第二項に規定する保全指定をいう。次条第一項及び第六十七条において同じ。）に関する手続に関する事項

四　前三号に掲げるもののほか、特許出願の非公開に関し必要な事項

3　内閣総理大臣は、特許出願非公開基本指針の案を作成し、閣議の決定を求めなければならない。

4　内閣総理大臣は、前項の規定により特許出願非公開基本指針の案を作成するときは、あらかじめ、安全保障の確保に関する経済施策、産業技術その他特許出願の非公開に関し知見を有する者の意見を聴くとともに、産業活動に与える影響に配慮しなければならない。

5　内閣総理大臣は、第三項の規定による閣議の決定があったときは、遅滞なく、特許出願非公開基本指針を公表しなければならない。

6　前三項の規定は、特許出願非公開基本指針の変更について準用する。

（内閣総理大臣への送付）

第六六条　特許庁長官は、特許出願を受けた場合において、その明細書等に、公にすることにより外部から行われる行為によって国家及び国民の安全を損なう事態を生ずるおそれが大きい発明が含まれ得る技術の分野として国際特許分類（国際特許分類に関する千九百七十一年三月二十四日のストラスブール協定第一条に規定する国際特許分類をいう。）又はこれに準じて細分化したものに従い政令で定めるもの（以下この項において「特定技術分野」という。）に属する発明（その発明が特定技術分野のうち保全指定をした場合に産業の発達に及ぼす影響が大きいと認められる技術の分野として政令で定めるものに属する場合にあっては、政令で定める要件に該当するものに限る。）が記載されているときは、当該特

許出願の日から三月を超えない範囲内において政令で定める期間を経過する日までに、内閣府令・経済産業省令で定めるところにより、当該特許出願に係る書類を内閣総理大臣に送付するものとする。ただし、当該発明がその発明に関する技術の水準若しくは特徴又はその公開の状況に照らし、保全審査（次条第一項に規定する保全審査をいう。次項において同じ。）に付する必要がないことが明らかであると認めるときは、これを送付しないことができる。

2 特許出願人から、特許出願とともに、その明細書等に記載した発明が公にされることにより国家及び国民の安全を損なう事態を生ずるおそれが大きいものであるとして、内閣府令・経済産業省令で定めるところにより、保全審査に付することを求める旨の申出があったときも、前項と同様とする。過去にその申出をしたことにより保全審査に付され、次条第九項の規定による通知を受けたことがある者又はその者から特許を受ける権利を承継した者が当該通知に係る発明を明細書等に記載した特許出願をしたと認められるときも、同様とする。

3 特許庁長官は、第一項本文又は前項の規定による送付をしたときは、その送付をした旨を特許出願人に通知するものとする。

4 第一項に規定する特許出願が次の表の上欄に掲げる特許出願である場合における同項の規定の適用については、同項中「当該特許出願の日」とあるのは、同表の上欄に掲げる区分に応じそれぞれ同表の下欄に掲げる日（当該特許出願が同表の上欄に掲げる区分の二以上に該当するときは、その該当する区分に係る同表の下欄に定める日のうち最も遅い日）とする。

特許法第三十六条の二第二項に規定する外国語書面出願	当該特許出願に係る特許法第三十六条の二第二項に規定する翻訳文

	が提出された日（同条第四項又は第六項の規定により当該翻訳文が提出された場合にあっては、同条第七項の規定にかかわらず、当該翻訳文が現に提出された日）
特許法第三十八条の三第一項に規定する方法によりした特許出願	当該特許出願に係る特許法第三十八条の三第三項に規定する明細書及び図面並びに先の特許出願に関する書類が提出された日
特許法第三十八条の四第四項ただし書の場合（同条第五項に規定する場合を除く。）における同条第二項の補完をした特許出願	当該特許出願に係る特許法第三十八条の四第三項に規定する明細書等補完書が提出された日
特許法第四十四条第一項に規定する新たな特許出願	当該特許出願に係る特許法第四十四条第一項の規定による特許出願の分割の日
特許法第四十六条第一項の規定による出願の変更に係る特許出願	当該特許出願に係る特許法第四十六条第一項の規定による出願の変更の日

5　特許法第百八十四条の三第一項の規定により特許出願とみなされる国際出願については、第一項本文又は第二項の規定は、適用しない。

6　特許庁長官は、第一項本文又は第二項の規定による送付をするかどうかを判断するため必要があると認めるときは、特許出願人に対し、資料の提出及び説明を求めることができる。

7　特許庁長官が第一項本文若しくは第二項の

規定による送付をする場合に該当しないと判断し、若しくは当該送付がされずに第一項本文に規定する期間が経過するまでの間又は内閣総理大臣が第七十一条若しくは第七十七条第二項の規定による通知をするまでの間は、特許法第四十九条、第五十一条及び第六十四条第一項の規定は、適用しない。

8 特許庁長官は、第一項本文又は第二項の規定による送付をしてから第七十条第一項又は第七十一条の規定による通知を受けるまでの間に特許出願の放棄又は取下げがあったときは、その旨を内閣総理大臣に通知しなければならない。第一項本文又は第二項の規定による送付をしてから第七十一条又は第七十七条第二項の規定による通知を受けるまでの間に特許法第三十四条第四項又は第五項の規定による承継の届出があったときも、同様とする。

9 特許庁長官は、第一項本文又は第二項の規定による送付をしてから第七十条第一項又は第七十一条の規定による通知を受けるまでの間に特許出願を却下するときは、あらかじめ、その旨を内閣総理大臣に通知するものとする。

10 特許庁長官は、第一項本文又は第二項の規定による送付をする場合に該当しないと判断した場合において、特許出願人から内閣府令・経済産業省令で定めるところにより申出があったときは、これらの規定による送付をしない旨の判断をした旨を特許出願人に通知するものとする。

11 第一項の規定は、同項の規定に基づく政令の改正により新たに同項本文に規定する発明に該当することとなった発明を明細書等に記載した特許出願であって、その改正の際現に特許庁に係属しているものについては、適用しない。

（令和六年五月一日から施行（令和四法四三））

（内閣総理大臣による保全審査）

第六七条 内閣総理大臣は、前条第一項本文又は第二項の規定により特許出願に係る書類の送付を受けたときは、内閣府令で定めるところにより、当該特許出願に係る明細書等に公にすることにより外部から行われる行為によって国家及び国民の安全を損なう事態を生ずるおそれが大きい発明が記載され、かつ、そのおそれの程度及び保全指定をした場合に産業の発達に及ぼす影響その他の事情を考慮し、当該発明に係る情報の保全（当該情報が外部に流出しないようにするための措置をいう。第七十条第一項において同じ。）をすることが適当と認められるかどうかについての審査（以下この章において「保全審査」という。）をするものとする。

2　内閣総理大臣は、保全審査のため必要があると認めるときは、特許出願人その他の関係者に対し、資料の提出及び説明を求めることができる。

3　内閣総理大臣は、保全審査をするに当たっては、必要な専門的知識を有する国の機関に対し、保全審査に必要な資料又は情報の提供、説明その他必要な協力を求めることができる。

4　内閣総理大臣は、前項の規定により十分な資料又は情報が得られないときは、国の機関以外の専門的知識を有する者に対し、必要な資料又は情報の提供、説明その他必要な協力を求めることができる。この場合においては、当該専門的知識を有する者に発明の内容が開示されることにより特許出願人の利益が害されないよう、当該専門的知識を有する者の選定について配慮しなければならない。

5　内閣総理大臣は、前項の規定により国の機関以外の専門的知識を有する者に対し必要な資料又は情報の提供、説明その他必要な協力を求めるに当たり、必要があると認めるときは、その者（補助者の使用の申出がある場合には、その者及びその補助者。以下この項において同じ。）に明細書等に記載されている発明の内容を開示することができる。この場合においては、その者に対し、あらかじめ、第八項の規定の適用を受けることについて説明した上、当該開示を受けることについての同意を得なければならない。

6　内閣総理大臣は、保全指定をするかどうかの判断をするに当たり、必要があると認めるときは、あらかじめ、関係行政機関の長に協議することができる。

7　第四項及び第五項の規定は、前項の規定により協議を受けた関係行政機関の長について準用する。この場合において、第四項中「前項の規定により十分な資料又は情報が得られないとき」とあるのは、「第六項の規定による協議に応ずるための十分な資料又は情報を保有していないとき」と読み替えるものとする。

8　保全審査に関与する国の機関の職員及び第五項（前項において準用する場合を含む。）の規定により発明の内容の開示を受けた者は、正当な理由がなく、当該発明の内容に係る秘密を漏らし、又は盗用してはならない。

9　内閣総理大臣は、保全指定をしようとする場合には、特許出願人に対し、内閣府令で定めるところにより、第七十条第一項に規定する保全対象発明となり得る発明の内容を通知するとともに、特許出願を維持する場合には次に掲げる事項について記載した書類を提出するよう求めなければならない。

一　当該通知に係る発明に係る情報管理状況

二　特許出願人以外に当該通知に係る発明に係る情報の取扱いを認めた事業者がある場合にあっては、当該事業者

三　前二号に掲げるもののほか、内閣府令で定める事項

10　特許出願人は、特許出願を維持する場合には、前項の規定による通知を受けた日から十四日以内に、内閣府令で定めるところにより、同項に規定する書類を内閣総理大臣に提出しなければならない。

11　内閣総理大臣は、前項の規定により提出された書類の記載内容が相当でないと認めるときは、特許出願人に対し、相当の期間を定めて、その補正を求めることができる。

（令和六年五月一日から施行（令和四法四三））

（保全審査中の発明公開の禁止）

第六八条　特許出願人は、前条第九項の規定による通知を受けた場合は、第七十条第一項又は第七十一条の規定による通知を受けるまでの間は、当該前条第九項の規定による通知に係る発明の内容を公開してはならない。ただし、特許出願を放棄し、若しくは取り下げ、又は特許出願が却下されたときは、この限りでない。

（令和六年五月一日から施行（令和四法四三））

（保全審査の打切り）

第六九条　内閣総理大臣は、特許出願人が第六十七条第十項に規定する期間内に同条第九項に規定する書類を提出せず、若しくは同条第十一項の規定により定められた期間内に同項の規定による補正を行わなかったとき、前条の規定に違反したと認めるとき、又は不当な目的でみだりに第六十六条第二項前段の規定による申出をしたと認めるときは、保全審査を打ち切ることができる。

2　内閣総理大臣は、前項の規定により保全審査を打ち切るときは、あらかじめ、特許出願人に対し、その理由を通知し、相当の期間を指定して、弁明を記載した書面を提出する機会を与えなければならない。

3　内閣総理大臣は、第一項の規定により保全審査を打ち切ったときは、その旨を特許庁長官に通知するものとする。

4　特許庁長官は、前項の規定による通知を受けたときは、特許出願を却下するものとする。

（令和六年五月一日から施行（令和四法四三））

（保全指定）

第七〇条　内閣総理大臣は、保全審査の結果、第六十七条第一項に規定する明細書等に公にすることにより外部から行われる行為によって国家及び国民の安全を損なう事態を生ずるおそれが大きい発明が記載され、かつ、そのおそれの程度及び指定をした場合に産業の発達に及ぼす影響その他の事情を考慮し、当該発明に係る情報の保全をすることが適当と認めたときは、内閣府令で定めるところにより、当該発明を保全対象発明として指定し、特許出願人及び特許庁長官に通知するものとする。

2　内閣総理大臣は、前項の規定による指定（以下この章及び第八十八条において「保全指定」という。）をするときは、当該保全指定の日から起算して一年を超えない範囲内においてその保全指定の期間を定めるものとする。

3　内閣総理大臣は、保全指定の期間（この項の規定により保全指定の期間を延長した場合には、当該延長後の期間。以下この章において同じ。）が満了する日までに、保全指定を継続する必要があるかどうかを判断しなければならない。この場合において、継続する必要があると認めるときは、内閣府令で定めるところにより、一年を超えない範囲内において保全指定の期間を延長することができる。

4　第六十七条第二項から第八項までの規定は、前項前段の規定による判断をする場合について準用する。この場合において、同条第四項中「発明」とあり、及び同条第五項中「明細書等に記載されている発明」とあるのは「第七十条第一項に規定する保全対象発明」と、同条第八項中「規定により発明」とあるのは「規定により第七十条第一項に規定する保全対象発明」と、「当該発明」とあるのは「当該保全対象発明」と読み替えるものとする。

5　内閣総理大臣は、第三項後段の規定による延長をしたときは、その旨を第一項の規定による通知を受けた特許出願人（通知後に特許を受ける権利の移転があったときは、その承継人。以下この章において「指定特許出願人」という。）及び特許庁長官に通知するものとする。

（令和六年五月一日から施行（令和四法四三））

（保全指定をしない場合の通知）

第七一条　内閣総理大臣は、保全審査の結果、保全指定をする必要がないと認めたときは、その旨を特許出願人及び特許庁長官に通知するものとする。

（令和六年五月一日から施行（令和四法四三））

（特許出願の取下げ等の制限）

第七二条　指定特許出願人は、第七十七条第二項の規定による通知を受けるまでの間は、特許出願を放棄し、又は取り下げることができない。

2　指定特許出願人は、第七十七条第二項の規定による通知を受けるまでの間は、実用新案法（昭和三十四年法律第百二十三号）第十条第一項及び意匠法（昭和三十四年法律第百二十五号）第十三条第一項の規定にかかわらず、特許出願を実用新案登録出願又は意匠登録出願に変更することができない。

（令和六年五月一日から施行（令和四法四三））

（保全対象発明の実施の制限）

第七三条　指定特許出願人及び保全対象発明の内容を特許出願人から示された者その他保全対象発明の内容を職務上知り得た者であって当該保全対象発明について保全指定がされたことを知るものは、当該保全対象発明の実施（特許法第二条第三項に規定する実施をいう。以下この章及び第九十二条第一項第六号において同じ。）をしてはならない。ただし、指定特許出願人が当該実施について内閣総理大臣の許可を受けた場合は、この限りでない。

2　前項ただし書の規定による許可を受けようとする指定特許出願人は、許可を受けようとする実施の内容その他内閣府令で定める事項を記載した申請書を内閣総理大臣に提出しなければならない。

3　内閣総理大臣は、第一項ただし書の規定による許可の申請に係る実施により同項本文に規定する者以外の者が保全対象発明の内容を知るおそれがないと認めるときその他保全対象発明に係る情報の漏えいの防止の観点から内閣総理大臣が適当と認めるときは、同項ただし書の規定による許可をするものとする。

4　第一項ただし書の規定による許可には、保全対象発明に係る情報の漏えいの防止のために必要な条件を付することができる。

5　第六十七条第二項から第五項まで及び第八項の規定は、第一項ただし書の規定による許可について準用する。この場合において、同条第四項中「発明」とあり、及び同条第五項中「明細書等に記載されている発明」とあるのは「第七十条第一項に規定する保全対象発明」と、同条第八項中「規定により発明」とあるのは「規定により第七十条第一項に規定する保全対象発明」と、「当該発明」とあるのは「当該保全対象発明」と読み替えるものとする。

6　内閣総理大臣は、指定特許出願人が第一項の規定又は第四項の規定により許可に付された条件に違反して保全対象発明の実施をしたと認める場合であって、特許出願が却下されることが相当と認めるときは、その旨を特許庁長官及び指定特許出願人に通知するものとする。指定特許出願人が第七十五条第一項に規定する措置を十分に講じていなかったことにより、指定特許出願人以外の者が第一項の規定又は第四項の規定により許可に付された条件に違反して保全対象発明の実施をした場合も、同様とする。

7　内閣総理大臣は、前項の規定による通知をするときは、あらかじめ、指定特許出願人に対し、その理由を通知し、相当の期間を指定して、弁明を記載した書面を提出する機会を与えなければならない。

8　特許庁長官は、第六項の規定による通知を受けた場合には、第七十七条第二項の規定による通知を待って、特許出願を却下するものとする。

（令和六年五月一日から施行（令和四法四三））

（保全対象発明の開示禁止）

第七四条　指定特許出願人及び保全対象発明の内容を特許出願人から示された者その他保全対象発明の内容を職務上知り得た者であって当該保全対象発明について保全指定がされたことを知るものは、正当な理由がある場合を除き、保全対象発明の内容を開示してはならない。

2　内閣総理大臣は、指定特許出願人が前項の規定に違反して保全対象発明の内容を開示したと認める場合であって、特許出願が却下されることが相当と認めるときは、その旨を特許庁長官及び指定特許出願人に通知するものとする。指定特許出願人が次条第一項に規定する措置を十分に講じていなかったことにより、指定特許出願人以外の者が前項の規定に違反して保全対象発明の内容を開示した場合も、同様とする。

3　前条第七項及び第八項の規定は、前項の規定による通知について準用する。

（令和六年五月一日から施行（令和四法四三））

（保全対象発明の適正管理措置）

第七五条　指定特許出願人は、保全対象発明に係る情報を取り扱う者を適正に管理することその他保全対象発明に係る情報の漏えいの防止のために必要かつ適切なものとして内閣府令で定める措置を講じ、及び保全対象発明に係る情報の取扱いを認めた事業者（以下この章において「発明共有事業者」という。）をして、その措置を講じさせなければならない。

2　発明共有事業者は、指定特許出願人の指示に従い、前項に規定する措置を講じなければならない。

（令和六年五月一日から施行（令和四法四三））

（発明共有事業者の変更）

第七六条　指定特許出願人は、第六十七条第九項第二号に規定する事業者として同項に規定する書類に記載した事業者以外の事業者に新たに保全対象発明に係る情報の取扱いを認めるときは、あらかじめ、内閣府令で定めるところにより、内閣総理大臣の承認を受けなければならない。

2　指定特許出願人は、前項の場合を除き、発明共有事業者に保全対象発明に係る情報の取扱いを認めることをやめたときその他発明共有事業者について変更が生じたときは、内閣府令で定めるところにより、遅滞なく、その変更の内容を内閣総理大臣に届け出なければならない。

（令和六年五月一日から施行（令和四法四三））

（保全指定の解除等）

第七七条　内閣総理大臣は、保全指定を継続する必要がないと認めたときは、保全指定を解除するものとする。

2　内閣総理大臣は、前項の規定により保全指定を解除したとき、又は保全指定の期間が満了したときは、その旨を指定特許出願人及び特許庁長官に通知するものとする。

3　第六十七条第二項から第八項までの規定は、第一項の規定により保全指定を解除する場合について準用する。この場合において、同条第四項中「発明」とあり、及び同条第五項中「明細書等に記載されている発明」とあるのは「第七十条第一項に規定する保全対象発明」と、同条第八項中「規定により発明」とあるのは「規定により第七十条第一項に規定する保全対象発明」と、「当該発明」とあるのは「当該保全対象発明」と読み替えるものとする。

（令和六年五月一日から施行（令和四法四三））

（外国出願の禁止）

第七八条　何人も、日本国内でした発明であって公になっていないものが、第六十六条第一項本文に規定する発明であるときは、次条第四項の規定により、公にすることにより外部から行われる行為によって国家及び国民の安全に影響を及ぼすものでないことが明らかである旨の回答を受けた場合を除き、当該発明を記載した外国出願（外国における特許出願及び千九百七十年六月十九日にワシントンで作成された特許協力条約に基づく国際出願をいい、政令で定めるものを除く。以下この章において同じ。）をしてはならない。ただし、我が国において明細書等に当該発明を記載した特許出願をした場合であって、当該特許出願の日から十月を超えない範囲内において政令で定める期間を経過したとき（第七十条第一項の規定による通知を受けたとき及び当該期間を経過する前に当該特許出願が却下され、又は当該特許出願を放棄し、若しくは取り下げたときを除く。）、第六十六条第一項本文に規定する期間内に同条第三項の規定による通知が発せられなかったとき（当該期間を経過する前に当該特許出願が却下され、又は当該特許出願を放棄し、若しくは取り下げたときを除く。）及び同条第十項、第七十一条又は前条第二項の規定による通知を受けたときにおける当該特許出願に係る明細書等に記載された発明については、この限りでない。

2　指定特許出願人に対する前項の規定の適用については、同項中「第六十六条第一項本文に規定する発明」とあるのは、「第六十六条第一項本文に規定する発明（第七十条第一項の規定による通知を受けた特許出願に係る明細書等に記載された発明にあっては、保全対象発明）」とする。

3　第一項ただし書に規定する特許出願が次の表の上欄に掲げる特許出願である場合における同項ただし書の規定の適用については、同項ただし書中「当該特許出願の日」とあるのは、同表の上欄に掲げる区分に応じそれぞれ同表の下欄に掲げる日（当該特許出願が同表の上欄に掲げる区分の二以上に該当するときは、その該当する区分に係る同表の下欄に定める日のうち最も遅い日）とする。

特許法第三十六条の二第二項に規定する外国語書面出願	当該特許出願に係る特許法第三十六条の二第二項に規定する翻訳文が提出された日（同条第四項又は第六項の規定により当該翻訳文が提出された場合にあっては、同条第七項の規定にかかわらず、当該翻訳文が現に提出され

	た日）
特許法第三十八条の三第一項に規定する方法によりした特許出願	当該特許出願に係る特許法第三十八条の三第三項に規定する明細書及び図面並びに先の特許出願に関する書類が提出された日
特許法第三十八条の四第四項ただし書の場合（同条第五項に規定する場合を除く。）における同条第二項の補完をした特許出願	当該特許出願に係る特許法第三十八条の四第三項に規定する明細書等補完書が提出された日
特許法第四十六条第一項の規定による出願の変更に係る特許出願	当該特許出願に係る特許法第四十六条第一項の規定による出願の変更の日

4　特許庁長官は、特許法第百八十四条の三第一項の規定により特許出願とみなされる国際出願を受けた場合において、当該特許出願に係る明細書等に第六十六条第一項本文に規定する発明が記載されているときは、その旨を内閣総理大臣に通知するものとする。

5　内閣総理大臣は、特許庁長官が第六十六条第三項の規定による通知をした特許出願人（通知後に特許を受ける権利の移転があったときは、その承継人を含む。）が第一項の規定に違反して外国出願をしたと認める場合又は前項の規定による通知に係る国際出願が第一項の規定に違反するものであると認める場合であって、当該特許出願が却下されることが相当と認めるときは、その旨を特許庁長官及び特許出願人に通知するものとする。

6　第七十三条第七項の規定は、前項の規定による通知について準用する。

7　特許庁長官は、第五項の規定による通知を受けたときは、特許出願を却下するものとする。ただし、その特許出願が保全指定がされたものである場合にあっては、前条第二項の規定による通知を待って、特許出願を却下するものとする。

（令和六年五月一日から施行（令和四法四三））

（外国出願の禁止に関する事前確認）

第七九条　第六十六条第一項本文に規定する発明に該当し得る発明を記載した外国出願をしようとする者は、我が国において明細書等に当該発明を記載した特許出願をしていない場合に限り、内閣府令・経済産業省令で定めるところにより、特許庁長官に対し、その外国出願が前条第一項の規定により禁止されるものかどうかについて、確認を求めることができる。

2　特許庁長官は、前項の規定による求めを受けた場合において、当該求めに係る発明が第六十六条第一項本文に規定する発明に該当しないときは、遅滞なく、その旨を当該求めをした者に回答するものとする。

3　特許庁長官は、第一項の規定による求めを受けた場合において、当該求めに係る発明が第六十六条第一項本文に規定する発明に該当するときは、遅滞なく、内閣総理大臣に対し、公にすることにより外部から行われる行為によって国家及び国民の安全に影響を及ぼすものでないことが明らかかどうかにつき確認を求めるものとする。この場合において、当該確認を求められた内閣総理大臣は、遅滞なく、特許庁長官に回答するものとする。

4　特許庁長官は、前項の規定により回答を受けたときは、遅滞なく、第一項の規定による求めをした者に対し、当該求めに係る発明が第六十六条第一項本文に規定する発明に該当する旨及び当該回答の内容を回答するものとする。

5　第一項の規定により確認を求めようとする者は、手数料として、一件につき二万五千円を超えない範囲内で政令で定める額を国に納付しなければならない。

6　前項の規定による手数料の納付は、内閣府令・経済産業省令で定めるところにより、収入印紙をもってしなければならない。ただし、内閣府令・経済産業省令で定める場合には、内閣府令・経済産業省令で定めるところにより、現金をもって納めることができる。

7　前条第一項の規定の適用の有無については、産業競争力強化法（平成二十五年法律第九十八号）第七条の規定は、適用しない。

（令和六年五月一日から施行（令和四法四三））

（損失の補償）

第八〇条　国は、保全対象発明（保全指定が解除され、又は保全指定の期間が満了したものを含む。）について、第七十三条第一項ただし書の規定による許可を受けられなかったこと又は同条第四項の規定によりその許可に条件を付されたことその他保全指定を受けたことにより損失を受けた者に対して、通常生ずべき損失を補償する。

2　前項の規定による補償を受けようとする者は、内閣府令で定めるところにより、内閣総理大臣にこれを請求しなければならない。

3　内閣総理大臣は、前項の規定による請求があったときは、補償すべき金額を決定し、これを当該請求者に通知しなければならない。

4　第六十七条第二項から第四項まで及び第五項前段の規定（保全指定の期間内にあっては、これらの規定のほか、同項後段及び第八項の規定）は、内閣総理大臣が前項の規定による決定をする場合について準用する。この場合において、同条第四項中「発明」とあり、及び同条第五項中「明細書等に記載されている発明」とあるのは「第七十条第一項に規定する保全対象発明（保全指定が解除され、又は保全指定の期間が満了したものを含む。）」と、同条第八項中「規定により発明」とあるのは「規定により第七十条第一項に規定する保全対象発明（保全指定が解除され、又は保全指定の期間が満了したものを含む。）」と、「当該発明」とあるのは「当該保全対象発明」と読み替えるものとする。

5　第三項の規定による決定に不服がある者は、その通知を受けた日から六月以内に訴えをもって補償すべき金額の増額を請求することができる。

6　前項の訴えにおいては、国を被告とする。

（令和六年五月一日から施行（令和四法四三））

（後願者の通常実施権）

第八一条　指定特許出願人であって、保全指定がされた他の特許出願について出願公開がされた日前に、第六十六条第七項の規定により当該出願公開がされなかったため、自己の特許出願に係る発明が特許法第二十九条の二の規定により特許を受けることができないものであることを知らないで、日本国内において当該発明の実施である事業をしているもの又はその事業の準備をしているものは、その実施又は準備をしている発明及び事業の目的の範囲内において、その特許出願について拒絶をすべき旨の査定又は審決が確定した場合におけるその当該他の特許出願に係る特許権又はその際現に存する専用実施権について通常実施権を有する。

2　前項に規定する他の特許出願に係る特許権又は専用実施権を有する者は、同項の規定により通常実施権を有する者から相当の対価を受ける権利を有する。

（令和六年五月一日から施行（令和四法四三））

（特許法等の特例）

第八二条　特許法第四十一条第一項の規定による優先権の主張を伴う特許出願について、特許庁長官が第六十九条第四項、第七十三条第八項（第七十四条第三項において準用する場合を含む。）又は第七十八条第七項の規定によりその優先権の主張の基礎とした特許出願を却下した場合には、当該優先権の主張は、その効力を失うものとする。

2　保全指定がされた特許出願を基礎とする特許法第四十一条第一項の規定による優先権の主張を伴う特許出願がされた場合における同法第四十二条第一項の規定の適用については、

同項中「経済産業省令で定める期間を経過した時」とあるのは、「経済産業省令で定める期間を経過した時又は当該先の出願について、経済施策を一体的に講ずることによる安全保障の確保の推進に関する法律（令和四年法律第四十三号）第七十七条第二項の規定による通知を受けた時のうちいずれか遅い時」とする。

3　保全指定がされた場合における特許法第四十八条の三第一項の規定の適用については、同項中「その日から三年以内に」とあるのは、「その日から三年を経過した日又は経済施策を一体的に講ずることによる安全保障の確保の推進に関する法律（令和四年法律第四十三号）第七十七条第二項の規定による通知を受けた日から三月を経過した日のうちいずれか遅い日までに」とする。

4　保全指定がされた場合における特許法第六十七条第三項の規定の適用については、同項中「次の各号に掲げる期間」とあるのは、「次の各号に掲げる期間及び経済施策を一体的に講ずることによる安全保障の確保の推進に関する法律（令和四年法律第四十三号）第七十条第一項の規定による通知を受けた日から同法第七十七条第二項の規定による通知を受けた日までの期間」とする。

5　特許庁長官は、実用新案法第五条第一項の規定による実用新案登録出願を受けた場合において、当該実用新案登録出願に係る明細書、実用新案登録請求の範囲又は図面に保全対象発明が記載されているときは、同法第十四条第二項の規定にかかわらず、その保全指定が解除され、又は保全指定の期間が満了するまで、同項の規定による実用新案権の設定の登録をしてはならない。

（令和六年五月一日から施行（令和四法四三））

（勧告及び改善命令）

第八三条　内閣総理大臣は、指定特許出願人又は発明共有事業者が第七十五条の規定に違反した場合において保全対象発明に係る情報の漏えいを防ぐため必要があると認めるときは、当該者に対し、同条第一項に規定する措置をとるべき旨を勧告することができる。

2　内閣総理大臣は、前項の規定による勧告を受けた者が正当な理由がなくてその勧告に係る措置をとらなかったときは、当該者に対し、その勧告に係る措置をとるべきことを命ずることができる。

3　内閣総理大臣は、前二項の規定にかかわらず、指定特許出願人又は発明共有事業者が第七十五条の規定に違反した場合において保全対象発明の漏えいのおそれが切迫していると認めるときは、当該者に対し、同条第一項に規定する措置をとるべきことを命ずることができる。

（令和六年五月一日から施行（令和四法四三））

（報告徴収及び立入検査）

第八四条　内閣総理大臣は、この章の規定の施行に必要な限度において、指定特許出願人及び発明共有事業者に対し、保全対象発明の取扱いに関し、必要な報告若しくは資料の提出を求め、又はその職員に、当該者の事務所その他必要な場所に立ち入り、保全対象発明の取扱いに関し質問させ、若しくは帳簿、書類その他の物件を検査させることができる。

2　前項の規定により立入検査をする職員は、その身分を示す証明書を携帯し、関係人の請求があったときは、これを提示しなければならない。

3　第一項の規定による立入検査の権限は、犯罪捜査のために認められたものと解釈してはならない。

（令和六年五月一日から施行（令和四法四三））

（送達）

第八五条　この章に規定する手続に関し、送達をすべき書類は、内閣府令・経済産業省令で定める。

2　特許法第百九十条から第百九十二条までの規定は、前項の送達について準用する。

（令和六年五月一日から施行（令和四法四三））

第九二条　次の各号のいずれかに該当する場合には、当該違反行為をした者は、二年以下の懲役若しくは百万円以下の罰金に処し、又はこれを併科する。

一～五　（略）

六　第七十三条第一項の規定又は同条第四項の規定により許可に付された条件に違反して保全対象発明の実施をしたとき。

七　偽りその他不正の手段により第七十三条第一項ただし書の規定による許可又は第七十六条第一項の規定による承認を受けたとき。

八　第七十四条第一項の規定に違反して保全対象発明の内容を開示したとき。

2　前項第六号及び第八号の罪の未遂は、罰する。

3　第一項第六号及び第八号の罪は、日本国外においてこれらの号の罪を犯した者にも適用する。

第九二条第一項を次のとおり改める。

第九二条　次の各号のいずれかに該当する場合には、当該違反行為をした者は、二年以下の拘禁刑若しくは百万円以下の罰金に処し、又はこれを併科する。

（令和七年六月一日から施行（令和四法六八））

第九四条　第七十八条第一項の規定に違反して外国出願をしたとき（第九十二条第一項第八号に該当するときを除く。）は、当該違反行為をした者は、一年以下の懲役若しくは五十万円以下の罰金に処し、又はこれを併科する。

2　前項の罪は、日本国外において同項の罪を犯した者にも適用する。

（令和六年五月一日から施行（令和四法四三））

第九五条　次の各号のいずれかに該当する者は、一年以下の懲役又は五十万円以下の罰金に処する。

一　（略）

二　第六十七条第八項（第七十条第四項、第七十三条第五項、第七十七条第三項及び第八十条第四項において準用する場合を含む。）の規定に違反して秘密を漏らし、又は盗用した者（第九十二条第一項第六号又は第八号に該当する違反行為をした者を除く。）

2　前項第二号の罪は、日本国外において同号の罪を犯した者にも適用する。

（令和六年五月一日から施行（令和四法四三））

著作権法（昭和四五年五月六日法律第四八号）

最終改正　令和五法三三

目次

目次中第六章から第八章までを次のとおり改める。

（公布の日から起算して三年を超えない範囲内において政令で定める日から施行　令和五法三三）

第一章　総　則

第一節　通　則

（目的）

第一条　この法律は、著作物並びに実演、レコード、放送及び有線放送に関し著作者の権利及びこれに隣接する権利を定め、これらの文化的所産の公正な利用に留意しつつ、著作者等の権利の保護を図り、もつて文化の発展に寄与することを目的とする。

（定義）

第二条　この法律において、次の各号に掲げる用語の意義は、当該各号に定めるところによる。

一　著作物　思想又は感情を創作的に表現したものであつて、文芸、学術、美術又は音楽の範囲に属するものをいう。

二　著作者　著作物を創作する者をいう。

三　実演　著作物を、演劇的に演じ、舞い、演奏し、歌い、口演し、朗詠し、又はその他の方法により演ずること（これらに類する行為で、著作物を演じないが芸能的な性質を有するものを含む。）をいう。

四　実演家　俳優、舞踊家、演奏家、歌手その他実演を行う者及び実演を指揮し、又は演出する者をいう。

五　レコード　蓄音機用音盤、録音テープその他の物に音を固定したもの（音を専ら影像とともに再生することを目的とするものを除く。）をいう。

六　レコード製作者　レコードに固定されている音を最初に固定した者をいう。

七　商業用レコード　市販の目的をもつて製作されるレコードの複製物をいう。

七の二　公衆送信　公衆によつて直接受信されることを目的として無線通信又は有線電気通信の送信（電気通信設備で、その一の部分の設置の場所が他の部分の設置の場所と同一の構内（その構内が二以上の者の占有に属している場合には、同一の者の占有に属する区域内）にあるものによる送信（プログラムの著作物の送信を除く。）を除く。）を行うことをいう。

八　放送　公衆送信のうち、公衆によつて同一の内容の送信が同時に受信されることを目的として行う無線通信の送信をいう。

九　放送事業者　放送を業として行う者をいう。

九の二　有線放送　公衆送信のうち、公衆によつて同一の内容の送信が同時に受信されることを目的として行う有線電気通信の送信をいう。

九の三　有線放送事業者　有線放送を業として行う者をいう。

九の四　自動公衆送信　公衆送信のうち、公衆からの求めに応じ自動的に行うもの（放送又は有線放送に該当するものを除く。）をいう。

九の五　送信可能化　次のいずれかに掲げる行為により自動公衆送信し得るようにすることをいう。

イ　公衆の用に供されている電気通信回線に接続している自動公衆送信装置（公衆の用に供する電気通信回線に接続することにより、その記録媒体のうち自動公衆送信の用に供する部分（以下この号において「公衆送信用記録媒体」という。）に記録され、又は当該装置に入力される情報を自動公衆送信する機能を有する装置をいう。以下同じ。）の公衆送信用記録媒体に情報を記録し、情報が記録された記録媒体を当該自動公衆送信装置の公衆送信用記録媒体として加え、若しくは情報が記録された記録媒体を当該自動公衆送信装置の公衆送信用記録媒体に変換し、又は当該自動公衆送信装置に情報を入力すること。

ロ　その公衆送信用記録媒体に情報が記録され、又は当該自動公衆送信装置に情報が入力されている自動公衆送信装置について、公衆の用に供されている電気通信回線への接続（配線、自動公衆送信装置の始動、送受信用プログラムの起動その他の一連の行為により行われる場合には、当該一連の行為のうち最後のものをいう。）を行うこと。

九の六　特定入力型自動公衆送信　放送を受信して同時に、公衆の用に供されている電気通信回線に接続している自動公衆送信装置に情報を入力することにより行う自動公衆送信（当該自動公衆送信のために行う送信可能化を含む。）をいう。

九の七　放送同時配信等　放送番組又は有線放送番組の自動公衆送信（当該自動公衆送信のために行う送信可能化を含む。以下この号において同じ。）のうち、次のイからハまでに掲げる要件を備えるもの（著作権者、出版権者若しくは著作隣接権者（以下「著作権者等」という。）の利益を不当に害するおそれがあるもの又は広く国民が容易に視聴することが困難なものとして文化庁長官が総務大臣と協議して定めるもの及び特定入力型自動公衆送信を除く。）をいう。

イ　放送番組の放送又は有線放送番組の有線放送が行われた日から一週間以内（当該放送番組又は有線放送番組が同一の名称の下に一定の間隔で連続して放送され、又は有線放送されるものであつてその間隔が一週間を超えるものである場合には、一月以内でその間隔に応じて文化庁長官が定める期間内）に行われるもの（当該放送又は有線放送が行われるより前に行われるものを除く。）であること。

ロ　放送番組又は有線放送番組の内容を変更しないで行われるもの（著作権者等から当該自動公衆送信に係る許諾が得られていない部分を表示しないことその他のやむを得ない事情により変更されたものを除く。）であること。

ハ　当該自動公衆送信を受信して行う放送番組又は有線放送番組のデジタル方式の複製を防止し、又は抑止するための措置として文部科学省令で定めるものが講じられているものであること。

九の八　放送同時配信等事業者　人的関係又は資本関係において文化庁長官が定める密接な関係（以下単に「密接な関係」という。）を有する放送事業者又は有線放送事業者から放送番組又は有線放送番組の供給を受けて放送同時配信等を業として行う事業者をいう。

十　映画製作者　映画の著作物の製作に発意と責任を有する者をいう。

十の二　プログラム　電子計算機を機能させて一の結果を得ることができるようにこれに対する指令を組み合わせたものとして表現したものをいう。

十の三　データベース　論文、数値、図形その他の情報の集合物であつて、それらの情報を電子計算機を用いて検索することができるように体系的に構成したものをいう。

十一　二次的著作物　著作物を翻訳し、編曲し、若しくは変形し、又は脚色し、映画化し、その他翻案することにより創作した著作物をいう。

十二　共同著作物　二人以上の者が共同して創作した著作物であつて、その各人の寄与を分離して個別的に利用することができないものをいう。

十三　録音　音を物に固定し、又はその固定物を増製することをいう。

十四　録画　影像を連続して物に固定し、又はその固定物を増製することをいう。

十五　複製　印刷、写真、複写、録音、録画その他の方法により有形的に再製することをいい、次に掲げるものについては、それぞれ次に掲げる行為を含むものとする。

イ　脚本その他これに類する演劇用の著作物　当該著作物の上演、放送又は有線放送を録音し、又は録画すること。

ロ　建築の著作物　建築に関する図面に従つて建築物を完成すること。

十六　上演　演奏（歌唱を含む。以下同じ。）以外の方法により著作物を演ずることをいう。

十七　上映　著作物（公衆送信されるものを除く。）を映写幕その他の物に映写することをいい、これに伴つて映画の著作物において固定されている音を再生することを含むものとする。

十八　口述　朗読その他の方法により著作物を口頭で伝達すること（実演に該当するものを除く。）をいう。

十九　頒布　有償であるか又は無償であるかを問わず、複製物を公衆に譲渡し、又は貸与することをいい、映画の著作物又は映画の著作物において複製されている著作物にあつては、これらの著作物を公衆に提示することを目的として当該映画の著作物の複製物を譲渡し、又は貸与することを含むものとする。

二十　技術的保護手段　電子的方法、磁気的方法その他の人の知覚によつて認識することができない方法（次号及び第二十二号において「電磁的方法」という。）により、第十七条第一項に規定する著作者人格権若しくは著作権、出版権又は第八十九条第一項に規定する実演家人格権若しくは同条第六項に規定する著作隣接権（以下この号、第三十条第一項第二号、第百十三条第七項並びに第百二十条の二第一号及び第四号において「著作権等」という。）を侵害する行為の防止又は抑止（著作権等を侵害する行為の結果に著しい障害を生じさせることによる当該行為の抑止をいう。第三十条第一項第二号において同じ。）をする手段（著作権等を有する者の意思に基づくことなく用いられているものを除く。）であつて、著作物、実演、レコード、放送又は有線放送（以下「著作物等」という。）の利用（著作者又は実演家の同意を得ないで行つたとしたならば著作者人格権又は実演家人格権の侵害となるべき行為を含む。）に際し、これに用いられる機器が特定の反応をする信号を記録媒体に記録し、若しくは送信する方式又は当該機器が特定の変換を必要とするよう著作物、実演、レコード若しくは放送若しくは有線放送に係る音若しくは影像を変換して記録媒体に記録し、若しくは送信する方式によるものをいう。

二十一　技術的利用制限手段　電磁的方法により、著作物等の視聴（プログラムの著作物にあつては、当該著作物を電子計算機において実行する行為を含む。以下この号及び第百十三条第六項において同じ。）を制限する手段（著作権者等の意思に基づくことなく用いられているものを除く。）であつて、著作物等の視聴に際し、これに用いられる機器が特定の反応をする信号を記録媒体に記録し、若しくは送信する方式又は当該機器が特定の変換を必要とするよう著作物、実演、レコード若しくは放送若しくは有線放送に係る音若しくは影像を変換して記録媒体に記録し、若しくは送信する方式によるものをいう。

二十二　権利管理情報　第十七条第一項に規定する著作者人格権若しくは著作権、出版権又は第八十九条第一項から第四項までの権利（以下この号において「著作権等」という。）に関する情報であつて、イからハまでのいずれかに該当するもののうち、電磁的方法により著作物、実演、レコード又は放送若しくは有線放送に係る音若しくは影像とともに記録媒体に記録され、又は送信されるもの（著作物等の利用状況の把握、著作物等の利用の許諾に係る事務処理その他の著作権等の管理（電子計算機によるものに限る。）に用いられていないものを除く。）をいう。

イ　著作物等、著作権等を有する者その他政令で定める事項を特定する情報

ロ　著作物等の利用を許諾する場合の利用方法及び条件に関する情報

ハ　他の情報と照合することによりイ又はロに掲げる事項を特定することができることとなる情報

二十三　著作権等管理事業者　著作権等管理事業法（平成十二年法律第百三十一号）第二条第三項に規定する著作権等管理事業者をいう。

二十四　国内　この法律の施行地をいう。

二十五　国外　この法律の施行地外の地域をいう。
2　この法律にいう「美術の著作物」には、美術工芸品を含むものとする。
3　この法律にいう「映画の著作物」には、映画の効果に類似する視覚的又は視聴覚的効果を生じさせる方法で表現され、かつ、物に固定されている著作物を含むものとする。
4　この法律にいう「写真の著作物」には、写真の製作方法に類似する方法を用いて表現される著作物を含むものとする。
5　この法律にいう「公衆」には、特定かつ多数の者を含むものとする。
6　この法律にいう「法人」には、法人格を有しない社団又は財団で代表者又は管理人の定めがあるものを含むものとする。
7　この法律において、「上演」、「演奏」又は「口述」には、著作物の上演、演奏又は口述で録音され、又は録画されたものを再生すること（公衆送信又は上映に該当するものを除く。）及び著作物の上演、演奏又は口述を電気通信設備を用いて伝達すること（公衆送信に該当するものを除く。）を含むものとする。
8　この法律にいう「貸与」には、いずれの名義又は方法をもつてするかを問わず、これと同様の使用の権原を取得させる行為を含むものとする。
9　この法律において、第一項第七号の二、第八号、第九号の二、第九号の四、第九号の五、第九号の七若しくは第十三号から第十九号まで又は前二項に掲げる用語については、それぞれこれらを動詞の語幹として用いる場合を含むものとする。

（著作物の発行）

第三条　著作物は、その性質に応じ公衆の要求を満たすことができる相当程度の部数の複製物が、第二十一条に規定する権利を有する者若しくはその許諾（第六十三条第一項の規定による利用の許諾をいう。以下この項、次条第一項、第四条の二及び第六十三条を除き、以下この章及び次章において同じ。）を得た者又は第七十九条の出版権の設定を受けた者若しくはその複製許諾（第八十条第三項の規定による複製の許諾をいう。以下同じ。）を得た者によつて作成され、頒布された場合（第二十六条、第二十六条の二第一項又は第二十六条の三に規定する権利を有する者の権利を害しない場合に限る。）において、発行されたものとする。

2　二次的著作物である翻訳物の前項に規定する部数の複製物が第二十八条の規定により第二十一条に規定する権利と同一の権利を有する者又はその許諾を得た者によつて作成され、頒布された場合（第二十八条の規定により第二十六条、第二十六条の二第一項又は第二十六条の三に規定する権利と同一の権利を有する者の権利を害しない場合に限る。）には、その原著作物は、発行されたものとみなす。

3　著作物がこの法律による保護を受けるとしたならば前二項の権利を有すべき者又はその者からその著作物の利用の承諾を得た者は、それぞれ前二項の権利を有する者又はその許諾を得た者とみなして、前二項の規定を適用する。

（著作物の公表）

第四条　著作物は、発行され、又は第二十二条から第二十五条までに規定する権利を有する者若しくはその許諾（第六十三条第一項の規定による利用の許諾をいう。）を得た者若しくは第七十九条の出版権の設定を受けた者若しくはその公衆送信許諾（第八十条第三項の規定による公衆送信の許諾をいう。以下同じ。）を得た者によつて上演、演奏、上映、公衆送信、口述若しくは展示の方法で公衆に提示された場合（建築の著作物にあつては、第二十一条に規定する権利を有する者又はその許諾（第六十三条第一項の規定による利用の許諾をいう。）を得た者によつて建設された場合を含む。）において、公表されたものとする。

2　著作物は、第二十三条第一項に規定する権利を有する者又はその許諾を得た者若しくは第七十九条の出版権の設定を受けた者若しくはその公衆送信許諾を得た者によつて送信可能化された場合には、公表されたものとみなす。

3　二次的著作物である翻訳物が、第二十八条の規定により第二十二条から第二十四条までに規定する権利と同一の権利を有する者若しくはその許諾を得た者によつて上演、演奏、上映、公衆送信若しくは口述の方法で公衆に提示され、又は第二十八条の規定により第二十三条第一項に規定する権利と同一の権利を有する者若しくはその許諾を得た者によつて送信可能化された場合には、その原著作物は、公表されたものとみなす。

4　美術の著作物又は写真の著作物は、第四十五条第一項に規定する者によつて同項の展示が行われた場合には、公表されたものとみなす。

5　著作物がこの法律による保護を受けるとしたならば第一項から第三項までの権利を有すべき者又はその者からその著作物の利用の承諾を得た者は、それぞれ第一項から第三項までの権利を有する者又はその許諾を得た者とみなして、これらの規定を適用する。

（レコードの発行）

第四条の二　レコードは、その性質に応じ公衆の要求を満たすことができる相当程度の部数の複製物が、第九十六条に規定する権利を有する者又はその許諾（第百三条において準用する第六十三条第一項の規定による利用の許諾をいう。第四章第二節及び第三節において同じ。）を得た者によつて作成され、頒布された場合（第九十七条の二第一項又は第九十七条の三第一項に規定する権利を有する者の権利を害しない場合に限る。）において、発行されたものとする。

（条約の効力）

第五条　著作者の権利及びこれに隣接する権利に関し条約に別段の定めがあるときは、その規定による。

第二節　適用範囲

（保護を受ける著作物）

第六条　著作物は、次の各号のいずれかに該当するものに限り、この法律による保護を受ける。
一　日本国民（わが国の法令に基づいて設立された法人及び国内に主たる事務所を有する法人を含む。以下同じ。）の著作物
二　最初に国内において発行された著作物（最初に国外において発行されたが、その発行の日から三十日以内に国内において発行されたものを含む。）
三　前二号に掲げるもののほか、条約によりわが国が保護の義務を負う著作物

（保護を受ける実演）
第七条　実演は、次の各号のいずれかに該当するものに限り、この法律による保護を受ける。
一　国内において行われる実演
二　次条第一号又は第二号に掲げるレコードに固定された実演
三　第九条第一号又は第二号に掲げる放送において送信される実演（実演家の承諾を得て送信前に録音され、又は録画されているものを除く。）
四　第九条の二各号に掲げる有線放送において送信される実演（実演家の承諾を得て送信前に録音され、又は録画されているものを除く。）
五　前各号に掲げるもののほか、次のいずれかに掲げる実演
イ　実演家、レコード製作者及び放送機関の保護に関する国際条約〔平成元年一〇月条約第七号〕（以下「実演家等保護条約」という。）の締約国において行われる実演
ロ　次条第三号に掲げるレコードに固定された実演
ハ　第九条第三号に掲げる放送において送信される実演（実演家の承諾を得て送信前に録音され、又は録画されているものを除く。）
六　前各号に掲げるもののほか、次のいずれかに掲げる実演
イ　実演及びレコードに関する世界知的所有権機関条約〔平成一四年七月条約第八号〕

（以下「実演・レコード条約」という。）の締約国において行われる実演

ロ　次条第四号に掲げるレコードに固定された実演

七　前各号に掲げるもののほか、次のいずれかに掲げる実演

イ　世界貿易機関の加盟国において行われる実演

ロ　次条第五号に掲げるレコードに固定された実演

ハ　第九条第四号に掲げる放送において送信される実演（実演家の承諾を得て送信前に録音され、又は録画されているものを除く。）

八　前各号に掲げるもののほか、視聴覚的実演に関する北京条約の締約国の国民又は当該締約国に常居所を有する者である実演家に係る実演

（保護を受けるレコード）

第八条　レコードは、次の各号のいずれかに該当するものに限り、この法律による保護を受ける。

一　日本国民をレコード製作者とするレコード

二　レコードでこれに固定されている音が最初に国内において固定されたもの

三　前二号に掲げるもののほか、次のいずれかに掲げるレコード

イ　実演家等保護条約の締約国の国民（当該締約国の法令に基づいて設立された法人及び当該締約国に主たる事務所を有する法人を含む。以下同じ。）をレコード製作者とするレコード

ロ　レコードでこれに固定されている音が最初に実演家等保護条約の締約国において固定されたもの

四　前三号に掲げるもののほか、次のいずれかに掲げるレコード

イ　実演・レコード条約の締約国の国民（当該締約国の法令に基づいて設立された法人及び当該締約国に主たる事務所を有する法人を含む。以下同じ。）をレコード製作者

とするレコード

ロ　レコードでこれに固定されている音が最初に実演・レコード条約の締約国において固定されたもの

五　前各号に掲げるもののほか、次のいずれかに掲げるレコード

イ　世界貿易機関の加盟国の国民（当該加盟国の法令に基づいて設立された法人及び当該加盟国に主たる事務所を有する法人を含む。以下同じ。）をレコード製作者とするレコード

ロ　レコードでこれに固定されている音が最初に世界貿易機関の加盟国において固定されたもの

六　前各号に掲げるもののほか、許諾を得ないレコードの複製からのレコード製作者の保護に関する条約（昭和五三年一〇月条約第一七号）（第百二十一条の二第二号において「レコード保護条約」という。）により我が国が保護の義務を負うレコード

（保護を受ける放送）

第九条　放送は、次の各号のいずれかに該当するものに限り、この法律による保護を受ける。

一　日本国民である放送事業者の放送

二　国内にある放送設備から行なわれる放送

三　前二号に掲げるもののほか、次のいずれかに掲げる放送

イ　実演家等保護条約の締約国の国民である放送事業者の放送

ロ　実演家等保護条約の締約国にある放送設備から行われる放送

四　前三号に掲げるもののほか、次のいずれかに掲げる放送

イ　世界貿易機関の加盟国の国民である放送事業者の放送

ロ　世界貿易機関の加盟国にある放送設備から行われる放送

（保護を受ける有線放送）

第九条の二　有線放送は、次の各号のいずれかに該当するものに限り、この法律による保護を受

ける。

一　日本国民である有線放送事業者の有線放送（放送を受信して行うものを除く。次号において同じ。）

二　国内にある有線放送設備から行われる有線放送

第二章　著作者の権利

第一節　著　作　物

（著作物の例示）

第一〇条　この法律にいう著作物を例示すると、おおむね次のとおりである。

一　小説、脚本、論文、講演その他の言語の著作物

二　音楽の著作物

三　舞踊又は無言劇の著作物

四　絵画、版画、彫刻その他の美術の著作物

五　建築の著作物

六　地図又は学術的な性質を有する図面、図表、模型その他の図形の著作物

七　映画の著作物

八　写真の著作物

九　プログラムの著作物

2　事実の伝達にすぎない雑報及び時事の報道は、

前項第一号に掲げる著作物に該当しない。

3　第一項第九号に掲げる著作物に対するこの法律による保護は、その著作物を作成するために用いるプログラム言語、規約及び解法に及ばない。この場合において、これらの用語の意義は、次の各号に定めるところによる。

一　プログラム言語　プログラムを表現する手段としての文字その他の記号及びその体系をいう。

二　規約　特定のプログラムにおける前号のプログラム言語の用法についての特別の約束をいう。

三　解法　プログラムにおける電子計算機に対する指令の組合せの方法をいう。

（二次的著作物）

第一一条　二次的著作物に対するこの法律による保護は、その原著作物の著作者の権利に影響を及ぼさない。

（編集著作物）

第一二条　編集物（データベースに該当するものを除く。以下同じ。）でその素材の選択又は配列によつて創作性を有するものは、著作物として保護する。

2　前項の規定は、同項の編集物の部分を構成する著作物の著作者の権利に影響を及ぼさない。

（データベースの著作物）

第一二条の二　データベースでその情報の選択又は体系的な構成によつて創作性を有するものは、著作物として保護する。

2　前項の規定は、同項のデータベースの部分を構成する著作物の著作者の権利に影響を及ぼさない。

（権利の目的とならない著作物）

第一三条　次の各号のいずれかに該当する著作物は、この章の規定による権利の目的となることができない。

一　憲法その他の法令

二　国若しくは地方公共団体の機関、独立行政法人（独立行政法人通則法（平成十一年法律第百三号）第二条第一項に規定する独立行政法人をいう。以下同じ。）又は地方独立行政法人（地方独立行政法人法（平成十五年法律第百十八号）第二条第一項に規定する地方独立行政法人をいう。以下同じ。）が発する告示、訓令、通達その他これらに類するもの

三　裁判所の判決、決定、命令及び審判並びに行政庁の裁決及び決定で裁判に準ずる手続により行われるもの

四　前三号に掲げるものの翻訳物及び編集物で、国若しくは地方公共団体の機関、独立行政法人又は地方独立行政法人が作成するもの

第二節　著　作　者

（著作者の推定）

第一四条　著作物の原作品に、又は著作物の公衆への提供若しくは提示の際に、その氏名若しくは名称（以下「実名」という。）又はその雅号、筆名、略称その他実名に代えて用いられるもの（以下「変名」という。）として周知のものが著作者名として通常の方法により表示されている者は、その著作物の著作者と推定する。

（職務上作成する著作物の著作者）

第一五条　法人その他使用者（以下この条において「法人等」という。）の発意に基づきその法人等の業務に従事する者が職務上作成する著作物（プログラムの著作物を除く。）で、その法人等が自己の著作の名義の下に公表するものの著作者は、その作成の時における契約、勤務規則その他に別段の定めがない限り、その法人等とする。

2　法人等の発意に基づきその法人等の業務に従事する者が職務上作成するプログラムの著作物の著作者は、その作成の時における契約、勤務規則その他に別段の定めがない限り、その法人等とする。

（映画の著作物の著作者）

第一六条　映画の著作物の著作者は、その映画の著作物において翻案され、又は複製された小説、脚本、音楽その他の著作物の著作者を除き、制作、監督、演出、撮影、美術等を担当してその

映画の著作物の全体的形成に創作的に寄与した者とする。ただし、前条の規定の適用がある場合は、この限りでない。

第三節　権利の内容

第一款　総　　則

（著作者の権利）

第一七条　著作者は、次条第一項、第十九条第一項及び第二十条第一項に規定する権利（以下「著作者人格権」という。）並びに第二十一条から第二十八条までに規定する権利（以下「著作権」という。）を享有する。

2　著作者人格権及び著作権の享有には、いかなる方式の履行をも要しない。

第二款　著作者人格権

（公表権）

第一八条　著作者は、その著作物でまだ公表されていないもの（その同意を得ないで公表された著作物を含む。以下この条において同じ。）を公衆に提供し、又は提示する権利を有する。当該著作物を原著作物とする二次的著作物についても、同様とする。

2　著作者は、次の各号に掲げる場合には、当該各号に掲げる行為について同意したものと推定する。

一　その著作物でまだ公表されていないものの著作権を譲渡した場合　当該著作物をその著作権の行使により公衆に提供し、又は提示すること。

二　その美術の著作物又は写真の著作物でまだ公表されていないものの原作品を譲渡した場合　これらの著作物をその原作品による展示の方法で公衆に提示すること。

三　第二十九条の規定によりその映画の著作物の著作権が映画製作者に帰属した場合　当該著作物をその著作権の行使により公衆に提供し、又は提示すること。

3　著作者は、次の各号に掲げる場合には、当該各号に掲げる行為について同意したものとみなす。

一　その著作物でまだ公表されていないものを行政機関（行政機関の保有する情報の公開に関する法律（平成十一年法律第四十二号。以下「行政機関情報公開法」という。）第二条第一項に規定する行政機関をいう。以下同じ。）に提供した場合（行政機関情報公開法第九条第一項の規定による開示する旨の決定の時までに別段の意思表示をした場合を除く。）行政機関情報公開法の規定により行政機関の長が当該著作物を公衆に提供し、又は提示すること（当該著作物に係る歴史公文書等（公文書等の管理に関する法律（平成二十一年法律第六十六号。以下「公文書管理法」という。）第二条第六項に規定する歴史公文書等をいう。以下同じ。）が行政機関の長から公文書管理法第八条第一項の規定により国立公文書館等（公文書管理法第二条第三項に規定する国立公文書館等をいう。以下同じ。）に移管された場合（公文書管理法第十六条第一項の規定による利用をさせる旨の決定の時までに当該著作物の著作者が別段の意思表示をした場合を除く。）にあつては、公文書管理法第十六条第一項の規定により国立公文書館等の長（公文書管理法第十五条第一項に規定する国立公文書館等の長をいう。以下同じ。）が当該著作物を公衆に提供し、又は提示することを含む。）。

二　その著作物でまだ公表されていないものを独立行政法人等（独立行政法人等の保有する情報の公開に関する法律（平成十三年法律第百四十号。以下「独立行政法人等情報公開法」という。）第二条第一項に規定する独立行政法人等をいう。以下同じ。）に提供した場合（独立行政法人等情報公開法第九条第一項の規定による開示する旨の決定の時までに別段の意思表示をした場合を除く。）独立行政法人等情報公開法の規定により当該独立行政法人等が当該著作物を公衆に提供し、又は提示すること（当該著作物に係る歴史公文書等が当該独立行政法人等から公文書管理法第十一条第四項の規定により国立公文書館等に移管された場合（公文書管理法第十六条第一項の規定による利用をさせる旨の決定の時までに当該著作物の著作者が別段の意思表示をした場合を除く。）にあつては、公文書管理法第十六条第一項の規定により国立公文書館等の長が当該著作物を公衆に提供し、又は提示することを含む。）。

三　その著作物でまだ公表されていないものを地方公共団体又は地方独立行政法人に提供した場合（開示する旨の決定の時までに別段の意思表示をした場合を除く。）　情報公開条例（地方公共団体又は地方独立行政法人の保有する情報の公開を請求する住民等の権利について定める当該地方公共団体の条例をいう。以下同じ。）の規定により当該地方公共団体の機関又は地方独立行政法人が当該著作物を公衆に提供し、又は提示すること（当該著作物に係る歴史公文書等が当該地方公共団体又は地方独立行政法人から公文書管理条例（地方公共団体又は地方独立行政法人の保有する歴史公文書等の適切な保存及び利用について定める当該地方公共団体の条例をいう。以下同じ。）に基づき地方公文書館等（歴史公文書等の適切な保存及び利用を図る施設として公文書管理条例が定める施設をいう。以下同じ。）に移管された場合（公文書管理条例の規定（公文書管理法第十六条第一項の規定に相当する規定に限る。以下この条において同じ。）による利用をさせる旨の決定の時までに当該著作物の著作者が別段の意思表示をした場合を除く。）にあつては、公文書管理条例の規定により地方公文書館等の長（地方公文書館等が地方公共団体の施設である場合にあつてはその属する地方公共団体の長をいい、地方公文書館等が地方独立行政法人の施設である場合にあつてはその施設を設置した地方独立行政法人をいう。以下同じ。）が当該著作物を公衆に提供し、又は提示することを含む。）。

四　その著作物でまだ公表されていないものを国立公文書館等に提供した場合（公文書管理法第十六条第一項の規定による利用をさせる旨の決定の時までに別段の意思表示をした場合を除く。）　同項の規定により国立公文書館等の長が当該著作物を公衆に提供し、又は提示すること。

五　その著作物でまだ公表されていないものを地方公文書館等に提供した場合（公文書管理条例の規定による利用をさせる旨の決定の時までに別段の意思表示をした場合を除く。）　公文書管理条例の規定により地方公文書館等の長が当該著作物を公衆に提供し、又は提示すること。

4　第一項の規定は、次の各号のいずれかに該当するときは、適用しない。

一　行政機関情報公開法第五条の規定により行政機関の長が同条第一号ロ若しくはハ若しくは同条第二号ただし書に規定する情報が記録されている著作物でまだ公表されていないものを公衆に提供し、若しくは提示するとき、又は行政機関情報公開法第七条の規定により行政機関の長が著作物でまだ公表されていないものを公衆に提供し、若しくは提示するとき。

二　独立行政法人等情報公開法第五条の規定により独立行政法人等が同条第一号ロ若しくはハ若しくは同条第二号ただし書に規定する情報が記録されている著作物でまだ公表されていないものを公衆に提供し、若しくは提示するとき、又は独立行政法人等情報公開法第七条の規定により独立行政法人等が著作物でまだ公表されていないものを公衆に提供し、若しくは提示するとき。

三　情報公開条例（行政機関情報公開法第十三条第二項及び第三項の規定に相当する規定を設けているものに限る。第五号において同じ。）の規定により地方公共団体の機関又は地方独立行政法人が著作物でまだ公表されていないもの（行政機関情報公開法第五条第一号ロ又は同条第二号ただし書に規定する情報に相当する情報が記録されているものに限る。）を公衆に提供し、又は提示するとき。

四　情報公開条例の規定により地方公共団体の機関又は地方独立行政法人が著作物でまだ公表されていないもの（行政機関情報公開法第五条第一号ハに規定する情報に相当する情報が記録されているものに限る。）を公衆に提供し、又は提示するとき。

五　情報公開条例の規定で行政機関情報公開法第七条の規定に相当するものにより地方公共団体の機関又は地方独立行政法人が著作物でまだ公表されていないものを公衆に提供し、又は提示するとき。

六　公文書管理法第十六条第一項の規定により国立公文書館等の長が行政機関情報公開法第五条第一号ロ若しくはハ若しくは同条第二号ただし書に規定する情報又は独立行政法人等情報公開法第五条第一号ロ若しくはハ若しくは同条第二号ただし書に規定する情報が記録されている著作物でまだ公表されていないものを公衆に提供し、又は提示するとき。

七　公文書管理条例（公文書管理法第十八条第二項及び第四項の規定に相当する規定を設けているものに限る。）の規定により地方公文書館等の長が著作物でまだ公表されていないもの（行政機関情報公開法第五条第一号ロ又は同条第二号ただし書に規定する情報に相当する情報が記録されているものに限る。）を公衆に提供し、又は提示するとき。

八　公文書管理条例の規定により地方公文書館等の長が著作物でまだ公表されていないもの（行政機関情報公開法第五条第一号ハに規定する情報に相当する情報が記録されているものに限る。）を公衆に提供し、又は提示するとき。

（氏名表示権）

第一九条　著作者は、その著作物の原作品に、又はその著作物の公衆への提供若しくは提示に際し、その実名若しくは変名を著作者名として表示し、又は著作者名を表示しないこととする権利を有する。その著作物を原著作物とする二次的著作物の公衆への提供又は提示に際しての原著作物の著作者名の表示についても、同様とする。

2　著作物を利用する者は、その著作者の別段の意思表示がない限り、その著作物につきすでに著作者が表示しているところに従つて著作者名を表示することができる。

3　著作者名の表示は、著作物の利用の目的及び態様に照らし著作者が創作者であることを主張する利益を害するおそれがないと認められるときは、公正な慣行に反しない限り、省略することができる。

4　第一項の規定は、次の各号のいずれかに該当するときは、適用しない。

一　行政機関情報公開法、独立行政法人等情報公開法又は情報公開条例の規定により行政機関の長、独立行政法人等又は地方公共団体の機関若しくは地方独立行政法人が著作物を公衆に提供し、又は提示する場合において、当該著作物につき既にその著作者が表示しているところに従つて著作者名を表示するとき。

二　行政機関情報公開法第六条第二項の規定、独立行政法人等情報公開法第六条第二項の規定又は情報公開条例の規定で行政機関情報公開法第六条第二項の規定に相当するものにより行政機関の長、独立行政法人等又は地方公共団体の機関若しくは地方独立行政法人が著作物を公衆に提供し、又は提示する場合において、当該著作物の著作者名の表示を省略することとなるとき。

三　公文書管理法第十六条第一項の規定又は公文書管理条例の規定（同項の規定に相当する規定に限る。）により国立公文書館等の長又は地方公文書館等の長が著作物を公衆に提供し、又は提示する場合において、当該著作物につき既にその著作者が表示しているところに従つて著作者名を表示するとき。

（同一性保持権）

第二〇条　著作者は、その著作物及びその題号の同一性を保持する権利を有し、その意に反してこれらの変更、切除その他の改変を受けないものとする。

2　前項の規定は、次の各号のいずれかに該当する改変については、適用しない。

一　第三十三条第一項（同条第四項において準用する場合を含む。）、第三十三条の二第一項、第三十三条の三第一項又は第三十四条第一項の規定により著作物を利用する場合における用字又は用語の変更その他の改変で、学校教育の目的上やむを得ないと認められるもの

二　建築物の増築、改築、修繕又は模様替えによる改変

三　特定の電子計算機においては実行し得ないプログラムの著作物を当該電子計算機において実行し得るようにするため、又はプログラムの著作物を電子計算機においてより効果的に実行し得るようにするために必要な改変

四　前三号に掲げるもののほか、著作物の性質並びにその利用の目的及び態様に照らしやむを得ないと認められる改変

第三款　著作権に含まれる権利の種類

（複製権）

第二一条　著作者は、その著作物を複製する権利を専有する。

（上演権及び演奏権）

第二二条　著作者は、その著作物を、公衆に直接見せ又は聞かせることを目的として（以下「公に」という。）上演し、又は演奏する権利を専有する。

（上映権）

第二二条の二　著作者は、その著作物を公に上映する権利を専有する。

（公衆送信権等）

第二三条　著作者は、その著作物について、公衆

送信（自動公衆送信の場合にあつては、送信可能化を含む。）を行う権利を専有する。

2　著作者は、公衆送信されるその著作物を受信装置を用いて公に伝達する権利を専有する。

（口述権）

第二四条　著作者は、その言語の著作物を公に口述する権利を専有する。

（展示権）

第二五条　著作者は、その美術の著作物又はまだ発行されていない写真の著作物をこれらの原作品により公に展示する権利を専有する。

（頒布権）

第二六条　著作者は、その映画の著作物をその複製物により頒布する権利を専有する。

2　著作者は、映画の著作物において複製されているその著作物を当該映画の著作物の複製物により頒布する権利を専有する。

（譲渡権）

第二六条の二　著作者は、その著作物（映画の著作物を除く。以下この条において同じ。）をその原作品又は複製物（映画の著作物において複製されている著作物にあつては、当該映画の著作物の複製物を除く。以下この条において同じ。）の譲渡により公衆に提供する権利を専有する。

2　前項の規定は、著作物の原作品又は複製物で次の各号のいずれかに該当するものの譲渡による場合には、適用しない。

一　前項に規定する権利を有する者又はその許諾を得た者により公衆に譲渡された著作物の原作品又は複製物

二　第六十七条第一項若しくは第六十九条の規定による裁定又は万国著作権条約の実施に伴う著作権法の特例に関する法律（昭和三十一年法律第八十六号）第五条第一項の規定による許可を受けて公衆に譲渡された著作物の複製物

三　第六十七条の二第一項の規定の適用を受けて公衆に譲渡された著作物の複製物

四　前項に規定する権利を有する者又はその承

諾を得た者により特定かつ少数の者に譲渡された著作物の原作品又は複製物

五　国外において、前項に規定する権利に相当する権利を害することなく、又は同項に規定する権利に相当する権利を有する者若しくはその承諾を得た者により譲渡された著作物の原作品又は複製物

第二六条の二第二項第二号を次のとおり改める。

第二六条の二　（略）

2　前項の規定は、著作物の原作品又は複製物で次の各号のいずれかに該当するものの譲渡による場合には、適用しない。

一　（略）

二　第六十七条第一項、第六十七条の三第一項若しくは第六十九条第一項の規定による裁定又は万国著作権条約の実施に伴う著作権法の特例に関する法律（昭和三十一年法律第八十六号）第五条第一項の規定による許可を受けて公衆に譲渡された著作物の複製物

三～五　（略）

（公布の日から起算して三年を超えない範囲内において政令で定める日から施行　令和五法三三）

（貸与権）

第二六条の三　著作者は、その著作物（映画の著作物を除く。）をその複製物（映画の著作物において複製されている著作物にあつては、当該映画の著作物の複製物を除く。）の貸与により公衆に提供する権利を専有する。

（翻訳権、翻案権等）

第二七条　著作者は、その著作物を翻訳し、編曲し、若しくは変形し、又は脚色し、映画化し、その他翻案する権利を専有する。

（二次的著作物の利用に関する原著作者の権利）

第二八条　二次的著作物の原著作物の著作者は、当該二次的著作物の利用に関し、この款に規定する権利で当該二次的著作物の著作者が有するものと同一の種類の権利を専有する。

第四款　映画の著作物の著作権の帰属

第二九条　映画の著作物（第十五条第一項、次項又は第三項の規定の適用を受けるものを除く。）の著作権は、その著作者が映画製作者に対し当該映画の著作物の製作に参加することを約束しているときは、当該映画製作者に帰属する。

2　専ら放送事業者が放送又は放送同時配信等のための技術的手段として製作する映画の著作物（第十五条第一項の規定の適用を受けるものを除く。）の著作権のうち次に掲げる権利は、映画製作者としての当該放送事業者に帰属する。

一　その著作物を放送する権利及び放送されるその著作物について、有線放送し、特定入力型自動公衆送信を行い、又は受信装置を用いて公に伝達する権利

二　その著作物を放送同時配信等する権利及び放送同時配信等されるその著作物を受信装置を用いて公に伝達する権利

三　その著作物を複製し、又はその複製物により放送事業者に頒布する権利

3　専ら有線放送事業者が有線放送又は放送同時配信等のための技術的手段として製作する映画の著作物（第十五条第一項の規定の適用を受けるものを除く。）の著作権のうち次に掲げる権利は、映画製作者としての当該有線放送事業者に帰属する。

一　その著作物を有線放送する権利及び有線放送されるその著作物を受信装置を用いて公に伝達する権利

二　その著作物を放送同時配信等する権利及び放送同時配信等されるその著作物を受信装置を用いて公に伝達する権利

三　その著作物を複製し、又はその複製物により有線放送事業者に頒布する権利

第五款　著作権の制限

（私的使用のための複製）

第三〇条　著作権の目的となつている著作物（以

下この款において単に「著作物」という。）は、個人的に又は家庭内その他これに準ずる限られた範囲内において使用すること（以下「私的使用」という。）を目的とするときは、次に掲げる場合を除き、その使用する者が複製することができる。

一　公衆の使用に供することを目的として設置されている自動複製機器（複製の機能を有し、これに関する装置の全部又は主要な部分が自動化されている機器をいう。）を用いて複製する場合

二　技術的保護手段の回避（第二条第一項第二十号に規定する信号の除去若しくは改変その他の当該信号の効果を妨げる行為（記録又は送信の方式の変換に伴う技術的な制約によるものを除く。）を行うこと又は同号に規定する特定の変換を必要とするよう変換された著作物、実演、レコード若しくは放送若しくは有線放送に係る音若しくは影像の復元を行うことにより、当該技術的保護手段によつて防止される行為を可能とし、又は当該技術的保護手段によつて抑止される行為の結果に障害を生じないようにすること（著作権等を有する者の意思に基づいて行われるものを除く。）をいう。第百十三条第七項並びに第百二十条の二第一号及び第二号において同じ。）により可能となり、又はその結果に障害が生じないようになつた複製を、その事実を知りながら行う場合

三　著作権を侵害する自動公衆送信（国外で行われる自動公衆送信であつて、国内で行われたとしたならば著作権の侵害となるべきものを含む。）を受信して行うデジタル方式の録音又は録画（以下この号及び次項において「特定侵害録音録画」という。）を、特定侵害録音録画であることを知りながら行う場合

四　著作権（第二十八条に規定する権利（翻訳以外の方法により創作された二次的著作物に係るものに限る。）を除く。以下この号において同じ。）を侵害する自動公衆送信（国外で

行われる自動公衆送信であつて、国内で行われたとしたならば著作権の侵害となるべきものを含む。）を受信して行うデジタル方式の複製（録音及び録画を除く。以下この号において同じ。）（当該著作権に係る著作物のうち当該複製がされる部分の占める割合、当該部分が自動公衆送信される際の表示の精度その他の要素に照らし軽微なものを除く。以下この号及び次項において「特定侵害複製」という。）を、特定侵害複製であることを知りながら行う場合（当該著作物の種類及び用途並びに当該特定侵害複製の態様に照らし著作権者の利益を不当に害しないと認められる特別な事情がある場合を除く。）

2　前項第三号及び第四号の規定は、特定侵害録音録画又は特定侵害複製であることを重大な過失により知らないで行う場合を含むものと解釈してはならない。

3　私的使用を目的として、デジタル方式の録音又は録画の機能を有する機器（放送の業務のための特別の性能その他の私的使用に通常供されない特別の性能を有するもの及び録音機能付きの電話機その他の本来の機能に附属する機能として録音又は録画の機能を有するものを除く。）であつて政令で定めるものにより、当該機器によるデジタル方式の録音又は録画の用に供される記録媒体であつて政令で定めるものに録音又は録画を行う者は、相当な額の補償金を著作権者に支払わなければならない。

（付随対象著作物の利用）

第三〇条の二　写真の撮影、録音、録画、放送その他これらと同様に事物の影像又は音を複製し、又は複製を伴うことなく伝達する行為（以下この項において「複製伝達行為」という。）を行うに当たつて、その対象とする事物又は音（以下この項において「複製伝達対象事物等」という。）に付随して対象となる事物又は音（複製伝達対象事物等の一部を構成するものとして対象となる事物又は音を含む。以下この項において「付随対象事物等」という。）に係る著作物（当該複製伝達行為により作成され、又は伝達されるもの（以下この条において「作成伝達物」という。）のうち当該著作物の占める割合、当該作成伝達物における当該著作物の再製の精度その他の要素に照らし当該作成伝達物において当該著作物が軽微な構成部分となる場合における当該著作物に限る。以下この条において「付随対象著作物」という。）は、当該付随対象著作物の利用により利益を得る目的の有無、当該付随対象事物等の当該複製伝達対象事物等からの分離の困難性の程度、当該作成伝達物において当該付随対象著作物が果たす役割その他の要素に照らし正当な範囲内において、当該複製伝達行為に伴つて、いずれの方法によるかを問わず、利用することができる。ただし、当該付随対象著作物の種類及び用途並びに当該利用の態様に照らし著作権者の利益を不当に害することとなる場合は、この限りでない。

2　前項の規定により利用された付随対象著作物は、当該付随対象著作物に係る作成伝達物の利用に伴つて、いずれの方法によるかを問わず、利用することができる。ただし、当該付随対象著作物の種類及び用途並びに当該利用の態様に照らし著作権者の利益を不当に害することとなる場合は、この限りでない。

（検討の過程における利用）

第三〇条の三　著作権者の許諾を得て、又は第六十七条第一項、第六十八条第一項若しくは第六十九条の規定による裁定を受けて著作物を利用しようとする者は、これらの利用についての検討の過程（当該許諾を得、又は当該裁定を受ける過程を含む。）における利用に供することを目的とする場合には、その必要と認められる限度において、いずれの方法によるかを問わず、当該著作物を利用することができる。ただし、当該著作物の種類及び用途並びに当該利用の態様に照らし著作権者の利益を不当に害することとなる場合は、この限りでない。

第三〇条の三を次のとおり改める。

第三〇条の三　著作権者の許諾を得て、又は第六十七条第一項、第六十七条の三第一項、第六十八条第一項若しくは第六十九条第一項の規定による裁定を受けて著作物を利用しようとする者は、これらの利用についての検討の過程（当該許諾を得、又は当該裁定を受ける過程を含む。）における利用に供することを目的とする場合には、その必要と認められる限度において、いずれの方法によるかを問わず、当該著作物を利用することができる。ただし、当該著作物の種類及び用途並びに当該利用の態様に照らし著作権者の利益を不当に害することとなる場合は、この限りでない。

（公布の日から起算して三年を超えない範囲内において政令で定める日から施行　令和五法三三）

（著作物に表現された思想又は感情の享受を目的としない利用）

第三〇条の四　著作物は、次に掲げる場合その他の当該著作物に表現された思想又は感情を自ら享受し又は他人に享受させることを目的としない場合には、その必要と認められる限度において、いずれの方法によるかを問わず、利用することができる。ただし、当該著作物の種類及び用途並びに当該利用の態様に照らし著作権者の利益を不当に害することとなる場合は、この限りでない。

一　著作物の録音、録画その他の利用に係る技術の開発又は実用化のための試験の用に供する場合

二　情報解析（多数の著作物その他の大量の情報から、当該情報を構成する言語、音、影像その他の要素に係る情報を抽出し、比較、分類その他の解析を行うことをいう。第四十七条の五第一項第二号において同じ。）の用に供する場合

三　前二号に掲げる場合のほか、著作物の表現についての人の知覚による認識を伴うことなく当該著作物を電子計算機による情報処理の過程における利用その他の利用（プログラム

の著作物にあつては、当該著作物の電子計算機における実行を除く。）に供する場合

（図書館等における複製等）

第三一条　国立国会図書館及び図書、記録その他の資料を公衆の利用に供することを目的とする図書館その他の施設で政令で定めるもの（以下この条及び第百四条の十の四第三項において「図書館等」という。）においては、その営利を目的としない事業として、図書館等の図書、記録その他の資料（次項及び第六項において「図書館資料」という。）を用いて著作物を複製することができる。

一　図書館等の利用者の求めに応じ、その調査研究の用に供するために、公表された著作物の一部分（国若しくは地方公共団体の機関、独立行政法人又は地方独立行政法人が一般に周知させることを目的として作成し、その著作の名義の下に公表する広報資料、調査統計資料、報告書その他これらに類する著作物（次項及び次条第二項において「国等の周知目的資料」という。）その他の著作物の全部の複製物の提供が著作権者の利益を不当に害しないと認められる特別な事情があるものとして政令で定めるものにあつては、その全部）の複製物を一人につき一部提供する場合

二　図書館資料の保存のため必要がある場合

三　他の図書館等の求めに応じ、絶版その他これに準ずる理由により一般に入手することが困難な図書館資料（以下この条において「絶版等資料」という。）の複製物を提供する場合

2　特定図書館等においては、その営利を目的としない事業として、当該特定図書館等の利用者（あらかじめ当該特定図書館等にその氏名及び連絡先その他文部科学省令で定める情報（次項第三号及び第八項第一号において「利用者情報」という。）を登録している者に限る。第四項及び第百四条の十の四第四項において同じ。）の求めに応じ、その調査研究の用に供するために、公表された著作物の一部分（国等の周知目的資料その他の著作物の全部の公衆送信が著作権者

の利益を不当に害しないと認められる特別な事情があるものとして政令で定めるものにあつては、その全部）について、次に掲げる行為を行うことができる。ただし、当該著作物の種類（著作権者若しくはその許諾を得た者又は第七十九条の出版権の設定を受けた者若しくはその公衆送信許諾を得た者による当該著作物の公衆送信（放送又は有線放送を除き、自動公衆送信の場合にあつては送信可能化を含む。以下この条において同じ。）の実施状況を含む。第百四条の十の四第四項において同じ。）及び用途並びに当該特定図書館等が行う公衆送信の態様に照らし著作権者の利益を不当に害することとなる場合は、この限りでない。

一　図書館資料を用いて次号の公衆送信のために必要な複製を行うこと。

二　図書館資料の原本又は複製物を用いて公衆送信を行うこと（当該公衆送信を受信して作成された電磁的記録（電子的方式、磁気的方式その他人の知覚によつては認識することができない方式で作られる記録であつて、電子計算機による情報処理の用に供されるものをいう。以下同じ。）による著作物の提供又は提示を防止し、又は抑止するための措置として文部科学省令で定める措置を講じて行うものに限る。）。

3　前項に規定する特定図書館等とは、図書館等であつて次に掲げる要件を備えるものをいう。

一　前項の規定による公衆送信に関する業務を適正に実施するための責任者が置かれていること。

二　前項の規定による公衆送信に関する業務に従事する職員に対し、当該業務を適正に実施するための研修を行つていること。

三　利用者情報を適切に管理するために必要な措置を講じていること。

四　前項の規定による公衆送信のために作成された電磁的記録に係る情報が同項に定める目的以外の目的のために利用されることを防止し、又は抑止するために必要な措置として文部科学省令で定める措置を講じていること。

五　前各号に掲げるもののほか、前項の規定による公衆送信に関する業務を適正に実施するために必要な措置として文部科学省令で定める措置を講じていること。

4　第二項の規定により公衆送信された著作物を受信した特定図書館等の利用者は、その調査研究の用に供するために必要と認められる限度において、当該著作物を複製することができる。

5　第二項の規定により著作物の公衆送信を行う場合には、第三項に規定する特定図書館等を設置する者は、相当な額の補償金を当該著作物の著作権者に支払わなければならない。

6　第一項各号に掲げる場合のほか、国立国会図書館においては、図書館資料の原本を公衆の利用に供することによるその滅失、損傷若しくは汚損を避けるために当該原本に代えて公衆の利用に供するため、又は絶版等資料に係る著作物を次項若しくは第八項の規定により自動公衆送信（送信可能化を含む。以下この条において同じ。）に用いるため、電磁的記録を作成する場合には、必要と認められる限度において、当該図書館資料に係る著作物を記録媒体に記録することができる。

7　国立国会図書館は、絶版等資料に係る著作物について、図書館等又はこれに類する外国の施設で政令で定めるものにおいて公衆に提示することを目的とする場合には、前項の規定により記録媒体に記録された当該著作物の複製物を用いて自動公衆送信を行うことができる。この場合において、当該図書館等においては、その営利を目的としない事業として、次に掲げる行為を行うことができる。

一　当該図書館等の利用者の求めに応じ、当該利用者が自ら利用するために必要と認められる限度において、自動公衆送信された当該著作物の複製物を作成し、当該複製物を提供すること。

二　自動公衆送信された当該著作物を受信装置を用いて公に伝達すること（当該著作物の伝

達を受ける者から料金（いずれの名義をもつてするかを問わず、著作物の提供又は提示につき受ける対価をいう。第九項第二号及び第三十八条において同じ。）を受けない場合に限る。）。

8　国立国会図書館は、次に掲げる要件を満たすときは、特定絶版等資料に係る著作物について、第六項の規定により記録媒体に記録された当該著作物の複製物を用いて、自動公衆送信（当該自動公衆送信を受信して行う当該著作物のデジタル方式の複製を防止し、又は抑止するための措置として文部科学省令で定める措置を講じて行うものに限る。以下この項及び次項において同じ。）を行うことができる。

一　当該自動公衆送信が、当該著作物をあらかじめ国立国会図書館に利用者情報を登録している者（次号において「事前登録者」という。）の用に供することを目的とするものであること。

二　当該自動公衆送信を受信しようとする者が当該自動公衆送信を受信する際に事前登録者であることを識別するための措置を講じていること。

9　前項の規定による自動公衆送信を受信した者は、次に掲げる行為を行うことができる。

一　自動公衆送信された当該著作物を自ら利用するために必要と認められる限度において複製すること。

二　次のイ又はロに掲げる場合の区分に応じ、当該イ又はロに定める要件に従つて、自動公衆送信された当該著作物を受信装置を用いて公に伝達すること。

イ　個人的に又は家庭内において当該著作物が閲覧される場合の表示の大きさと同等のものとして政令で定める大きさ以下の大きさで表示する場合　営利を目的とせず、かつ、当該著作物の伝達を受ける者から料金を受けずに行うこと。

ロ　イに掲げる場合以外の場合　公共の用に供される施設であつて、国、地方公共団体又は一般社団法人若しくは一般財団法人その他の営利を目的としない法人が設置するもののうち、自動公衆送信された著作物の公の伝達を適正に行うために必要な法に関する知識を有する職員が置かれているものにおいて、営利を目的とせず、かつ、当該著作物の伝達を受ける者から料金を受けずに行うこと。

10　第八項の特定絶版等資料とは、第六項の規定により記録媒体に記録された著作物に係る絶版等資料のうち、著作権者若しくはその許諾を得た者又は第七十九条の出版権の設定を受けた者若しくはその複製許諾若しくは公衆送信許諾を得た者の申出を受けて、国立国会図書館の館長が当該申出のあつた日から起算して三月以内に絶版等資料に該当しなくなる蓋然性が高いと認めた資料を除いたものをいう。

11　前項の申出は、国立国会図書館の館長に対し、当該申出に係る絶版等資料が当該申出のあつた日から起算して三月以内に絶版等資料に該当しなくなる蓋然性が高いことを疎明する資料を添えて行うものとする。

（引用）

第三二条　公表された著作物は、引用して利用することができる。この場合において、その引用は、公正な慣行に合致するものであり、かつ、報道、批評、研究その他の引用の目的上正当な範囲内で行なわれるものでなければならない。

2　国等の周知目的資料は、説明の材料として新聞紙、雑誌その他の刊行物に転載することができる。ただし、これを禁止する旨の表示がある場合は、この限りでない。

（教科用図書等への掲載）

第三三条　公表された著作物は、学校教育の目的上必要と認められる限度において、教科用図書（学校教育法（昭和二十二年法律第二十六号）第三十四条第一項（同法第四十九条、第四十九条の八、第六十二条、第七十条第一項及び第八十二条において準用する場合を含む。）に規定する教科用図書をいう。以下同じ。）に掲載することができる。

2　前項の規定により著作物を教科用図書に掲載する者は、その旨を著作者に通知するとともに、同項の規定の趣旨、著作物の種類及び用途、通常の使用料の額その他の事情を考慮して文化庁長官が定める算出方法により算出した額の補償金を著作権者に支払わなければならない。

3　文化庁長官は、前項の算出方法を定めたときは、これをインターネットの利用その他の適切な方法により公表するものとする。

4　前三項の規定は、高等学校（中等教育学校の後期課程を含む。）の通信教育用学習図書及び教科用図書に係る教師用指導書（当該教科用図書を発行する者の発行に係るものに限る。）への著作物の掲載について準用する。

（教科用図書代替教材への掲載等）

第三三条の二　教科用図書に掲載された著作物は、学校教育の目的上必要と認められる限度において、教科用図書代替教材（学校教育法第三十四条第二項又は第三項（これらの規定を同法第四十九条、第四十九条の八、第六十二条、第七十条第一項及び第八十二条において準用する場合を含む。以下この項において同じ。）の規定により教科用図書に代えて使用することができる同法第三十四条第二項に規定する教材をいう。以下この項及び次項において同じ。）に掲載し、及び教科用図書代替教材の当該使用に伴っていずれの方法によるかを問わず利用することができる。

2　前項の規定により教科用図書に掲載された著作物を教科用図書代替教材に掲載しようとする者は、あらかじめ当該教科用図書を発行する者にその旨を通知するとともに、同項の規定の趣旨、同項の規定による著作物の利用の態様及び利用状況、前条第二項に規定する補償金の額その他の事情を考慮して文化庁長官が定める算出方法により算出した額の補償金を著作権者に支払わなければならない。

3　文化庁長官は、前項の算出方法を定めたときは、これをインターネットの利用その他の適切な方法により公表するものとする。

（教科用拡大図書等の作成のための複製等）

第三三条の三　教科用図書に掲載された著作物は、視覚障害、発達障害その他の障害により教科用図書に掲載された著作物を使用することが困難な児童又は生徒の学習の用に供するため、当該教科用図書に用いられている文字、図形等の拡大その他の当該児童又は生徒が当該著作物を使用するために必要な方式により複製することができる。

2　前項の規定により複製する教科用の図書その他の複製物（点字により複製するものを除き、当該教科用図書に掲載された著作物の全部又は相当部分を複製するものに限る。以下この項において「教科用拡大図書等」という。）を作成しようとする者は、あらかじめ当該教科用図書を発行する者にその旨を通知するとともに、営利を目的として当該教科用拡大図書等を頒布する場合にあつては、第三十三条第二項に規定する補償金の額に準じて文化庁長官が定める算出方法により算出した額の補償金を当該著作物の著作権者に支払わなければならない。

3　文化庁長官は、前項の算出方法を定めたときは、これをインターネットの利用その他の適切な方法により公表するものとする。

4　障害のある児童及び生徒のための教科用特定図書等の普及の促進等に関する法律（平成二十年法律第八十一号）第五条第一項又は第二項の規定により教科用図書に掲載された著作物に係る電磁的記録の提供を行う者は、その提供のために必要と認められる限度において、当該著作物を利用することができる。

（学校教育番組の放送等）

第三四条　公表された著作物は、学校教育の目的上必要と認められる限度において、学校教育に関する法令の定める教育課程の基準に準拠した学校向けの放送番組又は有線放送番組において放送し、有線放送し、地域限定特定入力型自動公衆送信（特定入力型自動公衆送信のうち、専ら当該放送に係る放送対象地域（放送法（昭和二十五年法律第百三十二号）第九十一条第二項第二号に規定する放送対象地域をいい、これが定められていない放送にあつては、電波法（昭和二十五年法律第百三十一号）第十四条第三項第二号に規定する放送区域をいう。）において受信されることを目的として行われるものをいう。以下同じ）を行い、又は放送同時配信等（放送事業者、有線放送事業者又は放送同時配信等事業者が行うものに限る。第三十八条第三項、第三十九条並びに第四十条第二項及び第三項において同じ。）を行い、及び当該放送番組用又は有線放送番組用の教材に掲載することができる。

2　前項の規定により著作物を利用する者は、その旨を著作者に通知するとともに、相当な額の補償金を著作権者に支払わなければならない。

（学校その他の教育機関における複製等）

第三五条　学校その他の教育機関（営利を目的として設置されているものを除く。）において教育を担任する者及び授業を受ける者は、その授業の過程における利用に供することを目的とする場合には、その必要と認められる限度において、公表された著作物を複製し、若しくは公衆送信（自動公衆送信の場合にあつては、送信可能化を含む。以下この条において同じ。）を行い、又は公表された著作物であつて公衆送信されるものを受信装置を用いて公に伝達することができる。ただし、当該著作物の種類及び用途並びに当該複製の部数及び当該複製、公衆送信又は伝達の態様に照らし著作権者の利益を不当に害することとなる場合は、この限りでない。

2　前項の規定により公衆送信を行う場合には、同項の教育機関を設置する者は、相当な額の補償金を著作権者に支払わなければならない。

3　前項の規定は、公表された著作物について、第一項の教育機関における授業の過程において、当該授業を直接受ける者に対して当該著作物をその原作品若しくは複製物を提供し、若しくは提示して利用する場合又は当該著作物を第三十八条第一項の規定により上演し、演奏し、上映し、若しくは口述して利用する場合において、当該授業が行われる場所以外の場所において当該授業を同時に受ける者に対して公衆送信を行うときには、適用しない。

（試験問題としての複製等）

第三六条　公表された著作物については、入学試験その他人の学識技能に関する試験又は検定の目的上必要と認められる限度において、当該試験又は検定の問題として複製し、又は公衆送信（放送又は有線放送を除き、自動公衆送信の場合にあつては送信可能化を含む。次項において同じ。）を行うことができる。ただし、当該著作物の種類及び用途並びに当該公衆送信の態様に照らし著作権者の利益を不当に害することとなる場合は、この限りでない。

2　営利を目的として前項の複製又は公衆送信を行う者は、通常の使用料の額に相当する額の補償金を著作権者に支払わなければならない。

（視覚障害者等のための複製等）

第三七条　公表された著作物は、点字により複製することができる。

2　公表された著作物については、電子計算機を用いて点字を処理する方式により、記録媒体に記録し、又は公衆送信（放送又は有線放送を除き、自動公衆送信の場合にあつては送信可能化を含む。次項において同じ。）を行うことができる。

3　視覚障害その他の障害により視覚による表現の認識が困難な者（以下この項及び第百二条第四項において「視覚障害者等」という。）の福祉に関する事業を行う者で政令で定めるものは、公表された著作物であつて、視覚によりその表現が認識される方式（視覚及び他の知覚により認識される方式を含む。）により公衆に提供され、又は提示されているもの（当該著作物以外の著作物で、当該著作物において複製されているものその他当該著作物と一体として公衆に提供され、又は提示されているものを含む。以下この項及び同条第四項において「視覚著作物」という。）について、専ら視覚障害者等で当該方式によつては当該視覚著作物を利用することが困難な者の用に供するために必要と認められる限度において、当該視覚著作物に係る文字を音声にすることその他当該視覚障害者等が利用するために必要な方式により、複製し、又は公衆送信を行うことができる。ただし、当該視覚著作物について、著作権者又はその許諾を得た者若しくは第七十九条の出版権の設定を受けた者若しくはその複製許諾若しくは公衆送信許諾を得た者により、当該方式による公衆への提供又は提示が行われている場合は、この限りでない。

（聴覚障害者等のための複製等）

第三七条の二　聴覚障害者その他聴覚による表現の認識に障害のある者（以下この条及び次条第五項において「聴覚障害者等」という。）の福祉に関する事業を行う者で次の各号に掲げる利用の区分に応じて政令で定めるものは、公表された著作物であつて、聴覚によりその表現が認識される方式（聴覚及び他の知覚により認識される方式を含む。）により公衆に提供され、又は提示されているもの（当該著作物以外の著作物で、当該著作物において複製されているものその他当該著作物と一体として公衆に提供され、又は提示されているものを含む。以下この条において「聴覚著作物」という。）について、専ら聴覚障害者等で当該方式によつては当該聴覚著作物を利用することが困難な者の用に供するために必要と認められる限度において、それぞれ当該各号に掲げる利用を行うことができる。ただし、当該聴覚著作物について、著作権者又はその許諾を得た者若しくは第七十九条の出版権の設定を受けた者若しくはその複製許諾若しくは公衆送信許諾を得た者により、当該聴覚障害者等が利用するために必要な方式による公衆への提供又は提示が行われている場合は、この限りでない。

一　当該聴覚著作物に係る音声について、これを文字にすることその他当該聴覚障害者等が利用するために必要な方式により、複製し、又は自動公衆送信（送信可能化を含む。）を行うこと。

二　専ら当該聴覚障害者等向けの貸出しの用に供するため、複製すること（当該聴覚著作物に係る音声を文字にすることその他当該聴覚障害者等が利用するために必要な方式による当該音声の複製と併せて行うものに限る。）。

（営利を目的としない上演等）

第三八条　公表された著作物は、営利を目的とせず、かつ、聴衆又は観衆から料金を受けない場合には、公に上演し、演奏し、上映し、又は口述することができる。ただし、当該上演、演奏、上映又は口述について実演家又は口述を行う者に対し報酬が支払われる場合は、この限りでない。

2　放送される著作物は、営利を目的とせず、かつ、聴衆又は観衆から料金を受けない場合には、有線放送し、又は地域限定特定入力型自動公衆送信を行うことができる。

3　放送され、有線放送され、特定入力型自動公衆送信が行われ、又は放送同時配信等（放送又は有線放送が終了した後に開始されるものを除く。）が行われる著作物は、営利を目的とせず、かつ、聴衆又は観衆から料金を受けない場合には、受信装置を用いて公に伝達することができる。通常の家庭用受信装置を用いてする場合も、同様とする。

4　公表された著作物（映画の著作物を除く。）は、営利を目的とせず、かつ、その複製物の貸与を受ける者から料金を受けない場合には、その複製物（映画の著作物において複製されている著作物にあつては、当該映画の著作物の複製物を除く。）の貸与により公衆に提供することができる。

5　映画フィルムその他の視聴覚資料を公衆の利用に供することを目的とする視聴覚教育施設その他の施設（営利を目的として設置されているものを除く。）で政令で定めるもの及び聴覚障害者等の福祉に関する事業を行う者で前条の政令で定めるもの（同条第二号に係るものに限り、営利を目的として当該事業を行うものを除く。）

は、公表された映画の著作物を、その複製物の貸与を受ける者から料金を受けない場合には、その複製物の貸与により頒布することができる。この場合において、当該頒布を行う者は、当該映画の著作物又は当該映画の著作物において複製されている著作物につき第二十六条に規定する権利を有する者（第二十八条の規定により第二十六条に規定する権利と同一の権利を有する者を含む。）に相当な額の補償金を支払わなければならない。

（時事問題に関する論説の転載等）

第三九条　新聞紙又は雑誌に掲載して発行された政治上、経済上又は社会上の時事問題に関する論説（学術的な性質を有するものを除く。）は、他の新聞紙若しくは雑誌に転載し、又は放送し、有線放送し、地域限定特定入力型自動公衆送信を行い、若しくは放送同時配信等を行うことができる。ただし、これらの利用を禁止する旨の表示がある場合は、この限りでない。

2　前項の規定により放送され、有線放送され、地域限定特定入力型自動公衆送信が行われ、又は放送同時配信等が行われる論説は、受信装置を用いて公に伝達することができる。

第四〇条第一項を次にとおり改める。

（公開の演説等の利用）

第四〇条　公開して行われた政治上の演説又は陳述並びに裁判手続及び行政審判手続（行政庁の行う審判その他裁判に準ずる手続をいう。第四十一条の二において同じ。）における公開の陳述は、同一の著作者のものを編集して利用する場合を除き、いずれの方法によるかを問わず、利用することができる。

2　国若しくは地方公共団体の機関、独立行政法人又は地方独立行政法人において行われた公開の演説又は陳述は、前項の規定によるものを除き、報道の目的上正当と認められる場合には、新聞紙若しくは雑誌に掲載し、又は放送し、有線放送し、地域限定特定入力型自動公衆送信を行い、若しくは放送同時配信等を行うことができる。

3　前項の規定により放送され、有線放送され、地域限定特定入力型自動公衆送信が行われ、又は放送同時配信等が行われる演説又は陳述は、受信装置を用いて公に伝達することができる。

（時事の事件の報道のための利用）

第四一条　写真、映画、放送その他の方法によつて時事の事件を報道する場合には、当該事件を構成し、又は当該事件の過程において見られ、若しくは聞かれる著作物は、報道の目的上正当な範囲内において、複製し、及び当該事件の報道に伴つて利用することができる。

（裁判手続等における複製等）

第四一条の二　著作物は、裁判手続及び行政審判手続のために必要と認められる場合には、その必要と認められる限度において、複製することができる。ただし、当該著作物の種類及び用途並びにその複製の部数及び態様に照らし著作権者の利益を不当に害することとなる場合は、この限りでない。

2　著作物は、特許法（昭和三十四年法律第百二十一号）その他政令で定める法律の規定による行政審判手続であつて、電磁的記録を用いて行い、又は映像若しくは音声の送受信を伴つて行うもののために必要と認められる限度において、公衆送信（自動公衆送信の場合にあつては、送信可能化を含む。以下この項、次条及び第四十二条の二第二項において同じ。）を行い、又は受信装置を用いて公に伝達することができる。ただし、当該著作物の種類及び用途並びにその公衆送信又は伝達の態様に照らし著作権者の利益を不当に害することとなる場合は、この限りでない。

第四一条の二第二項を次のとおり改める。

第四一条の二　（略）

2　著作物は、民事訴訟法（平成八年法律第百九号）その他政令で定める法律の規定による裁判手続及び特許法（昭和三十四年法律第百二十一号）その他政令で定める法律の規定による行政審判手続であつて、電磁的記録を用いて行い、又は映像若しくは音声の送受信を伴つて行うもののために必要と認められる限度において、公衆送信（自動公衆送信の場合にあつては、送信可能化を含む。以下この項、次条及び第四十二条の二第二項において同じ。）を行い、又は受信装置を用いて公に伝達することができる。ただし、当該著作物の種類及び用途並びにその公衆送信又は伝達の態様に照らし著作権者の利益を不当に害することとなる場合は、この限りでない。

（公布の日から起算して五年を超えない範囲内において政令で定める日から施行　令和五法五三）

（立法又は行政の目的のための内部資料としての複製等）

第四二条　著作物は、立法又は行政の目的のために内部資料として必要と認められる場合には、その必要と認められる限度において、複製し、又は当該内部資料を利用する者との間で公衆送信を行い、若しくは受信装置を用いて公に伝達することができる。ただし、当該著作物の種類及び用途並びにその複製の部数及びその複製、公衆送信又は伝達の態様に照らし著作権者の利益を不当に害することとなる場合は、この限りでない。

（審査等の手続における複製等）

第四二条の二　著作物は、次に掲げる手続のために必要と認められる場合には、その必要と認められる限度において、複製することができる。ただし、当該著作物の種類及び用途並びにその複製の部数及び態様に照らし著作権者の利益を不当に害することとなる場合は、この限りでない。

一　行政庁の行う特許、意匠若しくは商標に関する審査、実用新案に関する技術的な評価又は国際出願（特許協力条約に基づく国際出願等に関する法律（昭和五十三年法律第三十号）第二条に規定する国際出願をいう。）に関する国際調査若しくは国際予備審査に関する手続

二　行政庁の行う品種（種苗法（平成十年法律第八十三号）第二条第二項に規定する品種をいう。）に関する審査又は登録品種（同法第二十条第一項に規定する登録品種をいう。）に関する調査に関する手続

三　行政庁の行う特定農林水産物等（特定農林水産物等の名称の保護に関する法律（平成二十六年法律第八十四号）第二条第二項に規定する特定農林水産物等をいう。以下この号において同じ。）についての同法第六条の登録又は外国の特定農林水産物等についての同法第二十三条第一項の指定に関する手続

四　行政庁若しくは独立行政法人の行う薬事（医療機器（医薬品、医療機器等の品質、有効性及び安全性の確保等に関する法律（昭和三十五年法律第百四十五号）第二条第四項に規定する医療機器をいう。）及び再生医療等製品（同条第九項に規定する再生医療等製品をいう。）に関する事項を含む。以下この号において同じ。）に関する審査若しくは調査又は行政庁若しくは独立行政法人に対する薬事に関する報告に関する手続

五　前各号に掲げるもののほか、これらに類するものとして政令で定める手続

2　著作物は、電磁的記録を用いて行い、又は映像若しくは音声の送受信を伴つて行う前項各号に掲げる手続のために必要と認められる場合には、その必要と認められる限度において、公衆送信を行い、又は受信装置を用いて公に伝達することができる。ただし、当該著作物の種類及び用途並びにその公衆送信又は伝達の態様に照らし著作権者の利益を不当に害することとなる場合は、この限りでない。

（行政機関情報公開法等による開示のための利用）

第四二条の三　行政機関の長、独立行政法人等又は地方公共団体の機関若しくは地方独立行政法人は、行政機関情報公開法、独立行政法人等情報公開法又は情報公開条例の規定により著作物を公衆に提供し、又は提示することを目的とす

る場合には、それぞれ行政機関情報公開法第十四条第一項（同項の規定に基づく政令の規定を含む。）に規定する方法、独立行政法人等情報公開法第十五条第一項に規定する方法（同項の規定に基づき当該独立行政法人等が定める方法（行政機関情報公開法第十四条第一項の規定に基づく政令で定める方法以外のものを除く。）を含む。）又は情報公開条例で定める方法（行政機関情報公開法第十四条第一項（同項の規定に基づく政令の規定を含む。）に規定する方法以外のものを除く。）により開示するために必要と認められる限度において、当該著作物を利用することができる。

（公文書管理法等による保存等のための利用）

第四二条の四　国立公文書館等の長又は地方公文書館等の長は、公文書管理法第十五条第一項の規定又は公文書管理条例の規定（同項の規定に相当する規定に限る。）により歴史公文書等を保存することを目的とする場合には、必要と認められる限度において、当該歴史公文書等に係る著作物を複製することができる。

2　国立公文書館等の長又は地方公文書館等の長は、公文書管理法第十六条第一項の規定又は公文書管理条例の規定（同項の規定に相当する規定に限る。）により著作物を公衆に提供し、又は提示することを目的とする場合には、それぞれ公文書管理法第十九条（同条の規定に基づく政令の規定を含む。以下この項において同じ。）に規定する方法又は公文書管理条例で定める方法（同条に規定する方法以外のものを除く。）により利用をさせるために必要と認められる限度において、当該著作物を利用することができる。

（国立国会図書館法によるインターネット資料及びオンライン資料の収集のための複製）

第四三条　国立国会図書館の館長は、国立国会図書館法（昭和二十三年法律第五号）第二十五条の三第一項の規定により同項に規定するインターネット資料（以下この条において「インターネット資料」という。）又は同法第二十五条の四第三項の規定により同項に規定するオンライン資料を収集するために必要と認められる限度において、当該インターネット資料又は当該オンライン資料に係る著作物を国立国会図書館の使用に係る記録媒体に記録することができる。

2　次の各号に掲げる者は、当該各号に掲げる資料を提供するために必要と認められる限度において、当該各号に掲げる資料に係る著作物を複製することができる。

一　国立国会図書館法第二十四条及び第二十四条の二に規定する者　同法第二十五条の三第三項の求めに応じ提供するインターネット資料

二　国立国会図書館法第二十四条及び第二十四条の二に規定する者以外の者　同法第二十五条の四第一項の規定により提供する同項に規定するオンライン資料

（放送事業者等による一時的固定）

第四四条　放送事業者は、第二十三条第一項に規定する権利を害することなく放送し、又は放送同時配信等することができる著作物を、自己の放送又は放送同時配信等（当該放送事業者と密接な関係を有する放送同時配信等事業者が放送番組の供給を受けて行うものを含む。）のために、自己の手段又は当該著作物を同じく放送し、若しくは放送同時配信等することができる他の放送事業者の手段により、一時的に録音し、又は録画することができる。

2　有線放送事業者は、第二十三条第一項に規定する権利を害することなく有線放送し、又は放送同時配信等することができる著作物を、自己の有線放送（放送を受信して行うものを除く。）又は放送同時配信等（当該有線放送事業者と密接な関係を有する放送同時配信等事業者が有線放送番組の供給を受けて行うものを含む。）のために、自己の手段により、一時的に録音し、又は録画することができる。

3　放送同時配信等事業者は、第二十三条第一項に規定する権利を害することなく放送同時配信等することができる著作物を、自己の放送同時配信等のために、自己の手段又は自己と密接な関係を有する放送事業者若しくは有線放送事業者の手段により、一時的に録音し、又は録画することができる。

4　前三項の規定により作成された録音物又は録画物は、録音又は録画の後六月（その期間内に当該録音物又は録画物を用いてする放送、有線放送又は放送同時配信等があつたときは、その放送、有線放送又は放送同時配信等の後六月）を超えて保存することができない。ただし、政令で定めるところにより公的な記録保存所において保存する場合は、この限りでない。

（美術の著作物等の原作品の所有者による展示）

第四五条　美術の著作物若しくは写真の著作物の原作品の所有者又はその同意を得た者は、これらの著作物をその原作品により公に展示することができる。

2　前項の規定は、美術の著作物の原作品を街路、公園その他一般公衆に開放されている屋外の場所又は建造物の外壁その他一般公衆の見やすい屋外の場所に恒常的に設置する場合には、適用しない。

（公開の美術の著作物等の利用）

第四六条　美術の著作物でその原作品が前条第二項に規定する屋外の場所に恒常的に設置されているもの又は建築の著作物は、次に掲げる場合を除き、いずれの方法によるかを問わず、利用することができる。

一　彫刻を増製し、又はその増製物の譲渡により公衆に提供する場合

二　建築の著作物を建築により複製し、又はその複製物の譲渡により公衆に提供する場合

三　前条第二項に規定する屋外の場所に恒常的に設置するために複製する場合

四　専ら美術の著作物の複製物の販売を目的として複製し、又はその複製物を販売する場合

（美術の著作物等の展示に伴う複製等）

第四七条　美術の著作物又は写真の著作物の原作品により、第二十五条に規定する権利を害することなく、これらの著作物を公に展示する者（以下この条において「原作品展示者」という。）は、

観覧者のためにこれらの展示する著作物（以下この条及び第四十七条の六第二項第一号において「展示著作物」という。）の解説若しくは紹介をすることを目的とする小冊子に当該展示著作物を掲載し、又は次項の規定により当該展示著作物を上映し、若しくは当該展示著作物について自動公衆送信（送信可能化を含む。同項及び同号において同じ。）を行うために必要と認められる限度において、当該展示著作物を複製することができる。ただし、当該展示著作物の種類及び用途並びに当該複製の部数及び態様に照らし著作権者の利益を不当に害することとなる場合は、この限りでない。

2　原作品展示者は、観覧者のために展示著作物の解説又は紹介をすることを目的とする場合には、その必要と認められる限度において、当該展示著作物を上映し、又は当該展示著作物について自動公衆送信を行うことができる。ただし、当該展示著作物の種類及び用途並びに当該上映又は自動公衆送信の態様に照らし著作権者の利益を不当に害することとなる場合は、この限りでない。

3　原作品展示者及びこれに準ずる者として政令で定めるものは、展示著作物の所在に関する情報を公衆に提供するために必要と認められる限度において、当該展示著作物について複製し、又は公衆送信（自動公衆送信の場合にあつては、送信可能化を含む。）を行うことができる。ただし、当該展示著作物の種類及び用途並びに当該複製又は公衆送信の態様に照らし著作権者の利益を不当に害することとなる場合は、この限りでない。

（美術の著作物等の譲渡等の申出に伴う複製等）

第四七条の二　美術の著作物又は写真の著作物の原作品又は複製物の所有者その他のこれらの譲渡又は貸与の権原を有する者が、第二十六条の二第一項又は第二十六条の三に規定する権利を害することなく、その原作品又は複製物を譲渡し、又は貸与しようとする場合には、当該権原を有する者又はその委託を受けた者は、その申出の用に供するため、これらの著作物について、複製又は公衆送信（自動公衆送信の場合にあつては、送信可能化を含む。）（当該複製により作成される複製物を用いて行うこれらの著作物の複製又は当該公衆送信を受信して行うこれらの著作物の複製を防止し、又は抑止するための措置その他の著作権者の利益を不当に害しないための措置として政令で定める措置を講じて行うものに限る。）を行うことができる。

（プログラムの著作物の複製物の所有者による複製等）

第四七条の三　プログラムの著作物の複製物の所有者は、自ら当該著作物を電子計算機において実行するために必要と認められる限度において、当該著作物を複製することができる。ただし、当該実行に係る複製物の使用につき、第百十三条第五項の規定が適用される場合は、この限りでない。

2　前項の複製物の所有者が当該複製物（同項の規定により作成された複製物を含む。）のいずれかについて滅失以外の事由により所有権を有しなくなつた後には、その者は、当該著作権者の別段の意思表示がない限り、その他の複製物を保存してはならない。

（電子計算機における著作物の利用に付随する利用等）

第四七条の四　電子計算機における利用（情報通信の技術を利用する方法による利用を含む。以下この条において同じ。）に供される著作物は、次に掲げる場合その他これらと同様に当該著作物の電子計算機における利用を円滑又は効率的に行うために当該電子計算機における利用に付随する利用に供することを目的とする場合には、その必要と認められる限度において、いずれの方法によるかを問わず、利用することができる。ただし、当該著作物の種類及び用途並びに当該利用の態様に照らし著作権者の利益を不当に害することとなる場合は、この限りでない。

一　電子計算機において、著作物を当該著作物の複製物を用いて利用する場合又は無線通信若しくは有線電気通信の送信がされる著作物を当該送信を受信して利用する場合において、これらの利用のための当該電子計算機による情報処理の過程において、当該情報処理を円滑又は効率的に行うために当該著作物を当該電子計算機の記録媒体に記録するとき。

二　自動公衆送信装置を他人の自動公衆送信の用に供することを業として行う者が、当該他人の自動公衆送信の遅滞若しくは障害を防止し、又は送信可能化された著作物の自動公衆送信を中継するための送信を効率的に行うために、これらの自動公衆送信のために送信可能化された著作物を記録媒体に記録する場合

三　情報通信の技術を利用する方法により情報を提供する場合において、当該提供を円滑又は効率的に行うための準備に必要な電子計算機による情報処理を行うことを目的として記録媒体への記録又は翻案を行うとき。

2　電子計算機における利用に供される著作物は、次に掲げる場合その他これらと同様に当該著作物の電子計算機における利用を行うことができる状態を維持し、又は当該状態に回復することを目的とする場合には、その必要と認められる限度において、いずれの方法によるかを問わず、利用することができる。ただし、当該著作物の種類及び用途並びに当該利用の態様に照らし著作権者の利益を不当に害することとなる場合は、この限りでない。

一　記録媒体を内蔵する機器の保守又は修理を行うために当該機器に内蔵する記録媒体（以下この号及び次号において「内蔵記録媒体」という。）に記録されている著作物を当該内蔵記録媒体以外の記録媒体に一時的に記録し、及び当該保守又は修理の後に、当該内蔵記録媒体に記録する場合

二　記録媒体を内蔵する機器をこれと同様の機能を有する機器と交換するためにその内蔵記録媒体に記録されている著作物を当該内蔵記録媒体以外の記録媒体に一時的に記録し、及び当該同様の機能を有する機器の内蔵記録媒

体に記録する場合

三　自動公衆送信装置を他人の自動公衆送信の用に供することを業として行う者が、当該自動公衆送信装置により送信可能化された著作物の複製物が滅失し、又は毀損した場合の復旧の用に供するために当該著作物を記録媒体に記録するとき。

（電子計算機による情報処理及びその結果の提供に付随する軽微利用等）

第四七条の五　電子計算機を用いた情報処理により新たな知見又は情報を創出することによつて著作物の利用の促進に資する次の各号に掲げる行為を行う者（当該行為の一部を行う者を含み、当該行為を政令で定める基準に従つて行う者に限る。）は、公衆への提供等（公衆への提供又は提示をいい、送信可能化を含む。以下同じ。）が行われた著作物（以下この条及び次条第二項第二号において「公衆提供等著作物」という。）（公表された著作物又は送信可能化された著作物に限る。）について、当該各号に掲げる行為の目的上必要と認められる限度において、当該行為に付随して、いずれの方法によるかを問わず、利用（当該公衆提供等著作物のうちその利用に供される部分の占める割合、その利用に供される部分の量、その利用に供される際の表示の精度その他の要素に照らし軽微なものに限る。以下この条において「軽微利用」という。）を行うことができる。ただし、当該公衆提供等著作物に係る公衆への提供等が著作権を侵害するものであること（国外で行われた公衆への提供等にあつては、国内で行われたとしたならば著作権の侵害となるべきものであること）を知りながら当該軽微利用を行う場合その他当該公衆提供等著作物の種類及び用途並びに当該軽微利用の態様に照らし著作権者の利益を不当に害することとなる場合は、この限りでない。

一　電子計算機を用いて、検索により求める情報（以下この号において「検索情報」という。）が記録された著作物の題号又は著作者名、送信可能化された検索情報に係る送信元識別符号（自動公衆送信の送信元を識別するための文字、番号、記号その他の符号をいう。第百十三条第二項及び第四項において同じ。）その他の検索情報の特定又は所在に関する情報を検索し、及びその結果を提供すること。

二　電子計算機による情報解析を行い、及びその結果を提供すること。

三　前二号に掲げるもののほか、電子計算機による情報処理により、新たな知見又は情報を創出し、及びその結果を提供する行為であつて、国民生活の利便性の向上に寄与するものとして政令で定めるもの

2　前項各号に掲げる行為の準備を行う者（当該行為の準備のための情報の収集、整理及び提供を政令で定める基準に従つて行う者に限る。）は、公衆提供等著作物について、同項の規定による軽微利用の準備のために必要と認められる限度において、複製若しくは公衆送信（自動公衆送信の場合にあつては、送信可能化を含む。以下この項及び次条第二項第二号において同じ。）を行い、又はその複製物による頒布を行うことができる。ただし、当該公衆提供等著作物の種類及び用途並びに当該複製又は頒布の部数及び当該複製、公衆送信又は頒布の態様に照らし著作権者の利益を不当に害することとなる場合は、この限りでない。

（翻訳、翻案等による利用）

第四七条の六　次の各号に掲げる規定により著作物を利用することができる場合には、当該著作物について、当該規定の例により当該各号に定める方法による利用を行うことができる。

一　第三十条第一項、第三十三条第一項（同条第四項において準用する場合を含む。）、第三十四条第一項、第三十五条第一項又は前条第二項　翻訳、編曲、変形又は翻案

二　第三十一条第一項（第一号に係る部分に限る。）、第二項、第四項、第七項（第一号に係る部分に限る。）若しくは第九項（第一号に係る部分に限る。）、第三十二条、第三十六条第一項、第三十七条第一項若しくは第二項、第

三十九条第一項、第四十条第二項又は第四十一条から第四十二条の二まで　翻訳

三　第三十三条の二第一項、第三十三条の三第一項又は第四十七条　変形又は翻案

四　第三十七条第三項　翻訳、変形又は翻案

五　第三十七条の二　翻訳又は翻案

六　第四十七条の三第一項　翻案

2　前項の規定により創作された二次的著作物は、当該二次的著作物の原著作物を同項各号に掲げる規定（次の各号に掲げる二次的著作物にあつては、当該各号に定める規定を含む。以下この項及び第四十八条第三項第二号において同じ。）により利用することができる場合には、原著作物の著作者その他の当該二次的著作物の利用に関して第二十八条に規定する権利を有する者との関係においては、当該二次的著作物を前項各号に掲げる規定に規定する著作物に該当するものとみなして、当該各号に掲げる規定による利用を行うことができる。

一　第四十七条第一項の規定により同条第二項の規定による展示著作物の上映又は自動公衆送信を行うために当該展示著作物を複製することができる場合に、前項の規定により創作された二次的著作物　同条第二項

二　前条第二項の規定により公衆提供等著作物について複製、公衆送信又はその複製物による頒布を行うことができる場合に、前項の規定により創作された二次的著作物　同条第一項

（複製権の制限により作成された複製物の譲渡）

第四七条の七　第三十条の二第二項、第三十条の三、第三十一条第一項（第一号に係る部分に限る。以下この条において同じ。）若しくは第七項（第一号に係る部分に限る。以下この条において同じ。）、第三十二条、第三十三条第一項（同条第四項において準用する場合を含む。）、第三十三条の二第一項、第三十三条の三第一項若しくは第四項、第三十四条第一項、第三十五条第一項、第三十六条第一項、第三十七条、第三十七条の二（第二号を除く。以下こ

の条において同じ。）、第三十九条第一項、第四十条第一項若しくは第二項、第四十一条、第四十一条の二第一項、第四十二条、第四十二条の二第一項、第四十二条の三、第四十二条の四第二項、第四十六条、第四十七条第一項若しくは第三項、第四十七条の二、第四十七条の四又は第四十七条の五の規定により複製することができる著作物は、これらの規定の適用を受けて作成された複製物（第三十一条第一項若しくは第七項、第三十六条第一項、第四十一条の二第一項、第四十二条又は第四十二条の二第一項の規定に係る場合にあつては、映画の著作物の複製物（映画の著作物において複製されている著作物にあつては、当該映画の著作物の複製物を含む。以下この条において同じ。）を除く。）の譲渡により公衆に提供することができる。ただし、第三十条の三、第三十一条第一項若しくは第七項、第三十三条の二第一項、第三十三条の三第一項若しくは第四項、第三十五条第一項、第三十七条第三項、第三十七条の二、第四十一条、第四十一条の二第一項、第四十二条、第四十二条の二第一項、第四十二条の三、第四十二条の四第二項、第四十七条第一項若しくは第三項、第四十七条の二、第四十七条の四若しくは第四十七条の五の規定の適用を受けて作成された著作物の複製物（第三十一条第一項若しくは第七項、第四十一条の二第一項、第四十二条又は第四十二条の二第一項の規定に係る場合にあつては、映画の著作物の複製物を除く。）を第三十条の三、第三十一条第一項若しくは第七項、第三十三条の二第一項、第三十三条の三第一項若しくは第四項、第三十五条第一項、第三十七条第三項、第三十七条の二、第四十一条、第四十一条の二第一項、第四十二条、第四十二条の二第一項、第四十二条の三、第四十二条の四第二項、第四十七条第一項若しくは第三項、第四十七条の二、第四十七条の四若しくは第四十七条の五に定める目的以外の目的のために公衆に譲渡する場合又は第三十条の四の規定の適用を受けて作成された著作物の複製物を当該著作物に表現された思想若しくは感情を自ら享受し若しくは他人に享受させる目的のために公衆に譲渡する場合は、この限りでない。

（出所の明示）

第四八条　次の各号に掲げる場合には、当該各号に規定する著作物の出所を、その複製又は利用の態様に応じ合理的と認められる方法及び程度により、明示しなければならない。

一　第三十二条、第三十三条第一項（同条第四項において準用する場合を含む。）、第三十三条の二第一項、第三十三条の三第一項、第三十七条第一項、第四十一条の二第一項、第四十二条、第四十二条の二第一項又は第四十七条第一項の規定により著作物を複製する場合

二　第三十四条第一項、第三十七条第三項、第三十七条の二、第三十九条第一項、第四十条第一項若しくは第二項、第四十七条第二項若しくは第三項又は第四十七条の二の規定により著作物を利用する場合

三　第三十二条若しくは第四十二条の規定により著作物を複製以外の方法により利用する場合又は第三十五条第一項、第三十六条第一項、第三十八条第一項、第四十一条、第四十一条の二第二項、第四十二条の二第二項、第四十六条若しくは第四十七条の五第一項の規定により著作物を利用する場合において、その出所を明示する慣行があるとき。

2　前項の出所の明示に当たつては、これに伴い著作者名が明らかになる場合及び当該著作物が無名のものである場合を除き、当該著作物につき表示されている著作者名を示さなければならない。

3　次の各号に掲げる場合には、前二項の規定の例により、当該各号に規定する二次的著作物の原著作物の出所を明示しなければならない。

一　第四十条第一項、第四十六条又は第四十七条の五第一項の規定により創作された二次的著作物をこれらの規定により利用する場合

二　第四十七条の六第一項の規定により創作された二次的著作物を同条第二項の規定の適用を受けて同条第一項各号に掲げる規定により

利用する場合

（複製物の目的外使用等）

第四九条　次に掲げる者は、第二十一条の複製を行つたものとみなす。

一　第三十条第一項、第三十条の三、第三十一条第一項第一号、第二項第一号、第四項、第七項第一号若しくは第九項第一号、第三十三条の二第一項、第三十三条の三第一項若しくは第四項、第三十五条第一項、第三十七条第三項、第三十七条の二本文（同条第二号に係る場合にあつては、同号。次項第一号において同じ。）、第四十一条、第四十一条の二第一項、第四十二条、第四十二条の二第一項、第四十二条の三、第四十二条の四、第四十三条第二項、第四十四条第一項から第三項まで、第四十七条第一項若しくは第三項、第四十七条の二又は第四十七条の五第一項に定める目的以外の目的のために、これらの規定の適用を受けて作成された著作物の複製物（次項第一号又は第二号の複製物に該当するものを除く。）を頒布し、又は当該複製物によつて当該著作物の公衆への提示（送信可能化を含む。以下同じ。）を行つた者

二　第三十条の四の規定の適用を受けて作成された著作物の複製物（次項第三号の複製物に該当するものを除く。）を用いて、当該著作物に表現された思想又は感情を自ら享受し又は他人に享受させる目的のために、いずれの方法によるかを問わず、当該著作物を利用した者

三　第四十四条第四項の規定に違反して同項の録音物又は録画物を保存した放送事業者、有線放送事業者又は放送同時配信等事業者

四　第四十七条の三第一項の規定の適用を受けて作成された著作物の複製物（次項第四号の複製物に該当するものを除く。）を頒布し、又は当該複製物によつて当該著作物の公衆への提示を行つた者

五　第四十七条の三第二項の規定に違反して同項の複製物（次項第四号の複製物に該当する

ものを除く。）を保存した者

六　第四十七条の四又は第四十七条の五第二項に定める目的以外の目的のために、これらの規定の適用を受けて作成された著作物の複製物（次項第六号又は第七号の複製物に該当するものを除く。）を用いて、いずれの方法によるかを問わず、当該著作物を利用した者

2　次に掲げる者は、当該二次的著作物の原著作物につき第二十七条の翻訳、編曲、変形又は翻案を、当該二次的著作物につき第二十一条の複製を、それぞれ行つたものとみなす。

一　第三十条第一項、第三十一条第一項第一号、第二項第一号、第四項、第七項第一号若しくは第九項第一号、第三十三条の二第一項、第三十三条の三第一項、第三十五条第一項、第三十七条第三項、第三十七条の二本文、第四十一条、第四十一条の二第一項、第四十二条、第四十二条の二第一項又は第四十七条第一項若しくは第三項に定める目的以外の目的のために、第四十七条の六第二項の規定の適用を受けて同条第一項各号に掲げるこれらの規定により作成された二次的著作物の複製物を頒布し、又は当該複製物によつて当該二次的著作物の公衆への提示を行つた者

二　第三十条の三又は第四十七条の五第一項に定める目的以外の目的のために、これらの規定の適用を受けて作成された二次的著作物の複製物を頒布し、又は当該複製物によつて当該二次的著作物の公衆への提示を行つた者

三　第三十条の四の規定の適用を受けて作成された二次的著作物の複製物を用いて、当該二次的著作物に表現された思想又は感情を自ら享受し又は他人に享受させる目的のために、いずれの方法によるかを問わず、当該二次的著作物を利用した者

四　第四十七条の六第二項の規定の適用を受けて第四十七条の三第一項の規定により作成された二次的著作物の複製物を頒布し、又は当該複製物によつて当該二次的著作物の公衆への提示を行つた者

五　第四十七条の三第二項の規定に違反して前号の複製物を保存した者

六　第四十七条の四に定める目的以外の目的のために、同条の規定の適用を受けて作成された二次的著作物の複製物を用いて、いずれの方法によるかを問わず、当該二次的著作物を利用した者

七　第四十七条の五第二項に定める目的以外の目的のために、第四十七条の六第二項の規定の適用を受けて第四十七条の五第二項の規定により作成された二次的著作物の複製物を用いて、いずれの方法によるかを問わず、当該二次的著作物を利用した者

（著作者人格権との関係）

第五〇条　この款の規定は、著作者人格権に影響を及ぼすものと解釈してはならない。

第四節　保護期間

（保護期間の原則）

第五一条　著作権の存続期間は、著作物の創作の時に始まる。

2　著作権は、この節に別段の定めがある場合を除き、著作者の死後（共同著作物にあつては、最終に死亡した著作者の死後。次条第一項において同じ。）七十年を経過するまでの間、存続する。

（無名又は変名の著作物の保護期間）

第五二条　無名又は変名の著作物の著作権は、その著作物の公表後七十年を経過するまでの間、存続する。ただし、その存続期間の満了前にその著作者の死後七十年を経過していると認められる無名又は変名の著作物の著作権は、その著作者の死後七十年を経過したと認められる時において、消滅したものとする。

2　前項の規定は、次の各号のいずれかに該当するときは、適用しない。

一　変名の著作物における著作者の変名がその者のものとして周知のものであるとき。

二　前項の期間内に第七十五条第一項の実名の登録があつたとき。

三　著作者が前項の期間内にその実名又は周知の変名を著作者名として表示してその著作物を公表したとき。

第五三条　法人その他の団体が著作の名義を有する著作物の著作権は、その著作物の公表後七十年（その著作物がその創作後七十年以内に公表されなかつたときは、その創作後七十年）を経過するまでの間、存続する。

2　前項の規定は、法人その他の団体が著作の名義を有する著作物の著作者である個人が同項の期間内にその実名又は周知の変名を著作者名として表示してその著作物を公表したときは、適用しない。

3　第十五条第二項の規定により法人その他の団体が著作者である著作物の著作権の存続期間に関しては、第一項の著作物に該当する著作物以外の著作物についても、当該団体が著作の名義を有するものとみなして同項の規定を適用する。

（映画の著作物の保護期間）

第五四条　映画の著作物の著作権は、その著作物の公表後七十年（その著作物がその創作後七十年以内に公表されなかつたときは、その創作後七十年）を経過するまでの間、存続する。

2　映画の著作物の著作権がその存続期間の満了により消滅したときは、当該映画の著作物の利用に関するその原著作物の著作権は、当該映画の著作物の著作権とともに消滅したものとする。

3　前二条の規定は、映画の著作物の著作権については、適用しない。

第五五条　削除

（継続的刊行物等の公表の時）

第五六条　第五十二条第一項、第五十三条第一項及び第五十四条第一項の公表の時は、冊、号又は回を追つて公表する著作物については、毎冊、毎号又は毎回の公表の時によるものとし、一部分ずつを逐次公表して完成する著作物については、最終部分の公表の時によるものとする。

2　一部分ずつを逐次公表して完成する著作物については、継続すべき部分が直近の公表の時から三年を経過しても公表されないときは、すでに公表されたもののうちの最終の部分をもつて前項の最終部分とみなす。

（保護期間の計算方法）

第五七条　第五十一条第二項、第五十二条第一項、第五十三条第一項又は第五十四条第一項の場合において、著作者の死後七十年又は著作物の公表後七十年若しくは創作後七十年の期間の終期を計算するときは、著作者が死亡した日又は著作物が公表され若しくは創作された日のそれぞれ属する年の翌年から起算する。

（保護期間の特例）

第五八条　文学的及び美術的著作物の保護に関するベルヌ条約により創設された国際同盟の加盟国、著作権に関する世界知的所有権機関条約の締約国又は世界貿易機関の加盟国である外国をそれぞれ文学的及び美術的著作物の保護に関するベルヌ条約、著作権に関する世界知的所有権機関条約又は世界貿易機関を設立するマラケシュ協定の規定に基づいて本国とする著作物（第六条第一号に該当するものを除く。）で、その本国において定められる著作権の存続期間が第五十一条から第五十四条までに定める著作権の存続期間より短いものについては、その本国において定められる著作権の存続期間による。

第五節　著作者人格権の一身専属性等

（著作者人格権の一身専属性）

第五九条　著作者人格権は、著作者の一身に専属し、譲渡することができない。

（著作者が存しなくなつた後における人格的利益の保護）

第六〇条　著作物を公衆に提供し、又は提示する者は、その著作物の著作者が存しなくなつた後においても、著作者が存しているとしたならばその著作者人格権の侵害となるべき行為をしてはならない。ただし、その行為の性質及び程度、社会的事情の変動その他によりその行為が当該著作者の意を害しないと認められる場合は、この限りでない。

第六節　著作権の譲渡及び消滅

（著作権の譲渡）

第六十一条　著作権は、その全部又は一部を譲渡することができる。

2　著作権を譲渡する契約において、第二十七条又は第二十八条に規定する権利が譲渡の目的として特掲されていないときは、これらの権利は、譲渡した者に留保されたものと推定する。

（相続人の不存在の場合等における著作権の消滅）

第六十二条　著作権は、次に掲げる場合には、消滅する。

一　著作権者が死亡した場合において、その著作権が民法（明治二十九年法律第八十九号）第九百五十九条（残余財産の国庫への帰属）の規定により国庫に帰属すべきこととなるとき。

二　著作権者である法人が解散した場合において、その著作権が一般社団法人及び一般財団法人に関する法律（平成十八年法律第四十八号）第二百三十九条第三項（残余財産の国庫への帰属）その他これに準ずる法律の規定により国庫に帰属すべきこととなるとき。

2　第五十四条第二項の規定は、映画の著作物の著作権が前項の規定により消滅した場合について準用する。

第七節　権利の行使

（著作物の利用の許諾）

第六十三条　著作権者は、他人に対し、その著作物の利用を許諾することができる。

2　前項の許諾を得た者は、その許諾に係る利用方法及び条件の範囲内において、その許諾に係る著作物を利用することができる。

3　利用権（第一項の許諾に係る著作物を前項の規定により利用することができる権利をいう。次条において同じ。）は、著作権者の承諾を得ない限り、譲渡することができない。

4 著作物の放送又は有線放送についての第一項の許諾は、契約に別段の定めがない限り、当該著作物の録音又は録画の許諾を含まないものとする。

5 著作物の放送又は有線放送及び放送同時配信等について許諾（第一項の許諾をいう。以下この項において同じ。）を行うことができる者が、特定放送事業者等（放送事業者又は有線放送事業者のうち、放送同時配信等を業として行い、又はその者と密接な関係を有する放送同時配信等事業者が業として行う放送同時配信等のために放送番組若しくは有線放送番組を供給しており、かつ、その事実を周知するための措置として、文化庁長官が定める方法により、放送同時配信等が行われている放送番組又は有線放送番組の名称、その放送又は有線放送の時間帯その他の放送同時配信等の実施状況に関する情報として文化庁長官が定める情報を公表しているものをいう。以下この項において同じ。）に対し、当該特定放送事業者等の放送番組又は有線放送番組における著作物の利用の許諾を行つた場合には、当該許諾に際して別段の意思表示をした場合を除き、当該許諾には当該著作物の放送同時配信等（当該特定放送事業者等と密接な関係を有する放送同時配信等事業者が当該放送番組又は有線放送番組の供給を受けて行うものを含む。）の許諾を含むものと推定する。

6 著作物の送信可能化について第一項の許諾を得た者が、その許諾に係る利用方法及び条件（送信可能化の回数又は送信可能化に用いる自動公衆送信装置に係るものを除く。）の範囲内において反復して又は他の自動公衆送信装置を用いて行う当該著作物の送信可能化については、第二十三条第一項の規定は、適用しない。

（利用権の対抗力）

第六三条の二 利用権は、当該利用権に係る著作物の著作権を取得した者その他の第三者に対抗することができる。

（共同著作物の著作者人格権の行使）

第六四条 共同著作物の著作者人格権は、著作者

全員の合意によらなければ、行使することができない。

2　共同著作物の各著作者は、信義に反して前項の合意の成立を妨げることができない。

3　共同著作物の著作者は、そのうちからその著作者人格権を代表して行使する者を定めることができる。

4　前項の権利を代表して行使する者の代表権に加えられた制限は、善意の第三者に対抗することができない。

（共有著作権の行使）

第六五条　共同著作物の著作権その他共有に係る著作権（以下この条において「共有著作権」という。）については、各共有者は、他の共有者の同意を得なければ、その持分を譲渡し、又は質権の目的とすることができない。

2　共有著作権は、その共有者全員の合意によらなければ、行使することができない。

3　前二項の場合において、各共有者は、正当な理由がない限り、第一項の同意を拒み、又は前項の合意の成立を妨げることができない。

4　前条第三項及び第四項の規定は、共有著作権の行使について準用する。

（質権の目的となつた著作権）

第六六条　著作権は、これを目的として質権を設定した場合においても、設定行為に別段の定めがない限り、著作権者が行使するものとする。

2　著作権を目的とする質権は、当該著作権の譲渡又は当該著作権に係る著作物の利用につき著作権者が受けるべき金銭その他の物（出版権の設定の対価を含む。）に対しても、行なうことができる。ただし、これらの支払又は引渡し前に、これらを受ける権利を差し押えることを必要とする。

第八節　裁定による著作物の利用

（著作権者不明等の場合における著作物の利用）

第六七条　公表された著作物又は相当期間にわたり公衆に提供され、若しくは提示されている事実が明らかである著作物は、著作権者の不明その他の理由により相当な努力を払つてもその著作権者と連絡することができない場合として政令で定める場合は、文化庁長官の裁定を受け、かつ、通常の使用料の額に相当するものとして文化庁長官が定める額の補償金を著作権者のために供託して、その裁定に係る利用方法により利用することができる。

2　国、地方公共団体その他これらに準ずるものとして政令で定める法人（以下この項及び次条において「国等」という。）が前項の規定により著作物を利用しようとするときは、同項の規定にかかわらず、同項の規定による供託を要しない。この場合において、国等が著作権者と連絡をすることができるに至つたときは、同項の規定により文化庁長官が定める額の補償金を著作権者に支払わなければならない。

3　第一項の裁定を受けようとする者は、著作物の利用方法その他政令で定める事項を記載した申請書に、著作権者と連絡することができないことを疎明する資料その他政令で定める資料を添えて、これを文化庁長官に提出しなければならない。

4　第一項の規定により作成した著作物の複製物には、同項の裁定に係る複製物である旨及びその裁定のあつた年月日を表示しなければならない。

第六七条を次のとおり改める。

第六七条　公表された著作物又は相当期間にわたり公衆に提供され、若しくは提示されている事実が明らかである著作物（以下この条及び第六十七条の三第二項において「公表著作物等」という。）を利用しようとする者は、次の各号のいずれにも該当するときは、文化庁長官の裁定を受け、かつ、通常の使用料の額に相当するものとして文化庁長官が定める額の補償金を著作権者のために供託して、当該裁定の定めるところにより、当該公表著作物等を利用することができる。

一　権利者情報（著作権者の氏名又は名称及び住所又は居所その他著作権者と連絡するために必要な情報をいう。以下この号において同じ。）を取得するための措置として文化庁長官が定めるものをとり、かつ、当該措置により取得した権利者情報その他その保有する全ての権利者情報に基づき著作権者と連絡するための措置をとつたにもかかわらず、著作権者と連絡することができなかつたこと。

二　著作者が当該公表著作物等の出版その他の利用を廃絶しようとしていることが明らかでないこと。

2　国、地方公共団体その他これらに準ずるものとして政令で定める法人（以下この節において「国等」という。）が前項の規定により公表著作物等を利用しようとするときは、同項の規定にかかわらず、同項の規定による供託を要しない。この場合において、国等が著作権者と連絡をすることができるに至つたときは、同項の規定により文化庁長官が定める額の補償金を著作権者に支払わなければならない。

3　第一項の裁定（以下この条及び次条において「裁定」という。）を受けようとする者は、裁定に係る著作物の題号、著作者名その他の当該著作物を特定するために必要な情報、当該著作物の利用方法、補償金の額の算定の基礎となるべき事項その他文部科学省令で定める事項を記載した申請書に、次に掲げる資料を添えて、これを文化庁長官に提出しなければならない。

一　当該著作物が公表著作物等であることを疎明する資料

二　第一項各号に該当することを疎明する資料

三　前二号に掲げるもののほか、文部科学省令で定める資料

4　裁定を受けようとする者は、実費を勘案して政令で定める額の手数料を国に納付しなけ

ればならない。ただし、当該者が国であるときは、この限りでない。

5　裁定においては、次に掲げる事項を定めるものとする。

一　当該裁定に係る著作物の利用方法

二　前号に掲げるもののほか、文部科学省令で定める事項

6　文化庁長官は、裁定をしない処分をするときは、あらかじめ、裁定の申請をした者（次項及び次条第一項において「申請者」という。）にその理由を通知し、弁明及び有利な証拠の提出の機会を与えなければならない。

7　文化庁長官は、次の各号に掲げるときは、当該各号に定める事項を申請者に通知しなければならない。

一　裁定をしたとき　第五項各号に掲げる事項及び当該裁定に係る著作物の利用につき定めた補償金の額

二　裁定をしない処分をしたとき　その旨及びその理由

8　文化庁長官は、裁定をしたときは、その旨及び次に掲げる事項をインターネットの利用その他の適切な方法により公表しなければならない。

一　当該裁定に係る著作物の題号、著作者名その他の当該著作物を特定するために必要な情報

二　第五項第一号に掲げる事項

三　前二号に掲げるもののほか、文部科学省令で定める事項

9　文化庁長官は、前項の規定による公表に必要と認められる限度において、裁定に係る著作物を利用することができる。

10　第一項の規定により作成した著作物の複製物には、裁定に係る複製物である旨及びその裁定のあつた年月日を表示しなければならない。

（公布の日から起算して三年を超えない範囲内において政令で定める日から施行　令和五法三三）

（裁定申請中の著作物の利用）

第六七条の二　前条第一項の裁定（以下この条において単に「裁定」という。）の申請をした者は、当該申請に係る著作物の利用方法を勘案して文化庁長官が定める額の担保金を供託した場合には、裁定又は裁定をしない処分を受けるまでの間（裁定又は裁定をしない処分を受けるまでの間に著作権者と連絡をすることができるに至つたときは、当該連絡をすることができるに至つた時までの間）、当該申請に係る利用方法と同一の方法により、当該申請に係る著作物を利用することができる。ただし、当該著作物の著作者が当該著作物の出版その他の利用を廃絶しようとしていることが明らかであるときは、この限りでない。

2　国等が前項の規定により著作物を利用しようとするときは、同項の規定にかかわらず、同項の規定による供託を要しない。

3　第一項の規定により作成した著作物の複製物には、同項の規定の適用を受けて作成された複製物である旨及び裁定の申請をした年月日を表示しなければならない。

4　第一項の規定により著作物を利用する者（以下「申請中利用者」という。）（国等を除く。次項において同じ。）が裁定を受けたときは、前条第一項の規定にかかわらず、同項の補償金のうち第一項の規定により供託された担保金の額に相当する額（当該担保金の額が当該補償金の額を超えるときは、当該額）については、同条第一項の規定による供託を要しない。

5　申請中利用者は、裁定をしない処分を受けたとき（当該処分を受けるまでの間に著作権者と連絡をすることができるに至つた場合を除く。）は、当該処分を受けた時までの間における第一項の規定による著作物の利用に係る使用料の額に相当するものとして文化庁長官が定める額の補償金を著作権者のために供託しなければならない。この場合において、同項の規定により供託された担保金の額のうち当該補償金の額に相当する額（当該補償金の額が当該担保金の額を超えるときは、当該額）については、当該補償金を供託したものとみなす。

6　申請中利用者（国等に限る。）は、裁定をしない処分を受けた後に著作権者と連絡をすることができるに至つたときは、当該処分を受けた時までの間における第一項の規定による著作物の利用に係る使用料の額に相当するものとして文化庁長官が定める額の補償金を著作権者に支払わなければならない。

7　申請中利用者は、裁定又は裁定をしない処分を受けるまでの間に著作権者と連絡をすることができるに至つたときは、当該連絡をすることができるに至つた時までの間における第一項の規定による著作物の利用に係る使用料の額に相当する額の補償金を著作権者に支払わなければならない。

8　第四項、第五項又は前項の場合において、著作権者は、前条第一項又はこの条第五項若しくは前項の補償金を受ける権利に関し、第一項の規定により供託された担保金から弁済を受けることができる。

9　第一項の規定により担保金を供託した者は、当該担保金の額が前項の規定により著作権者が弁済を受けることができる額を超えることとなつたときは、政令で定めるところにより、その全部又は一部を取り戻すことができる。

第六七条の二を次のとおり改める。

第六七条の二　申請者は、当該申請に係る著作物の利用方法を勘案して文化庁長官が定める額の担保金を供託した場合には、裁定又は裁定をしない処分を受けるまでの間（裁定又は裁定をしない処分を受けるまでの間に著作権者と連絡をすることができるに至つたときは、当該連絡をすることができるに至つた時までの間）、当該申請に係る利用方法と同一の方法により、当該申請に係る著作物を利用することができる。ただし、当該著作物の著作者が当該著作物の出版その他の利用を廃絶しようとしていることが明らかであるときは、この限りでない。

2〜9 （略）

10 文化庁長官は、申請中利用者から裁定の申請を取り下げる旨の申出があつたときは、裁定をしない処分をするものとする。この場合において、前条第六項の規定は、適用しない。

（公布の日から起算して三年を超えない範囲内において政令で定める日から施行　令和五法三三）

第六七条の二の次に次の一条を加える。

（未管理公表著作物等の利用）

第六七条の三 未管理公表著作物等を利用しようとする者は、次の各号のいずれにも該当するときは、文化庁長官の裁定を受け、かつ、通常の使用料の額に相当する額を考慮して文化庁長官が定める額の補償金を著作権者のために供託して、当該裁定の定めるところにより、当該未管理公表著作物等を利用することができる。

一 当該未管理公表著作物等の利用の可否に係る著作権者の意思を確認するための措置として文化庁長官が定める措置をとつたにもかかわらず、その意思の確認ができなかつたこと。

二 著作者が当該未管理公表著作物等の出版その他の利用を廃絶しようとしていることが明らかでないこと。

2 前項に規定する未管理公表著作物等とは、公表著作物等のうち、次の各号のいずれにも該当しないものをいう。

一 当該公表著作物等に関する著作権について、著作権等管理事業者による管理が行われているもの

二 文化庁長官が定める方法により、当該公表著作物等の利用の可否に係る著作権者の意思を円滑に確認するために必要な情報であつて文化庁長官が定めるものの公表がされているもの

3 第一項の裁定（以下この条において「裁定」という。）を受けようとする者は、裁定に係る著作物の題号、著作者名その他の当該著作物

を特定するために必要な情報、当該著作物の利用方法及び利用期間、補償金の額の算定の基礎となるべき事項その他文部科学省令で定める事項を記載した申請書に、次に掲げる資料を添えて、これを文化庁長官に提出しなければならない。
一　当該著作物が未管理公表著作物等であることを疎明する資料
二　第一項各号に該当することを疎明する資料
三　前二号に掲げるもののほか、文部科学省令で定める資料
4　裁定においては、次に掲げる事項を定めるものとする。
一　当該裁定に係る著作物の利用方法
二　当該裁定に係る著作物を利用することができる期間
三　前二号に掲げるもののほか、文部科学省令で定める事項
5　前項第二号の期間は、第三項の申請書に記載された利用期間の範囲内かつ三年を限度としなければならない。
6　第六十七条第四項及び第六項から第十項までの規定は、裁定について準用する。この場合において、同条第七項第一号中「第五項各号」とあるのは「第六十七条の三第四項各号」と、同条第八項第二号中「第五項第一号」とあるのは「第六十七条の三第四項第一号及び第二号」と読み替えるものとする。
7　裁定に係る著作物の著作権者が、当該著作物の著作権の管理を著作権等管理事業者に委託すること、当該著作物の利用に関する協議の求めを受け付けるための連絡先その他の情報を公表することその他の当該著作物の利用に関し当該裁定を受けた者からの協議の求めを受け付けるために必要な措置を講じた場合には、文化庁長官は、当該著作権者の請求により、当該裁定を取り消すことができる。この場合において、文化庁長官は、あらかじめ当該裁定を受けた者にその理由を通知し、弁

明及び有利な証拠の提出の機会を与えなければならない。

8　文化庁長官は、前項の規定により裁定を取り消したときは、その旨及び次項に規定する取消時補償金相当額その他の文部科学省令で定める事項を当該裁定を受けた者及び前項の著作権者に通知しなければならない。

9　前項に規定する場合においては、著作権者は、第一項の補償金を受ける権利に関し同項の規定により供託された補償金の額のうち、当該裁定のあつた日からその取消しの処分のあつた日の前日までの期間に対応する額（以下この条において「取消時補償金相当額」という。）について弁済を受けることができる。

10　第八項に規定する場合においては、第一項の補償金を供託した者は、当該補償金の額のうち、取消時補償金相当額を超える額を取り戻すことができる。

11　国等が第一項の規定により未管理公表著作物等を利用しようとするときは、同項の規定にかかわらず、同項の規定による供託を要しない。この場合において、国等は、著作権者から請求があつたときは、同項の規定により文化庁長官が定める額（第八項に規定する場合にあつては、取消時補償金相当額）の補償金を著作権者に支払わなければならない。

（公布の日から起算して三年を超えない範囲内において政令で定める日から施行　令和五法三三）

（著作物の放送等）

第六八条　公表された著作物を放送し、又は放送同時配信等しようとする放送事業者又は放送同時配信等事業者は、その著作権者に対し放送若しくは放送同時配信等の許諾につき協議を求めたがその協議が成立せず、又はその協議をすることができないときは、文化庁長官の裁定を受け、かつ、通常の使用料の額に相当するものとして文化庁長官が定める額の補償金を著作権者に支払つて、その著作物を放送し、又は放送同時配信等することができる。

2　前項の規定により放送され、又は放送同時配信等される著作物は、有線放送し、地域限定特定入力型自動公衆送信を行い、又は受信装置を用いて公に伝達することができる。この場合において、当該有線放送、地域限定特定入力型自動公衆送信又は伝達を行う者は、第三十八条第二項及び第三項の規定の適用がある場合を除き、通常の使用料の額に相当する額の補償金を著作権者に支払わなければならない。

第六八条を次のとおり改める。

第六八条　公表された著作物を放送し、又は放送同時配信等しようとする放送事業者又は放送同時配信等事業者は、次の各号のいずれにも該当するときは、文化庁長官の裁定を受け、かつ、通常の使用料の額に相当するものとして文化庁長官が定める額の補償金を著作権者に支払つて、その著作物を放送し、又は放送同時配信等することができる。

一　著作権者に対し放送又は放送同時配信等の許諾につき協議を求めたが、その協議が成立せず、又はその協議をすることができないこと。

二　著作者が当該著作物の放送、放送同時配信等その他の利用を廃絶しようとしていることが明らかでないこと。

三　著作権者がその著作物の放送又は放送同時配信等の許諾を与えないことについてやむを得ない事情があると認められないこと。

2　（略）

3　文化庁長官は、第一項の裁定の申請があつたときは、その旨を当該申請に係る著作権者に通知し、相当の期間を指定して、意見を述べる機会を与えなければならない。

4　第六十七条第四項、第六項及び第七項の規定は、第一項の裁定について準用する。この場合において、同条第七項中「申請者」とあるのは「申請者及び著作権者」と、同項第一号中「第五項各号に掲げる事項」とあるのは「その旨」と読み替えるものとする。

（公布の日から起算して三年を超えない範囲内において政令で定める日から施行　令和五法三三）

（商業用レコードへの録音等）

第六九条　商業用レコードが最初に国内において販売され、かつ、その最初の販売の日から三年を経過した場合において、当該商業用レコードに著作権者の許諾を得て録音されている音楽の著作物を録音して他の商業用レコードを製作しようとする者は、その著作権者に対し録音又は譲渡による公衆への提供の許諾につき協議を求めたが、その協議が成立せず、又はその協議をすることができないときは、文化庁長官の裁定を受け、かつ、通常の使用料の額に相当するものとして文化庁長官が定める額の補償金を著作権者に支払つて、当該録音又は譲渡による公衆への提供をすることができる。

第六九条を次のとおり改める。

第六九条　商業用レコードが最初に国内において販売され、かつ、その最初の販売の日から三年を経過した場合において、当該商業用レコードに著作権者の許諾を得て録音されている音楽の著作物を録音して他の商業用レコードを製作しようとする者は、次の各号のいずれにも該当するときは、文化庁長官の裁定を受け、かつ、通常の使用料の額に相当するものとして文化庁長官が定める額の補償金を著作権者に支払つて、当該録音又は譲渡による公衆への提供をすることができる。

一　著作権者に対し録音又は譲渡による公衆への提供の許諾につき協議を求めたが、その協議が成立せず、又はその協議をすることができないこと。

二　著作者が当該音楽の著作物の録音その他の利用を廃絶しようとしていることが明らかでないこと。

2　前条第三項及び第四項の規定は、前項の裁定について準用する。

（公布の日から起算して三年を超えない範囲内にお

いて政令で定める日から施行　令和五法三三）

（裁定に関する手続及び基準）

第七〇条　第六十七条第一項、第六十八条第一項又は前条の裁定の申請をする者は、実費を勘案して政令で定める額の手数料を納付しなければならない。

2　前項の規定は、同項の規定により手数料を納付すべき者が国であるときは、適用しない。

3　文化庁長官は、第六十八条第一項又は前条の裁定の申請があつたときは、その旨を当該申請に係る著作権者に通知し、相当の期間を指定して、意見を述べる機会を与えなければならない。

4　文化庁長官は、第六十七条第一項、第六十八条第一項又は前条の裁定の申請があつた場合において、次の各号のいずれかに該当すると認めるときは、これらの裁定をしてはならない。

一　著作者がその著作物の出版その他の利用を廃絶しようとしていることが明らかであるとき。

二　第六十八条第一項の裁定の申請に係る著作権者がその著作物の放送又は放送同時配信等の許諾を与えないことについてやむを得ない事情があるとき。

5　文化庁長官は、前項の裁定をしない処分をしようとするとき（第七項の規定により裁定をしない処分をする場合を除く。）は、あらかじめ申請者にその理由を通知し、弁明及び有利な証拠の提出の機会を与えなければならないものとし、当該裁定をしない処分をしたときは、理由を付した書面をもつて申請者にその旨を通知しなければならない。

6　文化庁長官は、第六十七条第一項の裁定をしたときは、その旨を官報で告示するとともに申請者に通知し、第六十八条第一項又は前条の裁定をしたときは、その旨を当事者に通知しなければならない。

7　文化庁長官は、申請中利用者から第六十七条第一項の裁定の申請を取り下げる旨の申出があつたときは、当該裁定をしない処分をするものとする。

8　前各項に規定するもののほか、この節に定める裁定に関し必要な事項は、政令で定める。

第七〇条を次のとおり改める。

（裁定に関する事項の政令への委任）

第七〇条　第六十七条から前条までに規定するもののほか、この節に定める裁定に関し必要な事項は、政令で定める。

（公布の日から起算して三年を超えない範囲内において政令で定める日から施行　令和五法三三）

第九節　補償金等

（文化審議会への諮問）

第七一条　文化庁長官は、次に掲げる事項を定める場合には、文化審議会に諮問しなければならない。

一　第三十三条第二項（同条第四項において準用する場合を含む。）、第三十三条の二第二項又は第三十三条の三第二項の算出方法

二　第六十七条第一項、第六十七条の二第五項若しくは第六項、第六十八条第一項又は第六十九条の補償金の額

第七一条第二号を次のとおり改める。

第七一条　文化庁長官は、次に掲げる事項を定める場合には、文化審議会に諮問しなければならない。

一　（略）

二　第六十七条第一項、第六十七条の二第五項若しくは第六項、第六十七条の三第一項、第六十八条第一項又は第六十九条第一項の補償金の額

（公布の日から起算して三年を超えない範囲内において政令で定める日から施行　令和五法三三）

（補償金の額についての訴え）

第七二条　第六十七条第一項、第六十七条の二第五項若しくは第六項、第六十八条第一項又は第

六十九条の規定に基づき定められた補償金の額について不服がある当事者は、これらの規定による裁定（第六十七条の二第五項又は第六項に係る場合にあつては、第六十七条第一項の裁定をしない処分）があつたことを知つた日から六月以内に、訴えを提起してその額の増減を求めることができる。

2　前項の訴えにおいては、訴えを提起する者が著作物を利用する者であるときは著作権者を、著作権者であるときは著作物を利用する者を、それぞれ被告としなければならない。

第七二条第一項を次のとおり改める。

第七二条　第六十七条第一項、第六十七条の二第五項若しくは第六項、第六十七条の三第一項、第六十八条第一項又は第六十九条第一項の規定に基づき定められた補償金の額について不服がある当事者は、これらの規定による裁定（第六十七条の二第五項又は第六項に係る場合にあつては、第六十七条第一項の裁定をしない処分）があつたことを知つた日から六月以内に、訴えを提起してその額の増減を求めることができる。

2　（略）

（公布の日から起算して三年を超えない範囲内において政令で定める日から施行　令和五法三三）

（補償金の額についての審査請求の制限）

第七三条　第六十七条第一項、第六十八条第一項又は第六十九条の裁定又は裁定をしない処分についての審査請求においては、その裁定又は裁定をしない処分に係る補償金の額についての不服をその裁定又は裁定をしない処分についての不服の理由とすることができない。ただし、第六十七条第一項の裁定又は裁定をしない処分を受けた者が著作権者の不明その他これに準ずる理由により前条第一項の訴えを提起することができない場合は、この限りでない。

第七三条を次のとおり改める。

第七三条　第六十七条第一項、第六十七条の三第一項、第六十八条第一項又は第六十九条第一項の裁定又は裁定をしない処分についての審査請求においては、その裁定又は裁定をしない処分に係る補償金の額についての不服をその裁定又は裁定をしない処分についての不服の理由とすることができない。ただし、第六十七条第一項又は第六十七条の三第一項の裁定又は裁定をしない処分を受けた者が著作権者の不明その他これに準ずる理由により前条第一項の訴えを提起することができない場合は、この限りでない。

（公布の日から起算して三年を超えない範囲内において政令で定める日から施行　令和五法三三）

（補償金等の供託）

第七四条　第三十三条第二項（同条第四項において準用する場合を含む。）、第三十三条の三第二項、第三十三条の二第二項、第六十八条第一項又は第六十九条の補償金を支払うべき者は、次に掲げる場合には、その補償金の支払に代えてその補償金を供託しなければならない。

一　補償金の提供をした場合において、著作権者がその受領を拒んだとき。

二　著作権者が補償金を受領することができないとき。

三　その者が著作権者を確知することができないとき（その者に過失があるときを除く。）。

四　その者がその補償金の額について第七十二条第一項の訴えを提起したとき。

五　当該著作権を目的とする質権が設定されているとき（当該質権を有する者の承諾を得た場合を除く。）。

2　前項第四号の場合において、著作権者の請求があるときは、当該補償金を支払うべき者は、自己の見積金額を支払い、裁定に係る補償金の額との差額を供託しなければならない。

3　第六十七条第一項、第六十七条の二第五項若しくは前二項の規定による補償金の供託又は同条第一項の規定による担保金の供託は、著作権者が国内に住所又は居所で知れているものを有する場合にあつては当該住所又は居所の最寄りの供託所に、その他の場合にあつては供託をする者の住所又は居所の最寄りの供託所に、それぞれするものとする。

4　前項の供託をした者は、すみやかにその旨を著作権者に通知しなければならない。ただし、著作権者の不明その他の理由により著作権者に通知することができない場合は、この限りでない。

第七四条を次のとおり改める。

第七四条　第三十三条第二項（同条第四項において準用する場合を含む。）、第三十三条の二第二項、第三十三条の三第二項、第六十八条第一項又は第六十九条第一項の補償金を支払うべき者は、次に掲げる場合には、その補償金の支払に代えてその補償金を供託しなければならない。

一～五　（略）

2　（略）

3　第六十七条第一項、第六十七条の二第五項、第六十七条の三第一項若しくは前二項の規定による補償金の供託又は第六十七条の二第一項の規定による担保金の供託は、著作権者が国内に住所又は居所で知れているものを有する場合にあつては当該住所又は居所の最寄りの供託所に、その他の場合にあつては供託をする者の住所又は居所の最寄りの供託所に、それぞれするものとする。

4　（略）

（公布の日から起算して三年を超えない範囲内において政令で定める日から施行　令和五法三三）

第一〇節　登　　録

（実名の登録）

第七五条　無名又は変名で公表された著作物の著作者は、現にその著作権を有するかどうかにかかわらず、その著作物についてその実名の登録を受けることができる。

2　著作者は、その遺言で指定する者により、死後において前項の登録を受けることができる。
3　実名の登録がされている者は、当該登録に係る著作物の著作者と推定する。

（第一発行年月日等の登録）

第七六条　著作権者又は無名若しくは変名の著作物の発行者は、その著作物について第一発行年月日の登録又は第一公表年月日の登録を受けることができる。
2　第一発行年月日の登録又は第一公表年月日の登録がされている著作物については、これらの登録に係る年月日において最初の発行又は最初の公表があつたものと推定する。

（創作年月日の登録）

第七六条の二　プログラムの著作物の著作者は、その著作物について創作年月日の登録を受けることができる。ただし、その著作物の創作後六月を経過した場合は、この限りでない。
2　前項の登録がされている著作物については、その登録に係る年月日において創作があつたものと推定する。

（著作権の登録）

第七七条　次に掲げる事項は、登録しなければ、第三者に対抗することができない。
一　著作権の移転若しくは信託による変更又は処分の制限
二　著作権を目的とする質権の設定、移転、変更若しくは消滅（混同又は著作権若しくは担保する債権の消滅によるものを除く。）又は処分の制限

（登録手続等）

第七八条　第七十五条第一項、第七十六条第一項、第七十六条の二第一項又は前条の登録は、文化庁長官が著作権登録原簿に記載し、又は記録して行う。
2　著作権登録原簿は、政令で定めるところにより、その全部又は一部を磁気ディスク（これに準ずる方法により一定の事項を確実に記録しておくことができる物を含む。第四項において同じ。）をもつて調製することができる。

3　文化庁長官は、第七十五条第一項の登録を行つたときは、その旨をインターネットの利用その他の適切な方法により公表するものとする。
4　何人も、文化庁長官に対し、著作権登録原簿の謄本若しくは抄本若しくはその附属書類の写しの交付、著作権登録原簿若しくはその附属書類の閲覧又は著作権登録原簿のうち磁気ディスクをもつて調製した部分に記録されている事項を記載した書類の交付を請求することができる。
5　前項の請求をする者は、実費を勘案して政令で定める額の手数料を納付しなければならない。
6　前項の規定は、同項の規定により手数料を納付すべき者が国であるときは、適用しない。
7　第一項に規定する登録に関する処分については、行政手続法（平成五年法律第八十八号）第二章及び第三章の規定は、適用しない。
8　著作権登録原簿及びその附属書類については、行政機関情報公開法の規定は、適用しない。
9　著作権登録原簿及びその附属書類に記録されている保有個人情報（個人情報の保護に関する法律（平成十五年法律第五十七号）第六十条第一項に規定する保有個人情報をいう。）については、同法第五章第四節の規定は、適用しない。
10　この節に規定するもののほか、第一項に規定する登録に関し必要な事項は、政令で定める。

（プログラムの著作物の登録に関する特例）

第七八条の二　プログラムの著作物に係る登録については、この節の規定によるほか、別に法律で定めるところによる。

第三章　出版権

（出版権の設定）

第七九条　第二十一条又は第二十三条第一項に規定する権利を有する者（以下この章において「複製権等保有者」という。）は、その著作物について、文書若しくは図画として出版すること（電子計算機を用いてその映像面に文書又は図画として表示されるようにする方式により記録媒体に記録し、当該記録媒体に記録された当該著作物の複製物により頒布することを含む。次条第二項及び第八十一条第一号において「出版行為」という。）又は当該方式により記録媒体に記録された当該著作物の複製物を用いて公衆送信（放送又は有線放送を除き、自動公衆送信の場合にあつては送信可能化を含む。以下この章において同じ。）を行うこと（次条第二項及び第八十一条第二号において「公衆送信行為」という。）を引き受ける者に対し、出版権を設定することができる。

2　複製権等保有者は、その複製権又は公衆送信権を目的とする質権が設定されているときは、当該質権を有する者の承諾を得た場合に限り、出版権を設定することができるものとする。

（出版権の内容）

第八〇条　出版権者は、設定行為で定めるところにより、その出版権の目的である著作物について、次に掲げる権利の全部又は一部を専有する。

一　頒布の目的をもつて、原作のまま印刷その他の機械的又は化学的方法により文書又は図画として複製する権利（原作のまま前条第一項に規定する方式により記録媒体に記録された電磁的記録として複製する権利を含む。）

二　原作のまま前条第一項に規定する方式により記録媒体に記録された当該著作物の複製物を用いて公衆送信を行う権利

2　出版権の存続期間中に当該著作物の著作者が死亡したとき、又は、設定行為に別段の定めがある場合を除き、出版権の設定後最初の出版行為又は公衆送信行為（第八十三条第二項及び第八十四条第三項において「出版行為等」という。）があつた日から三年を経過したときは、複製権等保有者は、前項の規定にかかわらず、当該著作物について、全集その他の編集物（その著作者の著作物のみを編集したものに限る。）に収録して複製し、又は公衆送信を行うことができる。

3　出版権者は、複製権等保有者の承諾を得た場合に限り、他人に対し、その出版権の目的である著作物の複製又は公衆送信を許諾することができる。

4　第六十三条第二項、第三項及び第六項並びに第六十三条の二の規定は、前項の場合について準用する。この場合において、第六十三条第三項中「著作権者」とあるのは「第七十九条第一項の複製権等保有者及び出版権者」と、同条第六項中「第二十三条第一項」とあるのは「第八十条第一項（第二号に係る部分に限る。）」と読み替えるものとする。

（出版の義務）

第八一条　出版権者は、次の各号に掲げる区分に応じ、その出版権の目的である著作物につき当該各号に定める義務を負う。ただし、設定行為に別段の定めがある場合は、この限りでない。

一　前条第一項第一号に掲げる権利に係る出版権者（次条において「第一号出版権者」という。）次に掲げる義務

イ　複製権等保有者からその著作物を複製するために必要な原稿その他の原品若しくはこれに相当する物の引渡し又はその著作物に係る電磁的記録の提供を受けた日から六月以内に当該著作物について出版行為を行う義務

ロ　当該著作物について慣行に従い継続して出版行為を行う義務

二　前条第一項第二号に掲げる権利に係る出版権者（次条第一項第二号及び第百四条の十の三第二号ロにおいて「第二号出版権者」という。）次に掲げる義務

イ　複製権等保有者からその著作物について公衆送信を行うために必要な原稿その他の原品若しくはこれに相当する物の引渡し又はその著作物に係る電磁的記録の提供を受けた日から六月以内に当該著作物について公衆送信行為を行う義務

ロ　当該著作物について慣行に従い継続して公衆送信行為を行う義務

（著作物の修正増減）

第八二条　著作者は、次に掲げる場合には、正当な範囲内において、その著作物に修正又は増減を加えることができる。

一　その著作物を第一号出版権者が改めて複製する場合

二　その著作物について第二号出版権者が公衆送信を行う場合

2　第一号出版権者は、その出版権の目的である著作物を改めて複製しようとするときは、その都度、あらかじめ著作者にその旨を通知しなければならない。

（出版権の存続期間）

第八三条　出版権の存続期間は、設定行為で定めるところによる。

2　出版権は、その存続期間につき設定行為に定めがないときは、その設定後最初の出版行為等があつた日から三年を経過した日において消滅する。

（出版権の消滅の請求）

第八四条　出版権者が第八十一条第一号（イに係る部分に限る。）又は第二号（イに係る部分に限る。）の義務に違反したときは、複製権等保有者は、出版権者に通知してそれぞれ第八十条第一項第一号又は第二号に掲げる権利に係る出版権を消滅させることができる。

2　出版権者が第八十一条第一号（ロに係る部分に限る。）又は第二号（ロに係る部分に限る。）の義務に違反した場合において、複製権等保有者が三月以上の期間を定めてその履行を催告したにもかかわらず、その期間内にその履行がされないときは、複製権等保有者は、出版権者に通知してそれぞれ第八十条第一項第一号又は第二号に掲げる権利に係る出版権を消滅させることができる。

3　複製権等保有者である著作者は、その著作物の内容が自己の確信に適合しなくなつたときは、その著作物の出版行為等を廃絶するために、出版権者に通知してその出版権を消滅させることができる。ただし、当該廃絶により出版権者に通常生ずべき損害をあらかじめ賠償しない場合は、この限りでない。

第八五条　削除

（出版権の制限）

第八六条　第三十条の二から第三十条の四まで、第三十一条第一項及び第七項（第一号に係る部分に限る。）、第三十二条、第三十三条第一項（同条第四項において準用する場合を含む。）、第三十三条の二第一項、第三十三条の三第一項及び第四項、第三十四条第一項、第三十五条第一項、第三十六条第一項、第三十七条、第三十七条の二、第三十九条第一項、第四十条第一項及び第二項、第四十一条、第四十一条の二第一項、第四十二条、第四十二条の二第一項、第四十六条、第四十二条の三、第四十二条の四第二項、第四十七条の二、第四十七条第一項及び第三項、第四十七条の二、第四十七条の四並びに第四十七条の五の規定は、出版権の目的となつている著作物の複製について準用する。この場合において、第三十条の二第一項ただし書及び第二項ただし書、第三十条の三、第三十条の四ただし書、第三十一条第一項第一号、第三十五条第一項ただし書、第四十一条の二第一項ただし書、第四十二条ただし書、第四十二条の二第一項ただし書及び第三項ただし書、第四十七条第一項ただし書、第四十七条の二、第四十七条の四第一項ただし書並びに第四十七条の五第一項ただし書及び第二項ただし書中「著作権者」とあるのは「出版権者」と、同条第一項ただし書中「著作権を」とあるのは「出版権を」と、「著作権の」とあるのは「出版権の」と読み替えるものとする。

2　次に掲げる者は、第八十条第一項第一号の複製を行つたものとみなす。

一　第三十条第一項に定める私的使用の目的又は第三十一条第四項若しくは第九項第一号に定める目的以外の目的のために、これらの規定の適用を受けて原作のまま印刷その他の機械的若しくは化学的方法により文書若しくは図画として複製することにより作成された著作物の複製物（原作のまま第七十九条第一項に規定する方式により記録媒体に記録された電磁的記録として複製することにより作成されたものを含む。）を頒布し、又は当該複製物によつて当該著作物の公衆への提示を行つた者

二　前項において準用する第三十条の三、第三十一条第一項第一号若しくは第七項第一号、第三十三条の二第一項、第三十三条の三第一項若しくは第四項、第三十五条第一項、第三十七条第三項、第三十七条の二本文（同条第二号に係る場合にあつては、同号）、第四十一条、第四十一条の二第一項、第四十二条、第四十二条の二第二項、第四十二条の三、第四十二条の四第二項、第四十七条第一項若しくは第三項、第四十七条の二又は第四十七条の五第一項に定める目的以外の目的のために、これらの規定の適用を受けて作成された著作物の複製物を頒布し、又は当該複製物によつて当該著作物の公衆への提示を行つた者

三　前項において準用する第三十条の四の規定の適用を受けて作成された著作物の複製物を用いて、当該著作物に表現された思想又は感情を自ら享受し又は他人に享受させる目的のために、いずれの方法によるかを問わず、当該著作物を利用した者

四　前項において準用する第四十七条の四又は第四十七条の五第二項に定める目的以外の目的のために、これらの規定の適用を受けて作成された著作物の複製物を用いて、いずれの方法によるかを問わず、当該著作物を利用した者

3　第三十条の二から第三十条の四まで、第三十一条第二項（第二号に係る部分に限る。）、第五項、第七項前段及び第八項、第三十二条第一項、第三十三条の二第一項、第三十三条の三第四項、第三十五条第一項、第三十六条第一項、第三十七条第二項及び第三項、第三十七条の二（第二号を除く。）、第四十条第一項、第四十一条、第四十一条の二第二項、第四十二条、第四十二条の二第二項、第四十二条の三、第四十二条の四第二項、第四十六条、第四十七条第二項及び第三項、第四十七条の二、第四十七条の四並びに第四十七条の五の規定は、出版権の目的となっている著作物の公衆送信について準用する。この場合において、第三十条の二第一項ただし書及び第二項ただし書、第三十条の三、第三十条の四ただし書、第三十一条第五項、第三十五条第一項ただし書、第三十六条第一項ただし書、第四十一条の二第二項ただし書、第四十二条ただし書、第四十二条の二第二項ただし書、第四十七条第二項ただし書及び第三項ただし書、第四十七条の二、第四十七条の四第一項ただし書及び第二項ただし書並びに第四十七条の五第一項ただし書及び第二項ただし書中「著作権者」とあるのは「出版権者」と、第三十一条第二項中「著作権者の」とあるのは「出版権者の」と、「著作権者若しくはその許諾を得た者又は第七十九条の出版権の設定を受けた者若しくは」とあるのは「第七十九条の出版権の設定を受けた者又は」と、第四十七条の五第一項ただし書中「著作権を」とあるのは「出版権を」と、「著作権の」とあるのは「出版権の」と読み替えるものとする。

（出版権の譲渡等）

第八七条　出版権は、複製権等保有者の承諾を得た場合に限り、その全部又は一部を譲渡し、又は質権の目的とすることができる。

（出版権の登録）

第八八条　次に掲げる事項は、登録しなければ、第三者に対抗することができない。

一　出版権の設定、移転、変更若しくは消滅（混

同又は複製権若しくは公衆送信権の消滅によるものを除く。）又は処分の制限

二　出版権を目的とする質権の設定、移転、変更若しくは消滅（混同又は出版権若しくは担保する債権の消滅によるものを除く。）又は処分の制限

2　第七十八条（第三項を除く。）の規定は、前項の登録について準用する。この場合において、同条第一項、第二項、第四項、第八項及び第九項中「著作権登録原簿」とあるのは、「出版権登録原簿」と読み替えるものとする。

第四章　著作隣接権

第一節　総　則

（著作隣接権）

第八九条　実演家は、第九十条の二第一項及び第九十条の三第一項に規定する権利（以下「実演家人格権」という。）並びに第九十一条第一項、第九十二条第一項、第九十二条の二第一項、第九十五条第一項、第九十五条の二第一項及び第九十五条の三第一項に規定する権利並びに第九十四条の二及び第九十五条の三第三項に規定する報酬並びに第九十五条第一項に規定する二次使用料を受ける権利を享有する。

2　レコード製作者は、第九十六条、第九十六条の二、第九十七条の二第一項及び第九十七条の三第一項に規定する権利並びに第九十七条第一項に規定する二次使用料及び第九十七条の三第三項に規定する報酬を受ける権利を享有する。

3　放送事業者は、第九十八条から第百条までに規定する権利を享有する。

4　有線放送事業者は、第百条の二から第百条の五までに規定する権利を享有する。

5　前各項の権利の享有には、いかなる方式の履行をも要しない。

6　第一項から第四項までの権利（実演家人格権並びに第一項及び第二項の報酬及び二次使用料を受ける権利を除く。）は、著作隣接権という。

（著作者の権利と著作隣接権との関係）

第九〇条　この章の規定は、著作者の権利に影響を及ぼすものと解釈してはならない。

第二節　実演家の権利

（氏名表示権）

第九〇条の二　実演家は、その実演の公衆への提供又は提示に際し、その氏名若しくはその芸名その他氏名に代えて用いられるものを実演家名として表示し、又は実演家名を表示しないこととする権利を有する。

2　実演を利用する者は、その実演家の別段の意思表示がない限り、その実演につき既に実演家が表示しているところに従つて実演家名を表示することができる。

3　実演家名の表示は、実演の利用の目的及び態様に照らし実演家がその実演の実演家であることを主張する利益を害するおそれがないと認められるとき又は公正な慣行に反しないと認められるときは、省略することができる。

4　第一項の規定は、次の各号のいずれかに該当するときは、適用しない。

一　行政機関情報公開法、独立行政法人等情報公開法又は情報公開条例の規定により行政機関の長、独立行政法人等又は地方公共団体の機関若しくは地方独立行政法人が実演を公衆に提供し、又は提示する場合において、当該実演につき既にその実演家が表示しているところに従つて実演家名を表示するとき。

二　行政機関情報公開法第六条第二項の規定、独立行政法人等情報公開法第六条第二項の規

定又は情報公開条例の規定で行政機関情報公開法第六条第二項の規定に相当するものにより行政機関の長、独立行政法人等又は地方公共団体の機関若しくは地方独立行政法人が実演を公衆に提供し、又は提示する場合において、当該実演の実演家名の表示を省略することとなるとき。

三　公文書管理法第十六条第一項の規定又は公文書管理条例の規定（同項の規定に相当する規定に限る。）により国立公文書館等の長又は地方公文書館等の長が実演を公衆に提供し、又は提示する場合において、当該実演につき既にその実演家が表示しているところに従つて実演家名を表示するとき。

（同一性保持権）

第九〇条の三　実演家は、その実演の同一性を保持する権利を有し、自己の名誉又は声望を害するその実演の変更、切除その他の改変を受けないものとする。

2　前項の規定は、実演の性質並びにその利用の目的及び態様に照らしやむを得ないと認められる改変又は公正な慣行に反しないと認められる改変については、適用しない。

（録音権及び録画権）

第九一条　実演家は、その実演を録音し、又は録画する権利を専有する。

2　前項の規定は、同項に規定する権利を有する者の許諾を得て映画の著作物において録音され、又は録画された実演については、これを録音物（音を専ら影像とともに再生することを目的とするものを除く。）に録音する場合を除き、適用しない。

（放送権及び有線放送権）

第九二条　実演家は、その実演を放送し、又は有線放送する権利を専有する。

2　前項の規定は、次に掲げる場合には、適用しない。

一　放送される実演を有線放送する場合

二　次に掲げる実演を放送し、又は有線放送する場合

イ　前条第一項に規定する権利を有する者の許諾を得て録音され、又は録画されている実演

ロ　前条第二項の実演で同項の録音物以外の物に録音され、又は録画されているもの

（送信可能化権）

第九二条の二　実演家は、その実演を送信可能化する権利を専有する。

2　前項の規定は、次に掲げる実演については、適用しない。

一　第九十一条第一項に規定する権利を有する者の許諾を得て録画されている実演

二　第九十一条第二項の実演で同項の録音物以外の物に録音され、又は録画されているもの

（放送等のための固定）

第九三条　実演の放送について第九十二条第一項に規定する権利を有する者の許諾を得た放送事業者は、その実演を放送及び放送同時配信等のために録音し、又は録画することができる。ただし、契約に別段の定めがある場合及び当該許諾に係る放送番組と異なる内容の放送番組に使用する目的で録音し、又は録画する場合は、この限りでない。

2　次に掲げる者は、第九十一条第一項の録音又は録画を行つたものとみなす。

一　前項の規定により作成された録音物又は録画物を放送若しくは放送同時配信等の目的以外の目的又は同項ただし書に規定する目的のために使用し、又は提供した者

二　前項の規定により作成された録音物又は録画物の提供を受けた放送事業者又は放送同時配信等事業者で、これらを更に他の放送事業者又は放送同時配信等事業者の放送又は放送同時配信等のために提供したもの

（放送のための固定物等による放送）

第九三条の二　第九十二条第一項に規定する権利を有する者がその実演の放送を許諾したときは、契約に別段の定めがない限り、当該実演は、当該許諾に係る放送のほか、次に掲げる放送において放送することができる。

一　当該許諾を得た放送事業者が前条第一項の規定により作成した録音物又は録画物を用いてする放送
二　当該許諾を得た放送事業者からその者が前条第一項の規定により作成した録音物又は録画物の提供を受けてする放送
三　当該許諾を得た放送事業者から当該許諾に係る放送番組の供給を受けてする放送（前号の放送を除く。）

2　前項の場合において、同項各号に掲げる放送において実演が放送されたときは、当該各号に規定する放送事業者は、相当な額の報酬を当該実演に係る第九十二条第一項に規定する権利を有する者に支払わなければならない。

（放送等のための固定物等による放送同時配信等）

第九三条の三　第九十二条の二第一項に規定する権利（放送同時配信等に係るものに限る。以下この項及び第九十四条の三第一項において同じ。）を有する者（以下「特定実演家」という。）が放送事業者に対し、その実演の放送同時配信等（当該放送事業者と密接な関係を有する放送同時配信等事業者が放送番組の供給を受けて行うものを含む。）の許諾を行つたときは、契約に別段の定めがない限り、当該許諾を得た実演（当該実演に係る第九十二条の二第一項に規定する権利について著作権等管理事業者による管理が行われているもの又は文化庁長官が定める方法により当該実演に係る特定実演家の氏名若しくは名称、放送同時配信等の許諾の申込みを受け付けるための連絡先その他の円滑な許諾のために必要な情報であつて文化庁長官が定めるものの公表がされているものを除く。）について、当該許諾に係る放送同時配信等のほか、次に掲げる放送同時配信等を行うことができる。
一　当該許諾を得た放送事業者が当該実演について第九十三条第一項の規定により作成した録音物又は録画物を用いてする放送同時配信等
二　当該許諾を得た放送事業者と密接な関係を

有する放送同時配信等事業者が当該放送事業者から当該許諾に係る放送番組の供給を受けてする放送同時配信等

2　前項の場合において、同項各号に掲げる放送同時配信等が行われたときは、当該放送事業者又は放送同時配信等事業者は、通常の使用料の額に相当する額の報酬を当該実演に係る特定実演家に支払わなければならない。

3　前項の報酬を受ける権利は、著作権等管理事業者であつて全国を通じて一個に限りその同意を得て文化庁長官が指定するものがあるときは、当該指定を受けた著作権等管理事業者（以下この条において「指定報酬管理事業者」という。）によつてのみ行使することができる。

4　文化庁長官は、次に掲げる要件を備える著作権等管理事業者でなければ、前項の規定による指定をしてはならない。

一　営利を目的としないこと。

二　その構成員が任意に加入し、又は脱退することができること。

三　その構成員の議決権及び選挙権が平等であること。

四　第二項の報酬を受ける権利を有する者（次項及び第七項において「権利者」という。）のためにその権利を行使する業務を自ら的確に遂行するに足りる能力を有すること。

5　指定報酬管理事業者は、権利者のために自己の名をもつてその権利に関する裁判上又は裁判外の行為を行う権限を有する。

6　文化庁長官は、指定報酬管理事業者に対し、政令で定めるところにより、第二項の報酬に係る業務に関して報告をさせ、若しくは帳簿、書類その他の資料の提出を求め、又はその業務の執行方法の改善のため必要な勧告をすることができる。

7　指定報酬管理事業者が第三項の規定により権利者のために請求することができる報酬の額は、毎年、指定報酬管理事業者と放送事業者若しくは放送同時配信等事業者又はその団体との間において協議して定めるものとする。

8　前項の協議が成立しないときは、その当事者は、政令で定めるところにより、同項の報酬の額について文化庁長官の裁定を求めることができる。

9　第七十条第三項、第六項及び第八項、第七十一条（第二号に係る部分に限る。）、第七十二条第一項、第七十三条本文並びに第七十四条第一項（第四号及び第五号に係る部分に限る。第十一項において同じ。）及び第二項の規定は、第二項の報酬及び前項の裁定について準用する。この場合において、第七十条第三項中「著作権者」とあり、及び同条第六項中「申請者に通知し、その旨を当事者」とあるのは「当事者」と、第六十八条第一項又は前条の裁定をしたときは、第七十四条第二項中「著作権者」とあるのは「第九十三条の三第三項に規定する指定報酬管理事業者」と読み替えるものとする。

10　前項において準用する第七十二条第一項の訴えにおいては、訴えを提起する者が放送事業者若しくは放送同時配信等事業者又はその団体であるときは指定報酬管理事業者を、指定報酬管理事業者であるときは放送事業者若しくは放送同時配信等事業者又はその団体を、それぞれ被告としなければならない。

11　第九項において準用する第七十四条第一項及び第二項の規定による報酬の供託は、指定報酬管理事業者の所在地の最寄りの供託所にするものとする。この場合において、供託をした者は、速やかにその旨を指定報酬管理事業者に通知しなければならない。

12　私的独占の禁止及び公正取引の確保に関する法律（昭和二十二年法律第五十四号）の規定は、第七項の協議による定め及びこれに基づいてする行為については、適用しない。ただし、不公正な取引方法を用いる場合及び関連事業者の利益を不当に害することとなる場合は、この限りでない。

13　第二項から前項までに定めるもののほか、第二項の報酬の支払及び指定報酬管理事業者に関し必要な事項は、政令で定める。

第九三条の三第九項を次のとおり改める。

第九三条の三　（略）

2〜8（略）

9　第六十七条第七項（第一号に係る部分に限る。）及び第八項、第六十八条第三項、第七十条、第七十一条（第二号に係る部分に限る。）、第七十二条第一項、第七十三条本文並びに第七十四条第一項（第四号及び第五号に係る部分に限る。第十一項において同じ。）及び第二項の規定は、第二項の報酬及び前項の裁定について準用する。この場合において、第六十七条第七項中「申請者」とあり、及び第六十八条第三項中「著作権者」とあるのは「当事者」と、第六十七条第七項第一号中「第五項各号に掲げる事項及び当該裁定に係る著作物の利用につき定めた補償金の額」とあり、及び同条第八項中「その旨及び次に掲げる事項」とあるのは「その旨」と、第七十四条第二項中「著作権者」とあるのは「第九十三条の三第三項に規定する指定報酬管理事業者」と読み替えるものとする。

10〜13（略）

（公布の日から起算して三年を超えない範囲内において政令で定める日から施行　令和五法三三）

（特定実演家と連絡することができない場合の放送同時配信等）

第九四条　第九十三条の二第一項の規定により同項第一号に掲げる放送において実演が放送される場合において、当該放送を行う放送事業者又は当該放送事業者と密接な関係を有する放送同時配信等事業者は、次に掲げる措置の全てを講じてもなお当該実演に係る特定実演家と連絡することができないときは、契約に別段の定めがない限り、その事情につき、著作権等管理事業者であつて全国を通じて一個に限りその同意を得て文化庁長官が指定したもの（以下この条において「指定補償金管理事業者」という。）の確認を受け、かつ、通常の使用料の額に相当する額の補償金であつて特定実演家に支払うべきものを指定補償金管理事業者に支払うことにより、放送事業者にあつては当該放送に用いる録音物又は録画物を用いて、放送同時配信等事業者にあつては当該放送に係る放送番組の供給を受けて、当該実演の放送同時配信等を行うことができる。

一　当該特定実演家の連絡先を保有している場合には、当該連絡先に宛てて連絡を行うこと。

二　著作権等管理事業者であつて実演について管理を行つているものに対し照会すること。

三　前条第一項に規定する公表がされているかどうかを確認すること。

四　放送同時配信等することを予定している放送番組の名称、当該特定実演家の氏名その他の文化庁長官が定める情報を文化庁長官が定める方法により公表すること。

2　前項の確認を受けようとする放送事業者又は放送同時配信等事業者は、同項各号に掲げる措置の全てを適切に講じてもなお放送同時配信等しようとする実演に係る特定実演家と連絡することができないことを疎明する資料を指定補償金管理事業者に提出しなければならない。

3　第一項の規定により補償金を受領した指定補償金管理事業者は、同項の規定により放送同時配信等された実演に係る特定実演家から請求があつた場合には、当該特定実演家に当該補償金を支払わなければならない。

4　前条第四項の規定は第一項の規定による指定について、同条第五項から第十三項までの規定は第一項の補償金及び指定補償金管理事業者について、それぞれ準用する。この場合において、同条第四項第四号中「第二項の報酬を受ける権利を有する者（次項及び第七項において「権利者」という。）のためにその権利を行使する」とあるのは「次条第一項の確認及び同項の補償金に係る」と、同条第五項中「権利者」とあるのは「特定実演家」と、同条第六項中「第二項の報酬」とあるのは「次条第一項の確認及び同項の補償金」と、同条第七項中「第三項の規定により権利者のために請求することができる報酬」とあるのは「次条第一項の規定により受領する補償金」と読み替えるものとする。

（放送される実演の有線放送）

第九四条の二　有線放送事業者は、放送される実演を有線放送した場合（営利を目的とせず、かつ、聴衆又は観衆から料金（いずれの名義をもつてするかを問わず、実演の提示につき受ける対価をいう。第九十五条第一項において同じ。）を受けない場合を除く。）には、当該実演（著作隣接権の存続期間内のものに限り、第九十二条第二項第二号に掲げるものを除く。）に係る実演家に相当な額の報酬を支払わなければならない。

（商業用レコードに録音されている実演の放送同時配信等）

第九四条の三　放送事業者、有線放送事業者又は放送同時配信等事業者は、第九十一条第一項に規定する権利を有する者の許諾を得て商業用レコード（送信可能化されたレコードを含む。次項、次条第一項、第九十六条の三第一項及び第二項並びに第九十七条第一項及び第三項において同じ。）に録音されている実演（当該実演に係る第九十二条の二第一項に規定する権利について著作権等管理事業者による管理が行われているもの又は文化庁長官が定める方法により当該実演に係る特定実演家の氏名若しくは名称、放送同時配信等の許諾の申込みを受け付けるための連絡先その他の円滑な許諾のために必要な情報であつて文化庁長官が定めるものの公表がされているものを除く。）について放送同時配信等を行うことができる。

2　前項の場合において、商業用レコードを用いて同項の実演の放送同時配信等を行つたときは、放送事業者、有線放送事業者又は放送同時配信等事業者は、通常の使用料の額に相当する額の補償金を当該実演に係る特定実演家に支払わなければならない。

3　前項の補償金を受ける権利は、著作権等管理事業者であつて全国を通じて一個に限りその同意を得て文化庁長官が指定するものがあるときは、当該著作権等管理事業者によつてのみ行使することができる。

4　第九十三条の三第四項の規定は前項の規定による指定について、同条第五項から第十三項までの規定は第二項の補償金及び前項の規定による指定を受けた著作権等管理事業者について、それぞれ準用する。この場合において、同条第四項第四号中「第二項の報酬」とあるのは「第九十四条の三第二項の補償金」と、同条第七項及び第十項中「放送事業者」とあるのは「放送事業者、有線放送事業者」と読み替えるものとする。

（商業用レコードの二次使用）

第九五条　放送事業者及び有線放送事業者（以下この条及び第九十七条第一項において「放送事業者等」という。）は、第九十一条第一項に規定する権利を有する者の許諾を得て実演が録音されている商業用レコードを用いた放送又は有線放送を行つた場合（営利を目的とせず、かつ、聴衆又は観衆から料金を受けずに、当該放送を受信して同時に有線放送を行つた場合を除く。）には、当該実演（第七条第一号から第六号までに掲げる実演で著作隣接権の存続期間内のものに限る。次項から第四項までにおいて同じ。）に係る実演家に二次使用料を支払わなければならない。

2　前項の規定は、実演家等保護条約の締約国については、当該締約国であつて、実演家等保護条約第十六条1(a)(i)の規定に基づき実演家等保護条約第十二条の規定を適用しないこととしている国以外の国の国民をレコード製作者とするレコードに固定されている実演に係る実演家について適用する。

3　第八条第一号に掲げるレコードについて実演家等保護条約の締約国により与えられる実演家等保護条約第十二条の規定による保護の期間が第一項の規定により実演家が保護を受ける期間より短いときは、当該締約国の国民をレコード製作者とするレコードに固定されている実演に係る実演家が同項の規定により保護を受ける期間は、第八条第一号に掲げるレコードについて当該締約国により与えられる実演家等保護条約第十二条の規定による保護の期間による。

4　第一項の規定は、実演・レコード条約の締約国（実演家等保護条約の締約国を除く。）であつて、実演・レコード条約第十五条(3)の規定により留保を付している国の国民をレコード製作者とするレコードに固定されている実演に係る実演家については、当該留保の範囲に制限して適用する。

5　第一項の二次使用料を受ける権利は、国内において実演を業とする者の相当数を構成員とする団体（その連合体を含む。）でその同意を得て文化庁長官が指定するものがあるときは、当該団体によつてのみ行使することができる。

6　文化庁長官は、次に掲げる要件を備える団体でなければ、前項の指定をしてはならない。

一　営利を目的としないこと。

二　その構成員が任意に加入し、又は脱退することができること。

三　その構成員の議決権及び選挙権が平等であること。

四　第一項の二次使用料を受ける権利を有する者（以下この条において「権利者」という。）のためにその権利を行使する業務をみずから的確に遂行するに足りる能力を有すること。

7　第五項の団体は、権利者から申込みがあつたときは、その者のためにその権利を行使することを拒んではならない。

8　第五項の団体は、前項の申込みがあつたときは、権利者のために自己の名をもつてその権利に関する裁判上又は裁判外の行為を行う権限を有する。

9　文化庁長官は、第五項の団体に対し、政令で定めるところにより、第一項の二次使用料に係る業務に関して報告をさせ、若しくは帳簿、書類その他の資料の提出を求め、又はその業務の執行方法の改善のため必要な勧告をすることができる。

10　第五項の団体が同項の規定により権利者のた

めに請求することができる二次使用料の額は、毎年、当該団体と放送事業者等又はその団体との間において協議して定めるものとする。

11　前項の協議が成立しないときは、その当事者は、政令で定めるところにより、同項の二次使用料の額について文化庁長官の裁定を求めることができる。

12　第七十条第三項、第六項及び第八項、第七十一条（第二号に係る部分に限る。）並びに第七十二条から第七十四条までの規定は、前項の裁定及び二次使用料について準用する。この場合において、第七十条第三項中「著作権者」とあるのは「当事者」と、第七十二条第二項中「著作物を利用する者」とあるのは「第九十五条第一項の放送事業者等」と、「著作権者」とあるのは「同条第五項の団体」と、第七十四条中「著作権者」とあるのは「第九十五条第五項の団体」と読み替えるものとする。

13　私的独占の禁止及び公正取引の確保に関する法律の規定は、第十項の協議による定め及びこれに基づいてする行為については、適用しない。ただし、不公正な取引方法を用いる場合及び関連事業者の利益を不当に害することとなる場合は、この限りでない。

14　第五項から前項までに定めるもののほか、第一項の二次使用料の支払及び第五項の団体に関し必要な事項は、政令で定める。

第九五条第一二項を次のとおり改める。

第九五条　（略）

2～11　（略）

12　第六十七条第七項（第一号に係る部分に限る。）及び第八項、第六十八条第三項、第七十条、第七十一条（第二号に係る部分に限る。）並びに第七十二条から第七十四条までの規定は、前項の裁定及び二次使用料について準用する。この場合において、第六十七条第七項中「申請者」とあり、及び第六十八条第三項中「著作権者」とあるのは「当事者」と、第六十七条第七項第一号中「第五項各号に掲げる事項及び当該裁定に係る著作物の利用につき定めた補償金の額」とあり、及び同条第八項中「その旨及び次に掲げる事項」とあるのは「その旨」と、第七十二条第二項中「著作物を利用する者」とあるのは「第九十五条第一項の放送事業者等」と、「著作権者」とあるのは「同条第五項の団体」と、第七十四条中「著作権者」とあるのは「第九十五条第五項の団体」と読み替えるものとする。

13・14（略）

（公布の日から起算して三年を超えない範囲内において政令で定める日から施行　令和五法三三）

（譲渡権）

第九五条の二　実演家は、その実演をその録音物又は録画物の譲渡により公衆に提供する権利を専有する。

2　前項の規定は、次に掲げる実演については、適用しない。

一　第九十一条第一項に規定する権利を有する者の許諾を得て録画されている実演

二　第九十一条第二項の実演で同項の録音物以外の物に録音され、又は録画されているもの

3　第一項の規定は、実演（前項各号に掲げるものを除く。以下この条において同じ。）の録音物又は録画物で次の各号のいずれかに該当するものの譲渡による場合には、適用しない。

一　第一項に規定する権利を有する者又はその許諾を得た者により公衆に譲渡された実演の録音物又は録画物

二　第百三条において準用する第六十七条第一項の規定による裁定を受けて公衆に譲渡された実演の録音物又は録画物

三　第百三条において準用する第六十七条の二第一項の規定の適用を受けて公衆に譲渡された実演の録音物又は録画物

四　第一項に規定する権利を有する者又はその承諾を得た者により特定かつ少数の者に譲渡された実演の録音物又は録画物

五　国外において、第一項に規定する権利に相

当する権利を害することなく、又は同項に規定する権利に相当する権利を有する者若しくはその承諾を得た者により譲渡された実演の録音物又は録画物

第九五条の二第三項第二号を次のとおり改める。

第九五条の二 2 （略）

3 第一項の規定は、実演（前項各号に掲げるものを除く。以下この条において同じ。）の録音物又は録画物で次の各号のいずれかに該当するものの譲渡による場合には、適用しない。

一 （略）

二 第百三条において準用する第六十七条第一項又は第六十七条の三第一項の規定による裁定を受けて公衆に譲渡された実演の録音物又は録画物

三～五 （略）

（公布の日から起算して三年を超えない範囲内において政令で定める日から施行　令和五法三三）

（貸与権等）

第九五条の三 実演家は、その実演をそれが録音されている商業用レコードの貸与により公衆に提供する権利を専有する。

2 前項の規定は、最初に販売された日から起算して一月以上十二月を超えない範囲内において政令で定める期間を経過した商業用レコード（複製されているレコードのすべてが当該商業用レコードと同一であるものを含む。以下「期間経過商業用レコード」という。）の貸与による場合には、適用しない。

3 商業用レコードの公衆への貸与を営業として行う者（以下「貸レコード業者」という。）は、期間経過商業用レコードの貸与により実演を公衆に提供した場合には、当該実演（著作隣接権の存続期間内のものに限る。）に係る実演家に相当な額の報酬を支払わなければならない。

4 第九十五条第五項から第十四項までの規定は、

前項の報酬を受ける権利について準用する。この場合において、同条第十項中「放送事業者等」とあり、及び同条第十二項中「第九十五条第一項の放送事業者等」とあるのは、「第九十五条の三第三項の貸レコード業者」と読み替えるものとする。

5　第一項に規定する権利を有する者の許諾に係る使用料を受ける権利は、前項において準用する第九十五条第五項の団体によつて行使することができる。

6　第九十五条第七項から第十四項までの規定は、前項の場合について準用する。この場合においては、第四項後段の規定を準用する。

第三節　レコード製作者の権利

（複製権）

第九十六条　レコード製作者は、そのレコードを複製する権利を専有する。

（送信可能化権）

第九十六条の二　レコード製作者は、そのレコードを送信可能化する権利を専有する。

（商業用レコードの放送同時配信等）

第九十六条の三　放送事業者、有線放送事業者又は放送同時配信等事業者は、商業用レコード（当該商業用レコードに係る前条に規定する権利（放送同時配信等に係るものに限る。以下この項及び次項において同じ。）について著作権等管理事業者による管理が行われているもの又は文化庁長官が定める方法により当該商業用レコードに係る同条に規定する権利を有する者の氏名若しくは名称、放送同時配信等の許諾の申込みを受け付けるための連絡先その他の円滑な許諾のために必要な情報であつて文化庁長官が定めるものの公表がされているものを除く。次項において同じ。）を用いて放送同時配信等を行うことができる。

2　前項の場合において、商業用レコードを用いて放送同時配信等を行つたときは、放送事業者、有線放送事業者又は放送同時配信等事業者は、通常の使用料の額に相当する額の補償金を当該商業用レコードに係る前条に規定する権利を有する者に支払わなければならない。

3　前項の補償金を受ける権利は、著作権等管理事業者であつて全国を通じて一個に限りその同意を得て文化庁長官が指定するものがあるときは、当該著作権等管理事業者によつてのみ行使することができる。

4　第九十三条の三第四項の規定は前項の規定による指定について、同条第五項から第十三項までの規定は第二項の補償金及び前項の規定による指定を受けた著作権等管理事業者について、それぞれ準用する。この場合において、同条第四項第四号中「第二項の報酬」とあるのは「第九十六条の三第二項の補償金」と、同条第七項及び第十項中「放送事業者」とあるのは「放送事業者、有線放送事業者」と読み替えるものとする。

（商業用レコードの二次使用）

第九七条　放送事業者等は、商業用レコードを用いた放送又は有線放送を行つた場合（営利を目的とせず、かつ、聴衆又は観衆から料金（いずれの名義をもつてするかを問わず、レコードに係る音の提示につき受ける対価をいう。）を受けずに、当該放送を受信して同時に有線放送を行つた場合を除く。）には、そのレコード（第八条第一号から第四号までに掲げるレコードで著作隣接権の存続期間内のものに限る。）に係るレコード製作者に二次使用料を支払わなければならない。

2　第九十五条第二項及び第四項の規定は、前項に規定するレコード製作者について準用し、同条第三項の規定は、前項の規定により保護を受ける期間について準用する。この場合において、同条第二項から第四項までの規定中「国民をレコード製作者とするレコードに固定されている実演に係る実演家」とあるのは「国民であるレコード製作者」と、同条第三項中「実演家が保護を受ける期間」とあるのは「レコード製作者が保護を受ける期間」と読み替えるものとする。

3　第一項の二次使用料を受ける権利は、国内において商業用レコードの製作を業とする者の相当数を構成員とする団体（その連合体を含む。）でその同意を得て文化庁長官が指定するものがあるときは、当該団体によつてのみ行使することができる。

4　第九十五条第六項から第十四項までの規定は、第一項の二次使用料及び前項の団体について準用する。

（譲渡権）

第九七条の二　レコード製作者は、そのレコードをその複製物の譲渡により公衆に提供する権利を専有する。

2　前項の規定は、レコードの複製物で次の各号のいずれかに該当するものの譲渡による場合には、適用しない。

一　前項に規定する権利を有する者又はその許諾を得た者により公衆に譲渡されたレコードの複製物

二　第百三条において準用する第六十七条第一項の規定による裁定を受けて公衆に譲渡されたレコードの複製物

三　第百三条において準用する第六十七条の二第一項の規定の適用を受けて公衆に譲渡されたレコードの複製物

四　前項に規定する権利を有する者又はその承諾を得た者により特定かつ少数の者に譲渡されたレコードの複製物

五　国外において、前項に規定する権利に相当する権利を害することなく、又は同項に規定する権利に相当する権利を有する者若しくはその承諾を得た者により譲渡されたレコードの複製物

第九七条の二第二項第二号を次のとおり改める。

第九七条の二　（略）

2　前項の規定は、レコードの複製物で次の各号のいずれかに該当するものの譲渡による場合には、適用しない。

一　（略）

二　第百三条において準用する第六十七条第一項又は第六十七条の三第一項の規定による裁定を受けて公衆に譲渡されたレコードの複製物

三〜五　（略）

（公布の日から起算して三年を超えない範囲内において政令で定める日から施行　令和五法三三）

（貸与権等）

第九七条の三　レコード製作者は、そのレコードをそれが複製されている商業用レコードの貸与により公衆に提供する権利を専有する。

2　前項の規定は、期間経過商業用レコードの貸与による場合には、適用しない。

3　貸レコード業者は、期間経過商業用レコードの貸与によりレコードを公衆に提供した場合には、当該レコード（著作隣接権の存続期間内のものに限る。）に係るレコード製作者に相当な額の報酬を支払わなければならない。

4　第九十七条第三項の規定は、前項の報酬を受ける権利の行使について準用する。

5　第九十五条第六項から第十四項までの規定は、第三項の報酬及び前項において準用する第九十七条第三項に規定する団体について準用する。この場合においては、第九十五条の三第四項後段の規定を準用する。

6　第一項に規定する権利を有する者の許諾に係る使用料を受ける権利は、第四項において準用する第九十七条第三項の団体によつて行使することができる。

7　第五項の規定は、前項の場合について準用する。この場合において、第五項中「第九十五条第六項」とあるのは、「第九十五条第七項」と読み替えるものとする。

第四節　放送事業者の権利

（複製権）

第九八条　放送事業者は、その放送又はこれを受信して行なう有線放送を受信して、その放送に係る音又は影像を録音し、録画し、又は写真その他これに類似する方法により複製する権利を専有する。

（再放送権及び有線放送権）

第九九条　放送事業者は、その放送を受信してこれを再放送し、又は有線放送する権利を専有する。

2　前項の規定は、放送を受信して有線放送を行なう者が法令の規定により行なわなければならない有線放送については、適用しない。

（送信可能化権）

第九九条の二　放送事業者は、その放送又はこれを受信して行う有線放送を受信して、その放送を送信可能化する権利を専有する。

2　前項の規定は、放送を受信して自動公衆送信を行う者が法令の規定により行わなければならない自動公衆送信に係る送信可能化については、適用しない。

（テレビジョン放送の伝達権）

第一〇〇条　放送事業者は、そのテレビジョン放送又はこれを受信して行なう有線放送を受信して、影像を拡大する特別の装置を用いてその放送を公に伝達する権利を専有する。

第五節　有線放送事業者の権利

（複製権）

第一〇〇条の二　有線放送事業者は、その有線放送を受信して、その有線放送に係る音又は影像を録音し、録画し、又は写真その他これに類似する方法により複製する権利を専有する。

（放送権及び再有線放送権）

第一〇〇条の三　有線放送事業者は、その有線放送を受信してこれを放送し、又は再有線放送する権利を専有する。

（送信可能化権）

第一〇〇条の四　有線放送事業者は、その有線放送を受信してこれを送信可能化する権利を専有する。

（有線テレビジョン放送の伝達権）

第一〇〇条の五　有線放送事業者は、その有線テレビジョン放送を受信して、影像を拡大する特別の装置を用いてその有線放送を公に伝達する権利を専有する。

第六節　保護期間

（実演、レコード、放送又は有線放送の保護期間）

第一〇一条　著作隣接権の存続期間は、次に掲げる時に始まる。

一　実演に関しては、その実演を行つた時

二　レコードに関しては、その音を最初に固定した時

三　放送に関しては、その放送を行つた時

四　有線放送に関しては、その有線放送を行つた時

2　著作隣接権の存続期間は、次に掲げる時をもつて満了する。

一　実演に関しては、その実演が行われた日の属する年の翌年から起算して七十年を経過した時

二　レコードに関しては、その発行が行われた日の属する年の翌年から起算して七十年（その音が最初に固定された日の属する年の翌年から起算して七十年を経過する時までの間に発行されなかつたときは、その音が最初に固定された日の属する年の翌年から起算して七十年）を経過した時

三　放送に関しては、その放送が行われた日の属する年の翌年から起算して五十年を経過した時

四　有線放送に関しては、その有線放送が行われた日の属する年の翌年から起算して五十年を経過した時

第七節　実演家人格権の一身専属性等

（実演家人格権の一身専属性）

第一〇一条の二　実演家人格権は、実演家の一身に専属し、譲渡することができない。

（実演家の死後における人格的利益の保護）

第一〇一条の三　実演を公衆に提供し、又は提示

する者は、その実演の実演家の死後においても、実演家が生存しているとしたならばその実演家人格権の侵害となるべき行為をしてはならない。ただし、その行為の性質及び程度、社会的事情の変動その他によりその行為が当該実演家の意を害しないと認められる場合は、この限りでない。

第八節　権利の制限、譲渡及び行使等並びに登録

（著作隣接権の制限）

第一〇二条　第三十条第一項（第四号を除く。第九項第一号において同じ。）、第三十条の二から第三十二条まで、第三十五条、第三十六条、第三十七条第三項、第三十七条の二（第一号を除く。次項において同じ。）、第三十八条第二項及び第四項、第四十一条から第四十三条まで、第四十四条（第二項を除く。）、第四十六条から第四十七条の二まで、第四十七条の四並びに第四十七条の五の規定は、著作隣接権の目的となっている実演、レコード、放送又は有線放送の利用について準用し、第三十条第三項及び第四十七条の七の規定は、著作隣接権の目的となっている実演又はレコードの利用について準用し、第三十三条から第三十三条の三までの規定は、著作隣接権の目的となっている放送又は有線放送の利用について準用し、第四十四条第二項の規定は、著作隣接権の目的となっている実演、レコード又は有線放送の利用について準用する。この場合において、第三十条第一項第三号中「自動公衆送信（国外で行われる自動公衆送信」とあるのは「送信可能化（国外で行われる送信可能化」と、「含む。）」とあるのは「含む。）に係る自動公衆送信」と、第四十四条第一項中「第二十三条第一項」とあるのは「第九十二条第一項、第九十二条の二第一項、第九十六条の二、第九十九条第一項又は第百条の三」と、同条第二項中「第二十三条第一項」とあるのは「第九十二条第一項又は第百条の三」と、同条第三項中「第二十三条第一項」とあるのは「第九十二

条の二第一項又は第九十六条の二」と読み替えるものとする。

2　前項において準用する第三十二条、第三十三条第一項（同条第四項において準用する場合を含む。）、第三十三条の二第一項、第三十三条の三第一項、第三十七条第三項、第三十七条の二、第四十一条の二第一項、第四十二条、第四十二条の二第一項若しくは第四十七条の規定又は次項若しくは第四項の規定により実演若しくはレコード又は放送若しくは有線放送に係る音若しくは影像（以下「実演等」と総称する。）を複製する場合において、その出所を明示する慣行があるときは、これらの複製の態様に応じ合理的と認められる方法及び程度により、その出所を明示しなければならない。

3　第三十三条の三第一項の規定により教科用図書に掲載された著作物を複製することができる場合には、同項の規定の適用を受けて作成された録音物において録音されている実演又は当該録音物に係るレコードを複製し、又は同項に定める目的のためにその複製物の譲渡により公衆に提供することができる。

4　視覚障害者等の福祉に関する事業を行う者で第三十七条第三項の政令で定めるものは、同項の規定により視覚著作物を複製することができる場合には、同項の規定の適用を受けて作成された録音物において録音されている実演又は当該録音物に係るレコードについて、複製し、又は同項に定める目的のために、送信可能化を行い、若しくはその複製物の譲渡により公衆に提供することができる。

5　著作隣接権の目的となつている実演であつて放送されるものは、地域限定特定入力型自動公衆送信を行うことができる。ただし、当該放送に係る第九十九条の二第一項に規定する権利を有する者の権利を害することとなる場合は、この限りでない。

6　前項の規定により実演の送信可能化を行う者は、第一項において準用する第三十八条第二項の規定の適用がある場合を除き、当該実演に係る第九十二条の二第一項に規定する権利を有する者に相当な額の補償金を支払わなければならない。

7　前二項の規定は、著作隣接権の目的となつているレコードの利用について準用する。この場合において、前項中「第九十二条の二第一項」とあるのは、「第九十六条の二」と読み替えるものとする。

8　第三十九条第一項又は第四十条第一項若しくは第二項の規定により著作物を放送し、又は有線放送することができる場合には、その著作物の放送若しくは有線放送について、これを受信して有線放送し、若しくは影像を拡大する特別の装置を用いて公に伝達し、又はその著作物の放送について、地域限定特定入力型自動公衆送信を行うことができる。

9　次に掲げる者は、第九十一条第一項、第九十六条、第九十八条又は第百条の二の録音、録画又は複製を行つたものとみなす。

一　第一項において準用する第三十条第一項、第三十条の三、第三十一条第一項第一号、第二項第一号、第四項、第七項第一号若しくは第九項第一号、第三十三条の二第一項、第三十三条の三第一項若しくは第四項、第三十五条第一項、第三十七条第三項、第三十七条の二第二号、第四十一条、第四十一条の二第一項、第四十二条、第四十二条の二第一項、第四十二条の三、第四十二条の四、第四十三条第二項、第四十四条第一項から第三項まで、第四十七条第一項若しくは第三項、第四十七条の二又は第四十七条の五第一項に定める目的以外の目的のために、これらの規定の適用を受けて作成された実演等の複製物を頒布し、又は当該複製物によつて当該実演、当該レコードに係る音若しくは当該放送若しくは有線放送に係る音若しくは影像の公衆への提示を行つた者

二　第一項において準用する第三十条の四の規定の適用を受けて作成された実演等の複製物を用いて、当該実演等を自ら享受し又は他人

に享受させる目的のために、いずれの方法によるかを問わず、当該実演等を利用した者

三　第一項において準用する第四十四条第四項の規定に違反して同項の録音物又は録画物を保存した放送事業者、有線放送事業者又は放送同時配信等事業者

四　第一項において準用する第四十七条の四又は第四十七条の五第二項に定める目的以外の目的のために、これらの規定の適用を受けて作成された実演等の複製物を用いて、いずれの方法によるかを問わず、当該実演等を利用した者

五　第三十三条の三第一項又は第三十七条第三項に定める目的以外の目的のために、第三項若しくは第四項の規定の適用を受けて作成された実演若しくはレコードの複製物を頒布し、又は当該複製物によつて当該実演若しくは当該レコードに係る音の公衆への提示を行つた者

（実演家人格権との関係）

第一〇二条の二　前条の著作隣接権の制限に関する規定（同条第七項及び第八項の規定を除く。）は、実演家人格権に影響を及ぼすものと解釈してはならない。

（著作隣接権の譲渡、行使等）

第一〇三条　第六十一条第一項の規定は著作隣接権の譲渡について、第六十二条第一項の規定は著作隣接権の消滅について、第六十三条及び第六十三条の二の規定は実演、レコード、放送又は有線放送の利用の許諾について、第六十五条の規定は著作隣接権が共有に係る場合について、第六十六条の規定は著作隣接権を目的として質権が設定されている場合について、第六十七条、第六十七条の二（第一項ただし書を除く。）、第七十条（第三項から第五項までを除く。）、第七十一条（第二号に係る部分に限る。）、第七十二条、第七十三条並びに第七十四条第三項及び第四項の規定は著作隣接権者と連絡することができない場合における実演、レコード、放送又は有線放送の利用について、第六十八条、第七十

条（第四項第一号及び第七項を除く。）、第七十一条（第二号に係る部分に限る。）、第七十二条、第七十三条本文及び第七十四条の規定は著作隣接権者に協議を求めたがその協議が成立せず、又はその協議をすることができない場合における実演、レコード、放送又は有線放送の利用について、第七十一条（第一号に係る部分に限る。）及び第七十四条の規定は第百二条第一項において準用する第三十三条から第三十三条の三までの規定による放送又は有線放送の利用について、それぞれ準用する。この場合において、第六十三条第六項中「第二十三条第一項」とあるのは「第九十二条の二第一項、第九十六条の二、第九十九条の二第一項又は第百条の四」と、第六十八条第二項中「第三十八条第二項及び第三項」とあるのは「第百二条第一項において準用する第三十八条第二項」と読み替えるものとする。

第一〇三条を次のとおり改める。

第一〇三条　第六十一条第一項の規定は著作隣接権の譲渡について、第六十二条第一項の規定は著作隣接権の消滅について、第六十三条及び第六十三条の二の規定は実演、レコード、放送又は有線放送の利用の許諾について、第六十五条の規定は著作隣接権が共有に係る場合について、第六十六条の規定は著作隣接権を目的として質権が設定されている場合について、第六十七条（第一項第二号を除く。）、第六十七条の二（第一項ただし書を除く。）、第七十条、第七十一条（第二号に係る部分に限る。）、第七十二条、第七十三条並びに第七十四条第三項及び第四項の規定は著作隣接権者と連絡することができない場合における実演、レコード、放送又は有線放送の利用について、第六十七条の三（第一項第二号を除く。）、第七十条、第七十一条（第二号に係る部分に限る。）、第七十二条、第七十三条並びに第七十四条第三項及び第四項の規定は実演、レコード、放送又は有線放送の利用の可否に係る著作隣接権者の意思の確認ができない場合

における これらの利用について、第六十八条（第一項第二号を除く。）、第七十条、第七十一条（第二号に係る部分に限る。）、第七十二条、第七十三条本文及び第七十四条の規定は著作隣接権者に協議を求めたがその協議が成立せず、又はその協議をすることができない場合における実演、レコード、放送又は有線放送の利用について、第七十一条（第一号に係る部分に限る。）及び第七十四条の規定は第百二条第一項において準用する第三十三条から第三十三条の三までの規定による放送又は有線放送の利用について、それぞれ準用する。この場合において、第六十三条第六項中「第二十三条第一項」とあるのは「第九十二条の二第一項、第九十六条の二、第九十九条の二第一項又は第百条の四」と、第六十八条第二項中「第三十八条第二項及び第三項」とあるのは「第百二条第一項において準用する第三十八条第二項」と読み替えるものとする。
（公布の日から起算して三年を超えない範囲内において政令で定める日から施行　令和五法三三）

（著作隣接権の登録）

第一〇四条　第七十七条及び第七十八条（第三項を除く。）の規定は、著作隣接権に関する登録について準用する。この場合において、同条第一項、第二項、第四項、第八項及び第九項中「著作権登録原簿」とあるのは、「著作隣接権登録原簿」と読み替えるものとする。

第五章　著作権等の制限による利用に係る補償金

第一節　私的録音録画補償金

（私的録音録画補償金を受ける権利の行使）

第一〇四条の二　第三十条第三項（第百二条第一項において準用する場合を含む。以下この節において同じ。）の補償金（以下この節において「私的録音録画補償金」という。）を受ける権利は、私的録音録画補償金を受ける権利を有する者（次項及び次条第四号において「権利者」という。）のためにその権利を行使することを目的とする団体であつて、次に掲げる私的録音録画補償金の区分ごとに全国を通じて一個に限りその同意を得て文化庁長官が指定するものがあるときは、それぞれ当該指定を受けた団体（以下この節において「指定管理団体」という。）によつてのみ行使することができる。

一　私的使用を目的として行われる録音（専ら録画とともに行われるものを除く。次条第二号イ及び第百四条の四において「私的録音」という。）に係る私的録音録画補償金

二　私的使用を目的として行われる録画（専ら録音とともに行われるものを含む。次条第二号ロ及び第百四条の四において「私的録画」という。）に係る私的録音録画補償金

2　指定管理団体は、権利者のために自己の名をもつて私的録音録画補償金を受ける権利に関する裁判上又は裁判外の行為を行う権限を有する。

（指定の基準）

第一〇四条の三　文化庁長官は、次に掲げる要件を備える団体でなければ前条第一項の規定による指定をしてはならない。

一　一般社団法人であること。

二　前条第一項第一号に掲げる私的録音録画補償金に係る場合についてはイ、ハ及びニに掲げる団体を、同項第二号に掲げる私的録音録画補償金に係る場合についてはロからニまで

に掲げる団体を構成員とすること。
イ　私的録音に係る著作物に関し第二十一条に規定する権利を有する者を構成員とする団体（その連合体を含む。）であつて、国内において私的録音に係る著作物に関し同条に規定する権利を有する者の利益を代表すると認められるもの
ロ　私的録画に係る著作物に関し第二十一条に規定する権利を有する者を構成員とする団体（その連合体を含む。）であつて、国内において私的録画に係る著作物に関し同条に規定する権利を有する者の利益を代表すると認められるもの
ハ　国内において実演を業とする者の相当数を構成員とする団体（その連合体を含む。）
ニ　国内において商業用レコードの製作を業とする者の相当数を構成員とする団体（その連合体を含む。）
三　前号イからニまでに掲げる団体がそれぞれ次に掲げる要件を備えるものであること。
イ　営利を目的としないこと。
ロ　その構成員が任意に加入し、又は脱退することができること。
ハ　その構成員の議決権及び選挙権が平等であること。
四　権利者のために私的録音録画補償金を受ける権利を行使する業務（第百四条の八第一項の事業に係る業務を含む。以下この節において「補償金関係業務」という。）を的確に遂行するに足りる能力を有すること。

（私的録音録画補償金の支払の特例）

第一〇四条の四　第三十条第三項の政令で定める機器（以下この条及び次条において「特定機器」という。）又は記録媒体（以下この条及び次条において「特定記録媒体」という。）を購入する者（当該特定機器又は特定記録媒体が小売に供された後最初に購入するものに限る。）は、その購入に当たり、指定管理団体から、当該特定機器又は特定記録媒体を用いて行う私的録音又は私的録画に係る私的録音録画補償金の一括の支払

として、第百四条の六第一項の規定により当該特定機器又は特定記録媒体について定められた額の私的録音録画補償金の支払の請求があつた場合には、当該私的録音録画補償金を支払わなければならない。

2　前項の規定により私的録音録画補償金を支払つた者は、指定管理団体に対し、その支払に係る特定機器又は特定記録媒体を専ら私的録音及び私的録画以外の用に供することを証明して、当該私的録音録画補償金の返還を請求することができる。

3　第一項の規定による支払の請求を受けて私的録音録画補償金が支払われた特定機器により同項の規定による支払の請求を受けて私的録音録画補償金が支払われた特定記録媒体に私的録音又は私的録画を行う者は、第三十条第三項の規定にかかわらず、当該私的録音又は私的録画を行うに当たり、私的録音録画補償金を支払うことを要しない。ただし、当該特定機器又は特定記録媒体が前項の規定により私的録音録画補償金の返還を受けたものであるときは、この限りでない。

（製造業者等の協力義務）

第一〇四条の五　前条第一項の規定により指定管理団体が私的録音録画補償金の支払を請求する場合には、特定機器又は特定記録媒体の製造又は輸入を業とする者（次条第三項において「製造業者等」という。）は、当該私的録音録画補償金の支払の請求及びその受領に関し協力しなければならない。

（私的録音録画補償金の額）

第一〇四条の六　第百四条の二第一項の規定により指定管理団体が私的録音録画補償金を受ける権利を行使する場合には、指定管理団体は、私的録音録画補償金の額を定め、文化庁長官の認可を受けなければならない。これを変更しようとするときも、同様とする。

2　前項の認可があつたときは、私的録音録画補償金の額は、第三十条第三項の規定にかかわらず、その認可を受けた額とする。

3　指定管理団体は、第百四条の四第一項の規定により支払の請求をする私的録音録画補償金に係る第一項の認可の申請に際し、あらかじめ、製造業者等の団体で製造業者等の意見を代表すると認められるものの意見を聴かなければならない。

4　文化庁長官は、第一項の認可の申請に係る私的録音録画補償金の額が、第三十条第一項（第百二条第一項において準用する場合を含む。）及び第百四条の四第一項の規定の趣旨、録音又は録画に係る通常の使用料の額その他の事情を考慮した適正な額であると認めるときでなければ、その認可をしてはならない。

5　文化庁長官は、第一項の認可をしようとするときは、文化審議会に諮問しなければならない。

（補償金関係業務の執行に関する規程）

第一〇四条の七　指定管理団体は、補償金関係業務を開始しようとするときは、補償金関係業務の執行に関する規程を定め、文化庁長官に届け出なければならない。これを変更しようとするときも、同様とする。

2　前項の規程には、私的録音録画補償金（第百四条の四第一項の規定に基づき支払を受けるものに限る。）の分配に関する事項を含むものとし、指定管理団体は、第三十条第三項の規定の趣旨を考慮して当該分配に関する事項を定めなければならない。

（著作権等の保護に関する事業等のための支出）

第一〇四条の八　指定管理団体は、私的録音録画補償金（第百四条の四第一項の規定に基づき支払を受けるものに限る。）の額の二割以内で政令で定める割合に相当する額を、著作権及び著作隣接権の保護に関する事業並びに著作物の創作の振興及び普及に資する事業のために支出しなければならない。

2　文化庁長官は、前項の政令の制定又は改正の立案をしようとするときは、文化審議会に諮問しなければならない。

3　文化庁長官は、第一項の事業に係る業務の適正な運営を確保するため必要があると認めるときは、指定管理団体に対し、当該業務に関し監督上必要な命令をすることができる。

（報告の徴収等）

第一〇四条の九　文化庁長官は、指定管理団体の補償金関係業務の適正な運営を確保するため必要があると認めるときは、指定管理団体に対し、補償金関係業務に関して報告をさせ、若しくは帳簿、書類その他の資料の提出を求め、又は補償金関係業務の執行方法の改善のため必要な勧告をすることができる。

第一〇四条の一〇　この節に規定するもののほか、指定管理団体及び補償金関係業務に関し必要な事項は、政令で定める。

第二節　図書館等公衆送信補償金

（図書館等公衆送信補償金を受ける権利の行使）

第一〇四条の一〇の二　第三十一条第五項（第八十六条第三項及び第百二条第一項において準用する場合を含む。第百四条の十の四第二項及び第百四条の十の五第二項において同じ。）の補償金（以下この節において「図書館等公衆送信補償金」という。）を受ける権利は、図書館等公衆送信補償金を受ける権利を有する者（次項及び次条第四号において「権利者」という。）のためにその権利を行使することを目的とする団体であつて、全国を通じて一個に限りその同意を得て文化庁長官が指定するものがあるときは、当該指定を受けた団体（以下この節において「指定管理団体」という。）によつてのみ行使することができる。

2　指定管理団体は、権利者のために自己の名をもつて図書館等公衆送信補償金を受ける権利に関する裁判上又は裁判外の行為を行う権限を有する。

（指定の基準）

第一〇四条の一〇の三　文化庁長官は、次に掲げる要件を備える団体でなければ前条第一項の規定による指定をしてはならない。

一　一般社団法人であること。

二　次に掲げる団体を構成員とすること。

イ　第三十一条第二項（第八十六条第三項及び第百二条第一項において準用する場合を含む。次条第四項において同じ。）の規定による公衆送信（以下この節において「図書館等公衆送信」という。）に係る著作物に関し第二十三条第一項に規定する権利を有する者を構成員とする団体（その連合体を含む。）であつて、国内において図書館等公衆送信に係る著作物に関し同項に規定する権利を有する者の利益を代表すると認められるもの

ロ　図書館等公衆送信に係る著作物に関する第二号出版権者を構成員とする団体（その連合体を含む。）であつて、国内において図書館等公衆送信に係る著作物に関する第二号出版権者の利益を代表すると認められるもの

三　前号イ及びロに掲げる団体がそれぞれ次に掲げる要件を備えるものであること。

イ　営利を目的としないこと。

ロ　その構成員が任意に加入し、又は脱退することができること。

ハ　その構成員の議決権及び選挙権が平等であること。

四　権利者のために図書館等公衆送信補償金を受ける権利を行使する業務（第百四条の十の六第一項の事業に係る業務を含む。以下この節において「補償金関係業務」という。）を的確に遂行するに足りる能力を有すること。

（図書館等公衆送信補償金の額）

第一〇四条の一〇の四　第百四条の十の二第二項の規定により指定管理団体が図書館等公衆送信補償金を受ける権利を行使する場合には、指定管理団体は、図書館等公衆送信補償金の額を定め、文化庁長官の認可を受けなければならない。これを変更しようとするときも、同様とする。

2　前項の認可があつたときは、図書館等公衆送信補償金の額は、第三十一条第五項の規定にかかわらず、その認可を受けた額とする。

3　指定管理団体は、第一項の認可の申請に際し、あらかじめ、図書館等を設置する者の意見を代表すると認められる団体で図書館等を設置する者の意見を代表すると認められるものの意見を聴かなければならない。

4　文化庁長官は、第一項の認可の申請に係る図書館等公衆送信補償金の額が、第三十一条第二項の規定の趣旨、図書館等公衆送信に係る著作物の種類及び用途並びに図書館等公衆送信の態様に照らした著作権者等の利益に与える影響、図書館等公衆送信により電磁的記録を容易に取得することができることにより特定図書館等の利用者が受ける便益その他の事情を考慮した適正な額であると認めるときでなければ、その認可をしてはならない。

5　文化庁長官は、第一項の認可をするときは、文化審議会に諮問しなければならない。

（補償金関係業務の執行に関する規程）

第一〇四条の一〇の五　指定管理団体は、補償金関係業務を開始しようとするときは、補償金関係業務の執行に関する規程を定め、文化庁長官に届け出なければならない。これを変更しようとするときも、同様とする。

2　前項の規程には、図書館等公衆送信補償金の分配に関する事項を含むものとし、指定管理団体は、第三十一条第五項の規定の趣旨を考慮して当該分配に関する事項を定めなければならない。

（著作権等の保護に関する事業等のための支出）

第一〇四条の一〇の六　指定管理団体は、図書館等公衆送信補償金の総額のうち、図書館等公衆送信による著作物の利用状況、図書館等公衆送信補償金の分配に係る事務に要する費用その他の事情を勘案して政令で定めるところにより算出した額に相当する額を、著作権、出版権及び著作隣接権の保護に関する事業並びに著作物の創作の振興及び普及に資する事業のために支出しなければならない。

2　文化庁長官は、前項の政令の制定又は改正の立案をするときは、文化審議会に諮問しなければならない。

3　文化庁長官は、第一項の事業に係る業務の適正な運営を確保するため必要があると認めるときは、指定管理団体に対し、当該業務に関し監督上必要な命令をすることができる。

（報告の徴収等）

第一〇四条の一〇の七　文化庁長官は、指定管理団体の補償金関係業務の適正な運営を確保するため必要があると認めるときは、指定管理団体に対し、補償金関係業務に関して報告をさせ、若しくは帳簿、書類その他の資料の提出を求め、又は補償金関係業務の執行方法の改善のため必要な勧告をすることができる。

（政令への委任）

第一〇四条の一〇の八　この節に規定するもののほか、指定管理団体及び補償金関係業務に関し必要な事項は、政令で定める。

第三節　授業目的公衆送信補償金

（授業目的公衆送信補償金を受ける権利の行使）

第一〇四条の一一　第三十五条第二項（第百二条第一項において準用する場合を含む。第百四条の十三第二項及び第百四条の十四第二項において同じ。）の補償金（以下この節において「授業目的公衆送信補償金」という。）を受ける権利は、授業目的公衆送信補償金を受ける権利を有する者（次項及び次条第四号において「権利者」という。）のためにその権利を行使することを目的とする団体であつて、全国を通じて一個に限りその同意を得て文化庁長官が指定するものがあるときは、当該指定を受けた団体（以下この節において「指定管理団体」という。）によつてのみ行使することができる。

2　指定管理団体は、権利者のために自己の名をもつて授業目的公衆送信補償金を受ける権利に関する裁判上又は裁判外の行為を行う権限を有する。

（指定の基準）

第一〇四条の一二　文化庁長官は、次に掲げる要件を備える団体でなければ前条第一項の規定による指定をしてはならない。

一　一般社団法人であること。
二　次に掲げる団体を構成員とすること。
イ　第三十五条第一項（第百二条第一項において準用する場合を含む。次条第四項において同じ。）の公衆送信（第三十五条第三項の公衆送信に該当するものを除く。以下この節において「授業目的公衆送信」という。）に係る著作物に関し第二十三条第一項に規定する権利を有する者を構成員とする団体（その連合体を含む。）であつて、国内において授業目的公衆送信に係る著作物に関し同項に規定する権利を有する者の利益を代表すると認められるもの
ロ　授業目的公衆送信に係る実演に関し第九十二条第一項及び第九十二条の二第一項に規定する権利を有する者を構成員とする団体（その連合体を含む。）であつて、国内においで授業目的公衆送信に係る実演に関しこれらの規定に規定する権利を有する者の利益を代表すると認められるもの
ハ　授業目的公衆送信に係るレコードに関し第九十六条の二に規定する権利を有する者を構成員とする団体（その連合体を含む。）であつて、国内において授業目的公衆送信に係るレコードに関し同条に規定する権利を有する者の利益を代表すると認められるもの
ニ　授業目的公衆送信に係る放送に関し第九十九条第一項及び第九十九条の二第一項に規定する権利を有する者を構成員とする団体（その連合体を含む。）であつて、国内において授業目的公衆送信に係る放送に関しこれらの規定に規定する権利を有する者の利益を代表すると認められるもの
ホ　授業目的公衆送信に係る有線放送に関し第百条の三及び第百条の四に規定する権利を有する者を構成員とする団体（その連合体を含む。）であつて、国内において授業目的公衆送信に係る有線放送に関しこれらの規定に規定する権利を有する者の利益を代

表すると認められるもの

三　前号イからホまでに掲げる団体がそれぞれ次に掲げる要件を備えるものであること。

イ　営利を目的としないこと。

ロ　その構成員が任意に加入し、又は脱退することができること。

ハ　その構成員の議決権及び選挙権が平等であること。

四　権利者のために授業目的公衆送信補償金を受ける権利を行使する業務（第百四条の十五第一項の事業に係る業務を含む。以下この節において「補償金関係業務」という。）を的確に遂行するに足りる能力を有すること。

（授業目的公衆送信補償金の額）

第一〇四条の一三　第百四条の十一第一項の規定により指定管理団体が授業目的公衆送信補償金を受ける権利を行使する場合には、指定管理団体は、授業目的公衆送信補償金の額を定め、文化庁長官の認可を受けなければならない。これを変更しようとするときも、同様とする。

2　前項の認可があつたときは、授業目的公衆送信補償金の額は、第三十五条第二項の規定にかかわらず、その認可を受けた額とする。

3　指定管理団体は、第一項の認可の申請に際し、あらかじめ、授業目的公衆送信が行われる第三十五条第一項の教育機関を設置する者の団体で同項の教育機関を設置する者の意見を代表すると認められるものの意見を聴かなければならない。

4　文化庁長官は、第一項の認可の申請に係る授業目的公衆送信補償金の額が、第三十五条第一項の規定の趣旨、公衆送信（自動公衆送信の場合にあつては、送信可能化を含む。）に係る通常の使用料の額その他の事情を考慮した適正な額であると認めるときでなければ、その認可をしてはならない。

5　文化庁長官は、第一項の認可をしようとするときは、文化審議会に諮問しなければならない。

（補償金関係業務の執行に関する規程）

第一〇四条の一四　指定管理団体は、補償金関係

業務を開始しようとするときは、補償金関係業務の執行に関する規程を定め、文化庁長官に届け出なければならない。これを変更しようとするときも、同様とする。

2　前項の規程には、授業目的公衆送信補償金の分配に関する事項を含むものとし、指定管理団体は、第三十五条第二項の規定の趣旨を考慮して当該分配に関する事項を定めなければならない。

（著作権等の保護に関する事業等のための支出）

第一〇四条の一五　指定管理団体は、授業目的公衆送信補償金の総額のうち、授業目的公衆送信による著作物等の利用状況、授業目的公衆送信補償金の分配に係る事務に要する費用その他の事情を勘案して政令で定めるところにより算出した額に相当する額を、著作権及び著作隣接権の保護に関する事業並びに著作物の創作の振興及び普及に資する事業のために支出しなければならない。

2　文化庁長官は、前項の政令の制定又は改正の立案をしようとするときは、文化審議会に諮問しなければならない。

3　文化庁長官は、第一項の事業に係る業務の適正な運営を確保するため必要があると認めるときは、指定管理団体に対し、当該業務に関し監督上必要な命令をすることができる。

（報告の徴収等）

第一〇四条の一六　文化庁長官は、指定管理団体の補償金関係業務の適正な運営を確保するため必要があると認めるときは、指定管理団体に対し、補償金関係業務に関して報告をさせ、若しくは帳簿、書類その他の資料の提出を求め、又は補償金関係業務の執行方法の改善のため必要な勧告をすることができる。

（政令への委任）

第一〇四条の一七　この節に規定するもののほか、指定管理団体及び補償金関係業務に関し必要な事項は、政令で定める。

第七章を第八章とし、第六章を第七章とし、第五章の次に次の一章を加える。

第六章　裁定による利用に係る指定補償金管理機関及び登録確認機関

第一節　指定補償金管理機関

（指定）

第一〇四条の一八　文化庁長官は、一般社団法人又は一般財団法人であつて、第百四条の二十に規定する業務（以下この節及び第百二十二条の二第三号において「補償金管理業務」という。）を適正かつ確実に行うことができると認められるものを、全国を通じて一個に限り、補償金管理業務を行う者として指定することができる。

（指定の手続等）

第一〇四条の一九　前条の規定による指定（以下この節において「指定」という。）は、補償金管理業務を行おうとする者の申請により行う。

2　指定を受けようとする者は、文部科学省令で定めるところにより、次に掲げる事項を記載した申請書を文化庁長官に提出しなければならない。

一　指定を受けようとする者の名称、代表者の氏名及び主たる事務所の所在地

二　その他文部科学省令で定める事項

3　次の各号のいずれかに該当する者は、指定を受けることができない。

一　この法律の規定により罰金の刑に処せられ、その執行を終わり、又は執行を受けることがなくなつた日から起算して二年を経過しない者

二　第百四条の三十一第一項又は第二項の規定により指定を取り消され、その取消しの日から起算して二年を経過しない者

三　その役員のうちに、イからハまでのいずれかに該当する者があるもの

イ　拘禁刑以上の刑に処せられ、又はこの法律の規定により罰金の刑に処せられ、その執行を終わり、又はその執行を受けることがなくなつた日から起算して二年

を経過しない者

ロ　第百四条の二十四第二項の規定による命令により解任され、その解任の日から起算して二年を経過しない者

ハ　第百四条の三十一第一項又は第二項の規定による取消しの処分に係る行政手続法第十五条の規定による通知があつた日前六十日以内に当該取消しを受けた法人の役員であつた者でその取消しの日から二年を経過しないもの

4　文化庁長官は、指定をしたときは、第二項第一号に規定する事項その他の文部科学省令で定める事項を官報で告示するものとする。

5　指定を受けた者（以下この節において「指定補償金管理機関」という。）は、第二項各号に掲げる事項を変更するときは、文部科学省令で定めるところにより、その二週間前までに、その旨を文化庁長官に届け出なければならない。

6　文化庁長官は、第四項に規定する事項について前項の規定による届出があつたときは、その旨を官報で告示するものとする。

（指定補償金管理機関の業務）

第一〇四条の二〇　指定補償金管理機関は、次に掲げる業務を行うものとする。

一　次条第一項及び第二項の規定により支払われる補償金の受領に関する業務

二　次条第三項の規定により読み替えて適用する第六十七条の二第一項及び第五項（これらの規定を第百三条において準用する場合を含む。）の規定により支払われる補償金及び担保金の受領に関する業務

三　前二号の規定により受領した補償金及び担保金の管理に関する業務

四　次条第三項の規定により読み替えて適用する第六十七条の二第八項（第百三条において準用する場合を含む。）及び次条第四項の規定による著作権者及び著作隣接権者に対する支払に関する業務

五　第百四条の二十二第一項に規定する著作

物等保護利用円滑化事業に関する業務

（指定補償金管理機関が補償金管理業務を行う場合の補償金及び担保金の取扱い）

第一〇四条の二一　第六十七条第二項及び第六十七条の三第十一項（これらの規定を第百三条において準用する場合を含む。）の規定は、指定補償金管理機関が補償金管理業務を行う場合には、適用しない。

2　指定補償金管理機関が補償金管理業務を行うときは、第六十七条第一項及び第六十七条の三第一項（これらの規定を第百三条において準用する場合を含む。以下この条において同じ。）の規定により補償金を供託することとされた者は、これらの規定にかかわらず、当該補償金を指定補償金管理機関に支払うものとする。この場合において、第六十七条第七項（第六十七条の三第六項において準用する場合を含む。以下この項において同じ。）並びに第六十七条の三第九項及び第十項の規定（これらの規定を第百三条において準用する場合を含む。以下この項において同じ。）の適用については、第六十七条第七項中「申請者」とあるのは「申請者及び第百四条の十九第五項に規定する指定補償金管理機関（第六十七条の三において「指定補償金管理機関」という。）」と、第六十七条の三第九項中「第一項の補償金を受ける権利に関し同項の規定により供託された」とあるのは「第百四条の二十一第一項及び第二項の規定により指定補償金管理機関に支払われた」と、同条第十項中「供託した」とあるのは「指定補償金管理機関に支払つた」とする。

3　前二項の規定により第六十七条第一項の補償金を指定補償金管理機関に支払う場合における第六十七条の二（第百三条において準用する場合を含む。以下この項及び次条において同じ。）の規定の適用については、次の表の上欄に掲げる規定中同表の中欄に掲げる字句は、それぞれ同表の下欄に掲げる字句とする。

第六十七条の二第一項	供託した	第百四条の十九第五項に規定する指定補償金管理機関（以下この条において「指定補償金管理機関」という。）に支払つた
第六十七条の二第二項及び第四項	供託を	指定補償金管理機関への支払を
第六十七条の二第四項	前条第一項	第百四条の二十一第二項
	同条第一項	同条第二項
第六十七条の二第四項、第五項及び第八項	供託された	指定補償金管理機関に支払われた
第六十七条の二第五項	著作権者のために供託し	指定補償金管理機関に支払わ
第六十七条の二第五項及び第九項	供託した	指定補償金管理機関に支払つた

4　第一項及び第二項の規定により補償金の支払を受けた指定補償金管理機関は、第六十七条第一項又は第六十七条の三第一項の裁定に係る著作物等の著作権者又は著作隣接権者から請求があつたときは、当該著作物等の利用につき当該著作権者又は著作隣接権者が受けるべき補償金に相当する額を支払わなければならない。

（著作物等保護利用円滑化事業のための支出）

第一〇四条の二二　指定補償金管理機関は、前条第一項及び第二項並びに同条第三項の規定により読み替えて適用する第六十七条の二第一項及び第五項の規定により支払われた補償金及び担保金の額から前条第三項の規定により読み替えて適用する第六十七条の二第八項及び前条第四項の規定により著作権者及び著作隣接権者に支払つた額を控除した額のうち、著作権者及び著作隣接権者への将来の支払に支障が生じないようにすることを旨として、その支払が見込まれる額、補償金管理業務の事務に要する費用その他の事情を勘案して政令で定めるところにより算出した額に相当する額を、著作権及び著作隣接権の保護に関する事業並びに著作物等の利用の円滑化及び創作の振興に資する事業（次項において「著作物等保護利用円滑化事業」という。）のために支出しなければならない。

2　指定補償金管理機関は、著作物等保護利用円滑化事業の内容を決定しようとするときは、当該著作物等保護利用円滑化事業が著作物等の適正な管理の促進に資するものとなるよう、その内容について学識経験者の意見を聴かなければならない。

3　文化庁長官は、第一項の政令の制定又は改正の立案をしようとするときは、文化審議会に諮問しなければならない。

（補償金管理業務規程）

第一〇四条の二三　指定補償金管理機関は、補償金管理業務の執行に関する規程（以下この節において「補償金管理業務規程」という。）を定め、文化庁長官の認可を受けなければならない。これを変更しようとするときも、同様とする。

2　補償金管理業務規程には、補償金管理業務の実施の方法その他文部科学省令で定める事項を定めなければならない。

3　文化庁長官は、第一項前段の認可をしたときは、その旨を官報で告示するものとする。

4　指定補償金管理機関は、前項の規定による告示の日の翌日から補償金管理業務を開始するものとする。

5　文化庁長官は、第一項の認可をした補償金管理業務規程が補償金管理業務の適正かつ確実な実施上不適当となつたと認めるときは、指定補償金管理機関に対し、その補償金管理業務規程を変更すべきことを命ずることができる。

（役員の選任及び解任）

第一〇四条の二四　指定補償金管理機関の役員の選任及び解任は、文化庁長官の認可を受けなければ、その効力を生じない。

2　文化庁長官は、指定補償金管理機関の役員が、この法律、この法律に基づく命令若しくは処分若しくは補償金管理業務規程に違反する行為をしたとき、又は補償金管理業務に関し著しく不適当な行為をしたときは、指定補償金管理機関に対し、当該役員の解任を命ずることができる。

（補償金管理業務の会計）

第一〇四条の二五　指定補償金管理機関は、補償金管理業務に関する会計を他の業務に関する会計と区分し、特別の会計として経理しなければならない。

（事業計画及び収支予算の認可等）

第一〇四条の二六　指定補償金管理機関は、文部科学省令で定めるところにより、毎事業年度、事業計画書及び収支予算書を作成し、文化庁長官の認可を受けなければならない。これを変更しようとするときも、同様とする。

2　指定補償金管理機関は、前項の認可を受けたときは、遅滞なく、その事業計画書及び収支予算書を公表しなければならない。

3　指定補償金管理機関は、毎事業年度、文部科学省令で定めるところにより、事業報告書及び収支決算書を作成し、当該事業年度の終了後三月以内に、文化庁長官に提出するとともに、公表しなければならない。

（帳簿の備付け等）

第一〇四条の二七　指定補償金管理機関は、補償金管理業務について、文部科学省令で定めるところにより、帳簿を備え、これに文部科学省令で定める事項を記載し、これを保存しなければならない。

（報告徴収及び立入検査）

第一〇四条の二八　文化庁長官は、補償金管理業務の適正かつ確実な実施を確保するために必要な限度において、指定補償金管理機関に対し、補償金管理業務に関し必要な報告若しくは資料の提出を求め、又はその職員に、指定補償金管理機関の事務所その他必要な場所に立ち入り、補償金管理業務に関し質問させ、若しくは帳簿、書類その他の物件を検査させることができる。

2　前項の規定により立入検査をする職員は、その身分を示す証明書を携帯し、関係人の請求があつたときは、これを提示しなければならない。

3　第一項の規定による立入検査の権限は、犯罪捜査のために認められたものと解釈してはならない。

（監督命令）

第一〇四条の二九　文化庁長官は、補償金管理業務の適正かつ確実な実施を確保するため必要があると認めるときは、指定補償金管理機関に対し、補償金管理業務に関し監督上必要な命令をすることができる。

（補償金管理業務の廃止）

第一〇四条の三〇　指定補償金管理機関は、文化庁長官の許可を受けなければ、補償金管理業務を廃止してはならない。

2　文化庁長官は、前項の許可をしたときは、その旨を官報で告示するものとする。

3　指定は、前項の規定による告示があつた日の翌日以後は、その効力を失う。

（指定の取消し等）

第一〇四条の三一　文化庁長官は、指定補償金管理機関が次の各号のいずれかに該当するときは、その指定を取り消すものとする。

一　偽りその他不正の手段により指定を受けたとき。

二　第百四条の十九第三項第一号又は第三号のいずれかに該当するに至つたとき。

2　文化庁長官は、指定補償金管理機関が次の各号のいずれかに該当するときは、その指定を取り消すことができる。
一　補償金管理業務を適正かつ確実に実施することができないと認められるとき。
二　第百四条の十九第五項、第百四条の二十二第一項若しくは第二項、第百四条の二十五から第百四条の二十七まで又は前条第一項の規定に違反したとき。
三　第百四条の二十三第一項の認可を受けた補償金管理業務規程によらないで補償金管理業務を行つたとき。
四　第百四条の二十三第五項、第百四条の二十四第二項又は第百四条の二十九の規定による命令に違反したとき。
五　第百四条の二十八第一項の規定による報告若しくは資料の提出をせず、若しくは虚偽の報告をし、若しくは虚偽の資料を提出し、又は同項の規定による質問に対して答弁をせず、若しくは虚偽の答弁をし、若しくは同項の規定による検査を拒み、妨げ、若しくは忌避したとき。
3　文化庁長官は、前二項の規定により指定を取り消したときは、その旨を官報で告示するものとする。
4　指定は、前項の規定による取消しの告示があつた日の翌日以後は、その効力を失う。

（廃止の許可又は指定の取消しの場合における経過措置）

第一〇四条の三二　文化庁長官が第百四条の三十第一項の許可をした場合又は前条第一項若しくは第二項の規定により指定を取り消した場合においてその後に新たに指定補償金管理機関の指定をしたときは、当該許可又は取消しに係る指定補償金管理機関は、その補償金管理業務を、新たに指定を受けた指定補償金管理機関に引き継がなければならない。
2　前項に定めるもののほか、第百四条の三十第一項の許可をした場合又は前条第一項若しくは第二項の規定により指定を取り消した場合における補償金管理業務に関する所要の経過措置（罰則に関する経過措置を含む。）は、合理的に必要と判断される範囲内において、政令で定める。

第二節　登録確認機関

（登録確認機関による確認等事務の実施等）

第一〇四条の三三　文化庁長官は、その登録を受けた者（以下この節において「登録確認機関」という。）に、第六十七条の三第一項（第百三条において準用する場合を含む。以下この節において同じ。）の規定による裁定及び補償金の額の決定に係る事務のうち次に掲げるもの（以下この節、第百二十一条の三及び第百二十二条の二第三号において「確認等事務」という。）を行わせることができる。

一　当該裁定の申請の受付（第百四条の三十五第二項において「申請受付」という。）に関する事務

二　当該裁定の申請に係る著作物等が未管理公表著作物等に該当するか否か及び当該裁定の申請をした者が第六十七条の三第一項第一号に該当するか否かの確認（以下この条及び第百四条の三十五第二項において「要件確認」という。）に関する事務

三　第六十七条の三第一項の通常の使用料の額に相当する額の算出（以下この節において「使用料相当額算出」という。）に関する事務

2　文化庁長官は、前項の規定により登録確認機関に確認等事務を行わせるときは、確認等事務を行わないものとする。この場合において、文化庁長官は、登録確認機関が次項の規定により送付する書面に記載した要件確認及び使用料相当額算出の結果を考慮して、第六十七条の三第一項の規定による裁定及び補償金の額の決定を行わなければならない。

3　登録確認機関は、第六十七条の三第一項の裁定の申請を受け付けたときは、要件確認及び使用料相当額算出を行い、文部科学省令で定めるところにより、当該裁定の申請書及び

添付資料に当該要件確認及び使用料相当額算出の結果を記載した書面を添付して、文化庁長官に送付するものとする。

4 第七十一条（第二号中第六十七条の三第一項に係る部分に限り、第百三条において準用する場合を含む。）の規定は、文化庁長官が第二項後段の規定により補償金の額の決定を行う場合については、適用しない。

（登録の手続及び要件等）

第一〇四条の三四 前条第一項の登録（以下この節において「登録」という。）は、確認等事務を行おうとする者の申請により行う。

2 登録を受けようとする者は、文部科学省令で定めるところにより、次に掲げる事項を記載した申請書を文化庁長官に提出しなければならない。

一 登録を受けようとする者の氏名及び住所（法人にあつては、その名称、代表者の氏名及び主たる事務所の所在地）

二 その他文部科学省令で定める事項

3 文化庁長官は、登録の申請が次の各号のいずれにも適合していると認めるときは、登録をするものとする。

一 確認等事務に従事する者のうちに文部科学省令で定める著作権及び著作隣接権の管理に関する経験を有する者が一人以上含まれていること。

二 確認等事務に従事する者のうちに使用料相当額算出に必要な知識及び経験として文部科学省令で定めるものを有する者が一人以上含まれていること。

4 次の各号のいずれかに該当する者は、登録を受けることができない。

一 拘禁刑以上の刑に処せられ、又はこの法律の規定により罰金の刑に処せられ、その執行を終わり、又は執行を受けることがなくなつた日から起算して二年を経過しない者

二 第百四条の四十五第一項又は第二項の規定により登録を取り消され、その取消しの

日から起算して二年を経過しない者（登録を取り消された者が法人である場合においては、当該取消しの処分に係る行政手続法第十五条の規定による通知があつた日前六十日以内に当該法人の役員であつた者でその取消しの日から二年を経過しないものを含む。）

三　法人であつて、その役員のうちに前二号のいずれかに該当する者があるもの

5　登録は、登録確認機関登録簿に、第二項第一号に掲げる事項その他の文部科学省令で定める事項を記載してするものとする。

6　文化庁長官は、登録をしたときは、前項に規定する事項（文部科学省令で定めるものを除く。）を官報で告示するものとする。

7　登録確認機関は、第二項各号に掲げる事項を変更するときは、その二週間前までに、その旨を文化庁長官に届け出なければならない。

8　文化庁長官は、第六項に規定する事項について前項の規定による届出があつたときは、その旨を官報で告示するものとする。

（確認等事務規程）

第一〇四条の三五　登録確認機関は、確認等事務の実施に関する規程（以下この条及び次条において「確認等事務規程」という。）を定め、確認等事務の開始前に、文化庁長官の認可を受けなければならない。これを変更しようとするときも、同様とする。

2　確認等事務規程には、申請受付及び要件確認に関する事務の実施の方法、使用料相当額算出の方法その他文部科学省令で定める事項を定めなければならない。

3　登録確認機関は、確認等事務規程（使用料相当額算出の方法に係る部分に限る。次項及び第五項において「算出方法規程」という。）について第一項の認可を申請しようとするときは、次に掲げる者の意見を聴かなければならない。

一　著作権等管理事業者

二　著作権者又は著作隣接権者を構成員とす

る団体（その連合体を含む。）であつて、国内において著作権者又は著作隣接権者の利益を代表すると認められるもの

4　文化庁長官は、算出方法規程が第六十七条の三第一項の規定の趣旨を考慮した適正なものであると認めるときでなければ、当該算出方法規程を含む確認等事務規程について第一項の認可をしてはならない。

5　文化庁長官は、算出方法規程を含む確認等事務規程について第一項の認可をしようとするときは、文化審議会に諮問しなければならない。

6　文化庁長官は、第一項の認可をした確認等事務規程が確認等事務の適正かつ確実な実施上不適当となつたと認めるときは、登録確認機関に対し、その確認等事務規程を変更すべきことを命ずることができる。

（確認等事務の実施に係る義務）

第一〇四条の三六　登録確認機関は、確認等事務を、公正に、かつ、文部科学省令で定める基準及び前条第一項の認可を受けた確認等事務規程に従つて実施しなければならない。

（役員の選任及び解任）

第一〇四条の三七　登録確認機関が法人である場合において、その役員を選任し、又は解任したときは、遅滞なく、その旨を文化庁長官に届け出なければならない。

（定期報告）

第一〇四条の三八　登録確認機関は、確認等事務の実施状況について、文部科学省令で定めるところにより、定期的に、文化庁長官に報告しなければならない。

（財務諸表等の作成、備置き及び閲覧等）

第一〇四条の三九　登録確認機関は、毎事業年度、当該事業年度の終了後三月以内に、文部科学省令で定めるところにより、当該事業年度の財産目録、貸借対照表及び損益計算書又は収支計算書並びに事業報告書（これらの作成に代えて電磁的記録の作成がされている場合における当該電磁的記録を含む。次項及び

第百二十五条において「財務諸表等」という。）を作成し、これに文部科学省令で定める事項を記載し、又は記録し、五年間事務所に備え置かなければならない。

2　第六十七条の三第一項の裁定を受けようとする者その他の利害関係人は、登録確認機関の業務時間内は、いつでも、次に掲げる請求をすることができる。ただし、第二号又は第四号に掲げる請求をするには、当該登録確認機関の定めた費用を支払わなければならない。

一　財務諸表等が書面をもつて作成されているときは、当該書面又は当該書面の写しの閲覧の請求

二　前号の書面の謄本又は抄本の交付の請求

三　財務諸表等が電磁的記録をもつて作成されているときは、当該電磁的記録に記録された事項を文部科学省令で定める方法により表示したものの閲覧の請求

四　前号の電磁的記録に記録された事項を登録確認機関の使用に係る電子計算機（入出力装置を含む。以下この号において同じ。）と当該事項の提供を受けようとする者の使用に係る電子計算機とを電気通信回線で接続した電子情報処理組織を使用する方法その他の情報通信の技術を利用する方法であつて文部科学省令で定めるものにより提供することの請求又は当該事項を記載した書面の交付の請求

（帳簿の備付け等）

第一〇四条の四〇　登録確認機関は、確認等事務について、文部科学省令で定めるところにより、帳簿を備え、これに文部科学省令で定める事項を記載し、これを保存しなければならない。

（報告徴収及び立入検査）

第一〇四条の四一　文化庁長官は、確認等事務の適正かつ確実な実施を確保するために必要な限度において、登録確認機関に対し、確認等事務に関し必要な報告若しくは資料の提出を求め、又はその職員に、登録確認機関の事

務所その他必要な場所に立ち入り、確認等事務に関し質問させ、若しくは帳簿、書類その他の物件を検査させることができる。

2　第百四条の二十八第二項及び第三項の規定は、前項の規定による立入検査について準用する。

（適合命令）

第一〇四条の四二　文化庁長官は、登録確認機関が第百四条の三十四第三項各号のいずれかに適合しなくなつたと認めるときは、当該登録確認機関に対し、これらの規定に適合するため必要な措置を講ずべきことを命ずることができる。

（改善命令）

第一〇四条の四三　文化庁長官は、登録確認機関が実施する確認等事務が第百四条の三十六の規定に違反していると認めるときは、当該登録確認機関に対し、その確認等事務の実施の方法を改善するため必要な措置をとるべきことを命ずることができる。

（確認等事務の休廃止）

第一〇四条の四四　登録確認機関は、文化庁長官の許可を受けなければ、確認等事務を休止し、又は廃止してはならない。

2　文化庁長官は、前項の許可をしたときは、その旨を官報で告示するものとする。

3　文化庁長官が第一項の規定により確認等事務の廃止を許可したときは、当該登録確認機関の登録は、その効力を失う。

（登録の取消し等）

第一〇四条の四五　文化庁長官は、登録確認機関が次の各号のいずれかに該当するときは、その登録を取り消すものとする。

一　偽りその他不正の手段により登録を受けたとき。

二　第百四条の三十四第四項第一号又は第三号のいずれかに該当するに至つたとき。

2　文化庁長官は、登録確認機関が次の各号のいずれかに該当するときは、その登録を取り消し、又は期間を定めて確認等事務の停止を命ずることができる。
一　第百四条の三十四第七項、第百四条の三十七、第百四条の三十八、第百四条の三十九第一項、第百四条の四十又は前条第一項の規定に違反したとき。
二　第百四条の三十五第六項、第百四条の四十二又は第百四条の四十三の規定による命令に違反したとき。
三　正当な理由がないのに第百四条の三十九第二項の規定による請求を拒んだとき。
四　第百四条の四十一第一項の規定による報告若しくは資料の提出をせず、若しくは虚偽の報告をし、若しくは虚偽の資料を提出し、又は同項の規定による質問に対して答弁をせず、若しくは虚偽の答弁をし、若しくは同項の規定による検査を拒み、妨げ、若しくは忌避したとき。
3　文化庁長官は、前二項の規定により登録を取り消し、又は確認等事務の停止を命じたときは、その旨を官報で告示するものとする。

（文化庁長官による確認等事務の実施）
第一〇四条の四六　文化庁長官は、登録確認機関が第百四条の四十四第一項の許可を受けて確認等事務を休止し、若しくは廃止したとき、前条第一項若しくは第二項の規定により登録を取り消し、若しくは登録確認機関に対し確認等事務の停止を命じたとき、又は登録確認機関が天災その他の事由により確認等事務を実施することが困難となつた場合において必要があると認めるときは、確認等事務を自ら行うことができる。
2　文化庁長官は、前項の規定により確認等事務を自ら行うこととするとき、又は自ら行つていた確認等事務を行わないこととするときは、その旨を官報で告示するものとする。
3　文化庁長官が第一項の規定により確認等事務を行うこととした場合における確認等事務の引継ぎその他の必要な事項は、文部科学省令で定める。

（手数料）

第一〇四条の四七　登録確認機関が確認等事務を行う場合においては、第六十七条の三第一項の裁定を受けようとする者は、同条第六項において準用する第六十七条第四項（これらの規定を第百三条において準用する場合を含む。）の規定にかかわらず、同項の政令で定める額の手数料を当該登録確認機関に納付しなければならない。この場合において、納付された手数料は、当該登録確認機関の収入とする。

（公布の日から起算して三年を超えない範囲内において政令で定める日から施行　令和五法三三）

第六章　紛争処理

第六章を第七章とする。

（公布の日から起算して三年を超えない範囲内において政令で定める日から施行　令和五法三三）

（著作権紛争解決あつせん委員）

第一〇五条　この法律に規定する権利に関する紛争につきあつせんによりその解決を図るため、文化庁に著作権紛争解決あつせん委員（以下この章において「委員」という。）を置く。

2　委員は、文化庁長官が、著作権又は著作隣接権に係る事項に関し学識経験を有する者のうちから、事件ごとに三人以内を委嘱する。

（あつせんの申請）

第一〇六条　この法律に規定する権利に関し紛争が生じたときは、当事者は、文化庁長官に対し、あつせんの申請をすることができる。

（手数料）

第一〇七条　あっせんの申請をする者は、実費を勘案して政令で定める額の手数料を納付しなければならない。

2　前項の規定は、同項の規定により手数料を納付すべき者が国であるときは、適用しない。

（あっせんへの付託）

第一〇八条　文化庁長官は、第百六条の規定に基づき当事者の双方からあっせんの申請があつたとき、又は当事者の一方からあっせんの申請があつた場合において他の当事者がこれに同意したときは、委員によるあっせんに付するものとする。

2　文化庁長官は、前項の申請があつた場合において、事件がその性質上あっせんをするのに適当でないと認めるとき、又は当事者が不当な目的でみだりにあっせんの申請をしたと認めるときは、あっせんに付さないことができる。

（あっせん）

第一〇九条　委員は、当事者間をあっせんし、双方の主張の要点を確かめ、実情に即して事件が解決されるように努めなければならない。

2　委員は、事件が解決される見込みがないと認めるときは、あっせんを打ち切ることができる。

（報告等）

第一一〇条　委員は、あっせんが終わつたときは、その旨を文化庁長官に報告しなければならない。

2　委員は、前条の規定によりあっせんを打ち切つたときは、その旨及びあっせんを打ち切ることとした理由を、当事者に通知するとともに文化庁長官に報告しなければならない。

（政令への委任）

第一一一条　この章に規定するもののほか、あっせんの手続及び委員に関し必要な事項は、政令で定める。

第七章　権利侵害

第七章を第八章とする。
（公布の日から起算して三年を超えない範囲内において政令で定める日から施行　令和五法三三）

（差止請求権）

第一一二条　著作者、著作権者、出版権者、実演家又は著作隣接権者は、その著作者人格権、著作権、出版権、実演家人格権又は著作隣接権を侵害する者又は侵害するおそれがある者に対し、その侵害の停止又は予防を請求することができる。

2　著作者、著作権者、出版権者、実演家又は著作隣接権者は、前項の規定による請求をするに際し、侵害の行為を組成した物、侵害の行為によつて作成された物又は専ら侵害の行為に供された機械若しくは器具の廃棄その他の侵害の停止又は予防に必要な措置を請求することができる。

（侵害とみなす行為）

第一一三条　次に掲げる行為は、当該著作者人格権、著作権、出版権、実演家人格権又は著作隣接権を侵害する行為とみなす。

一　国内において頒布する目的をもつて、輸入の時において国内で作成したとしたならば著作者人格権、著作権、出版権、実演家人格権又は著作隣接権の侵害となるべき行為によつて作成された物を輸入する行為

二　著作者人格権、著作権、出版権、実演家人格権又は著作隣接権を侵害する行為によつて作成された物（前号の輸入に係る物を含む。）を、情を知つて、頒布し、頒布の目的をもつて所持し、若しくは頒布する旨の申出をし、又は業として輸出し、若しくは業としての輸出の目的をもつて所持する行為

2　送信元識別符号又は送信元識別符号以外の符号その他の情報であつてその提供が送信元識別

符号の提供と同一若しくは類似の効果を有するもの（以下この項及び次項において「送信元識別符号等」という。）の提供により侵害著作物等（著作権（第二十八条に規定する権利（翻訳以外の方法により創作された二次的著作物に係るものに限る。）を除く。以下この項及び次項において同じ。）、出版権又は著作隣接権を侵害して送信可能化が行われた著作物等をいい、国外で行われる送信可能化であつて国内で行われたとしたならばこれらの権利の侵害となるべきものが行われた著作物等を含む。以下この項及び次項において同じ。）の他人による利用を容易にする行為（同項において「侵害著作物等利用容易化」という。）であつて、第一号に掲げるウェブサイト等（同項及び第百十九条第二項第四号において「侵害著作物等利用容易化ウェブサイト等」という。）において又は第二号に掲げるプログラム（次項及び同条第二項第五号において「侵害著作物等利用容易化プログラム」という。）を用いて行うものは、当該行為に係る著作物等が侵害著作物等であることを知つていた場合又は知ることができたと認めるに足りる相当の理由がある場合には、当該侵害著作物等に係る著作権、出版権又は著作隣接権を侵害する行為とみなす。

一　次に掲げるウェブサイト等

イ　当該ウェブサイト等において、侵害著作物等に係る送信元識別符号等（以下この条及び第百十九条第二項において「侵害送信元識別符号等」という。）の利用を促す文言が表示されていること、侵害送信元識別符号等が強調されていることその他の当該ウェブサイト等における侵害送信元識別符号等の提供の態様に照らし、公衆を侵害著作物等に殊更に誘導するものであると認められるウェブサイト等

ロ　イに掲げるもののほか、当該ウェブサイト等において提供されている侵害送信元識別符号等の数、当該数が当該ウェブサイト等において提供されている送信元識別符号

等の総数に占める割合、当該侵害送信元識別符号等の利用に資する分類又は整理の状況その他の当該ウェブサイト等における侵害送信元識別符号等の提供の状況に照らし、主として公衆による侵害著作物等の利用のために用いられるものであると認められるウェブサイト等

二　次に掲げるプログラム

イ　当該プログラムによる送信元識別符号等の提供に際し、侵害送信元識別符号等の利用を促す文言が表示されていること、侵害送信元識別符号等が強調されていることその他の当該プログラムによる侵害送信元識別符号等の提供の態様に照らし、公衆を侵害著作物等に殊更に誘導するものであると認められるプログラム

ロ　イに掲げるもののほか、当該プログラムにより提供されている侵害送信元識別符号等の数、当該数が当該プログラムにより提供されている送信元識別符号等の総数に占める割合、当該侵害送信元識別符号等の利用に資する分類又は整理の状況その他の当該プログラムによる侵害送信元識別符号等の提供の状況に照らし、主として公衆による侵害著作物等の利用のために用いられるものであると認められるプログラム

3　侵害著作物等利用容易化ウェブサイト等の公衆への提示を行つている者（当該侵害著作物等利用容易化ウェブサイト等と侵害著作物等利用容易化ウェブサイト等以外の相当数のウェブサイト等とを包括しているウェブサイト等において、単に当該公衆への提示の機会を提供しているに過ぎない者（著作権者等からの当該侵害著作物等利用容易化ウェブサイト等において提供されている侵害送信元識別符号等の削除に関する請求に正当な理由なく応じない状態が相当期間にわたり継続していることその他の著作権者等の利益を不当に害すると認められる特別な事情がある場合を除く。）を除く。）又は侵害著作物等利用容易化プログラムの公衆への提供等を

行つている者（当該公衆への提供等のために用いられているウェブサイト等とそれ以外の相当数のウェブサイト等とを包括しているウェブサイト等又は当該侵害著作物等利用容易化プログラム及び侵害著作物等利用容易化プログラム以外の相当数のプログラムの公衆への提供等のために用いられているウェブサイト等において、単に当該侵害著作物等利用容易化プログラムの公衆への提供等の機会を提供しているに過ぎない者（著作権者等からの当該侵害著作物等利用容易化プログラムにより提供されている侵害送信元識別符号等の削除に関する請求に正当な理由なく応じない状態が相当期間にわたり継続していることその他の著作権者等の利益を不当に害すると認められる特別な事情がある場合を除く。）を除く。）が、当該侵害著作物等利用容易化ウェブサイト等において又は当該侵害著作物等利用容易化プログラムを用いて他人による侵害著作物等利用容易化に係る送信元識別符号等の提供が行われている場合であつて、かつ、当該送信元識別符号等に係る著作物等が侵害著作物等であることを知つている場合又は知ることができたと認めるに足りる相当の理由がある場合において、当該侵害著作物等利用容易化を防止する措置を講ずることが技術的に可能であるにもかかわらず当該措置を講じない行為は、当該侵害著作物等に係る著作権、出版権又は著作隣接権を侵害する行為とみなす。

4　前二項に規定するウェブサイト等とは、送信元識別符号のうちインターネットにおいて個々の電子計算機を識別するために用いられる部分が共通するウェブページ（インターネットを利用した情報の閲覧の用に供される電磁的記録で文部科学省令で定めるものをいう。以下この項において同じ。）の集合物（当該集合物の一部を構成する複数のウェブページであつて、ウェブページ相互の関係その他の事情に照らし公衆への提示が一体的に行われていると認められるものとして政令で定める要件に該当するものを含む。）をいう。

5　プログラムの著作物の著作権を侵害する行為によつて作成された複製物（当該複製物の所有者によつて第四十七条の三第一項の規定により作成された複製物並びに第一項第一号の輸入に係るプログラムの著作物の複製物及び当該複製物の所有者によつて同条第一項の規定により作成された複製物を含む。）を業務上電子計算機において使用する行為は、これらの複製物を使用する権原を取得した時に情を知つていた場合に限り、当該著作権を侵害する行為とみなす。

6　技術的利用制限手段の回避（技術的利用制限手段により制限されている著作物等の視聴を当該技術的利用制限手段の効果を妨げることにより可能とすること（著作権者等の意思に基づいて行われる場合を除く。）をいう。次項並びに第百二十条の二第一号及び第二号において同じ。）を行う行為は、技術的利用制限手段に係る研究又は技術の開発の目的上正当な範囲内で行われる場合その他著作権者等の利益を不当に害しない場合を除き、当該技術的利用制限手段に係る著作権、出版権又は著作隣接権を侵害する行為とみなす。

7　技術的保護手段の回避又は技術的利用制限手段の回避を行うことをその機能とする指令符号（電子計算機に対する指令であつて、当該指令のみによつて一の結果を得ることができるものをいう。）を公衆に譲渡し、若しくは貸与し、公衆への譲渡若しくは貸与の目的をもつて製造し、輸入し、若しくは所持し、若しくは公衆の使用に供し、又は公衆送信し、若しくは送信可能化する行為は、当該技術的保護手段に係る著作権等又は当該技術的利用制限手段に係る著作権、出版権若しくは著作隣接権を侵害する行為とみなす。

8　次に掲げる行為は、当該権利管理情報に係る著作者人格権、著作権、出版権、実演家人格権又は著作隣接権を侵害する行為とみなす。

一　権利管理情報として虚偽の情報を故意に付加する行為

二　権利管理情報を故意に除去し、又は改変する行為（記録又は送信の方式の変換に伴う技術的な制約による場合その他の著作物又は実演等の利用の目的及び態様に照らしやむを得ないと認められる場合を除く。）

三　前二号の行為が行われた著作物若しくは実演等の複製物を、情を知つて、頒布し、若しくは頒布の目的をもつて輸入し、若しくは所持し、又は当該著作物若しくは実演等を情を知つて公衆送信し、若しくは送信可能化する行為

9　第九十四条の二、第九十五条の三第三項若しくは第九十七条の三第三項に規定する報酬又は第九十五条第一項若しくは第九十七条第一項に規定する二次使用料を受ける権利は、前項の規定の適用については、著作隣接権とみなす。この場合において、前条中「著作隣接権者」とあるのは「著作隣接権者（次条第九項の規定により著作隣接権とみなされる権利を有する者を含む。）」と、同条第一項中「著作隣接権を」とあるのは「著作隣接権（同項の規定により著作隣接権とみなされる権利を含む。）を」とする。

10　国内において頒布することを目的とする商業用レコード（以下この項において「国内頒布目的商業用レコード」という。）を自ら発行し、又は他の者に発行させている著作権者又は著作隣接権者が、当該国内頒布目的商業用レコードと同一の商業用レコードであつて、専ら国外において頒布することを目的とするもの（以下この項において「国外頒布目的商業用レコード」という。）を国外において自ら発行し、又は他の者に発行させている場合において、情を知つて、当該国外頒布目的商業用レコードを国内において頒布する目的をもつて輸入する行為又は当該国外頒布目的商業用レコードを国内において頒布し、若しくは国内において頒布する目的をもつて所持する行為は、当該国外頒布目的商業用レコードが国内で頒布されることにより当該国内頒布目的商業用レコードの発行により当該著作権者又は著作隣接権者の得ることが見込まれる利益が不当に害されることとなる場合に限り、

それらの著作権又は著作隣接権を侵害する行為とみなす。ただし、国内において最初に発行された日から起算して七年を超えない範囲内において政令で定める期間を経過した国内頒布目的商業用レコードと同一の国外頒布目的商業用レコードを輸入する行為又は当該国外頒布目的商業用レコードを国内において頒布し、若しくは国内において頒布する目的をもつて所持する行為については、この限りでない。

11　著作者の名誉又は声望を害する方法によりその著作物を利用する行為は、その著作者人格権を侵害する行為とみなす。

（善意者に係る譲渡権の特例）

第一一三条の二　著作物の原作品若しくは複製物（映画の著作物の複製物（映画の著作物において複製されている著作物にあつては、当該映画の著作物の複製物を含む。）を除く。以下この条において同じ。）、実演の録音物若しくは録画物又はレコードの複製物の譲渡を受けた時において、当該著作物の原作品若しくは複製物、実演の録音物若しくは録画物又はレコードの複製物がそれぞれ第二十六条の二第二項各号、第九十五条の二第三項各号又は第九十七条の二第二項各号のいずれにも該当しないものであることを知らず、かつ、知らないことにつき過失がない者が当該著作物の原作品若しくは複製物、実演の録音物若しくは録画物又はレコードの複製物を公衆に譲渡する行為は、第二十六条の二第一項、第九十五条の二第一項又は第九十七条の二第一項に規定する権利を侵害する行為でないものとみなす。

（損害の額の推定等）

第一一四条　著作権者等が故意又は過失により自己の著作権、出版権又は著作隣接権を侵害した者（以下この項において「侵害者」という。）に対しその侵害により自己が受けた損害の賠償を請求する場合において、侵害者がその侵害の行為によつて作成された物（第一号において「侵害作成物」という。）を譲渡し、又はその侵害の行為を組成する公衆送信（自動公衆送信の場合にあつては、送信可能化を含む。同号において「侵害組成公衆送信」という。）を行つたときは、次の各号に掲げる額の合計額を、著作権者等が受けた損害の額とすることができる。

一　譲渡等数量（侵害者が譲渡した侵害作成物及び侵害者が行つた侵害組成公衆送信を公衆が受信して作成した著作物又は実演等の複製物（以下この号において「侵害受信複製物」という。）の数量をいう。次号において同じ。）のうち販売等相応数量（当該著作権者等が当該侵害作成物又は当該侵害受信複製物を販売するとした場合にその販売のために必要な行為を行う能力に応じた数量をいう。同号において同じ。）を超えない部分（その全部又は一部に相当する数量を当該著作権者等が販売することができないとする事情があるときは、当該事情に相当する数量（同号において「特定数量」という。）を控除した数量）に、著作権者等がその侵害の行為がなければ販売することができた物の単位数量当たりの利益の額を乗じて得た額

二　譲渡等数量のうち販売等相応数量を超える数量又は特定数量がある場合（著作権者等が、その著作権、出版権又は著作隣接権の行使をし得たと認められない場合を除く。）におけるこれらの数量に応じた当該著作権、出版権又は著作隣接権の行使につき受けるべき金銭の額に相当する額

2　著作権者、出版権者又は著作隣接権者が故意又は過失によりその著作権、出版権又は著作隣接権を侵害した者に対しその侵害により自己が受けた損害の賠償を請求する場合において、その者がその侵害の行為により利益を受けているときは、その利益の額は、当該著作権者、出版権者又は著作隣接権者が受けた損害の額と推定する。

3　著作権者、出版権者又は著作隣接権者は、故意又は過失によりその著作権、出版権又は著作隣接権を侵害した者に対し、その著作権、出版権又は著作隣接権の行使につき受けるべき金銭

の額に相当する額を自己が受けた損害の額として、その賠償を請求することができる。

4　著作権者又は著作隣接権者は、前項の規定によりその著作権又は著作隣接権を侵害した者に対し損害の賠償を請求する場合において、その著作権又は著作隣接権が著作権等管理事業法第二条第一項に規定する管理委託契約に基づき著作権等管理事業者が管理するものであるときは、当該著作権等管理事業者が定める同法第十三条第一項に規定する使用料規程のうちその侵害の行為に係る著作物等の利用の態様について適用されるべき規定により算出したその著作権又は著作隣接権に係る著作物等の使用料の額（当該額の算出方法が複数あるときは、当該複数の算出方法によりそれぞれ算出した額のうち最も高い額）をもつて、前項に規定する金銭の額とすることができる。

5　裁判所は、第一項第二号及び第三項に規定する著作権、出版権又は著作隣接権の行使につき受けるべき金銭の額に相当する額を認定するに当たつては、著作権者等が、自己の著作権、出版権又は著作隣接権の侵害があつたことを前提として当該著作権、出版権又は著作隣接権を侵害した者との間でこれらの権利の行使の対価について合意をするとしたならば、当該著作権者等が得ることとなるその対価を考慮することができる。

6　第三項の規定は、同項に規定する金額を超える損害の賠償の請求を妨げない。この場合において、著作権、出版権又は著作隣接権を侵害した者に故意又は重大な過失がなかつたときは、裁判所は、損害の賠償の額を定めるについて、これを参酌することができる。

（具体的態様の明示義務）

第一一四条の二　著作者人格権、著作権、出版権、実演家人格権又は著作隣接権の侵害に係る訴訟において、著作者、著作権者、出版権者、実演家又は著作隣接権者が侵害の行為を組成したもの又は侵害の行為によつて作成されたものとして主張する物の具体的態様を否認するときは、相手方は、自己の行為の具体的態様を明らかにしなければならない。ただし、相手方において明らかにすることができない相当の理由があるときは、この限りでない。

（書類の提出等）

第一一四条の三 裁判所は、著作者人格権、著作権、出版権、実演家人格権又は著作隣接権の侵害に係る訴訟においては、当事者の申立てにより、当事者に対し、当該侵害の行為について立証するため、又は当該侵害の行為による損害の計算をするため必要な書類の提出を命ずることができる。ただし、その書類の所持者においてその提出を拒むことについて正当な理由があるときは、この限りでない。

2 裁判所は、前項本文の申立てに係る書類が同項本文の書類に該当するかどうか又は同項ただし書に規定する正当な理由があるかどうかの判断をするため必要があると認めるときは、書類の所持者にその提示をさせることができる。この場合においては、何人も、その提示された書類の開示を求めることができない。

3 裁判所は、前項の場合において、第一項本文の申立てに係る書類が同項本文の書類に該当するかどうか又は同項ただし書に規定する正当な理由があるかどうかについて前項後段の書類を開示してその意見を聴くことが必要であると認めるときは、当事者等（当事者（法人である場合にあつては、その代表者）又は当事者の代理人（訴訟代理人及び補佐人を除く。）、使用人その他の従業者をいう。第百十四条の六第一項において同じ。）、訴訟代理人又は補佐人に対し、当該書類を開示することができる。

4 裁判所は、第二項の場合において、同項後段の書類を開示して専門的な知見に基づく説明を聴くことが必要であると認めるときは、当事者の同意を得て、民事訴訟法（平成八年法律第百九号）第一編第五章第二節第一款に規定する専門委員に対し、当該書類を開示することができる。

5 前各項の規定は、著作者人格権、著作権、出版権、実演家人格権又は著作隣接権の侵害に係る訴訟における当該侵害の行為について立証するため必要な検証の目的の提示について準用する。

第一一四条の三を次のように改める。

第一一四条の三 裁判所は、著作者人格権、著作権、出版権、実演家人格権又は著作隣接権の侵害に係る訴訟においては、当事者の申立てにより、当事者に対し、当該侵害の行為について立証するため、又は当該侵害の行為による損害の計算をするため必要な書類又は電磁的記録の提出を命ずることができる。ただし、その書類の所持者又はその電磁的記録を利用する権限を有する者においてその提出を拒むことについて正当な理由があるときは、この限りでない。

2 裁判所は、前項本文の申立てに係る書類若しくは電磁的記録が同項本文の書類若しくは電磁的記録に該当するかどうか又は同項ただし書に規定する正当な理由があるかどうかの判断をするため必要があると認めるときは、書類の所持者又は電磁的記録を利用する権限を有する者にその提示をさせることができる。この場合においては、何人も、その提示された書類又は電磁的記録の開示を求めることができない。

3 裁判所は、前項の場合において、第一項本文の申立てに係る書類若しくは電磁的記録が同項本文の書類若しくは電磁的記録に該当するかどうか又は同項ただし書に規定する正当な理由があるかどうかについて前項後段の書類又は電磁的記録を開示してその意見を聴くことが必要であると認めるときは、当事者等（当事者（法人である場合にあつては、その代表者）又は当事者の代理人（訴訟代理人及び補佐人を除く。）、使用人その他の従業者をいう。第百十四条の六第一項において同じ。）、訴訟代理人又は補佐人に対し、当該書類又は当該電磁的記録を開示することができる。

4　裁判所は、第二項の場合において、同項後段の書類又は電磁的記録を開示して専門的な知見に基づく説明を聴くことが必要であると認めるときは、当事者の同意を得て、民事訴訟法（平成八年法律第百九号）第一編第五章第二節第一款に規定する専門委員に対し、当該書類又は当該電磁的記録を開示することができる。

5　（略）

（公布の日から起算して四年を超えない範囲内において政令で定める日から施行　令和四法四八）

第一一四条の三第四項中「（平成八年法律第百九号）」を削る。

（公布の日から起算して五年を超えない範囲内において政令で定める日から施行　令和五法五三）

（鑑定人に対する当事者の説明義務）

第一一四条の四　著作権、出版権又は著作隣接権の侵害に係る訴訟において、当事者の申立てにより、裁判所が当該侵害の行為による損害の計算をするため必要な事項について鑑定を命じたときは、当事者は、鑑定人に対し、当該鑑定をするため必要な事項について説明しなければならない。

（相当な損害額の認定）

第一一四条の五　著作権、出版権又は著作隣接権の侵害に係る訴訟において、損害が生じたことが認められる場合において、損害額を立証するために必要な事実を立証することが当該事実の性質上極めて困難であるときは、裁判所は、口頭弁論の全趣旨及び証拠調べの結果に基づき、相当な損害額を認定することができる。

（秘密保持命令）

第一一四条の六　裁判所は、著作者人格権、著作権、出版権、実演家人格権又は著作隣接権の侵害に係る訴訟において、その当事者が保有する営業秘密（不正競争防止法（平成五年法律第四十七号）第二条第六項に規定する営業秘密をいう。以下同じ。）について、次に掲げる事由のいずれにも該当することにつき疎明があつた場合には、当事者の申立てにより、決定で、当事者等、訴訟代理人又は補佐人に対し、当該営業秘密を当該訴訟の追行の目的以外の目的で使用し、又は当該営業秘密に係るこの項の規定による命令を受けた者以外の者に開示してはならない旨を命ずることができる。ただし、その申立ての時までに当事者等、訴訟代理人又は補佐人が第一号に規定する準備書面の閲読又は同号に規定する証拠の取調べ若しくは開示以外の方法により当該営業秘密を取得し、又は保有していた場合は、この限りでない。

ずれにも該当することにつき疎明があつた場合には、当事者の申立てにより、決定で、当事者等、訴訟代理人又は補佐人に対し、当該営業秘密を当該訴訟の追行の目的以外の目的で使用し、又は当該営業秘密に係るこの項の規定による命令を受けた者以外の者に開示してはならない旨を命ずることができる。ただし、その申立ての時までに当事者等、訴訟代理人又は補佐人が第一号に規定する準備書面の閲読又は同号に規定する証拠の取調べ若しくは開示以外の方法により当該営業秘密を取得し、又は保有していた場合は、この限りでない。

一　既に提出され若しくは提出されるべき準備書面に当事者の保有する営業秘密が記載され、又は既に取り調べられ若しくは取り調べられるべき証拠（第百十四条の三第三項の規定により開示された書類を含む。）の内容に当事者の保有する営業秘密が含まれること。

二　前号の営業秘密が当該訴訟の追行の目的以外の目的で使用され、又は当該営業秘密が開示されることにより、当該営業秘密に基づく当事者の事業活動に支障を生ずるおそれがあり、これを防止するため当該営業秘密の使用又は開示を制限する必要があること。

2　前項の規定による命令（以下「秘密保持命令」という。）の申立ては、次に掲げる事項を記載した書面でしなければならない。

一　秘密保持命令を受けるべき者

二　秘密保持命令の対象となるべき営業秘密を特定するに足りる事実

三　前項各号に掲げる事由に該当する事実

3　秘密保持命令が発せられた場合には、その決定書を秘密保持命令を受けた者に送達しなければならない。

4　秘密保持命令は、秘密保持命令を受けた者に対する決定書の送達がされた時から、効力を生ずる。

5　秘密保持命令の申立てを却下した裁判に対しては、即時抗告をすることができる。

第一一四条の六を次のように改める。

第一一四条の六　裁判所は、著作者人格権、著作権、出版権、実演家人格権又は著作隣接権の侵害に係る訴訟において、その当事者が保有する営業秘密（不正競争防止法（平成五年法律第四十七号）第二条第六項に規定する営業秘密をいう。以下同じ。）について、次に掲げる事由のいずれにも該当することにつき疎明があつた場合には、当事者の申立てにより、決定で、当事者等、訴訟代理人又は補佐人に対し、当該営業秘密を当該訴訟の追行の目的以外の目的で使用し、又は当該営業秘密に係るこの項の規定による命令を受けた者以外の者に開示してはならない旨を命ずることができる。ただし、その申立ての時までに当事者等、訴訟代理人又は補佐人が第一号に規定する準備書面の閲読又は同号に規定する証拠の取調べ若しくは開示以外の方法により当該営業秘密を取得し、又は保有していた場合は、この限りでない。

一　既に提出され若しくは提出されるべき準備書面に当事者の保有する営業秘密が記載され、又は既に取り調べられ若しくは取り調べられるべき証拠（第百十四条の三第三項の規定により開示された書類又は電磁的記録を含む。）の内容に当事者の保有する営業秘密が含まれること。

二　（略）

2　（略）

3　秘密保持命令が発せられた場合には、その電子決定書（民事訴訟法第百二十二条において準用する同法第二百五十二条第一項の規定により作成された電磁的記録（同法第百二十二条において準用する同法第二百五十三条第二項の規定により裁判所の使用に係る電子計算機（入出力装置を含む。）に備えられたファイルに記録されたものに限る。）をいう。次項及び次条第二項において同じ。）を秘密保持命令を受けた者に送達しなければならない。

4　秘密保持命令は、秘密保持命令を受けた者に対する電子決定書の送達がされた時から、効力を生ずる。

5　（略）

（公布の日から起算して四年を超えない範囲内において政令で定める日から施行　令和四法四八）

（秘密保持命令の取消し）

第一一四条の七　秘密保持命令の申立てをした者又は秘密保持命令を受けた者は、訴訟記録の存する裁判所（訴訟記録の存する裁判所がない場合にあつては、秘密保持命令を発した裁判所）に対し、前条第一項に規定する要件を欠くこと又はこれを欠くに至つたことを理由として、秘密保持命令の取消しの申立てをすることができる。

2　秘密保持命令の取消しの申立てについての裁判があつた場合には、その決定書をその申立てをした者及び相手方に送達しなければならない。

3　秘密保持命令の取消しの申立てについての裁判に対しては、即時抗告をすることができる。

4　秘密保持命令を取り消す裁判は、確定しなければその効力を生じない。

5　裁判所は、秘密保持命令を取り消す裁判をした場合において、秘密保持命令の取消しの申立てをした者又は相手方以外に当該秘密保持命令が発せられた訴訟において当該営業秘密に係る秘密保持命令を受けている者があるときは、その者に対し、直ちに、秘密保持命令を取り消す裁判をした旨を通知しなければならない。

第一一四条の七を次のように改める。

第一一四条の七　（略）

2　秘密保持命令の取消しの申立てについての裁判があつた場合には、その電子決定書をその申立てをした者及び相手方に送達しなければならない。

3〜5　（略）

（公布の日から起算して四年を超えない範囲内において政令で定める日から施行　令和四法四八）

（訴訟記録の閲覧等の請求の通知等）

第一一四条の八　秘密保持命令が発せられた訴訟（全ての秘密保持命令が取り消された訴訟を除く。）に係る訴訟記録につき、民事訴訟法第九十二条第一項の決定があつた場合において、当事者から同項に規定する秘密記載部分の閲覧等の請求があり、かつ、その請求の手続を行つた者が当該訴訟において秘密保持命令を受けていない者であるときは、裁判所書記官は、同項の申立てをした当事者（その請求をした者を除く。第三項において同じ。）に対し、その請求後直ちに、その請求があつた旨を通知しなければならない。

2　前項の場合において、裁判所書記官は、同項の請求があつた日から二週間を経過する日までの間（その請求の手続を行つた者に対する秘密保持命令の申立てがその日までにされた場合にあつては、その申立てについての裁判が確定するまでの間）、その請求の手続を行つた者に同項の秘密記載部分の閲覧等をさせてはならない。

3　前二項の規定は、第一項の請求をした者に同項の秘密記載部分の閲覧等をさせることについて民事訴訟法第九十二条第一項の申立てをした当事者のすべての同意があるときは、適用しない。

（名誉回復等の措置）

第一一五条　著作者又は実演家は、故意又は過失によりその著作者人格権又は実演家人格権を侵害した者に対し、損害の賠償に代えて、又は損害の賠償とともに、著作者又は実演家であることを確保し、又は訂正その他著作者若しくは実演家の名誉若しくは声望を回復するために適当な措置を請求することができる。

（著作者又は実演家の死後における人格的利益の保護のための措置）

第一一六条　著作者又は実演家の死後においては、その遺族（死亡した著作者又は実演家の配偶者、子、父母、孫、祖父母又は兄弟姉妹をいう。以下この条において同じ。）は、当該著作者又は実演家について第六十条又は第百一条の三の規定に違反する行為をする者又はするおそれがある者に対し第百十二条の請求を、故意又は過失により著作者人格権又は実演家人格権を侵害する行為又は第六十条若しくは第百一条の三の規定に違反する行為をした者に対し前条の請求をすることができる。

2　前項の請求をすることができる遺族の順位は、同項に規定する順序とする。ただし、著作者又は実演家が遺言によりその順位を別に定めた場合は、その順序とする。

3　著作者又は実演家は、遺言により、遺族に代えて第一項の請求をすることができる者を指定することができる。この場合において、その指定を受けた者は、当該著作者又は実演家の死亡の日の属する年の翌年から起算して七十年を経過した後（その経過する時に遺族が存する場合にあつては、その存しなくなつた後）においては、その請求をすることができない。

（共同著作物等の権利侵害）

第一一七条　共同著作物の各著作者又は各著作権者は、他の著作者又は他の著作権者の同意を得ないで、第百十二条の規定による請求又はその著作権の侵害に係る自己の持分に対する損害の賠償の請求若しくは自己の持分に応じた不当利得の返還の請求をすることができる。

2　前項の規定は、共有に係る著作権又は著作隣接権の侵害について準用する。

（無名又は変名の著作物に係る権利の保全）

第一一八条　無名又は変名の著作物の発行者は、その著作物の著作者又は著作権者のために、自己の名をもつて、第百十二条、第百十五条若しくは第百十六条第一項の請求又はその著作物の著作者人格権若しくは著作権の侵害に係る損害の賠償の請求若しくは不当利得の返還の請求を行なうことができる。ただし、著作者の変名がその者のものとして周知のものである場合及び第七十五条第一項の実名の登録があつた場合は、この限りでない。

2　無名又は変名の著作物の複製物にその実名又は周知の変名が発行者名として通常の方法によ

り表示されている者は、その著作物の発行者と推定する。

第八章　罰　則

第八章を第九章とする。
（公布の日から起算して三年を超えない範囲内において政令で定める日から施行　令和五法三三）

第一一九条　著作権、出版権又は著作隣接権を侵害した者（第三十条第一項（第百二条第一項において準用する場合を含む。第三項において同じ。）に定める私的使用の目的をもつて自ら著作物若しくは実演等の複製を行つた者、第百十三条第二項、第三項若しくは第六項から第八項までの規定により著作権、出版権若しくは著作隣接権（同項の規定による場合にあつては、同条第九項の規定により著作隣接権とみなされる権利を含む。第百二十条の二第五号において同じ。）を侵害する行為とみなされる行為を行つた者、第百十三条第十項の規定により著作権若しくは著作隣接権を侵害する行為とみなされる行為を行つた者又は次項第三号若しくは第六号に掲げる者を除く。）は、十年以下の懲役若しくは千万円以下の罰金に処し、又はこれを併科する。

2　次の各号のいずれかに該当する者は、五年以下の懲役若しくは五百万円以下の罰金に処し、又はこれを併科する。

一　著作者人格権又は実演家人格権を侵害した者（第百十三条第八項の規定により著作者人格権又は実演家人格権を侵害する行為とみなされる行為を行つた者を除く。）

二　営利を目的として、第三十条第一項第一号に規定する自動複製機器を著作権、出版権又は著作隣接権の侵害となる著作物又は実演等の複製に使用させた者

三　第百十三条第一項の規定により著作権、出版権又は著作隣接権を侵害する行為とみなされる行為を行つた者

四　侵害著作物等利用容易化ウェブサイト等の公衆への提示を行つた者（当該侵害著作物等利用容易化ウェブサイト等と侵害著作物等利用容易化ウェブサイト等以外の相当数のウェブサイト等（第百十三条第四項に規定するウェブサイト等をいう。以下この号及び次号において同じ。）とを包括しているウェブサイト等において、単に当該公衆への提示の機会を提供したに過ぎない者（著作権者等からの当該侵害著作物等利用容易化ウェブサイト等において提供されている侵害送信元識別符号等の削除に関する請求に正当な理由なく応じない状態が相当期間にわたり継続していたことその他の著作権者等の利益を不当に害すると認められる特別な事情がある場合を除く。）を除く。）

五　侵害著作物等利用容易化プログラムの公衆への提供等を行つた者（当該公衆への提供等のために用いられているウェブサイト等とそれ以外の相当数のウェブサイト等とを包括しているウェブサイト等又は当該侵害著作物等利用容易化プログラム及び侵害著作物等利用

容易化プログラム以外の相当数のプログラムの公衆への提供等のために用いられているウェブサイト等において、単に当該侵害著作物等利用容易化プログラムの公衆への提供等の機会を提供したに過ぎない者（著作権者等からの当該侵害著作物等利用容易化プログラムにより提供されている侵害送信元識別符号等の削除に関する請求に正当な理由なく応じない状態が相当期間にわたり継続していたことその他の著作権者等の利益を不当に害すると認められる特別な事情がある場合を除く。）を除く。）

六　第百十三条第五項の規定により著作権を侵害する行為とみなされる行為を行つた者

3　次の各号のいずれかに該当する者は、二年以下の懲役若しくは二百万円以下の罰金に処し、又はこれを併科する。

一　第三十条第一項に定める私的使用の目的をもつて、録音録画有償著作物等（録音され、又は録画された著作物又は実演等（著作権又は著作隣接権の目的となつているものに限る。）であつて、有償で公衆に提供され、又は提示されているもの（その提供又は提示が著作権又は著作隣接権を侵害しないものに限る。）をいう。）の著作権を侵害する自動公衆送信（国外で行われる自動公衆送信であつて、国内で行われたとしたならば著作権の侵害となるべきものを含む。）又は著作隣接権を侵害する送信可能化（国外で行われる送信可能化であつて、国内で行われたとしたならば著作隣接権の侵害となるべきものを含む。）に係る自動公衆送信を受信して行うデジタル方式の録音又は録画（以下この号及び次項において「有償著作物等特定侵害録音録画」という。）を、自ら有償著作物等特定侵害録音録画であることを知りながら行つて著作権又は著作隣接権を侵害した者

二　第三十条第一項に定める私的使用の目的をもつて、著作物（著作権の目的となつているものに限る。以下この号において同じ。）で

あつて有償で公衆に提供され、又は提示されているもの（その提供又は提示が著作権を侵害しないものに限る。）の著作権（第二十八条に規定する権利（翻訳以外の方法により創作された二次的著作物に係るものに限る。）を除く。以下この号及び第五項において同じ。）を侵害する自動公衆送信であつて、国内で行われたとしたならば著作権の侵害となるべきものを含む。）を受信して行うデジタル方式の複製（録音及び録画を除く。以下この号において同じ。）（当該著作物のうち当該複製がされる部分の占める割合、当該部分が自動公衆送信される際の表示の精度その他の要素に照らし軽微なものを除く。以下この号及び第五項において「有償著作物特定侵害複製」という。）を、自ら有償著作物特定侵害複製であることを知りながら行つて著作権を侵害する行為（当該著作物の種類及び用途並びに当該有償著作物特定侵害複製の態様に照らし著作権者の利益を不当に害しないと認められる特別な事情がある場合を除く。）を継続的に又は反復して行つた者

4　前項第一号に掲げる者には、有償著作物等特定侵害録音録画を、自ら有償著作物等特定侵害録音録画であることを重大な過失により知らないで行つて著作権又は著作隣接権を侵害した者を含むものと解釈してはならない。

5　第三項第二号に掲げる者には、有償著作物特定侵害複製を、自ら有償著作物特定侵害複製であることを重大な過失により知らないで行つて著作権を侵害する行為を継続的に又は反復して行つた者を含むものと解釈してはならない。

第一一九条を次のように改める。

第一一九条　著作権、出版権又は著作隣接権を侵害した者（第三十条第一項（第百二条第一項において準用する場合を含む。第三項において同じ。）に定める私的使用の目的をもつて自ら著作物若しくは実演等の複製を行つた

者、第百十三条第二項、第三項若しくは第六項から第八項までの規定により著作権、出版権若しくは著作隣接権（同項の規定による場合にあつては、同条第九項の規定により著作隣接権とみなされる権利を含む。第百二十条の二第五号において同じ。）を侵害する行為とみなされる行為を行つた者、第百十三条第十項の規定により著作権若しくは著作隣接権を侵害する行為とみなされる行為を行つた者又は次項第三号若しくは第六号に掲げる者を除く。）は、十年以下の拘禁刑若しくは千万円以下の罰金に処し、又はこれを併科する。

2　次の各号のいずれかに該当する者は、五年以下の拘禁刑若しくは五百万円以下の罰金に処し、又はこれを併科する。

一～六　（略）

3　次の各号のいずれかに該当する者は、二年以下の拘禁刑若しくは二百万円以下の罰金に処し、又はこれを併科する。

一・二　（略）

4・5　（略）

（令和七年六月一日から施行　令和四法六八）

第一二〇条　第六十条又は第百一条の三の規定に違反した者は、五百万円以下の罰金に処する。

第一二〇条の二　次の各号のいずれかに該当する者は、三年以下の懲役若しくは三百万円以下の罰金に処し、又はこれを併科する。

一　技術的保護手段の回避若しくは技術的利用制限手段の回避を行うことをその機能とする装置（当該装置の部品一式であつて容易に組み立てることができるものを含む。）若しくは技術的保護手段の回避若しくは技術的利用制限手段の回避を行うことをその機能とするプログラムの複製物を公衆に譲渡し、若しくは貸与し、公衆への譲渡若しくは貸与の目的をもつて製造し、輸入し、若しくは所持し、若しくは公衆の使用に供し、又は当該プログラムを公衆送信し、若しくは送信可能化する行為（当該装置又は当該プログラムが当該機能以外の機能を併せて有する場合にあつては、著作権等を侵害する行為を技術的保護手段の回避により可能とし、又は第百十三条第六項の規定により著作権、出版権若しくは著作隣接権を侵害する行為とみなされる行為を技術的利用制限手段の回避により可能とする用途に供するために行うものに限る。）をした者

二　業として公衆からの求めに応じて技術的保護手段の回避又は技術的利用制限手段の回避を行つた者

三　第百十三条第二項の規定により著作権、出版権又は著作隣接権を侵害する行為とみなされる行為を行つた者

四　第百十三条第七項の規定により技術的保護手段に係る著作権等又は技術的利用制限手段に係る著作権、出版権若しくは著作隣接権を侵害する行為とみなされる行為を行つた者

五　営利を目的として、第百十三条第八項の規定により著作者人格権、著作権、出版権、実演家人格権又は著作隣接権を侵害する行為とみなされる行為を行つた者

六　営利を目的として、第百十三条第十項の規定により著作権又は著作隣接権を侵害する行為とみなされる行為を行つた者

第一二〇条の二を次のように改める。

第一二〇条の二　次の各号のいずれかに該当する者は、三年以下の拘禁刑若しくは三百万円以下の罰金に処し、又はこれを併科する。

一～六　（略）

（令和七年六月一日から施行　令和四法六八）

第一二一条　著作者でない者の実名又は周知の変名を著作者名として表示した著作物の複製物（原著作物の著作者でない者の実名又は周知の変名を原著作物の著作者名として表示した二次的著作物の複製物を含む。）を頒布した者は、一年以下の懲役若しくは百万円以下の罰金に処し、又はこれを併科する。

第一二一条を次のように改める。

第一二一条 著作者でない者の実名又は周知の変名を著作者名として表示した著作物の複製物（原著作物の著作者でない者の実名又は周知の変名を原著作物の著作者名として表示した二次的著作物の複製物を含む。）を頒布した者は、一年以下の拘禁刑若しくは百万円以下の罰金に処し、又はこれを併科する。

（令和七年六月一日から施行　令和四法六八）

第一二一条の二 次の各号に掲げる商業用レコード（当該商業用レコードの複製物（二以上の段階にわたる複製に係る複製物を含む。）を含む。）を商業用レコードとして複製し、その複製物を頒布し、その複製物を頒布の目的をもつて所持し、又はその複製物を頒布する旨の申出をした者（当該各号の原盤に音を最初に固定した日の属する年の翌年から起算して七十年を経過した後において当該複製、頒布、所持又は申出を行つた者を除く。）は、一年以下の懲役若しくは百万円以下の罰金に処し、又はこれを併科する。

一　国内において商業用レコードの製作を業とする者が、レコード製作者からそのレコード（第八条各号のいずれかに該当するものを除く。）の原盤の提供を受けて製作した商業用レコード

二　国外において商業用レコードの製作を業とする者が、実演家等保護条約の締約国の国民、世界貿易機関の加盟国の国民又はレコード保護条約の締約国の国民（当該締約国の法令に基づいて設立された法人及び当該締約国に主たる事務所を有する法人を含む。）であるレコード製作者からそのレコード（第八条各号のいずれかに該当するものを除く。）の原盤の提供を受けて製作した商業用レコード

第一二一条の二を次のように改める。

第一二一条の二 次の各号に掲げる商業用レコード（当該商業用レコードの複製物（二以

上の段階にわたる複製に係る複製物を含む。）を商業用レコードとして複製し、その複製物を頒布し、その複製物を頒布の目的をもつて所持し、又はその複製物を頒布する旨の申出をした者（当該各号の原盤に音を最初に固定した日の属する年の翌年から起算して七十年を経過した後において当該複製、頒布、所持又は申出を行つた者を除く。）は、一年以下の拘禁刑若しくは百万円以下の罰金に処し、又はこれを併科する。

一・二　（略）

（令和七年六月一日から施行　令和四法六八）

第百二十一条の二の次に次の一条を加える。

第百二十一条の三　第百四条の四十五第二項の規定による確認等事務の停止の命令に違反したときは、当該違反行為をした者は、一年以下の拘禁刑又は五十万円以下の罰金に処する。

（公布の日から起算して三年を超えない範囲内において政令で定める日から施行　令和五法三三）

第百二十二条　第四十八条又は第百二条第二項の規定に違反した者は、五十万円以下の罰金に処する。

第百二十二条の二　秘密保持命令に違反した者は、五年以下の懲役若しくは五百万円以下の罰金に処し、又はこれを併科する。

2　前項の罪は、国外において同項の罪を犯した者にも適用する。

第百二十二条の二第一項を次のように改める。

第百二十二条の二　秘密保持命令に違反した者は、五年以下の拘禁刑若しくは五百万円以下の罰金に処し、又はこれを併科する。

2　（略）

（令和七年六月一日から施行　令和四法六八）

第百二十二条の二を第百二十二条の三とし、第百二十二条の次に次の一条を加える。

第百二十二条の二　次の各号のいずれかに該当する場合には、当該違反行為をした者は、三十万円以下の罰金に処する。

一　第百四条の二十七又は第百四条の四十の規定に違反して帳簿を備えず、帳簿に記載せず、若しくは虚偽の記載をし、又は帳簿を保存しなかつたとき。

二　第百四条の二十八第一項の規定による報告若しくは資料の提出をせず、若しくは虚偽の報告をし、若しくは虚偽の資料を提出し、又はこれらの規定による質問に対して答弁をせず、若しくは虚偽の答弁をし、若しくはこれらの規定による検査を拒み、妨げ、若しくは忌避したとき。

三　第百四条の三十第一項又は第百四条の四十四第一項の許可を受けないで、補償金管理業務又は確認等事務を廃止したとき。

第百二十二条の三　（略）

（公布の日から起算して三年を超えない範囲内において政令で定める日から施行　令和五法律三三）

第百二十三条　第百十九条第一項から第三項まで、第百二十条の二第三号から第六号まで、第百二十一条の二及び前条第一項の罪は、告訴がなければ公訴を提起することができない。

2　前項の規定は、次に掲げる行為の対価として財産上の利益を受ける目的又は有償著作物等の提供若しくは提示により著作権者等の得ることが見込まれる利益を害する目的で、次の各号のいずれかに掲げる行為を行うことにより犯した第百十九条第一項の罪については、適用しない。

一　有償著作物等について、原作のまま複製された複製物を公衆に譲渡し、又は原作のまま公衆送信（自動公衆送信の場合にあつては、送信可能化を含む。次号において同じ。）を行うこと（当該有償著作物等の種類及び用途、当該譲渡の部数、当該譲渡又は公衆送信の態様その他の事情に照らして、当該有償著作物等の提供又は提示により著作権者等の得ることが見込まれる利益が不当に害されることとなる場合に限る。）。

二　有償著作物等について、原作のまま複製された複製物を公衆に譲渡し、又は原作のまま公衆送信を行うために、当該有償著作物等を複製すること（当該有償著作物等の種類及び用途、当該複製の部数及び態様その他の事情に照らして、当該有償著作物等の提供又は提示により著作権者等の得ることが見込まれる利益が不当に害されることとなる場合に限る。）。

3　前項に規定する有償著作物等とは、著作物又は実演等（著作権、出版権又は著作隣接権の目的となつているものに限る。）であつて、有償で公衆に提供され、又は提示されているもの（その提供又は提示が著作権、出版権又は著作隣接権を侵害するもの（国外で行われた提供又は提示にあつては、国内で行われたとしたならばこれらの権利の侵害となるべきもの）を除く。）をいう。

4　無名又は変名の著作物の発行者は、その著作物に係る第一項に規定する罪について告訴をすることができる。ただし、第百十八条第一項ただし書に規定する場合及び当該告訴が著作者の明示した意思に反する場合は、この限りでない。

第一二四条　法人の代表者（法人格を有しない社団又は財団の管理人を含む。）又は法人若しくは人の代理人、使用人その他の従業者が、その法人又は人の業務に関し、次の各号に掲げる規定の違反行為をしたときは、行為者を罰するほか、その法人に対して当該各号に定める罰金刑を、その人に対して各本条の罰金刑を科する。

一　第百十九条第一項若しくは第二項第三号から第六号まで又は第百二十二条の二第一項　三億円以下の罰金刑

二　第百十九条第二項第一号若しくは第二号又は第百二十条から第百二十二条まで　各本条の罰金刑

2　法人格を有しない社団又は財団について前項の規定の適用がある場合には、その代表者又は管理人がその訴訟行為につきその社団又は財団を代表するほか、法人を被告人又は被疑者とする場合の刑事訴訟に関する法律の規定を準用する。

3　第一項の場合において、当該行為者に対してした告訴又は告訴の取消しは、その法人又は人に対しても効力を生じ、その法人又は人に対してした告訴又は告訴の取消しは、当該行為者に対しても効力を生ずるものとする。

4　第一項の規定により第百十九条第一項若しくは第二項又は第百二十二条の二第一項の違反行為につき法人又は人に罰金刑を科する場合における時効の期間は、これらの規定の罪についての時効の期間による。

第一二四を次のとおり改める。

第一二四条　法人の代表者（法人格を有しない社団又は財団の管理人を含む。）又は法人若しくは人の代理人、使用人その他の従業者が、その法人又は人の業務に関し、次の各号に掲げる規定の違反行為をしたときは、行為者を罰するほか、その法人に対して当該各号に定める罰金刑を、その人に対して各本条の罰金刑を科する。

一　第百十九条第一項若しくは第二項第三号から第六号まで又は第百二十二条の三第一項　三億円以下の罰金刑

二　第百十九条第二項第一号若しくは第二号、第百二十条から第百二十一条の二まで又は第百二十二条　各本条の罰金刑

2・3　（略）

4　第一項の規定により第百十九条第一項若しくは第二項又は第百二十二条の三第一項の違反行為につき法人又は人に罰金刑を科する場合における時効の期間は、これらの規定の罪についての時効の期間による。

（公布の日から起算して三年を超えない範囲内において政令で定める日から施行　令和五法三三）

第一二五条の次に次の一条を加える。

第一二五条　第百四条の三十九第一項の規定に違反して財務諸表等を作成せず、財務諸表等に記載すべき事項を記載せず、若しくは記録せず、若しくは虚偽の記載若しくは記録をし、

若しくは財務諸表等を備え置かず、又は正当な理由がないのに同条第二項の規定による請求を拒んだときは、当該違反行為をした者は、二十万円以下の過料に処する。

（公布の日から起算して三年を超えない範囲内において政令で定める日から施行　令和五法三三）

プログラムの著作物に係る登録の特例に関する法律

〔昭和六一年五月二三日号外法律第六五号〕

最終改正　令和二法四八

目次

第一章　総　則

（目的）

第一条　この法律は、プログラムの著作物に係る登録に関し、著作権法（昭和四十五年法律第四十八号）の特例を定めることを目的とする。

第二章　登録手続等に関する特例

（プログラム登録の申請）

第二条　プログラムの著作物に係る著作権法第七十五条第一項、第七十六条第一項、第七十六条の二第一項又は第七十七条の登録（以下「プログラム登録」という。）の申請をしようとする者は、政令で定めるところにより、申請に係るプログラムの著作物の内容を明らかにする資料として、当該著作物の複製物を文化庁長官に提出しなければならない。ただし、当該著作物につき、既に、申請に係るプログラム登録以外のプログラム登録がされている場合は、この限りでない。

（プログラム登録の公示）

第三条　文化庁長官は、プログラムの著作物に係る著作権法第七十六条第一項又は第七十六条の二第一項の登録をした場合においては、文部科学省令で定めるところにより、その旨を公示するものとする。

（プログラム登録に関する証明の請求）

第四条　プログラム登録がされた著作物の著作権者その他の当該プログラム登録に関し利害関係を有する者は、文化庁長官に対し、政令で定めるところにより、自らが保有する記録媒体に記録されたプログラムの著作物が当該プログラム登録がされた著作物であることの証明を請求することができる。

2　前項の規定による請求をする者は、実費を勘案して政令で定める額の手数料を納付しなければならない。

3　前項の規定は、同項の規定により手数料を納付すべき者が国であるときは、適用しない。

第三章　登録機関に関する特例

（指定登録機関の指定等）

第五条　文化庁長官は、その指定する者（以下「指定登録機関」という。）に、プログラム登録並びにプログラム登録につき前条第一項及び著作権法第七十八条第四項の規定による請求に基づき行われる事務並びに第三条の規定による公示（以下「登録事務」と総称する。）の全部又は一部を行わせることができる。

2　前項の指定は、文部科学省令で定めるところにより、登録事務を行おうとする者の申請により行う。

3　文化庁長官は、指定登録機関に登録事務を行わせるときは、当該指定登録機関が行う登録事務を行わないものとする。

4　指定登録機関が登録事務を行う場合においては、第二条中「文化庁長官」とあるのは「第五条第一項に規定する指定登録機関（次条及び第四条第一項において単に「指定登録機関」という。）」と、第三条及び前条第一項中「文化庁長官」とあるのは「指定登録機関」と、著作権法第七十八条第一項中「文化庁長官」とあるのは「プログラムの著作物に係る登録の特例に関する法律（昭和六十一年法律第六十五号）第五条第一項に規定する指定登録機関（第三項及び第四項において単に「指定登録機関」という。）」と、同条第三項中「第七十五条第一項の登録を行つたときは」とあるのは「指定登録機関が第七十五条第一項の登録を行つたときは」と、同条第四項中「文化庁長官」とあるのは「指定登録機関」とする。

（欠格条項）

第六条　次の各号のいずれかに該当する者は、前条第一項の指定を受けることができない。

一　この法律又は著作権法の規定により罰金以上の刑に処せられ、その執行を終わり、又は執行を受けることがなくなつた日から二年を経過しない者

二　第二十条の規定により指定を取り消され、その取消しの日から二年を経過しない者

三　その業務を行う役員のうちに、次のいずれかに該当する者がある場合

イ　第一号に該当する者

ロ　第十五条の規定による命令により解任され、その解任の日から二年を経過しない者

（指定の基準）

第七条　文化庁長官は、第五条第一項の指定の申請が次の各号に適合していると認めるときでなければ、その指定をしてはならない。

一　文部科学省令で定める条件に適合する知識経験を有する者がプログラム登録を実施し、その数が文部科学省令で定める数以上であること。

二　登録事務を的確かつ円滑に行うに必要な経理的基礎及び技術的能力を有するものであること。

三　一般社団法人又は一般財団法人であつて、その役員又は職員の構成が登録事務の公正な遂行に支障を及ぼすおそれがないものであること。

四　登録事務以外の業務を行つているときは、その業務を行うことによつて登録事務が不公正になるおそれがないものであること。

五　その指定をすることによつて登録事務の的確かつ円滑な実施を阻害することとならないこと。

（登録の実施義務等）

第八条　指定登録機関は、プログラム登録をすべきことを求められたときは、正当な理由がある場合を除き、遅滞なく、プログラム登録を行わなければならない。

2　指定登録機関は、プログラム登録を行うときは、前条第一号に規定する者（以下「登録実施者」という。）に実施させなければならない。

（実名の登録の報告義務）

第九条　指定登録機関は、著作権法第七十五条第一項の登録を行つた場合には、速やかに、文化庁長官に対し、同法第七十八条第三項の規定に

よる公表のために必要な事項を報告しなければならない。

（事務所の変更）

第一〇条　指定登録機関は、登録事務を行う事務所の所在地を変更しようとするときは、変更しようとする日の二週間前までに、文化庁長官に届け出なければならない。

（登録事務規程）

第一一条　指定登録機関は、登録事務に関する規程（以下「登録事務規程」という。）を定め、文化庁長官の認可を受けなければならない。これを変更しようとするときも、同様とする。

2　登録事務規程で定めるべき事項は、文部科学省令で定める。

3　文化庁長官は、第一項の認可をした登録事務規程が登録事務の公正な遂行上不適当となつたと認めるときは、指定登録機関に対し、登録事務規程を変更すべきことを命ずることができる。

（登録事務の休廃止）

第一二条　指定登録機関は、文化庁長官の許可を受けなければ、登録事務の全部又は一部を休止し、又は廃止してはならない。

（事業計画等）

第一三条　指定登録機関は、第五条第一項の指定を受けた日の属する事業年度にあつてはその指定を受けた後遅滞なく、その他の事業年度にあつてはその開始前に、その事業年度の事業計画及び収支予算を作成し、文化庁長官の認可を受けなければならない。これを変更しようとするときも、同様とする。

2　指定登録機関は、毎事業年度経過後三月以内に、その事業年度の事業報告書及び収支決算書を作成し、文化庁長官に提出しなければならない。

（役員等の選任及び解任）

第一四条　指定登録機関の役員又は登録実施者の選任又は解任は、文化庁長官の認可を受けなければ、その効力を生じない。

（解任命令）

第一五条　文化庁長官は、指定登録機関の役員又

は登録実施者が、この法律（この法律に基づく命令又は処分を含む。）若しくは登録事務規程に違反したとき、又は登録事務に関し著しく不適当な行為をしたときは、指定登録機関に対し、その役員又は登録実施者を解任すべきことを命ずることができる。

（秘密保持義務等）

第一六条 指定登録機関の役員若しくは職員又はこれらの職にあつた者は、登録事務に関して知り得た秘密を漏らしてはならない。

2 登録事務に従事する指定登録機関の役員又は職員は、刑法（明治四十年法律第四十五号）その他の罰則の適用については、法令により公務に従事する職員とみなす。

（適合命令等）

第一七条 文化庁長官は、指定登録機関が第七条第一号から第四号までに適合しなくなつたと認めるときは、その指定登録機関に対し、これらの規定に適合するため必要な措置をとるべきことを命ずることができる。

2 文化庁長官は、前項に定めるもののほか、この法律を施行するため必要があると認めるときは、指定登録機関に対し、登録事務に関し監督上必要な命令をすることができる。

（帳簿の記載等）

第一八条 指定登録機関は、帳簿を備え、登録事務に関し文部科学省令で定める事項を記載しなければならない。

2 前項の帳簿は、文部科学省令で定めるところにより、保存しなければならない。

（報告及び立入検査）

第一九条 文化庁長官は、この法律の施行に必要な限度において、指定登録機関に対し、その業務若しくは経理の状況に関し報告させ、又はその職員に、指定登録機関の事務所に立ち入り、業務の状況若しくは帳簿、書類その他の物件を検査させ、若しくは関係者に質問させることができる。

2 前項の規定により立入検査をする職員は、その身分を示す証明書を携帯し、関係者に提示しなければならない。

3　第一項に規定する立入検査の権限は、犯罪捜査のために認められたものと解してはならない。

（指定の取消し等）

第二〇条　文化庁長官は、指定登録機関が次の各号のいずれかに該当するときは、その指定を取り消し、又は期間を定めて登録事務の全部若しくは一部の停止を命ずることができる。

一　第八条から第十条まで、第十一条第一項、第十二条、第十三条、第十六条第一項又は第十八条の規定に違反したとき。

二　第六条第一号又は第三号に該当するに至つたとき。

三　第十一条第一項の認可を受けた登録事務規程によらないで登録事務を行つたとき。

四　第十一条第三項、第十五条又は第十七条の規定による命令に違反したとき。

五　不正の手段により指定を受けたとき。

（聴聞の方法の特例）

第二一条　第十五条の規定による解任の命令又は前条の規定による指定の取消しに係る聴聞の期日における審理は、公開により行わなければならない。

2　前項の聴聞の主宰者は、行政手続法（平成五年法律第八十八号）第十七条第一項の規定により当該処分に係る利害関係人が当該聴聞に関する手続に参加することを求めたときは、これを許可しなければならない。

（文化庁長官による登録事務の実施等）

第二二条　文化庁長官は、指定登録機関が第十二条の許可を受けて登録事務の全部若しくは一部を休止したとき、第二十条の規定により指定登録機関に対し登録事務の全部若しくは一部の停止を命じたとき、又は指定登録機関が天災その他の事由により登録事務の全部若しくは一部を実施することが困難となつた場合において必要があると認めるときは、当該登録事務の全部又は一部を自ら行うものとする。

2　文化庁長官が前項の規定により登録事務の全部若しくは一部を自ら行う場合、指定登録機関が第十二条の許可を受けて登録事務の全部若しくは一部を廃止する場合又は第二十条の規定により文化庁長官が指定登録機関の指定を取り消した場合における登録事務の引継ぎその他の必要な事項については、文部科学省令で定める。

（指定登録機関がした処分等に係る審査請求）

第二三条　指定登録機関が行う登録事務に係る処分又はその不作為について不服がある者は、文化庁長官に対し、審査請求をすることができる。この場合において、文化庁長官は、行政不服審査法（平成二十六年法律第六十八号）第二十五条第二項及び第三項、第四十六条第一項及び第二項、第四十七条並びに第四十九条第三項の規定の適用については、指定登録機関の上級行政庁とみなす。

（公示）

第二四条　文化庁長官は、次の場合には、文部科学省令で定めるところにより、その旨を官報で告示しなければならない。

一　第五条第一項の指定をしたとき。

二　第十条の規定による届出があつたとき。

三　第十二条の許可をしたとき。

四　第二十条の規定により指定を取り消し、又は登録事務の全部若しくは一部の停止を命じたとき。

五　第二十二条第一項の規定により文化庁長官が登録事務の全部若しくは一部を自ら行うこととするとき、又は自ら行つていた登録事務の全部若しくは一部を行わないこととするとき。

（手数料）

第二五条　指定登録機関がプログラム登録を行う場合において、その登録の申請をしようとする者は、実費を勘案して政令で定める額の手数料を指定登録機関に納付しなければならない。

（同前）

第二六条　指定登録機関がプログラム登録につき第四条第一項又は著作権法第七十八条第四項の規定による請求に基づき行われる事務を行う場合には、第四条第三項又は同法第七十八条第六項の規定は、適用しない。

（同前）

第二七条　第四条第二項若しくは第二十五条又は著作権法第七十八条第五項の規定により指定登録機関に納められた手数料は、指定登録機関の収入とする。

（同前）

第二八条　この章に規定するもののほか、指定登録機関の行う登録事務に関し必要な事項は、政令で定める。

第四章　罰　　則

第二九条　第十六条第一項の規定に違反した者は、一年以下の懲役又は三十万円以下の罰金に処する。

第二九条を次のように改める。

第二九条　第十六条第一項の規定に違反した者は、一年以下の拘禁刑又は三十万円以下の罰金に処する。

（令和七年六月一日から施行　令和四法六八）

第三〇条　第二十条の規定による登録事務の停止の命令に違反したときは、その違反行為をした指定登録機関の役員又は職員は、一年以下の懲役又は三十万円以下の罰金に処する。

第三〇条を次のように改める。

第三〇条　第二十条の規定による登録事務の停

止の命令に違反したときは、その違反行為をした指定登録機関の役員又は職員は、一年以下の拘禁刑又は三十万円以下の罰金に処する。
（令和七年六月一日から施行　令和四法六八）

第三一条　次の各号のいずれかに該当するときは、その違反行為をした指定登録機関の役員又は職員は、二十万円以下の罰金に処する。

一　第十二条の許可を受けないで登録事務の全部を廃止したとき。

二　第十八条第一項の規定に違反して帳簿を備えず、帳簿に記載せず、若しくは帳簿に虚偽の記載をし、又は同条第二項の規定に違反して帳簿を保存しなかつたとき。

三　第十九条第一項の規定による報告をせず、若しくは虚偽の報告をし、又は同項の規定による検査を拒み、妨げ、若しくは忌避し、若しくは同項の規定による質問に対して陳述をせず、若しくは虚偽の陳述をしたとき。

不正アクセス行為の禁止等に関する法律

（平成一一年八月一三日号外法律第一二八号）

最終改正　平二五法二八

（目的）

第一条　この法律は、不正アクセス行為を禁止するとともに、これについての罰則及びその再発防止のための都道府県公安委員会による援助措置等を定めることにより、電気通信回線を通じて行われる電子計算機に係る犯罪の防止及びアクセス制御機能により実現される電気通信に関する秩序の維持を図り、もって高度情報通信社会の健全な発展に寄与することを目的とする。

（定義）

第二条　この法律において「アクセス管理者」とは、電気通信回線に接続している電子計算機（以下「特定電子計算機」という。）の利用（当該電気通信回線を通じて行うものに限る。以下「特定利用」という。）につき当該特定電子計算機の動作を管理する者をいう。

2　この法律において「識別符号」とは、特定電子計算機の特定利用をすることについて当該特定利用に係るアクセス管理者の許諾を得た者（以下「利用権者」という。）及び当該アクセス管理者（以下この項において「利用権者等」という。）に、当該アクセス管理者において当該利用権者等を他の利用権者等と区別して識別することができるように付される符号であって、次のいずれかに該当するもの又は次のいずれかに該当する符号とその他の符号を組み合わせたものをいう。

一　当該アクセス管理者によってその内容をみだりに第三者に知らせてはならないものとされている符号

二　当該利用権者等の身体の全部若しくは一部の影像又は音声を用いて当該アクセス管理者が定める方法により作成される符号

三　当該利用権者等の署名を用いて当該アクセス管理者が定める方法により作成される符号

3　この法律において「アクセス制御機能」とは、特定電子計算機の特定利用を自動的に制御するために当該特定利用に係るアクセス管理者によって当該特定電子計算機又は当該特定電子計算機に電気通信回線を介して接続された他の特定電子計算機に付加されている機能であって、当該特定利用をしようとする者により当該機能を有する特定電子計算機に入力された符号が当該特定利用に係る識別符号（識別符号を用いて当該アクセス管理者の定める方法により作成される符号と当該識別符号の一部を組み合わせた符号を含む。次項第一号及び第二号において同じ。）であることを確認して、当該特定利用の制限の全部又は一部を解除するものをいう。

4　この法律において「不正アクセス行為」とは、次の各号のいずれかに該当する行為をいう。

一　アクセス制御機能を有する特定電子計算機に電気通信回線を通じて当該アクセス制御機能に係る他人の識別符号を入力して当該特定電子計算機を作動させ、当該アクセス制御機能により制限されている特定利用をし得る状態にさせる行為（当該アクセス制御機能を付加したアクセス管理者がするもの及び当該アクセス管理者又は当該識別符号に係る利用権者の承諾を得てするものを除く。）

二　アクセス制御機能を有する特定電子計算機に電気通信回線を通じて当該アクセス制御機能による特定利用の制限を免れることができる情報（識別符号であるものを除く。）又は指令を入力して当該特定電子計算機を作動させ、その制限されている特定利用をし得る状態にさせる行為（当該アクセス制御機能を付加したアクセス管理者がするもの及び当該アクセス管理者の承諾を得てするものを除く。次号において同じ。）

三　電気通信回線を介して接続された他の特定電子計算機が有するアクセス制御機能によりその特定利用を制限されている特定電子計算

機に電気通信回線を通じてその制限を免れることができる情報又は指令を入力して当該特定電子計算機を作動させ、その制限されている特定利用をし得る状態にさせる行為

（不正アクセス行為の禁止）

第三条　何人も、不正アクセス行為をしてはならない。

（他人の識別符号を不正に取得する行為の禁止）

第四条　何人も、不正アクセス行為（第二条第四項第一号に該当するものに限る。第六条及び第十二条第二号において同じ。）の用に供する目的で、アクセス制御機能に係る他人の識別符号を取得してはならない。

（不正アクセス行為を助長する行為の禁止）

第五条　何人も、業務その他正当な理由による場合を除いては、アクセス制御機能に係る他人の識別符号を、当該アクセス制御機能に係るアクセス管理者及び当該識別符号に係る利用権者以外の者に提供してはならない。

（他人の識別符号を不正に保管する行為の禁止）

第六条　何人も、不正アクセス行為の用に供する目的で、不正に取得されたアクセス制御機能に係る他人の識別符号を保管してはならない。

（識別符号の入力を不正に要求する行為の禁止）

第七条　何人も、アクセス制御機能を特定電子計算機に付加したアクセス管理者になりすまし、その他当該アクセス管理者であると誤認させて、次に掲げる行為をしてはならない。ただし、当該アクセス管理者の承諾を得てする場合は、この限りでない。

一　当該アクセス管理者が当該アクセス制御機能に係る識別符号を付された利用権者に対し当該識別符号を特定電子計算機に入力することを求める旨の情報を、電気通信回線に接続して行う自動公衆送信（公衆によって直接受信されることを目的として公衆からの求めに応じ自動的に送信を行うことをいい、放送又は有線放送に該当するものを除く。）を利用して公衆が閲覧することができる状態に置く行為

二　当該アクセス管理者が当該アクセス制御機能に係る識別符号を付された利用権者に対し当該識別符号を特定電子計算機に入力することを求める旨の情報を、電子メール（特定電子メールの送信の適正化等に関する法律（平成十四年法律第二十六号）第二条第一号に規定する電子メールをいう。）により当該利用権者に送信する行為

（アクセス管理者による防御措置）

第八条　アクセス制御機能を特定電子計算機に付加したアクセス管理者は、当該アクセス制御機能に係る識別符号又はこれを当該アクセス制御機能により確認するために用いる符号の適正な管理に努めるとともに、常に当該アクセス制御機能の有効性を検証し、必要があると認めるときは速やかにその機能の高度化その他当該特定電子計算機を不正アクセス行為から防御するため必要な措置を講ずるよう努めるものとする。

（都道府県公安委員会による援助等）

第九条　都道府県公安委員会（道警察本部の所在地を包括する方面（警察法（昭和二十九年法律第百六十二号）第五十一条第一項本文に規定する方面をいう。以下この項において同じ。）を除く方面にあっては、方面公安委員会。以下この条において同じ。）は、不正アクセス行為が行われたと認められる場合において、当該不正アクセス行為に係る特定電子計算機に係るアクセス管理者から、その再発を防止するため、当該不正アクセス行為が行われた際の当該特定電子計算機の作動状況及び管理状況その他の参考となるべき事項に関する書類その他の物件を添えて、援助を受けたい旨の申出があり、その申出を相当と認めるときは、当該アクセス管理者に対し、当該不正アクセス行為の手口又はこれが行われた原因に応じ当該特定電子計算機を不正アクセス行為から防御するため必要な応急の措置が的確に講じられるよう、必要な資料の提供、助言、指導その他の援助を行うものとする。

2　都道府県公安委員会は、前項の規定による援助を行うため必要な事例分析（当該援助に係る

不正アクセス行為の手口、それが行われた原因等に関する技術的な調査及び分析を行うことをいう。次項において同じ。）の実施の事務の全部又は一部を国家公安委員会規則で定める者に委託することができる。

3　前項の規定により都道府県公安委員会が委託した事例分析の実施の事務に従事した者は、その実施に関して知り得た秘密を漏らしてはならない。

4　前三項に定めるもののほか、第一項の規定による援助に関し必要な事項は、国家公安委員会規則で定める。

5　第一項に定めるもののほか、都道府県公安委員会は、アクセス制御機能を有する特定電子計算機の不正アクセス行為からの防御に関する啓発及び知識の普及に努めなければならない。

（同前）

第一〇条　国家公安委員会、総務大臣及び経済産業大臣は、アクセス制御機能を有する特定電子計算機の不正アクセス行為からの防御に資するため、毎年少なくとも一回、不正アクセス行為の発生状況及びアクセス制御機能に関する技術の研究開発の状況を公表するものとする。

2　国家公安委員会、総務大臣及び経済産業大臣は、アクセス制御機能を有する特定電子計算機の不正アクセス行為からの防御に資するため、アクセス制御機能を特定電子計算機に付加したアクセス管理者が第八条の規定により講ずる措置を支援することを目的としてアクセス制御機能の高度化に係る事業を行う者が組織する団体であって、当該支援を適正かつ効果的に行うことができると認められるものに対し、必要な情報の提供その他の援助を行うよう努めなければならない。

3　前二項に定めるもののほか、国は、アクセス制御機能を有する特定電子計算機の不正アクセス行為からの防御に関する啓発及び知識の普及に努めなければならない。

（罰則）

第一一条　第三条の規定に違反した者は、三年以下の懲役又は百万円以下の罰金に処する。

第一一条を次のように改正する。
第一一条 第三条の規定に違反した者は、三年以下の拘禁刑又は百万円以下の罰金に処する。
（令和七年六月一日から施行 令和四法六八）

第一二条 次の各号のいずれかに該当する者は、一年以下の懲役又は五十万円以下の罰金に処する。
一 第四条の規定に違反した者
二 第五条の規定に違反して、相手方に不正アクセス行為の用に供する目的があることの情を知ってアクセス制御機能に係る他人の識別符号を提供した者
三 第六条の規定に違反した者
四 第七条の規定に違反した者
五 第九条第三項の規定に違反した者

第一二条を次のように改正する。
第一二条 次の各号のいずれかに該当する者は、一年以下の拘禁刑又は五十万円以下の罰金に処する。
一～五 （略）
（令和七年六月一日から施行 令和四法六八）

第一三条 第五条の規定に違反した者（前条第二号に該当する者を除く。）は、三十万円以下の罰金に処する。

第一四条 第十一条及び第十二条第一号から第三号までの罪は、刑法（明治四十年法律第四十五号）第四条の二の例に従う。

著作権等管理事業法

（平成一二年一一月二九日号外法律第一三一号）

最終改正　令和元法三七

目次

第一章　総則

（目的）

第一条　この法律は、著作権及び著作隣接権を管理する事業を行う者について登録制度を実施し、管理委託契約約款及び使用料規程の届出及び公示を義務付ける等その業務の適正な運営を確保するための措置を講ずることにより、著作権及び著作隣接権の管理を委託する者を保護するとともに、著作物、実演、レコード、放送及び有線放送の利用を円滑にし、もって文化の発展に寄与することを目的とする。

（定義）

第二条　この法律において「管理委託契約」とは、次に掲げる契約であって、受託者による著作物、実演、レコード、放送又は有線放送（以下「著作物等」という。）の利用の許諾に際して委託者（委託者が当該著作物等に係る次に掲げる契約の受託者であるときは、当該契約の委託者。次項において同じ。）が使用料の額を決定することとされているもの以外のものをいう。

一　委託者が受託者に著作権又は著作隣接権（以下「著作権等」という。）を移転し、著作物等の利用の許諾その他の当該著作権等の管理を行わせることを目的とする信託契約

二　委託者が受託者に著作物等の利用の許諾の取次ぎ又は代理をさせ、併せて当該取次ぎ又は代理に伴う著作権等の管理を行わせることを目的とする委任契約

2　この法律において「著作権等管理事業」とは、管理委託契約（委託者が人的関係、資本関係等において受託者と密接な関係を有する者として文部科学省令で定める者であるものを除く。）に基づき著作物等の利用の許諾その他の著作権等の管理を行う行為であって、業として行うものをいう。

3　この法律において「著作権等管理事業者」とは、次条の登録を受けて著作権等管理事業を行う者をいう。

第二章　登　録

（登録）

第三条　著作権等管理事業を行おうとする者は、文化庁長官の登録を受けなければならない。

（登録の申請）

第四条　前条の登録を受けようとする者は、次に掲げる事項を記載した登録申請書を文化庁長官に提出しなければならない。

一　名称

二　役員（第六条第一項第一号に規定する人格のない社団にあっては、代表者。同項第五号及び第九条第四号において同じ。）の氏名

三　事業所の名称及び所在地

四　取り扱う著作物等の種類及び著作物等の利用方法

五　その他文部科学省令で定める事項

2　前項の登録申請書には、次に掲げる書類を添付しなければならない。

一　第六条第一項第三号から第六号までに該当しないことを誓約する書面
二　登記事項証明書、貸借対照表その他の文部科学省令で定める書類

（登録の実施）

第五条　文化庁長官は、前条の規定による登録の申請があったときは、次条第一項の規定により登録を拒否する場合を除き、次に掲げる事項を著作権等管理事業者登録簿に登録しなければならない。
一　前条第一項各号に掲げる事項
二　登録年月日及び登録番号
2　文化庁長官は、前項の規定による登録をしたときは、遅滞なく、その旨を登録申請者に通知しなければならない。
3　文化庁長官は、著作権等管理事業者登録簿を公衆の縦覧に供しなければならない。

（登録の拒否）

第六条　文化庁長官は、登録申請者が次の各号のいずれかに該当するとき、又は登録申請書若しくはその添付書類のうちに虚偽の記載があり、若しくは重要な事実の記載が欠けているときは、その登録を拒否しなければならない。
一　法人（営利を目的としない法人格を有しない社団であって、代表者の定めがあり、かつ、その直接又は間接の構成員との間における管理委託契約のみに基づく著作権等管理事業を行うことを目的とするもの（以下「人格のない社団」という。）を含む。以下この項において同じ。）でない者
二　他の著作権等管理事業者が現に用いている名称と同一の名称又は他の著作権等管理事業者と誤認されるおそれがある名称を用いようとする法人
三　第二十一条第一項又は第二項の規定により登録を取り消され、その取消しの日から五年を経過しない法人
四　この法律又は著作権法（昭和四十五年法律第四十八号）の規定に違反し、罰金の刑に処せられ、その刑の執行を終わり、又はその刑

の執行を受けることがなくなった日から五年を経過しない法人

五　役員のうちに次のいずれかに該当する者のある法人

イ　心身の故障により著作権等管理事業者の役員の職務を適正に行うことができない者として文部科学省令で定めるもの

ロ　破産手続開始の決定を受けて復権を得ない者

ハ　著作権等管理事業者が第二十一条第一項又は第二項の規定により登録を取り消された場合において、その取消しの日前三十日以内にその著作権等管理事業者の役員であった者でその取消しの日から五年を経過しないもの

ニ　禁錮以上の刑に処せられ、その刑の執行を終わり、又はその刑の執行を受けることがなくなった日から五年を経過しない者

ホ　この法律、著作権法若しくはプログラムの著作物に係る登録の特例に関する法律（昭和六十一年法律第六十五号）の規定若しくは暴力団員による不当な行為の防止等に関する法律（平成三年法律第七十七号）の規定（同法第三十二条の三第七項及び第三十二条の十一第一項の規定を除く。）に違反し、又は刑法（明治四十年法律第四十五号）第二百四条、第二百六条、第二百八条、第二百八条の二、第二百二十二条若しくは第二百四十七条の罪若しくは暴力行為等処罰に関する法律（大正十五年法律第六十号）の罪を犯し、罰金の刑に処せられ、その刑の執行を終わり、又はその刑の執行を受けることがなくなった日から五年を経過しない者

六　著作権等管理事業を遂行するために必要と認められる文部科学省令で定める基準に適合する財産的基礎を有しない法人

2　文化庁長官は、前項の規定により登録を拒否したときは、遅滞なく、文書によりその理由を付して通知しなければならない。

第六条第一項第五号ニを次のように改正する。

第六条　文化庁長官は、登録申請者が次の各号のいずれかに該当するとき、又は登録申請書若しくはその添付書類のうちに虚偽の記載があり、若しくは重要な事実の記載が欠けているときは、その登録を拒否しなければならない。

一～四　（略）

五　役員のうちに次のいずれかに該当する者のある法人

イ～ハ　（略）

ニ　拘禁刑以上の刑に処せられ、その刑の執行を終わり、又はその刑の執行を受けることがなくなった日から五年を経過しない者

ホ　（略）

六　（略）

2　（略）

（令和七年六月一日から施行　令和四法六八）

（変更の届出）

第七条　著作権等管理事業者は、第四条第一項各号に掲げる事項に変更があったときは、その日から二週間以内に、その旨を文化庁長官に届け出なければならない。

2　文化庁長官は、前項の規定による届出を受理したときは、届出があった事項を著作権等管理事業者登録簿に登録しなければならない。

（承継）

第八条　著作権等管理事業者がその著作権等管理事業の全部を譲渡し、又は著作権等管理事業者について合併若しくは分割（その著作権等管理事業の全部を承継させるものに限る。）があったときは、その著作権等管理事業の全部を譲り受けた法人（人格のない社団を含む。）又は合併後存続する法人（著作権等管理事業者である法人と著作権等管理事業を行っていない法人の合併後存続する著作権等管理事業者である法人を除く。以下この項において同じ。）若しくは合併により設立された法人若しくは分割によりそ

の著作権等管理事業の全部を承継した法人は、当該著作権等管理事業者の地位を承継する。ただし、その著作権等管理事業の全部を譲り受けた法人（人格のない社団を含む。）又は合併後存続する法人若しくは合併により設立された法人若しくは分割によりその著作権等管理事業の全部を承継した法人が第六条第一項第二号から第六号までのいずれかに該当するときは、この限りでない。

2　前項の規定により著作権等管理事業者の地位を承継した者は、その承継の日から三十日以内に、その旨を文化庁長官に届け出なければならない。

3　前条第二項の規定は、前項の規定による届出について準用する。

（廃業の届出等）

第九条　著作権等管理事業者が次の各号のいずれかに該当することとなったときは、当該各号に定める者は、その日から三十日以内に、その旨を文化庁長官に届け出なければならない。

一　合併により消滅したとき　消滅した法人を代表する役員であった者

二　破産手続開始の決定を受けたとき　破産管財人

三　合併及び破産手続開始の決定以外の理由により解散（人格のない社団にあっては、解散に相当する行為）をしたとき　清算人（人格のない社団にあっては、代表者であった者）

四　著作権等管理事業を廃止したとき　著作権等管理事業者であった法人（人格のない社団を含む。）を代表する役員

（登録の抹消）

第一〇条　文化庁長官は、前条の規定による届出があったとき又は第二十一条第一項若しくは第二項の規定により登録を取り消したときは、当該著作権等管理事業者の登録を抹消しなければならない。

第三章　業　務

（管理委託契約約款）

第一一条　著作権等管理事業者は、次に掲げる事項を記載した管理委託契約約款を定め、あらかじめ、文化庁長官に届け出なければならない。これを変更しようとするときも、同様とする。

一　管理委託契約の種別（第二条第一項第二号の委任契約であるときは、取次ぎ又は代理の別を含む。）

二　契約期間

三　収受した著作物等の使用料の分配の方法

四　著作権等管理事業者の報酬

五　その他文部科学省令で定める事項

2　著作権等管理事業者は、前項後段の規定による変更の届出をしたときは、遅滞なく、委託者に対し、その届出に係る管理委託契約約款の内容を通知しなければならない。

3　著作権等管理事業者は、第一項の規定による届出をした管理委託契約約款によらなければ、管理委託契約を締結してはならない。

（管理委託契約約款の内容の説明）

第一二条　著作権等管理事業者は、管理委託契約を締結しようとするときは、著作権等の管理を委託しようとする者に対し、管理委託契約約款の内容を説明しなければならない。

（使用料規程）

第一三条　著作権等管理事業者は、次に掲げる事項を記載した使用料規程を定め、あらかじめ、文化庁長官に届け出なければならない。これを変更しようとするときも、同様とする。

一　文部科学省令で定める基準に従い定める利用区分（著作物等の種類及び利用方法の別による区分をいう。第二十三条において同じ。）ごとの著作物等の使用料の額

二　実施の日

三　その他文部科学省令で定める事項

2　著作権等管理事業者は、使用料規程を定め、又は変更しようとするときは、利用者又はその

団体からあらかじめ意見を聴取するように努めなければならない。

3　著作権等管理事業者は、第一項の規定による届出をしたときは、遅滞なく、その届出に係る使用料規程の概要を公表しなければならない。

4　著作権等管理事業者は、第一項の規定による届出をした使用料規程に定める額を超える額を、取り扱っている著作物等の使用料として請求してはならない。

（使用料規程の実施禁止期間）

第一四条　前条第一項の規定による届出をした著作権等管理事業者は、文化庁長官が当該届出を受理した日から起算して三十日を経過する日までの間は、当該届出に係る使用料規程を実施してはならない。

2　文化庁長官は、著作権等管理事業者から前条第一項の規定による届出があった場合において、当該届出に係る使用料規程が著作物等の円滑な利用を阻害するおそれがあると認めるときは、その全部又は一部について、当該届出を受理した日から起算して三月を超えない範囲内において、前項の期間を延長することができる。

3　文化庁長官は、指定著作権等管理事業者（第二十三条第一項の指定著作権等管理事業者をいう。以下この条において同じ。）から前条第一項の規定による届出があった場合において、第一項の期間を経過する日までの間に利用者代表（第二十三条第二項に規定する利用者代表をいう。第五項において同じ。）から当該届出に係る使用料規程に関し第二十三条第二項の協議を求めた旨の通知があったときは、当該使用料規程のうち当該協議に係る部分の全部又は一部について、当該届出を受理した日から起算して六月を超えない範囲内において、第一項の期間を延長することができる。

4　文化庁長官は、前項の規定により第一項の期間を延長した場合において、当該延長された同項の期間を経過する日前に、当該使用料規程のうち当該延長に係る部分の全部又は一部について、当該指定著作権等管理事業者から第二十三条第二項の協議において変更する必要がないこととされた旨の通知があったとき、又は変更する必要がない旨の第二十四条第一項の裁定をしたときは、当該使用料規程のうち当該変更する必要がないこととされた部分について、当該延長された第一項の期間を短縮することができる。

5　文化庁長官は、第二項の規定により第一項の期間を延長したとき又は第三項の規定により第一項の期間を延長し、若しくは前項の規定により当該延長された第一項の期間を短縮したときは、その旨を、当該著作権等管理事業者又は当該指定著作権等管理事業者及び利用者代表に通知するとともに、公告しなければならない。

（管理委託契約約款及び使用料規程の公示）

第一五条　著作権等管理事業者は、文部科学省令で定めるところにより、第十一条第一項の規定による届出をした管理委託契約約款及び第十三条第一項の規定による届出をした使用料規程を公示しなければならない。

（利用の許諾の拒否の制限）

第一六条　著作権等管理事業者は、正当な理由がなければ、取り扱っている著作物等の利用の許諾を拒んではならない。

（情報の提供）

第一七条　著作権等管理事業者は、著作物等の題号又は名称その他の取り扱っている著作物等に関する情報及び当該著作物等ごとの取り扱っている利用方法に関する情報を利用者に提供するように努めなければならない。

（財務諸表等の備付け及び閲覧等）

第一八条　著作権等管理事業者は、毎事業年度経過後三月以内に、その事業年度の著作権等管理事業に係る貸借対照表、事業報告書その他の文部科学省令で定める書類（次項及び第三十四条第二号において「財務諸表等」という。）を作成し、五年間事業所に備えて置かなければならない。

2　委託者は、著作権等管理事業者の業務時間内は、いつでも、財務諸表等の閲覧又は謄写を請求することができる。

第四章　監　督

（報告徴収及び立入検査）

第一九条　文化庁長官は、この法律の施行に必要な限度において、著作権等管理事業者に対し、その業務若しくは財産の状況に関し報告させ、又はその職員に、著作権等管理事業者の事業所に立ち入り、業務の状況若しくは帳簿、書類その他の物件を検査させ、若しくは関係者に質問させることができる。

2　前項の規定により立入検査をする職員は、その身分を示す証明書を携帯し、関係者に提示しなければならない。

3　第一項の規定による立入検査の権限は、犯罪捜査のために認められたものと解してはならない。

（業務改善命令）

第二〇条　文化庁長官は、著作権等管理事業者の業務の運営に関し、委託者又は利用者の利益を害する事実があると認めるときは、委託者又は利用者の保護のため必要な限度において、当該著作権等管理事業者に対し、管理委託契約約款又は使用料規程の変更その他業務の運営の改善に必要な措置をとるべきことを命ずることができる。

（登録の取消し等）

第二一条　文化庁長官は、著作権等管理事業者が次の各号のいずれかに該当するときは、その登録を取り消し、又は六月以内の期間を定めて著作権等管理事業の全部若しくは一部の停止を命ずることができる。

一　この法律若しくはこの法律に基づく命令又はこれらに基づく処分に違反したとき。

二　不正の手段により第三条の登録を受けたとき。

三　第六条第一項第一号、第二号、第四号又は第五号のいずれかに該当することとなったとき。

2　文化庁長官は、著作権等管理事業者が登録を受けてから一年以内に著作権等管理事業を開始せず、又は引き続き一年以上著作権等管理事業を行っていないと認めるときは、その登録を取り消すことができる。

3　第六条第二項の規定は、前二項の場合について準用する。

（監督処分の公告）

第二二条　文化庁長官は、前条第一項又は第二項の規定による処分をしたときは、文部科学省令で定めるところにより、その旨を公告しなければならない。

第五章　使用料規程に関する協議及び裁定

（協議）

第二三条　文化庁長官は、著作権等管理事業者について、その使用料規程におけるいずれかの利用区分（当該利用区分における著作物等の利用の状況を勘案して当該利用区分をより細分した区分についてこの項の指定をすることが合理的であると認めるときは、当該細分した区分。以下この条において同じ。）において、すべての著作権等管理事業者の収受した使用料の総額に占めるその収受した使用料の額の割合が相当の割合であり、かつ、次に掲げる場合に該当するときは、当該著作権等管理事業者を当該利用区分に係る指定著作権等管理事業者として指定することができる。

一　当該利用区分において収受された使用料の総額に占めるすべての著作権等管理事業者の

収受した使用料の総額の割合が相当の割合である場合

二　前号に掲げる場合のほか、当該著作権等管理事業者の使用料規程が当該利用区分における使用料の額の基準として広く用いられており、かつ、当該利用区分における著作物等の円滑な利用を図るために特に必要があると認める場合

2　指定著作権等管理事業者は、当該利用区分に係る利用者代表（一の利用区分において、利用者の総数に占めるその直接又は間接の構成員である利用者の数の割合、利用者が支払った使用料の総額に占めるその直接又は間接の構成員が支払った使用料の額の割合その他の事情から当該利用区分における利用者の利益を代表すると認められる団体又は個人をいう。以下この章において同じ。）から、第十三条第一項の規定による届出をした使用料規程（当該利用区分に係る部分に限る。以下この章において同じ。）に関する協議を求められたときは、これに応じなければならない。

3　利用者代表は、前項の協議（以下この章において「協議」という。）に際し、当該利用区分における利用者（当該利用者代表が直接又は間接の構成員を有する団体であるときは、当該構成員である利用者を除く。）から意見を聴取するように努めなければならない。

4　文化庁長官は、利用者代表が協議を求めたにもかかわらず指定著作権等管理事業者が当該協議に応じず、又は協議が成立しなかった場合であって、当該利用者代表から申立てがあったときは、当該指定著作権等管理事業者に対し、その協議の開始又は再開を命ずることができる。

5　指定著作権等管理事業者は、協議が成立したとき（当該使用料規程を変更する必要がないこととされたときを除く。次項において同じ。）は、その結果に基づき、当該使用料規程を変更しなければならない。

6　使用料規程の実施の日（第十四条第三項の規定により同条第一項の期間が延長されたときは、

当該延長された同項の期間を経過する日。次条第三項において同じ。）前に協議が成立したときは、当該使用料規程のうち変更する必要があることとされた部分に係る第十三条第一項の規定による届出は、なかったものとみなす。

（裁定）

第二四条 前条第四項の規定による命令があった場合において、協議が成立しないときは、その当事者は、当該使用料規程について文化庁長官の裁定を申請することができる。

2　文化庁長官は、前項の裁定（以下この条において「裁定」という。）の申請があったときは、その旨を他の当事者に通知し、相当の期間を指定して、意見を述べる機会を与えなければならない。

3　指定著作権等管理事業者は、使用料規程の実施の日前に裁定の申請をし、又は前項の通知を受けたときは、第十四条の規定により使用料規程を実施してはならないこととされる期間を経過した後においても、当該裁定がある日までは、当該使用料規程を実施してはならない。

4　文化庁長官は、裁定をしようとするときは、文化審議会に諮問しなければならない。

5　文化庁長官は、裁定をしたときは、その旨を当事者に通知しなければならない。

6　使用料規程を変更する必要がある旨の裁定があったときは、当該使用料規程は、その裁定において定められたところに従い、変更されるものとする。

第六章　雑　則

（適用除外）
第二五条　第十一条第一項第三号、第十三条、第十四条、第十五条（使用料規程に係る部分に限る。）、第二十三条及び前条の規定は、次の各号に掲げる団体が第三条の登録を受けて当該各号に定める権利に係る著作権等管理事業を行うときは、当該権利に係る使用料については、適用しない。

一　著作権法第九十五条の三第四項において準用する同法第九十五条第五項の団体　同法第九十五条の三第一項に規定する権利

二　著作権法第九十七条の三第四項において準用する同法第九十七条第三項の団体　同法第九十七条の三第一項に規定する権利

（信託業法の適用除外等）
第二六条　信託業法（平成十六年法律第百五十四号）第三条の規定は、第二条第一項第一号に掲げる契約に基づき著作権等のみの信託の引受けを業として行う者については、適用しない。

（文部科学省令への委任）
第二七条　この法律に定めるもののほか、この法律を実施するため必要な事項は、文部科学省令で定める。

（経過措置）
第二八条　この法律の規定に基づき文部科学省令を制定し、又は改廃する場合においては、その文部科学省令で、その制定又は改廃に伴い合理的に必要と判断される範囲内において、所要の経過措置を定めることができる。

第七章　罰　則

第二九条　次の各号のいずれかに該当する者は、百万円以下の罰金に処する。

一　第三条の規定に違反して著作権等管理事業を行った者

二　不正の手段により第三条の登録を受けた者

第三〇条　第二十一条第一項の規定による著作権等管理事業の停止の命令に違反した者は、五十万円以下の罰金に処する。

第三一条　次の各号のいずれかに該当する者は、三十万円以下の罰金に処する。

一　第十一条第三項の規定に違反して管理委託契約を締結した者

二　第十三条第四項の規定に違反して請求した使用料を収受した者

三　第二十条の規定による命令に違反した者

第三二条　次の各号のいずれかに該当する者は、二十万円以下の罰金に処する。

一　第七条第一項又は第八条第二項の規定による届出をせず、又は虚偽の届出をした者

二　第十五条の規定に違反して管理委託契約約款又は使用料規程を公示しなかった者

三　第十九条第一項の規定による報告をせず、若しくは虚偽の報告をし、又は同項の規定による検査を拒み、妨げ、若しくは忌避し、若しくは同項の規定による質問に対して陳述をせず、若しくは虚偽の陳述をした者

第三三条　法人（法人格を有しない社団又は財団で代表者又は管理人の定めのあるものを含む。以下この項において同じ。）の代表者若しくは管理人又は法人若しくは人の代理人、使用人その他の従業者が、その法人又は人の業務に関し、第二十九条から前条までの違反行為をしたときは、行為者を罰するほか、その法人又は人に対しても、各本条の罰金刑を科する。

2　法人格を有しない社団又は財団について前項の規定の適用がある場合には、その代表者又は管理人がその訴訟行為につきその社団又は財団

を代表するほか、法人を被告人又は被疑者とする場合の刑事訴訟に関する法律の規定を準用する。

第三四条　次の各号のいずれかに該当する者は、二十万円以下の過料に処する。

一　第九条の規定による届出をせず、又は虚偽の届出をした者

二　第十八条第一項の規定に違反して財務諸表等を備えて置かず、財務諸表等に記載すべき事項を記載せず、若しくは虚偽の記載をし、又は正当な理由がないのに同条第二項の規定による財務諸表等の閲覧若しくは謄写を拒んだ者

コンテンツの創造、保護及び活用の促進に関する法律（平成一六年六月四日号外法律第八一号）

最終改正　令和三法三五・三六

目次

第一章　総則

（目的）

第一条　この法律は、知的財産基本法（平成十四年法律第百二十二号）の基本理念にのっとり、コンテンツの創造、保護及び活用の促進に関し、基本理念を定め、並びに国、地方公共団体及びコンテンツ制作等を行う者の責務等を明らかにするとともに、コンテンツの創造、保護及び活用の促進に関する施策の基本となる事項並びにコンテンツ事業の振興に必要な事項を定めること等により、コンテンツの創造、保護及び活用の促進に関する施策を総合的かつ効果的に推進し、もって国民生活の向上及び国民経済の健全な発展に寄与することを目的とする。

（定義）

第二条　この法律において「コンテンツ」とは、映画、音楽、演劇、文芸、写真、漫画、アニメーション、コンピュータゲームその他の文字、図形、色彩、音声、動作若しくは映像若しくはこれらを組み合わせたもの又はこれらに係る情報を電子計算機を介して提供するためのプログラム（電子計算機に対する指令であって、一の結果を得ることができるように組み合わせたものをいう。）であって、人間の創造的活動により生み出されるもののうち、教養又は娯楽の範囲に属するものをいう。

2　この法律において「コンテンツ制作等」とは、次の各号のいずれかに該当する行為をいう。

一　コンテンツの制作

二　コンテンツの複製、上映、公演、公衆送信その他の利用（コンテンツの複製物の譲渡、貸与及び展示を含む。）

三　コンテンツに係る知的財産権（知的財産基本法第二条第二項に規定する知的財産権をいう。以下同じ。）の管理

3　この法律において「コンテンツ事業」とは、コンテンツ制作等を業として行うことをいい、「コンテンツ事業者」とは、コンテンツ事業を主たる事業として行う者をいう。

（基本理念）

第三条　コンテンツの創造、保護及び活用の促進に関する施策の推進は、情報記録物、高度情報通信ネットワークその他の手段を介して提供されるコンテンツが国民の生活に豊かさと潤いを与えるものであり、かつ、海外における我が国の文化等に対する理解の増進に資するものであることにかんがみ、コンテンツの制作者の創造性が十分に発揮されること、コンテンツに係る知的財産権が国内外において適正に保護されること、コンテンツの円滑な流通が促進されること等を通じて、コンテンツの恵沢を享受し、文化的活動を行う機会の拡大等が図られ、もって国民生活の向上に寄与し、あわせて多様な文化の創造に資することを基本として行われなければならない。

2　コンテンツの創造、保護及び活用の促進に関する施策の推進は、コンテンツ事業が将来において成長発展が期待される分野の事業であるこ

とにかんがみ、コンテンツ事業者の自律的発展が促されること等を通じて、多様なコンテンツ事業の創出及び健全な発展、コンテンツ事業の効率化及び高度化並びに国際競争力の強化等が図られ、もって経済社会の活力の向上及び持続的な発展に寄与することを基本として行われなければならない。

3　コンテンツの創造、保護及び活用の促進に関する施策の推進は、デジタル社会形成基本法（令和三年法律第三十五号）、文化芸術基本法（平成十三年法律第百四十八号）及び消費者基本法（昭和四十三年法律第七十八号）の基本理念に配慮して行われなければならない。

（国の責務）

第四条　国は、前条のコンテンツの創造、保護及び活用の促進についての基本理念（以下「基本理念」という。）にのっとり、コンテンツの創造、保護及び活用の促進に関する施策を策定し、及び実施する責務を有する。

（地方公共団体の責務）

第五条　地方公共団体は、基本理念にのっとり、コンテンツの創造、保護及び活用の促進に関し、国との適切な役割分担を踏まえて、その地方公共団体の区域の特性を生かした自主的な施策を策定し、及び実施する責務を有する。

（コンテンツ制作等を行う者の責務）

第六条　コンテンツ制作等を行う者は、コンテンツに係る知的財産権に関し知識と理解を深めること等を通じて、そのコンテンツ制作等に当たっては、これを尊重するよう努めるものとする。

2　コンテンツ制作等を行う者は、そのコンテンツ制作等に当たっては、コンテンツが青少年等に及ぼす影響について十分配慮するよう努めるものとする。

（連携の強化）

第七条　国は、国、地方公共団体及びコンテンツ制作等に関係する者が相互に連携を図りながら協力することにより、コンテンツの効果的な創造、保護及び活用の促進が図られることにかんがみ、これらの者の間の連携の強化に必要な施策を講ずるものとする。

（法制上の措置等）

第八条 政府は、コンテンツの創造、保護及び活用の促進に関する施策を実施するため必要な法制上、財政上又は金融上の措置その他の措置を講じなければならない。

第二章　基本的施策

（人材の育成等）

第九条 国は、魅力あるコンテンツを生み出し、又はそれを有効に活用することができる人材の育成、資質の向上及び確保を図るため、高等教育を行う機関によるコンテンツ制作等に関する教育の振興、国内外のコンテンツ制作等を行う者の相互の交流の促進、コンテンツの展示会又は品評会その他これらに類するものの開催その他の必要な施策を講ずるものとする。

（先端的な技術に関する研究開発の推進等）

第一〇条 国は、映像の制作、上映又は送受信等の分野における技術革新の進展に即応した高度な技術を用いた良質なコンテンツが生み出されるよう、先端的な技術に関する研究開発の推進及び教育の振興その他の必要な施策を講ずるものとする。

（コンテンツに係る知的財産権の適正な保護）

第一一条　国は、インターネットの普及その他社会経済情勢の変化に伴うコンテンツの利用方法の多様化に的確に対応したコンテンツに係る知的財産権の適正な保護が図られるよう、コンテンツの公正な利用に配慮しつつ、権利の内容の見直しその他の必要な施策を講ずるものとする。

（円滑な流通の促進等）

第一二条　国は、インターネットその他の高度情報通信ネットワークの利便性が向上し、並びにその安全性及び信頼性が確保されることにより、多様な手段を活用したコンテンツの円滑な流通が促進されるよう、インターネット等により提供されるコンテンツに係る認証の技術、インターネット等に関する技術的保護手段、インターネットにおいて高速度でかつ安定的な電気通信を可能とする技術その他のコンテンツの流通に係る技術の開発及び利用に対する支援その他の必要な施策を講ずるものとする。

2　国は、コンテンツの利用の円滑化を図るため、個人及び法人の権利利益の保護に配慮しつつ、コンテンツに係る知的財産権を有する者に関する情報、コンテンツの内容に関する情報等に係るデータベースの整備に対する支援その他の必要な施策を講ずるものとする。

（適切な保存の促進等）

第一三条　国及び地方公共団体は、インターネットその他の高度情報通信ネットワークの利用を通じてコンテンツが適切かつ有効に発信されるよう、コンテンツの制作、収集、保存若しくは発信又は既存のコンテンツのデジタル化を行う体制の整備その他の必要な施策を講ずるものとする。

（活用の機会等の格差の是正）

第一四条　国及び地方公共団体は、広く国民がコンテンツの恵沢を享受できるよう、年齢、身体的な条件その他の要因に基づくコンテンツの活用の機会又は活用のための能力における格差の是正を図るために必要な施策を講ずるものとする。

（個性豊かな地域社会の実現）

第一五条　国及び地方公共団体は、地域の特性を生かしたコンテンツの創造、保護及び活用の促進を通じて個性豊かで活力に満ちた地域社会が実現されるよう、地域の魅力あるコンテンツを生み出すための活動に対する支援、地域における映画等のコンテンツの制作の円滑化を図るための活動に対する支援その他の必要な施策を講ずるものとする。

（国民の理解及び関心の増進）

第一六条　国及び地方公共団体は、コンテンツの創造、保護及び活用の促進並びにこれらにおいてコンテンツの制作者が果たす役割の重要性に関する国民の理解と関心を深めるよう、コンテンツに関する広報活動の充実及び教育の振興その他の必要な施策を講ずるものとする。

第三章　コンテンツ事業の振興に必要な施策等

（多様な方法により資金調達を図るための制度の構築）

第一七条　国は、コンテンツ事業者のうちコンテンツの制作を業として行うもの（以下「制作事業者」という。）がコンテンツの制作に必要な資金を円滑に調達することが困難であることにかんがみ、制作事業者がその資金を安定的に調達することができるよう、多様な方法により資金調達を図るための制度の構築その他の必要な施策を講ずるものとする。

（権利侵害への措置）

第一八条　国は、国内外におけるコンテンツの違法な複製その他のコンテンツに係る知的財産権を侵害する行為について、コンテンツ事業者の利益が適正に確保されるよう、コンテンツ事業者又は関係団体との緊密な連携協力体制の下、コンテンツに係る知的財産権を侵害する事犯の取締り、海外におけるコンテンツに係る知的財産権の侵害に対処するための体制の整備その他の必要な措置を講ずるものとする。

（海外における事業展開の促進）

第一九条 国は、コンテンツ事業の事業規模の拡大を図るとともに、海外における我が国のコンテンツの普及を通じて我が国の文化等に対する理解の増進を図ることができるよう、我が国の魅力あるコンテンツの海外への紹介、コンテンツの取引の活性化を図るための国際的な催しの実施又はこれへの参加に対する支援、コンテンツに係る海外市場に関する情報の収集及び提供その他の必要な施策を講ずるものとする。

（公正な取引関係の構築）

第二〇条 国は、制作事業者の大部分が中小企業者によって占められており、かつ、その業務の大部分が受託又は請負により行われていることにかんがみ、コンテンツの制作を委託し、又は請け負わせる者との公正な取引関係が構築されることにより制作事業者の利益が適正に確保されるよう、取引に関する指針の策定その他の必要な施策を講ずるものとする。

（中小企業者等への配慮）

第二一条 国は、コンテンツ事業の振興に関する施策を講ずるに当たっては、コンテンツ事業の成長発展において中小企業者が果たす役割の重要性にかんがみ、中小企業者によるコンテンツ事業の円滑な実施が図られるよう特別の配慮をしなければならない。

2 国は、コンテンツ事業の振興に関する施策を講ずるに当たっては、消費者の利益の擁護及び増進が図られるよう配慮をしなければならない。

（コンテンツ事業者の講ずる措置）

第二二条 コンテンツ事業者は、その事業活動を行うに当たっては、基本理念にのっとり、自律的にその事業を運営し、かつ、その能力を最も有効に発揮することにより事業の効率化及び高度化を図るとともに、その有するコンテンツが広く活用されるようコンテンツの流通の円滑化に資する措置を講じ、及び国内外におけるコンテンツに係る知的財産権の侵害に関する情報の収集その他のその有するコンテンツの適切な管理のために必要な措置を講ずるよう努めるものとする。

2　制作事業者は、そのコンテンツの制作の事業に従事する者（請負契約等に基づき制作事業者のために出演その他のコンテンツの制作に係る役務の提供を行う者を含む。以下この項において「制作事業従事者」という。）の職務がその重要性にふさわしい魅力あるものとなるよう、制作事業従事者の適切な処遇の確保に努めるものとする。

第四章　行政機関の措置等

（関係行政機関等の相互の密接な連携）

第二三条　コンテンツの創造、保護及び活用の促進に関する施策の推進に当たっては、コンテンツの創造、保護及び活用の促進に必要な措置が適切に講じられるよう、関係行政機関の相互の密接な連携の下に、これが行われなければならない。

2　知的財産戦略本部（以下「本部」という。）及び関係行政機関の長は、知的財産基本法第二十三条第一項に規定する推進計画（以下「推進計画」という。）においてコンテンツの創造、保護及び活用の促進に関して講じようとする施策の充実が図られるよう、相互に密接な連携を図りながら協力しなければならない。

（国等によるコンテンツの提供）

第二四条　国及び地方公共団体は、その有する良質なコンテンツが社会全体において利用されることがコンテンツの創造、保護及び活用の促進に資することにかんがみ、広く国民が当該コンテンツを利用することができるよう、当該コンテンツの積極的な提供その他の必要な施策を講ずるものとする。

2　独立行政法人（独立行政法人通則法（平成十一年法律第百三号）第二条第一項に規定する独立行政法人をいう。）、特殊法人（法律により直接に設立された法人又は特別の法律により特別の設立行為をもって設立された法人であって、総務省設置法（平成十一年法律第九十一号）第四条第一項第八号の規定の適用を受けるものをいう。）、国立大学法人（国立大学法人法（平成十五年法律第百十二号）第二条第一項に規定する国立大学法人をいう。）及び大学共同利用機関法人（同条第三項に規定する大学共同利用機関法人をいう。）は、その有する良質なコンテンツを広く国民が利用することができるよう、当該コンテンツの積極的な提供その他の必要な措置を講ずるよう努めるものとする。

（国の委託等に係るコンテンツに係る知的財産権の取扱い）

第二五条　国は、コンテンツの制作を他の者に委託し又は請け負わせるに際して当該委託又は請負に係るコンテンツが有効に活用されることを促進するため、当該コンテンツに係る知的財産権について、次の各号のいずれにも該当する場合には、その知的財産権を受託者又は請負者（以下この条において「受託者等」という。）から譲り受けないことができる。

一　当該コンテンツに係る知的財産権については、その種類その他の情報を国に報告することを受託者等が約すること。

二　国が公共の利益のために特に必要があるとしてその理由を明らかにして求める場合には、無償で当該コンテンツを利用する権利を国に許諾することを受託者等が約すること。

三　当該コンテンツを相当期間活用していないと認められ、かつ、当該コンテンツを相当期間活用していないことについて正当な理由が認められない場合において、国が当該コンテンツの活用を促進するために特に必要があるとしてその理由を明らかにして求めるときは、当該コンテンツを利用する権利を第三者に許諾することを受託者等が約すること。

2　前項の規定は、国が資金を提供して他の法人にコンテンツの制作を行わせ、かつ、当該法人がその制作の全部又は一部を委託し又は請け負わせる場合における当該法人とその制作の受託者等との関係に準用する。

3　前項の法人は、同項において準用する第一項第二号又は第三号の許諾を求めようとするときは、国の要請に応じて行うものとする。

（本部への報告）

第二十六条　本部は、推進計画においてコンテンツの創造、保護及び活用の促進に関して講じようとする施策の充実が図られるよう、関係行政機関の長に対し、当該関係行政機関が第九条から第二十条まで及び第二十四条の規定により講じようとする施策又は措置について、報告を求めることができる。

（推進計画への反映）

第二十七条　本部は、前条の規定に基づく報告の内容について検討を加え、その結果を推進計画においてコンテンツの創造、保護及び活用の促進に関して講じようとする施策に十分に反映させなければならない。

種苗法（平成一〇年五月二九日号外法律第八三号）

最終改正　令和二法七四等

目次

第一章　総　則

（目的）

第一条　この法律は、新品種の保護のための品種登録に関する制度、指定種苗の表示に関する規制等について定めることにより、品種の育成の振興と種苗の流通の適正化を図り、もって農林水産業の発展に寄与することを目的とする。

（定義等）

第二条　この法律において「農林水産植物」とは、農産物、林産物及び水産物の生産のために栽培される種子植物、しだ類、せんたい類、多細胞の藻類その他政令で定める植物をいい、「植物体」とは、農林水産植物の個体をいう。

2　この法律において「品種」とは、重要な形質に係る特性（以下単に「特性」という。）の全部又は一部によって他の植物体の集合と区別することができ、かつ、その特性の全部を保持しつつ繁殖させることができる一の植物体の集合をいう。

3　この法律において「種苗」とは、植物体の全部又は一部で繁殖の用に供されるものをいう。

4　この法律において「加工品」とは、種苗を用いることにより得られる収穫物から直接に生産される加工品であって政令で定めるものをいう。

5　この法律において品種について「利用」とは、次に掲げる行為をいう。

一　その品種の種苗を生産し、調整し、譲渡の申出をし、譲渡し、輸出し、輸入し、又はこれらの行為をする目的をもって保管する行為

二　その品種の種苗を用いることにより得られる収穫物を生産し、譲渡若しくは貸渡しの申出をし、譲渡し、貸し渡し、輸出し、輸入し、又はこれらの行為をする目的をもって保管する行為（育成者権者又は専用利用権者が前号に掲げる行為について権利を行使する適当な機会がなかった場合に限る。）

三　その品種の加工品を生産し、譲渡若しくは貸渡しの申出をし、譲渡し、貸し渡し、輸出し、輸入し、又はこれらの行為をする目的をもって保管する行為（育成者権者又は専用利用権者が前二号に掲げる行為について権利を行使する適当な機会がなかった場合に限る。）

6　この法律において「指定種苗」とは、種苗（林業の用に供される樹木の種苗を除く。）のうち、種子、胞子、茎、根、苗、苗木、穂木、台木、種菌その他政令で定めるもので品質の識別を容易にするため販売に際して一定の事項を表示する必要があるものとして農林水産大臣が指定するものをいい、「種苗業者」とは、指定種苗の販売を業とする者をいう。

7　農林水産大臣は、農業資材審議会の意見を聴いて、農林水産植物について農林水産省令で定める区分ごとに、第二項の重要な形質を定め、これを公示するものとする。

第二章　品種登録制度

第一節　品種登録及び品種登録出願

（品種登録の要件）

第三条　次に掲げる要件を備えた品種の育成（人為的変異又は自然的変異に係る特性を固定し又は検定することをいう。以下同じ。）をした者又はその承継人（以下「育成者」という。）は、その品種についての登録（以下「品種登録」という。）を受けることができる。

一　品種登録出願（第五条第一項の規定による品種登録の出願をいう。以下同じ。）前に日本国内又は外国において公然知られた他の品種と特性の全部又は一部によって明確に区別されること。

二　同一の繁殖の段階に属する植物体の全てが特性の全部において十分に類似していること。

三　繰り返し繁殖させた後においても特性の全部が変化しないこと。

2　農林水産大臣は、前項第一号に掲げる要件に該当するかどうかの判断をするに当たっては、品種登録出願に係る品種（以下「出願品種」という。）と公然知られた他の品種との特性の相違の内容及び程度、これらの品種が属する農林水産植物の種類及び性質等を総合的に考慮するものとする。

3　品種登録出願又は外国に対する品種登録出願に相当する出願に係る品種につき品種の育成に関する保護が認められた場合には、その品種は、出願時において公然知られた品種に該当するに至ったものとみなす。

（同前）

第四条　品種登録は、出願登録の名称が次の各号のいずれかに該当する場合には、受けることができない。

一　一の出願品種につき一でないとき。

二　出願品種の種苗に係る登録商標又は当該種

苗と類似の商品に係る登録商標と同一又は類似のものであるとき。

三　出願品種の種苗又は当該種苗と類似の商品に関する役務に係る登録商標と同一又は類似のものであるとき。

四　出願品種に関し誤認を生じ、又はその識別に関し混同を生ずるおそれがあるものであるとき（前二号に掲げる場合を除く。）。

2　品種登録は、出願品種の種苗又は収穫物が、日本国内において品種登録出願の日から一年遡った日前に、外国において当該品種登録出願の日から四年（永年性植物として農林水産省令で定める農林水産植物の種類に属する品種にあっては、六年）遡った日前に、それぞれ業として譲渡されていた場合には、受けることができない。ただし、その譲渡が、試験若しくは研究のためのものである場合又は育成者の意に反してされたものである場合は、この限りでない。

（品種登録出願）

第五条　品種登録を受けようとする者は、農林水産省令で定めるところにより、次に掲げる事項を記載した願書を農林水産大臣に提出しなければならない。

一　出願者の氏名又は名称及び住所又は居所

二　出願品種の属する農林水産植物の種類

三　出願品種の名称

四　出願者が保持していると思料する出願品種の特性

五　出願品種の育成をした者の氏名及び住所又は居所

六　前各号に掲げるもののほか、農林水産省令で定める事項

2　前項の願書には、農林水産省令で定めるところにより、農林水産省令で定める事項を記載した説明書及び出願品種の植物体の写真その他出願品種が同項第四号に掲げる特性を保持していることを証する資料を添付しなければならない。

3　育成者が二人以上あるときは、これらの者が共同して品種登録出願をしなければならない。

（出願料）

第六条　出願者は、一件につき一万四千円を超えない範囲内で農林水産省令で定める額の出願料を納付しなければならない。

2　前項の規定は、出願者が国（独立行政法人通則法（平成十一年法律第百三号）第二条第一項に規定する独立行政法人のうち品種の育成に関する業務を行うものとして政令で定めるものを含む。次項、第四十五条第二項及び第三項並びに第五十四条第二項において同じ。）であるときは、適用しない。

3　第一項の出願料は、国と国以外の者が共同して品種登録出願をする場合であって、品種登録により発生することとなる育成者権について持分の定めがあるときは、同項の規定にかかわらず、同項の農林水産省令で定める出願料の額に国以外の者の持分の割合を乗じて得た額とし、国以外の者がその額を納付しなければならない。

4　前項の規定により算定した出願料の額に十円未満の端数があるときは、その端数は、切り捨てる。

（出願者の名義の変更）

第七条　出願者の名義は、変更することができる。

2　出願者の名義の変更は、相続その他の一般承継の場合を除き、農林水産省令で定めるところにより、農林水産大臣に届け出なければ、その効力を生じない。

3　出願者について相続その他の一般承継による名義の変更があったときは、その一般承継人は、遅滞なく、農林水産省令で定めるところにより、その旨を農林水産大臣に届け出なければならない。

（職務育成品種）

第八条　従業者、法人の業務を執行する役員又は国若しくは地方公共団体の公務員（以下「従業者等」という。）が育成をした品種については、その育成がその性質上使用者、法人又は国若しくは地方公共団体（以下「使用者等」という。）の業務の範囲に属し、かつ、その育成をするに至った行為が従業者等の職務に属する品種（以下「職務育成品種」という。）である場合を除き、あらかじめ使用者等が品種登録出願をすること、従業者等がした品種登録出願の出願者の名義を使用者等に変更すること又は従業者等が品種登録を受けた場合には使用者等に育成者権を承継させ若しくは使用者等のため専用利用権を設定することを定めた契約、勤務規則その他の定めの条項は、無効とする。

2　職務育成品種については、契約、勤務規則その他の定めにおいてあらかじめ使用者等が品種登録出願をすることを定めているときは、当該職務育成品種に係る品種登録を受ける地位は、当該使用者等が有するものとする。この場合において、従業者等は、相当の金銭その他の経済上の利益（次項において「相当の利益」という。）を受ける権利を有する。

3　前項の規定により受けるべき相当の利益の内容は、その職務育成品種の育成により使用者等が受けるべき利益の額、その育成に関連する使用者等の負担及び貢献の程度並びに従業者等の処遇その他の事情を考慮して定めなければならない。

4　第二項後段及び前項の規定は、契約、勤務規則その他の定めにより、職務育成品種について、使用者等が品種登録出願をしたとき（第二項の場合を除く。）、従業者等がした品種登録出願の出願者の名義を使用者等に変更したとき、又は従業者等が品種登録を受けた場合において使用者等に育成者権を承継させ若しくは使用者等のため専用利用権を設定したときについて準用する。

5　使用者等又はその一般承継人は、従業者等又はその承継人が職務育成品種について品種登録を受けたときは、その育成者権について通常利用権を有する。

（先願）

第九条　同一の品種又は特性により明確に区別されない品種について二以上の品種登録出願があったときは、最先の出願者に限り、品種登録を受けることができる。

2　品種登録出願が取り下げられ、又は却下されたときは、その品種登録出願は、前項の規定の適用については、初めからなかったものとみなす。

3　育成者でない者がした品種登録出願は、第一項の規定の適用については、品種登録出願でないものとみなす。

（外国人の権利の享有）

第一〇条　日本国内に住所及び居所（法人にあっては、営業所）を有しない外国人は、次の各号のいずれかに該当する場合を除き、育成者権その他育成者権に関する権利を享有することができない。

一　その者の属する国又はその者が住所若しくは居所（法人にあっては、営業所）を有する国が、千九百七十二年十一月十日、千九百七十八年十月二十三日及び千九百九十一年三月十九日にジュネーヴで改正された千九百六十一年十二月二日の植物の新品種の保護に関する国際条約を締結している国（以下「締約国」という。）又は同条約を締結している政府間機関（以下「政府間機関」という。）の構成国（以下「締約国等」と総称する。）である場合

二　その者の属する国又はその者が住所若しくは居所（法人にあっては、営業所）を有する国が、千九百七十二年十一月十日及び千九百七十八年十月二十三日にジュネーヴで改正された千九百六十一年十二月二日の植物の新品種の保護に関する国際条約を締結している国（同条約第三十四条（2）の規定により日本国がその国との関係において同条約を適用することとされている国を含む。以下「同盟国」という。）であり、かつ、その者の出願品種につき品種の育成に関する保護を認める場合（前号に掲げる場合を除く。）

三　その者の属する国が、日本国民に対し品種の育成に関してその国の国民と同一の条件による保護を認める国（その国の国民に対し日本国が育成者権その他育成者権に関する権利の享有を認めることを条件として日本国民に対し当該保護を認める国を含む。）であり、か

つ、その者の出願品種につき品種の育成に関する保護を認める場合（前二号に掲げる場合を除く。）

四　前三号に掲げる場合のほか、条約に別段の定めがある場合

（品種登録管理人の品種登録出願手続等）

第一〇条の二　日本国内に住所及び居所（法人にあっては、営業所）を有しない者（次項において「在外者」という。）は、農林水産省令で定める場合を除き、その者の品種登録に関する代理人であって日本国内に住所又は居所を有するもの（同項において「品種登録管理人」という。）によらなければ、品種登録出願その他品種登録に関する手続（同項において単に「手続」という。）をすることができない。

2　品種登録管理人は、一切の手続について本人を代理する。ただし、在外者が品種登録管理人の代理権の範囲を制限したときは、この限りでない。

（優先権）

第一一条　次の各号に掲げる者は、当該各号に定める場合には、当該出願の時に、農林水産省令で定めるところにより、優先権を主張することができる。

一　締約国、政府間機関又は同盟国に対する品種登録出願に相当する出願（以下「締約国出願」と総称する。）をした者又はその承継人（日本国民、締約国等若しくは同盟国に属する者又は日本国、締約国等若しくは同盟国に住所若しくは居所（法人にあっては、営業所）を有する者に限る。）　締約国出願のうち最先の出願をした日（以下「締約国出願日」という。）の翌日から一年以内に当該締約国出願に係る品種につき品種登録出願をする場合

二　第十条第三号に規定する国であって日本国民に対し日本国と同一の条件により優先権の主張を認めるもの（締約国及び同盟国を除く。以下「特定国」という。）に対する品種登録出願に相当する出願（以下「特定国出願」という。）をした者又はその承継人（日本国民又は

当該特定国に属する者に限る。）特定国出願のうち最先の出願（当該特定国に属する者にあっては、当該特定国出願）をした日（以下「特定国出願日」という。）の翌日から一年以内に当該特定国出願に係る品種につき品種登録出願をする場合

2　出願者が前項の規定により優先権を主張した場合には、締約国出願日又は特定国出願日から品種登録出願をした日までの間にされた当該出願品種と同一の品種又は特性により明確に区別されない品種についての品種登録出願、公表、譲渡その他の行為は、当該品種登録出願についての品種登録を妨げる事由とはならない。

（品種登録出願の補正）

第一二条　農林水産大臣は、次に掲げる場合は、相当の期間を指定して、品種登録出願の補正をすべきことを命ずることができる。

一　品種登録出願がこの法律又はこの法律に基づく命令で定める方式に違反しているとき。

二　出願者が第六条第一項の規定により納付すべき出願料を納付しないとき。

2　農林水産大臣は、前項の規定により品種登録出願の補正をすべきことを命じられた者が同項の規定により指定した期間内にその補正をしないときは、その品種登録出願を却下することができる。

第二節　出願公表

（出願公表）

第一三条　農林水産大臣は、品種登録出願を受理したとき（前条第一項の規定により品種登録出願の補正をすべきことを命じた場合にあっては、その補正が行われたとき）は、遅滞なく、次に掲げる事項を公示して、その品種登録出願について出願公表をしなければならない。

一　品種登録出願の番号及び年月日

二　出願者の氏名又は名称及び住所又は居所

三　出願品種の属する農林水産植物の種類

四　出願品種の名称

五　出願公表の年月日

六　前各号に掲げるもののほか、必要な事項

2　農林水産大臣は、出願公表があった後に、品種登録出願が放棄され、取り下げられ、若しくは却下されたとき、又は品種登録出願が拒絶されたときは、その旨を公示しなければならない。

（出願公表の効果等）

第一四条　出願者は、出願公表があった後に出願品種の内容を記載した書面を提示して警告をしたときは、その警告後品種登録前にその出願品種、当該出願品種と特性により明確に区別されない品種又は当該出願品種が品種登録された場合に第二十条第二項各号に該当することとなる品種を業として利用した者に対し、その出願品種が品種登録を受けた場合にその利用に対し受けるべき金銭の額に相当する額の補償金の支払を請求することができる。当該警告をしない場合においても、出願公表に係る出願品種（当該出願品種と特性により明確に区別されない品種及び当該出願品種が品種登録された場合に同項各号に該当することとなる品種を含む。以下この条において同じ。）であることを知って品種登録前にその出願品種を業として利用した者に対しては、同様とする。

2　前項の規定による請求権は、品種登録があった後でなければ、行使することができない。

3　第一項の規定による請求権の行使は、育成者権の行使を妨げない。

4　出願公表後に品種登録出願が放棄され、取り下げられ、若しくは却下されたとき、品種登録出願が拒絶されたとき、第四十九条第一項第一号若しくは第四号の規定により品種登録が取り消されたとき、品種登録についての審査請求が理由があるとしてこれを取り消す裁決が確定したとき、又は品種登録を取り消し、若しくは無効を確認する判決が確定したときは、第一項の規定による請求権は、初めから生じなかったものとみなす。

5　第三十六条から第三十八条まで及び第四十条から第四十三条まで並びに民法（明治二十九年法律第八十九号）第七百十九条及び第七百二十

四条の規定は、第一項の規定による請求権を行使する場合に準用する。この場合において、当該請求権を有する者が品種登録前に当該品種登録出願に係る出願品種の利用の事実及びその利用をした者を知ったときは、同条第一号中「被害者又はその法定代理人が損害及び加害者を知った時」とあるのは、「品種登録の日」と読み替えるものとする。

第三節　審　査

（出願品種の審査）

第一五条　農林水産大臣は、出願者に対し、出願品種の審査のために必要な出願品種の植物体の全部又は一部その他の資料の提出を命ずることができる。

2　農林水産大臣は、出願品種の審査をするに当たっては、その職員に現地調査又は栽培試験を行うものとする。ただし、出願品種の審査上その必要がないと認められる場合は、この限りでない。

3　農林水産大臣は、関係行政機関、学校その他適当と認める者に対し、前項の規定による現地調査又は栽培試験の実施に関して必要な協力を依頼することができる。

4　栽培試験の項目、試験方法その他第二項の栽培試験の実施に関して必要な事項は、農林水産省令で定める。

5　研究機構は、農林水産大臣の同意を得て、第二項の規定による栽培試験を関係行政機関、学校その他適当と認める者に依頼することができる。

6　農林水産大臣は、第二項の栽培試験の業務の適正な実施を確保するため必要があると認めるときは、研究機構に対し、当該業務に関し必要な命令をすることができる。

（研究機構による現地調査又は栽培試験の実施）

第一五条の二　農林水産大臣は、国立研究開発法人農業・食品産業技術総合研究機構（以下「研究機構」という。）に前条第二項の規定による現地調査又は栽培試験を行わせることができる。

2　農林水産大臣は、前項の規定により研究機構に現地調査又は栽培試験を行わせるときは、当該現地調査又は栽培試験を行わないものとする。

3　研究機構は、農林水産大臣の同意を得て、関係行政機関、学校その他適当と認める者に対し、第一項の規定による現地調査又は栽培試験の実施に関して必要な協力を依頼することができる。

4　研究機構は、第一項の規定による現地調査又は栽培試験を行ったときは、遅滞なく、農林水産省令で定めるところにより、当該現地調査又は栽培試験の結果を農林水産大臣に通知しなければならない。

5　農林水産大臣は、第一項の現地調査又は栽培試験の業務の適正な実施を確保するため必要があると認めるときは、研究機構に対し、当該業務に関し必要な命令をすることができる。

（現地調査又は栽培試験に係る手数料）

第一五条の三　出願者は、第十五条第二項又は前条第一項の現地調査又は栽培試験に係る実費を勘案して農林水産省令で定める額の手数料を国（研究機構が同項の規定による現地調査又は栽培試験を行う場合にあっては、研究機構）に納付しなければならない。

2　農林水産大臣又は研究機構は、農林水産省令で定めるところにより、前項の手数料の額を出願者に通知するものとする。

3　第一項の規定により研究機構に納付された手数料は、研究機構の収入とする。

（現地調査又は栽培試験に係る手数料の納付命令）

第一五条の四　農林水産大臣は、出願者が前条第一項の規定により国に納付すべき手数料を納付しないときは、当該出願者に対し、相当の期間を指定して、当該手数料を納付すべきことを命ずることができる。

2　研究機構は、出願者が前条第一項の規定により研究機構に納付すべき手数料を納付しないときは、農林水産大臣にその旨を申し立てることができる。

3　農林水産大臣は、前項の規定による申立てがあったときは、出願者に対し、相当の期間を指定して、研究機構に手数料を納付すべきことを命ずることができる。

（名称の変更命令）

第一六条　農林水産大臣は、出願品種の名称が第四条第一項各号のいずれかに該当するときは、出願者に対し、相当の期間を指定して、出願品種の名称を同項各号のいずれにも該当しない名称に変更すべきことを命ずることができる。

2　農林水産大臣は、出願公表があった後に、前項の規定により名称が変更されたときは、その旨を公示しなければならない。

（品種登録出願の拒絶）

第一七条　農林水産大臣は、品種登録出願が次の各号のいずれかに該当するときは、その品種登録出願について、文書により拒絶しなければならない。

一　その出願品種が、第三条第一項、第四条第二項、第五条第三項、第九条第一項又は第十条の規定により、品種登録をすることができないものであるとき。

二　その出願者が、正当な理由がないのに、第十五条第一項の規定による命令に従わず、同条第二項若しくは第十五条の二第一項の規定による現地調査を拒み、又は第十五条の四第一項若しくは第三項若しくは又は前条第一項の規定による命令に従わないとき。

2　農林水産大臣は、第十五条の二第一項の規定により研究機構に現地調査又は栽培試験を行わせた場合には、品種登録出願が前項第一号（第三条第一項の規定に係る部分に限る。）に該当するかどうかの判断をするに当たっては、研究機構が第十五条の二第四項の規定により通知する現地調査又は栽培試験の結果を考慮するものとする。

3　農林水産大臣は、第一項の規定により品種登録出願について拒絶しようとするときは、その出願者に対し、拒絶の理由を通知し、相当の期間を指定して、意見書を提出する機会を与えなければならない。

（審査特性の訂正）

第一七条の二　農林水産大臣は、品種登録をするときは、あらかじめ、当該出願品種について審査により特定した特性（以下「審査特性」という。）を出願者に通知しなければならない。

2　前項の規定による通知を受けた出願者は、当該出願品種の審査特性が事実と異なると思料するときは、農林水産省令で定めるところにより、農林水産大臣に対し、当該審査特性の訂正を求めることができる。

3　農林水産大臣は、前項の規定による求めがあったときは、明らかに当該求めに係る事実がないと認める場合を除き、当該審査特性が事実かどうかについて調査を行うものとする。

4　農林水産大臣は、前項の規定による調査の結果、当該審査特性が事実と異なることが判明したときは、当該審査特性の訂正をしなければならない。

5　農林水産大臣は、前項の規定による訂正をしたとき、又は当該訂正をしない旨の決定をしたときは、第二項の規定による求めをした出願者に対し、遅滞なく、その旨（当該訂正をしない旨の決定をしたときは、その理由を含む。）を通知しなければならない。

6　第十五条から第十五条の四までの規定は、第三項の規定による調査について準用する。

7　前条第一項（第二号に係る部分に限る。）の規定は、第二項の規定による訂正の求めについて準用する。この場合において、同号中「第十五条第一項」とあるのは「次条第六項において準用する第十五条第一項」と、「同条第二項」とあるのは「次条第六項において準用する第十五条第二項」と、「第十五条の四第一項」とあるのは「次条第六項において準用する第十五条の四第一項」と読み替えるものとする。

（品種登録）

第一八条　農林水産大臣は、品種登録出願につき第十七条第一項の規定により拒絶する場合を除き、品種登録をしなければならない。

2　品種登録は、品種登録簿に次に掲げる事項を記載してするものとする。

一　品種登録の番号及び年月日
二　品種の属する農林水産植物の種類
三　品種の名称
四　品種の審査特性（前条第四項の規定による訂正をしたときは、当該訂正後のもの）
五　育成者権の存続期間
六　品種登録を受ける者の氏名又は名称及び住所又は居所
七　前各号に掲げるもののほか、農林水産省令で定める事項

3　農林水産大臣は、第一項の規定による品種登録をしたときは、当該品種登録を受けた者に対しその旨を通知するとともに、前項第一号から第六号までに掲げる事項及び農林水産省令で定める事項を公示しなければならない。

第四節　育成者権

（育成者権の発生及び存続期間）

第一九条　育成者権は、品種登録により発生する。

2　育成者権の存続期間は、品種登録の日から二十五年（第四条第二項に規定する品種にあっては、三十年）とする。

（育成者権の効力）

第二〇条　育成者権者は、品種登録を受けている品種（以下「登録品種」という。）及び当該登録品種と特性により明確に区別されない品種を業として利用する権利を専有する。ただし、その育成者権について専用利用権を設定したときは、専用利用権者がこれらの品種を利用する権利を専有する範囲については、この限りでない。

2　登録品種の育成者権者は、当該登録品種に係る次に掲げる品種が品種登録された場合にこれらの品種の育成者が当該品種について有することとなる権利と同一の種類の権利を専有する。この場合においては、前項ただし書の規定を準用する。

一　変異体の選抜、戻し交雑、遺伝子組換えその他の農林水産省令で定める方法により、登録品種の主たる特性を保持しつつ特性の一部を変化させて育成され、かつ、特性により当

該登録品種と明確に区別できる品種

二　その品種の繁殖のため常に登録品種の植物体を交雑させる必要がある品種

3　登録品種が、前項第一号の農林水産省令で定める方法により、当該登録品種以外の品種の主たる特性を保持しつつ特性の一部を変化させて育成された品種である場合における同項及び次条第二項の規定の適用については、前項中「次に」とあるのは「第二号に」と、同条第二項中「前条第二項各号」とあるのは「前条第二項第二号」とする。

（育成者権の効力が及ばない範囲）

第二一条　育成者権の効力は、次に掲げる行為には、及ばない。

一　新品種の育成その他の試験又は研究のためにする品種の利用

二　登録品種（登録品種と特性により明確に区別されない品種を含む。以下この項において同じ。）の育成をする方法についての特許権を有する者又はその特許につき専用実施権若しくは通常実施権を有する者が当該特許に係る方法により登録品種の種苗を生産し、又は当該種苗を調整し、譲渡の申出をし、譲渡し、輸出し、輸入し、若しくはこれらの行為をする目的をもって保管する行為

三　前号の特許権の消滅後において、同号の特許に係る方法により登録品種の種苗を生産し、又は当該種苗を調整し、譲渡の申出をし、譲渡し、輸出し、輸入し、若しくはこれらの行為をする目的をもって保管する行為

四　前二号の種苗を用いることにより得られる収穫物を生産し、譲渡若しくは貸渡しの申出をし、譲渡し、貸し渡し、輸出し、輸入し、又はこれらの行為をする目的をもって保管する行為

五　前号の収穫物に係る加工品を生産し、譲渡若しくは貸渡しの申出をし、譲渡し、貸し渡し、輸出し、輸入し、又はこれらの行為をする目的をもって保管する行為

2　育成者権者、専用利用権者若しくは通常利用

権者の行為又は前項各号に掲げる行為により登録品種、登録品種と特性により明確に区別されない品種及び登録品種に係る前条第二項各号に掲げる品種（以下「登録品種等」と総称する。）の種苗、収穫物又は加工品が譲渡されたときは、当該登録品種の育成者権の効力は、その譲渡された種苗、収穫物又は加工品の利用には及ばない。ただし、当該登録品種等の種苗を生産する行為、当該登録品種につき品種の育成に関する保護を認めていない国に対し種苗を輸出する行為及び当該国に対し最終消費以外の目的をもって収穫物を輸出する行為については、この限りでない。

（育成者権の効力が及ばない範囲の特例）

第二一条の二　品種登録を受けようとする者は、次の各号に掲げる場合において、当該品種登録に係る育成者権の適切な行使を確保するため、農林水産省令で定めるところにより、品種登録出願と同時に当該各号に定める事項を農林水産大臣に届け出ることができる。

一　出願品種の保護が図られないおそれがある国への当該出願品種の種苗の流出を防止しようとする場合次に掲げる事項

イ　出願者が当該出願品種の保護が図られないおそれがない国として指定する国（前条第二項ただし書に規定する国を除く。以下「指定国」という。）

ロ　前条第二項ただし書に規定する国以外の国であって指定国以外の国に対し種苗を輸出する行為及び当該国に対し最終消費以外の目的をもって収穫物を輸出する行為を制限する旨

二　出願品種の産地を形成しようとする場合次に掲げる事項

イ　出願者が当該出願品種の産地を形成しようとする地域として指定する地域（以下「指定地域」という。）

ロ　指定地域以外の地域において種苗を用いることにより得られる収穫物を生産する行為を制限する旨

2　前項の規定による届出をした者（その承継人を含む。次条第一項及び第二項並びに第二十一条の四第一項及び第二項において同じ。）は、次項の規定による公示（第十三条第一項の規定による公示と併せてされたものに限る。）前に限り、当該届出に係る指定国又は指定地域の指定の全部又は一部を取り消す旨を農林水産大臣に届け出ることができる。

3　農林水産大臣は、第一項の規定による届出があった場合には、第十三条第一項又は第十八条第三項の規定による公示の際、これらの公示と併せて、それぞれ第十三条第一項第一号から第四号までに掲げる事項及び当該届出に係る事項（前項の規定による届出があった場合には、当該届出に係る変更後の事項。以下この項及び次項並びに第二十一条の四第三項において同じ。）又は第十八条第二項第一号から第三号まで及び第六号に掲げる事項並びに当該届出に係る事項を公示しなければならない。

4　農林水産大臣は、前項の規定による公示（第十八条第三項の規定による公示と併せてされたものに限る。）をした場合には、品種登録簿に第一項の規定による届出に係る事項及び当該公示をした年月日を記載するものとする。

5　登録品種の種苗を業として譲渡する者は、農林水産大臣が前項に規定する公示をした日の翌日以後は、当該公示に係る登録品種の種苗を譲渡する場合には、その譲渡する種苗又はその種苗の包装に、第五十五条第一項の規定による表示に加え、農林水産省令で定めるところにより、その種苗が第一項第一号ロ又は第二号ロに規定する制限が付されている旨及び当該制限の内容について当該公示がされている旨の表示を付さなければならない。

6　登録品種の種苗の譲渡のための展示又は広告を業として行う者は、農林水産大臣が第四項に規定する公示をした日の翌日以後は、当該公示に係る登録品種の種苗の譲渡のための展示をする場合にはその展示をする種苗又はその種苗の包装に、当該公示に係る登録品種の種苗の譲渡のための広告をする場合にはその広告に、第五十五条第二項の規定による表示に加え、農林水産省令で定めるところにより、それぞれその種苗が第一項第一号ロ若しくは第二号ロに規定する制限が付されている旨及び当該制限の内容について当該公示がされている旨の表示を付し、又はこれらを表示しなければならない。

7　農林水産大臣が第四項に規定する公示をした日の翌日以後は、前条第二項本文の規定にかかわらず、育成者権の効力は、当該公示に係る登録品種等についての第一項第一号ロ又は第二号ロに規定する行為（以下「輸出等の行為」という。）には及ぶものとする。

（指定国又は指定地域の追加）

第二一条の三　前条第一項の規定による届出をした者は、同条第四項に規定する公示がされた後において、当該登録品種について指定国又は指定地域を追加する必要があると認めるときは、農林水産省令で定めるところにより、指定国又は指定地域を追加する旨を農林水産大臣に届け出ることができる。

2　前項の規定による届出をした者は、次項の規定による公示前に限り、当該届出に係る指定国又は指定地域の追加の全部又は一部を取り消す旨を農林水産大臣に届け出ることができる。

3　農林水産大臣は、第一項の規定による届出があった場合（前項の規定による指定国又は指定地域の追加の全部を取り消す旨の届出があった場合を除く。）には、当該登録品種に係る第十八条第二項第一号から第三号まで及び第六号に掲げる事項並びに当該届出に係る事項（前項の規定による届出があった場合には、当該届出に係る変更後の事項。次項及び次条第三項において同じ。）を公示しなければならない。

4　農林水産大臣は、前項の規定による公示をした場合には、品種登録簿に第一項の規定による届出に係る事項及び当該公示をした年月日を記載するものとする。

5　農林水産大臣が第三項の規定による公示をした日の翌日以後は、当該公示に係る登録品種等について追加された指定国又は指定地域に係る輸出等の行為については、前条第七項の規定は、適用しない。

（届出の取下げ）

第二一条の四　第二十一条の二第一項の規定による届出をした者は、同条第四項に規定する公示がされた後において、当該登録品種について輸出等の行為に係る制限をする必要がなくなったと認めるときは、農林水産省令で定めるところにより、当該届出を取り下げる旨を農林水産大臣に届け出ることができる。

2　前項の規定による届出をした者は、次項の規定による公示前に限り、当該届出を取り下げる旨を農林水産大臣に届け出ることができる。

3　農林水産大臣は、第一項の規定による届出があった場合（前項の規定による届出があった場合を除く。）には、当該登録品種に係る第十八条第二項第一号から第三号まで及び第六号に掲げる事項、第二十一条の二第一項の規定による届出に係る事項（前条第一項の規定による届出に係る事項を含む。）並びに第二十一条の二第一項の規定による届出が取り下げられた旨を公示しなければならない。

4　農林水産大臣は、前項の規定による公示をした場合には、品種登録簿に第二十一条の二第一項の規定による届出が取り下げられた旨及び当該公示をした年月日を記載するものとする。

5　農林水産大臣が第三項の規定による公示をした日の翌日以後は、当該公示に係る登録品種の種苗についての表示については、第二十一条の二第五項及び第六項の規定は、適用しない。

6　農林水産大臣が第三項の規定による公示をした日の翌日以後は、当該公示に係る登録品種等についての輸出等の行為については、第二十一条の二第七項の規定は、適用しない。

（名称を使用する義務等）

第二二条　登録品種（登録品種であった品種を含む。以下この条において同じ。）の種苗を業として譲渡の申出をし、又は譲渡する場合には、当該登録品種の名称（第四十八条第二項の規定により名称が変更された場合にあっては、その変更後の名称）を使用しなければならない。

2　登録品種が属する農林水産植物の種類又はこれと類似の農林水産植物の種類として農林水産省令で定めるものに属する当該登録品種以外の品種の種苗を業として譲渡の申出をし、又は譲渡する場合には、当該登録品種の名称を使用してはならない。

（共有に係る育成者権）

第二二三条　育成者権が共有に係るときは、各共有者は、他の共有者の同意を得なければ、その持分を譲渡し、又はその持分を目的として質権を設定することができない。

2　育成者権が共有に係るときは、各共有者は、契約で別段の定めをした場合を除き、他の共有者の同意を得ないでその登録品種等を利用することができる。

3　育成者権が共有に係るときは、各共有者は、他の共有者の同意を得なければ、その育成者権について専用利用権を設定し、又は他人に通常利用権を許諾することができない。

（法人が解散した場合等における育成者権の消滅）

第二二四条　育成者権は、次に掲げる場合には、消滅する。

一　育成者権者である法人が解散した場合において、その育成者権が一般社団法人及び一般財団法人に関する法律（平成十八年法律第四十八号）第二百三十九条第三項その他これに準ずる法律の規定により国庫に帰属すべきこととなるとき。

二　育成者権者である個人が死亡した場合において、その育成者権が民法第九百五十九条の規定により国庫に帰属すべきこととなるとき。

（専用利用権）

第二二五条　育成者権者は、その育成者権について専用利用権を設定することができる。

2　専用利用権者は、設定行為で定めた範囲内において、業としてその登録品種等を利用する権利を専有する。

3　専用利用権は、品種の利用の事業とともにする場合、育成者権者の承諾を得た場合及び相続その他の一般承継の場合に限り、移転することができる。
4　専用利用権者は、育成者権者の承諾を得た場合に限り、その専用利用権について質権を設定し、又は他人に通常利用権を許諾することができる。
5　第二十三条の規定は、専用利用権に準用する。

（通常利用権）
第二六条　育成者権者は、その育成者権について他人に通常利用権を許諾することができる。
2　通常利用権者は、この法律の規定により又は設定行為で定めた範囲内において、業としてその登録品種等を利用する権利を有する。

（先育成による通常利用権）
第二七条　登録品種の育成をした者よりも先に当該登録品種と同一の品種又は特性により明確に区別されない品種の育成をした者は、その登録品種に係る育成者権について通常利用権を有する。

（裁定）
第二八条　登録品種等の利用が継続して二年以上日本国内において適当にされていないとき、又は登録品種等の利用が公共の利益のため特に必要であるときは、当該登録品種等につき業として利用しようとする者は、当該登録品種の育成者権者又は専用利用権者に対し通常利用権の許諾につき協議を求めることができる。
2　前項の協議が成立せず、又は協議をすることができないときは、同項に規定する者は、農林水産大臣の裁定を申請することができる。
3　農林水産大臣は、前項の規定による申請があったときは、その旨を公示するとともに、当該申請に係る育成者権者又は専用利用権者その他その登録品種に関し登録した権利を有する者に対し、文書をもって通知し、相当の期間を指定して、意見を述べる機会を与えなければならない。
4　第二項の規定による申請があったときは、そ

5　農林水産大臣は、登録品種等につき利用がされることが公共の利益のため特に必要である場合を除き、当該登録品種等につき利用が適当にされていないことについて正当な理由がある場合は、通常利用権を設定すべき旨の裁定をしてはならない。

6　農林水産大臣は、第二項の裁定をしようとするときは、農業資材審議会の意見を聴かなければならない。

7　通常利用権を設定すべき旨の裁定においては、通常利用権を設定すべき範囲並びに対価及びその支払の方法を定めなければならない。

8　農林水産大臣は、第二項の裁定をしたときは、その旨を当事者、当事者以外の者であってその登録品種に関し登録した権利を有するもの及び第四項の規定により意見を述べた通常利用権者に通知しなければならない。

9　前項の規定により当事者に第七項に規定する裁定の通知があったときは、当該裁定で定めるところにより、当事者間に協議が成立したものとみなす。

（通常利用権の移転等）

第二九条　通常利用権は、前条第二項の裁定による通常利用権を除き、品種の利用の事業とともにする場合、育成者権者（専用利用権についての通常利用権にあっては、育成者権者及び専用利用権者。次項において同じ。）の承諾を得た場合及び相続その他の一般承継の場合に限り、移転することができる。

2　通常利用権者は、前条第二項の裁定による通常利用権を除き、育成者権者の承諾を得た場合に限り、その通常利用権について質権を設定することができる。

3　前条第二項の裁定による通常利用権は、品種の利用の事業とともにする場合に限り、移転することができる。

4　第二十三条第一項及び第二項の規定は、通常利用権に準用する。

（質権）

第三〇条　育成者権、専用利用権又は通常利用権を目的として質権を設定したときは、質権者は、契約で別段の定めをした場合を除き、当該登録品種等を利用することができない。

2　育成者権、専用利用権又は通常利用権を目的とする質権は、育成者権、専用利用権若しくは通常利用権の対価又は登録品種等の利用に対しその育成者権者若しくは専用利用権者が受けるべき金銭その他の物に対しても、行うことができる。ただし、その払渡し又は引渡し前に差押えをしなければならない。

（育成者権等の放棄）

第三一条　育成者権者は、専用利用権者、質権者又は第八条第五項、第二十五条第四項若しくは第二十六条第一項の規定による通常利用権者があるときは、これらの者の承諾を得た場合に限り、その育成者権を放棄することができる。

2　専用利用権者は、質権者又は第二十五条第四項の規定による通常利用権者があるときは、これらの者の承諾を得た場合に限り、その専用利用権を放棄することができる。

3　通常利用権者は、質権者があるときは、その承諾を得た場合に限り、その通常利用権を放棄することができる。

（登録の効果）

第三二条　次に掲げる事項は、登録しなければ、その効力を生じない。

一　育成者権の移転（相続その他の一般承継によるものを除く。）、放棄による消滅又は処分の制限

二　専用利用権の設定、移転（相続その他の一般承継によるものを除く。）、変更、消滅（混同又は育成者権の消滅によるものを除く。）又は処分の制限

三　育成者権又は専用利用権を目的とする質権の設定、移転（相続その他の一般承継によるものを除く。）、変更、消滅（混同又は担保する債権の消滅によるものを除く。）又は処分の制限

2　前項各号の相続その他の一般承継の場合は、遅滞なく、農林水産省令で定めるところにより、その旨を農林水産大臣に届け出なければならない。

（通常利用権の対抗力）

第三二条の二　通常利用権は、その発生後にその育成者権若しくは専用利用権又はその育成者権についての専用利用権を取得した者に対しても、その効力を有する。

第五節　権利侵害

（差止請求権）

第三三条　育成者権者又は専用利用権者は、自己の育成者権又は専用利用権を侵害する者又は侵害するおそれがある者に対し、その侵害の停止又は予防を請求することができる。

2　育成者権者又は専用利用権者は、前項の規定による請求をするに際し、侵害の行為を組成した種苗、収穫物若しくは加工品又は侵害の行為に供した物の廃棄その他の侵害の予防に必要な行為を請求することができる。

（損害の額の推定等）

第三四条　育成者権者又は専用利用権者が故意又は過失により自己の育成者権又は専用利用権を侵害した者に対しその侵害により自己が受けた損害の賠償を請求する場合において、その者がその侵害の行為を組成した種苗、収穫物又は加工品を譲渡したときは、その譲渡した種苗、収穫物又は加工品の数量（以下この項において「譲渡数量」という。）に、育成者権者又は専用利用権者がその侵害の行為がなければ販売することができた種苗、収穫物又は加工品の単位数量当たりの利益の額を乗じて得た額を、育成者権者又は専用利用権者の利用の能力に応じた額を超えない限度において、育成者権者又は専用利用権者が受けた損害の額とすることができる。ただし、譲渡数量の全部又は一部に相当する数量を育成者権者又は専用利用権者が販売することができないとする事情があるときは、当該事情に相当する数量に応じた額を控除するものとする。

2　育成者権者又は専用利用権者が故意又は過失により自己の育成者権又は専用利用権を侵害した者に対しその侵害により自己が受けた損害の賠償を請求する場合において、その者がその侵害の行為により利益を受けているときは、その利益の額は、育成者権者又は専用利用権者が受けた損害の額と推定する。

3　育成者権者又は専用利用権者は、故意又は過失により自己の育成者権又は専用利用権を侵害した者に対し、その登録品種等の利用に対し受けるべき金銭の額に相当する額の金銭を、自己が受けた損害の額としてその賠償を請求することができる。

4　前項の規定は、同項に規定する金額を超える損害の賠償の請求を妨げない。この場合において、育成者権又は専用利用権を侵害した者に故意又は重大な過失がなかったときは、裁判所は、損害の賠償の額を定めるについて、これを参酌することができる。

（過失の推定）

第三五条　他人の育成者権又は専用利用権を侵害した者は、その侵害の行為について過失があったものと推定する。

（登録品種と特性により明確に区別されない品種の推定）

第三五条の二　品種登録簿に記載された登録品種の審査特性により明確に区別されない品種は、当該登録品種と特性により明確に区別されない品種と推定する。

（判定）

第三五条の三　登録品種について利害関係を有する者は、ある品種が品種登録簿に記載された当該登録品種の審査特性により当該登録品種と明確に区別されない品種であるかどうかについて、農林水産省令で定めるところにより、農林水産大臣の判定を求めることができる。

2　農林水産大臣は、前項の規定による求めがあったときは、必要な調査を行った上で判定を行い、当該求めをした者及び当該登録品種の育成者権者に対し、その結果を通知するものとする。

3　第十五条から第十五条の四までの規定は、前項の調査について準用する。

4　第三条第二項の規定は第二項の判定について、第十七条第一項（第二号に係る部分に限る。）の規定は第一項の規定による判定の求めについて、それぞれ準用する。この場合において、同号中「第十五条第一項」とあるのは「第三十五条の三第三項において準用する第十五条第一項」と、「同条第二項」とあるのは「第三十五条の三第三項において準用する第十五条第二項」と、「第十五条の四第一項」とあるのは「第三十五条の三第三項において準用する第十五条の四第一項」と読み替えるものとする。

（具体的態様の明示義務）

第三十六条　育成者権又は専用利用権の侵害に係る訴訟において、育成者権者又は専用利用権者が侵害の行為を組成したものとして主張する種苗、収穫物又は加工品の具体的態様を否認するときは、相手方は、自己の行為の具体的態様を明らかにしなければならない。ただし、相手方において明らかにすることができない相当の理由があるときは、この限りでない。

（書類の提出等）

第三十七条　裁判所は、育成者権又は専用利用権の侵害に係る訴訟においては、当事者の申立てにより、当事者に対し、当該侵害の行為について立証するため、又は当該侵害の行為による損害の計算をするため必要な書類の提出を命ずることができる。ただし、その書類の所持者においてその提出を拒むことについて正当な理由があるときは、この限りでない。

2　裁判所は、前項本文の申立てに係る書類が同項本文の書類に該当するかどうか又は同項ただし書に規定する正当な理由があるかどうかの判断をするため必要があると認めるときは、書類の所持者にその提示をさせることができる。この場合においては、何人も、その提示された書類の開示を求めることができない。

3　裁判所は、前項の場合において、第一項本文の申立てに係る書類が同項本文の書類に該当するかどうか又は同項ただし書に規定する正当な理由があるかどうかについて前項後段の書類を開示してその意見を聴くことが必要であると認めるときは、当事者等（当事者（法人である場合にあっては、その代表者）又は当事者の代理人（訴訟代理人及び補佐人を除く。）、使用人その他の従業者をいう。以下同じ。）、訴訟代理人又は補佐人に対し、当該書類を開示することができる。

4　裁判所は、第二項の場合において、同項後段の書類を開示して専門的な知見に基づく説明を聴くことが必要であると認めるときは、当事者の同意を得て、民事訴訟法（平成八年法律第百九号）第一編第五章第二節第一款に規定する専門委員に対し、当該書類を開示することができる。

5　前各項の規定は、育成者権又は専用利用権の侵害に係る訴訟における当該侵害の行為について立証するため必要な検証の目的の提示について準用する。

第三七条を次のように改める。

第三七条　裁判所は、育成者権又は専用利用権の侵害に係る訴訟においては、当事者の申立てにより、当事者に対し、当該侵害の行為について立証するため、又は当該侵害の行為による損害の計算をするため必要な書類又は電磁的記録（電子的方式、磁気的方式その他人の知覚によっては認識することができない方式で作られる記録であって、電子計算機による情報処理の用に供されるものをいう。以下同じ。）の提出を命ずることができる。ただし、その書類の所持者又はその電磁的記録を利用する権限を有する者においてその提出を拒むことについて正当な理由があるときは、この限りでない。

2　裁判所は、前項本文の申立てに係る書類若しくは電磁的記録が同項本文の書類若しくは電磁的記録に該当するかどうか又は同項ただし書に規定する正当な理由があるかどうかの判断をするため必要があると認めるときは、書類の所持者又は電磁的記録を利用する権限を有する者にその提示をさせることができる。この場合においては、何人も、その提示された書類又は電磁的記録の開示を求めることができない。

3　裁判所は、前項の場合において、第一項本文の申立てに係る書類若しくは電磁的記録が同項本文の書類若しくは電磁的記録に該当するかどうか又は同項ただし書に規定する正当な理由があるかどうかについて前項後段の書類又は電磁的記録を開示してその意見を聴くことが必要であると認めるときは、当事者等（当事者（法人である場合にあっては、その代表者）又は当事者の代理人（訴訟代理人及び補佐人を除く。）、使用人その他の従業者をいう。以下同じ。）、訴訟代理人又は補佐人に対し、当該書類又は当該電磁的記録を開示することができる。

4　裁判所は、第二項の場合において、同項後段の書類又は電磁的記録を開示して専門的な知見に基づく説明を聴くことが必要であると認めるときは、当事者の同意を得て、民事訴訟法（平成八年法律第百九号）第一編第五章第二節第一款に規定する専門委員に対し、当該書類又は当該電磁的記録を開示することができる。

5　（略）

（公布の日から起算して四年を超えない範囲内において政令で定める日から施行　令和四法四八）

（損害計算のための鑑定）

第三八条　育成者権又は専用利用権の侵害に係る訴訟において、当事者の申立てにより、裁判所が当該侵害の行為による損害の計算をするため必要な事項について鑑定を命じたときは、当事者は、鑑定人に対し、当該鑑定をするため必要な事項について説明しなければならない。

（相当な損害額の認定）

第三九条　育成者権又は専用利用権の侵害に係る訴訟において、損害が生じたことが認められる場合において、損害額を立証するために必要な事実を立証することが当該事実の性質上極めて困難であるときは、裁判所は、口頭弁論の全趣旨及び証拠調べの結果に基づき、相当な損害額を認定することができる。

（秘密保持命令）

第四〇条　裁判所は、育成者権又は専用利用権の侵害に係る訴訟において、その当事者が保有する営業秘密（不正競争防止法（平成五年法律第四十七号）第二条第六項に規定する営業秘密をいう。以下同じ。）について、次に掲げる事由のいずれにも該当することにつき疎明があった場合には、当事者の申立てにより、決定で、当事者等、訴訟代理人又は補佐人に対し、当該営業秘密を当該訴訟の追行の目的以外の目的で使用し、又は当該営業秘密に係るこの項の規定による命令を受けた者以外の者に開示してはならない旨を命ずることができる。ただし、その申立ての時までに当事者等、訴訟代理人又は補佐人が第一号に規定する準備書面の閲読又は同号に規定する証拠の取調べ若しくは開示以外の方法により当該営業秘密を取得し、又は保有していた場合は、この限りでない。

一　既に提出され若しくは提出されるべき準備書面に当事者の保有する営業秘密が記載され、又は既に取り調べられ若しくは取り調べられるべき証拠（第三十七条第三項の規定により開示された書類又は第四十三条第四項の規定により開示された書面を含む。）の内容に当事者の保有する営業秘密が含まれること。

二　前号の営業秘密が当該訴訟の追行の目的以外の目的で使用され、又は当該営業秘密が開示されることにより、当該営業秘密に基づく当事者の事業活動に支障を生ずるおそれがあり、これを防止するため当該営業秘密の使用又は開示を制限する必要があること。

2　前項の規定による命令（以下「秘密保持命令」

という。）の申立ては、次に掲げる事項を記載した書面でしなければならない。

一　秘密保持命令を受けるべき者

二　秘密保持命令の対象となるべき営業秘密を特定するに足りる事実

三　前項各号に掲げる事由に該当する事実

3　秘密保持命令が発せられた場合には、その決定書を秘密保持命令を受けた者に送達しなければならない。

4　秘密保持命令は、秘密保持命令を受けた者に対する決定書の送達がされた時から、効力を生ずる。

5　秘密保持命令の申立てを却下した裁判に対しては、即時抗告をすることができる。

第四〇条を次のように改める。

第四〇条　裁判所は、育成者権又は専用利用権の侵害に係る訴訟において、その当事者が保有する営業秘密（不正競争防止法（平成五年法律第四十七号）第二条第六項に規定する営業秘密をいう。以下同じ。）について、次に掲げる事由のいずれにも該当することにつき疎明があった場合には、当事者の申立てにより、決定で、当事者等、訴訟代理人又は補佐人に対し、当該営業秘密を当該訴訟の追行の目的以外の目的で使用し、又は当該営業秘密に係るこの項の規定による命令を受けた者以外の者に開示してはならない旨を命ずることができる。ただし、その申立ての時までに当事者等、訴訟代理人又は補佐人が第一号に規定する準備書面の閲読又は同号に規定する証拠の取調べ若しくは開示以外の方法により当該営業秘密を取得し、又は保有していた場合は、この限りでない。

一　既に提出され若しくは提出されるべき準備書面に当事者の保有する営業秘密が記載され、又は既に取り調べられ若しくは取り調べられるべき証拠（第三十七条第三項の規定により開示された書類若しくは電磁的記録又は第四十三条第四項の規定により開示された書面若しくは電磁的記録を含む。）の内容に当事者の保有する営業秘密が含まれること。

二　（略）

2　（略）

3　秘密保持命令が発せられた場合には、その電子決定書（民事訴訟法第百二十二条において準用する同法第二百五十二条第一項の規定により作成された電磁的記録（同法第百二十二条において準用する同法第二百五十三条第二項の規定により裁判所の使用に係る電子計算機（入出力装置を含む。）に備えられたファイルに記録されたものに限る。）をいう。次項及び次条第二項において同じ。）を秘密保持命令を受けた者に送達しなければならない。

4　秘密保持命令は、秘密保持命令を受けた者に対する電子決定書の送達がされた時から、効力を生ずる。

5　（略）

（公布の日から起算して四年を超えない範囲内において政令で定める日から施行　令和四法四八）

（秘密保持命令の取消し）

第四一条　秘密保持命令の申立てをした者又は秘密保持命令を受けた者は、訴訟記録の存する裁判所（訴訟記録の存する裁判所がない場合にあっては、秘密保持命令を発した裁判所）に対し、前条第一項に規定する要件を欠くこと又はこれを欠くに至ったことを理由として、秘密保持命令の取消しの申立てをすることができる。

2　秘密保持命令の取消しの申立てについての裁判があった場合には、その決定書をその申立てをした者及び相手方に送達しなければならない。

3　秘密保持命令の取消しの申立てについての裁判に対しては、即時抗告をすることができる。

4　秘密保持命令を取り消す裁判は、確定しなければその効力を生じない。

5　裁判所は、秘密保持命令を取り消す裁判をした場合において、秘密保持命令の取消しの申立てをした者又は相手方以外に当該秘密保持命令が発せられた訴訟において当該営業秘密に係る秘密保持命令を受けている者があるときは、その者に対し、直ちに、秘密保持命令を取り消す裁判をした旨を通知しなければならない。

第四一条第二項を次のように改める。

第四一条　（略）

2　秘密保持命令の取消しの申立てについての裁判があった場合には、その電子決定書をその申立てをした者及び相手方に送達しなければならない。

3～5　（略）

（公布の日から起算して四年を超えない範囲内において政令で定める日から施行　令和四法四八）

（訴訟記録の閲覧等の請求の通知等）

第四二条　秘密保持命令が発せられた訴訟（全ての秘密保持命令が取り消された訴訟を除く。）に係る訴訟記録につき、民事訴訟法第九十二条第一項の決定があった場合において、当事者から同項に規定する秘密記載部分の閲覧等の請求があり、かつ、その請求の手続を行った者が当該訴訟において秘密保持命令を受けていない者であるときは、裁判所書記官は、同項の申立てをした当事者（その請求をした者を除く。第三項において同じ。）に対し、その請求後直ちに、その請求があった旨を通知しなければならない。

2　前項の場合において、裁判所書記官は、同項の請求があった日から二週間を経過する日までの間（その請求の手続を行った者に対する秘密保持命令の申立てがその日までにされた場合にあっては、その申立てについての裁判が確定するまでの間）、その請求の手続を行った者に同項の秘密記載部分の閲覧等をさせてはならない。

3　前二項の規定は、第一項の請求をした者に同項の秘密記載部分の閲覧等をさせることについて民事訴訟法第九十二条第一項の申立てをした当事者の全ての同意があるときは、適用しない。

（当事者尋問等の公開停止）

第四三条　育成者権又は専用利用権の侵害に係る

訴訟における当事者等が、その侵害の有無についての判断の基礎となる事項であって当事者の保有する営業秘密に該当するものについて、当事者本人若しくは法定代理人又は証人として尋問を受ける場合においては、裁判所は、裁判官の全員一致により、その当事者等が公開の法廷で当該事項について陳述をすることにより当該営業秘密に基づく当事者の事業活動に著しい支障を生ずることが明らかであることから当該事項について十分な陳述をすることができず、かつ、当該陳述を欠くことにより他の証拠のみによっては当該事項を判断の基礎とすべき育成者権又は専用利用権の侵害の有無についての適正な裁判をすることができないと認めるときは、決定で、当該事項の尋問を公開しないで行うことができる。

2　裁判所は、前項の決定をするに当たっては、あらかじめ、当事者等の意見を聴かなければならない。

3　裁判所は、前項の場合において、必要があると認めるときは、当事者等にその陳述すべき事項の要領を記載した書面の提示をさせることができる。この場合においては、何人も、その提示された書面の開示を求めることができない。

4　裁判所は、前項後段の書面を開示してその意見を聴くことが必要であると認めるときは、当事者等、訴訟代理人又は補佐人に対し、当該書面を開示することができる。

5　裁判所は、第一項の規定により当該事項の尋問を公開しないで行うときは、公衆を退廷させる前に、その旨を理由とともに言い渡さなければならない。当該事項の尋問が終了したときは、再び公衆を入廷させなければならない。

第四三条を次のように改める。

第四三条（略）

2（略）

3　裁判所は、前項の場合において、必要があると認めるときは、当事者等にその陳述すべき事項の要領を記載した書面又はこれに記載すべき事項を記録した電磁的記録の提示をさせることができる。この場合においては、何人も、その提示された書面又は電磁的記録の開示を求めることができない。

4　裁判所は、前項後段の書面又は電磁的記録を開示してその意見を聴くことが必要であると認めるときは、当事者等、訴訟代理人又は補佐人に対し、当該書面又は当該電磁的記録を開示することができる。

5　（略）

（公布の日から起算して四年を超えない範囲内において政令で定める日から施行　令和四法四八）

（信用回復の措置）

第四四条　故意又は過失により育成者権又は専用利用権を侵害したことにより育成者権者又は専用利用権者の業務上の信用を害した者に対しては、裁判所は、育成者権者又は専用利用権者の請求により、損害の賠償に代え、又は損害の賠償とともに、育成者権者又は専用利用権者の業務上の信用を回復するのに必要な措置を命ずることができる。

第六節　品種登録の維持及び取消し

（登録料）

第四五条　育成者権者は、第十九条第二項に規定する存続期間の満了までの各年について、一件ごとに、三万円を超えない範囲内で農林水産省令で定める額の登録料を納付しなければならない。

2　前項の規定は、育成者権者が国であるときは、適用しない。

3　第一項の登録料は、育成者権が国と国以外の者との共有に係る場合であって持分の定めがあるときは、同項の規定にかかわらず、同項の農林水産省令で定める登録料の額に国以外の者の持分の割合を乗じて得た額とし、国以外の者がその額を納付しなければならない。

4　前項の規定により算定した登録料の額に十円

未満の端数があるときは、その端数は、切り捨てる。

5　第一項の規定による第一年分の登録料は、第十八条第三項の規定による公示があった日から三十日以内に納付しなければならない。

6　第一項の規定による第二年以後の各年分の登録料は、前年以前に納付しなければならない。

7　前項に規定する期間内に登録料を納付することができないときは、その期間が経過した後であっても、その期間の経過後六月以内にその登録料を追納することができる。

8　前項の規定により登録料を追納する育成者権者は、第一項の規定により納付すべき登録料のほか、その登録料と同額の割増登録料を納付しなければならない。

（利害関係人による登録料の納付）

第四六条　利害関係人は、育成者権者の意に反しても、登録料を納付することができる。

2　前項の規定により登録料を納付した利害関係人は、育成者権者が現に利益を受ける限度においてその費用の償還を請求することができる。

（登録品種の調査）

第四七条　農林水産大臣は、登録品種の特性が保持されているかどうかについて調査の必要があると認める場合は、育成者権者又は専用利用権者に対し登録品種の植物体の全部又は一部その他の資料の提出を命ずることができる。

2　農林水産大臣は、前項に規定する場合には、現地調査又は栽培試験を行うものとする。

3　第十五条第三項及び第四項並びに第十五条の二の規定は、前項の現地調査又は栽培試験について準用する。

（登録品種の名称の変更）

第四八条　農林水産大臣は、登録品種の名称が第四条第一項第二号から第四号までのいずれかに該当する場合であることが判明したときは、利害関係人の申立てにより又は職権で、育成者権者に対し、相当の期間を指定して、当該登録品種について同項各号のいずれにも該当しない名称を提出すべきことを命ずることができる。

2　農林水産大臣は、前項の規定により第四条第一項各号のいずれにも該当しない名称が提出されたときは、品種登録簿に記載して当該登録品種の名称をその提出された名称に変更しなければならない。

3　農林水産大臣は、前項の規定により登録品種の名称を変更したときは、その旨を、当該登録品種の育成者権者に通知するとともに、公示しなければならない。

（品種登録の取消し）

第四九条　農林水産大臣は、次に掲げる場合には、品種登録を取り消さなければならない。

一　その品種登録が第三条第一項、第四条第二項、第五条第三項、第九条第一項又は第十条の規定に違反してされたことが判明したとき。

二　品種登録がされた後において、登録品種が第三条第一項第二号又は第三号に掲げる要件を備えなくなったことが判明したとき。

三　品種登録がされた後において、育成者権者が第十条の規定により育成者権を享有することができない者になったとき。

四　第四十五条第五項に規定する期間内に第一年分の登録料が納付されないとき。

五　第四十五条第七項に規定する期間内に登録料及び割増登録料が納付されないとき。

六　第四十七条第一項の規定により資料の提出を命じられた者が正当な理由なく命令に従わないとき。

七　前条第一項の規定により登録品種の名称の提出を命じられた者が正当な理由なく命令に従わないとき。

2　前項第一号から第三号まで、第六号又は第七号の規定による品種登録の取消しに係る聴聞を行うに当たっては、当該品種登録に係る育成者権に係る専用利用権者その他登録した権利を有する者に対し、行政手続法（平成五年法律第八十八号）第十五条第一項の規定による通知をするとともに、聴聞を行うべき期日までに相当な期間をおいて、聴聞の期日及び場所を公示しなければならない。

3　前項の聴聞の主宰者は、同項に規定する者又は同項の品種登録に係る育成者権に係る通常利用権者が当該聴聞に関する手続に参加することを求めたときは、行政手続法第十七条第一項の規定による参加の許可をしなければならない。

4　育成者権は、第一項の規定により品種登録が取り消されたときは、消滅する。ただし、次の各号に掲げる場合は、育成者権は、当該各号に定める時に遡って消滅したものとみなす。

一　第一項第一号又は第四号に該当する場合　品種登録の時

二　第一項第三号に該当する場合　同号に該当するに至った時

三　第一項第五号に該当する場合　第四十五条第六項に規定する期間が経過した時

5　農林水産大臣は、第一項の規定による品種登録の取消しをしたときは、その旨を、当該品種登録に係る育成者権者に通知するとともに、公示しなければならない。

6　第一項第四号又は第五号の規定による品種登録の取消しについては、行政手続法第三章（第十二条及び第十四条を除く。）の規定は、適用しない。

第七節　雑則

（在外者の裁判籍）

第五〇条　日本国内に住所及び居所（法人にあっては、営業所）を有しない者の育成者権その他育成者権に関する権利については、農林水産省の所在地をもって民事訴訟法第五条第四号の財産の所在地とみなす。

（品種登録についての審査請求の特則）

第五一条　品種登録についての審査請求については、行政不服審査法（平成二十六年法律第六十八号）第十八条の規定は、適用しない。

2　品種登録についての審査請求の審理を行うに当たっては、相当な期間をおいて、その旨を、当該品種登録に係る育成者権者又は専用利用権者その他登録した権利を有する者に通知をし、かつ、公示しなければならない。

3　行政不服審査法第十一条第二項に規定する審理員は、前項の規定により通知を受けた者又は同項の品種登録に係る育成者権に係る通常利用権者が当該審査請求に参加することを求めたときは、これを許可しなければならない。

（品種登録簿への登録等）

第五二条　次に掲げる事項は、農林水産省に備える品種登録簿に登録する。

一　育成者権の設定、移転、消滅又は処分の制限

二　専用利用権の設定、保存、移転、変更、消滅又は処分の制限

三　育成者権又は専用利用権を目的とする質権の設定、移転、変更、消滅又は処分の制限

2　この法律に定めるもののほか、品種登録及び品種登録簿に関して必要な事項は、農林水産省令で定める。

（証明等の請求）

第五三条　何人も、農林水産大臣に対し、農林水産省令で定めるところにより、次に掲げる請求をすることができる。

一　品種登録出願及び登録品種に関する証明の請求

二　品種登録簿の謄本又は抄本の交付の請求

三　品種登録簿又は第五条第一項の願書若しくはこれに添付した写真その他の資料（農林水産大臣が秘密を保持する必要があると認めるものを除く。）の閲覧又は謄写の請求

2　品種登録簿又は第五条第一項の願書若しくはこれに添付した写真その他の資料（次項において「品種登録簿等」という。）については、行政機関の保有する情報の公開に関する法律（平成十一年法律第四十二号）の規定は、適用しない。

3　品種登録簿等に記録されている保有個人情報（個人情報の保護に関する法律（平成十五年法律第五十七号）第六十条第一項に規定する保有個人情報をいう。）については、同法第五章第四節の規定は、適用しない。

（手数料）

第五四条　前条第一項の規定による請求をする者

は、実費を勘案して農林水産省令で定める額の手数料を納付しなければならない。

2　前項の規定は、同項の規定により手数料を納付すべき者が国であるときは、適用しない。

（品種登録表示）

第五五条　登録品種の種苗を業として譲渡する者は、その譲渡する登録品種の種苗又はその種苗の包装に、農林水産省令で定めるところにより、その種苗が品種登録されている旨の表示を付さなければならない。

2　登録品種の種苗の譲渡のための展示又は広告を業として行う者は、農林水産省令で定めるところにより、登録品種の種苗の譲渡のための展示をする場合にはその展示をする種苗又はその種苗の包装にその種苗が品種登録されている旨の表示を付し、登録品種の種苗の譲渡のための広告をする場合にはその広告にその旨を表示しなければならない。

（虚偽表示の禁止）

第五六条　何人も、次に掲げる行為をしてはならない。

一　登録品種以外の品種の種苗又はその種苗の包装にその種苗が品種登録されている旨の表示又はこれと紛らわしい表示を付する行為

二　登録品種以外の品種の種苗であって、その種苗又はその種苗の包装にその種苗が品種登録されている旨の表示又はこれと紛らわしい表示を付したものの譲渡又は譲渡のための展示をする行為

三　登録品種以外の品種の種苗を譲渡するため、広告にその種苗が品種登録されている旨を表示し、又はこれと紛らわしい表示をする行為

（条約の効力）

第五七条　新品種の保護に関し条約に別段の定めがあるときは、その規定による。

（公示等）

第五七条の二　この法律の規定による公示は、官報に掲載してするものとする。

2　農林水産大臣は、この法律の規定による公示をしたときは、当該公示をした年月日及びその

内容をインターネットの利用その他の方法により公表するものとする。

第三章　指定種苗

（種苗業者の届出）

第五八条　種苗業者は、農林水産省令で定めるところにより、次に掲げる事項を農林水産大臣に届け出なければならない。ただし、農林水産省令で定める種苗業者については、この限りでない。

一　氏名又は名称及び住所

二　取り扱う指定種苗の種類

三　その他農林水産省令で定める事項

2　前項の事項中に変更を生じたときも、また同項と同様とする。

3　前二項の規定による届出は、新たに営業を開始した場合にあってはその開始後二週間以内に、第一項の事項中に変更を生じた場合にあってはその変更を生じた後二週間以内にこれをしなければならない。

（指定種苗についての表示）

第五九条　指定種苗は、その包装に次に掲げる事項を表示したもの又は当該事項を表示する証票を添付したものでなければ、販売してはならない。ただし、掲示その他見やすい方法をもってその指定種苗につき第一号から第四号まで及び第六号に掲げる事項を表示する場合又は種苗業者以外の者が販売する場合は、この限りでない。

一　表示をした種苗業者の氏名又は名称及び住所

二　種類及び品種（接木した苗木にあっては、穂木及び台木の種類及び品種）（品種が判明しない場合には、その旨）

三　生産地

四　種子については、採種の年月又は有効期限及び発芽率

五　数量

六　その他農林水産省令で定める事項

2　前項第三号に掲げる生産地の表示は、国内産のものにあっては当該生産地の属する都道府県名をもって、外国産のものにあっては当該生産地の属する国名をもってこれをしなければならない。

3　前二項に規定するもののほか、需要者が自然的経済的条件に適合した品種の種苗を選択するに際しその品種の栽培適地、用途その他の栽培上又は利用上の特徴を識別するための表示が必要であると認められる指定種苗については、農林水産大臣は、その識別のため表示すべき事項その他の当該表示に関し種苗業者が遵守すべき基準を定め、これを公表するものとする。

4　農林水産大臣は、前項の規定により定められた基準を遵守しない種苗業者があるときは、その者に対し、その基準を遵守すべき旨の勧告をすることができる。

（指定種苗についての命令）

第六〇条　農林水産大臣は、前条第一項及び第二項の規定に違反した種苗業者に対し、同条第一項各号に掲げる事項を表示し、若しくは当該事項の表示を変更すべき旨を命じ、又はその違反行為に係る指定種苗の販売を禁止することがで

きる。

2　農林水産大臣は、前条第四項の規定による勧告を受けた種苗業者がその勧告に従わなかったときは、当該種苗業者に対し、期限を定めて、同条第三項の基準を遵守すべきことを命ずることができる。

（指定種苗の生産等に関する基準）

第六一条　農林水産大臣は、優良な品質の指定種苗の流通を確保するため特に必要があると認められるときは、当該指定種苗の生産、調整、保管又は包装について当該指定種苗の生産を業とする者及び種苗業者が遵守すべき基準を定め、これを公表するものとする。

2　農林水産大臣は、前項の規定により定められた基準を遵守しない指定種苗の生産を業とする者又は種苗業者があるときは、これらの者に対し、その基準を遵守すべき旨の勧告をすることができる。

3　農林水産大臣は、前項の勧告に従わない指定種苗の生産を業とする者又は種苗業者があるときは、その旨を公表することができる。

（指定種苗の集取）

第六二条　農林水産大臣は、その職員に、種苗業者から検査のために必要な数量の指定種苗を集取させることができる。ただし、時価によってその対価を支払わなければならない。

2　前項の場合において種苗業者の要求があったときは、その職員は、その身分を示す証明書を提示しなければならない。

（研究機構等による指定種苗の集取）

第六三条　農林水産大臣は、必要があると認めるときは、農林水産省令で定める区分により、研究機構又は独立行政法人家畜改良センター（以下「研究機構等」という。）に、種苗業者から検査のために必要な数量の指定種苗を集取させることができる。ただし、時価によってその対価を支払わなければならない。

2　農林水産大臣は、前項の規定により研究機構等に集取を行わせる場合には、研究機構等に対し、当該集取の期日、場所その他必要な事項を示してこれを実施すべきことを指示するものとする。

3　研究機構等は、前項の指示に従って第一項の集取を行ったときは、同項の規定により得た検査の結果を農林水産大臣に報告しなければならない。

4　第一項の場合において種苗業者の要求があったときは、同項の規定により集取をする研究機構等の職員は、その身分を示す証明書を提示しなければならない。

（研究機構等に対する命令）

第六四条　農林水産大臣は、前条第一項の集取の業務の適正な実施を確保するため必要があると認めるときは、研究機構等に対し、当該業務に関し必要な命令をすることができる。

（報告の徴収等）

第六五条　農林水産大臣は、この法律の施行に必要な限度において、種苗業者に対し、その業務に関し必要な報告を命じ、又は帳簿その他の書類の提出を命ずることができる。

（都道府県が処理する事務等）

第六六条　第五十九条第四項、第六十条、第六十一条第二項及び第三項、第六十二条並びに前条に規定する農林水産大臣の権限に属する事務の一部は、政令で定めるところにより、都道府県知事が行うこととすることができる。

2　この章に規定する農林水産大臣の権限は、農林水産省令で定めるところにより、その一部を地方農政局長に委任することができる。

第四章　罰　則

（侵害の罪）

第六七条　育成者権又は専用利用権を侵害した者は、十年以下の懲役若しくは千万円以下の罰金に処し、又はこれを併科する。

第六七条を次のように改める。

第六七条　育成者権又は専用利用権を侵害した者は、十年以下の拘禁刑若しくは千万円以下の罰金に処し、又はこれを併科する。

（令和七年六月一日から施行　令和四法六八）

（詐欺の行為の罪）

第六八条　詐欺の行為により品種登録を受けた者は、三年以下の懲役又は三百万円以下の罰金に処する。

第六八条を次のように改める。

第六八条　詐欺の行為により品種登録を受けた者は、三年以下の拘禁刑又は三百万円以下の罰金に処する。

（公布の日から起算して三年を超えない範囲内において政令で定める日から施行　令和四法六八）

（虚偽表示の罪）

第六九条　第五十六条の規定に違反した者は、三年以下の懲役又は三百万円以下の罰金に処する。

第六九条を次のように改める。

第六九条　第五十六条の規定に違反した者は、三年以下の拘禁刑又は三百万円以下の罰金に処する。

（令和七年六月一日から施行　令和四法六八）

（秘密保持命令違反の罪）

第七〇条　秘密保持命令に違反した者は、五年以下の懲役若しくは五百万円以下の罰金に処し、又はこれを併科する。
2　前項の罪は、告訴がなければ公訴を提起することができない。
3　第一項の罪は、日本国外において同項の罪を犯した者にも適用する。

第七〇条第一項を次のように改める。
第七〇条　秘密保持命令に違反した者は、五年以下の拘禁刑若しくは五百万円以下の罰金に処し、又はこれを併科する。
2・3　（略）
（令和七年六月一日から施行　令和四法六八）

（虚偽の表示をした指定種苗の販売等の罪）
第七一条　次の各号のいずれかに該当する者は、五十万円以下の罰金に処する。
一　第五十九条第一項及び第二項の規定により表示すべき事項について虚偽の表示をした指定種苗を販売した者
二　第六十条第一項又は第二項の規定による処分に違反して指定種苗を販売した者

（虚偽届出等の罪）
第七二条　次の各号のいずれかに該当する者は、三十万円以下の罰金に処する。
一　第五十八条の規定による届出をせず、又は虚偽の届出をした者
二　正当な理由がないのに第六十二条第一項又は第六十三条第一項の集取を拒み、妨げ、又は忌避した者
三　第六十五条の規定による報告若しくは書類の提出をせず、又は虚偽の報告をし、若しくは虚偽の書類を提出した者

（両罰規定）
第七三条　法人の代表者又は法人若しくは人の代理人、使用人その他の従業者が、その法人又は人の業務に関して次の各号に掲げる規定の違反行為をしたときは、行為者を罰するほか、その法人に対して当該各号に定める罰金刑を、その

人に対して各本条の罰金刑を科する。

一　第六十七条又は第七十条第一項　三億円以下の罰金刑

二　第六十八条又は第六十九条　一億円以下の罰金刑

三　第七十一条又は前条第一号若しくは第三号　各本条の罰金刑

2　前項の場合において、当該行為者に対してした第七十条第二項の告訴は、その法人又は人に対しても効力を生じ、その法人又は人に対してした告訴は、当該行為者に対しても効力を生ずるものとする。

3　第一項の規定により第六十七条又は第七十条第一項の違反行為につき法人又は人に罰金刑を科する場合における時効の期間は、これらの規定の罪についての時効の期間による。

（命令違反に対する過料）

第七四条　第十五条の二第五項（第十七条の二第六項、第三十五条の三第三項及び第四十七条第三項において準用する場合を含む。）又は第六十四条の規定による命令に違反した場合には、その違反行為をした研究機構等の役員は、二十万円以下の過料に処する。

（制限表示義務等の違反に対する過料）

第七五条　次の各号のいずれかに該当する者は、十万円以下の過料に処する。

一　第二十一条の二第五項又は第六項の規定に違反した者

二　第二十二条の規定に違反した者

三　第五十五条の規定に違反した者（第一号の規定に該当する者を除く。）

特定農林水産物等の名称の保護に関する法律（平成二六年六月二五日 法律第八四号）

最終改正　平三〇法八八

目次

第一章　総則

（目的）

第一条　この法律は、世界貿易機関を設立するマラケシュ協定附属書一Ｃの知的所有権の貿易関連の側面に関する協定に基づき特定農林水産物等の名称の保護に関する制度を確立することにより、特定農林水産物等の生産業者の利益の保護を図り、もって農林水産業及びその関連産業の発展に寄与し、併せて需要者の利益を保護することを目的とする。

（定義）

第二条　この法律において「農林水産物等」とは、次に掲げる物をいう。ただし、酒税法（昭和二十八年法律第六号）第二条第一項に規定する酒類並びに医薬品、医療機器等の品質、有効性及び安全性の確保等に関する法律（昭和三十五年法律第百四十五号）第二条第一項に規定する医薬品、同条第二項に規定する医薬部外品、同条第三項に規定する化粧品及び同条第九項に規定する再生医療等製品に該当するものを除く。

一　農林水産物（食用に供されるものに限る。）

二　飲食料品（前号に掲げるものを除く。）

三　農林水産物（第一号に掲げるものを除く。）であって、政令で定めるもの

四　農林水産物を原料又は材料として製造し、又は加工したもの（第二号に掲げるものを除く。）であって、政令で定めるもの

2　この法律において「特定農林水産物等」とは、次の各号のいずれにも該当する農林水産物等をいう。

一　特定の場所、地域又は国を生産地とするものであること。

二　品質、社会的評価その他の確立した特性（以下単に「特性」という。）が前号の生産地に主として帰せられるものであること。

3　この法律において「地理的表示」とは、特定農林水産物等の名称（当該名称により前項各号に掲げる事項を特定することができるものに限る。）の表示をいう。

4　この法律において「生産」とは、農林水産物等が出荷されるまでに行われる一連の行為のうち、農林水産物等に特性を付与し、又は農林水産物等の特性を保持するために行われる行為をいい、「生産地」とは、生産が行われる場所、地域又は国をいい、「生産業者」とは、生産を業として行う者をいう。

5　この法律において「生産者団体」とは、生産業者を直接又は間接の構成員（以下単に「構成員」という。）とする団体（法人でない団体にあっては代表者又は管理人の定めのあるものに限り、法令又は定款その他の基本約款において、正当な理由がないのに、構成員たる資格を有する者の加入を拒み、又はその加入につき現在の構成員が加入の際に付されたよりも困難な条件を付してはならない旨の定めのあるものに限る。）であって、農林水産省令で定めるものをいう。

6　この法律において「生産行程管理業務」とは、生産者団体が行う次に掲げる業務をいう。

一　農林水産物等について第七条第一項第二号から第八号までに掲げる事項を定めた明細書（以下単に「明細書」という。）の作成又は変更を行うこと。

二　明細書を作成した農林水産物等について当該生産者団体の構成員たる生産業者が行うその生産が当該明細書に適合して行われるようにするため必要な指導、検査その他の業務を行うこと。

三　前二号に掲げる業務に附帯する業務を行うこと。

第二章　特定農林水産物等の名称の保護

（地理的表示）

第三条　第六条の登録（次項（第二号を除く。）及び次条第一項において単に「登録」という。）に係る特定農林水産物等を譲渡し、引き渡し、譲渡若しくは引渡しのために展示し、輸出し、又は輸入する者は、当該特定農林水産物等又はその包装若しくは容器若しくは広告、価格表若しくは取引書類（電磁的方法（電子的方法、磁気的方法その他の人の知覚によって認識することができない方法をいう。）により提供されるこれらを内容とする情報を含む。）（以下「包装等」という。）に地理的表示を使用することができる。

2　前項の規定による場合を除き、何人も、登録に係る特定農林水産物等が属する区分（確立された農林水産物等に関する国際分類その他の事情を勘案して農林水産大臣が定める農林水産物等の区分をいう。以下同じ。）に属する農林水産物等若しくはこれを主な原料若しくは材料として製造され、若しくは加工された農林水産物等又はこれらの包装等に当該特定農林水産物等に係る地理的表示又はこれに類似する表示若しくはこれと誤認させるおそれのある表示（以下この項及び第五条第一号において「類似等表示」という。）を使用してはならない。ただし、次に掲げる場合には、この限りでない。

一　登録に係る特定農林水産物等を主な原料若しくは材料として製造され、若しくは加工された農林水産物等又はその包装等に当該特定農林水産物等に係る地理的表示又は類似等表示を使用する場合

二　第六条の登録の日（当該登録に係る第七条第一項第三号に掲げる事項について第十六条第一項の変更の登録があった場合にあっては、当該変更の登録の日。次号及び第四号において同じ。）前の商標登録出願（不正の利益を得る目的、他人に損害を加える目的その他の不正の目的をもって当該出願に係る商標の使用（商標法（昭和三十四年法律第百二十七号）第二条第三項に規定する使用をいう。以下この号及び次号において同じ。）をする目的で行われたものを除く。）に係る登録商標（同法第二条第五項に規定する登録商標をいう。以下同じ。）に係る商標権者その他同法の規定により当該登録商標の使用をする権利を有する者が、その商標登録に係る指定商品又は指定役務（同法第六条第一項の規定により指定した商品又は役務をいう。）について当該登録商標の使用をする場合

三　登録の日前から商標法その他の法律の規定により商標の使用をする権利を有している者が、当該権利に係る商品又は役務について当該権利に係る商標の使用をする場合（前号に掲げる場合を除く。）

四　登録の日前から不正の利益を得る目的、他人に損害を加える目的その他の不正の目的でなく登録に係る特定農林水産物等が属する区分に属する農林水産物等若しくはその包装等

に当該特定農林水産物等に係る地理的表示と同一の名称の表示若しくは類似等表示を使用していた者及びその業務を承継した者が継続して、又はこれらの者から直接若しくは間接に当該農林水産物等（これらの表示が付されたもの又はその包装、容器若しくは送り状にこれらの表示が付されたものに限る。）を譲り受け、若しくはその引渡しを受けた者が、当該農林水産物等又はその包装等にこれらの表示を使用する場合（当該特定農林水産物等の登録の日から起算して七年を経過する日以後は、当該農林水産物等の生産地の全部が当該特定農林水産物等の生産地内にある場合であって、当該農林水産物等に当該特定農林水産物等との混同を防ぐのに適当な表示がなされているときに限る。）

五　前各号に掲げるもののほか、農林水産省令で定める場合

（登録標章）

第四条　登録に係る特定農林水産物等又はその包装等に地理的表示を使用する者は、当該特定農林水産物等又はその包装等に登録標章（地理的表示が登録に係る特定農林水産物等の名称の表示である旨の標章であって、農林水産省令で定めるものをいう。次項及び次条第二号において同じ。）を使用することができる。

2　前項の規定による場合を除き、何人も、農林水産物等又はその包装等に登録標章又はこれに類似する標章を使用してはならない。

（措置命令）

第五条　農林水産大臣は、次の各号に掲げる規定に違反した者に対し、当該各号に定める措置その他の必要な措置をとるべきことを命ずることができる。

一　第三条第二項　地理的表示又は類似等表示の除去又は抹消

二　前条第二項　登録標章又はこれに類似する標章の除去又は抹消

第三章　登　録

（特定農林水産物等の登録）

第六条　生産行程管理業務を行う生産者団体は、明細書を作成した農林水産物等が特定農林水産物等であるときは、当該農林水産物等について農林水産大臣の登録を受けることができる。

（登録の申請）

第七条　前条の登録（第十五条、第十六条、第十六条の二第一項ただし書、第十七条第二項及び第三項並びに第二十二条第一項第一号ニを除き、以下単に「登録」という。）を受けようとする生産者団体は、農林水産省令で定めるところにより、次に掲げる事項を記載した申請書を農林水産大臣に提出しなければならない。

一　生産者団体の名称及び住所並びに代表者（法人でない生産者団体にあっては、その代表者又は管理人）の氏名

二　当該農林水産物等の区分

三　当該農林水産物等の名称

四　当該農林水産物等の生産地

五　当該農林水産物等の特性

六　当該農林水産物等の生産の方法

七　第二号から前号までに掲げるもののほか、当該農林水産物等を特定するために必要な事項

八　第二号から前号までに掲げるもののほか、当該農林水産物等について農林水産省令で定める事項

九　前各号に掲げるもののほか、農林水産省令で定める事項

2　前項の申請書には、次に掲げる書類を添付しなければならない。

一　明細書

二　生産行程管理業務の方法に関する規程（以下「生産行程管理業務規程」という。）

三　前二号に掲げるもののほか、農林水産省令で定める書類

3　生産行程管理業務を行う生産者団体は、共同

して登録の申請をすることができる。

4　農林水産大臣は、登録の申請があったときは、遅滞なく、第一項第一号から第三号までに掲げる事項その他農林水産省令で定める事項を公示しなければならない。

（登録の申請の補正）

第七条の二　農林水産大臣は、前条第一項の申請書若しくは同条第二項各号に掲げる書類に形式上の不備があり、又は当該申請書若しくは書類に記載すべき事項のうち重要なものの記載が不十分であると認めるときは、相当の期間を指定して、登録の申請の補正をすべきことを命ずることができる。

2　農林水産大臣は、前項の規定により登録の申請の補正をすべきことを命じられた者が同項の規定により指定した期間内にその補正をしないときは、その登録の申請を却下することができる。

（登録の申請の公示等）

第八条　農林水産大臣は、登録の申請を受理したとき（前条第一項の規定により申請の補正をすべきことを命じた場合にあっては、その補正が行われたとき）は、遅滞なく、第七条第一項第一号から第八号までに掲げる事項その他必要な事項を公示しなければならない。

2　農林水産大臣は、前項の規定による公示の日から三月間、第七条第一項の申請書並びに同条第二項第一号及び第二号に掲げる書類を公衆の縦覧に供するとともに、農林水産省令で定めるところにより、インターネットの利用その他の方法により公表しなければならない。

（意見書の提出等）

第九条　前条第一項の規定による公示があったときは、何人も、当該公示の日から三月以内に、当該公示に係る登録の申請について、農林水産大臣に意見書を提出することができる。

2　農林水産大臣は、前項の規定による意見書の提出があったときは、当該意見書の写しを登録の申請をした生産者団体に送付しなければならない。

（登録の申請の制限）

第一〇条　次の各号のいずれにも該当する登録の申請は、前条第二項並びに次条第二項及び第三項の規定の適用については、第八条第一項の規定による公示に係る登録の申請について前条第一項の規定によりされた意見書の提出とみなす。この場合においては、農林水産大臣は、当該各号のいずれにも該当する登録の申請をした生産者団体に対し、その旨を通知しなければならない。

一　第八条第一項の規定により登録の申請が受理された後（第七条の二第一項の規定により申請の補正をすべきことを命じた場合にあっては、その補正が行われた後）前条第一項に規定する期間が満了するまでの間にされた登録の申請であること。

二　当該登録の申請に係る農林水産物等の全部又は一部が第八条第一項の規定による公示に係る特定農林水産物等の全部又は一部に該当すること。

2　前項第二号に該当する登録の申請は、前条第一項に規定する期間の経過後は、することができない。ただし、第八条第一項の規定による公示に係る登録の申請について、取下げ、第十三条第一項の規定により登録を拒否する処分又は登録があった後は、この限りでない。

（学識経験者の意見の聴取）

第一一条　農林水産大臣は、第九条第一項に規定する期間が満了したときは、農林水産省令で定めるところにより、登録の申請が第十三条第一項第二号から第四号までに掲げる場合に該当するかどうかについて、学識経験を有する者（以下「学識経験者」という。）の意見を聴かなければならない。

2　前項の場合において、農林水産大臣は、第九条第一項の規定により提出された意見書の内容を学識経験者に示さなければならない。

3　第一項の規定により意見を求められた学識経験者は、必要があると認めるときは、登録の申請をした生産者団体又は第九条第一項の規定により意見書を提出した者その他の関係者から意見を聴くことができる。

4　第一項の規定により意見を求められた学識経験者は、その意見を求められた事案に関して知り得た秘密を漏らし、又は盗用してはならない。

（登録の実施）

第一二条　農林水産大臣は、登録の申請を受理した場合において第七条の二から前条までの規定による手続を終えたときは、次条第一項の規定により登録を拒否する場合を除き、登録をしなければならない。

2　登録は、次に掲げる事項を特定農林水産物等登録簿に記載してするものとする。

一　登録番号及び登録の年月日

二　第七条第一項第二号から第八号までに掲げる事項

三　第七条第一項第一号に掲げる事項

3　農林水産大臣は、登録をしたときは、登録の申請をした生産者団体に対しその旨を通知するとともに、農林水産省令で定める事項を公示しなければならない。

（登録の拒否）

第一三条　農林水産大臣は、次に掲げる場合には、登録を拒否しなければならない。

一　生産者団体について次のいずれかに該当するとき。

イ　第二十二条第一項の規定により登録を取り消され、その取消しの日から二年を経過しないとき。

ロ　その役員（法人でない生産者団体の代表者又は管理人を含む。(2)において同じ。）のうちに、次のいずれかに該当する者があるとき。

(1)　この法律の規定により刑に処せられ、その執行を終わり、又は執行を受けることがなくなった日から二年を経過しない者

(2)　第二十二条第一項の規定により登録を取り消された生産者団体において、その取消しの日前三十日以内にその役員で

あった者であって、その取消しの日から二年を経過しない者

二　生産行程管理業務について次のいずれかに該当するとき。

イ　第七条第二項の規定により同条第一項の申請書に添付された明細書に定められた同項第二号から第八号までに掲げる事項が、当該申請書に記載されたこれらの事項に適合していないとき。

ロ　生産行程管理業務規程で定める生産行程管理業務の方法が、当該生産者団体の構成員たる生産業者が行うその生産が明細書に適合して行われるようにすることを確保するために必要なものとして農林水産省令で定める基準に適合していないとき。

ハ　生産者団体が生産行程管理業務を適確かつ円滑に実施するに足りる経理的基礎を有しないとき。

ニ　生産行程管理業務の公正な実施を確保するため必要な体制が整備されていると認められないとき。

三　登録の申請に係る農林水産物等（次号において「申請農林水産物等」という。）について次のいずれかに該当するとき。

イ　特定農林水産物等でないとき。

ロ　その全部又は一部が登録に係る特定農林水産物等のいずれかに該当するとき。

四　申請農林水産物等の名称について次のいずれかに該当するとき。

イ　普通名称であるとき、その他当該申請農林水産物等について第二条第二項各号に掲げる事項を特定することができない名称であるとき。

ロ　次に掲げる登録商標と同一又は類似の名称であるとき。

(1)　申請農林水産物等又はこれに類似する商品に係る登録商標

(2)　申請農林水産物等又はこれに類似する商品に関する役務に係る登録商標

2　前項（第四号ロに係る部分に限る。）の規定は、

次の各号のいずれかに該当する生産者団体が同項第四号ロに規定する名称の農林水産物等について登録の申請をする場合には、適用しない。

一　前項第四号ロに規定する登録商標に係る商標権者たる生産者団体（当該登録商標に係る商標権について専用使用権が設定されているときは、同号ロに規定する名称の農林水産物等についての登録をすることについて当該専用使用権の専用使用権者の承諾を得ている場合に限る。）

二　前項第四号ロに規定する登録商標に係る商標権について専用使用権が設定されている場合における当該専用使用権の専用使用権者たる生産者団体（同号ロに規定する名称の農林水産物等についての登録をすることについて次に掲げる者の承諾を得ている場合に限る。）

イ　当該登録商標に係る商標権者

ロ　当該生産者団体以外の当該専用使用権の専用使用権者

三　前項第四号ロに規定する名称の農林水産物等についての登録をすることについて同号ロに規定する登録商標に係る商標権者の承諾を得ている生産者団体（当該登録商標に係る商標権について専用使用権が設定されているときは、当該農林水産物等についての登録をすることについて当該専用使用権の専用使用権者の承諾を得ている場合に限る。）

3　農林水産大臣は、第一項の規定により登録を拒否したときは、登録の申請をした生産者団体に対し、その旨及びその理由を書面により通知しなければならない。

（特定農林水産物等登録簿の縦覧）

第一四条　農林水産大臣は、特定農林水産物等登録簿を公衆の縦覧に供しなければならない。

（生産者団体を追加する変更の登録）

第一五条　第六条の登録に係る特定農林水産物等について生産行程管理業務を行おうとする生産者団体（当該登録を受けた生産者団体を除く。）は、第十二条第二項第三号に掲げる事項に当該生産者団体に係る第七条第一項第一号に掲げる事項を追加する変更の登録を受けることができる。

2　第七条第一項から第三項まで、第七条の二から第九条まで及び第十一条から第十三条までの規定は、前項の変更の登録について準用する。この場合において、第七条第一項中「次に掲げる事項」とあるのは「第一号に掲げる事項、登録番号及び第九号に掲げる事項」と、第八条第一項中「第七条第一項第一号から第八号までに掲げる事項」とあるのは「第七条第一項第一号に掲げる事項、登録番号」と、第十一条第一項中「第十三条第一項第二号から第四号まで」とあるのは「第十三条第一項第二号及び第四号（イを除く。）」と、第十二条第一項中「前条まで」とあるのは「第九条まで及び前条」と、同条第二項中「次に」とあるのは「変更の年月日及び第三号に」と、第十三条第一項中「次に掲げる場合」とあるのは「第一号、第二号及び第四号（イを除く。）に掲げる場合」と、同項第二号イ中「これらの」とあるのは「登録番号に係る前条第二項第二号に掲げる」と読み替えるものとする。

（特定農林水産物等についての登録事項の変更の登録）

第一六条　第六条の登録を受けた生産者団体（前条第一項の変更の登録を受けた生産者団体を含む。以下「登録生産者団体」という。）は、第十二条第二項第二号に掲げる事項の変更をしようとするときは、変更の登録を受けなければならない。

2　前項の場合において、第六条の登録に係る登録生産者団体が二以上あるときは、当該登録に係る全ての登録生産者団体は、共同して同項の変更の登録の申請をしなければならない。

3　第七条第一項、第二項及び第四項、第七条の二から第九条まで並びに第十一条から第十三条までの規定（第一項の変更の登録に係る事項が農林水産省令で定める軽微なものである場合にあっては、第七条第四項、第八条、第九条及び第十一条の規定を除く。）は、第一項の変更の登録について準用する。この場合において、第七条第一項中「次に掲げる事項」とあるのは「第十二条第二項第一号及び第三号に掲げる事項並びに同項第二号に掲げる事項のうち変更に係るもの」と、同条第四項中「とき」とあるのは「場合であって、第十二条第二項第二号（第七条第一項第三号に係る部分に限る。）に掲げる事項に変更があるとき」と、「第一項第一号から第三号までに掲げる」とあるのは「第十二条第二項第一号及び第三号に掲げる事項、当該変更に係る」と、第八条第一項中「第七条第一項第一号から第八号までに掲げる事項」とあるのは「第十二条第二項第一号及び第三号に掲げる事項、同項第二号に掲げる事項のうち変更に係るもの」と、第十二条第一項中「第七条の二から前条まで」とあるのは第一項の変更の登録に係る事項が当該農林水産省令で定める軽微なものである場合以外の場合にあっては「第七条の二から第九条まで及び前条」と、同項の変更の登録に係る事項が当該農林水産省令で定める軽微なものである場合にあっては「第七条の二」と、同条第二項中「次に掲げる」とあるのは「変更の年月日及び変更に係る」と、第十三条第一項第二号イ中「事項」とあるのは「事項のうち変更に係るもの」と読み替えるものとする。

（明細書の変更の承認）

第一六条の二　登録生産者団体は、明細書の変更をしようとするときは、農林水産大臣の承認を受けなければならない。ただし、前条第一項の変更の登録と併せて明細書の変更を行う場合には、この限りでない。

2　前項の承認を受けようとする登録生産者団体（次項及び第四項において「申請登録生産者団体」という。）は、農林水産省令で定めるところにより、明細書の変更に係る事項を記載した申請書に、生産行程管理業務規程を添付して、農林水産大臣に提出しなければならない。

3　農林水産大臣は、次の各号のいずれにも該当する場合には、明細書の変更を承認しなければならない。

一　前項の申請書に記載された事項が、申請登録生産者団体に係る第十二条第二項第二号に掲げる事項に適合しているとき。

二　生産行程管理業務規程で定める生産行程管理業務の方法が、申請登録生産者団体の構成員たる生産業者が行うその生産が前項の申請書に記載された事項に適合して行われるようにすることを確保するために必要なものとして農林水産省令で定める基準に適合しているとき。

4　農林水産大臣は、前項の規定による承認をしたときは、申請登録生産者団体に対し、その旨を通知するとともに、農林水産省令で定める事項を公示しなければならない。

（登録生産者団体の変更の届出等）

第一七条　登録生産者団体は、当該登録生産者団体に係る第十二条第二項第三号に掲げる事項に変更があったときは、遅滞なく、その旨及びその年月日を農林水産大臣に届け出なければならない。

2　農林水産大臣は、前項の規定による届出があったときは、当該届出に係る事項を特定農林水産物等登録簿に記載して、変更の登録をしなければならない。

3　農林水産大臣は、前項の変更の登録をしたときは、その旨を公示しなければならない。

（生産行程管理業務規程の変更の届出）

第一八条　登録生産者団体は、生産行程管理業務規程の変更をしようとするときは、あらかじめ、農林水産大臣に届け出なければならない。

（生産行程管理業務の休止の届出）

第一九条　登録生産者団体は、生産行程管理業務を休止しようとするときは、あらかじめ、農林水産大臣に届け出なければならない。

（登録の失効）

第二〇条　次の各号のいずれかに該当する場合には、登録（当該登録に係る登録生産者団体が二以上ある場合にあっては、第十二条第二項第三号に掲げる事項のうち当該各号のいずれかに該当する登録生産者団体に係る部分に限る。以下この条において同じ。）は、その効力を失う。

一　登録生産者団体が解散した場合においてその清算が結了したとき。

二　登録生産者団体が生産行程管理業務を廃止したとき。

2　前項の規定により登録がその効力を失ったときは、当該登録に係る登録生産者団体（同項第一号に掲げる場合にあっては、清算人）は、遅滞なく、効力を失った事由及びその年月日を農林水産大臣に届け出なければならない。

3　農林水産大臣は、第一項の規定により登録がその効力を失ったときは、特定農林水産物等登録簿につき、その登録を消除しなければならない。

4　農林水産大臣は、前項の規定により登録を消除したときは、その旨を公示しなければならない。

（措置命令）

第二一条　農林水産大臣は、次に掲げる場合には、登録生産者団体に対し、明細書又は生産行程管理業務規程の変更その他の必要な措置をとるべきことを命ずることができる。

一　その構成員たる生産業者が、第三条第二項若しくは第四条第二項の規定に違反し、又は第五条の規定による命令に違反したとき。

二　その明細書が第十二条第二項第二号に掲げる事項に適合していないとき。

三　第十三条第一項第二号（イを除く。）に該当するに至ったとき。

（登録の取消し）

第二二条　農林水産大臣は、次に掲げる場合には、登録の全部又は一部を取り消すことができる。

一　登録生産者団体が次のいずれかに該当するとき。

イ　生産者団体に該当しなくなったとき。

ロ　第十三条第一項第一号ロ（(1)に係る部分に限る。）に該当するに至ったとき。

ハ　前条の規定による命令に違反したとき。

ニ　不正の手段により第六条の登録若しくは第十五条第一項若しくは第十六条第一項の

変更の登録を受けたとき又は第十六条の二第一項の承認。

二　登録に係る特定農林水産物等が第十三条第一項第三号イに該当するに至ったとき。

三　登録に係る特定農林水産物等の名称が第十三条第一項第四号イに該当するに至ったとき。

四　第十三条第二項各号に規定する商標権者又は専用使用権者が同項各号に規定する承諾を撤回したとき。

2　第八条、第九条及び第十一条の規定は、前項（第二号及び第三号に係る部分に限る。）の規定による登録の取消しについて準用する。この場合において、第八条第一項中「遅退なく、第七条第一項第一号から第八号までに掲げる事項」とあるのは「あらかじめ、登録番号、取消しをしようとする理由」と、同条第二項中「第七条第一項の申請書並びに同条第二項第一号」とあるのは「第七条第二項第一号」と、第十一条第一項中「第十三条第一項第二号から第四号まで」とあるのは「第二十二条第一項第二号及び第三号」と読み替えるものとする。

3　農林水産大臣は、第一項の規定による登録の全部又は一部の取消しをしたときは、特定農林水産物等登録簿につき、その登録の全部又は一部を消除しなければならない。

4　農林水産大臣は、前項の規定により登録の全部又は一部を消除したときは、その旨を、当該登録の取消しに係る登録生産者団体に通知するとともに、公示しなければならない。

第四章　外国の特定農林水産物等に関する特例

（外国の特定農林水産物等の指定）

第二三条　農林水産大臣は、我が国がこの法律に基づく特定農林水産物等の名称の保護に関する制度と同等の水準にあると認められる特定農林水産物等の名称の保護に関する制度（以下「同等制度」という。）を有する外国（本邦の域外にある国又は地域をいう。以下この項において同じ。）であって、次の各号のいずれにも該当するもの（以下「締約国」という。）と相互に特定農林水産物等の名称の保護を図るため、当該締約国の同等制度によりその名称が保護されている当該締約国の特定農林水産物等について指定をすることができる。

一　次に掲げる事項をその内容に含む条約その他の国際約束を我が国と締結していること。

イ　当該外国が同等制度により我が国の特定農林水産物等の名称を保護すべきものとされていること。

ロ　我が国がこの法律により当該外国の特定農林水産物等の名称を保護すべきものとされていること。

二　前号の国際約束において保護すべきものとされている我が国の特定農林水産物等の名称について、その適切な保護を我が国又は当該特定農林水産物等に係る登録生産者団体が当該外国の権限のある機関に要請した場合には、必要な措置を講ずると認められること。

2　前項の指定（以下単に「指定」という。）は、次に掲げる事項を定めてするものとする。

一　当該特定農林水産物等の区分

二　当該特定農林水産物等の名称

三　当該特定農林水産物等の生産地

四　当該特定農林水産物等の特性

五　前各号に掲げるもののほか、当該特定農林水産物等の生産の方法その他の当該特定農林水産物等を特定するために必要な事項

六　前各号に掲げるもののほか、当該特定農林

水産物等について農林水産省令で定める事項

（指定前の公示）

第二四条　農林水産大臣は、指定をしようとするときは、あらかじめ、前条第二項各号に掲げる事項その他必要な事項を公示しなければならない。

（意見書の提出）

第二五条　前条の規定による公示があったときは、何人も、当該公示の日から三月以内に、当該公示に係る特定農林水産物等についての指定をすることについて、農林水産大臣に意見書を提出することができる。

（指定前の公示があった場合の登録の申請の制限）

第二六条　次の各号のいずれにも該当する登録の申請は、次条第三項及び第四項の規定の適用については、第二十四条の規定による公示に係る特定農林水産物等（以下「指定対象特定農林水産物等」という。）についての指定をすることについて前条の規定によりされた意見書の提出とみなす。この場合においては、農林水産大臣は、当該各号のいずれにも該当する登録の申請をした生産者団体に対し、その旨を通知しなければならない。

一　第二十四条の規定による公示がされた後前条に規定する期間が満了するまでの間にされた登録の申請であること。

二　当該登録の申請に係る農林水産物等の全部又は一部が指定対象特定農林水産物等の全部又は一部に該当すること。

2　前項第二号に該当する登録の申請は、前条に規定する期間の経過後は、することができない。ただし、指定対象特定農林水産物等について、第二十九条第一項の規定により指定をしないこととされた後又は指定があった後は、この限りでない。

（学識経験者の意見の聴取）

第二七条　農林水産大臣は、第二十五条に規定する期間が満了したときは、農林水産省令で定めるところにより、指定対象特定農林水産物等について第二十九条第一項第一号に掲げる場合に該当するかどうか並びに当該指定対象特定農林水産物等の名称について同項第二号イ及びロに掲げる場合に該当するかどうかについて、学識経験者の意見を聴かなければならない。

2　農林水産大臣は、第二十五条に規定する期間が満了したときは、農林水産省令で定めるところにより、指定対象特定農林水産物等の名称について第二十九条第一項第二号ハに掲げる場合に該当するかどうかについて、学識経験者の意見を聴くことができる。

3　前二項の場合において、農林水産大臣は、第二十五条の規定により提出された意見書の内容を学識経験者に示さなければならない。

4　第一項又は第二項の規定により意見を求められた学識経験者は、必要があると認めるときは、第二十五条の規定により意見書を提出した者その他の関係者から意見を聴くことができる。

5　第一項又は第二項の規定により意見を求められた学識経験者は、その意見を求められた事案に関して知り得た秘密を漏らし、又は盗用してはならない。

（指定の実施）

第二八条　農林水産大臣は、第二十四条から前条までの規定による手続を終えたときは、次条第一項の規定により指定をしないこととする場合を除き、指定をしなければならない。

2　農林水産大臣は、指定をしたときは、直ちに次に掲げる事項を公示しなければならない。

一　指定番号及び指定の年月日

二　当該指定に係る締約国の名称

三　第二十三条第二項各号に掲げる事項

（指定の基準）

第二九条　農林水産大臣は、次に掲げる場合には、指定をしてはならない。

一　指定対象特定農林水産物等の全部又は一部が登録又は指定に係る特定農林水産物等のいずれかに該当するとき。

二　指定対象特定農林水産物等の名称について次のいずれかに該当するとき。

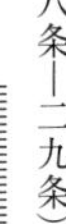

イ　普通名称であるとき。
ロ　次に掲げる登録商標と同一又は類似の名称であるとき。
(1)　指定対象特定農林水産物等又はこれに類似する商品に係る登録商標
(2)　指定対象特定農林水産物等又はこれに類似する商品に関する役務に係る登録商標
ハ　締約国の同等制度により保護される名称でなくなったとき、その他その名称を保護すべきでない場合として農林水産省令で定める場合

2　前項（第二号ロに係る部分に限る。）の規定は、同号ロに規定する名称の特定農林水産物等についての指定をすることについて、農林水産大臣が同号ロに規定する登録商標に係る商標権者の承諾を得ている場合（当該登録商標に係る商標権について専用使用権が設定されているときは、当該特定農林水産物等についての指定をすることについて当該専用使用権の専用使用権者の承諾を得ている場合に限る。）には、適用しない。

（指定に係る特定農林水産物等の地理的表示）

第三〇条　指定に係る特定農林水産物等は、第三条及び第十三条第一項第三号ロの規定の適用については、登録に係る特定農林水産物等とみなす。この場合において、第三条第一項中「第六条の登録（次項（第二号を除く。）及び次条第一項において単に「登録」という。）」とあるのは「第二十三条第一項の指定（次項において単に「指定」という。）」と、同条第二項第二号中「第六条の登録の日（当該登録に係る第七条第一項第三号」とあるのは「指定の日（指定に係る第二十三条第二項第二号」と、「第十六条第一項の」とあるのは「第三十一条第一項の規定による」と、「変更の登録」とあるのは「指定の変更」と、同項第三号中「登録の日」とあるのは「指定の日」と、同項第四号中「登録の日」とあるのは「指定の日」と、「経過する日以後は、当該農林水産物等の生産地の全部が当該特定農林水産物等の生産地内にある場合であって、当該農林水

産物等に当該特定農林水産物等との混同を防ぐのに適当な表示がなされている」とあるのは「経過しない場合であって、当該農林水産物等の生産が締約国（第二十三条第一項に規定する締約国をいう。）外で行われた」とする。

（指定の変更）

第三一条　農林水産大臣は、指定に係る特定農林水産物等について、締約国の同等制度において第二十三条第二項各号に掲げる事項のいずれかが変更された場合には、当該指定を変更しなければならない。

2　第二十四条、第二十五条及び第二十七条から第二十九条までの規定（前項の規定による指定の変更に係る事項が農林水産省令で定める軽微なものである場合（以下この項において「軽微な場合」という。）にあっては、第二十四条、第二十五条及び第二十七条の規定を除く。）は、前項の規定による指定の変更について準用する。この場合において、第二十四条中「前条第二項各号に掲げる事項」とあるのは「指定番号、前条第二項各号に掲げる事項のうち変更に係るもの」と、第二十七条第一項中「指定対象特定農林水産物等に」とあるのは「第二十四条の規定による公示に係る特定農林水産物等に」と、「指定対象特定農林水産物等の」とあるのは「特定農林水産物等の」と、同条第二項中「指定対象特定農林水産物等」とあるのは「第二十四条の規定による公示に係る特定農林水産物等」と、第二十八条第一項中「農林水産大臣は、第二十四条から前条までの規定による手続を終えたとき」とあるのは軽微な場合以外の場合にあっては「農林水産大臣は、第二十四条、第二十五条及び前条の規定による手続を終えたとき」と、軽微な場合にあっては「農林水産大臣」と、同条第二項中「次に掲げる」とあるのは「指定番号、変更の年月日、変更に係る事項その他農林水産省令で定める」と、第二十九条第一項第一号中「指定対象特定農林水産物等」とあるのは軽微な場合以外の場合にあっては「第二十四条の規定による公示に係る特定農林水産物等」と、軽微な場合にあっては「第三十一条第一項の規定により指定の変更をしようとする特定農林水産物等（以下この項において「指定変更対象特定農林水産物等」という。）」と、同項第二号中「指定対象特定農林水産物等」とあるのは軽微な場合以外の場合にあっては「第二十四条の規定による公示に係る特定農林水産物等」と、軽微な場合にあっては「指定変更対象特定農林水産物等」と読み替えるものとする。

（指定の取消し）

第三二条　農林水産大臣は、次に掲げる場合には、指定の全部又は一部を取り消すことができる。

一　指定に係る特定農林水産物等の名称が第二十九条第一項第二号イ又はハのいずれかに該当するに至ったとき。

二　第二十九条第二項に規定する商標権者又は専用使用権者が同項に規定する承諾を撤回したとき。

2　第二十四条、第二十五条及び第二十七条の規定は、前項（第一号に係る部分に限る。）の規定による指定の取消しについて準用する。この場合において、第二十四条中「前条第二項各号に掲げる事項」とあるのは「指定番号、取消しをしようとする理由」と、第二十七条第一項中「指定対象特定農林水産物等について第二十九条第一項第一号に掲げる場合に該当するかどうか並びに当該指定対象特定農林水産物等」とあるのは「第二十四条の規定による公示に係る特定農林水産物等」と、「同項第二号イ及びロ」とあるのは「第三十二条第一項第一号（第二十九条第一項第二号イに係る部分に限る。）」と、同条第二項中「指定対象特定農林水産物等」とあるのは「第二十四条の規定による公示に係る特定農林水産物等」と、「第二十九条第一項第二号ハ」とあるのは「第三十二条第一項第一号（第二十九条第一項第二号ハに係る部分に限る。）」と読み替えるものとする。

3　農林水産大臣は、第一項の規定による指定の全部又は一部の取消しをしたときは、直ちにその旨を公示しなければならない。

第五章　雑　則

（公示の方法）

第三三条　この法律の規定による公示は、インターネットの利用その他の適切な方法により行うものとする。

2　前項の公示に関し必要な事項は、農林水産省令で定める。

（報告及び立入検査）

第三四条　農林水産大臣は、この法律の施行に必要な限度において、登録生産者団体、生産業者その他の関係者に対し、その業務に関し必要な報告を求め、又はその職員に、これらの者の事務所、事業所、倉庫、ほ場、工場その他の場所に立ち入り、業務の状況若しくは農林水産物等、その原料、帳簿、書類その他の物件を検査させることができる。

2　前項の規定により立入検査をする職員は、その身分を示す証明書を携帯し、関係人にこれを提示しなければならない。

3　第一項の規定による立入検査の権限は、犯罪捜査のために認められたものと解してはならない。

（農林水産大臣に対する申出）

第三五条　何人も、第三条第二項又は第四条第二項の規定に違反する事実があると思料する場合には、農林水産省令で定める手続に従い、その旨を農林水産大臣に申し出て適切な措置をとるべきことを求めることができる。

2　農林水産大臣は、前項の規定による申出があったときは、必要な調査を行い、その申出の内容が事実であると認めるときは、第五条又は第二十一条に規定する措置その他の適切な措置をとらなければならない。

（関係行政機関の協力）

第三六条　農林水産大臣は、この法律の目的を達成するため必要があると認めるときは、関係行政機関の長に対し、資料又は情報の提供、意見の開陳その他の必要な協力を求めることができる。

（権限の委任）

第三七条　この法律に規定する農林水産大臣の権限は、農林水産省令で定めるところにより、その一部を地方支分部局の長に委任することができる。

（農林水産省令への委任）

第三八条　この法律に定めるもののほか、この法律の実施のための手続その他この法律の施行に関し必要な事項は、農林水産省令で定める。

第六章　罰　則

第三九条　第五条（第一号に係る部分に限る。）の規定による命令に違反した者は、五年以下の懲役若しくは五百万円以下の罰金に処し、又はこれを併科する。

第三九条を次のように改める。

第三九条　第五条（第一号に係る部分に限る。）の規定による命令に違反した者は、五年以下の拘禁刑若しくは五百万円以下の罰金に処し、又はこれを併科する。

（令和七年六月一日から施行　令和四法六八）

第四〇条　第五条（第二号に係る部分に限る。）の規定による命令に違反した者は、三年以下の懲役又は三百万円以下の罰金に処する。

第四〇条を次のように改める。

第四〇条　第五条（第二号に係る部分に限る。）の規定による命令に違反した者は、三年以下の拘禁刑又は三百万円以下の罰金に処する。
（令和七年六月一日から施行　令和四法六八）

第四一条　第十一条第四項（第十五条第二項、第十六条第三項及び第二十二条第二項において準用する場合を含む。）及び第二十七条第五項（第三十一条第二項及び第三十二条第二項において準用する場合を含む。）の規定に違反した者は、六月以下の懲役又は五十万円以下の罰金に処する。

第四一条を次のように改める。

第四一条　第十一条第四項（第十五条第二項、第十六条第三項及び第二十二条第二項において準用する場合を含む。）及び第二十七条第五項（第三十一条第二項及び第三十二条第二項において準用する場合を含む。）の規定に違反した者は、六月以下の拘禁刑又は五十万円以下の罰金に処する。
（令和七年六月一日から施行　令和四法六八）

第四二条　次の各号のいずれかに該当する者は、三十万円以下の罰金に処する。
一　第十七条第一項又は第二十条第二項の規定による届出をせず、又は虚偽の届出をした者
二　第十八条の規定による届出をせず、又は虚偽の届出をして生産行程管理業務規程の変更をした者
三　第十九条の規定による届出をせず、又は虚偽の届出をして生産行程管理業務の休止をした者
四　第三十四条第一項の規定による報告をせず、若しくは虚偽の報告をし、又は同項の規定による検査を拒み、妨げ、若しくは忌避した者

第四三条　法人（法人でない団体で代表者又は管理人の定めのあるものを含む。以下この項において同じ。）の代表者若しくは管理人又は法人若しくは人の代理人、使用人その他の従業者が、

その法人又は人の業務に関して、次の各号に掲げる規定の違反行為をしたときは、行為者を罰するほか、その法人に対して当該各号に定める罰金刑を、その人に対して各本条の罰金刑を科する。

一　第三十九条　三億円以下の罰金刑
二　第四十条　一億円以下の罰金刑
三　前条　同条の罰金刑

2　法人でない団体について前項の規定の適用がある場合には、その代表者又は管理人が、その訴訟行為につきその法人でない団体を代表するほか、法人を被告人又は被疑者とする場合の刑事訴訟に関する法律の規定を準用する。

半導体集積回路の回路配置に関する法律（昭和六〇年五月三一日法律第四三号）

最終改正　令和三法三七

目次

第一章　総則

（目的）

第一条　この法律は、半導体集積回路の回路配置の適正な利用の確保を図るための制度を創設することにより、半導体集積回路の開発を促進し、もつて国民経済の健全な発展に寄与することを目的とする。

（定義）

第二条　この法律において「半導体集積回路」とは、半導体材料若しくは絶縁材料の表面又は半導体材料の内部に、トランジスターその他の回路素子を生成させ、かつ、不可分の状態にした製品であつて、電子回路の機能を有するように設計したものをいう。

2　この法律において「回路配置」とは、半導体集積回路における回路素子及びこれらを接続する導線の配置をいう。

3　この法律において回路配置について「利用」

とは、次に掲げる行為をいう。
一　その回路配置を用いて半導体集積回路を製造する行為
二　その回路配置を用いて製造した半導体集積回路（当該半導体集積回路を組み込んだ物品を含む。）を譲渡し、貸し渡し、譲渡若しくは貸渡しのために展示し、又は輸入する行為

第二章　回路配置利用権の設定の登録

（回路配置利用権の設定の登録）

第三条　回路配置の創作をした者又はその承継人（以下「創作者等」という。）は、その回路配置について回路配置利用権の設定の登録（以下「設定登録」という。）を受けることができる。この場合において、創作者等が二人以上あるときは、これらの者が共同して設定登録を受けなければならない。

2　設定登録を受けようとする者は、次に掲げる事項を記載した申請書を経済産業大臣に提出しなければならない。
一　申請者の氏名又は名称及び住所又は居所並びに法人にあつては代表者の氏名
二　申請の年月日
三　回路配置について業として前条第三項第二号に掲げる行為をしている場合にあつては、

その行為を最初にした年月日
四　回路配置の創作をした者の氏名又は名称及び住所又は居所
五　前各号に掲げるもののほか、経済産業省令で定める事項
3　前項の申請書には、経済産業省令で定めるところにより、申請に係る回路配置を記載した図面又は当該回路配置を現した写真及び申請者が創作者等であることについての説明書その他経済産業省令で定める資料を添付しなければならない。

（申請者の名義の変更）

第四条　申請者の名義は、変更することができる。
2　申請者の名義の変更は、相続その他の一般承継の場合を除き、経済産業省令で定めるところにより、経済産業大臣に届け出なければ、その効力を生じない。
3　相続その他の一般承継により申請者の名義の変更があつたときは、経済産業省令で定めるところにより、遅滞なく、その旨を経済産業大臣に届け出なければならない。

（職務上の回路配置の創作）

第五条　法人その他使用者の業務に従事する者が職務上創作をした回路配置については、その創作の時における契約、勤務規則その他に別段の定めがない限り、その法人その他使用者を当該回路配置の創作をした者とする。

（申請前の回路配置の利用）

第六条　設定登録は、その申請の日から二年さかのぼつた日前に、創作者等又はその許諾を得た者が業として当該申請に係る回路配置について第二条第三項第二号に掲げる行為をしていた場合には、受けることができない。

（設定登録及び公示）

第七条　経済産業大臣は、設定登録の申請があつたときは、次条第一項の規定により申請を却下する場合を除き、設定登録をしなければならない。
2　設定登録は、回路配置原簿に設定登録を受ける者の氏名又は名称及び住所又は居所、設定登

録の年月日その他経済産業省令で定める事項を記載してするものとする。

3　経済産業大臣は、第一項の規定による設定登録をしたときは、経済産業省令で定める事項を公示しなければならない。

（設定登録の申請の却下）

第八条　経済産業大臣は、設定登録の申請が次の各号のいずれかに該当することが第三条第二項の申請書及びこれに添付した図面その他の資料から明らかであるときは、設定登録の申請を却下しなければならない。

一　申請者が創作者等でないこと。

二　創作者等が二人以上ある場合において、これらの者が共同して設定登録の申請をしていないこと。

三　申請に係る回路配置が第六条の規定により設定登録を受けることができないものであること。

四　申請書が方式に適合しないことその他の政令で定める事由があること。

2　経済産業大臣は、前項の規定により申請を却下したときは、遅滞なく、その理由を示して、その旨を申請者に通知しなければならない。

（設定登録の抹消）

第九条　経済産業大臣は、設定登録の申請が前条第一項第一号から第三号までのいずれかに該当していたことが明らかとなつたときは、設定登録を抹消しなければならない。

2　前項の規定による設定登録の抹消に係る聴聞は、当該設定登録に係る回路配置利用権に関する権利の登録名義人に対し、相当な期間をおいて通知した上で行わなければならない。

3　前項の聴聞の主宰者は、行政手続法（平成五年法律第八十八号）第十七条第一項の規定により前項に規定する登録名義人が当該聴聞に関する手続に参加することを求めたときは、これを許可しなければならない。

4　経済産業大臣は、第一項の規定により設定登録を抹消したときは、その旨を、当該設定登録に係る回路配置利用権の登録名義人に対し通知するとともに、公示しなければならない。

第三章　回路配置利用権等

第一節　回路配置利用権

（回路配置利用権の発生及び存続期間）

第一〇条　回路配置利用権は、設定登録により発生する。

2　回路配置利用権の存続期間は、設定登録の日から十年とする。

（回路配置利用権の効力）

第一一条　回路配置利用権者は、業として設定登録を受けている回路配置（以下「登録回路配置」という。）を利用する権利を専有する。ただし、その回路配置利用権について専用利用権を設定したときは、専用利用権者がその登録回路配置を利用する権利を専有する範囲については、この限りでない。

（回路配置利用権の効力が及ばない範囲）

第一二条　回路配置利用権の効力は、他人が創作した回路配置の利用には、及ばない。

2　回路配置利用権の効力は、解析又は評価のために登録回路配置を用いて半導体集積回路を製造する行為には、及ばない。

3　回路配置利用権者、専用利用権者又は通常利用権者が登録回路配置を用いて製造した半導体集積回路（当該半導体集積回路を組み込んだ物品を含む。以下この項において同じ。）を譲渡したときは、回路配置利用権の効力は、その譲渡がされた半導体集積回路を譲渡し、貸し渡し、譲渡若しくは貸渡しのために展示し、又は輸入する行為には、及ばない。

（他人の特許発明等との関係）

第一三条　回路配置利用権者、専用利用権者又は通常利用権者は、その登録回路配置の利用が他人の特許発明又は登録実用新案の実施に当たるときは、業としてその登録回路配置を利用することができない。

（共有に係る回路配置利用権）

第一四条　回路配置利用権が共有に係るときは、各共有者は、他の共有者の同意を得なければ、その持分を譲渡し、又はその持分を目的として質権を設定することができない。

2　回路配置利用権が共有に係るときは、各共有者は、契約で別段の定めをした場合を除き、他の共有者の同意を得ないでその登録回路配置を利用することができる。

3　回路配置利用権が共有に係るときは、各共有者は、他の共有者の同意を得なければ、その回路配置利用権について専用利用権を設定し、又は他人に通常利用権を許諾することができない。

（法人が解散した場合等における回路配置利用権の消滅）

第一五条　回路配置利用権は、次に掲げる場合には、消滅する。

一　回路配置利用権者である法人が解散した場合において、その回路配置利用権が一般社団法人及び一般財団法人に関する法律（平成十八年法律第四十八号）第二百三十九条第三項その他これに準ずる法律の規定により国庫に帰属すべきこととなるとき。

二　回路配置利用権者である個人が死亡した場合において、その回路配置利用権が民法（明治二十九年法律第八十九号）第九百五十九条の規定により国庫に帰属すべきこととなるとき。

（専用利用権）

第一六条　回路配置利用権者は、その回路配置利用権について専用利用権を設定することができる。

2　専用利用権者は、設定行為で定めた範囲内において、業としてその登録回路配置を利用する権利を専有する。

3　専用利用権は、回路配置の利用の事業とともにする場合、回路配置利用権者の承諾を得た場合及び相続その他の一般承継の場合に限り、移転することができる。

4　専用利用権者は、回路配置利用権者の承諾を得た場合に限り、その専用利用権について質権を設定し、又は他人に通常利用権を許諾することができる。

5　第十四条の規定は、専用利用権に準用する。

（通常利用権）

第一七条　回路配置利用権者は、その回路配置利用権について他人に通常利用権を許諾することができる。

2　通常利用権者は、設定行為で定めた範囲内において、業としてその登録回路配置を利用する権利を有する。

3　通常利用権は、回路配置の利用の事業とともにする場合、回路配置利用権者（専用利用権についての通常利用権にあつては、回路配置利用権者及び専用利用権者。次項において同じ。）の承諾を得た場合及び相続その他の一般承継の場合に限り、移転することができる。

4　通常利用権者は、回路配置利用権者の承諾を得た場合に限り、その通常利用権について質権を設定することができる。

5　第十四条第一項及び第二項の規定は、通常利用権に準用する。

（質権）

第一八条　回路配置利用権、専用利用権又は通常利用権を目的として質権を設定したときは、質権者は、契約で別段の定めをした場合を除き、当該登録回路配置を利用することができない。

（同前）

第一九条　回路配置利用権、専用利用権又は通常利用権を目的とする質権は、回路配置利用権、専用利用権若しくは通常利用権の対価又は登録回路配置の利用に対しその回路配置利用権者若しくは専用利用権者が受けるべき金銭その他の物に対しても、行うことができる。ただし、その払渡し又は引渡し前に差押えをしなければならない。

（回路配置利用権等の放棄）

第二〇条　回路配置利用権者は、専用利用権者、通常利用権者又は質権者があるときは、これらの者の承諾を得た場合に限り、その回路配置利用権を放棄することができる。

2　専用利用権者は、通常利用権者又は質権者があるときは、これらの者の承諾を得た場合に限り、その専用利用権を放棄することができる。

3　通常利用権者は、質権者があるときは、その承諾を得た場合に限り、その通常利用権を放棄することができる。

（登録の効果）

第二一条　次に掲げる事項は、登録しなければ、第三者に対抗することができない。

一　回路配置利用権の移転又は処分の制限

二　専用利用権の設定、移転、変更、消滅（混同又は回路配置利用権の消滅によるものを除く。）又は処分の制限

三　通常利用権の移転、変更、消滅（混同又は回路配置利用権若しくは専用利用権の消滅によるものを除く。）又は処分の制限

四　回路配置利用権、専用利用権又は通常利用権を目的とする質権の設定、移転、変更、消滅（混同又は担保する債権の消滅によるものを除く。）又は処分の制限

2　通常利用権は、その登録をしたときは、その

回路配置利用権若しくは専用利用権又はその回路配置利用権についての専用利用権をその後に取得した者に対しても、その効力を生ずる。

3　前二項の登録は、経済産業大臣が回路配置原簿に記載して行う。

第二節　権利侵害

（差止請求権）

第二十二条　回路配置利用権者又は専用利用権者は、自己の回路配置利用権又は専用利用権を侵害する者又は侵害するおそれがある者に対し、その侵害の停止又は予防を請求することができる。

2　回路配置利用権者又は専用利用権者は、前項の規定による請求をするに際し、侵害の行為を組成した半導体集積回路又は侵害の行為に供した物の廃棄その他の侵害の予防に必要な行為を請求することができる。

（侵害とみなす行為）

第二十三条　専ら登録回路配置を模倣するために使用される物を業として生産し、譲渡し、貸し渡し、譲渡若しくは貸渡しのために展示し、又は輸入する行為は、回路配置利用権又は専用利用権を侵害するものとみなす。

（善意者に対する特例）

第二十四条　半導体集積回路（半導体集積回路を組み込んだ物品を含む。以下この条において同じ。）の引渡しを受けた時において、当該半導体集積回路が他人の回路配置利用権又は専用利用権に係る登録回路配置を模倣した回路配置を用いて製造されたものであること（以下「模倣の事実」という。）を知らず、かつ、知らないことにつき過失がない者（以下「善意者」という。）が業として当該半導体集積回路を譲渡し、貸し渡し、譲渡若しくは貸渡しのために展示し、又は輸入する行為は、当該回路配置利用権又は専用利用権を侵害する行為でないものとみなす。

2　回路配置利用権者又は専用利用権者は、善意者が模倣の事実を知った後に業としてその半導体集積回路を譲渡し、貸し渡し、譲渡若しくは貸渡しのために展示し、又は輸入する場合には、その者に対し、その登録回路配置の利用に対し通常受けるべき金銭の額に相当する額の金銭の支払を請求することができる。

3　善意者が回路配置利用権者又は専用利用権者に対し前項に規定する支払をしたときは、その半導体集積回路は、当該回路配置利用権者又は専用利用権者が譲渡したものとみなす。

4　第二十六条並びに民法第七百十九条第一項及び第七百二十四条の規定は、第二項の規定による請求権を行使する場合に準用する。

（損害の額の推定等）

第二五条　回路配置利用権者又は専用利用権者が故意又は過失により自己の回路配置利用権又は専用利用権を侵害した者に対しその侵害により自己が受けた損害の賠償を請求する場合において、その者がその侵害の行為により利益を受けているときは、その利益の額は、回路配置利用権者又は専用利用権者が受けた損害の額と推定する。

2　回路配置利用権者又は専用利用権者は、故意又は過失により自己の回路配置利用権又は専用利用権を侵害した者に対し、その登録回路配置の利用に対し通常受けるべき金銭の額に相当する額の金銭を、自己が受けた損害の額としてその賠償を請求することができる。

3　前項の規定は、同項に規定する金額を超える損害の賠償の請求を妨げない。この場合において、回路配置利用権又は専用利用権を侵害した者に故意又は重大な過失がなかつたときは、裁判所は、損害の賠償の額を定めるについて、これを参酌することができる。

（書類の提出）

第二六条　裁判所は、回路配置利用権又は専用利用権の侵害に係る訴訟においては、当事者の申立てにより、当事者に対し、当該侵害の行為による損害の計算をするため必要な書類の提出を命ずることができる。ただし、その書類の所持者においてその提出を拒むことについて正当な理由があるときは、この限りでない。

第二六条を次のように改める。

（書類等の提出）

第二六条　裁判所は、回路配置利用権又は専用利用権の侵害に係る訴訟においては、当事者の申立てにより、当事者に対し、当該侵害の行為による損害の計算をするため必要な書類又は電磁的記録（電子的方式、磁気的方式その他人の知覚によつては認識することができない方式で作られる記録であつて、電子計算機による情報処理の用に供されるものをいう。以下この条及び第三十四条の二において同じ。）の提出を命ずることができる。ただし、その書類の所持者又はその電磁的記録を利用する権限を有する者においてその提出を拒むことについて正当な理由があるときは、この限りでない。

（公布の日から起算して四年を超えない範囲内において政令で定める日から施行　令和四法四八）

第三節　補償金

（補償金）

第二七条　回路配置の創作者等又はその許諾を得た者が当該回路配置について設定登録前に業として第二条第三項第二号に掲げる行為をした場合において、その行為の後当該回路配置についての設定登録前に当該回路配置を模倣した回路配置（以下この項及び第四項において「模倣回路配置」という。）であることを知つて業として模倣回路配置を利用した者は、当該回路配置の創作者等に対し、当該回路配置について設定登録がされた場合にその利用に対し通常支払うべき金銭の額に相当する額の補償金を支払う責めに任ずる。

2　前項に規定する補償金の請求権は、当該回路配置について設定登録がされた後でなければ、行使することができない。

3　第一項の回路配置について設定登録がされた後第九条の規定により当該設定登録が抹消され

たときは、同項に規定する補償金の請求権は、初めから生じなかつたものとみなす。

4　第二十三条及び前条並びに民法第七百十九条第一項及び第七百二十四条の規定は、第一項に規定する補償金の請求権を行使する場合に準用する。この場合において、当該請求権を有する者が当該回路配置の設定登録前に模倣回路配置の利用の事実及び模倣回路配置を利用した者を知つたときは、民法第七百二十四条第一号中「被害者又はその法定代理人が損害及び加害者を知った時」とあるのは、「当該回路配置の設定登録の日」と読み替えるものとする。

第四章　登録機関

（登録機関の登録等）

第二八条　経済産業大臣は、経済産業省令で定めるところにより、その登録を受けた者（以下「登録機関」という。）に、設定登録、第二十一条第一項及び第二項の登録並びに第四十八条第一項に規定する請求に基づき行われる事務（以下「設定登録等事務」という。）の全部又は一部を行わせることができる。

2　前項の規定により経済産業大臣が行う登録機関の登録（以下「機関登録」という。）は、経済産業省令で定めるところにより、設定登録等事務を行おうとする者の申請により行う。

3　経済産業大臣は、機関登録をしたときは、当該登録機関が行う設定登録等事務を行わないものとする。

4　登録機関が設定登録等事務を行う場合における第三条第二項、第四条第二項及び第三項、第七条第一項及び第三項、第八条、第九条、第二十一条第三項並びに第四十八条第一項の規定の適用については、これらの規定（第四十八条第一項を除く。）中「経済産業大臣」とあるのは「登録機関」と、同項中「経済産業大臣に対し」とあるのは「登録機関に対し」とする。

（欠格条項）

第二九条　次の各号のいずれかに該当する者は、機関登録を受けることができない。

一　この法律又はこの法律に基づく命令の規定に違反し、罰金以上の刑に処せられ、その執行を終わり、又は執行を受けることがなくなつた日から二年を経過しない者

二　第三十七条の規定による命令により解任され、その解任の日から二年を経過しない者

三　第四十一条の規定により機関登録を取り消され、その取消しの日から二年を経過しない者

四　法人であつて、その業務を行う役員のうちに前三号のいずれかに該当する者があるもの

（機関登録の基準）

第三〇条　経済産業大臣は、機関登録を申請した者（以下この項において「機関登録申請者」という。）が次に掲げる要件の全てに適合しているときは、その機関登録をしなければならない。この場合において、機関登録に関して必要な手続は、経済産業省令で定める。

一　次のいずれかに該当する者が設定登録等事務を実施し、その人数が設定登録等事務を行う事業所ごとに二名以上であること。

イ　学校教育法（昭和二十二年法律第二十六号）に基づく大学（短期大学を除く。）又は旧大学令（大正七年勅令第三百八十八号）に基づく大学を卒業した者であつて、無体財産権の登録に関する業務に通算して一年以上従事した経験を有するもの

ロ　学校教育法に基づく短期大学（同法に基づく専門職大学の前期課程を含む。）若しくは高等専門学校又は旧専門学校令（明治三十六年勅令第六十一号）に基づく専門学

校を卒業した者（同法に基づく専門職大学の前期課程にあつては、修了した者）であつて、無体財産権の登録に関する業務に通算して二年以上従事した経験を有するもの

ハ　イ及びロに掲げる者と同等以上の知識及び経験を有する者

ニ　無体財産権の登録に関する業務に通算して三年以上従事した経験を有する者

二　機関登録申請者が、業として回路配置を創作し、半導体集積回路を製造し、又は半導体集積回路（半導体集積回路を組み込んだ物品を除く。）を輸入する者（以下この号において「回路配置創作等事業者」という。）に支配されているものとして次のいずれかに該当するものでないこと。

イ　機関登録申請者が株式会社である場合にあつては、回路配置創作等事業者がその親法人（会社法（平成十七年法律第八十六号）第八百七十九条第一項に規定する親法人をいう。）であること。

ロ　機関登録申請者の役員（持分会社（会社法第五百七十五条第一項に規定する持分会社をいう。）にあつては、業務を執行する社員）に占める回路配置創作等事業者の役員又は職員（過去二年間に当該回路配置創作等事業者の役員又は職員であつた者を含む。）の割合が二分の一を超えていること。

ハ　機関登録申請者（法人にあつては、その代表権を有する役員）が、回路配置創作等事業者の役員又は職員（過去二年間に当該回路配置創作等事業者の役員又は職員であつた者を含む。）であること。

2　機関登録は、機関登録簿に次に掲げる事項を記載してするものとする。

一　機関登録の年月日及び機関登録番号

二　機関登録を受けた者の氏名又は名称及び住所並びに法人にあつては代表者の氏名

三　機関登録を受けた者が設定登録等事務を行う事業所の所在地

（機関登録の更新）

第三〇条の二　機関登録は、三年を下らない政令で定める期間ごとにその更新を受けなければ、その期間の経過によつて、その効力を失う。

2　第二十八条第二項及び前二条の規定は、前項の機関登録の更新に準用する。

（設定登録等の実施義務等）

第三一条　登録機関は、設定登録並びに第二十一条第一項及び第二項の登録をすべきことを求められたときは、正当な理由がある場合を除き、遅滞なく、設定登録及び同条の登録を行わなければならない。

2　登録機関は、設定登録等事務を行うときは、第三十条第一項第一号に規定する者（以下「設定登録等事務実施者」という。）に実施させなければならない。

（事務所の変更）

第三二条　登録機関は、設定登録等事務を行う事務所の所在地を変更しようとするときは、変更しようとする日の二週間前までに、経済産業大臣に届け出なければならない。

（設定登録等事務規程）

第三三条　登録機関は、設定登録等事務に関する規程（以下「設定登録等事務規程」という。）を定め、設定登録等事務の開始前に、経済産業大臣の認可を受けなければならない。これを変更しようとするときも、同様とする。

2　設定登録等事務規程で定めるべき事項は、経済産業省令で定める。

3　経済産業大臣は、第一項の認可をした設定登録等事務規程が設定登録等事務の公正な遂行上不適当となつたと認めるときは、登録機関に対し、設定登録等事務規程を変更すべきことを命ずることができる。

（設定登録等事務の休廃止）

第三四条　登録機関は、経済産業大臣の許可を受けなければ、設定登録等事務の全部又は一部を休止し、又は廃止してはならない。

（財務諸表等の備置き及び閲覧等）

第三四条の二　登録機関は、毎事業年度経過後三月以内に、その事業年度の財産目録、貸借対照表及び損益計算書又は収支計算書並びに事業報告書（これらのものが電磁的記録（電子的方式、磁気的方式その他の人の知覚によつては認識することができない方式で作られる記録であつて、電子計算機による情報処理の用に供されるものをいう。以下この条において同じ。）で作成され、又はその作成に代えて電磁的記録の作成がされている場合における当該電磁的記録を含む。次項、次条第二項及び第五十七条において「財務諸表等」という。）を作成し、五年間事業所に備え置かなければならない。

2　設定登録の申請者その他の利害関係人は、登録機関の業務時間内は、いつでも、次に掲げる請求をすることができる。ただし、第二号又は第四号の請求をするには、登録機関の定めた費用を支払わなければならない。

一　財務諸表等が書面をもつて作成されているときは、当該書面の閲覧又は謄写の請求

二　前号の書面の謄本又は抄本の請求

三　財務諸表等が電磁的記録をもつて作成されているときは、当該電磁的記録に記録された事項を経済産業省令で定める方法により表示したものの閲覧又は謄写の請求

四　前号の電磁的記録に記録された事項を電磁的方法であつて経済産業省令で定めるものにより提供することの請求又は当該事項を記載した書面の交付の請求

第三四条の二第一項を次のように改める。

第三四条の二　登録機関は、毎事業年度経過後三月以内に、その事業年度の財産目録、貸借対照表及び損益計算書又は収支計算書並びに事業報告書（これらのものが電磁的記録で作成され、又はその作成に代えて電磁的記録の作成がされている場合における当該電磁的記録を含む。次項、次条第二項及び第五十七条において「財務諸表等」という。）を作成し、五年間事業所に備え置かなければならない。

2　（略）

（公布の日から起算して四年を超えない範囲内にお

いて政令で定める日から施行　令和四法四八）

（事業計画等）

第三五条　登録機関は、毎事業年度開始前に（機関登録を受けた日の属する事業年度にあつては、その機関登録を受けた後遅滞なく）、その事業年度の事業計画及び収支予算を作成し、経済産業大臣に提出しなければならない。これを変更しようとするときも、同様とする。

2　登録機関は、財務諸表等を作成したときは、遅滞なく、経済産業大臣に提出しなければならない。

（役員等の選任及び解任）

第三六条　登録機関は、役員又は設定登録等事務実施者を選任し、又は解任したときは、遅滞なくその旨を経済産業大臣に届け出なければならない。

（解任命令）

第三七条　経済産業大臣は、登録機関の設定登録等事務実施者が、この法律若しくはこの法律に基づく命令若しくは設定登録等事務規程に違反したとき、又は設定登録等事務に関し著しく不適当な行為をしたときは、登録機関に対し、その設定登録等事務実施者を解任すべきことを命ずることができる。

（秘密保持義務等）

第三八条　登録機関の役員（法人でない登録機関にあつては、機関登録を受けた者。次項、第五十四条及び第五十五条において同じ。）若しくは職員又はこれらの職にあつた者は、設定登録等事務に関して知り得た秘密を漏らしてはならない。

2　設定登録等事務に従事する登録機関の役員又は職員は、刑法（明治四十年法律第四十五号）その他の罰則の適用については、法令により公務に従事する職員とみなす。

（報告及び立入検査）

第三九条　経済産業大臣は、この法律の施行に必要な限度において、登録機関に対し、その業務若しくは経理の状況に関し報告をさせ、又はその職員に、登録機関の事務所に立ち入り、業務の状況若しくは帳簿、書類その他の物件を検査させ、若しくは関係者に質問させることができる。

2　前項の規定により職員が立ち入るときは、その身分を示す証明書を携帯し、関係者に提示しなければならない。

3　第一項に規定する立入検査の権限は、犯罪捜査のために認められたものと解してはならない。

（適合命令）

第四〇条　経済産業大臣は、登録機関が第三十条第一項各号のいずれかに適合しなくなつたと認めるときは、その登録機関に対し、これらの規定に適合するため必要な措置をとるべきことを命ずることができる。

（改善命令）

第四〇条の二　経済産業大臣は、登録機関が第三十一条の規定に違反していると認めるとき、その他設定登録等事務の適正な実施を確保するため必要があると認めるときは、その登録機関に対し、設定登録等事務を行うべきこと又は設定登録等事務の実施の方法その他の業務の方法の改善に関し必要な措置をとるべきことを命ずることができる。

（機関登録の取消し等）

第四一条　経済産業大臣は、登録機関が次の各号のいずれかに該当するときは、その機関登録を取り消し、又は期間を定めて設定登録等事務の全部若しくは一部の停止を命ずることができる。

一　この章の規定に違反したとき。

二　第二十九条第一号又は第四号に該当するに至つたとき。

三　第三十三条第一項の認可を受けた設定登録等事務規程によらないで設定登録等事務を行つたとき。

四　正当な理由がないのに第三十四条の二第二項各号の規定による請求を拒んだとき。

五　第三十三条第三項、第三十七条又は前二条の規定による命令に違反したとき。

六　不正の手段により機関登録を受けたとき。

（帳簿の記載）

第四二条　登録機関は、帳簿を備え、設定登録等事務に関し経済産業省令で定める事項を記載しなければならない。

2　前項の帳簿は、経済産業省令で定めるところにより、保存しなければならない。

（登録機関に対する処分に係る聴聞の方法の特例）

第四三条　第三十七条又は第四十一条の規定による処分に係る聴聞の期日における審理は、公開により行わなければならない。

2　前項の聴聞の主宰者は、行政手続法第十七条第一項の規定により当該処分に係る利害関係人が当該聴聞に関する手続に参加することを求めたときは、これを許可しなければならない。

（登録機関がした処分等に係る審査請求）

第四四条　登録機関が行う設定登録等事務に係る処分又はその不作為について不服がある者は、経済産業大臣に対し、審査請求をすることができる。この場合において、経済産業大臣は、行政不服審査法（平成二十六年法律第六十八号）第二十五条第二項及び第三項、第四十六条第一項及び第二項並びに第四十九条第三項の規定の適用については、登録機関の上級行政庁とみなす。

（経済産業大臣による設定登録等事務の実施等）

第四五条　経済産業大臣は、登録機関が第三十四条の許可を受けて設定登録等事務の全部若しくは一部を休止したとき、第四十一条の規定により登録機関に対し設定登録等事務の全部若しくは一部の停止を命じたとき、又は登録機関が天災その他の事由により設定登録等事務の全部若しくは一部を実施することが困難となつた場合において必要があると認めるときは、当該設定登録等事務の全部又は一部を自ら行うものとする。

2　経済産業大臣が前項の規定により設定登録等事務の全部又は一部を自ら行う場合、登録機関が第三十四条の許可を受けて設定登録等事務の全部若しくは一部を廃止する場合又は第四十一条の規定により経済産業大臣が機関登録を取り消した場合における設定登録等事務の引継ぎその他の必要な事項については、経済産業省令で定める。

（公示）

第四六条　経済産業大臣は、次の場合には、その旨を官報に公示しなければならない。

一　機関登録をしたとき。

二　第三十二条の規定による届出があつたとき。

三　第三十四条の許可をしたとき。

四　第四十一条の規定により機関登録を取り消し、又は設定登録等事務の全部若しくは一部の停止を命じたとき。

五　前条第一項の規定により経済産業大臣が設定登録等事務の全部若しくは一部を自ら行うこととするとき、又は自ら行つていた設定登録等事務の全部若しくは一部を行わないこととするとき。

第五章　雑　則

（在外者の裁判籍）

第四七条　日本国内に住所又は居所（法人にあつては、営業所）を有しない者の回路配置利用権その他回路配置利用権に関する権利については、経済産業省の所在地をもつて民事訴訟法（平成八年法律第百九号）第五条第四号の財産の所在地とみなす。

（謄本等の交付及び閲覧等の請求）

第四八条　何人も、経済産業大臣に対し、回路配置原簿の謄本若しくは抄本の交付又は回路配置原簿若しくは第三条第二項の申請書若しくはこれに添付した図面その他の資料（経済産業大臣が秘密を保持する必要があると認めるものを除く。）の閲覧若しくは謄写を請求することができる。

2　回路配置原簿又は第三条第二項の申請書若しくはこれに添付した図面その他の資料について

は、行政機関の保有する情報の公開に関する法律（平成十一年法律第四十二号）の規定は、適用しない。

3　回路配置原簿又は第三条第二項の申請書若しくはこれに添付した図面その他の資料に記録されている保有個人情報（個人情報の保護に関する法律（平成十五年法律第五十七号）第六十条第一項に規定する保有個人情報をいう。）については、同法第五章第四節の規定は、適用しない。

（手数料等）

第四九条　次に掲げる者は、次項に規定する場合を除き、実費を勘案して政令で定める額の手数料を国に納付しなければならない。

一　前条第一項の規定により回路配置原簿の謄本又は抄本の交付を請求しようとする者

二　前条第一項の規定により回路配置原簿又は申請書若しくはこれに添付した図面その他の資料の閲覧又は謄写を請求しようとする者

2　登録機関が設定登録等事務を行う場合において、次に掲げる者は、政令で定めるところにより登録機関が経済産業大臣の認可を受けて定める額の手数料を当該登録機関に納付しなければならない。

一　設定登録を受けようとする者

二　第二十一条第一項又は第二項の登録を受けようとする者

三　前条第一項の規定により回路配置原簿の謄本又は抄本の交付を請求しようとする者

四　前条第一項の規定により回路配置原簿又は申請書若しくはこれに添付した図面その他の資料の閲覧又は謄写を請求しようとする者

3　前二項の規定は、手数料を納付すべき者が国又は独立行政法人通則法（平成十一年法律第百三号）第二条第一項に規定する独立行政法人であつて、その業務の内容その他の事情を勘案して政令で定めるものであるときは、適用しない。

4　第二項の規定により登録機関に納められた手数料は、登録機関の収入とする。

（同前）

第五〇条　この法律に定めるもののほか、設定登録並びに第二十一条第一項及び第二項の登録に関し必要な事項は、政令で定める。

第六章　罰　則

第五一条　回路配置利用権又は専用利用権を侵害した者は、三年以下の懲役又は百万円以下の罰金に処する。

2　前項の罪は、告訴がなければ公訴を提起することができない。

第五一条第一項を次のように改める。

第五一条　回路配置利用権又は専用利用権を侵害した者は、三年以下の拘禁刑又は百万円以下の罰金に処する。

2　（略）

（令和七年六月一日から施行　令和四法六八）

第五二条　詐欺の行為により設定登録を受けた者は、一年以下の懲役又は三十万円以下の罰金に処する。

> 第五二条を次のように改める。
>
> **第五二条** 詐欺の行為により設定登録を受けた者は、一年以下の拘禁刑又は三十万円以下の罰金に処する。
>
> （令和七年六月一日から施行　令和四法六八）

第五三条　第三十八条第一項の規定に違反した者は、一年以下の懲役又は三十万円以下の罰金に処する。

> 第五三条を次のように改める。
>
> **第五三条**　第三十八条第一項の規定に違反した者は、一年以下の拘禁刑又は三十万円以下の罰金に処する。
>
> （令和七年六月一日から施行　令和四法六八）

第五四条　第四十一条の規定による設定登録等事務の停止の命令に違反したときは、その違反行為をした登録機関の役員又は職員は、一年以下の懲役又は三十万円以下の罰金に処する。

> 第五四条を次のように改める。
>
> **第五四条**　第四十一条の規定による設定登録等事務の停止の命令に違反したときは、その違反行為をした登録機関の役員又は職員は、一年以下の拘禁刑又は三十万円以下の罰金に処する。
>
> （令和七年六月一日から施行　令和四法六八）

第五五条　次の各号のいずれかに該当するときは、その違反行為をした登録機関の役員又は職員は、三十万円以下の罰金に処する。

一　第三十四条の許可を受けないで設定登録等事務の全部を廃止したとき。

二　第三十九条第一項の規定による報告をせず、若しくは虚偽の報告をし、又は同項の規定による検査を拒み、妨げ、若しくは忌避し、若しくは同項の規定による質問に対して陳述をせず、若しくは虚偽の陳述をしたとき。

三　第四十二条第一項の規定に違反して帳簿を備えず、帳簿に記載せず、若しくは帳簿に虚偽の記載をし、又は同条第二項の規定に違反して帳簿を保存しなかつたとき。

第五六条　法人の代表者又は法人若しくは人の代理人、使用人その他の従業者が、その法人又は人の業務に関し、第五十一条第一項又は第五十二条の違反行為をしたときは、行為者を罰するほか、その法人又は人に対し、各本条の罰金刑を科する。

第五七条　第三十四条の二第一項の規定に違反して財務諸表等を備えて置かず、財務諸表等に記載すべき事項を記載せず、若しくは虚偽の記載をし、又は正当な理由がないのに同条第二項各号の規定による請求を拒んだ者は、二十万円以下の過料に処する。

私的独占の禁止及び公正取引の確保に関する法律（抄）

（昭和二二年四月一四日 法律第五四号）

最終改正　令和元法四五

第一章　総則

第一条　この法律は、私的独占、不当な取引制限及び不公正な取引方法を禁止し、事業支配力の過度の集中を防止して、結合、協定等の方法による生産、販売、価格、技術等の不当な制限その他一切の事業活動の不当な拘束を排除することにより、公正且つ自由な競争を促進し、事業者の創意を発揮させ、事業活動を盛んにし、雇傭及び国民実所得の水準を高め、以て、一般消費者の利益を確保するとともに、国民経済の民主的で健全な発達を促進することを目的とする。

第二条　この法律において「事業者」とは、商業、工業、金融業その他の事業を行う者をいう。事業者の利益のためにする行為を行う役員、従業員、代理人その他の者は、次項又は第三章の規定の適用については、これを事業者とみなす。

2　この法律において「事業者団体」とは、事業者としての共通の利益を増進することを主たる目的とする二以上の事業者の結合体又はその連合体をいい、次に掲げる形態のものを含む。ただし、二以上の事業者の結合体又はその連合体であつて、資本又は構成事業者の出資を有し、営利を目的として商業、工業、金融業その他の事業を営むことを主たる目的とし、かつ、現にその事業を営んでいるものを含まないものとする。

一　二以上の事業者が社員（社員に準ずるものを含む。）である社団法人その他の社団

二　二以上の事業者が理事又は管理人の任免、業務の執行又はその存立を支配している財団法人その他の財団

三　二以上の事業者を組合員とする組合又は契約による二以上の事業者の結合体

3　この法律において「役員」とは、理事、取締役、執行役、業務を執行する社員、監事若しくは監査役若しくはこれらに準ずる者、支配人又は本店若しくは支店の事業の主任者をいう。

4　この法律において「競争」とは、二以上の事業者がその通常の事業活動の範囲内において、かつ、当該事業活動の施設又は態様に重要な変更を加えることなく次に掲げる行為をし、又はすることができる状態をいう。

一　同一の需要者に同種又は類似の商品又は役務を供給すること

二　同一の供給者から同種又は類似の商品又は役務の供給を受けること

5　この法律において「私的独占」とは、事業者が、単独に、又は他の事業者と結合し、若しくは通謀し、その他いかなる方法をもつてするかを問わず、他の事業者の事業活動を排除し、又は支配することにより、公共の利益に反して、一定の取引分野における競争を実質的に制限することをいう。

6　この法律において「不当な取引制限」とは、事業者が、契約、協定その他何らの名義をもつてするかを問わず、他の事業者と共同して対価を決定し、維持し、若しくは引き上げ、又は数量、技術、製品、設備若しくは取引の相手方を制限する等相互にその事業活動を拘束し、又は遂行することにより、公共の利益に反して、一定の取引分野における競争を実質的に制限することをいう。

7　この法律において「独占的状態」とは、同種の商品（当該同種の商品に係る通常の事業活動の施設又は態様に重要な変更を加えることなく供給することができる商品を含む。）（以下この項において「一定の商品」という。）並びにこれとその機能及び効用が著しく類似している他の商品で国内において供給されたもの（輸出されたものを除く。）の価額（当該商品に直接課される租税の額に相当する額を控除した額とする。）

又は国内において供給された同種の役務の価額（当該役務の提供を受ける者に当該役務に関して課される租税の額に相当する額を控除した額とする。）の政令で定める最近の一年間における合計額が千億円を超える場合における当該一定の商品又は役務に係る一定の事業分野において、次に掲げる市場構造及び市場における弊害があることをいう。

一　当該一年間において、一の事業者の事業分野占拠率（当該一定の商品並びにこれとその機能及び効用が著しく類似している他の商品で国内において供給されたもの（輸出されたものを除く。）又は国内において供給された当該役務の数量（数量によることが適当でない場合にあつては、これらの価額とする。以下この号において同じ。）のうち当該事業者が供給した当該一定の商品並びにこれとその機能及び効用が著しく類似している他の商品又は役務の数量の占める割合をいう。以下この号において同じ。）が二分の一を超え、又は二の事業者のそれぞれの事業分野占拠率の合計が四分の三を超えていること。

二　他の事業者が当該事業分野に属する事業を新たに営むことを著しく困難にする事情があること。

三　当該事業者の供給する当該一定の商品又は役務につき、相当の期間、需給の変動及びその供給に要する費用の変動に照らして、価格の上昇が著しく、又はその低下がきん少であり、かつ、当該事業者がその期間次のいずれかに該当していること。

イ　当該事業者の属する政令で定める業種における標準的な政令で定める種類の利益率を著しく超える率の利益を得ていること。

ロ　当該事業者の属する事業分野における事業者の標準的な販売費及び一般管理費に比し著しく過大と認められる販売費及び一般管理費を支出していること。

8　経済事情が変化して国内における生産業者の出荷の状況及び卸売物価に著しい変動が生じた

ときは、これらの事情を考慮して、前項の金額につき政令で別段の定めをするものとする。

9　この法律において「不公正な取引方法」とは、次の各号のいずれかに該当する行為をいう。

一　正当な理由がないのに、競争者と共同して、次のいずれかに該当する行為をすること。

イ　ある事業者に対し、供給を拒絶し、又は供給に係る商品若しくは役務の数量若しくは内容を制限すること。

ロ　他の事業者に、ある事業者に対する供給を拒絶させ、又は供給に係る商品若しくは役務の数量若しくは内容を制限させること。

二　不当に、地域又は相手方により差別的な対価をもつて、商品又は役務を継続して供給することであつて、他の事業者の事業活動を困難にさせるおそれがあるもの

三　正当な理由がないのに、商品又は役務をその供給に要する費用を著しく下回る対価で継続して供給することであつて、他の事業者の事業活動を困難にさせるおそれがあるもの

四　自己の供給する商品を購入する相手方に、正当な理由がないのに、次のいずれかに掲げる拘束の条件を付けて、当該商品を供給すること。

イ　相手方に対しその販売する当該商品の販売価格を定めてこれを維持させることその他相手方の当該商品の販売価格の自由な決定を拘束すること。

ロ　相手方の販売する当該商品を購入する事業者の当該商品の販売価格を定めて相手方をして当該事業者にこれを維持させることその他相手方をして当該事業者の当該商品の販売価格の自由な決定を拘束させること。

五　自己の取引上の地位が相手方に優越していることを利用して、正常な商慣習に照らして不当に、次のいずれかに該当する行為をすること。

イ　継続して取引する相手方（新たに継続して取引しようとする相手方を含む。ロにおいて同じ。）に対して、当該取引に係る商品

又は役務以外の商品又は役務を購入させること。

ロ　継続して取引する相手方に対して、自己のために金銭、役務その他の経済上の利益を提供させること。

ハ　取引の相手方からの取引に係る商品の受領を拒み、取引の相手方から取引に係る商品を受領した後当該商品を当該取引の相手方に引き取らせ、取引の相手方に対して取引の対価の支払を遅らせ、若しくはその額を減じ、その他取引の相手方に不利益となるように取引の条件を設定し、若しくは変更し、又は取引を実施すること。

六　前各号に掲げるもののほか、次のいずれかに該当する行為であつて、公正な競争を阻害するおそれがあるもののうち、公正取引委員会が指定するもの

イ　不当に他の事業者を差別的に取り扱うこと。

ロ　不当な対価をもつて取引すること。

ハ　不当に競争者の顧客を自己と取引するように誘引し、又は強制すること。

ニ　相手方の事業活動を不当に拘束する条件をもつて取引すること。

ホ　自己の取引上の地位を不当に利用して相手方と取引すること。

ヘ　自己又は自己が株主若しくは役員である会社と国内において競争関係にある他の事業者とその取引の相手方との取引を不当に妨害し、又は当該事業者が会社である場合において、その会社の株主若しくは役員をその会社の不利益となる行為をするように、不当に誘引し、唆し、若しくは強制すること。

第二章　私的独占及び不当な取引制限

第二条の二　この章において「市場占有率」とは、一定の取引分野において一定の期間内に供給さ

れる商品若しくは役務の数量のうち一若しくは二以上の事業者が供給し、若しくは供給を受ける当該商品若しくは役務の数量の占める割合又は一定の取引分野において一定の期間内に供給される商品若しくは役務の価額のうち一若しくは二以上の事業者が供給し、若しくは供給を受ける当該商品若しくは役務の価額の占める割合をいう。

2　この章において「子会社等」とは、事業者の子会社（法人がその総株主（総社員を含む。以下同じ。）の議決権（株主総会において決議をすることができる事項の全部につき議決権を行使することができない株式についての議決権を除き、会社法（平成十七年法律第八十六号）第八百七十九条第三項の規定により議決権を有するものとみなされる株式についての議決権及び社債、株式等の振替に関する法律（平成十三年法律第七十五号）第百四十七条第一項又は第百四十八条第一項の規定により発行者に対抗することができない株式に係る議決権を含む。以下この項及び次項において同じ。）の過半数を有する他の会社をいう。この場合において、法人及びその一若しくは二以上の子会社又は法人の一若しくは二以上の子会社がその総株主の議決権の過半数を有する他の会社は、当該法人の子会社とみなす。以下この項において同じ。）若しくは親会社（会社を子会社とする他の会社をいう。以下この項において同じ。）又は当該事業者と親会社が同一である他の会社をいう。

3　この章において「完全子会社等」とは、事業者の完全子会社（法人がその総株主の議決権の全部を有する他の会社をいう。この場合において、法人及びその一若しくは二以上の完全子会社又は法人の一若しくは二以上の完全子会社がその総株主の議決権の全部を有する他の会社は、当該法人の完全子会社とみなす。以下この章及び第五章において同じ。）若しくは完全親会社（会社を完全子会社とする他の会社をいう。以下この項において同じ。）又は当該事業者と完全親会社が同一である他の会社をいう。

4　この章において「供給子会社等」とは、第七条の二第一項又は第七条の九第一項若しくは第二項に規定する違反行為のうちいずれかの違反行為（第十三項及び第十四項を除き、以下この条において単に「違反行為」という。）をした事業者の子会社等であつて、当該違反行為に係る一定の取引分野において当該違反行為に係る商品又は役務を供給したものをいう。

5　この章において「違反供給子会社等」とは、供給子会社等であつて、違反行為をした事業者の当該違反行為に係る一定の取引分野において当該違反行為をしたものをいう。

6　この章において「非違反供給子会社等」とは、供給子会社等であつて、違反行為をした事業者の当該違反行為に係る一定の取引分野において当該違反行為をしていないものをいう。

7　この章において「特定非違反供給子会社等」とは、非違反供給子会社等のうち、違反行為をした事業者と完全子会社等の関係にあるものであつて、他の者に当該違反行為に係る商品又は役務を供給することについて当該事業者から指示を受け、又は情報を得た上で、当該指示又は情報に基づき当該商品又は役務を供給したものをいう。

8　この章において「購入子会社等」とは、違反行為をした事業者の子会社等であつて、当該違反行為に係る一定の取引分野において当該違反行為に係る商品又は役務の供給を受けたものをいう。

9　この章において「違反購入子会社等」とは、購入子会社等であつて、違反行為をした事業者の当該違反行為に係る一定の取引分野において当該違反行為をしたものをいう。

10　この章において「非違反購入子会社等」とは、購入子会社等であつて、違反行為をした事業者の当該違反行為に係る一定の取引分野において当該違反行為をしていないものをいう。

11　この章において「特定非違反購入子会社等」とは、非違反購入子会社等のうち、違反行為をした事業者と完全子会社等の関係にあるものであつて、他の者から当該違反行為に係る商品又は役務の供給を受けることについて当該事業者から指示を受け、又は情報を得た上で、当該指示又は情報に基づき当該商品又は役務の供給を受けたものをいう。

12　この章において「事前通知」とは、第七条の二第一項又は第七条の九第一項若しくは第二項の規定により課徴金の納付を命ずる場合において、第六十二条第四項において読み替えて準用する第五十条第一項の規定により公正取引委員会が違反行為をした事業者に対してする通知をいう。

13　この章において「実行期間」とは、第七条の二第一項又は第七条の九第一項に規定する違反行為をした事業者に係る当該違反行為の実行としての事業活動を行つた日（当該事業者に対し当該違反行為について第四十七条第一項第一号、第三号若しくは第四号に掲げる処分、第百二条第一項若しくは第二項に規定する処分又は第百三条の三各号に掲げる処分が最初に行われた日（当該事業者に対し当該処分が行われなかつたときは、当該事業者が当該違反行為について事前通知を受けた日）の十年前の日前であるときは、同日）から当該違反行為の実行としての事業活動がなくなる日までの期間をいう。

14　この章において「違反行為期間」とは、第七条の九第二項に規定する違反行為をした事業者に係る当該違反行為をした日（当該事業者に対し当該違反行為について第四十七条第一項第一号、第三号若しくは第四号に掲げる処分、第百二条第一項若しくは第二項に規定する処分又は第百三条の三各号に掲げる処分が最初に行われた日（当該事業者に対し当該処分が行われなかつたときは、当該事業者が当該違反行為について事前通知を受けた日）の十年前の日前であるときは、同日）から当該違反行為がなくなる日までの期間をいう。

15　この章（第七条の四を除く。）において「調査開始日」とは、違反行為に係る事件について第四十七条第一項第一号、第三号若しくは第四号に掲げる処分、第百二条第一項若しくは第二項に規定する処分又は第百三条の三各号に掲げる処分が最初に行われた日（当該処分が行われなかつたときは、当該違反行為をした事業者が当該違反行為について事前通知を受けた日）をいう。

第三条　事業者は、私的独占又は不当な取引制限をしてはならない。

第六条　事業者は、不当な取引制限又は不公正な取引方法に該当する事項を内容とする国際的協定又は国際的契約をしてはならない。

第七条　第三条又は前条の規定に違反する行為があるときは、公正取引委員会は、第八章第二節に規定する手続に従い、事業者に対し、当該行為の差止め、事業の一部の譲渡その他これらの規定に違反する行為を排除するために必要な措置を命ずることができる。

2　公正取引委員会は、第三条又は前条の規定に違反する行為が既になくなつている場合においても、特に必要があると認めるときは、第八章第二節に規定する手続に従い、次に掲げる者に対し、当該行為が既になくなつている旨の周知措置その他当該行為が排除されたことを確保するために必要な措置を命ずることができる。ただし、当該行為がなくなつた日から七年を経過したときは、この限りでない。

一　当該行為をした事業者

二　当該行為をした事業者が法人である場合において、当該法人が合併により消滅したときにおける合併後存続し、又は合併により設立された法人

三　当該行為をした事業者が法人である場合において、当該法人から分割により当該行為に係る事業の全部又は一部を承継した法人

四　当該行為をした事業者から当該行為に係る事業の全部又は一部を譲り受けた事業者

第七条の二　事業者が、不当な取引制限又は不当な取引制限に該当する事項を内容とする国際的協定若しくは国際的契約であつて、商品若しくは役務の対価に係るもの又は商品若しくは役務

の供給量若しくは購入量、市場占有率若しくは取引の相手方を実質的に制限することによりその対価に影響することとなるものをしたときは、公正取引委員会は、第八章第二節に規定する手続に従い、当該事業者に対し、第一号から第三号までに掲げる額の合計額に百分の十を乗じて得た額及び第四号に掲げる額の合算額に相当する額の課徴金を国庫に納付することを命じなければならない。ただし、その額が百万円未満であるときは、その納付を命ずることができない。

一　当該違反行為（商品又は役務を供給することに係るものに限る。以下この号において同じ。）に係る一定の取引分野において当該事業者及びその特定非違反供給子会社等が供給した当該商品又は役務（当該事業者に当該特定非違反供給子会社等が供給したもの及び当該事業者又は当該特定非違反供給子会社等が当該事業者の供給子会社等に供給したものを除く。）並びに当該一定の取引分野において当該事業者及び当該特定非違反供給子会社等が当該事業者の供給子会社等に供給した当該商品又は役務（当該供給子会社等（違反供給子会社等である場合に限る。）が他の者に当該商品又は役務を供給するために当該事業者又は当該特定非違反供給子会社等から供給を受けたものを除く。）の政令で定める方法により算定した、当該違反行為に係る実行期間における売上額

二　当該違反行為（商品又は役務の供給を受けることに係るものに限る。以下この号において同じ。）に係る一定の取引分野において当該事業者及びその特定非違反購入子会社等が供給を受けた当該商品又は役務（当該事業者から当該特定非違反購入子会社等が供給を受けたもの及び当該事業者又は当該特定非違反購入子会社等が当該事業者の購入子会社等から供給を受けたものを除く。）並びに当該一定の取引分野において当該事業者及び当該特定非違反購入子会社等から供給を受けた当該事業者の購入子会社等が当該事業者及び当該特定非違反購入子会社等から供給を受けた当該商品又は役務

（当該購入子会社等（違反購入子会社等又は特定非違反購入子会社等である場合に限る。）が他の者から供給を受けて当該事業者又は当該特定非違反購入子会社等に供給したものを除く。）の政令で定める方法により算定した、当該違反行為に係る実行期間における購入額

三　当該違反行為に係る商品又は役務の全部又は一部の製造、販売、管理その他の当該商品又は役務に密接に関連する業務として政令で定めるものであつて、当該事業者及びその完全子会社等（当該違反行為をしていないものに限る。次号において同じ。）が行つたものの対価の額に相当する額として政令で定める方法により算定した額

四　当該違反行為に係る商品若しくは役務を他の者（当該事業者の供給子会社等並びに当該違反行為をした他の事業者及びその供給子会社等を除く。）に供給しないこと又は他の者（当該事業者の購入子会社等並びに当該違反行為をした他の事業者及びその購入子会社等を除く。）から当該商品若しくは役務の供給を受けないことに関し、手数料、報酬その他名目のいかんを問わず、当該事業者及びその完全子会社等が得た金銭その他の財産上の利益に相当する額として政令で定める方法により算定した額

2　前項の場合において、当該事業者が次の各号のいずれかに該当する者（その者の一又は二以上の子会社等が当該各号のいずれにも該当しない場合を除く。）であるときは、同項中「百分の十」とあるのは、「百分の四」とする。

一　資本金の額又は出資の総額が三億円以下の会社並びに常時使用する従業員の数が三百人以下の会社及び個人であつて、製造業、建設業、運輸業その他の業種（次号から第四号までに掲げる業種及び第五号の政令で定める業種を除く。）に属する事業を主たる事業として営むもの

二　資本金の額又は出資の総額が一億円以下の会社並びに常時使用する従業員の数が百人以

下の会社及び個人であつて、卸売業（第五号の政令で定める業種を除く。）に属する事業を主たる事業として営むもの

三　資本金の額又は出資の総額が五千万円以下の会社並びに常時使用する従業員の数が百人以下の会社及び個人であつて、サービス業（第五号の政令で定める業種を除く。）に属する事業を主たる事業として営むもの

四　資本金の額又は出資の総額が五千万円以下の会社並びに常時使用する従業員の数が五十人以下の会社及び個人であつて、小売業（次号の政令で定める業種を除く。）に属する事業を主たる事業として営むもの

五　資本金の額又は出資の総額がその業種ごとに政令で定める金額以下の会社並びに常時使用する従業員の数がその業種ごとに政令で定める数以下の会社及び個人であつて、その政令で定める業種に属する事業を主たる事業として営むもの

六　協業組合その他の特別の法律により協同して事業を行うことを主たる目的として設立された組合（組合の連合会を含む。）のうち、政令で定めるところにより、前各号に定める業種ごとに当該各号に定める規模に相当する規模のもの

3　第一項の規定により課徴金の納付を命ずる場合において、当該事業者が公正取引委員会又は当該違反行為に係る事件について第四十七条第二項の規定により指定された審査官その他の当該事件の調査に関する事務に従事する職員による当該違反行為に係る課徴金の計算の基礎となるべき事実に係る事実の報告又は資料の提出の求めに応じなかつたときは、公正取引委員会は、当該事業者に係る実行期間のうち当該事実の報告又は資料の提出が行われず課徴金の計算の基礎となるべき事実を把握することができない期間における第一項各号に掲げる額を、当該事業者、その特定非違反供給子会社等若しくは特定非違反購入子会社等又は当該違反行為に係る商品若しくは役務を供給する他の事業者若しくは

当該商品若しくは役務の供給を受ける他の事業者から入手した資料その他の資料を用いて、公正取引委員会規則で定める合理的な方法により推計して、課徴金の納付を命ずることができる。

第七条の三　前条第一項の規定により課徴金の納付を命ずる場合において、当該事業者が次の各号のいずれかに該当する者であるときは、同項（同条第二項において読み替えて適用する場合を含む。）中「合算額」とあるのは、「合算額に一・五を乗じて得た額」とする。ただし、当該事業者が、第三項の規定の適用を受ける者であるときは、この限りでない。

一　当該違反行為に係る事件についての調査開始日から遡り十年以内に、前条第一項又は第七条の九第一項若しくは第二項の規定による命令（当該命令が確定している場合に限る。）、次条第七項若しくは第七条の七第三項の規定による通知又は第六十三条第二項の規定による決定（以下この項において「納付命令等」という。）を受けたことがある者（当該納付命令等の日以後において当該違反行為をしていた場合に限る。）

二　前号に該当する者を除き、当該違反行為に係る事件についての調査開始日から遡り十年以内に、その完全子会社が納付命令等（当該納付命令等の日において当該事業者の完全子会社である場合に限る。）を受けたことがある者（当該納付命令等の日以後において当該違反行為をしていた場合に限る。）

三　前二号に該当する者を除き、当該違反行為に係る事件についての調査開始日から遡り十年以内に納付命令等を受けたことがある他の事業者たる法人と合併した事業者たる法人又は当該他の事業者たる法人から当該納付命令等に係る違反行為に係る事業の全部若しくは一部を譲り受け、若しくは分割により当該事業の全部若しくは一部を承継した事業者たる法人（当該合併、譲受け又は分割の日以後において当該違反行為をしていた場合に限る。）

2　前条第一項の規定により課徴金の納付を命ず

る場合において、当該事業者が次の各号のいずれかに該当する者であるときは、同項（同条第二項において読み替えて適用する場合を含む。）中「合算額」とあるのは、「合算額に一・五を乗じて得た額」とする。ただし、当該事業者が、次項の規定の適用を受ける者であるときは、この限りでない。

一　単独で又は共同して、当該違反行為をすることを企て、かつ、他の事業者に対し当該違反行為をすること又はやめないことを要求し、依頼し、又は唆すことにより、当該違反行為をさせ、又はやめさせなかつた者

二　単独で又は共同して、他の事業者の求めに応じて、継続的に他の事業者に対し当該違反行為に係る商品又は役務に係る対価、供給量、購入量、市場占有率又は取引の相手方について指定した者

三　前二号に掲げる者のほか、単独で又は共同して、次のいずれかに該当する行為であつて、当該違反行為を容易にすべき重要なものをした者

イ　他の事業者に対し当該違反行為をすること又はやめないことを要求し、依頼し、又は唆すこと。

ロ　他の事業者に対し当該違反行為に係る商品又は役務に係る対価、供給量、購入量、市場占有率、取引の相手方その他当該違反行為の実行としての事業活動について指定すること（専ら自己の取引について指定することを除く。）。

ハ　他の事業者に対し公正取引委員会の調査の際に当該違反行為又は当該違反行為に係る課徴金の計算の基礎となるべき事実に係る資料を隠蔽し、若しくは仮装すること又は当該事実に係る虚偽の事実の報告若しくは資料の提出をすることを要求し、依頼し、又は唆すこと。

ニ　他の事業者に対し次条第一項第一号、第二項第一号から第四号まで若しくは第三項第一号若しくは第二号に規定する事実の報

告及び資料の提出又は第七条の五第一項の規定による協議の申出を行わないことを要求し、依頼し、又は唆すこと。

3　前条第一項の規定により課徴金の納付を命ずる場合において、当該事業者が、第一項各号のいずれか及び前項各号のいずれかに該当する者であるときは、同条第一項（同条第二項において読み替えて適用する場合を含む。）中「合算額」とあるのは、「合算額に二を乗じて得た額」とする。

第七条の四　公正取引委員会は、第七条の二第一項の規定により課徴金を納付すべき事業者が次の各号のいずれにも該当する者であるときは、同項の規定にかかわらず、当該事業者に対し、課徴金の納付を命じないものとする。

一　公正取引委員会規則で定めるところにより、単独で、当該違反行為をした事業者のうち最初に公正取引委員会に当該違反行為に係る事実の報告及び資料の提出を行つた者（当該事実の報告及び資料の提出が当該違反行為に係る事件についての調査開始日（第四十七条第一項第四号に掲げる処分又は第百二条第一項に規定する処分が最初に行われた日をいう。以下この条において同じ。）（当該処分が行われなかつたときは、当該事業者が当該違反行為について事前通知を受けた日をいう。次号及び次項において同じ。）以後に行われた場合を除く。）

二　当該違反行為に係る事件についての調査開始日以後において、当該違反行為をしていない者

2　第七条の二第一項の場合において、公正取引委員会は、当該事業者が第一号及び第五号に該当する者であるときは減算前課徴金額（前二条の規定により計算した課徴金の額をいう。以下この条及び次条において同じ。）に百分の二十を乗じて得た額を、第二号及び第五号又は第三号及び第五号に該当する者であるときは減算前課徴金額に百分の十を乗じて得た額を、第四号及び第五号に該当する者であるときは減算前課

徴金額に百分の五を乗じて得た額を、それぞれ当該減算前課徴金額から減額するものとする。

一　公正取引委員会規則で定めるところにより、単独で、当該違反行為をした事業者のうち二番目に公正取引委員会に当該違反行為に係る事実の報告及び資料の提出を行つた者（当該事実の報告及び資料の提出が当該違反行為に係る事件についての調査開始日以後に行われた場合を除く。）

二　公正取引委員会規則で定めるところにより、単独で、当該違反行為をした事業者のうち三番目に公正取引委員会に当該違反行為に係る事実の報告及び資料の提出を行つた者（当該事実の報告及び資料の提出が当該違反行為に係る事件についての調査開始日以後に行われた場合を除く。）

三　公正取引委員会規則で定めるところにより、単独で、当該違反行為をした事業者のうち四番目又は五番目に公正取引委員会に当該違反行為に係る事実の報告及び資料の提出（第四十五条第一項に規定する報告又は同条第四項の措置その他により既に公正取引委員会によつて把握されている事実に係るものを除く。次号において同じ。）を行つた者（当該事実の報告及び資料の提出が当該違反行為に係る事件についての調査開始日以後に行われた場合を除く。）

四　公正取引委員会規則で定めるところにより、単独で、当該違反行為をした事業者のうち六番目以降に公正取引委員会に当該違反行為に係る事実の報告及び資料の提出を行つた者（当該事実の報告及び資料の提出が当該違反行為に係る事件についての調査開始日以後に行われた場合を除く。）

五　当該違反行為に係る事件についての調査開始日以後において、当該違反行為をしていない者

3　第七条の二第一項の場合において、公正取引委員会は、当該事業者が第一号及び第三号に該当する者であるときは減算前課徴金額に百分の

十を乗じて得た額を、第二号及び第三号に該当する者であるときは減算前課徴金額に百分の五を乗じて得た額を、それぞれ当該減算前課徴金額から減額するものとする。

一　当該違反行為に係る第一項第一号又は前項第一号から第三号までに規定する事実の報告及び資料の提出を行つた者の数が五に満たない場合において、当該違反行為に係る事件についての調査開始日以後公正取引委員会規則で定める期日までに、公正取引委員会規則で定めるところにより、単独で、公正取引委員会に当該違反行為に係る事実の報告及び資料の提出（第四十七条第一項各号に掲げる処分又は第百二条第一項に規定する処分その他により既に公正取引委員会によつて把握されている事実に係るものを除く。次号において同じ。）を行つた者（第一項第一号又は前項第一号から第三号までに規定する事実の報告及び資料の提出を行つた者の数とこの号に規定する事実の報告及び資料の提出を行つた者の数を合計した数が五以下であり、かつ、この号に規定する事実の報告及び資料の提出を行つた者の数を合計した数が三以下である場合に限る。）

二　当該違反行為に係る事件についての調査開始日以後公正取引委員会規則で定める期日までに、公正取引委員会規則で定めるところにより、単独で、公正取引委員会に当該違反行為に係る事実の報告及び資料の提出を行つた者（前号に該当する者を除く。）

三　前二号に規定する事実の報告及び資料の提出を行つた日以後において、当該違反行為をしていない者

4　第七条の二第一項に規定する違反行為をした事業者のうち二以上の事業者（会社である場合に限る。）が、公正取引委員会規則で定めるところにより、共同して、公正取引委員会に当該違反行為に係る事実の報告及び資料の提出を行つた場合において、第一号に該当し、かつ、第二号又は第三号のいずれかに該当する者であると

きに限り、当該事実の報告及び資料の提出を単独で行つたものとみなして、当該事実の報告及び資料の提出を行つた二以上の事業者について前三項の規定を適用する。この場合における第一項第一号、第二項第一号から第四号まで並びに前項第一号及び第二号に規定する事実の報告及び資料の提出を行つた事業者の数の計算については、当該二以上の事業者をもつて一の事業者とする。

一　当該二以上の事業者が、当該事実の報告及び資料の提出の時において相互に子会社等の関係にあること。

二　当該二以上の事業者のうち、当該二以上の事業者のうちの他の事業者と共同して当該違反行為をしたものが、当該他の事業者と共同して当該違反行為をした全期間（当該事実の報告及び資料の提出を行つた日から遡り十年以内の期間に限る。）において、当該他の事業者と相互に子会社等の関係にあつたこと。

三　当該二以上の事業者のうち、当該二以上の事業者のうちの他の事業者と共同しては当該違反行為をしていないものについて、次のいずれかに該当する事実があること。

イ　その者が当該二以上の事業者のうちの他の事業者に対して当該違反行為に係る事業の全部若しくは一部を譲渡し、又は分割により当該違反行為に係る事業の全部若しくは一部を承継させ、かつ、当該他の事業者が当該譲渡又は分割の日から当該違反行為を開始したこと。

ロ　その者が、当該二以上の事業者のうちの他の事業者から当該違反行為に係る事業の全部若しくは一部を譲り受け、又は分割により当該違反行為に係る事業の全部若しくは一部を承継し、かつ、当該譲受け又は分割の日から当該違反行為を開始したこと。

5　公正取引委員会は、第一項第一号、第二項第一号から第四号まで又は第三項第一号若しくは第二号に規定する事実の報告及び資料の提出を受けたときは、当該事実の報告及び資料の提出を行つた事業者に対し、速やかに文書をもつてその旨を通知するものとする。

6　公正取引委員会は、次条第一項の合意（同条第二項各号に掲げる行為をすることを内容とするものを含む。）をした場合を除き、第一項第一号、第二項第一号から第四号まで又は第三項第一号若しくは第二号に規定する事実の報告及び資料の提出を行つた事業者に対し第七条の二第一項の規定による命令又は次項若しくは第七条の七第三項の規定による通知をするまでの間、当該事業者に対し、当該違反行為に係る事実の報告又は資料の提出を追加して求めることができる。

7　公正取引委員会は、第一項の規定により課徴金の納付を命じないこととしたときは、同項の規定に該当する事業者がした違反行為に係る事件について当該事業者以外の事業者に対し第七条の二第一項の規定による命令をする際に（同項の規定による命令をしない場合にあつては、公正取引委員会規則で定める時までに）、これと併せて当該事業者に対し、文書をもつてその旨を通知するものとする。

第七条の五　公正取引委員会は、前条第二項第一号から第四号まで又は第三項第一号若しくは第二号に規定する事実の報告及び資料の提出を行つた事業者（以下この条において「報告等事業者」という。）から次の各号に掲げる行為についての協議の申出があつたときは、報告等事業者との間で協議を行うものとし、当該事実及び資料により得られ、並びに第一号に掲げる行為により報告し、又は提出する事実又は資料により得られることが見込まれる事件の真相の解明に資するものとして公正取引委員会規則で定める事項に係る事実の内容その他の事情を考慮して、公正取引委員会規則で定めるところにより、報告等事業者との間で、報告等事業者が同号に掲げる行為をし、かつ、公正取引委員会が第二号に掲げる行為をすることを内容とする合意をすることができる。

一　次に掲げる行為

イ　当該協議において、公正取引委員会に対し、報告し、又は提出する旨の申出を行つた事実又は資料を当該合意後直ちに報告し、又は提出すること。

ロ　前条第二項第一号から第四号まで若しくは第三項第一号若しくは第二号に規定する事実の報告及び資料の提出又はイに掲げる行為により得られた事実又は資料に関し、公正取引委員会の求めに応じ、事実の報告、資料の提出、公正取引委員会による報告等事業者の物件の検査（ハ及び次項第一号ロにおいて単に「検査」という。）の承諾その他の行為を行うこと。

ハ　公正取引委員会による調査により判明した事実に関し、公正取引委員会の求めに応じ、事実の報告、資料の提出、検査の承諾その他の行為を行うこと。

二　減算前課徴金額に次のイ又はロに掲げる事業者の区分に応じ、当該イ又はロに定める割合（次項第二号において「上限割合」という。）の範囲内において、当該合意において定める特定の割合（同号及び第三項において「特定割合」という。）を乗じて得た額を、当該減算前課徴金額から減額すること。

イ　前条第二項第一号から第四号までに規定する事実の報告及び資料の提出を行つた事業者　百分の四十以下

ロ　前条第三項第一号又は第二号に規定する事実の報告及び資料の提出を行つた事業者　百分の二十以下

2　公正取引委員会は、前項の協議において報告等事業者により説明された同項第一号に掲げる行為により得られる事実又は資料が事件の真相の迅速な解明に必要であることに加えて、報告等事業者が同項の合意後に当該事件についての新たな事実又は資料であつて同項の公正取引委員会規則で定める事項に係る事実に係るものを把握する蓋然性が高いと認められる場合において、当該新たな事実又は資料の報告又は提出に当該合意後一定の期間を要する事情があると認

めるときは、報告等事業者に対し、当該協議において、報告等事業者が同号に掲げる行為に加えて第一号に掲げる行為をすることを当該合意の内容に含めるとともに、公正取引委員会が同項第二号に掲げる行為をすることに代えて第二号に掲げる行為をすることを当該合意の内容とするよう求めることができる。

一　次に掲げる行為

イ　当該合意後、当該新たな事実又は資料を把握したときは、直ちに、公正取引委員会に当該新たな事実又は資料の報告又は提出を行うこと。

ロ　イに掲げる行為により得られた事実又は資料に関し、公正取引委員会の求めに応じ、事実の報告、資料の提出、検査の承諾その他の行為を行うこと。

二　減算前課徴金額に、特定割合を下限とし、これに報告等事業者が前号に掲げる行為をすることに対し減算前課徴金額を更に減ずることができる割合として公正取引委員会規則で定めるところにより当該合意において定める割合を加算した割合（上限割合以下の割合に限る。）を上限とする範囲内において、公正取引委員会が当該行為により得られた前項の公正取引委員会規則で定める事項に係る事実の内容を評価して決定する割合（次項及び第五項において「評価後割合」という。）を乗じて得た額を、当該減算前課徴金額から減額すること。

3　第七条の二第一項の場合において、公正取引委員会は、第一項の合意（前項各号に掲げる行為をすることを内容とするものを含む。以下この条及び次条において同じ。）があるときは、前条第二項又は第三項の規定により減額する額に加えて、当該合意の内容に応じ、減算前課徴金額に特定割合又は評価後割合を乗じて得た額を、当該減算前課徴金額から減額するものとする。

4　第一項の合意は、公正取引委員会及び報告等事業者が署名又は記名押印をした書面により、その内容を明らかにしてするものとする。

5　公正取引委員会は、第二項第二号に掲げる行為をすることを内容とする第一項の合意をする場合には、同号に規定する公正取引委員会による評価及び評価後割合の決定の方法を前項の書面に記載するものとする。

6　第一項の協議において、公正取引委員会は、報告等事業者に対し、報告等事業者が同項第一号イに掲げる行為により報告し、又は提出することができる事実又は資料の概要について説明を求めることができる。

7　公正取引委員会は、第一項の合意が成立しなかつた場合（報告等事業者が第二項の求めに応じず、第一項各号に掲げる行為をすることのみを内容とする合意が成立したときを除く。）には、公正取引委員会が同項の協議における報告等事業者の説明の内容を記録した、文書その他の物件を証拠とすることができない。

8　協議の申出の期限その他の第一項の協議に関し必要な手続は、公正取引委員会規則で定める。

9　報告等事業者は、第一項の協議を行うに当たり、代理人（弁護士又は弁護士法人に限る。次項及び第十一項において「特定代理人」という。）を選任することができる。

10　公正取引委員会は、第一項の協議を行うに当たり、当該協議の相手方となる報告等事業者に対し、特定代理人を選任することができる旨を書面により教示するものとする。

11　報告等事業者が第九項の規定により特定代理人を選任した場合における第一項及び第四項の規定の適用については、第一項中「との間で協議」とあるのは「又は特定代理人（第九項に規定する特定代理人をいう。第四項において同じ。）との間で協議」と、第四項中「及び報告等事業者」とあるのは「並びに報告等事業者及び特定代理人」とする。

第七条の六　公正取引委員会が、第七条の四第一項第一号、第二項第一号から第四号まで又は第三項第一号若しくは第二号に規定する事実の報告及び資料の提出を行つた事業者に対し第七条の二第一項の規定による命令又は第七条の四第七項の規定による通知をするまでの間に、次の各号のいずれかに該当する事実があると認めるときは、同条第一項から第三項まで及び前条第三項の規定にかかわらず、これらの規定は、適用しない。

一　当該事業者（当該事業者が第七条の四第四項に規定する事実の報告及び資料の提出を行つた者であるときは、当該事業者及び当該事業者と共同して当該事実の報告及び資料の提出を行つた他の事業者のうち、いずれか一以上の事業者。以下この号から第三号までにおいて同じ。）が報告した事実若しくは提出した資料又は当該事業者がした前条第一項第一号若しくは第二項第一号に掲げる行為により得られた事実若しくは資料に虚偽の内容が含まれていたこと。

二　当該事業者（第七条の四第一項第一号に規定する事実の報告及び資料の提出を行つた事業者に限る。）が、同条第六項の規定による求めに対し、事実の報告若しくは資料の提出をせず、又は虚偽の事実の報告若しくは資料の提出をしたこと。

三　当該事業者（第七条の四第二項第一号から第四号まで又は第三項第一号若しくは第二号に規定する事実の報告及び資料の提出を行つた事業者に限る。）が、同条第六項の規定による求めに対し、虚偽の事実の報告又は資料の提出をしたこと。

四　当該事業者がした当該違反行為に係る事件において、当該事業者が、他の事業者に対し（当該事業者が第七条の四第四項に規定する事実の報告及び資料の提出を行つた者であるときは、当該事業者及び当該事業者と共同して当該事実の報告及び資料の提出を行つた他の事業者のうちいずれか一以上の事業者が、当該事業者及び当該事業者と共同して当該事実の報告及び資料の提出を行つた他の事業者以外の事業者に対し）第七条の二第一項に規定する違反行為をすることを強要し、又は当該違反行為をやめることを妨害していたこと。

五　当該事業者が、他の事業者に対し（当該事業者が第七条の四第四項に規定する事実の報告及び資料の提出を行つた者であるときは、当該事業者及び当該事業者と共同して当該事実の報告及び資料の提出を行つた他の事業者のうちいずれか一以上の事業者が、当該事業者及び当該事業者と共同して当該事実の報告及び資料の提出を行つた他の事業者以外の事業者に対し）同条第一項第一号、第二項第一号から第四号まで若しくは第三項第一号若しくは第二号に規定する事実の報告及び資料の提出又は前条第一項の協議の申出を行うことを妨害していたこと。

六　当該事業者が、正当な理由なく、第七条の四第一項第一号、第二項第一号から第四号まで若しくは第三項第一号若しくは第二号に規定する事実の報告及び資料の提出を行つた旨又は前条第一項の合意若しくは協議を行つた旨を第三者に対し（当該事業者が第七条の四第四項に規定する事実の報告及び資料の提出を行つた者であるときは、当該事業者及び当該事業者と共同して当該事実の報告及び資料の提出を行つた他の事業者のうちいずれか一以上の事業者が、当該事業者及び当該事業者と共同して当該事実の報告及び資料の提出を行つた他の事業者以外の者に対し）明らかにしたこと。

七　当該事業者が、前条第一項の合意に違反して当該合意に係る行為を行わなかつたこと。

第七条の七　公正取引委員会は、第七条の二第一項の場合において、同一事件について、当該事業者に対し、罰金の刑に処する確定裁判があるときは、同条、第七条の三、第七条の四第二項若しくは第三項又は第七条の五第三項の規定により計算した額に代えて、その額から当該罰金額の二分の一に相当する金額を控除した額を課徴金の額とするものとする。ただし、第七条の二、第七条の三、第七条の四第二項若しくは第三項若しくは第七条の五第三項の規定により計算した額が当該罰金額の二分の一に相当する金額を超えないとき、又は当該控除後の額が百万円未満であるときは、この限りでない。

2　前項ただし書の場合においては、公正取引委員会は、課徴金の納付を命ずることができない。

3　公正取引委員会は、前項の規定により課徴金の納付を命じない場合には、罰金の刑に処せられた事業者に対し、当該事業者がした第七条の二第一項に規定する違反行為に係る事件について当該事業者以外の事業者に対し同項の規定による命令をする際に（当該命令をしない場合にあつては、公正取引委員会規則で定める時までに）、これと併せて文書をもつてその旨を通知するものとする。

第七条の八　第七条の二第一項の規定による命令を受けた者は、同条、第七条の三、第七条の四第二項若しくは第三項、第七条の五第三項又は前条第一項の規定により計算した課徴金を納付しなければならない。

2　第七条の二、第七条の三、第七条の四第二項若しくは第三項、第七条の五第三項又は前条第一項の規定により計算した課徴金の額に一万円未満の端数があるときは、その端数は、切り捨てる。

3　第七条の二第一項に規定する違反行為をした事業者が法人である場合において、当該法人が合併により消滅したときは、当該法人がした違反行為並びに当該法人が受けた同項の規定による命令、第七条の四第七項及び前条第三項の規定による通知並びに第六十三条第二項の規定による決定（以下この項及び次項において「命令等」という。）は、合併後存続し、又は合併により設立された法人がした違反行為及び当該合併後存続し、又は合併により設立された法人が受けた命令等とみなして、第七条の二からこの条までの規定を適用する。

4　第七条の二第一項に規定する違反行為をした事業者が法人である場合において、当該法人がその一若しくは二以上の子会社等に対して当該違反行為に係る事業の全部を譲渡し、又は当該法人（会社である場合に限る。）がその一若しくは二以上の子会社等に対して分割により当該違反行為に係る事業の全部を承継させ、かつ、合併以外の事由により消滅したときは、当該法人がした違反行為及び当該法人が受けた命令等は、当該事業の全部若しくは一部を譲り受け、又は分割により当該事業の全部若しくは一部を承継した子会社等（以下「特定事業承継子会社等」という。）がした違反行為及び当該特定事業承継子会社等が受けた命令等とみなして、同条からこの条までの規定を適用する。この場合において、当該特定事業承継子会社等が二以上あるときは、第七条の二第一項中「当該事業者に対し」とあるのは「特定事業承継子会社等（第七条の八第四項に規定する特定事業承継子会社等をいう。以下この項及び同条第一項において同じ。）に対し、この項の規定による命令を受けた他の特定事業承継子会社等と連帯して」と、第一項中「受けた者は」とあるのは「受けた特定事業承継子会社等は、同項の規定による命令を受けた他の特定事業承継子会社等と連帯して」とする。

5　前二項の場合において、第七条の四及び第七条の五の規定の適用に関し必要な事項は、政令で定める。

6　実行期間の終了した日から七年を経過したときは、公正取引委員会は、当該違反行為に係る課徴金の納付を命ずることができない。

第七条の九　事業者が、私的独占（他の事業者の事業活動を支配することによるものに限る。）であつて、当該他の事業者（以下この項において「被支配事業者」という。）が供給する商品若しくは役務の対価に係るもの又は被支配事業者が供給する商品若しくは役務の供給量、市場占有率若しくは取引の相手方を実質的に制限することによりその対価に影響することとなるものをしたときは、公正取引委員会は、当該事業者に対し、第八章第二節に規定する手続に従い、第一号及び第二号に掲げる額の合計額に百分の十を乗じて得た額並びに第三号に掲げる額の合算額に相当する額の課徴金を国庫に納付することを命じなければならない。ただし、その額が百万円未満であるときは、その納付を命ずることができない。

一　当該事業者及びその特定非違反供給子会社等が被支配事業者に供給した当該商品又は役務（当該被支配事業者が当該違反行為に係る一定の取引分野において当該商品又は役務を供給するために必要な商品又は役務を含む。次号及び第三号において同じ。）並びに当該一定の取引分野において当該事業者及び当該特定非違反供給子会社等が供給した当該商品又は役務（当該事業者に当該特定非違反供給子会社等が供給したもの並びに当該事業者又は当該特定非違反供給子会社等が被支配事業者及び当該事業者の供給子会社等に供給したものを除く。）並びに当該一定の取引分野において当該事業者及び当該特定非違反供給子会社等が当該事業者の供給子会社等に供給した当該商品又は役務（当該供給子会社等（違反供給子会社等又は特定非違反供給子会社等である場合に限る。）が他の者に当該商品又は役務を供給するために当該事業者又は当該特定非違反供給子会社等から供給を受けたものを除く。）の政令で定める方法により算定した、当該違反行為に係る実行期間における売上額

二　当該違反行為に係る商品又は役務の全部又は一部の製造、販売、管理その他の当該商品又は役務に密接に関連する業務として政令で定めるものであつて、当該事業者及びその完全子会社等（当該違反行為をしていないものに限る。次号において同じ。）が行つたものの対価の額に相当する額として政令で定める方法により算定した額

三　当該違反行為に係る商品若しくは役務を他の者（当該事業者の供給子会社等並びに当該違反行為をした他の事業者及びその供給子会社等を除く。）に供給しないことに関し、手数料、報酬その他名目のいかんを問わず、当該事業者及びその完全子会社等が得た金銭その

他の財産上の利益に相当する額として政令で定める方法により算定した額

2　事業者が、私的独占（他の事業者の事業活動を排除することによるものに限り、前項の規定に該当するものを除く。）をしたときは、公正取引委員会は、第八章第二節に規定する手続に従い、当該事業者に対し、当該違反行為に係る一定の取引分野において当該事業者及びその特定非違反供給子会社等が供給した商品又は役務（当該一定の取引分野において当該商品又は役務を供給する他の事業者に供給したものを除く。）並びに当該一定の取引分野において当該商品又は役務を供給する他の事業者（当該事業者の供給子会社等を除く。）に当該事業者及び当該特定非違反供給子会社等が供給した当該商品又は役務（当該他の事業者が当該商品又は役務を供給するために必要な商品又は役務を含む。）並びに当該一定の取引分野において当該事業者及び当該特定非違反供給子会社等が当該事業者の供給子会社等に供給した当該商品又は役務（当該供給子会社等（違反供給子会社等又は特定非違反供給子会社等である場合に限る。）が他の者に当該商品又は役務を供給するために当該事業者又は当該特定非違反供給子会社等から供給を受けたものを除く。）の政令で定める方法により算定した、当該違反行為に係る違反行為期間における売上額に、百分の六を乗じて得た額に相当する額の課徴金を国庫に納付することを命じなければならない。ただし、その額が百万円未満であるときは、その納付を命ずることができない

3　第七条の二第三項、第七条の三第一項（ただし書を除く。）、第七条の七並びに前条第一項から第四項まで及び第六項の規定は、第一項に規定する違反行為が行われた場合について準用する。この場合において、次の表の上欄に掲げる規定中同表の中欄に掲げる字句は、それぞれ同表の下欄に掲げる字句に読み替えるものとする。

第七条の二第三項	第一項の	第七条の九第一項の

	第一項各号	第七条の九第一項各号
	若しくは特定非違反購入子会社等又は	又は
第七条の三第一項	前条第一項の	第七条の九第一項の
	同項（同条第二項において読み替えて適用する場合を含む。）	同項
第七条の七第一項	第七条の二第一項	第七条の九第一項
	同条、第七条の三、第七条の四第二項若しくは第七条の五第三項	同項又は同条第三項において読み替えて準用する第七条の二第三項若しくは第七条の三第一項（ただし書を除く。）
第七条の七第一項ただし書	第七条の二、第七条の三、第七条の四第二項若しくは第七条の五第三項	第七条の九第一項又は同条第三項において読み替えて準用する第七条の二第三項若しくは第七条の三第一項（ただし書を除く。）
第七条の七第二項	前項ただし書	第七条の九第三項において読み替えて準用する前項ただし書
第七条の七第三項	前項	第七条の九第三項において読み替えて準用する前項
	第七条の二第一項	同条第一項
前条第一項	第七条の二第一項	次条第一項
	同条、第七条の三、第七条の四第二項若しくは第七条の五第三項又は	同項又は同条第三項において読み替えて準用する第七条の二第三項、第七条の

		三第一項（ただし書を除く。）若しくは
前条第二項	第七条の二、第七条の三、第七条の四第二項若しくは第三項、第七条の五第三項又は	次条第一項又は同条第三項において読み替えて準用する第七条の二第三項、第七条の三第一項（ただし書を除く。）若しくは
前条第三項	第七条の二第一項	次条第一項
	第七条の四第七項及び	同条第三項において読み替えて準用する
	通知並びに	通知及び
	第七条の二からこの条まで	次条第一項並びに同条第三項において読み替えて準用する第七条の二第三項、

		第七条の三第一項（ただし書を除く。）、前条及び第一項から次項まで並びに次条第三項において準用する第六項
前条第四項	第七条の二第一項	次条第一項
	同条からこの条まで	同項並びに同条第三項において読み替えて準用する第七条の二第三項、第七条の三第一項（ただし書を除く。）、前条及び第一項からこの項まで並びに次条第三項において準用する第六項
	特定事業承継子会社等（第七条	特定事業承継子会社等

	の八第四項に規定する特定事業承継子会社等をいう。以下この項及び同条第一項において同じ。）	
	、第一項	、同条第三項において読み替えて準用する第一項
	受けた特定事業承継子会社等は、同項	受けた特定事業承継子会社等（同条第三項において読み替えて準用する第四項に規定する特定事業承継子会社等をいう。以下この項において同じ。）は、同条第一項

4　第七条の二第三項、第七条の三第一項（ただし書を除く。）、第七条の七並びに前条第一項から第四項まで及び第六項の規定は、第二項に規定する違反行為が行われた場合について準用する。この場合において、次の表の上欄に掲げる規定中同表の中欄に掲げる字句は、それぞれ同表の下欄に掲げる字句に読み替えるものとする。

第七条の二第三項	第一項の	第七条の九第二項の
	実行期間	違反行為期間
	第一項各号に掲げる	第七条の九第二項に規定する
	若しくは特定非違反購入子会社等又は	又は
第七条の三第一項	前条第一項の	第七条の九第二項の
	同項（同条第二項において読み替えて適用する場合を含む。）	同項
	合算額	売上額

第七条の七第一項	第七条の二第一項	第七条の九第二項
	同条、第七条の三、第七条の四第二項若しくは第三項又は第七条の五第三項	同項又は同条第四項において読み替えて準用する第七条の二第三項若しくは第七条の三第一項（ただし書を除く。）
第七条の七第一項ただし書	第七条の二、第七条の三、第七条の四第二項若しくは第三項若しくは第七条の五第三項	第七条の九第二項又は同条第四項において読み替えて準用する第七条の二第三項若しくは第七条の三第一項（ただし書を除く。）
第七条の七第二項	前項ただし書	第七条の九第四項において読み替えて準用する前項ただし書
第七条の七	前項	第七条の九第四

第三項		項において読み替えて準用する前項
	第七条の二第一項	同条第二項
前条第一項	第七条の二第一項	次条第二項
	同条、第七条の三、第七条の四第二項若しくは第三項、第七条の五第三項又は	同項又は同条第四項において読み替えて準用する第七条の二第三項、第七条の三第一項（ただし書を除く。）若しくは
前条第二項	第七条の二、第七条の三、第七条の四第二項若しくは第三項、第七条の五第三項又は	次条第二項又は同条第四項において読み替えて準用する第七条の二第三項、第七条の三第一項（ただし書を除く。）若しくは
前条第三項	第七条の二第一項	次条第二項

	第七条の四第七項及び	同条第四項において読み替えて準用する
	通知並びに	通知及び
	第七条の二からこの条まで	次条第二項並びに同条第四項において読み替えて準用する第七条の二第三項、第七条の三第一項（ただし書を除く。）、前条並びに第一項から次項まで及び第六項
前条第四項	第七条の二第一項	次条第二項
	同条からこの条まで	同項並びに同条第四項において読み替えて準用する第七条の二第三項、第七条の三第一項（ただし書を除く。）、

		前条並びに第一項からこの項まで及び第六項
	特定事業承継子会社等（第七条の八第四項に規定する特定事業承継子会社等をいう。以下この項及び同条第一項において同じ。）	特定事業承継子会社等
	、第一項	、同条第四項において読み替えて準用する第一項
	受けた特定事業承継子会社等は、	受けた特定事業承継子会社等（同条第四項において読み替えて準用する第四項に規定する特定事業承継子会社等をいう。以下この項におい
	同項	

		て同じ。）は、同条第二項
前条第六項	実行期間	違反行為期間

第三章　事業者団体

第八条　事業者団体は、次の各号のいずれかに該当する行為をしてはならない。

一　一定の取引分野における競争を実質的に制限すること。

二　第六条に規定する国際的協定又は国際的契約をすること。

三　一定の事業分野における現在又は将来の事業者の数を制限すること。

四　構成事業者（事業者団体の構成員である事業者をいう。以下同じ。）の機能又は活動を不当に制限すること。

五　事業者に不公正な取引方法に該当する行為をさせるようにすること。

第八条の二　前条の規定に違反する行為があるときは、公正取引委員会は、第八章第二節に規定する手続に従い、事業者団体に対し、当該行為の差止め、当該団体の解散その他当該行為の排除に必要な措置を命ずることができる。

2　第七条第二項の規定は、前条の規定に違反する行為に準用する。

3　公正取引委員会は、事業者団体に対し、第一項又は前項において準用する第七条第二項に規定する措置を命ずる場合において、特に必要があると認めるときは、第八章第二節に規定する手続に従い、当該団体の役員若しくは管理人又はその構成事業者（事業者の利益のためにする行為を行う役員、従業員、代理人その他の者が構成事業者である場合には、当該事業者を含む。第二十六条第一項において同じ。）に対しても、第一項又は前項において準用する第七条第二項に規定する措置を確保するために必要な措置を命ずることができる。

第八条の三　第二条の二（第十四項を除く。）、第七条の二、第七条の四（第四項第二号及び第三号を除く。）、第七条の五、第七条の六並びに第七条の八第一項、第二項及び第六項の規定は、第八条第一号（不当な取引制限に相当する行為をする場合に限る。）又は第二号（不当な取引制限に該当する事項を内容とする国際的協定又は国際的契約をする場合に限る。）の規定に違反する行為が行われた場合について準用する。この場合において、次の表の上欄に掲げる規定中同表の中欄に掲げる字句は、それぞれ同表の下欄に掲げる字句に読み替えるものとする。

第二条の二第二項	この章	この章（第八条の三において読み替えて準用する第七条の四第四項第一号を除く。）
第二条の二第四項	第七条の二第一項又は第七条の九第一項若しくは第二項に規定する違反行為のうちいずれかの違反行為（第十三項及び第十四項を除き、	第八条の三に規定する違反行為（
	事業者	事業者団体の構成事業者（事業者の利益のためにする行為を行う役員、従業員、代理人その他の者が構成事業者である場合には、当該事業者を含む。以下この章において「特定事業者」という。）
第二条の二第五項	事業者	事業者団体
	をしたもの	の実行としての事業活動をしたもの
第二条の二	事業者	事業者団体

第六項	をしていないもの	の実行としての事業活動をしていないもの
第二条の二第七項	事業者と	事業者団体の特定事業者と
	事業者から	特定事業者から
第二条の二第八項	事業者	事業者団体の特定事業者
第二条の二第九項	事業者	事業者団体
	をしたもの	の実行としての事業活動をしたもの
第二条の二第十項	事業者	事業者団体
	をしていないもの	の実行としての事業活動をしていないもの
第二条の二第十一項	事業者と	事業者団体の特定事業者と
	事業者から	特定事業者から
第二条の二第十二項	第七条の二第一項又は第七条の九第一項若しくは第二項	第八条の三
	事業者	事業者団体の特定事業者
第二条の二第十三項	第七条の二第一項又は第七条の九第一項に規定する違反行為をした	違反行為をした事業者団体の
	事業者	特定事業者
第二条の二第十五項	事業者	事業者団体の特定事業者
第七条の二第一項各号列記以外の部分	事業者が	事業者団体が
	事業者に	事業者団体の特定事業者に
第七条の二第一項各号	事業者	特定事業者
第七条の二第一項第三号	をしていない	の実行としての事業活動をしていない

第七条の二第一項第四号	違反行為をした	違反行為をした事業者団体の
第七条の二第二項及び第三項	当該事業者	当該特定事業者
第七条の四第一項各号列記以外の部分	事業者	特定事業者
第七条の四第一項第一号	違反行為をした	違反行為をした事業者団体の
	事業者	特定事業者
第七条の四第一項第二号	をしていない	の実行としての事業活動をしていない
第七条の四第二項各号列記以外の部分	事業者	特定事業者
	前二条	同条
第七条の四第二項第一号から第四号まで	事業者	事業者団体の特定事業者
第七条の四第二項第五号	をしていない	の実行としての事業活動をしていない
第七条の四第三項各号列記以外の部分	事業者	特定事業者
第七条の四第三項第三号	をしていない	の実行としての事業活動をしていない
第七条の四第四項各号列記以外の部分	第七条の二第一項に規定する違反行為をした	第八条第一号（不当な取引制限に相当する行為をする場合に限る。）又は第二号（不当な取引制限に該当する事項を内容とする国際的協定又は国際的契約をする場合に限

		る。）の規定に違反する行為をした事業者団体の
	事業者	特定事業者
	第一号に該当し、かつ、第二号又は第三号のいずれかに該当する	第一号に該当する
第七条の四第四項第一号	事業者	特定事業者
	子会社等	子会社等（特定事業者の子会社（第二条の二第二項に規定する子会社をいう。）若しくは親会社（同項に規定する親会社をいう。以下この号において同じ。）又は当該特定事業者と親会社が同一である他の会社をいう。）

第七条の四第五項及び第六項	事業者	特定事業者
第七条の四第七項	事業者	特定事業者
	した違反行為	行つた同項第一号に規定する事実の報告及び資料の提出
第七条の五第一項各号列記以外の部分	行つた事業者	行つた特定事業者
	報告等事業者	特定報告等事業者
第七条の五第一項第一号ロ	報告等事業者	特定報告等事業者
第七条の五第一項第二号	事業者	特定事業者
第七条の五第二項、第四項、第六項、第七項	報告等事業者	特定報告等事業者

及び第九項から第十一項まで		
第七条の六（第四号を除く。）	事業者	特定事業者
第七条の六第四号	事業者がした	事業者団体がした
	、当該事業者	、当該特定事業者
	他の事業者	他の特定事業者
	（当該事業者	（当該特定事業者
	及び当該事業者	及び当該特定事業者
	一以上の事業者	一以上の特定事業者
	以外の事業者	以外の特定事業者
	をする	の実行としての事業活動を行う

	をやめる	の実行としての事業活動をやめる
第七条の八第一項	同条、第七条の三	同条
	、第七条の五第三項又は前条第一項	又は第七条の五第三項
第七条の八第二項	第七条の二、第七条の三	第七条の二
	、第七条の五第三項又は前条第一項	又は第七条の五第三項

第三章の二　独占的状態

第八条の四　独占的状態があるときは、公正取引委員会は、第八章第二節に規定する手続に従い、事業者に対し、事業の一部の譲渡その他当該商品又は役務について競争を回復させるために必要な措置を命ずることができる。ただし、当該措置により、当該事業者につき、その供給する商品若しくは役務の供給に要する費用の著しい上昇をもたらす程度に事業の規模が縮小し、経理が不健全になり、又は国際競争力の維持が困難になると認められる場合及び当該商品又は役務について競争を回復するに足りると認められる他の措置が講ぜられる場合は、この限りでない。

2　公正取引委員会は、前項の措置を命ずるに当たつては、次の各号に掲げる事項に基づき、当該事業者及び関連事業者の事業活動の円滑な遂行並びに当該事業者に雇用されている者の生活の安定について配慮しなければならない。

一　資産及び収支その他の経理の状況
二　役員及び従業員の状況
三　工場、事業場及び事務所の位置その他の立地条件
四　事業設備の状況
五　特許権、商標権その他の無体財産権の内容及び技術上の特質
六　生産、販売等の能力及び状況
七　資金、原材料等の取得の能力及び状況
八　商品又は役務の供給及び流通の状況

第五章　不公正な取引方法

第一八条の二　この章において「違反行為期間」とは、第二十条の二から第二十条の六までに規定する違反行為のうちいずれかの違反行為をした事業者に係る当該違反行為をした日（当該事業者に対し当該違反行為について第四十七条第一項第一号、第三号又は第四号に掲げる処分が最初に行われた日（当該事業者に対し当該処分が行われなかつたときは、当該事業者が当該違反行為について事前通知（第二十条の二から第二十条の六までの規定により課徴金の納付を命ずる場合において、第六十二条第四項において読み替えて準用する第五十条第一項の規定により公正取引委員会が第二十条の二から第二十条の六までに規定する違反行為のうちいずれかの違反行為をした事業者に対してする通知をいう。

次項において同じ。）を受けた日）の十年前の日前であるときは、同日）から当該違反行為がなくなる日までの期間をいう。

2　この章において「調査開始日」とは、第二十条の二から第二十条の五までに規定する違反行為のうちいずれかの違反行為に係る事件について第四十七条第一項第一号、第三号又は第四号に掲げる処分が最初に行われた日（当該処分が行われなかつたときは、当該違反行為をした事業者が当該違反行為について事前通知を受けた日）をいう。

第一九条　事業者は、不公正な取引方法を用いてはならない。

第二〇条　前条の規定に違反する行為があるときは、公正取引委員会は、第八章第二節に規定する手続に従い、事業者に対し、当該行為の差止め、契約条項の削除その他当該行為を排除するために必要な措置を命ずることができる。

2　第七条第二項の規定は、前条の規定に違反する行為に準用する。

第二〇条の二　事業者が、次の各号のいずれかに該当する者であつて、第十九条の規定に違反する行為（第二条第九項第一号に該当するものに限る。）をしたときは、公正取引委員会は、第八章第二節に規定する手続に従い、当該事業者に対し、違反行為期間における、当該違反行為においてて当該事業者がその供給を拒絶し、又はその供給に係る商品若しくは役務の数量若しくは内容を制限した事業者の競争者に対し供給した同号イに規定する商品又は役務と同一の商品又は役務（同号ロに規定する違反行為にあつては、当該事業者が同号ロに規定する他の事業者（以下この条において「拒絶事業者」という。）に対し供給した同号ロに規定する商品又は役務と同一の商品又は役務（当該拒絶事業者が当該同一の商品又は役務を供給するために必要な商品又は役務を含む。）、拒絶事業者がその供給を拒絶し、又はその供給に係る商品若しくは役務の数量若しくは内容を制限した事業者の競争者に対し当該事業者が供給した当該同一の商品又は役務及び拒絶事業者が当該事業者に対し供給した当該同一の商品又は役務）の政令で定める方法により算定した売上額に百分の三を乗じて得た額に相当する額の課徴金を国庫に納付することを命じなければならない。ただし、当該事業者が当該違反行為に係る行為について第七条の二第一項（第八条の三において読み替えて準用する場合を含む。次条から第二十条の五までにおいて同じ。）若しくは第七条の九第一項若しくは第二項の規定による命令（当該命令が確定している場合に限る。第二十条の四及び第二十条の五において同じ。）、第七条の四第七項若しくは第七条の七第三項の規定による通知若しくは第六十三条第二項の規定による決定を受けたとき、又はこの条の規定による課徴金の額が百万円未満であるときは、その納付を命ずることができない。

一　当該違反行為に係る事件についての調査開始日から遡り十年以内に、前条の規定による命令（第二条第九項第一号に係るものに限る。次号において同じ。）又はこの条の規定による命令を受けたことがある者（当該命令が確定している場合に限る。次号において同じ。）

二　当該違反行為に係る事件についての調査開始日から遡り十年以内に、その完全子会社が前条の規定による命令（当該命令の日において当該事業者の完全子会社である場合に限る。）又はこの条の規定による命令（当該命令の日において当該事業者の完全子会社である場合に限る。）を受けたことがある者

第二〇条の三　事業者が、次の各号のいずれかに該当する者であつて、第十九条の規定に違反する行為（第二条第九項第二号に該当するものに限る。）をしたときは、公正取引委員会は、第八章第二節に規定する手続に従い、当該事業者に対し、違反行為期間における、当該違反行為において当該事業者が供給した同号に規定する商品又は役務の政令で定める方法により算定した売上額に百分の三を乗じて得た額に相当する額の課徴金を国庫に納付することを命じなければ

ならない。ただし、当該事業者が当該違反行為に係る行為について第七条の二第一項、第七条の九第一項若しくは第二項若しくは次条の規定による命令（当該命令が確定している場合に限る。）、第七条の四第七項若しくは第七条の七第三項の規定による通知若しくは第六十三条第二項の規定による決定を受けたとき、又はこの条の規定による課徴金の額が百万円未満であるときは、その納付を命ずることができない。

一　当該違反行為に係る事件についての調査開始日から遡り十年以内に、第二十条の規定による命令（第二条第九項第二号に係るものに限る。次号において同じ。）又はこの条の規定による命令を受けたことがある者（当該命令が確定している場合に限る。次号において同じ。）

二　当該違反行為に係る事件についての調査開始日から遡り十年以内に、その完全子会社が第二十条の規定による命令（当該命令の日において当該事業者の完全子会社である場合に限る。）又はこの条の規定による命令（当該命令の日において当該事業者の完全子会社である場合に限る。）を受けたことがある者

第二〇条の四　事業者が、次の各号のいずれかに該当する者であつて、第十九条の規定に違反する行為（第二条第九項第三号に該当するものに限る。）をしたときは、公正取引委員会は、第八章第二節に規定する手続に従い、当該事業者に対し、違反行為期間における、当該違反行為において当該事業者が供給した同号に規定する商品又は役務の政令で定める方法により算定した売上額に百分の三を乗じて得た額に相当する額の課徴金を国庫に納付することを命じなければならない。ただし、当該事業者が当該違反行為に係る行為について第七条の二第一項若しくは第七条の九第一項若しくは第二項の規定による命令、第七条の四第七項若しくは第七条の七第三項の規定による通知若しくは第六十三条第二項の規定による決定を受けたとき、又はこの条の規定による課徴金の額が百万円未満であると

きは、その納付を命ずることができない。

一　当該違反行為に係る事件についての調査開始日から遡り十年以内に、第二十条の規定による命令（第二条第九項第三号に係るものに限る。次号において同じ。）又はこの条の規定による命令を受けたことがある者（当該命令が確定している場合に限る。次号において同じ。）

二　当該違反行為に係る事件についての調査開始日から遡り十年以内に、その完全子会社が第二十条の規定による命令（当該命令の日において当該事業者の完全子会社である場合に限る。）又はこの条の規定による命令（当該命令の日において当該事業者の完全子会社である場合に限る。）を受けたことがある者

第二〇条の五　事業者が、次の各号のいずれかに該当する者であつて、第十九条の規定に違反する行為（第二条第九項第四号に該当するものに限る。）をしたときは、公正取引委員会は、第八章第二節に規定する手続に従い、当該事業者に対し、違反行為期間における、当該違反行為において当該事業者が供給した同号に規定する商品の政令で定める方法により算定した売上額に百分の三を乗じて得た額に相当する額の課徴金を国庫に納付することを命じなければならない。ただし、当該事業者が当該違反行為に係る行為について第七条の二第一項若しくは第七条の九第一項若しくは第二項の規定による命令、第七条の四第七項若しくは第七条の七第三項の規定による通知若しくは第六十三条第二項の規定による決定を受けたとき、又はこの条の規定による課徴金の額が百万円未満であるときは、その納付を命ずることができない。

一　当該違反行為に係る事件についての調査開始日から遡り十年以内に、第二十条の規定による命令（第二条第九項第四号に係るものに限る。次号において同じ。）又はこの条の規定による命令を受けたことがある者（当該命令が確定している場合に限る。次号において同じ。）

二　当該違反行為に係る事件についての調査開始日から遡り十年以内に、その完全子会社が第二十条の規定による命令（当該命令の日において当該事業者の完全子会社である場合に限る。）又はこの条の規定による命令（当該命令の日において当該事業者の完全子会社である場合に限る。）を受けたことがある者

第二〇条の六　事業者が、第十九条の規定に違反する行為（第二条第九項第五号に該当するものであつて、継続してするものに限る。）をしたときは、公正取引委員会は、第八章第二節に規定する手続に従い、当該事業者に対し、違反行為期間における、当該違反行為の相手方との間における政令で定める方法により算定した売上額（当該違反行為が商品又は役務の供給を受ける相手方に対するものである場合は当該違反行為の相手方との間における政令で定める方法により算定した購入額とし、当該違反行為の相手方が複数ある場合は当該違反行為のそれぞれの相手方との間における政令で定める方法により算定した売上額又は購入額の合計額とする。）に百分の一を乗じて得た額に相当する額の課徴金を国庫に納付することを命じなければならない。ただし、その額が百万円未満であるときは、その納付を命ずることができない。

第六章　適用除外

第二一条　この法律の規定は、著作権法（昭和四五年五月法律第四八号）、特許法（昭和三四年四月法律第一二一号）、実用新案法（昭和三四年四月法律第一二三号）、意匠法（昭和三四年四月法律第一二五号）又は商標法（昭和三四年四月法律第一二七号）による権利の行使と認められる行為にはこれを適用しない。

第二二条　この法律の規定は、次の各号に掲げる要件を備え、かつ、法律の規定に基づいて設立された組合（組合の連合会を含む。）の行為には、これを適用しない。ただし、不公正な取引方法を用いる場合又は一定の取引分野における競争

を実質的に制限することにより不当に対価を引き上げることとなる場合は、この限りでない。

一　小規模の事業者又は消費者の相互扶助を目的とすること。

二　任意に設立され、かつ、組合員が任意に加入し、又は脱退することができること。

三　各組合員が平等の議決権を有すること。

四　組合員に対して利益分配を行う場合には、その限度が法令又は定款に定められていること。

第二三条　この法律の規定は、公正取引委員会の指定する商品であつて、その品質が一様であることを容易に識別することができるものを生産し、又は販売する事業者が、当該商品の販売の相手方たる事業者とその商品の再販売価格（その相手方たる事業者又はその相手方たる事業者の販売する当該商品を買い受けて販売する事業者がその商品を販売する価格をいう。以下同じ。）を決定し、これを維持するためにする正当な行為については、これを適用しない。ただし、当該行為が一般消費者の利益を不当に害することとなる場合及びその商品を販売する事業者がする行為にあつてはその商品を生産する事業者の意に反してする場合は、この限りでない。

2　公正取引委員会は、次の各号に該当する場合でなければ、前項の規定による指定をしてはならない。

一　当該商品が一般消費者により日常使用されるものであること。

二　当該商品について自由な競争が行われていること。

3　第一項の規定による指定は、告示によつてこれを行う。

4　著作物を発行する事業者又はその発行する物を販売する事業者が、その物の販売の相手方たる事業者とその物の再販売価格を決定し、これを維持するためにする正当な行為についても、第一項と同様とする。

5　第一項又は前項に規定する販売の相手方たる事業者には、次に掲げる法律の規定に基づいて設立された団体を含まないものとする。ただし、第七号及び第十号に掲げる法律の規定に基づいて設立された団体にあつては、事業協同組合、事業協同小組合、協同組合連合会、商工組合又は商工組合連合会が当該事業協同組合、協同組合連合会、商工組合又は商工組合連合会を直接又は間接に構成する者の消費の用に供する第二項に規定する商品又は前項に規定する物を買い受ける場合に限る。

一　国家公務員法（昭和二十二年法律第百二十号）
二　農業協同組合法（昭和二十二年法律第百三十二号）
三　消費生活協同組合法（昭和二十三年法律第二百号）
四　水産業協同組合法（昭和二十三年法律第二百四十二号）
五　行政執行法人の労働関係に関する法律（昭和二十三年法律第二百五十七号）
六　労働組合法（昭和二十四年法律第百七十四号）
七　中小企業等協同組合法（昭和二十四年法律第百八十一号）
八　地方公務員法（昭和二十五年法律第二百六十一号）
九　地方公営企業等の労働関係に関する法律（昭和二十七年法律第二百八十九号）
十　中小企業団体の組織に関する法律（昭和三十二年法律第百八十五号）
十一　国家公務員共済組合法（昭和三十三年法律第百二十八号）
十二　地方公務員等共済組合法（昭和三十七年法律第百五十二号）
十三　森林組合法（昭和五十三年法律第三十六号）

6　第一項に規定する事業者は、同項に規定する再販売価格を決定し、これを維持するための契約をしたときは、公正取引委員会規則の定めるところにより、その契約の成立の日から三十日以内に、その旨を公正取引委員会に届け出なければならない。ただし、公正取引委員会規則の定める場合は、この限りでない。

第七章　差止請求及び損害賠償

第二四条　第八条第五号又は第十九条の規定に違反する行為によつてその利益を侵害され、又は侵害されるおそれがある者は、これにより著しい損害を生じ、又は生ずるおそれがあるときは、その利益を侵害する事業者若しくは事業者団体又は侵害するおそれがある事業者若しくは事業者団体に対し、その侵害の停止又は予防を請求することができる。

第二五条　第三条、第六条又は第十九条の規定に違反する行為をした事業者（第六条の規定に違反する行為をした事業者にあつては、当該国際的協定又は国際的契約において、不当な取引制限をし、又は不公正な取引方法を自ら用いた事業者に限る。）及び第八条の規定に違反する行為をした事業者団体は、被害者に対し、損害賠償の責めに任ずる。

2　事業者及び事業者団体は、故意又は過失がなかつたことを証明して、前項に規定する責任を免れることができない。

第二六条　前条の規定による損害賠償の請求権は、第四十九条に規定する排除措置命令（排除措置命令がされなかつた場合にあつては、第六十二条第一項に規定する納付命令（第八条第一号又は第二号の規定に違反する行為をした事業者団体の構成事業者に対するものを除く。））が確定した後でなければ、裁判上主張することができない。

2　前項の請求権は、同項の排除措置命令又は納付命令が確定した日から三年を経過したときは、時効によつて消滅する。

第八章　公正取引委員会

第一節　設置、任務及び所掌事務並びに組織等

第二七条　内閣府設置法（平成十一年法律第八十

九号）第四十九条第三項の規定に基づいて、第一条の目的を達成することを任務とする公正取引委員会を置く。

2　公正取引委員会は、内閣総理大臣の所轄に属する。

第二七条の二　公正取引委員会は、前条第一項の任務を達成するため、次に掲げる事務をつかさどる。

一　私的独占の規制に関すること。

二　不当な取引制限の規制に関すること。

三　不公正な取引方法の規制に関すること。

四　独占的状態に係る規制に関すること。

五　所掌事務に係る国際協力に関すること。

六　前各号に掲げるもののほか、法律（法律に基づく命令を含む。）に基づき、公正取引委員会に属させられた事務

第二節　手　続

第四五条　何人も、この法律の規定に違反する事実があると思料するときは、公正取引委員会に対し、その事実を報告し、適当な措置をとるべきことを求めることができる。

2　前項に規定する報告があつたときは、公正取引委員会は、事件について必要な調査をしなければならない。

3　第一項の規定による報告が、公正取引委員会規則で定めるところにより、書面で具体的な事実を摘示してされた場合において、当該報告に係る事件について、適当な措置をとり、又は措置をとらないこととしたときは、公正取引委員会は、速やかに、その旨を当該報告をした者に通知しなければならない。

4　公正取引委員会は、この法律の規定に違反する事実又は独占的状態に該当する事実があると思料するときは、職権をもつて適当な措置をとることができる。

第四六条　公正取引委員会は、独占的状態に該当する事実があると思料する場合において、前条第四項の措置をとることとしたときは、その旨を当該事業者の営む事業に係る主務大臣に通知

しなければならない。

2　前項の通知があつた場合には、当該主務大臣は、公正取引委員会に対し、独占的状態の有無及び第八条の四第一項ただし書に規定する競争を回復するに足りると認められる他の措置に関し意見を述べることができる。

第四七条　公正取引委員会は、事件について必要な調査をするため、次に掲げる処分をすることができる。

一　事件関係人又は参考人に出頭を命じて審尋し、又はこれらの者から意見若しくは報告を徴すること。

二　鑑定人に出頭を命じて鑑定させること。

三　帳簿書類その他の物件の所持者に対し、当該物件の提出を命じ、又は提出物件を留めて置くこと。

四　事件関係人の営業所その他必要な場所に立ち入り、業務及び財産の状況、帳簿書類その他の物件を検査すること。

2　公正取引委員会が相当と認めるときは、政令で定めるところにより、公正取引委員会の職員を審査官に指定し、前項の処分をさせることができる。

3　前項の規定により職員に立入検査をさせる場合においては、これに身分を示す証明書を携帯させ、関係者に提示させなければならない。

4　第一項の規定による処分の権限は、犯罪捜査のために認められたものと解釈してはならない。

第四八条　公正取引委員会は、事件について必要な調査をしたときは、その要旨を調書に記載し、かつ、特に前条第一項に規定する処分があつたときは、処分をした年月日及びその結果を明らかにしておかなければならない。

第四八条の二　公正取引委員会は、第三条、第六条、第八条、第九条第一項若しくは第二項、第十条第一項、第十一条第一項、第十三条、第十四条、第十五条第一項、第十五条の二第一項、第十五条の三第一項、第十六条第一項、第十七条又は第十九条の規定に違反する事実があると思料する場合において、その疑いの理由となつた行為について、公正かつ自由な競争の促進を図る上で必要があると認めるときは、当該行為をしている者に対し、次に掲げる事項を書面により通知することができる。ただし、第五十条第一項（第六十二条第四項において読み替えて準用する場合を含む。）の規定による通知をした後は、この限りでない。

一　当該行為の概要

二　違反する疑いのある法令の条項

三　次条第一項の規定による認定の申請をすることができる旨

第四八条の三　前条の規定による通知を受けた者は、疑いの理由となつた行為を排除するために必要な措置を自ら策定し、実施しようとするときは、公正取引委員会規則で定めるところにより、その実施しようとする措置（以下この条から第四十八条の五までにおいて「排除措置」という。）に関する計画（以下この条及び第四十八条の五において「排除措置計画」という。）を作成し、これを当該通知の日から六十日以内に公正取引委員会に提出して、その認定を申請することができる。

2　排除措置計画には、次に掲げる事項を記載しなければならない。

一　排除措置の内容

二　排除措置の実施期限

三　その他公正取引委員会規則で定める事項

3　公正取引委員会は、第一項の規定による認定の申請があつた場合において、その排除措置計画が次の各号のいずれにも適合すると認めるときは、その認定をするものとする。

一　排除措置が疑いの理由となつた行為を排除するために十分なものであること。

二　排除措置が確実に実施されると見込まれるものであること。

4　前項の認定は、文書によつて行い、認定書には、委員長及び第六十五条第一項の規定による合議に出席した委員がこれに記名押印しなければならない。

5　第三項の認定は、その名宛人に認定書の謄本を送達することによつて、その効力を生ずる。

6　公正取引委員会は、第一項の規定による認定の申請があつた場合において、その排除措置計画が第三項各号のいずれかに適合しないと認めるときは、決定でこれを却下しなければならない。

7　第四項及び第五項の規定は、前項の規定による決定について準用する。この場合において、第四項及び第五項中「認定書」とあるのは、「決定書」と読み替えるものとする。

8　第三項の認定を受けた者は、当該認定に係る排除措置計画を変更しようとするときは、公正取引委員会規則で定めるところにより、公正取引委員会の認定を受けなければならない。

9　第三項から第七項までの規定は、前項の規定による変更の認定について準用する。

第四八条の四　第七条第一項及び第二項（第八条の二第二項及び第二十条第二項において準用する場合を含む。）、第七条の二第一項（第八条の三において読み替えて準用する場合を含む。）、第七条の九第一項及び第二項、第八条の二第一項及び第三項、第十七条の二、第二十条第一項並びに第二十条の二から第二十条の六までの規定は、公正取引委員会が前条第三項の認定（同条第八項の規定による変更の認定を含む。次条、第六十五条、第六十八条第一項及び第七十六条第二項において同じ。）をした場合において、当該認定に係る疑いの理由となつた行為及び排除措置に係る行為については、適用しない。ただし、次条第一項の規定による決定があつた場合は、この限りでない。

第四八条の五　公正取引委員会は、次の各号のいずれかに該当するときは、決定で、第四十八条の三第三項の認定を取り消さなければならない。

一　第四十八条の三第三項の認定を受けた排除措置計画に従つて排除措置が実施されていないと認めるとき。

二　第四十八条の三第三項の認定を受けた者が虚偽又は不正の事実に基づいて当該認定を受けたことが判明したとき。

2　第四十八条の三第四項及び第五項の規定は、前項の規定による決定について準用する。この場合において、同条第四項及び第五項中「認定書」とあるのは、「決定書」と読み替えるものとする。

3　第一項の規定による第四十八条の三第三項の認定の取消しがあつた場合において、当該取消しが第七条第二項ただし書（第八条の二第二項及び第二十条第二項において準用する場合を含む。以下この項において同じ。）に規定する期間の満了する日の二年前の日以後にあつたときは、当該認定に係る疑いの理由となつた行為に対する第七条第二項（第八条の二第二項及び第二十条第二項において準用する場合を含む。）又は第八条の二第三項の規定による命令は、第七条第二項ただし書の規定にかかわらず、当該取消しの決定の日から二年間においても、することができる。

4　前項の規定は、第七条の二第一項（第八条の三において読み替えて準用する場合を含む。）、第七条の九第一項若しくは第二項又は第二十条の二から第二十条の六までの規定による命令について準用する。この場合において、前項中「第七条第二項ただし書（第八条の二第二項及び第二十条第二項において」とあるのは「第七条の八第六項（第七条の八第六項及び第八条の三において準用する場合並びに第七条の九第四項及び第二十条の七において読み替えて」と、「、第七条第二項ただし書」とあるのは「、第七条の八第六項」と読み替えるものとする。

第四八条の六　公正取引委員会は、第三条、第六条、第八条又は第十九条の規定に違反する疑いの理由となつた行為が既になくなつている場合においても、公正かつ自由な競争の促進を図る上で特に必要があると認めるときは、第一号に掲げる者に対し、第二号に掲げる事項を書面により通知することができる。ただし、第五十条第一項（第六十二条第四項において読み替えて準用する場合を含む。）の規定による通知をした後は、この限りでない。

一　次に掲げる者
イ　疑いの理由となつた行為をした者
ロ　疑いの理由となつた行為をした者が法人である場合において、当該法人が合併により消滅したときにおける合併後存続し、又は合併により設立された法人
ハ　疑いの理由となつた行為をした者が法人である場合において、当該法人から分割により当該行為に係る事業の全部又は一部を承継した法人
ニ　疑いの理由となつた行為をした者から当該行為に係る事業の全部又は一部を譲り受けた者
二　次に掲げる事項
イ　疑いの理由となつた行為の概要
ロ　違反する疑いのあつた法令の条項
ハ　次条第一項の規定による認定の申請をすることができる旨

第四八条の七　前条の規定による通知を受けた者は、疑いの理由となつた行為が排除されたことを確保するために必要な措置を自ら策定し、実施しようとするときは、公正取引委員会規則で定めるところにより、その実施しようとする措置（以下この条から第四十八条の九までにおいて「排除確保措置」という。）に関する計画（以下この条及び第四十八条の九において「排除確保措置計画」という。）を作成し、これを当該通知の日から六十日以内に公正取引委員会に提出して、その認定を申請することができる。

2　排除確保措置計画には、次に掲げる事項を記載しなければならない。
一　排除確保措置の内容
二　排除確保措置の実施期限
三　その他公正取引委員会規則で定める事項

3　公正取引委員会は、第一項の規定による認定の申請があつた場合において、その排除確保措置計画が次の各号のいずれにも適合すると認めるときは、その認定をするものとする。
一　排除確保措置が疑いの理由となつた行為が排除されたことを確保するために十分なもの

であること。

二　排除確保措置が確実に実施されると見込まれるものであること。

4　第四十八条の三第四項及び第五項の規定は、前項の規定による認定について準用する。

5　公正取引委員会は、第一項の規定による認定の申請があつた場合において、その排除確保措置計画が第三項各号のいずれかに適合しないと認めるときは、決定でこれを却下しなければならない。

6　第四十八条の三第四項及び第五項の規定は、前項の規定による決定について準用する。この場合において、同条第四項及び第五項中「認定書」とあるのは、「決定書」と読み替えるものとする。

7　第三項の認定を受けた者は、当該認定に係る排除確保措置計画を変更しようとするときは、公正取引委員会規則で定めるところにより、公正取引委員会の認定を受けなければならない。

8　第三項から第六項までの規定は、前項の規定による変更の認定について準用する。

第四八条の八　第七条第一項及び第二項（第八条の二第二項及び第二十条第二項において準用する場合を含む。）、第七条の二第一項（第八条の三において読み替えて準用する場合を含む。）、第七条の九第一項及び第二項、第八条の二第一項及び第三項、第二十条第一項並びに第二十条の二から第二十条の六までの規定は、公正取引委員会が前条第三項の認定（同条第七項の規定による変更の認定を含む。次条、第六十五条、第六十八条第二項及び第七十六条第二項において同じ。）をした場合において、当該認定に係る疑いの理由となつた行為及び排除確保措置に係る行為については、適用しない。ただし、次条第一項の規定による決定があつた場合は、この限りでない。

第四八条の九　公正取引委員会は、次の各号のいずれかに該当するときは、決定で、第四十八条の七第三項の認定を取り消さなければならない。

一　第四十八条の七第三項の認定を受けた排除確保措置計画に従つて排除確保措置が実施さ

れていないと認めるとき。
二　第四十八条の七第三項の認定を受けた者が虚偽又は不正の事実に基づいて当該認定を受けたことが判明したとき。
2　第四十八条の三第四項及び第五項の規定は、前項の規定による決定について準用する。この場合において、同条第四項及び第五項中「認定書」とあるのは、「決定書」と読み替えるものとする。
3　第一項の規定による第四十八条の七第三項の認定の取消しがあつた場合において、当該取消しが第七条第二項ただし書（第八条の二第二項及び第二十条第二項において準用する場合を含む。以下この項において同じ。）に規定する期間の満了する日の二年前の日以後にあつたときは、当該認定に係る疑いの理由となつた行為に対する第七条第二項（第八条の二第二項及び第二十条第二項において準用する場合を含む。）又は第八条の二第三項の規定による命令は、第七条第二項ただし書の規定にかかわらず、当該取消しの決定の日から二年間においても、することができる。
4　前項の規定は、第七条の二第一項（第八条の三において読み替えて準用する場合を含む。）、第七条の九第一項若しくは第二項又は第二十条の二から第二十条の六までの規定による命令について準用する。この場合において、前項中「第七条第二項ただし書（第八条の二第二項及び第二十条第二項において」とあるのは「第七条の八第六項（第七条の九第三項及び第八条の三において準用する場合並びに第七条の九第四項及び第二十条の七において読み替えて」と、「、第七条第二項ただし書」とあるのは「、第七条の八第六項」と読み替えるものとする。

第四九条　公正取引委員会は、第七条第一項若しくは第二項（第八条の二第二項及び第二十条第二項において準用する場合を含む。）、第八条の二第一項若しくは第三項、第十七条の二又は第二十条第一項の規定による命令（以下「排除措置命令」という。）をしようとするときは、当該排除措置命令の名宛人となるべき者について、意見聴取を行わなければならない。

第五〇条　公正取引委員会は、前条の意見聴取を行うに当たつては、意見聴取を行うべき期日までに相当な期間をおいて、排除措置命令の名宛人となるべき者に対し、次に掲げる事項を書面により通知しなければならない。

一　予定される排除措置命令の内容
二　公正取引委員会の認定した事実及びこれに対する法令の適用
三　意見聴取の期日及び場所
四　意見聴取に関する事務を所掌する組織の名称及び所在地

2　前項の書面においては、次に掲げる事項を教示しなければならない。

一　意見聴取の期日に出頭して意見を述べ、及び証拠を提出し、又は意見聴取の期日への出頭に代えて陳述書及び証拠を提出することができること。
二　意見聴取が終結する時までの間、第五十二条の規定による証拠の閲覧又は謄写を求めることができること。

第五一条　前条第一項の規定による通知を受けた者（以下この節において「当事者」という。）は、代理人を選任することができる。

2　代理人は、各自、当事者のために、意見聴取に関する一切の行為をすることができる。

第五二条　当事者は、第五十条第一項の規定による通知があつた時から意見聴取が終結する時までの間、公正取引委員会に対し、当該意見聴取に係る事件について公正取引委員会の認定した事実を立証する証拠の閲覧又は謄写（謄写については、当該証拠のうち、当該当事者若しくはその従業員が提出したもの又は当該当事者若しくはその従業員の供述を録取したものとして公正取引委員会規則で定めるものの謄写に限る。以下この条において同じ。）を求めることができる。この場合において、公正取引委員会は、第三者の利益を害するおそれがあるときその他正当な理由があるときでなければ、その閲覧又は謄写を拒むことができない。

2　前項の規定は、当事者が、意見聴取の進行に応じて必要となつた証拠の閲覧又は謄写を更に求めることを妨げない。

3　公正取引委員会は、前二項の閲覧又は謄写について日時及び場所を指定することができる。

第五三条　意見聴取は、公正取引委員会が事件ごとに指定するその職員（以下「指定職員」という。）が主宰する。

2　公正取引委員会は、前項に規定する事件について審査官の職務を行つたことのある職員その他の当該事件の調査に関する事務に従事したことのある職員を意見聴取を主宰する職員として指定することができない。

第五四条　指定職員は、最初の意見聴取の期日の冒頭において、当該意見聴取に係る事件について第四十七条第二項の規定により指定された審査官その他の当該事件の調査に関する事務に従事した職員（次項及び第三項並びに第五十六条第一項において「審査官等」という。）に、予定される排除措置命令の内容、公正取引委員会の認定した事実及び第五十二条第一項に規定する証拠のうち主要なもの並びに公正取引委員会の認定した事実に対する法令の適用を意見聴取の期日に出頭した当事者に対し説明させなければならない。

2　当事者は、意見聴取の期日に出頭して、意見を述べ、及び証拠を提出し、並びに指定職員の許可を得て審査官等に対し質問を発することができる。

3　指定職員は、意見聴取の期日において必要があると認めるときは、当事者に対し質問を発し、意見の陳述若しくは証拠の提出を促し、又は審査官等に対し説明を求めることができる。

4　意見聴取の期日における意見聴取は、公開しない。

第五五条　当事者は、意見聴取の期日への出頭に代えて、指定職員に対し、意見聴取の期日までに陳述書及び証拠を提出することができる。

第五六条　指定職員は、意見聴取の期日における当事者による意見陳述、証拠提出及び質問並びに審査官等による説明（第五十八条第一項及び第二項において「当事者による意見陳述等」という。）の結果、なお意見聴取を続行する必要があると認めるときは、さらに新たな期日を定めることができる。

2　前項の場合においては、当事者に対し、あらかじめ、次回の意見聴取の期日及び場所を書面により通知しなければならない。ただし、意見聴取の期日に出頭した当事者に対しては、当該意見聴取の期日においてこれを告知すれば足りる。

第五七条　指定職員は、当事者が正当な理由なく意見聴取の期日に出頭せず、かつ、第五十五条に規定する陳述書又は証拠を提出しない場合には、当該当事者に対し改めて意見を述べ、及び証拠を提出する機会を与えることなく、意見聴取を終結することができる。

2　指定職員は、前項に規定する場合のほか、当事者が意見聴取の期日に出頭せず、かつ、第五十五条に規定する陳述書又は証拠を提出しない場合において、当該当事者の意見聴取の期日への出頭が相当期間引き続き見込めないときは、当該当事者に対し、期限を定めて陳述書及び証拠の提出を求め、当該期限が到来したときに意見聴取を終結することができる。

第五八条　指定職員は、意見聴取の期日における当事者による意見陳述等の経過を記載した調書を作成し、当該調書において、第五十条第一項第一号及び第二号に掲げる事項に対する当事者の陳述の要旨を明らかにしておかなければならない。

2　前項に規定する調書は、意見聴取の期日における当事者による意見陳述等が行われた場合には各期日ごとに、当該当事者による意見陳述等が行われなかつた場合には意見聴取の終結後速やかに作成しなければならない。

3　第一項に規定する調書には、提出された証拠（第五十五条の規定により陳述書及び証拠が提出されたときは、提出された陳述書及び証拠）

を添付しなければならない。

4　指定職員は、意見聴取の終結後速やかに、当該意見聴取に係る事件の論点を整理し、当該整理された論点を記載した報告書を作成し、第一項に規定する調書とともに公正取引委員会に提出しなければならない。

5　当事者は、第一項に規定する調書及び前項に規定する報告書の閲覧を求めることができる。

第五九条　公正取引委員会は、意見聴取の終結後に生じた事情に鑑み必要があると認めるときは、指定職員に対し、前条第四項の規定により提出された報告書を返戻して意見聴取の再開を命ずることができる。

2　第五十六条第二項本文の規定は、前項の場合について準用する。

第六〇条　公正取引委員会は、排除措置命令に係る議決をするときは、第五十八条第一項に規定する調書及び同条第四項に規定する報告書の内容を十分に参酌してしなければならない。

第六一条　排除措置命令は、文書によつて行い、排除措置命令書には、違反行為を排除し、又は違反行為が排除されたことを確保するために必要な措置並びに公正取引委員会の認定した事実及びこれに対する法令の適用を示し、委員長及び第六十五条第一項の規定による合議に出席した委員がこれに記名押印しなければならない。

2　排除措置命令は、その名あて人に排除措置命令書の謄本を送達することによつて、その効力を生ずる。

第六二条　第七条の二第一項（第八条の三において読み替えて準用する場合を含む。）、第七条の九第一項若しくは第二項又は第二十条の二から第二十条の六までの規定による命令（以下「納付命令」という。）は、文書によつて行い、課徴金納付命令書には、納付すべき課徴金の額、課徴金の計算の基礎及び課徴金に係る違反行為並びに納期限を記載し、委員長及び第六十五条第一項の規定による合議に出席した委員がこれに記名押印しなければならない。

2　納付命令は、その名宛人に課徴金納付命令書の謄本を送達することによつて、その効力を生ずる。

3　第一項の課徴金の納期限は、課徴金納付命令書の謄本を発する日から七月を経過した日とする。

4　第四十九条から第六十条までの規定は、納付命令について準用する。この場合において、第五十条第一項第一号中「予定される排除措置命令の内容」とあるのは「納付を命じようとする課徴金の額」と、同項第二号中「公正取引委員会の認定した事実及びこれに対する法令の適用」とあり、及び第五十二条第一項中「公正取引委員会の認定した事実」とあるのは「課徴金の計算の基礎及び課徴金に係る違反行為」と、第五十四条第一項中「予定される排除措置命令の内容、公正取引委員会の認定した事実及び第五十二条第一項に規定する証拠のうち主要なもの並びに公正取引委員会の認定した事実に対する法令の適用」とあるのは「納付を命じようとする課徴金の額、課徴金の計算の基礎及び課徴金に係る違反行為並びに第六十二条第四項の規定により読み替えて準用する第五十二条第一項に規定する証拠のうち主要なもの」と読み替えるものとする。

第六三条　第七条の二第一項又は第七条の九第一項若しくは第二項の規定により公正取引委員会が納付命令を行つた後、同一事件について、当該納付命令を受けた者に対し、罰金の刑に処する確定裁判があつたときは、公正取引委員会は、決定で、当該納付命令に係る課徴金の額を、その額から当該裁判において命じられた罰金額の二分の一に相当する金額を控除した額に変更しなければならない。ただし、当該納付命令に係る課徴金の額が当該罰金額の二分の一に相当する金額を超えないとき、又は当該変更後の額が百万円未満となるときは、この限りでない。

2　前項ただし書の場合においては、公正取引委員会は、決定で、当該第七条の二第一項又は第七条の九第一項若しくは第二項の規定による納付命令を取り消さなければならない。

3　前二項の規定による決定は、文書によつて行い、決定書には、公正取引委員会の認定した事実及びこれに対する法令の適用を記載し、委員長及び第六十五条第一項の規定による合議に出席した委員がこれに記名押印しなければならない。

4　第一項及び第二項の規定による決定は、その名宛人に決定書の謄本を送達することによつて、その効力を生ずる。

5　公正取引委員会は、第一項及び第二項の場合において、変更又は取消し前の納付命令に基づき既に納付された金額（第六十九条第二項に規定する延滞金を除く。）で、還付すべきものがあるときは、遅滞なく、金銭で還付しなければならない。

第六四条　第八条の四第一項の規定による命令（以下「競争回復措置命令」という。）は、文書によつて行い、競争回復措置命令書には、独占的状態に係る商品又は役務について競争を回復させるために必要な措置並びに公正取引委員会の認定した事実及びこれに対する法令の適用を示し、委員長及び次条第一項の規定による合議に出席した委員がこれに記名押印しなければならない。

2　競争回復措置命令は、その名宛人に競争回復措置命令書の謄本を送達することによつて、その効力を生ずる。

3　競争回復措置命令は、確定しなければ執行することができない。

4　第四十九条から第六十条までの規定は、競争回復措置命令について準用する。

5　公正取引委員会は、前項において準用する第五十条第一項の規定による通知をしようとするときは、当該事業者の営む事業に係る主務大臣に協議し、かつ、公聴会を開いて一般の意見を求めなければならない。

第六五条　排除措置命令、納付命令、競争回復措置命令、第四十八条の三第三項の認定及び第四十八条の七第三項の認定並びにこの節の規定による決定（第七十条第二項に規定する支払決定を除く。以下同じ。）は、委員長及び委員の合議によらなければならない。

2　第三十四条第一項、第二項及び第四項の規定は、前項の合議について準用する。

3　競争回復措置命令をするには、前項において準用する第三十四条第二項の規定にかかわらず、三人以上の意見が一致しなければならない。

第六六条　公正取引委員会の合議は、公開しない。

第六七条　関係のある公務所又は公共的な団体は、公共の利益を保護するため、公正取引委員会に対して意見を述べることができる。

第六八条　公正取引委員会は、第四十八条の三第三項の認定をした後においても、特に必要があるときは、第四十七条の規定により、第四十八条の五第一項各号のいずれかに該当しているかどうかを確かめるために必要な処分をし、又はその職員をして処分をさせることができる。

2　公正取引委員会は、第四十八条の七第三項の認定をした後においても、特に必要があるときは、第四十七条の規定により、第四十八条の九第一項各号のいずれかに該当しているかどうかを確かめるために必要な処分をし、又はその職員をして処分をさせることができる。

3　公正取引委員会は、排除措置命令をした後又は競争回復措置命令が確定した後においても、特に必要があるときは、第四十七条の規定により、これらの命令において命じた措置が講じられているかどうかを確かめるために必要な処分をし、又はその職員をして処分をさせることができる。

第六九条　公正取引委員会は、課徴金をその納期限までに納付しない者があるときは、督促状により期限を指定してその納付を督促しなければならない。

2　公正取引委員会は、前項の規定による督促をしたときは、その督促に係る課徴金の額につき年十四・五パーセントを超えない範囲内において政令で定める割合で、納期限の翌日からその納付の日までの日数により計算した延滞金を徴収することができる。ただし、延滞金の額が千円未満であるときは、この限りでない。

3　前項の規定により計算した延滞金の額に百円未満の端数があるときは、その端数は、切り捨てる。

4　公正取引委員会は、第一項の規定による督促を受けた者がその指定する期限までにその納付すべき金額を納付しないときは、国税滞納処分の例により、その督促に係る課徴金及び第二項に規定する延滞金を徴収することができる。

5　前項の規定による徴収金の先取特権の順位は、国税及び地方税に次ぐものとし、その時効については、国税の例による。

第七〇条　公正取引委員会は、第七条の八第四項（第七条の九第三項若しくは第四項又は第二十条の七において読み替えて準用する場合を含む。）の規定により第七条の二第一項、第七条の九第一項若しくは第二項又は第二十条の二から第二十条の六までの規定による課徴金の納付を命じた場合において、これらの規定による納付命令に基づき既に納付された金額で、還付すべきものがあるとき（第六十三条第五項に規定する場合を除く。）は、遅滞なく、金銭で還付しなければならない。

2　公正取引委員会は、前項の金額を還付する場合には、当該金額の納付があつた日の翌日から起算して一月を経過する日の翌日からその還付のための支払決定をした日までの期間の日数に応じ、その金額に年七・二五パーセントを超えない範囲内において政令で定める割合を乗じて計算した金額をその還付すべき金額に加算しなければならない。

3　前条第二項ただし書及び第三項の規定は、前項の規定により加算する金額について準用する。

第七一条　公正取引委員会は、特定の事業分野における特定の取引方法を第二条第九項第六号の規定により指定しようとするときは、当該特定の取引方法を用いる事業者と同種の事業を営む事業者の意見を聴き、かつ、公聴会を開いて一般の意見を求め、これらの意見を十分に考慮した上で、これをしなければならない。

第七二条　第二条第九項第六号の規定による指定は、告示によつてこれを行う。

第九章　訴　　訟

第七八条　第二十四条の規定による侵害の停止又は予防に関する訴えが提起されたときは、裁判所は、被告の申立てにより、決定で、相当の担保を立てるべきことを原告に命ずることができる。

2　前項の申立てをするには、同項の訴えの提起が不正の目的（不正の利益を得る目的、他人に損害を加える目的その他の不正の目的をいう。）によるものであることを疎明しなければならない。

第七九条　裁判所は、第二十四条の規定による侵害の停止又は予防に関する訴えが提起されたときは、その旨を公正取引委員会に通知するものとする。

2　裁判所は、前項の訴えが提起されたときは、公正取引委員会に対し、当該事件に関するこの法律の適用その他の必要な事項について、意見を求めることができる。

3　公正取引委員会は、第一項の訴えが提起されたときは、裁判所の許可を得て、裁判所に対し、当該事件に関するこの法律の適用その他の必要な事項について、意見を述べることができる。

第八〇条　裁判所は、第二十四条の規定による侵害の停止又は予防に関する訴訟においては、当事者の申立てにより、当事者に対し、当該侵害行為について立証するため必要な書類の提出を命ずることができる。ただし、その書類の所持者においてその提出を拒むことについて正当な理由があるときは、この限りでない。

2　裁判所は、前項ただし書に規定する正当な理由があるかどうかの判断をするため必要があると認めるときは、書類の所持者にその提示をさせることができる。この場合においては、何人も、その提示された書類の開示を求めることができない。

3　裁判所は、前項の場合において、第一項ただし書に規定する正当な理由があるかどうかについて前項後段の書類を開示してその意見を聴くことが必要であると認めるときは、当事者等（当事者（法人である場合にあつては、その代表者）又は当事者の代理人（訴訟代理人及び補佐人を除く。）、使用人その他の従業者をいう。次条第一項において同じ。）、訴訟代理人又は補佐人に対し、当該書類を開示することができる。

4　前三項の規定は、第二十四条の規定による侵害の停止又は予防に関する訴訟における当該侵害行為について立証するため必要な検証の目的の提示について準用する。

第八〇条を次のように改正する。

第八〇条　裁判所は、第二十四条の規定による侵害の停止又は予防に関する訴訟においては、当事者の申立てにより、当事者に対し、当該侵害行為について立証するため必要な書類又は電磁的記録（電子的方式、磁気的方式その他人の知覚によつては認識することができない方式で作られる記録であつて、電子計算機による情報処理の用に供されるものをいう。以下同じ。）の提出を命ずることができる。ただし、その書類の所持者又はその電磁的記録を利用する権限を有する者においてその提出を拒むことについて正当な理由があるときは、この限りでない。

2　裁判所は、前項ただし書に規定する正当な理由があるかどうかの判断をするため必要があると認めるときは、書類の所持者又は電磁的記録を利用する権限を有する者にその提示をさせることができる。この場合においては、何人も、その提示された書類又は電磁的記録の開示を求めることができない。

3　裁判所は、前項の場合において、第一項ただし書に規定する正当な理由があるかどうかについて前項後段の書類又は電磁的記録を開示してその意見を聴くことが必要であると認めるときは、当事者等（当事者（法人である場合にあつては、その代表者）又は当事者の代理人（訴訟代理人及び補佐人を除く。）、使用人その他の従業者をいう。次条第一項において同じ。）、訴訟代理人又は補佐人に対し、当該書類又は当該電磁的記録を開示することができる。

4 （略）

（公布の日から起算して四年を超えない範囲内において政令で定める日から施行　令和四法四八）

第八一条　裁判所は、第二十四条の規定による侵害の停止又は予防に関する訴訟において、その当事者が保有する営業秘密（不正競争防止法（平成五年法律第四十七号）第二条第六項に規定する営業秘密をいう。以下同じ。）について、次に掲げる事由のいずれにも該当することにつき疎明があつた場合には、当事者の申立てにより、決定で、当事者等、訴訟代理人又は補佐人に対し、当該営業秘密を当該訴訟の追行の目的以外の目的で使用し、又は当該営業秘密に係るこの項の規定による命令を受けた者以外の者に開示してはならない旨を命ずることができる。ただし、その申立ての時までに当事者等、訴訟代理人又は補佐人が第一号に規定する準備書面の閲読又は同号に規定する証拠の取調べ若しくは開示以外の方法により当該営業秘密を取得し、又は保有していた場合は、この限りでない。

一　既に提出され、若しくは提出されるべき準備書面に当事者の保有する営業秘密が記載され、又は既に取り調べられ、若しくは取り調べられるべき証拠（前条第三項の規定により開示された書類を含む。）の内容に当事者の保有する営業秘密が含まれること。

二　前号の営業秘密が当該訴訟の追行の目的以外の目的で使用され、又は当該営業秘密が開示されることにより、当該営業秘密に基づく当事者の事業活動に支障を生ずるおそれがあり、これを防止するため当該営業秘密の使用又は開示を制限する必要があること。

2　前項の規定による命令（以下「秘密保持命令」という。）の申立ては、次に掲げる事項を記載した書面でしなければならない。
一　秘密保持命令を受けるべき者
二　秘密保持命令の対象となるべき営業秘密を特定するに足りる事実
三　前項各号に掲げる事由に該当する事実
3　秘密保持命令が発せられた場合には、その決定書を秘密保持命令を受けた者に送達しなければならない。
4　秘密保持命令は、秘密保持命令を受けた者に対する決定書の送達がされた時から、効力を生ずる。
5　秘密保持命令の申立てを却下した裁判に対しては、即時抗告をすることができる。

第八一条を次のように改正する。
第八一条　裁判所は、第二十四条の規定による侵害の停止又は予防に関する訴訟において、その当事者が保有する営業秘密（不正競争防止法（平成五年法律第四十七号）第二条第六項に規定する営業秘密をいう。以下同じ。）について、次に掲げる事由のいずれにも該当することにつき疎明があつた場合には、当事者の申立てにより、決定で、当事者等、訴訟代理人又は補佐人に対し、当該営業秘密を当該訴訟の追行の目的以外の目的で使用し、又は当該営業秘密に係るこの項の規定による命令を受けた者以外の者に開示してはならない旨を命ずることができる。ただし、その申立ての時までに当事者等、訴訟代理人又は補佐人が第一号に規定する準備書面の閲読又は同号に規定する証拠の取調べ若しくは開示以外の方法により当該営業秘密を取得し、又は保有していた場合は、この限りでない。
一　既に提出され、若しくは提出されるべき準備書面に当事者の保有する営業秘密が記載され、又は既に取り調べられ、若しくは取り調べられるべき証拠（前条第三項の規定により開示された書類又は電磁的記録を含む。）の内容に当事者の保有する営業秘密が含まれること。

二　（略）

2　（略）

3　秘密保持命令が発せられた場合には、その電子決定書（民事訴訟法第百二十二条において準用する同法第二百五十二条第一項の規定により作成された電磁的記録（同法第百二十二条において準用する同法第二百五十三条第二項の規定により裁判所の使用に係る電子計算機に備えられたファイルに記録されたものに限る。）をいう。以下同じ。）を秘密保持命令を受けた者に送達しなければならない。

4　秘密保持命令は、秘密保持命令を受けた者に対する電子決定書の送達がされた時から、効力を生ずる。

5　（略）

（公布の日から起算して四年を超えない範囲内において政令で定める日から施行　令和四法四八）

第八二条　秘密保持命令の申立てをした者又は秘密保持命令を受けた者は、訴訟記録の存する裁判所（訴訟記録の存する裁判所がない場合にあつては、秘密保持命令を発した裁判所）に対し、前条第一項に規定する要件を欠くこと又はこれを欠くに至つたことを理由として、秘密保持命令の取消しの申立てをすることができる。

2　秘密保持命令の取消しの申立てについての裁判があつた場合には、その決定書をその申立てをした者及び相手方に送達しなければならない。

3　秘密保持命令の取消しの申立てについての裁判に対しては、即時抗告をすることができる。

4　秘密保持命令を取り消す裁判は、確定しなければその効力を生じない。

5　裁判所は、秘密保持命令を取り消す裁判をした場合において、秘密保持命令の取消しの申立てをした者又は相手方以外に当該秘密保持命令が発せられた訴訟において当該営業秘密に係る秘密保持命令を受けている者があるときは、その者に対し、直ちに、秘密保持命令を取り消す裁判をした旨を通知しなければならない。

第八二条第二項を次のように改正する。
第八二条　（略）
2　秘密保持命令の取消しの申立てについての裁判があつた場合には、その電子決定書をその申立てをした者及び相手方に送達しなければならない。
3～5　（略）
（公布の日から起算して四年を超えない範囲内において政令で定める日から施行　令和四法四八）

第八三条　秘密保持命令が発せられた訴訟（すべての秘密保持命令が取り消された訴訟を除く。）に係る訴訟記録につき、民事訴訟法第九十二条第一項の決定があつた場合において、当事者から同項に規定する秘密記載部分の閲覧等の請求があり、かつ、その請求の手続を行つた者が当該訴訟において秘密保持命令を受けていない者であるときは、裁判所書記官は、同項の申立てをした当事者（その請求をした者を除く。第三項において同じ。）に対し、その請求後直ちに、その請求があつた旨を通知しなければならない。
2　前項の場合において、裁判所書記官は、同項の請求があつた日から二週間を経過する日までの間（その請求の手続を行つた者に対する秘密保持命令の申立てがその日までにされた場合にあつては、その申立てについての裁判が確定するまでの間）、その請求の手続を行つた者に同項の秘密記載部分の閲覧等をさせてはならない。
3　前二項の規定は、第一項の請求をした者に同項の秘密記載部分の閲覧等をさせることについて民事訴訟法第九十二条第一項の申立てをした当事者のすべての同意があるときは、適用しない。

第八四条　第二十五条の規定による損害賠償に関する訴えが提起されたときは、裁判所は、公正取引委員会に対し、同条に規定する違反行為によつて生じた損害の額について、意見を求めることができる。
2　前項の規定は、第二十五条の規定による損害賠償の請求が、相殺のために裁判上主張された場合に、これを準用する。

第八四条の二　第二十四条の規定による侵害の停止又は予防に関する訴えについて、民事訴訟法第四条及び第五条の規定により次の各号に掲げる裁判所が管轄権を有する場合には、それぞれ当該各号に定める裁判所にも、その訴えを提起することができる。

一　東京高等裁判所の管轄区域内に所在する地方裁判所（東京地方裁判所を除く。）、大阪地方裁判所、名古屋地方裁判所、広島地方裁判所、福岡地方裁判所、仙台地方裁判所、札幌地方裁判所又は高松地方裁判所　東京地方裁判所

二　大阪高等裁判所の管轄区域内に所在する地方裁判所（大阪地方裁判所を除く。）　東京地方裁判所又は大阪地方裁判所

三　名古屋高等裁判所の管轄区域内に所在する地方裁判所（名古屋地方裁判所を除く。）　東京地方裁判所又は名古屋地方裁判所

四　広島高等裁判所の管轄区域内に所在する地方裁判所（広島地方裁判所を除く。）　東京地方裁判所又は広島地方裁判所

五　福岡高等裁判所の管轄区域内に所在する地方裁判所（福岡地方裁判所を除く。）　東京地方裁判所又は福岡地方裁判所

六　仙台高等裁判所の管轄区域内に所在する地方裁判所（仙台地方裁判所を除く。）　東京地方裁判所又は仙台地方裁判所

七　札幌高等裁判所の管轄区域内に所在する地方裁判所（札幌地方裁判所を除く。）　東京地方裁判所又は札幌地方裁判所

八　高松高等裁判所の管轄区域内に所在する地方裁判所（高松地方裁判所を除く。）　東京地方裁判所又は高松地方裁判所

2　一の訴えで第二十四条の規定による請求を含む数個の請求をする場合における民事訴訟法第七条の規定の適用については、同条中「第四条から前条まで（第六条第三項を除く。）」とあるのは、「第四条から前条まで（第六条第三項を除

く。）及び私的独占の禁止及び公正取引の確保に関する法律第八十四条の二第一項」とする。

第八四条の三　第八十九条から第九十一条までの罪に係る訴訟の第一審の裁判権は、地方裁判所に属する。

第八四条の四　前条に規定する罪に係る事件について、刑事訴訟法（昭和二十三年法律第百三十一号）第二条の規定により第八十四条の二第一項各号に掲げる裁判所が管轄権を有する場合には、それぞれ当該各号に定める裁判所も、その事件を管轄することができる。

第八五条　次に掲げる訴訟及び事件は、東京地方裁判所の管轄に専属する。

一　排除措置命令等に係る行政事件訴訟法第三条第一項に規定する抗告訴訟

二　第七十条の四第一項、第七十条の五第一項及び第二項、第九十七条並びに第九十八条に規定する事件

第八五条の二　第二十五条の規定による損害賠償に係る訴訟の第一審の裁判権は、東京地方裁判所に属する。

第八六条　東京地方裁判所は、第八十五条各号に掲げる訴訟及び事件並びに前条に規定する訴訟については、三人の裁判官の合議体で審理及び裁判をする。

2　前項の規定にかかわらず、東京地方裁判所は、同項の訴訟及び事件について、五人の裁判官の合議体で審理及び裁判をする旨の決定をその合議体ですることができる。

第八七条　東京地方裁判所がした第八十五条第一号に掲げる訴訟若しくは第八十五条の二に規定する訴訟についての終局判決に対する控訴又は第八十五条第二号に掲げる事件についての決定に対する抗告が提起された東京高等裁判所においては、当該控訴又は抗告に係る事件について、五人の裁判官の合議体で審理及び裁判をする旨の決定をその合議体ですることができる。

第八七条の二　裁判所は、第二十四条の規定による侵害の停止又は予防に関する訴えが提起された場合において、他の裁判所に同一又は同種の

行為に係る同条の規定による訴訟が係属しているときは、当事者の住所又は所在地、尋問を受けるべき証人の住所、争点又は証拠の共通性その他の事情を考慮して、相当と認めるときは、申立てにより又は職権で、訴訟の全部又は一部について、当該他の裁判所又は当該訴えにつき第八十四条の二第一項の規定により管轄権を有する他の裁判所に移送することができる。

第八八条　排除措置命令等に係る行政事件訴訟法第三条第一項に規定する抗告訴訟については、国の利害に関係のある訴訟についての法務大臣の権限等に関する法律（昭和二十二年法律第百九十四号）第六条の規定は、適用しない。

第一一章　罰　則

第八九条　次の各号のいずれかに該当するものは、五年以下の懲役又は五百万円以下の罰金に処する。

一　第三条の規定に違反して私的独占又は不当な取引制限をした者

二　第八条第一号の規定に違反して一定の取引分野における競争を実質的に制限したもの

2　前項の未遂罪は、罰する。

第八九条第一項を次のように改正する。

第八九条　次の各号のいずれかに該当するものは、五年以下の拘禁刑又は五百万円以下の罰金に処する。

一・二　（略）

2　（略）

（令和七年六月一日から施行　令和四法六八）

第九〇条　次の各号のいずれかに該当するものは、二年以下の懲役又は三百万円以下の罰金に処する。

一　第六条又は第八条第二号の規定に違反して不当な取引制限に該当する事項を内容とする国際的協定又は国際的契約をしたもの

二　第八条第三号又は第四号の規定に違反した

もの

三　排除措置命令又は競争回復措置命令が確定した後においてこれに従わないもの

第九〇条を次のように改正する。

第九〇条　次の各号のいずれかに該当するものは、二年以下の拘禁刑又は三百万円以下の罰金に処する。

一～三　（略）

（令和七年六月一日から施行　令和四法六八）

第九一条　第十一条第一項の規定に違反して株式を取得し、若しくは所有し、若しくは同条第二項の規定に違反して株式を所有した者又はこれらの規定による禁止若しくは制限につき第十七条の規定に違反した者は、一年以下の懲役又は二百万円以下の罰金に処する。

第九一条を次のように改正する。

第九一条　第十一条第一項の規定に違反して株式を取得し、若しくは所有し、若しくは同条第二項の規定に違反して株式を所有した者又はこれらの規定による禁止若しくは制限につき第十七条の規定に違反した者は、一年以下の拘禁刑又は二百万円以下の罰金に処する。

（令和七年六月一日から施行　令和四法六八）

第九一条の二　次の各号のいずれかに該当する者は、二百万円以下の罰金に処する。

一　第九条第四項の規定に違反して報告書を提出せず、又は虚偽の記載をした報告書を提出した者

二　第九条第七項の規定に違反して届出をせず、又は虚偽の記載をした届出書を提出した者

三　第十条第二項の規定に違反して届出をせず、又は虚偽の記載をした届出書を提出した者

四　第十条第八項の規定に違反して株式の取得をした者

五　第十五条第二項の規定に違反して届出をせず、又は虚偽の記載をした届出書を提出した

者

六　第十五条第三項において読み替えて準用する第十条第八項の規定に違反して合併による設立又は変更の登記をした者

七　第十五条の二第二項及び第三項の規定に違反して届出をせず、又は虚偽の記載をした届出書を提出した者

八　第十五条の二第四項において読み替えて準用する第十条第八項の規定に違反して共同新設分割による設立の登記又は吸収分割による変更の登記をした者

九　第十五条の三第二項の規定に違反して届出をせず、又は虚偽の記載をした届出書を提出した者

十　第十五条の三第三項において読み替えて準用する第十条第八項の規定に違反して共同株式移転による設立の登記をした者

十一　第十六条第二項の規定に違反して届出をせず、又は虚偽の記載をした届出書を提出した者

十二　第十六条第三項において読み替えて準用する第十条第八項の規定に違反して第十六条第一項第一号又は第二号に該当する行為をした者

十三　第二十三条第六項の規定に違反して届出をせず、又は虚偽の記載をした届出書を提出した者

第九二条　第八十九条から第九十一条までの罪を犯した者には、情状により、懲役及び罰金を併科することができる。

第九二条を次のように改正する。

第九二条　第八十九条から第九十一条までの罪を犯した者には、情状により、拘禁刑及び罰金を併科することができる。

（令和七年六月一日から施行　令和四法六八）

第九三条　第三十九条の規定に違反した者は、一年以下の懲役又は百万円以下の罰金に処する。

第九三条を次のように改正する。
第九三条　第三十九条の規定に違反した者は、一年以下の拘禁刑又は百万円以下の罰金に処する。
（令和七年六月一日から施行　令和四法六八）

第九四条　次の各号のいずれかに該当する者は、一年以下の懲役又は三百万円以下の罰金に処する。
一　第四十七条第一項第一号又は第二項の規定による事件関係人又は参考人に対する処分に違反して出頭せず、陳述をせず、若しくは虚偽の陳述をし、又は報告をせず、若しくは虚偽の報告をした者
二　第四十七条第一項第二号又は第二項の規定による鑑定人に対する処分に違反して出頭せず、鑑定をせず、又は虚偽の鑑定をした者
三　第四十七条第一項第三号又は第二項の規定による物件の所持者に対する処分に違反して物件を提出しない者
四　第四十七条第一項第四号又は第二項の規定による検査を拒み、妨げ、又は忌避した者

第九四条を次のように改正する。
第九四条　次の各号のいずれかに該当する者は、一年以下の拘禁刑又は三百万円以下の罰金に処する。
一～四　（略）
（令和七年六月一日から施行　令和四法六八）

第九四条の二　第四十条の規定による処分に違反して出頭せず、報告、情報若しくは資料を提出せず、又は虚偽の報告、情報若しくは資料を提出した者は、三百万円以下の罰金に処する。

第九四条の三　秘密保持命令に違反した者は、五年以下の懲役若しくは五百万円以下の罰金に処し、又はこれを併科する。
2　前項の罪は、告訴がなければ公訴を提起することができない。

3　第一項の罪は、日本国外において同項の罪を犯した者にも適用する。

第九四条の三第一項を次のように改正する。

第九四条の三　秘密保持命令に違反した者は、五年以下の拘禁刑若しくは五百万円以下の罰金に処し、又はこれを併科する。

2・3　（略）

（令和七年六月一日から施行　令和四法六八）

第九五条　法人の代表者又は法人若しくは人の代理人、使用人その他の従業者が、その法人又は人の業務又は財産に関して、次の各号に掲げる規定の違反行為をしたときは、行為者を罰するほか、その法人又は人に対しても、当該各号に定める罰金刑を科する。

一　第八十九条　五億円以下の罰金刑

二　第九十条第三号（第七条第一項又は第八条の二第一項若しくは第三項の規定による命令（第三条又は第八条第一号の規定に違反する行為の差止めを命ずる部分に限る。）に違反した場合を除く。）　三億円以下の罰金刑

三　第九十四条　二億円以下の罰金刑

四　第九十条第一号、第二号若しくは第三号（第七条第一項又は第八条の二第一項若しくは第三項の規定による命令（第三条又は第八条第一号の規定に違反する行為の差止めを命ずる部分に限る。）に違反した場合に限る。）、第九十一条、第九十一条の二又は第九十四条の二　各本条の罰金刑

2　法人でない団体の代表者、管理人、代理人、使用人その他の従業者がその団体の業務又は財産に関して、次の各号に掲げる規定の違反行為をしたときは、行為者を罰するほか、その団体に対しても、当該各号に定める罰金刑を科する。

一　第八十九条　五億円以下の罰金刑

二　第九十条第三号（第七条第一項又は第八条の二第一項若しくは第三項の規定による命令（第三条又は第八条第一号の規定に違反する行為の差止めを命ずる部分に限る。）に違反

した場合を除く。）　三億円以下の罰金刑

三　第九十四条　二億円以下の罰金刑

四　第九十条第一号、第二号若しくは第三号（第七条第一項又は第八条の二第一項若しくは第三項の規定による命令（第三条又は第八条第一号の規定に違反する行為の差止めを命ずる部分に限る。）に違反した場合に限る。）又は第九十四条の二　各本条の罰金刑

3　法人の代表者又は法人若しくは人の代理人、使用人その他の従業者が、その法人又は人の業務に関し、前条第一項の違反行為をしたときは、その行為者を罰するほか、その法人に対して三億円以下の罰金刑を、その人に対して同項の罰金刑を科する。

4　第一項又は第二項の規定により第八十九条の違反行為につき法人若しくは人又は団体に罰金刑を科する場合における時効の期間は、同条の罪についての時効の期間による。

5　第二項の場合においては、代表者又は管理人が、その訴訟行為につきその団体を代表するほか、法人を被告人又は被疑者とする場合の訴訟行為に関する刑事訴訟法の規定を準用する。

6　第三項の規定により前条第一項の違反行為につき法人又は人に罰金刑を科する場合における時効の期間は、同項の罪についての時効の期間による。

第九五条の二　第八十九条第一項第一号、第九十条第一号若しくは第三号又は第九十一条の違反があつた場合においては、その違反の計画を知り、その防止に必要な措置を講ぜず、又はその違反行為を知り、その是正に必要な措置を講じなかつた当該法人（第九十条第一号又は第三号の違反があつた場合における当該法人で事業者団体に該当するものを除く。）の代表者に対しても、各本条の罰金刑を科する。

第九五条の三　第八十九条第一項第二号又は第九十条の違反があつた場合においては、その違反の計画を知り、その防止に必要な措置を講ぜず、又はその違反行為を知り、その是正に必要な措置を講じなかつた当該事業者団体の理事その他

の役員若しくは管理人又はその構成事業者（事業者の利益のためにする行為を行う役員、従業員、代理人その他の者が構成事業者である場合には、当該事業者を含む。）に対しても、それぞれ各本条の罰金刑を科する。

2　前項の規定は、同項に掲げる事業者団体の理事その他の役員若しくは管理人又はその構成事業者が法人その他の団体である場合においては、当該団体の理事その他の役員又は管理人に、これを適用する。

第九五条の四　裁判所は、十分な理由があると認めるときは、第八十九条第一項第二号又は第九十条に規定する刑の言渡しと同時に、事業者団体の解散を宣告することができる。

2　前項の規定により解散が宣告された場合には、他の法令の規定又は定款その他の定めにかかわらず、事業者団体は、その宣告により解散する。

第九六条　第八十九条から第九十一条までの罪は、公正取引委員会の告発を待つて、これを論ずる。

2　前項の告発は、文書をもつてこれを行う。

3　公正取引委員会は、第一項の告発をするに当たり、その告発に係る犯罪について、前条第一項又は第百条第一項第一号の宣告をすることを相当と認めるときは、その旨を前項の文書に記載することができる。

4　第一項の告発は、公訴の提起があつた後は、これを取り消すことができない。

第九七条　排除措置命令に違反したものは、五十万円以下の過料に処する。ただし、その行為につき刑を科するべきときは、この限りでない。

第九八条　第七十条の四第一項の規定による裁判に違反したものは、三十万円以下の過料に処する。

第一〇〇条　第八十九条又は第九十条の場合において、裁判所は、情状により、刑の言渡しと同時に、次に掲げる宣告をすることができる。ただし、第一号の宣告をするのは、その特許権又は特許発明の専用実施権若しくは通常実施権が、犯人に属している場合に限る。

一　違反行為に供せられた特許権の特許又は特

許発明の専用実施権若しくは通常実施権は取り消されるべき旨

二　判決確定後六月以上三年以下の期間、政府との間に契約をすることができない旨

2　前項第一号の宣告をした判決が確定したときは、裁判所は、判決の謄本を特許庁長官に送付しなければならない。

3　前項の規定による判決の謄本の送付があつたときは、特許庁長官は、その特許権の特許又は特許発明の専用実施権若しくは通常実施権を取り消さなければならない。

第一〇一条　公正取引委員会の職員（公正取引委員会の指定を受けた者に限る。以下この章において「委員会職員」という。）は、犯則事件（第八十九条から第九十一条までの罪に係る事件をいう。以下この章において同じ。）を調査するため必要があるときは、犯則嫌疑者若しくは参考人（以下この項において「犯則嫌疑者等」という。）に対して出頭を求め、犯則嫌疑者等に対して質問し、犯則嫌疑者等が所持し若しくは置き去つた物件を検査し、又は犯則嫌疑者等が任意に提出し若しくは置き去つた物件を領置することができる。

2　委員会職員は、犯則事件の調査について、官公署又は公私の団体に照会して必要な事項の報告を求めることができる。

第一〇二条　委員会職員は、犯則事件を調査するため必要があるときは、公正取引委員会の所在地を管轄する地方裁判所又は簡易裁判所の裁判官があらかじめ発する許可状により、臨検、捜索、差押え又は記録命令付差押え（電磁的記録（電子的方式、磁気的方式その他人の知覚によつては認識することができない方式で作られる記録であつて、電子計算機による情報処理の用に供されるものをいう。以下同じ。）を保管する者その他電磁的記録を利用する権限を有する者に命じて必要な電磁的記録を記録媒体に記録させ、又は印刷させた上、当該記録媒体を差し押さえることをいう。以下同じ。）をすることができる。

2　差し押さえるべき物件が電子計算機であるときは、当該電子計算機に電気通信回線で接続している記録媒体であつて、当該電子計算機で作成若しくは変更をした電磁的記録又は当該電子計算機で変更若しくは消去をすることができることとされている電磁的記録を保管するために使用されていると認めるに足りる状況にあるものから、その電磁的記録を当該電子計算機又は他の記録媒体に複写した上、当該電子計算機又は当該他の記録媒体を差し押さえることができる。

3　前二項の場合において、急速を要するときは、委員会職員は、臨検すべき場所、捜索すべき場所、身体若しくは物件、差し押さえるべき物件又は電磁的記録を記録させ、若しくは印刷させるべき者の所在地を管轄する地方裁判所又は簡易裁判所の裁判官があらかじめ発する許可状により、これらの項の処分をすることができる。

4　委員会職員は、第一項又は前項の許可状（第百十四条の三第四項及び第五項を除き、以下この章において「許可状」という。）を請求する場合においては、犯則事件が存在すると認められる資料を提供しなければならない。

5　前項の請求があつた場合においては、地方裁判所又は簡易裁判所の裁判官は、臨検すべき場所、捜索すべき場所、身体若しくは物件、差し押さえるべき物件又は記録させ、若しくは印刷させるべき電磁的記録及びこれを記録させ、若しくは印刷させるべき者並びに請求者の官職及び氏名、有効期間、その期間経過後は執行に着手することができずこれを返還しなければならない旨、交付の年月日並びに裁判所名を記載し、自己の記名押印した許可状を委員会職員に交付しなければならない。この場合において、犯則嫌疑者の氏名（法人については、名称）又は犯則の事実が明らかであるときは、これらの事項をも記載しなければならない。

6　第二項の場合においては、許可状に、前項に規定する事項のほか、差し押さえるべき電子計算機に電気通信回線で接続している記録媒体であつて、その電磁的記録を複写すべきものの範囲を記載しなければならない。

7　委員会職員は、許可状を他の委員会職員に交付して、臨検、捜索、差押え又は記録命令付差押えをさせることができる。

第一〇二条第一項を次のように改正する。

第一〇二条　委員会職員は、犯則事件を調査するため必要があるときは、公正取引委員会の所在地を管轄する地方裁判所又は簡易裁判所の裁判官があらかじめ発する許可状により、臨検、捜索、差押え又は記録命令付差押え（電磁的保管を保管する者その他電磁的記録を利用する権限を有する者に命じて必要な電磁的記録を記録媒体に記録させ、又は印刷させた上、当該記録媒体を差し押さえることをいう。以下同じ。）をすることができる。

2～7　（略）

（公布の日から起算して三年を超えない範囲内において政令で定める日から施行　令和四法四八）

第一〇三条　委員会職員は、犯則事件を調査するため必要があるときは、許可状の交付を受けて、犯則嫌疑者から発し、又は犯則嫌疑者に対して発した郵便物、信書便物又は電信についての書類で法令の規定に基づき通信事務を取り扱う者が保管し、又は所持するものを差し押さえることができる。

2　委員会職員は、前項の規定に該当しない郵便物、信書便物又は電信についての書類で法令の規定に基づき通信事務を取り扱う者が保管し、又は所持するものについては、犯則事件に関係があると認めるに足りる状況があるものに限り、許可状の交付を受けて、これを差し押さえることができる。

3　委員会職員は、前二項の規定による処分をした場合においては、その旨を発信人又は受信人に通知しなければならない。ただし、通知によつて犯則事件の調査が妨げられるおそれがある場合は、この限りでない。

第一〇三条の二　委員会職員は、差押え又は記録命令付差押えをするため必要があるときは、電気通信を行うための設備を他人の通信の用に供する事業を営む者又は自己の業務のために不特定若しくは多数の者の通信を媒介することのできる電気通信を行うための設備を設置している者に対し、その業務上記録している電気通信の送信元、送信先、通信日時その他の通信履歴の電磁的記録のうち必要なものを特定し、三十日を超えない期間を定めて、これを消去しないよう、書面で求めることができる。この場合において、当該電磁的記録について差押え又は記録命令付差押えをする必要がないと認めるに至つたときは、当該求めを取り消さなければならない。

2　前項の規定により消去しないよう求める期間については、特に必要があるときは、三十日を超えない範囲内で延長することができる。ただし、消去しないよう求める期間は、通じて六十日を超えることができない。

3　第一項の規定による求めを行う場合において、必要があるときは、みだりに当該求めに関する事項を漏らさないよう求めることができる。

第一〇三条の三　差し押さえるべき物件が電磁的記録に係る記録媒体であるときは、委員会職員は、その差押えに代えて次に掲げる処分をすることができる。

一　差し押さえるべき記録媒体に記録された電磁的記録を他の記録媒体に複写し、印刷し、又は移転した上、当該他の記録媒体を差し押さえること。

二　差押えを受ける者に差し押さえるべき記録媒体に記録された電磁的記録を他の記録媒体に複写させ、印刷させ、又は移転させた上、当該他の記録媒体を差し押さえること。

第一〇四条　臨検、捜索、差押え又は記録命令付差押えは、許可状に夜間でも執行することができる旨の記載がなければ、日没から日の出までの間には、してはならない。

2　日没前に開始した臨検、捜索、差押え又は記録命令付差押えは、必要があると認めるときは、日没後まで継続することができる。

第一〇五条　臨検、捜索、差押え又は記録命令付差押えの許可状は、これらの処分を受ける者に提示しなければならない。

第一〇六条　委員会職員は、この章の規定により質問、検査、領置、臨検、捜索、差押え又は記録命令付差押えをするときは、その身分を示す証票を携帯し、関係者の請求があつたときは、これを提示しなければならない。

第一〇七条　委員会職員は、臨検、捜索、差押え又は記録命令付差押えをするため必要があるときは、錠をはずし、封を開き、その他必要な処分をすることができる。

2　前項の処分は、領置物件、差押物件又は記録命令付差押物件についても、することができる。

第一〇七条の二　臨検すべき物件又は差し押さえるべき物件が電磁的記録に係る記録媒体であるときは、委員会職員は、臨検又は捜索若しくは差押えを受ける者に対し、電子計算機の操作その他の必要な協力を求めることができる。

第一〇八条　委員会職員は、この章の規定により質問、検査、領置、臨検、捜索、差押え又は記録命令付差押えをする間は、何人に対しても、許可を受けないでその場所に出入りすることを禁止することができる。

第一〇九条　委員会職員は、人の住居又は人の看守する邸宅若しくは建造物その他の場所で臨検、捜索、差押え又は記録命令付差押えをするときは、その所有者若しくは管理者（これらの者の代表者、代理人その他これらの者に代わるべき者を含む。）又はこれらの者の使用人若しくは同居の親族で成年に達した者を立ち会わせなければならない。

2　前項の場合において、同項に規定する者を立ち会わせることができないときは、その隣人で成年に達した者又はその地の警察官若しくは地方公共団体の職員を立ち会わせなければならない。

3　女子の身体について捜索するときは、成年の女子を立ち会わせなければならない。ただし、急速を要する場合は、この限りでない。

第一一〇条　委員会職員は、臨検、捜索、差押え又は記録命令付差押えをするに際し必要があるときは、警察官の援助を求めることができる。

第一一一条　委員会職員は、この章の規定により質問、検査、領置、臨検、捜索、差押え又は記録命令付差押えをしたときは、その処分を行つた年月日及びその結果を記載した調書を作成し、質問を受けた者又は立会人に示し、これらの者とともにこれに署名押印しなければならない。ただし、質問を受けた者又は立会人が署名押印せず、又は署名押印することができないときは、その旨を付記すれば足りる。

第一一二条　委員会職員は、領置、差押え又は記録命令付差押えをしたときは、その目録を作成し、領置物件、差押物件若しくは記録命令付差押物件の所有者、所持者若しくは保管者（第百三条の三の規定による処分を受けた者を含む。）又はこれらの者に代わるべき者にその謄本を交付しなければならない。

第一一三条　運搬又は保管に不便な領置物件、差押え又は記録命令付差押物件は、その所有者又は所持者その他委員会職員が適当と認める者に、その承諾を得て、保管証を徴して保管させることができる。

第一一四条　公正取引委員会は、領置物件、差押物件又は記録命令付差押物件について留置の必要がなくなつたときは、その返還を受けるべき者にこれを還付しなければならない。

2　公正取引委員会は、前項の領置物件、差押物件又は記録命令付差押物件の返還を受けるべき者の住所若しくは居所がわからないため、又はその他の事由によりこれを還付することができない場合においては、その旨を公告しなければならない。

3　前項の公告に係る領置物件、差押物件又は記録命令付差押物件について、公告の日から六月を経過しても還付の請求がないときは、これらの物件は、国庫に帰属する。

第一一四条の二　公正取引委員会は、第百三条の三の規定により電磁的記録を移転し、又は移転させた上差し押さえた記録媒体について留置の必要がなくなつた場合において、差押えを受けた者と当該記録媒体の所有者、所持者又は保管者とが異なるときは、当該差押えを受けた者に対し、当該記録媒体を交付し、又は当該電磁的記録の複写を許さなければならない。

2　前条第二項の規定は、前項の規定による交付又は複写について準用する。

3　前項において準用する前条第二項の規定による公告の日から六月を経過しても前項の交付又は複写の請求がないときは、その交付をし、又は複写をさせることを要しない。

第一一四条の三　委員会職員は、犯則事件を調査するため必要があるときは、学識経験を有する者に領置物件、差押物件若しくは記録命令付差押物件についての鑑定を嘱託し、又は通訳若しくは翻訳を嘱託することができる。

2　前項の規定による鑑定の嘱託を受けた者（第四項及び第五項において「鑑定人」という。）は、公正取引委員会の所在地を管轄する地方裁判所又は簡易裁判所の裁判官の許可を受けて、当該鑑定に係る物件を破壊することができる。

3　前項の許可の請求は、委員会職員からこれをしなければならない。

4　前項の請求があつた場合において、裁判官は、当該請求を相当と認めるときは、犯則嫌疑者の氏名（法人については、名称）、罪名、破壊すべき物件及び鑑定人の氏名並びに請求者の官職及び氏名、有効期間、その期間経過後は執行に着手することができずこれを返還しなければならない旨、交付の年月日及び裁判所名を記載し、自己の記名押印した許可状を委員会職員に交付しなければならない。

5　鑑定人は、第二項の処分を受ける者に前項の許可状を示さなければならない。

第一一五条　委員会職員は、犯則事件の調査を終えたときは、調査の結果を公正取引委員会に報告しなければならない。

第一一六条　公正取引委員会は、犯則事件の調査

の結果、第七十四条第一項の規定により告発した場合において、領置物件、差押物件又は記録命令付差押物件があるときは、これを領置目録、差押目録又は記録命令付差押目録とともに引き継がなければならない。

2　前項の領置物件、差押物件又は記録命令付差押物件が第百十三条の規定による保管に係るものである場合においては、同条の保管証をもつて引き継ぐとともに、その旨を同条の保管者に通知しなければならない。

3　前二項の規定により領置物件、差押物件又は記録命令付差押物件が引き継がれたときは、当該物件は、刑事訴訟法の規定によつて押収されたものとみなす。

第一一七条　この章の規定に基づいて公正取引委員会又は委員会職員がする処分及び行政指導については、行政手続法第二章から第四章までの規定は、適用しない。

不公正な取引方法

（昭五七年六月一八日 公取告一五号）

最終改正 平二一告示一八

（共同の取引拒絶）

1 正当な理由がないのに、自己と競争関係にある他の事業者（以下「競争者」という。）と共同して、次の各号のいずれかに掲げる行為をすること。

一 ある事業者から商品若しくは役務の供給を受けることを拒絶し、又は供給を受ける商品若しくは役務の数量若しくは内容を制限すること。

二 他の事業者に、ある事業者から商品若しくは役務の供給を受けることを拒絶させ、又は供給を受ける商品若しくは役務の数量若しくは内容を制限させること。

（その他の取引拒絶）

2 不当に、ある事業者に対し取引を拒絶し若しくは取引に係る商品若しくは役務の数量若しくは内容を制限し、又は他の事業者にこれらに該当する行為をさせること。

（差別対価）

3 私的独占の禁止及び公正取引の確保に関する法律（昭和二十二年法律第五十四号。以下「法」という。）第二条第九項第二号に該当する行為のほか、不当に、地域又は相手方により差別的な対価をもつて、商品若しくは役務を供給し、又はこれらの供給を受けること。

（取引条件等の差別取扱い）

4 不当に、ある事業者に対し取引の条件又は実施について有利な又は不利な取扱いをすること。

（事業者団体における差別取扱い等）

5 事業者団体若しくは共同行為からある事業者を不当に排斥し、又は事業者団体の内部若しくは共同行為においてある事業者を不当に差別的に取り扱い、その事業者の事業活動を困難にさせること。

（不当廉売）

6　法第二条第九項第三号に該当する行為のほか、不当に商品又は役務を低い対価で供給し、他の事業者の事業活動を困難にさせるおそれがあること。

（不当高価購入）

7　不当に商品又は役務を高い対価で購入し、他の事業者の事業活動を困難にさせるおそれがあること。

（ぎまん的顧客誘引）

8　自己の供給する商品又は役務の内容又は取引条件その他これらの取引に関する事項について、実際のもの又は競争者に係るものよりも著しく優良又は有利であると顧客に誤認させることにより、競争者の顧客を自己と取引するように不当に誘引すること。

（不当な利益による顧客誘引）

9　正常な商慣習に照らして不当な利益をもつて、競争者の顧客を自己と取引するように誘引すること。

（抱き合わせ販売等）

10　相手方に対し、不当に、商品又は役務の供給に併せて他の商品又は役務を自己又は自己の指定する事業者から購入させ、その他自己又は自己の指定する事業者と取引するように強制すること。

（排他条件付取引）

11　不当に、相手方が競争者と取引しないことを条件として当該相手方と取引し、競争者の取引の機会を減少させるおそれがあること。

（拘束条件付取引）

12　法第二条第九項第四号又は前項に該当する行為のほか、相手方とその取引の相手方との取引その他相手方の事業活動を不当に拘束する条件をつけて、当該相手方と取引すること。

（取引の相手方の役員選任への不当干渉）

13　自己の取引上の地位が相手方に優越していることを利用して、正常な商慣習に照らして不当に、取引の相手方である会社に対し、当該会社の役員（法第二条第三項の役員をいう。以下同じ。）の選任についてあらかじめ自己の指示に従わせ、又は自己の承認を受けさせること。

（競争者に対する取引妨害）

14　自己又は自己が株主若しくは役員である会社と国内において競争関係にある他の事業者とその取引の相手方との取引について、契約の成立の阻止、契約の不履行の誘引その他いかなる方法をもつてするかを問わず、その取引を不当に妨害すること。

（競争会社に対する内部干渉）

15　自己又は自己が株主若しくは役員である会社と国内において競争関係にある会社の株主又は役員に対し、株主権の行使、株式の譲渡、秘密の漏えいその他いかなる方法をもつてするかを問わず、その会社の不利益となる行為をするように、不当に誘引し、そそのかし、又は強制すること。

民法（抄）

（明治二九年四月二七日号外法律第八九号）
最終改正　令和四法一〇二

第一章　通則

（基本原則）
第一条　私権は、公共の福祉に適合しなければならない。
2　権利の行使及び義務の履行は、信義に従い誠実に行わなければならない。
3　権利の濫用は、これを許さない。
（解釈の基準）
第二条　この法律は、個人の尊厳と両性の本質的平等を旨として、解釈しなければならない。

第二章　人

第三条　私権の享有は、出生に始まる。
2　外国人は、法令又は条約の規定により禁止される場合を除き、私権を享有する。
第三条の二　法律行為の当事者が意思表示をした時に意思能力を有しなかったときは、その法律行為は、無効とする。
（成年）
第四条　年齢十八歳をもって、成年とする。
（未成年者の法律行為）
第五条　未成年者が法律行為をするには、その法定代理人の同意を得なければならない。ただし、単に権利を得、又は義務を免れる法律行為については、この限りでない。
2　前項の規定に反する法律行為は、取り消すことができる。
3　第一項の規定にかかわらず、法定代理人が目的を定めて処分を許した財産は、その目的の範囲内において、未成年者が自由に処分することができる。目的を定めないで処分を許した財産を処分するときも、同様とする。

（未成年者の営業の許可）
第六条　一種又は数種の営業を許された未成年者は、その営業に関しては、成年者と同一の行為能力を有する。
2　前項の場合において、未成年者がその営業に堪えることができない事由があるときは、その法定代理人は、第四編（親族）の規定に従い、その許可を取り消し、又はこれを制限することができる。

（後見開始の審判）
第七条　精神上の障害により事理を弁識する能力を欠く常況にある者については、家庭裁判所は、本人、配偶者、四親等内の親族、未成年後見人、未成年後見監督人、保佐人、保佐監督人、補助人、補助監督人又は検察官の請求により、後見開始の審判をすることができる。

（成年被後見人及び成年後見人）
第八条　後見開始の審判を受けた者は、成年被後見人とし、これに成年後見人を付する。

（成年被後見人の法律行為）
第九条　成年被後見人の法律行為は、取り消すことができる。ただし、日用品の購入その他日常生活に関する行為については、この限りでない。

（後見開始の審判の取消し）
第一〇条　第七条に規定する原因が消滅したときは、家庭裁判所は、本人、配偶者、四親等内の親族、後見人（未成年後見人及び成年後見人をいう。以下同じ。）、後見監督人（未成年後見監督人及び成年後見監督人をいう。以下同じ。）又は検察官の請求により、後見開始の審判を取り消さなければならない。

（保佐開始の審判）
第一一条　精神上の障害により事理を弁識する能力が著しく不十分である者については、家庭裁判所は、本人、配偶者、四親等内の親族、後見人、後見監督人、補助人、補助監督人又は検察官の請求により、保佐開始の審判をすることができる。ただし、第七条に規定する原因がある者については、この限りでない。

（被保佐人及び保佐人）

第一二条　保佐開始の審判を受けた者は、被保佐人とし、これに保佐人を付する。

（保佐人の同意を要する行為等）

第一三条　被保佐人が次に掲げる行為をするには、その保佐人の同意を得なければならない。ただし、第九条ただし書に規定する行為については、この限りでない。

一　元本を領収し、又は利用すること。

二　借財又は保証をすること。

三　不動産その他重要な財産に関する権利の得喪を目的とする行為をすること。

四　訴訟行為をすること。

五　贈与、和解又は仲裁合意（仲裁法（平成十五年法律第百三十八号）第二条第一項に規定する仲裁合意をいう。）をすること。

六　相続の承認若しくは放棄又は遺産の分割をすること。

七　贈与の申込みを拒絶し、遺贈を放棄し、負担付贈与の申込みを承諾し、又は負担付遺贈を承認すること。

八　新築、改築、増築又は大修繕をすること。

九　第六百二条に定める期間を超える賃貸借をすること。

十　前各号に掲げる行為を制限行為能力者（未成年者、成年被後見人、被保佐人及び第十七条第一項の審判を受けた被補助人をいう。以下同じ。）の法定代理人としてすること。

2　家庭裁判所は、第十一条本文に規定する者又は保佐人若しくは保佐監督人の請求により、被保佐人が前項各号に掲げる行為以外の行為をする場合であってもその保佐人の同意を得なければならない旨の審判をすることができる。ただし、第九条ただし書に規定する行為については、この限りでない。

3　保佐人の同意を得なければならない行為について、保佐人が被保佐人の利益を害するおそれがないにもかかわらず同意をしないときは、家庭裁判所は、被保佐人の請求により、保佐人の同意に代わる許可を与えることができる。

4　保佐人の同意を得なければならない行為で

あって、その同意又はこれに代わる許可を得ないでしたものは、取り消すことができる。

（制限行為能力者の相手方の催告権）

第二〇条　制限行為能力者の相手方は、その制限行為能力者が行為能力者（行為能力の制限を受けない者をいう。以下同じ。）となった後、その者に対し、一箇月以上の期間を定めて、その期間内にその取り消すことができる行為を追認するかどうかを確答すべき旨の催告をすることができる。この場合において、その者がその期間内に確答を発しないときは、その行為を追認したものとみなす。

2　制限行為能力者の相手方が、制限行為能力者が行為能力者とならない間に、その法定代理人、保佐人又は補助人に対し、その権限内の行為について前項に規定する催告をした場合において、これらの者が同項の期間内に確答を発しないときも、同項後段と同様とする。

3　特別の方式を要する行為については、前二項の期間内にその方式を具備した旨の通知を発しないときは、その行為を取り消したものとみなす。

4　制限行為能力者の相手方は、被保佐人又は第十七条第一項の審判を受けた被補助人に対しては、第一項の期間内にその保佐人又は補助人の追認を得るべき旨の催告をすることができる。この場合において、その被保佐人又は被補助人がその期間内にその追認を得た旨の通知を発しないときは、その行為を取り消したものとみなす。

（制限行為能力者の詐術）

第二一条　制限行為能力者が行為能力者であることを信じさせるため詐術を用いたときは、その行為を取り消すことができない。

（住所）

第二二条　各人の生活の本拠をその者の住所とする。

（居所）

第二三条　住所が知れない場合には、居所を住所とみなす。

2　日本に住所を有しない者は、その者が日本人又は外国人のいずれであるかを問わず、日本における居所をその者の住所とみなす。ただし、準拠法を定める法律に従いその者の住所地法によるべき場合は、この限りでない。

（仮住所）

第二四条 ある行為について仮住所を選定したときは、その行為に関しては、その仮住所を住所とみなす。

（管理人の権限）

第二八条 管理人は、第百三条に規定する権限を超える行為を必要とするときは、家庭裁判所の許可を得て、その行為をすることができる。不在者の生死が明らかでない場合において、その管理人が不在者が定めた権限を超える行為を必要とするときも、同様とする。

（失踪の宣告）

第三〇条 不在者の生死が七年間明らかでないときは、家庭裁判所は、利害関係人の請求により、失踪の宣告をすることができる。

2 戦地に臨んだ者、沈没した船舶の中に在った者その他死亡の原因となるべき危難に遭遇した者の生死が、それぞれ、戦争が止んだ後、船舶が沈没した後又はその他の危難が去った後一年間明らかでないときも、前項と同様とする。

（失踪の宣告の効力）

第三一条 前条第一項の規定により失踪の宣告を受けた者は同項の期間が満了した時に、同条第二項の規定により失踪の宣告を受けた者はその危難が去った時に、死亡したものとみなす。

第三章 法人

（法人の成立等）

第三三条 法人は、この法律その他の法律の規定によらなければ、成立しない。

2 学術、技芸、慈善、祭祀、宗教その他の公益を目的とする法人、営利事業を営むことを目的とする法人その他の法人の設立、組織、運営及び管理については、この法律その他の法律の定めるところによる。

（法人の能力）
第三四条　法人は、法令の規定に従い、定款その他の基本約款で定められた目的の範囲内において、権利を有し、義務を負う。

（外国法人）
第三五条　外国法人は、国、国の行政区画及び外国会社を除き、その成立を認許しない。ただし、法律又は条約の規定により認許された外国法人は、この限りでない。

2　前項の規定により認許された外国法人は、日本において成立する同種の法人と同一の私権を有する。ただし、外国人が享有することのできない権利及び法律又は条約中に特別の規定がある権利については、この限りでない。

（登記）
第三六条　法人及び外国法人は、この法律その他の法令の定めるところにより、登記をするものとする。

（外国法人の登記）
第三七条　外国法人（第三十五条第一項ただし書に規定する外国法人に限る。以下この条において同じ。）が日本に事務所を設けたときは、三週間以内に、その事務所の所在地において、次に掲げる事項を登記しなければならない。

一　外国法人の設立の準拠法
二　目的
三　名称
四　事務所の所在場所
五　存続期間を定めたときは、その定め
六　代表者の氏名及び住所

2　前項各号に掲げる事項に変更を生じたときは、三週間以内に、変更の登記をしなければならない。この場合において、登記前にあっては、その変更をもって第三者に対抗することができない。

3　代表者の職務の執行を停止し、若しくはその職務を代行する者を選任する仮処分命令又はその仮処分命令を変更し、若しくは取り消す決定がされたときは、その登記をしなければならない。この場合においては、前項後段の規定を準用する。

4　前二項の規定により登記すべき事項が外国において生じたときは、登記の期間は、その通知が到達した日から起算する。

5　外国法人が初めて日本に事務所を設けたときは、その事務所の所在地において登記するまでは、第三者は、その法人の成立を否認することができる。

6　外国法人が事務所を移転したときは、旧所在地においては三週間以内に移転の登記をし、新所在地においては四週間以内に第一項各号に掲げる事項を登記しなければならない。

7　同一の登記所の管轄区域内において事務所を移転したときは、その移転を登記すれば足りる。

8　外国法人の代表者が、この条に規定する登記を怠ったときは、五十万円以下の過料に処する。

第四章　物

（定義）

第八五条　この法律において「物」とは、有体物をいう。

（不動産及び動産）

第八六条　土地及びその定着物は、不動産とする。

2　不動産以外の物は、すべて動産とする。

（主物及び従物）

第八七条　物の所有者が、その物の常用に供するため、自己の所有に属する他の物をこれに附属させたときは、その附属させた物を従物とする。

2　従物は、主物の処分に従う。

（天然果実及び法定果実）

第八八条　物の用法に従い収取する産出物を天然果実とする。

2　物の使用の対価として受けるべき金銭その他の物を法定果実とする。

（果実の帰属）

第八九条　天然果実は、その元物から分離する時に、これを収取する権利を有する者に帰属する。

2　法定果実は、これを収取する権利の存続期間に応じて、日割計算によりこれを取得する。

第五章　法律行為

（公序良俗）

第九〇条　公の秩序又は善良の風俗に反する法律行為は、無効とする。

（任意規定と異なる意思表示）

第九一条　法律行為の当事者が法令中の公の秩序に関しない規定と異なる意思を表示したときは、その意思に従う。

（任意規定と異なる慣習）

第九二条　法令中の公の秩序に関しない規定と異なる慣習がある場合において、法律行為の当事者がその慣習による意思を有しているものと認められるときは、その慣習に従う。

（心裡留保）

第九三条　意思表示は、表意者がその真意ではないことを知ってしたときであっても、そのためにその効力を妨げられない。ただし、相手方がその意思表示が表意者の真意ではないことを知り、又は知ることができたときは、その意思表示は、無効とする。

2　前項ただし書の規定による意思表示の無効は、善意の第三者に対抗することができない。

（虚偽表示）

第九四条　相手方と通じてした虚偽の意思表示は、無効とする。

2　前項の規定による意思表示の無効は、善意の第三者に対抗することができない。

（錯誤）

第九五条　意思表示は、次に掲げる錯誤に基づくものであって、その錯誤が法律行為の目的及び取引上の社会通念に照らして重要なものであるときは、取り消すことができる。

一　意思表示に対応する意思を欠く錯誤

二　表意者が法律行為の基礎とした事情についてのその認識が真実に反する錯誤

2　前項第二号の規定による意思表示の取消しは、その事情が法律行為の基礎とされていることが表示されていたときに限り、することができる。

3　錯誤が表意者の重大な過失によるものであった場合には、次に掲げる場合を除き、第一項の規定による意思表示の取消しをすることができない。
一　相手方が表意者に錯誤があることを知り、又は重大な過失によって知らなかったとき。
二　相手方が表意者と同一の錯誤に陥っていたとき。
4　第一項の規定による意思表示の取消しは、善意でかつ過失がない第三者に対抗することができない。

(詐欺又は強迫)

第九六条　詐欺又は強迫による意思表示は、取り消すことができる。
2　相手方に対する意思表示について第三者が詐欺を行った場合においては、相手方がその事実を知り、又は知ることができたときに限り、その意思表示を取り消すことができる。
3　前二項の規定による詐欺による意思表示の取消しは、善意でかつ過失のない第三者に対抗することができない。

(意思表示の効力発生時期等)

第九七条　意思表示は、その通知が相手方に到達した時からその効力を生ずる。
2　相手方が正当な理由なく意思表示の通知が到達することを妨げたときは、その通知は、通常到達すべきであった時に到達したものとみなす。
3　意思表示は、表意者が通知を発した後に死亡し、意思能力を喪失し、又は行為能力の制限を受けたときであっても、そのためにその効力を妨げられない。

(公示による意思表示)

第九八条　意思表示は、表意者が相手方を知ることができず、又はその所在を知ることができないときは、公示の方法によってすることができる。
2　前項の公示は、公示送達に関する民事訴訟法(平成八年法律第百九号)の規定に従い、裁判所の掲示場に掲示し、かつ、その掲示があったことを官報に少なくとも一回掲載して行う。ただし、裁判所は、相当と認めるときは、官報への掲載に代えて、市役所、区役所、町村役場又はこれらに準ずる施設の掲示場に掲示すべきことを命ずることができる。

3　公示による意思表示は、最後に官報に掲載した日又はその掲載に代わる掲示を始めた日から二週間を経過した時に、相手方に到達したものとみなす。ただし、表意者が相手方を知らないこと又はその所在を知らないことについて過失があったときは、到達の効力を生じない。

4　公示に関する手続は、相手方を知ることができない場合には表意者の住所地の、相手方の所在を知ることができない場合には相手方の最後の住所地の簡易裁判所の管轄に属する。

5　裁判所は、表意者に、公示に関する費用を予納させなければならない。

第九八条第二項を次のとおり改める。

第九八条（略）

2　前項の公示は、公示送達に関する民事訴訟法（平成八年法律第百九号）の規定に従い、次の各号に掲げる区分に応じ、それぞれ当該各号に定める事項を不特定多数の者が閲覧することができる状態に置くとともに、当該事項が記載された書面を裁判所の掲示場に掲示し、又は当該事項を裁判所に設置した電子計算機（入出力装置を含む。以下この項において同じ。）の映像面に表示したものの閲覧をすることができる状態に置く措置をとり、かつ、その措置がとられたことを官報に少なくとも一回掲載して行う。ただし、裁判所は、相当と認めるときは、官報への掲載に代えて、市役所、区役所、町村役場又はこれらに準ずる施設の掲示場に掲示すべきことを命ずることができる。

一　書類の公示による意思表示　裁判所書記官が意思表示を記載した書類を保管し、いつでも相手方に交付すべきこと。

二　電磁的記録（電子的方式、磁気的方式その他人の知覚によっては認識することができない方式で作られる記録であって、電子計算機による情報処理の用に供されるものをいう。以下同じ。）の公示による意思表示　裁判所書記官が、裁判所の使用に係る電子計算機に備えられたファイルに記録された電磁的記録に記録されている意思表示に係る事項につき、いつでも相手方にその事項を出力することにより作成した書面を交付し、又は閲覧若しくは記録をすることができる措置をとるとともに、相手方に対し、裁判所の使用に係る電子計算機と相手方の使用に係る電子計算機とを電気通信回線で接続した電子情報処理組織を使用して当該措置がとられた旨の通知を発すべきこと。

3～5　（略）

（公布の日から起算して五年を超えない範囲内において政令で定める日　令和五法五三）

（意思表示の受領能力）

第九八条の二　意思表示の相手方がその意思表示を受けた時に意思能力を有しなかったとき又は未成年者若しくは成年被後見人であったときは、その意思表示をもってその相手方に対抗することができない。ただし、次に掲げる者がその意思表示を知った後は、この限りでない。

一　相手方の法定代理人

二　意思能力を回復し、又は行為能力者となった相手方

（代理行為の要件及び効果）

第九九条　代理人がその権限内において本人のためにすることを示してした意思表示は、本人に対して直接にその効力を生ずる。

2　前項の規定は、第三者が代理人に対してした意思表示について準用する。

（本人のためにすることを示さない意思表示）

第一〇〇条　代理人が本人のためにすることを示さないでした意思表示は、自己のためにしたものとみなす。ただし、相手方が、代理人が本人のためにすることを知り、又は知ることができ

たときは、前条第一項の規定を準用する。

（代理行為の瑕疵）

第一〇一条　代理人が相手方に対してした意思表示の効力が意思の不存在、錯誤、詐欺、強迫又はある事情を知っていたこと若しくは知らなかったことにつき過失があったことによって影響を受けるべき場合には、その事実の有無は、代理人について決するものとする。

2　相手方が代理人に対してした意思表示の効力が意思表示を受けた者がある事情を知っていたこと又は知らなかったことにつき過失があったことによって影響を受けるべき場合には、その事実の有無は、代理人について決するものとする。

3　特定の法律行為をすることを委託された代理人がその行為をしたときは、本人は、自ら知っていた事情について代理人が知らなかったことを主張することができない。本人が過失によって知らなかった事情についても、同様とする。

（代理人の行為能力）

第一〇二条　制限行為能力者が代理人としてした行為は、行為能力の制限によっては取り消すことができない。ただし、制限行為能力者が他の制限行為能力者の法定代理人としてした行為については、この限りでない。

（権限の定めのない代理人の権限）

第一〇三条　権限の定めのない代理人は、次に掲げる行為のみをする権限を有する。

一　保存行為

二　代理の目的である物又は権利の性質を変えない範囲内において、その利用又は改良を目的とする行為

（任意代理人による復代理人の選任）

第一〇四条　委任による代理人は、本人の許諾を得たとき、又はやむを得ない事由があるときでなければ、復代理人を選任することができない。

（法定代理人による復代理人の選任）

第一〇五条　法定代理人は、自己の責任で復代理人を選任することができる。この場合において、やむを得ない事由があるときは、本人に対して

その選任及び監督についての責任のみを負う。

(復代理人の権限等)

第一〇六条　復代理人は、その権限内の行為について、本人を代表する。

2　復代理人は、本人及び第三者に対して、その権限の範囲内において、代理人と同一の権利を有し、義務を負う。

(代理権の濫用)

第一〇七条　代理人が自己又は第三者の利益を図る目的で代理権の範囲内の行為をした場合において、相手方がその目的を知り、又は知ることができたときは、その行為は、代理権を有しない者がした行為とみなす。

(自己契約及び双方代理等)

第一〇八条　同一の法律行為について、相手方の代理人として、又は当事者双方の代理人としてした行為は、代理権を有しない者がした行為とみなす。ただし、債務の履行及び本人があらかじめ許諾した行為については、この限りでない。

2　前項本文に規定するもののほか、代理人と本人との利益が相反する行為については、代理権を有しない者がした行為とみなす。ただし、本人があらかじめ許諾した行為については、この限りでない。

(代理権授与の表示による表見代理等)

第一〇九条　第三者に対して他人に代理権を与えた旨を表示した者は、その代理権の範囲内においてその他人が第三者との間でした行為について、その責任を負う。ただし、第三者が、その他人が代理権を与えられていないことを知り、又は過失によって知らなかったときは、この限りでない。

2　第三者に対して他人に代理権を与えた旨を表示した者は、その代理権の範囲内においてその他人が第三者との間で行為をしたとすれば前項の規定によりその責任を負うべき場合において、その他人が第三者との間でその代理権の範囲外の行為をしたときは、第三者がその行為についてその他人の代理権があると信ずべき正当な理由があるときに限り、その行為についての責任を負う。

（権限外の行為の表見代理）
第一一〇条　前条第一項本文の規定は、代理人がその権限外の行為をした場合において、第三者が代理人の権限があると信ずべき正当な理由があるときについて準用する。

（代理権の消滅事由）
第一一一条　代理権は、次に掲げる事由によって消滅する。
一　本人の死亡
二　代理人の死亡又は代理人が破産手続開始の決定若しくは後見開始の審判を受けたこと。
2　委任による代理権は、前項各号に掲げる事由のほか、委任の終了によって消滅する。

（代理権消滅後の表見代理等）
第一一二条　他人に代理権を与えた者は、代理権の消滅後にその代理権の範囲内においてその他人が第三者との間でした行為について、代理権の消滅の事実を知らなかった第三者に対してその責任を負う。ただし、第三者が過失によってその事実を知らなかったときは、この限りでない。
2　他人に代理権を与えた者は、代理権の消滅後に、その代理権の範囲内においてその他人が第三者との間で行為をしたとすれば前項の規定によりその責任を負うべき場合において、その他人が第三者との間でその代理権の範囲外の行為をしたときは、第三者がその行為についてその他人の代理権があると信ずべき正当な理由があるときに限り、その行為についての責任を負う。

（無権代理）
第一一三条　代理権を有しない者が他人の代理人としてした契約は、本人がその追認をしなければ、本人に対してその効力を生じない。
2　追認又はその拒絶は、相手方に対してしなければ、その相手方に対抗することができない。ただし、相手方がその事実を知ったときは、この限りでない。

（無権代理の相手方の催告権）
第一一四条　前条の場合において、相手方は、本人に対し、相当の期間を定めて、その期間内に追認をするかどうかを確答すべき旨の催告をすることができる。この場合において、本人がその期間内に確答をしないときは、追認を拒絶したものとみなす。

（無権代理の相手方の取消権）

第一一五条　代理権を有しない者がした契約は、本人が追認をしない間は、相手方が取り消すことができる。ただし、契約の時において代理権を有しないことを相手方が知っていたときは、この限りでない。

（無権代理行為の追認）

第一一六条　追認は、別段の意思表示がないときは、契約の時にさかのぼってその効力を生ずる。ただし、第三者の権利を害することはできない。

（無権代理人の責任）

第一一七条　他人の代理人として契約をした者は、自己の代理権を証明したとき、又は本人の追認を得たときを除き、相手方の選択に従い、相手方に対して履行又は損害賠償の責任を負う。

2　前項の規定は、次に掲げる場合には、適用しない。

一　他人の代理人として契約をした者が代理権を有しないことを相手方が知っていたとき。

二　他人の代理人として契約をした者が代理権を有しないことを相手方が過失によって知らなかったとき。ただし、他人の代理人として契約をした者が自己に代理権がないことを知っていたときは、この限りでない。

三　他人の代理人として契約をした者が行為能力の制限を受けていたとき。

（単独行為の無権代理）

第一一八条　単独行為については、その行為の時において、相手方が、代理人と称する者が代理権を有しないで行為をすることに同意し、又はその代理権を争わなかったときに限り、第百十三条から前条までの規定を準用する。代理権を有しない者に対しその同意を得て単独行為をしたときも、同様とする。

（無効な行為の追認）

第一一九条　無効な行為は、追認によっても、その効力を生じない。ただし、当事者がその行為の無効であることを知って追認をしたときは、新たな行為をしたものとみなす。

（取消権者）

第一二〇条　行為能力の制限によって取り消すことができる行為は、制限行為能力者（他の制限行為能力者の法定代理人としてした行為にあっては、当該他の制限行為能力者を含む。）又はその代理人、承継人若しくは同意をすることができる者に限り、取り消すことができる。

2　錯誤、詐欺又は強迫によって取り消すことができる行為は、瑕疵ある意思表示をした者又はその代理人若しくは承継人に限り、取り消すことができる。

（取消しの効果）

第一二一条　取り消された行為は、初めから無効であったものとみなす。

（原状回復の義務）

第一二一条の二　無効な行為に基づく債務の履行として給付を受けた者は、相手方を原状に復させる義務を負う。

2　前項の規定にかかわらず、無効な無償行為に基づく債務の履行として給付を受けた者は、給付を受けた当時その行為が無効であること（給付を受けた後に前条の規定により初めから無効であったものとみなされた行為にあっては、給付を受けた当時その行為が取り消すことができるものであること）を知らなかったときは、その行為によって現に利益を受けている限度において、返還の義務を負う。

3　第一項の規定にかかわらず、行為の時に意思能力を有しなかった者は、その行為によって現に利益を受けている限度において、返還の義務を負う。行為の時に制限行為能力者であった者についても、同様とする。

（取り消すことができる行為の追認）

第一二二条　取り消すことができる行為は、第百二十条に規定する者が追認したときは、以後、取り消すことができない。

（取消し及び追認の方法）

第一一二三条　取り消すことができる行為の相手方が確定している場合には、その取消し又は追認は、相手方に対する意思表示によってする。

(追認の要件)

第一一二四条　取り消すことができる行為の追認は、取消しの原因となっていた状況が消滅し、かつ、取消権を有することを知った後にしなければ、その効力を生じない。

2　次に掲げる場合には、前項の追認は、取消しの原因となっていた状況が消滅した後にすることを要しない。

一　法定代理人又は制限行為能力者の保佐人若しくは補助人が追認をするとき。

二　制限行為能力者(成年被後見人を除く。)が法定代理人、保佐人又は補助人の同意を得て追認をするとき。

(法定追認)

第一一二五条　追認をすることができる時以後に、取り消すことができる行為について次に掲げる事実があったときは、追認をしたものとみなす。ただし、異議をとどめたときは、この限りでない。

一　全部又は一部の履行

二　履行の請求

三　更改

四　担保の供与

五　取り消すことができる行為によって取得した権利の全部又は一部の譲渡

六　強制執行

(取消権の期間の制限)

第一一二六条　取消権は、追認をすることができる時から五年間行使しないときは、時効によって消滅する。行為の時から二十年を経過したときも、同様とする。

(条件が成就した場合の効果)

第一一二七条　停止条件付法律行為は、停止条件が成就した時からその効力を生ずる。

2　解除条件付法律行為は、解除条件が成就した時からその効力を失う。

3　当事者が条件が成就した場合の効果をその成

就した時以前にさかのぼらせる意思を表示したときは、その意思に従う。

第六章　期間の計算

（期間の計算の通則）

第一三八条　期間の計算方法は、法令若しくは裁判上の命令に特別の定めがある場合又は法律行為に別段の定めがある場合を除き、この章の規定に従う。

（期間の起算）

第一三九条　時間によって期間を定めたときは、その期間は、即時から起算する。

第一四〇条　日、週、月又は年によって期間を定めたときは、期間の初日は、算入しない。ただし、その期間が午前零時から始まるときは、この限りでない。

（期間の満了）

第一四一条　前条の場合には、期間は、その末日の終了をもって満了する。

第一四二条　期間の末日が日曜日、国民の祝日に関する法律（昭和二十三年法律第百七十八号）に規定する休日その他の休日に当たるときは、その日に取引をしない慣習がある場合に限り、期間は、その翌日に満了する。

（暦による期間の計算）

第一四三条　週、月又は年によって期間を定めたときは、その期間は、暦に従って計算する。

2　週、月又は年の初めから期間を起算しないときは、その期間は、最後の週、月又は年においてその起算日に応当する日の前日に満了する。ただし、月又は年によって期間を定めた場合において、最後の月に応当する日がないときは、その月の末日に満了する。

第七章　時　効

（時効の効力）

第一四四条　時効の効力は、その起算日にさかのぼる。

（時効の援用）

第一四五条　時効は、当事者（消滅時効にあっては、保証人、物上保証人、第三取得者その他権利の消滅について正当な利益を有する者を含む。）が援用しなければ、裁判所がこれによって裁判をすることができない。

（裁判上の請求等による時効の完成猶予及び更新）

第一四七条　次に掲げる事由がある場合には、その事由が終了する（確定判決又は確定判決と同一の効力を有するものによって権利が確定することなくその事由が終了した場合にあっては、その終了の時から六箇月を経過する）までの間は、時効は、完成しない。

一　裁判上の請求

二　支払督促

三　民事訴訟法第二百七十五条第一項の和解又は民事調停法（昭和二十六年法律第二百二十二号）若しくは家事事件手続法（平成二十三年法律第五十二号）による調停

四　破産手続参加、再生手続参加又は更生手続参加

2　前項の場合において、確定判決又は確定判決と同一の効力を有するものによって権利が確定したときは、時効は、同項各号に掲げる事由が終了した時から新たにその進行を始める。

（強制執行等による時効の完成猶予及び更新）

第一四八条　次に掲げる事由がある場合には、その事由が終了する（申立ての取下げ又は法律の規定に従わないことによる取消しによってその事由が終了した場合にあっては、その終了の時から六箇月を経過する）までの間は、時効は、完成しない。

一　強制執行

二　担保権の実行

三　民事執行法（昭和五十四年法律第四号）第百九十五条に規定する担保権の実行としての競売の例による競売

四　民事執行法第百九十六条に規定する財産開示手続又は同法第二百四条に規定する第三者

からの情報取得手続

2　前項の場合には、時効は、同項各号に掲げる事由が終了した時から新たにその進行を始める。ただし、申立ての取下げ又は法律の規定に従わないことによる取消しによってその事由が終了した場合は、この限りでない。

（仮差押え等による時効の完成猶予）

第一四九条　次に掲げる事由がある場合には、その事由が終了した時から六箇月を経過するまでの間は、時効は、完成しない。

一　仮差押え

二　仮処分

（催告による時効の完成猶予）

第一五〇条　催告があったときは、その時から六箇月を経過するまでの間は、時効は、完成しない。

2　催告によって時効の完成が猶予されている間にされた再度の催告は、前項の規定による時効の完成猶予の効力を有しない。

（協議を行う旨の合意による時効の完成猶予）

第一五一条　権利についての協議を行う旨の合意が書面でされたときは、次に掲げる時のいずれか早い時までの間は、時効は、完成しない。

一　その合意があった時から一年を経過した時

二　その合意において当事者が協議を行う期間（一年に満たないものに限る。）を定めたときは、その期間を経過した時

三　当事者の一方から相手方に対して協議の続行を拒絶する旨の通知が書面でされたときは、その通知の時から六箇月を経過した時

2　前項の規定により時効の完成が猶予されている間にされた再度の同項の合意は、同項の規定による時効の完成猶予の効力を有する。ただし、その効力は、時効の完成が猶予されなかったとすれば時効が完成すべき時から通じて五年を超えることができない。

3　催告によって時効の完成が猶予されている間にされた第一項の合意は、同項の規定による時効の完成猶予の効力を有しない。同項の規定により時効の完成が猶予されている間にされた催

告についても、同様とする。

4　第一項の合意がその内容を記録した電磁的記録（電子的方式、磁気的方式その他人の知覚によっては認識することができない方式で作られる記録であって、電子計算機による情報処理の用に供されるものをいう。以下同じ。）によってされたときは、その合意は、書面によってされたものとみなして、前三項の規定を適用する。

5　前項の規定は、第一項第三号の通知について準用する。

第一五一条第四項を次のとおり改める。

第一五一条　（略）

2・3　（略）

4　第一項の合意がその内容を記録した電磁的記録によってされたときは、その合意は、書面によってされたものとみなして、前三項の規定を適用する。

5　（略）

（公布の日から起算して五年を超えない範囲内において政令で定める日　令和五法五三）

（承認による時効の更新）

第一五二条　時効は、権利の承認があったときは、その時から新たにその進行を始める。

2　前項の承認をするには、相手方の権利についての処分につき行為能力の制限を受けていないこと又は権限があることを要しない。

（時効の完成猶予又は更新の効力が及ぶ者の範囲）

第一五三条　第百四十七条又は第百四十八条の規定による時効の完成猶予又は更新は、完成猶予又は更新の事由が生じた当事者及びその承継人の間においてのみ、その効力を有する。

2　第百四十九条から第百五十一条までの規定による時効の完成猶予は、完成猶予の事由が生じた当事者及びその承継人の間においてのみ、その効力を有する。

3　前条の規定による時効の更新は、更新の事由が生じた当事者及びその承継人の間においてのみ、その効力を有する。

第一五四条　第百四十八条第一項各号又は第百四十九条各号に掲げる事由に係る手続は、時効の利益を受ける者に対してしないときは、その者に通知をした後でなければ、第百四十八条又は第百四十九条の規定による時効の完成猶予又は更新の効力を生じない。

（未成年者又は成年被後見人と時効の完成猶予）

第一五八条　時効の期間の満了前六箇月以内の間に未成年者又は成年被後見人に法定代理人がないときは、その未成年者若しくは成年被後見人が行為能力者となった時又は法定代理人が就職した時から六箇月を経過するまでの間は、その未成年者又は成年被後見人に対して、時効は、完成しない。

2　未成年者又は成年被後見人がその財産を管理する父、母又は後見人に対して権利を有するときは、その未成年者若しくは成年被後見人が行為能力者となった時又は後任の法定代理人が就職した時から六箇月を経過するまでの間は、その権利について、時効は、完成しない。

（夫婦間の権利の時効の完成猶予）

第一五九条　夫婦の一方が他の一方に対して有する権利については、婚姻の解消の時から六箇月を経過するまでの間は、時効は、完成しない。

（相続財産に関する時効の完成猶予）

第一六〇条　相続財産に関しては、相続人が確定した時、管理人が選任された時又は破産手続開始の決定があった時から六箇月を経過するまでの間は、時効は、完成しない。

（所有権の取得時効）

第一六二条　二十年間、所有の意思をもって、平穏に、かつ、公然と他人の物を占有した者は、その所有権を取得する。

2　十年間、所有の意思をもって、平穏に、かつ、公然と他人の物を占有した者は、その占有の開始の時に、善意であり、かつ、過失がなかったときは、その所有権を取得する。

（所有権以外の財産権の取得時効）

第一六三条　所有権以外の財産権を、自己のためにする意思をもって、平穏に、かつ、公然と行使する者は、前条の区別に従い二十年又は十年を経過した後、その権利を取得する。

（占有の中止等による取得時効の中断）

第一六四条　第百六十二条の規定による時効は、占有者が任意にその占有を中止し、又は他人によってその占有を奪われたときは、中断する。

第一六五条　前条の規定は、第百六十三条の場合について準用する。

（債権等の消滅時効）

第一六六条　債権は、次に掲げる場合には、時効によって消滅する。

一　債権者が権利を行使することができることを知った時から五年間行使しないとき。

二　権利を行使することができる時から十年間行使しないとき。

2　債権又は所有権以外の財産権は、権利を行使することができる時から二十年間行使しないときは、時効によって消滅する。

3　前二項の規定は、始期付権利又は停止条件付権利の目的物を占有する第三者のために、その占有の開始の時から取得時効が進行することを妨げない。ただし、権利者は、その時効を更新するため、いつでも占有者の承認を求めることができる。

（人の生命又は身体の侵害による損害賠償請求権の消滅時効）

第一六七条　人の生命又は身体の侵害による損害賠償請求権の消滅時効についての前条第一項第二号の規定の適用については、同号中「十年間」とあるのは、「二十年間」とする。

（判決で確定した権利の消滅時効）

第一六九条　確定判決によって確定した権利については、十年より短い時効期間の定めがあるものであっても、その時効期間は、十年とする。

2　前項の規定は、確定の時に弁済期の到来していない債権については、適用しない。

第二編　物　　権

第一章　総　則

（物権の創設）
第一七五条　物権は、この法律その他の法律に定めるもののほか、創設することができない。

（物権の設定及び移転）
第一七六条　物権の設定及び移転は、当事者の意思表示のみによって、その効力を生ずる。

（不動産に関する物権の変動の対抗要件）
第一七七条　不動産に関する物権の得喪及び変更は、不動産登記法（平成十六年法律第百二十三号）その他の登記に関する法律の定めるところに従いその登記をしなければ、第三者に対抗することができない。

（動産に関する物権の譲渡の対抗要件）
第一七八条　動産に関する物権の譲渡は、その動産の引渡しがなければ、第三者に対抗することができない。

（混同）
第一七九条　同一物について所有権及び他の物権が同一人に帰属したときは、当該他の物権は、消滅する。ただし、その物又は当該他の物権が第三者の権利の目的であるときは、この限りでない。
2　所有権以外の物権及びこれを目的とする他の権利が同一人に帰属したときは、当該他の権利は、消滅する。この場合においては、前項ただし書の規定を準用する。
3　前二項の規定は、占有権については、適用しない。

第二章　占有権

（占有権の取得）
第一八〇条　占有権は、自己のためにする意思をもって物を所持することによって取得する。

（代理占有）
第一八一条　占有権は、代理人によって取得することができる。

（現実の引渡し及び簡易の引渡し）

第一八二条　占有権の譲渡は、占有物の引渡しによってする。

2　譲受人又はその代理人が現に占有物を所持する場合には、占有権の譲渡は、当事者の意思表示のみによってすることができる。

（占有改定）

第一八三条　代理人が自己の占有物を以後本人のために占有する意思を表示したときは、本人は、これによって占有権を取得する。

（指図による占有移転）

第一八四条　代理人によって占有をする場合において、本人がその代理人に対して以後第三者のためにその物を占有することを命じ、その第三者がこれを承諾したときは、その第三者は、占有権を取得する。

（占有の承継）

第一八七条　占有者の承継人は、その選択に従い、自己の占有のみを主張し、又は自己の占有に前の占有者の占有を併せて主張することができる。

2　前の占有者の占有を併せて主張する場合には、その瑕疵をも承継する。

（占有物について行使する権利の適法の推定）

第一八八条　占有者が占有物について行使する権利は、適法に有するものと推定する。

（即時取得）

第一九二条　取引行為によって、平穏に、かつ、公然と動産の占有を始めた者は、善意であり、かつ、過失がないときは、即時にその動産について行使する権利を取得する。

（占有の訴え）

第一九七条　占有者は、次条から第二百二条までの規定に従い、占有の訴えを提起することができる。他人のために占有をする者も、同様とする。

（占有保持の訴え）

第一九八条　占有者がその占有を妨害されたときは、占有保持の訴えにより、その妨害の停止及び損害の賠償を請求することができる。

（占有保全の訴え）

第一九九条　占有者がその占有を妨害されるおそれがあるときは、占有保全の訴えにより、その妨害の予防又は損害賠償の担保を請求することができる。

（占有回収の訴え）

第二〇〇条　占有者がその占有を奪われたときは、占有回収の訴えにより、その物の返還及び損害の賠償を請求することができる。

2　占有回収の訴えは、占有を侵奪した者の特定承継人に対して提起することができない。ただし、その承継人が侵奪の事実を知っていたときは、この限りでない。

（占有の訴えの提起期間）

第二〇一条　占有保持の訴えは、妨害の存する間又はその消滅した後一年以内に提起しなければならない。ただし、工事により占有物に損害を生じた場合において、その工事に着手した時から一年を経過し、又はその工事が完成したときは、これを提起することができない。

2　占有保全の訴えは、妨害の危険の存する間は、提起することができる。この場合において、工事により占有物に損害を生ずるおそれがあるときは、前項ただし書の規定を準用する。

3　占有回収の訴えは、占有を奪われた時から一年以内に提起しなければならない。

（本権の訴えとの関係）

第二〇二条　占有の訴えは本権の訴えを妨げず、また、本権の訴えは占有の訴えを妨げない。

2　占有の訴えについては、本権に関する理由に基づいて裁判をすることができない。

（占有権の消滅事由）

第二〇三条　占有権は、占有者が占有の意思を放棄し、又は占有物の所持を失うことによって消滅する。ただし、占有者が占有回収の訴えを提起したときは、この限りでない。

（代理占有権の消滅事由）

第二〇四条　代理人によって占有をする場合には、占有権は、次に掲げる事由によって消滅する。

一　本人が代理人に占有をさせる意思を放棄したこと。

二　代理人が本人に対して以後自己又は第三者のために占有物を所持する意思を表示したこと。

三　代理人が占有物の所持を失ったこと。

2　占有権は、代理権の消滅のみによっては、消滅しない。

第二〇五条　この章の規定は、自己のためにする意思をもって財産権の行使をする場合について準用する。

第三章　所有権

（所有権の内容）

第二〇六条　所有者は、法令の制限内において、自由にその所有物の使用、収益及び処分をする権利を有する。

（土地所有権の範囲）

第二〇七条　土地の所有権は、法令の制限内において、その土地の上下に及ぶ。

（無主物の帰属）

第二三九条　所有者のない動産は、所有の意思をもって占有することによって、その所有権を取得する。

2　所有者のない不動産は、国庫に帰属する。

（共有物の使用）

第二四九条　各共有者は、共有物の全部について、その持分に応じた使用をすることができる。

2　共有物を使用する共有者は、別段の合意がある場合を除き、他の共有者に対し、自己の持分を超える使用の対価を償還する義務を負う。

3　共有者は、善良な管理者の注意をもって、共有物の使用をしなければならない。

（共有持分の割合の推定）

第二五〇条　各共有者の持分は、相等しいものと推定する。

（共有物の変更）

第二五一条　各共有者は、他の共有者の同意を得なければ、共有物に変更（その形状又は効用の著しい変更を伴わないものを除く。次項において同じ。）を加えることができない。

2　共有者が他の共有者を知ることができず、又はその所在を知ることができないときは、裁判所は、共有者の請求により、当該他の共有者以外の他の共有者の同意を得て共有物に変更を加えることができる旨の裁判をすることができる。

（共有物の管理）

第二五二条　共有物の管理に関する事項（次条第一項に規定する共有物の管理者の選任及び解任を含み、共有物に前条第一項に規定する変更を加えるものを除く。次項において同じ。）は、各共有者の持分の価格に従い、その過半数で決する。共有物を使用する共有者があるときも、同様とする。

2　裁判所は、次の各号に掲げるときは、当該各号に規定する他の共有者以外の共有者の請求により、当該他の共有者以外の共有者の持分の価格に従い、その過半数で共有物の管理に関する事項を決することができる旨の裁判をすることができる。

一　共有者が他の共有者を知ることができず、又はその所在を知ることができないとき。

二　共有者が他の共有者に対し相当の期間を定めて共有物の管理に関する事項を決することについて賛否を明らかにすべき旨を催告した場合において、当該他の共有者がその期間内に賛否を明らかにしないとき。

3　前二項の規定による決定が、共有者間の決定に基づいて共有物を使用する共有者に特別の影響を及ぼすべきときは、その承諾を得なければならない。

4　共有者は、前三項の規定により、共有物に、次の各号に掲げる賃借権その他の使用及び収益を目的とする権利（以下この項において「賃借権等」という。）であって、当該各号に定める期間を超えないものを設定することができる。

一　樹木の栽植又は伐採を目的とする山林の賃借権等　十年

二　前号に掲げる賃借権等以外の土地の賃借権等　五年

三　建物の賃借権等　三年

四　動産の賃借権等　六箇月

5　各共有者は、前各項の規定にかかわらず、保存行為をすることができる。

（共有物の管理者）

第二五二条の二　共有物の管理者は、共有物の管理に関する行為をすることができる。ただし、共有者の全員の同意を得なければ、共有物に変更（その形状又は効用の著しい変更を伴わないものを除く。次項において同じ。）を加えることができない。

2　共有物の管理者が共有者を知ることができず、又はその所在を知ることができないときは、裁判所は、共有物の管理者の請求により、当該共有者以外の共有者の同意を得て共有物に変更を加えることができる旨の裁判をすることができる。

3　共有物の管理者は、共有者が共有物の管理に関する事項を決した場合には、これに従ってその職務を行わなければならない。

4　前項の規定に違反して行った共有物の管理者の行為は、共有者に対してその効力を生じない。ただし、共有者は、これをもって善意の第三者に対抗することができない。

（共有物に関する負担）

第二五三条　各共有者は、その持分に応じ、管理の費用を支払い、その他共有物に関する負担を負う。

2　共有者が一年以内に前項の義務を履行しないときは、他の共有者は、相当の償金を支払ってその者の持分を取得することができる。

（共有物についての債権）

第二五四条　共有者の一人が共有物について他の共有者に対して有する債権は、その特定承継人に対しても行使することができる。

（持分の放棄及び共有者の死亡）

第二五五条　共有者の一人が、その持分を放棄したとき、又は死亡して相続人がないときは、その持分は、他の共有者に帰属する。

（共有物の分割請求）

第二五六条　各共有者は、いつでも共有物の分割を請求することができる。ただし、五年を超えない期間内は分割をしない旨の契約をすることを妨げない。

2　前項ただし書の契約は、更新することができる。ただし、その期間は、更新の時から五年を超えることができない。

（同前）

第二五七条　前条の規定は、第二百二十九条に規定する共有物については、適用しない。

（裁判による共有物の分割）

第二五八条　共有物の分割について共有者間に協議が調わないとき、又は協議をすることができないときは、その分割を裁判所に請求することができる。

2　裁判所は、次に掲げる方法により、共有物の分割を命ずることができる。

一　共有物の現物を分割する方法

二　共有者に債務を負担させて、他の共有者の持分の全部又は一部を取得させる方法

3　前項に規定する方法により、共有物を分割することができないとき、又は分割によってその価格を著しく減少させるおそれがあるときは、裁判所は、その競売を命ずることができる。

4　裁判所は、共有物の分割の裁判において、当事者に対して、金銭の支払、物の引渡し、登記義務の履行その他の給付を命ずることができる。

（同前）

第二五八条の二　共有物の全部又はその持分が相続財産に属する場合において、共同相続人間で当該共有物の全部又はその持分について遺産の分割をすべきときは、当該共有物又はその持分について前条の規定による分割をすることができない。

2　共有物の持分が相続財産に属する場合において、相続開始の時から十年を経過したときは、前項の規定にかかわらず、相続財産に属する共有物の持分について前条の規定による分割をすることができる。ただし、当該共有物の持分について遺産の分割の請求があった場合において、相続人が当該共有物の持分について同条の規定

による分割をすることに異議の申出をしたときは、この限りでない。

3　相続人が前項ただし書の申出をする場合には、当該申出は、当該相続人が前条第一項の規定による請求を受けた裁判所から当該請求があった旨の通知を受けた日から二箇月以内に当該裁判所にしなければならない。

（共有に関する債権の弁済）

第二五九条　共有者の一人が他の共有者に対して共有に関する債権を有するときは、分割に際し、債務者に帰属すべき共有物の部分をもって、その弁済に充てることができる。

2　債権者は、前項の弁済を受けるため債務者に帰属すべき共有物の部分を売却する必要があるときは、その売却を請求することができる。

（共有物の分割への参加）

第二六〇条　共有物について権利を有する者及び各共有者の債権者は、自己の費用で、分割に参加することができる。

2　前項の規定による参加の請求があったにもかかわらず、その請求をした者を参加させないで分割をしたときは、その分割は、その請求をした者に対抗することができない。

（分割における共有者の担保責任）

第二六一条　各共有者は、他の共有者が分割によって取得した物について、売主と同じく、その持分に応じて担保の責任を負う。

（共有物に関する証書）

第二六二条　分割が完了したときは、各分割者は、その取得した物に関する証書を保存しなければならない。

2　共有者の全員又はそのうちの数人に分割した物に関する証書は、その物の最大の部分を取得した者が保存しなければならない。

3　前項の場合において、最大の部分を取得した者がないときは、分割者間の協議で証書の保存者を定める。協議が調わないときは、裁判所が、これを指定する。

4　証書の保存者は、他の分割者の請求に応じて、その証書を使用させなければならない。

（所在等不明共有者の持分の取得）

第二六二条の二　不動産が数人の共有に属する場合において、共有者が他の共有者を知ることができず、又はその所在を知ることができないときは、裁判所は、共有者の請求により、その共有者に、当該他の共有者（以下この条において「所在等不明共有者」という。）の持分を取得させる旨の裁判をすることができる。この場合において、請求をした共有者が二人以上あるときは、請求をした各共有者に、所在等不明共有者の持分を、請求をした各共有者の持分の割合で按分してそれぞれ取得させる。

2　前項の請求があった持分に係る不動産について第二百五十八条第一項の規定による請求又は遺産の分割の請求があり、かつ、所在等不明共有者以外の共有者が前項の請求を受けた裁判所に同項の裁判をすることについて異議がある旨の届出をしたときは、裁判所は、同項の裁判をすることができない。

3　所在等不明共有者の持分が相続財産に属する場合（共同相続人間で遺産の分割をすべき場合に限る。）において、相続開始の時から十年を経過していないときは、裁判所は、第一項の裁判をすることができない。

4　第一項の規定により共有者が所在等不明共有者の持分を取得したときは、当該共有者は、所在等不明共有者に対し、当該共有者が取得した持分の時価相当額の支払を請求することができる。

5　前各項の規定は、不動産の使用又は収益をする権利（所有権を除く。）が数人の共有に属する場合について準用する。

（所在等不明共有者の持分の譲渡）

第二六二条の三　不動産が数人の共有に属する場合において、共有者が他の共有者を知ることができず、又はその所在を知ることができないときは、裁判所は、共有者の請求により、その共有者に、当該他の共有者（以下この条において「所在等不明共有者」という。）以外の共有者の全員が特定の者に対してその有する持分の全部を譲渡することを停止条件として所在等不明共有者の持分を当該特定の者に譲渡する権限を付与する旨の裁判をすることができる。

2　所在等不明共有者の持分が相続財産に属する場合（共同相続人間で遺産の分割をすべき場合に限る。）において、相続開始の時から十年を経過していないときは、裁判所は、前項の裁判をすることができない。

3　第一項の裁判により付与された権限に基づき共有者が所在等不明共有者の持分を第三者に譲渡したときは、所在等不明共有者は、当該譲渡をした共有者に対し、不動産の時価相当額を所在等不明共有者の持分に応じて按分して得た額の支払を請求することができる。

4　前三項の規定は、不動産の使用又は収益をする権利（所有権を除く。）が数人の共有に属する場合について準用する。

（共有の性質を有する入会権）

第二六三条　共有の性質を有する入会権については、各地方の慣習に従うほか、この節の規定を適用する。

（準共有）

第二六四条　この節（第二百六十二条の二及び第二百六十二条の三を除く。）の規定は、数人で所有権以外の財産権を有する場合について準用する。ただし、法令に特別の定めがあるときは、この限りでない。

第八章　先取特権

（先取特権の内容）

第三〇三条　先取特権者は、この法律その他の法律の規定に従い、その債務者の財産について、他の債権者に先立って自己の債権の弁済を受ける権利を有する。

（物上代位）

第三〇四条　先取特権は、その目的物の売却、賃貸、滅失又は損傷によって債務者が受けるべき金銭その他の物に対しても、行使することができる。ただし、先取特権者は、その払渡し又は引渡しの前に差押えをしなければならない。

2　債務者が先取特権の目的物につき設定した物権の対価についても、前項と同様とする。

第九章　質　権

（質権の内容）

第三四二条　質権者は、その債権の担保として債務者又は第三者から受け取った物を占有し、かつ、その物について他の債権者に先立って自己の債権の弁済を受ける権利を有する。

（質権の目的）

第三四三条　質権は、譲り渡すことができない物をその目的とすることができない。

（質権の設定）

第三四四条　質権の設定は、債権者にその目的物を引き渡すことによって、その効力を生ずる。

（質権設定者による代理占有の禁止）

第三四五条　質権者は、質権設定者に、自己に代わって質物の占有をさせることができない。

（質権の被担保債権の範囲）

第三四六条　質権は、元本、利息、違約金、質権の実行の費用、質物の保存の費用及び債務の不履行又は質物の隠れた瑕疵によって生じた損害の賠償を担保する。ただし、設定行為に別段の定めがあるときは、この限りでない。

（質物の留置）

第三四七条　質権者は、前条に規定する債権の弁済を受けるまでは、質物を留置することができる。ただし、この権利は、自己に対して優先権を有する債権者に対抗することができない。

（転質）

第三四八条　質権者は、その権利の存続期間内において、自己の責任で、質物について、転質をすることができる。この場合において、転質をしたことによって生じた損失については、不可抗力によるものであっても、その責任を負う。

（契約による質物の処分の禁止）

第三四九条　質権設定者は、設定行為又は債務の弁済期前の契約において、質権者に弁済として質物の所有権を取得させ、その他法律に定める方法によらないで質物を処分させることを約することができない。

（留置権及び先取特権の規定の準用）

第三五〇条　第二百九十六条から第三百条まで及び第三百四条の規定は、質権について準用する。

（物上保証人の求償権）

第三五一条　他人の債務を担保するため質権を設定した者は、その債務を弁済し、又は質権の実行によって質物の所有権を失ったときは、保証債務に関する規定に従い、債務者に対して求償権を有する。

（抵当権の規定の準用）

第三六一条　不動産質権については、この節に定めるもののほか、その性質に反しない限り、次章（抵当権）の規定を準用する。

（権利質の目的等）

第三六二条　質権は、財産権をその目的とすることができる。

2　前項の質権については、この節に定めるもののほか、その性質に反しない限り、前三節（総則、動産質及び不動産質）の規定を準用する。

第一〇章　抵　当　権

（抵当権の内容）

第三六九条　抵当権者は、債務者又は第三者が占有を移転しないで債務の担保に供した不動産について、他の債権者に先立って自己の債権の弁済を受ける権利を有する。

2　地上権及び永小作権も、抵当権の目的とすることができる。この場合においては、この章の規定を準用する。

（抵当権の効力の及ぶ範囲）

第三七〇条　抵当権は、抵当地の上に存する建物を除き、その目的である不動産（以下「抵当不動産」という。）に付加して一体となっている物に及ぶ。ただし、設定行為に別段の定めがある場合及び債務者の行為について第四百二十四条第三項に規定する詐害行為取消請求をすることができる場合は、この限りでない。

（抵当権の被担保債権の範囲）

第三七五条　抵当権者は、利息その他の定期金を請求する権利を有するときは、その満期となった最後の二年分についてのみ、その抵当権を行使することができる。ただし、それ以前の定期金についても、満期後に特別の登記をしたときは、その登記の時からその抵当権を行使することを妨げない。

2　前項の規定は、抵当権者が債務の不履行によって生じた損害の賠償を請求する権利を有する場合におけるその最後の二年分についても適用する。ただし、利息その他の定期金と通算して二年分を超えることができない。

（法定地上権）

第三八八条　土地及びその上に存する建物が同一の所有者に属する場合において、その土地又は建物につき抵当権が設定され、その実行により所有者を異にするに至ったときは、その建物について、地上権が設定されたものとみなす。この場合において、地代は、当事者の請求により、裁判所が定める。

（共同抵当における代価の配当）

第三九二条　債権者が同一の債権の担保として数個の不動産につき抵当権を有する場合において、同時にその代価を配当すべきときは、その各不動産の価額に応じて、その債権の負担を按分する。

2　債権者が同一の債権の担保として数個の不動産につき抵当権を有する場合において、ある不動産の代価のみを配当すべきときは、抵当権者は、その代価から債権の全部の弁済を受けることができる。この場合において、次順位の抵当権者は、その弁済を受ける抵当権者が前項の規定に従い他の不動産の代価から弁済を受けるべき金額を限度として、その抵当権者に代位して抵当権を行使することができる。

（共同抵当における代位の付記登記）

第三九三条　前条第二項後段の規定により代位によって抵当権を行使する者は、その抵当権の登記にその代位を付記することができる。

第三編　債　権

第一章　総　則

（債権の目的）

第三九九条　債権は、金銭に見積もることができないものであっても、その目的とすることができる。

（特定物の引渡しの場合の注意義務）

第四〇〇条　債権の目的が特定物の引渡しであるときは、債務者は、その引渡しをするまで、契約その他の債権の発生原因及び取引上の社会通念に照らして定まる善良な管理者の注意をもって、その物を保存しなければならない。

（種類債権）

第四〇一条　債権の目的物を種類のみで指定した場合において、法律行為の性質又は当事者の意思によってその品質を定めることができないときは、債務者は、中等の品質を有する物を給付しなければならない。

2　前項の場合において、債務者が物の給付をするのに必要な行為を完了し、又は債権者の同意を得てその給付すべき物を指定したときは、以後その物を債権の目的物とする。

（金銭債権）

第四〇二条　債権の目的物が金銭であるときは、債務者は、その選択に従い、各種の通貨で弁済をすることができる。ただし、特定の種類の通貨の給付を債権の目的としたときは、この限りでない。

2　債権の目的物である特定の種類の通貨が弁済期に強制通用の効力を失っているときは、債務者は、他の通貨で弁済をしなければならない。

3　前二項の規定は、外国の通貨の給付を債権の目的とした場合について準用する。

（法定利率）

第四〇四条　利息を生ずべき債権について別段の意思表示がないときは、その利率は、その利息が生じた最初の時点における法定利率による。

2　法定利率は、年三パーセントとする。

3　前項の規定にかかわらず、法定利率は、法務省令で定めるところにより、三年を一期とし、一期ごとに、次項の規定により変動するものとする。

4　各期における法定利率は、この項の規定により法定利率に変動があった期のうち直近のもの（以下この項において「直近変動期」という。）における基準割合と当期における基準割合との差に相当する割合（その割合に一パーセント未満の端数があるときは、これを切り捨てる。）を直近変動期における法定利率に加算し、又は減算した割合とする。

5　前項に規定する「基準割合」とは、法務省令で定めるところにより、各期の初日の属する年の六年前の年の一月から前々年の十二月までの各月における短期貸付けの平均利率（当該各月において銀行が新たに行った貸付け（貸付期間が一年未満のものに限る。）に係る利率の平均をいう。）の合計を六十で除して計算した割合（その割合に〇・一パーセント未満の端数があるときは、これを切り捨てる。）として法務大臣が告示するものをいう。

（履行期と履行遅滞）

第四一二条　債務の履行について確定期限があるときは、債務者は、その期限の到来した時から遅滞の責任を負う。

2　債務の履行について不確定期限があるときは、債務者は、その期限の到来した後に履行の請求を受けた時又はその期限の到来したことを知った時のいずれか早い時から遅滞の責任を負う。

3　債務の履行について期限を定めなかったときは、債務者は、履行の請求を受けた時から遅滞の責任を負う。

（履行不能）

第四一二条の二　債務の履行が契約その他の債務の発生原因及び取引上の社会通念に照らして不能であるときは、債権者は、その債務の履行を請求することができない。

2　契約に基づく債務の履行がその契約の成立の

時に不能であったことは、第四百十五条の規定によりその履行の不能によって生じた損害の賠償を請求することを妨げない。

（受領遅滞）

第四一三条　債権者が債務の履行を受けることを拒み、又は受けることができない場合において、その債務の目的が特定物の引渡しであるときは、債務者は、履行の提供をした時からその引渡しをするまで、自己の財産に対するのと同一の注意をもって、その物を保存すれば足りる。

2　債権者が債務の履行を受けることを拒み、又は受けることができないことによって、その履行の費用が増加したときは、その増加額は、債権者の負担とする。

（履行遅滞中又は受領遅滞中の履行不能と帰責事由）

第四一三条の二　債務者がその債務について遅滞の責任を負っている間に当事者双方の責めに帰することができない事由によってその債務の履行が不能となったときは、その履行の不能は、債務者の責めに帰すべき事由によるものとみなす。

2　債権者が債務の履行を受けることを拒み、又は受けることができない場合において、履行の提供があった時以後に当事者双方の責めに帰することができない事由によってその債務の履行が不能となったときは、その履行の不能は、債権者の責めに帰すべき事由によるものとみなす。

（履行の強制）

第四一四条　債務者が任意に債務の履行をしないときは、債権者は、民事執行法その他強制執行の手続に関する法令の規定に従い、直接強制、代替執行、間接強制その他の方法による履行の強制を裁判所に請求することができる。ただし、債務の性質がこれを許さないときは、この限りでない。

2　前項の規定は、損害賠償の請求を妨げない。

（債務不履行による損害賠償）

第四一五条　債務者がその債務の本旨に従った履行をしないとき又は債務の履行が不能であると

きは、債権者は、これによって生じた損害の賠償を請求することができる。ただし、その債務の不履行が契約その他の債務の発生原因及び取引上の社会通念に照らして債務者の責めに帰することができない事由によるものであるときは、この限りでない。

2　前項の規定により損害賠償の請求をすることができる場合において、債権者は、次に掲げるときは、債務の履行に代わる損害賠償の請求をすることができる。

一　債務の履行が不能であるとき。

二　債務者がその債務の履行を拒絶する意思を明確に表示したとき。

三　債務が契約によって生じたものである場合において、その契約が解除され、又は債務の不履行による契約の解除権が発生したとき。

（損害賠償の範囲）

第四一六条　債務の不履行に対する損害賠償の請求は、これによって通常生ずべき損害の賠償をさせることをその目的とする。

2　特別の事情によって生じた損害であっても、当事者がその事情を予見すべきであったときは、債権者は、その賠償を請求することができる。

（損害賠償の方法）

第四一七条　損害賠償は、別段の意思表示がないときは、金銭をもってその額を定める。

（中間利息の控除）

第四一七条の二　将来において取得すべき利益についての損害賠償の額を定める場合において、その利益を取得すべき時までの利息相当額を控除するときは、その損害賠償の請求権が生じた時点における法定利率により、これをする。

2　将来において負担すべき費用についての損害賠償の額を定める場合において、その費用を負担すべき時までの利息相当額を控除するときも、前項と同様とする。

（過失相殺）

第四一八条　債務の不履行又はこれによる損害の発生若しくは拡大に関して債権者に過失があったときは、裁判所は、これを考慮して、損害賠償の責任及びその額を定める。

（賠償額の予定）

第四二〇条　当事者は、債務の不履行について損害賠償の額を予定することができる。

2　賠償額の予定は、履行の請求又は解除権の行使を妨げない。

3　違約金は、賠償額の予定と推定する。

（債権者代位権の要件）

第四二三条　債権者は、自己の債権を保全するため必要があるときは、債務者に属する権利（以下「被代位権利」という。）を行使することができる。ただし、債務者の一身に専属する権利及び差押えを禁じられた権利は、この限りでない。

2　債権者は、その債権の期限が到来しない間は、被代位権利を行使することができない。ただし、保存行為は、この限りでない。

3　債権者は、その債権が強制執行により実現することのできないものであるときは、被代位権利を行使することができない。

（代位行使の範囲）

第四二三条の二　債権者は、被代位権利を行使する場合において、被代位権利の目的が可分であるときは、自己の債権の額の限度においてのみ、被代位権利を行使することができる。

（債権者への支払又は引渡し）

第四二三条の三　債権者は、被代位権利を行使する場合において、被代位権利が金銭の支払又は動産の引渡しを目的とするものであるときは、相手方に対し、その支払又は引渡しを自己に対してすることを求めることができる。この場合において、相手方が債権者に対してその支払又は引渡しをしたときは、被代位権利は、これによって消滅する。

（相手方の抗弁）

第四二三条の四　債権者が被代位権利を行使したときは、相手方は、債務者に対して主張することができる抗弁をもって、債権者に対抗することができる。

（債務者の取立てその他の処分の権限等）

第四二三条の五　債権者が被代位権利を行使した

場合であっても、債務者は、被代位権利について、自ら取立てその他の処分をすることを妨げられない。この場合においては、相手方も、被代位権利について、債務者に対して履行をすることを妨げられない。

（被代位権利の行使に係る訴えを提起した場合の訴訟告知）

第四二三条の六　債権者は、被代位権利の行使に係る訴えを提起したときは、遅滞なく、債務者に対し、訴訟告知をしなければならない。

（登記又は登録の請求権を保全するための債権者代位権）

第四二三条の七　登記又は登録をしなければ権利の得喪及び変更を第三者に対抗することができない財産を譲り受けた者は、その譲渡人が第三者に対して有する登記手続又は登録手続をすべきことを請求する権利を行使しないときは、その権利を行使することができる。この場合においては、前三条の規定を準用する。

（詐害行為取消請求）

第四二四条　債権者は、債務者が債権者を害することを知ってした行為の取消しを裁判所に請求することができる。ただし、その行為によって利益を受けた者（以下この款において「受益者」という。）がその行為の時において債権者を害することを知らなかったときは、この限りでない。

2　前項の規定は、財産権を目的としない行為については、適用しない。

3　債権者は、その債権が第一項に規定する行為の前の原因に基づいて生じたものである場合に限り、同項の規定による請求（以下「詐害行為取消請求」という。）をすることができる。

4　債権者は、その債権が強制執行により実現することのできないものであるときは、詐害行為取消請求をすることができない。

次を加える。

（相当の対価を得てした財産の処分行為の特則）

第四二四条の二　債務者が、その有する財産を処分する行為をした場合において、受益者から相当の対価を取得しているときは、債権者は、次に掲げる要件のいずれにも該当する場合に限り、その行為について、詐害行為取消請求をすることができる。

一　その行為が、不動産の金銭への換価その他の当該処分による財産の種類の変更により、債務者において隠匿、無償の供与その他の債権者を害することとなる処分（以下この条において「隠匿等の処分」という。）をするおそれを現に生じさせるものであること。

二　債務者が、その行為の当時、対価として取得した金銭その他の財産について、隠匿等の処分をする意思を有していたこと。

三　受益者が、その行為の当時、債務者が隠匿等の処分をする意思を有していたことを知っていたこと。

（特定の債権者に対する担保の供与等の特則）

第四二四条の三　債務者がした既存の債務についての担保の供与又は債務の消滅に関する行為について、債権者は、次に掲げる要件のいずれにも該当する場合に限り、詐害行為取消請求をすることができる。

一　その行為が、債務者が支払不能（債務者が、支払能力を欠くために、その債務のうち弁済期にあるものにつき、一般的かつ継続的に弁済することができない状態をいう。次項第一号において同じ。）の時に行われたものであること。

二　その行為が、債務者と受益者とが通謀して他の債権者を害する意図をもって行われたものであること。

2　前項に規定する行為が、債務者の義務に属せず、又はその時期が債務者の義務に属しないものである場合において、次に掲げる要件のいずれにも該当するときは、債権者は、同項の規定にかかわらず、その行為について、詐害行為取消請求をすることができる。

一　その行為が、債務者が支払不能になる前三十日以内に行われたものであること。

二　その行為が、債務者と受益者とが通謀して他の債権者を害する意図をもって行われたものであること。

（過大な代物弁済等の特則）

第四二四条の四　債務者がした債務の消滅に関する行為であって、受益者の受けた給付の価額がその行為によって消滅した債務の額より過大であるものについて、第四百二十四条に規定する要件に該当するときは、債権者は、前条第一項の規定にかかわらず、その消滅した債務の額に相当する部分以外の部分については、詐害行為取消請求をすることができる。

（転得者に対する詐害行為取消請求）

第四二四条の五　債権者は、受益者に対して詐害行為取消請求をすることができる場合において、受益者に移転した財産を転得した者があるときは、次の各号に掲げる区分に応じ、それぞれ当該各号に定める場合に限り、その転得者に対しても、詐害行為取消請求をすることができる。

一　その転得者が受益者から転得した者である場合　その転得者が、転得の当時、債務者がした行為が債権者を害することを知っていたとき。

二　その転得者が他の転得者から転得した者である場合　その転得者及びその前に転得した全ての転得者が、それぞれの転得の当時、債務者がした行為が債権者を害することを知っていたとき。

（財産の返還又は価額の償還の請求）

第四二四条の六　債権者は、受益者に対する詐害行為取消請求において、債務者がした行為の取消しとともに、その行為によって受益者に移転した財産の返還を請求することができる。受益者がその財産の返還をすることが困難であるときは、債権者は、その価額の償還を請求することができる。

2　債権者は、転得者に対する詐害行為取消請求において、債務者がした行為の取消しとともに、転得者が転得した財産の返還を請求することができる。転得者がその財産の返還をすることが困難であるときは、債権者は、その価額の償還を請求することができる。

（被告及び訴訟告知）

第四二四条の七 詐害行為取消請求に係る訴えについては、次の各号に掲げる区分に応じ、それぞれ当該各号に定める者を被告とする。

一 受益者に対する詐害行為取消請求に係る訴え 受益者

二 転得者に対する詐害行為取消請求に係る訴え その詐害行為取消請求の相手方である転得者

2 債権者は、詐害行為取消請求に係る訴えを提起したときは、遅滞なく、債務者に対し、訴訟告知をしなければならない。

（詐害行為の取消しの範囲）

第四二四条の八 債権者は、詐害行為取消請求をする場合において、債務者がした行為の目的が可分であるときは、自己の債権の額の限度においてのみ、その行為の取消しを請求することができる。

2 債権者が第四百二十四条の六第一項後段又は第二項後段の規定により価額の償還を請求する場合についても、前項と同様とする。

（債権者への支払又は引渡し）

第四二四条の九 債権者は、第四百二十四条の六第一項前段又は第二項前段の規定により受益者又は転得者に対して財産の返還を請求する場合において、その返還の請求が金銭の支払又は動産の引渡しを求めるものであるときは、受益者に対してその支払又は引渡しを、転得者に対してその引渡しを、自己に対してすることを求めることができる。この場合において、受益者又は転得者は、債権者に対してその支払又は引渡しをしたときは、債務者に対してその支払又は引渡しをすることを要しない。

2 債権者が第四百二十四条の六第一項後段又は第二項後段の規定により受益者又は転得者に対して価額の償還を請求する場合についても、前項と同様とする。

（認容判決の効力が及ぶ者の範囲）

第四二五条 詐害行為取消請求を認容する確定判

決は、債務者及びその全ての債権者に対してもその効力を有する。

（債務者の受けた反対給付に関する受益者の権利）

第四二五条の二　債務者がした財産の処分に関する行為（債務の消滅に関する行為を除く。）が取り消されたときは、受益者は、債務者に対し、その財産を取得するためにした反対給付の返還を請求することができる。債務者がその反対給付の返還をすることが困難であるときは、受益者は、その価額の償還を請求することができる。

（受益者の債権の回復）

第四二五条の三　債務者がした債務の消滅に関する行為が取り消された場合（第四百二十四条の四の規定により取り消された場合を除く。）において、受益者が債務者から受けた給付を返還し、又はその価額を償還したときは、受益者の債務者に対する債権は、これによって原状に復する。

（詐害行為取消請求を受けた転得者の権利）

第四二五条の四　債務者がした行為が転得者に対する詐害行為取消請求によって取り消されたときは、その転得者は、次の各号に掲げる区分に応じ、それぞれ当該各号に定める権利を行使することができる。ただし、その転得者がその前者から財産を取得するためにした反対給付又はその前者から財産を取得することによって消滅した債権の価額を限度とする。

一　第四百二十五条の二に規定する行為が取り消された場合　その行為が受益者に対する詐害行為取消請求によって取り消されたとすれば同条の規定により生ずべき受益者の債務者に対する反対給付の返還請求権又はその価額の償還請求権

二　前条に規定する行為が取り消された場合（第四百二十四条の四の規定により取り消された場合を除く。）　その行為が受益者に対する詐害行為取消請求によって取り消されたとすれば前条の規定により回復すべき受益者の債務者に対する債権

（債権の譲渡性）

第四六六条　債権は、譲り渡すことができる。ただし、その性質がこれを許さないときは、この限りでない。

2　当事者が債権の譲渡を禁止し、又は制限する旨の意思表示（以下「譲渡制限の意思表示」という。）をしたときであっても、債権の譲渡は、その効力を妨げられない。

3　前項に規定する場合には、譲渡制限の意思表示がされたことを知り、又は重大な過失によって知らなかった譲受人その他の第三者に対しては、債務者は、その債務の履行を拒むことができ、かつ、譲渡人に対する弁済その他の債務を消滅させる事由をもってその第三者に対抗することができる。

4　前項の規定は、債務者が債務を履行しない場合において、同項に規定する第三者が相当の期間を定めて譲渡人への履行の催告をし、その期間内に履行がないときは、その債務者については、適用しない。

（譲渡制限の意思表示がされた債権に係る債務者の供託）

第四六六条の二　債務者は、譲渡制限の意思表示がされた金銭の給付を目的とする債権が譲渡されたときは、その債権の全額に相当する金銭を債務の履行地（債務の履行地が債権者の現在の住所により定まる場合にあっては、譲渡人の現在の住所を含む。次条において同じ。）の供託所に供託することができる。

2　前項の規定により供託をした債務者は、遅滞なく、譲渡人及び譲受人に供託の通知をしなければならない。

3　第一項の規定により供託をした金銭は、譲受人に限り、還付を請求することができる。

（同前）

第四六六条の三　前条第一項に規定する場合において、譲渡人について破産手続開始の決定があったときは、譲受人（同項の債権の全額を譲り受けた者であって、その債権の譲渡を債務者その他の第三者に対抗することができるものに限る。）は、譲渡制限の意思表示がされたことを知り、又は重大な過失によって知らなかったときであっても、債務者にその債権の全額に相当する金銭を債務の履行地の供託所に供託させることができる。この場合においては、同条第二項及び第三項の規定を準用する。

（譲渡制限の意思表示がされた債権の差押え）

第四六六条の四　第四百六十六条第三項の規定は、譲渡制限の意思表示がされた債権に対する強制執行をした差押債権者に対しては、適用しない。

2　前項の規定にかかわらず、譲受人その他の第三者が譲渡制限の意思表示がされたことを知り、又は重大な過失によって知らなかった場合において、その債権者が同項の債権に対する強制執行をしたときは、債務者は、その債務の履行を拒むことができ、かつ、譲渡人に対する弁済その他の債務を消滅させる事由をもって差押債権者に対抗することができる。

（預金債権又は貯金債権に係る譲渡制限の意思表示の効力）

第四六六条の五　預金口座又は貯金口座に係る預金又は貯金に係る債権（以下「預貯金債権」という。）について当事者がした譲渡制限の意思表示は、第四百六十六条第二項の規定にかかわらず、その譲渡制限の意思表示がされたことを知り、又は重大な過失によって知らなかった譲受人その他の第三者に対抗することができる。

2　前項の規定は、譲渡制限の意思表示がされた預貯金債権に対する強制執行をした差押債権者に対しては、適用しない。

（将来債権の譲渡性）

第四六六条の六　債権の譲渡は、その意思表示の時に債権が現に発生していることを要しない。

2　債権が譲渡された場合において、その意思表示の時に債権が現に発生していないときは、譲受人は、発生した債権を当然に取得する。

3　前項に規定する場合において、譲渡人が次条の規定による通知をし、又は債務者が同条の規定による承諾をした時（以下「対抗要件具備時」という。）までに譲渡制限の意思表示がされたときは、譲受人その他の第三者がそのことを知っていたものとみなして、第四百六十六条第三項（譲渡制限の意思表示がされた債権が預貯金債権の場合にあっては、前条第一項）の規定を適用する。

（債権の譲渡の対抗要件）

第四六七条　債権の譲渡（現に発生していない債権の譲渡を含む。）は、譲渡人が債務者に通知をし、又は債務者が承諾をしなければ、債務者その他の第三者に対抗することができない。

2　前項の通知又は承諾は、確定日付のある証書によってしなければ、債務者以外の第三者に対抗することができない。

（併存的債務引受における引受人の抗弁等）

第四七一条　引受人は、併存的債務引受により負担した自己の債務について、その効力が生じた時に債務者が主張することができた抗弁をもって債権者に対抗することができる。

2　債務者が債権者に対して取消権又は解除権を有するときは、引受人は、これらの権利の行使によって債務者がその債務を免れるべき限度において、債権者に対して債務の履行を拒むことができる。

（弁済）

第四七三条　債務者が債権者に対して債務の弁済をしたときは、その債権は、消滅する。

（第三者の弁済）

第四七四条　債務の弁済は、第三者もすることができる。

2　弁済をするについて正当な利益を有する者でない第三者は、債務者の意思に反して弁済をすることができない。ただし、債務者の意思に反することを債権者が知らなかったときは、この限りでない。

3　前項に規定する第三者は、債権者の意思に反して弁済をすることができない。ただし、その第三者が債務者の委託を受けて弁済をする場合において、そのことを債権者が知っていたときは、この限りでない。

4　前三項の規定は、その債務の性質が第三者の弁済を許さないとき、又は当事者が第三者の弁済を禁止し、若しくは制限する旨の意思表示をしたときは、適用しない。

（代物弁済）

第四八二条　弁済をすることができる者（以下「弁済者」という。）が、債権者との間で、債務者の負担した給付に代えて他の給付をすることにより債務を消滅させる旨の契約をした場合において、その弁済者が当該他の給付をしたときは、その給付は、弁済と同一の効力を有する。

（受取証書の交付請求等）

第四八六条　弁済をする者は、弁済と引換えに、弁済を受領する者に対して受取証書の交付を請求することができる。

2　弁済をする者は、前項の受取証書の交付に代えて、その内容を記録した電磁的記録の提供を請求することができる。ただし、弁済を受領する者に不相当な負担を課するものであるときは、この限りでない。

（債権証書の返還請求）

第四八七条　債権に関する証書がある場合において、弁済をした者が全部の弁済をしたときは、その証書の返還を請求することができる。

（供託）

第四九四条　弁済者は、次に掲げる場合には、債権者のために弁済の目的物を供託することができる。この場合においては、弁済者が供託をした時に、その債権は、消滅する。

一　弁済の提供をした場合において、債権者がその受領を拒んだとき。

二　債権者が弁済を受領することができないとき。

2　弁済者が債権者を確知することができないときも、前項と同様とする。ただし、弁済者に過失があるときは、この限りでない。

（供託の方法）

第四九五条　前条の規定による供託は、債務の履行地の供託所にしなければならない。

2　供託所について法令に特別の定めがない場合には、裁判所は、弁済者の請求により、供託所の指定及び供託物の保管者の選任をしなければならない。

3　前条の規定により供託をした者は、遅滞なく、債権者に供託の通知をしなければならない。

（弁済による代位の要件）

第四九九条　債務者のために弁済をした者は、債権者に代位する。

（同前）

第五〇〇条　第四百六十七条の規定は、前条の場合（弁済をするについて正当な利益を有する者が債権者に代位する場合を除く。）について準用する。

（弁済による代位の効果）

第五〇一条　前二条の規定により債権者に代位した者は、債権の効力及び担保としてその債権者が有していた一切の権利を行使することができる。

2　前項の規定による権利の行使は、債権者に代位した者が自己の権利に基づいて債務者に対して求償をすることができる範囲内（保証人の一人が他の保証人に対して債権者に代位する場合には、自己の権利に基づいて当該他の保証人に対して求償をすることができる範囲内）に限り、することができる。

3　第一項の場合には、前項の規定によるほか、次に掲げるところによる。

一　第三取得者（債務者から担保の目的となっている財産を譲り受けた者をいう。以下この項において同じ。）は、保証人及び物上保証人に対して債権者に代位しない。

二　第三取得者の一人は、各財産の価格に応じて、他の第三取得者に対して債権者に代位する。

三　前号の規定は、物上保証人の一人が他の物上保証人に対して債権者に代位する場合について準用する。

四　保証人と物上保証人との間においては、その数に応じて、債権者に代位する。ただし、物上保証人が数人あるときは、保証人の負担部分を除いた残額について、各財産の価格に応じて、債権者に代位する。

五　第三取得者から担保の目的となっている財産を譲り受けた者は、第三取得者とみなして第一号及び第二号の規定を適用し、物上保証人から担保の目的となっている財産を譲り受けた者は、物上保証人とみなして第一号、第三号及び前号の規定を適用する。

（一部弁済による代位）

第五〇二条　債権の一部について代位弁済があったときは、代位者は、債権者の同意を得て、その弁済をした価額に応じて、債権者とともにその権利を行使することができる。

2　前項の場合であっても、債権者は、単独でその権利を行使することができる。

3　前二項の場合に債権者が行使する権利は、その債権の担保の目的となっている財産の売却代金その他の当該権利の行使によって得られる金銭について、代位者が行使する権利に優先する。

4　第一項の場合において、債務の不履行による契約の解除は、債権者のみがすることができる。この場合においては、代位者に対し、その弁済をした価額及びその利息を償還しなければならない。

（債権者による債権証書の交付等）

第五〇三条　代位弁済によって全部の弁済を受けた債権者は、債権に関する証書及び自己の占有する担保物を代位者に交付しなければならない。

2　債権の一部について代位弁済があった場合には、債権者は、債権に関する証書にその代位を記入し、かつ、自己の占有する担保物の保存を代位者に監督させなければならない。

（債権者による担保の喪失等）

第五〇四条　弁済をするについて正当な利益を有する者（以下この項において「代位権者」という。）がある場合において、債権者が故意又は過失によってその担保を喪失し、又は減少させたときは、その代位権者は、代位をするに当たって担保の喪失又は減少によって償還を受けることができなくなる限度において、その責任を免れる。その代位権者が物上保証人である場合において、その代位権者から担保の目的となっている財産を譲り受けた第三者及びその特定承継人についても、同様とする。

2　前項の規定は、債権者が担保を喪失し、又は減少させたことについて取引上の社会通念に照らして合理的な理由があると認められるときは、適用しない。

（相殺の要件等）

第五〇五条　二人が互いに同種の目的を有する債務を負担する場合において、双方の債務が弁済期にあるときは、各債務者は、その対当額について相殺によってその債務を免れることができる。ただし、債務の性質がこれを許さないときは、この限りでない。

2　前項の規定にかかわらず、当事者が相殺を禁止し、又は制限する旨の意思表示をした場合には、その意思表示は、第三者がこれを知り、又は重大な過失によって知らなかったときに限り、その第三者に対抗することができる。

第五二〇条　債権及び債務が同一人に帰属したときは、その債権は、消滅する。ただし、その債権が第三者の権利の目的であるときは、この限りでない。

第二章　契　約

（契約の締結及び内容の自由）

第五二一条　何人も、法令に特別の定めがある場合を除き、契約をするかどうかを自由に決定することができる。

2　契約の当事者は、法令の制限内において、契約の内容を自由に決定することができる。

（契約の成立と方式）

第五二二条　契約は、契約の内容を示してその締結を申し入れる意思表示（以下「申込み」という。）に対して相手方が承諾をしたときに成立する。

2　契約の成立には、法令に特別の定めがある場合を除き、書面の作成その他の方式を具備することを要しない。

（承諾の期間の定めのある申込み）

第五二三条　承諾の期間を定めてした申込みは、撤回することができない。ただし、申込者が撤回をする権利を留保したときは、この限りでない。

2　申込者が前項の申込みに対して同項の期間内に承諾の通知を受けなかったときは、その申込みは、その効力を失う。

（同時履行の抗弁）

第五三三条　双務契約の当事者の一方は、相手方がその債務の履行（債務の履行に代わる損害賠償の債務の履行を含む。）を提供するまでは、自己の債務の履行を拒むことができる。ただし、相手方の債務が弁済期にないときは、この限りでない。

（債務者の危険負担等）

第五三六条　当事者双方の責めに帰することができない事由によって債務を履行することができなくなったときは、債権者は、反対給付の履行を拒むことができる。

2　債権者の責めに帰すべき事由によって債務を履行することができなくなったときは、債権者は、反対給付の履行を拒むことができない。この場合において、債務者は、自己の債務を免れたことによって利益を得たときは、これを債権者に償還しなければならない。

（第三者のためにする契約）

第五三七条　契約により当事者の一方が第三者に対してある給付をすることを約したときは、その第三者は、債務者に対して直接にその給付を請求する権利を有する。

2　前項の契約は、その成立の時に第三者が現に存しない場合又は第三者が特定していない場合であっても、そのためにその効力を妨げられない。

3　第一項の場合において、第三者の権利は、その第三者が債務者に対して同項の契約の利益を享受する意思を表示した時に発生する。

（解除権の行使）

第五四〇条　契約又は法律の規定により当事者の

一方が解除権を有するときは、その解除は、相手方に対する意思表示によってする。

2　前項の意思表示は、撤回することができない。

（催告による解除）

第五四一条　当事者の一方がその債務を履行しない場合において、相手方が相当の期間を定めてその履行の催告をし、その期間内に履行がないときは、相手方は、契約の解除をすることができる。ただし、その期間を経過した時における債務の不履行がその契約及び取引上の社会通念に照らして軽微であるときは、この限りでない。

（売買）

第五五五条　売買は、当事者の一方がある財産権を相手方に移転することを約し、相手方がこれに対してその代金を支払うことを約することによって、その効力を生ずる。

（有償契約への準用）

第五五九条　この節の規定は、売買以外の有償契約について準用する。ただし、その有償契約の性質がこれを許さないときは、この限りでない。

（目的物の種類又は品質に関する担保責任の期間の制限）

第五六六条　売主が種類又は品質に関して契約の内容に適合しない目的物を買主に引き渡した場合において、買主がその不適合を知った時から一年以内にその旨を売主に通知しないときは、買主は、その不適合を理由として、履行の追完の請求、代金の減額の請求、損害賠償の請求及び契約の解除をすることができない。ただし、売主が引渡しの時にその不適合を知り、又は重大な過失によって知らなかったときは、この限りでない。

（抵当権等がある場合の買主による費用の償還請求）

第五七〇条　買い受けた不動産について契約の内容に適合しない先取特権、質権又は抵当権が存していた場合において、買主が費用を支出してその不動産の所有権を保存したときは、買主は、売主に対し、その費用の償還を請求することができる。

（消費貸借）

第五八七条　消費貸借は、当事者の一方が種類、品質及び数量の同じ物をもって返還をすることを約して相手方から金銭その他の物を受け取ることによって、その効力を生ずる。

（書面でする消費貸借等）

第五八七条の二　前条の規定にかかわらず、書面でする消費貸借は、当事者の一方が金銭その他の物を引き渡すことを約し、相手方がその受け取った物と種類、品質及び数量の同じ物をもって返還をすることを約することによって、その効力を生ずる。

2　書面でする消費貸借の借主は、貸主から金銭その他の物を受け取るまで、契約の解除をすることができる。この場合において、貸主は、その契約の解除によって損害を受けたときは、借主に対し、その賠償を請求することができる。

3　書面でする消費貸借は、借主が貸主から金銭その他の物を受け取る前に当事者の一方が破産手続開始の決定を受けたときは、その効力を失う。

4　消費貸借がその内容を記録した電磁的記録によってされたときは、その消費貸借は、書面によってされたものとみなして、前三項の規定を適用する。

（不動産賃貸借の対抗力）

第六〇五条　不動産の賃貸借は、これを登記したときは、その後その不動産について物権を取得した者その他の第三者に対抗することができる。

（不動産の賃貸人たる地位の移転）

第六〇五条の二　前条、借地借家法（平成三年法律第九十号）第十条又は第三十一条その他の法令の規定による賃貸借の対抗要件を備えた場合において、その不動産が譲渡されたときは、その不動産の賃貸人たる地位は、その譲受人に移転する。

2　前項の規定にかかわらず、不動産の譲渡人及び譲受人が、賃貸人たる地位を譲渡人に留保する旨及びその不動産を譲受人が譲渡人に賃貸する旨の合意をしたときは、賃貸人たる地位は、譲受人に移転しない。この場合において、譲渡人と譲受人又はその承継人との間の賃貸借が終了したときは、譲渡人に留保されていた賃貸人たる地位は、譲受人又はその承継人に移転する。

3　第一項又は前項後段の規定による賃貸人たる地位の移転は、賃貸物である不動産について所有権の移転の登記をしなければ、賃借人に対抗することができない。

4　第一項又は第二項後段の規定により賃貸人たる地位が譲受人又はその承継人に移転したときは、第六百八条の規定による費用の償還に係る債務及び第六百二十二条の二第一項の規定による同項に規定する敷金の返還に係る債務は、譲受人又はその承継人が承継する。

（合意による不動産の賃貸人たる地位の移転）

第六〇五条の三　不動産の譲渡人が賃貸人であるときは、その賃貸人たる地位は、賃借人の承諾を要しないで、譲渡人と譲受人との合意により、譲受人に移転させることができる。この場合においては、前条第三項及び第四項の規定を準用する。

（不動産の賃借人による妨害の停止の請求等）

第六〇五条の四　不動産の賃借人は、第六百五条の二第一項に規定する対抗要件を備えた場合において、次の各号に掲げるときは、それぞれ当該各号に定める請求をすることができる。

一　その不動産の占有を第三者が妨害しているとき　その第三者に対する妨害の停止の請求

二　その不動産を第三者が占有しているとき　その第三者に対する返還の請求

（雇用）

第六二三条　雇用は、当事者の一方が相手方に対して労働に従事することを約し、相手方がこれに対してその報酬を与えることを約することによって、その効力を生ずる。

（注文者が受ける利益の割合に応じた報酬）

第六三四条　次に掲げる場合において、請負人が既にした仕事の結果のうち可分な部分の給付によって注文者が利益を受けるときは、その部分を仕事の完成とみなす。この場合において、請負人は、注文者が受ける利益の割合に応じて報酬を請求することができる。

一　注文者の責めに帰することができない事由によって仕事を完成することができなくなったとき。

二　請負が仕事の完成前に解除されたとき。

（組合契約）

第六六七条　組合契約は、各当事者が出資をして共同の事業を営むことを約することによって、その効力を生ずる。

2　出資は、労務をその目的とすることができる。

（他の組合員の債務不履行）

第六六七条の二　第五百三十三条及び第五百三十六条の規定は、組合契約については、適用しない。

2　組合員は、他の組合員が組合契約に基づく債務の履行をしないことを理由として、組合契約を解除することができない。

（組合員の一人についての意思表示の無効等）

第六六七条の三　組合員の一人について意思表示の無効又は取消しの原因があっても、他の組合員の間においては、組合契約は、その効力を妨げられない。

（和解）

第六九五条　和解は、当事者が互いに譲歩をしてその間に存する争いをやめることを約することによって、その効力を生ずる。

（和解の効力）

第六九六条　当事者の一方が和解によって争いの目的である権利を有するものと認められ、又は相手方がこれを有しないものと認められた場合において、その当事者の一方が従来その権利を有していなかった旨の確証又は相手方がこれを有していた旨の確証が得られたときは、その権利は、和解によってその当事者の一方に移転し、又は消滅したものとする。

第三章　事務管理

（事務管理）

第六九七条　義務なく他人のために事務の管理を

始めた者（以下この章において「管理者」という。）は、その事務の性質に従い、最も本人の利益に適合する方法によって、その事務の管理（以下「事務管理」という。）をしなければならない。

2　管理者は、本人の意思を知っているとき、又はこれを推知することができるときは、その意思に従って事務管理をしなければならない。

（緊急事務管理）

第六九八条　管理者は、本人の身体、名誉又は財産に対する急迫の危害を免れさせるために事務管理をしたときは、悪意又は重大な過失があるのでなければ、これによって生じた損害を賠償する責任を負わない。

（管理者の通知義務）

第六九九条　管理者は、事務管理を始めたことを遅滞なく本人に通知しなければならない。ただし、本人が既にこれを知っているときは、この限りでない。

（管理者による事務管理の継続）

第七〇〇条　管理者は、本人又はその相続人若しくは法定代理人が管理をすることができるに至るまで、事務管理を継続しなければならない。ただし、事務管理の継続が本人の意思に反し、又は本人に不利であることが明らかであるときは、この限りでない。

（委任の規定の準用）

第七〇一条　第六百四十五条から第六百四十七条までの規定は、事務管理について準用する。

（管理者による費用の償還請求等）

第七〇二条　管理者は、本人のために有益な費用を支出したときは、本人に対し、その償還を請求することができる。

2　第六百五十条第二項の規定は、管理者が本人のために有益な債務を負担した場合について準用する。

3　管理者が本人の意思に反して事務管理をしたときは、本人が現に利益を受けている限度においてのみ、前二項の規定を適用する。

第四章　不当利得

（不当利得の返還義務）

第七〇三条　法律上の原因なく他人の財産又は労務によって利益を受け、そのために他人に損失を及ぼした者（以下この章において「受益者」という。）は、その利益の存する限度において、これを返還する義務を負う。

（悪意の受益者の返還義務等）

第七〇四条　悪意の受益者は、その受けた利益に利息を付して返還しなければならない。この場合において、なお損害があるときは、その賠償の責任を負う。

（債務の不存在を知ってした弁済）

第七〇五条　債務の弁済として給付をした者は、その時において債務の存在しないことを知っていたときは、その給付したものの返還を請求することができない。

（期限前の弁済）

第七〇六条　債務者は、弁済期にない債務の弁済として給付をしたときは、その給付したものの返還を請求することができない。ただし、債務者が錯誤によってその給付をしたときは、債権者は、これによって得た利益を返還しなければならない。

（他人の債務の弁済）

第七〇七条　債務者でない者が錯誤によって債務の弁済をした場合において、債権者が善意で証書を滅失させ若しくは損傷し、担保を放棄し、又は時効によってその債権を失ったときは、その弁済をした者は、返還の請求をすることができない。

2　前項の規定は、弁済をした者から債務者に対する求償権の行使を妨げない。

（不法原因給付）

第七〇八条　不法な原因のために給付をした者は、その給付したものの返還を請求することができない。ただし、不法な原因が受益者についてのみ存したときは、この限りでない。

第五章　不法行為

（不法行為による損害賠償）

第七〇九条　故意又は過失によって他人の権利又は法律上保護される利益を侵害した者は、これによって生じた損害を賠償する責任を負う。

（財産以外の損害の賠償）

第七一〇条　他人の身体、自由若しくは名誉を侵害した場合又は他人の財産権を侵害した場合のいずれであるかを問わず、前条の規定により損害賠償の責任を負う者は、財産以外の損害に対しても、その賠償をしなければならない。

（近親者に対する損害の賠償）

第七一一条　他人の生命を侵害した者は、被害者の父母、配偶者及び子に対しては、その財産権が侵害されなかった場合においても、損害の賠償をしなければならない。

（責任能力）

第七一二条　未成年者は、他人に損害を加えた場合において、自己の行為の責任を弁識するに足りる知能を備えていなかったときは、その行為について賠償の責任を負わない。

（同前）

第七一三条　精神上の障害により自己の行為の責任を弁識する能力を欠く状態にある間に他人に損害を加えた者は、その賠償の責任を負わない。ただし、故意又は過失によって一時的にその状態を招いたときは、この限りでない。

（責任無能力者の監督義務者等の責任）

第七一四条　前二条の規定により責任無能力者がその責任を負わない場合において、その責任無能力者を監督する法定の義務を負う者は、その責任無能力者が第三者に加えた損害を賠償する責任を負う。ただし、監督義務者がその義務を怠らなかったとき、又はその義務を怠らなくても損害が生ずべきであったときは、この限りでない。

2　監督義務者に代わって責任無能力者を監督する者も、前項の責任を負う。

（使用者等の責任）
第七一五条　ある事業のために他人を使用する者は、被用者がその事業の執行について第三者に加えた損害を賠償する責任を負う。ただし、使用者が被用者の選任及びその事業の監督について相当の注意をしたとき、又は相当の注意をしても損害が生ずべきであったときは、この限りでない。
2　使用者に代わって事業を監督する者も、前項の責任を負う。
3　前二項の規定は、使用者又は監督者から被用者に対する求償権の行使を妨げない。

（注文者の責任）
第七一六条　注文者は、請負人がその仕事について第三者に加えた損害を賠償する責任を負わない。ただし、注文又は指図についてその注文者に過失があったときは、この限りでない。

（土地の工作物等の占有者及び所有者の責任）
第七一七条　土地の工作物の設置又は保存に瑕疵があることによって他人に損害を生じたときは、その工作物の占有者は、被害者に対してその損害を賠償する責任を負う。ただし、占有者が損害の発生を防止するのに必要な注意をしたときは、所有者がその損害を賠償しなければならない。
2　前項の規定は、竹木の栽植又は支持に瑕疵がある場合について準用する。
3　前二項の場合において、損害の原因について他にその責任を負う者があるときは、占有者又は所有者は、その者に対して求償権を行使することができる。

（動物の占有者等の責任）
第七一八条　動物の占有者は、その動物が他人に加えた損害を賠償する責任を負う。ただし、動物の種類及び性質に従い相当の注意をもってその管理をしたときは、この限りでない。
2　占有者に代わって動物を管理する者も、前項の責任を負う。

（共同不法行為者の責任）
第七一九条　数人が共同の不法行為によって他人

に損害を加えたときは、各自が連帯してその損害を賠償する責任を負う。共同行為者のうちいずれの者がその損害を加えたかを知ることができないときも、同様とする。

2　行為者を教唆した者及び幇助した者は、共同行為者とみなして、前項の規定を適用する。

（正当防衛及び緊急避難）

第七二〇条　他人の不法行為に対し、自己又は第三者の権利又は法律上保護される利益を防衛するため、やむを得ず加害行為をした者は、損害賠償の責任を負わない。ただし、被害者から不法行為をした者に対する損害賠償の請求を妨げない。

2　前項の規定は、他人の物から生じた急迫の危難を避けるためその物を損傷した場合について準用する。

（損害賠償請求権に関する胎児の権利能力）

第七二一条　胎児は、損害賠償の請求権については、既に生まれたものとみなす。

（損害賠償の方法、中間利息の控除及び過失相殺）

第七二二条　第四百十七条及び第四百十七条の二の規定は、不法行為による損害賠償について準用する。

2　被害者に過失があったときは、裁判所は、これを考慮して、損害賠償の額を定めることができる。

（名誉毀損における原状回復）

第七二三条　他人の名誉を毀損した者に対しては、裁判所は、被害者の請求により、損害賠償に代えて、又は損害賠償とともに、名誉を回復するのに適当な処分を命ずることができる。

（不法行為による損害賠償請求権の消滅時効）

第七二四条　不法行為による損害賠償の請求権は、次に掲げる場合には、時効によって消滅する。

一　被害者又はその法定代理人が損害及び加害者を知った時から三年間行使しないとき。

二　不法行為の時から二十年間行使しないとき。

（人の生命又は身体を害する不法行為による損害賠償請求権の消滅時効）

第七二四条の二　人の生命又は身体を害する不法行為による損害賠償請求権の消滅時効についての前条第一号の規定の適用については、同号中「三年間」とあるのは、「五年間」とする。

第四編　親族

第一章　総則

（親族の範囲）

第七二五条　次に掲げる者は、親族とする。

一　六親等内の血族

二　配偶者

三　三親等内の姻族

（親等の計算）

第七二六条　親等は、親族間の世代数を数えて、これを定める。

2　傍系親族の親等を定めるには、その一人又はその配偶者から同一の祖先にさかのぼり、その祖先から他の一人に下るまでの世代数による。

（縁組による親族関係の発生）

第七二七条　養子と養親及びその血族との間においては、養子縁組の日から、血族間におけるのと同一の親族関係を生ずる。

（離婚等による姻族関係の終了）

第七二八条　姻族関係は、離婚によって終了する。

2　夫婦の一方が死亡した場合において、生存配偶者が姻族関係を終了させる意思を表示したときも、前項と同様とする。

（離縁による親族関係の終了）

第七二九条　養子及びその配偶者並びに養子の直系卑属及びその配偶者と養親及びその血族との親族関係は、離縁によって終了する。

第二章　婚姻

（婚姻の届出）

第七三九条　婚姻は、戸籍法（昭和二十二年法律第二百二十四号）の定めるところにより届け出ることによって、その効力を生ずる。

2　前項の届出は、当事者双方及び成年の証人二人以上が署名した書面で、又はこれらの者から口頭で、しなければならない。

第四章　親　権

（財産の管理及び代表）

第八二四条　親権を行う者は、子の財産を管理し、かつ、その財産に関する法律行為についてその子を代表する。ただし、その子の行為を目的とする債務を生ずべき場合には、本人の同意を得なければならない。

第五章　後　見

第八三八条　後見は、次に掲げる場合に開始する。

一　未成年者に対して親権を行う者がないとき、又は親権を行う者が管理権を有しないとき。

二　後見開始の審判があったとき。

（未成年後見人の指定）

第八三九条　未成年者に対して最後に親権を行う者は、遺言で、未成年後見人を指定することができる。ただし、管理権を有しない者は、この限りでない。

2　親権を行う父母の一方が管理権を有しないときは、他の一方は、前項の規定により未成年後見人の指定をすることができる。

（未成年後見人の選任）

第八四〇条　前条の規定により未成年後見人となるべき者がないときは、家庭裁判所は、未成年被後見人又はその親族その他の利害関係人の請求によって、未成年後見人を選任する。未成年後見人が欠けたときも、同様とする。

2　未成年後見人がある場合においても、家庭裁判所は、必要があると認めるときは、前項に規定する者若しくは未成年後見人の請求により又は職権で、更に未成年後見人を選任することができる。

3　未成年後見人を選任するには、未成年被後見人の年齢、心身の状態並びに生活及び財産の状況、未成年後見人となる者の職業及び経歴並びに未成年被後見人との利害関係の有無（未成年後見人となる者が法人であるときは、その事業の種類及び内容並びにその法人及びその代表者と未成年被後見人との利害関係の有無）、未成年被後見人の意見その他一切の事情を考慮しなければならない。

（父母による未成年後見人の選任の請求）

第八四一条　父若しくは母が親権若しくは管理権を辞し、又は父若しくは母について親権喪失、親権停止若しくは管理権喪失の審判があったことによって未成年後見人を選任する必要が生じたときは、その父又は母は、遅滞なく未成年後見人の選任を家庭裁判所に請求しなければならない。

（成年後見人の選任）

第八四三条　家庭裁判所は、後見開始の審判をするときは、職権で、成年後見人を選任する。

2　成年後見人が欠けたときは、家庭裁判所は、成年被後見人若しくはその親族その他の利害関係人の請求により又は職権で、成年後見人を選任する。

3　成年後見人が選任されている場合においても、家庭裁判所は、必要があると認めるときは、前項に規定する者若しくは成年後見人の請求により又は職権で、更に成年後見人を選任することができる。

4　成年後見人を選任するには、成年被後見人の心身の状態並びに生活及び財産の状況、成年後見人となる者の職業及び経歴並びに成年被後見人との利害関係の有無（成年後見人となる者が法人であるときは、その事業の種類及び内容並びにその法人及びその代表者と成年被後見人との利害関係の有無）、成年被後見人の意見その他一切の事情を考慮しなければならない。

（後見人の辞任）

第八四四条　後見人は、正当な事由があるときは、家庭裁判所の許可を得て、その任務を辞することができる。

（辞任した後見人による新たな後見人の選任の請求）
第八四五条　後見人がその任務を辞したことによって新たに後見人を選任する必要が生じたときは、その後見人は、遅滞なく新たな後見人の選任を家庭裁判所に請求しなければならない。

（後見人の解任）
第八四六条　後見人に不正な行為、著しい不行跡その他後見の任務に適しない事由があるときは、家庭裁判所は、後見監督人、被後見人若しくはその親族若しくは検察官の請求により又は職権で、これを解任することができる。

（後見人の欠格事由）
第八四七条　次に掲げる者は、後見人となることができない。
一　未成年者
二　家庭裁判所で免ぜられた法定代理人、保佐人又は補助人
三　破産者
四　被後見人に対して訴訟をし、又はした者並びにその配偶者及び直系血族
五　行方の知れない者

（未成年後見監督人の指定）
第八四八条　未成年後見人を指定することができる者は、遺言で、未成年後見監督人を指定することができる。

（後見監督人の選任）
第八四九条　家庭裁判所は、必要があると認めるときは、被後見人、その親族若しくは後見人の請求により又は職権で、後見監督人を選任することができる。

（後見監督人の欠格事由）
第八五〇条　後見人の配偶者、直系血族及び兄弟姉妹は、後見監督人となることができない。

（後見監督人の職務）
第八五一条　後見監督人の職務は、次のとおりとする。
一　後見人の事務を監督すること。
二　後見人が欠けた場合に、遅滞なくその選任を家庭裁判所に請求すること。

三　急迫の事情がある場合に、必要な処分をすること。
四　後見人又はその代表する者と被後見人との利益が相反する行為について被後見人を代表すること。

（委任及び後見人の規定の準用）
第八五二条　第六百四十四条、第六百五十四条、第六百五十五条、第八百四十四条、第八百四十六条、第八百四十七条、第八百六十一条第二項及び第八百六十二条の規定は後見監督人について、第八百四十条第三項及び第八百五十七条の二の規定は未成年後見監督人について、第八百四十三条第四項、第八百五十九条の二及び第八百五十九条の三の規定は成年後見監督人について準用する。

（財産の管理及び代表）
第八五九条　後見人は、被後見人の財産を管理し、かつ、その財産に関する法律行為について被後見人を代表する。
2　第八百二十四条ただし書の規定は、前項の場合について準用する。

第六章　保佐及び補助

（保佐の開始）
第八七六条　保佐は、保佐開始の審判によって開始する。

（保佐人及び臨時保佐人の選任等）
第八七六条の二　家庭裁判所は、保佐開始の審判をするときは、職権で、保佐人を選任する。
2　第八百四十三条第二項から第四項まで及び第八百四十四条から第八百四十七条までの規定は、保佐人について準用する。
3　保佐人又はその代表する者と被保佐人との利益が相反する行為については、保佐人は、臨時保佐人の選任を家庭裁判所に請求しなければならない。ただし、保佐監督人がある場合は、この限りでない。

（保佐監督人）
第八七六条の三　家庭裁判所は、必要があると認めるときは、被保佐人、その親族若しくは保佐人の請求により又は職権で、保佐監督人を選任することができる。

2　第六百四十四条、第六百五十四条、第六百五十五条、第八百四十三条第四項、第八百四十四条、第八百四十六条、第八百四十七条、第八百五十条、第八百五十一条、第八百五十九条の二、第八百五十九条の三、第八百六十一条第二項及び第八百六十二条の規定は、保佐監督人について準用する。この場合において、第八百五十一条第四号中「被後見人を代表する」とあるのは、「被保佐人を代表し、又は被保佐人がこれをすることに同意する」と読み替えるものとする。

（保佐人に代理権を付与する旨の審判）

第八七六条の四　家庭裁判所は、第十一条本文に規定する者又は保佐人若しくは保佐監督人の請求によって、被保佐人のために特定の法律行為について保佐人に代理権を付与する旨の審判をすることができる。

2　本人以外の者の請求によって前項の審判をするには、本人の同意がなければならない。

3　家庭裁判所は、第一項に規定する者の請求によって、同項の審判の全部又は一部を取り消すことができる。

（保佐の事務及び保佐人の任務の終了等）

第八七六条の五　保佐人は、保佐の事務を行うに当たっては、被保佐人の意思を尊重し、かつ、その心身の状態及び生活の状況に配慮しなければならない。

2　第六百四十四条、第八百五十九条の二、第八百五十九条の三、第八百六十一条第二項、第八百六十二条及び第八百六十三条の規定は保佐の事務について、第八百二十四条ただし書の規定は保佐人が前条第一項の代理権を付与する旨の審判に基づき被保佐人を代表する場合について準用する。

3　第六百五十四条、第六百五十五条、第八百七十条、第八百七十一条及び第八百七十三条の規定は保佐人の任務が終了した場合について、第八百三十二条の規定は保佐人又は保佐監督人と被保佐人との間において保佐に関して生じた債権について準用する。

第五編　相　続

第一章　総　則

（相続開始の原因）

第八八二条　相続は、死亡によって開始する。

（相続回復請求権）

第八八四条　相続回復の請求権は、相続人又はその法定代理人が相続権を侵害された事実を知った時から五年間行使しないときは、時効によって消滅する。相続開始の時から二十年を経過したときも、同様とする。

（相続財産に関する費用）

第八八五条　相続財産に関する費用は、その財産の中から支弁する。ただし、相続人の過失によるものは、この限りでない。

第二章　相　続　人

（相続に関する胎児の権利能力）

第八八六条　胎児は、相続については、既に生まれたものとみなす。

2　前項の規定は、胎児が死体で生まれたときは、適用しない。

（子及びその代襲者等の相続権）

第八八七条　被相続人の子は、相続人となる。

2　被相続人の子が、相続の開始以前に死亡したとき、又は第八百九十一条の規定に該当し、若しくは廃除によって、その相続権を失ったときは、その者の子がこれを代襲して相続人となる。ただし、被相続人の直系卑属でない者は、この限りでない。

3　前項の規定は、代襲者が、相続の開始以前に死亡し、又は第八百九十一条の規定に該当し、若しくは廃除によって、その代襲相続権を失った場合について準用する。

（直系尊属及び兄弟姉妹の相続権）
第八八九条　次に掲げる者は、第八百八十七条の規定により相続人となるべき者がない場合には、次に掲げる順序の順位に従って相続人となる。
一　被相続人の直系尊属。ただし、親等の異なる者の間では、その近い者を先にする。
二　被相続人の兄弟姉妹
2　第八百八十七条第二項の規定は、前項第二号の場合について準用する。

（配偶者の相続権）
第八九〇条　被相続人の配偶者は、常に相続人となる。この場合において、第八百八十七条又は前条の規定により相続人となるべき者があるときは、その者と同順位とする。

（相続人の欠格事由）
第八九一条　次に掲げる者は、相続人となることができない。
一　故意に被相続人又は相続について先順位若しくは同順位にある者を死亡するに至らせ、又は至らせようとしたために、刑に処せられた者
二　被相続人の殺害されたことを知って、これを告発せず、又は告訴しなかった者。ただし、その者に是非の弁別がないとき、又は殺害者が自己の配偶者若しくは直系血族であったときは、この限りでない。
三　詐欺又は強迫によって、被相続人が相続に関する遺言をし、撤回し、取り消し、又は変更することを妨げた者
四　詐欺又は強迫によって、被相続人に相続に関する遺言をさせ、撤回させ、取り消させ、又は変更させた者
五　相続に関する被相続人の遺言書を偽造し、変造し、破棄し、又は隠匿した者

（推定相続人の廃除）
第八九二条　遺留分を有する推定相続人（相続が開始した場合に相続人となるべき者をいう。以下同じ。）が、被相続人に対して虐待をし、若しくはこれに重大な侮辱を加えたとき、又は推定相続人にその他の著しい非行があったときは、

被相続人は、その推定相続人の廃除を家庭裁判所に請求することができる。

（遺言による推定相続人の廃除）

第八九三条　被相続人が遺言で推定相続人を廃除する意思を表示したときは、遺言執行者は、その遺言が効力を生じた後、遅滞なく、その推定相続人の廃除を家庭裁判所に請求しなければならない。この場合において、その推定相続人の廃除は、被相続人の死亡の時にさかのぼってその効力を生ずる。

（推定相続人の廃除の取消し）

第八九四条　被相続人は、いつでも、推定相続人の廃除の取消しを家庭裁判所に請求することができる。

2　前条の規定は、推定相続人の廃除の取消しについて準用する。

（推定相続人の廃除に関する審判確定前の遺産の管理）

第八九五条　推定相続人の廃除又はその取消しの請求があった後その審判が確定する前に相続が開始したときは、家庭裁判所は、親族、利害関係人又は検察官の請求によって、遺産の管理について必要な処分を命ずることができる。推定相続人の廃除の遺言があったときも、同様とする。

2　第二十七条から第二十九条までの規定は、前項の規定により家庭裁判所が遺産の管理人を選任した場合について準用する。

第八九九条の次に次の一条を加える。

第三章　相続の効力

（共同相続における権利の承継の対抗要件）

第八九九条の二　相続による権利の承継は、遺産の分割によるものかどうかにかかわらず、次条及び第九百一条の規定により算定した相続分を超える部分については、登記、登録その他の対抗要件を備えなければ、第三者に対抗することができない。

2　前項の権利が債権である場合において、次条及び第九百一条の規定により算定した相続分を超えて当該債権を承継した共同相続人が当該債権に係る遺言の内容（遺産の分割により当該債権を承継した場合にあっては、当該債権に係る遺産の分割の内容）を明らかにして債務者にその承継の通知をしたときは、共同相続人の全員が債務者に通知をしたものとみなして、同項の規定を適用する。

第六章　相続人の不存在

（権利を主張する者がない場合）

第九五八条　第九百五十二条第二項の期間内に相続人としての権利を主張する者がないときは、相続人並びに相続財産の清算人に知れなかった相続債権者及び受遺者は、その権利を行使することができない。

（特別縁故者に対する相続財産の分与）

第九五八条の二　前条の場合において、相当と認めるときは、家庭裁判所は、被相続人と生計を同じくしていた者、被相続人の療養看護に努めた者その他被相続人と特別の縁故があった者の請求によって、これらの者に、清算後残存すべき相続財産の全部又は一部を与えることができる。

2　前項の請求は、第九百五十二条第二項の期間の満了後三箇月以内にしなければならない。

（残余財産の国庫への帰属）

第九五九条　前条の規定により処分されなかった相続財産は、国庫に帰属する。この場合においては、第九百五十六条第二項の規定を準用する。

民事訴訟法（平成八年六月二六日号外法律第一〇九号）

最終改正　令和四法四八

目次

第四編　再審（第三三八条―第三四九条）
第五編　手形訴訟及び小切手訴訟に関する特則（第三五〇条―第三六七条）
第六編　少額訴訟に関する特則（第三六八条―第三八一条）
第七編　督促手続
第一章　総則（第三八二条―第三九六条）
第二章　電子情報処理組織による督促手続の特則（第三九七条―第四〇二条）
第八編　執行停止（第四〇三条―第四〇五条）
附則

目次中第一編第四章第四節を次のように改正する。

第四節　送達
第一款　総則（第九八条―第一〇〇条）
第二款　書類の送達（第一〇一条―第一〇八条）
第三款　電磁的記録の送達（第一〇九条―第一〇九条の四）
第四款　公示送達（第一一〇条―第一一三条）

目次中第一編第七章を次のように改正する。

第七章　電子情報処理組織による申立て等（第一三二条の一〇―第一三二条の一三）

目次中第二編第三章第一節を次のように改正する。

第一節　口頭弁論（第一四八条―第一六〇条の二）

目次中第二編第四章第五節を次のように改正する。

第五節　書証（第二一九条―第二三一条）
第五節の二　電磁的記録に記録された情報の内容に係る証拠調べ（第二三一条の二・第二三一条の三）

目次中第二編第四章第六節を次のように改正する。

第六節　検証（第二三二条―第二三三条）

目次中第二編第六章を次のように改正する。
　第六章　裁判によらない訴訟の完結（第二六一条―第二六七条の二）
目次中第六編を次のように改正する。
第六編　少額訴訟に関する特則（第三六八条―第三八一条）
第七編　法定審理期間訴訟手続に関する特則（第三八一条の二―第三八一条の八）
目次中「第七編」を「第八編」に、「第八編」を「第九編」に改める。
（公布の日から起算して四年を超えない範囲内において政令で定める日から施行　令和四法四八）

第一編　総　則

第一章　通　則

（趣旨）

第一条　民事訴訟に関する手続については、他の法令に定めるもののほか、この法律の定めるところによる。

（裁判所及び当事者の責務）

第二条　裁判所は、民事訴訟が公正かつ迅速に行われるように努め、当事者は、信義に従い誠実に民事訴訟を追行しなければならない。

（最高裁判所規則）

第三条　この法律に定めるもののほか、民事訴訟に関する手続に関し必要な事項は、最高裁判所規則で定める。

第二章　裁判所

第一節　日本の裁判所の管轄権

（被告の住所等による管轄権）

第三条の二　裁判所は、人に対する訴えについて、その住所が日本国内にあるとき、住所がない場合又は住所が知れない場合にはその居所が日本国内にあるとき、居所がない場合又は居所が知れない場合には訴えの提起前に日本国内に住所を有していたとき（日本国内に最後に住所を有していた後に外国に住所を有していたときを除く。）は、管轄権を有する。

2　裁判所は、大使、公使その他外国に在ってその国の裁判権からの免除を享有する日本人に対する訴えについて、前項の規定にかかわらず、管轄権を有する。

3　裁判所は、法人その他の社団又は財団に対する訴えについて、その主たる事務所又は営業所が日本国内にあるとき、事務所若しくは営業所がない場合又はその所在地が知れない場合には代表者その他の主たる業務担当者の住所が日本国内にあるときは、管轄権を有する。

（契約上の債務に関する訴え等の管轄権）

第三条の三　次の各号に掲げる訴えは、それぞれ当該各号に定めるときは、日本の裁判所に提起することができる。

一　契約上の債務の履行の請求を目的とする訴え又は契約上の債務に関して行われた事務管理若しくは生じた不当利得に係る請求、契約上の債務の不履行による損害賠償の請求その他契約上の債務に関する請求を目的とする訴え　契約において定められた当該債務の履行地が日本国内にあるとき、又は契約において選択された地の法によれば当該債務の履行地が日本国内にあるとき。

二　手形又は小切手による　手形又は小切手の支払地

る金銭の支払の請求を目的とする訴え	が日本国内にあるとき。
三　財産権上の訴え	請求の目的が日本国内にあるとき、又は当該訴えが金銭の支払を請求するものである場合には差し押さえることができる被告の財産が日本国内にあるとき（その財産の価額が著しく低いときを除く。）。
四　事務所又は営業所を有する者に対する訴えでその事務所又は営業所における業務に関するもの	当該事務所又は営業所が日本国内にあるとき。
五　日本において事業を行う者（日本において取引を継続してする外国会社（会社法（平成十七年法律第八十六号）第二条第二号に規定する外国会社をいう。）を含む。）に対する訴え	当該訴えがその者の日本における業務に関するものであるとき。
六　船舶債権その他船舶を担保とする債権に基づく訴え	船舶が日本国内にあるとき。
七　会社その他の社団又は財団に関する訴えで次に掲げるもの	社団又は財団が法人である場合にはそれが日本の法令により設立されたものであるとき、法人でない場合にはその主たる事務所又は営業所が日本国内にあるとき。
イ　会社その他の社団からの社員若しくは社員であった者に対する訴え、社員からの社員若しくは社員であった者に対する訴え又は社員であった者からの社員に対する訴えで、社員と	

しての資格に基づくもの ロ　社団又は財団からの役員又は役員であった者に対する訴えで役員としての資格に基づくもの ハ　会社からの発起人若しくは発起人であった者又は検査役若しくは検査役であった者に対する訴えで発起人又は検査役としての資格に基づくもの ニ　会社その他の社団の債権者からの社員又は社員であった者に対する訴えで社員としての資格に基づくもの	
八　不法行為に関する訴え	不法行為があった地が日本国内にあるとき（外国で行われた加害行為の結果が日本国内で発生した場合において、日本国内におけるその結果の発生が通常予見することのできないものであったときを除く。）。
九　船舶の衝突その他海上の事故に基づく損害賠償の訴え	損害を受けた船舶が最初に到達した地が日本国内にあるとき。
十　海難救助に関する訴え	海難救助があった地又は救助された船舶が最初に到達した地が日本国内にあるとき。
十一　不動産に関する訴え	不動産が日本国内にあるとき。
十二　相続権若しくは遺	相続開始の時における被

留分に関する訴え又は遺贈その他死亡によって効力を生ずべき行為に関する訴え	相続人の住所が日本国内にあるとき、住所がない場合又は住所が知れない場合には相続開始の時における被相続人の居所が日本国内にあるとき、居所がない場合又は居所が知れない場合には被相続人が相続開始の前に日本国内に住所を有していたとき（日本国内に最後に住所を有していた後に外国に住所を有していたときを除く。）。
十三　相続債権その他相続財産の負担に関する訴えで前号に掲げる訴えに該当しないもの	同号に定めるとき。

（消費者契約及び労働関係に関する訴えの管轄権）

第三条の四　消費者（個人（事業として又は事業のために契約の当事者となる場合におけるものを除く。）をいう。以下同じ。）と事業者（法人その他の社団又は財団及び事業として又は事業のために契約の当事者となる場合における個人をいう。以下同じ。）との間で締結される契約（労働契約を除く。以下「消費者契約」という。）に関する消費者からの事業者に対する訴えは、訴えの提起の時又は消費者契約の締結の時における消費者の住所が日本国内にあるときは、日本の裁判所に提起することができる。

2　労働契約の存否その他の労働関係に関する事項について個々の労働者と事業主との間に生じた民事に関する紛争（以下「個別労働関係民事紛争」という。）に関する労働者からの事業主に対する訴えは、個別労働関係民事紛争に係る労働契約における労務の提供の地（その地が定まっていない場合にあっては、労働者を雇い入れた事業所の所在地）が日本国内にあるときは、日本の裁判所に提起することができる。

3　消費者契約に関する事業者からの消費者に対する訴え及び個別労働関係民事紛争に関する事業主からの労働者に対する訴えについては、前条の規定は、適用しない。

（管轄権の専属）

第三条の五　会社法第七編第二章に規定する訴え（同章第四節及び第六節に規定するものを除く。）、一般社団法人及び一般財団法人に関する法律（平成十八年法律第四十八号）第六章第二節に規定する訴えその他これらの法令以外の日本の法令により設立された社団又は財団に関する訴えでこれらに準ずるものの管轄権は、日本の裁判所に専属する。

2　登記又は登録に関する訴えの管轄権は、登記又は登録をすべき地が日本国内にあるときは、日本の裁判所に専属する。

3　知的財産権（知的財産基本法（平成十四年法律第百二十二号）第二条第二項に規定する知的財産権をいう。）のうち設定の登録により発生するものの存否又は効力に関する訴えの管轄権は、その登録が日本においてされたものであるときは、日本の裁判所に専属する。

（併合請求における管轄権）

第三条の六　一の訴えで数個の請求をする場合において、日本の裁判所が一の請求について管轄権を有し、他の請求について管轄権を有しないときは、当該一の請求と他の請求との間に密接な関連があるときに限り、日本の裁判所にその訴えを提起することができる。ただし、数人からの又は数人に対する訴えについては、第三十八条前段に定める場合に限る。

（管轄権に関する合意）

第三条の七　当事者は、合意により、いずれの国の裁判所に訴えを提起することができるかについて定めることができる。

2　前項の合意は、一定の法律関係に基づく訴えに関し、かつ、書面でしなければ、その効力を生じない。

3　第一項の合意がその内容を記録した電磁的記録（電子的方式、磁気的方式その他人の知覚によっては認識することができない方式で作られる記録であって、電子計算機による情報処理の用に供されるものをいう。以下同じ。）によってされたときは、その合意は、書面によってされたものとみなして、前項の規定を適用する。

4　外国の裁判所にのみ訴えを提起することができる旨の合意は、その裁判所が法律上又は事実上裁判権を行うことができないときは、これを援用することができない。

5　将来において生ずる消費者契約に関する紛争を対象とする第一項の合意は、次に掲げる場合に限り、その効力を有する。

一　消費者契約の締結の時において消費者が住所を有していた国の裁判所に訴えを提起することができる旨の合意（その国の裁判所にのみ訴えを提起することができる旨の合意については、次号に掲げる場合を除き、その国以外の国の裁判所にも訴えを提起することを妨げない旨の合意とみなす。）であるとき。

二　消費者が当該合意に基づき合意された国の裁判所に訴えを提起したとき、又は事業者が日本若しくは外国の裁判所に訴えを提起した場合において、消費者が当該合意を援用したとき。

6　将来において生ずる個別労働関係民事紛争を対象とする第一項の合意は、次に掲げる場合に限り、その効力を有する。

一　労働契約の終了の時にされた合意であって、その時における労務の提供の地がある国の裁判所に訴えを提起することができる旨を定めたもの（その国の裁判所にのみ訴えを提起することができる旨の合意については、次号に掲げる場合を除き、その国以外の国の裁判所にも訴えを提起することを妨げない旨の合意とみなす。）であるとき。

二　労働者が当該合意に基づき合意された国の裁判所に訴えを提起したとき、又は事業主が日本若しくは外国の裁判所に訴えを提起した場合において、労働者が当該合意を援用したとき。

（応訴による管轄権）

第三条の八　被告が日本の裁判所が管轄権を有しない旨の抗弁を提出しないで本案について弁論をし、又は弁論準備手続において申述をしたときは、裁判所は、管轄権を有する。

（特別の事情による訴えの却下）

第三条の九　裁判所は、訴えについて日本の裁判所が管轄権を有することとなる場合（日本の裁判所にのみ訴えを提起することができる旨の合意に基づき訴えが提起された場合を除く。）においても、事案の性質、応訴による被告の負担の程度、証拠の所在地その他の事情を考慮して、日本の裁判所が審理及び裁判をすることが当事者間の衡平を害し、又は適正かつ迅速な審理の実現を妨げることとなる特別の事情があると認めるときは、その訴えの全部又は一部を却下することができる。

（管轄権が専属する場合の適用除外）

第三条の一〇　第三条の二から第三条の四まで及び第三条の六から前条までの規定は、訴えについて法令に日本の裁判所の管轄権の専属に関する定めがある場合には、適用しない。

（職権証拠調べ）

第三条の一一　裁判所は、日本の裁判所の管轄権に関する事項について、職権で証拠調べをすることができる。

（管轄権の標準時）

第三条の一二　日本の裁判所の管轄権は、訴えの提起の時を標準として定める。

第二節　管　轄

（普通裁判籍による管轄）

第四条　訴えは、被告の普通裁判籍の所在地を管轄する裁判所の管轄に属する。

2　人の普通裁判籍は、住所により、日本国内に住所がないとき又は住所が知れないときは居所により、日本国内に居所がないとき又は居所が知れないときは最後の住所により定まる。

3　大使、公使その他外国に在ってその国の裁判権からの免除を享有する日本人が前項の規定により普通裁判籍を有しないときは、その者の普通裁判籍は、最高裁判所規則で定める地にあるものとする。

4　法人その他の社団又は財団の普通裁判籍は、その主たる事務所又は営業所により、事務所又は営業所がないときは代表者その他の主たる業務担当者の住所により定まる。

5　外国の社団又は財団の普通裁判籍は、前項の規定にかかわらず、日本における主たる事務所又は営業所により、日本国内に事務所又は営業所がないときは日本における代表者その他の主たる業務担当者の住所により定まる。

6　国の普通裁判籍は、訴訟について国を代表する官庁の所在地により定まる。

（財産権上の訴え等についての管轄）

第五条　次の各号に掲げる訴えは、それぞれ当該各号に定める地を管轄する裁判所に提起することができる。

一　財産権上の訴え　義務履行地

二　手形又は小切手による金銭の支払の請求を目的とする訴え　手形又は小切手の支払地

三　船員に対する財産権上の訴え　船舶の船籍の所在地

四　日本国内に住所（法人にあっては、事務所又は営業所。以下この号において同じ。）がない者又は住所が知れない者に対する財産権上の訴え　請求若しくはその担保の目的又は差し押さえることができる被告の財産の所在地

五　事務所又は営業所を有する者に対する訴えでその事務所又は営業所における業務に関するもの　当該事務所又は営業所の所在地

六　船舶所有者その他船舶を利用する者に対する船舶又は航海に関する訴え　船舶の船籍の所在地

七　船舶債権その他船舶を担保とする債権に基づく訴え　船舶の所在地

八　会社その他の社団又は財団に関する訴えで次に掲げるもの　社団又は財団の普通裁判籍の所在地

の
イ　会社その他の社団からの社員若しくは社員であった者に対する訴え、社員からの社員若しくは社員であった者に対する訴え又は社員であった者からの社員に対する訴えで、社員としての資格に基づくもの
ロ　社団又は財団からの役員又は役員であった者に対する訴えで役員としての資格に基づくもの
ハ　会社からの発起人若しくは発起人であった者又は検査役若しくは検査役であった者に対する訴えで発起人又は検査役としての資格に基づくもの
ニ　会社その他の社団の債権者からの社員又は社員であった者に対する訴えで社員としての資格に基づくもの

九　不法行為に関する訴え	不法行為があった地
十　船舶の衝突その他海上の事故に基づく損害賠償の訴え	損害を受けた船舶が最初に到達した地
十一　海難救助に関する訴え	海難救助があった地又は救助された船舶が最初に到達した地
十二　不動産に関する訴え	不動産の所在地
十三　登記又は登録に関する訴え	登記又は登録をすべき地
十四　相続権若しくは遺留分に関する訴え又は遺贈その他死亡によって効力を生ずべき行為に関する訴え	相続開始の時における被相続人の普通裁判籍の所在地

十五　相続債権その他相続財産の負担に関する訴えで前号に掲げる訴えに該当しないもの　同号に定める地

（特許権等に関する訴え等の管轄）

第六条　特許権、実用新案権、回路配置利用権又はプログラムの著作物についての著作者の権利に関する訴え（以下「特許権等に関する訴え」という。）について、前二条の規定によれば次の各号に掲げる裁判所が管轄権を有すべき場合には、その訴えは、それぞれ当該各号に定める裁判所の管轄に専属する。

一　東京高等裁判所、名古屋高等裁判所、仙台高等裁判所又は札幌高等裁判所の管轄区域内に所在する地方裁判所　東京地方裁判所

二　大阪高等裁判所、広島高等裁判所、福岡高等裁判所又は高松高等裁判所の管轄区域内に所在する地方裁判所　大阪地方裁判所

2　特許権等に関する訴えについて、前二条の規定により前項各号に掲げる裁判所の管轄区域内に所在する簡易裁判所が管轄権を有する場合には、それぞれ当該各号に定める裁判所にも、その訴えを提起することができる。

3　第一項第二号に定める裁判所が第一審としてした特許権等に関する訴えについての終局判決に対する控訴は、東京高等裁判所の管轄に専属する。ただし、第二十条の二第一項の規定により移送された訴訟に係る訴えについての終局判決に対する控訴については、この限りでない。

（意匠権等に関する訴えの管轄）

第六条の二　意匠権、商標権、著作者の権利（プログラムの著作物についての著作者の権利を除く。）、出版権、著作隣接権若しくは育成者権に関する訴え又は不正競争（不正競争防止法（平成五年法律第四十七号）第二条第一項に規定する不正競争又は家畜遺伝資源に係る不正競争の防止に関する法律（令和二年法律第二十二号）第二条第三項に規定する不正競争をいう。）による営業上の利益の侵害に係る訴えについて、

第四条又は第五条の規定により次の各号に掲げる裁判所が管轄権を有する場合には、それぞれ当該各号に定める裁判所にも、その訴えを提起することができる。

一　前条第一項第一号に掲げる　東京地方裁判所
　　裁判所（東京地方裁判所を除く。）

二　前条第一項第二号に掲げる　大阪地方裁判所
　　裁判所（大阪地方裁判所を除く。）

（併合請求における管轄）

第七条　一の訴えで数個の請求をする場合には、第四条から前条まで（第六条第三項を除く。）の規定により一の請求について管轄権を有する裁判所にその訴えを提起することができる。ただし、数人からの又は数人に対する訴えについては、第三十八条前段に定める場合に限る。

（訴訟の目的の価額の算定）

第八条　裁判所法（昭和二十二年法律第五十九号）の規定により管轄が訴訟の目的の価額により定まるときは、その価額は、訴えで主張する利益によって算定する。

2　前項の価額を算定することができないとき、又は極めて困難であるときは、その価額は百四十万円を超えるものとみなす。

（併合請求の場合の価額の算定）

第九条　一の訴えで数個の請求をする場合には、その価額を合算したものを訴訟の目的の価額とする。ただし、その訴えで主張する利益が各請求について共通である場合におけるその各請求については、この限りでない。

2　果実、損害賠償、違約金又は費用の請求が訴訟の附帯の目的であるときは、その価額は、訴訟の目的の価額に算入しない。

（管轄裁判所の指定）

第一〇条　管轄裁判所が法律上又は事実上裁判権を行うことができないときは、その裁判所の直近上級の裁判所は、申立てにより、決定で、管轄裁判所を定める。

2　裁判所の管轄区域が明確でないため管轄裁判

所が定まらないときは、関係のある裁判所に共通する直近上級の裁判所は、申立てにより、決定で、管轄裁判所を定める。

3　前二項の決定に対しては、不服を申し立てることができない。

（管轄裁判所の特例）

第一〇条の二　前節の規定により日本の裁判所が管轄権を有する訴えについて、この法律の他の規定又は他の法令の規定により管轄裁判所が定まらないときは、その訴えは、最高裁判所規則で定める地を管轄する裁判所の管轄に属する。

（管轄の合意）

第一一条　当事者は、第一審に限り、合意により管轄裁判所を定めることができる。

2　前項の合意は、一定の法律関係に基づく訴えに関し、かつ、書面でしなければ、その効力を生じない。

3　第一項の合意がその内容を記録した電磁的記録によってされたときは、その合意は、書面によってされたものとみなして、前項の規定を適用する。

（応訴管轄）

第一二条　被告が第一審裁判所において管轄違いの抗弁を提出しないで本案について弁論をし、又は弁論準備手続において申述をしたときは、その裁判所は、管轄権を有する。

（専属管轄の場合の適用除外等）

第一三条　第四条第一項、第五条、第六条第二項、第六条の二、第七条及び前二条の規定は、訴えについて法令に専属管轄の定めがある場合には、適用しない。

2　特許権等に関する訴えについて、第七条又は前二条の規定によれば第六条第一項各号に定める裁判所が管轄権を有すべき場合には、前項の規定にかかわらず、第七条又は前二条の規定により、その裁判所は、管轄権を有する。

（職権証拠調べ）

第一四条　裁判所は、管轄に関する事項について、職権で証拠調べをすることができる。

（管轄の標準時）

第一五条　裁判所の管轄は、訴えの提起の時を標準として定める。

（管轄違いの場合の取扱い）

第一六条　裁判所は、訴訟の全部又は一部がその管轄に属しないと認めるときは、申立てにより又は職権で、これを管轄裁判所に移送する。

2　地方裁判所は、訴訟がその管轄区域内の簡易裁判所の管轄に属する場合においても、相当と認めるときは、前項の規定にかかわらず、申立てにより又は職権で、訴訟の全部又は一部について自ら審理及び裁判をすることができる。ただし、訴訟がその簡易裁判所の専属管轄（当事者が第十一条の規定により合意で定めたものを除く。）に属する場合は、この限りでない。

（遅滞を避ける等のための移送）

第一七条　第一審裁判所は、訴訟がその管轄に属する場合においても、当事者及び尋問を受けるべき証人の住所、使用すべき検証物の所在地その他の事情を考慮して、訴訟の著しい遅滞を避け、又は当事者間の衡平を図るため必要があると認めるときは、申立てにより又は職権で、訴訟の全部又は一部を他の管轄裁判所に移送することができる。

（簡易裁判所の裁量移送）

第一八条　簡易裁判所は、訴訟がその管轄に属する場合においても、相当と認めるときは、申立てにより又は職権で、訴訟の全部又は一部をその所在地を管轄する地方裁判所に移送することができる。

（必要的移送）

第一九条　第一審裁判所は、訴訟がその管轄に属する場合においても、当事者の申立て及び相手方の同意があるときは、訴訟の全部又は一部を申立てに係る地方裁判所又は簡易裁判所に移送しなければならない。ただし、移送により著しく訴訟手続を遅滞させることとなるとき、又はその申立てが、簡易裁判所からその所在地を管轄する地方裁判所への移送の申立て以外のものであって、被告が本案について弁論をし、若しくは弁論準備手続において申述をした後にされたものであるときは、この限りでない。

2　簡易裁判所は、その管轄に属する不動産に関する訴訟につき被告の申立てがあるときは、訴訟の全部又は一部をその所在地を管轄する地方裁判所に移送しなければならない。ただし、その申立ての前に被告が本案について弁論をした場合は、この限りでない。

（専属管轄の場合の移送の制限）

第二〇条　前三条の規定は、訴訟がその係属する裁判所の専属管轄（当事者が第十一条の規定により合意で定めたものを除く。）に属する場合には、適用しない。

2　特許権等に関する訴えに係る訴訟について、第十七条又は前条第一項の規定によれば第六条第一項各号に定める裁判所に移送すべき場合には、前項の規定にかかわらず、第十七条又は前条第一項の規定を適用する。

（特許権等に関する訴え等に係る訴訟の移送）

第二〇条の二　第六条第一項各号に定める裁判所は、特許権等に関する訴えに係る訴訟が同項の規定によりその管轄に専属する場合においても、当該訴訟において審理すべき専門技術的事項を欠くことその他の事情により著しい損害又は遅滞を避けるため必要があると認めるときは、申立てにより又は職権で、訴訟の全部又は一部を第四条、第五条若しくは第十一条の規定によれば管轄権を有すべき地方裁判所又は第十九条第一項の規定によれば移送を受けるべき地方裁判所に移送することができる。

2　東京高等裁判所は、第六条第三項の控訴が提起された場合において、その控訴審において審理すべき専門技術的事項を欠くことその他の事情により著しい損害又は遅滞を避けるため必要があると認めるときは、申立てにより又は職権で、訴訟の全部又は一部を大阪高等裁判所に移送することができる。

（即時抗告）

第二一条　移送の決定及び移送の申立てを却下した決定に対しては、即時抗告をすることができる。

（移送の裁判の拘束力等）
第二二条　確定した移送の裁判は、移送を受けた裁判所を拘束する。
2　移送を受けた裁判所は、更に事件を他の裁判所に移送することができない。
3　移送の裁判が確定したときは、訴訟は、初めから移送を受けた裁判所に係属していたものとみなす。

第三節　裁判所職員の除斥及び忌避

（裁判官の除斥）
第二三条　裁判官は、次に掲げる場合には、その職務の執行から除斥される。ただし、第六号に掲げる場合にあっては、他の裁判所の嘱託により受託裁判官としてその職務を行うことを妨げない。
一　裁判官又はその配偶者若しくは配偶者であった者が、事件の当事者であるとき、又は事件について当事者と共同権利者、共同義務者若しくは償還義務者の関係にあるとき。
二　裁判官が当事者の四親等内の血族、三親等内の姻族若しくは同居の親族であるとき、又はあったとき。
三　裁判官が当事者の後見人、後見監督人、保佐人、保佐監督人、補助人又は補助監督人であるとき。
四　裁判官が事件について証人又は鑑定人となったとき。
五　裁判官が事件について当事者の代理人又は補佐人であるとき、又はあったとき。
六　裁判官が事件について仲裁判断に関与し、又は不服を申し立てられた前審の裁判に関与したとき。
2　前項に規定する除斥の原因があるときは、裁判所は、申立てにより又は職権で、除斥の裁判をする。

（裁判官の忌避）
第二四条　裁判官について裁判の公正を妨げるべき事情があるときは、当事者は、その裁判官を忌避することができる。

2　当事者は、裁判官の面前において弁論をし、又は弁論準備手続において申述をしたときは、その裁判官を忌避することができない。ただし、忌避の原因があることを知らなかったとき、又は忌避の原因がその後に生じたときは、この限りでない。

（除斥又は忌避の裁判）

第二五条　合議体の構成員である裁判官及び地方裁判所の一人の裁判官の除斥又は忌避についてはその裁判官の所属する裁判所が、簡易裁判所の裁判官の除斥又は忌避についてはその裁判所の所在地を管轄する地方裁判所が、決定で、裁判をする。

2　地方裁判所における前項の裁判は、合議体でする。

3　裁判官は、その除斥又は忌避についての裁判に関与することができない。

4　除斥又は忌避を理由があるとする決定に対しては、不服を申し立てることができない。

5　除斥又は忌避を理由がないとする決定に対しては、即時抗告をすることができる。

（訴訟手続の停止）

第二六条　除斥又は忌避の申立てがあったときは、その申立てについての決定が確定するまで訴訟手続を停止しなければならない。ただし、急速を要する行為については、この限りでない。

（裁判所書記官への準用）

第二七条　この節の規定は、裁判所書記官について準用する。この場合においては、裁判は、裁判所書記官の所属する裁判所がする。

第三章　当事者

第一節　当事者能力及び訴訟能力

（原則）

第二八条　当事者能力、訴訟能力及び訴訟無能力者の法定代理は、この法律に特別の定めがある場合を除き、民法（明治二十九年法律第八十九号）その他の法令に従う。訴訟行為をするのに必要な授権についても、同様とする。

（法人でない社団等の当事者能力）

第二九条　法人でない社団又は財団で代表者又は管理人の定めがあるものは、その名において訴え、又は訴えられることができる。

（選定当事者）

第三〇条　共同の利益を有する多数の者で前条の規定に該当しないものは、その中から、全員のために原告又は被告となるべき一人又は数人を選定することができる。

2　訴訟の係属の後、前項の規定により原告又は被告となるべき者を選定したときは、他の当事者は、当然に訴訟から脱退する。

3　係属中の訴訟の原告又は被告と共同の利益を有する者で当事者でないものは、その原告又は被告を自己のためにも原告又は被告となるべき者として選定することができる。

4　第一項又は前項の規定により原告又は被告となるべき者を選定した者（以下「選定者」という。）は、その選定を取り消し、又は選定された当事者（以下「選定当事者」という。）を変更することができる。

5　選定当事者のうち死亡その他の事由によりその資格を喪失した者があるときは、他の選定当事者において全員のために訴訟行為をすることができる。

（未成年者及び成年被後見人の訴訟能力）

第三一条　未成年者及び成年被後見人は、法定代理人によらなければ、訴訟行為をすることができない。ただし、未成年者が独立して法律行為をすることができる場合は、この限りでない。

（被保佐人、被補助人及び法定代理人の訴訟行為の特則）

第三二条　被保佐人、被補助人（訴訟行為をすることにつきその補助人の同意を得ることを要するものに限る。次項及び第四十条第四項において同じ。）又は後見人その他の法定代理人が相手方の提起した訴え又は上訴について訴訟行為をするには、保佐人若しくは保佐監督人、補助人若しくは補助監督人又は後見監督人の同意その他の授権を要しない。

2　被保佐人、被補助人又は後見人その他の法定代理人が次に掲げる訴訟行為をするには、特別の授権がなければならない。

一　訴えの取下げ、和解、請求の放棄若しくは認諾又は第四十八条（第五十条第三項及び第五十一条において準用する場合を含む。）の規定による脱退

二　控訴、上告又は第三百十八条第一項の申立ての取下げ

三　第三百六十条（第三百六十七条第二項及び第三百七十八条第二項において準用する場合を含む。）の規定による異議の取下げ又はその取下げについての同意

第三二条第二項第三号を次のように改正する。

2　被保佐人、被補助人又は後見人その他の法定代理人が次に掲げる訴訟行為をするには、特別の授権がなければならない。

一・二　（略）

三　第三百六十条（第三百六十七条第二項、第三百七十八条第二項及び第三百八十一条の七第二項において準用する場合を含む。）の規定による異議の取下げ又はその取下げについての同意

（公布の日から起算して四年を超えない範囲内において政令で定める日から施行　令和四法四八）

（外国人の訴訟能力の特則）

第三三条　外国人は、その本国法によれば訴訟能

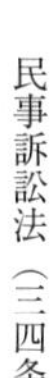

力を有しない場合であっても、日本法によれば訴訟能力を有すべきときは、訴訟能力者とみなす。

（訴訟能力等を欠く場合の措置等）

第三四条　訴訟能力、法定代理権又は訴訟行為をするのに必要な授権を欠くときは、裁判所は、期間を定めて、その補正を命じなければならない。この場合において、遅滞のため損害を生ずるおそれがあるときは、裁判所は、一時訴訟行為をさせることができる。

2　訴訟能力、法定代理権又は訴訟行為をするのに必要な授権を欠く者がした訴訟行為は、これらを有するに至った当事者又は法定代理人の追認により、行為の時にさかのぼってその効力を生ずる。

3　前二項の規定は、選定当事者が訴訟行為をする場合について準用する。

（特別代理人）

第三五条　法定代理人がない場合又は法定代理人が代理権を行うことができない場合において、未成年者又は成年被後見人に対し訴訟行為をしようとする者は、遅滞のため損害を受けるおそれがあることを疎明して、受訴裁判所の裁判長に特別代理人の選任を申し立てることができる。

2　裁判所は、いつでも特別代理人を改任することができる。

3　特別代理人が訴訟行為をするには、後見人と同一の授権がなければならない。

（法定代理権の消滅の通知）

第三六条　法定代理権の消滅は、本人又は代理人から相手方に通知しなければ、その効力を生じない。

2　前項の規定は、選定当事者の選定の取消し及び変更について準用する。

（法人の代表者等への準用）

第三七条　この法律中法定代理及び法定代理人に関する規定は、法人の代表者及び法人でない社団又は財団でその名において訴え、又は訴えられることができるものの代表者又は管理人について準用する。

第二節　共同訴訟

（共同訴訟の要件）

第三八条　訴訟の目的である権利又は義務が数人について共通であるとき、又は同一の事実上及び法律上の原因に基づくときは、その数人は、共同訴訟人として訴え、又は訴えられることができる。訴訟の目的である権利又は義務が同種であって事実上及び法律上同種の原因に基づくときも、同様とする。

（共同訴訟人の地位）

第三九条　共同訴訟人の一人の訴訟行為、共同訴訟人の一人に対する相手方の訴訟行為及び共同訴訟人の一人について生じた事項は、他の共同訴訟人に影響を及ぼさない。

（必要的共同訴訟）

第四〇条　訴訟の目的が共同訴訟人の全員について合一にのみ確定すべき場合には、その一人の訴訟行為は、全員の利益においてのみその効力を生ずる。

2　前項に規定する場合には、共同訴訟人の一人に対する相手方の訴訟行為は、全員に対してその効力を生ずる。

3　第一項に規定する場合において、共同訴訟人の一人について訴訟手続の中断又は中止の原因があるときは、その中断又は中止は、全員についてその効力を生ずる。

4　第三十二条第一項の規定は、第一項に規定する場合において、共同訴訟人の一人が提起した上訴について他の共同訴訟人である被保佐人若しくは被補助人又は他の共同訴訟人の後見人その他の法定代理人のすべき訴訟行為について準用する。

（同時審判の申出がある共同訴訟）

第四一条　共同被告の一方に対する訴訟の目的である権利と共同被告の他方に対する訴訟の目的である権利とが法律上併存し得ない関係にある場合において、原告の申出があったときは、弁論及び裁判は、分離しないでしなければならない。

2　前項の申出は、控訴審の口頭弁論の終結の時までにしなければならない。

3　第一項の場合において、各共同被告に係る控訴事件が同一の控訴裁判所に各別に係属するときは、弁論及び裁判は、併合してしなければならない。

第三節　訴訟参加

（補助参加）

第四二条　訴訟の結果について利害関係を有する第三者は、当事者の一方を補助するため、その訴訟に参加することができる。

（補助参加の申出）

第四三条　補助参加の申出は、参加の趣旨及び理由を明らかにして、補助参加により訴訟行為をすべき裁判所にしなければならない。

2　補助参加の申出は、補助参加人としてすることができる訴訟行為とともにすることができる。

（補助参加についての異議等）

第四四条　当事者が補助参加について異議を述べたときは、裁判所は、補助参加の許否について、決定で、裁判をする。この場合においては、補助参加人は、参加の理由を疎明しなければならない。

2　前項の異議は、当事者がこれを述べないで弁論をし、又は弁論準備手続において申述をした後は、述べることができない。

3　第一項の裁判に対しては、即時抗告をすることができる。

（補助参加人の訴訟行為）

第四五条　補助参加人は、訴訟について、攻撃又は防御の方法の提出、異議の申立て、上訴の提起、再審の訴えの提起その他一切の訴訟行為をすることができる。ただし、補助参加の時における訴訟の程度に従いすることができないものは、この限りでない。

2　補助参加人の訴訟行為は、被参加人の訴訟行為と抵触するときは、その効力を有しない。

3　補助参加人は、補助参加について異議があった場合においても、補助参加を許さない裁判が確定するまでの間は、訴訟行為をすることができる。

4　補助参加人の訴訟行為は、補助参加を許さない裁判が確定した場合においても、当事者が援用したときは、その効力を有する。

第四五条を次のように改正する。

（補助参加人の訴訟行為等）

第四五条　（略）

2～4　（略）

5　次に掲げる請求に関する規定の適用については、補助参加人（当事者が前条第一項の異議を述べた場合において補助参加を許す裁判が確定したもの及び当事者が同条第二項の規定により異議を述べることができなくなったものに限る。）を当事者とみなす。

一　非電磁的訴訟記録（第九十一条第一項に規定する非電磁的訴訟記録をいう。）の閲覧若しくは謄写、その正本、謄本若しくは抄本の交付又はその複製（第九十二条第一項において「非電磁的訴訟記録の閲覧等」という。）の請求

二　電磁的訴訟記録（第九十一条の二第一項に規定する電磁的訴訟記録をいう。）の閲覧若しくは複写又はその内容の全部若しくは一部を証明した書面の交付若しくはその内容の全部若しくは一部を証明した電磁的記録の提供（第九十二条第一項において「電磁的訴訟記録の閲覧等」という。）の請求

三　第九十一条の三に規定する訴訟に関する事項を証明した書面の交付又は当該事項を証明した電磁的記録の提供の請求

（公布の日から起算して四年を超えない範囲内において政令で定める日から施行　令和四法四八）

（補助参加人に対する裁判の効力）

第四六条　補助参加に係る訴訟の裁判は、次に掲げる場合を除き、補助参加人に対してもその効力を有する。

一　前条第一項ただし書の規定により補助参加

人が訴訟行為をすることができなかったとき。

二　前条第二項の規定により補助参加人の訴訟行為が効力を有しなかったとき。

三　被参加人が補助参加人の訴訟行為を妨げたとき。

四　被参加人が補助参加人のすることができない訴訟行為を故意又は過失によってしなかったとき。

（独立当事者参加）

第四七条　訴訟の結果によって権利が害されることを主張する第三者又は訴訟の目的の全部若しくは一部が自己の権利であることを主張する第三者は、その訴訟の当事者の双方又は一方を相手方として、当事者としてその訴訟に参加することができる。

2　前項の規定による参加の申出は、書面でしなければならない。

3　前項の書面は、当事者双方に送達しなければならない。

4　第四十条第一項から第三項までの規定は第一項の訴訟の当事者及び同項の規定によりその訴訟に参加した者について、第四十三条の規定は同項の規定による参加の申出について準用する。

（訴訟脱退）

第四八条　前条第一項の規定により自己の権利を主張するため訴訟に参加した者がある場合には、参加前の原告又は被告は、相手方の承諾を得て訴訟から脱退することができる。この場合において、判決は、脱退した当事者に対してもその効力を有する。

（権利承継人の訴訟参加の場合における時効の完成猶予等）

第四九条　訴訟の係属中その訴訟の目的である権利の全部又は一部を譲り受けたことを主張する者が第四十七条第一項の規定により訴訟参加をしたときは、時効の完成猶予に関しては、当該訴訟の係属の初めに、裁判上の請求があったものとみなす。

2　前項に規定する場合には、その参加は、訴訟の係属の初めに遡って法律上の期間の遵守の効力を生ずる。

（義務承継人の訴訟引受け）

第五〇条 訴訟の係属中第三者がその訴訟の目的である義務の全部又は一部を承継したときは、裁判所は、当事者の申立てにより、決定で、その第三者に訴訟を引き受けさせることができる。

2 裁判所は、前項の決定をする場合には、当事者及び第三者を審尋しなければならない。

3 第四十一条第一項及び第三項並びに前二条の規定は、第一項の規定により訴訟を引き受けさせる決定があった場合について準用する。

（義務承継人の訴訟参加及び権利承継人の訴訟引受け）

第五一条 第四十七条から第四十九条までの規定は訴訟の係属中その訴訟の目的である義務の全部又は一部を承継したことを主張する第三者の訴訟参加について、前条の規定は訴訟の係属中第三者がその訴訟の目的である権利の全部又は一部を譲り受けた場合について準用する。

（共同訴訟参加）

第五二条 訴訟の目的が当事者の一方及び第三者について合一にのみ確定すべき場合には、その第三者は、共同訴訟人としてその訴訟に参加することができる。

2 第四十三条並びに第四十七条第二項及び第三項の規定は、前項の規定による参加の申出について準用する。

（訴訟告知）

第五三条 当事者は、訴訟の係属中、参加することができる第三者にその訴訟の告知をすることができる。

2 訴訟告知を受けた者は、更に訴訟告知をすることができる。

3 訴訟告知は、その理由及び訴訟の程度を記載した書面を裁判所に提出してしなければならない。

4 訴訟告知を受けた者が参加しなかった場合においても、第四十六条の規定の適用については、参加することができた時に参加したものとみなす。

第四節　訴訟代理人及び補佐人

（訴訟代理人の資格）

第五四条　法令により裁判上の行為をすることができる代理人のほか、弁護士でなければ訴訟代理人となることができない。ただし、簡易裁判所においては、その許可を得て、弁護士でない者を訴訟代理人とすることができる。

2　前項の許可は、いつでも取り消すことができる。

（訴訟代理権の範囲）

第五五条　訴訟代理人は、委任を受けた事件について、反訴、参加、強制執行、仮差押え及び仮処分に関する訴訟行為をし、かつ、弁済を受領することができる。

2　訴訟代理人は、次に掲げる事項については、特別の委任を受けなければならない。

一　反訴の提起

二　訴えの取下げ、和解、請求の放棄若しくは認諾又は第四十八条（第五十条第三項及び第五十一条において準用する場合を含む。）の規定による脱退

三　控訴、上告若しくは第三百十八条第一項の申立て又はこれらの取下げ

四　第三百六十条（第三百六十七条第二項及び第三百七十八条第二項において準用する場合を含む。）の規定による異議の取下げ又はその取下げについての同意

五　代理人の選任

3　訴訟代理権は、制限することができない。ただし、弁護士でない訴訟代理人については、この限りでない。

4　前三項の規定は、法令により裁判上の行為をすることができる代理人の権限を妨げない。

第五五条第二項第四号を次のように改正する。

第五五条　（略）

2　訴訟代理人は、次に掲げる事項については、特別の委任を受けなければならない。

一～三　（略）

四　第三百六十条（第三百六十七条第二項、第三百七十八条第二項及び第三百八十一条の七第二項において準用する場合を含む。）の規定による異議の取下げ又はその取下げについての同意

五　（略）

3・4　（略）

（公布の日から起算して四年を超えない範囲内において政令で定める日から施行　令和四法四八）

（個別代理）

第五六条　訴訟代理人が数人あるときは、各自当事者を代理する。

2　当事者が前項の規定と異なる定めをしても、その効力を生じない。

（当事者による更正）

第五七条　訴訟代理人の事実に関する陳述は、当事者が直ちに取り消し、又は更正したときは、その効力を生じない。

（訴訟代理権の不消滅）

第五八条　訴訟代理権は、次に掲げる事由によっては、消滅しない。

一　当事者の死亡又は訴訟能力の喪失

二　当事者である法人の合併による消滅

三　当事者である受託者の信託に関する任務の終了

四　法定代理人の死亡、訴訟能力の喪失又は代理権の消滅若しくは変更

2　一定の資格を有する者で自己の名で他人のために訴訟の当事者となるものの訴訟代理人の代理権は、当事者の死亡その他の事由による資格の喪失によっては、消滅しない。

3　前項の規定は、選定当事者が死亡その他の事由により資格を喪失した場合について準用する。

（法定代理の規定の準用）

第五九条　第三十四条第一項及び第二項並びに第三十六条第一項の規定は、訴訟代理について準用する。

（補佐人）

第六〇条　当事者又は訴訟代理人は、裁判所の許

可を得て、補佐人とともに出頭することができる。

2　前項の許可は、いつでも取り消すことができる。

3　補佐人の陳述は、当事者又は訴訟代理人が直ちに取り消し、又は更正しないときは、当事者又は訴訟代理人が自らしたものとみなす。

第四章　訴訟費用

第一節　訴訟費用の負担

（訴訟費用の負担の原則）

第六一条　訴訟費用は、敗訴の当事者の負担とする。

（不必要な行為があった場合等の負担）

第六二条　裁判所は、事情により、勝訴の当事者に、その権利の伸張若しくは防御に必要でない行為によって生じた訴訟費用又は行為の時における訴訟の程度において相手方の権利の伸張若しくは防御に必要であった行為によって生じた訴訟費用の全部又は一部を負担させることができる。

（訴訟を遅滞させた場合の負担）

第六三条　当事者が適切な時期に攻撃若しくは防御の方法を提出しないことにより、又は期日若しくは期間の不遵守その他当事者の責めに帰すべき事由により訴訟を遅滞させたときは、裁判所は、その当事者に、その勝訴の場合においても、遅滞によって生じた訴訟費用の全部又は一部を負担させることができる。

（一部敗訴の場合の負担）

第六四条　一部敗訴の場合における各当事者の訴訟費用の負担は、裁判所が、その裁量で定める。ただし、事情により、当事者の一方に訴訟費用の全部を負担させることができる。

（共同訴訟の場合の負担）

第六五条　共同訴訟人は、等しい割合で訴訟費用を負担する。ただし、裁判所は、事情により、共同訴訟人に連帯して訴訟費用を負担させ、又は他の方法により負担させることができる。

2　裁判所は、前項の規定にかかわらず、権利の伸張又は防御に必要でない行為をした当事者に、その行為によって生じた訴訟費用を負担させることができる。

（補助参加の場合の負担）

第六六条　第六十一条から前条までの規定は、補助参加についての異議によって生じた訴訟費用の補助参加人とその異議を述べた当事者との間における負担の関係及び補助参加によって生じた訴訟費用の補助参加人と相手方との間における負担の関係について準用する。

（訴訟費用の負担の裁判）

第六七条　裁判所は、事件を完結する裁判において、職権で、その審級における訴訟費用の全部について、その負担の裁判をしなければならない。ただし、事情により、事件の一部又は中間の争いに関する裁判において、その費用についての負担の裁判をすることができる。

2　上級の裁判所が本案の裁判を変更する場合には、訴訟の総費用について、その負担の裁判をしなければならない。事件の差戻し又は移送を受けた裁判所がその事件を完結する裁判をする場合も、同様とする。

（和解の場合の負担）

第六八条　当事者が裁判所において和解をした場合において、和解の費用又は訴訟費用の負担について特別の定めをしなかったときは、その費用は、各自が負担する。

（法定代理人等の費用償還）

第六九条　法定代理人、訴訟代理人、裁判所書記官又は執行官が故意又は重大な過失によって無益な訴訟費用を生じさせたときは、受訴裁判所は、申立てにより又は職権で、これらの者に対し、その費用額の償還を命ずることができる。

2　前項の規定は、法定代理人又は訴訟代理人として訴訟行為をした者が、その代理権又は訴訟行為をするのに必要な授権があることを証明することができず、かつ、追認を得ることができなかった場合において、その訴訟行為によって生じた訴訟費用について準用する。

3　第一項（前項において準用する場合を含む。）の規定による決定に対しては、即時抗告をすることができる。

（無権代理人の費用負担）

第七〇条　前条第二項に規定する場合において、裁判所が訴えを却下したときは、訴訟費用は、代理人として訴訟行為をした者の負担とする。

（訴訟費用額の確定手続）

第七一条　訴訟費用の負担の額は、その負担の裁判が執行力を生じた後に、申立てにより、第一審裁判所の裁判所書記官が定める。

2　前項の場合において、当事者双方が訴訟費用を負担するときは、最高裁判所規則で定める場合を除き、各当事者の負担すべき費用は、その対当額について相殺があったものとみなす。

3　第一項の申立てに関する処分は、相当と認める方法で告知することによって、その効力を生ずる。

4　前項の処分に対する異議の申立ては、その告知を受けた日から一週間の不変期間内にしなければならない。

5　前項の異議の申立ては、執行停止の効力を有する。

6　裁判所は、第一項の規定による額を定める処分に対する異議の申立てを理由があると認める場合において、訴訟費用の負担の額を定めるべきときは、自らその額を定めなければならない。

7　第四項の異議の申立てについての決定に対しては、即時抗告をすることができる。

第七一条を次のように改正する。

第七一条　（略）

2　前項の申立ては、訴訟費用の負担の裁判が確定した日から十年以内にしなければならない。

3　第一項の場合において、当事者双方が訴訟費用を負担するときは、最高裁判所規則で定める場合を除き、各当事者の負担すべき費用は、その対当額について相殺があったものとみなす。

4〜7　（略）

8　第五項の異議の申立てについての決定に対しては、即時抗告をすることができる。

（公布の日から起算して四年を超えない範囲内において政令で定める日から施行　令和四法四八）

（和解の場合の費用額の確定手続）

第七二条　当事者が裁判所において和解をした場合において、和解の費用又は訴訟費用の負担を定め、その額を定めなかったときは、その額は、申立てにより、第一審裁判所（第二百七十五条の和解にあっては、和解が成立した裁判所）の裁判所書記官が定める。この場合においては、前条第二項から第七項までの規定を準用する。

第七二条を次のように改正する。

第七二条　当事者が裁判所において和解をした場合において、和解の費用又は訴訟費用の負担を定め、その額を定めなかったときは、その額は、申立てにより、第一審裁判所（第二百七十五条の和解にあっては、和解が成立した裁判所）の裁判所書記官が定める。この場合においては、前条第二項から第八項までの規定を準用する。

（公布の日から起算して四年を超えない範囲内において政令で定める日から施行　令和四法四八）

（訴訟が裁判及び和解によらないで完結した場合等の取扱い）

第七三条　訴訟が裁判及び和解によらないで完結したときは、申立てにより、第一審裁判所は決定で訴訟費用の負担を命じ、その裁判所の裁判所書記官はその決定が執行力を生じた後にその負担の額を定めなければならない。補助参加の申出の取下げ又は補助参加についての異議の取下げがあった場合も、同様とする。

2　第六十一条から第六十六条まで及び第七十一条第七項の規定は前項の申立てについての決定について、同条第二項及び第三項の規定は前項の申立てに関する裁判所書記官の処分について、同条第四項から第七項までの規定はその処分に対する異議の申立てについて準用する。

第七三条第二項を次のように改正する。

第七三条　（略）

2　第六十一条から第六十六条まで及び第七十一条第八項の規定は前項の申立てについての決定について、同条第二項の規定は前項の申立てについて、同条第三項及び第四項の規定は前項の申立てに関する裁判所書記官の処分について、同条第五項から第八項までの規定はその処分に対する異議の申立てについて、それぞれ準用する。この場合において、同条第二項中「訴訟費用の負担の裁判が確定した」とあるのは、「訴訟が完結した」と読み替えるものとする。

（公布の日から起算して四年を超えない範囲内において政令で定める日から施行　令和四法四八）

（費用額の確定処分の更正）

第七四条　第七十一条第一項、第七十二条又は前条第一項の規定による額を定める処分に計算違い、誤記その他これらに類する明白な誤りがあるときは、裁判所書記官は、申立てにより又は職権で、いつでもその処分を更正することができる。

2　第七十一条第三項から第五項まで及び第七項

の規定は、前項の規定による更正の処分及びこれに対する異議の申立てについて準用する。

3　第一項に規定する額を定める処分に対し適法な異議の申立てがあったときは、前項の異議の申立ては、することができない。

第七四条第二項を次のように改正する。

第七四条（略）

2　第七十一条第四項から第六項まで及び第八項の規定は、前項の規定による更正の処分及びこれに対する異議の申立てについて準用する。

3　（略）

（公布の日から起算して四年を超えない範囲内において政令で定める日から施行　令和四法四八）

第二節　訴訟費用の担保

（担保提供命令）

第七五条　原告が日本国内に住所、事務所及び営業所を有しないときは、裁判所は、被告の申立てにより、決定で、訴訟費用の担保を立てるべきことを原告に命じなければならない。その担保に不足を生じたときも、同様とする。

2　前項の規定は、金銭の支払の請求の一部について争いがない場合において、その額が担保として十分であるときは、適用しない。

3　被告は、担保を立てるべき事由があることを知った後に本案について弁論をし、又は弁論準備手続において申述をしたときは、第一項の申立てをすることができない。

4　第一項の申立てをした被告は、原告が担保を立てるまで応訴を拒むことができる。

5　裁判所は、第一項の決定において、担保の額及び担保を立てるべき期間を定めなければならない。

6　担保の額は、被告が全審級において支出すべき訴訟費用の総額を標準として定める。

7　第一項の申立てについての決定に対しては、即時抗告をすることができる。

（担保提供の方法）

第七六条　担保を立てるには、担保を立てるべきことを命じた裁判所の所在地を管轄する地方裁判所の管轄区域内の供託所に金銭又は裁判所が相当と認める有価証券（社債、株式等の振替に関する法律（平成十三年法律第七十五号）第二百七十八条第一項に規定する振替債を含む。次条において同じ。）を供託する方法その他最高裁判所規則で定める方法によらなければならない。ただし、当事者が特別の契約をしたときは、その契約による。

（担保物に対する被告の権利）

第七七条　被告は、訴訟費用に関し、前条の規定により供託した金銭又は有価証券について、他の債権者に先立ち弁済を受ける権利を有する。

（担保不提供の効果）

第七八条　原告が担保を立てるべき期間内にこれを立てないときは、裁判所は、口頭弁論を経ないで、判決で、訴えを却下することができる。ただし、判決前に担保を立てたときは、この限りでない。

（担保の取消し）

第七九条　担保を立てた者が担保の事由が消滅したことを証明したときは、裁判所は、申立てにより、担保の取消しの決定をしなければならない。

2　担保を立てた者が担保の取消しについて担保権利者の同意を得たことを証明したときも、前項と同様とする。

3　訴訟の完結後、裁判所が、担保を立てた者の申立てにより、担保権利者に対し、一定の期間内にその権利を行使すべき旨を催告し、担保権利者がその行使をしないときは、担保の取消しについて担保権利者の同意があったものとみなす。

4　第一項及び第二項の規定による決定に対しては、即時抗告をすることができる。

第七九条第三項を次のように改正する。

第七九条　（略）

2 （略）

3 訴訟の完結後、裁判所書記官が、担保を立てた者の申立てにより、担保権利者に対し、一定の期間内にその権利を行使すべき旨を催告し、担保権利者がその行使をしないときは、担保の取消しについて担保権利者の同意があったものとみなす。

4 （略）

（公布の日から起算して四年を超えない範囲内において政令で定める日から施行　令和四法律四八）

（担保の変換）

第八〇条 裁判所は、担保を立てた者の申立てにより、決定で、その担保の変換を命ずることができる。ただし、その担保を契約によって他の担保に変換することを妨げない。

（他の法令による担保への準用）

第八一条 第七十五条第四項、第五項及び第七項並びに第七十六条から前条までの規定は、他の法令により訴えの提起について立てるべき担保について準用する。

第三節　訴訟上の救助

（救助の付与）

第八二条 訴訟の準備及び追行に必要な費用を支払う資力がない者又はその支払により生活に著しい支障を生ずる者に対しては、裁判所は、申立てにより、訴訟上の救助の決定をすることができる。ただし、勝訴の見込みがないとはいえないときに限る。

2 訴訟上の救助の決定は、審級ごとにする。

（救助の効力等）

第八三条 訴訟上の救助の決定は、その定めるところに従い、訴訟及び強制執行について、次に掲げる効力を有する。

一 裁判費用並びに執行官の手数料及びその職務の執行に要する費用の支払の猶予

二 裁判所において付添いを命じた弁護士の報酬及び費用の支払の猶予

三 訴訟費用の担保の免除

2　訴訟上の救助の決定は、これを受けた者のためにのみその効力を有する。
3　裁判所は、訴訟の承継人に対し、決定で、猶予した費用の支払を命ずる。

（救助の決定の取消し）

第八四条　訴訟上の救助の決定を受けた者が第八十二条第一項本文に規定する要件を欠くことが判明し、又はこれを欠くに至ったときは、訴訟記録の存する裁判所は、利害関係人の申立てにより又は職権で、決定により、いつでも訴訟上の救助の決定を取り消し、猶予した費用の支払を命ずることができる。

（猶予された費用等の取立方法）

第八五条　訴訟上の救助の決定を受けた者に支払を猶予した費用は、これを負担することとされた相手方から直接に取り立てることができる。この場合において、弁護士又は執行官は、報酬又は手数料及び費用について、訴訟上の救助の決定を受けた者に代わり、第七十一条第一項、第七十二条又は第七十三条第一項の申立て及び強制執行をすることができる。

（即時抗告）

第八六条　この節に規定する決定に対しては、即時抗告をすることができる。

第五章　訴訟手続

第一節　訴訟の審理等

（口頭弁論の必要性）

第八七条　当事者は、訴訟について、裁判所において口頭弁論をしなければならない。ただし、決定で完結すべき事件については、裁判所が、口頭弁論をすべきか否かを定める。

2　前項ただし書の規定により口頭弁論をしない場合には、裁判所は、当事者を審尋することができる。

3　前二項の規定は、特別の定めがある場合には、適用しない。

（映像と音声の送受信による通話の方法による口頭弁論等）

第八七条の二　裁判所は、相当と認めるときは、当事者の意見を聴いて、最高裁判所規則で定めるところにより、裁判所及び当事者双方が映像と音声の送受信により相手の状態を相互に認識しながら通話をすることができる方法によって、口頭弁論の期日における手続を行うことができる。

2　裁判所は、相当と認めるときは、当事者の意見を聴いて、最高裁判所規則で定めるところにより、裁判所及び当事者双方が音声の送受信により同時に通話をすることができる方法によって、審尋の期日における手続を行うことができる。

3　前二項の期日に出頭しないでその手続に関与した当事者は、その期日に出頭したものとみなす。

（受命裁判官による審尋）

第八八条　裁判所は、審尋をする場合には、受命裁判官にこれを行わせることができる。

（和解の試み等）

第八九条　裁判所は、訴訟がいかなる程度にあるかを問わず、和解を試み、又は受命裁判官若しくは受託裁判官に和解を試みさせることができる。

2　裁判所は、相当と認めるときは、当事者の意見を聴いて、最高裁判所規則で定めるところにより、裁判所及び当事者双方が音声の送受信により同時に通話をすることができる方法によって、和解の期日における手続を行うことができる。

3　前項の期日に出頭しないで同項の手続に関与した当事者は、その期日に出頭したものとみなす。

第八九条第三項の次に次の二項を加える。

4　第百四十八条、第百五十条、第百五十四条及び第百五十五条の規定は、和解の手続について準用する。

5　受命裁判官又は受託裁判官が和解の試みを行う場合には、第二項の規定並びに前項において準用する第百四十八条、第百五十四条及び第百五十五条の規定による裁判所及び裁判長の職務は、その裁判官が行う。

（公布の日から起算して四年を超えない範囲内において政令で定める日から施行　令和四法四八）

（訴訟手続に関する異議権の喪失）

第九〇条　当事者が訴訟手続に関する規定の違反を知り、又は知ることができた場合において、遅滞なく異議を述べないときは、これを述べる権利を失う。ただし、放棄することができないものについては、この限りでない。

（訴訟記録の閲覧等）

第九一条　何人も、裁判所書記官に対し、訴訟記録の閲覧を請求することができる。

2　公開を禁止した口頭弁論に係る訴訟記録については、当事者及び利害関係を疎明した第三者に限り、前項の規定による請求をすることができる。

3　当事者及び利害関係を疎明した第三者は、裁判所書記官に対し、訴訟記録の謄写、その正本、謄本若しくは抄本の交付又は訴訟に関する事項の証明書の交付を請求することができる。

4　前項の規定は、訴訟記録中の録音テープ又はビデオテープ（これらに準ずる方法により一定の事項を記録した物を含む。）に関しては、適用しない。この場合において、これらの物について当事者又は利害関係を疎明した第三者の請求があるときは、裁判所書記官は、その複製を許さなければならない。

5　訴訟記録の閲覧、謄写及び複製の請求は、訴訟記録の保存又は裁判所の執務に支障があるときは、することができない。

第九一条を次のように改正する。

（非電磁的訴訟記録の閲覧等）

第九一条　何人も、裁判所書記官に対し、非電磁的訴訟記録（訴訟記録中次条第一項に規定する電磁的訴訟記録を除いた部分をいう。以下この条において同じ。）の閲覧を請求することができる。

2　公開を禁止した口頭弁論に係る非電磁的訴訟記録については、当事者及び利害関係を疎明した第三者に限り、前項の規定による請求をすることができる。非電磁的訴訟記録中第二百六十四条の和解条項案に係る部分、第二百六十五条第一項の規定による和解条項の定めに係る部分及び第二百六十七条第一項に規定する和解（口頭弁論の期日において成立したものを除く。）に係る部分についても、同様とする。

3　当事者及び利害関係を疎明した第三者は、裁判所書記官に対し、非電磁的訴訟記録の謄写又はその正本、謄本若しくは抄本の交付を請求することができる。

4　前項の規定は、非電磁的訴訟記録中の録音テープ又はビデオテープ（これらに準ずる方法により一定の事項を記録した物を含む。）に関しては、適用しない。この場合において、これらの物について当事者又は利害関係を疎明した第三者の請求があるときは、裁判所書記官は、その複製を許さなければならない。

5　非電磁的訴訟記録の閲覧、謄写及び複製の請求は、訴訟記録の保存又は裁判所の執務に支障があるときは、することができない。

第九一条の次に次の二条を加える。

（電磁的訴訟記録の閲覧等）

第九一条の二　何人も、裁判所書記官に対し、最高裁判所規則で定めるところにより、電磁的訴訟記録（訴訟記録中この法律その他の法令の規定により裁判所の使用に係る電子計算機（入出力装置を含む。以下同じ。）に備えられたファイル（次項及び第三項、次条並びに第百九条の三第一項第二号を除き、以下単に「ファイル」という。）に記録された事項（第百三十二条の七及び第百三十三条の二第五項において「ファイル記録事項」という。）に係る部分をいう。以下同じ。）の内容を最高裁判所規則で定める方法により表示したものの閲覧を請求することができる。

2　当事者及び利害関係を疎明した第三者は、裁判所書記官に対し、電磁的訴訟記録に記録されている事項について、最高裁判所規則で定めるところにより、最高裁判所規則で定める電子情報処理組織（裁判所の使用に係る電子計算機と手続の相手方の使用に係る電子計算機とを電気通信回線で接続した電子情報処理組織をいう。以下同じ。）を使用してその者の使用に係る電子計算機に備えられたファイルに記録する方法その他の最高裁判所規則で定める方法による複写を請求することができる。

3　当事者及び利害関係を疎明した第三者は、裁判所書記官に対し、最高裁判所規則で定めるところにより、電磁的訴訟記録に記録されている事項の全部若しくは一部を記載した書面であって裁判所書記官が最高裁判所規則で定める方法により当該書面の内容が電磁的訴訟記録に記録されている事項と同一であることを証明したものを交付し、又は当該事項の全部若しくは一部を記録した電磁的記録であって裁判所書記官が最高裁判所規則で定める方法により当該電磁的記録の内容が電磁的訴訟記録に記録されている事項と同一であることを証明したものを最高裁判所規則で定める電子情報処理組織を使用してその者の使用に係る電子計算機に備えられたファイルに記録する方法その他の最高裁判所規則で定める方法により提供することを請求することができる。

4　前条第二項及び第五項の規定は、第一項及び第二項の規定による電磁的訴訟記録に係る閲覧及び複写の請求について準用する。

（訴訟に関する事項の証明）

第九一条の三　当事者及び利害関係を疎明した第三者は、裁判所書記官に対し、最高裁判所規則で定めるところにより、訴訟に関する事項を記載した書面であって裁判所書記官が最高裁判所規則で定める方法により当該事項を証明したものを交付し、又は当該事項を記録した電磁的記録であって裁判所書記官が最高裁判所規則で定める方法により当該事項を証明したものを最高裁判所規則で定める電子情報処理組織を使用してその者の使用に係る電子計算機に備えられたファイルに記録する方法その他の最高裁判所規則で定める方法により提供することを請求することができる。

（公布の日から起算して四年を超えない範囲内において政令で定める日から施行　令和四法四八）

（秘密保護のための閲覧等の制限）

第九二条　次に掲げる事由につき疎明があった場合には、裁判所は、当該当事者の申立てにより、決定で、当該訴訟記録中当該秘密が記載され、又は記録された部分の閲覧若しくは謄写、その正本、謄本若しくは抄本の交付又はその複製（以下「秘密記載部分の閲覧等」という。）の請求をすることができる者を当事者に限ることができる。

一　訴訟記録中に当事者の私生活についての重大な秘密が記載され、又は記録されており、かつ、第三者が秘密記載部分の閲覧等を行うことにより、その当事者が社会生活を営むのに著しい支障を生ずるおそれがあること。

二　訴訟記録中に当事者が保有する営業秘密（不正競争防止法第二条第六項に規定する営業秘密をいう。第百三十二条の二第一項第三号及び第二項において同じ。）が記載され、又は記録されていること。

2　前項の申立てがあったときは、その申立てについての裁判が確定するまで、第三者は、秘密記載部分の閲覧等の請求をすることができない。

3　秘密記載部分の閲覧等の請求をしようとする第三者は、訴訟記録の存する裁判所に対し、第一項に規定する要件を欠くこと又はこれを欠くに至ったことを理由として、同項の決定の取消しの申立てをすることができる。

4　第一項の申立てを却下した裁判及び前項の申立てについての裁判に対しては、即時抗告をすることができる。

5　第一項の決定を取り消す裁判は、確定しなければその効力を生じない。

6　第一項の申立て（同項第一号に掲げる事由があることを理由とするものに限る。次項及び第八項において同じ。）があった場合において、当該申立て後に第三者がその訴訟への参加をしたときは、裁判所書記官は、当該申立てをした当事者に対し、その参加後直ちに、その参加があった旨を通知しなければならない。ただし、当該申立てを却下する裁判が確定したときは、この限りでない。

7　前項本文の場合において、裁判所書記官は、同項の規定による通知があった日から二週間を経過する日までの間、その参加をした者に第一項の申立てに係る秘密記載部分の閲覧等をさせてはならない。ただし、第百三十三条の二第二項の申立てがされたときは、この限りでない。

8　前二項の規定は、第六項の参加をした者に第一項の申立てに係る秘密記載部分の閲覧等をさせることについて同項の申立てをした当事者の全ての同意があるときは、適用しない。

第九二条第一項を次のように改正し、同条に次の二項を加える。

第九二条　次に掲げる事由につき疎明があった場合には、裁判所は、当該当事者の申立てにより、決定で、当該訴訟記録中当該秘密が記載され、又は記録された部分に係る訴訟記録の閲覧等（非電磁的訴訟記録の閲覧等又は電磁的訴訟記録の閲覧等をいう。第百三十三条第三項において同じ。）（以下この条において「秘密記載部分の閲覧等」という。）の請求をすることができる者を当事者に限ることができる。

一　（略）

二　訴訟記録中に当事者が保有する営業秘密（不正競争防止法第二条第六項に規定する営業秘密をいう。以下同じ。）が記載され、又は記録されていること。

2～8　（略）

9　裁判所は、第一項の申立て（同項第二号に掲げる事由があることを理由とするものに限る。次項において同じ。）があった場合において、当該申立てに係る営業秘密がその訴訟の追行の目的以外の目的で使用され、又は当該営業秘密が開示されることにより、当該営業秘密に基づく当事者の事業活動に支障を生ずるおそれがあり、これを防止するため特に必要があると認めるときは、電磁的訴訟記録中当該営業秘密が記録された部分につき、その内容を書面に出力し、又はこれを他の記録媒体に記録するとともに、当該部分を電磁的訴訟記録から消去する措置その他の当該営業秘密の安全管理のために必要かつ適切なものとして最高裁判所規則で定める措置を講ずることができる。

10　前項の規定による電磁的訴訟記録から消去する措置が講じられた場合において、その後に第一項の申立てを却下する裁判が確定したとき、又は当該申立てに係る決定を取り消す裁判が確定したときは、裁判所書記官は、当該営業秘密が記載され、又は記録された部分をファイルに記録しなければならない。

（公布の日から起算して四年を超えない範囲内にお

いて政令で定める日から施行　令和四法四八）

第二節　専門委員等

第一款　専門委員

（専門委員の関与）

第九二条の二　裁判所は、争点若しくは証拠の整理又は訴訟手続の進行に関し必要な事項の協議をするに当たり、訴訟関係を明瞭にし、又は訴訟手続の円滑な進行を図るため必要があると認めるときは、当事者の意見を聴いて、決定で、専門的な知見に基づく説明を聴くために専門委員を手続に関与させることができる。この場合において、専門委員の説明は、裁判長が書面により又は口頭弁論若しくは弁論準備手続の期日において口頭でさせなければならない。

2　裁判所は、証拠調べをするに当たり、訴訟関係又は証拠調べの結果の趣旨を明瞭にするため必要があると認めるときは、当事者の意見を聴いて、決定で、証拠調べの期日において専門的な知見に基づく説明を聴くために専門委員を手続に関与させることができる。この場合において、証人若しくは当事者本人の尋問又は鑑定人質問の期日において専門委員に説明をさせるときは、裁判長は、当事者の同意を得て、訴訟関係又は証拠調べの結果の趣旨を明瞭にするため必要な事項について専門委員が証人、当事者本人又は鑑定人に対し直接に問いを発することを許すことができる。

3　裁判所は、和解を試みるに当たり、必要があると認めるときは、当事者の同意を得て、決定で、当事者双方が立ち会うことができる和解を試みる期日において専門的な知見に基づく説明を聴くために専門委員を手続に関与させることができる。

第九二条の二を次のように改正する。

第九二条の二　（略）

2　専門委員は、前項の規定による書面による説明に代えて、最高裁判所規則で定めるところにより、当該書面に記載すべき事項を最高裁判所規則で定める電子情報処理組織を使用してファイルに記録する方法又は当該書面に記載すべき事項に係る電磁的記録を記録した記録媒体を提出する方法により説明を行うことができる。

3・4（略）

（公布の日から起算して四年を超えない範囲内において政令で定める日から施行　令和四法四八）

（音声の送受信による通話の方法による専門委員の関与）

第九二条の三　裁判所は、前条各項の規定により専門委員を手続に関与させる場合において、専門委員が遠隔の地に居住しているときその他相当と認めるときは、当事者の意見を聴いて、同条各項の期日において、最高裁判所規則で定めるところにより、裁判所及び当事者双方が専門委員との間で音声の送受信により同時に通話をすることができる方法によって、専門委員に同条各項の説明又は発問をさせることができる。

第九二条の三を次のように改正する。

第九二条の三　裁判所は、前条第一項、第三項及び第四項の規定により専門委員を手続に関与させる場合において、相当と認めるときは、当事者の意見を聴いて、同条第一項、第三項及び第四項の期日において、最高裁判所規則で定めるところにより、裁判所及び当事者双方が専門委員との間で音声の送受信により同時に通話をすることができる方法によって、専門委員に同条第一項、第三項及び第四項の説明又は発問をさせることができる。

（公布の日から起算して四年を超えない範囲内において政令で定める日から施行　令和四法四八）

（専門委員の関与の決定の取消し）

第九二条の四　裁判所は、相当と認めるときは、申立てにより又は職権で、専門委員を手続に関与させる決定を取り消すことができる。ただし、当事者双方の申立てがあるときは、これを取り消さなければならない。

（専門委員の指定及び任免等）

第九二条の五　専門委員の員数は、各事件について一人以上とする。

2　第九十二条の二の規定により手続に関与させる専門委員は、当事者の意見を聴いて、裁判所が各事件について指定する。

3　専門委員は、非常勤とし、その任免に関し必要な事項は、最高裁判所規則で定める。

4　専門委員には、別に法律で定めるところにより手当を支給し、並びに最高裁判所規則で定める額の旅費、日当及び宿泊料を支給する。

（専門委員の除斥及び忌避）

第九二条の六　第二十三条から第二十五条まで（同条第二項を除く。）の規定は、専門委員について準用する。

2　専門委員について除斥又は忌避の申立てがあったときは、その専門委員は、その申立てについての決定が確定するまでその申立てがあった事件の手続に関与することができない。

（受命裁判官等の権限）

第九二条の七　受命裁判官又は受託裁判官が第九十二条の二各項の手続を行う場合には、同条から第九十二条の四まで及び第九十二条の五第二項の規定による裁判所及び裁判長の職務は、その裁判官が行う。ただし、第九十二条の二第二項の手続を行う場合には、専門委員を手続に関与させる決定、その決定の取消し及び専門委員の指定は、受訴裁判所がする。

第九二条の七を次のように改正する。

第九二条の七　受命裁判官又は受託裁判官が第九十二条の二第一項、第三項及び第四項の手続を行う場合には、同条から第九十二条の四まで及び第九十二条の五第二項の規定による裁判所及び裁判長の職務は、その裁判官が行う。ただし、第九十二条の二第三項の手続を行う場合には、専門委員を手続に関与させる決定、その決定の取消し及び専門委員の指定は、受訴裁判所がする。
（公布の日から起算して四年を超えない範囲内において政令で定める日から施行　令和四法四八）

第二款　知的財産に関する事件における裁判所調査官の事務等

（知的財産に関する事件における裁判所調査官の事務）

第九二条の八　裁判所は、必要があると認めるときは、高等裁判所又は地方裁判所において知的財産に関する事件の審理及び裁判に関して調査を行う裁判所調査官に、当該事件において次に掲げる事務を行わせることができる。この場合において、当該裁判所調査官は、裁判長の命を受けて、当該事務を行うものとする。

一　次に掲げる期日又は手続において、訴訟関係を明瞭にするため、事実上及び法律上の事項に関し、当事者に対して問いを発し、又は立証を促すこと。

イ　口頭弁論又は審尋の期日

ロ　争点又は証拠の整理を行うための手続

ハ　文書の提出義務又は検証の目的の提示義務の有無を判断するための手続

ニ　争点又は証拠の整理に係る事項その他訴訟手続の進行に関し必要な事項についての協議を行うための手続

二　証拠調べの期日において、証人、当事者本人又は鑑定人に対し直接に問いを発すること。

三　和解を試みる期日において、専門的な知見に基づく説明をすること。

四　裁判官に対し、事件につき意見を述べること。

第九二条の八第一号ハを次のように改正する。

第九二条の八　（略）

一　次に掲げる期日又は手続において、訴訟関係を明瞭にするため、事実上及び法律上の事項に関し、当事者に対して問いを発し、又は立証を促すこと。

イ・ロ　（略）

ハ　文書若しくは電磁的記録の提出義務又は検証の目的の提示義務の有無を判断するための手続

ニ　（略）

二～四　（略）

（公布の日から起算して四年を超えない範囲内において政令で定める日から施行　令和四法四八）

（知的財産に関する事件における裁判所調査官の除斥及び忌避）

第九二条の九　第二十三条から第二十五条までの規定は、前条の事務を行う裁判所調査官について準用する。

2　前条の事務を行う裁判所調査官について除斥又は忌避の申立てがあったときは、その裁判所調査官は、その申立てについての決定が確定するまでその申立てがあった事件に関与することができない。

第三節　期日及び期間

（期日の指定及び変更）

第九三条　期日は、申立てにより又は職権で、裁判長が指定する。

2　期日は、やむを得ない場合に限り、日曜日その他の一般の休日に指定することができる。

3　口頭弁論及び弁論準備手続の期日の変更は、顕著な事由がある場合に限り許す。ただし、最初の期日の変更は、当事者の合意がある場合にも許す。

4　前項の規定にかかわらず、弁論準備手続を経た口頭弁論の期日の変更は、やむを得ない事由がある場合でなければ、許すことができない。

第九三条第一項を次のように改正する。

第九三条　期日の指定及び変更は、申立てにより又は職権で、裁判長が行う。

2～4　（略）

（公布の日から起算して四年を超えない範囲内において政令で定める日から施行　令和四法四八）

（期日の呼出し）

第九四条　期日の呼出しは、呼出状の送達、当該事件について出頭した者に対する期日の告知その他相当と認める方法によってする。

2　呼出状の送達及び当該事件について出頭した者に対する期日の告知以外の方法による期日の呼出しをしたときは、期日に出頭しない当事者、証人又は鑑定人に対し、法律上の制裁その他期日の不遵守による不利益を帰することができない。ただし、これらの者が期日の呼出しを受けた旨を記載した書面を提出したときは、この限りでない。

第九四条を次のように改正する。

第九四条　期日の呼出しは、次の各号のいずれかに掲げる方法その他相当と認める方法によってする。

一　ファイルに記録された電子呼出状（裁判所書記官が、最高裁判所規則で定めるところにより、裁判長が指定した期日に出頭すべき旨を告知するために出頭すべき者において出頭すべき日時及び場所を記録して作成した電磁的記録をいう。次項及び第二百五十六条第三項において同じ。）を出頭すべき者に対して送達する方法

二　当該事件について出頭した者に対して期日の告知をする方法

2　裁判所書記官は、電子呼出状を作成したときは、最高裁判所規則で定めるところにより、これをファイルに記録しなければならない。

3　第一項各号に規定する方法以外の方法による期日の呼出しをしたときは、期日に出頭しない当事者、証人又は鑑定人に対し、法律上の制裁その他期日の不遵守による不利益を帰することができない。ただし、これらの者が期日の呼出しを受けた旨を記載した書面を提出したときは、この限りでない。

（公布の日から起算して四年を超えない範囲内において政令で定める日から施行　令和四法四八）

（期間の計算）

第九五条　期間の計算については、民法の期間に関する規定に従う。

2　期間を定める裁判において始期を定めなかったときは、期間は、その裁判が効力を生じた時から進行を始める。

3　期間の末日が日曜日、土曜日、国民の祝日に関する法律（昭和二十三年法律第百七十八号）に規定する休日、一月二日、一月三日又は十二月二十九日から十二月三十一日までの日に当たるときは、期間は、その翌日に満了する。

（期間の伸縮及び付加期間）

第九六条　裁判所は、法定の期間又はその定めた期間を伸長し、又は短縮することができる。ただし、不変期間については、この限りでない。

2　不変期間については、裁判所は、遠隔の地に住所又は居所を有する者のために付加期間を定めることができる。

（訴訟行為の追完）

第九七条　当事者がその責めに帰することができない事由により不変期間を遵守することができなかった場合には、その事由が消滅した後一週間以内に限り、不変期間内にすべき訴訟行為の追完をすることができる。ただし、外国に在る当事者については、この期間は、二月とする。

2　前項の期間については、前条第一項本文の規定は、適用しない。

第九七条第一項中を次のように改正する。

第九七条　当事者が裁判所の使用に係る電子計算機の故障その他その責めに帰することができない事由により不変期間を遵守することができなかった場合には、その事由が消滅した後一週間以内に限り、不変期間内にすべき訴訟行為の追完をすることができる。ただし、外国に在る当事者については、この期間は、二月とする。

2 （略）

（公布の日から起算して四年を超えない範囲内において政令で定める日から施行 令和四法四八）

第四節 送達

第一編第五章第四節中第九八条の前に次の款名を付する。

第一款 総則

（公布の日から起算して四年を超えない範囲内において政令で定める日から施行 令和四法四八）

（職権送達の原則等）

第九八条 送達は、特別の定めがある場合を除き、職権でする。

2 送達に関する事務は、裁判所書記官が取り扱う。

（送達実施機関）

第九九条 送達は、特別の定めがある場合を除き、郵便又は執行官によってする。

2 郵便による送達にあっては、郵便の業務に従事する者を送達をする者とする。

（裁判所書記官による送達）

第一〇〇条 裁判所書記官は、その所属する裁判所の事件について出頭した者に対しては、自ら送達をすることができる。

第九九条及び第一〇〇条を次のように改める。

（訴訟無能力者等に対する送達）

第九九条 訴訟無能力者に対する送達は、その法定代理人にする。

2 数人が共同して代理権を行うべき場合には、送達は、その一人にすれば足りる。

3 刑事施設に収容されている者に対する送達は、刑事施設の長にする。

（送達報告書）

第一〇〇条 送達をした者は、書面を作成し、送達に関する事項を記載して、これを裁判所に提出しなければならない。

2　前項の場合において、送達をした者は、同項の規定による書面の提出に代えて、最高裁判所規則で定めるところにより、当該書面に記載すべき事項を最高裁判所規則で定める電子情報処理組織を使用してファイルに記録し、又は当該書面に記載すべき事項に係る電磁的記録を記録した記録媒体を提出することができる。この場合において、当該送達をした者は、同項の書面を提出したものとみなす。

第一〇〇条の次に次の款名を付する。

第二款　書類の送達

（公布の日から起算して四年を超えない範囲内において政令で定める日から施行　令和四法四八）

（交付送達の原則）

第一〇一条　送達は、特別の定めがある場合を除き、送達を受けるべき者に送達すべき書類を交付してする。

（訴訟無能力者等に対する送達）

第一〇二条　訴訟無能力者に対する送達は、その法定代理人にする。

2　数人が共同して代理権を行うべき場合には、送達は、その一人にすれば足りる。

3　刑事施設に収容されている者に対する送達は、刑事施設の長にする。

第一〇一条及び第一〇二条を次のように改める。

（送達実施機関）

第一〇一条　書類の送達は、特別の定めがある場合を除き、郵便又は執行官によってする。

2　郵便による送達にあっては、郵便の業務に従事する者を送達をする者とする。

（裁判所書記官による送達）

第一〇二条　裁判所書記官は、その所属する裁判所の事件について出頭した者に対しては、自ら書類の送達をすることができる。

第一〇二条の次に次の一条を加える。

（交付送達の原則）

第一〇二条の二　書類の送達は、特別の定めがある場合を除き、送達を受けるべき者に送達すべき書類を交付してする。

（公布の日から起算して四年を超えない範囲内において政令で定める日から施行　令和四法四八）

（送達場所）

第一〇三条　送達は、送達を受けるべき者の住所、居所、営業所又は事務所（以下この節において「住所等」という。）においてする。ただし、法定代理人に対する送達は、本人の営業所又は事務所においてもすることができる。

2　前項に定める場所が知れないとき、又はその場所において送達をするのに支障があるときは、送達は、送達を受けるべき者が雇用、委任その他の法律上の行為に基づき就業する他人の住所等（以下「就業場所」という。）においてすることができる。送達を受けるべき者（次条第一項に規定する者を除く。）が就業場所において送達を受ける旨の申述をしたときも、同様とする。

第一〇三条を次のように改める。

第一〇三条　書類の送達は、送達を受けるべき者の住所、居所、営業所又は事務所（以下この款において「住所等」という。）においてする。ただし、法定代理人に対する書類の送達は、本人の営業所又は事務所においてもすることができる。

2　前項に定める場所が知れないとき、又はその場所において送達をするのに支障があるときは、書類の送達は、送達を受けるべき者が雇用、委任その他の法律上の行為に基づき就業する他人の住所等（以下「就業場所」という。）においてすることができる。送達を受けるべき者（次条第一項に規定する者を除く。）が就業場所において書類の送達を受ける旨の申述をしたときも、同様とする。

（公布の日から起算して四年を超えない範囲内において政令で定める日から施行　令和四法四八）

（送達場所等の届出）

第一〇四条　当事者、法定代理人又は訴訟代理人は、送達を受けるべき場所（日本国内に限る。）を受訴裁判所に届け出なければならない。この場合においては、送達受取人をも届け出ることができる。

2　前項前段の規定による届出があった場合には、送達は、前条の規定にかかわらず、その届出に係る場所においてする。

3　第一項前段の規定による届出をしない者で次の各号に掲げる送達を受けたものに対するその後の送達は、前条の規定にかかわらず、それぞれ当該各号に定める場所においてする。

一　前条の規定による送達　その送達をした場所

二　次条後段の規定による送達のうち郵便の業務に従事する者が日本郵便株式会社の営業所（郵便の業務を行うものに限る。第百六条第一項後段において同じ。）においてするもの及び同項後段の規定による送達　その送達において送達をすべき場所とされていた場所

三　第百七条第一項第一号の規定による送達　その送達においてあて先とした場所

第一〇四条を次のように改める。

第一〇四条　当事者、法定代理人又は訴訟代理人は、書類の送達を受けるべき場所（日本国内に限る。）を受訴裁判所に届け出なければならない。この場合においては、送達受取人をも届け出ることができる。

2　前項前段の規定による届出があった場合には、書類の送達は、前条の規定にかかわらず、その届出に係る場所においてする。

3　第一項前段の規定による届出をしない者で次の各号に掲げる送達を受けたものに対するその後の書類の送達は、前条の規定にかかわらず、それぞれ当該各号に定める場所においてする。

一・二（略）
三　第百七条第一項第一号の規定による送達　その送達において宛先とした場所

（公布の日から起算して四年を超えない範囲内において政令で定める日から施行　令和四法四八）

（出会送達）
第一〇五条　前二条の規定にかかわらず、送達を受けるべき者で日本国内に住所等を有することが明らかでないもの（前条第一項前段の規定による届出をした者を除く。）に対する送達は、その者に出会った場所においてすることができる。日本国内に住所等を有することが明らかな者又は同項前段の規定による届出をした者が送達を受けることを拒まないときも、同様とする。

第一〇五条を次のように改める。
第一〇五条　前二条の規定にかかわらず、送達を受けるべき者で日本国内に住所等を有することが明らかでないもの（前条第一項前段の規定による届出をした者を除く。）に対する書類の送達は、その者に出会った場所においてすることができる。日本国内に住所等を有することが明らかな者又は同項前段の規定による届出をした者が書類の送達を受けることを拒まないときも、同様とする。

（公布の日から起算して四年を超えない範囲内において政令で定める日から施行　令和四法四八）

（補充送達及び差置送達）
第一〇六条　就業場所以外の送達をすべき場所において送達を受けるべき者に出会わないときは、使用人その他の従業者又は同居者であって、書類の受領について相当のわきまえのあるものに書類を交付することができる。郵便の業務に従事する者が日本郵便株式会社の営業所において書類を交付すべきときも、同様とする。
2　就業場所（第百四条第一項前段の規定による

届出に係る場所が就業場所である場合を含む。）において送達を受けるべき者に出会わない場合において、第百三条第二項の他人又はその法定代理人若しくは使用人その他の従業者であって、書類の受領について相当のわきまえのあるものが書類の交付を受けることを拒まないときは、これらの者に書類を交付することができる。

3 送達を受けるべき者又は第一項前段の規定により書類の交付を受けるべき者が正当な理由なくこれを受けることを拒んだときは、送達をすべき場所に書類を差し置くことができる。

第一〇六条を次のように改める。

第一〇六条 就業場所以外の書類の送達をすべき場所において送達を受けるべき者に出会わないときは、使用人その他の従業者又は同居者であって、書類の受領について相当のわきまえのあるものに書類を交付することができる。郵便の業務に従事する者が日本郵便株式会社の営業所において書類を交付すべきときも、同様とする。

2 （略）

3 送達を受けるべき者又は第一項前段の規定により書類の交付を受けるべき者が正当な理由なくこれを受けることを拒んだときは、書類の送達をすべき場所に書類を差し置くことができる。

（公布の日から起算して四年を超えない範囲内において政令で定める日から施行　令和四法四八）

（書留郵便等に付する送達）

第一〇七条 前条の規定により送達をすることができない場合には、裁判所書記官は、次の各号に掲げる区分に応じ、それぞれ当該各号に定める場所にあてて、書類を書留郵便又は民間事業者による信書の送達に関する法律（平成十四年法律第九十九号）第二条第六項に規定する一般信書便事業者若しくは同条第九項に規定する特定信書便事業者の提供する同条第二項に規定する信書便の役務のうち書留郵便に準ずるものとして最高裁判所規則で定めるもの（次項及び第三項において「書留郵便等」という。）に付して発送することができる。

一　第百三条の規定による送達をすべき場合　同条第一項に定める場所

二　第百四条第二項の規定による送達をすべき場合　同項の場所

三　第百四条第三項の規定による送達をすべき場合　同項の場所（その場所が就業場所である場合にあっては、訴訟記録に表れたその者の住所等）

2　前項第二号又は第三号の規定により書類を書留郵便等に付して発送した場合には、その後に送達すべき書類は、同項第二号又は第三号に定める場所にあてて、書留郵便等に付して発送することができる。

3　前二項の規定により書類を書留郵便等に付して発送した場合には、その発送の時に、送達があったものとみなす。

第一〇七条を次のように改める。

第一〇七条　前条の規定により送達をすることができない場合（第百九条の二の規定により送達をすることができる場合を除く。）には、裁判所書記官は、次の各号に掲げる区分に応じ、それぞれ当該各号に定める場所に宛てて、書類を書留郵便又は民間事業者による信書の送達に関する法律（平成十四年法律第九十九号）第二条第六項に規定する一般信書便事業者若しくは同条第九項に規定する特定信書便事業者の提供する同条第二項に規定する信書便の役務のうち書留郵便に準ずるものとして最高裁判所規則で定めるもの（次項及び第三項において「書留郵便等」という。）に付して発送することができる。

一～三　（略）

2　前項第二号又は第三号の規定により書類を書留郵便等に付して発送した場合には、その後に送達すべき書類は、同項第二号又は第三号に定める場所に宛てて、書留郵便等に付して発送することができる。

3 （略）

（公布の日から起算して四年を超えない範囲内において政令で定める日から施行　令和四法四八）

（外国における送達）

第一〇八条　外国においてすべき送達は、裁判長がその国の管轄官庁又はその国に駐在する日本の大使、公使若しくは領事に嘱託してする。

第一〇八条を次のように改める。

第一〇八条　外国においてすべき書類の送達は、裁判長がその国の管轄官庁又はその国に駐在する日本の大使、公使若しくは領事に嘱託してする。

第一〇八条の次に次の款名を付する。

第三款　電磁的記録の送達

（公布の日から起算して四年を超えない範囲内において政令で定める日から施行　令和四法四八）

（送達報告書）

第一〇九条　送達をした者は、書面を作成し、送達に関する事項を記載して、これを裁判所に提出しなければならない。

第一〇九条を次のように改める。

（電磁的記録に記録された事項を出力した書面による送達）

第一〇九条　電磁的記録の送達は、特別の定めがある場合を除き、前款の定めるところにより、この法律その他の法令の規定によりファイルに記録された送達すべき電磁的記録（以下この節において単に「送達すべき電磁的記録」という。）に記録されている事項を出力することにより作成した書面によってする。

第一〇九条の次に次の三条及び款名を加える。

（電子情報処理組織による送達）

第一〇九条の二　電磁的記録の送達は、前条の規定にかかわらず、最高裁判所規則で定めるところにより、送達すべき電磁的記録に記録されている事項につき次条第一項第一号の閲覧又は同項第二号の記録をすることができる措置をとるとともに、送達を受けるべき者に対し、最高裁判所規則で定める電子情報処理組織を使用して当該措置がとられた旨の通知を発する方法によりすることができる。ただし、当該送達を受けるべき者が当該方法により送達を受ける旨の最高裁判所規則で定める方式による届出をしている場合に限る。

2　前項ただし書の届出をする場合には、最高裁判所規則で定めるところにより、同項本文の通知を受ける連絡先を受訴裁判所に届け出なければならない。この場合においては、送達受取人をも届け出ることができる。

3　第一項本文の通知は、前項の規定により届け出られた連絡先に宛てて発するものとする。

（電子情報処理組織による送達の効力発生の時期）

第一〇九条の三　前条第一項の規定による送達は、次に掲げる時のいずれか早い時に、その効力を生ずる。

一　送達を受けるべき者が送達すべき電磁的記録に記録されている事項を最高裁判所規則で定める方法により表示をしたものの閲覧をした時

二　送達を受けるべき者が送達すべき電磁的記録に記録されている事項についてその使用に係る電子計算機に備えられたファイルへの記録をした時

三　前条第一項本文の通知が発せられた日から一週間を経過した時

2　送達を受けるべき者がその責めに帰することができない事由によって前項第一号の閲覧又は同項第二号の記録をすることができない期間は、同項第三号の期間に算入しない。

（電子情報処理組織による送達を受ける旨の届出をしなければならない者に関する特例）

第一〇九条の四　第百九条の二第一項ただし書の規定にかかわらず、第百三十二条の十一第一項各号に掲げる者に対する第百九条の二第一項の規定による送達は、その者が同項ただし書の届出をしていない場合であってもすることができる。この場合においては、同項本文の通知を発することを要しない。

2　前項の規定により送達をする場合における前条の規定の適用については、同条第一項第三号中「通知が発せられた」とあるのは、「措置がとられた」とする。

第四款　公示送達

（公布の日から起算して四年を超えない範囲内において政令で定める日から施行　令和四法四八）

（公示送達の要件）

第一一〇条　次に掲げる場合には、裁判所書記官は、申立てにより、公示送達をすることができる。

一　当事者の住所、居所その他送達をすべき場所が知れない場合

二　第百七条第一項の規定により送達をすることができない場合

三　外国においてすべき送達について、第百八条の規定によることができず、又はこれによっても送達をすることができないと認めるべき場合

四　第百八条の規定により外国の管轄官庁に嘱託を発した後六月を経過してもその送達を証する書面の送付がない場合

2　前項の場合において、裁判所は、訴訟の遅滞を避けるため必要があると認めるときは、申立てがないときであっても、裁判所書記官に公示送達をすべきことを命ずることができる。

3　同一の当事者に対する二回目以降の公示送達は、職権でする。ただし、第一項第四号に掲げる場合は、この限りでない。

第一一〇条を次のように改める。

第一一〇条 次に掲げる場合には、裁判所書記官は、申立てにより、公示送達をすることができる。

一 当事者の住所、居所その他送達をすべき場所が知れない場合（第百九条の二の規定により送達をすることができる場合を除く。）

二 （略）

三 外国においてすべき書類の送達について、第百八条の規定によることができず、又はこれによっても送達をすることができないと認めるべき場合

四 （略）

2・3 （略）

（公布の日から起算して四年を超えない範囲内において政令で定める日から施行　令和四法四八）

（公示送達の方法）

第一一一条 公示送達は、裁判所書記官が送達すべき書類を保管し、いつでも送達を受けるべき者に交付すべき旨を裁判所の掲示場に掲示してする。

第一一一条を次のように改める。

（公示送達の方法）

第一一一条 公示送達は、次の各号に掲げる区分に応じ、それぞれ当該各号に定める事項を最高裁判所規則で定める方法により不特定多数の者が閲覧することができる状態に置く措置をとるとともに、当該事項が記載された書面を裁判所の掲示場に掲示し、又は当該事項を裁判所に設置した電子計算機の映像面に表示したものの閲覧をすることができる状態に置く措置をとることによってする。

一 書類の公示送達　裁判所書記官が送達すべき書類を保管し、いつでも送達を受けるべき者に交付すべきこと。

二 電磁的記録の公示送達　裁判所書記官が、送達すべき電磁的記録に記録された事項につき、いつでも送達を受けるべき者に第百九条の書面を交付し、又は第百九条の二第

一項本文の規定による措置をとるとともに、
同項本文の通知を発すべきこと。
（公布の日から起算して四年を超えない範囲内において政令で定める日から施行　令和四法四八）

（公示送達の効力発生の時期）

第百十二条　公示送達は、前条の規定による掲示を始めた日から二週間を経過することによって、その効力を生ずる。ただし、第百十条第三項の公示送達は、掲示を始めた日の翌日にその効力を生ずる。

2　外国においてすべき送達についてした公示送達にあっては、前項の期間は、六週間とする。

3　前二項の期間は、短縮することができない。

第百十二条第一項を次のように改める。

第百十二条　公示送達は、前条の規定による措置を開始した日から二週間を経過することによって、その効力を生ずる。ただし、第百十条第三項の公示送達は、前条の規定による措置を開始した日の翌日にその効力を生ずる。

2・3　（略）

（公布の日から起算して四年を超えない範囲内において政令で定める日から施行　令和四法四八）

（公示送達による意思表示の到達）

第百十三条　訴訟の当事者が相手方の所在を知ることができない場合において、相手方に対する公示送達がされた書類に、その相手方に対しその訴訟の目的である請求又は防御の方法に関する意思表示をする旨の記載があるときは、その意思表示は、第百十一条の規定による掲示を始めた日から二週間を経過した時に、相手方に到達したものとみなす。この場合においては、民法第九十八条第三項ただし書の規定を準用する。

第百十三条を次のように改める。

第百十三条　訴訟の当事者が相手方の所在を知ることができない場合において、相手方に対する公示送達がされた書類又は電磁的記録に、その相手方に対しその訴訟の目的である請求又は防御の方法に関する意思表示をする旨の記載又は記録があるときは、その意思表示は、第百十一条の規定による措置を開始した日から二週間を経過した時に、相手方に到達したものとみなす。この場合においては、民法第九十八条第三項ただし書の規定を準用する。

（公布の日から起算して四年を超えない範囲内において政令で定める日から施行　令和四法四八）

第五節　裁　判

（既判力の範囲）

第一一四条　確定判決は、主文に包含するものに限り、既判力を有する。

2　相殺のために主張した請求の成立又は不成立の判断は、相殺をもって対抗した額について既判力を有する。

（確定判決等の効力が及ぶ者の範囲）

第一一五条　確定判決は、次に掲げる者に対してその効力を有する。

一　当事者

二　当事者が他人のために原告又は被告となった場合のその他人

三　前二号に掲げる者の口頭弁論終結後の承継人

四　前三号に掲げる者のために請求の目的物を所持する者

2　前項の規定は、仮執行の宣言について準用する。

（判決の確定時期）

第一一六条　判決は、控訴若しくは上告（第三百二十七条第一項（第三百八十条第二項において準用する場合を含む。）の上告を除く。）の提起、第三百十八条第一項の申立て又は第三百五十七条（第三百六十七条第二項において準用する場合を含む。）若しくは第三百七十八条第一項の規定による異議の申立てについて定めた期間の満了前には、確定しないものとする。

2　判決の確定は、前項の期間内にした控訴の提起、同項の上告の提起又は同項の申立てにより、遮断される。

第一一六条第一項を次のように改める。

第一一六条 判決は、控訴若しくは上告（第三百二十七条第一項（第三百八十条第二項において準用する場合を含む。）の上告を除く。）の提起、第三百十八条第一項の申立て又は第三百五十七条（第三百六十七条第二項において準用する場合を含む。）、第三百七十八条第一項若しくは第三百八十一条の七第一項の規定による異議の申立てについて定めた期間の満了前には、確定しないものとする。

2 （略）

（公布の日から起算して四年を超えない範囲内において政令で定める日から施行　令和四法四八）

（定期金による賠償を命じた確定判決の変更を求める訴え）

第一一七条 口頭弁論終結前に生じた損害につき定期金による賠償を命じた確定判決について、口頭弁論終結後に、後遺障害の程度、賃金水準その他の損害額の算定の基礎となった事情に著しい変更が生じた場合には、その判決の変更を求める訴えを提起することができる。ただし、その訴えの提起の日以後に支払期限が到来する定期金に係る部分に限る。

2 前項の訴えは、第一審裁判所の管轄に専属する。

（外国裁判所の確定判決の効力）

第一一八条 外国裁判所の確定判決は、次に掲げる要件のすべてを具備する場合に限り、その効力を有する。

一　法令又は条約により外国裁判所の裁判権が認められること。

二　敗訴の被告が訴訟の開始に必要な呼出し若しくは命令の送達（公示送達その他これに類する送達を除く。）を受けたこと又はこれを受けなかったが応訴したこと。

三　判決の内容及び訴訟手続が日本における公

の秩序又は善良の風俗に反しないこと。

四　相互の保証があること。

（決定及び命令の告知）

第一一九条　決定及び命令は、相当と認める方法で告知することによって、その効力を生ずる。

（訴訟指揮に関する裁判の取消し）

第一二〇条　訴訟の指揮に関する決定及び命令は、いつでも取り消すことができる。

（裁判所書記官の処分に対する異議）

第一二一条　裁判所書記官の処分に対する異議の申立てについては、その裁判所書記官の所属する裁判所が、決定で、裁判をする。

（判決に関する規定の準用）

第一二二条　決定及び命令には、その性質に反しない限り、判決に関する規定を準用する。

（判事補の権限）

第一二三条　判決以外の裁判は、判事補が単独ですることができる。

第六節　訴訟手続の中断及び中止

（訴訟手続の中断及び受継）

第一二四条　次の各号に掲げる事由があるときは、訴訟手続は、中断する。この場合においては、それぞれ当該各号に定める者は、訴訟手続を受け継がなければならない。

一　当事者の死亡　相続人、相続財産の管理人、相続財産の清算人その他法令により訴訟を続行すべき者

二　当事者である法人の合併による消滅　合併によって設立された法人又は合併後存続する法人

三　当事者の訴訟能力の喪失又は法定代理人の死亡若しくは代理権の消滅　法定代理人又は訴訟能力を有するに至った当事者

四　次のイからハまでに掲げる者の信託に関する任務の終了　当該イからハまでに定める者

イ　当事者である受託者	新たな受託者又は信託財産管理者若しくは信託財産法人管理人
ロ　当事者である信託財産管理者又は信託財産法人管理人	新たな受託者又は新たな信託財産管理者若しくは新たな信託財産法人管理人
ハ　当事者である信託管理人	受益者又は新たな信託管理人
五　一定の資格を有する者で自己の名で他人のために訴訟の当事者となるものの死亡その他の事由による資格の喪失	同一の資格を有する者
六　選定当事者の全員の死亡その他の事由による資格の喪失	選定者の全員又は新たな選定当事者

2　前項の規定は、訴訟代理人がある間は、適用しない。

3　第一項第一号に掲げる事由がある場合においても、相続人は、相続の放棄をすることができる間は、訴訟手続を受け継ぐことができない。

4　第一項第二号の規定は、合併をもって相手方に対抗することができない場合には、適用しない。

5　第一項第三号の法定代理人が保佐人又は補助人である場合にあっては、同号の規定は、次に掲げるときには、適用しない。

一　被保佐人又は被補助人が訴訟行為をすることについて保佐人又は補助人の同意を得ることを要しないとき。

二　被保佐人又は被補助人が前号に規定する同意を得ることを要する場合において、その同意を得ているとき。

（同前）

第一二五条　所有者不明土地管理命令（民法第二百六十四条の二第一項に規定する所有者不明土地管理命令をいう。以下この項及び次項において同じ。）が発せられたときは、当該所有者不明土地管理命令の対象とされた土地又は共有持分及び当該所有者不明土地管理命令の効力が及ぶ動産並びにその管理、処分その他の事由により所有者不明土地管理人（同条第四項に規定する所有者不明土地管理人をいう。以下この項及び次項において同じ。）が得た財産（以下この項及び次項において「所有者不明土地等」という。）に関する訴訟手続で当該所有者不明土地等の所有者（その共有持分を有する者を含む。同項において同じ。）を当事者とするものは、中断する。この場合においては、所有者不明土地管理人は、訴訟手続を受け継ぐことができる。

2　所有者不明土地管理命令が取り消されたときは、所有者不明土地管理人を当事者とする所有者不明土地等に関する訴訟手続は、中断する。この場合においては、所有者不明土地等の所有者は、訴訟手続を受け継がなければならない。

3　第一項の規定は所有者不明建物管理命令（民法第二百六十四条の八第一項に規定する所有者不明建物管理命令をいう。以下この項において同じ。）が発せられた場合について、前項の規定は所有者不明建物管理命令が取り消された場合について準用する。

（相手方による受継の申立て）

第一二六条　訴訟手続の受継の申立ては、相手方もすることができる。

（受継の通知）

第一二七条　訴訟手続の受継の申立てがあった場合には、裁判所は、相手方に通知しなければならない。

（受継についての裁判）

第一二八条　訴訟手続の受継の申立てがあった場合には、裁判所は、職権で調査し、理由がないと認めるときは、決定で、その申立てを却下しなければならない。

2　判決書又は第二百五十四条第二項（第三百七十四条第二項において準用する場合を含む。）の調書の送達後に中断した訴訟手続の受継の申立てがあった場合には、その判決をした裁判所は、その申立てについて裁判をしなければならない。

第一二八条第二項を次のように改める。

第一二八条　(略)

2　第二百五十五条(第三百七十四条第二項において準用する場合を含む。以下この項において同じ。)の規定による第二百五十五条第一項に規定する電子判決書又は電子調書の送達後に中断した訴訟手続の受継の申立てがあった場合には、その判決をした裁判所は、その申立てについて裁判をしなければならない。

(公布の日から起算して四年を超えない範囲内において政令で定める日から施行　令和四法四八)

(職権による続行命令)

第一二九条　当事者が訴訟手続の受継の申立てをしない場合においても、裁判所は、職権で、訴訟手続の続行を命ずることができる。

(裁判所の職務執行不能による中止)

第一三〇条　天災その他の事由によって裁判所が職務を行うことができないときは、訴訟手続は、その事由が消滅するまで中止する。

(当事者の故障による中止)

第一三一条　当事者が不定期間の故障により訴訟手続を続行することができないときは、裁判所は、決定で、その中止を命ずることができる。

2　裁判所は、前項の決定を取り消すことができる。

(中断及び中止の効果)

第一三二条　判決の言渡しは、訴訟手続の中断中であっても、することができる。

2　訴訟手続の中断又は中止があったときは、期間は、進行を停止する。この場合においては、訴訟手続の受継の通知又はその続行の時から、新たに全期間の進行を始める。

第六章　訴えの提起前における証拠収集の処分等

（訴えの提起前における照会）

第一三二条の二　訴えを提起しようとする者が訴えの被告となるべき者に対し訴えの提起を予告する通知を書面でした場合（以下この章において当該通知を「予告通知」という。）には、その予告通知をした者（以下この章において「予告通知者」という。）は、その予告通知を受けた者に対し、その予告通知をした日から四月以内に限り、訴えの提起前に、訴えを提起した場合の主張又は立証を準備するために必要であることが明らかな事項について、相当の期間を定めて、書面で回答するよう、書面で照会をすることができる。ただし、その照会が次の各号のいずれかに該当するときは、この限りでない。

一　第百六十三条各号のいずれかに該当する照会

二　相手方又は第三者の私生活についての秘密に関する事項についての照会であって、これに回答することにより、その相手方又は第三者が社会生活を営むのに支障を生ずるおそれがあるもの

三　相手方又は第三者の営業秘密に関する事項についての照会

2　前項第二号に規定する第三者の私生活についての秘密又は同項第三号に規定する第三者の営業秘密に関する事項についての照会については、相手方がこれに回答することをその第三者が承諾した場合には、これらの規定は、適用しない。

3　予告通知の書面には、提起しようとする訴えに係る請求の要旨及び紛争の要点を記載しなければならない。

4　第一項の照会は、既にした予告通知と重複する予告通知に基づいては、することができない。

第一三二条の二を次のように改める。

第一三二条の二　訴えを提起しようとする者が訴えの被告となるべき者に対し訴えの提起を

予告する通知（以下この章において「予告通知」という。）を書面でした場合には、その予告通知をした者（以下この章において「予告通知者」という。）は、その予告通知を受けた者（以下この章において「被予告通知者」という。）に対し、その予告通知をした日から四月以内に限り、訴えの提起前に、訴えを提起した場合の主張又は立証を準備するために必要であることが明らかな事項について、相当の期間を定めて、書面により、又は被予告通知者の選択により書面若しくは電磁的方法（電子情報処理組織を使用する方法その他の情報通信の技術を利用する方法であって最高裁判所規則で定めるものをいう。以下同じ。）のいずれかにより回答するよう、書面により照会をすることができる。ただし、その照会が次の各号のいずれかに該当するときは、この限りでない。

一　第百六十三条第一項各号のいずれかに該当する照会

二・三（略）

2・3（略）

4　予告通知をする者は、第一項の規定による書面による予告通知に代えて、当該予告通知を受ける者の承諾を得て、電磁的方法により予告通知をすることができる。この場合において、当該予告通知をする者は、同項の規定による書面による予告通知をしたものとみなす。

5　予告通知者は、第一項の規定による書面による照会に代えて、被予告通知者の承諾を得て、電磁的方法により照会をすることができる。

6　被予告通知者（第一項の規定により書面又は電磁的方法のいずれかにより回答するよう照会を受けたものを除く。）は、同項の規定による書面による回答に代えて、予告通知者の承諾を得て、電磁的方法により回答をすることができる。この場合において、被予告通知者は、同項の規定による書面による回答をしたものとみなす。

７　（略）
（公布の日から起算して四年を超えない範囲内において政令で定める日から施行　令和四法四八）

（同前）

第一三二条の三　予告通知を受けた者（以下この章において「被予告通知者」という。）は、予告通知者に対し、その予告通知の書面に記載された前条第三項の請求の要旨及び紛争の要点に対する答弁の要旨を記載した書面でその予告通知に対する返答をしたときは、予告通知者に対し、その予告通知がされた日から四月以内に限り、訴えの提起前に、訴えを提起された場合の主張又は立証を準備するために必要であることが明らかな事項について、相当の期間を定めて、書面で回答するよう、書面で照会をすることができる。この場合においては、同条第一項ただし書及び同条第二項の規定を準用する。

２　前項の照会は、既にされた予告通知と重複する予告通知に対する返答に基づいては、することができない。

第一三二条の三を次のように改める。

第一三二条の三　被予告通知者は、予告通知者に対し、当該予告通知者がした予告通知の書面に記載された前条第三項の請求の要旨及び紛争の要点に対する答弁の要旨を記載した書面でその予告通知に対する返答をしたときは、予告通知者に対し、その予告通知がされた日から四月以内に限り、訴えの提起前に、訴えを提起された場合の主張又は立証を準備するために必要であることが明らかな事項について、相当の期間を定めて、書面により、又は予告通知者の選択により書面若しくは電磁的方法のいずれかにより回答するよう、書面により照会をすることができる。

２　前条第一項ただし書、第二項及び第四項から第六項までの規定は、前項の場合について準用する。この場合において、同条第四項中「書面による予告通知」とあるのは「書面による返答」と、「電磁的方法により予告通知」とあるのは「電磁的方法により返答」と読み替えるものとする。

3 第一項の照会は、既にされた予告通知と重複する予告通知に対する返答に基づいては、することができない。

（公布の日から起算して四年を超えない範囲内において政令で定める日から施行　令和四法四八）

（訴えの提起前における証拠収集の処分）

第一三二条の四　裁判所は、予告通知者又は前条第一項の返答をした被予告通知者の申立てにより、当該予告通知に係る訴えが提起された場合の立証に必要であることが明らかな証拠となるべきものについて、申立人がこれを自ら収集することが困難であると認められるときは、その予告通知又は返答の相手方（以下この章において単に「相手方」という。）の意見を聴いて、訴えの提起前に、その収集に係る次に掲げる処分をすることができる。ただし、その収集に要すべき時間又は嘱託を受けるべき者の負担が不相当なものとなることその他の事情により、相当でないと認めるときは、この限りでない。

一　文書（第二百三十一条に規定する物件を含む。以下この章において同じ。）の所持者にその文書の送付を嘱託すること。

二　必要な調査を官庁若しくは公署、外国の官庁若しくは公署又は学校、商工会議所、取引所その他の団体（次条第一項第二号において「官公署等」という。）に嘱託すること。

三　専門的な知識経験を有する者にその専門的な知識経験に基づく意見の陳述を嘱託すること。

四　執行官に対し、物の形状、占有関係その他の現況について調査を命ずること。

2 前項の処分の申立ては、予告通知がされた日から四月の不変期間内にしなければならない。ただし、その期間の経過後にその申立てをすることについて相手方の同意があるときは、この限りでない。

3　第一項の処分の申立ては、既にした予告通知と重複する予告通知又はこれに対する返答に基づいては、することができない。

4　裁判所は、第一項の処分をした後において、同項ただし書に規定する事情により相当でないと認められるに至ったときは、その処分を取り消すことができる。

第一三二条の四を次のように改める。

第一三二条の四　裁判所は、予告通知者又は前条第一項の返答をした被予告通知者の申立てにより、当該予告通知に係る訴えが提起された場合の立証に必要であることが明らかな証拠となるべきものについて、申立人がこれを自ら収集することが困難であると認められるときは、その予告通知又は返答の相手方（以下この章において単に「相手方」という。）の意見を聴いて、訴えの提起前に、その収集に係る次に掲げる処分をすることができる。ただし、その収集に要すべき時間又は嘱託を受けるべき者の負担が不相当なものとなることその他の事情により、相当でないと認めるときは、この限りでない。

一　文書（第二百三十一条に規定する物件を含む。以下この章において同じ。）の所持者にその文書の送付を嘱託し、又は電磁的記録を利用する権限を有する者にその電磁的記録の送付を嘱託すること。

二～四　（略）

2～4　（略）

（公布の日から起算して四年を超えない範囲内において政令で定める日から施行　令和四法四八）

（証拠収集の処分の管轄裁判所等）

第一三二条の五　次の各号に掲げる処分の申立ては、それぞれ当該各号に定める地を管轄する地方裁判所にしなければならない。

一　前条第一項第一号の処分の申立て　申立人若しくは相手方の普通裁判籍の所在地又は文書を所持する者の居所

二　前条第一項第二号の処分の申立て　申立人若しくは相手方の普通裁判籍の所在地又は調査の嘱託を受けるべき官公署等の所在地

三　前条第一項第三号の処分の申立て　申立人若しくは相手方の普通裁判籍の所在地又は特定の物につき意見の陳述の嘱託がされるべき場合における当該特定の物の所在地

四　前条第一項第四号の処分の申立て　調査に係る物の所在地

2　第十六条第一項、第二十一条及び第二十二条の規定は、前条第一項の処分の申立てに係る事件について準用する。

第一三二条の五を次のように改める。

第一三二条の五　次の各号に掲げる処分の申立てについては、それぞれ当該各号に定める地を管轄する地方裁判所にしなければならない。

一　前条第一項第一号の処分の申立て　申立人若しくは相手方の普通裁判籍の所在地又は文書を所持する者若しくは電磁的記録を利用する権限を有する者の居所

二・三　（略）

2　（略）

（公布の日から起算して四年を超えない範囲内において政令で定める日から施行　令和四法四八）

（証拠収集の処分の手続等）

第一三二条の六　裁判所は、第百三十二条の四第一項第一号から第三号までの処分をする場合には、嘱託を受けた者が文書の送付、調査結果の報告又は意見の陳述をすべき期間を定めなければならない。

2　第百三十二条の四第一項第二号の嘱託若しくは同項第四号の命令に係る調査結果の報告又は同項第三号の嘱託に係る意見の陳述は、書面でしなければならない。

3　裁判所は、第百三十二条の四第一項の処分に基づいて文書の送付、調査結果の報告又は意見の陳述がされたときは、申立人及び相手方にその旨を通知しなければならない。

4　裁判所は、次条の定める手続による申立人及び相手方の利用に供するため、前項に規定する通知を発した日から一月間、送付に係る文書又は調査結果の報告若しくは意見の陳述に係る書面を保管しなければならない。

5　第百八十条第一項の規定は第百三十二条の四第一項の処分について、第百八十四条第一項の規定は第百三十二条の四第一項第一号から第三号までの処分について、第二百十三条の規定は同号の処分について準用する。

第一三二条の六を次のように改める。

第一三二条の六　裁判所は、第百三十二条の四第一項第一号から第三号までの処分をする場合には、嘱託を受けた者が文書若しくは電磁的記録の送付、調査結果の報告又は意見の陳述をすべき期間を定めなければならない。

2　（略）

3　第百三十二条の四第一項第二号若しくは第三号の嘱託を受けた者又は同項第四号の命令を受けた者（以下この項において「嘱託等を受けた者」という。）は、前項の規定による書面による調査結果の報告又は意見の陳述に代えて、最高裁判所規則で定めるところにより、当該書面に記載すべき事項を最高裁判所規則で定める電子情報処理組織を使用してファイルに記録する方法又は当該事項に係る電磁的記録を記録した記録媒体を提出する方法による調査結果の報告又は意見の陳述を行うことができる。この場合において、当該嘱託等を受けた者は、同項の規定による書面による調査結果の報告又は意見の陳述をしたものとみなす。

4　裁判所は、第百三十二条の四第一項の処分に基づいて文書若しくは電磁的記録の送付、調査結果の報告又は意見の陳述がされたときは、申立人及び相手方にその旨を通知しなければならない。この場合において、送付に係る文書若しくは電磁的記録を記録した記録媒体又は調査結果の報告若しくは意見の陳述に係る書面若しくは電磁的記録を記録した記録媒体については、第百三十二条の十三の規定は、適用しない。

5　裁判所は、次条の定める手続による申立人及び相手方の利用に供するため、前項に規定する通知を発した日から一月間、送付に係る文書若しくは電磁的記録又は調査結果の報告若しくは意見の陳述に係る書面若しくは電磁的記録を保管しなければならない。

6　第百八十条第一項の規定は第百三十二条の四第一項の処分について、第百八十四条第一項の規定は第百三十二条の四第一項第一号から第三号までの処分について、第二百十三条の規定は、第二百三十一条の三第二項の規定は第百三十二条の四第一項第一号の処分について、それぞれ準用する。

（公布の日から起算して四年を超えない範囲内において政令で定める日から施行　令和四法四八）

（事件の記録の閲覧等）

第一三二条の七　申立人及び相手方は、裁判所書記官に対し、第百三十二条の四第一項の処分の申立てに係る事件の記録の閲覧若しくは謄写、その正本、謄本若しくは抄本の交付又は当該事件に関する事項の証明書の交付を請求することができる。

2　第九十一条第四項及び第五項の規定は、前項の記録について準用する。この場合において、同条第四項中「前項」とあるのは「第百三十二条の七第一項」と、「当事者又は利害関係を疎明した第三者」とあるのは「申立人又は相手方」と読み替えるものとする。

第一三二条の七を次のように改める。

（事件の記録の閲覧等）

第一三二条の七　第九十一条（第二項を除く。）

の規定は非電磁的証拠収集処分記録の閲覧等（第百三十二条の四第一項の処分の申立てに係る事件の記録（ファイル記録事項に係る部分を除く。）の閲覧若しくは謄写、その正本、謄本若しくは抄本の交付又はその複製をいう。第百三十三条第三項において同じ。）の請求について、第九十一条の二の規定は電磁的証拠収集処分記録の閲覧等（第百三十二条の四第一項の処分の申立てに係る事件の記録中ファイル記録事項に係る部分の閲覧若しくは複写又はファイル記録事項の全部若しくは一部を証明した書面の交付若しくはファイル記録事項の全部若しくは一部を証明した電磁的記録の提供をいう。第百三十三条第三項において同じ。）の請求について、第九十一条の三の規定は第百三十二条の四第一項の処分の申立てに係る事件に関する事項を証明した書面の交付又は当該事項を証明した電磁的記録の提供の請求について、それぞれ準用する。この場合において、第九十一条第一項及び第九十一条の二第一項中「何人も」とあるのは「申立人及び相手方は」と、第九十一条の二第二項及び第三項並びに第九十一条の三中「当事者及び利害関係を疎明した第三者」とあるのは「申立人及び相手方」と、第九十一条第四項中「当事者又は利害関係を疎明した第三者」とあるのは「申立人又は相手方」と読み替えるものとする。

（公布の日から起算して四年を超えない範囲内において政令で定める日から施行　令和四法四八）

（不服申立ての不許）

第一三二条の八　第百三十二条の四第一項の処分の申立てについての裁判に対しては、不服を申し立てることができない。

（証拠収集の処分に係る裁判に関する費用の負担）

第一三二条の九　第百三十二条の四第一項の処分の申立てについての裁判に関する費用は、申立人の負担とする。

第七章　電子情報処理組織による申立て等

第一三二条の一〇　民事訴訟に関する手続における申立てその他の申述（以下「申立て等」という。）のうち、当該申立て等に関するこの法律その他の法令の規定により書面等（書面、書類、文書、謄本、抄本、正本、副本、複本その他文字、図形等人の知覚によって認識することができる情報が記載された紙その他の有体物をいう。以下同じ。）をもってするものとされているものであって、最高裁判所の定める裁判所に対してするもの（当該裁判所の裁判長、受命裁判官、受託裁判官又は裁判所書記官に対してするものを含む。）については、当該法令の規定にかかわらず、最高裁判所規則で定めるところにより、電子情報処理組織（裁判所の使用に係る電子計算機（入出力装置を含む。以下同じ。）と申立て等をする者又は第三百九十九条第一項の規定による処分の告知を受ける者の使用に係る電子計算機とを電気通信回線で接続した電子情報処理組織をいう。第三百九十七条から第四百一条までにおいて同じ。）を用いてすることができる。ただし、督促手続に関する申立て等であって、支払督促の申立てが書面をもってされたものについては、この限りでない。

2　前項本文の規定によりされた申立て等については、当該申立て等を書面等をもってするものとして規定した申立て等に関する法令の規定に規定する書面等をもってされたものとみなして、当該申立て等に関する法令の規定を適用する。

3　第一項本文の規定によりされた申立て等は、同項の裁判所の使用に係る電子計算機に備えられたファイルへの記録がされた時に、当該裁判所に到達したものとみなす。

4　第一項本文の場合において、当該申立て等に関する他の法令の規定により署名等（署名、記名、押印その他氏名又は名称を書面等に記載することをいう。以下この項において同じ。）をすることとされているものについては、当該申立て等をする者は、当該法令の規定にかかわらず、当該署名等に代えて、最高裁判所規則で定めるところにより、氏名又は名称を明らかにする措置を講じなければならない。

5　第一項本文の規定によりされた申立て等（督促手続における申立て等を除く。次項において同じ。）が第三項に規定するファイルに記録されたときは、第一項の裁判所は、当該ファイルに記録された情報の内容を書面に出力しなければならない。

6　第一項本文の規定によりされた申立て等に係る第九十一条第一項又は第三項の規定による訴訟記録の閲覧若しくは謄写又はその正本、謄本若しくは抄本の交付（第四百一条において「訴訟記録の閲覧等」という。）は、前項の書面をもってするものとする。当該申立て等に係る書類の送達又は送付も、同様とする。

第一三二条の一〇を次のように改める。

（電子情報処理組織による申立て等）

第一三二条の一〇　民事訴訟に関する手続における申立てその他の申述（以下「申立て等」という。）のうち、当該申立て等に関することの法律その他の法令の規定により書面等（書面、書類、文書、謄本、抄本、正本、副本、複本その他文字、図形等人の知覚によって認識することができる情報が記載された紙その他の有体物をいう。以下この章において同じ。）をもってするものとされているものであって、裁判所に対してするもの（当該裁判所の裁判長、受命裁判官、受託裁判官又は裁判所書記官に対してするものを含む。）については、当該法令の規定にかかわらず、最高裁判所規則で定めるところにより、最高裁判所規則で定める電子情報処理組織を使用して当該書面等に記載すべき事項をファイルに記録する方法により行うことができる。

2　前項の方法によりされた申立て等（以下この条において「電子情報処理組織を使用する

申立て等」という。）については、当該申立て等を書面等をもってするものとして規定した申立て等に関する法令の規定に規定する書面等をもってされたものとみなして、当該法令その他の当該申立て等に関する法令の規定を適用する。

3　電子情報処理組織を使用する申立て等は、当該電子情報処理組織を使用する申立て等に係る事項がファイルに記録された時に、当該裁判所に到達したものとみなす。

4　第一項の場合において、当該申立て等に関する他の法令の規定により署名等（署名、記名、押印その他氏名又は名称を書面等に記載することをいう。以下この項において同じ。）をすることとされているものについては、当該申立て等をする者は、当該法令の規定にかかわらず、当該署名等に代えて、最高裁判所規則で定めるところにより、氏名又は名称を明らかにする措置を講じなければならない。

5　電子情報処理組織を使用する申立て等がされたときは、当該電子情報処理組織を使用する申立て等に係る送達は、当該電子情報処理組織を使用する申立て等に係る法令の規定にかかわらず、当該電子情報処理組織を使用する申立て等によりファイルに記録された事項に係る電磁的記録の送達によってする。

6　前項の方法により行われた電子情報処理組織を使用する申立て等に係る送達については、当該電子情報処理組織を使用する申立て等に関する法令の規定に規定する送達の方法により行われたものとみなして、当該送達に関する法令その他の当該電子情報処理組織を使用する申立て等に関する法令の規定を適用する。

第一編第七章に次の三条を加える。

（電子情報処理組織による申立て等の特例）

第一三二条の一一　次の各号に掲げる者は、それぞれ当該各号に定める事件の申立て等をするときは、前条第一項の方法により、これを行わなければならない。ただし、口頭でする ことができる申立て等について、口頭でするときは、この限りでない。

一　訴訟代理人のうち委任を受けたもの（第五十四条第一項ただし書の許可を得て訴訟代理人となったものを除く。）　当該委任を受けた事件

二　国の利害に関係のある訴訟についての法務大臣の権限等に関する法律（昭和二十二年法律第百九十四号）第二条、第五条第一項、第六条第二項、第六条の二第四項若しくは第五項、第六条の三第四項若しくは第五項又は第七条第三項の規定による指定を受けた者　当該指定の対象となった事件

三　地方自治法（昭和二十二年法律第六十七号）第百五十三条第一項の規定による委任を受けた職員　当該委任を受けた事件

2　前項各号に掲げる者は、第百九条の二第一項ただし書の届出をしなければならない。

3　第一項の規定は、同項各号に掲げる者が裁判所の使用に係る電子計算機の故障その他その責めに帰することができない事由により、電子情報処理組織を使用する方法により申立て等を行うことができない場合には、適用しない。

（書面等による申立て等）

第一三二条の一一　申立て等が書面等により行われたとき（前条第一項の規定に違反して行われたときを除く。）は、裁判所書記官は、当該書面等に記載された事項（次の各号に掲げる場合における当該各号に定める事項を除く。）をファイルに記録しなければならない。ただし、当該事項をファイルに記録することにつき困難な事情があるときは、この限りでない。

一　当該申立て等に係る書面等について、当該申立て等とともに第九十二条第一項の申立て（同項第二号に掲げる事由があることを理由とするものに限る。）がされた場合において、当該書面等に記載された営業秘密がその訴訟の追行の目的以外の目的で使用され、又は当該営業秘密が開示されるこ

とにより、当該営業秘密に基づく当事者の事業活動に支障を生ずるおそれがあり、これを防止するため裁判所が特に必要があると認めるとき（当該同項の申立てが却下されたとき又は当該同項の申立てに係る決定を取り消す裁判が確定したときを除く。）　当該書面等に記載された営業秘密

二　書面等により第百三十三条第二項の規定による届出があった場合　当該書面等に記載された事項

三　当該申立て等に係る書面等について、当該申立て等とともに第百三十三条の二第二項の申立てがされた場合において、裁判所が必要があると認めるとき（当該同項の申立てが却下されたとき又は当該同項の申立てに係る決定を取り消す裁判が確定したときを除く。）　当該書面等に記載された同項に規定する秘匿事項記載部分

2　前項の規定によりその記載された事項がファイルに記録された書面等による申立て等に係る送達は、当該申立て等に係る法令の規定にかかわらず、同項の規定によりファイルに記録された事項に係る電磁的記録の送達をもって代えることができる。

3　前項の方法により行われた申立て等に係る送達については、当該申立て等に関する法令の規定に規定する送達の方法により行われたものとみなして、当該送達に関する法令その他の当該申立て等に関する法令の規定を適用する。

（書面等に記録された事項のファイルへの記録等）

第一三二条の一三　裁判所書記官は、前条第一項に規定する申立て等に係る書面等のほか、民事訴訟に関する手続においてこの法律その他の法令の規定に基づき裁判所に提出された書面等又は電磁的記録を記録した記録媒体に記載され、又は記録されている事項（次の各号に掲げる場合における当該各号に定める事項を除く。）をファイルに記録しなければならない。ただし、当該事項をファイルに記録

することにつき困難な事情があるときは、この限りでない。

一　当該書面等又は当該記録媒体について、これらの提出とともに第九十二条第一項の申立て（同項第二号に掲げる事由があることを理由とするものに限る。）がされた場合において、当該書面等若しくは当該記録媒体に記載され、若しくは記録された営業秘密がその訴訟の追行の目的以外の目的で使用され、又は当該営業秘密が開示されることにより、当該営業秘密に基づく当事者の事業活動に支障を生ずるおそれがあり、これを防止するため裁判所が特に必要があると認めるとき（当該申立てが却下されたとき又は当該申立てに係る決定を取り消す裁判が確定したときを除く。）　当該書面等又は当該記録媒体に記載され、又は記録された営業秘密

二　当該記録媒体を提出する方法により次条第二項の規定による届出があった場合　当該記録媒体に記録された事項

三　当該書面等又は当該記録媒体について、これらの提出とともに第百三十三条の二第二項の申立てがされた場合において、裁判所が必要があると認めるとき（当該申立てが却下されたとき又は当該申立てに係る決定を取り消す裁判が確定したときを除く。）　当該書面等又は当該記録媒体に記載され、又は記録された同項に規定する秘匿事項記載部分

四　第百三十三条の三第一項の規定による決定があった場合において、裁判所が必要があると認めるとき（当該決定を取り消す裁判が確定したときを除く。）　当該決定に係る書面等及び電磁的記録を記録した記録媒体に記載され、又は記録された事項

（公布の日から起算して四年を超えない範囲内において政令で定める日から施行　令和四法律四八）

第八章　当事者に対する住所、氏名等の秘匿

（申立人の住所、氏名等の秘匿）

第一三三条　申立て等をする者又はその法定代理人の住所、居所その他その通常所在する場所（以下この項及び次項において「住所等」という。）の全部又は一部が当事者に知られることによって当該申立て等をする者又は当該法定代理人が社会生活を営むのに著しい支障を生ずるおそれがあることにつき疎明があった場合には、裁判所は、申立てにより、決定で、住所等の全部又は一部を秘匿する旨の裁判をすることができる。申立て等をする者又はその法定代理人の氏名その他当該者を特定するに足りる事項（次項において「氏名等」という。）についても、同様とする。

2　前項の申立てをするときは、同項の申立て等をする者又はその法定代理人（以下この章において「秘匿対象者」という。）の住所等又は氏名等（次条第二項において「秘匿事項」という。）その他最高裁判所規則で定める事項を書面により届け出なければならない。

3　第一項の申立てがあったときは、その申立てについての裁判が確定するまで、当該申立てに係る秘匿対象者以外の者は、前項の規定による届出に係る書面（次条において「秘匿事項届出書面」という。）の閲覧若しくは謄写又はその謄本若しくは抄本の交付の請求をすることができない。

4　第一項の申立てを却下した裁判に対しては、即時抗告をすることができる。

5　裁判所は、秘匿対象者の住所又は氏名について第一項の決定（以下この章において「秘匿決定」という。）をする場合には、当該秘匿決定において、当該秘匿対象者の住所又は氏名に代わる事項を定めなければならない。この場合において、その事項を当該事件並びにその事件についての反訴、参加、強制執行、仮差押え及び仮処分に関する手続において記載したときは、この法律その

他の法令の規定の適用については、当該秘匿対象者の住所又は氏名を記載したものとみなす。

第一三三条を次のように改める。

第一三三条　（略）

2　前項の申立てをするときは、同項の申立て等をする者又はその法定代理人（以下この章において「秘匿対象者」という。）の住所等又は氏名等（次条第二項において「秘匿事項」という。）その他最高裁判所規則で定める事項を書面その他最高裁判所規則で定める方法により届け出なければならない。

3　第一項の申立てがあったときは、その申立てについての裁判が確定するまで、当該申立てに係る秘匿対象者以外の者は、訴訟記録等（訴訟記録又は第百三十二条の四第一項の処分の申立てに係る事件の記録をいう。以下この章において同じ。）中前項の規定による届出に係る部分（次条において「秘匿事項届出部分」という。）について訴訟記録等の閲覧等（訴訟記録の閲覧等、非電磁的証拠収集処分記録の閲覧等又は電磁的証拠収集処分記録の閲覧等をいう。以下この章において同じ。）の請求をすることができない。

4　（略）

5　裁判所は、秘匿対象者の住所又は氏名について第一項の決定（以下この章において「秘匿決定」という。）をする場合には、当該秘匿決定において、当該秘匿対象者の住所又は氏名に代わる事項を定めなければならない。この場合において、その事項を当該事件並びにその事件についての反訴、参加、強制執行、仮差押え及び仮処分に関する手続において記載し、又は記録したときは、この法律その他の法令の規定の適用については、当該秘匿対象者の住所又は氏名を記載し、又は記録したものとみなす。

（公布の日から起算して四年を超えない範囲内において政令で定める日から施行　令和四法四八）

（秘匿決定があった場合における閲覧等の制限の特則）

第一三三条の二　秘匿決定があった場合には、秘匿事項届出書面の閲覧若しくは謄写又はその謄本若しくは抄本の交付の請求をすることができる者を当該秘匿決定に係る秘匿対象者に限る。

2　前項の場合において、裁判所は、申立てにより、決定で、訴訟記録等（訴訟記録又は第百三十二条の四第一項の処分の申立てに係る事件の記録をいう。第百三十三条の四第一項及び第二項において同じ。）中秘匿事項届出書面以外のものであって秘匿事項又は秘匿事項を推知することができる事項が記載され、又は記録された部分（次項において「秘匿事項記載部分」という。）の閲覧若しくは謄写、その正本、謄本若しくは抄本の交付又はその複製の請求をすることができる者を当該秘匿決定に係る秘匿対象者に限ることができる。

3　前項の申立てがあったときは、その申立てについての裁判が確定するまで、当該秘匿決定に係る秘匿対象者以外の者は、当該秘匿事項記載部分の閲覧若しくは謄写、その正本、謄本若しくは抄本の交付又はその複製の請求をすることができない。

4　第二項の申立てを却下した裁判に対しては、即時抗告をすることができる。

第一三三条の二を次のように改める。

第一三三条の二　秘匿決定があった場合には、秘匿事項届出部分に係る訴訟記録等の閲覧等の請求をすることができる者を当該秘匿決定に係る秘匿対象者に限る。

2　前項の場合において、裁判所は、申立てにより、決定で、訴訟記録等中秘匿事項届出部分以外のものであって秘匿事項又は秘匿事項を推知することができる事項が記載され、又は記録された部分（以下この条において「秘匿事項記載部分」という。）に係る訴訟記録等の閲覧等の請求をすることができる者を当該秘匿決定に係る秘匿対象者に限ることができる。

3　前項の申立てがあったときは、その申立てについての裁判が確定するまで、当該秘匿決定に係る秘匿対象者以外の者は、当該秘匿事項記載部分に係る訴訟記録等の閲覧等の請求をすることができない。

4　（略）

5　裁判所は、第二項の申立てがあった場合において、必要があると認めるときは、電磁的訴訟記録等（電磁的訴訟記録又は第百三十二条の四第一項の処分の申立てに係る事件の記録中ファイル記録事項に係る部分をいう。以下この項及び次項において同じ。）中当該秘匿事項記載部分につき、その内容を書面に出力し、又はこれを他の記録媒体に記録するとともに、当該部分を電磁的訴訟記録等から消去する措置その他の当該秘匿事項記載部分の安全管理のために必要かつ適切なものとして最高裁判所規則で定める措置を講ずることができる。

6　前項の規定による電磁的訴訟記録等から消去する措置が講じられた場合において、その後に第二項の申立てを却下する裁判が確定したとき、又は当該申立てに係る決定を取り消す裁判が確定したときは、裁判所書記官は、当該秘匿事項記載部分をファイルに記録しなければならない。

（公布の日から起算して四年を超えない範囲内において政令で定める日から施行　令和四法四八）

（送達をすべき場所等の調査嘱託があった場合における閲覧等の制限の特則）

第一三三条の三　裁判所は、当事者又はその法定代理人に対して送達をするため、その者の住所、居所その他送達をすべき場所についての調査を嘱託した場合において、当該嘱託に係る調査結果の報告が記載された書面が閲覧されることにより、当事者又はその法定代理人が社会生活を営むのに著しい支障を生ずるおそれがあることが明らかであると認めるときは、決定で、当該書面及びこれに基づいてされた送達に関する第百九条の書面その他これに類する書面の閲覧若しくは謄写又はその謄本若しくは抄本の交付の請求をすることができる者を当該当事者又は当該法定代理人に限ることができる。当事者又はその法定代理人を特定するため、その者の氏名その他当該者を特定するに足りる事項についての調査を嘱託した場合についても、同様とする。

第一三三条の三を次のように改める。

第一三三条の三　裁判所は、当事者又はその法定代理人に対して送達をするため、その者の住所、居所その他送達をすべき場所についての調査を嘱託した場合において、当該嘱託に係る調査結果の報告が記載され、又は記録された書面又は電磁的記録が閲覧されることにより、当事者又はその法定代理人が社会生活を営むのに著しい支障を生ずるおそれがあることが明らかであると認めるときは、決定で、当該書面又は電磁的記録及びこれに基づいてされた送達に関する第百条の書面又は電磁的記録その他これに類する書面又は電磁的記録に係る訴訟記録等の閲覧等の請求をすることができる者を当該当事者又は当該法定代理人に限ることができる。当事者又はその法定代理人を特定するため、その者の氏名その他当該者を特定するに足りる事項についての調査を嘱託した場合についても、同様とする。

2　前条第五項及び第六項の規定は、前項の規定による決定があった場合について準用する。

（公布の日から起算して四年を超えない範囲内において政令で定める日から施行　令和四法四八）

（秘匿決定の取消し等）

第一三三条の四　秘匿決定、第百三十三条の二第二項の決定又は前条の決定（次項及び第七項において「秘匿決定等」という。）に係る者以外の者は、訴訟記録等の存する裁判所に対し、その要件を欠くこと又はこれを欠くに至ったことを理由として、その決定の取消しの申立てをすることができる。

2　秘匿決定等に係る者以外の当事者は、秘匿決定等がある場合であっても、自己の攻撃又は防御に実質的な不利益を生ずるおそれがあるときは、訴訟記録等の存する裁判所の許可を得て、第百三十三条の二第一項若しくは第二項又は前条の規定により閲覧若しくは謄写、その正本、謄本若しくは抄本の交付又はその複製の請求が制限される部分につきその請求をすることができる。

3　裁判所は、前項の規定による許可の申立てがあった場合において、その原因となる事実につき疎明があったときは、これを許可しなければならない。

4　裁判所は、第一項の取消し又は第二項の許可の裁判をするときは、次の各号に掲げる区分に従い、それぞれ当該各号に定める者の意見を聴かなければならない。

一　秘匿決定又は第百三十三条の二第二項の決定に係る裁判をするとき　当該決定に係る秘匿対象者

二　前条の決定に係る裁判をするとき　当該決定に係る当事者又は法定代理人

5　第一項の取消しの申立てについての裁判及び第二項の許可の申立てについての裁判に対しては、即時抗告をすることができる。

6　第一項の取消し及び第二項の許可の裁判は、確定しなければその効力を生じない。

7　第二項の許可の裁判があったときは、その許可の申立てに係る当事者又はその法定代理人、訴訟代理人若しくは補佐人は、正当な理由なく、その許可により得られた情報を、当該手続の追行の目的以外の目的のために利用し、又は秘匿決定等に係る者以外の者に開示してはならない。

第一三三条の四を次のように改める。

第一三三条の四　秘匿決定、第百三十三条の二第二項の決定又は前条第一項の決定（次項及び第七項において「秘匿決定等」という。）に係る者以外の者は、訴訟記録等の存する裁判所に対し、その要件を欠くこと又はこれを欠くに至ったことを理由として、その決定の取消しの申立てをすることができる。

2　秘匿決定等に係る者以外の当事者は、秘匿決定等がある場合であっても、自己の攻撃又は防御に実質的な不利益を生ずるおそれがあるときは、訴訟記録等の存する裁判所の許可を得て、第百三十三条の二第一項若しくは第二項又は前条第一項の規定により訴訟記録等の閲覧等の請求が制限される部分につきその請求をすることができる。

3～7　（略）

（公布の日から起算して四年を超えない範囲内において政令で定める日から施行　令和四法四八）

第二編　第一審の訴訟手続

第一章　訴　　え

（訴え提起の方式）

第一三四条　訴えの提起は、訴状を裁判所に提出してしなければならない。

2　訴状には、次に掲げる事項を記載しなければならない。

一　当事者及び法定代理人

二　請求の趣旨及び原因

（証書真否確認の訴え）

第一三四条の二　確認の訴えは、法律関係を証する書面の成立の真否を確定するためにも提起することができる。

（将来の給付の訴え）

第一三五条　将来の給付を求める訴えは、あらかじめその請求をする必要がある場合に限り、提起することができる。

（請求の併合）

第一三六条　数個の請求は、同種の訴訟手続による場合に限り、一の訴えですることができる。

（裁判長の訴状審査権）

第一三七条　訴状が第百三十四条第二項の規定に違反する場合には、裁判長は、相当の期間を定め、その期間内に不備を補正すべきことを命じなければならない。民事訴訟費用等に関する法律（昭和四十六年法律第四十号）の規定に従い訴えの提起の手数料を納付しない場合も、同様とする。

2　前項の場合において、原告が不備を補正しないときは、裁判長は、命令で、訴状を却下しなければならない。

3　前項の命令に対しては、即時抗告をすることができる。

第一三七条第一項を次のように改める。

第一三七条　訴状が第百三十三条第二項の規定に違反する場合には、裁判長は、相当の期間を定め、その期間内に不備を補正すべきことを命じなければならない。

2・3　（略）

第一三七条の次に次の一条を加える。

（訴えの提起の手数料の納付がない場合の訴状却下）

第一三七条の二　民事訴訟費用等に関する法律（昭和四十六年法律第四十号）の規定に従い訴えの提起の手数料を納付しない場合には、裁判所書記官は、相当の期間を定め、その期間内に当該手数料を納付すべきことを命ずる処分をしなければならない。

2　前項の処分は、相当と認める方法で告知することによって、その効力を生ずる。

3　第一項の処分に対する異議の申立ては、その告知を受けた日から一週間の不変期間内にしなければならない。

4　前項の異議の申立ては、執行停止の効力を有する。

5　裁判所は、第三項の異議の申立てがあった場合において、第一項の処分において納付を命じた額を超える額の訴えの提起の手数料を納付すべきと認めるときは、相当の期間を定め、その期間内に当該額を納付すべきことを命じなければならない。

6　第一項又は前項の場合において、原告が納付を命じられた手数料を納付しないときは、裁判長は、命令で、訴状を却下しなければならない。

7　前項の命令に対しては、即時抗告をすることができる。ただし、即時抗告をした者が、その者において相当と認める訴訟の目的の価額に応じて算出される民事訴訟費用等に関する法律の規定による訴えの提起の手数料を納付しないときは、この限りでない。

8　前項ただし書の場合には、原裁判所は、その即時抗告を却下しなければならない。

9　前項の規定による決定に対しては、不服を申し立てることができない。

（公布の日から起算して四年を超えない範囲内において政令で定める日から施行　令和四法四八）

（訴状の送達）

第一三八条　訴状は、被告に送達しなければならない。

2　前条の規定は、訴状の送達をすることができない場合（訴状の送達に必要な費用を予納しない場合を含む。）について準用する。

第一三八条第二項を次のように改める。

第一三八条　（略）

2　第百三十七条の規定は、訴状の送達をすることができない場合（訴状の送達に必要な費用を予納しない場合を含む。）について準用する。

（公布の日から起算して四年を超えない範囲内において政令で定める日から施行　令和四法四八）

（口頭弁論期日の指定）
第一三九条　訴えの提起があったときは、裁判長は、口頭弁論の期日を指定し、当事者を呼び出さなければならない。

（口頭弁論を経ない訴えの却下）
第一四〇条　訴えが不適法でその不備を補正することができないときは、裁判所は、口頭弁論を経ないで、判決で、訴えを却下することができる。

（呼出費用の予納がない場合の訴えの却下）
第一四一条　裁判所は、民事訴訟費用等に関する法律の規定に従い当事者に対する期日の呼出しに必要な費用の予納を相当の期間を定めて原告に命じた場合において、その予納がないときは、被告に異議がない場合に限り、決定で、訴えを却下することができる。
2　前項の決定に対しては、即時抗告をすることができる。

（重複する訴えの提起の禁止）
第一四二条　裁判所に係属する事件については、当事者は、更に訴えを提起することができない。

（訴えの変更）
第一四三条　原告は、請求の基礎に変更がない限り、口頭弁論の終結に至るまで、請求又は請求の原因を変更することができる。ただし、これにより著しく訴訟手続を遅滞させることとなるときは、この限りでない。
2　請求の変更は、書面でしなければならない。
3　前項の書面は、相手方に送達しなければならない。
4　裁判所は、請求又は請求の原因の変更を不当であると認めるときは、申立てにより又は職権で、その変更を許さない旨の決定をしなければならない。

（選定者に係る請求の追加）
第一四四条　第三十条第三項の規定による原告となるべき者の選定があった場合には、その者は、口頭弁論の終結に至るまで、その選定者のために請求の追加をすることができる。
2　第三十条第三項の規定による被告となるべき

者の選定があった場合には、原告は、口頭弁論の終結に至るまで、その選定者に係る請求の追加をすることができる。

3　前条第一項ただし書及び第二項から第四項までの規定は、前二項の請求の追加について準用する。

（中間確認の訴え）

第一四五条　裁判が訴訟の進行中に争いとなっている法律関係の成立又は不成立に係るときは、当事者は、請求を拡張して、その法律関係の確認の判決を求めることができる。ただし、その確認の請求が他の裁判所の専属管轄（当事者が第十一条の規定により合意で定めたものを除く。）に属するときは、この限りでない。

2　前項の訴訟が係属する裁判所が第六条第一項各号に定める裁判所である場合において、前項の確認の請求が同条第一項の規定により他の裁判所の専属管轄に属するときは、前項ただし書の規定は、適用しない。

3　日本の裁判所が管轄権の専属に関する規定により第一項の確認の請求について管轄権を有しないときは、当事者は、同項の確認の判決を求めることができない。

4　第百四十三条第二項及び第三項の規定は、第一項の規定による請求の拡張について準用する。

（反訴）

第一四六条　被告は、本訴の目的である請求又は防御の方法と関連する請求を目的とする場合に限り、口頭弁論の終結に至るまで、本訴の係属する裁判所に反訴を提起することができる。ただし、次に掲げる場合は、この限りでない。

一　反訴の目的である請求が他の裁判所の専属管轄（当事者が第十一条の規定により合意で定めたものを除く。）に属するとき。

二　反訴の提起により著しく訴訟手続を遅滞させることとなるとき。

2　本訴の係属する裁判所が第六条第一項各号に定める裁判所である場合において、反訴の目的である請求が同項の規定により他の裁判所の専属管轄に属するときは、前項第一号の規定は、適用しない。

3　日本の裁判所が反訴の目的である請求について管轄権を有しない場合には、被告は、本訴の目的である請求又は防御の方法と密接に関連する請求を目的とする場合に限り、第一項の規定による反訴を提起することができる。ただし、日本の裁判所が管轄権の専属に関する規定により反訴の目的である請求について管轄権を有しないときは、この限りでない。

4　反訴については、訴えに関する規定による。

（裁判上の請求による時効の完成猶予等）

第一四七条　訴えが提起されたとき、又は第百四十三条第二項（第百四十四条第三項及び第百四十五条第四項において準用する場合を含む。）の書面が裁判所に提出されたときは、その時に時効の完成猶予又は法律上の期間の遵守のために必要な裁判上の請求があったものとする。

第二章　計画審理

（訴訟手続の計画的進行）

第一四七条の二　裁判所及び当事者は、適正かつ迅速な審理の実現のため、訴訟手続の計画的な進行を図らなければならない。

（審理の計画）

第一四七条の三　裁判所は、審理すべき事項が多数であり又は錯そうしているなど事件が複雑であることその他の事情によりその適正かつ迅速な審理を行うため必要があると認められるときは、当事者双方と協議をし、その結果を踏まえて審理の計画を定めなければならない。

2　前項の審理の計画においては、次に掲げる事項を定めなければならない。

一　争点及び証拠の整理を行う期間

二　証人及び当事者本人の尋問を行う期間

三　口頭弁論の終結及び判決の言渡しの予定時期

3　第一項の審理の計画においては、前項各号に掲げる事項のほか、特定の事項についての攻撃又は防御の方法を提出すべき期間その他の訴訟手続の計画的な進行上必要な事項を定めることができる。

4　裁判所は、審理の現状及び当事者の訴訟追行の状況その他の事情を考慮して必要があると認めるときは、当事者双方と協議をし、その結果を踏まえて第一項の審理の計画を変更することができる。

第三章　口頭弁論及びその準備

第一節　口頭弁論

（裁判長の訴訟指揮権）

第一四八条　口頭弁論は、裁判長が指揮する。

2　裁判長は、発言を許し、又はその命令に従わない者の発言を禁ずることができる。

（釈明権等）

第一四九条　裁判長は、口頭弁論の期日又は期日外において、訴訟関係を明瞭にするため、事実上及び法律上の事項に関し、当事者に対して問いを発し、又は立証を促すことができる。

2　陪席裁判官は、裁判長に告げて、前項に規定する処置をすることができる。

3　当事者は、口頭弁論の期日又は期日外において、裁判長に対して必要な発問を求めることができる。

4　裁判長又は陪席裁判官が、口頭弁論の期日外

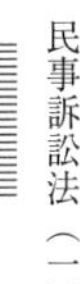

において、攻撃又は防御の方法に重要な変更を生じ得る事項について第一項又は第二項の規定による処置をしたときは、その内容を相手方に通知しなければならない。

（訴訟指揮等に対する異議）

第一五〇条 当事者が、口頭弁論の指揮に関する裁判長の命令又は前条第一項若しくは第二項の規定による裁判長若しくは陪席裁判官の処置に対し、異議を述べたときは、裁判所は、決定で、その異議について裁判をする。

（釈明処分）

第一五一条 裁判所は、訴訟関係を明瞭にするため、次に掲げる処分をすることができる。

一　当事者本人又はその法定代理人に対し、口頭弁論の期日に出頭することを命ずること。

二　口頭弁論の期日において、当事者のため事務を処理し、又は補助する者で裁判所が相当と認めるものに陳述をさせること。

三　訴訟書類又は訴訟において引用した文書その他の物件で当事者の所持するものを提出させること。

四　当事者又は第三者の提出した文書その他の物件を裁判所に留め置くこと。

五　検証をし、又は鑑定を命ずること。

六　調査を嘱託すること。

2　前項に規定する検証、鑑定及び調査の嘱託については、証拠調べに関する規定を準用する。

第一五一条を次のように改める。

第一五一条 裁判所は、訴訟関係を明瞭にするため、次に掲げる処分をすることができる。

一・二　（略）

三　訴訟書類若しくは訴訟において引用した文書その他の物件で当事者の所持するもの又は訴訟においてその記録された情報の内容を引用した電磁的記録で当事者が利用する権限を有するものを提出させること。

四～六　（略）

2　前項の規定による電磁的記録の提出は、最高裁判所規則で定めるところにより、電磁的記録を記録した記録媒体を提出する方法又は最高裁判所規則で定める電子情報処理組織を使用する方法により行う。

3 第一項の規定により提出された文書及び前項の規定により提出された電磁的記録については、第百三十二条の十三の規定は、適用しない。

4 第一項に規定する検証、鑑定及び調査の嘱託については、証拠調べに関する規定を準用する。

（公布の日から起算して四年を超えない範囲内において政令で定める日から施行　令和四法四八）

（口頭弁論の併合等）

第一五二条 裁判所は、口頭弁論の制限、分離若しくは併合を命じ、又はその命令を取り消すことができる。

2 裁判所は、当事者を異にする事件について口頭弁論の併合を命じた場合において、その前に尋問をした証人について、尋問の機会がなかった当事者が尋問の申出をしたときは、その尋問をしなければならない。

（口頭弁論の再開）

第一五三条 裁判所は、終結した口頭弁論の再開を命ずることができる。

（通訳人の立会い等）

第一五四条 口頭弁論に関与する者が日本語に通じないとき、又は耳が聞こえない者若しくは口がきけない者であるときは、通訳人を立ち会わせる。ただし、耳が聞こえない者又は口がきけない者には、文字で問い、又は陳述をさせることができる。

2 鑑定人に関する規定は、通訳人について準用する。

第一五四条第二項を同条第三項とし、同条第一項の次に次の一項を加える。

第一五四条 （略）

2 裁判所は、相当と認めるときは、当事者の意見を聴いて、最高裁判所規則で定めるところにより、裁判所及び当事者双方が通訳人との間で映像と音声の送受信により相手の状態を相互に認識しながら通話をすることができる方法によって、通訳人に通訳をさせることができる。この場合において、当該方法によることにつき困難な事情があるときは、裁判所及び当事者双方が通訳人との間で音声の送受信により同時に通話をすることができる方法によってすることができる。

3　（略）

（公布の日から起算して四年を超えない範囲内において政令で定める日から施行　令和四法四八）

（弁論能力を欠く者に対する措置）

第一五五条　裁判所は、訴訟関係を明瞭にするために必要な陳述をすることができない当事者、代理人又は補佐人の陳述を禁じ、口頭弁論の続行のため新たな期日を定めることができる。

2　前項の規定により陳述を禁じた場合において、必要があると認めるときは、裁判所は、弁護士の付添いを命ずることができる。

（攻撃防御方法の提出時期）

第一五六条　攻撃又は防御の方法は、訴訟の進行状況に応じ適切な時期に提出しなければならない。

（審理の計画が定められている場合の攻撃防御方法の提出期間）

第一五六条の二　第百四十七条の三第一項の審理の計画に従った訴訟手続の進行上必要があると認めるときは、裁判長は、当事者の意見を聴いて、特定の事項についての攻撃又は防御の方法を提出すべき期間を定めることができる。

（時機に後れた攻撃防御方法の却下等）

第一五七条　当事者が故意又は重大な過失により時機に後れて提出した攻撃又は防御の方法については、これにより訴訟の完結を遅延させることとなると認めたときは、裁判所は、申立てにより又は職権で、却下の決定をすることができる。

2　攻撃又は防御の方法でその趣旨が明瞭でない

ものについて当事者が必要な釈明をせず、又は釈明をすべき期日に出頭しないときも、前項と同様とする。

（審理の計画が定められている場合の攻撃防御方法の却下）

第一五七条の二　第百四十七条の三第三項又は第百五十六条の二（第百七十条第五項において準用する場合を含む。）の規定により特定の事項についての攻撃又は防御の方法を提出すべき期間が定められている場合において、当事者がその期間の経過後に提出した攻撃又は防御の方法については、これにより審理の計画に従った訴訟手続の進行に著しい支障を生ずるおそれがあると認めたときは、裁判所は、申立てにより又は職権で、却下の決定をすることができる。ただし、その当事者がその期間内に当該攻撃又は防御の方法を提出することができなかったことについて相当の理由があることを疎明したときは、この限りでない。

（訴状等の陳述の擬制）

第一五八条　原告又は被告が最初にすべき口頭弁論の期日に出頭せず、又は出頭したが本案の弁論をしないときは、裁判所は、その者が提出した訴状又は答弁書その他の準備書面に記載した事項を陳述したものとみなし、出頭した相手方に弁論をさせることができる。

（自白の擬制）

第一五九条　当事者が口頭弁論において相手方の主張した事実を争うことを明らかにしない場合には、その事実を自白したものとみなす。ただし、弁論の全趣旨により、その事実を争ったものと認めるべきときは、この限りでない。

2　相手方の主張した事実を知らない旨の陳述をした者は、その事実を争ったものと推定する。

3　第一項の規定は、当事者が口頭弁論の期日に出頭しない場合について準用する。ただし、その当事者が公示送達による呼出しを受けたものであるときは、この限りでない。

（口頭弁論調書）

第一六〇条　裁判所書記官は、口頭弁論について、期日ごとに調書を作成しなければならない。

2　調書の記載について当事者その他の関係人が異議を述べたときは、調書にその旨を記載しなければならない。

3　口頭弁論の方式に関する規定の遵守は、調書によってのみ証明することができる。ただし、調書が滅失したときは、この限りでない。

第一六〇条を次のように改める。

（口頭弁論に係る電子調書の作成等）

第一六〇条　裁判所書記官は、口頭弁論について、期日ごとに、最高裁判所規則で定めるところにより、電子調書（期日又は期日外における手続の方式、内容及び経過等の記録及び公証をするためにこの法律その他の法令の規定により裁判所書記官が作成する電磁的記録をいう。以下同じ。）を作成しなければならない。

2　裁判所書記官は、前項の規定により電子調書を作成したときは、最高裁判所規則で定めるところにより、これをファイルに記録しなければならない。

3　前項の規定によりファイルに記録された電子調書の内容に当事者その他の関係人が異議を述べたときは、最高裁判所規則で定めるところにより、その異議があった旨を明らかにする措置を講じなければならない。

4　口頭弁論の方式に関する規定の遵守は、第二項の規定によりファイルに記録された電子調書によってのみ証明することができる。ただし、当該電子調書が滅失したときは、この限りでない。

第二編第三章第一節に次の一条を加える。

（口頭弁論に係る電子調書の更正）

第一六〇条の二　前条第二項の規定によりファイルに記録された電子調書の内容に計算違い、誤記その他これらに類する明白な誤りがあるときは、裁判所書記官は、申立てにより又は職権で、いつでも更正することができる。

2　前項の規定による更正の処分は、最高裁判所規則で定めるところにより、その旨をファイルに記録してしなければならない。

3　第七十一条第四項、第五項及び第八項の規定は、第一項の規定による更正の処分又は同項の申立てを却下する処分及びこれらに対する異議の申立てについて準用する。

（公布の日から起算して四年を超えない範囲内において政令で定める日から施行　令和四法四八）

第二節　準備書面等

（準備書面）

第一六一条　口頭弁論は、書面で準備しなければならない。

2　準備書面には、次に掲げる事項を記載する。

一　攻撃又は防御の方法

二　相手方の請求及び攻撃又は防御の方法に対する陳述

3　相手方が在廷していない口頭弁論においては、準備書面（相手方に送達されたもの又は相手方からその準備書面を受領した旨を記載した書面が提出されたものに限る。）に記載した事実でなければ、主張することができない。

第一六一条第三項を次のように改める。

第一六一条　（略）

2　（略）

3　相手方が在廷していない口頭弁論においては、次の各号のいずれかに該当する準備書面に記載した事実でなければ、主張することができない。

一　相手方に送達された準備書面

二　相手方からその準備書面を受領した旨を記載した書面が提出された場合における当該準備書面

三　相手方が第九十一条の二第一項の規定により準備書面の閲覧をし、又は同条第二項の規定により準備書面の複写をした場合における当該準備書面

（公布の日から起算して四年を超えない範囲内において政令で定める日から施行　令和四法四八）

（準備書面等の提出期間）

第一六二条　裁判長は、答弁書若しくは特定の事項に関する主張を記載した準備書面の提出又は特定の事項に関する証拠の申出をすべき期間を定めることができる。

第一六二条に次の一項を加える。

第一六二条　（略）

2　前項の規定により定めた期間の経過後に準備書面の提出又は証拠の申出をする当事者は、裁判所に対し、その期間を遵守することができなかった理由を説明しなければならない。

（公布の日から起算して四年を超えない範囲内において政令で定める日から施行　令和四法四八）

（当事者照会）

第一六三条　当事者は、訴訟の係属中、相手方に対し、主張又は立証を準備するために必要な事項について、相当の期間を定めて、書面で回答するよう、書面で照会をすることができる。ただし、その照会が次の各号のいずれかに該当するときは、この限りでない。

一　具体的又は個別的でない照会

二　相手方を侮辱し、又は困惑させる照会

三　既にした照会と重複する照会

四　意見を求める照会

五　相手方が回答するために不相当な費用又は時間を要する照会

六　第百九十六条又は第百九十七条の規定により証言を拒絶することができる事項と同様の事項についての照会

第一六三条を次のように改める。

第一六三条　当事者は、訴訟の係属中、相手方に対し、主張又は立証を準備するために必要な事項について、相当の期間を定めて、書面により、又は相手方の選択により書面若しくは電磁的方法のいずれかにより回答するよう、書面により照会をすることができる。ただし、その照会が次の各号のいずれかに該当するときは、この限りでない。

一～六（略）

2　当事者は、前項の規定による書面による照会に代えて、相手方の承諾を得て、電磁的方法により照会をすることができる。

3　相手方（第一項の規定により書面又は電磁的方法のいずれかにより回答するよう照会を受けたものを除く。）は、同項の規定による書面による回答に代えて、当事者の承諾を得て、電磁的方法により回答をすることができる。

（公布の日から起算して四年を超えない範囲内において政令で定める日から施行　令和四法四八）

第三節　争点及び証拠の整理手続

第一款　準備的口頭弁論

（準備的口頭弁論の開始）

第一六四条　裁判所は、争点及び証拠の整理を行うため必要があると認めるときは、この款に定めるところにより、準備的口頭弁論を行うことができる。

（証明すべき事実の確認等）

第一六五条　裁判所は、準備的口頭弁論を終了するに当たり、その後の証拠調べにより証明すべき事実を当事者との間で確認するものとする。

2　裁判長は、相当と認めるときは、準備的口頭弁論を終了するに当たり、当事者に準備的口頭弁論における争点及び証拠の整理の結果を要約した書面を提出させることができる。

（当事者の不出頭等による終了）

第一六六条　当事者が期日に出頭せず、又は第百六十二条の規定により定められた期間内に準備書面の提出若しくは証拠の申出をしないときは、裁判所は、準備的口頭弁論を終了することができる。

第一六六条を次のように改める。

第一六六条 当事者が期日に出頭せず、又は第百六十二条第一項の規定により定められた期間内に準備書面の提出若しくは証拠の申出をしないときは、裁判所は、準備的口頭弁論を終了することができる。

（公布の日から起算して四年を超えない範囲内において政令で定める日から施行　令和四法四八）

（準備的口頭弁論終了後の攻撃防御方法の提出）

第一六七条 準備的口頭弁論の終了後に攻撃又は防御の方法を提出した当事者は、相手方の求めがあるときは、相手方に対し、準備的口頭弁論の終了前にこれを提出することができなかった理由を説明しなければならない。

第二款　弁論準備手続

（弁論準備手続の開始）

第一六八条 裁判所は、争点及び証拠の整理を行うため必要があると認めるときは、当事者の意見を聴いて、事件を弁論準備手続に付することができる。

（弁論準備手続の期日）

第一六九条 弁論準備手続は、当事者双方が立ち会うことができる期日において行う。

2　裁判所は、相当と認める者の傍聴を許すことができる。ただし、当事者が申し出た者については、手続を行うのに支障を生ずるおそれがあると認める場合を除き、その傍聴を許さなければならない。

（弁論準備手続における訴訟行為等）

第一七〇条 裁判所は、当事者に準備書面を提出させることができる。

2　裁判所は、弁論準備手続の期日において、証拠の申出に関する裁判その他の口頭弁論の期日外においてすることができる裁判及び文書（第二百三十一条に規定する物件を含む。）の証拠調べをすることができる。

3　裁判所は、当事者が遠隔の地に居住しているときその他相当と認めるときは、当事者の意見を聴いて、最高裁判所規則で定めるところにより、裁判所及び当事者双方が音声の送受信により同時に通話をすることができる方法によって、弁論準備手続の期日における手続を行うことができる。ただし、当事者の一方がその期日に出頭した場合に限る。

4　前項の期日に出頭しないで同項の手続に関与した当事者は、その期日に出頭したものとみなす。

5　第百四十八条から第百五十一条まで、第百五十二条第一項、第百五十三条から第百五十九条まで、第百六十二条、第百六十五条及び第百六十六条の規定は、弁論準備手続について準用する。

第一七〇条を次のように改める。

第一七〇条（略）

2　裁判所は、弁論準備手続の期日において、証拠の申出に関する裁判その他の口頭弁論の期日外においてすることができる裁判、文書（第二百三十一条に規定する物件を含む。）の証拠調べ、第二百三十一条の二第一項に規定する電磁的記録に記録された情報の内容に係る証拠調べ並びに第百八十六条第二項、第二百五条第三項（第二百七十八条第二項において準用する場合を含む。）、第二百十五条第四項（第二百七十八条第二項において準用する場合を含む。）及び第二百十八条第三項の提示をすることができる。

3　裁判所は、相当と認めるときは、当事者の意見を聴いて、最高裁判所規則で定めるところにより、裁判所及び当事者双方が音声の送受信により同時に通話をすることができる方法によって、弁論準備手続の期日における手続を行うことができる。

4・5（略）

（公布の日から起算して一年を超えない範囲内にお

いて政令で定める日から施行　令和四法四八）

（受命裁判官による弁論準備手続）

第一七一条　裁判所は、受命裁判官に弁論準備手続を行わせることができる。

2　弁論準備手続を受命裁判官が行う場合には、前二条の規定による裁判所及び裁判長の職務（前条第二項に規定する裁判を除く。）は、その裁判官が行う。ただし、同条第五項において準用する第百五十条の規定による異議についての裁判及び同項において準用する第百五十七条の二の規定による却下についての裁判は、受訴裁判所がする。

3　弁論準備手続を行う受命裁判官は、第百八十六条の規定による調査の嘱託、鑑定の嘱託、文書（第二百三十一条に規定する物件を含む。）を提出してする書証の申出及び文書（第二百二十九条第二項及び第二百三十一条に規定する物件を含む。）の送付の嘱託についての裁判をすることができる。

第一七一条第三項を次のように改める。

第一七一条　（略）

2　（略）

3　弁論準備手続を行う受命裁判官は、第百八十六条第一項の規定による調査の嘱託、鑑定の嘱託、文書（第二百三十一条に規定する物件を含む。）を提出してする書証の申出及び電磁的記録を提出してする証拠調べの申出並びに文書（第二百二十九条第二項及び第二百三十一条に規定する物件を含む。）の送付及び電磁的記録の送付の嘱託についての裁判をすることができる。

（公布の日から起算して四年を超えない範囲内において政令で定める日から施行　令和四法四八）

（弁論準備手続に付する裁判の取消し）

第一七二条　裁判所は、相当と認めるときは、申立てにより又は職権で、弁論準備手続に付する裁判を取り消すことができる。ただし、当事者双方の申立てがあるときは、これを取り消さなければならない。

（弁論準備手続の結果の陳述）

第一七三条　当事者は、口頭弁論において、弁論準備手続の結果を陳述しなければならない。

（弁論準備手続終結後の攻撃防御方法の提出）

第一七四条　第百六十七条の規定は、弁論準備手続の終結後に攻撃又は防御の方法を提出した当事者について準用する。

第三款　書面による準備手続

（書面による準備手続の開始）

第一七五条　裁判所は、当事者が遠隔の地に居住しているときその他相当と認めるときは、当事者の意見を聴いて、事件を書面による準備手続（当事者の出頭なしに準備書面の提出等により争点及び証拠の整理をする手続をいう。以下同じ。）に付することができる。

第一七五条を次のように改める。

第一七五条　裁判所は、相当と認めるときは、当事者の意見を聴いて、事件を書面による準備手続（当事者の出頭なしに準備書面の提出等により争点及び証拠の整理をする手続をいう。以下同じ。）に付することができる。

（公布の日から起算して四年を超えない範囲内において政令で定める日から施行　令和四法四八）

（書面による準備手続の方法等）

第一七六条　書面による準備手続は、裁判長が行う。ただし、高等裁判所においては、受命裁判官にこれを行わせることができる。

2　裁判長又は高等裁判所における受命裁判官（次項において「裁判長等」という。）は、第百六十二条に規定する期間を定めなければならない。

3　裁判長等は、必要があると認めるときは、最高裁判所規則で定めるところにより、裁判所及び当事者双方が音声の送受信により同時に通話をすることができる方法によって、争点及び証拠の整理に関する事項その他口頭弁論の準備のため必要な事項について、当事者双方と協議をすることができる。この場合においては、協議の結果を裁判所書記官に記録させることができる。

4　第百四十九条（第二項を除く。）、第百五十条及び第百六十五条第二項の規定は、書面による準備手続について準用する。

第一七六条を次のように改める。

第一七六条　裁判長は、書面による準備手続を行う場合には、第百六十二条第一項に規定する期間を定めなければならない。

2　裁判所は、書面による準備手続を行う場合において、必要があると認めるときは、最高裁判所規則で定めるところにより、裁判所及び当事者双方が音声の送受信により同時に通話をすることができる方法によって、争点及び証拠の整理に関する事項その他口頭弁論の準備のため必要な事項について、当事者双方と協議をすることができる。この場合においては、協議の結果を裁判所書記官に記録させることができる。

3　第百四十九条、第百五十条及び第百六十五条第二項の規定は、書面による準備手続について準用する。

第一七六条の次に次の一条を加える。

（受命裁判官による書面による準備手続）

第一七六条の二　裁判所は、受命裁判官に書面による準備手続を行わせることができる。

2　書面による準備手続を受命裁判官が行う場合には、前条の規定による裁判所及び裁判長の職務は、その裁判官が行う。ただし、同条第三項において準用する第百五十条の規定による異議についての裁判は、受訴裁判所がする。

（公布の日から起算して四年を超えない範囲内において政令で定める日から施行　令和四法四八）

（証明すべき事実の確認）

第一七七条　裁判所は、書面による準備手続の終結後の口頭弁論の期日において、その後の証拠調べによって証明すべき事実を当事者との間で確認するものとする。

（書面による準備手続終結後の攻撃防御方法の提出）

第一七八条　書面による準備手続を終結した事件について、口頭弁論の期日において、第百七十六条第四項において準用する第百六十五条第二項の書面に記載した事項の陳述がされ、又は前条の規定による確認がされた後に攻撃又は防御の方法を提出した当事者は、相手方の求めがあるときは、相手方に対し、その陳述又は確認前にこれを提出することができなかった理由を説明しなければならない。

第一七八条を次のように改める。

第一七八条　書面による準備手続を終結した事件について、口頭弁論の期日において、第百七十六条第三項において準用する第百六十五条第二項の書面に記載した事項の陳述がされ、又は前条の規定による確認がされた後に攻撃又は防御の方法を提出した当事者は、相手方の求めがあるときは、相手方に対し、その陳述又は確認前にこれを提出することができなかった理由を説明しなければならない。

（公布の日から起算して四年を超えない範囲内において政令で定める日から施行　令和四法四八）

第四章　証　拠

第一節　総　則

（証明することを要しない事実）
第一七九条　裁判所において当事者が自白した事実及び顕著な事実は、証明することを要しない。

（証拠の申出）
第一八〇条　証拠の申出は、証明すべき事実を特定してしなければならない。
2　証拠の申出は、期日前においてもすることができる。

（証拠調べを要しない場合）
第一八一条　裁判所は、当事者が申し出た証拠で必要でないと認めるものは、取り調べることを要しない。
2　証拠調べについて不定期間の障害があるときは、裁判所は、証拠調べをしないことができる。

（集中証拠調べ）
第一八二条　証人及び当事者本人の尋問は、できる限り、争点及び証拠の整理が終了した後に集中して行わなければならない。

（当事者の不出頭の場合の取扱い）
第一八三条　証拠調べは、当事者が期日に出頭しない場合においても、することができる。

（外国における証拠調べ）
第一八四条　外国においてすべき証拠調べは、その国の管轄官庁又はその国に駐在する日本の大使、公使若しくは領事に嘱託してしなければならない。
2　外国においてした証拠調べは、その国の法律に違反する場合であっても、この法律に違反しないときは、その効力を有する。

（裁判所外における証拠調べ）
第一八五条　裁判所は、相当と認めるときは、裁判所外において証拠調べをすることができる。この場合においては、合議体の構成員に命じ、又は地方裁判所若しくは簡易裁判所に嘱託して証拠調べをさせることができる。

2　前項に規定する嘱託により職務を行う受託裁判官は、他の地方裁判所又は簡易裁判所において証拠調べをすることを相当と認めるときは、更に証拠調べの嘱託をすることができる。

第一八五条に次の一項を加える。

第一八五条　（略）

2　（略）

3　裁判所（第一項の規定により職務を行う受命裁判官及び前二項に規定する嘱託により職務を行う受託裁判官を含む。）は、相当と認めるときは、当事者の意見を聴いて、最高裁判所規則で定めるところにより、映像と音声の送受信により相手の状態を相互に認識しながら通話をすることができる方法によって、第一項の規定による証拠調べの手続を行うことができる。

（公布の日から起算して四年を超えない範囲内において政令で定める日から施行　令和四法四八）

（調査の嘱託）

第一八六条　裁判所は、必要な調査を官庁若しくは公署、外国の官庁若しくは公署又は学校、商工会議所、取引所その他の団体に嘱託することができる。

第一八六条に次の一項を加える。

第一八六条　（略）

2　裁判所は、当事者に対し、前項の嘱託に係る調査の結果の提示をしなければならない。

（公布の日から起算して四年を超えない範囲内において政令で定める日から施行　令和四法四八）

（参考人等の審尋）

第一八七条　裁判所は、決定で完結すべき事件について、参考人又は当事者本人を審尋することができる。ただし、参考人については、当事者が申し出た者に限る。

2　前項の規定による審尋は、相手方がある事件については、当事者双方が立ち会うことができる審尋の期日においてしなければならない。

第一八七条に次の二項を加える。

第一八七条　（略）

2　（略）

3　裁判所は、相当と認めるときは、最高裁判所規則で定めるところにより、映像と音声の送受信により相手の状態を相互に認識しながら通話をすることができる方法によって、参考人を審尋することができる。この場合において、当事者双方に異議がないときは、裁判所及び当事者双方と参考人とが音声の送受信により同時に通話をすることができる方法によって、参考人を審尋することができる。

4　前項の規定は、当事者本人を審尋する場合について準用する。

（公布の日から起算して四年を超えない範囲内において政令で定める日から施行　令和四法四八）

（疎明）

第一八八条　疎明は、即時に取り調べることができる証拠によってしなければならない。

（過料の裁判の執行）

第一八九条　この章の規定による過料の裁判は、検察官の命令で執行する。この命令は、執行力のある債務名義と同一の効力を有する。

2　過料の裁判の執行は、民事執行法（昭和五十四年法律第四号）その他強制執行の手続に関する法令の規定に従ってする。ただし、執行をする前に裁判の送達をすることを要しない。

3　刑事訴訟法（昭和二十三年法律第百三十一号）第七編第二章（第五百十一条及び第五百十三条第六項から第八項までを除く。）の規定は、過料の裁判の執行について準用する。

4　過料の裁判の執行があった後に当該裁判（以下この項において「原裁判」という。）に対して即時抗告があった場合において、抗告裁判所が当該即時抗告を理由があると認めて原裁判を取り消して更に過料の裁判をしたときは、その金額の限度において当該過料の裁判の執行があったものとみなす。この場合において、原裁判の執行によって得た金額が当該過料の金額を超えるときは、その超過額は、これを還付しなければならない。

第二節　証人尋問

（証人義務）

第一九〇条　裁判所は、特別の定めがある場合を除き、何人でも証人として尋問することができる。

（公務員の尋問）

第一九一条　公務員又は公務員であった者を証人として職務上の秘密について尋問する場合には、裁判所は、当該監督官庁（衆議院若しくは参議院の議員又はその職にあった者についてはその院、内閣総理大臣その他の国務大臣又はその職にあった者については内閣）の承認を得なければならない。

2　前項の承認は、公共の利益を害し、又は公務の遂行に著しい支障を生ずるおそれがある場合を除き、拒むことができない。

（不出頭に対する過料等）

第一九二条　証人が正当な理由なく出頭しないときは、裁判所は、決定で、これによって生じた訴訟費用の負担を命じ、かつ、十万円以下の過料に処する。

2　前項の決定に対しては、即時抗告をすることができる。

（不出頭に対する罰金等）

第一九三条　証人が正当な理由なく出頭しないときは、十万円以下の罰金又は拘留に処する。

2　前項の罪を犯した者には、情状により、罰金及び拘留を併科することができる。

（勾引）

第一九四条　裁判所は、正当な理由なく出頭しない証人の勾引を命ずることができる。

2　刑事訴訟法中勾引に関する規定は、前項の勾引について準用する。

（受命裁判官等による証人尋問）

第一九五条　裁判所は、次に掲げる場合に限り、受命裁判官又は受託裁判官に裁判所外で証人の尋問をさせることができる。

一　証人が受訴裁判所に出頭する義務がないとき、又は正当な理由により出頭することができないとき。

二　証人が受訴裁判所に出頭するについて不相当な費用又は時間を要するとき。

三　現場において証人を尋問することが事実を発見するために必要であるとき。

四　当事者に異議がないとき。

（証言拒絶権）

第一九六条　証言が証人又は証人と次に掲げる関係を有する者が刑事訴追を受け、又は有罪判決を受けるおそれがある事項に関するときは、証人は、証言を拒むことができる。証言がこれらの者の名誉を害すべき事項に関するときも、同様とする。

一　配偶者、四親等内の血族若しくは三親等内の姻族の関係にあり、又はあったこと。

二　後見人と被後見人の関係にあること。

第一九七条　次に掲げる場合には、証人は、証言を拒むことができる。

一　第百九十一条第一項の場合

二　医師、歯科医師、薬剤師、医薬品販売業者、助産師、弁護士（外国法事務弁護士を含む。）、弁理士、弁護人、公証人、宗教、祈祷若しくは祭祀の職にある者又はこれらの職にあった者が職務上知り得た事実で黙秘すべきものについて尋問を受ける場合

三　技術又は職業の秘密に関する事項について尋問を受ける場合

2　前項の規定は、証人が黙秘の義務を免除された場合には、適用しない。

（証言拒絶の理由の疎明）

第一九八条　証言拒絶の理由は、疎明しなければならない。

（証言拒絶についての裁判）

第一九九条　第百九十七条第一項第一号の場合を除き、証言拒絶の当否については、受訴裁判所が、当事者を審尋して、決定で、裁判をする。

2　前項の裁判に対しては、当事者及び証人は、即時抗告をすることができる。

（証言拒絶に対する制裁）

第二〇〇条　第百九十二条及び第百九十三条の規定は、証言拒絶を理由がないとする裁判が確定した後に証人が正当な理由なく証言を拒む場合について準用する。

（宣誓）

第二〇一条　証人には、特別の定めがある場合を除き、宣誓をさせなければならない。

2　十六歳未満の者又は宣誓の趣旨を理解することができない者を証人として尋問する場合には、宣誓をさせることができない。

3　第百九十六条の規定に該当する証人で証言拒絶の権利を行使しないものを尋問する場合には、宣誓をさせないことができる。

4　証人は、自己又は自己と第百九十六条各号に掲げる関係を有する者に著しい利害関係のある事項について尋問を受けるときは、宣誓を拒むことができる。

5　第百九十八条及び第百九十九条の規定は証人が宣誓を拒む場合について、第百九十二条及び第百九十三条の規定は宣誓拒絶を理由がないとする裁判が確定した後に証人が正当な理由なく宣誓を拒む場合について準用する。

（尋問の順序）

第二〇二条　証人の尋問は、その尋問の申出をした当事者、他の当事者、裁判長の順序でする。

2　裁判長は、適当と認めるときは、当事者の意見を聴いて、前項の順序を変更することができる。

3　当事者が前項の規定による変更について異議を述べたときは、裁判所は、決定で、その異議について裁判をする。

（書類に基づく陳述の禁止）

第二〇三条　証人は、書類に基づいて陳述することができない。ただし、裁判長の許可を受けたときは、この限りでない。

第二〇三条を次のように改める。

（書類等に基づく陳述の禁止）

第二〇三条 証人は、書類その他の物に基づいて陳述することができない。ただし、裁判長の許可を受けたときは、この限りでない。

（公布の日から起算して四年を超えない範囲内において政令で定める日から施行　令和四法四八）

（付添い）

第二〇三条の二 裁判長は、証人の年齢又は心身の状態その他の事情を考慮し、証人が尋問を受ける場合に著しく不安又は緊張を覚えるおそれがあると認めるときは、その不安又は緊張を緩和するのに適当であり、かつ、裁判長若しくは当事者の尋問若しくは証人の陳述を妨げ、又はその陳述の内容に不当な影響を与えるおそれがないと認める者を、その証人の陳述中、証人に付き添わせることができる。

2　前項の規定により証人に付き添うこととされた者は、その証人の陳述中、裁判長若しくは当事者の尋問若しくは証人の陳述を妨げ、又はその陳述の内容に不当な影響を与えるような言動をしてはならない。

3　当事者が、第一項の規定による裁判長の処置に対し、異議を述べたときは、裁判所は、決定で、その異議について裁判をする。

（遮へいの措置）

第二〇三条の三 裁判長は、事案の性質、証人の年齢又は心身の状態、証人と当事者本人又はその法定代理人との関係（証人がこれらの者が行った犯罪により害を被った者であることを含む。次条第二号において同じ。）その他の事情により、証人が当事者本人又はその法定代理人の面前（同条に規定する方法による場合を含む。）において陳述するときは圧迫を受け精神の平穏を著しく害されるおそれがあると認める場合であって、相当と認めるときは、その当事者本人又は法定代理人とその証人との間で、一方から又は相互に相手の状態を認識することができないようにするための措置をとることができる。

2　裁判長は、事案の性質、証人が犯罪により害を被った者であること、証人の年齢、心身の状態又は名誉に対する影響その他の事情を考慮し、相当と認めるときは、傍聴人とその証人との間で、相互に相手の状態を認識することができないようにするための措置をとることができる。

3　前条第三項の規定は、前二項の規定による裁判長の処置について準用する。

（映像等の送受信による通話の方法による尋問）

第二〇四条　裁判所は、次に掲げる場合には、最高裁判所規則で定めるところにより、映像と音声の送受信により相手の状態を相互に認識しながら通話をすることができる方法によって、証人の尋問をすることができる。

一　証人が遠隔の地に居住するとき。

二　事案の性質、証人の年齢又は心身の状態、証人と当事者本人又はその法定代理人との関係その他の事情により、証人が裁判長及び当事者が証人を尋問するために在席する場所において陳述するときは圧迫を受け精神の平穏を著しく害されるおそれがあると認める場合であって、相当と認めるとき。

第二〇四条を次のように改める。

第二〇四条　裁判所は、次に掲げる場合であって、相当と認めるときは、最高裁判所規則で定めるところにより、映像と音声の送受信により相手の状態を相互に認識しながら通話をすることができる方法によって、証人の尋問をすることができる。

一　証人の住所、年齢又は心身の状態その他の事情により、証人が受訴裁判所に出頭することが困難であると認める場合

二　事案の性質、証人の年齢又は心身の状態、証人と当事者本人又はその法定代理人との関係その他の事情により、証人が裁判長及び当事者が証人を尋問するために在席する場所において陳述するときは圧迫を受け精神の平穏を著しく害されるおそれがあると認める場合

三　当事者に異議がない場合

（公布の日から起算して四年を超えない範囲内において政令で定める日から施行　令和四法四八）

（尋問に代わる書面の提出）

第二〇五条　裁判所は、相当と認める場合において、当事者に異議がないときは、証人の尋問に代え、書面の提出をさせることができる。

第二〇五条を次のように改める。

第二〇五条　裁判所は、当事者に異議がない場合であって、相当と認めるときは、証人の尋問に代え、書面の提出をさせることができる。

2　証人は、前項の規定による書面の提出に代えて、最高裁判所規則で定めるところにより、当該書面に記載すべき事項を最高裁判所規則で定める電子情報処理組織を使用してファイルに記録し、又は当該書面に記載すべき事項に係る電磁的記録を記録した記録媒体を提出することができる。この場合において、当該証人は、同項の書面を提出したものとみなす。

3　裁判所は、当事者に対し、第一項の書面に記載された事項又は前項の規定によりファイルに記録された事項若しくは同項の記録媒体に記録された事項の提示をしなければならない。

（公布の日から起算して四年を超えない範囲内において政令で定める日から施行　令和四法四八）

（受命裁判官等の権限）

第二〇六条　受命裁判官又は受託裁判官が証人尋問をする場合には、裁判所及び裁判長の職務は、その裁判官が行う。ただし、第二百二条第三項の規定による異議についての裁判は、受訴裁判所がする。

第三節　当事者尋問

（当事者本人の尋問）

第二〇七条　裁判所は、申立てにより又は職権で、当事者本人を尋問することができる。この場合においては、その当事者に宣誓をさせることができる。

2　証人及び当事者本人の尋問を行うときは、まず証人の尋問をする。ただし、適当と認めるときは、当事者の意見を聴いて、まず当事者本人の尋問をすることができる。

（不出頭等の効果）

第二〇八条　当事者本人を尋問する場合において、その当事者が、正当な理由なく、出頭せず、又は宣誓若しくは陳述を拒んだときは、裁判所は、尋問事項に関する相手方の主張を真実と認めることができる。

（虚偽の陳述に対する過料）

第二〇九条　宣誓した当事者が虚偽の陳述をしたときは、裁判所は、決定で、十万円以下の過料に処する。

2　前項の決定に対しては、即時抗告をすることができる。

3　第一項の場合において、虚偽の陳述をした当事者が訴訟の係属中その陳述が虚偽であることを認めたときは、裁判所は、事情により、同項の決定を取り消すことができる。

（証人尋問の規定の準用）

第二一〇条　第百九十五条、第二百一条第二項、第二百二条から第二百四条まで及び第二百六条の規定は、当事者本人の尋問について準用する。

（法定代理人の尋問）

第二一一条　この法律中当事者本人の尋問に関する規定は、訴訟において当事者を代表する法定代理人について準用する。ただし、当事者本人を尋問することを妨げない。

第四節　鑑　定

（鑑定義務）

第二一二条　鑑定に必要な学識経験を有する者は、鑑定をする義務を負う。

2　第百九十六条又は第二百一条第四項の規定により証言又は宣誓を拒むことができる者と同一の地位にある者及び同条第二項に規定する者は、鑑定人となることができない。

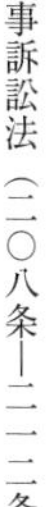

（鑑定人の指定）

第二一三条　鑑定人は、受訴裁判所、受命裁判官又は受託裁判官が指定する。

（忌避）

第二一四条　鑑定人について誠実に鑑定をすることを妨げるべき事情があるときは、当事者は、その鑑定人が鑑定事項について陳述をする前に、これを忌避することができる。鑑定人が陳述をした場合であっても、その後に、忌避の原因が生じ、又は当事者がその原因があることを知ったときは、同様とする。

2　忌避の申立ては、受訴裁判所、受命裁判官又は受託裁判官にしなければならない。

3　忌避を理由があるとする決定に対しては、不服を申し立てることができない。

4　忌避を理由がないとする決定に対しては、即時抗告をすることができる。

（鑑定人の陳述の方式等）

第二一五条　裁判長は、鑑定人に、書面又は口頭で、意見を述べさせることができる。

2　裁判所は、鑑定人に意見を述べさせた場合において、当該意見の内容を明瞭にし、又はその根拠を確認するため必要があると認めるときは、申立てにより又は職権で、鑑定人に更に意見を述べさせることができる。

第二一五条を次のように改める。

第二一五条　（略）

2　前項の鑑定人は、同項の規定により書面で意見を述べることに代えて、最高裁判所規則で定めるところにより、当該書面に記載すべき事項を最高裁判所規則で定める電子情報処理組織を使用してファイルに記録する方法又は当該書面に記載すべき事項に係る電磁的記録を記録した記録媒体を提出する方法により意見を述べることができる。この場合において、鑑定人は、同項の規定により書面で意見を述べたものとみなす。

3　（略）

4　裁判所は、当事者に対し、第一項の書面に記載された事項又は第二項の規定によりファイルに記録された事項若しくは同項の記録媒体に記録された事項の提示をしなければならない。

（公布の日から起算して四年を超えない範囲内において政令で定める日から施行　令和四法四八）

（鑑定人質問）

第二一五条の二　裁判所は、鑑定人に口頭で意見を述べさせる場合には、鑑定人が意見の陳述をした後に、鑑定人に対し質問をすることができる。

2　前項の質問は、裁判長、その鑑定の申出をした当事者、他の当事者の順序でする。

3　裁判長は、適当と認めるときは、当事者の意見を聴いて、前項の順序を変更することができる。

4　当事者が前項の規定による変更について異議を述べたときは、裁判所は、決定で、その異議について裁判をする。

（映像等の送受信による通話の方法による陳述）

第二一五条の三　裁判所は、鑑定人に口頭で意見を述べさせる場合において、鑑定人が遠隔の地に居住しているときその他相当と認めるときは、最高裁判所規則で定めるところにより、隔地者が映像と音声の送受信により相手の状態を相互に認識しながら通話をすることができる方法によって、意見を述べさせることができる。

第二一五条の三を次のように改める。

第二一五条の三　裁判所は、鑑定人に口頭で意見を述べさせる場合において、相当と認めるときは、最高裁判所規則で定めるところにより、映像と音声の送受信により相手の状態を相互に認識しながら通話をすることができる方法によって、意見を述べさせることができる。

（公布の日から起算して四年を超えない範囲内において政令で定める日から施行　令和四法四八）

（受命裁判官等の権限）

第二一五条の四　受命裁判官又は受託裁判官が鑑定人に意見を述べさせる場合には、裁判所及び裁判長の職務は、その裁判官が行う。ただし、第二百十五条の二第四項の規定による異議についての裁判は、受訴裁判所がする。

（証人尋問の規定の準用）

第二一六条　第百九十一条の規定は公務員又は公務員であった者に鑑定人として職務上の秘密について意見を述べさせる場合について、第百九十七条から第百九十九条までの規定は鑑定人が鑑定を拒む場合について、第二百一条第一項の規定は鑑定人に宣誓をさせる場合について、第百九十二条及び第百九十三条の規定は鑑定人が正当な理由なく出頭しない場合、鑑定人が宣誓を拒む場合及び鑑定拒絶を理由がないとする裁判が確定した後に鑑定人が正当な理由なく鑑定を拒む場合について準用する。

（鑑定証人）

第二一七条　特別の学識経験により知り得た事実に関する尋問については、証人尋問に関する規定による。

（鑑定の嘱託）

第二一八条　裁判所は、必要があると認めるときは、官庁若しくは公署、外国の官庁若しくは公署又は相当の設備を有する法人に鑑定を嘱託することができる。この場合においては、宣誓に関する規定を除き、この節の規定を準用する。

2　前項の場合において、裁判所は、必要があると認めるときは、官庁、公署又は法人の指定した者に鑑定書の説明をさせることができる。

第二一八条を次のように改める。

第二一八条　（略）

2　前項の場合において、裁判所は、必要があると認めるときは、官庁、公署又は法人の指定した者に鑑定の結果を記載し、又は記録した書面又は電磁的記録の説明をさせることができる。

3　第一項の場合において、裁判所は、当事者に対し、同項の嘱託に係る鑑定の結果の提示をしなければならない。

（公布の日から起算して四年を超えない範囲内において政令で定める日から施行　令和四法四八）

第五節　書　証

（書証の申出）

第二一九条　書証の申出は、文書を提出し、又は文書の所持者にその提出を命ずることを申し立ててしなければならない。

（文書提出義務）

第二二〇条　次に掲げる場合には、文書の所持者は、その提出を拒むことができない。

一　当事者が訴訟において引用した文書を自ら所持するとき。

二　挙証者が文書の所持者に対しその引渡し又は閲覧を求めることができるとき。

三　文書が挙証者の利益のために作成され、又は挙証者と文書の所持者との間の法律関係について作成されたとき。

四　前三号に掲げる場合のほか、文書が次に掲げるもののいずれにも該当しないとき。

イ　文書の所持者又は文書の所持者と第百九十六条各号に掲げる関係を有する者についての同条に規定する事項が記載されている文書

ロ　公務員の職務上の秘密に関する文書でその提出により公共の利益を害し、又は公務の遂行に著しい支障を生ずるおそれがあるもの

ハ　第百九十七条第一項第二号に規定する事実又は同項第三号に規定する事項で、黙秘の義務が免除されていないものが記載されている文書

ニ　専ら文書の所持者の利用に供するための文書（国又は地方公共団体が所持する文書にあっては、公務員が組織的に用いるものを除く。）

ホ　刑事事件に係る訴訟に関する書類若しく

は少年の保護事件の記録又はこれらの事件において押収されている文書

（文書提出命令の申立て）

第二二一条　文書提出命令の申立ては、次に掲げる事項を明らかにしてしなければならない。

一　文書の表示

二　文書の趣旨

三　文書の所持者

四　証明すべき事実

五　文書の提出義務の原因

2　前条第四号に掲げる場合であることを文書の提出義務の原因とする文書提出命令の申立ては、書証の申出を文書提出命令の申立てによってする必要がある場合でなければ、することができない。

（文書の特定のための手続）

第二二二条　文書提出命令の申立てをする場合において、前条第一項第一号又は第二号に掲げる事項を明らかにすることが著しく困難であるときは、その申立ての時においては、これらの事項に代えて、文書の所持者がその申立てに係る文書を識別することができる事項を明らかにすれば足りる。この場合においては、裁判所に対し、文書の所持者に当該文書についての同項第一号又は第二号に掲げる事項を明らかにすることを求めるよう申し出なければならない。

2　前項の規定による申出があったときは、裁判所は、文書提出命令の申立てに理由がないことが明らかな場合を除き、文書の所持者に対し、同項後段の事項を明らかにすることを求めることができる。

（文書提出命令等）

第二二三条　裁判所は、文書提出命令の申立てを理由があると認めるときは、決定で、文書の所持者に対し、その提出を命ずる。この場合において、文書に取り調べる必要がないと認める部分又は提出の義務があると認めることができない部分があるときは、その部分を除いて、提出を命ずることができる。

2　裁判所は、第三者に対して文書の提出を命じようとする場合には、その第三者を審尋しなければならない。

3　裁判所は、公務員の職務上の秘密に関する文書について第二百二十条第四号に掲げる場合であることを文書の提出義務の原因とする文書提出命令の申立てがあった場合には、その申立てに理由がないことが明らかなときを除き、当該文書が同号ロに掲げる文書に該当するかどうかについて、当該監督官庁（衆議院又は参議院の議員の職務上の秘密に関する文書についてはその院、内閣総理大臣その他の国務大臣の職務上の秘密に関する文書については内閣。以下この条において同じ。）の意見を聴かなければならない。この場合において、当該監督官庁は、当該文書が同号ロに掲げる文書に該当する旨の意見を述べるときは、その理由を示さなければならない。

4　前項の場合において、当該監督官庁が当該文書の提出により次に掲げるおそれがあることを理由として当該文書が第二百二十条第四号ロに掲げる文書に該当する旨の意見を述べたときは、裁判所は、その意見について相当の理由があると認めるに足りない場合に限り、文書の所持者に対し、その提出を命ずることができる。

一　国の安全が害されるおそれ、他国若しくは国際機関との信頼関係が損なわれるおそれ又は他国若しくは国際機関との交渉上不利益を被るおそれ

二　犯罪の予防、鎮圧又は捜査、公訴の維持、刑の執行その他の公共の安全と秩序の維持に支障を及ぼすおそれ

5　第三項前段の場合において、当該監督官庁は、当該文書の所持者以外の第三者の技術又は職業の秘密に関する事項に係る記載がされている文書について意見を述べようとするときは、第二百二十条第四号ロに掲げる文書に該当する旨の意見を述べようとするときを除き、あらかじめ、当該第三者の意見を聴くものとする。

6　裁判所は、文書提出命令の申立てに係る文書が第二百二十条第四号イからニまでに掲げる文

書のいずれかに該当するかどうかの判断をするため必要があると認めるときは、文書の所持者にその提示をさせることができる。この場合においては、何人も、その提示された文書の開示を求めることができない。

7　文書提出命令の申立てについての決定に対しては、即時抗告をすることができる。

（当事者が文書提出命令に従わない場合等の効果）

第二二四条　当事者が文書提出命令に従わないときは、裁判所は、当該文書の記載に関する相手方の主張を真実と認めることができる。

2　当事者が相手方の使用を妨げる目的で提出の義務がある文書を滅失させ、その他これを使用することができないようにしたときも、前項と同様とする。

3　前二項に規定する場合において、相手方が、当該文書の記載に関して具体的な主張をすること及び当該文書により証明すべき事実を他の証拠により証明することが著しく困難であるときは、裁判所は、その事実に関する相手方の主張を真実と認めることができる。

（第三者が文書提出命令に従わない場合の過料）

第二二五条　第三者が文書提出命令に従わないときは、裁判所は、決定で、二十万円以下の過料に処する。

2　前項の決定に対しては、即時抗告をすることができる。

（文書送付の嘱託）

第二二六条　書証の申出は、第二百十九条の規定にかかわらず、文書の所持者にその文書の送付を嘱託することを申し立ててすることができる。ただし、当事者が法令により文書の正本又は謄本の交付を求めることができる場合は、この限りでない。

（文書の留置）

第二二七条　裁判所は、必要があると認めるときは、提出又は送付に係る文書を留め置くことができる。

第二二七条を次のように改める。

（文書の留置等）

第二二七条　（略）

2　提出又は送付に係る文書については、第百三十二条の十三の規定は、適用しない。

（公布の日から起算して四年を超えない範囲内において政令で定める日から施行　令和四法四八）

（文書の成立）

第二二八条　文書は、その成立が真正であることを証明しなければならない。

2　文書は、その方式及び趣旨により公務員が職務上作成したものと認めるべきときは、真正に成立した公文書と推定する。

3　公文書の成立の真否について疑いがあるときは、裁判所は、職権で、当該官庁又は公署に照会をすることができる。

4　私文書は、本人又はその代理人の署名又は押印があるときは、真正に成立したものと推定する。

5　第二項及び第三項の規定は、外国の官庁又は公署の作成に係るものと認めるべき文書について準用する。

（筆跡等の対照による証明）

第二二九条　文書の成立の真否は、筆跡又は印影の対照によっても、証明することができる。

2　第二百十九条、第二百二十三条、第二百二十四条第一項及び第二項、第二百二十六条並びに第二百二十七条の規定は、対照の用に供すべき筆跡又は印影を備える文書その他の物件の提出又は送付について準用する。

3　対照をするのに適当な相手方の筆跡がないときは、裁判所は、対照の用に供すべき文字の筆記を相手方に命ずることができる。

4　相手方が正当な理由なく前項の規定による決定に従わないときは、裁判所は、文書の成立の真否に関する挙証者の主張を真実と認めることができる。書体を変えて筆記したときも、同様とする。

5　第三者が正当な理由なく第二項において準用

する第二百二十三条第一項の規定による提出の命令に従わないときは、裁判所は、決定で、十万円以下の過料に処する。

6　前項の決定に対しては、即時抗告をすることができる。

第二二九条第二項を次のように改める。

第二二九条　（略）

2　第二百十九条、第二百二十三条、第二百二十四条第一項及び第二項、第二百二十六条並びに第二百二十七条第一項の規定は、対照の用に供すべき筆跡又は印影を備える文書その他の物件の提出又は送付について準用する。

3～6　（略）

（公布の日から起算して四年を超えない範囲内において政令で定める日から施行　令和四法四八）

（文書の成立の真正を争った者に対する過料）

第二三〇条　当事者又はその代理人が故意又は重大な過失により真実に反して文書の成立の真正を争ったときは、裁判所は、決定で、十万円以下の過料に処する。

2　前項の決定に対しては、即時抗告をすることができる。

3　第一項の場合において、文書の成立の真正を争った当事者又は代理人が訴訟の係属中その文書の成立が真正であることを認めたときは、裁判所は、事情により、同項の決定を取り消すことができる。

（文書に準ずる物件への準用）

第二三一条　この節の規定は、図面、写真、録音テープ、ビデオテープその他の情報を表すために作成された物件で文書でないものについて準用する。

第二編第四章第五節の次に次の一節を加える。

第五節の二　電磁的記録に記録された情報の内容に係る証拠調べ

（電磁的記録に記録された情報の内容に係る

証拠調べの申出）

第二三一条の二　電磁的記録に記録された情報の内容に係る証拠調べの申出は、当該電磁的記録を提出し、又は当該電磁的記録を利用する権限を有する者にその提出を命ずることを申し立ててしなければならない。

2　前項の規定による電磁的記録の提出は、最高裁判所規則で定めるところにより、電磁的記録を記録した記録媒体を提出する方法又は最高裁判所規則で定める電子情報処理組織を使用する方法により行う。

（書証の規定の準用等）

第二三一条の三　第二百二十条から第二百二十八条まで（同条第四項を除く。）及び第二百三十条の規定は、前条第一項の証拠調べについて準用する。この場合において、第二百二十条、第二百二十一条第一項第三号、第二百二十二条、第二百二十三条第一項及び第四項から第六項まで並びに第二百二十六条中「文書の所持者」とあるのは「電磁的記録を利用する権限を有する者」と、第二百二十条第一号中「文書を自ら所持する」とあるのは「電磁的記録を利用する権限を自ら有する」と、同条第二号中「引渡し」とあるのは「提供」と、同条第四号ニ中「所持する文書」とあるのは「利用する権限を有する電磁的記録」と、同号ホ中「書類」とあるのは「電磁的記録」と、「文書」とあるのは「記録媒体に記録された電磁的記録」と、第二百二十一条（見出しを含む。）、第二百二十二条、第二百二十三条の見出し、同条第一項、第三項、第六項及び第七項、第二百二十四条の見出し及び同条第一項並びに第二百二十五条の見出し及び同条第一項中「文書提出命令」とあるのは「電磁的記録提出命令」と、第二百二十四条第一項及び第三項中「文書の記載」とあるのは「電磁的記録に記録された情報の内容」と、第二百二十六条中「第二百十九条」とあるのは「第二百三十一条の二第一項」と、同条ただし書中「文書の正本又は謄本の交付」とあるのは

「電磁的記録に記録された情報の内容の全部を証明した書面の交付又は当該情報の内容の全部を証明した電磁的記録の提供」と、第二百二十七条中「文書」とあるのは「電磁的記録を記録した記録媒体」と、第二百二十八条第二項中「公文書」とあるのは「もの」と、同条第三項中「公文書」とあるのは「公務所又は公務員が作成すべき電磁的記録」と読み替えるものとする。

2　前項において準用する第二百二十三条第一項の命令に係る電磁的記録の提出及び前項において準用する第二百二十六条の嘱託に係る電磁的記録の送付は、最高裁判所規則で定めるところにより、当該電磁的記録を記録した記録媒体を提出し、若しくは送付し、又は最高裁判所規則で定める電子情報処理組織を使用する方法により行う。

（公布の日から起算して四年を超えない範囲内において政令で定める日から施行　令和四法四八）

第六節　検　証

（検証の目的の提示等）

第二三二条　第二百十九条、第二百二十三条、第二百二十四条、第二百二十六条及び第二百二十七条の規定は、検証の目的の提示又は送付について準用する。

2　第三者が正当な理由なく前項において準用する第二百二十三条第一項の規定による提示の命令に従わないときは、裁判所は、決定で、二十万円以下の過料に処する。

3　前項の決定に対しては、即時抗告をすることができる。

第二三二条第一項を次のように改める。

第二三二条　第二百十九条、第二百二十三条、第二百二十四条、第二百二十六条及び第二百二十七条第一項の規定は、検証の目的の提示又は送付について準用する。

2・3　（略）

第二三二条の次に次の一条を加える。

（映像等の送受信による方法による検証）

第二三二条の二　裁判所は、当事者に異議がない場合であって、相当と認めるときは、最高裁判所規則で定めるところにより、映像と音声の送受信により検証の目的の状態を認識することができる方法によって、検証をすることができる。

（公布の日から起算して四年を超えない範囲内において政令で定める日から施行　令和四法四八）

（検証の際の鑑定）

第二三三条　裁判所又は受命裁判官若しくは受託裁判官は、検証をするに当たり、必要があると認めるときは、鑑定を命ずることができる。

第七節　証拠保全

（証拠保全）

第二三四条　裁判所は、あらかじめ証拠調べをしておかなければその証拠を使用することが困難となる事情があると認めるときは、申立てにより、この章の規定に従い、証拠調べをすることができる。

（管轄裁判所等）

第二三五条　訴えの提起後における証拠保全の申立ては、その証拠を使用すべき審級の裁判所にしなければならない。ただし、最初の口頭弁論の期日が指定され、又は事件が弁論準備手続若しくは書面による準備手続に付された後口頭弁論の終結に至るまでの間は、受訴裁判所にしなければならない。

2　訴えの提起前における証拠保全の申立ては、尋問を受けるべき者若しくは文書を所持する者の居所又は検証物の所在地を管轄する地方裁判所又は簡易裁判所にしなければならない。

3　急迫の事情がある場合には、訴えの提起後であっても、前項の地方裁判所又は簡易裁判所に証拠保全の申立てをすることができる。

第二三五条第二項を次のように改める。

第二三五条（略）

2　訴えの提起前における証拠保全の申立ては、尋問を受けるべき者、文書を所持する者若しくは電磁的記録を利用する権限を有する者の居所又は検証物の所在地を管轄する地方裁判所又は簡易裁判所にしなければならない。

3　（略）

（公布の日から起算して四年を超えない範囲内において政令で定める日から施行　令和四法四八）

（相手方の指定ができない場合の取扱い）

第二三六条　証拠保全の申立ては、相手方を指定することができない場合においても、することができる。この場合においては、裁判所は、相手方となるべき者のために特別代理人を選任することができる。

（職権による証拠保全）

第二三七条　裁判所は、必要があると認めるときは、訴訟の係属中、職権で、証拠保全の決定をすることができる。

（不服申立ての不許）

第二三八条　証拠保全の決定に対しては、不服を申し立てることができない。

（受命裁判官による証拠調べ）

第二三九条　第二百三十五条第一項ただし書の場合には、裁判所は、受命裁判官に証拠調べをさせることができる。

（期日の呼出し）

第二四〇条　証拠調べの期日には、申立人及び相手方を呼び出さなければならない。ただし、急速を要する場合は、この限りでない。

（証拠保全の費用）

第二四一条　証拠保全に関する費用は、訴訟費用の一部とする。

（口頭弁論における再尋問）

第二四二条　証拠保全の手続において尋問をした証人について、当事者が口頭弁論における尋問の申出をしたときは、裁判所は、その尋問をしなければならない。

第五章　判　決

（終局判決）

第二四三条　裁判所は、訴訟が裁判をするのに熟したときは、終局判決をする。

2　裁判所は、訴訟の一部が裁判をするのに熟したときは、その一部について終局判決をすることができる。

3　前項の規定は、口頭弁論の併合を命じた数個の訴訟中その一が裁判をするのに熟した場合及び本訴又は反訴が裁判をするのに熟した場合について準用する。

（同前）

第二四四条　裁判所は、当事者の双方又は一方が口頭弁論の期日に出頭せず、又は弁論をしないで退廷をした場合において、審理の現状及び当事者の訴訟追行の状況を考慮して相当と認めるときは、終局判決をすることができる。ただし、当事者の一方が口頭弁論の期日に出頭せず、又は弁論をしないで退廷をした場合には、出頭した相手方の申出があるときに限る。

（中間判決）

第二四五条　裁判所は、独立した攻撃又は防御の方法その他中間の争いについて、裁判をするのに熟したときは、中間判決をすることができる。請求の原因及び数額について争いがある場合におけるその原因についても、同様とする。

（判決事項）

第二四六条　裁判所は、当事者が申し立てていない事項について、判決をすることができない。

（自由心証主義）

第二四七条　裁判所は、判決をするに当たり、口頭弁論の全趣旨及び証拠調べの結果をしん酌して、自由な心証により、事実についての主張を真実と認めるべきか否かを判断する。

（損害額の認定）

第二四八条　損害が生じたことが認められる場合において、損害の性質上その額を立証することが極めて困難であるときは、裁判所は、口頭弁論の全趣旨及び証拠調べの結果に基づき、相当な損害額を認定することができる。

（直接主義）

第二四九条 判決は、その基本となる口頭弁論に関与した裁判官がする。

2 裁判官が代わった場合には、当事者は、従前の口頭弁論の結果を陳述しなければならない。

3 単独の裁判官が代わった場合又は合議体の裁判官の過半数が代わった場合において、その前に尋問をした証人について、当事者が更に尋問の申出をしたときは、裁判所は、その尋問をしなければならない。

（判決の発効）

第二五〇条 判決は、言渡しによってその効力を生ずる。

（言渡期日）

第二五一条 判決の言渡しは、口頭弁論の終結の日から二月以内にしなければならない。ただし、事件が複雑であるときその他特別の事情があるときは、この限りでない。

2 判決の言渡しは、当事者が在廷しない場合においても、することができる。

（言渡しの方式）

第二五二条 判決の言渡しは、判決書の原本に基づいてする。

第二五二条を次のとおり改める。

（電子判決書）

第二五二条 裁判所は、判決の言渡しをするときは、最高裁判所規則で定めるところにより、次に掲げる事項を記録した電磁的記録（以下「電子判決書」という。）を作成しなければならない。

一 主文

二 事実

三 理由

四 口頭弁論の終結の日

五 当事者及び法定代理人

六 裁判所

2 前項の規定による事実の記録においては、

請求を明らかにし、かつ、主文が正当であることを示すのに必要な主張を摘示しなければならない。

（公布の日から起算して四年を超えない範囲内において政令で定める日から施行　令和四法四八）

（判決書）

第二五三条　判決書には、次に掲げる事項を記載しなければならない。

一　主文

二　事実

三　理由

四　口頭弁論の終結の日

五　当事者及び法定代理人

六　裁判所

2　事実の記載においては、請求を明らかにし、かつ、主文が正当であることを示すのに必要な主張を摘示しなければならない。

第二五三条を次のとおり改める。

（言渡しの方式）

第二五三条　判決の言渡しは、前条第一項の規定により作成された電子判決書に基づいてする。

2　裁判所は、前項の規定により判決の言渡しをした場合には、最高裁判所規則で定めるところにより、言渡しに係る電子判決書をファイルに記録しなければならない。

（公布の日から起算して四年を超えない範囲内において政令で定める日から施行　令和四法四八）

（言渡しの方式の特則）

第二五四条　次に掲げる場合において、原告の請求を認容するときは、判決の言渡しは、第二百五十二条の規定にかかわらず、判決書の原本に基づかないですることができる。

一　被告が口頭弁論において原告の主張した事実を争わず、その他何らの防御の方法をも提出しない場合

二　被告が公示送達による呼出しを受けたにも

かかわらず口頭弁論の期日に出頭しない場合（被告の提出した準備書面が口頭弁論において陳述されたものとみなされた場合を除く。）

2　前項の規定により判決の言渡しをしたときは、裁判所は、判決書の作成に代えて、裁判所書記官に、当事者及び法定代理人、主文、請求並びに理由の要旨を、判決の言渡しをした口頭弁論期日の調書に記載させなければならない。

第二五四条第一項を次のように改める。

第二五四条　次に掲げる場合において、原告の請求を認容するときは、判決の言渡しは、前条の規定にかかわらず、電子判決書に基づかないですることができる。

一・二　（略）

2　裁判所は、前項の規定により判決の言渡しをしたときは、電子判決書の作成に代えて、裁判所書記官に、当事者及び法定代理人、主文、請求並びに理由の要旨を、判決の言渡しをした口頭弁論期日の電子調書に記録させなければならない。

（公布の日から起算して四年を超えない範囲内において政令で定める日から施行　令和四法四八）

（判決書等の送達）

第二五五条　判決書又は前条第二項の調書は、当事者に送達しなければならない。

2　前項に規定する送達は、判決書の正本又は前条第二項の調書の謄本によってする。

第二五五条を次のように改める。

（電子判決書等の送達）

第二五五条　電子判決書（第二百五十三条第二項の規定によりファイルに記録されたものに限る。次項、第二百八十五条、第三百五十五条第二項、第三百五十七条、第三百七十八条第一項及び第三百八十一条の七第一項において同じ。）又は前条第二項の規定により当事者及び法定代理人、主文、請求並びに理由の要旨が記録された電子調書（第百六十条第二項の規定によりファイルに記録されたものに限る。次項、第二百六十一条第五項、第二百八十五条、第三百五十七条及び第三百七十八条第一項において同じ。）は、当事者に送達しなければならない。

2　前項に規定する送達は、次に掲げる方法のいずれかによってする。

一　電子判決書又は電子調書に記録されている事項を記載した書面であって裁判所書記官が最高裁判所規則で定める方法により当該書面の内容が当該電子判決書又は当該電子調書に記録されている事項と同一であることを証明したものの送達

二　第百九条の二の規定による送達

（公布の日から起算して四年を超えない範囲内において政令で定める日から施行　令和四法四八）

（変更の判決）

第二五六条　裁判所は、判決に法令の違反があることを発見したときは、その言渡し後一週間以内に限り、変更の判決をすることができる。ただし、判決が確定したとき、又は判決を変更するため事件につき更に弁論をする必要があるときは、この限りでない。

2　変更の判決は、口頭弁論を経ないでする。

3　前項の判決の言渡期日の呼出しにおいては、公示送達による場合を除き、送達をすべき場所にあてて呼出状を発した時に、送達があったものとみなす。

第二五六条第三項を次のように改める。

第二五六条　（略）

2　（略）

3　電子呼出状（第九十四条第二項の規定によりファイルに記録されたものに限る。）により前項の判決の言渡期日の呼出しを行う場合においては、次の各号に掲げる送達の区分に応じ、それぞれ当該各号に定める時に、その送達があったものとみなす。

一　第百九条の規定による送達　同条の規定

により作成した書面を送達すべき場所に宛てて発した時
二　第百九条の二の規定による送達　同条第一項本文の通知が発せられた時
（公布の日から起算して四年を超えない範囲内において政令で定める日から施行　令和四法四八）

（更正決定）

第二五七条　判決に計算違い、誤記その他これらに類する明白な誤りがあるときは、裁判所は、申立てにより又は職権で、いつでも更正決定をすることができる。

2　更正決定に対しては、即時抗告をすることができる。ただし、判決に対し適法な控訴があったときは、この限りでない。

第二五七条を次のように改める。

（判決の更正決定）

第二五七条　（略）

2　前項の更正決定に対しては、即時抗告をすることができる。ただし、判決に対し適法な控訴があったときは、この限りでない。

3　第一項の申立てを不適法として却下した決定に対しては、即時抗告をすることができる。ただし、判決に対し適法な控訴があったときは、この限りでない。

（公布の日から起算して四年を超えない範囲内において政令で定める日から施行　令和四法四八）

（裁判の脱漏）

第二五八条　裁判所が請求の一部について裁判を脱漏したときは、訴訟は、その請求の部分については、なおその裁判所に係属する。

2　訴訟費用の負担の裁判を脱漏したときは、裁判所は、申立てにより又は職権で、その訴訟費用の負担について、決定で、裁判をする。この場合においては、第六十一条から第六十六条までの規定を準用する。

3　前項の決定に対しては、即時抗告をすることができる。

4　第二項の規定による訴訟費用の負担の裁判は、本案判決に対し適法な控訴があったときは、その効力を失う。この場合においては、控訴裁判所は、訴訟の総費用について、その負担の裁判をする。

（仮執行の宣言）

第二五九条　財産権上の請求に関する判決については、裁判所は、必要があると認めるときは、申立てにより又は職権で、担保を立てて、又は立てないで仮執行をすることができることを宣言することができる。

2　手形又は小切手による金銭の支払の請求及びこれに附帯する法定利率による損害賠償の請求に関する判決については、裁判所は、職権で、担保を立てないで仮執行をすることができることを宣言しなければならない。ただし、裁判所が相当と認めるときは、仮執行を担保を立てることに係らしめることができる。

3　裁判所は、申立てにより又は職権で、担保を立てて仮執行を免れることができることを宣言することができる。

4　仮執行の宣言は、判決の主文に掲げなければならない。前項の規定による宣言についても、同様とする。

5　仮執行の宣言の申立てについて裁判をしなかったとき、又は職権で仮執行の宣言をすべき場合においてこれをしなかったときは、裁判所は、申立てにより又は職権で、補充の決定をする。第三項の申立てについて裁判をしなかったときも、同様とする。

6　第七十六条、第七十七条、第七十九条及び第八十条の規定は、第一項から第三項までの担保について準用する。

（仮執行の宣言の失効及び原状回復等）

第二六〇条　仮執行の宣言は、その宣言又は本案判決を変更する判決の言渡しにより、変更の限度においてその効力を失う。

2　本案判決を変更する場合には、裁判所は、被告の申立てにより、その判決において、仮執行の宣言に基づき被告が給付したものの返還及び仮執行により又はこれを免れるために被告が受けた損害の賠償を原告に命じなければならない。

3　仮執行の宣言のみを変更したときは、後に本案判決を変更する判決について、前項の規定を適用する。

第六章　裁判によらない訴訟の完結

（訴えの取下げ）

第二六一条　訴えは、判決が確定するまで、その全部又は一部を取り下げることができる。

2　訴えの取下げは、相手方が本案について準備書面を提出し、弁論準備手続において申述をし、又は口頭弁論をした後にあっては、相手方の同意を得なければ、その効力を生じない。ただし、本訴の取下げがあった場合における反訴の取下げについては、この限りでない。

3　訴えの取下げは、書面でしなければならない。ただし、口頭弁論、弁論準備手続又は和解の期日（以下この章において「口頭弁論等の期日」という。）においては、口頭ですることを妨げない。

4　第二項本文の場合において、訴えの取下げが書面でされたときはその書面を、訴えの取下げが口頭弁論等の期日において口頭でされたとき（相手方がその期日に出頭したときを除く。）はその期日の調書の謄本を相手方に送達しなければならない。

5　訴えの取下げの書面の送達を受けた日から二週間以内に相手方が異議を述べないときは、訴えの取下げに同意したものとみなす。訴えの取下げが口頭弁論等の期日において口頭でされた場合において、相手方がその期日に出頭したときは訴えの取下げがあった日から、相手方がその期日に出頭しなかったときは前項の謄本の送達があった日から二週間以内に相手方が異議を述べないときも、同様とする。

第二六一条を次のように改める。

第二六一条　（略）

2　（略）

3　訴えの取下げは、書面でしなければならない。

4　前項の規定にかかわらず、口頭弁論、弁論準備手続又は和解の期日（以下この章において「口頭弁論等の期日」という。）において訴えの取下げをすることを妨げない。この場合において、裁判所書記官は、その期日の電子調書に訴えの取下げがされた旨を記録しなければならない。

5　第二項本文の場合において、訴えの取下げが書面でされたときはその書面を、訴えの取下げが口頭弁論等の期日において口頭でされたとき（相手方がその期日に出頭したときを除く。）は前項の規定により訴えの取下げがされた旨が記録された電子調書を相手方に送達しなければならない。

6　訴えの取下げの書面の送達を受けた日から二週間以内に相手方が異議を述べないときは、訴えの取下げに同意したものとみなす。訴えの取下げが口頭弁論等の期日において口頭でされた場合において、相手方がその期日に出頭したときは訴えの取下げがあった日から、相手方がその期日に出頭しなかったときは前項の規定による送達があった日から二週間以内に相手方が異議を述べないときも、同様とする。

（公布の日から起算して四年を超えない範囲内において政令で定める日から施行　令和四法四八）

（訴えの取下げの効果）

第二六二条　訴訟は、訴えの取下げがあった部分については、初めから係属していなかったものとみなす。

2　本案について終局判決があった後に訴えを取り下げた者は、同一の訴えを提起することができない。

（訴えの取下げの擬制）

第二六三条　当事者双方が、口頭弁論若しくは弁論準備手続の期日に出頭せず、又は弁論若しくは弁論準備手続における申述をしないで退廷若しくは退席をした場合において、一月以内に期日指定の申立てをしないときは、訴えの取下げがあったものとみなす。当事者双方が、連続して二回、口頭弁論若しくは弁論準備手続の期日に出頭せず、又は弁論若しくは弁論準備手続における申述をしないで退廷若しくは退席をしたときも、同様とする。

（和解条項案の書面による受諾）

第二六四条　当事者が遠隔の地に居住していることその他の事由により出頭することが困難であると認められる場合において、その当事者があらかじめ裁判所又は受命裁判官若しくは受託裁判官から提示された和解条項案を受諾する旨の書面を提出し、他の当事者が口頭弁論等の期日に出頭してその和解条項案を受諾したときは、当事者間に和解が調ったものとみなす。

第二六四条を次のように改める。

第二六四条　当事者がの一方が出頭することが困難であると認められる場合において、その当事者があらかじめ裁判所又は受命裁判官若しくは受託裁判官から提示された和解条項案を受諾する旨の書面を提出し、他の当事者が口頭弁論等の期日に出頭してその和解条項案を受諾したときは、当事者間に和解が調ったものとみなす。

2　当事者双方が出頭することが困難であると認められる場合において、当事者双方があらかじめ裁判所又は受命裁判官若しくは受託裁判官から和解が成立すべき日時を定めて提示された和解条項案を受諾する旨の書面を提出し、その日時が経過したときは、その日時に、当事者間に和解が調ったものとみなす。

（公布の日から起算して四年を超えない範囲内において政令で定める日から施行　令和四法四八）

（裁判所等が定める和解条項）

第二六五条　裁判所又は受命裁判官若しくは受託裁判官は、当事者の共同の申立てがあるときは、事件の解決のために適当な和解条項を定めることができる。

2　前項の申立ては、書面でしなければならない。この場合においては、その書面に同項の和解条項に服する旨を記載しなければならない。

3　第一項の規定による和解条項の定めは、口頭弁論等の期日における告知その他相当と認める方法による告知によってする。

4　当事者は、前項の告知前に限り、第一項の申立てを取り下げることができる。この場合においては、相手方の同意を得ることを要しない。

5　第三項の告知が当事者双方にされたときは、当事者間に和解が調ったものとみなす。

（請求の放棄又は認諾）

第二六六条　請求の放棄又は認諾は、口頭弁論等の期日においてする。

2　請求の放棄又は認諾をする旨の書面を提出した当事者が口頭弁論等の期日に出頭しないときは、裁判所又は受命裁判官若しくは受託裁判官は、その旨の陳述をしたものとみなすことができる。

（和解調書等の効力）

第二六七条　和解又は請求の放棄若しくは認諾を調書に記載したときは、その記載は、確定判決と同一の効力を有する。

第二六七条を次のように改める。

（和解等に係る電子調書の効力）

第二六七条　裁判所書記官が、和解又は請求の放棄若しくは認諾について電子調書を作成し、その記録をファイルに記録したときは、その記録は、確定判決と同一の効力を有する。

2　前項の規定によりファイルに記録された電子調書は、当事者に送達しなければならない。この場合においては、第二百五十五条第二項の規定を準用する。

第二編第六章に次の一条を加える。

（和解等に係る電子調書の更正決定）

第二六七条の二　前条第一項の規定によりファイルに記録された電子調書につきその内容に計算違い、誤記その他これらに類する明白な誤りがあるときは、裁判所は、申立てにより又は職権で、いつでも更正決定をすることができる。

2　前項の更正決定に対しては、即時抗告をすることができる。

3　第一項の申立てを不適法として却下した決定に対しては、即時抗告をすることができる。

（公布の日から起算して四年を超えない範囲内において政令で定める日から施行　令和四法四八）

第七章　大規模訴訟等に関する特則

（大規模訴訟に係る事件における受命裁判官による証人等の尋問）

第二六八条　裁判所は、大規模訴訟（当事者が著しく多数で、かつ、尋問すべき証人又は当事者本人が著しく多数である訴訟をいう。）に係る事件について、当事者に異議がないときは、受命裁判官に裁判所内で証人又は当事者本人の尋問をさせることができる。

（大規模訴訟に係る事件における合議体の構成）

第二六九条　地方裁判所においては、前条に規定する事件について、五人の裁判官の合議体で審理及び裁判をする旨の決定をその合議体ですることができる。

2　前項の場合には、判事補は、同時に三人以上合議体に加わり、又は裁判長となることができない。

（特許権等に関する訴えに係る事件における合議体の構成）

第二六九条の二　第六条第一項各号に定める裁判所においては、特許権等に関する訴えに係る事件について、五人の裁判官の合議体で審理及び裁判をする旨の決定をその合議体ですることができる。ただし、第二十条の二第一項の規定により移送された訴訟に係る事件については、この限りでない。

2　前条第二項の規定は、前項の場合について準用する。

第八章　簡易裁判所の訴訟手続に関する特則

（手続の特色）

第二七〇条　簡易裁判所においては、簡易な手続により迅速に紛争を解決するものとする。

（口頭による訴えの提起）

第二七一条　訴えは、口頭で提起することができる。

（訴えの提起において明らかにすべき事項）

第二七二条　訴えの提起においては、請求の原因に代えて、紛争の要点を明らかにすれば足りる。

（任意の出頭による訴えの提起等）

第二七三条　当事者双方は、任意に裁判所に出頭し、訴訟について口頭弁論をすることができる。この場合においては、訴えの提起は、口頭の陳述によってする。

（反訴の提起に基づく移送）

第二七四条　被告が反訴で地方裁判所の管轄に属する請求をした場合において、相手方の申立てがあるときは、簡易裁判所は、決定で、本訴及び反訴を地方裁判所に移送しなければならない。この場合においては、第二十二条の規定を準用する。

2　前項の決定に対しては、不服を申し立てることができない。

（訴え提起前の和解）

第二七五条　民事上の争いについては、当事者は、請求の趣旨及び原因並びに争いの実情を表示して、相手方の普通裁判籍の所在地を管轄する簡易裁判所に和解の申立てをすることができる。

2　前項の和解が調わない場合において、和解の期日に出頭した当事者双方の申立てがあるときは、裁判所は、直ちに訴訟の弁論を命ずる。この場合においては、和解の申立てをした者は、その申立てをした時に、訴えを提起したものとみなし、和解の費用は、訴訟費用の一部とする。

3　申立人又は相手方が第一項の和解の期日に出頭しないときは、裁判所は、和解が調わないものとみなすことができる。

4　第一項の和解については、第二百六十四条及び第二百六十五条の規定は、適用しない。

（和解に代わる決定）

第二七五条の二　金銭の支払の請求を目的とする訴えについては、裁判所は、被告が口頭弁論において原告の主張した事実を争わず、その他何らの防御の方法をも提出しない場合において、被告の資力その他の事情を考慮して相当であると認めるときは、原告の意見を聴いて、第三項の期間の経過時から五年を超えない範囲内において、当該請求に係る金銭の支払について、その時期の定め若しくは分割払の定めをし、又はこれと併せて、その時期の定めに従い支払をしたとき、若しくはその分割払の定めによる期限の利益を次項の規定による定めにより失うことなく支払をしたときは訴え提起後の遅延損害金の支払義務を免除する旨の定めをして、当該請求に係る金銭の支払を命ずる決定をすることができる。

2　前項の分割払の定めをするときは、被告が支払を怠った場合における期限の利益の喪失についての定めをしなければならない。

3　第一項の決定に対しては、当事者は、その決定の告知を受けた日から二週間の不変期間内に、その決定をした裁判所に異議を申し立てることができる。

4　前項の期間内に異議の申立てがあったときは、第一項の決定は、その効力を失う。

5　第三項の期間内に異議の申立てがないときは、第一項の決定は、裁判上の和解と同一の効力を有する。

（準備書面の省略等）

第二七六条　口頭弁論は、書面で準備することを要しない。

2　相手方が準備をしなければ陳述をすることができないと認める べき事項は、前項の規定にかかわらず、書面で準備し、又は口頭弁論前直接に相手方に通知しなければならない。

3　前項に規定する事項は、相手方が在廷していない口頭弁論においては、準備書面（相手方に送達されたもの又は相手方からその準備書面を受領した旨を記載した書面が提出されたものに限る。）に記載し、又は同項の規定による通知をしたものでなければ、主張することができない。

第二七六条を次のように改める。

第二七六条　（略）

2　（略）

3　前項に規定する事項は、相手方が在廷していない口頭弁論においては、次の各号のいずれかに該当する準備書面に記載し、又は同項の規定による通知をしたものでなければ、主張することができない。

一　相手方に送達された準備書面

二　相手方からその準備書面を受領した旨を記載した書面が提出された場合における当該準備書面

三　相手方が第九十一条の二第一項の規定により準備書面の閲覧をし、又は同条第二項の規定により準備書面の複写をした場合における当該準備書面

（公布の日から起算して四年を超えない範囲内において政令で定める日から施行　令和四法四八）

（続行期日における陳述の擬制）

第二七七条　第百五十八条の規定は、原告又は被告が口頭弁論の続行の期日に出頭せず、又は出頭したが本案の弁論をしない場合について準用する。

第二七七条の次に次の一条を加える。

（映像等の送受信による通話の方法による尋問）

第二七七条の二　裁判所は、相当と認めるときは、最高裁判所規則で定めるところにより、映像と音声の送受信により相手の状態を相互に認識しながら通話をすることができる方法によって、証人又は当事者本人の尋問をすることができる。

（公布の日から起算して四年を超えない範囲内において政令で定める日から施行　令和四法四八）

（尋問等に代わる書面の提出）

第二七八条　裁判所は、相当と認めるときは、証人若しくは当事者本人の尋問又は鑑定人の意見の陳述に代え、書面の提出をさせることができる。

第二七八条に次の一項を加える。

第二七八条　（略）

2　第二百五条第二項及び第三項の規定は前項の規定による証人又は当事者本人の尋問に代わる書面の提出について、第二百十五条第二項及び第四項の規定は前項の規定による鑑定人の意見の陳述に代わる書面の提出について、それぞれ準用する。

（公布の日から起算して四年を超えない範囲内において政令で定める日から施行　令和四法四八）

（司法委員）

第二七九条　裁判所は、必要があると認めるときは、和解を試みるについて司法委員に補助をさせ、又は司法委員を審理に立ち会わせて事件につきその意見を聴くことができる。

2　司法委員の員数は、各事件について一人以上とする。

3　司法委員は、毎年あらかじめ地方裁判所の選任した者の中から、事件ごとに裁判所が指定する。

4　前項の規定により選任される者の資格、員数その他同項の選任に関し必要な事項は、最高裁判所規則で定める。

5　司法委員には、最高裁判所規則で定める額の旅費、日当及び宿泊料を支給する。

（判決書の記載事項）

第二八〇条　判決書に事実及び理由を記載するには、請求の趣旨及び原因の要旨、その原因の有無並びに請求を排斥する理由である抗弁の要旨を表示すれば足りる。

第二八〇条を次のように改める。

（電子判決書の記録事項）

第二八〇条　第二百五十二条第一項の規定により同項第二号の事実及び同項第三号の理由を記録する場合には、請求の趣旨及び原因の要旨、その原因の有無並びに請求を排斥する理由である抗弁の要旨を記録すれば足りる。

（公布の日から起算して四年を超えない範囲内において政令で定める日から施行　令和四法四八）

第三編　上　訴

第一章　控　訴

（控訴をすることができる判決等）

第二八一条　控訴は、地方裁判所が第一審としてした終局判決又は簡易裁判所の終局判決に対してすることができる。ただし、終局判決後、当事者双方が共に上告をする権利を留保して控訴をしない旨の合意をしたときは、この限りでない。

2　第十一条第二項及び第三項の規定は、前項の合意について準用する。

（訴訟費用の負担の裁判に対する控訴の制限）

第二八二条　訴訟費用の負担の裁判に対しては、独立して控訴をすることができない。

（控訴裁判所の判断を受ける裁判）

第二八三条　終局判決前の裁判は、控訴裁判所の判断を受ける。ただし、不服を申し立てることができない裁判及び抗告により不服を申し立てることができる裁判は、この限りでない。

（控訴権の放棄）

第二八四条　控訴をする権利は、放棄することができる。

（控訴期間）

第二八五条　控訴は、判決書又は第二百五十四条第二項の調書の送達を受けた日から二週間の不変期間内に提起しなければならない。ただし、その期間前に提起した控訴の効力を妨げない。

第二八五条を次のように改める。

第二八五条　控訴は、電子判決書又は第二百五十四条第二項の規定により当事者及び法定代理人、主文、請求並びに理由の要旨が記録された電子調書の送達を受けた日から二週間の不変期間内に提起しなければならない。ただし、その期間前に提起した控訴の効力を妨げない。

（公布の日から起算して四年を超えない範囲内において政令で定める日から施行　令和四法四八）

（控訴提起の方式）

第二八六条　控訴の提起は、控訴状を第一審裁判所に提出してしなければならない。

2　控訴状には、次に掲げる事項を記載しなければならない。

一　当事者及び法定代理人

二　第一審判決の表示及びその判決に対して控訴をする旨

（第一審裁判所による控訴の却下）

第二八七条　控訴が不適法でその不備を補正することができないことが明らかであるときは、第一審裁判所は、決定で、控訴を却下しなければならない。

2　前項の決定に対しては、即時抗告をすることができる。

（裁判長の控訴状審査権）

第二八八条　第百三十七条の規定は、控訴状が第二百八十六条第二項の規定に違反する場合及び民事訴訟費用等に関する法律の規定に従い控訴の提起の手数料を納付しない場合について準用する。

第二八八条を次のように改める。

（裁判長の控訴状審査権等）

第二八八条　第百三十七条の規定は控訴状が第二百八十六条第二項の規定に違反する場合について、第百三十七条の二の規定は民事訴訟費用等に関する法律の規定に従い控訴の提起の手数料を納付しない場合について、それぞれ準用する。

（公布の日から起算して四年を超えない範囲内において政令で定める日から施行　令和四法四八）

（控訴状の送達）

第二八九条　控訴状は、被控訴人に送達しなければならない。

2　第百三十七条の規定は、控訴状の送達をすることができない場合（控訴状の送達に必要な費用を予納しない場合を含む。）について準用する。

（口頭弁論を経ない控訴の却下）

第二九〇条　控訴が不適法でその不備を補正することができないときは、控訴裁判所は、口頭弁論を経ないで、判決で、控訴を却下することができる。

（呼出費用の予納がない場合の控訴の却下）

第二九一条　控訴裁判所は、民事訴訟費用等に関する法律の規定に従い当事者に対する期日の呼出しに必要な費用の予納を相当の期間を定めて控訴人に命じた場合において、その予納がないときは、決定で、控訴を却下することができる。

2　前項の決定に対しては、即時抗告をすることができる。

（控訴の取下げ）

第二九二条　控訴は、控訴審の終局判決があるまで、取り下げることができる。

2　第二百六十一条第三項、第二百六十二条第一項及び第二百六十三条の規定は、控訴の取下げについて準用する。

第二九二条第二項を次のように改める。

第二九二条　（略）

２　第二百六十一条第三項及び第四項、第二百六十二条第一項並びに第二百六十三条の規定は、控訴の取下げについて準用する。

（公布の日から起算して四年を超えない範囲内において政令で定める日から施行　令和四法四八）

（附帯控訴）

第二九三条　被控訴人は、控訴権が消滅した後であっても、口頭弁論の終結に至るまで、附帯控訴をすることができる。

２　附帯控訴は、控訴の取下げがあったとき、又は不適法として控訴の却下があったときは、その効力を失う。ただし、控訴の要件を備えるものは、独立した控訴とみなす。

３　附帯控訴については、控訴に関する規定による。ただし、附帯控訴の提起は、附帯控訴状を控訴裁判所に提出してすることができる。

（第一審判決についての仮執行の宣言）

第二九四条　控訴裁判所は、第一審判決について不服の申立てがない部分に限り、申立てにより、決定で、仮執行の宣言をすることができる。

（仮執行に関する裁判に対する不服申立て）

第二九五条　仮執行に関する控訴審の裁判に対しては、不服を申し立てることができない。ただし、前条の申立てを却下する決定に対しては、即時抗告をすることができる。

（口頭弁論の範囲等）

第二九六条　口頭弁論は、当事者が第一審判決の変更を求める限度においてのみ、これをする。

２　当事者は、第一審における口頭弁論の結果を陳述しなければならない。

（第一審の訴訟手続の規定の準用）

第二九七条　前編第一章から第七章までの規定は、特別の定めがある場合を除き、控訴審の訴訟手続について準用する。ただし、第二百六十九条の規定は、この限りでない。

（第一審の訴訟行為の効力等）

第二九八条 第一審においてした訴訟行為は、控訴審においてもその効力を有する。

2 第百六十七条の規定は、第一審において準備的口頭弁論を終了し、又は弁論準備手続を終結した事件につき控訴審で攻撃又は防御の方法を提出した当事者について、第百七十八条の規定は、第一審において書面による準備手続を終結した事件につき同条の陳述又は確認がされた場合において控訴審で攻撃又は防御の方法を提出した当事者について準用する。

（第一審の管轄違いの主張の制限）

第二九九条 控訴審においては、当事者は、第一審裁判所が管轄権を有しないことを主張することができない。ただし、専属管轄（当事者が第十一条の規定により合意で定めたものを除く。）については、この限りでない。

2 前項の第一審裁判所が第六条第一項各号に定める裁判所である場合において、当該訴訟が同項の規定により他の裁判所の専属管轄に属するときは、前項ただし書の規定は、適用しない。

（反訴の提起等）

第三〇〇条 控訴審においては、反訴の提起は、相手方の同意がある場合に限り、することができる。

2 相手方が異議を述べないで反訴の本案について弁論をしたときは、反訴の提起に同意したものとみなす。

3 前二項の規定は、選定者に係る請求の追加について準用する。

（攻撃防御方法の提出等の期間）

第三〇一条 裁判長は、当事者の意見を聴いて、攻撃若しくは防御の方法の提出、請求若しくは請求の原因の変更、反訴の提起又は選定者に係る請求の追加をすべき期間を定めることができる。

2 前項の規定により定められた期間の経過後に同項に規定する訴訟行為をする当事者は、裁判所に対し、その期間内にこれをすることができなかった理由を説明しなければならない。

（控訴棄却）

第三〇二条　控訴裁判所は、第一審判決を相当とするときは、控訴を棄却しなければならない。

2　第一審判決がその理由によれば不当である場合においても、他の理由により正当であるときは、控訴を棄却しなければならない。

（控訴権の濫用に対する制裁）

第三〇三条　控訴裁判所は、前条第一項の規定により控訴を棄却する場合において、控訴人が訴訟の完結を遅延させることのみを目的として控訴を提起したものと認めるときは、控訴人に対し、控訴の提起の手数料として納付すべき金額の十倍以下の金銭の納付を命ずることができる。

2　前項の規定による裁判は、判決の主文に掲げなければならない。

3　第一項の規定による裁判は、本案判決を変更する判決の言渡しにより、その効力を失う。

4　上告裁判所は、上告を棄却する場合においても、第一項の規定による裁判を変更することができる。

5　第百八十九条の規定は、第一項の規定による裁判について準用する。

（第一審判決の取消し及び変更の範囲）

第三〇四条　第一審判決の取消し及び変更は、不服申立ての限度においてのみ、これをすることができる。

（第一審判決が不当な場合の取消し）

第三〇五条　控訴裁判所は、第一審判決を不当とするときは、これを取り消さなければならない。

（第一審の判決の手続が違法な場合の取消し）

第三〇六条　第一審の判決の手続が法律に違反したときは、控訴裁判所は、第一審判決を取り消さなければならない。

（事件の差戻し）

第三〇七条　控訴裁判所は、訴えを不適法として却下した第一審判決を取り消す場合には、事件を第一審裁判所に差し戻さなければならない。ただし、事件につき更に弁論をする必要がないときは、この限りでない。

（同前）

第三〇八条　前条本文に規定する場合のほか、控訴裁判所が第一審判決を取り消す場合において、事件につき更に弁論をする必要があるときは、これを第一審裁判所に差し戻すことができる。

2　第一審裁判所における訴訟手続が法律に違反したことを理由として事件を差し戻したときは、その訴訟手続は、これによって取り消されたものとみなす。

（第一審の管轄違いを理由とする移送）

第三〇九条　控訴裁判所は、事件が管轄違いであることを理由として第一審判決を取り消すときは、判決で、事件を管轄裁判所に移送しなければならない。

（控訴審の判決における仮執行の宣言）

第三一〇条　控訴裁判所は、金銭の支払の請求（第二百五十九条第二項の請求を除く。）に関する判決については、申立てがあるときは、不必要と認める場合を除き、担保を立てないで仮執行をすることができることを宣言しなければならない。ただし、控訴裁判所が相当と認めるときは、仮執行を担保を立てることに係らしめることができる。

（特許権等に関する訴えに係る控訴事件における合議体の構成）

第三一〇条の二　第六条第一項各号に定める裁判所が第一審としてした特許権等に関する訴えについての終局判決に対する控訴が提起された東京高等裁判所においては、当該控訴に係る事件について、五人の裁判官の合議体で審理及び裁判をする旨の決定をその合議体ですることができる。ただし、第二十条の二第一項の規定により移送された訴訟に係る訴えについての終局判決に対する控訴に係る事件については、この限りでない。

第二章　上　告

（上告裁判所）

第三一一条 上告は、高等裁判所が第二審又は第一審としてした終局判決に対しては最高裁判所に、地方裁判所が第二審としてした終局判決に対しては高等裁判所にすることができる。

2　第二百八十一条第一項ただし書の場合には、地方裁判所の判決に対しては最高裁判所に、簡易裁判所の判決に対しては高等裁判所に、直ちに上告をすることができる。

（上告の理由）

第三一二条 上告は、判決に憲法の解釈の誤りがあることその他憲法の違反があることを理由とするときに、することができる。

2　上告は、次に掲げる事由があることを理由とするときも、することができる。ただし、第四号に掲げる事由については、第三十四条第二項（第五十九条において準用する場合を含む。）の規定による追認があったときは、この限りでない。

一　法律に従って判決裁判所を構成しなかったこと。

二　法律により判決に関与することができない裁判官が判決に関与したこと。

二の二　日本の裁判所の管轄権の専属に関する規定に違反したこと。

三　専属管轄に関する規定に違反したこと（第六条第一項各号に定める裁判所が第一審の終局判決をした場合において当該訴訟が同項の規定により他の裁判所の専属管轄に属するときを除く。）。

四　法定代理権、訴訟代理権又は代理人が訴訟行為をするのに必要な授権を欠いたこと。

五　口頭弁論の公開の規定に違反したこと。

六　判決に理由を付せず、又は理由に食違いがあること。

3　高等裁判所にする上告は、判決に影響を及ぼすことが明らかな法令の違反があることを理由とするときも、することができる。

（控訴の規定の準用）

第三一三条　前章の規定は、特別の定めがある場合を除き、上告及び上告審の訴訟手続について準用する。

（上告提起の方式等）

第三一四条　上告の提起は、上告状を原裁判所に提出してしなければならない。

２　前条において準用する第二百八十八条及び第二百八十九条第二項の規定による裁判長の職権は、原裁判所の裁判長が行う。

（上告の理由の記載）

第三一五条　上告状に上告の理由の記載がないときは、上告人は、最高裁判所規則で定める期間内に、上告理由書を原裁判所に提出しなければならない。

２　上告の理由は、最高裁判所規則で定める方式により記載しなければならない。

（原裁判所による上告の却下）

第三一六条　次の各号に該当することが明らかであるときは、原裁判所は、決定で、上告を却下しなければならない。

一　上告が不適法でその不備を補正することができないとき。

二　前条第一項の規定に違反して上告理由書を提出せず、又は上告の理由の記載が同条第二項の規定に違反しているとき。

２　前項の決定に対しては、即時抗告をすることができる。

（上告裁判所による上告の却下等）

第三一七条　前条第一項各号に掲げる場合には、上告裁判所は、決定で、上告を却下することができる。

２　上告裁判所である最高裁判所は、上告の理由が明らかに第三百十二条第一項及び第二項に規定する事由に該当しない場合には、決定で、上告を棄却することができる。

（上告受理の申立て）

第三一八条　上告をすべき裁判所が最高裁判所である場合には、最高裁判所は、原判決に最高裁判所の判例（これがない場合にあっては、大審院又は上告裁判所若しくは控訴裁判所である高等裁判所の判例）と相反する判断がある事件その他の法令の解釈に関する重要な事項を含むものと認められる事件について、申立てにより、決定で、上告審として事件を受理することができる。

2　前項の申立て（以下「上告受理の申立て」という。）においては、第三百十二条第一項及び第二項に規定する事由を理由とすることができない。

3　第一項の場合において、最高裁判所は、上告受理の申立ての理由中に重要でないと認めるものがあるときは、これを排除することができる。

4　第一項の決定があった場合には、上告があったものとみなす。この場合においては、第三百二十条の規定の適用については、上告受理の申立ての理由中前項の規定により排除されたもの以外のものを上告の理由とみなす。

5　第三百十三条から第三百十五条まで及び第三百十六条第一項の規定は、上告受理の申立てについて準用する。

（口頭弁論を経ない上告の棄却）

第三一九条　上告裁判所は、上告状、上告理由書、答弁書その他の書類により、上告を理由がないと認めるときは、口頭弁論を経ないで、判決で、上告を棄却することができる。

（調査の範囲）

第三二〇条　上告裁判所は、上告の理由に基づき、不服の申立てがあった限度においてのみ調査をする。

（原判決の確定した事実の拘束）

第三二一条　原判決において適法に確定した事実は、上告裁判所を拘束する。

2　第三百十一条第二項の規定による上告があった場合には、上告裁判所は、原判決における事実の確定が法律に違反したことを理由として、その判決を破棄することができない。

（職権調査事項についての適用除外）

第三二二条　前二条の規定は、裁判所が職権で調査すべき事項には、適用しない。

（仮執行の宣言）

第三二三条　上告裁判所は、原判決について不服の申立てがない部分に限り、申立てにより、決定で、仮執行の宣言をすることができる。

（最高裁判所への移送）

第三二四条　上告裁判所である高等裁判所は、最高裁判所規則で定める事由があるときは、決定で、事件を最高裁判所に移送しなければならない。

（破棄差戻し等）

第三二五条　第三百十二条第一項又は第二項に規定する事由があるときは、上告裁判所は、原判決を破棄し、次条の場合を除き、事件を原裁判所に差し戻し、又はこれと同等の他の裁判所に移送しなければならない。高等裁判所が上告裁判所である場合において、判決に影響を及ぼすことが明らかな法令の違反があるときも、同様とする。

2　上告裁判所である最高裁判所は、第三百十二条第一項又は第二項に規定する事由がない場合であっても、判決に影響を及ぼすことが明らかな法令の違反があるときは、原判決を破棄し、次条の場合を除き、事件を原裁判所に差し戻し、又はこれと同等の他の裁判所に移送することができる。

3　前二項の規定により差戻し又は移送を受けた裁判所は、新たな口頭弁論に基づき裁判をしなければならない。この場合において、上告裁判所が破棄の理由とした事実上及び法律上の判断は、差戻し又は移送を受けた裁判所を拘束する。

4　原判決に関与した裁判官は、前項の裁判に関与することができない。

（破棄自判）

第三二六条　次に掲げる場合には、上告裁判所は、事件について裁判をしなければならない。

一　確定した事実について憲法その他の法令の適用を誤ったことを理由として判決を破棄する場合において、事件がその事実に基づき裁判をするのに熟するとき。

二　事件が裁判所の権限に属しないことを理由として判決を破棄するとき。

（特別上告）

第三二七条　高等裁判所が上告審としてした終局判決に対しては、その判決に憲法の解釈の誤りがあることその他憲法の違反があることを理由とするときに限り、最高裁判所に更に上告をすることができる。

2　前項の上告及びその上告審の訴訟手続には、その性質に反しない限り、第二審又は第一審の終局判決に対する上告及びその上告審の訴訟手続に関する規定を準用する。この場合において、第三百二十一条第一項中「原判決」とあるのは、「地方裁判所が第二審としてした終局判決（第三百十一条第二項の規定による上告があった場合にあっては、簡易裁判所の終局判決）」と読み替えるものとする。

第三章　抗　告

（抗告をすることができる裁判）

第三二八条　口頭弁論を経ないで訴訟手続に関する申立てを却下した決定又は命令に対しては、抗告をすることができる。

2　決定又は命令により裁判をすることができない事項について決定又は命令がされたときは、これに対して抗告をすることができる。

（受命裁判官等の裁判に対する不服申立て）

第三二九条　受命裁判官又は受託裁判官の裁判に対して不服がある当事者は、受訴裁判所に異議の申立てをすることができる。ただし、その裁判が受訴裁判所の裁判であるとした場合に抗告をすることができるものであるときに限る。

2　抗告は、前項の申立てについての裁判に対してすることができる。

3　最高裁判所又は高等裁判所が受訴裁判所である場合における第一項の規定の適用については、

同項ただし書中「受訴裁判所」とあるのは、「地方裁判所」とする。

（再抗告）

第三三〇条 抗告裁判所の決定に対しては、その決定に憲法の解釈の誤りがあることその他憲法の違反があること、又は決定に影響を及ぼすことが明らかな法令の違反があることを理由とするときに限り、更に抗告をすることができる。

（控訴又は上告の規定の準用）

第三三一条 抗告及び抗告裁判所の訴訟手続には、その性質に反しない限り、第一章の規定を準用する。ただし、前条の抗告及びこれに関する訴訟手続には、前章の規定中第二審又は第一審の終局判決に対する上告及びその上告審の訴訟手続に関する規定を準用する。

（即時抗告期間）

第三三二条 即時抗告は、裁判の告知を受けた日から一週間の不変期間内にしなければならない。

（原裁判所等による更正）

第三三三条 原裁判をした裁判所又は裁判長は、抗告を理由があると認めるときは、その裁判を更正しなければならない。

（原裁判の執行停止）

第三三四条 抗告は、即時抗告に限り、執行停止の効力を有する。

2 抗告裁判所又は原裁判をした裁判所若しくは裁判官は、抗告について決定があるまで、原裁判の執行の停止その他必要な処分を命ずることができる。

（口頭弁論に代わる審尋）

第三三五条 抗告裁判所は、抗告について口頭弁論をしない場合には、抗告人その他の利害関係人を審尋することができる。

（特別抗告）

第三三六条 地方裁判所及び簡易裁判所の決定及び命令で不服を申し立てることができないもの並びに高等裁判所の決定及び命令に対しては、その裁判に憲法の解釈の誤りがあることその他憲法の違反があることを理由とするときに、最高裁判所に特に抗告をすることができる。

2　前項の抗告は、裁判の告知を受けた日から五日の不変期間内にしなければならない。

3　第一項の抗告及びこれに関する訴訟手続には、その性質に反しない限り、第三百二十七条第一項の上告及びその上告審の訴訟手続に関する規定並びに第三百三十四条第二項の規定を準用する。

（許可抗告）

第三百三十七条　高等裁判所の決定及び命令（第三百三十条の抗告及び次項の申立てについての決定及び命令を除く。）に対しては、前条第一項の規定による場合のほか、その高等裁判所が次項の規定により許可したときに限り、最高裁判所に特に抗告をすることができる。ただし、その裁判が地方裁判所の裁判であるとした場合に抗告をすることができるものであるときに限る。

2　前項の高等裁判所は、同項の裁判について、最高裁判所の判例（これがない場合にあっては、大審院又は上告裁判所若しくは抗告裁判所である高等裁判所の判例）と相反する判断がある場合その他の法令の解釈に関する重要な事項を含むと認められる場合には、申立てにより、決定で、抗告を許可しなければならない。

3　前項の申立てにおいては、前条第一項に規定する事由を理由とすることはできない。

4　第二項の規定による許可があった場合には、第一項の抗告があったものとみなす。

5　最高裁判所は、裁判に影響を及ぼすことが明らかな法令の違反があるときは、原裁判を破棄することができる。

6　第三百十三条、第三百十五条及び前条第二項の規定は第二項の申立てについて、第三百十八条第三項の規定は第二項の規定による許可をする場合について、同条第四項後段及び前条第三項の規定は第二項の規定による許可があった場合について準用する。

第四編　再　審

（再審の事由）

第三三八条　次に掲げる事由がある場合には、確定した終局判決に対し、再審の訴えをもって、不服を申し立てることができる。ただし、当事者が控訴若しくは上告によりその事由を主張したとき、又はこれを知りながら主張しなかったときは、この限りでない。

一　法律に従って判決裁判所を構成しなかったこと。

二　法律により判決に関与することができない裁判官が判決に関与したこと。

三　法定代理権、訴訟代理権又は代理人が訴訟行為をするのに必要な授権を欠いたこと。

四　判決に関与した裁判官が事件について職務に関する罪を犯したこと。

五　刑事上罰すべき他人の行為により、自白をするに至ったこと又は判決に影響を及ぼすべき攻撃若しくは防御の方法を提出することを妨げられたこと。

六　判決の証拠となった文書その他の物件が偽造又は変造されたものであったこと。

七　証人、鑑定人、通訳人又は宣誓した当事者若しくは法定代理人の虚偽の陳述が判決の証拠となったこと。

八　判決の基礎となった民事若しくは刑事の判決その他の裁判又は行政処分が後の裁判又は行政処分により変更されたこと。

九　判決に影響を及ぼすべき重要な事項について判断の遺脱があったこと。

十　不服の申立てに係る判決が前に確定した判決と抵触すること。

2　前項第四号から第七号までに掲げる事由がある場合においては、罰すべき行為について、有罪の判決若しくは過料の裁判が確定したとき、又は証拠がないという理由以外の理由により有罪の確定判決若しくは過料の確定裁判を得ることができないときに限り、再審の訴えを提起することができる。

3　控訴審において事件につき本案判決をしたときは、第一審の判決に対し再審の訴えを提起することができない。

第三三八条第一項第六号を次のように改める。

第三三八条　次に掲げる事由がある場合には、確定した終局判決に対し、再審の訴えをもって、不服を申し立てることができる。ただし、当事者が控訴若しくは上告によりその事由を主張したとき、又はこれを知りながら主張しなかったときは、この限りでない。

一〜五　（略）

六　判決の証拠となった文書その他の物件が偽造され若しくは変造されたものであったこと又は判決の証拠となった電磁的記録が不正に作られたものであったこと。

七〜十　（略）

2　（略）

3　（略）

（公布の日から起算して四年を超えない範囲内において政令で定める日から施行　令和四法四八）

（同前）

第三三九条　判決の基本となる裁判について前条第一項に規定する事由がある場合（同項第四号から第七号までに掲げる事由がある場合にあっては、同条第二項に規定する場合に限る。）には、その裁判に対し独立した不服申立ての方法を定めているときにおいても、その事由を判決に対する再審の理由とすることができる。

（管轄裁判所）

第三四〇条　再審の訴えは、不服の申立てに係る判決をした裁判所の管轄に専属する。

2　審級を異にする裁判所が同一の事件についてした判決に対する再審の訴えは、上級の裁判所が併せて管轄する。

（再審の訴訟手続）

第三四一条　再審の訴訟手続には、その性質に反しない限り、各審級における訴訟手続に関する規定を準用する。

（再審期間）

第三四二条 再審の訴えは、当事者が判決の確定した後再審の事由を知った日から三十日の不変期間内に提起しなければならない。

2 判決が確定した日（再審の事由が判決の確定した後に生じた場合にあっては、その事由が発生した日）から五年を経過したときは、再審の訴えを提起することができない。

3 前二項の規定は、第三百三十八条第一項第三号に掲げる事由のうち代理権を欠いたこと及び同項第十号に掲げる事由を理由とする再審の訴えには、適用しない。

（再審の訴状の記載事項）

第三四三条 再審の訴状には、次に掲げる事項を記載しなければならない。

一 当事者及び法定代理人

二 不服の申立てに係る判決の表示及びその判決に対して再審を求める旨

三 不服の理由

（不服の理由の変更）

第三四四条 再審の訴えを提起した当事者は、不服の理由を変更することができる。

（再審の訴えの却下等）

第三四五条 裁判所は、再審の訴えが不適法である場合には、決定で、これを却下しなければならない。

2 裁判所は、再審の事由がない場合には、決定で、再審の請求を棄却しなければならない。

3 前項の決定が確定したときは、同一の事由を不服の理由として、更に再審の訴えを提起することができない。

（再審開始の決定）

第三四六条 裁判所は、再審の事由がある場合には、再審開始の決定をしなければならない。

2 裁判所は、前項の決定をする場合には、相手方を審尋しなければならない。

（即時抗告）

第三四七条 第三百四十五条第一項及び第二項並びに前条第一項の決定に対しては、即時抗告をすることができる。

（本案の審理及び裁判）

第三四八条　裁判所は、再審開始の決定が確定した場合には、不服申立ての限度で、本案の審理及び裁判をする。

2　裁判所は、前項の場合において、判決を正当とするときは、再審の請求を棄却しなければならない。

3　裁判所は、前項の場合を除き、判決を取り消した上、更に裁判をしなければならない。

（決定又は命令に対する再審）

第三四九条　即時抗告をもって不服を申し立てることができる決定又は命令で確定したものに対しては、再審の申立てをすることができる。

2　第三百三十八条から前条までの規定は、前項の申立てについて準用する。

第五編　手形訴訟及び小切手訴訟に関する特則

（手形訴訟の要件）

第三五〇条　手形による金銭の支払の請求及びこれに附帯する法定利率による損害賠償の請求を目的とする訴えについては、手形訴訟による審理及び裁判を求めることができる。

2　手形訴訟による審理及び裁判を求める旨の申述は、訴状に記載してしなければならない。

（反訴の禁止）

第三五一条　手形訴訟においては、反訴を提起することができない。

（証拠調べの制限）

第三五二条　手形訴訟においては、証拠調べは、書証に限りすることができる。

2　文書の提出の命令又は送付の嘱託は、することができない。対照の用に供すべき筆跡又は印影を備える物件の提出の命令又は送付の嘱託についても、同様とする。

3　文書の成立の真否又は手形の提示に関する事実については、申立てにより、当事者本人を尋問することができる。

4　証拠調べの嘱託は、することができない。第百八十六条の規定による調査の嘱託についても、同様とする。

5　前各項の規定は、裁判所が職権で調査すべき事項には、適用しない。

第三五二条を次のように改める。

第三五二条　手形訴訟においては、証拠調べは、書証及び電磁的記録に記録された情報の内容に係る証拠調べに限りすることができる。

2　文書の提出の命令若しくは送付の嘱託又は第二百三十一条の三第一項において準用する第二百二十三条に規定する命令若しくは同項において準用する第二百二十六条に規定する嘱託は、することができない。対照の用に供すべき筆跡又は印影を備える物件の提出の命令又は送付の嘱託についても、同様とする。

3　文書若しくは電磁的記録の成立の真否又は手形の提示に関する事実については、申立てにより、当事者本人を尋問することができる。

4　証拠調べの嘱託は、することができない。第百八十六条第一項の規定による調査の嘱託についても、同様とする。

5　（略）

（公布の日から起算して四年を超えない範囲内において政令で定める日から施行　令和四法四八）

（通常の手続への移行）

第三五三条　原告は、口頭弁論の終結に至るまで、被告の承諾を要しないで、訴訟を通常の手続に移行させる旨の申述をすることができる。

2　訴訟は、前項の申述があった時に、通常の手続に移行する。

3　前項の場合には、裁判所は、直ちに、訴訟が通常の手続に移行した旨を記載した書面を被告に送付しなければならない。ただし、第一項の申述が被告の出頭した期日において口頭でされたものであるときは、その送付をすることを要しない。

4　第二項の場合には、手形訴訟のため既に指定した期日は、通常の手続のために指定したものとみなす。

第三五三条第三項を次のように改める。

第三五三条　（略）

2　（略）

3　前項の場合には、裁判所は、直ちに、被告に対し、訴訟が通常の手続に移行した旨の通知をしなければならない。ただし、第一項の申述が被告の出頭した期日において口頭でされたものであるときは、その通知をすることを要しない。

4　（略）

（公布の日から起算して四年を超えない範囲内において政令で定める日から施行　令和四法四八）

（口頭弁論の終結）

第三五四条　裁判所は、被告が口頭弁論において原告が主張した事実を争わず、その他何らの防御の方法をも提出しない場合には、前条第三項の規定による書面の送付前であっても、口頭弁論を終結することができる。

第三五四条を次のように改める。

第三五四条　裁判所は、被告が口頭弁論において原告が主張した事実を争わず、その他何らの防御の方法をも提出しない場合には、前条第三項の規定による通知をする前であっても、口頭弁論を終結することができる。

（公布の日から起算して四年を超えない範囲内において政令で定める日から施行　令和四法四八）

（口頭弁論を経ない訴えの却下）

第三五五条　請求の全部又は一部が手形訴訟によるる審理及び裁判をすることができないものであるときは、裁判所は、口頭弁論を経ないで、判決で、訴えの全部又は一部を却下することができる。

2 前項の場合において、原告が判決書の送達を受けた日から二週間以内に同項の請求について通常の手続により訴えを提起したときは、その訴えの提起は、前の訴えの提起の時にしたものとみなす。

第三五五条第二項を次のように改める。

第三五五条（略）

2 前項の場合において、原告が電子判決書の送達を受けた日から二週間以内に同項の請求について通常の手続により訴えを提起したときは、第百四十七条の規定の適用については、その訴えの提起は、前の訴えの提起の時にしたものとみなす。

（公布の日から起算して四年を超えない範囲内において政令で定める日から施行　令和四法四八）

（控訴の禁止）

第三五六条　手形訴訟の終局判決に対しては、控訴をすることができない。ただし、前条第一項の判決を除き、訴えを却下した判決に対しては、この限りでない。

（異議の申立て）

第三五七条　手形訴訟の終局判決に対しては、訴えを却下した判決を除き、判決書又は第二百五十四条第二項の調書の送達を受けた日から二週間の不変期間内に、その判決をした裁判所に異議を申し立てることができる。ただし、その期間前に申し立てた異議の効力を妨げない。

第三五七条を次のように改める。

第三五七条　手形訴訟の終局判決に対しては、訴えを却下した判決を除き、電子判決書又は第二百五十四条第二項の規定により当事者及び法定代理人、主文、請求並びに理由の要旨が記録された電子調書の送達を受けた日から二週間の不変期間内に、その判決をした裁判所に異議を申し立てることができる。ただし、その期間前に申し立てた異議の効力を妨げない。

（公布の日から起算して四年を超えない範囲内において政令で定める日から施行　令和四法四八）

（異議申立権の放棄）

第三五八条　異議を申し立てる権利は、その申立て前に限り、放棄することができる。

（口頭弁論を経ない異議の却下）

第三五九条　異議が不適法でその不備を補正することができないときは、裁判所は、口頭弁論を経ないで、判決で、異議を却下することができる。

（異議の取下げ）

第三六〇条　異議は、通常の手続による第一審の終局判決があるまで、取り下げることができる。

2　異議の取下げは、相手方の同意を得なければ、その効力を生じない。

3　第二百六十一条第三項から第五項まで、第二百六十二条第一項及び第二百六十三条の規定は、異議の取下げについて準用する。

第三六〇条第三項を次のように改める。

第三六〇条　（略）

2　（略）

3　第二百六十一条第三項から第六項まで、第二百六十二条第一項及び第二百六十三条の規定は、異議の取下げについて準用する。

（公布の日から起算して四年を超えない範囲内において政令で定める日から施行　令和四法四八）

（異議後の手続）

第三六一条　適法な異議があったときは、訴訟は、口頭弁論の終結前の程度に復する。この場合においては、通常の手続によりその審理及び裁判をする。

（異議後の判決）

第三六二条　前条の規定によってすべき判決が手形訴訟の判決と符合するときは、裁判所は、手形訴訟の判決を認可しなければならない。ただし、手形訴訟の判決の手続が法律に違反したものであるときは、この限りでない。

2　前項の規定により手形訴訟の判決を認可する場合を除き、前条の規定によってすべき判決においては、手形訴訟の判決を取り消さなければならない。

（異議後の判決における訴訟費用）

第三六三条　異議を却下し、又は手形訴訟においてした訴訟費用の負担の裁判を認可する場合には、裁判所は、異議の申立てがあった後の訴訟費用の負担について裁判をしなければならない。

2　第二百五十八条第四項の規定は、手形訴訟の判決に対し適法な異議の申立てがあった場合について準用する。

（事件の差戻し）

第三六四条　控訴裁判所は、異議を不適法として却下した第一審判決を取り消す場合には、事件を第一審裁判所に差し戻さなければならない。ただし、事件につき更に弁論をする必要がないときは、この限りでない。

（訴え提起前の和解の手続から手形訴訟への移行）

第三六五条　第二百七十五条第二項後段の規定により提起があったものとみなされる訴えについては、手形訴訟による審理及び裁判を求める旨の申述は、同項前段の申立ての際にしなければならない。

（督促手続から手形訴訟への移行）

第三六六条　第三百九十五条又は第三百九十八条第一項（第四百二条第二項において準用する場合を含む。）の規定により提起があったものとみなされる訴えについては、手形訴訟による審理及び裁判を求める旨の申述は、支払督促の申立ての際にしなければならない。

2　第三百九十一条第一項の規定による仮執行の宣言があったときは、前項の申述は、なかったものとみなす。

第三六六条第一項を次のように改める。

第三六六条　第三百九十五条又は第三百九十八条第一項の規定により提起があったものとみなされる訴えについては、手形訴訟による審理及び裁判を求める旨の申述は、支払督促の申立ての際にしなければならない。

2　（略）

（公布の日から起算して四年を超えない範囲内において政令で定める日から施行　令和四法四八）

（小切手訴訟）

第三六七条　小切手による金銭の支払の請求及びこれに附帯する法定利率による損害賠償の請求を目的とする訴えについては、小切手訴訟による審理及び裁判を求めることができる。

2　第三百五十条第二項及び第三百五十一条から前条までの規定は、小切手訴訟に関して準用する。

第六編　少額訴訟に関する特則

（少額訴訟の要件等）

第三六八条　簡易裁判所においては、訴訟の目的の価額が六十万円以下の金銭の支払の請求を目的とする訴えについて、少額訴訟による審理及び裁判を求めることができる。ただし、同一の簡易裁判所において同一の年に最高裁判所規則で定める回数を超えてこれを求めることができない。

2　少額訴訟による審理及び裁判を求める旨の申述は、訴えの提起の際にしなければならない。

3　前項の申述をするには、当該訴えを提起する簡易裁判所においてその年に少額訴訟による審理及び裁判を求めた回数を届け出なければならない。

（反訴の禁止）

第三六九条　少額訴訟においては、反訴を提起することができない。

（一期日審理の原則）

第三七〇条 少額訴訟においては、特別の事情がある場合を除き、最初にすべき口頭弁論の期日において、審理を完了しなければならない。

2 当事者は、前項の期日前又はその期日において、すべての攻撃又は防御の方法を提出しなければならない。ただし、口頭弁論が続行されたときは、この限りでない。

（証拠調べの制限）

第三七一条 証拠調べは、即時に取り調べることができる証拠に限りすることができる。

（証人等の尋問）

第三七二条 証人の尋問は、宣誓をさせないですることができる。

2 証人又は当事者本人の尋問は、裁判官が相当と認める順序でする。

3 裁判所は、相当と認めるときは、最高裁判所規則で定めるところにより、裁判所及び当事者双方と証人とが音声の送受信により同時に通話をすることができる方法によって、証人を尋問することができる。

（通常の手続への移行）

第三七三条 被告は、訴訟を通常の手続に移行させる旨の申述をすることができる。ただし、被告が最初にすべき口頭弁論の期日において弁論をし、又はその期日が終了した後は、この限りでない。

2 訴訟は、前項の申述があった時に、通常の手続に移行する。

3 次に掲げる場合には、裁判所は、訴訟を通常の手続により審理及び裁判をする旨の決定をしなければならない。

一 第三百六十八条第一項の規定に違反して少額訴訟による審理及び裁判を求めたとき。

二 第三百六十八条第三項の規定によってすべき届出を相当の期間を定めて命じた場合において、その届出がないとき。

三 公示送達によらなければ被告に対する最初にすべき口頭弁論の期日の呼出しをすることができないとき。

四　少額訴訟により審理及び裁判をするのを相当でないと認めるとき。

4　前項の決定に対しては、不服を申し立てることができない。

5　訴訟が通常の手続に移行したときは、少額訴訟のため既に指定した期日は、通常の手続のために指定したものとみなす。

（判決の言渡し）

第三七四条　判決の言渡しは、相当でないと認める場合を除き、口頭弁論の終結後直ちにする。

2　前項の場合には、判決の言渡しは、判決書の原本に基づかないですることができる。この場合においては、第二百五十四条第二項及び第二百五十五条の規定を準用する。

第三七四条第二項を次のように改める。

第三七四条　（略）

2　前項の場合には、判決の言渡しは、電子判決書に基づかないですることができる。この場合においては、第二百五十四条第二項及び第二百五十五条の規定を準用する。

（公布の日から起算して四年を超えない範囲内において政令で定める日から施行　令和四法四八）

（判決による支払の猶予）

第三七五条　裁判所は、請求を認容する判決をする場合において、被告の資力その他の事情を考慮して特に必要があると認めるときは、判決の言渡しの日から三年を超えない範囲内において、認容する請求に係る金銭の支払について、その時期の定め若しくは分割払の定めをし、又はこれと併せて、その時期の定めに従い支払をしたとき、若しくはその分割払の定めによる期限の利益を次項の規定による定めにより失うことなく支払をしたときは訴え提起後の遅延損害金の支払義務を免除する旨の定めをすることができる。

2　前項の分割払の定めをするときは、被告が支払を怠った場合における期限の利益の喪失についての定めをしなければならない。

3　前二項の規定による定めに関する裁判に対しては、不服を申し立てることができない。

（仮執行の宣言）

第三七六条　請求を認容する判決については、裁判所は、職権で、担保を立てて、又は立てないで仮執行をすることができることを宣言しなければならない。

2　第七十六条、第七十七条、第七十九条及び第八十条の規定は、前項の担保について準用する。

（控訴の禁止）

第三七七条　少額訴訟の終局判決に対しては、控訴をすることができない。

（異議）

第三七八条　少額訴訟の終局判決に対しては、判決書又は第二百五十四条第二項（第三百七十四条第二項において準用する場合を含む。）の調書の送達を受けた日から二週間の不変期間内に、その判決をした裁判所に異議を申し立てることができる。ただし、その期間前に申し立てた異議の効力を妨げない。

2　第三百五十八条から第三百六十条までの規定は、前項の異議について準用する。

第三七八条第一項を次のように改める。

第三七八条　少額訴訟の終局判決に対しては、電子判決書又は第二百五十四条第二項（第三百七十四条第二項において準用する場合を含む。）の規定により当事者及び法定代理人、主文、請求並びに理由の要旨が記録された電子調書の送達を受けた日から二週間の不変期間内に、その判決をした裁判所に異議を申し立てることができる。ただし、その期間前に申し立てた異議の効力を妨げない。

2　（略）

（公布の日から起算して四年を超えない範囲内において政令で定める日から施行　令和四法四八）

（異議後の審理及び裁判）

第三七九条　適法な異議があったときは、訴訟は、口頭弁論の終結前の程度に復する。この場合においては、通常の手続によりその審理及び裁判をする。

2　第三百六十二条、第三百六十三条、第三百六十九条、第三百七十二条第二項及び第三百七十五条の規定は、前項の審理及び裁判について準用する。

（異議後の判決に対する不服申立て）

第三八〇条　第三百七十八条第二項において準用する第三百五十九条又は前条第一項の規定によってした終局判決に対しては、控訴をすることができない。

2　第三百二十七条の規定は、前項の終局判決について準用する。

（過料）

第三八一条　少額訴訟による審理及び裁判を求めた者が第三百六十八条第三項の回数について虚偽の届出をしたときは、裁判所は、決定で、十万円以下の過料に処する。

2　前項の決定に対しては、即時抗告をすることができる。

3　第百八十九条の規定は、第一項の規定による過料の裁判について準用する。

第七編を第八編とし、第六編の次に次の一編を加える。

第七編　法定審理期間訴訟手続に関する特則

（法定審理期間訴訟手続の要件）

第三八一条の二　当事者は、裁判所に対し、法定審理期間訴訟手続による審理及び裁判を求める旨の申出をすることができる。ただし、次に掲げる訴えに関しては、この限りでない。

一　消費者契約に関する訴え

二　個別労働関係民事紛争に関する訴え

2　当事者の双方が前項の申出をした場合には、裁判所は、事案の性質、訴訟追行による当事者の負担の程度その他の事情に鑑み、法定審理期間訴訟手続により審理及び裁判をすることが当事者間の衡平を害し、又は適正な審理の実現を妨げると認めるときを除き、訴訟を法定審理期間訴訟手続により審理及び裁判をする旨の決定をしなければならない。当事者の一方が同項の申出をした場合において、相手方がその法定審理期間訴訟手続による審理及び裁判をすることに同意したときも、同様とする。

3　第一項の申出及び前項後段の同意は、書面でしなければならない。ただし、口頭弁論又は弁論準備手続の期日においては、口頭ですることを妨げない。

4　訴訟が法定審理期間訴訟手続に移行したときは、通常の手続のために既に指定した期日は、法定審理期間訴訟手続のために指定したものとみなす。

（法定審理期間訴訟手続の審理）

第三八一条の三　前条第二項の決定があったときは、裁判長は、当該決定の日から二週間以内の間において口頭弁論又は弁論準備手続の期日を指定しなければならない。

2　裁判長は、前項の期日において、当該期日から六月以内の間において当該事件に係る口頭弁論を終結する期日を指定するとともに、口頭弁論を終結する日から一月以内の間において判決言渡しをする期日を指定しなければならない。

3　前条第二項の決定があったときは、当事者は、第一項の期日から五月（裁判所が当事者双方の意見を聴いて、これより短い期間を定めた場合には、その期間）以内に、攻撃又は防御の方法を提出しなければならない。

4　裁判所は、前項の期間が満了するまでに、当事者双方との間で、争点及び証拠の整理の結果に基づいて、法定審理期間訴訟手続の判決において判断すべき事項を確認するものとする。

5　法定審理期間訴訟手続における証拠調べは、第一項の期日から六月（裁判所が当事者双方の意見を聴いて、これより短い期間を定めた場合には、その期間）以内にしなければならない。

6 法定審理期間訴訟手続における期日の変更は、第九十三条第三項の規定にかかわらず、やむを得ない事由がある場合でなければ、許すことができない。

（通常の手続への移行）

第三八一条の四 次に掲げる場合には、裁判所は、訴訟を通常の手続により審理及び裁判をする旨の決定をしなければならない。

一 当事者の双方又は一方が訴訟を通常の手続に移行させる旨の申出をしたとき。

二 提出された攻撃又は防御の方法及び審理の現状に照らして法定審理期間訴訟手続により審理及び裁判をするのが困難であると認めるとき。

2 前項の決定に対しては、不服を申し立てることができない。

3 訴訟が通常の手続に移行したときは、法定審理期間訴訟手続のため既に指定した期日は、通常の手続のために指定したものとみなす。

（法定審理期間訴訟手続の電子判決書）

第三八一条の五 法定審理期間訴訟手続の電子判決書には、事実として、請求の趣旨及び原因並びにその他の攻撃又は防御の方法の要旨を記録するものとし、理由として、第三百八十一条の三第四項の規定により当事者双方との間で確認した事項に係る判断の内容を記録するものとする。

（控訴の禁止）

第三八一条の六 法定審理期間訴訟手続の終局判決に対しては、控訴をすることができない。ただし、訴えを却下した判決に対しては、この限りでない。

（異議）

第三八一条の七 法定審理期間訴訟手続の終局判決に対しては、訴えを却下した判決を除き、電子判決書の送達を受けた日から二週間の不変期間内に、その判決をした裁判所に異議を申し立てることができる。ただし、その期間前に申し立てた異議の効力を妨げない。

2　第三百五十八条から第三百六十条まで及び第三百六十四条の規定は、前項の異議について準用する。

（異議後の審理及び裁判）

第三八一条の八　適法な異議があったときは、訴訟は、口頭弁論の終結前の程度に復する。この場合においては、通常の手続によりその審理及び裁判をする。

2　前項の異議の申立ては、執行停止の効力を有する。

3　裁判所は、異議後の判決があるまで、法定審理期間訴訟手続の終局判決の執行の停止その他必要な処分を命ずることができる。

4　第三百六十二条及び第三百六十三条の規定は、第一項の審理及び裁判について準用する。

第七編を第八編とする。

（公布の日から起算して四年を超えない範囲内において政令で定める日から施行　令和四法四八）

第七編　督促手続

第一章　総則

（支払督促の要件）

第三八二条　金銭その他の代替物又は有価証券の一定の数量の給付を目的とする請求については、裁判所書記官は、債権者の申立てにより、支払督促を発することができる。ただし、日本において公示送達によらないでこれを送達することができる場合に限る。

（支払督促の申立て）

第三八三条　支払督促の申立ては、債務者の普通裁判籍の所在地を管轄する簡易裁判所の裁判所書記官に対してする。

2　次の各号に掲げる請求についての支払督促の申立ては、それぞれ当該各号に定める地を管轄する簡易裁判所の裁判所書記官に対してもすることができる。

一　事務所又は営業所を有する者に対する請求でその事務所又は営業所における業務に関するもの　当該事務所又は営業所の所在地

二　手形又は小切手による金銭の支払の請求及びこれに附帯する請求　手形又は小切手の支払地

（訴えに関する規定の準用）

第三八四条　支払督促の申立てには、その性質に反しない限り、訴えに関する規定を準用する。

（申立ての却下）

第三八五条　支払督促の申立てが第三百八十二条若しくは第三百八十三条の規定に違反するとき、又は申立ての趣旨から請求に理由がないことが明らかなときは、その申立てを却下しなければならない。請求の一部につき支払督促を発することができない場合におけるその一部についても、同様とする。

2　前項の規定による処分は、相当と認める方法で告知することによって、その効力を生ずる。

3　前項の処分に対する異議の申立ては、その告知を受けた日から一週間の不変期間内にしなければならない。

4　前項の異議の申立てについての裁判に対しては、不服を申し立てることができない。

（支払督促の発付等）

第三八六条　支払督促は、債務者を審尋しないで発する。

2　債務者は、支払督促に対し、これを発した裁判所書記官の所属する簡易裁判所に督促異議の申立てをすることができる。

（支払督促の記載事項）

第三八七条　支払督促には、次に掲げる事項を記載し、かつ、債務者が支払督促の送達を受けた日から二週間以内に督促異議の申立てをしないときは債権者の申立てにより仮執行の宣言をする旨を付記しなければならない。

一　第三百八十二条の給付を命ずる旨

二　請求の趣旨及び原因

三 当事者及び法定代理人

第三八七条を次のように改める。

（電子支払督促の記録事項）

第三八七条 裁判所書記官は、支払督促を発するときは、最高裁判所規則で定めるところにより、電子支払督促（次に掲げる事項を記録し、かつ、債務者がその送達を受けた日から二週間以内に督促異議の申立てをしないときは債権者の申立てにより仮執行の宣言をする旨を併せて記録した電磁的記録をいう。以下この章において同じ。）を作成しなければならない。

一～三 （略）

2 裁判所書記官は、前項の規定により電子支払督促を作成したときは、最高裁判所規則で定めるところにより、これをファイルに記録しなければならない。

（公布の日から起算して四年を超えない範囲内において政令で定める日から施行 令和四法四八）

（支払督促の送達）

第三八八条 支払督促は、債務者に送達しなければならない。

2 支払督促の効力は、債務者に送達された時に生ずる。

3 債権者が申し出た場所に債務者の住所、居所、営業所若しくは事務所又は就業場所がないため、支払督促を送達することができないときは、裁判所書記官は、その旨を債権者に通知しなければならない。この場合において、債権者が通知を受けた日から二月の不変期間内にその申出に係る場所以外の送達をすべき場所の申出をしないときは、支払督促の申立てを取り下げたものとみなす。

第三八八条を次のように改める。

（電子支払督促の送達）

第三八八条 電子支払督促（前条第二項の規定によりファイルに記録されたものに限る。以下この章において同じ。）は、債務者に送達しなければならない。

2　（略）

3　債権者が申し出た場所に債務者の住所、居所、営業所若しくは事務所又は就業場所がないため、電子支払督促をを送達することができないときは、裁判所書記官は、その旨を債権者に通知しなければならない。この場合において、債権者が通知を受けた日から二月の不変期間内にその申出に係る場所以外の送達をすべき場所の申出をしないときは、支払督促の申立てを取り下げたものとみなす。

（公布の日から起算して四年を超えない範囲内において政令で定める日から施行　令和四法四八）

（支払督促の更正）

第三八九条　第七十四条第一項及び第二項の規定は、支払督促について準用する。

2　仮執行の宣言後に適法な督促異議の申立てがあったときは、前項において準用する第七十四条第一項の規定による更正の処分に対する異議の申立ては、することができない。

（仮執行の宣言前の督促異議）

第三九〇条　仮執行の宣言前に適法な督促異議の申立てがあったときは、支払督促は、その督促異議の限度で効力を失う。

（仮執行の宣言）

第三九一条　債務者が支払督促の送達を受けた日から二週間以内に督促異議の申立てをしないときは、裁判所書記官は、債権者の申立てにより、支払督促に手続の費用額を付記して仮執行の宣言をしなければならない。ただし、その宣言前に督促異議の申立てがあったときは、この限りでない。

2　仮執行の宣言は、支払督促に記載し、これを当事者に送達しなければならない。ただし、債権者の同意があるときは、当該債権者に対しては、当該記載をした支払督促を送付することをもって、送達に代えることができる。

3　第三百八十五条第二項及び第三項の規定は、第一項の申立てを却下する処分及びこれに対する異議の申立てについて準用する。

4　前項の異議の申立てについての裁判に対しては、即時抗告をすることができる。

5　第二百六十条及び第三百八十八条第二項の規定は、第一項の仮執行の宣言について準用する。

第三九一条第一項を次のように改める。

第三九一条　債務者が電子支払督促の送達を受けた日から二週間以内に督促異議の申立てをしないときは、裁判所書記官は、債権者の申立てにより、電子支払督促に手続の費用額を併せて記録して仮執行の宣言をしなければならない。ただし、その宣言前に督促異議の申立てがあったときは、この限りでない。

2　仮執行の宣言は、最高裁判所規則で定めるところにより、電子支払督促に記録し、これを当事者に送達しなければならない。ただし、債権者の同意があるときは、当該債権者に対しては、当該記録をした電子支払督促に記録された事項を出力することにより作成した書面を送付することをもって、送達に代えることができる。

3～5　（略）

（公布の日から起算して四年を超えない範囲内において政令で定める日から施行　令和四法四八）

（期間の徒過による支払督促の失効）

第三九二条　債権者が仮執行の宣言の申立てをすることができる時から三十日以内にその申立てをしないときは、支払督促は、その効力を失う。

（仮執行の宣言後の督促異議）

第三九三条　仮執行の宣言を付した支払督促の送達を受けた日から二週間の不変期間を経過したときは、債務者は、その支払督促に対し、督促異議の申立てをすることができない。

第三九三条を次のように改める。

第三九三条　仮執行の宣言を付した電子支払督促の送達を受けた日から二週間の不変期間を経過したときは、債務者は、その支払督促に対し、督促異議の申立てをすることができない。

（公布の日から起算して四年を超えない範囲内において政令で定める日から施行　令和四法四八）

（督促異議の却下）

第三九四条　簡易裁判所は、督促異議を不適法であると認めるときは、督促異議に係る請求が地方裁判所の管轄に属する場合においても、決定で、その督促異議を却下しなければならない。

2　前項の決定に対しては、即時抗告をすることができる。

（督促異議の申立てによる訴訟への移行）

第三九五条　適法な督促異議の申立てがあったときは、督促異議に係る請求については、その目的の価額に従い、支払督促の申立ての時に、支払督促を発した裁判所書記官の所属する簡易裁判所又はその所在地を管轄する地方裁判所に訴えの提起があったものとみなす。この場合においては、督促手続の費用は、訴訟費用の一部とする。

（支払督促の効力）

第三九六条　仮執行の宣言を付した支払督促に対し督促異議の申立てがないとき、又は督促異議の申立てを却下する決定が確定したときは、支払督促は、確定判決と同一の効力を有する。

第二章　電子情報処理組織による督促手続の特則

（電子情報処理組織による支払督促の申立て）

第三九七条　電子情報処理組織を用いて督促手続を取り扱う裁判所として最高裁判所規則で定める簡易裁判所（以下この章において「指定簡易裁判所」という。）の裁判所書記官に対しては、第三百八十三条の規定による場合のほか、同条に規定する簡易裁判所が別に最高裁判所規則で定める簡易裁判所である場合にも、最高裁判所規則で定めるところにより、電子情報処理組織を用いて支払督促の申立てをすることができる。

第三九七条を次のように改める。

第三九七条　この章の規定による督促手続を取り扱う裁判所として最高裁判所規則で定める簡易裁判所（次条第一項及び第三百九十九条において「指定簡易裁判所」という。）の裁判所書記官に対しては、第三百八十三条の規定による場合のほか、同条に規定する簡易裁判所が別に最高裁判所規則で定める簡易裁判所である場合にも、最高裁判所規則で定めるところにより、最高裁判所規則で定める電子情報処理組織を使用する方法により支払督促の申立てをすることができる。

（公布の日から起算して四年を超えない範囲内において政令で定める日から施行　令和四法四八）

（同前）

第三九八条　第百三十二条の十第一項本文の規定により電子情報処理組織を用いてされた支払督促の申立てに係る督促手続における支払督促に対し適法な督促異議の申立てがあったときは、督促異議に係る請求については、その目的の価額に従い、当該支払督促の申立ての時に、第三百八十三条に規定する簡易裁判所で支払督促を発した裁判所書記官の所属するもの若しくは前条の別に最高裁判所規則で定める簡易裁判所又はその所在地を管轄する地方裁判所に訴えの提起があったものとみなす。

2　前項の場合において、同項に規定する簡易裁判所又は地方裁判所が二以上あるときは、督促異議に係る請求については、これらの裁判所中に第三百八十三条第一項に規定する簡易裁判所又はその所在地を管轄する地方裁判所がある場合にはその裁判所に、その裁判所がない場合には同条第二項第一号に定める地を管轄する簡易裁判所又はその所在地を管轄する地方裁判所に訴えの提起があったものとみなす。

3　前項の規定にかかわらず、債権者が、最高裁判所規則で定めるところにより、第一項に規定する簡易裁判所又は地方裁判所のうち、一の簡易裁判所又は地方裁判所を指定したときは、その裁判所に訴えの提起があったものとみなす。

第三九八条第一項を次のように改める。

第三九八条　指定簡易裁判所の裁判所書記官に対してされた支払督促の申立てに係る督促手続における支払督促に対し適法な督促異議の申立てがあったときは、督促異議に係る請求については、その目的の価額に従い、当該支払督促の申立ての時に、第三百八十三条に規定する簡易裁判所で支払督促を発した裁判所書記官の所属するもの若しくは前条の別に最高裁判所規則で定める簡易裁判所又はその所在地を管轄する地方裁判所に訴えの提起があったものとみなす。

2・3　（略）

（公布の日から起算して四年を超えない範囲内において政令で定める日から施行　令和四法四八）

（電子情報処理組織による処分の告知）

第三九九条　第百三十二条の十第一項本文の規定により電子情報処理組織を用いてされた支払督促の申立てに係る督促手続に関する指定簡易裁判所の裁判所書記官の処分の告知のうち、当該処分の告知に関するこの法律その他の法令の規定により書面等をもってするものとされているものについては、当該法令の規定にかかわらず、最高裁判所規則で定めるところにより、電子情報処理組織を用いてすることができる。

2　第百三十二条の十第二項から第四項までの規定は、前項の規定により指定簡易裁判所の裁判所書記官がする処分の告知について準用する。

3　前項において準用する第百三十二条の十第三項の規定にかかわらず、第一項の規定による処分の告知を受けるべき債権者の同意があるときは、当該処分の告知は、裁判所の使用に係る電子計算機に備えられたファイルに当該処分に係る情報が最高裁判所規則で定めるところにより記録され、かつ、その記録に関する通知が当該債権者に対して発せられた時に、当該債権者に到達したものとみなす。

第三九九条から第四〇二条までを次のように改める。

（電子情報処理組織による送達の効力発生の時期）

第三九九条　第百九条の三の規定にかかわらず、送達を受けるべき債権者の同意があるときは、指定簡易裁判所の裁判所書記官に対してされた支払督促の申立てに係る督促手続に関する第百九条の二第一項の規定による送達は、同項の通知が当該債権者に対して発せられた時に、その効力を生ずる。

第四〇〇条から第四〇二条まで　削除

（公布の日から起算して四年を超えない範囲内において政令で定める日から施行　令和四法四八）

（電磁的記録による作成等）

第四〇〇条　指定簡易裁判所の裁判所書記官は、第百三十二条の十第一項本文の規定により電子情報処理組織を用いてされた支払督促の申立てに係る督促手続に関し、この法律その他の法令の規定により裁判所書記官が書面等の作成等（作成又は保管をいう。以下この条及び次条第一項において同じ。）をすることとされているものについては、当該法令の規定にかかわらず、書面等の作成等に代えて、最高裁判所規則で定めるところにより、当該書面等に係る電磁的記録の作成等をすることができる。

2　第百三十二条の十第二項及び第四項の規定は、前項の規定により指定簡易裁判所の裁判所書記官がする電磁的記録の作成等について準用する。

（電磁的記録に係る訴訟記録の取扱い）

第四〇一条　督促手続に係る訴訟記録のうち、第百三十二条の十第一項本文の規定により電子情報処理組織を用いてされた申立て等に係る部分又は前条第一項の規定により電磁的記録の作成等がされた部分（以下この条において「電磁的記録部分」と総称する。）について、第九十一条第一項又は第三項の規定による訴訟記録の閲覧等の請求があったときは、指定簡易裁判所の裁判所書記官は、当該指定簡易裁判所の使用に係る電子計算機に備えられたファイルに記録された電磁的記録部分の内容を書面に出力した上、当該訴訟記録の閲覧等を当該書面をもってするものとする。電磁的記録の作成等に係る書類の送達又は送付も、同様とする。

2　第百三十二条の十第一項本文の規定により電子情報処理組織を用いてされた支払督促の申立てに係る督促手続における支払督促に対し適法な督促異議の申立てがあったときは、第三百九十八条の規定により訴えの提起があったものとみなされる裁判所は、電磁的記録部分の内容を書面に出力した上、当該訴訟記録の閲覧等を当該書面をもってするものとする。

（電子情報処理組織による督促手続における所定の方式の書面による支払督促の申立て）

第四〇二条　電子情報処理組織（裁判所の使用に係る複数の電子計算機を相互に電気通信回線で接続した電子情報処理組織をいう。）を用いて督促手続を取り扱う裁判所として最高裁判所規則で定める簡易裁判所の裁判所書記官に対しては、第三百八十三条の規定による場合のほか、同条に規定する簡易裁判所が別に最高裁判所規則で定める簡易裁判所である場合にも、最高裁判所規則で定める方式に適合する方式により記載された書面をもって支払督促の申立てをすることができる。

2　第三百九十八条の規定は、前項に規定する方式により記載された書面をもってされた支払督促の申立てに係る督促手続における支払督促に対し適法な督促異議の申立てがあったときについて準用する。

第八編　執行停止

第八編を第九編とする。
（公布の日から起算して四年を超えない範囲内において政令で定める日から施行　令和四法四八）

（執行停止の裁判）

第四〇三条　次に掲げる場合には、裁判所は、申立てにより、決定で、担保を立てさせて、若しくは立てさせないで強制執行の一時の停止を命じ、又はこれとともに、担保を立てて強制執行の開始若しくは続行をすべき旨を命じ、若しくは担保を立てさせて既にした執行処分の取消しを命ずることができる。ただし、強制執行の開始又は続行をすべき旨の命令は、第三号から第六号までに掲げる場合に限り、することができる。

一　第三百二十七条第一項（第三百八十条第二

項において準用する場合を含む。次条において同じ。）の上告又は再審の訴えの提起があった場合において、不服の理由として主張した事情が法律上理由があるとみえ、事実上の点につき疎明があり、かつ、執行により償うことができない損害が生ずるおそれがあることにつき疎明があったとき。

二　仮執行の宣言を付した判決に対する上告の提起又は上告受理の申立てがあった場合において、原判決の破棄の原因となるべき事情及び執行により償うことができない損害を生ずるおそれがあることにつき疎明があったとき。

三　仮執行の宣言を付した判決に対する控訴の提起又は仮執行の宣言を付した支払督促に対する督促異議の申立て（次号の控訴の提起及び督促異議の申立てを除く。）があった場合において、原判決若しくは支払督促の取消し若しくは変更の原因となるべき事情がないとはいえないこと又は執行により著しい損害を生ずるおそれがあることにつき疎明があったとき。

四　手形又は小切手による金銭の支払の請求及びこれに附帯する法定利率による損害賠償の請求について、仮執行の宣言を付した判決に対する控訴の提起又は仮執行の宣言を付した支払督促に対する督促異議の申立てがあった場合において、原判決又は支払督促の取消し又は変更の原因となるべき事情につき疎明があったとき。

五　仮執行の宣言を付した手形訴訟若しくは小切手訴訟の判決に対する異議の申立て又は仮執行の宣言を付した少額訴訟の判決に対する異議の申立てがあった場合において、原判決の取消し又は変更の原因となるべき事情につき疎明があったとき。

六　第百十七条第一項の訴えの提起があった場合において、変更のため主張した事情が法律上理由があるとみえ、かつ、事実上の点につき疎明があったとき。

2　前項に規定する申立てについての裁判に対し

ては、不服を申し立てることができない。

（原裁判所による裁判）

第四〇四条　第三百二十七条第一項の上告の提起、仮執行の宣言を付した判決に対する上告の提起若しくは上告受理の申立て又は仮執行の宣言を付した判決に対する控訴の提起があった場合において、訴訟記録が原裁判所に存するときは、その裁判所が、前条第一項に規定する申立てについての裁判をする。

2　前項の規定は、仮執行の宣言を付した支払督促に対する督促異議の申立てがあった場合について準用する。

（担保の提供）

第四〇五条　この編の規定により担保を立てる場合において、供託をするには、担保を立てるべきことを命じた裁判所又は執行裁判所の所在地を管轄する地方裁判所の管轄区域内の供託所にしなければならない。

2　第七十六条、第七十七条、第七十九条及び第八十条の規定は、前項の担保について準用する。

知的財産権関係条約

千九百年十二月十四日にブラッセルで、千九百十一年六月二日にワシントンで、千九百二十五年十一月六日にヘーグで、千九百三十四年六月二日にロンドンで、千九百五十八年十月三十一日にリスボンで及び千九百六十七年七月十四日にストックホルムで改正された工業所有権の保護に関する千八百八十三年三月二十日のパリ条約

（昭五〇・三・六条約二）
最終改正　昭六〇外務告一八二

第一条

(1)　この条約が適用される国は、工業所有権の保護のための同盟を形成する。

(2)　工業所有権の保護は、特許、実用新案、意匠、商標、サービス・マーク、商号、原産地表示又は原産地名称及び不正競争の防止に関するものとする。

(3)　工業所有権の語は、最も広義に解釈するものとし、本来の工業及び商業のみならず、農業及び採取産業の分野並びに製造した又は天然のすべての産品（例えば、ぶどう酒、穀物、たばこの葉、果実、家畜、鉱物、鉱水、ビール、花、穀粉）についても用いられる。

(4)　特許には、輸入特許、改良特許、追加特許等の同盟国の法令によつて認められる各種の特許が含まれる。

第二条

(1)　各同盟国の国民は、工業所有権の保護に関し、この条約で特に定める権利を害されることなく、他のすべての同盟国において、当該他の同盟国の法令が内国民に対し現在与えており又は将来与えることがある利益を享受する。すなわち、同盟国の国民は、内国民に課される条件及び手続に従う限り、内国民と同一の保護を受け、かつ、自己の権利の侵害に対し内国民と同一の法律上の救済を与えられる。

(2)　もつとも、各同盟国の国民が工業所有権を享有するためには、保護が請求される国に住所又は営業所を有することが条件とされることはない。

(3)　司法上及び行政上の手続並びに裁判管轄権についでは、並びに工業所有権に関する法令上必要とされる住所の選定又は代理人の選任については、各同盟国の法令の定めるところによる。

第三条

同盟に属しない国の国民であつて、いずれかの同盟国の領域内に住所又は現実かつ真正の工業上若しくは商業上の営業所を有するものは、同盟国の国民とみなす。

第四条

A(1)　いずれかの同盟国において正規に特許出願若しくは実用新案、意匠若しくは商標の登録出願をした者又はその承継人は、他の同盟国において出願をすることに関し、以下に定める期間中優先権を有する。

(2)　各同盟国の国内法令又は同盟国の間で締結された二国間若しくは多数国間の条約により正規の国内出願とされるすべての出願は、優先権を生じさせるものと認められる。

(3)　正規の国内出願とは、結果のいかんを問わず、当該国に出願をした日付を確定するために十分なすべての出願をいう。

B　すなわち、A(1)に規定する期間の満了前に他の同盟国においてされた後の出願は、その間に行われた行為、例えば、他の出願、当該発明の公表又は実施、当該意匠に係る物品の販売、当該商標の使用等によつて不利な取扱いを受けないものとし、また、これらの行為は、第三者のいかなる権利又は使用の権能をも生じさせない。優先権の基礎となる最初の出願の日前に第三者が取得した権利に関しては、各同盟国の国内法令の定めるところによる。

C(1)　A(1)に規定する優先期間は、特許及び実用新案については十二箇月、意匠及び商標については六箇月とする。

(2)　優先期間は、最初の出願の日から開始する。出願の日は、期間に算入しない。

(3) 優先期間は、その末日が保護の請求される国において法定の休日又は所轄庁が出願を受理するために開いていない日に当たるときは、その日の後の最初の就業日まで延長される。

(4) (2)にいう最初の出願と同一の対象について同一の同盟国においてされた後の出願は、先の出願が、公衆の閲覧に付されないで、かつ、いかなる権利をも存続させないで、後の出願の日までに取り下げられ、放棄され又は拒絶の処分を受けたこと、及びその先の出願がまだ優先権の主張の基礎とされていないことを条件として、最初の出願とみなされ、その出願の日は、優先期間の初日とされる。この場合において、先の出願は、優先権の主張の基礎とすることができない。

D

(1) 最初の出願に基づいて優先権を主張しようとする者は、その出願の日付及びその出願がされた同盟国の国名を明示した申立てをしなければならない。各同盟国は、遅くともいつまでにその申立てをしなければならないかを定める。

(2) (1)の日付及び国名は、権限のある官庁が発行する刊行物(特に特許及びその明細書に関するもの)に掲載する。

(3) 同盟国は、優先権の申立てをする者に対し、最初の出願に係る出願書類(明細書、図面等を含む。)の謄本の提出を要求することができる。最初の出願を受理した主管庁が認証した謄本は、いかなる公証をも必要とせず、また、いかなる場合にも、後の出願の日から三箇月の期間内においてはいつでも、無料で提出することができる。その謄本には、その主管庁が交付する出願の日付を証明する書面及び訳文を添付するよう要求することができる。

(4) 出願の際には、優先権の申立てについて他の手続を要求することができない。各同盟国は、この条に定める手続がされなかつた場合の効果を定める。ただし、その効果は、優先権の喪失を限度とする。

(5) 出願の後においては、他の証拠書類を要求

することができる。

最初の出願に基づいて優先権を主張する者は、その最初の出願の番号を明示するものとし、その番号は、(2)に定める方法で公表される。

E(1) いずれかの同盟国において実用新案登録出願に基づく優先権を主張して意匠登録出願をした場合には、優先期間は、意匠について定められた優先期間とする。

(2) なお、いずれの同盟国においても、特許出願に基づく優先権を主張して実用新案登録出願をすることができるものとし、また、実用新案登録出願に基づく優先権を主張して特許出願をすることもできる。

F いずれの同盟国も、特許出願人が二以上の優先権（二以上の国においてされた出願に基づくものを含む。）を主張することを理由として、又は優先権を主張して行つた特許出願が優先権の主張の基礎となる出願に含まれていなかつた構成部分を含むことを理由として、当該優先権を否認し、又は当該特許出願について拒絶の処分をすることができない。ただし、当該同盟国の法令上発明の単一性がある場合に限る。

優先権の主張の基礎となる出願に含まれていなかつた構成部分については、通常の条件に従い、後の出願が優先権を生じさせる。

G(1) 審査により特許出願が複合的であることが明らかになつた場合には、特許出願人は、その特許出願を二以上の出願に分割することができる。この場合において、特許出願人は、その分割された各出願の日付としてもとの出願の日付を用い、優先権の利益があるときは、これを保有する。

(2) 特許出願人は、また、自己の発意により、特許出願を分割することができる。この場合においても、特許出願人は、その分割された各出願の日付としてもとの出願の日付を用い、優先権の利益があるときは、これを保有する。各同盟国は、その分割を認める場合の条件を定めることができる。

H 優先権は、発明の構成部分で当該優先権の主張に係るものが最初の出願において請求の範囲内のものとして記載されていないことを理由としては、否認することができない。ただし、最初の出願に係る出願書類の全体により当該構成部分が明らかにされている場合に限る。

I

(1) 出願人が自己の選択により特許又は発明者証のいずれの出願をもすることができる同盟国においてされた発明者証の出願は、特許出願の場合と同一の条件でこの条に定める優先権を生じさせるものとし、その優先権は、特許出願の場合と同一の効果を有する。

(2) 出願人が自己の選択により特許又は発明者証のいずれの出願をもすることができる同盟国においては、発明者証の出願人は、特許出願について適用されるこの条の規定に従い、特許出願、実用新案登録出願又は発明者証の出願に基づく優先権の利益を享受する。

第四条の二

(1) 同盟国の国民が各同盟国において出願した特許は、他の国（同盟国であるかどうかを問わない。）において同一の発明について取得した特許から独立したものとする。

(2) (1)の規定は、絶対的な意味に、特に、優先期間中に出願された特許が、無効又は消滅の理由についても、また、通常の存続期間についても、独立のものであるという意味に解釈しなければならない。

(3) (1)の規定は、その効力の発生の際に存するすべての特許について適用する。

(4) (1)の規定は、新たに加入する国がある場合には、その加入の際に加入国又は他の国に存する特許についても、同様に適用する。

(5) 優先権の利益によつて取得された特許については、各同盟国において、優先権の利益なしに特許出願がされ又は特許が与えられた場合に認められる存続期間と同一の存続期間が認められる。

第四条の三

発明者は、特許証に発明者として記載される権利を有する。

第四条の四
特許の対象である物の販売又は特許の対象である方法によつて生産される物の販売が国内法令上の制限を受けることを理由としては、特許を拒絶し又は無効とすることができない。

第五条
A(1) 特許は、特許権者がその特許を取得した国にいずれかの同盟国で製造されたその特許に係る物を輸入する場合にも、効力を失わない。
(2) 各同盟国は、特許に基づく排他的権利の行使から生ずることがある弊害、例えば、実施がされないことを防止するため、実施権の強制的設定について規定する立法措置をとることができる。
(3) (2)に規定する弊害を防止するために実施権の強制的設定では十分でない場合に限り、特許の効力を失わせることについて規定することができる。特許権の消滅又は特許の取消しのための手続は、実施権の最初の強制的設定の日から二年の期間が満了する前には、することができない。
(4) 実施権の強制的設定は、実施がされず又は実施が十分でないことを理由としては、特許出願の日から四年の期間又は特許が与えられた日から三年の期間のうちいずれか遅く満了するものが満了する前には、請求することができないものとし、また、特許権者がその不作為につきそれが正当であることを明らかにした場合には、拒絶される。強制的に設定された実施権は、排他的なものであつてはならないものとし、また、企業又は営業の構成部分のうち当該実施権の行使に係るものとともに移転する場合を除くほか、当該実施権に基づく実施権の許諾の形式によつても、移転することができない。
(5) (1)から(4)までの規定は、実用新案に準用する。
B 意匠の保護は、当該意匠の実施をしないことにより又は保護される意匠に係る物品を輸入することによつては、失われない。
C(1) 登録商標について使用を義務づけている同

盟国においては、相当の猶予期間が経過しており、かつ、当事者がその不作為につきそれが正当であることを明らかにしない場合にのみ、当該商標の登録の効力を失わせることができる。

(2) 商標の所有者が一の同盟国において登録された際の形態における商標の識別性に影響を与えることなく構成部分に変更を加えてその商標を使用する場合には、その商標の登録の効力は、失われず、また、その商標に対して与えられる保護は、縮減されない。

(3) 保護が要求される国の国内法令により商標の共有者と認められる二以上の工業上又は商業上の営業所が同一又は類似の商品について同一の商標を同時に使用しても、いずれかの同盟国において、その商標の登録が拒絶され、又はその商標に対して与えられる保護が縮減されることはない。ただし、その使用の結果公衆を誤らせることとならず、かつ、その使用が公共の利益に反しないことを条件とする。

D 権利の存在を認めさせるためには、特許の記号若しくは表示又は実用新案、商標若しくは意匠の登録の記号若しくは表示を産品に付することを要しない。

第五条の二

(1) 工業所有権の存続のために定められる料金の納付については、少なくとも六箇月の猶予期間が認められる。ただし、国内法令が割増料金を納付すべきことを定めている場合には、それが納付されることを条件とする。

(2) 同盟国は、料金の不納により効力を失った特許の回復について定めることができる。

第五条の三

次のことは、各同盟国において、特許権者の権利を侵害するものとは認められない。

1 当該同盟国の領水に他の同盟国の船舶が一時的に又は偶発的に入つた場合に、その船舶の船体及び機械、船具、装備その他の附属物に関する当該特許権者の特許の対象である発明をその船舶内で専らその船舶の必要のために使用すること。

2　当該同盟国に他の同盟国の航空機又は車両が一時的に又は偶発的に入つた場合に、その航空機若しくは車両又はその附属物の構造又は機能に関する当該特許権者の特許の対象である発明を使用すること。

第五条の四

ある物の製造方法について特許が取得されている同盟国にその物が輸入された場合には、特許権者は、輸入国で製造された物に関して当該特許に基づきその国の法令によつて与えられるすべての権利を、その輸入物に関して享有する。

第五条の五

意匠は、すべての同盟国において保護される。

第六条

(1)　商標の登録出願及び登録の条件は、各同盟国において国内法令で定める。

(2)　もつとも、同盟国の国民がいずれかの同盟国において登録出願をした商標については、本国において登録出願、登録又は存続期間の更新がされていないことを理由として登録が拒絶され又は無効とされることはない。

(3)　いずれかの同盟国において正規に登録された商標は、他の同盟国（本国を含む。）において登録された商標から独立したものとする。

第六条の二

(1)　同盟国は、一の商標が、他の一の商標でこの条約の利益を受ける者の商標としてかつ同一若しくは類似の商品について使用されているものとしてその同盟国において広く認識されているとその権限のある当局が認めるものの複製である場合又は当該他の一の商標と混同を生じさせやすい模倣若しくは翻訳である場合には、その同盟国の法令が許すときは職権をもつて、又は利害関係人の請求により、当該一の商標の登録を拒絶し又は無効とし、及びその使用を禁止することを約束する。一の商標の要部が、そのような広く認識されている他の一の商標の複製である場合又は当該他の一の商標と混同を生じさせやすい模倣である場合も、同様とする。

(2) (1)に規定する商標の登録を無効とすることの請求については、登録の日から少なくとも五年の期間を認めなければならない。同盟国は、そのような商標の使用の禁止を請求することができる期間を定めることができる。

(3) 悪意で登録を受け又は使用された商標の登録を無効とし又は使用を禁止することの請求については、期間を定めないものとする。

第六条の三

(1)(a) 同盟国は、同盟国の国の紋章、旗章その他の記章、同盟国が採用する監督用及び証明用の公の記号及び印章並びに紋章学上それらの模倣と認められるものの商標又はその構成部分としての登録を拒絶し又は無効とし、また、権限のある官庁の許可を受けずにこれらを商標又はその構成部分として使用することを適当な方法によつて禁止する。

(b) (a)の規定は、一又は二以上の同盟国が加盟している政府間国際機関の紋章、旗章その他の記章、略称及び名称についても、同様に適用する。ただし、既に保護を保障するための現行の国際協定の対象となつている紋章、旗章その他の記章、略称及び名称については、この限りでない。

(c) いずれの同盟国も、この条約がその同盟国において効力を生ずる前に善意で取得した権利の所有者の利益を害して(b)の規定を適用することを要しない。(a)に規定する使用又は登録が、当該国際機関と当該紋章、旗章、記章、略称若しくは名称との間に関係があると公衆に暗示するようなものでない場合又は当該使用者と当該国際機関との間に関係があると公衆に誤つて信じさせるようなものと認められない場合には、同盟国は、(b)の規定を適用することを要しない。

(2) 監督用及び証明用の公の記号及び印章の禁止に関する規定は、当該記号又は印章を含む商標が当該記号又は印章の用いられている商品と同一又は類似の商品について使用されるものである場合に限り、適用する。

(3)(a) (1)及び(2)の規定を適用するため、同盟国は、国の記章並びに監督用及び証明用の公の記号及び印章であつて各国が絶対的に又は一定の限度までこの条の規定に基づく保護の下に置くことを現に求めており又は将来求めることがあるものの一覧表並びにこの一覧表に加えられるその後のすべての変更を、国際事務局を通じて、相互に通知することに同意する。各同盟国は、通知された一覧表を適宜公衆の利用に供する。

もつとも、その通知は、国の旗章に関しては義務的でない。

(b) (1)(b)の規定は、政府間国際機関が国際事務局を通じて同盟国に通知した当該国際機関の紋章、旗章その他の記章、略称及び名称についてのみ適用する。

(4) 同盟国は、異議がある場合には、(3)の通知を受領した時から十二箇月の期間内においては、その異議を国際事務局を通じて関係国又は関係政府間国際機関に通報することができる。

(5) (1)の規定は、国の旗章に関しては、千九百二十五年十一月六日の後に登録される商標についてのみ適用する。

(6) 前記の諸規定は、同盟国の国の記章（旗章を除く。）、公の記号及び印章並びに政府間国際機関の紋章、旗章その他の記章、略称及び名称に関しては、(3)の通知を受領した時から二箇月を経過した後に登録される商標についてのみ適用する。

(7) 同盟国は、国の記章、記号又は印章を含む商標で千九百二十五年十一月六日前に登録されたものについても、その登録出願が悪意でされた場合には、当該登録を無効とすることができる。

(8) 各同盟国の国民であつて自国の国の記章、記号又は印章の使用を許可されたものは、当該記章、記号又は印章が他の同盟国の国の記章、記号又は印章と類似するものである場合にも、それらを使用することができる。

(9) 同盟国は、他の同盟国の国の紋章については、その使用が商品の原産地の誤認を生じさせるようなものである場合には、許可を受けないで取引においてその紋章を使用することを禁止することを約束する。

(10) 前記の諸規定は、各同盟国が、国の紋章、旗章その他の記章、同盟国により採用された公の記号及び印章並びに(1)に規定する政府間国際機関の識別記号を許可を受けないで使用している商標につき、第六条の五B3の規定に基づいてその登録を拒絶し又は無効とすることを妨げない。

第六条の四

(1) 商標の譲渡が、同盟国の法令により、その商標が属する企業又は営業の移転と同時に行われるときにのみ有効とされている場合においては、商標の譲渡が有効と認められるためには、譲渡された商標を付した商品を当該同盟国において製造し又は販売する排他的権利とともに、企業又は営業の構成部分であつて当該同盟国に存在するものを譲受人に移転すれば足りる。

(2) (1)の規定は、譲受人による商標の使用が、当該商標を付した商品の原産地、性質、品位等について事実上公衆を誤らせるようなものである場合に、その商標の譲渡を有効と認める義務を同盟国に課するものではない。

第六条の五

A (1) 本国において正規に登録された商標は、この条で特に規定する場合を除くほか、他の同盟国においても、そのままその登録を認められかつ保護される。当該他の同盟国は、確定的な登録をする前に、本国における登録の証明書で権限のある当局が交付したものを提出させることができる。その証明書には、いかなる公証をも必要としない。

(2) 本国とは、出願人が同盟国に現実かつ真正の工業上又は商業上の営業所を有する場合にはその同盟国を、出願人が同盟国にそのような営業所を有しない場合にはその住所がある同盟国を、出願人が同盟国の国民であつて同盟国に住所を有しない場合にはその国籍がある国をいう。

B　この条に規定する商標は、次の場合を除くほか、その登録を拒絶され又は無効とされることはない。もつとも、第十条の二の規定の適用は、妨げられない。

1　当該商標が、保護が要求される国における第三者の既得権を害するようなものである場合

2　当該商標が、識別性を有しないものである場合又は商品の種類、品質、数量、用途、価格、原産地若しくは生産の時期を示すため取引上使用されることがある記号若しくは表示のみをもつて、若しくは保護が要求される国の取引上の通用語において若しくはその国の公正なかつ確立した商慣習において常用されるようになつている記号若しくは表示のみをもつて構成されたものである場合

3　当該商標が、道徳又は公の秩序に反するもの、特に、公衆を欺くようなものである場合。ただし、商標に関する法令の規定（公の秩序に関するものを除く。）に適合しないことを唯一の理由として、当該商標を公の秩序に反するものと認めてはならない。

C⑴　商標が保護を受けるに適したものであるかどうかを判断するに当たつては、すべての事情、特に、当該商標が使用されてきた期間を考慮しなければならない。

⑵　本国において保護されている商標の構成部分に変更を加えた商標は、その変更が、本国において登録された際の形態における商標の識別性に影響を与えず、かつ、商標の同一性を損なわない場合には、他の同盟国において、その変更を唯一の理由として登録を拒絶されることはない。

D　いかなる者も、保護を要求している商標が本国において登録されていない場合には、この条の規定による利益を受けることができない。

E　もっとも、いかなる場合にも、本国における商標の登録の更新は、その商標が登録された他の同盟国における登録の更新の義務を生じさせるものではない。

F　第四条に定める優先期間内にされた商標の登録出願は、本国における登録が当該優先期間の満了後にされた場合にも、優先権の利益を失わない。

第六条の六

同盟国は、サービス・マークを保護することを約束する。同盟国は、サービス・マークの登録について規定を設けることを要しない。

第六条の七

(1)　同盟国において商標に係る権利を有する者の代理人又は代表者が、その商標に係る権利を有する者の許諾を得ないで、一又は二以上の同盟国においてその商標について自己の名義による登録の出願をした場合には、その商標に係る権利を有する者は、登録異議の申立てをし、又は登録を無効とすること若しくは、その国の法令が認めるときは、登録を自己に移転することを請求することができる。ただし、その代理人又は代表者がその行為につきそれが正当であることを明らかにしたときは、この限りでない。

(2)　商標に係る権利を有する者は、(1)の規定に従うことを条件として、その許諾を得ないでその代理人又は代表者が商標を使用することを阻止する権利を有する。

(3)　商標に係る権利を有する者がこの条に定める権利を行使することができる相当の期間は、国内法令で定めることができる。

第七条

いかなる場合にも、商品の性質は、その商品について使用される商標が登録されることについて妨げとはならない。

第七条の二

(1)　同盟国は、その存在が本国の法令に反しない団体に属する団体商標の登録を認めかつ保護することを約束する。その団体が工業上又は商業上の営業所を有しない場合も、同様とする。

(2) 各同盟国は、団体商標の保護について特別の条件を定めることができるものとし、また、公共の利益に反する団体商標についてその保護を拒絶することができる。

(3) もつとも、その存在が本国の法令に反しない団体に対しては、保護が要求される同盟国において設立されていないこと又は保護が要求される同盟国の法令に適合して構成されていないことを理由としては、その団体に属する団体商標の保護を拒絶することができない。

第八条

商号は、商標の一部であるかどうかを問わず、すべての同盟国において保護されるものとし、そのためには、登記の申請又は登記が行われていることを必要としない。

第九条

(1) 不法に商標又は商号を付した産品は、その商標又は商号について法律上の保護を受ける権利が認められている同盟国に輸入される際に差し押さえられる。

(2) 差押えは、また、産品に不法に商標若しくは商号を付する行為が行われた同盟国又はその産品が輸入された同盟国の国内においても行われる。

(3) 差押えは、検察官その他の権限のある当局又は利害関係人（自然人であるか法人であるかを問わない。）の請求により、各同盟国の国内法令に従つて行われる。

(4) 当局は、通過の場合には、差押えを行うことを要しない。

(5) 同盟国の法令が輸入の際における差押えを認めていない場合には、その差押えの代わりに、輸入禁止又は国内における差押えが行われる。

(6) 同盟国の法令が輸入の際における差押え、輸入禁止及び国内における差押えを認めていない場合には、その法令が必要な修正を受けるまでの間、これらの措置の代わりに、その同盟国の法令が同様の場合に内国民に保障する訴訟その他の手続が、認められる。

第一〇条

(1) 前条の規定は、産品の原産地又は生産者、製造者若しくは販売人に関し直接又は間接に虚偽の表示が行われている場合についても適用する。

(2) (1)の産品の生産、製造又は販売に従事する生産者、製造者又は販売人であつて、原産地として偽つて表示されている土地、その土地の所在する地方、原産国として偽つて表示されている国又は原産地の虚偽の表示が行われている国に住所を有するものは、自然人であるか法人であるかを問わず、すべての場合において利害関係人と認められる。

第一〇条の二

(1) 各同盟国は、同盟国の国民を不正競争から有効に保護する。

(2) 工業上又は商業上の公正な慣習に反するすべての競争行為は、不正競争行為を構成する。

(3) 特に、次の行為、主張及び表示は、禁止される。

1 いかなる方法によるかを問わず、競争者の営業所、産品又は工業上若しくは商業上の活動との混同を生じさせるようなすべての行為

2 競争者の営業所、産品又は工業上若しくは商業上の活動に関する信用を害するような取引上の虚偽の主張

3 産品の性質、製造方法、特徴、用途又は数量について公衆を誤らせるような取引上の表示及び主張

第一〇条の三

(1) 同盟国は、第九条から前条までに規定するすべての行為を有効に防止するための適当な法律上の救済手段を他の同盟国の国民に与えることを約束する。

(2) 同盟国は、更に、利害関係を有する生産者、製造者又は販売人を代表する組合又は団体でその存在が本国の法令に反しないものが、保

護が要求される同盟国の法令により国内の組合又は団体に認められている限度において、第九条から前条までに規定する行為を防止するため司法的手段に訴え又は行政機関に申立てをすることができることとなるように措置を講ずることを約束する。

第一一条

(1) 同盟国は、いずれかの同盟国の領域内で開催される公の又は公に認められた国際博覧会に出品される産品に関し、国内法令に従い、特許を受けることができる発明、実用新案、意匠及び商標に仮保護を与える。

(2) (1)の仮保護は、第四条に定める優先期間を延長するものではない。後に優先権が主張される場合には、各同盟国の主管庁は、その産品を博覧会に搬入した日から優先期間が開始するものとすることができる。

(3) 各同盟国は、当該産品が展示された事実及び搬入の日付を証明するために必要と認める証拠書類を要求することができる。

第一二条

(1) 各同盟国は、工業所有権に関する特別の部局並びに特許、実用新案、意匠及び商標を公衆に知らせるための中央資料館を設置することを約束する。

(2) (1)の部局は、定期的な公報を発行し、次に掲げるものを規則的に公示する。

(a) 特許権者の氏名及びその特許発明の簡単な表示

(b) 登録された商標の複製

第一三条

(1)(a) 同盟は、この条から第十七条までの規定に拘束される同盟国で構成する総会を有する。

(b) 各同盟国の政府は、一人の代表によつて代表されるものとし、代表は、代表代理、顧問及び専門家の補佐を受けることができる。

(c) 各代表団の費用は、その代表団を任命した政府が負担する。

(2)
(a) 総会は、次のことを行う。

(i) 同盟の維持及び発展並びにこの条約の実施に関するすべての問題を取り扱うこと。

(ii) 世界知的所有権機関（以下「機関」という。）を設立する条約に規定する知的所有権国際事務局（以下「国際事務局」という。）に対し、改正会議の準備に関する指示を与えること。ただし、この条から第十七条までの規定に拘束されない同盟国の意見を十分に考慮するものとする。

(iii) 機関の事務局長の同盟に関する報告及び活動を検討し及び承認し、並びに機関の事務局長に対し同盟の権限内の事項についてすべての必要な指示を与えること。

(iv) 総会の執行委員会の構成国を選出すること。

(v) 執行委員会の報告及び活動を検討し及び承認し、並びに執行委員会に対し指示を与えること。

(vi) 同盟の事業計画を決定し及び二年予算を採択し、並びに決算を承認すること。

(vii) 同盟の財政規則を採択すること。

(viii) 同盟の目的を達成するために必要と認める専門家委員会及び作業部会を設置すること。

(ix) 同盟の構成国でない国並びに政府間機関及び国際的な非政府機関で総会の会合にオブザーバーとして出席することを認められるものを決定すること。

(x) この条から第十七条までの規定の修正を採択すること。

(xi) 同盟の目的を達成するため、他の適当な措置をとること。

(xii) その他この条約に基づく任務を遂行すること。

(xiii) 機関を設立する条約によつて総会に与えられる権利（総会が受諾するものに限る。）を行使すること。

(b) 総会は、機関が管理業務を行つている他の同盟にも利害関係のある事項については、機関の調整委員会の助言を受けた上で決定を行う。

(3)(a) (b)の規定が適用される場合を除くほか、代表は、一の国のみを代表することができる。

(b) 前条に規定する工業所有権に関する各国の特別の部局としての性格を有する共通官庁を設立するための特別の取極に基づいて結集した同盟国は、討議において、それらの国の一国をもつて共同の代表とすることができる。

(4)(a) 総会の各構成国は、一の票を有する。

(b) 総会の構成国の二分の一をもつて定足数とする。

(c) 総会は、(b)の規定にかかわらず、いずれの会期においても、代表を出した国の数が総会の構成国の二分の一に満たないが三分の一以上である場合には、決定を行うことができる。ただし、その決定は、総会の手続に関する決定を除くほか、次の条件が満たされた場合にのみ効力を生ずる。すなわち、国際事務局は、代表を出さなかつた総会の構成国に対し、その決定を通知し、その通知の日から三箇月の期間内に賛否又は棄権を書面によつて表明するよう要請する。その期間の満了の時に、賛否又は棄権を表明した国の数が当該会期の定足数の不足を満たすこととなり、かつ、必要とされる多数の賛成がなお存在する場合には、その決定は、効力を生ずる。

(d) 第十七条(2)の規定が適用される場合を除くほか、総会の決定は、投じられた票の三分の二以上の多数による議決で行われる。

(e) 棄権は、投票とみなさない。

(5)(a) (b)の規定が適用される場合を除くほか、代表は、一の国の名においてのみ投票することができる。

(b) (3)(b)に規定する同盟国は、原則として、総会の会期に自国の代表を出すように努める。もつとも、例外的な理由のために自国の代表を出すことができない場合には、自国の名において投票する権限を他の(3)(b)に規定する同盟国の代表に与えることができる。この場合において、代理投票は、一の国のためにのみ行うことができる。代理投票の権限は、国の元首又は権限を有する大臣が署名する書面によつて与えられる。

(6) 総会の構成国でない同盟国は、総会の会合にオブザーバーとして出席することを認められる。

(7)(a) 総会は、事務局長の招集により、二年ごとに一回、通常会期として会合するものとし、例外的な場合を除くほか、機関の一般総会と同一期間中に同一の場所において会合する。

(b) 総会は、執行委員会の要請又は総会の構成国の四分の一以上の要請があつたときは、事務局長の招集により、臨時会期として会合する。

(8) 総会は、その手続規則を採択する。

第一四条

(1) 総会は、執行委員会を有する。

(2)(a) 執行委員会は、総会の構成国の中から総会によつて選出された国で構成する。更に、その領域内に機関の本部が所在する国は、第十六条(7)(b)の規定が適用される場合を除くほか、当然に執行委員会に議席を有する。

(b) 執行委員会の各構成国の政府は、一人の代表によつて代表されるものとし、代表は、代表代理、顧問及び専門家の補佐を受けることができる。

(c) 各代表団の費用は、その代表団を任命した政府が負担する。

(3) 執行委員会の構成国の数は、総会の構成国の数の四分の一とする。議席の数の決定に当たつては、四で除した余りの数は、考慮に入れない。

(4) 総会は、執行委員会の構成国の選出に当たり、衡平な地理的配分を考慮し、また、同盟

に関連して作成される特別の取極の締約国が執行委員会の構成国となることの必要性を考慮する。

(5)(a) 執行委員会の構成国の任期は、その選出が行われた総会の会期の終了時から総会の次の通常会期の終了時までとする。

(b) 執行委員会の構成国は、最大限その構成国の三分の二まで再選されることができる。

(c) 総会は、執行委員会の構成国の選出及び再選に関する規則を定める。

(6)(a) 執行委員会は、次のことを行う。

(i) 総会の議事日程案を作成すること。

(ii) 事務局長が作成した同盟の事業計画案及び二年予算案について総会に提案をすること。

(iii) 削除

(iv) 事務局長の定期報告及び年次会計検査報告を、適当な意見を付して、総会に提出すること。

(v) 総会の決定に従い、また、総会の通常会期から通常会期までの間に生ずる事態を考慮して、事務局長による同盟の事業計画の実施を確保するためすべての必要な措置をとること。

(vi) その他この条約に基づいて執行委員会に与えられる任務を遂行すること。

(b) 執行委員会は、機関が管理業務を行っている他の同盟にも利害関係のある事項については、機関の調整委員会の助言を受けた上で決定を行う。

(7)(a) 執行委員会は、事務局長の招集により、毎年一回、通常会期として会合するものとし、できる限り機関の調整委員会と同一期間中に同一の場所において会合する。

(b) 執行委員会は、事務局長の発意により又は執行委員会の議長若しくはその構成国の四分の一以上の要請に基づき、事務局長の招集により、臨時会期として会合する。

(8)(a) 執行委員会の各構成国は、一の票を有する。

(b) 執行委員会の構成国の二分の一をもつて定足数とする。
(c) 決定は、投じられた票の単純多数による議決で行われる。
(d) 棄権は、投票とみなさない。
(e) 代表は、一の国のみを代表し、その国の名においてのみ投票することができる。
(9) 執行委員会の構成国でない同盟国は、執行委員会の会合にオブザーバーとして出席することを認められる。
(10) 執行委員会は、その手続規則を採択する。

第一五条

(1)(a) 同盟の管理業務は、文学的及び美術的著作物の保護に関する国際条約によつて設立された同盟事務局と合同した同盟事務局の継続である国際事務局が行う。
(b) 国際事務局は、特に、同盟の諸内部機関の事務局の職務を行う。
(c) 機関の事務局長は、同盟の首席行政官であり、同盟を代表する。

(2) 国際事務局は、工業所有権の保護に関する情報を収集し及び公表する。各同盟国は、工業所有権の保護に関するすべての新たな法令及び公文書をできる限り速やかに国際事務局に送付するものとし、また、工業所有権に関する自国の部局の刊行物であつて、工業所有権の保護に直接の関係があり、かつ、国際事務局がその業務に関して有益であると認めるすべてのものを国際事務局に提供する。
(3) 国際事務局は、月刊の定期刊行物を発行する。
(4) 国際事務局は、同盟国に対し、その要請に応じ、工業所有権の保護に関する問題についての情報を提供する。
(5) 国際事務局は、工業所有権の保護を促進するため、研究を行い及び役務を提供する。
(6) 事務局長及びその指名する職員は、総会、執行委員会その他専門家委員会又は作業部会のすべての会合に投票権なしで参加する。事務局長又はその指名する職員は、当然にこれらの内部機関の事務局の職務を行う。

(7)(a) 国際事務局は、総会の指示に従い、かつ、執行委員会と協力して、この条約（第十三条から第十七条までの規定を除く。）の改正会議の準備を行う。

(b) 国際事務局は、改正会議の準備に関し政府間機関及び国際的な非政府機関と協議することができる。

(c) 事務局長及びその指名する者は、改正会議における審議に投票権なしで参加する。

(8) 国際事務局は、その他国際事務局に与えられる任務を遂行する。

第一六条

(1)(a) 同盟は、予算を有する。

(b) 同盟の予算は、収入並びに同盟に固有の支出、諸同盟の共通経費の予算に対する同盟の分担金及び場合により機関の締約国会議の予算に対する拠出金から成る。

(c) 諸同盟の共通経費とは、同盟にのみでなく機関が管理業務を行つている一又は二以上の他の同盟にも帰すべき経費をいう。共通経費についての同盟の分担の割合は、共通経費が同盟にもたらす利益に比例する。

(2) 同盟の予算は、機関が管理業務を行つている他の同盟の予算との調整の必要性を考慮した上で決定する。

(3) 同盟の予算は、次のものを財源とする。

(i) 同盟国の分担金

(ii) 国際事務局が同盟の名において提供する役務について支払われる料金

(iii) 同盟に関する国際事務局の刊行物の販売代金及びこれらの刊行物に係る権利の使用料

(iv) 贈与、遺贈及び補助金

(v) 賃貸料、利子その他の雑収入

(4)(a) 各同盟国は、予算に対する自国の分担額の決定上、次のいずれかの等級に属するものとし、次に定める単位数に基づいて年次分担金を支払う。

等級Ⅰ　二五

等級Ⅱ　二〇
等級Ⅲ　一五
等級Ⅳ　一〇
等級Ⅴ　五
等級Ⅵ　三
等級Ⅶ　一

(b)　各国は、既に指定している場合を除くほか、批准書又は加入書を寄託する際に、自国が属することを欲する等級を指定する。いずれの国も、その等級を変更することができる。一層低い等級を選択する国は、その旨を総会に対しその通常会期において表明しなければならない。その変更は、その会期の年の翌年の初めに効力を生ずる。

(c)　各同盟国の年次分担金の額は、その額とすべての同盟国の同盟の予算への年次分担金の総額との比率が、その国の属する等級の単位数とすべての同盟国の単位数の総数との比率に等しくなるような額とする。

(d)　分担金は、毎年一月一日に支払の義務が生ずる。

(e)　分担金の支払が延滞している同盟国は、その未払の額が当該年度に先立つ二年度においてその国について支払の義務の生じた分担金の額以上のものとなつたときは、同盟の内部機関で自国が構成国であるものにおいて、投票権を行使することができない。ただし、その内部機関は、支払の延滞が例外的なかつ避けることのできない事情によるものであると認める限り、その国がその内部機関において引き続き投票権を行使することを許すことができる。

(f)　予算が新会計年度の開始前に採択されなかつた場合には、財政規則の定めるところにより、前年度の予算をもつて予算とする。

(5)　国際事務局が同盟の名において提供する役務について支払われる料金の額は、事務局長が定めるものとし、事務局長は、それを総会及び執行委員会に報告する。

(6)(a)　同盟は、各同盟国の一回限りの支払金から成る運転資金を有する。運転資金が十分でなくなつた場合には、総会がその増額を決定する。

(b) 運転資金に対する各同盟国の当初の支払金の額及び運転資金の増額の部分に対する各同盟国の分担額は、運転資金が設けられ又はその増額が決定された年のその国の分担金に比例する。

(c) (b)の比率及び支払の条件は、総会が、事務局長の提案に基づきかつ機関の調整委員会の助言を受けた上で定める。

(7)(a) その領域内に機関の本部が所在する国との間で締結される本部協定には、運転資金が十分でない場合にその国が立替えをすることを定める。立替えの額及び条件は、その国と機関との間の別個の取極によつてその都度定める。その国は、立替えの義務を有する限り、当然に執行委員会に議席を有する。

(b) (a)の国及び機関は、それぞれ、書面による通告により立替えをする約束を廃棄する権利を有する。廃棄は、通告が行われた年の終わりから三年を経過した時に効力を生ずる。

(8) 会計検査は、財政規則の定めるところにより、一若しくは二以上の同盟国又は外部の会計検査専門家が行う。これらの同盟国又は会計検査専門家は、総会がこれらの同盟国又は会計検査専門家の同意を得て指定する。

第一七条

(1) 第十三条からこの条までの規定の修正の提案は、総会の構成国、執行委員会又は事務局長が行うことができる。その提案は、遅くとも総会による審議の六箇月前までに、事務局長が総会の構成国に送付する。

(2) (1)の諸条の修正は、総会が採択する。採択には、投じられた票の四分の三以上の多数による議決を必要とする。ただし、第十三条及びこの(2)の規定の修正には、投じられた票の五分の四以上の多数による議決を必要とする。

(3) (1)の諸条の修正は、その修正が採択された時に総会の構成国であつた国の四分の三から、それぞれの憲法上の手続に従つて行われた受諾についての書面による通告を事務局長が受領した後一箇月で効力を生ずる。このようにして受諾された(1)の諸条の修正は、その修正が効力を生ずる時に総会の構成国であるすべての国及びその後に総会の構成国となるすべての国を拘束する。ただし、同盟国の財政上の義務を増大する修正は、その修正の受諾を通告した国のみを拘束する。

第一八条

(1) この条約は、同盟の制度を完全なものにするような改善を加えるため、改正に付される。

(2) このため、順次にいずれかの同盟国において、同盟国の代表の間で会議を行う。

(3) 第十三条から前条までの規定の修正は、前条の規定に従つて行う。

第一九条

同盟国は、この条約の規定に抵触しない限り、別に相互間で工業所有権の保護に関する特別の取極を行う権利を留保する。

第二〇条

(1)(a) 各同盟国は、この改正条約に署名している場合にはこれを批准することができるものとし、署名していない場合にはこれに加入することができる。批准書及び加入書は、事務局長に寄託する。

(b) 各同盟国は、その批准書又は加入書において、批准又は加入の効果が(i)又は(ii)にいう規定には及ばないことを宣言することができる。

(i) 第一条から第十二条までの規定

(ii) 第十三条から第十七条までの規定

(c) (b)の規定に従い(b)の二群のうち一群について批准又は加入の効果を排除した各同盟国は、その後いつでも、批准又は加入の効果をその群に及ぼすことを宣言することができる。その宣言は、事務局長に寄託する。

(2)(a) 第一条から第十二条までの規定は、(1)(b)

(i)の規定に基づく宣言を行うことなく批准書又は加入書を寄託した最初の十の同盟国については、その十番目の批准書又は加入書が寄託された後三箇月で効力を生ずる。

(b) (b)(ii)の規定に基づく宣言を行うことなく批准書又は加入書を寄託した最初の十の同盟国については、その十番目の批准書又は加入書が寄託された後三箇月で効力を生ずる。第十三条から第十七条までの規定は、(1)

(c) (1)(b)(i)にいう規定が(a)の規定に従つて、(1)(b)(ii)にいう規定が(b)の規定に従つて、それぞれ最初に効力を生ずることを条件として、及び(1)(b)の規定に従うことを条件として、第一条から第十七条までの規定は、(a)及び(b)の同盟国以外の同盟国であつて、批准書若しくは加入書を寄託するもの又は(1)(c)の規定に基づく宣言を寄託するものについては、事務局長がその寄託を通告した日の後三箇月で効力を生ずる。ただし、それよりも遅い日が、寄託された批准書、加入書又は宣言において指定されている場合には、この改正条約は、その国について、そのように指定された日に効力を生ずる。

(3) 第十八条から第三十条までの規定は、批准書又は加入書を寄託する各同盟国について、(1)(b)の二群がそれぞれ(2)(a)、(b)又は(c)の規定に従いその国について効力を生ずる日のうち早い方の日に効力を生ずる。

第二一条

(1) 同盟に属しないいずれの国も、この改正条約に加入することができるものとし、その加入により同盟の構成国となることができる。加入書は、事務局長に寄託する。

(2)(a) 同盟に属しない国でこの改正条約の効力発生の日の一箇月前までに加入書を寄託したものについては、この改正条約は、その加入書において一層遅い日が指定されていない限り、前条(2)(a)又は(b)の規定によりこの改正条約が最初に効力を生ずる日に効力を生ずる。ただし、

(i)　この改正条約の効力発生の日に第一条から第十二条までの規定が効力を生じていない場合には、前記の国は、それらの規定が効力を生ずるまでの暫定期間中は、それらの規定に代えて、リスボン改正条約第一条から第十二条までの規定に拘束される。

(ii)　この改正条約の効力発生の日に第十三条から第十七条までの規定が効力を生じていない場合には、前記の国は、それらの規定が効力を生ずるまでの暫定期間中は、それらの規定に代えて、リスボン改正条約第十三条及び第十四条(3)から(5)までの規定に拘束される。

加入書において一層遅い日を指定した国については、この改正条約は、そのように指定された日に効力を生ずる。

(b)　同盟に属しない国でこの改正条約の一の群の規定のみが効力を生じた日の後に又はその日前一箇月未満の期間内に加入書を寄託したものについては、この改正条約は、(a)のただし書の規定に従うことを条件として、事務局長がその加入を通告した日の後三箇月で効力を生ずる。ただし、それよりも遅い日が加入書において指定されている場合には、この改正条約は、その国について、そのように指定された日に効力を生ずる。

(3)　同盟に属しない国でこの改正条約が全体として効力を生じた日の後に又はその日前一箇月未満の期間内に加入書を寄託したものについては、この改正条約は、事務局長がその加入を通告した日の後三箇月で効力を生ずる。ただし、それよりも遅い日が加入書において指定されている場合には、この改正条約は、その国について、そのように指定された日に効力を生ずる。

第二二条　批准又は加入は、第二十条(1)(b)及び第二十八条(2)の規定に基づく例外が適用される場合を除

くほか、当然に、この改正条約のすべての条項の受諾及びこの改正条約に定めるすべての利益の享受を伴う。

第二三条

この改正条約が全体として効力を生じた後は、いずれの国も、この条約の従前の改正条約に加入することができない。

第二四条

(1) いずれの国も、自国が対外関係について責任を有する領域の全部又は一部についてこの条約を適用する旨を、当該領域を指定して、批准書若しくは加入書において宣言し又は、その後いつでも、書面により事務局長に通告することができる。

(2) (1)の宣言又は通告を行つた国は、当該領域の全部又は一部についてこの条約が適用されなくなる旨を、事務局長にいつでも通告することができる。

(3)(a) (1)の規定に基づいて行われた宣言は、その宣言を付した批准又は加入と同一の日に効力を生ずるものとし、(1)の規定に基づいて行われた通告は、事務局長によるその通報の後三箇月で効力を生ずる。

(b) (2)の規定に基づいて行われた通告は、事務局長によるその受領の後十二箇月で効力を生ずる。

第二五条

(1) この条約の締約国は、自国の憲法に従い、この条約の適用を確保するために必要な措置をとることを約束する。

(2) いずれの国も、その批准書又は加入書を寄託する時には、自国の国内法令に従いこの条約を実施することができる状態になつていなければならないと了解される。

第二六条

(1) この条約は、無期限に効力を有する。

(2) いずれの同盟国も、事務局長にあてた通告により、この改正条約を廃棄することができる。その廃棄は、従前のすべての改正条約の廃棄を伴うものとし、廃棄を行つた国についてのみ効力を生ずる。他の同盟国については、この条約は、引き続き効力を有する。

(3) 廃棄は、事務局長がその通告を受領した日の後一年で効力を生ずる。

(4) いずれの国も、同盟の構成国となつた日から五年の期間が満了するまでは、この条に定める廃棄の権利を行使することができない。

第二七条

(1) この改正条約は、それが適用される同盟国相互の関係においては、それが適用される範囲において、千八百八十三年三月二十日のパリ条約及びその後の改正条約に代わる。

(2)(a) この改正条約が適用されない同盟国又はこの改正条約が全体としては適用されない同盟国で、千九百五十八年十月三十一日のリスボン改正条約が適用されるものとの関係においては、リスボン改正条約が、全体として、又は(1)の規定によりこの改正条約がそれに代わる範囲を除き、引き続き効力を有する。

(b) 同様に、この改正条約又はその一部及びリスボン改正条約が適用されない同盟国との関係においては、千九百三十四年六月二日のロンドン改正条約が、全体として、又は(1)の規定によりこの改正条約がそれに代わる範囲を除き、引き続き効力を有する。

(c) 同様に、この改正条約又はその一部、リスボン改正条約及びロンドン改正条約が適用されない同盟国との関係においては、千九百二十五年十一月六日のヘーグ改正条約が、全体として、又は(1)の規定によりこの改正条約がそれに代わる範囲を除き、引き続き効力を有する。

(3) 同盟に属しない国でこの改正条約の締約国となるものは、この改正条約の締約国でない同盟国又はこの改正条約の締約国であるが第二十条(1)(b)(i)の規定に基づく宣言を行つた同盟国との関係において、この改正条約を適用する。それらの国は、当該同盟国が、それらの国との関係において、当該同盟国が締約国

となつている最新の改正条約を適用することを認める。

第二八条

(1) この条約の解釈又は適用に関する二以上の同盟国の間の紛争で交渉によつて解決されないものは、紛争当事国が他の解決方法について合意する場合を除くほか、いずれか一の紛争当事国が、国際司法裁判所規程に合致した請求を行うことにより、国際司法裁判所に付託することができる。紛争を国際司法裁判所に付託する国は、その旨を国際事務局に通報するものとし、国際事務局は、それを他の同盟国に通報する。

(2) いずれの国も、この改正条約に署名し又は批准書若しくは加入書を寄託する際に、(1)の規定に拘束されないことを宣言することができる。(1)の規定は、その宣言を行つた国と他の同盟国との間の紛争については、適用されない。

(3) (2)の規定に基づく宣言を行つた国は、事務局長にあてた通告により、その宣言をいつでも撤回することができる。

第二九条

(1)(a) この改正条約は、フランス語による本書一通について署名するものとし、スウェーデン政府に寄託する。

(b) 事務局長は、関係政府と協議の上、ドイツ語、英語、スペイン語、イタリア語、ポルトガル語、ロシア語及び総会が指定する他の言語による公定訳文を作成する。

(c) これらの条約文の解釈に相違がある場合には、フランス文による。

(2) この改正条約は、千九百六十八年一月十三日まで、ストックホルムにおいて署名のために開放しておく。

(3) 事務局長は、すべての同盟国政府に対し、及び要請があつたときは他の国の政府に対し、スウェーデン政府が認証したこの改正条約の署名本書の謄本二通を送付する。

(4) 事務局長は、この改正条約を国際連合事務局に登録する。

(5) 事務局長は、すべての同盟国政府に対し、署名、批准書又は加入書の寄託、批准書若しくは加入書に付された宣言又は第二十条(1)(c)の規定に基づいて行われた宣言の寄託、この改正条約のいずれかの規定の効力の発生、廃棄の通告及び第二十四条の規定に基づいて行われた通告を通報する。

第三〇条

(1) 最初の事務局長が就任するまでは、この改正条約において機関の国際事務局又は事務局長というときは、それぞれ、同盟事務局又はその事務局長をいうものとする。

(2) 第十三条から第十七条までの規定に拘束されていない同盟国は、希望するときは、機関を設立する条約の効力発生の日から五年間、第十三条から第十七条までの規定に拘束される場合と同様にそれらの規定に定める権利を行使することができる。それらの権利を行使することを希望する国は、その旨の書面による通告を事務局長に寄託するものとし、その通告は、その受領の日に効力を生ずる。それらの国は、その五年の期間が満了するまで、総会の構成国とみなされる。

(3) すべての同盟国が機関の加盟国とならない限り、機関の国際事務局は同盟事務局としても、事務局長は同盟事務局の事務局長としても、それぞれ、職務を行う。

(4) すべての同盟国が機関の加盟国となつたときは、同盟事務局の権利、義務及び財産は、機関の国際事務局が承継する。

以上の証拠として、下名は、正当に委任を受けて、この改正条約に署名した。

千九百六十七年七月十四日にストックホルムで作成した。

（署名欄は省略）

千九百七十年六月十九日にワシントンで作成された特許協力条約

（昭五三・七・一五条約一三）
最終改正　令和二外務告二二三

締約国は、
科学及び技術の進歩に貢献することを希望し、
発明の法的保護を完全なものにすることを希望し、
複数の国において発明の保護が求められている場合に発明の保護の取得を簡易かつ一層経済的なものにすることを希望し、
新たな発明を記載した文書に含まれている技術情報の公衆による利用が容易かつ速やかに行われるようにすることを希望し、
開発途上にある国の特別の必要に応ずる技術的解決の可能性に関する入手の容易な情報を提供することにより、また、絶えず増大する近代技術の利用を容易にすることにより、国内的制度であるか広域的制度であるかを問わず開発途上にある国における発明の保護のための法律制度の効率を高めるための措置を採用することを通じてその経済発展を助長し及び促進することを希望し、
諸国間の協力がこれらの目的の達成を極めて容易にすることを確信して、
この条約を締結した。

序

第一条　同盟の設立

(1)　この条約の締約国（以下「締約国」という。）は、発明の保護のための出願並びにその出願に係る調査及び審査における協力のため並びに特別の技術的業務の提供のための同盟を形成する。この同盟は、国際特許協力同盟という。

(2)　この条約のいかなる規定も、工業所有権の保護に関するパリ条約の締約国の国民又は居住者の同条約に基づく権利を縮減するものと解して

はならない。

第二条　定義

この条約及び規則の適用上、明示的に別段の定めがある場合を除くほか、

(i)「出願」とは、発明の保護のための出願をいう。「出願」というときは、特許、発明者証、実用証、実用新案、追加特許、追加発明者証及び追加実用証の出願をいうものとする。

(ii)「特許」というときは、特許、発明者証、実用証、実用新案、追加特許、追加発明者証及び追加実用証をいうものとする。

(iii)「国内特許」とは、国内当局によつて与えられる特許をいう。

(iv)「広域特許」とは、二以上の国において効力を有する特許を与える権限を有する国内当局又は政府間当局によつて与えられる特許をいう。

(v)「広域出願」とは、広域特許の出願をいう。

(vi)「国内出願」というときは、この条約に従つてされる出願以外の国内特許及び広域特許の出願をいうものとする。

(vii)「国際出願」とは、この条約に従つてされる出願をいう。

(viii)「出願」というときは、国際出願及び国内出願をいうものとする。

(ix)「特許」というときは、国内特許及び広域特許をいうものとする。

(x)「国内法令」というときは、締約国の国内法令又は、広域出願若しくは広域特許にあつては、広域出願をすること若しくは広域特許を与えることについて規定している条約をいうものとする。

(xi)「優先日」とは、期間の計算上、次の日をいう。

(a)　国際出願が第八条の規定による優先権の主張を伴う場合には、その優先権の主張の基礎となる出願の日

(b)　国際出願が第八条の規定による二以上の優先権の主張を伴う場合には、それらの優先権の主張の基礎となる出願のうち最先の

ものの日

(c) 国際出願が第八条の規定による優先権の主張を伴わない場合には、その出願の国際出願日

(xii) 「国内官庁」とは、特許を与える任務を有する締約国の政府の当局をいう。「国内官庁」というときは、二以上の国から広域特許を与える任務を委任されている政府間当局をもいうものとする。ただし、これらの国のうち少なくとも一の国が締約国であり、かつ、この条約及び規則が国内官庁について定める義務及び権限を負い及び行使することをこれらの国が当該政府間当局に委任している場合に限る。

(xiii) 「指定官庁」とは、第一章の規定に従い出願人によつて指定された国の国内官庁又はその国のために行動する国内官庁をいう。

(xiv) 「選択官庁」とは、第二章の規定に従い出願人によつて選択された国の国内官庁又はその国のために行動する国内官庁をいう。

(xv) 「受理官庁」とは、国際出願がされた国内官庁又は政府間機関をいう。

(xvi) 「同盟」とは、国際特許協力同盟をいう。

(xvii) 「総会」とは、同盟の総会をいう。

(xviii) 「機関」とは、世界知的所有権機関をいう。

(xix) 「国際事務局」とは、機関の国際事務局及び、それが存続する限り、知的所有権保護合同国際事務局（ＢＩＲＰＩ）をいう。

(xx) 「事務局長」とは、機関の事務局長及び、それが存続する限り、知的所有権保護合同国際事務局の事務局長をいう。

第一章　国際出願及び国際調査

第三条　国際出願

(1) 締約国における発明の保護のための出願は、この条約による国際出願としてすることができる。

(2) 国際出願は、この条約及び規則の定めるところにより、願書、明細書、請求の範囲、必要な

図面及び要約を含むものとする。

(3) 要約は、技術情報としてのみ用いるものとし、他の目的のため、特に、求められている保護の範囲を解釈するために考慮に入れてはならない。

(4) 国際出願は、次の条件に従う。

(i) 所定の言語で作成すること。

(ii) 所定の様式上の要件を満たすこと。

(iii) 所定の発明の単一性の要件を満たすこと。

(iv) 所定の手数料を支払うこと。

第四条　願書

(1) 願書には、次の事項を記載する。

(i) 国際出願がこの条約に従つて処理されることの申立て

(ii) 国際出願に基づいて発明の保護が求められている一又は二以上の締約国の指定（このように指定される締約国を「指定国」という。）。指定国について広域特許を受けることが可能であり、かつ、出願人が国内特許ではなく広域特許を受けることを希望する場合には、願書にその旨を表示する。広域特許に関する条約により出願人がその条約の締約国のうち一部の国にその出願を限定することができない場合には、その条約の締約国のうち一の国の指定及び広域特許を受けることを希望する旨の表示は、その条約のすべての締約国の指定とみなす。指定国の国内法令に基づきその国の指定が広域特許の出願としての効果を有する場合には、その国の指定は、広域特許を受けることを希望する旨の表示とみなす。

(iii) 出願人及び、該当する場合には、代理人の氏名又は名称並びにこれらの者に関するその他の所定の事項

(iv) 発明の名称

(v) 指定国のうち少なくとも一の国の国内法令が国内出願をする時に発明者の氏名又は名称その他の発明者に関する所定の事項を表示することを定めている場合には、それらの事項。その他の場合には、それらの事項は、願書において又は、指定官庁の属する国の国内法令がそれらの事項を表示することを定めている

が国内出願をする時よりも遅い時に表示することを認めているときは、当該指定官庁にあてた別個の届出において、表示することができる。

(2) 各指定については、所定の期間内に所定の手数料を支払わなければならない。

(3) 指定は、第四十三条に規定する他の種類の保護が出願人によつて求められている場合を除くほか、求められている発明の保護が指定国により又は指定国について与えられる特許であることを意味するものとする。第二条(ii)の規定は、この(3)の規定については、適用しない。

(4) 発明者の氏名又は名称その他の発明者に関する所定の事項が願書に表示されていないことは、指定国の国内法令がそれらの事項を表示することを定めているが国内出願をする時よりも遅い時に表示することを認めている場合には、当該指定国においていかなる影響をも及ぼすものではない。別個の届出においてそれらの事項が表示されていないことも、指定国の国内法令がそれらの事項を表示することを定めていない場合には、当該指定国においていかなる影響をも及ぼすものではない。

第五条　明細書

明細書には、当該技術分野の専門家が実施することができる程度に明確かつ十分に、発明を開示する。

第六条　請求の範囲

請求の範囲には、保護が求められている事項を明示する。請求の範囲は、明確かつ簡潔に記載されていなければならない。請求の範囲は、明細書により十分な裏付けがされていなければならない。

第七条　図面

(1) (2)(ii)の規定が適用される場合を除くほか、図面は、発明の理解に必要な場合に要求される。

(2) 図面が発明の理解に必要でない場合であつても、発明の性質上図面によつて説明することができるときは、

(i) 出願人は、国際出願をする時に図面を国際出願に含めることができる。

(ii) 指定官庁は、出願人に対し、所定の期間内に図面を提出することを要求することができる。

第八条　優先権の主張

(1) 国際出願は、規則の定めるところにより、工業所有権の保護に関するパリ条約の締約国において又は同条約の締約国についてされた先の出願に基づく優先権を主張する申立てを伴うことができる。

(2)(a) (b)の規定が適用される場合を除くほか、(1)の規定に基づいて申し立てられた優先権の主張の条件及び効果は、工業所有権の保護に関するパリ条約のストックホルム改正条約第四条の定めるところによる。

(b) いずれかの締約国において又はいずれかの締約国についてされた先の出願に基づく優先権の主張を伴う国際出願には、当該締約国の指定を含めることができる。国際出願が、いずれかの指定国において若しくはいずれかの指定国についてされた国内出願に基づく優先権の主張を伴う場合又は一の国のみの指定を含む国際出願に基づく優先権の主張を伴う場合には、当該指定国における優先権の主張の条件及び効果は、当該指定国の国内法令の定めるところによる。

第九条　出願人

(1) 締約国の居住者及び国民は、国際出願をすることができる。

(2) 総会は、この条約の締約国ではないが工業所有権の保護に関するパリ条約の締約国であるいずれかの国の居住者及び国民に国際出願をすることを認めることを決定することができる。

(3) 住所及び国籍の概念並びに二人以上の出願人がある場合又は出願人がすべての指定国について同一でない場合におけるこれらの概念の適用については、規則に定める。

第一〇条　受理官庁

国際出願は、所定の受理官庁にするものとし、受理官庁は、この条約及び規則の定めるところにより、国際出願を点検し及び処理する。

第一一条　国際出願日及び国際出願の効果

(1)　受理官庁は、次の要件が受理の時に満たされていることを確認することを条件として、国際出願の受理の日を国際出願日として認める。

(i)　出願人が、当該受理官庁に国際出願をする資格を住所又は国籍上の理由により明らかに欠いている者でないこと。

(ii)　国際出願が所定の言語で作成されていること。

(iii)　国際出願に少なくとも次のものが含まれていること。

(a)　国際出願をする意思の表示

(b)　少なくとも一の締約国の指定

(c)　出願人の氏名又は名称の所定の表示

(d)　明細書であると外見上認められる部分

(e)　請求の範囲であると外見上認められる部分

(2)(a)　受理官庁は、国際出願が(1)に掲げる要件を受理の時に満たしていないと認める場合には、規則の定めるところにより、出願人に対し必要な補充をすることを求める。

(b)　受理官庁は、出願人が規則の定めるところにより(a)の求めに応ずる場合には、当該補充の受理の日を国際出願日として認める。

(3)　第六十四条(4)の規定に従うことを条件として、(1)(i)から(iii)までに掲げる要件を満たし、かつ、国際出願日の認められた国際出願は、国際出願日から各指定国における正規の国内出願の効果を有するものとし、国際出願日は、各指定国における実際の出願日とみなす。

(4)　(1)(i)から(iii)までに掲げる要件を満たす国際出願は、工業所有権の保護に関するパリ条約にいう正規の国内出願とする。

第一二条　国際出願の国際事務局及び国際調査機関への送付

(1)　規則の定めるところにより、国際出願の一通（「受理官庁用写し」）は受理官庁が保持し、一通（「記録原本」）は国際事務局に送付され、他の一通（「調査用写し」）は第十六条に規定する管轄国際調査機関に送付される。

(2) 記録原本は、国際出願の正本とする。

(3) 国際事務局が所定の期間内に記録原本を受理しなかつた場合には、国際出願は、取り下げられたものとみなす。

第一三条　国際出願の写しの指定官庁による入手の可能性

(1) 指定官庁は、第二十条の送達に先立つて国際出願の写しを送付することを国際事務局に要請することができるものとし、国際事務局は、優先日から一年を経過した後できる限り速やかにその写しをその指定官庁に送付する。

(2)(a) 出願人は、国際出願の写しをいつでも指定官庁に送付することができる。

(b) 出願人は、国際出願の写しを指定官庁に送付することをいつでも国際事務局に要請することができるものとし、国際事務局は、できる限り速やかにその写しをその指定官庁に送付する。

(c) いずれの国内官庁も、(b)の写しの受領を希望しない旨を国際事務局に通告することができる。この場合には、(b)の規定は、その国内官庁については、適用しない。

第一四条　国際出願の欠陥

(1)(a) 受理官庁は、国際出願に次のいずれかの欠陥が含まれていないかどうかを点検する。

(i) 規則の定めるところによる署名がないこと。

(ii) 出願人に関する所定の記載がないこと。

(iii) 発明の名称の記載がないこと。

(iv) 要約が含まれていないこと。

(v) 所定の様式上の要件が規則に定める程度にまで満たされていないこと。

(b) 受理官庁は、(a)のいずれかの欠陥を発見した場合には、出願人に対し所定の期間内に国際出願の補充をすることを求める。補充をしなかつた場合には、その国際出願は、取り下げられたものとみなし、受理官庁は、その旨を宣言する。

(2) 国際出願が実際にはその国際出願に含まれていない図面に言及している場合には、受理官庁は、出願人にその旨を通知するものとし、出願人は、所定の期間内にその図面を提出することができる。出願人が所定の期間内にその図面を提出した場合には、受理官庁がその図面を受理した日を国際出願日とする。その他の場合には、その図面への言及は、ないものとみなす。

(3)(a)　第三条(4)(iv)にいう所定の手数料が所定の期間内に又はいずれの指定国についても第四条(2)にいう所定の手数料が所定の期間内に支払われていないと受理官庁が認めた場合には、国際出願は、取り下げられたものとみなし、受理官庁は、その旨を宣言する。

(b)　第四条(2)にいう所定の手数料が所定の期間内に一又は二以上の指定国について支払われているがすべての指定国については支払われていないと受理官庁が認めた場合には、その手数料が所定の期間内に支払われていない指定国の指定は、取り下げられたものとみなし、受理官庁は、その旨を宣言する。

(4)　受理官庁が、国際出願日を認めた後所定の期間内に、当該国際出願が第十一条(1)(i)から(iii)までに掲げるいずれかの要件をその国際出願日において満たしていなかつたと認定した場合には、当該国際出願は、取り下げられたものとみなし、受理官庁は、その旨を宣言する。

第一五条　国際調査

(1)　各国際出願は、国際調査の対象とする。

(2)　国際調査は、関連のある先行技術を発見することを目的とする。

(3)　国際調査は、明細書及び図面に妥当な考慮を払つた上で、請求の範囲に基づいて行う。

(4)　次条に規定する国際調査機関は、可能な限り多くの関連のある先行技術を発見するよう努めるものとし、いかなる場合にも、規則に定める資料を調査する。

(5)(a)　締約国の国内法令が認める場合には、当該締約国の国内官庁又は当該締約国のために行動する国内官庁に国内出願をした出願人は、国内法令に定める条件に従い、国際調査に類する調査（「国際型調査」）がその国内出願について行われることを請求することができる。

(b) 締約国の国内法令が認める場合には、当該締約国の国内官庁又は当該締約国のために行動する国内官庁は、当該国内官庁にされた国内出願を国際型調査に付することができる。

(c) 国際型調査は、次条に規定する国際調査機関であつて国内出願が国際出願として(a)及び(b)に規定する国内官庁にされたとしたならば国際調査を管轄したであろうとされるものが行う。国際調査機関が処理することができないと認める言語で国内出願がされている場合には、国際型調査は、国際出願のための所定の言語であつて当該国際調査機関が国際出願の言語として認めることを約束しているもので出願人が作成した翻訳文に基づいて行う。国内出願及び必要な翻訳文は、国際出願のための所定の形式で提出する。

第一六条　国際調査機関

(1) 国際調査は、国際調査機関が行うものとし、国内官庁又は出願の対象である発明に関する先行技術についての資料調査報告を作成する任務を有する政府間機関（例えば、国際特許協会）を国際調査機関とすることができる。

(2) 単一の国際調査機関が設立されるまでの間に二以上の国際調査機関が存在する場合には、各受理官庁は、(3)(b)に規定する関係取決めに従い、国際出願についての国際調査を管轄することとなる一又は二以上の国際調査機関を特定する。

(3)(a) 国際調査機関は、総会が選定する。国内官庁及び政府間機関は、(c)に規定する要件を満たしている場合には、国際調査機関として選定されることができる。

(b) 選定は、選定される国内官庁又は政府間機関の同意を得ること及び総会の承認を得て当該国内官庁又は当該政府間機関と国際事務局との間に取決めが締結されることを条件とする。この取決めには、当事者の権利及び義務、特に、国際調査のすべての共通の準則を適用しかつ遵守する旨の当該国内官庁又は当該政府間機関の公式の約束を明記する。

(c) 国内官庁又は政府間機関が選定される前に及び選定されている間満たしていなければならない最小限の要件、特に人員及び資料に関する要件は、規則に定める。

(d) 選定は、一定の期間を付して行うものとし、選定期間は、更新することができる。

(e) 総会は、国内官庁若しくは政府間機関の選定若しくは選定期間の更新について決定する前又は選定期間の満了前に、当該国内官庁又は当該政府間機関の意見を聴取し及び、第五十六条に規定する技術協力委員会が設置されている場合には、同委員会の助言を求める。

第一七条　国際調査機関における手続

(1) 国際調査機関における手続は、この条約、規則並びに国際事務局がこの条約及び規則に従つて当該国際調査機関と締結する取決めの定めるところによる。

(2)(a) 国際調査機関は、国際出願について次のいずれかの事由がある場合には、その旨を宣言するものとし、出願人及び国際事務局に対し国際調査報告を作成しない旨を通知する。

(i) 当該国際調査機関が、当該国際出願の対象が規則により国際調査機関による調査を要しないとされているものであると認め、かつ、当該国際出願について調査を行わないことを決定したこと。

(ii) 当該国際調査機関が、明細書、請求の範囲又は図面が有意義な調査を行うことができる程度にまで所定の要件を満たしていないと認めたこと。

(b) (a)に規定するいずれかの事由が一部の請求の範囲のみとの関連においてある場合には、国際調査報告は、当該請求の範囲についてはその旨を表示するものとし、他の請求の範囲については次条の規定に従つて作成される。

(3)(a) 国際調査機関は、国際出願が規則に定める発明の単一性の要件を満たしていないと認める場合には、出願人に対し追加手数料の支払を求める。国際調査機関は、国際出願のうち、請求の範囲に最初に記載されている発明(「主発明」）に係る部分及び、必要な追加手数料が所定の期間内に支払われた場合には、追加手数料が支払われた発明に係る部分について、国際調査報告を作成する。

(b) 指定国の国内法令は、当該指定国の国内官庁が国際調査機関による(a)の求めを正当であると認める場合に、出願人が追加手数料を支払わなかつたために調査が行われなかつた国際出願の部分は、当該指定国における効果に関する限り、出願人が当該指定国の国内官庁に特別手数料を支払つた場合を除くほか、取り下げられたものとみなすことを定めることができる。

第一八条　国際調査報告

(1) 国際調査報告は、所定の期間内に、所定の形式で作成する。

(2) 国際調査報告は、作成の後速やかに、国際調査機関が出願人及び国際事務局に送付する。

(3) 国際調査報告又は前条(2)(a)の宣言は、規則の定めるところによつて翻訳する。翻訳文は、国際事務局により又はその責任において作成される。

第一九条　国際事務局に提出する請求の範囲の補正書

(1) 出願人は、国際調査報告を受け取つた後、所定の期間内に国際事務局に補正書を提出することにより、国際出願の請求の範囲について一回に限り補正をすることができる。出願人は、同時に、補正並びにその補正が明細書及び図面に与えることのある影響につき、規則の定めるところにより簡単な説明書を提出することができる。

(2) 補正は、出願時における国際出願の開示の範囲を超えてしてはならない。

(3) 指定国の国内法令が(2)の開示の範囲を超えてする補正を認めている場合には、(2)の規定に従わないことは、当該指定国においていかなる影響をも及ぼすものではない。

第二〇条　指定官庁への送達

(1)(a) 国際出願は、国際調査報告（第十七条(2)(b)

の表示を含む。）又は第十七条(2)(a)の宣言とともに、規則の定めるところにより各指定官庁に送達される。ただし、当該指定官庁が送達の義務の全部又は一部を免除する場合は、この限りでない。

(b) 送達される文書には、(a)の国際調査報告又は宣言の所定の翻訳文を含める。

(2) 請求の範囲について前条(1)の規定に基づく補正がされた場合には、送達される文書には、出願時における請求の範囲の全文及び補正後の請求の範囲の全文又は出願時における請求の範囲の全文及び補正を明記する記載を含めるものとし、また、同条(1)に規定する説明書がある場合には、その説明書を含める。

(3) 国際調査機関は、指定官庁又は出願人の請求に応じ、規則の定めるところにより、当該指定官庁又は当該出願人に対し国際調査報告に列記された文献の写しを送付する。

第二一条　国際公開

(1) 国際事務局は、国際出願の国際公開を行う。

(2)(a) 国際出願の国際公開は、(b)及び第六十四条(3)に定める場合を除くほか、国際出願の優先日から十八箇月を経過した後速やかに行う。

(b) 出願人は、(a)に定める期間の満了前のいずれの時においても国際出願の国際公開を行うことを国際事務局に請求することができるものとし、国際事務局は、規則の定めるところにより手続をとる。

(3) 国際調査報告又は第十七条(2)(a)の宣言は、規則の定めるところによつて公開する。

(4) 国際公開の言語、形式その他の細目は、規則に定める。

(5) 国際公開の技術的な準備が完了する前に国際出願が取り下げられ又は取り下げられたものとみなされる場合には、国際公開は、行わない。

(6) 国際事務局は、国際出願に善良の風俗若しくは公の秩序に反する表現若しくは図面が含まれており又は規則に定める誹謗（ひぼう）の記載が含まれていると認める場合には、その刊行物においてそのような表現、図面及び記載を省略することができる。この場合には、省略した語又は図面の箇所及び数を表示し並びに請求により個別に省略箇所の写しを交付する。

第二二条　指定官庁に対する国際出願の写し及び翻訳文の提出並びに手数料の支払

(1)　出願人は、優先日から三十箇月を経過する時までに各指定官庁に対し、国際出願の写し（第二十条の送達が既にされている場合を除く。）及び所定の翻訳文を提出し並びに、該当する場合には、国内手数料を支払う。出願人は、指定国の国内法令が発明者の氏名又は名称その他の発明者に関する所定の事項を表示することを定めているが国内出願をする時よりも遅い時に表示することを認めている場合において、それらの事項が願書に記載されていないときは、当該指定国の国内官庁又は当該指定国のために行動する国内官庁に対し、優先日から三十箇月を経過する時までにそれらの事項を届け出る。

(2)　国際調査機関が第十七条(2)(a)の規定に基づき国際調査報告を作成しない旨を宣言した場合には、(1)に規定する行為をすべき期間は、(1)に定める期間と同一とする。

(3)　国内法令は、(1)又は(2)に規定する行為をすべき期間として、(1)又は(2)に定める期間よりも遅い時に満了する期間を定めることができる。

第二三条　国内手続の繰延べ

(1)　指定官庁は、前条に規定する当該期間の満了前に、国際出願の処理又は審査を行つてはならない。

(2)　(1)の規定にかかわらず、指定官庁は、出願人の明示の請求により、国際出願の処理又は審査をいつでも行うことができる。

第二四条　指定国における効果の喪失

(1)　第十一条(3)に定める国際出願の効果は、次の場合には、(ii)にあつては次条の規定に従うことを条件として、指定国において、当該指定国における国内出願の取下げの効果と同一の効果をもつて消滅する。

(i)　出願人が国際出願又は当該指定国の指定を取り下げた場合

(ii) 国際出願が第十二条(3)若しくは第十四条(1)(b)、(3)(a)若しくは(4)の規定により取り下げられたものとみなされる場合又は当該指定国の指定が第十四条(3)(b)の規定により取り下げられたものとみなされる場合

(iii) 出願人が第二十二条に規定する行為を該当する期間内にしなかつた場合

(2) (1)の規定にかかわらず、指定官庁は、第十一条(3)に定める効果を、その効果の次条(2)の規定により維持が必要とされない場合を含め、維持することができる。

第二五条　指定官庁による検査

(1)(a) 受理官庁が国際出願日を認めることを拒否した場合若しくは国際出願は取り下げられたものとみなす旨を宣言した場合又は国際事務局が第十二条(3)の規定により所定の期間内に記録原本を受理しなかつたと認定した場合には、国際事務局は、出願人の請求に応じ、出願人が特定した指定官庁に対し当該出願に関する書類の写しを速やかに送付する。

(b) 受理官庁がいずれかの国の指定は取り下げられたものとみなす旨を宣言した場合には、国際事務局は、出願人の請求に応じ、当該国の国内官庁に対し当該出願に関する書類の写しを速やかに送付する。

(c) (a)又は(b)にいう請求は、所定の期間内に行う。

(2)(a) (b)の規定に従うことを条件として、各指定官庁は、必要な国内手数料の支払及び所定の適当な翻訳文の提出が所定の期間内にあつた場合には、(1)の拒否、宣言又は認定がこの条約及び規則に照らし正当であるかどうかを決定するものとし、その拒否若しくは宣言が受理官庁の過失の結果であり又はその認定が国際事務局の過失の結果であると認めた場合には、当該国際出願を、当該指定官庁に係る国における効果に関する限り、このような過失の結果が生じなかつたものとして取り扱う。

(b) (a)の規定は、記録原本が出願人の過失により第十二条(3)にいう所定の期間の満了の後に

国際事務局に到達した場合について準用する。ただし、第四十八条(2)の規定が適用される場合に限る。

第二六条　指定官庁における補充の機会

指定官庁は、同一又は類似の場合における国内出願について国内法令に定める範囲内で及び手続に従い国際出願の補充をする機会をあらかじめ出願人に与えることなく、この条約及び規則に定める要件を満たしていないことを理由として国際出願を却下してはならない。

第二七条　国内的要件

(1)　国内法令は、国際出願が、その形式又は内容について、この条約及び規則に定める要件と異なる要件又はこれに追加する要件を満たすことを要求してはならない。

(2)　(1)の規定は、第七条(2)の規定の適用を妨げるものではなく、また、国内法令が、指定官庁における国際出願の処理が開始された後に、

(i)　出願人が法人である場合にその法人を代表する権限を有する役員の氏名を届け出ること、又は

(ii)　国際出願の一部をなす書類ではないが、国際出願においてされている主張若しくは記述の裏付けとなる書類（出願時に出願人の代表者又は代理人が国際出願に署名している場合に、出願人が自己の署名によつて国際出願を確認するものを含む。）を提出することを定めることを妨げるものでもない。

(3)　出願人が発明者でないという理由で当該指定国の国内法令により国内出願をする資格を有しない場合には、当該指定官庁は、当該国際出願を却下することができる。

(4)　指定国の国内法令が、国内出願の形式又は内容につき、この条約及び規則に国際出願について定める要件よりも出願人の立場からみて有利な要件を定めている場合には、当該指定国の国内官庁、裁判所その他の権限のある機関又は当該指定国のために行動するこれらの機関は、この条約及び規則に定める要件に代えて当該国内法令に定める要件を国際出願について適用する

ことができる。ただし、出願人が、この条約及び規則に定める要件が国際出願について適用されることを要求するときは、この限りでない。

(5)　この条約及び規則のいかなる規定も、各締約国が特許性の実体的な条件を定める自由を制限するものと解してはならない。特に先行技術の定義に関するこの条約及び規則の規定は、専ら国際的手続について適用されるものであり、したがつて、いずれの締約国も、国際出願に係る発明の特許性を判断するに当たつて、先行技術その他の特許性の条件（出願の形式及び内容に係るものを除く。）に関する国内法令上の基準を適用する自由を有する。

(6)　国内法令は、その定める特許性の実体的な条件に関する証拠を出願人が提出することを要求することができる。

(7)　受理官庁又は国際出願の処理を開始した指定官庁は、当該受理官庁若しくは当該指定官庁に対して出願人を代理する資格を有する代理人によつて出願人が代理され又は出願人が通知を受け取るためのあて名を指定国内に有するという要件に関する限り、国内法令を適用することができる。

(8)　この条約及び規則のいかなる規定も、締約国が自国の安全を保持するために必要と認める措置をとる自由又は締約国が自国の一般的な経済的利益の保護のため自国の居住者若しくは国民の国際出願をする権利を制限する自由を制限するものと解してはならない。

第二八条　指定官庁における請求の範囲、明細書及び図面の補正

(1)　出願人は、各指定官庁において所定の期間内に請求の範囲、明細書及び図面について補正をする機会を与えられる。指定官庁は、出願人の明示の同意がない限り、その期間の満了前に特許を与えてはならず又は特許を拒絶してはならない。

(2)　補正は、出願時における国際出願の開示の範囲を超えてしてはならない。ただし、指定国の国内法令が認める場合は、この限りでない。

(3) 補正は、この条約及び規則に定めのないすべての点については、指定国の国内法令の定めるところによる。

(4) 補正書は、指定官庁が国際出願の翻訳文の提出を要求する場合には、その翻訳文の言語で作成する。

第二九条　国際公開の効果

(1) 指定国における出願人の権利の保護に関する限り、国際出願の国際公開の指定国における効果は、(2)から(4)までの規定に従うことを条件として、審査を経ていない国内出願の強制的な国内公開について当該指定国の国内法令が定める効果と同一とする。

(2) 指定国の国内法令は、当該指定国において国内法令に基づく公開に用いられる言語と異なる言語で国際公開が行われた場合に(1)に定める効果が次のいずれかの時からのみ生ずることを定めることができる。

(i) 当該公開に用いられる言語による翻訳文が、国内法令の定めるところにより公表された時

(ii) 当該公開に用いられる言語による翻訳文が、国内法令の定めるところにより公衆の閲覧に供されることによつて公衆が利用することができるようにされた時

(iii) 当該公開に用いられる言語による翻訳文が、国際出願に係る発明を許諾を得ないで現に実施しており又は実施すると予想される者に対し出願人によつて送付された時

(iv) (i)及び(iii)に規定する措置の双方がとられた時又は(ii)及び(iii)に規定する措置の双方がとられた時

(3) 指定国の国内法令は、国際公開が出願人の請求により優先日から十八箇月を経過する前に行われた場合に(1)に定める効果が優先日から十八箇月を経過した時からのみ生ずることを定めることができる。

(4) 指定国の国内法令は、(1)に定める効果が第二十一条の規定に従つて公開された国際出願を当該指定国の国内官庁又は当該指定国のために行動する国内官庁が受領した日からのみ生ずるこ

とを定めることができる。当該国内官庁は、その公報にその受領の日をできる限り速やかに掲載する。

第三〇条　国際出願の秘密保持

(1)(a)　(b)の規定が適用される場合を除くほか、国際事務局及び国際調査機関は、国際出願の国際公開が行われる前に、いかなる者又は当局に対しても国際出願が知得されるようにしてはならない。ただし、出願人の請求による場合又はその承諾を得た場合は、この限りでない。

(b)　(a)の規定は、管轄国際調査機関への送付、第十三条の送付及び第二十条の送達については、適用しない。

(2)(a)　国内官庁は、次の日のうち最も早い日前に、第三者に対し国際出願が知得されるようにしてはならない。ただし、出願人の請求による場合又はその承諾を得た場合は、この限りでない。

(i)　国際出願の国際公開の日

(ii)　第二十条の規定に従つて送達される国際出願の受理の日

(iii)　第二十二条の規定に基づく国際出願の写しの受理の日

(b)　(a)の規定は、国内官庁が自己が指定された旨を第三者に通知すること又はその指定された事実を公表することを妨げるものではない。ただし、その通知又は公表には、受理官庁の名称、出願人の氏名又は名称、国際出願日、国際出願番号及び発明の名称以外の事項を含めることができない。

(c)　(a)の規定は、指定官庁が司法当局に対し国際出願が知得されるようにすることを妨げるものではない。

(3)　(2)(a)の規定は、第十二条(1)の送付の場合を除くほか、受理官庁について適用する。

(4)　この条の規定の適用上、「知得されるようにする」とは、手段のいかんを問わず第三者が知ることができるようにすることをいい、個別に通報すること及び一般に公表することを含む。

ただし、国内官庁が、国際公開前又は、国際公開が優先日から二十箇月を経過する時までに行われない場合には、優先日から二十箇月を経過する前に、国際出願又はその翻訳文を一般に公表してはならないことを条件とする。

第二章　国際予備審査

第三一条　国際予備審査の請求

(1) 国際出願は、出願人の国際予備審査の請求により、この条及び次の諸条並びに規則の定めるところにより国際予備審査の対象とする。

(2)(a) 出願人が、規則の定めるところによつて、この章の規定に拘束される締約国の居住者又は国民である場合において、そのような締約国の受理官庁又はそのような締約国のために行動する受理官庁に国際出願をしたときは、その出願人は、国際予備審査の請求をすることができる。

(b) 総会は、国際出願をする資格を有する者に対し、その者が非締約国又はこの章の規定に拘束されない締約国の居住者又は国民である場合においても、国際予備審査の請求をすることを認めることを決定することができる。

(3) 国際予備審査の請求は、国際出願とは別個に行う。この請求書には、所定の事項を記載するものとし、この請求書は、所定の言語及び形式で作成する。

(4)(a) 国際予備審査の請求書には、国際予備審査の結果を利用することを出願人が意図する一又は二以上の締約国（「選択国」）を表示する。選択国は、後にする選択によつて追加することができる。選択の対象は、第四条の規定によつて既に指定された締約国に限る。

(b) (2)(a)の出願人は、この章の規定に拘束されるいずれの締約国をも選択することができる。(2)(b)の出願人は、この章の規定に拘束される締約国であつて(2)(b)の出願人によつて選択される用意があることを宣言しているもののみを選択することができる。

(5) 国際予備審査の請求については、所定の期間内に所定の手数料を支払わなければならない。

(6)(a) 国際予備審査の請求は、次条に規定する管轄国際予備審査機関に対して行う。

(b) 後にする選択は、国際事務局に届け出る。

(7) 各選択官庁は、自己が選択官庁とされた旨の通知を受ける。

第三二条　国際予備審査機関

(1) 国際予備審査は、国際予備審査機関が行う。

(2) 受理官庁は前条(2)(a)にいう国際予備審査の請求につき、総会は同条(2)(b)にいう国際予備審査の請求につき、国際予備審査機関と国際事務局との間の関係取決めに従い、国際予備審査を管轄することとなる一又は二以上の国際予備審査機関を特定する。

(3) 第十六条(3)の規定は、国際予備審査機関について準用する。

第三三条　国際予備審査

(1) 国際予備審査は、請求の範囲に記載されている発明が新規性を有するもの、進歩性を有するもの（自明のものではないもの）及び産業上の利用可能性を有するものと認められるかどうかの問題についての予備的なかつ拘束力のない見解を示すことを目的とする。

(2) 国際予備審査に当たつては、請求の範囲に記載されている発明は、規則に定義する先行技術のうちに該当するものがない場合には、新規性を有するものとする。

(3) 国際予備審査に当たつては、請求の範囲に記載されている発明は、所定の基準日に当該技術分野の専門家にとつて規則に定義する先行技術からみて自明のものではない場合には、進歩性を有するものとする。

(4) 国際予備審査に当たつては、請求の範囲に記載されている発明は、いずれかの産業の分野においてその発明の対象がその発明の性質に応じ技術的な意味において生産し又は使用することができるものである場合には、産業上の利用可能性を有するものとする。「産業」の語は、工業所有権の保護に関するパリ条約におけると同様に最も広義に解釈する。

(5) (1)から(4)までに規定する基準は、国際予備審査にのみ用いる。締約国は、請求の範囲に記載されている発明が自国において特許を受けることができる発明であるかどうかを決定するに当たつては、追加の又は異なる基準を適用することができる。

(6) 国際予備審査に当たつては、国際調査報告に列記されたすべての文献を考慮に入れるものとし、更に、当該事案に関連があると認められる文献をも考慮に入れることができる。

第三四条　国際予備審査機関における手続

(1) 国際予備審査機関における手続は、この条約、規則並びに国際事務局がこの条約及び規則に従つて当該国際予備審査機関と締結する取決めの定めるところによる。

(2)(a) 出願人は、国際予備審査機関と口頭及び書面で連絡する権利を有する。

(b) 出願人は、国際予備審査報告が作成される前に、所定の方法で及び所定の期間内に、請求の範囲、明細書及び図面について補正をする権利を有する。この補正は、出願時における国際出願の開示の範囲を超えてしてはならない。

(c) 出願人は、国際予備審査機関が次のすべての条件が満たされていると認める場合を除くほか、少なくとも一回当該国際予備審査機関から書面による見解を示される。

(i) 発明が前条(1)に規定する基準に適合していること。

(ii) 国際出願が当該国際予備審査機関の点検した範囲内でこの条約及び規則に定める要件を満たしていること。

(iii) 当該国際予備審査機関が次条(2)の末文の意見を述べることを意図していないこと。

(d) 出願人は、書面による見解に対して答弁をすることができる。

(3)(a) 国際予備審査機関は、国際出願が規則に定める発明の単一性の要件を満たしていないと認める場合には、出願人に対し、その選択によりその要件を満たすように請求の範囲を減縮し又は追加手数料を支払うことを求めることができる。

(b) 選択国の国内法令は、(a)の規定により出願人が請求の範囲を減縮することを選択する場合に、その減縮の結果国際予備審査の対象とならない国際出願の部分は、当該選択国における効果に関する限り、出願人が当該選択国の国内官庁に特別手数料を支払つた場合を除くほか、取り下げられたものとみなすことを定めることができる。

(c) 出願人が所定の期間内に(a)の求めに応じない場合には、国際予備審査機関は、国際出願のうち主発明であると認められる発明に係る部分について国際予備審査報告を作成し、この報告に関係事実を記載する。選択国の国内法令は、当該選択国の国内官庁が国際予備審査機関の求めを正当であると認める場合に、主発明に係る部分以外の国際出願の部分は、当該選択国における効果に関する限り、出願人が当該国内官庁に特別手数料を支払つた場合を除くほか、取り下げられたものとみなすことを定めることができる。

(4)(a) 国際予備審査機関は、国際出願について次のいずれかの事由がある場合には、前条(1)の問題を検討することなく、出願人に対しその旨の見解及びその根拠を通知する。

(i) 当該国際予備審査機関が、当該国際出願の対象が規則により国際予備審査機関による国際予備審査を要しないとされているものであると認め、かつ、当該国際出願について国際予備審査を行わないことを決定したこと。

(ii) 当該国際予備審査機関が、明細書、請求の範囲若しくは図面が明瞭でないため又は請求の範囲が明細書により十分な裏付けをされていないため、請求の範囲に記載されている発明の新規性、進歩性（自明のものではないこと）又は産業上の利用可能性について有意義な見解を示すことができな

(b)　いと認めたこと。

(b)　(a)に規定するいずれかの事由が一部の請求の範囲のみについて又は一部の請求の範囲のみとの関連においてある場合には、(a)の規定は、当該請求の範囲のみについて適用する。

第三五条　国際予備審査報告

(1)　国際予備審査報告は、所定の期間内に、所定の形式で作成する。

(2)　国際予備審査報告には、請求の範囲に記載されている発明がいずれかの国内法令により特許を受けることができる発明であるかどうか又は特許を受けることができる発明であると思われるかどうかの問題についてのいかなる陳述をも記載してはならない。国際予備審査報告には、(3)の規定が適用される場合を除くほか、請求の範囲が国際予備審査に当たつての第三十三条(1)から(4)までに規定する新規性、進歩性（自明のものではないこと）及び産業上の利用可能性の基準に適合していると認められるかどうかを各請求の範囲について記述する。その記述には、その記述の結論を裏付けると認められる文献を列記するものとし、場合により必要な説明を付する。また、その記述には、規則に定める他の意見を付する。

(3)(a)　国際予備審査機関は、国際予備審査報告の作成の際現に前条(4)(a)に規定するいずれかの事由があると認める場合には、国際予備審査報告にその旨の見解及びその根拠を記述する。国際予備審査報告には、(2)のいかなる記述もしてはならない。

(b)　前条(4)(b)に規定する事情があると認められる場合には、国際予備審査報告には、同条(4)(b)にいう一部の請求の範囲については(a)の記述をするものとし、他の請求の範囲については(2)の記述をする。

第三六条　国際予備審査報告の送付、翻訳及び送達

(1)　国際予備審査報告は、所定の附属書類とともに出願人及び国際事務局に送付する。

(2)(a)　国際予備審査報告及び附属書類は、所定の言語に翻訳する。

(b) 国際予備審査報告の翻訳文は、国際事務局により又はその責任において作成されるものとし、附属書類の翻訳文は、出願人が作成する。

(3)(a) 国際予備審査報告は、所定の翻訳文及び原語の附属書類とともに、国際事務局が各選択官庁に送達する。

(b) 附属書類の所定の翻訳文は、出願人が所定の期間内に選択官庁に送付する。

(4) 第二十条(3)の規定は、国際予備審査報告に列記された文献であつて国際調査報告には列記されていないものの写しについて準用する。

第三七条　国際予備審査の請求又は選択の取下げ

(1) 出願人は、いずれかの又はすべての選択国の選択を取り下げることができる。

(2) すべての選択国の選択が取り下げられた場合には、国際予備審査の請求は、取り下げられたものとみなす。

(3)(a) 取下げは、国際事務局に届け出る。

(b) 国際事務局は、(a)の届出があつた場合には、関係選択官庁及び関係国際予備審査機関にその旨を通告する。

(4)(a) (b)の規定が適用される場合を除くほか、国際予備審査の請求又は選択の取下げは、関係締約国に関する限り、国際出願の取下げとみなす。ただし、関係締約国の国内法令に別段の定めがある場合は、この限りでない。

(b) 国際予備審査の請求又は選択の取下げは、第二十二条に規定する当該期間の満了前に行われた場合には、国際出願の取下げとはみなさない。もつとも、締約国は、自国の国内官庁が当該期間内に国際出願の写し、所定の翻訳文及び国内手数料を受け取つた場合にのみこの(b)の規定が適用されることを国内法令で定めることができる。

第三八条　国際予備審査の秘密保持

(1) 国際事務局及び国際予備審査機関は、いかなる時においても、いかなる者又は当局（国際予備審査報告の作成の後は、選択官庁を除く。）に対しても国際予備審査の一件書類につき第三十条(4)（ただし書を含む。）に定義する意味において知得されるようにしてはならない。ただし、出願人の請求による場合又はその承諾を得た場合は、この限りでない。

(2) (1)、第三十六条(1)及び(3)並びに前条(3)(b)の規定に従うことを条件として、国際事務局及び国際予備審査機関は、国際予備審査報告の作成の有無及び国際予備審査の請求又は選択の取下げの有無について情報を提供してはならない。ただし、出願人の請求による場合又はその承諾を得た場合は、この限りでない。

第三九条　選択官庁に対する国際出願の写し及び翻訳文の提出並びに手数料の支払

(1)(a) 締約国の選択が優先日から十九箇月を経過する前に行われた場合には、第二十二条の規定は、当該締約国については適用しないものとし、出願人は、優先日から三十箇月を経過する時までに各選択官庁に対し、国際出願の写し（第二十条の送達が既にされている場合を除く。）及び所定の翻訳文を提出し並びに、該当する場合には、国内手数料を支払う。

(b) 国内法令は、(a)に規定する行為をするため、(a)に定める期間よりも遅い時に満了する期間を定めることができる。

(2) 第十一条(3)に定める効果は、出願人が(1)(a)に規定する行為を(1)(a)又は(b)に規定する当該期間内にしなかつた場合には、選択国において、当該選択国における国内出願の取下げの効果と同一の効果をもつて消滅する。

(3) 選択官庁は、出願人が(1)(a)又は(b)の要件を満たしていない場合においても、第十一条(3)に定める効果を維持することができる。

第四〇条　国内審査及び他の処理の繰延べ

(1) 締約国の選択が優先日から十九箇月を経過する前に行われた場合には、第二十三条の規定は、当該締約国については適用しないものとし、当該締約国の国内官庁又は当該締約国のために行動する国内官庁は、(2)の規定が適用される場合を除くほか、前条に規定する当該期間の満了前に、国際出願の審査及び他の処理を開始してはならない。

(2) (1)の規定にかかわらず、選択官庁は、出願人の明示の請求により、国際出願の審査及び他の処理をいつでも開始することができる。

第四一条　選択官庁における請求の範囲、明細書及び図面の補正

(1) 出願人は、各選択官庁において所定の期間内に請求の範囲、明細書及び図面について補正をする機会を与えられる。選択官庁は、出願人の明示の同意がない限り、その期間の満了前に特許を与えてはならず又は特許を拒絶してはならない。

(2) 補正は、出願時における国際出願の開示の範囲を超えてしてはならない。ただし、選択国の国内法令が認める場合は、この限りでない。

(3) 補正は、この条約及び規則に定めのないすべての点については、選択国の国内法令の定めるところによる。

(4) 補正書は、選択官庁が国際出願の翻訳文の提出を要求する場合には、その翻訳文の言語で作成する。

第四二条　選択官庁における国内審査の結果

国際予備審査報告を受領した選択官庁は、出願人に対し、他の選択官庁における当該国際出願に関する審査に係る書類の写しの提出又はその書類の内容に関する情報の提供を要求することができない。

第三章　共通規定

第四三条　特定の種類の保護を求める出願

指定国又は選択国が発明者証、実用証、実用新案、追加特許、追加発明者証又は追加実用証を与えることを国内法令に定めている場合には、出願人は、当該指定国又は当該選択国に関する限り、国際出願が特許ではなく発明者証、実用証若しくは実用新案を求める出願であること又は国際出願が追加特許、追加発明者証若しくは追加実用証を求める出願であることを規則の定めるところによつて表示することができるものとし、その国際出願は、出願人のこのような選択に従つて取り扱われる。第二条(ii)の規定は、この条及びこの条の規定に基づく規則の規定については、適用しない。

第四四条　二の種類の保護を求める出願

指定国又は選択国が、特許又は前条に規定する他の種類の保護のうち、一の種類の保護を求める出願が他の一の種類の保護をも求める出願であることを国内法令で認める場合には、出願人は、当該指定国又は当該選択国については、その求める二の種類の保護を規則の定めるところによつて表示することができるものとし、当該国際出願は、出願人のこのような表示に従つて取り扱われる。第二条(ii)の規定は、この条の規定については、適用しない。

第四五条　広域特許条約

(1)　広域特許を与えることを定める条約（「広域特許条約」）であつて、第九条の規定に基づいて国際出願をする資格を有するすべての者に対し広域特許の出願をする資格を与えるものは、広域特許条約の締約国でありかつこの条約の締約国である国の指定又は選択を含む国際出願を広域特許の出願としてすることができることを定めることができる。

(2)　(1)に規定する指定国又は選択国の国内法令は、国際出願における当該指定国又は当該選択国の指定又は選択を広域特許条約に基づく広域特許を受けることを希望する旨の表示とみなすことを定めることができる。

第四六条　国際出願の正確でない翻訳

国際出願が正確に翻訳されなかつたため、当該国際出願に基づいて与えられた特許の範囲が原語の国際出願の範囲を超えることとなる場合には、当該締約国の権限のある当局は、それに応じて特許の範囲を遡(そ)及して限定することができるものとし、特許の範囲が原語の国際出願の範囲を超えることとなる限りにおいて特許が無効であることを宣言することができる。

第四七条　期間

(1)　この条約に規定する期間の計算については、

規則に定める。

(2)(a) 前二章に定めるすべての期間は、第六十条の規定による改正のほか、締約国の決定によつても変更することができる。

(b) (a)の決定は、総会において又は通信による投票によつて行うものとし、全会一致によらなければならない。

(c) (a)の変更のための手続の細目は、規則に定める。

第四八条 遵守されなかつた期間

(1) この条約又は規則に定める期間が郵便業務の中断又は避けることのできない郵便物の亡失若しくは郵便の遅延によつて遵守されなかつた場合において、規則に定める場合に該当し、かつ、規則に定める立証その他の条件が満たされているときは、期間は、遵守されたものとみなす。

(2)(a) 締約国は、期間が遵守されていないことが国内法令で認められている遅滞の事由と同一の事由による場合には、自国に関する限り、遅滞を許すものとする。

(b) 締約国は、期間が遵守されていないことが(a)の事由以外の事由による場合であつても、自国に関する限り、遅滞を許すことができる。

第四九条 国際機関に対し業として手続をとる権能

弁護士、弁理士その他の者であつて当該国際出願がされた国内官庁に対し業として手続をとる権能を有するものは、当該国際出願について、国際事務局、管轄国際調査機関及び管轄国際予備審査機関に対し業として手続をとる権能を有する。

第四章 技術的業務の提供

第五〇条 特許情報提供業務

(1) 国際事務局は、公表された文書、主として特許及び公表された出願に基づいてその有する技術情報その他の適切な情報を提供する業務（この条において「情報提供業務」という。）を行うことができる。

(2) 国際事務局は、直接に又は取決めを締結した国際調査機関その他の国内的若しくは国際的な専門的組織を通じて、情報提供業務を行うことができる。

(3)　情報提供業務は、特に、技術的知識及び技術（入手可能な公開のノウ・ハウを含む。）の開発途上にある締約国による取得を容易にするように行う。

(4)　情報提供業務は、締約国の政府並びにその国民及び居住者の利用に供する。総会は、情報提供業務を他の者の利用にも供することを決定することができる。

(5)(a)　締約国の政府に対する業務は、実費で提供する。ただし、開発途上にある締約国の政府に対する業務については、実費との差額を締約国の政府以外の者に提供する業務から生ずる利益又は次条(4)に規定する財源で賄うことができる場合に限り、実費に満たない額で提供する。

(b)　(a)の実費は、国内官庁又は国際調査機関の任務の遂行に伴つて通常生ずる費用を超える部分とする。

(6)　この条の規定の実施に関する細目は、総会の決定により及び総会が設置することのある作業部会が総会の定める範囲内で行う決定によつて定める。

(7)　総会は、必要と認めるときは、(5)に規定する財政措置を補足するための財政措置を勧告する。

第五一条　技術援助

(1)　総会は、技術援助委員会（この条において「委員会」という。）を設置する。

(2)(a)　委員会の構成国は、開発途上にある国が代表されるように妥当な考慮を払つた上で、締約国の中から選出する。

(b)　事務局長は、その発意又は委員会の要請により、開発途上にある国に対する技術援助に関与する政府間機関の代表者が委員会の作業に参加するよう招請する。

(3)(a)　委員会は、開発途上にある締約国に対し各国別の又は広域的な特許制度の発展を目的として供与される技術援助を組織し及び監督することを任務とする。

(b) 技術援助は、特に、専門家の養成及び派遣並びに教習用及び実務用の設備の供与を含むものとする。

(4) 国際事務局は、この条の規定に基づく事業計画のための資金を調達することを目的として、一方において国際金融機関及び政府間機関、特に、国際連合、国際連合の諸機関及び技術援助に関与する国際連合の専門機関と、他方において技術援助を受ける国の政府と取決めを締結するよう努める。

(5) この条の規定の実施に関する細目は、総会の決定により及び総会が設置することのある作業部会が総会の定める範囲内で行う決定によつて定める。

第五二条　この条約の他の規定との関係

この章のいかなる規定も、他の章の財政に関する規定に影響を及ぼすものではない。それらの規定は、この章の規定及びこの章の規定の実施については、適用しない。

第五章　管理規定

第五三条　総会

(1)(a) 総会は、第五十七条(8)の規定に従うことを条件として、締約国で構成する。

(b) 各締約国の政府は、一人の代表によつて代表されるものとし、代表は、代表代理、顧問及び専門家の補佐を受けることができる。

(2)(a) 総会は、次のことを行う。

(i) 同盟の維持及び発展並びにこの条約の実施に関するすべての問題を取り扱うこと。

(ii) この条約の他の規定によつて明示的に総会に与えられた任務を遂行すること。

(iii) 国際事務局に対し改正会議の準備に関する指示を与えること。

(iv) 事務局長の同盟に関する報告及び活動を検討し及び承認し、並びに事務局長に対し同盟の権限内の事項についてすべての必要な指示を与えること。

(v) (9)の規定に従つて設置される執行委員会の報告及び活動を検討し及び承認し、並びに執行委員会に対し指示を与えること。

(vi) 同盟の事業計画を決定し及び三年予算を採択し、並びに決算を承認すること。

(vii) 同盟の財政規則を採択すること。

(viii) 同盟の目的を達成するために必要と認める委員会及び作業部会を設置すること。

(ix) 非締約国並びに、(8)の規定に従うことを条件として、政府間機関及び国際的な非政府機関であつて総会の会合にオブザーバーとして出席することを認められるものを決定すること。

(x) 同盟の目的を達成するため他の適当な措置をとり、及びその他この条約に基づく必要な任務を遂行すること。

(b) 総会は、機関が管理業務を行つている他の同盟にも利害関係のある事項については、機関の調整委員会の助言を受けた上で決定を行う。

(3) 代表は、一の国のみを代表し及びその国の名においてのみ投票することができる。

(4) 各締約国は、一の票を有する。

(5)(a) 締約国の二分の一をもつて定足数とする。

(b) 総会は、定足数に満たない場合においても、決定を行うことができる。ただし、その決定は、総会の手続に関する決定を除くほか、規則に定める通信による投票で定足数が満たされかつ必要な多数が得られた場合にのみ効力を生ずる

(6)(a) 第四十七条(2)(b)、第五十八条(2)(b)及び(3)並びに第六十一条(2)(b)の規定が適用される場合を除くほか、総会の決定は、投じられた票の三分の二以上の多数による議決で行う。

(b) 棄権は、投票とみなさない。

(7) 第二章の規定に拘束される締約国にのみ利害関係のある事項については、(4)から(6)までに規定する締約国とは、同章の規定に拘束される締約国のみをいう。

(8) 国際調査機関として又は国際予備審査機関と。

して選定された政府間機関は、総会にオブザーバーとして出席することを認められる。

(9) 総会は、締約国の数が四十を超える場合には、執行委員会を設置する。この条約及び規則において執行委員会というときは、設置された後の執行委員会をいうものとする。

(10) 総会は、執行委員会が設置されるまでの間は、事務局長が作成した年次事業計画及び年次予算を事業計画及び三年予算の範囲内で承認する。

(11)(a) 総会は、事務局長の招集により、二年ごとに通常会期として会合するものとし、例外的な場合を除くほか、機関の一般総会と同一期間中に同一の場所において会合する。

(b) 総会は、執行委員会の要請又は締約国の四分の一以上の要請があつたときは、事務局長の招集により、臨時会期として会合する。

(12) 総会は、その手続規則を採択する。

第五四条　執行委員会

(1) 総会が執行委員会を設置したときは、執行委員会は、(2)から(10)までの規定に従うものとする。

(2)(a) 執行委員会は、第五十七条(8)の規定に従うことを条件として、総会の構成国の中から総会によつて選出された国で構成する。

(b) 執行委員会の各構成国の政府は、一人の代表によつて代表されるものとし、代表は、代表代理、顧問及び専門家の補佐を受けることができる。

(3) 執行委員会の構成国の数は、総会の構成国の数の四分の一とする。議席の数の決定に当たつては、四で除した余りの数は、考慮に入れない。

(4) 総会は、執行委員会の構成国の選出に当たり、衡平な地理的配分に妥当な考慮を払う。

(5)(a) 執行委員会の構成国の任期は、その選出が行われた総会の会期の終了時から総会の次の通常会期の終了時までとする。

(b) 執行委員会の構成国は、最大限その構成国の三分の二まで再選されることができる。

(c) 総会は、執行委員会の構成国の選出及び再選に関する細目を定める。

(6)(a) 執行委員会は、次のことを行う。

(i) 総会の議事日程案を作成すること。
(ii) 事務局長が作成した同盟の事業計画案及び二年予算案について総会に提案をすること。
(iii) 削除
(iv) 事務局長の定期報告及び年次会計検査報告を、適当な意見を付して、総会に提出すること。
(v) 総会の決定に従い、また、総会の通常会期から通常会期までの間に生ずる事態を考慮して、事務局長による同盟の事業計画の実施を確保するためすべての必要な措置をとること。
(vi) その他この条約に基づいて執行委員会に与えられる任務を遂行すること。

(b) 執行委員会は、機関が管理業務を行つている他の同盟にも利害関係のある事項については、機関の調整委員会の助言を受けた上で決定を行う。

(7)(a) 執行委員会は、事務局長の招集により、毎年一回、通常会期として会合するものとし、できる限り機関の調整委員会と同一期間中に同一の場所において会合する。

(b) 執行委員会は、事務局長の発意により又は執行委員会の議長若しくはその構成国の四分の一以上の要請に基づき、事務局長の招集により、臨時会期として会合する。

(8)(a) 執行委員会の各構成国は、一の票を有する。
(b) 執行委員会の構成国の二分の一をもつて定足数とする。
(c) 決定は、投じられた票の単純多数による議決で行う。
(d) 棄権は、投票とみなさない。
(e) 代表は、一の国のみを代表し及びその国の名においてのみ投票することができる。

(9) 執行委員会の構成国でない締約国及び国際調査機関として又は国際予備審査機関として選定された政府間機関は、執行委員会の会合にオブザーバーとして出席することを認められる。

(10) 執行委員会は、その手続規則を採択する。

第五五条　国際事務局

(1)　同盟の管理業務は、国際事務局が行う。

(2)　国際事務局は、同盟の諸機関の事務局の職務を行う。

(3)　事務局長は、同盟の首席の管理職員とし、同盟を代表する。

(4)　国際事務局は、公報その他規則又は総会の定める刊行物を発行する。

(5)　国際事務局、国際調査機関及び国際予備審査機関がこの条約に基づく任務を遂行するに当たつて国内官庁が与える援助については、規則に定める。

(6)　事務局長及びその指名する職員は、総会、執行委員会その他この条約又は規則に基づいて設置される委員会又は作業部会のすべての会合に投票権なしで参加する。事務局長又はその指名する職員一人は、当然にこれらの機関の事務局の長としての職務を行う。

(7)(a)　国際事務局は、総会の指示に従い、かつ、執行委員会と協力して、改正会議の準備を行う。

(b)　国際事務局は、改正会議の準備に関し政府間機関及び国際的な非政府機関と協議することができる。

(c)　事務局長及びその指名する者は、改正会議における審議に投票権なしで参加する。

(8)　国際事務局は、その他国際事務局に与えられる任務を遂行する。

第五六条　技術協力委員会

(1)　総会は、技術協力委員会（この条において「委員会」という。）を設置する。

(2)(a)　総会は、開発途上にある国が衡平に代表されるように妥当な考慮を払つた上で、委員会の構成を決定し及びその構成員を任命する。

(b)　国際調査機関及び国際予備審査機関は、当然に委員会の構成員となる。国際調査機関又は国際予備審査機関が締約国の国内官庁である場合には、当該締約国は、委員会において重複して代表を出すことができない。

(c)　委員会の構成員の総数は、締約国の数に照らして可能な場合には、当然に委員会の構成員となるものの数の二倍を超える数とする。

(d) 事務局長は、その発意又は委員会の要請により、関係機関に利害関係のある討議に当該関係機関の代表者が参加するよう招請する。

(3) 委員会は、助言又は勧告を行うことによつて次のことに寄与することを目的とする。

(i) この条約に基づく業務を絶えず改善すること。

(ii) 二以上の国際調査機関又は二以上の国際予備審査機関が存在する限り、その資料及び作業方法についてできる限りの統一性を確保すること並びにその報告の質ができる限り高くかつ均一であることを確保すること。

(iii) 総会又は執行委員会の発意に基づき、特に単一の国際調査機関の設立に関する技術的問題を解決すること。

(4) 締約国及び関係国際機関は、委員会に対し、委員会の権限内にある問題につき書面によつて意見を述べることができる。

(5) 委員会は、事務局長に対し又は、事務局長を通じて、総会、執行委員会、すべての若しくは一部の国際調査機関及び国際予備審査機関並びにすべての若しくは一部の受理官庁に対し、助言及び勧告を行うことができる。

(6)(a) 事務局長は、いかなる場合においても、執行委員会に対し委員会のすべての助言及び勧告を送付する。事務局長は、その助言及び勧告について意見を付することができる。

(b) 執行委員会は、委員会の助言、勧告又は他の活動について見解を表明することができるものとし、委員会に対し、委員会の権限内にある問題について研究し及び報告することを求めることができる。執行委員会は、総会に対し、適当な意見を付して委員会の助言、勧告及び報告を提出することができる。

(7) 執行委員会が設置されるまでの間は、(6)にいう執行委員会とは、総会をいうものとする。

(8) 委員会の手続の細目は、総会の決定によつて定める。

第五七条　財政

(1)(a)　同盟は、予算を有する。

(b)　同盟の予算は、収入並びに同盟に固有の支出及び機関が管理業務を行つている諸同盟の共通経費の予算に対する同盟の分担金から成る。

(c)　諸同盟の共通経費とは、同盟にのみでなく機関が管理業務を行つている他の同盟にも帰すべき経費をいう。共通経費についての同盟の分担の割合は、共通経費が同盟にもたらす利益に比例する。

(2)　同盟の予算は、機関が管理業務を行つている他の同盟の予算との調整の必要性を考慮した上で決定する。

(3)　(5)の規定が適用される場合を除くほか、同盟の予算は、次のものを財源とする。

(i)　国際事務局が同盟の名において提供する役務について支払われる手数料及び料金

(ii)　同盟に関する国際事務局の刊行物の販売代金及びこれらの刊行物に係る権利の使用料

(iii)　贈与、遺贈及び補助金

(iv)　賃貸料、利子その他の雑収入

(4)　国際事務局に支払われる手数料及び料金の額並びに国際事務局の刊行物の価格は、この条約の管理業務に係る国際事務局のすべての経費を通常の状態において賄うことができるように定める。

(5)(a)　会計年度が欠損を伴つて終了する場合には、締約国は、(b)及び(c)の規定に従うことを条件として、その欠損を填補するため分担金を支払う。

(b)　各締約国の分担金の額は、当該年度における各締約国からの国際出願の数に妥当な考慮を払つた上で総会が定める。

(c)　総会は、欠損の全部又は一部を他の方法によつて暫定的に填補することができる場合には、その欠損を繰り越すこと及び締約国に分担金の支払を求めないことを決定することができる。

(d)　総会は、同盟の財政状態が許す場合には、

(a)の規定に従つて支払われた分担金をこれを支払つた締約国に払い戻すことを決定することができる。

(e) (b)の規定に基づく分担金を総会が定める支払期日から二年以内に支払わなかつた締約国は、同盟のいずれの機関においても、投票権を行使することができない。ただし、同盟のいずれの機関も、支払の延滞が例外的なかつ避けることのできない事情によるものであると認める限り、当該締約国が当該機関において引き続き投票権を行使することを許すことができる。

(6) 予算が新会計年度の開始前に採択されなかつた場合には、財政規則の定めるところにより、前年度の予算をもつて予算とする。

(7)(a) 同盟は、各締約国の一回限りの支払金から成る運転資金を有する。運転資金が十分でなくなつた場合には、総会は、その増額のための措置をとる。運転資金の一部が必要でなくなつた場合には、その運転資金の一部は、払い戻す。

(b) 運転資金に対する各締約国の当初の支払金の額及び運転資金の増額の部分に対する各締約国の分担額は、(5)(b)に定める原則と同様の原則に基づいて総会が定める。

(c) 支払の条件は、事務局長の提案に基づき、かつ、機関の調整委員会の助言を受けた上で、総会が定める。

(d) 払戻しは、各締約国の支払つた額に比例して行うものとし、各締約国の支払つた日を考慮に入れる。

(8)(a) その領域内に機関の本部が所在する国との間で締結される本部協定には、運転資金が十分でない場合にその国が立替えをすることを定める。立替えの額及び条件は、その国と機関との間の別個の取極によつてその都度定める。その国は、立替えの義務を有する限り、当然に総会及び執行委員会に議席を有する。

(b) (a)の国及び機関は、それぞれ、書面による通告により立替えの約束を廃棄する権利を有する。廃棄は、通告が行われた年の終わりから三年を経過した時に効力を生ずる。

(9) 会計検査は、財政規則の定めるところにより、一若しくは二以上の締約国又は外部の会計検査専門家が行う。これらの締約国又は会計検査専門家は、総会がこれらの締約国又は会計検査専門家の同意を得て指定する。

第五八条　規則

(1) この条約に附属する規則には、次の事項に関する規定を設ける。

(i) この条約において、規則に明示的にゆだねられている事項又は所定の事項であることが明示的に定められている事項

(ii) 業務の運用上の要件、事項又は手続

(iii) この条約の規定を実施するために有用な細目

(2)(a) 総会は、規則を修正することができる。

(b) 修正は、(3)の規定に従うことを条件として、投じられた票の四分の三以上の多数による議決で行う。

(3)(a) 規則は、次のいずれかの場合に限つて修正することができる規定を特定する。

(i) 全会一致の合意がある場合

(ii) 自国の国内官庁を国際調査機関又は国際予備審査機関とする締約国及び、政府間機関が国際調査機関又は国際予備審査機関である場合には、当該政府間機関の権限のある機関において他の構成国から委任を受けた当該政府間機関の構成国である締約国のいずれも異なる意見を表明しない場合

(b) 将来において、当該規定につき付されている条件を解除するためには、場合に応じ、(a)(i)又は(ii)に定める条件が満たされなければならない。

(c) 将来において、いずれかの規定につき(a)に定めるいずれかの条件を付するためには、全会一致の合意がなければならない。

(4) 規則は、総会の監督の下において事務局長が実施細則を作成することについて定める。

(5) この条約の規定と規則の規定とが抵触する場

合には、この条約の規定が優先する。

第六章　紛争

第五九条　紛争
第六十四条(5)の規定が適用される場合を除くほか、この条約又は規則の解釈又は適用に関する二以上の締約国の間の紛争で交渉によつて解決されないものは、紛争当事国が他の解決方法について合意しない限り、いずれかの紛争当事国が、国際司法裁判所規程に合致した請求を行うことにより、国際司法裁判所に付託することができる。紛争を国際司法裁判所に付託する締約国は、その旨を国際事務局に通報するものとし、国際事務局は、それを他の締約国に通報する。

第七章　改正及び修正

第六〇条　この条約の改正
(1)　この条約は、締約国の特別の会議により随時改正することができる。
(2)　改正会議の招集は、総会が決定する。
(3)　国際調査機関として又は国際予備審査機関として選定された政府間機関は、改正会議にオブザーバーとして出席することを認められる。
(4)　第五十三条(5)、(9)及び(11)、第五十四条、第五十五条(4)から(8)まで、第五十六条並びに第五十七条の規定は、改正会議により又は次条の規定に従つて修正することができる。

第六一条　この条約の特定の規定の修正
(1)(a)　第五十三条(5)、(9)及び(11)、第五十四条、第五十五条(4)から(8)まで、第五十六条並びに第五十七条の規定の修正の提案は、総会の構成国、執行委員会又は事務局長が行うことができる。
(b)　(a)の提案は、遅くとも総会による審議の六箇月前までに、事務局長が締約国に送付する。
(2)(a)　(1)に規定する規定の修正は、総会が採択する。
(b)　採択は、投じられた票の四分の三以上の多数による議決で行う。

(3)(a) (1)に規定する規定の修正は、その修正が採択された時に総会の構成国であった国の四分の三から、それぞれの憲法上の手続に従って行われた受諾についての書面による通告を事務局長が受領した後一箇月で効力を生ずる。

(b) (a)の規定に従って受諾された(1)に規定する規定の修正は、その修正が効力を生ずる時に総会の構成国であるすべての国を拘束する。ただし、締約国の財政上の義務を増大する修正は、その修正の受諾を通告した締約国のみを拘束する。

(c) (a)の規定に従って受諾された修正は、その修正が(a)の規定に従って効力を生じた日の後に総会の構成国となるすべての国を拘束する。

第八章　最終規定

第六二条　締約国となるための手続

(1) 工業所有権の保護に関する国際同盟の構成国は、次のいずれかの手続により、締約国となることができる。

(i) 署名し、その後に批准書を寄託すること。

(ii) 加入書を寄託すること。

(2) 批准書又は加入書は、事務局長に寄託する。

(3) 工業所有権の保護に関するパリ条約のストックホルム改正条約第二十四条の規定は、この条約の適用について準用する。

(4) (3)の規定は、いずれかの締約国が(3)の規定に基づいてこの条約を適用する領域の事実上の状態を、他の締約国が承認し又は黙示的に容認することを意味するものと解してはならない。

第六三条　この条約の効力発生

(1)(a) この条約は、(3)の規定に従うことを条件として、八の国が批准書又は加入書を寄託した後三箇月で効力を生ずる。ただし、それらの国のうち少なくとも四の国がそれぞれ、次のいずれかの条件を満たしていなければならない。

(i) 当該国でされた出願の数が、国際事務局によつて公表された最新の年次統計において四万を超えていること。

(ii) 当該国の国民又は居住者が一の外国にした出願の数が、国際事務局によつて公表された最新の年次統計において千以上であること。

(iii) 当該国の国内官庁が外国の国民又は居住者から受理した出願の数が、国際事務局によつて公表された最新の年次統計において一万以上であること。

(b) この(1)の規定の適用上、「出願」には、実用新案の出願を含めない。

(2) (3)の規定に従うことを条件として、この条約が(1)の規定に従つて効力を生じた時に締約国とならない国は、批准書又は加入書を寄託した日の後三箇月でこの条約に拘束される。

(3) 第二章の規定及びこの条約に附属する規則中同章の規定に対応する規定は、(1)に定める三の条件のうち少なくとも一の条件を満たす三の国が同章の規定に拘束される意思を有しないことを次条(1)の規定に基づいて宣言することなく締約国となつた日から、適用する。もつとも、その日は、(1)の規定に基づく当初の効力発生の日前ではないものとする。

第六四条　留保

(1)(a) いずれの国も、第二章の規定に拘束されないことを宣言することができる。

(b) (a)の宣言を行つた国は、第二章の規定及び規則中同章の規定に対応する規定に拘束されない。

(2)(a) (1)(a)の宣言を行わない国は、次のことを宣言することができる。

(i) 国際出願の写し及び所定の翻訳文の提出については第三十九条(1)の規定に拘束されないこと。

(ii) 第四十条に規定する国内処理の繰延べの義務によつて、自国の国内官庁による又はこれを通ずる国際出願又はその翻訳文の公表が妨げられることのないこと。もつとも、当該国内官庁に対し第三十条及び第三十八条の義務を免除するものと解してはならない。

(b) (a)の宣言を行つた国は、その限度において当該規定に拘束されない。

(3)(a) いずれの国も、自国に関する限り、国際出願の国際公開を行う必要がないことを宣言することができる。

(b) 優先日から十八箇月を経過した時に、国際出願に(a)の宣言を行つている国のみの指定が含まれている場合には、その国際出願の第二十一条(2)の規定に基づく国際公開は、行わない。

(c) (b)の規定が適用される場合であつても、国際事務局は、

(i) 出願人から請求があつたときは、規則の定めるところにより当該国際出願の国際公開を行う。

(ii) 国際出願に基づく国内出願又は特許が(a)の宣言を行つているいずれかの指定国の国内官庁により又はその国内官庁のために公表されたときは、その公表の後速やかに当該国際出願の国際公開を行う。ただし、優先日から十八箇月を経過する前であつてはならない。

(4)(a) 自国の特許が公表の日前の日から先行技術としての効果を有することを定めているが工業所有権の保護に関するパリ条約に基づいて主張される優先日を先行技術の問題については自国における実際の出願日と同等に取り扱わないこととする国内法令を有する国は、自国の指定を含む国際出願であつて他国においてしたものを先行技術の問題については自国における実際の出願と同等に取り扱わないことを宣言することができる。

(b) (a)の宣言を行つた国は、その限度において第十一条(3)の規定に拘束されない。

(c) (a)の宣言を行う国は、同時に、自国の指定を含む国際出願が自国において先行技術としての効果を有することとなる日及びそのための条件を書面で通知する。その通知は、事務

局長にあてた通知により、いつでも変更することができる。

(5)　いずれの国も、第五十九条の規定に拘束されないことを宣言することができる。同条の規定は、その宣言を行つた締約国と他の締約国との間の紛争については、適用しない。

(6)(a)　この条の規定に基づく宣言は、書面で行う。その宣言は、この条約の署名若しくは批准書若しくは加入書の寄託の際に又は、(5)の宣言を除くほか、事務局長にあてた通告によりその後いつでも、行うことができる。その通告による宣言は、事務局長がその通告を受領した日の後六箇月で効力を生ずるものとし、その六箇月の期間の満了前にされた国際出願には影響を及ぼさない。

(b)　この条の規定に基づく宣言は、事務局長にあてた通告により、いつでも撤回することができる。その撤回は、事務局長がその通告を受領した日の後三箇月で効力を生ずるものとし、(3)の宣言の撤回にあつては、その三箇月の期間の満了前にされた国際出願には影響を及ぼさない。

(7)　留保は、(1)から(5)までの規定に基づく留保を除くほか、この条約のいかなる規定についても行うことができない。

第六五条　漸進的適用

(1)　国際調査機関又は国際予備審査機関との間の取決めが当該国際調査機関又は当該国際予備審査機関が処理を引き受ける国際出願の数又は種類について経過的に制限を定める場合には、総会は、特定の範囲の国際出願についてのこの条約及び規則の漸進的適用に必要な措置を採択する。この(1)の規定は、第十五条(5)の規定に基づく国際型調査の請求について準用する。

(2)　総会は、(1)に規定する条件の下で国際出願をすることができることとなる日及び国際予備審査の請求をすることができることとなる日を定める。これらの日は、それぞれ、第六十三条(1)の規定に従つてこの条約が効力を生じた後六箇月以内の日及び同条(3)の規定に従つて第二章の規定が適用されることとなつた後六箇月以内の日とする。

第六六条　廃棄

(1)　いずれの締約国も、事務局長にあてた通告により、この条約を廃棄することができる。

(2)　廃棄は、その通告の事務局長による受領の後六箇月で効力を生ずる。廃棄は、国際出願がその六箇月の期間の満了前にされている場合には及び、廃棄を行う国が選択されている場合にあつてはその選択がその六箇月の期間の満了前に行われているときに限り、廃棄を行う国における当該国際出願の効果に影響を及ぼさない。

第六七条　署名及び用語

(1)(a)　この条約は、ひとしく正文である英語及びフランス語による原本一通について署名する。

(b)　事務局長は、関係政府との協議の上、スペイン語、ドイツ語、日本語、ポルトガル語、ロシア語その他総会が指定する言語による公定訳文を作成する。

(2)　この条約は、千九百七十年十二月三十一日まで、ワシントンにおいて署名のために開放しておく。

第六八条　寄託

(1)　この条約の原本は、署名のための開放が終了したときは、事務局長に寄託する。

(2)　事務局長は、工業所有権の保護に関するパリ条約のすべての締約国の政府及び、要請があつたときは、他の国の政府に対し、この条約及びこの条約に附属する規則の謄本二通を認証して送付する。

(3)　事務局長は、この条約を国際連合事務局に登録する。

(4)　事務局長は、すべての締約国の政府及び、要請があつたときは、他の国の政府に対し、この条約及び規則の修正の謄本二通を認証して送付する。

第六九条　通報

事務局長は、工業所有権の保護に関するパリ条約のすべての締約国の政府に対し、次の事項を通報する。

(i) 第六十二条の署名

(ii) 第六十二条に規定する批准書又は加入書の寄託

(iii) この条約の効力発生の日及び第六十三条(3)の規定に従つて第二章の規定が適用されることとなる日

(iv) 第六十四条(1)から(5)までの規定に基づく宣言

(v) 第六十四条(6)(b)の規定に基づく撤回

(vi) 第六十六条の規定によつて受領した廃棄通告

(vii) 第三十一条(4)の宣言

以上の証拠として、下名は、正当に委任を受けてこの条約に署名した。

千九百七十年六月十九日にワシントンで作成した。

（署名欄は省略）

世界貿易機関を設立するマラケシュ協定附属書一C　知的所有権の貿易関連の側面に関する協定

（平六・一二・二八条約一五）

最終改正　平二九条約八

目次

加盟国は、

国際貿易にもたらされる歪（ゆが）み及び障害を軽減させることを希望し、並びに知的所有権の有効かつ十分な保護を促進し並びに知的所有権の行使のための措置及び手続自体が正当な貿易の障害とならないことを確保する必要性を考慮し、

このため、(a)千九百九十四年のガットおよび知的

所有権に関する関連国際協定又は関連条約の基本原則の適用可能性、(b)貿易関連の知的所有権の取得可能性、範囲及び使用に関する適当な基準及び原則の提供、(c)国内法制の相違を考慮した貿易関連の知的所有権の行使のための効果的かつ適当な手段の提供、(d)政府間の紛争を多数国間で防止し及び解決するための効果的かつ迅速な手続の提供並びに(e)交渉の成果への最大限の参加を目的とする経過措置に関し、新たな規則及び規律の必要性を認め、

不正商品の国際貿易に関する原則、規則及び規律の多数国間の枠組みの必要性を認め、

知的所有権が私権であることを認め、

知的所有権の保護のための国内制度における基本的な開発上及び技術上の目的その他の公の政策上の目的を認め、

後発開発途上加盟国が健全かつ存立可能な技術的基礎を創設することを可能とするために、国内における法令の実施の際の最大限の柔軟性に関するこれらの諸国の特別のニーズを認め、

貿易関連の知的所有権に係る問題に関する紛争を多数国間の手続を通じて解決することについての約束の強化を達成することにより緊張を緩和することの重要性を強調し、

世界貿易機関と世界知的所有権機関（この協定において「ＷＩＰＯ」という。）その他の関連国際機関との間の相互の協力関係を確立することを希望して、

ここに、次のとおり協定する。

第一部　一般規定及び基本原則

第一条　義務の性質及び範囲

1　加盟国は、この協定を実施する。加盟国は、この協定の規定に反しないことを条件として、この協定において要求される保護よりも広範な保護を国内法令において実施することができるが、そのような義務を負わない。加盟国は、国内の法制及び法律上の慣行の範囲内でこの協定を実施するための適当な方法を決定することが

できる。

2　この協定の適用上、「知的所有権」とは、第二部の第一節から第七節までの規定の対象となるすべての種類の知的所有権をいう。

3　加盟国は、他の加盟国の国民（注1）に対しこの協定に規定する待遇を与える。該当する知的所有権に関しては、「他の加盟国の国民」とは、世界貿易機関のすべての加盟国が千九百六十七年のパリ条約、千九百七十一年のベルヌ条約、ローマ条約又は集積回路についての知的所有権に関する条約の締約国であるとしたならばそれぞれの条約に規定する保護の適格性の基準を満たすこととなる自然人又は法人をいう（注2）。ローマ条約の第五条3又は第六条2の規定を用いる加盟国は、知的所有権の貿易関連の側面に関する理事会（貿易関連知的所有権理事会）に対し、これらの規定に定めるような通告を行う。

注1　この協定において「国民」とは、世界貿易機関の加盟国である独立の関税地域については、当該関税地域に住所を有しているか又は現実かつ真正の工業上若しくは商業上の営業所を有する自然人又は法人をいう。

注2　この協定において、「パリ条約」とは、工業所有権の保護に関するパリ条約をいい、「千九百六十七年のパリ条約」とは、パリ条約の千九百六十七年七月十四日のストックホルム改正条約をいい、「ベルヌ条約」とは、文学的及び美術的著作物の保護に関するベルヌ条約をいい、「千九百七十一年のベルヌ条約」とは、ベルヌ条約の千九百七十一年七月二十四日のパリ改正条約をいい、「ローマ条約」とは、千九百六十一年十月二十六日にローマで採択された実演家、レコード製作者及び放送機関の保護に関する国際条約をいい、「集積回路についての知的所有権に関する条約」（ＩＰＩＣ条約）とは、千九百八十九年五月二十六日にワシントンで採択された集積回路についての知的所有権に関する条約をいい、「世界貿易機関協定」とは、世界貿易機関を設立する

協定をいう。

第二条　知的所有権に関する条約

1　加盟国は、第二部から第四部までの規定について、千九百六十七年のパリ条約の第一条から第十二条まで及び第十九条の規定を遵守する。

2　第一部から第四部までの規定は、パリ条約、ベルヌ条約、ローマ条約及び集積回路についての知的所有権に関する条約に基づく既存の義務であって加盟国が相互に負うことのあるものを免れさせるものではない。

第三条　内国民待遇

1　各加盟国は、知的所有権の保護（注）に関し、自国民に与える待遇よりも不利でない待遇を他の加盟国の国民に与える。ただし、千九百六十七年のパリ条約、千九百七十一年のベルヌ条約、ローマ条約及び集積回路についての知的所有権に関する条約に既に規定する例外については、この限りでない。実演家、レコード製作者及び放送機関については、そのような義務は、この協定に規定する権利についてのみ適用する。ベルヌ条約第六条及びローマ条約第十六条1(b)の規定を用いる加盟国は、貿易関連知的所有権理事会に対し、これらの規定に定めるような通告を行う。

注　この条及び次条に規定する「保護」には、知的所有権の取得可能性、取得、範囲、維持及び行使に関する事項並びにこの協定において特に取り扱われる知的所有権の使用に関する事項を含む。

2　加盟国は、司法上及び行政上の手続（加盟国の管轄内における送達の住所の選定又は代理人の選任を含む。）に関し、1の規定に基づいて認められる例外を援用することができる。ただし、その例外がこの協定に反しない法令の遵守を確保するために必要であり、かつ、その例外の実行が貿易に対する偽装された制限とならない態様で適用される場合に限る。

第四条　最恵国待遇

知的所有権の保護に関し、加盟国が他の国の国民に与える利益、特典、特権又は免除は、他のすべての加盟国の国民に対し即時かつ無条件に与えられる。加盟国が与える次の利益、特典、特権又は免除は、そのような義務から除外される。

(a) 一般的な性格を有し、かつ、知的所有権の保護に特に限定されない司法共助又は法の執行に関する国際協定に基づくもの

(b) 内国民待遇ではなく他の国において与えられる待遇に基づいて待遇を与えることを認める千九百七十一年のベルヌ条約又はローマ条約の規定に従って与えられるもの

(c) この協定に規定していない実演家、レコード製作者及び放送機関の権利に関するもの

(d) 世界貿易機関協定の効力発生前に効力を生じた知的所有権の保護に関する国際協定に基づくもの。ただし、当該国際協定が、貿易関連知的所有権理事会に通報されること及び他の加盟国の国民に対し恣意的又は不当な差別とならないことを条件とする。

第五条　保護の取得又は維持に関する多数国間協定

前二条の規定に基づく義務は、知的所有権の取得又は維持に関してＷＩＰＯの主催の下で締結された多数国間協定に規定する手続については、適用しない。

第六条　消尽

この協定に係る紛争解決においては、第三条及び第四条の規定を除くほか、この協定のいかなる規定も、知的所有権の消尽に関する問題を取り扱うために用いてはならない。

第七条　目的

知的所有権の保護及び行使は、技術的知見の創作者及び使用者の相互の利益となるような並びに社会的及び経済的福祉の向上に役立つ方法による技術革新の促進並びに技術の移転及び普及に資するべきであり、並びに権利と義務との間の均衡に資するべきである。

第八条　原則

1　加盟国は、国内法令の制定又は改正に当たり、公衆の健康及び栄養を保護し並びに社会経済的及び技術的発展に極めて重要な分野における公

共の利益を促進するために必要な措置を、これらの措置がこの協定に適合する限りにおいて、とることができる。

2　加盟国は、権利者による知的所有権の濫用の防止又は貿易を不当に制限し若しくは技術の国際的移転に悪影響を及ぼす慣行の利用の防止のために必要とされる適当な措置を、これらの措置がこの協定に適合する限りにおいて、とることができる。

第二部　知的所有権の取得可能性、範囲及び使用に関する基準

第一節　著作権及び関連する権利

第九条　ベルヌ条約との関係

1　加盟国は、千九百七十一年のベルヌ条約の第一条から第二十一条まで及び附属書の規定を遵守する。ただし、加盟国は、同条約第六条の二の規定に基づいて与えられる権利又はこれから派生する権利については、この協定に基づく権利又は義務を有しない。

2　著作権の保護は、表現されたものに及ぶものとし、思想、手続、運用方法又は数学的概念自体には及んではならない。

第一〇条　コンピュータ・プログラム及びデータの編集物

1　コンピュータ・プログラム（ソース・コードのものであるかオブジェクト・コードのものであるかを問わない。）は、千九百七十一年のベルヌ条約に定める文学的著作物として保護される。

2　素材の選択又は配列によって知的創作物を形成するデータその他の素材の編集物（機械で読取可能なものであるか他の形式のものであるかを問わない。）は、知的創作物として保護される。その保護は、当該データその他の素材自体には及んではならず、また、当該データその他の素材自体について存在する著作権を害するものであってはならない。

第一一条　貸与権

少なくともコンピュータ・プログラム及び映画の著作物については、加盟国は、著作者及びその承継人に対し、これらの著作物の原作品又は複製物を公衆に商業的に貸与することを許諾し又は禁止する権利を与える。映画の著作物については、加盟国は、その貸与が自国において著作者及びその承継人に与えられる排他的複製権を著しく侵害するような当該著作物の広範な複製をもたらすものでない場合には、この権利を与える義務を免除される。コンピュータ・プログラムについては、この権利を与える義務は、当該コンピュータ・プログラム自体が貸与の本質的な対象でない場合には、適用されない。

第一二条　保護期間

著作物（写真の著作物及び応用美術の著作物を除く。）の保護期間は、自然人の生存期間に基づき計算されない場合には、権利者の許諾を得た公表の年の終わりから少なくとも五十年とする。著作物の製作から五十年以内に権利者の許諾を得た公表が行われない場合には、保護期間は、その製作の年の終わりから少なくとも五十年とする。

第一三条　制限及び例外

加盟国は、排他的権利の制限又は例外を著作物の通常の利用を妨げず、かつ、権利者の正当な利益を不当に害しない特別な場合に限定する。

第一四条　実演家、レコード（録音物）製作者及び放送機関の保護

1　レコードへの実演の固定に関し、実演家は、固定されていない実演の固定及びその固定物の複製が当該実演家の許諾を得ないで行われる場合には、これらの行為を防止することができるものとする。実演家は、また、現に行っている実演について、無線による放送及び公衆への伝達が当該実演家の許諾を得ないで行われる場合には、これらの行為を防止することができるものとする。

2　レコード製作者は、そのレコードを直接又は間接に複製することを許諾し又は禁止する権利

を享有する。

3　放送機関は、放送の固定、放送の固定物の複製及び放送の無線による再放送並びにテレビジョン放送の公衆への伝達が当該放送機関の許諾を得ないで行われる場合には、これらの行為を禁止する権利を有する。加盟国は、この権利を放送機関に与えない場合には、千九百七十一年のベルヌ条約の規定に従い、放送の対象物の著作権者が前段の行為を防止することができるようにする。

4　第十一条の規定（コンピュータ・プログラムに係るものに限る。）は、レコード製作者及び加盟国の国内法令で定めるレコードに関する他の権利者について準用する。加盟国は、千九百九十四年四月十五日においてレコードの貸与に関し権利者に対する衡平な報酬の制度を有している場合には、レコードの商業的貸与が権利者の排他的複製権の著しい侵害を生じさせていないことを条件として、当該制度を維持することができる。

5　実演家及びレコード製作者に対するこの協定に基づく保護期間は、固定又は実演が行われた年の終わりから少なくとも五十年とする。3の規定に基づいて与えられる保護期間は、放送が行われた年の終わりから少なくとも二十年とする。

6　1から3までの規定に基づいて与えられる権利に関し、加盟国は、ローマ条約が認める範囲内で、条件、制限、例外及び留保を定めることができる。ただし、千九百七十一年のベルヌ条約第十八条の規定は、レコードに関する実演家及びレコード製作者の権利について準用する。

第二節　商標

第一五条　保護の対象

1　ある事業に係る商品若しくはサービスを他の事業に係る商品若しくはサービスから識別することができる標識又はその組合せは、商標とすることができるものとする。その標識、特に単語（人名を含む。）、文字、数字、図形及び色の組合せ並びにこれらの標識の組合せは、商標として登録することができるものとする。標識自体によっては関連する商品又はサービスを識別することができない場合には、加盟国は、使用によって獲得された識別性を商標の登録要件とすることができる。加盟国は、標識を視覚によって認識することができることを登録の条件として要求することができる。

2　1の規定は、加盟国が他の理由により商標の登録を拒絶することを妨げるものと解してはならない。ただし、その理由が千九百六十七年のパリ条約に反しないことを条件とする。

3　加盟国は、使用を商標の登録要件とすることができる。ただし、商標の実際の使用を登録出願の条件としてはならない。出願は、意図された使用が出願日から三年の期間が満了する前に行われなかったことのみを理由として拒絶されてはならない。

4　商標が出願される商品又はサービスの性質は、いかなる場合にも、その商標の登録の妨げになってはならない。

5　加盟国は、登録前又は登録後速やかに商標を公告するものとし、また、登録を取り消すための請求の合理的な機会を与える。更に、加盟国は、商標の登録に対し異議を申し立てる機会を与えることができる。

第一六条　与えられる権利

1　登録された商標の権利者は、その承諾を得ていないすべての第三者が、当該登録された商標に係る商品又はサービスと同一又は類似の商品又はサービスについて同一又は類似の標識を商業上使用することの結果として混同を生じさせるおそれがある場合には、その使用を防止する排他的権利を有する。同一の商品又はサービスについて同一の標識を使用する場合は、混同を生じさせるおそれがある場合であると推定される。そのような排他的権利は、いかなる既得権も害するものであってはならず、また、加盟国が使用に基づいて権利を認める可能性に影響を及ぼすものであってはならない。

2　千九百六十七年のパリ条約第六条の二の規定

は、サービスについて準用する。加盟国は、商標が広く認識されているものであるかないかを決定するに当たっては、関連する公衆の有する当該商標についての知識（商標の普及の結果として獲得された当該加盟国における知識を含む。）を考慮する。

3　千九百六十七年のパリ条約第六条の二の規定は、登録された商標に係る商品又はサービスと類似していない商品又はサービスについて準用する。ただし、当該類似していない商品又はサービスについての当該登録された商標の使用が、当該類似していない商品又はサービスと当該登録された商標の権利者との間の関連性を示唆し、かつ、当該権利者の利益が当該使用により害されるおそれがある場合に限る。

第一七条　例外

加盟国は、商標権者及び第三者の正当な利益を考慮することを条件として、商標により与えられる権利につき、記述上の用語の公正な使用等限定的な例外を定めることができる。

第一八条　保護期間

商標の最初の登録及び登録の更新の存続期間は、少なくとも七年とする。商標の登録は、何回でも更新することができるものとする。

第一九条　要件としての使用

1　登録を維持するために使用が要件とされる場合には、登録は、少なくとも三年間継続して使用しなかった後においてのみ、取り消すことができる。ただし、商標権者が、その使用に対する障害の存在に基づく正当な理由を示す場合は、この限りでない。商標権者の意思にかかわりなく生ずる状況であって、商標によって保護されている商品又はサービスについての輸入制限又は政府の課する他の要件等商標の使用に対する障害となるものは、使用しなかったことの正当な理由として認められる。

2　他の者による商標の使用が商標権者の管理の下にある場合には、当該使用は、登録を維持するための商標の使用として認められる。

第二〇条　その他の要件

商標の商業上の使用は、他の商標との併用、特殊な形式による使用又はある事業に係る商品若しくはサービスを他の事業に係る商品若しくはサービスと識別する能力を損なわせる方法による使用等特別な要件により不当に妨げられてはならない。このことは、商品又はサービスを生産する事業を特定する商標を、その事業に係る特定の商品又はサービスを識別する商標と共に、それと結び付けることなく、使用することを要件とすることを妨げるものではない。

第二一条　使用許諾及び譲渡

加盟国は、商標の使用許諾及び譲渡に関する条件を定めることができる。もっとも、商標の強制使用許諾は認められないこと及び登録された商標の権利者は、その商標が属する事業の移転が行われるか行われないかを問わず、その商標を譲渡する権利を有することを了解する。

第三節　地理的表示

第二二条　地理的表示の保護

1　この協定の適用上、「地理的表示」とは、ある商品に関し、その確立した品質、社会的評価その他の特性が当該商品の地理的原産地に主として帰せられる場合において、当該商品が加盟国の領域又はその領域内の地域若しくは地方を原産地とするものであることを特定する表示をいう。

2　地理的表示に関して、加盟国は、利害関係を有する者に対し次の行為を防止するための法的手段を確保する。

(a)　商品の特定又は提示において、当該商品の地理的原産地について公衆を誤認させるような方法で、当該商品が真正の原産地以外の地理的区域を原産地とするものであることを表示し又は示唆する手段の使用

(b)　千九百六十七年のパリ条約第十条の二に規定する不正競争行為を構成する使用

3　加盟国は、職権により（国内法令により認められる場合に限る。）又は利害関係を有する者の申立てにより、地理的表示を含むか又は地理的

表示から構成される商標の登録であって、当該地理的表示に係る領域を原産地としない商品についてのものを拒絶し又は無効とする。ただし、当該加盟国において当該商品に係る商標中に当該地理的表示を使用することが、真正の原産地について公衆を誤認させるような場合に限る。

4　1から3までの規定に基づく保護は、地理的表示であって、商品の原産地である領域、地域又は地方を真正に示すが、当該商品が他の領域を原産地とするものであると公衆に誤解させて示すものについて適用することができるものとする。

第二三条　ぶどう酒及び蒸留酒の地理的表示の追加的保護

1　加盟国は、利害関係を有する者に対し、真正の原産地が表示される場合又は地理的表示が翻訳された上で使用される場合若しくは「種類」、「型」、「様式」、「模造品」等の表現を伴う場合においても、ぶどう酒又は蒸留酒を特定する地理的表示が当該地理的表示によって表示されている場所を原産地としないぶどう酒又は蒸留酒に使用されることを防止するための法的手段を確保する。（注）

注　加盟国は、これらの法的手段を確保する義務に関し、第四十二条第一段の規定にかかわらず、民事上の司法手続に代えて行政上の措置による実施を確保することができる。

2　一のぶどう酒又は蒸留酒を特定する地理的表示を含むか又は特定する地理的表示から構成される商標の登録であって、当該一のぶどう酒又は蒸留酒と原産地を異にするぶどう酒又は蒸留酒についてのものは、職権により（加盟国の国内法令により認められる場合に限る。）又は利害関係を有する者の申立てにより、拒絶し又は無効とする。

3　二以上のぶどう酒の地理的表示が同一の表示である場合には、前条4の規定に従うことを条件として、それぞれの地理的表示に保護を与える。各加盟国は、関係生産者の衡平な待遇及び消費者による誤認防止の確保の必要性を考慮し、同一である地理的表示が相互に区別されるような実際的条件を定める。

4　ぶどう酒の地理的表示の保護を促進するため、ぶどう酒の地理的表示の通報及び登録に関する多数国間の制度であって、当該制度に参加する加盟国において保護されるぶどう酒の地理的表示を対象とするものの設立について、貿易関連知的所有権理事会において交渉を行う。

第二四条　国際交渉及び例外

1　加盟国は、前条の規定に基づく個々の地理的表示の保護の強化を目的とした交渉を行うことを合意する。4から8までの規定は、加盟国が交渉の実施又は二国間若しくは多数国間協定の締結を拒否するために用いてはならない。このような交渉において、加盟国は、当該交渉の対象となった使用に係る個々の地理的表示についてこれらの規定が継続して適用されることを考慮する意思を有するものとする。

2　貿易関連知的所有権理事会は、この節の規定の実施について検討する。一回目の検討は、世界貿易機関協定の効力発生の日から二年以内に行う。この節の規定に基づく義務の遵守に影響を及ぼすいかなる事項についても、同理事会の注意を喚起することができる。同理事会は、加盟国の要請に基づき、関係加盟国による二国間又は複数国間の協議により満足すべき解決が得られなかった事項について加盟国と協議を行う。同理事会は、この節の規定の実施を容易にし及びこの節に定める目的を達成するために合意される行動をとる。

3　この節の規定の実施に当たり、加盟国は、世界貿易機関協定の効力発生の日の直前に当該加盟国が与えていた地理的表示の保護を減じてはならない。

4　加盟国の国民又は居住者が、ぶどう酒又は蒸留酒を特定する他の加盟国の特定の地理的表示を、(a)千九百九十四年四月十五日前の少なくとも十年間又は(b)同日前に善意で、当該加盟国の領域内においてある商品又はサービスについて継続して使用してきた場合には、この節のいかなる規定も、当該加盟国に対し、当該国民又は居住者が当該地理的表示を同一の又は関連する商品又はサービスについて継続してかつ同様に使用することを防止することを要求するものではない。

5　次のいずれかの日の前に、商標が善意に出願され若しくは登録された場合又は商標の権利が善意の使用によって取得された場合には、この節の規定を実施するためにとられる措置は、これらの商標が地理的表示と同一又は類似であることを理由として、これらの商標の登録の適格性若しくは有効性又はこれらの商標を使用する権利を害するものであってはならない。

(a)　第六部に定めるところに従い、加盟国においてこの節の規定を適用する日

(b)　当該地理的表示がその原産国において保護される日

6　この節のいかなる規定も、加盟国に対し、商品又はサービスについての他の加盟国の地理的表示であって、該当する表示が当該商品又はサービスの一般名称として日常の言語の中で自国の領域において通例として用いられている用語と同一であるものについて、この節の規定の適用を要求するものではない。この節のいかなる規定も、加盟国に対し、ぶどう生産物についての他の加盟国の地理的表示であって、該当する表示が世界貿易機関協定の効力発生の日に自国の領域に存在するぶどうの品種の通例として用いられている名称と同一であるものについて、この節の規定の適用を要求するものではない。

7　加盟国は、商標の使用又は登録に関してこの節の規定に基づいてされる申立てが、保護されている地理的表示の不当な使用が自国において一般的に知られるようになった日の後又は、当該日よりも登録の日が早い場合には、商標が当該登録の日までに公告されることを条件として、当該登録の日の後五年以内にされなければならないことを定めることができる。ただし、当該地理的表示の使用又は登録が悪意で行われたものでないことを条件とする。

8　この節の規定は、自己の氏名若しくは名称又は事業の前任者の氏名若しくは名称が公衆を誤認させるように用いられる場合を除くほか、これらの氏名又は名称を商業上使用する者の権利にいかなる影響も及ぼすものではない。

9　加盟国は、原産国において保護されていない若しくは保護が終了した地理的表示又は当該原産国において使用されなくなった地理的表示を保護する義務をこの協定に基づいて負わない。

第四節　意匠

第二五条　保護の要件

1　加盟国は、独自に創作された新規性又は独創性のある意匠の保護について定める。加盟国は、意匠が既知の意匠又は既知の意匠の主要な要素の組合せと著しく異なるものでない場合には、当該意匠を新規性又は独創性のある意匠でないものとすることを定めることができる。加盟国は、主として技術的又は機能的考慮により特定される意匠については、このような保護が及んではならないことを定めることができる。

2　加盟国は、繊維の意匠の保護を確保するための要件、特に、費用、審査又は公告に関する要件が保護を求め又は取得する機会を不当に害しないことを確保する。加盟国は、意匠法又は著作権法によりそのような義務を履行することができる。

第二六条　保護

1　保護されている意匠の権利者は、その承諾を得ていない第三者が、保護されている意匠の複製又は実質的に複製である意匠を用いており又は含んでいる製品を商業上の目的で製造し、販売し又は輸入することを防止する権利を有する。

2　加盟国は、第三者の正当な利益を考慮し、意匠の保護について限定的な例外を定めることができる。ただし、保護されている意匠の通常の実施を不当に妨げず、かつ、保護されている意匠の権利者の正当な利益を不当に害さないことを条件とする。

3　保護期間は、少なくとも十年とする。

第五節　特許

第二七条　特許の対象

1　2及び3の規定に従うことを条件として、特許は、新規性、進歩性及び産業上の利用可能性（注）のあるすべての技術分野の発明（物であるか方法であるかを問わない。）について与えられる。第六十五条4、第七十条8及びこの条の3の規定に従うことを条件として、発明地及び技術分野並びに物が輸入されたものであるか国内で生産されたものであるかについて差別することなく、特許が与えられ、及び特許権が享受される。

注　この条の規定の適用上、加盟国は、「進歩性」及び「産業上の利用可能性」の用語を、それぞれ「自明のものではないこと」及び「有用性」と同一の意義を有するとみなすことができる。

2　加盟国は、公の秩序又は善良の風俗を守ること（人、動物若しくは植物の生命若しくは健康を保護し又は環境に対する重大な損害を回避することを含む。）を目的として、商業的な実施を自国の領域内において防止する必要がある発明を特許の対象から除外することができる。ただし、その除外が、単に当該加盟国の国内法令によって当該実施が禁止されていることを理由として行われたものでないことを条件とする。

3　加盟国は、また、次のものを特許の対象から除外することができる。

(a)　人又は動物の治療のための診断方法、治療方法及び外科的方法

(b)　微生物以外の動植物並びに非生物学的方法及び微生物学的方法以外の動植物の生産のための本質的に生物学的な方法。ただし、加盟国は、特許若しくは効果的な特別の制度又はこれらの組合せによって植物の品種の保護を定める。この(b)の規定は、世界貿易機関協定の効力発生の日から四年後に検討されるものとする。

第二八条　与えられる権利

1 特許は、特許権者に次の排他的権利を与える。

(a) 特許の対象が物である場合には、特許権者の承諾を得ていない第三者による当該物の生産、使用、販売の申出若しくは販売又はこれらを目的とする輸入を防止する権利（注）

注 輸入を防止する権利は、物品の使用、販売、輸入その他の頒布に関してこの協定に基づいて与えられる他のすべての権利と同様に第六条の規定に従う。

(b) 特許の対象が方法である場合には、特許権者の承諾を得ていない第三者による当該方法の使用を防止し及び当該方法により少なくとも直接的に得られた物の使用、販売の申出若しくは販売又はこれらを目的とする輸入を防止する権利

2 特許権者は、また、特許を譲渡し又は承継により移転する権利及び実施許諾契約を締結する権利を有する。

第二九条 特許出願人に関する条件

1 加盟国は、特許出願人に対し、その発明をその技術分野の専門家が実施することができる程度に明確かつ十分に開示することを要求する。加盟国は、特許出願人に対し、出願日又は、優先権が主張される場合には、当該優先権に係る出願の日において、発明者が知っている当該発明を実施するための最良の形態を示すことを要求することができる。

2 加盟国は、特許出願人に対し、外国における出願及び特許の付与に関する情報を提供することを要求することができる。

第三〇条 与えられる権利の例外

加盟国は、第三者の正当な利益を考慮し、特許により与えられる排他的権利について限定的な例外を定めることができる。ただし、特許の通常の実施を不当に妨げず、かつ、特許権者の正当な利益を不当に害さないことを条件とする。

第三一条 特許権者の許諾を得ていない他の使用

加盟国の国内法令により、特許権者の許諾を得ていない特許の対象の他の使用（政府による使用又は政府により許諾された第三者による使

用を含む。）（注）を認める場合には、次の規定を尊重する。

注　「他の使用」とは、前条の規定に基づき認められる使用以外の使用をいう。

(a)　他の使用は、その個々の当否に基づいて許諾を検討する。

(b)　他の使用は、他の使用に先立ち、使用者となろうとする者が合理的な商業上の条件の下で特許権者から許諾を得る努力を行って、合理的な期間内にその努力が成功しなかった場合に限り、認めることができる。加盟国は、国家緊急事態その他の極度の緊急事態の場合又は公的な非商業的使用の場合には、そのような要件を免除することができる。ただし、国家緊急事態その他の極度の緊急事態を理由として免除する場合には、特許権者は、合理的に実行可能な限り速やかに通知を受ける。公的な非商業的使用を理由として免除する場合において、政府又は契約者が、特許の調査を行うことなく、政府により又は政府のために有効な特許が使用されていること又は使用されるであろうことを知っており又は知ることができる明らかな理由を有するときは、特許権者は、速やかに通知を受ける。

(c)　他の使用の範囲及び期間は、許諾された目的に対応して限定される。半導体技術に係る特許については、他の使用は、公的な非商業的目的のため又は司法上若しくは行政上の手続の結果反競争的と決定された行為を是正する目的のために限られる。

(d)　他の使用は、非排他的なものとする。

(e)　他の使用は、当該他の使用を享受する企業又は営業の一部と共に譲渡する場合を除くほか、譲渡することができない。

(f)　他の使用は、主として当該他の使用を許諾する加盟国の国内市場への供給のために許諾される。

(g)　他の使用の許諾は、その許諾をもたらした状況が存在しなくなり、かつ、その状況が再発しそうにない場合には、当該他の使用の許諾を得た者の正当な利益を適切に保護することを条件として、取り消すことができるものとする。権限のある当局は、理由のある申立てに基づき、その状況が継続して存在するかしないかについて検討する権限を有する。

(h) 許諾の経済的価値を考慮し、特許権者は、個々の場合における状況に応じ適当な報酬を受ける。

(i) 他の使用の許諾に関する決定の法的な有効性は、加盟国において司法上の審査又は他の独立の審査（別個の上級機関によるものに限る。）に服する。

(j) 他の使用について提供される報酬に関する決定は、加盟国において司法上の審査又は他の独立の審査（別個の上級機関によるものに限る。）に服する。

(k) 加盟国は、司法上又は行政上の手続の結果反競争的と決定された行為を是正する目的のために他の使用が許諾される場合には、(b)及び(f)に定める条件を適用する義務を負わない。この場合には、報酬額の決定に当たり、反競争的な行為を是正する必要性を考慮することができる。権限のある当局は、その許諾をもたらした状況が再発するおそれがある場合には、許諾の取消しを拒絶する権限を有する。

(l) 他の特許（次の(i)から(iii)までの規定において「第一特許」という。）を侵害することなしには実施することができない特許（これらの規定において「第二特許」という。）の実施を可能にするために他の使用が許諾される場合には、次の追加的条件を適用する。

(i) 第二特許に係る発明には、第一特許に係る発明との関係において相当の経済的重要性を有する重要な技術の進歩を含む。

(ii) 第一特許権者は、合理的な条件で第二特許に係る発明を使用する相互実施許諾を得る権利を有する。

(iii) 第一特許について許諾された使用は、第二特許と共に譲渡する場合を除くほか、譲渡することができない。

第三一条の二

1　前条(f)に規定する輸出加盟国の義務は、この協定の附属書の(2)に定める条件に従い、医薬品を生産し、及びそれを輸入する資格を有する加盟国に輸出するために必要な範囲において当該輸出加盟国が与える強制実施許諾については、適用しない。

2　この条及びこの協定の附属書に規定する制度の下で輸出加盟国が強制実施許諾を与える場合には、当該輸出加盟国において許諾されている使用が輸入する資格を有する加盟国にとって有する経済的価値を考慮して、当該輸出加盟国において前条(h)の規定に基づく適当な報酬が支払われる。輸入する資格を有する加盟国において同一の医薬品について強制実施許諾を与える場合には、同条(h)に規定する当該輸入する資格を有する加盟国の義務は、輸出加盟国において前段の規定に従って報酬が支払われる当該医薬品については、適用しない。

3　医薬品の購買力を高め、及びその現地生産を促進するために規模の経済を活用することを目的として、開発途上国又は後発開発途上国である世界貿易機関の加盟国が、一九九四年のガット第二十四条及び異なるかつ一層有利な待遇、相互主義及び開発途上国の一層完全な参加に関する一九七九年一一月二八日付けの決定（文書番号L/4903）に規定する地域貿易協定であって、その締約国の少なくとも半数が国際連合の後発開発途上国の一覧表に現に記載されている国から成るものの締約国である場合には、前条(f)に規定する当該加盟国の義務は、当該加盟国における強制実施許諾に基づいて生産し、又は輸入した医薬品を、関係する健康に関する問題を共有する当該地域貿易協定の他の開発途上締約国又は後発開発途上締約国の市場に輸出することができるようにするために必要な範囲においては、適用しない。このことは、関係する特許権の属地的な性格に影響を及ぼすものではないと了解する。

4　加盟国は、この条及びこの協定の附属書の規定に従ってとられる措置に対し、一九九四年のガット第二十三条(1)(b)及び(c)の規定に基づいて異議を申し立ててはならない。

5　この条及びこの協定の附属書の規定は、加盟国がこの協定の規定（前条(f)及び(h)の規定を除く。）に基づいて有する権利、義務及び柔軟性（知的所有権の貿易関連の側面に関する協定及び公衆の健康に関する宣言（文書番号 WT/MIN(01)/DEC/2）において再確認されたものを含む。）並びにそれらの解釈に影響を及ぼすものではない。この条及びこの協定の附属書の規定は、強制実施許諾に基づいて生産される医薬品を前条(f)の規定に基づいて輸出することができる範囲に影響を及ぼすものではない。

第三二条　取消し又は消滅

特許を取り消し又は特許権を消滅させる決定については、司法上の審査の機会が与えられる。

第三三条　保護期間

保護期間は、出願日から計算して二十年の期間が経過する前に終了してはならない。（注）

注　特許を独自に付与する制度を有していない加盟国については、保護期間を当該制度における出願日から起算することを定めることができるものと了解する。

第三四条　方法の特許の立証責任

1　第二十八条1(b)に規定する特許権者の権利の侵害に関する民事上の手続において、特許の対象が物を得るための方法である場合には、司法当局は、被申立人に対し、同一の物を得る方法が特許を受けた方法と異なることを立証することを命ずる権限を有する。このため、加盟国は、少なくとも次のいずれかの場合には、特許権者の承諾を得ないで生産された同一の物について、反証のない限り、特許を受けた方法によって得られたものと推定することを定める。

(a)　特許を受けた方法によって得られた物が新規性のあるものである場合

(b)　同一の物が特許を受けた方法によって生産された相当の可能性があり、かつ、特許権者が妥当な努力により実際に使用された方法を

確定できなかった場合

2　加盟国は、1の(a)又は(b)のいずれかに定める条件が満たされる場合に限り、侵害したと申し立てられた者に対し1に規定する立証責任を課することを定めることができる。

3　反証の提示においては、製造上及び営業上の秘密の保護に関する被申立人の正当な利益を考慮する。

第六節　集積回路の回路配置

第三五条　集積回路についての知的所有権に関する条約との関係

加盟国は、集積回路の回路配置（この協定において「回路配置」という。）について、集積回路についての知的所有権に関する条約の第二条から第七条まで（第六条(3)の規定を除く。）、第十二条及び第十六条(3)並びに次条から第三十八条までの規定に従って保護を定めることに合意する。

第三六条　保護の範囲

次条1の規定に従うことを条件として、加盟国は、保護されている回路配置、保護されている回路配置を組み込んだ集積回路又は当該集積回路を組み込んだ製品（違法に複製された回路配置が現に含まれている場合に限る。）の輸入、販売その他の商業上の目的のための頒布が権利者（注）の許諾を得ないで行われる場合には、これらの行為を違法とする。

注　この節の規定において「権利者」とは、集積回路についての知的所有権に関する条約に定める「権利者」と同一の意味を有するものと了解する。

第三七条　権利者の許諾を必要としない行為

1　前条の規定にかかわらず、加盟国は、同条に規定するいずれかの行為を行い又は命ずる者が、違法に複製された回路配置を組み込んだ集積回路又は当該集積回路を組み込んだ製品を取得した時において、当該集積回路又は当該製品が違法に複製された回路配置を組み込んでいたことを知らず、かつ、知ることができる合理的な理由を有しなかった場合には、当該集積回路又は当該製品に関する当該行為の遂行を違法としてはならない。加盟国は、当該者が、回路配置が違法に複製されたものであることを十分に説明する通知を受領した後も手持ちの又はその受領以前に注文された在庫について当該行為を行うことができること及び、この場合において、当該回路配置について自由に交渉された利用許諾契約に基づいて支払われる合理的な利用料と同等の金額を権利者に支払わなければならないことを定める。

2　第三十一条の(a)から(k)までに定める条件は、回路配置の強制利用許諾又は権利者の許諾を得ない政府による又は政府のための使用の場合について準用する。

第三八条　保護期間

1　保護の条件として登録を要求する加盟国においては、回路配置の保護期間は、登録出願の日又は世界における最初の商業的利用の日から十年の期間の満了する前に終了してはならない。

2　保護の条件として登録を要求しない加盟国においては、回路配置の保護期間は、世界における最初の商業的利用の日から少なくとも十年とする。

3　1及び2の規定にかかわらず、加盟国は、回路配置の創作後十五年で保護が消滅することを定めることができる。

第七節　開示されていない情報の保護

第三九条

1　千九百六十七年のパリ条約第十条の二に規定する不正競争からの有効な保護を確保するために、加盟国は、開示されていない情報を2の規定に従って保護し、及び政府又は政府機関に提出されるデータを3の規定に従って保護する。

2　自然人又は法人は、合法的に自己の管理する情報が次の(a)から(c)までの規定に該当する場合には、公正な商慣習に反する方法（注）により自己の承諾を得ないで他の者が当該情報を開示し、取得し又は使用することを防止することができるものとする。

注　この2の規定の適用上、「公正な商慣習に反する方法」とは、少なくとも契約違反、信義則違反、違反の教唆等の行為をいい、情報の取得の際にこれらの行為があったことを知っているか又は知らないことについて重大な過失がある第三者による開示されていない当該情報の取得を含む。

(a)　当該情報が一体として又はその構成要素の正確な配列及び組立てとして、当該情報に類する情報を通常扱う集団に属する者に一般的に知られておらず又は容易に知ることができないという意味において秘密であること。

(b)　秘密であることにより商業的価値があること。

(c)　当該情報を合法的に管理する者により、当該情報を秘密として保持するための、状況に応じた合理的な措置がとられていること。

3　加盟国は、新規性のある化学物質を利用する医薬品又は農業用の化学品の販売の承認の条件として、作成のために相当の努力を必要とする開示されていない試験データその他のデータの提出を要求する場合には、不公正な商業的使用から当該データを保護する。更に、加盟国は、公衆の保護に必要な場合又は不公正な商業的使用から当該データが保護されることを確保するための措置がとられる場合を除くほか、開示されることから当該データを保護する。

第八節　契約による実施許諾等における反競争的行為の規制

第四〇条

1　加盟国は、知的所有権に関する実施許諾等における行為又は条件であって競争制限的なものが貿易に悪影響を及ぼし又は技術の移転及び普及を妨げる可能性のあることを合意する。

2　この協定のいかなる規定も、加盟国が、実施許諾等における行為又は条件であって、特定の場合において、関連する市場における競争に悪影響を及ぼすような知的所有権の濫用となることのあるものを自国の国内法令において特定することを妨げるものではない。このため、加盟国は、自国の関連法令を考慮して、このような行為又は条件（例えば、排他的なグラント・バック条件、有効性の不争条件及び強制的な一括実施許諾等を含むことができる。）を防止し又は規制するため、この協定の他の規定に適合する適当な措置をとることができる。

3　加盟国は、当該加盟国の国民又は居住者である知的所有権の保有者がこの節の規定の対象とする事項に関する他の加盟国の法令に違反する行為を行っていると信ずる理由を有している当該他の加盟国が、当該法令の遵守を確保することを望む場合には、要請に応じ、当該他の加盟国と協議を行う。この場合において、いずれの加盟国も、自国の法令に基づく措置をとり及び完全に自由に最終決定を行うことを妨げられない。要請を受けた加盟国は、要請を行った加盟国との協議に対し、十分かつ好意的な考慮を払い、適当な機会を与える。当該要請を受けた加盟国は、国内法令に従うこと及び当該要請を行った加盟国による秘密の保護についての相互に満足すべき合意がされることを条件として、当該事案に関連する公に入手可能な秘密でない情報その他当該要請を受けた加盟国により入手可能な情報を提供することにより協力する。

4　加盟国は、自国の国民又は居住者がこの節の規定の対象とする事項に関する他の加盟国の法令に違反すると申し立てられて手続に服している場合には、要請に基づき、3に定める条件と同一の条件に基づいて当該他の加盟国と協議を行う機会を与えられる。

第三部　知的所有権の行使

第一節　一般的義務

第四一条

1　加盟国は、この部に規定する行使手続によりこの協定が対象とする知的所有権の侵害行為に対し効果的な措置（侵害を防止するための迅速な救済措置及び追加の侵害を抑止するための救済措置を含む。）がとられることを可能にするため、当該行使手続を国内法において確保する。このような行使手続は、正当な貿易の新たな障害となることを回避し、かつ、濫用に対する保障措置を提供するような態様で適用する。

2　知的所有権の行使に関する手続は、公正かつ公平なものとする。この手続は、不必要に複雑な又は費用を要するものであってはならず、また、不合理な期限を付され又は不当な遅延を伴うものであってはならない。

3　本案についての決定は、できる限り、書面によって行い、かつ、理由を示す。この決定は、少なくとも手続の当事者に対しては不当に遅延することなく提供される。本案についての決定は、当事者が意見を述べる機会を与えられた証拠にのみ基づく。

4　手続の当事者は、最終的な行政上の決定について及び、事件の重要性に係る加盟国の国内法上の管轄に関する規定に従い、本案についての最初の司法上の決定の少なくとも法律面について、司法当局による審査の機会を有する。ただし、刑事事件の無罪判決に関し審査の機会を与える義務を負わない。

5　この部の規定は、一般的な法の執行のための司法制度とは別の知的所有権に関する執行のための司法制度を設ける義務を生じさせるものではなく、また、一般的に法を執行する加盟国の権能に影響を及ぼすものでもない。この部のいかなる規定も、知的所有権に関する執行と一般的な法の執行との間の資源の配分に関して何らの義務を生じさせるものではない。

第二節　民事上及び行政上の手続及び救済措置

第四二条　公正かつ公平な手続

加盟国は、この協定が対象とする知的所有権の行使に関し、民事上の司法手続を権利者（注）

に提供する。被申立人は、十分に詳細な内容（主張の根拠を含む。）を含む書面による通知を適時に受ける権利を有する。当事者は、独立の弁護人を代理人とすることが認められるものとし、また、手続においては、義務的な出頭に関して過度に重い要件を課してはならない。手続の当事者は、その主張を裏付けること及びすべての関連する証拠を提出することについての正当な権利を有する。手続においては、現行の憲法上の要請に反しない限り、秘密の情報を特定し、かつ、保護するための手段を提供する。

注　この部の規定の適用上、「権利者」には、権利を主張する法的地位を有する連合及び団体を含む。

第四三条　証拠

1　一方の当事者がその主張を十分裏付ける合理的に入手可能な証拠を提出し、かつ、他方の当事者の有する当該主張の裏付けに関連する証拠を特定した場合には、司法当局は、適当な事案において秘密の情報の保護を確保することを条件として、他方の当事者にその特定された証拠の提示を命ずる権限を有する。

2　手続の一方の当事者が必要な情報の利用の機会を故意にかつ十分な理由なしに拒絶し若しくは合理的な期間内に必要な情報を提供せず又は行使に関連する手続を著しく妨げる場合には、加盟国は、双方の当事者が主張又は証拠に関し意見を述べる機会を与えられることを条件として、提供された情報（情報の利用の機会の拒絶によって悪影響を受けた他方の当事者が提示した申立て又は主張を含む。）に基づいて、暫定的及び最終的な決定（肯定的であるか否定的であるかを問わない。）を行う権限を司法当局に与えることができる。

第四四条　差止命令

1　司法当局は、当事者に対し、知的所有権を侵害しないこと、特に知的所有権を侵害する輸入物品の管轄内の流通経路への流入を通関後直ちに防止することを命ずる権限を有する。加盟国は、保護の対象であって、その取引が知的所有権の侵害を伴うことを関係者が知るか又は知ることができる合理的な理由を有することとなる前に当該関係者により取得され又は注文されたものに関しては、当該権限を与える義務を負わない。

2　政府又は政府の許諾を受けた第三者が権利者の許諾を得ないで行う使用については、当該使用を明示的に定める第二部の規定に従うことを条件として、加盟国は、この部の他の規定にかかわらず、当該使用に対する救済措置を、第三十一条(h)の規定による報酬の支払に限定することができる。当該使用であってそのような救済措置の限定の対象とならないものについては、この部に定める救済措置が適用され、又は、当該救済措置が国内法令に抵触する場合には、宣言的判決及び適当な補償が行われるものとする。

第四五条　損害賠償

1　司法当局は、侵害活動を行っていることを知っていたか又は知ることができる合理的な理由を有していた侵害者に対し、知的所有権の侵害によって権利者が被った損害を補償するために適当な賠償を当該権利者に支払うよう命ずる権限を有する。

2　司法当局は、また、侵害者に対し、費用（適当な弁護人の費用を含むことができる。）を権利者に支払うよう命ずる権限を有する。適当な場合において、加盟国は、侵害者が侵害活動を行っていることを知らなかったか又は知ることができる合理的な理由を有していなかったときでも、利益の回復又は法定の損害賠償の支払を命ずる権限を司法当局に与えることができる。

第四六条　他の救済措置

侵害を効果的に抑止するため、司法当局は、侵害していると認めた物品を、権利者に損害を与えないような態様でいかなる補償もなく流通経路から排除し又は、現行の憲法上の要請に反しない限り、廃棄することを命ずる権限を有する。司法当局は、また、侵害物品の生産のために主として使用される材料及び道具を、追加の侵害の危険を最小とするような態様でいかなる補償もなく流通経路から排除することを命ずる権限を有する。このような申立てを検討する場合には、侵害の重大さと命ぜられる救済措置との間の均衡の必要性及び第三者の利益を考慮する。不正商標商品については、例外的な場合を除くほか、違法に付された商標の単なる除去により流通経路への商品の流入を認めることはできない。

第四七条　情報に関する権利

加盟国は、司法当局が、侵害の重大さとの均衡を失しない限度で、侵害者に対し、侵害物品又は侵害サービスの生産又は流通に関与した第三者を特定する事項及び侵害物品又は侵害サービスの流通経路を権利者に通報するよう命ずる権限を有することを定めることができる。

第四八条　被申立人に対する賠償

1　司法当局は、当事者に対し、その申立てにより措置がとられ、かつ、当該当事者が行使手続を濫用した場合には、その濫用により不法に要求又は制約を受けた当事者が被った損害に対する適当な賠償を支払うよう命ずる権限を有する。司法当局は、また、申立人に対し、費用（適当な弁護人の費用を含むことができる。）を被申立人に支払うよう命ずる権限を有する。

2　知的所有権の保護又は行使に係る法の運用に関し、加盟国は、当該法の運用の過程において措置が誠実にとられ又はとることが意図された場合に限り、公の機関及び公務員の双方の適当な救済措置に対する責任を免除する。

第四九条　行政上の手続

民事上の救済措置が本案についての行政上の手続の結果として命ぜられる場合には、その手続は、この節に定める原則と実質的に同等の原則に従う。

第三節　暫定措置

第五〇条

1　司法当局は、次のことを目的として迅速かつ効果的な暫定措置をとることを命ずる権限を有する。

(a)　知的所有権の侵害の発生を防止すること。特に、物品が管轄内知的所有権の貿易関連の側面に関する協定の流通経路へ流入することを防止すること（輸入物品が管轄内の流通経路へ流入することを通関後直ちに防止することを含む。）。

(b)　申し立てられた侵害に関連する証拠を保全すること。

2　司法当局は、適当な場合には、特に、遅延により権利者に回復できない損害が生ずるおそれがある場合又は証拠が破棄される明らかな危険がある場合には、他方の当事者に意見を述べる機会を与えることなく、暫定措置をとる権限を有する。

3　司法当局は、申立人が権利者であり、かつ、その権利が侵害されていること又は侵害の生ずる差し迫ったおそれがあることを十分な確実性をもって自ら確認するため、申立人に対し合理的に入手可能な証拠を提出するよう要求し、並びに被申立人を保護し及び濫用を防止するため、申立人に対し十分な担保又は同等の保証を提供することを命ずる権限を有する。

4　暫定措置が他方の当事者が意見を述べる機会を与えられることなくとられた場合には、影響を受ける当事者は、最も遅い場合においても、当該暫定措置の実施後遅滞なく通知を受ける。暫定措置の通知後合理的な期間内に、当該暫定措置を変更するか若しくは取り消すか又は確認するかの決定について、被申立人の申立てに基づき意見を述べる機会の与えられる審査を行う。

5　暫定措置を実施する機関は、申立人に対し、関連物品の特定に必要な情報を提供するよう要求することができる。

6　1及び2の規定に基づいてとられる暫定措置は、本案についての決定に至る手続が、合理的な期間（国内法令によって許容されるときは、暫定措置を命じた司法当局によって決定されるもの。その決定がないときは、二十執務日又は三十一日のうちいずれか長い期間を超えないもの）内に開始されない場合には、被申立人の申立てに基づいて取り消され又は効力を失う。ただし、4の規定の適用を妨げるものではない。

7 暫定措置が取り消された場合、暫定措置が申立人の作為若しくは不作為によって失効した場合又は知的所有権の侵害若しくはそのおそれがなかったことが後に判明した場合には、司法当局は、被申立人の申立てに基づき、申立人に対し、当該暫定措置によって生じた損害に対する適当な賠償を支払うよう命ずる権限を有する。

8 暫定措置が行政上の手続の結果として命ぜられる場合には、その手続は、この節に定める原則と実質的に同等の原則に従う。

第四節 国境措置に関する特別の要件（注）

注 加盟国は、関税同盟を構成する他の加盟国との国境を越える物品の移動に関するすべての管理を実質的に廃止している場合には、その国境においてこの節の規定を適用することを要求されない。

第五一条 税関当局による物品の解放の停止

加盟国は、この節の規定に従い、不正商標商品又は著作権侵害物品（注1）が輸入されるおそれがあると疑うに足りる正当な理由を有する権利者が、これらの物品の自由な流通への解放を税関当局が停止するよう、行政上又は司法上の権限のある当局に対し書面により申立てを提出することができる手続（注2）を採用する。加盟国は、この節の要件を満たす場合には、知的所有権のその他の侵害を伴う物品に関してこのような申立てを可能とすることができる。加盟国は、自国の領域から輸出されようとしている侵害物品の税関当局による解放の停止についても同様の手続を定めることができる。

注1 この協定の適用上、

(a)「不正商標商品」とは、ある商品について有効に登録されている商標と同一であり又はその基本的側面において当該商標と識別できない商標を許諾なしに付した、当該商品と同一の商品（包装を含む。）であって、輸入国の法令上、商標権者の権利を侵害するものをいう。

(b)「著作権侵害物品」とは、ある国において、権利者又は権利者から正当に許諾を受けた者の承諾を得ないである物品から直接又は間接に作成された複製物であって、当該物品の複製物の作成が、輸入国において行われたとしたならば、当該輸入国の法令上、著作権又は関連する権利の侵害となったであろうものをいう。

注2　権利者によって若しくはその承諾を得て他の国の市場に提供された物品の輸入又は通過中の物品については、この手続を適用する義務は生じないと了解する。

第五二条　申立て

前条の規定に基づく手続を開始する権利者は、輸入国の法令上、当該権利者の知的所有権の侵害の事実があることを権限のある当局が一応確認するに足りる適切な証拠を提出し、及び税関当局が容易に識別することができるよう物品に関する十分詳細な記述を提出することが要求される。権限のある当局は、申立てを受理したかしなかったか及び、権限のある当局によって決定される場合には、税関当局が措置をとる期間について、合理的な期間内に申立人に通知する。

第五三条　担保又は同等の保証

1　権限のある当局は、申立人に対し、被申立人及び権限のある当局を保護し並びに濫用を防止するために十分な担保又は同等の保証を提供するよう要求する権限を有する。担保又は同等の保証は、手続の利用を不当に妨げるものであってはならない。

2　意匠、特許、回路配置又は開示されていない情報が用いられている物品に関して、この節の規定に基づく申立てに伴い、当該物品の自由な流通への解放が司法当局その他の独立した当局以外の権限のある当局による決定を根拠として税関当局によって停止された場合において、第五十五条に規定する正当に権限を有する当局による暫定的な救済が与えられることなく同条に規定する期間が満了したときは、当該物品の所有者、輸入者又は荷受人は、侵害から権利者を保護するために十分な金額の担保の提供を条件として当該物品の解放についての権利を有する。ただし、輸入のための他のすべての条件が満たされている場合に限る。当該担保の提供により、当該権利者が利用し得る他の救済措置が害されてはならず、また、権利者が合理的な期間内に訴えを提起する権利を行使しない場合には、担保が解除されることを了解する。

第五四条　物品の解放の停止の通知

輸入者及び申立人は、第五十一条の規定による物品の解放の停止について速やかに通知を受ける。

第五五条　物品の解放の停止の期間

申立人が物品の解放の停止の通知の送達を受けてから十執務日（適当な場合には、この期間は、十執務日延長することができる。）を超えない期間内に、税関当局が、本案についての決定に至る手続が被申立人以外の当事者により開始されたこと又は正当に権限を有する当局が物品の解放の停止を延長する暫定措置をとったことについて通報されなかった場合には、当該物品は、解放される。ただし、輸入又は輸出のための他のすべての条件が満たされている場合に限る。本案についての決定に至る手続が開始された場合には、合理的な期間内に、解放の停止を変更するか若しくは取り消すか又は確認するかの決定について、被申立人の申立てに基づき意見を述べる機会の与えられる審査を行う。第一段から第三段までの規定にかかわらず、暫定的な司法上の措置に従って物品の解放の停止が行われ又は継続される場合には、第五十条6の規定を適用する。

第五六条　物品の輸入者及び所有者に対する賠償

関係当局は、物品の不法な留置又は前条の規定に従って解放された物品の留置によって生じた損害につき、申立人に対し、物品の輸入者、荷受人及び所有者に適当な賠償を支払うよう命ずる権限を有する。

第五七条　点検及び情報に関する権利

秘密の情報の保護を害することなく、加盟国は、権限のある当局に対し、権利者が自己の主張を裏付けるために税関当局により留置された物品を点検するための十分な機会を与える権限を付与する。当該権限のある当局は、輸入者に対しても当該物品の点検のための同等の機会を与える権限を有する。本案についての肯定的な決定が行われた場合には、加盟国は、権限のある当局に対し、当該物品の荷送人、輸入者及び荷受人の名称及び住所並びに当該物品の数量を権利者に通報する権限を付与することができる。

第五八条　職権による行為

加盟国において、権限のある当局が、ある物品について知的所有権が侵害されていることを伺わせる証拠を得た際に職権により行動して当該物品の解放を停止する制度がある場合には、

(a)　当該権限のある当局は、いつでも権限の行使に資することのある情報の提供を権利者に求めることができる。

(b)　輸入者及び権利者は、速やかにその停止の通知を受ける。輸入者が権限のある当局に対し当該停止に関して異議を申し立てた場合には、当該停止については、第五十五条に定める条件を準用する。

(c)　加盟国は、措置が誠実にとられ又はとることが意図された場合に限り、公の機関及び公務員の双方の適当な救済措置に対する責任を免除する。

第五九条　救済措置

権利者の他の請求権を害することなく及び司法当局による審査を求める被申立人の権利に服することを条件として、権限のある当局は、第四十六条に規定する原則に従って侵害物品の廃棄又は処分を命ずる権限を有する。不正商標商品については、権限のある当局は、例外的な場合を除くほか、当該権限のある当局は、変更のない状態で侵害商品の積戻しを許容し又は異なる税関手続に委ねてはならない。

第六〇条　少量の輸入

加盟国は、旅行者の手荷物に含まれ又は小型貨物で送られる少量の非商業的な性質の物品については、この節の規定の適用から除外することができる。

第五節　刑事上の手続

第六一条
加盟国は、少なくとも故意による商業的規模の商標の不正使用及び著作物の違法な複製について適用される刑事上の手続及び刑罰を定める。制裁には、同様の重大性を有する犯罪に適用される刑罰の程度に適合した十分に抑止的な拘禁刑又は罰金を含む。適当な場合には、制裁には、侵害物品並びに違反行為のために主として使用される材料及び道具の差押え、没収及び廃棄を含む。加盟国は、知的所有権のその他の侵害の場合、特に故意にかつ商業的規模で侵害が行われる場合において適用される刑事上の手続及び刑罰を定めることができる。

第四部　知的所有権の取得及び維持並びにこれらに関連する当事者間手続

第六二条
1　加盟国は、第二部の第二節から第六節までに規定する知的所有権の取得又は維持の条件として、合理的な手続及び方式に従うことを要求することができる。この手続及び方式は、この協定に合致するものとする。
2　知的所有権の取得について権利が登録され又は付与される必要がある場合には、加盟国は、権利の取得のための実体的な条件が満たされていることを条件として、保護期間が不当に短縮されないように、権利の登録又は付与のための手続を合理的な期間内に行うことを確保する。
3　千九百六十七年のパリ条約第四条の規定は、サービス・マークについて準用する。
4　知的所有権の取得又は維持に関する手続並び

に、加盟国の国内法令が定める場合には、行政上の取消し及び異議の申立て、取消し、無効等の当事者間手続は、第四十一条の2及び3に定める一般原則により規律される。

5　4に規定する手続における最終的な行政上の決定は、司法当局又は準司法当局による審査に服する。ただし、退けられた異議の申立て又は行政上の取消しに係る決定については、これらの手続を求めた理由に基づき無効確認手続を行うことができることを条件として、当該審査の機会を与える義務を負わない。

第五部　紛争の防止及び解決

第六三条　透明性の確保

1　この協定が対象とする事項（知的所有権の取得可能性、範囲、取得、行使及び濫用の防止）に関し加盟国が実施する法令、最終的な司法上の決定及び一般に適用される行政上の決定は、各国政府及び権利者が知ることができるような方法により当該加盟国の国語で公表し又は、公表が実際的でない場合には、公に利用可能なものとする。各加盟国の政府又は政府機関の間において有効なこの協定が対象とする事項に関する合意も公表する。

2　加盟国は、この協定の実施について貿易関連知的所有権理事会が検討することに資するために1に規定する法令を同理事会に通報する。同理事会は、その義務の履行について加盟国の負担を最小とするよう努めるものとし、また、当該法令についての共通の登録制度の設立に関するWIPOとの協議が成功する場合には、当該法令を同理事会に直接通報する義務を免除することを決定することができる。この関連において、同理事会は、千九百六十七年のパリ条約第六条の三に基づくこの協定上の義務に従って行われる通知について、必要となる措置を検討する。

3　各加盟国は、他の加盟国からの書面による要請に応じて、1に規定する種類の情報を提供することができるように準備する。加盟国は、知的所有権の分野に関する特定の司法上若しくは行政上の決定又は二国間協定がこの協定に基づく自国の権利に影響を及ぼすと信ずるに足りる理由を有する場合には、当該特定の司法上若しくは行政上の決定若しくは二国間協定を利用すること又はこれらの十分詳細な情報を得ることを書面により要請することができる。

4　1から3までの規定は、加盟国に対し、法令の実施を妨げる等公共の利益に反し又は公私の特定の企業の正当な商業上の利益を害することとなるような秘密の情報の開示を要求するものではない。

第六四条　紛争解決

1　この協定に別段の定めがある場合を除くほか、紛争解決了解によって詳細に定められて適用される千九百九十四年のガットの第二十二条及び第二十三条の規定は、この協定に係る協議及び紛争解決について準用する。

2　千九百九十四年のガット第二十三条1の(b)及び(c)の規定は、世界貿易機関協定の効力発生の日から五年間、この協定に係る紛争解決については、準用しない。

3　2に規定する期間の間、貿易関連知的所有権理事会は、千九百九十四年のガット第二十三条1の(b)及び(c)に規定する種類の苦情であってこの協定に従って申し立てられるものの範囲及び態様を検討し、並びに承認のため閣僚会議に勧告を提出する。この勧告の承認又は2に規定する期間の延長は、閣僚会議がコンセンサス方式によってのみ決定する。承認された勧告は、その後の正式な受諾手続なしにすべての加盟国について効力を生ずる。

第六部　経過措置

第六五条　経過措置

1　2から4までの規定に従うことを条件として、加盟国は、世界貿易機関協定の効力発生の日の後一年の期間が満了する前にこの協定を適用する義務を負わない。

2　開発途上加盟国は、1に定めるところにより この協定を適用する日から更に四年の期間、この協定（第三条から第五条までの規定を除く。）の適用を延期することができる。

3　中央計画経済から市場自由企業経済への移行過程にある加盟国であって、知的所有権制度の構造的な改革を行い、かつ、知的所有権法令の準備及び実施において特別な問題に直面しているものも、2に規定する延期の期間を享受することができる。

4　開発途上加盟国は、2に規定するこの協定の当該開発途上加盟国への一般的な適用の日において、この協定により物質特許の保護をその領域内で物質特許によって保護していない技術分野に拡大する義務を負う場合には、第二部第五節の物質特許に関する規定の当該技術分野への適用を更に五年の期間延期することができる。

5　1から4までに規定する経過期間を援用する加盟国は、当該経過期間の間の国内法令及び慣行の変更がこの協定との適合性の程度を少なくすることとはならないことを確保する。

第六六条　後発開発途上加盟国

1　後発開発途上加盟国は、その特別のニーズ及び要求、経済上、財政上及び行政上の制約並びに存立可能な技術的基礎を創設するための柔軟性に関する必要にかんがみ、前条1に定めるところによりこの協定を適用する日から十年の期間、この協定（第三条から第五条までの規定を除く。）を適用することを要求されない。貿易関連知的所有権理事会は、後発開発途上加盟国の正当な理由のある要請に基づいて、この期間を延長することを認める。

2　先進加盟国は、後発開発途上加盟国が健全かつ存立可能な技術的基礎を創設することができるように技術の移転を促進し及び奨励するため、先進加盟国の領域内の企業及び機関に奨励措置を提供する。

第六七条　技術協力

この協定の実施を促進するため、先進加盟国は、開発途上加盟国及び後発開発途上加盟国のために、要請に応じ、かつ、相互に合意した条件により、技術協力及び資金協力を提供する。その協力には、知的所有権の保護及び行使並びにその濫用の防止に関する法令の準備についての支援並びにこれらの事項に関連する国内の事務所及び機関の設立又は強化についての支援（人材の養成を含む。）を含む。

第七部　制度上の措置及び最終規定

第六八条　知的所有権の貿易関連の側面に関する理事会

貿易関連知的所有権理事会は、この協定の実施、特に、加盟国のこの協定に基づく義務の遵守を監視し、及び加盟国に対し、知的所有権の貿易関連の側面に関する事項について協議の機会を与える。同理事会は、加盟国により与えられる他の任務を遂行し、特に、紛争解決手続において加盟国が要請する支援を提供する。その任務を遂行するに当たって、同理事会は、適当と認める者と協議し、情報の提供を求めることができる。ＷＩＰＯと協議の上、同理事会は、その一回目の会合から一年以内に、ＷＩＰＯの内部機関と協力するための適当な取決めを作成するよう努める。

第六九条　国際協力

加盟国は、知的所有権を侵害する物品の国際貿易を排除するため、相互に協力することを合意する。このため、加盟国は、国内行政機関に連絡先を設け、これを通報し、及び侵害物品の貿易に関して情報を交換することができるように準備する。加盟国は、特に、不正商標商品及び著作権侵害物品の貿易に関して、税関当局間で情報の交換及び協力を促進する。

第七〇条　既存の対象の保護

1　この協定は、加盟国がこの協定を適用する日の前に行われた行為に関し、当該加盟国について義務を生じさせるものではない。

2　この協定に別段の定めがある場合を除くほか、この協定は、加盟国のこの協定を適用する日における既存の保護の対象であって、当該加盟国において同日に保護されており又はこの協定に基づく保護の基準を満たし若しくは後に満たすようになるものに関し、当該加盟国について義務を生じさせる。この2から4までの規定について、既存の著作物についての著作権に関する義務は、千九百七十一年のベルヌ条約第十八条の規定に基づいてのみ決定されるものとし、また、既存のレコードに関するレコード製作者及び実演家の権利に関する義務は、第十四条6の規定に従って準用される同条約第十八条の規定に基づいてのみ決定される。

3　加盟国がこの協定を適用する日に公共のものとなっている保護の対象については、保護を復活する義務を負わない。

4　保護の対象を含む特定の物に関する行為がこの協定に合致する加盟国の国内法令に基づき初めて侵害行為となる場合であって、当該行為が世界貿易機関協定を当該加盟国が受諾する日の前に開始されたとき又は当該行為について当該日の前に相当な投資が行われたときは、加盟国は、この協定を適用する日の後継続して行われる当該行為に関し権利者が利用し得る救済措置の制限を定めることができる。ただし、その場合には、加盟国は、少なくとも、衡平な報酬の支払を定める。

5　加盟国は、この協定を適用する日の前に購入された著作物の原作品又は複製物については、第十一条及び第十四条4の規定を適用する義務を負わない。

6　加盟国は、この協定が知られる日の前に使用の許諾が政府によって与えられた場合には、権利者の許諾を得ない使用について、第三十一条の規定又は特許権が技術分野について差別することなく享受されるとの第二十七条1の要件を適用することを要求されない。

7　加盟国において登録が保護の条件となっている知的所有権の場合には、当該加盟国がこの協定を適用する日に係属中の保護の出願については、この協定に規定する一層広範な保護を請求するために補正をすることを認める。当該補正には、新たな事項を含まない。

8　加盟国が世界貿易機関協定の効力発生の日に第二十七条の規定に基づく義務に応じた医薬品及び農業用の化学品の特許の保護を認めていない場合には、当該加盟国は、

(a)　第六部の規定にかかわらず、同協定の効力発生の日から、医薬品及び農業用の化学品の発明の特許出願をすることができるよう措置をとる。

(b)　(a)の特許出願について、出願日又は、優先権が利用可能であり、かつ、主張される場合には、当該優先権に係る出願の日にこの協定に定める特許の対象に関する基準を適用していたものとして、この協定を適用する日に当該基準を適用する。

(c)　(a)の特許出願であって、(b)の基準を満たすものについて、特許の付与の日以後、第三十三条の規定に従い(a)の特許出願の出願日から計算した特許期間の残りの期間この協定に従って特許の保護を与える。

9　加盟国において、ある物質が8(a)の規定に従ってされた特許出願の対象である場合には、第六部の規定にかかわらず、当該加盟国において販売の承認を得た日から五年間又は当該日から当該加盟国において物質特許が与えられ若しくは拒絶されるまでの期間のいずれか短い期間排他的販売権を認める。ただし、世界貿易機関協定が効力を生じた後他の加盟国においてその物質について特許出願がされ、特許が与えられ及び販売の承認が得られている場合に限る。

第七一条　検討及び改正

1　貿易関連知的所有権理事会は、第六十五条2に規定する経過期間が満了した後この協定の実施について検討する。同理事会は、この協定の実施により得られた経験を考慮に入れ、当該経過期間の満了の日から二年後及びその後も同一の間隔で検討を行う。同理事会は、また、この

協定の修正又は改正を正当化する関連する新たな進展を考慮して検討を行うことができる。

2　他の多数国間協定で達成され、かつ、効力を有する知的所有権の一層高い保護の水準であって、世界貿易機関のすべての加盟国により当該協定に基づき受け入れられたものに適合するためのみの改正は、貿易関連知的所有権理事会のコンセンサス方式によって決定された提案に基づき、世界貿易機関協定第十条6の規定に従い閣僚会議が行動するために閣僚会議に付することができる。

第七二条　留保

この協定のいかなる規定についても、他のすべての加盟国の同意なしには、留保を付することができない。

第七三条　安全保障のための例外

この協定のいかなる規定も、次のいずれかのことを定めるものと解してはならない。

(a)　加盟国に対し、その開示が自国の安全保障上の重大な利益に反するとその加盟国が認める情報の提供を要求すること。

(b)　加盟国が自国の安全保障上の重大な利益の保護のために必要と認める次のいずれかの措置をとることを妨げること。

(i)　核分裂性物質又はその生産原料である物質に関する措置

(ii)　武器、弾薬及び軍需品の取引並びに軍事施設に供給するため直接又は間接に行われるその他の物品及び原料の取引に関する措置

(iii)　戦時その他の国際関係の緊急時にとる措置

(c)　加盟国が国際の平和及び安全の維持のため国際連合憲章に基づく義務に従って措置をとることを妨げること。

標章の国際登録に関するマドリッド協定の千九百八十九年六月二十七日にマドリッドで採択された議定書

（平一一・一二・一七条約一八）
最終改正　平二〇外務告四二三

目次

第一条　マドリッド同盟の構成国

この議定書を締結した国（以下「国である締約国」という。）は、千九百六十七年にストックホルムで改正され及び千九百七十九年に修正された標章の国際登録に関するマドリッド協定（以下「マドリッド協定（ストックホルム改正協定）」という。）の当事国であるかどうかを問わず、同協定の当事国で構成する同盟の構成国であるものとし、また、この議定書を締結した第十四条(1)(b)に規定する政府間機関（以下「締約国際機関」という。）は、当該同盟の構成国であるものとみなす。この議定書においては、国である締約国及び締約国際機関を「締約国」と総称する。

第二条　国際登録による保護の確保

(1)　標章について、いずれかの締約国の官庁に標章登録出願をした場合又はいずれかの締約国の官庁の登録簿に標章登録がされた場合には、当該標章登録出願（以下「基礎出願」という。）又は当該標章登録（以下「基礎登録」という。）の名義人は、この議定書の規定に従うことを条件として、世界知的所有権機関（以下「機関」という。）の国際事務局（以下「国際事務局」という。）の登録簿（以下「国際登録簿」という。）への標章登録（以下「国際登録」という。）を受けることにより、当該標章の保護をすべての締約国の領域において確保することができる。ただし、次の条件を満たす場合に限る。

(i)　国である締約国の官庁に基礎出願をし又は基礎登録がされた場合には、当該基礎出願又は当該基礎登録の名義人が、当該国である締約国の国民であるか又は当該国である締約国に住所若しくは現実かつ真正の工業上若しくは商業上の営業所を有していること。

(ii) 締約国際機関の官庁に基礎出願をし又は基礎登録がされた場合には、当該基礎出願又は当該基礎登録の名義人が、当該締約国際機関の構成国の国民であるか又は当該締約国際機関の領域内に住所若しくは現実かつ真正の工業上若しくは商業上の営業所を有していること。

(2) 国際登録の出願（以下「国際出願」という。）は、基礎出願を受理し又は基礎登録をした官庁（以下「本国官庁」という。）を通じ、国際事務局に対して行う。

(3) この議定書において「官庁」又は「締約国の官庁」というときは、締約国のために標章登録を担当する官庁をいうものとし、「標章」というときは、商標及びサービス・マークをいうものとする。

(4) この議定書の適用上、「締約国の領域」とは、国である締約国についてはその領域、締約国際機関についてはその締約国際機関を設立する条約が適用される領域をいう。

第三条 国際出願

(1) この議定書に基づくすべての国際出願は、規則に定める様式の願書によって行う。本国官庁は、国際出願の願書の記載事項が基礎出願又は基礎登録の記載事項と一致している旨を証明する。この場合の基礎出願又は基礎登録の記載事項は、本国官庁による証明の時点におけるものとする。更に、本国官庁は、次の事項を当該願書に記載する。

(i) 基礎出願については当該基礎出願の日及び番号

(ii) 基礎登録については当該基礎登録の日及び番号並びに当該基礎登録の出願の日及び番号

本国官庁は、また、自己が国際出願を受理した日を当該願書に記載する。

(2) 出願人は、保護を受けようとする標章に係る商品及びサービスを指定しなければならず、可能な場合には、標章の登録のための商品及びサービスの国際分類に関するニース協定に規定する国際分類に従って一又は二以上の類を指定する。出願人が類を指定しなかった場合には、国際事務局が指定された商品及びサービスについて当該国際分類中の適当な類を指定する。出願人が指定した類は、国際事務局が本国官庁と協力して行う調整に服するものとする。本国官庁と国際事務局との間で意見の相違がある場合には、国際事務局の意見が優先する。

(3) 出願人は、標章の識別性のある特徴として色彩を主張する場合には、次の(i)及び(ii)の規定に従って国際出願をしなければならない。

(i) 色彩を主張する旨を記載し、かつ、主張する色彩又はその組合せを国際出願に際して明示的に特定する。

(ii) 当該標章の色彩を施した写しを国際出願に際して提出する。この写しは、国際事務局による通報に添付される。この写しの必要数は、規則で定める。

(4) 国際事務局は、前条の規定に従って出願された標章を直ちに登録する。本国官庁が国際出願を受理した日から二箇月の期間内に国際事務局が国際出願を受理したときは、当該本国官庁が国際出願を受理した日を国際登録の日とし、当該二箇月の期間の満了後に国際事務局が国際出願を受理したときは、国際事務局が国際出願を受理した日を国際登録の日とする。国際事務局は、関係官庁に対し国際登録を遅滞なく通報する。国際登録簿に登録された標章は、国際出願の記載事項に基づき、国際事務局が定期的に発行する公報に掲載する。

(5) 国際登録簿に登録された標章の公表のため、官庁は、第十条に規定する総会（以下「総会」という。）で定める条件に従い、(4)の公報を無料で一定の部数ずつ及び割引価格で一定の部数ずつ国際事務局から受領する。当該標章は、このような方法によりすべての締約国との関係において十分に公表されたものとみなし、かつ、その国際登録の名義人が他の方法による公表を求められることはないものとする。

第三条の二　領域的効果

国際登録による標章の保護の効果は、国際出願の出願人又は国際登録の名義人がいずれかの締約国を指定した場合においてのみ当該いずれかの締約国に及ぶものとする。ただし、その官庁が本国官庁に当たる締約国については、そのような指定を行うことができない。

第三条の三　領域指定

(1)　国際出願に際しては、国際登録による標章の保護の効果が及ぶ領域としていずれの締約国を指定するかを特に記載する。

(2)　領域指定は、標章の国際登録の後においても行うことができる。この領域指定は、規則に定める様式に従って行う。国際事務局は、領域指定を直ちに記録し、当該領域指定を関係官庁に対し遅滞なく通報する。記録された領域指定は、国際事務局が定期的に発行する公報に掲載する。領域指定は、当該領域指定が国際登録簿に記録された日から効力を生じ、当該領域指定に係る国際登録の存続期間の満了によりその効力を失う。

第四条　国際登録の効果

(1)(a)　第三条及び前条の規定に従って行われた標章の国際登録又は領域指定の記録の日から、当該標章は、関係締約国において、標章登録を当該関係締約国の官庁に直接求めていたならば与えられたであろう保護と同一の保護を与えられるものとする。第五条(1)及び(2)の規定に基づく拒絶の通報が国際事務局に対して行われなかった場合又はそのような拒絶の通報がその後に取り消された場合には、標章の国際登録又は領域指定の記録の日から、当該標章は、関係締約国において、当該関係締約国の官庁による登録を受けていたならば与えられたであろう保護と同一の保護を与えられるものとする。

(b)　第三条に規定する商品及びサービスについての類の指定は、標章に与える保護の範囲を決定するに際して締約国を拘束するものではない。

(2) すべての国際登録について、その名義人は、工業所有権の保護に関するパリ条約第四条Dに定める手続に従うことを要することなく、同条に定める優先権を有する。

第四条の二　国際登録による国内登録又は広域登録の代替

(1) いずれかの締約国の官庁による国内登録又は広域登録の対象である標章が国際登録の対象でもあり、かつ、その名義人が国際登録の名義人と同一である場合には、当該国際登録は、当該国内登録又は広域登録により生ずるすべての権利を害することなく、かつ、次の(i)から(iii)までの条件を満たすことを条件として、当該国内登録又は広域登録に代替することができるものとみなす。

(i) 国際登録による標章の保護の効果が第三条の三(1)又は(2)の規定に基づいて当該締約国に及んでいること。

(ii) 国内登録又は広域登録において指定されたすべての商品及びサービスが当該締約国に係る国際登録においても指定されていること。

(iii) (i)に規定する効果が国内登録又は広域登録の日の後に生じていること。

(2) (1)に規定する官庁は、求めに応じ、自己の登録簿に国際登録について記載しなければならない。

第五条　特定の締約国に係る国際登録の効果の拒絶及び無効

(1) 第三条の三(1)又は(2)の規定に基づき国際登録による標章の保護について国際事務局から領域指定の通報を受けた締約国の官庁は、関係法令が認める場合には、当該締約国においては当該標章に対する保護を与えることができない旨を拒絶の通報において宣言する権利を有する。このような拒絶は、当該拒絶の通報を行う官庁に直接求められた標章登録について工業所有権の保護に関するパリ条約上援用可能な理由に基づく場合にのみ行うことができる。もっとも、一定数以上の類又は一定数以上の商品若しくはサービスを指定する標章登録が関係法令上認められないという理由のみによっては、保護の拒絶は、部分的な拒絶であってもこれを行うことができない。

(2)(a) (1)の権利を行使しようとする官庁は、関係法令に定める期間内に、かつ、国際事務局が(1)に規定する領域指定の通報を当該官庁に行った日から、(b)及び(c)に規定する場合を除くほか、遅くとも一年の期間が満了する前に、国際事務局に対し、すべての拒絶の理由を記載した文書と共に拒絶の通報を行う。

(b) (a)の規定にかかわらず、締約国は、この議定書に従って行われた国際登録については、(a)に規定する一年の期間を十八箇月の期間とする旨を宣言することができる。

(c) (b)の宣言には、保護の拒絶が当該保護を与えることに対する異議の申立ての結果行われる可能性がある場合には、締約国の官庁から国際事務局に対する当該拒絶の通報が十八箇月の期間の満了後においても行われることがある旨を明示することができる。当該官庁は、いずれの国際登録についても、次の(i)及び(ii)の条件を満たす場合にのみ、十八箇月の期間の満了後に保護の拒絶を通報することができる。

(i) 十八箇月の期間の満了後に異議が申し立てられる可能性のあることを当該期間の満了前に国際事務局に通報していること。

(ii) 異議の申立てに基づく拒絶の通報を異議申立期間の満了の時から一箇月以内で、かつ、いかなる場合においても、当該異議申立期間の開始の日から七箇月以内に行うこと。

(d) (b)又は(c)の規定に基づく宣言は、第十四条(2)に規定する批准書、受諾書、承認書又は加入書において行うことができるものとし、その効力は、当該宣言を行った国又は政府間機関についてこの議定書が効力を生ずる日に生ずる。また、この宣言は、その後においても行うことができるものとし、この場合に当該宣言は、その効力が生ずる日以降の日を国際登録の日とする国際登録について、機関の事務局長（以下「事務局長」という。）が当該宣言を受領した後三箇月で又は当該宣言において指定されたそれ以降の日に効力を生ずる。

(e) 総会は、この議定書の効力発生から十年を経過したときは、(a)から(d)までの規定により設けられた制度の運用状況を調査する。これらの規定は、その後において、総会の全会一致の決定により修正することができる（注）。

注　マドリッド同盟総会により採択された解釈声明

この議定書の第五条(2)(e)は、(a)から(d)までの規定により設けられた制度の運用状況について引き続き検討を行うことを総会に認めるものと了解し、また、これらの規定の修正には、総会の全会一致の決定を必要とするものと了解する。

(3) 国際事務局は、国際登録の名義人に拒絶の通報の写し一通を遅滞なく送付する。当該名義人は、拒絶の通報を行った官庁に標章登録を自ら直接求めていたならば与えられたであろう救済手段を与えられる。国際事務局は、(2)(c)(i)の規定に基づく通報を受領した場合には、国際登録の名義人に当該通報を遅滞なく送付する。

(4) 標章の保護を拒絶する理由は、求めに応じ、すべての利害関係者に対して国際事務局が通報する。

(5) いずれかの国際登録について、(1)及び(2)の規定に従い暫定的又は最終的な拒絶の通報を国際事務局に対して行わなかった官庁は、当該国際登録につき(1)に定める権利を主張する利益を失う。

(6) 締約国の領域における国際登録の効果に関するその締約国の権限のある当局による無効の決定は、当該国際登録の名義人に自己の権利を防御する機会を適時に与えることなく行うことができない。無効の決定については、国際事務局に通報する。

第五条の二　標章における特定の要素の使用の正

当性に関する証拠書類

紋章、盾形、肖像、尊称、称号、商号、出願人以外の者の氏名又は名称その他これらに類する表示等特定の要素を使用して標章を構成することについての正当性に関する証拠書類であって締約国の官庁が要求するものは、本国官庁による認証及び証明を除くほか、いかなる認証及び証明も免除される。

第五条の三　国際登録簿における記載事項の写し、先行する標章についての調査及び国際登録簿の抄本

(1)　国際事務局は、すべての申請者に対し、規則に定める手数料の支払を受けて、特定の標章についての国際登録簿における記載事項の写しを交付する。

(2)　国際事務局は、費用の支払を受けて、ある標章に先行する標章が国際登録の対象である標章中にあるかどうかを調査することができる。

(3)　一の締約国における提出のために請求された国際登録簿の抄本は、いかなる追加的な認証も免除される。

第六条　国際登録の存続期間並びに国際登録の従属性及び独立性

(1)　国際事務局における標章登録の存続期間は、十年とし、及び次条に定める条件に従って更新することができる。

(2)　国際登録は、当該国際登録の日から五年の期間が満了したときは、(3)及び(4)に規定する場合を除くほか、基礎出願、基礎出願による登録又は基礎登録から独立した標章登録を構成するものとする。

(3)　国際登録による標章の保護については、当該国際登録が移転の対象となったかどうかを問わず、その国際登録の日から五年の期間が満了する前に、基礎出願、基礎出願による登録又は基礎登録が取り下げられ、消滅し、放棄され又は、確定的な決定により、拒絶され、抹消され、取り消され若しくは無効とされた場合には、当該国際登録において指定された商品及びサービスの全部又は一部について主張することができない。当該五年の期間の満了前に次の(i)、(ii)又は(iii)の手続が開始され、当該五年の期間の満了後に基礎出願、基礎出願による登録又は基礎登録が確定的な決定により、拒絶され、抹消され、取り消され、無効とされ又は取下げを命ぜられた場合においても、同様とする。また、当該五年の期間の満了後に基礎出願、基礎出願による登録又は基礎登録が取り下げられ又は放棄された場合であって、当該基礎出願、基礎出願による登録又は基礎登録がその取下げ又は放棄の時に次の(i)、(ii)又は(iii)の手続の対象であり、かつ、当該手続が当該五年の期間の満了前に開始された場合においても、同様とする。

(i) 基礎出願の効果を否認する決定に対する不服の申立て

(ii) 基礎出願の取下げを求める申立て又は基礎出願による登録若しくは基礎登録の抹消、取消し若しくは無効を求める申立て

(iii) 基礎出願に対する異議の申立て

(4) 本国官庁は、規則の定めるところにより、国際事務局に対し(3)の規定に関連する事実及び決定を通報するものとし、国際事務局は、規則の定めるところにより、当該事実及び決定を利害関係者に通報し、かつ、これを公表する。本国官庁は、該当する範囲について国際登録の取消しを国際事務局に請求するものとし、国際事務局は、当該範囲について国際登録を取り消す。

第七条　国際登録の更新

(1) 国際登録の存続期間は、次条(2)に規定する基本手数料並びに、同条(7)に規定する場合を除くほか、同条(2)に規定する追加手数料及び付加手数料の支払のみにより、十年の当該存続期間の満了の時から更に十年間の更新を行うことができる。

(2) 存続期間の更新は、国際登録の最新の態様にいかなる変更ももたらすものではない。

(3) 国際事務局は、国際登録の名義人及びその代理人がある場合には当該代理人に対し、国際登録の存続期間が満了する六箇月前に非公式の通報を行うことにより、当該存続期間が満了する

正確な日付について注意を喚起する。

(4) 規則に定める割増手数料の支払により、六箇月の猶予期間が国際登録の存続期間の更新について認められる。

第八条　国際出願及び国際登録の手数料

(1) 本国官庁は、国際出願又は国際登録の更新について、それぞれの出願人又は名義人に対し自己の裁量により定める手数料の支払を求め、かつ、当該手数料を自己の収入として徴収することができる。

(2) 国際事務局における標章登録を受けるに当たっては、(7)(a)に規定する場合を除くほか、次の国際手数料を前払しなければならない。

(i) 基本手数料

(ii) 標章を使用する商品又はサービスの属する国際分類の類の数が三を超える場合における一類ごとについての追加手数料

(iii) 第三条の三の規定に基づく領域指定についての付加手数料

(3) (2)(ii)に規定する追加手数料については、商品又はサービスの類の数が国際事務局によって決定され又は争われた場合には、規則に定める期間内に支払うことができる。ただし、このことは、国際登録の日の日付を変更するものではない。当該期間の満了の時に、出願人が追加手数料を支払っていない場合又は指定される商品若しくはサービスの指定を必要な範囲にまで減縮していない場合には、国際出願は、放棄されたものとみなす。

(4) 国際登録による各種の収入（(2)(ii)及び(iii)に規定する手数料の収入を除く。）の年間の総額は、この議定書の実施に要した費用を控除した後に国際事務局がすべての締約国に平等に配分する。

(5) (2)(ii)に規定する追加手数料の収入総額は、各年の終了に当たり、当該各年において各締約国が標章の保護につき領域指定の通報を受けた件数（標章登録に際して審査を要件とする締約国については規則に定める係数を当該件数に乗じて得た数）に応じて関係締約国に比例配分する。

(6) (2)(iii)に規定する付加手数料の収入総額は、(5)

に定める方法と同一の方法により関係締約国に配分する。

(7)(a) 締約国は、第三条の三の規定に基づき自国を指定する国際登録及び当該国際登録の更新について、追加手数料及び付加手数料による収入の配分を受けることに代えて個別の手数料（以下「個別手数料」という。）の支払を受けることを希望する旨を宣言することができる。個別手数料の額については、その宣言において指定するものとし、その後の宣言において変更することができる。もっとも、個別手数料の額は、当該締約国の官庁が自己の登録簿における十年の存続期間の標章登録をするため又は当該標章登録の存続期間を十年間更新するために当該標章登録の名義人に支払わせることのできる額から国際手続の利用による節約分を減じた額に相当する額を上回ることができない。このような個別手数料が支払われる場合には、次の規定が適用されるものとする。

(i) (2)(ii)に規定する追加手数料は、この(a)の規定に基づく宣言を行った締約国のみを第三条の三の規定に基づいて指定したときは、支払う必要がない。

(ii) (2)(iii)に規定する付加手数料は、この(a)の規定に基づく宣言を行った締約国については、支払う必要がない。

(b) (a)の規定に基づく宣言は、第十四条(2)に規定する批准書、受諾書、承認書又は加入書において行うことができるものとし、その効力は、当該宣言を行った国又は政府間機関についてこの議定書が効力を生ずる日に生ずる。また、この宣言は、その後においても行うことができるものとし、この場合に当該宣言は、その効力が生ずる日以降の日を国際登録の日とする国際登録について、事務局長が当該宣言を受領した後三箇月で又は当該宣言において指定されたそれ以降の日に効力を生ずる。

第九条　国際登録の名義人の変更の記録

国際事務局は、国際登録が領域内で効力を有する締約国の全部若しくは一部について又は国際登録において指定された商品及びサービスの全部若しくは一部について国際登録の名義人の変更が生じた場合には、当該国際登録の従前の名義人からの請求又は関係官庁からの職権による若しくは利害関係者の求めに応じた請求により、当該変更を国際登録簿に記録する。ただし、新たな名義人が第二条(1)の規定に基づき国際出願をする資格を有する者である場合に限る。

第九条の二　国際登録に関する特定の事項の記録

国際事務局は、国際登録簿に次の事項を記録する。

(i)　国際登録の名義人の氏名若しくは名称又は住所の変更

(ii)　国際登録の名義人の代理人の選任及び当該代理人に関する他の関連事項

(iii)　国際登録において指定された商品及びサービスに関し締約国の全部又は一部について付された限定

(iv)　国際登録に関し締約国の全部又は一部について行われた放棄、取消し又は無効

(v)　国際登録の対象である標章についての権利に関する他の関連事項であって規則に定めるもの

第九条の三　特定の記録の手数料

第九条又は前条の規定に基づく記録をすることについては、手数料の支払を条件とすることができる。

第九条の四　二以上の国である締約国の共通の官庁

(1)　二以上の国である締約国が標章に関するそれぞれの国内法令を相互に統一することを合意したときは、これらの国である締約国は、事務局長に次のことを通報することができる。

(i)　一の共通の官庁がこれらの国である締約国それぞれの官庁を代行すること。

(ii)　前各条、次条及び第九条の六の規定の全部又は一部の適用上、これらの国である締約国がそれらの領域の全体にわたって単一の国とみなされること。

(2)　(1)の規定に従って通報された内容は、事務局長が他のすべての締約国に対して当該内容を通報した日の後三箇月を経過するまでは、有効とならない。

第九条の五　国際登録の国内出願又は広域出願への変更

国際登録が、当該国際登録において指定された商品及びサービスの全部又は一部につき第六条(4)の規定に基づく本国官庁の請求により取り消された場合において、当該国際登録に係る領域指定が行われていた締約国の官庁に対し当該国際登録の名義人であった者が同一の標章に係る標章登録出願をしたときは、当該標章登録出願は、次の(i)から(iii)までの条件を満たすことを条件として、第三条(4)に規定する国際登録の日又は第三条の三(2)に規定する領域指定の記録の日に行われたものとみなし、かつ、当該国際登録についてその名義人が優先権を有していた場合には、当該名義人であった者は、同一の優先権を有するものとする。

(i)　標章登録出願が国際登録の取り消された日から三箇月以内に行われること。

(ii)　標章登録出願において指定された商品及びサービスが当該締約国に係る国際登録において指定されていた商品及びサービスに実際に含まれること。

(iii)　標章登録出願が手数料の支払を含む関係法令上のすべての要件を満たしていること。

第九条の六　この議定書及びマドリッド協定（ストックホルム改正協定）の双方を締結した国の間の関係

(1)(a)　この議定書及びマドリッド協定（ストックホルム改正協定）の双方を締結した国の相互の関係について、この議定書のみが適用される。

(b)　(a)の規定にかかわらず、第五条(2)(b)若しくは(c)又は第八条(7)の規定に基づいて、この議定書及びマドリッド協定（ストックホルム改正協定）の双方を締結した国によって行われた宣言は、この議定書及び同協定の双方を締結した他の国との関係にいかなる影響も及ぼすものではない。

(2) 総会は、二千八年九月一日から三年を経過した後は、(1)(b)の規定の適用について検討するものとし、その後いつでも、四分の三以上の多数による議決で、同規定を廃止し、又はその適用範囲を制限することができる。この場合においては、マドリッド協定（ストックホルム改正協定）及びこの議定書の双方を締結した国のみが総会の投票に参加する権利を有する。

第一〇条　総会

(1)(a) 締約国は、マドリッド協定（ストックホルム改正協定）の当事国と共に同一の総会の構成国となるものとする。

(b) 各締約国は、総会において一人の代表により代表されるものとし、代表は、代表代理、顧問及び専門家の補佐を受けることができる。

(c) 各代表団の費用は、その代表団を任命した締約国が負担する。ただし、各締約国の一人の代表の旅費及び滞在費については、同盟の基金から支弁する。

(2) 総会は、マドリッド協定（ストックホルム改正協定）に基づく任務に加えて、次の任務を有する。

(i) この議定書の実施に関するすべての事項を取り扱うこと。

(ii) 国際事務局に対し、この議定書の改正会議の準備に関する指示を与えること。この場合において、締約国でない同盟国の意見を十分に考慮するものとする。

(iii) この議定書の実施に関する規則を採択し及び修正すること。

(iv) この議定書上適切と認める他の任務を遂行すること。

(3)(a) 各締約国は、総会において一の票を有する。マドリッド協定（ストックホルム改正協定）の当事国のみに関する事項については、同協定の当事国でない締約国は投票権を有しないものとし、また、締約国のみに関する事項については、締約国のみが投票権を有する。

(b) 各事項に係る総会においての投票については、当該各事項について投票権を有する構成国の二分の一をもって定足数とする。
(c) 総会は、(b)の規定にかかわらず、いずれの会期においても、各事項について投票権を有し、かつ、総会に出席した構成国の数が当該各事項について投票権を有する構成国の二分の一に満たないが三分の一以上である場合には、決定を行うことができる。その決定が総会の手続以外の事項に関する決定である場合には、国際事務局は、当該事項について投票権を有するが総会に出席しなかった構成国に対し、当該決定を通報するとともに、その通報の日から三箇月の期間内に書面によって投票し又は棄権するよう要請する。当該三箇月の期間の満了に当たり、投票権を有するが総会に出席しなかった構成国であって書面によって投票し又は棄権したものの数により当該会期における定足数の不足分が満たされ、かつ、必要多数の賛成が得られている場合に限って、当該決定は、効力を生ずる。
(d) 総会の決定は、第五条(2)(e)、前条(2)、第十二条及び第十三条(2)に規定する場合を除くほか、投票数の三分の二以上の多数による議決で行う。
(e) 棄権は、投票とみなさない。
(f) 代表は、総会の一の構成国のみを代表し、その構成国の名においてのみ投票することができる。
(4) 総会は、マドリッド協定（ストックホルム改正協定）に定める通常会期及び臨時会期の会合に加えて、いずれかの事項について投票権を有する構成国の四分の一以上の要請があったときは、事務局長の招集により、当該事項を議題とする臨時会期の会合を開催する。このような臨時会期の議事日程は、事務局長が作成する。

第一一条　国際事務局

(1) この議定書に基づく国際登録及び関連の任務並びにこの議定書に関連するすべての管理業務は、国際事務局が行う。

(2)(a) 国際事務局は、総会の指示に従ってこの議定書の改正会議の準備を行う。
(b) 国際事務局は、改正会議の準備に関し政府間機関及び国際的な非政府機関と協議することができる。
(c) 事務局長及びその指名する者は、改正会議における審議に投票権なしで参加する。
(3) 国際事務局は、この議定書に関連して国際事務局に与えられる他の任務を遂行する。

第一二条　財政

同盟の財政については、マドリッド協定（ストックホルム改正協定）第十二条の規定を締約国に準用する。ただし、同条中、同協定第八条の引用はこの議定書第八条の引用に読み替えるものとする。また、同協定第十二条(6)(b)の規定の適用上、締約国際機関は、総会が全会一致の議決で別段の決定を行う場合を除くほか、工業所有権の保護に関するパリ条約に基づく分担金の等級Iに属するものとする。

第一三条　この議定書の特定の規定の修正

(1) 第十条からこの条までの規定の修正の提案は、締約国又は事務局長が行うことができる。その提案は、総会による審議の遅くとも六箇月前までに、事務局長が締約国に送付する。
(2) (1)に規定する条の修正は、総会が採択する。採択には、投票数の四分の三以上の多数による議決を必要とする。ただし、第十条及びこの(2)の規定の修正には、投票数の五分の四以上の多数による議決を必要とする。
(3) (1)に規定する条の修正は、その修正が採択された時に総会の構成国であって当該修正についての投票権を有していた国及び政府間機関の四分の三から、それぞれの憲法上の手続に従って行われた受諾についての書面による通告を事務局長が受領した後一箇月で効力を生ずる。このようにして受諾された修正は、当該修正が効力を生ずる時に締約国であり又はその後に締約国となるすべての国及び政府間機関を拘束する。

第一四条　この議定書の締結及び効力発生

(1)(a) 工業所有権の保護に関するパリ条約の当事

国であるいずれの国も、この議定書を締結することができる。

(b) いずれの政府間機関も、次の(i)及び(ii)の条件を満たす場合には、この議定書を締結することができる。

(i) 当該政府間機関の構成国のうち少なくとも一の国が工業所有権の保護に関するパリ条約の当事国であること。

(ii) 当該政府間機関がその領域内において効力を有する標章の標章登録を担当する一の広域官庁を有していること。ただし、当該広域官庁が第九条の四の規定に基づく通報の対象でない場合に限る。

(2) (1)に規定する国又は政府間機関は、この議定書に署名することができるものとし、この議定書に署名している場合にはその批准書、受諾書又は承認書を、また、この議定書に署名していない場合にはその加入書を寄託することができる。

(3) (2)に規定する文書は、事務局長に寄託する。

(4)(a) この議定書は、四の批准書、受諾書、承認書又は加入書が寄託された後三箇月で効力を生ずる。ただし、これらの文書のうち少なくとも一の文書をマドリッド協定（ストックホルム改正協定）の当事国が寄託し、かつ、これらの文書のうち少なくとも一の文書を同協定の当事国でない国又は(1)(b)に規定する政府間機関が寄託することを条件とする。

(b) (a)に規定する場合を除くほか、この議定書は、(1)に規定する国又は政府間機関について、事務局長が当該国又は政府間機関の批准、受諾、承認又は加入を通報した日の後三箇月で効力を生ずる。

(5) (1)に規定する国又は政府間機関は、この議定書の批准書、受諾書、承認書又は加入書の寄託の際に、この議定書が自己について効力を生ずる日前にこの議定書に基づいて行われたいずれの国際登録についても、そのような国際登録による標章の保護の効果が及ぶ領域として当該国又は政府間機関を指定することを認めない旨を宣言することができる。

第一五条　廃棄

(1)　この議定書は、無期限に効力を有する。

(2)　いずれの締約国も、事務局長にあてた通告によりこの議定書を廃棄することができる。

(3)　廃棄は、事務局長がその通告を受領した日の後一年で効力を生ずる。

(4)　いずれの締約国も、この議定書が当該締約国について効力を生じた日から五年を経過するまでは、この条に定める廃棄の権利を行使することができない。

(5)(a)　いずれかの標章が、廃棄が効力を生ずる日において当該廃棄を行う国又は政府間機関に係る領域指定を行っていた国際登録の対象である場合には、当該国際登録の名義人は、当該廃棄を行う国又は政府間機関の官庁に対し同一の標章に係る標章登録出願をすることができる。当該標章登録出願は、次の(i)から(iii)までの条件を満たすことを条件として、第三条(4)に規定する国際登録の日又は第三条の三(2)に規定する領域指定の記録の日に行われたものとみなし、かつ、当該国際登録について その名義人が優先権を有していた場合には、当該名義人であった者は、同一の優先権を有するものとする。

(i)　標章登録出願が、廃棄が効力を生じた日から二年以内に行われること。

(ii)　標章登録出願において指定された商品及びサービスが当該廃棄を行う国又は政府間機関に係る国際登録において指定されていた商品及びサービスに実際に含まれること。

(iii)　標章登録出願が手数料の支払を含む関係法令上のすべての要件を満たしていること。

(b)　(a)の規定は、廃棄が効力を生ずる日においても当該廃棄を行う国又は政府間機関以外の締約国に係る領域指定を行っていた国際登録の対象である標章につき当該国際登録の名義人が当該廃棄のために第二条(1)の規定に基づき国際出願をする資格を有する者でなくなった場合に準用する。

第一六条　署名、言語及び寄託者の任務

(1)(a)　この議定書は、英語、フランス語及びスペイン語による本書一通について署名するものとし、マドリッドにおける署名のための開放が終了したときは、事務局長に寄託する。本書は、これらの三の言語をひとしく正文とする。

(b)　事務局長は、関係する政府及び当局と協議の上、アラビア語、中国語、ドイツ語、イタリア語、日本語、ポルトガル語、ロシア語及び総会が指定する他の言語によるこの議定書の公定訳文を作成する。

(2)　この議定書は、千九百八十九年十二月三十一日まで、マドリッドにおいて署名のために開放しておく。

(3)　事務局長は、締約国となることができるすべての国及び政府間機関に対し、スペイン政府が認証したこの議定書の署名本書の謄本二通を送付する。

(4)　事務局長は、この議定書を国際連合事務局に登録する。

(5)　事務局長は、締約国であり又は締約国となることができるすべての国及び政府間機関に対し、署名、批准書、受諾書、承認書又は加入書の寄託、この議定書の効力発生、この議定書の修正、廃棄の通告及びこの議定書に定める宣言を通報する。

一八九六年五月四日にパリで補足され、一九〇八年一一月一三日にベルリンで改正され、一九一四年三月二〇日にベルヌで補足され並びに一九二八年六月二日にローマで、一九四八年六月二六日にブラッセルで、一九六七年七月一四日にストックホルムで及び一九七一年七月二四日にパリで改正された一八八六年九月九日の文学的及び美術的著作物の保護に関するベルヌ条約

（昭五〇・三・六条約四）

同盟国は、文学的及び美術的著作物に関する著作者の権利をできる限り効果的かつ統一的に保護することをひとしく希望し、一九六七年にストックホルムで開催された改正会議の作業の重要性を認めて、ストックホルム会議が採択した条約の第一条から第二〇条まで及び第二二条から第二六条までの規定を変更することなく、同条約を改正することを決定した。よつて、下名の全権委員は、その全権委任状を示し、それが良好妥当であると認められた後、次のとおり協定した。

第一条　この条約が適用される国は、文学的及び美術的著作物に関する著作者の権利の保護のための同盟を形成する。

第二条

(1)　「文学的及び美術的著作物」には、表現の方法又は形式のいかんを問わず、書籍、小冊子その他の文書、講演、演説、説教その他これらと同性質の著作物、演劇用又は楽劇用の著作物、舞踊及び無言劇の著作物、楽曲（歌詞を伴うかどうかを問わない。）、映画の著作物（映画に類似する方法で表現された著作物を含む。以下同じ。）、素描、絵画、建築、彫刻、版画及び石版画の著作物、写真の著作物（写真に類似する方

法で表現された著作物、図解及び地図並びに地理学、地形学、建築学その他の科学に関する図面、略図及び模型のような文芸、学術及び美術の範囲に属するすべての製作物を含む。以下同じ。）、応用美術の著作物、

(2)　もつとも、文学的及び美術的著作物の全体又はその一若しくは二以上の種類について、それらの著作物が物に固定されていない限り保護されないことを定める権能は、同盟国の立法に留保される。

(3)　文学的又は美術的著作物の翻訳、翻案、編曲等による改作物は、その原作物の著作者の権利を害することなく、原著作物として保護される。

(4)　立法上、行政上及び司法上の公文書並びにその公的な翻訳物に与えられる保護は、同盟国の法令の定めるところによる。

(5)　素材の選択又は配列によつて知的創作物を形成する百科辞典及び選集のような文学的又は美術的著作物の編集物は、その編集物の部分を構成する各著作物の著作者の権利を害することなく、知的創作物として保護される。

(6)　前記の著作物は、すべての同盟国において保護を受ける。この保護は、著作者及びその承継人のために与えられる。

(7)　応用美術の著作物及び意匠に関する法令の適用範囲並びにそれらの著作物及び意匠の保護の条件は、第七条(4)の規定に従うことを条件として、同盟国の法令の定めるところによる。本国において専ら意匠として保護される著作物については、他の同盟国において、その国において意匠に与えられる特別の保護しか要求することができない。ただし、その国においてそのような特別の保護が与えられない場合には、それらの著作物は、美術的著作物として保護される。

(8)　この条約の保護は、単なる報道にすぎない時事の記事又は雑報については適用されない。

第二条の二

(1)　政治上の演説及び裁判手続においてされた陳述につき前条に定める保護の一部又は全部を排除する権能は、同盟国の立法に留保される。

(2) 報道の目的上正当な範囲内において、公に行われた講演、演説その他これらと同性質の著作物を新聞雑誌に掲載し、放送し、有線により公に伝達し及び第十一条の二(1)に規定する公の伝達の対象とする場合の条件を定める権能も、また、同盟国の立法に留保される。

(3) もつとも、著作者は、(1)及び(2)に規定する著作物を編集物とする排他的権利を享有する。

第三条

(1) 次の者は、次の著作物について、この条約によつて保護される。

(a) いずれかの同盟国の国民である著作者　その著作物(発行されているかどうかを問わない。)

(b) いずれの同盟国の国民でもない著作者　その著作物のうち、いずれかの同盟国において最初に発行されたもの並びに同盟に属しない国及びいずれかの同盟国において同時に発行されたもの

(2) いずれの同盟国の国民でもない著作者でいずれかの同盟国に常居所を有するものは、この条約の適用上、その同盟国の国民である著作者とみなす。

(3) 「発行された著作物」とは、複製物の作成方法のいかんを問わず、著作者の承諾を得て刊行された著作物であつて、その性質にかんがみ公衆の合理的な要求を満たすような数量の複製物が提供されたものをいう。演劇用若しくは楽劇用の著作物又は映画の著作物の上演、音楽の著作物の演奏、文学的著作物の朗読、文学的又は美術的著作物の伝達又は放送、美術の著作物の展示及び建築の著作物の建設は、発行を意味しない。

(4) 最初の発行の国を含む二以上の国において最初の発行の日から三十日以内に発行された著作物は、それらの国において同時に発行されたものとみなす。

第四条　次の者は、前条に定める条件が満たされない場合にも、この条約によつて保護される。

(a) いずれかの同盟国に主たる事務所又は常居所を有する者が製作者である映画の著作物の著作者

(b) いずれかの同盟国において建設された建築の著作物の著作者又はいずれかの同盟国に所在する不動産と一体となつている絵画的及び彫塑的美術の著作物の著作者

第五条

(1) 著作者は、この条約によつて保護される著作物に関し、その著作物の本国以外の同盟国において、その国の法令が自国民に現在与えており又は将来与えることがある権利及びこの条約が特に与える権利を享有する。

(2) (1)の権利の享有及び行使には、いかなる方式の履行をも要しない。その享有及び行使は、著作物の本国における保護の存在にかかわらない。したがつて、保護の範囲及び著作者の権利を保全するため著作者に保障される救済の方法は、この条約の規定によるほか、専ら、保護が要求される同盟国の法令の定めるところによる。

(3) 著作物の本国における保護は、その国の法令の定めるところによる。もつとも、この条約によつて保護される著作物の著作者がその著作物の本国の国民でない場合にも、その著作者は、その著作物の本国において内国著作者と同一の権利を享有する。

(4) 次の著作物については、次の国を本国とする。

(a) いずれかの同盟国において最初に発行された著作物については、その同盟国。もつとも、異なる保護期間を認める二以上の同盟国において同時に発行された著作物については、これらの国のうち法令の許与する保護期間が最も短い国とする。

(b) 同盟に属しない国及びいずれかの同盟国において同時に発行された著作物については、その同盟国

(c) 発行されていない著作物又は同盟に属しない国において最初に発行された著作物でいずれの同盟国においても同時に発行されなかつたものについては、その著作者が国民である

同盟国。ただし、次の著作物については、次の国を本国とする。

(i) いずれかの同盟国に主たる事務所又は常居所を有する者が製作者である映画の著作物については、その同盟国

(ii) いずれかの同盟国において建設された建築の著作物又はいずれかの同盟国に所在する不動産と一体となつている絵画的及び彫塑的美術の著作物については、その同盟国

第六条

(1) 同盟に属しない国がいずれかの同盟国の国民である著作者の著作物を十分に保護しない場合には、その同盟国は、最初の発行の時において当該同盟に属しない国の国民であつて、かつ、いずれの同盟国にも常居所を有していない著作者の著作物の保護を制限することができる。最初の発行の国がこの権能を行使する場合には、他の同盟国は、そのように特殊な取扱いを受ける著作物に対し、最初の発行の国において与えられる保護よりも厚い保護を与えることを要しない。

(2) (1)の規定に基づく制限は、その実施前にいずれかの同盟国において発行された著作物についてその著作者が既に取得した権利に影響を及ぼすものであつてはならない。

(3) この条の規定に基づいて著作者の権利の保護を制限する同盟国は、その旨を、その保護の制限の対象となる国及びその国民である著作者の権利に対する制限を明記した宣言書により、世界知的所有権機関事務局長(以下「事務局長」という。)に通告する。事務局長は、その宣言をすべての同盟国に直ちに通報する。

第六条の二

(1) 著作者は、その財産的権利とは別個に、この権利が移転された後においても、著作物の創作者であることを主張する権利及び著作物の変更、切除その他の改変又は著作物に対するその他の侵害で自己の名誉又は声望を害するおそれのあるものに対して異議を申し立てる権利を保有する。

(2) (1)の規定に基づいて著作者に認められる権利は、著作者の死後においても、少なくとも財産的権利が消滅するまで存続し、保護が要求される国の法令により資格を与えられる人又は団体によつて行使される。もつとも、この改正条約の批准又はこれへの加入の時に効力を有する法令において、(1)の規定に基づいて認められる権利のすべてについて著作者の死後における保護を確保することを定めていない国は、それらの権利のうち一部の権利が著作者の死後は存続しないことを定める権能を有する。

(3) この条において認められる権利を保全するための救済の方法は、保護が要求される同盟国の法令の定めるところによる。

第七条

(1) この条約によつて許与される保護期間は、著作者の生存の間及びその死後五十年とする。

(2) もつとも、同盟国は、映画の著作物については、保護期間が、著作者の承諾を得て著作物が公衆に提供された時から五十年で、又は、著作物がその製作の時から五十年以内に著作者の承諾を得て公衆に提供されないときは、製作の時から五十年で満了することを定める権能を有する。

(3) 無名又は変名の著作物については、この条約によつて許与される保護期間は、著作物が適法に公衆に提供された時から五十年で満了する。ただし、著作者の用いた変名がその著作者を示すことについて疑いがない場合には、保護期間は、(1)に定める保護期間とする。無名又は変名の著作物の著作者が第一文の期間内にその著作物の著作者であることを明らかにする場合には、適用される保護期間は、(1)に定める保護期間とする。同盟国は、著作者が五十年前に死亡していると推定する十分な理由のある無名又は変名の著作物を保護することを要しない。

(4) 写真の著作物及び美術的著作物として保護される応用美術の著作物の保護期間を定める権能は、同盟国の立法に留保される。ただし、その保護期間は、それらの著作物の製作の時から二十五年よりも短くてはならない。

(5) 著作者の死後の保護期間及び(2)から(4)までに定める保護期間は、著作者の死亡の時又は(2)から(4)までに規定する事実が発生した時から始まる。ただし、これらの保護期間は、死亡の年又はそれらの事実が発生した年の翌年の一月一日から計算する。

(6) 同盟国は、前記の保護期間よりも長い保護期間を許与する権能を有する。

(7) この条約のローマ改正条約に拘束される同盟国であつて、この改正条約の署名の時に効力を有する国内法令において前記の保護期間よりも短い保護期間を許与するものは、この改正条約に加入し又はこれを批准する場合にも、それらの保護期間を維持する権能を有する。

(8) いずれの場合にも、保護期間は、保護が要求される同盟国の法令の定めるところによる。ただし、その国の法令に別段の定めがない限り、保護期間は、著作物の本国において定められる保護期間を超えることはない。

第七条の二 前条の規定は、著作権が著作物の共同著作者の共有に属する場合にも適用する。ただし、著作者の死亡の時から計算する期間は、共同著作者のうちの最後の生存者の死亡の時から計算する。

第八条 文学的及び美術的著作物の著作者でこの条約によつて保護されるものは、その著作物に関する権利の存続期間中、その著作物を翻訳し又はその翻訳を許諾する排他的権利を享有する。

第九条

(1) 文学的及び美術的著作物の著作者でこの条約によつて保護されるものは、それらの著作物の複製(その方法及び形式のいかんを問わない。)を許諾する排他的権利を享有する。

(2) 特別の場合について(1)の著作物の複製を認める権能は、同盟国の立法に留保される。ただし、そのような複製が当該著作物の通常の利用を妨げず、かつ、その著作者の正当な利益を不当に害しないことを条件とする。

(3)　録音及び録画は、この条約の適用上、複製とみなす。

第一〇条

(1)　既に適法に公衆に提供された著作物からの引用（新聞雑誌の要約の形で行う新聞紙及び定期刊行物の記事からの引用を含む。）は、その引用が公正な慣行に合致し、かつ、その目的上正当な範囲内で行われることを条件として、適法とされる。

(2)　文学的又は美術的著作物を、授業用に、出版、放送、録音又は録画の方法でその目的上正当な範囲内において適法に利用することについては、同盟国の法令又は同盟国間の現行の若しくは将来締結される特別の取極の定めるところによる。ただし、そのような利用は、公正な慣行に合致するものでなければならない。

(3)　(1)及び(2)に規定する引用及び利用を行うに際しては、出所（著作者名が表示されているときは、これを含む。）を明示する。

第一〇条の二

(1)　新聞紙若しくは定期刊行物において公表された経済上、政治上若しくは宗教上の時事問題を論議する記事又はこれと同性質の放送された著作物を新聞雑誌に掲載し、放送し又は有線により公に伝達することを、そのような掲載、放送又は伝達が明示的に禁止されていない場合に認める権能は、同盟国の立法に留保される。ただし、その出所は、常に明示しなければならない。この義務の違反に対する制裁は、保護が要求される同盟国の法令の定めるところによる。

(2)　写真、映画、放送又は有線による公の伝達により時事の事件を報道する際に、その事件の過程において見られ又は聞かれる文学的又は美術的著作物を報道の目的上正当な範囲内で複製し及び公衆に提供する場合の条件についても、同盟国の法令の定めるところによる。

第一一条

(1)　演劇用又は楽劇用の著作物及び音楽の著作物の著作者は、次のことを許諾する排他的権利を享有する。

(i) 著作物を公に上演し及び演奏すること（その手段又は方法のいかんを問わない。）。

(ii) 著作物の上演及び演奏を何らかの手段により公に伝達すること。

(2) 演劇用又は楽劇用の著作物の著作者は、その著作物に関する権利の存続期間中、その著作物の翻訳物についても、(1)の権利を享有する。

第一一条の二

(1) 文学的及び美術的著作物の著作者は、次のことを許諾する排他的権利を享有する。

(i) 著作物を放送すること又は記号、音若しくは影像を無線で送るその他の手段により著作物を公に伝達すること。

(ii) 放送された著作物を原放送機関以外の機関が有線又は無線で公に伝達すること。

(iii) 放送された著作物を拡声機又は記号、音若しくは影像を伝えるその他の類似の器具を用いて公に伝達すること。

(2) (1)に定める権利を行使する条件は、同盟国の法令の定めるところによる。ただし、その条件は、これを定めた国においてのみ効力を有する。その条件は、著作者の人格権を害するものであってはならず、また、協議が成立しないときに権限のある機関が定める公正な補償金を受ける著作者の権利を害するものであってはならない。

(3) (1)の規定に基づいて与えられた許諾には、別段の定めがない限り、放送される著作物を音又は影像を固定する器具を用いて記録することの許諾を含まない。もっとも、放送機関が自己の手段により自己の放送のために行う一時的記録の制度は、同盟国の法令の定めるところによる。当該法令は、その一時的記録が資料としての特別の性質を有することを理由として、これを公的な記録保存所に保存することを認めることができる。

第一一条の三

(1) 文学的著作物の著作者は、次のことを許諾する排他的権利を享有する。

(i) 著作物を公に朗読すること（その手段又

は方法のいかんを問わない。)。

(ii) 著作物の朗読を何らかの手段により公に伝達すること。

(2) 文学的著作物の著作者は、その著作物に関する権利の存続期間中、その著作物の翻訳物についても、(1)の権利を享有する。

第一二条

文学的又は美術的著作物の著作者は、その著作物の翻案、編曲その他の改作を許諾する排他的権利を享有する。

第一三条

(1) 各同盟国は、自国に関する限り、音楽の著作物の著作者又は音楽の著作物とともにその歌詞を録音することを既に許諾している歌詞の著作者が、その音楽の著作物を録音すること又はその歌詞を当該音楽の著作物とともに録音することを許諾する排他的権利に関し、留保及び条件を定めることができる。ただし、その留保及び条件は、これを定めた国においてのみ効力を有する。その留保及び条件は、協議が成立しないときに権限のある機関が定める公正な補償金を受ける著作者の権利を害するものであつてはならない。

(2) 音楽の著作物の録音物であつて、千九百二十八年六月二日にローマで署名された条約及び千九百四十八年六月二十六日にブラッセルで署名された条約の第十三条(3)の規定に基づきいずれかの同盟国において作成されたものは、その国がこの改正条約に拘束されることとなつた日から二年の期間が満了するまでは、その音楽の著作物の著作者の承諾を得ることなくその国において複製することができる。

(3) (1)及び(2)の規定に基づいて作成された録音物であつて、そのような録音が適法とされない同盟国に利害関係人の許諾を得ないで輸入されたものは、差し押さえることができる。

第一四条

(1) 文学的又は美術的著作物の著作者は、次のことを許諾する排他的権利を享有する。

(i) 著作物を映画として翻案し及び複製する

こと並びにこのように翻案され又は複製された著作物を頒布すること。

(ii) このように翻案され又は複製された著作物を公に上演し及び演奏し並びに有線により公に伝達すること。

(2) 文学的又は美術的著作物を原作とする映画の作品を他の美術形式に翻案することは、その映画の作品の著作者の許諾の権利を害することなく、原作物の著作者の許諾を必要とする。

(3) 前条(1)の規定は、適用されない。

第一四条の二

(1) 映画の著作物は、翻案され又は複製された著作物の著作者の権利を害することなく、原著作物として保護されるものとし、映画の著作物について著作権を有する者は、原著作物の著作者と同一の権利(前条に定める権利を含む。)を享有する。

(2)(a) 映画の著作物について著作権を有する者を決定することは、保護が要求される同盟国の法令の定めるところによる。

(b) もつとも、法令が映画の著作物の製作に寄与した著作者を映画の著作物について著作権を有する者と認める同盟国においては、それらの著作者は、そのような寄与をすることを約束したときは、反対の又は特別の定めがない限り、その映画の著作物を複製し、頒布し、公に上演し及び演奏し、有線で公に伝達し、放送し、他の方法で公衆に伝達し並びに字幕を挿入し及び吹替えをすることに反対することができない。

(c) (b)に規定する約束の形式が(b)の規定の適用上書面による契約(これに相当する文書を含む。)によるべきかどうかの問題は、映画の著作物の製作者が主たる事務所又は常居所を有する同盟国の法令によつて決定される。もつとも、その約束が書面による契約(これに相当する文書を含む。)によるべきことを定める権能は、保護が要求される同盟国の立法に留保される。この権能を行使する同盟国は、その旨を宣言書により事務局長に通告するものとし、事務局長は、これを他のすべての同盟国に直ちに通報する。

(d) 「反対の又は特別の定め」とは、(b)に規定する約束に付されたすべての制限的条件をいう。

(3) (2)(b)の規定は、国内法令に別段の定めがない限り、映画の著作物の製作のために創作された脚本、せりふ及び音楽の著作物の著作者並びに映画の著作物の主たる制作者については、適用しない。その法令において(2)(b)の規定をその主たる制作者について適用することを定めていない同盟国は、その旨を宣言書により事務局長に通告するものとし、事務局長は、これを他のすべての同盟国に直ちに通報する。

第一四条の三

(1) 美術の著作物の原作品並びに作家及び作曲家の原稿については、その著作者（その死後においては、国内法令が資格を与える人又は団体）は、著作者が最初にその原作品及び原稿を譲渡した後に行われるその原作品及び原稿の売買の利益にあずかる譲渡不能の権利を享有する。

(2) (1)に定める保護は、著作者が国民である国の法令がこの保護を認める場合に限り、かつ、この保護が要求される国の法令が認める範囲内でのみ、各同盟国において要求することができる。

(3) 徴収の方法及び額は、各同盟国の法令の定めるところによる。

第一五条

(1) この条約によつて保護される文学的及び美術的著作物の著作者が、反証のない限り当該著作物の著作者と認められ、したがつて、その権利を侵害する者に対し同盟国の裁判所に訴えを提起することを認められるためには、その名が通常の方法により当該著作物に表示されていることで足りる。この(1)の規定は、著作者の用いた名が変名であつても、それがその著作者を示すことについて疑いがない限り、適用される。

(2) 映画の著作物に通常の方法によりその名を表示されている自然人又は法人は、反証のない限りその映画の著作物の製作者と推定される。

(3) 無名の著作物及び(1)に規定する変名の著作物

以外の変名の著作物については、著作物にその名を表示されている発行者は、反証のない限り著作者を代表するものと認められ、この資格において、著作者の権利を保全し及び行使することができる。この(3)の規定は、著作者がその著作物の著作者であることを明らかにしてその資格を証明した時から、適用されなくなる。

(4)(a) 著作者が明らかでないが、著作者がいずれか一の同盟国の国民であると推定する十分な理由がある発行されていない著作物について、著作者を代表し並びに著作者の権利を各同盟国において保全し及び行使することを認められる権限のある機関を指定する権能は、当該一の同盟国の立法に留保される。

(b) (a)の規定に基づいて指定を行う同盟国は、指定された機関についてすべての情報を記載した宣言書によりその旨を事務局長に通告するものとし、事務局長は、その宣言を他のすべての同盟国に直ちに通報する。

第一六条

(1) 著作者の権利を侵害するすべての製作物は、当該著作物が法律上の保護を受ける同盟国において差し押さえることができる。

(2) (1)の規定は、当該著作物が保護を受けない国又は受けなくなつた国において作成された複製物についても適用する。

(3) 差押えは、各同盟国の法令に従つて行う。

第一七条

この条約は、法令又は諸規程により、権限のある機関が必要と認める場合に、著作物又は製作物の頒布、上演又は展示を許可し、取り締まり又は禁止することとする各同盟国政府の権能を何ら害するものではない。

第一八条

(1) この条約は、その効力発生の時に本国において保護期間の満了により既に公共のものとなつた著作物以外のすべての著作物について適用される。

(2) もつとも、従来認められていた保護期間の満了により保護が要求される同盟国において公共のものとなつた著作物は、その国において新たに保護されることはない。

(3) 前記の原則の適用は、これに関する同盟国間の現行の又は将来締結される特別の条約の規定に従う。このような規定がない場合には、各国は、自国に関し、この原則の適用に関する方法を定める。

(4) (1)から(3)までの規定は、同盟への新たな加盟の場合及び保護が第七条の規定の適用により又は留保の放棄によつて拡張される場合にも適用される。

第一九条 この条約は、同盟国の法令が定める一層寛大な規定の適用を求めることを妨げるものではない。

第二〇条 同盟国政府は、相互間で特別の取極を行う権利を留保する。ただし、その取極は、この条約が許与する権利よりも広い権利を著作者に与えるもの又はこの条約の規定に抵触する規定を有しないものでなければならない。この条件を満たす現行の取極の規定は、引き続き適用される。

第二一条 (1) 開発途上にある国に関する特別の規定は、附属書に定める。

(2) 附属書は、第二十八条(1)(b)の規定に従うことを条件として、この改正条約の不可分の一部をなす。

第二二条 (1)(a) 同盟は、この条から第二十六条までの規定に拘束される同盟国で構成する総会を有する。

(b) 各同盟国の政府は、一人の代表によつて代表されるものとし、代表は、代表代理、顧問及び専門家の補佐を受けることができる。

(c) 各代表団の費用は、その代表団を任命した政府が負担する。

(2)(a) 総会は、次のことを行う。

(i) 同盟の維持及び発展並びにこの条約の実施に関するすべての問題を取り扱うこと。

(ii) 世界知的所有権機関（以下「機関」とい

う。）を設立する条約に規定する知的所有権国際事務局（以下「国際事務局」という。）に対し、改正会議の準備に関する指示を与えること。ただし、この条から第二十六条までの規定に拘束されない同盟国の意見を十分に考慮するものとする。

(iii) 機関の事務局長の同盟に関する報告及び活動を検討し及び承認し、並びに機関の事務局長に対し同盟の権限内の事項についてすべての必要な指示を与えること。

(iv) 総会の執行委員会の構成国を選出すること。

(v) 執行委員会の報告及び活動を検討し及び承認し、並びに執行委員会に対し指示を与えること。

(vi) 同盟の事業計画を決定し及び二年予算を採択し、並びに決算を承認すること。

(vii) 同盟の財政規則を採択すること。

(viii) 同盟の目的を達成するために必要と認める専門家委員会及び作業部会を設置すること。

(ix) 同盟の構成国でない国並びに政府間機関及び国際的な非政府機関で総会の会合にオブザーバーとして出席することを認められるものを決定すること。

(x) この条から第二十六条までの規定の修正を採択すること。

(xi) 同盟の目的を達成するため、他の適当な措置をとること。

(xii) その他この条約に基づく任務を遂行すること。

(xiii) 機関を設立する条約によつて総会に与えられる権利（総会が受諾するものに限る。）を行使すること。

(b) 総会は、機関が管理業務を行つている他の同盟にも利害関係のある事項については、機関の調整委員会の助言を受けた上で決定を行う。

(3)(a) 総会の各構成国は、一の票を有する。

(b) 総会の構成国の二分の一をもつて定足数と

する。

(c) 総会は、(b)の規定にかかわらず、いずれの会期においても、代表を出した国の数が総会の構成国の二分の一に満たないが三分の一以上である場合には、決定を行うことができる。ただし、その決定は、総会の手続に関する決定を除くほか、次の条件が満たされた場合にのみ効力を生ずる。すなわち、国際事務局は、代表を出さなかつた総会の構成国に対し、その決定を通知し、その通知の日から三箇月の期間内に賛否又は棄権を書面によつて表明するよう要請する。その期間の満了の時に、賛否又は棄権を表明した国の数が当該会期の定足数の不足を満たすこととなり、かつ、必要とされる多数の賛成がなお存在する場合には、その決定は、効力を生ずる。

(d) 第二十六条(2)の規定が適用される場合を除くほか、総会の決定は、投じられた票の三分の二以上の多数による議決で行われる。

(e) 棄権は、投票とみなさない。

(f) 代表は、一の国のみを代表し、その国の名においてのみ投票することができる。

(g) 総会の構成国でない同盟国は、総会の会合にオブザーバーとして出席することを認められる。

(4)(a) 総会は、事務局長の招集により、二年ごとに一回、通常会期として会合するものとし、例外的な場合を除くほか、機関の一般総会と同一期間中に同一の場所において会合する。

(b) 総会は、執行委員会の要請又は総会の構成国の四分の一以上の要請があつたときは、事務局長の招集により、臨時会期として会合する。

(5) 総会は、その手続規則を採択する。

第二三条

(1) 総会は、執行委員会を有する。

(2)(a) 執行委員会は、総会の構成国の中から総会によつて選出された国で構成する。更に、その領域内に機関の本部が所在する国は、第二十五条(7)(b)の規定が適用される場合を除くほか、当然に執行委員会に議席を有する。

(b) 執行委員会の各構成国の政府は、一人の代表によつて代表されるものとし、代表は、代表代理、顧問及び専門家の補佐を受けることができる。

(c) 各代表団の費用は、その代表団を任命した政府が負担する。

(3) 執行委員会の構成国の数は、総会の構成国の数の四分の一とする。議席の数の決定に当たつては、四で除した余りの数は、考慮に入れない。

(4) 総会は、執行委員会の構成国の選出に当たり、衡平な地理的配分を考慮し、また、同盟に関連して作成される特別の取極の締約国が執行委員会の構成国となることの必要性を考慮する。

(5)(a) 執行委員会の構成国の任期は、その選出が行われた総会の会期の終了時から総会の次の通常会期の終了時までとする。

(b) 執行委員会の構成国は、最大限その構成国の三分の二まで再選されることができる。

(c) 総会は、執行委員会の構成国の選出及び再選に関する規則を定める。

(6)(a) 執行委員会は、次のことを行う。

(i) 総会の議事日程案を作成すること。

(ii) 事務局長が作成した同盟の事業計画案及び二年予算案について総会に提案をすること。

(iii) 削除

(iv) 事務局長の定期報告及び年次会計検査報告を、適当な意見を付して、総会に提出すること。

(v) 総会の決定に従い、また、総会の通常会期から通常会期までの間に生ずる事態を考慮して、事務局長による同盟の事業計画の実施を確保するためすべての必要な措置をとること。

(vi) その他この条約に基づいて執行委員会に与えられる任務を遂行すること。

(b) 執行委員会は、機関が管理業務を行つている他の同盟にも利害関係のある事項については、機関の調整委員会の助言を受けた上で決定を行う。

(7)(a) 執行委員会は、事務局長の招集により、毎年一回、通常会期として会合するものとし、できる限り機関の調整委員会と同一期間中に同一の場所において会合する。

(b) 執行委員会は、事務局長の発意により又は執行委員会の議長若しくはその構成国の四分の一以上の要請に基づき、事務局長の招集により、臨時会期として会合する。

(8)(a) 執行委員会の各構成国は、一の票を有する。

(b) 執行委員会の構成国の二分の一をもつて定足数とする。

(c) 決定は、投じられた票の単純多数による議決で行われる。

(d) 棄権は、投票とみなさない。

(e) 代表は、一の国のみを代表し、その国の名においてのみ投票することができる。

(9) 執行委員会の構成国でない同盟国は、執行委員会の会合にオブザーバーとして出席することを認められる。

(10) 執行委員会は、その手続規則を採択する。

第二四条

(1)(a) 同盟の管理業務は、工業所有権の保護に関する国際条約によつて設立された同盟事務局と合同した同盟事務局の継続である国際事務局が行う。

(b) 国際事務局は、特に、同盟の諸内部機関の事務局の職務を行う。

(c) 機関の事務局長は、同盟の首席行政官であり、同盟を代表する。

(2) 国際事務局は、著作者の権利の保護に関する情報を収集し及び公表する。各同盟国は、著作者の権利の保護に関するすべての新たな法令及び公文書をできる限り速やかに国際事務局に送付する。

(3) 国際事務局は、月刊の定期刊行物を発行する。

(4) 国際事務局は、同盟国に対し、その要請に応じ、著作者の権利の保護に関する問題についての情報を提供する。

(5) 国際事務局は、著作者の権利の保護を促進するため、研究を行い及び役務を提供する。

(6) 事務局長及びその指名する職員は、総会、執行委員会その他専門家委員会又は作業部会のすべての会合に投票権なしで参加する。事務局長又はその指名する職員は、当然にこれらの内部機関の事務局の職務を行う。

(7)(a) 国際事務局は、総会の指示に従い、かつ、執行委員会と協力して、この条約(第二十二条から第二十六条までの規定を除く。)の改正会議の準備を行う。

(b) 国際事務局は、改正会議の準備に関し政府間機関及び国際的な非政府機関と協議することができる。

(c) 事務局長及びその指名する者は、改正会議における審議に投票権なしで参加する。

(8) 国際事務局は、その他国際事務局に与えられる任務を遂行する。

第二五条

(1)(a) 同盟は、予算を有する。

(b) 同盟の予算は、収入並びに同盟に固有の支出、諸同盟の共通経費の予算に対する同盟の分担金及び場合により機関の締約国会議の予算に対する拠出金から成る。

(c) 諸同盟の共通経費とは、同盟にのみでなく機関が管理業務を行つている一又は二以上の他の同盟にも帰すべき経費をいう。共通経費についての同盟の分担の割合は、共通経費が同盟にもたらす利益に比例する。

(2) 同盟の予算は、機関が管理業務を行つている他の同盟の予算との調整の必要性を考慮した上で決定する。

(3) 同盟の予算は、次のものを財源とする。

(i) 同盟国の分担金

(ii) 国際事務局が同盟の名において提供する役務について支払われる料金

(iii) 同盟に関する国際事務局の刊行物の販売代金及びこれらの刊行物に係る権利の使用料

(iv) 贈与、遺贈及び補助金

(v) 賃貸料、利子その他の雑収入

(4)
(a) 各同盟国は、予算に対する自国の分担額の決定上、次のいずれかの等級に属するものとし、次に定める単位数に基づいて年次分担金を支払う。

等級Ⅰ	二五
等級Ⅱ	二〇
等級Ⅲ	一五
等級Ⅳ	一〇
等級Ⅴ	五
等級Ⅵ	三
等級Ⅶ	一

(b) 各国は、既に指定している場合を除くほか、批准書又は加入書を寄託する際に、自国が属することを欲する等級を指定する。いずれの国も、その等級を変更することができる。一層低い等級を選択する国は、その旨を総会に対しその通常会期において表明しなければならない。その変更は、その会期の年の翌年の初めに効力を生ずる。

(c) 各同盟国の年次分担金の額は、その額とすべての同盟国の同盟の予算への年次分担金の総額との比率が、その国の属する等級の単位数とすべての同盟国の単位数の総数との比率に等しくなるような額とする。

(d) 分担金は、毎年一月一日に支払の義務が生ずる。

(e) 分担金の支払が延滞している同盟国は、その未払の額が当該年度に先立つ二年度においてその国について支払の義務の生じた分担金の額以上のものとなつたときは、同盟の内部機関で自国が構成国であるものにおいて、投票権を行使することができない。ただし、その内部機関は、支払の延滞が例外的なかつ避けることのできない事情によるものであると認める限り、その国がその内部機関において引き続き投票権を行使することを許すことができる。

(f) 予算が新会計年度の開始前に採択されなかつた場合には、財政規則の定めるところにより、前年度の予算をもつて予算とする。

(5) 国際事務局が同盟の名において提供する役務について支払われる料金の額は、事務局長が定めるものとし、事務局長は、それを総会及び執行委員会に報告する。

(6)(a) 同盟は、各同盟国の一回限りの支払金から成る運転資金を有する。運転資金が十分でなくなつた場合には、総会がその増額を決定する。

(b) 運転資金に対する各同盟国の当初の支払金の額及び運転資金の増額の部分に対する各同盟国の分担額は、運転資金が設けられ又はその増額が決定された年のその国の分担金に比例する。

(c) (b)の比率及び支払の条件は、総会が、事務局長の提案に基づきかつ機関の調整委員会の助言を受けた上で定める。

(7)(a) その領域内に機関の本部が所在する国との間で締結される本部協定には、運転資金が十分でない場合にその国が立替えをすることを定める。立替えの額及び条件は、その国と機関との間の別個の取極によつてその都度定める。その国は、立替えの義務を有する限り、当然に執行委員会に議席を有する。

(b) (a)の国及び機関は、それぞれ、書面による通告により立替えをする約束を廃棄する権利を有する。廃棄は、通告が行われた年の終わりから三年を経過した時に効力を生ずる。

(8) 会計検査は、財政規則の定めるところにより、一若しくは二以上の同盟国又は外部の会計検査専門家が行う。これらの同盟国又は会計検査専門家は、総会がこれらの同盟国又は会計検査専門家の同意を得て指定する。

第二六条

(1) 第二十二条からこの条までの規定の修正の提案は、総会の構成国、執行委員会又は事務局長が行うことができる。その提案は、遅くとも総会による審議の六箇月前までに、事務局長が総会の構成国に送付する。

(2) (1)の諸条の修正は、総会が採択する。採択には、投じられた票の四分の三以上の多数による議決を必要とする。ただし、第二十二条及びこの(2)の規定の修正には、投じられた票の五分の四以上の多数による議決を必要とする。

(3) (1)の諸条の修正は、その修正が採択された時に総会の構成国であつた国の四分の三から、それぞれの憲法上の手続に従つて行われた受諾についての書面による通告を事務局長が受領した後一箇月で効力を生ずる。このようにして受諾された(1)の諸条の修正は、その修正が効力を生ずる時に総会の構成国であるすべての国及びその後に総会の構成国となるすべての国を拘束する。ただし、同盟国の財政上の義務を増大する修正は、その修正の受諾を通告した国のみを拘束する。

第二七条

(1) この条約は、同盟の制度を完全なものにするような改善を加えるため、改正に付される。

(2) このため、順次にいずれかの同盟国において、同盟国の代表の間で会議を行う。

(3) 第二十二条から前条までの規定の修正についての前条の規定が適用される場合を除くほか、この改正条約(附属書を含む。)の改正には、投じられた票のすべての賛成を必要とする。

第二八条

(1)(a) 各同盟国は、この改正条約に署名している場合にはこれを批准することができるものとし、署名していない場合にはこれに加入することができる。批准書及び加入書は、事務局長に寄託する。

(b) 各同盟国は、その批准書又は加入書において、批准又は加入の効果が第一条から第二十一条までの規定及び附属書には及ばないことを宣言することができる。もつとも、附属書第六条(1)の規定に基づく宣言を既に行つている同盟国は、その批准書又は加入書において、批准又は加入の効果が第一条から第二十条までの規定に及ばないことのみを宣言することができる。

(c) (b)の規定に従い(b)にいう規定及び附属書について批准又は加入の効果を排除した各同盟

国は、その後いつでも、批准又は加入の効果をそれらの規定及び附属書に及ぼすことを宣言することができる。その宣言は、事務局長に寄託する。

(2)(a) 第一条から第二十一条までの規定及び附属書は、次の二の条件が満たされた後三箇月で効力を生ずる。

(i) 少なくとも五の同盟国が、(1)(b)の規定に基づく宣言を行うことなくこの改正条約を批准し又はこれに加入すること。

(ii) スペイン、アメリカ合衆国、フランス及びグレート・ブリテン及び北部アイルランド連合王国が、千九百七十一年七月二十四日にパリで改正された万国著作権条約に拘束されること。

(b) (a)に規定する効力発生は、遅くともその効力発生の三箇月前までに(1)(b)の規定に基づく宣言を付さない批准書又は加入書を寄託した同盟国について効果を有する。

(c) 第一条から第二十一条までの規定及び附属書は、(b)の規定が適用されない同盟国で(1)(b)の規定に基づく宣言を行うことなくこの改正条約を批准し又はこれに加入するものについては、事務局長がその批准書又は加入書の寄託を通告した日の後三箇月で効力を生ずる。ただし、それよりも遅い日が寄託された批准書又は加入書において指定されている場合には、第一条から第二十一条までの規定及び附属書は、その国について、そのように指定された日に効力を生ずる。

(d) (a)から(c)までの規定は、附属書第六条の規定の適用に影響を及ぼすものではない。

(3) 第二十二条から第三十八条までの規定は、この改正条約を批准し又はこれに加入する同盟国((1)(b)の規定に基づく宣言を行つたかどうかを問わない。)については、事務局長がその批准書又は加入書の寄託を通告した日の後三箇月で効力を生ずる。ただし、それよりも遅い日が寄託された批准書又は加入書において指定されている場合には、第二十二条から第三十八条までの規定は、その国について、そのように指定された日に効力を生ずる。

第二九条

(1) 同盟に属しないいずれの国も、この改正条約に加入することができるものとし、その加入により、この条約の締約国となり、同盟の構成国となることができる。加入書は、事務局長に寄託する。

(2)(a) この条約は、同盟に属しないいずれの国についても、(b)の規定に従うことを条件として、事務局長がその加入書の寄託を通告した日の後三箇月で効力を生ずる。ただし、それよりも遅い日が寄託された加入書において指定されている場合には、この条約は、その国については、そのように指定された日に効力を生ずる。

(b) (a)の規定による効力発生が前条(2)(a)の規定による第一条から第二十一条までの規定及び附属書の効力の発生に先立つ場合には、(a)にいう国は、その間は、第一条から第二十一条までの規定及び附属書に代えて、この条約の第一条から第二十条までのブラッセル改正条約第一条から第二十条までの規定に拘束される。

第二九条の二

この条約のストックホルム改正条約第二十二条から第三十八条までの規定に拘束されない国によるこの改正条約の批准又はこれへの加入は、機関を設立する条約第十四条(2)の規定の適用上、ストックホルム改正条約第二十八条(1)(b)(i)に定める制限を付した同改正条約の批准又はそれへの加入とみなされる。

第三〇条

(1) 批准又は加入は、(2)、第二十八条(1)(b)及び第三十三条(2)の規定並びに附属書に基づく例外が適用される場合を除くほか、当然に、この条約のすべての条項の受諾及びこの条約に定めるすべての利益の享受を伴う。

(2)(a) この改正条約を批准し又はこれに加入する同盟国は、附属書第五条(2)の規定に従うことを条件として、従前の留保の利益を維持することができる。ただし、批准書又は加入書の寄託の時にその旨の宣言を行うことを条件とする。

(b) 同盟に属しないいずれの国も、この条約に加入する際に、附属書第五条(2)の規定に従うことを条件として、当分の間は翻訳権に関する第八条の規定に代えて、千八百九十六年にパリで補足された千八百八十六年の同盟条約第五条の規定を適用する意図を有することを宣言することができるものとし、この場合において、同条約第五条の規定は、その国において一般に使用されている言語への翻訳についてのみ適用されるものと当然に了解される。いずれの同盟国も、附属書第一条(6)(b)の規定に従うことを条件として、このような留保を行う国を本国とする著作物の翻訳権に関し、その留保を行う国が与える保護と同等の保護を与える権能を有する。

(c) いずれの同盟国も、事務局長にあてた通告により、このような留保をいつでも撤回することができる。

第三一条

(1) いずれの国も、自国が対外関係について責任を有する領域の全部又は一部についてこの条約を適用する旨を、当該領域を指定して、批准書若しくは加入書において宣言し又は、その後いつでも、書面により事務局長に通告することができる。

(2) (1)の宣言又は通告を行つた国は、当該領域の全部又は一部についてこの条約が適用されなくなる旨を、事務局長にいつでも通告することができる。

(3)(a) (1)の規定に基づいて行われた宣言は、その宣言を付した批准又は加入と同一の日に効力を生ずるものとし、(1)の規定に基づいて行われた通告は、事務局長によるその通報の後三箇月で効力を生ずる。

(b) (2)の規定に基づいて行われた通告は、事務局長によるその受領の後十二箇月で効力を生ずる。

(4)　この条の規定は、いずれかの同盟国が(1)の規定に基づく宣言を行うことによつてこの条約を適用する領域の事実上の状態を、他の同盟国が承認し又は黙示的に容認することを意味するものと解してはならない。

第三二条

(1)　この改正条約は、同盟国相互の関係においては、それが適用される範囲において、千八百八十六年九月九日のベルヌ条約及びその後の改正条約に代わる。従来実施されていた諸条約は、この改正条約を批准せず又はこれに加入しない同盟国との関係においては、全面的に又はこの改正条約が第一文の規定に基づいてそれらの条約に代わる範囲を除き、引き続き適用される。

(2)　同盟に属しない国でこの改正条約の締約国となるものは、(3)の規定に従うことを条件として、この改正条約に拘束されない同盟国又はこの改正条約に拘束されるが第二十八条(1)(b)の規定に基づく宣言を行つた同盟国との関係において、この改正条約を適用するものとし、自国との関係において次のことを認める。

(i)　当該同盟国が、その拘束される最新の改正条約を適用すること。

(ii)　当該同盟国が、附属書第一条(6)の規定に従うことを条件として、保護をこの改正条約に規定する水準に適合させる権能を有すること。

(3)　附属書に定める権能のいずれかを利用した同盟国は、この改正条約に拘束されない他の同盟国との関係において、その利用した権能に関する附属書の規定を適用することができる。ただし、当該他の同盟国がその規定の適用を受諾していることを条件とする。

第三三条

(1)　この条約の解釈又は適用に関する二以上の同盟国の間の紛争で交渉によつて解決されないものは、紛争当事国が他の解決方法について合意する場合を除くほか、いずれか一の紛争当事国が、国際司法裁判所規程に合致した請求を行うことにより、国際司法裁判所に付託することができる。紛争を国際司法裁判所に付託する国は、その旨を国際事務局に通報するものとし、国際事務局は、それを他の同盟国に通報する。

(2) いずれの国も、この改正条約に署名し又は批准書若しくは加入書を寄託する際に、(1)の規定に拘束されないことを宣言することができる。(1)の規定は、その宣言を行つた国と他の同盟国との間の紛争については、適用されない。

(3) (2)の規定に基づく宣言を行つた国は、事務局長にあてた通告により、その宣言をいつでも撤回することができる。

第三四条

(1) いずれの国も、第二十九条の二の規定が適用される場合を除くほか、第一条から第二十一条までの規定及び附属書が効力を生じた後は、この条約の従前の改正条約に加入し又はそれらを批准することができない。

(2) いずれの国も、第一条から第二十一条までの規定及び附属書が効力を生じた後は、ストックホルム改正条約に附属する開発途上にある国に関する議定書第五条の規定に基づく宣言を行うことができない。

第三五条

(1) この条約は、無期限に効力を有する。

(2) いずれの同盟国も、事務局長にあてた通告により、この改正条約を廃棄することができる。その廃棄は、従前のすべての改正条約の廃棄を伴うものとし、廃棄を行つた国についてのみ効力を生ずる。他の同盟国については、この条約は、引き続き効力を有する。

(3) 廃棄は、事務局長がその通告を受領した日の後一年で効力を生ずる。

(4) いずれの国も、同盟の構成国となつた日から五年の期間が満了するまでは、この条に定める廃棄の権利を行使することができない。

第三六条

(1) この条約の締約国は、自国の憲法に従い、この条約の適用を確保するために必要な措置をとることを約束する。

(2) いずれの国も、この条約に拘束されることとなる時には、自国の国内法令に従いこの条約を実施することができる状態になつていなければならないと了解される。

第三七条

(1)(a) この改正条約は、英語及びフランス語による本書一通について署名するものとし、(2)の規定に従うことを条件として、事務局長に寄託する。

(b) 事務局長は、関係政府と協議の上、ドイツ語、アラビア語、スペイン語、イタリア語、ポルトガル語及び総会が指定する他の言語による公定訳文を作成する。

(c) これらの条約文の解釈に相違がある場合には、フランス文による。

(2) この改正条約は、千九百七十二年一月三十一日まで、署名のために開放しておく。その日までは、(1)(a)にいう本書は、フランス共和国政府に寄託する。

(3) 事務局長は、すべての同盟国政府に対し、及び要請があつたときは他の国の政府に対し、この改正条約の署名本書の認証謄本二通を送付する。

(4) 事務局長は、この改正条約を国際連合事務局に登録する。

(5) 事務局長は、すべての同盟国政府に対し、署名、批准書又は加入書の寄託、批准書又は加入書に付された宣言の寄託、第二十八条(1)(c)、第三十条(2)(a)若しくは(b)又は第三十三条(2)の規定に基づいて行われた宣言の寄託、この改正条約のいずれかの規定の効力の発生、廃棄の通告、第三十条(2)(c)、第三十一条(1)若しくは(2)、第三十三条(3)又は第三十八条(1)の規定に基づいて行われた通告及び附属書に規定する通告を通報する。

第三八条

(1) この改正条約を批准しておらず又はこれに加入していない同盟国でストックホルム改正条約第二十二条から第二十六条までの規定に拘束されていないものは、希望するときは、千九百七十五年四月二十六日まで、それらの規定に拘束される場合と同様にそれらの規定に定める権利を行使することができる。それらの権利を行使することを希望する国は、その旨の書面による通告を事務局長に寄託するものとし、その通告は、その受領の日に効力を生ずる。それらの国は、第一文の日まで、総会の構成国とみなされる。

(2) すべての同盟国が機関の加盟国とならない限り、機関の国際事務局は同盟事務局としても、事務局長は同盟事務局の事務局長としても、それぞれ、職務を行う。

(3) すべての同盟国が機関の加盟国となつたときは、同盟事務局の権利、義務及び財産は、機関の国際事務局が承継する。

付録

不正競争防止法等の一部を改正する法律（抄）附　則（令和五年法律第五一号）

（施行期日）

第一条　この法律は、公布の日から起算して一年を超えない範囲内において政令で定める日〔令和五年政令第三三七号により令和六年四月一日〕から施行する。ただし、次の各号に掲げる規定は、当該各号に定める日から施行する。

一　第二条中特許法第百八十四条の九第五項の改正規定、同法第百八十六条第一項及び第二項の改正規定並びに同法第百九十一条第一項及び第二項の改正規定、第三条中実用新案法第五十五条第一項の改正規定、第四条中意匠法第六十三条第一項及び第二項の改正規定並びに附則第三条及び第七条の規定　公布の日から起算して三月を超えない範囲内において政令で定める日〔令和五年政令第二三〇号により令和五年七月一日〕

二　第二条中特許法第四十三条第二項から第九項までの改正規定、同法第四十四条第四項の改正規定及び同法第六十四条の二第一項第二号の改正規定、第三条中実用新案法第十条第八項の改正規定、第四条中意匠法第四条第三項の改正規定、同法第十条の二第三項の改正規定及び同法第六十条の七第一項の改正規定、第五条中商標法第二条第三項第七号の改正規定、同法第十条第三項の改正規定、同法第十三条第一項の改正規定、同法第六十八条の二に一項を加える改正規定、同法第六十八条の十三第一項の改正規定、同法第六十八条の十六第一項の改正規定及び同法第七十六条第一項第三号の改正規定、第六条中工業所有権に関する手続等の特例に関する法律第八条第一項から第四項までの改正規定、同法第十条に一項を加える改正規定並びに同法第二十四条第一項及び第二項第四号の改正規定並びに附則第四条の規定　公布の日から起算して九月を超えない範囲内において政令で定める日〔令

和五年政令第三三七号により令和六年一月一日）

三　第六条中工業所有権に関する手続等の特例に関する法律第五条の改正規定及び同条の次に一条を加える改正規定並びに附則第六条第二項の規定〔公布の日から起算して三年を超えない範囲内において政令で定める日〕

（不正競争防止法の一部改正に伴う経過措置）

第二条　第一条の規定による改正後の不正競争防止法（以下この条において「新不競法」という。）第三条から第五条まで、第十四条及び第十五条第二項の規定は、この法律の施行の日（以下「施行日」という。）前に次の各号に掲げる不正競争に相当する行為により取得した新不競法第二条第七項の規定により新たに限定提供データとなる情報（以下この項において「新限定提供データ」という。）に係る当該各号に定める不正競争であって施行日以後に行われるもの及び施行日前に開始した新限定提供データに係る同条第一項第十四号に掲げる不正競争（限定提供データを使用する行為に限る。）に相当する行為を施行日以後も継続する行為については、適用しない。

一　新不競法第二条第一項第十一号に規定する限定提供データ不正取得行為　同号に掲げる不正競争（限定提供データを使用する行為に限る。）

二　新不競法第二条第一項第十二号に掲げる不正競争（限定提供データを取得する行為に限る。）　同号に掲げる不正競争（限定提供データを使用する行為に限る。）

三　新不競法第二条第一項第十五号に掲げる不正競争（限定提供データを取得する行為に限る。）　同号に掲げる不正競争（限定提供データを使用する行為に限る。）

2　新不競法第五条の二第二項の規定は、施行日前に開始した同項に規定する保有に相当する行為を継続する場合における施行日以後に行われる同条第一項に規定する生産等（次項及び第四項において「生産等」という。）については、適用しない。

3　新不競法第五条の二第三項の規定は、施行日前に同項に規定する領得に相当する行為があった場合における施行日以後に行われる生産等については、適用しない。

4　新不競法第五条の二第四項の規定は、施行日前に開始した同項に規定する保有に相当する行為を継続する場合における施行日以後に行われる生産等については、適用しない。

5　刑法等の一部を改正する法律（令和四年法律第六十七号）の施行の日（以下この項において「刑法施行日」という。）の前日までの間における新不競法第二十一条第二項及び第五項の規定の適用については、これらの規定中「拘禁刑」とあるのは、「懲役」とする。刑法施行日以後における刑法施行日前にした行為に対するこれらの規定の適用についても、同様とする。

（特許法の一部改正に伴う経過措置）

第三条　第二条の規定（附則第一条第一号に掲げる改正規定に限る。）による改正後の特許法（以下この条において「新特許法」という。）第百九十一条第一項（実用新案法第五十五条第二項、意匠法第六十八条第五項及び商標法第七十七条第五項において準用する場合を含む。以下この項において同じ。）の規定の適用については、同号に掲げる規定の施行の日（次項において「第一号施行日」という。）前の期間については、新特許法第百九十一条第一項第三号に規定する六月の期間に算入しない。

2　新特許法第百九十一条第二項（実用新案法第五十五条第二項、意匠法第六十八条第五項及び商標法第七十七条第五項において準用する場合を含む。）の規定は、第一号施行日以後に行われる公示送達について適用し、第一号施行日前に行われた公示送達については、なお従前の例による。

（意匠法の一部改正に伴う経過措置）

第四条　第四条の規定（附則第一条第二号に掲げる改正規定に限る。）による改正後の意匠法第四条第三項及び第六十条の七第一項の規定は、同号に掲げる規定の施行の日以後にする意匠登録出願について適用し、同日前にした意匠登録出願については、なお従前の例による。

（商標法の一部改正に伴う経過措置）

第五条　第五条の規定（附則第一条第二号に掲げる改正規定を除く。）による改正後の商標法第四条第一項（第八号に係る部分に限る。）及び第四項、第八条第一項、第二項及び第四項から第六項まで、第二十四条の四（第一号及び第二号に係る部分に限る。）並びに第五十二条の二第一項（第二十四条の四第一号及び第二号に係る部分に限る。）の規定は、施行日以後にする商標登録出願について適用し、施行日前にした商標登録出願については、なお従前の例による。

2　施行日前から日本国内において不正競争の目的でなく他人の登録商標（この法律の施行後の商標登録出願に係るものを含む。）に係る商標法第四条第一項第十一号に規定する指定商品若しくは指定役務又はこれらに類似する商品若しくは役務についてその登録商標又はこれに類似する商標であって他人の氏名を含むものの使用をしていた者が、施行日以後も継続してその商品又は役務についてその商標の使用をする場合は、この法律の施行の際現にその商標の使用をしてその商品又は役務に係る業務を行っている範囲内において、その商品又は役務についてその商標の使用をする権利を有する。当該業務を承継した者についても、同様とする。

3　前項の登録商標に係る商標権者又は専用使用権者は、同項の規定により商標の使用をする権利を有する者に対し、その者の業務に係る商品又は役務と自己の業務に係る商品又は役務との混同を防ぐのに適当な表示を付すべきことを請求することができる。

4　第二項の規定により商標の使用をする権利を有する者は、この法律の施行の際現にその商標がその者の業務に係る商品又は役務を表示するものとして需要者の間に広く認識されているときは、同項の規定にかかわらず、その商品又は役務についてその商標の使用をする権利を有する。当該業務を承継した者についても、同様とする。

5　第三項の規定は、前項の場合に準用する。

6　第二項から前項までの規定は、防護標章登録に基づく権利に準用する。

（工業所有権に関する手続等の特例に関する法律の一部改正に伴う経過措置）

第六条　第六条の規定（附則第一条第三号に掲げる改正規定に限る。）による改正後の工業所有権に関する手続等の特例に関する法律第五条第一項に規定する特定通知等を受けようとする者は、同号に掲げる規定の施行の日（以下この条において「第三号施行日」という。）前においても、同項ただし書の規定の例により、届出を行うことができる。この場合において、当該届出は、第三号施行日以後は、同項ただし書の規定による届出とみなす。

2　第三号施行日が民事訴訟法等の一部を改正する法律（令和四年法律第四十八号）の施行の日前である場合には、同法附則第七十二条中「第五条第五項」とあるのは、「第五条第六項」とする。

（政令への委任）

第七条　この附則に規定するもののほか、この法律の施行に関し必要な経過措置は、政令で定める。

（弁理士法の一部改正）

第一〇条　弁理士法（平成十二年法律第四十九号）の一部を次のように改正する。

第八条第三号中「、第二項第一号から第五号まで若しくは第七号（同法第十八条第一項に係る部分を除く。）、第三項若しくは第四項」を「から第六項まで（第三項第六号及び第四項第四号を除く。）」に改める。

（民事訴訟法等の一部を改正する法律の一部改正）

第一一条　民事訴訟法等の一部を改正する法律の一部を次のように改正する。

附則第七十六条のうち不正競争防止法第二条第一項第十七号の改正規定を削る。

（刑法等の一部を改正する法律の施行に伴う関

（刑法等の一部を改正する法律の施行に伴う関係法律の整理等に関する法律の一部改正）

第一二条　刑法等の一部を改正する法律の施行に伴う関係法律の整理等に関する法律（令和四年法律第六十八号）の一部を次のように改正する。

第三百一条第二十九号中「から第三項まで」を「、第三項及び第四項」に改める。

著作権法の一部を改正する法律　附　則

（令和五年法律第三三号）

（施行期日）

第一条　この法律は、公布の日から起算して三年を超えない範囲内において政令で定める日から施行する。ただし、次の各号に掲げる規定は、当該各号に定める日から施行する。

一　附則第六条の規定　公布の日

二　第四十条の改正規定、第四十一条の次に一条を加える改正規定、第四十二条の改正規定、第四十二条の三を第四十二条の四とし、第四十二条の二を第四十二条の三とし、第四十二条の次に一条を加える改正規定、第四十七条の六第一項第二号の改正規定、第四十七条の七の改正規定、第四十八条第一項の改正規定、第四十九条の改正規定、第八十六条の改正規定、第百二条の改正規定及び第百十四条の改正規定並びに附則第五条及び第九条の規定　令和六年一月一日

三　附則第三条及び第四条の規定　公布の日から起算して二年六月を超えない範囲内において政令で定める日

（第六十七条第一項の裁定の手続についての経過措置）

第二条　この法律による改正後の著作権法（以下「新法」という。）第六十七条（新法第百三条において準用する場合を含む。以下この条において同じ。）並びに第百四条の二十一第一項及び第二項（新法第六十七条に係る部分に限る。）の規定は、この法律の施行の日（以下「施行日」という。）以後にされる新法第六十七条第一項の裁定の申請に係る手続について適用し、施行日前にされたこの法律による改正前の著作権法（以下この条において「旧法」という。）第六十七条第一項（旧法第百三条において準用する場合を含む。）の裁定の申請に係る手続については、なお従前の例による。

（指定補償金管理機関の指定等に関する準備行

為）

第三条　新法第百四条の十八の規定による指定を受けようとする者は、施行日前においても、新法第百四条の十九第一項及び第二項の規定の例により、その申請を行うことができる。

2　文化庁長官は、前項の規定により指定の申請があった場合には、施行日前においても、新法第百四条の十八並びに第百四条の十九第三項及び第四項の規定の例により、その指定及び告示をすることができる。この場合において、当該指定及び告示は、施行日以後は、それぞれ新法第百四条の十八の規定による指定及び新法第百四条の十九第四項の規定による告示とみなす。

3　前項の規定により指定を受けた者は、施行日前においても、新法第百四条の二十三第一項及び第二項の規定の例により、同条第一項に規定する補償金管理業務規程の認可の申請を行うことができる。

4　文化庁長官は、前項の規定により認可の申請があった場合には、施行日前においても、新法第百四条の二十三第一項及び第三項の規定の例により、その認可及び告示をすることができる。この場合において、当該認可及び告示は、施行日以後は、それぞれ同条第一項の認可及び同条第三項の規定による告示とみなす。

5　前項の規定により文化庁長官が告示をした場合における新法第百四条の二十三第四項の規定の適用については、同項中「前項の規定による告示の日の翌日」とあるのは、「著作権法の一部を改正する法律（令和五年法律第三十三号）の施行の日」とする。

6　文化庁長官は、新法第百四条の二十二第一項の政令の制定の立案のために、施行日前においても、同条第三項の規定の例により、文化審議会に諮問することができる。

（登録確認機関の登録等に関する準備行為）

第四条　新法第百四条の三十三第一項の登録を受けようとする者は、施行日前においても、新法第百四条の三十四第一項及び第二項の規定の例により、その申請を行うことができる。

2　文化庁長官は、前項の規定により登録の申請があった場合には、施行日前においても、新法第百四条の三十三第一項及び第百四条の三十四第三項から第六項までの規定の例により、その登録及び告示をすることができる。この場合において、当該登録及び告示は、施行日以後は、それぞれ新法第百四条の三十三第一項の登録及び新法第百四条の三十四第六項の規定による告示とみなす。

3　前項の規定により登録を受けた者は、施行日前においても、新法第百四条の三十五第一項から第三項までの規定の例により、同項の意見を聴き、同条第一項に規定する確認等事務規程の認可の申請を行うことができる。

4　文化庁長官は、前項の規定により認可の申請があった場合には、施行日前においても、新法第百四条の三十五第一項、第四項及び第五項の規定の例により、文化審議会に諮問し、その認可をすることができる。この場合において、当該認可は、施行日以後は、同条第一項の認可とみなす。

（罰則についての経過措置）

第五条　この法律（附則第一条第二号に掲げる規定については、当該規定）の施行前にした行為に対する罰則の適用については、なお従前の例による。

（政令への委任）

第六条　附則第二条から前条までに定めるもののほか、この法律の施行に関し必要な経過措置（罰則に係る経過措置を含む。）は、政令で定める。

（弁理士法の一部改正）

第八条　弁理士法（平成十二年法律第四十九号）の一部を次のように改正する。

第八条第三号中「第百二十二条まで」を「第百二十一条の二まで若しくは第百二十二条」に改める。

（民事訴訟法等の一部を改正する法律の一部改正）

第九条　民事訴訟法等の一部を改正する法律（令和四年法律第四十八号）の一部を次のように改

正する。

附則第六十一条のうち、著作権法第四十条第一項の改正規定、同法中第四十二条の三を第四十二条の四とし、第四十二条の二を第四十二条の三とし、第四十二条の次に一条を加える改正規定、同法第四十七条の六第一項第二号の改正規定、同法第四十七条の七の改正規定、同法第四十八条第一項第三号の改正規定、同法第四十九条第一項第一号の改正規定、同法第八十六条の改正規定及び同法第百二条第九項第一号の改正規定を削り、同法第百十四条の三第四項の改正規定中「加え、「(平成八年法律第百九号)」を削り」を削る。

経済施策を一体的に講ずることによる安全保障の確保の推進に関する法律

（令和四年法律第四三号）

附　則（抄）

（施行期日）

第一条　この法律は、公布の日から起算して九月を超えない範囲内において政令で定める日から施行する。ただし、次の各号に掲げる規定は、当該各号に定める日〔令和四年政令第二五八号により令和四年八月一日〕から施行する。

一　第一条第二条並びに附則第三条及び第九条から第十一条までの規定　公布の日から起算して六月を超えない範囲内において政令で定める日〔令和四年政令第二五八号により令和四年八月一日〕

二　第四十九条及び第六十五条の規定　公布の日から起算して一年を超えない範囲内において政令で定める日〔令和五政令第六七号により令和五年四月一日〕

三～四　（略）

五　第六十六条から第八十五条まで、第八十八条（第五章に係る部分に限る。）、第九十二条第一項第四号（第八十三条第二項及び第三項に係る部分に限る。）及び第六号から第八号まで、第二項並びに第三項、第九十四条、第九十五条第一項第二号及び第二項、第九十六条第五号（第八十四条第一項に係る部分に限る。）、第九十七条（第九十二条第一項第四号（第八十三条第二項及び第三項に係る部分に限る。）及び第六号から第八号まで、第九十四条第一項並びに第九十六条第五号（第八十四条第一項に係る部分に限る。）に係る部分に限る。）並びに次条の規定　公布の日から起算して二年を超えない範囲内において政令で定める日〔令和五年政令第三五九号により令和六年五月一日〕

（経過措置）

第二条　第六十六条第一項の規定は、前条第五号に掲げる規定の施行の際現に特許庁に係属している特許出願については、適用しない。

（政令への委任）

第三条　前条に規定するもののほか、この法律の施行に関し必要な経過措置は、政令で定める。

（検討）

第四条　政府は、この法律の施行後三年を目途として、この法律の施行の状況について検討を加え、必要があると認めるときは、その結果に基づいて必要な措置を講ずるものとする。

刑事訴訟法等の一部を改正する法律

（令和五年法律第二八号）

附　則（抄）

（施行期日）

第一条　この法律は、公布の日から起算して五年を超えない範囲内において政令で定める日から施行する。ただし、次の各号に掲げる規定は、当該各号に定める日から施行する。

一～三　（略）

四　第一条中刑事訴訟法第百九十九条第二項の改正規定、同法第二百一条の次に一条を加える改正規定、同法第二百七条の次に二条を加える改正規定、同法第二百八条第一項の改正規定、同法第二百二十四条に一項を加える改正規定、同条の次に一条を加える改正規定、同法第二百五十六条の次に一条を加える改正規定、同法第二百七十一条の次に七条を加える改正規定、同法第二百九十条の二第一項、第二百九十一条、第二百九十一条の二、第二百九十九条の三ただし書、第二百九十九条の四、第二百九十九条の五、第二百九十九条の七及び第三百十二条の六、第二百九十九条の七及び第三百十二条の改正規定、同条の次に一条を加える改正規定、同法第三百十六条の五、第三百十六条の十一、第三百十六条の二十三第三項、第三百四十三条、第三百五十条の二十二、第四百二十九条及び第四百六十三条の改正規定並びに同法第四百六十八条に三項を加える改正規定並びに附則第四条の規定、附則第十六条中日米地位協定刑事特別法第十二条の改正規定、附則第十七条中日国連裁判権議定書刑事特別法第四条の改正規定、附則第十九条中日国連地位協定刑事特別法第四条の改正規定、附則第二十一条から第二十三条までの規定、附則第二十六条中裁判員の参加する刑事裁判に関する法律第六十四条第一項の表第四十三条第四項、第六十九条、第七十六条第三項、第八十五条、第百八条第三項、第百二十五条第一項、第百六十三条第一項、第百六十九条、第二百七十八条の二第二項、第二百九十七条第二項、第三百十六条の十一の項の改正規定（「第百六十九条」の下に「、第二百七十一条の八第一項及び第四項」を加える部分に限る。）、附則第三十三条及び第三十四条の規定並びに附則第三十五条のうち刑法等一部改正法第三条中刑事訴訟法第三百四十三条の改正規定の改正規定　公布の日から起算して九月を超えない範囲内において政令で定める日　令和六年二月一五日

五～十一　（略）

（不正競争防止法の一部改正）

第二一条　不正競争防止法（平成五年法律第四十七号）の一部を次のように改正する。

（略）

（罰則に関する経過措置）

第四〇条　第二号施行日前にした行為に対する罰則の適用については、なお従前の例による。

民事関係手続等における情報通信技術の活用等の推進を図るための関係法律の整備に関する法律　附　則（抄）

（令和五年法律第五三号）

この法律は、公布の日から起算して五年を超えない範囲内において政令で定める日から施行する。ただし、次の各号に掲げる規定は、当該各号に定める日から施行する。

一　第三十二章の規定及び第三百八十八条の規定　公布の日

二　第一条中民事執行法第二十二条第五号の改正規定、同法第二十五条の改正規定、同法第二十六条の改正規定、同法第二十九条の改正規定（「の謄本」の下に「又は電磁的記録に記録されている事項の全部を記録した電磁的記録」を加える部分を除く。）、同法第九十一条第一項第三号の改正規定、同法第百四十一条第一項第三号の改正規定、同法第百八十一条第一項の改正規定、同条第四項の改正規定、同法第百八十三条の改正規定、同法第百九十三条第一項の改正規定及び同法第百九十三条第一項の改正規定、第十二条、第三十三条、第三十四条、第三十六条及び第三十七条の規定、第四十二条中組織的な犯罪の処罰及び犯罪収益の規制等に関する法律第三十九条第二項の改正規定、第四十五条の規定（民法第九十八条第二項及び第百五十一条第四項の改正規定を除く。）、第四十七条中鉄道抵当法第四十一条の改正規定及び同法第四十三条第三項の改正規定、第四十八条及び第四章の規定、第八十八条中民事訴訟費用等に関する法律第二条の改正規定、第九十一条の規定、第百八十五条中配偶者からの暴力の防止及び被害者の保護等に関する法律第十二条第三項の改正規定、第百九十八条の規定並びに第三百八十七条の規定　公布の日から起算して二年六月を超えない範囲内において政令で定める日

三　第一条中民事執行法第十八条の次に一条を

加える改正規定、同法第二十七条の改正規定、同法第二十九条の改正規定（「の謄本」の下に「又は電磁的記録に記録されている事項の全部を記録した電磁的記録」を加える部分に限る。）、同法第三十三条第一項の改正規定、同法中第八十六条を第八十六条の二とし、第八十五条の次に三条を加える改正規定（同法第八十五条の二及び第八十五条の三を加える部分を除く。）、同法第九十二条に五項を加える改正規定、同法第百十一条の改正規定（「第八十五条並びに」を「第八十五条から第八十六条まで及び」に改める部分に限る。）、同法第百四十二条第二項の改正規定、同法第百六十六条第二項の改正規定、同法第百六十七条の十一第七項の改正規定（「第九十二条第一項」の下に「及び第三項から第七項まで」を加える部分に限る。）、同法第百九十九条の次に二条を加える改正規定、同法第二百条第一項の改正規定及び同法附則に六条を加える改正規定、第三十五条及び第四十条の規定、第四十七条中鉄道抵当法第五十九条に二項を加える改正規定、第六十三条中民事調停法の目次の改正規定、同法第二十七条に一項を加える改正規定及び同法第二章に一節を加える改正規定、第六十七条中企業担保法第十七条第二項の改正規定（「第十八条」の下に「、第十八条の二」を加える部分に限る。）及び同法第五十五条の改正規定、第八十八条中民事訴訟費用等に関する法律附則を同法附則第一条とし、同条に見出しを付し、同法附則に十二条を加える改正規定、第九十四条中船舶の所有者等の責任の制限に関する法律第五十九条の次に一条を加える改正規定、第百十条中民事保全法第四十六条の改正規定（「第十八条」の下に「、第十八条の二」を加える部分に限る。）、第百三十条中金融機関等の更生手続の特例等に関する法律第六十六条の改正規定及び同法第二百三十二条の改正規定、第百四十五条中民事再生法第百十五条の次に一条を加える改正規定及び同法第百五十三条第三項の改正規定（「民事執行法（昭和五十四年法律第四号）第八十五条」を「民事執行法第八十五条から第八十六条まで」に改める部分に限る。）、第百六十一条第一項の規定、第二百二条中会社更生法第百十条第三項の改正規定（「民事執行法（昭和五十四年法律第四号）第八十五条」を「民事執行法第八十五条から第八十六条まで」に改める部分に限る。）及び同法第百十五条の次に一条を加える改正規定、第二百十六条第一項の規定、第二百十九条中人事訴訟法第九条に一項を加える改正規定及び同法第三十三条に二項を加える改正規定、第二百四十九条中破産法第百二十一条の次に一条を加える改正規定、同法第百二十二条第二項の改正規定、同法第百三十六条の次に一条を加える改正規定及び同法第百九十一条第三項の改正規定（「第八十五条」の下に「から第八十六条まで」を加える部分に限る。）、第二百六十五条第一項の規定、第三百四条中非訟事件手続法第三十三条第四項の改正規定、同法第四十三条の改正規定及び同法第四十七条第一項の改正規定、第三百二十六条中家事事件手続法第四十条の改正規定、同法第四十九条の改正規定、同法第五十四条第一項の改正規定、同法第五十九条の改正規定、同法第六十条第二項の改正規定（「及び第二項」を「から第三項まで」に改める部分に限る。）、同法第八十四条第一項の改正規定（「第三項まで、」を「第四項まで、」に改める部分及び「高等裁判所に」と」の下に「、第五十九条第三項中「家庭裁判所及び」とあるのは「高等裁判所及び」と」を加える部分に限る。）、同法第二百六十条第一項第六号の改正規定及び同法第二百六十一条第五項の改正規定、第三百四十一条中国際的な子の奪取の民事上の側面に関する条約の実施に関する法律第七十条の改正規定、同法第七十五条第一項の改正規定、同法第八十条に一項を加える改正規定及び同法第百三条第六項の改正規定並びに第三百五十六条中消費者の財産的被害等の集団的な回復のための民事の裁判手続の特例に関する法律第五十三条の改正規定（「、第八十七条の二」を削る部分に限る。）　民事訴訟法等の一部を改正する法律の施行の日

令和五年改正　知的財産権法文集
令和六年四月一日施行版

2024年（令和６年）４月30日　初 版 発 行

編　集
発　行　　一般社団法人　発明推進協会

発行所　一般社団法人　発明推進協会

所在地　〒105−0001
東京都港区虎ノ門2−9−1
虎ノ門ヒルズ江戸見坂テラス
電　話　03（3502）5433（編集）
03（3502）5491（販売）
ファクシミリ　03（5512）7567（販売）

印刷：株式会社丸井工文社
Printed in Japan

ISBN978-4-8271-1397-6 C3032

発明推進協会HP：http://www.jiii.or.jp/